KB206213

아함경 10

상가의 아란야와 출가수행자

학담평석 아함경 **10**

승보장 3 나아감과 돌아옴의 곳, 상가의 아란야
승보장 4 상가공동체의 거룩한 수행자들

한길사

Āgama-Sūtra

by. Hakdam

Published by Hangilsa Publising. Co., Ltd., Korea, 2014

학담 아함경의 구성

아함경 독해의 길잡이

상가공동체의 거룩한 수행자들

일러두기

1. 번역 대본 및 참고한 주요 불전과 문헌은 다음과 같다.

   • 북전 산스크리트어의 한역(漢譯) 네 아함을 번역 대본으로 삼고, 필요한 경우 그에 해당하는 남전 팔리어 니카야를 번역해 함께 수록했다. 그 가운데 상윳타니카야(Saṃyutta-nikāya, 상응부경전)와 마즈히마니카야(Majjhima-nikāya, 중부경전)는 보디(Bodhi) 비구의 영역본을 기본으로 해서 일어역『남전장경』(南傳藏經)을 참조했다. 또한 동국역경원 한글 번역본을 초역에 참고했다.

   • 비나야(vinaya, 律)로는 동아시아 불교 율종(律宗)의 토대가 된『사분율』(四分律)의 주요 내용을 뽑아 실었다.

   • 천태지의선사(天台智顗禪師)의 교관(教觀)을 경전 해석의 기본 틀로 삼아 천태선사의 저술『마하지관』(摩訶止觀)·『법계차제초문』(法界次第初門) 가운데 많은 법문을 번역해 실었다.

   • 그밖에 참고한 다양한 불전 및 문헌들은 제12책(아함경 독해의 길잡이) 끝에 자세히 실었다.

2. 네 아함의 한문 경전은 직역을 원칙으로 했으며 자연스러운 우리말을 풍부히 살렸다. 특히, 게송은 뜻을 살리면서 운율의 맛이 느껴지게 했다.

3. 기존 한역 네 아함과 남전 다섯 니카야의 불전 체계를 귀명장·불보장·법보장·승보장 삼보(三寶)의 새로운 틀로 재구성했다. 전12책 20권의 편제다.

4. 해제, 이끄는 글, 해설에서 모든 경을 대승 교설과 회통하여 깊고 명쾌하게 평석했다. 부·장·절 그리고 각 경에 제목을 붙여 내용의 이해를 도왔다.

5. 지명·인명·용어 등은 산스크리트어 표기를 원칙으로 하되 이미 익숙해

진 발음은 아래처럼 예외를 두었다.

- 붓다는 산스크리트어 Buddha의 어원을 나타내기 위해 '붇다'로 표기한다. 싣단타(siddhānta)와 데바닫타(Devadatta)의 경우도 마찬가지이다.

- 산스크리트어 표기는 묵음화된 현대 발음을 쓰지 않고 고대 한자어로 음사한 음을 따라 쓴다. 예를 들어 Veda는 웨다로 쓰지 않고 베다로 쓴다. 산스크리트어 비파스야나(vipaśyanā)는 위파사나로 하는 이들이 있지만, 우리말에 익숙해진 비파사나로 쓴다.

- 〈ś〉의 발음은 〈śari〉처럼 뒤에 모음이 오면 '사리(스)', 〈Śrāvastī〉처럼 뒤에 자음이 오면 '슈라바스티(슈)', 〈Aśvajit〉처럼 단어 중간에 모음 없이 오면 '아쓰바짓(쓰)'으로 표기한다.

- 팔리어 인·지명만 남아 있을 경우 '巴'로 팔리어임을 표시했다.

- 산스크리트어의 원래 발음을 찾지 못한 한자 음사어는 우리말 한자음과 현대 중국어 발음을 참고해서 원어에 가깝게 표기하고 한자어를 병기한다.

- 산스크리트어 빅슈(bhikṣu)·빅슈니(bhikṣuṇī)는 팔리어 비구(bhikkhu)·비구니(bhikkhunī)로 쓴다. 산스크리트어 슈라마네라(śrāmaṇera)·슈라마네리카(śrāmaṇerikā)도 사미·사미니로 쓴다. 산스크리트어로 슈라마나(śramaṇa), 팔리어로 사마나(samaṇa)는 사문(沙門)으로 쓴다.

- 용수(龍樹)–나가르주나(Nāgārjuna), 마명(馬鳴)–아쓰바고샤(Aśvaghoṣa), 세친(世親)–바수반두(Vasubandhu) 등 일부 인명은 익숙한 한자음 표기를 혼용한다.

6. 경전명·저술명은 가급적 한자어로 표기한다. 『중론』·『성유식론』·『기신론』·『대지도론』·『열반경』·『화엄경』 등.

7. 불(佛)·법(法)·승(僧)은 어원에 따라 붇다·다르마·상가로 쓴다.

8. " " – 직접인용 및 대화   ' ' – " " 속의 인용과 대화 및 어구 강조

   〈 〉 – ' ' 속의 인용과 대화   「 」 – 경전(품)·논문·단편

   『 』 – 경전·불전·책(빈번히 언급되는 남·북전 아함경은 생략)

   [ ] – 병기 한자어 및 원어 독음이 다를 때

나아감과 돌아옴의 곳, 상가의 아란야

제2장

상가의 아란야

"비구들이여 알아야 한다.
내 법은 아주 넓고 커서 끝이 없고
밑이 없으니, 모든 여우 같은 의심을 끊으면
바른 법에 안온히 살 수 있다.
그러므로 옳게 행하는 남자나 여인은 부지런히 마음을 써서
빠뜨림이 없게 하고, 비록 이 몸이 마르고
무너지더라도 끝내 정진하는 행을 버리지 말며,
마음을 잡아매어 잊지 않도록 해야 한다.
괴로운 법을 닦아 행하는 것은 아주 쉽지 않다.
한가하게 머무는 곳을 즐겨 고요히 사유하면서
두타의 행을 버리지 말라."

아란야, 일과 쉼을 함께 거두는 고요한 곳

1. 나무 밑 홀로 앉음과 상가라마의 공동생활

아란야(araṇya)는 마을의 시끄러움에서 멀리 떨어져 선정을 닦기 좋은 고요한 곳, 홀로 앉아 사마디를 닦기에 알맞은 곳이다.

붇다는 스스로 보디 나무 밑에 앉아 있음[樹下坐], 나무 밑의 선정의 사유로 위없는 보디를 성취하셨다. 그 뒤 맨 처음 다섯 비구를 받아들여 출가상가를 형성하신 뒤에는, 스스로 걸어오신 길대로 '나무 밑에 앉음'을 상가의 기본 생활방식으로 가르치셨지만, 그밖에 굴속, 한데, 무덤 사이, 작은 방에서 사는 것을 함께 말씀하셨다. 『사분율』(四分律)의 '집과 방에 관한 스칸다'[房舍揵度]에서는 처음 상가가 이루어진 뒤 사슴동산에서 다섯 비구의 집과 방에 관한 물음에 다음과 같이 붇다께서 답변하신 것이 나온다.

한때 붇다께서는 바라나시에 계셨다.

그때 다섯 비구가 자리에서 일어나 오른쪽 어깨를 드러내고 오른쪽 무릎을 꿇고 두 손 모아 붇다께 말씀드렸다.

"세존이시여, 저희들은 어떤 방과 자리끼로 살아야 합니까."

붇다께서 말씀하셨다.

"고요한 곳과 나무 밑과 빈 방, 산골짜기와 굴속, 한데와 풀밭, 풀더미 곁과 숲 사이, 무덤 사이, 개울 곁에서 풀이나 나뭇잎을 깔고 살라."

그때 비구들이 베개가 없이 누워서 병이 드니 붇다께서 말씀하셨다.

"풀이나 벽돌 나무로 베개를 만들든지 팔을 베든지 열 가지 옷감 가운데서 한 가지로라도 베개를 만들어 쓰라."

보디 나무 밑에서 성도(成道)하신 바로 뒤 상가의 수가 아주 적을 때 이와 같이 붇다는 나무 밑, 빈터, 산골짜기를 상가의 앉고 누워 쉬는 곳[坐臥所]으로 가르쳤다.

그러나 붇다는 고행 자체를 해탈의 원인으로 가르치는 고행주의자는 아니다.

붇다는 세계관에서 중도의 길을 보이고 생활방식에서도 중도를 가르친다. 그래서 붇다는 머무는 집에서도 상가의 대중에게 크고 화려한 집을 추구하는 세속생활, 집이 없이 고행만을 일삼는 고행주의자들의 생활을 모두 부정한다.

상가의 집단생활이 확장되면서 수행과 전법에 필요한 비하라(vihāra, 精舍)를 세우게 하시고, 정해진 처소에서의 안정된 생활을 허용하시되 집과 방은 상가 공동소유[四方僧物]로 하도록 가르치시며, 두타의 검소한 생활을 떠나지 말도록 깨우치신다.

붇다의 중도적 생활관에서는 몸을 쾌락과 방종에 내맡기거나 극단적 고행으로 학대하는 것을 모두 비판한다.

몸에 걸치는 입을 것에서도 좋은 옷감과 꾸밈거리로 몸을 치장하는 데 집착하거나 헐벗은 채 추위와 더위를 견디는 등 한쪽으로 치우친 극단적 생활방식을 부정한다.

머무는 집에 대해서도 화려한 집에서 재화를 추구하는 생활을 부정할 뿐 아니라, 집이 없는 이의 자학적인 고행이나 집이 없이 헤매는 자의 불안정한 생활에서도 모두 벗어나도록 가르친다.

붇다의 출가제자들은 집이 아닌 데[非家]로 탐욕의 집을 나오되 [出家], 여래의 법계의 집[法界家]을 쉴 곳으로 삼고 여래의 자비의 방[慈悲室]을 일하는 곳으로 삼아 세간을 위해 복밭을 짓는다.

신성에 대한 제사와 공양의 의례에 매몰된 브라마나와 고행으로 해탈하려는 사문의 길을 모두 부정하시는 붇다는 상투 꼰 브라마나 들의 형식주의적 제사나 기도생활, 사문들의 고행의 삶을 반대하고 마음속 탐욕 끊음이 참된 브라마나·사문의 길임을 가르친다.

『다르마파다』(Dharma-pada, 法句經)의 '브라마나의 장'[梵志品] 은 이렇게 노래한다.

머리 상투 꾸민들 지혜 없으니
풀옷을 입은들 무엇을 베풀리.
안으로 집착 떠나지 못하고
밖으로 버려 무슨 이익 있으리.

飾髮無慧　草衣何施

內不離着　外捨何益

흐름을 끊어 저 언덕 건너가
탐욕 없으면 브라흐만 같나니
덧없는 지어감 알아 다하면
그를 브라마나라 부르도다.

截流而度　無欲如梵

知行已盡　是謂梵志

위 『다르마파다』의 가르침으로 보면 절대신에 대한 자기 교파의 율법에 따르는 기도나 제사가 해탈을 담보하는 요인이 되지 못하며, 극단적 고행의 생활 또한 바른 해탈의 원인이 되지 못한다.

붇다께서 집을 떠나 세속의 집이 없이 그리고 '세 벌 가사만 지니고 다른 옷 없이 살라'[但三衣] 가르치는 것은 여래의 보디의 집을 집으로 삼고, 자비 인욕의 옷[忍辱衣]을 몸에 걸치고 살도록 가르치심이다.

탐욕과 번뇌의 집을 떠나 여래의 넓고 넓은 법계의 집에 사는 자는 가진 것 없되 늘고 줌이 없는 풍요 속에서 살아가는 것이다.

『다르마파다』는 고요한 곳에서 생활하는 수행자의 검박한 생활이, 지혜와 선정을 통해 끝내 잃음이 없고 사라짐 없는 법의 재물[法財] 모으는 생활이 됨을 이렇게 가르친다.

선정의 사유로 때가 없으며
행하는 일에 번뇌가 없어
위로 높고 높은 보디 구하여
선정의 자리 일어나지 않으면
이를 브라마나라 부르도다.

思惟無垢　所行不惱
上求不起　是謂梵志

해는 낮에 환히 비치고
달은 밤에 환히 빛난다.
무장한 병사 군대를 비치고

선정이 수행자 환히 비치나
붇다는 이 세상에 나오시어
온갖 어두움 환히 비치신다.

日照於晝　月照於夜

甲兵照軍　禪照道人

佛出天下　照一切冥

그는 떨어진 누더기 옷 입었으나
법다운 행 몸소 받아 행하며
아란야에서 선정의 사유 하나니
이를 브라마나라 부르도다.

彼服弊惡　躬承法行

閑居思惟　是謂梵志

집에 사는 탐욕을 버려서 덜고
집이 없는 두려움마저 버려서
구함 없고 욕심 줄인 이 사람
이를 브라마나라 부르도다.

棄捐家居　無家之畏

少求寡欲　是謂梵志

　　붇다의 중도적 삶에서는 화려한 집을 추구하는 탐욕과, 집이 없이
사는 이의 불안과 두려움이 모두 극복해야 할 장애이다. 집이 없이
사는 상가의 생활은 그 자체가 목적이 아니라 욕심 줄여 보디에 나아

가는 검소한 생활의 수단일 뿐이다.

　출가공동체가 출범할 때부터 붇다는 선정의 사유를 닦기 위해 멀리 떨어진 곳을 찬탄하고 고요한 곳에서 홀로 선정 닦는 수행자를 찬탄한다. 그러다가 차츰 비바람을 막고 사나운 짐승의 출몰을 막으며 밤에 좌선할 수 있는 작은 방, 안정된 아란야의 처소를 허용하시고, 큰 정원과 정사의 기증과 건립을 허용하신다.

　이처럼 대규모로 집단화되어가고 개인의 선실(禪室)이 필요해진 상가의 상황은 차츰 『숫타니파타』(Sutta-nipāta)의 게송에 반영된다. 곧 산숲 고요한 곳에서 홀로 좌선하는 수행자의 아란야행을 늘 찬탄하는 것이다.

　상가에 아라마(ārāma)와 아바사(āvāsa)에 해당하는 작은 선실들이 지어지면서 차츰 『숫타니타파』에는 작은 방에서 내리는 비를 바라보며 몸 살핌[身念處]으로 사마디 닦는 수행자의 이야기가 등장한다.

　『숫타니파타』의 '장로게'(長老偈, Theragāthā)는 이렇게 노래한다.

　사람 사는 마을 떠나 시끄러운 소리 없고
　사나운 짐승이 나오는 곳, 비구들이여,
　홀로 앉아 선정의 사유 닦기 위해서는
　이런 앉고 누워 쉬는 곳을 이용하라.

　빛깔 푸르고 목덜미 아름다운,
　머리에 관이 있는 공작새들은
　카란바야 숲에서 운다.
　시원한 바람소리 내는 그들은

선정의 사유 닦는 이들
졸음에서 시원하게 일깨워준다.

아름다운 곡조 타는 것처럼
비가 시원스럽게 내린다.
나의 작은 집은 잘 이어져
바람을 막아주어 안락하고
몸 살핌으로 마음은 편안하다.
비여, 내리려 하면 내려도 좋다.

아름다운 곡조 타는 것처럼
비가 시원스럽게 내린다.
나의 작은 집은 잘 이어져
바람을 막아주어 안락하고
나는 그 속에서 편히 머물며
방일하지 않고 정진한다.
비여, 내리려 하면 내려도 좋다.

초기 상가에서 안거제도가 정착되기 전에는 수행자들이 일정한 거처가 없이 숲속 나무 밑이나 동굴 등에서 생활하다 다른 곳으로 옮겨 다니며 수행했다.

안거제도가 정착되고 시주(施主)자들이 집과 정사를 보시하면서 상가의 주거형태는 아바사와 아라마라는 두 형태의 안정된 거주처로 정착되었다.

아바사는 비구들이 사는 일시적인 처소로 안거가 끝나면 버려두고 떠나는 것이 일반적이었다. 그에 비해 아라마는 도시 근교의 큰 정원을 말하니 상가의 소유가 된 정원을 상가라마(saṃghārāma)라 하였다.

상가라마에 국왕이나 장자·거사들이 정사를 지어 기증함으로써 대단위 현전상가[現前僧伽]의 공동처소가 되었다.

맨 처음 아라마의 상가 기증은 마가다 국의 빔비사라 왕에 의해서 이루어졌고, 대숲정사(竹林精舍, Veṇuvana-vihāra)가 건립된 뒤 코살라 국의 수도 슈라바스티 성에 아나타핀다다 장자의 제타 숲 정사[Jētavana-vihāra]가 따라서 이루어진다.

바이살리 국의 약사 지바카(Jīvaka)가 동산을 기증하였고, 붇다 니르바나 전에 바이살리 국에서 암라파알리(Āmrapālī) 여인이 암라파알리 동산을 기증하였다. 그밖에 카우삼비 국의 고실라라마 동산, 카필라바스투(Kapila-vastu) 국의 니그로다 동산(Nigrodhārāma) 등이 있다.

『사분율』(四分律)에는 빔비사라 왕에 의해 대나무동산이 기증되고 그곳에 대숲정사가 지어지며, 아나타핀다다 장자에 의해 '제타 숲 정사'가 세워져서 사방상가[四方僧伽]에 기증된 것과 관계해 다음과 같은 이야기가 실려 있다.

붇다께서 라자그리하 성에 계실 때 어느 날 마가다 국의 빔비사라 왕은 이렇게 생각했다.

'세존께서 처음 드시는 동산을 보시하여 정사를 만들리라.'

당시 라자그리하 성에는 칼란다카(Kalandaka)라는 대숲마을이 있었다.

그때 붓다께서는 왕의 마음을 아시고 칼란다카 대숲으로 가셨다. 왕은 멀리서 붓다께서 오시는 것을 보고 코끼리 위에서 내려 코끼리 위에 폈던 담요를 네 겹으로 접어 붓다께 앉으시길 청했다.

그러고는 금 물병의 물을 세존께 드리며 칼란다카 대숲을 세존께 드리겠다는 뜻을 말씀드렸다.

그때 세존께서는 다음과 같이 말씀했다.

"대왕이시여, 그대는 이 동산을 붓다와 사방상가에 보시한다고 하십시오. 왜냐하면 붓다의 것이라고 하면 동산과 동산의 물건, 방과 방의 물건, 옷과 발우, 앉을 자리나 바늘통 그 모두를 온갖 하늘과 사람, 마라의 왕과 브라흐마하늘왕, 사문과 브라마나들이 아무도 쓰지 못하고, 공경하기를 스투파(stūpa, 塔)와 같이 해야 하기 때문이오."

이에 빔비사라 왕은 붓다께 말씀드렸다.

"크신 스승 세존이시여, 이 칼란다카 대숲을 붓다와 사방상가에 보시합니다. 가엾이 여겨 받아주시길 바랍니다."

세존은 이 칼란다카 대숲의 아라마를 시주 받고 다음과 같이 그 보시를 찬탄하셨다.

동산과 과일나무 보시하고
다리와 배로써 사람 건네주며
길 넓히고 샘과 우물 파 베풀고
방과 집을 세워 보시한다면
이와 같이 보시하는 사람들은

밤낮으로 받는 복 더욱 늘리리.
계 지키고 바른 법 좋아하는 이
이런 사람 좋은 곳에 태어나리라.

위와 같은 칼란다카 대숲의 상가 기증으로 인해 상가의 아란야는 나무 밑이나 동굴 생활, 아라마에서의 집단생활이 함께 행해질 바탕이 마련되었다.

얼마 뒤 라자그리하 성 근교의 그리드라쿠타 산에서 비구들이 밤에 머물다 이른 아침 성안에 들어오는 것을 보고, 성안의 큰 장자들이 방 없이 머무는 상가대중을 위해 그리드라쿠타 산에 열여섯 개의 방사[十六房舍]를 지어 드리니, 이것이 상가에 대한 첫 방사 기증이다.

방사를 지어드린 장자는 세존과 상가대중을 공양에 청해 다음과 같이 붇다께 말씀드린다.

"제가 그리드라쿠타 산에 여러 개의 방을 만들고 온갖 필요한 것을 모두 갖추었습니다. 이제 이는 복덕이 되기 위함이고 큰 제사를 지내기 위함이며 좋은 길에 나기 위함입니다.

붇다와 사방상가에 바치오니 저를 가엾이 여겨 받아주시길 바랍니다."

그때 세존께서는 이를 받아주시고 이렇게 노래로 권하신다.

추위와 더위를 막아내주고
여러 모진 짐승들도 막아주며
모기 깔다귀 독한 벌레들 막고

세차고 거센 비 또한 막아주며
사납고 모진 바람이 불어온대도
이같이 잘 가려 막아내주네.

상가의 집을 나온 수행자들은
계율 잘 지키어 허물지 않고
붇다의 법 부지런히 닦아서
굳세어지고 늘 즐거우려 하므로
선정의 사유로 분별하고 살피도다.
방과 집으로 상가에 보시하는 일
세존은 으뜸가는 복이라 말하네.

　장자의 복덕사(福德舍)의 건립이 이루어진 뒤, 빔비사라 왕이 기증한 칼란다카 대숲에 큰 강당을 세우고 방사를 지어 칼란다카 대숲 정사가 이루어져, 초기 상가 공동생활과 전법의 근거지가 된다.

　또한 정사의 건립과 함께 브라마나들이 매달 여드렛날·열나흘날·보름날에 재일(齋日) 지키는 풍습을 보고 빔비사라 왕이 상가의 우파바사타(upavasatha, 布薩)를 권유하므로, 붇다께서 이를 받아들이시어 상가는 매달 보름날과 그믐에 우파바사타를 행하게 된다.

　그리고 여드렛날·열나흘날·보름날 신자로부터 공양 받는 단체 행사가 정례화되고, 매해 비오는 철 구십 일 동안의 안거와 안거가 끝나는 칠월 보름날의 자자(自恣)가 정착하게 된다.

2. 『사분율』의 '방과 집의 스칸다'[房舍揵度]를 통해 본 아란야

붇다께서는 처음 상가대중의 수가 적었을 때에는 나무 밑과 빈 곳, 한데서의 좌선행을 가르치셨다.

상가대중이 늘어나고 빔비사라 왕과 라자그리하 성 장자들이 아라마를 헌납해 정사를 건립하자, 상가에서 방과 집을 시주 받고 집을 세우는 법, 방과 방에 따르는 집기 쓰는 법들을 제정하신다.

빔비사라 왕과 장자들의 정사 시주를 받아들이면서 붇다는 아라마와 집과 방과 같은 정주처(定住處)에 대해서는 그 소유가 사방상가가 되어야 함을 말씀하신다.

곧 아라마와 정사는 그 누구 개인에게가 아니라 오직 붇다의 사방상가에 헌납함이 되는 것이다.

붇다께서는 삼계를 벗어나 삼계의 크신 스승 크신 인도자가 되시므로, 붇다께 보시하면 그 보시한 물건과 장소는 저 하늘의 브라흐마 왕이라 하더라도 그 처소를 쓸 수 없다.

그러므로 붇다께서는 정사와 아라마를 붇다와 사방상가에게 보시케 함으로써, 모든 수행자와 재가의 우파사카·우파시카가 같이 모여 배우고 가르치는 곳으로 쓰도록 하신다.

또한 상가에 기증한 아라마와 정사는 붇다 교단의 구성원들만 쓸 수 있는 곳이 아니라, 모든 사문·브라마나들이 법을 묻기 위해 찾아올 수 있는 곳으로 개방케 하신다.

라자그리하 성의 대숲정사와 그리드라쿠타 산의 수행처는 국왕과 장자가 스스로 뜻을 내어 사방상가에 보시한 것이다.

그에 비해 슈라바스티 국의 '제타 숲 정사'는 붇다께서 하늘신의 인도로 찾아온 아나타핀다다 장자에게 보시의 공덕을 설하시고 수행자를 위한 정사 짓기를 권유하여 지은 맨 처음의 아란야이다.

아나타핀다다 장자는 사업차 라자그리하 성에 사는 벗의 집을 찾아갔다가 새벽 동이 트기 전 하늘신의 이끎에 따라 붇다를 뵙는다.

그는 세속의 법도 따라 붇다께 '밤 사이 잘 주무셨는가' 안부를 여쭙는다.

붇다는 '번뇌 없는 세존의 편안한 잠은 세간의 잠과 다르다'고 답하시고 다음과 같이 참으로 편안한 잠의 법문을 보이신다.

온갖 것이 다 편안히 잠드나니
범행 닦으면 니르바나 얻게 되고
만약 탐욕을 범하지 않으면
모든 얽매임에서 벗어나리라.

一切皆安眠　梵行得涅槃
若不犯於欲　諸縛得解脫

온갖 애착의 느낌 이미 다하고
뜨거운 번뇌를 잘 조복한다면
번뇌 쉬어 사라져 편히 잠자며
몸과 마음 모두다 고요해지리.

一切受已盡　調伏於熱惱
息滅得安臥　身心俱寂滅

이 게송에 의하면 여래의 '편안한 잠'은 온갖 것이 본래 공적한 연기의 실상 그대로 해탈의 삶 속에서 구현되는 안락함이고 고요함이다.

여래는 아나타핀다 장자에게 여래만이 니르바나의 진실대로 편히 잠자는 분임을 가르치시고, 슈라바스티 성에 상가가 쉬며 머물 수 있는 정사를 세우도록 이끄신다.

세존의 권유를 받은 아나타핀다 장자에 의해 제타 태자의 동산에 '외로운 이 돕는 장자'의 아라마와 정사가 세워짐으로써 붇다 당시 인도사회의 두 정치경제적 중심지였던 마가다 국의 라자그리하 성과 코살라 국의 슈라바스티 성이 비로소 상가의 수행과 전법의 중심지가 되었으며, 두 도시를 축으로 한 불교중국(佛敎中國)의 지역권이 형성되었다.

붇다 또한 세간에 머무시며 교화하던 기간 서른 번 남짓의 안거를 슈라바스티 성의 제타 숲 정사를 중심으로 지내셨다 한다.

이제 상가대중의 정사에서의 공동생활에 대해 살펴보자.

대숲정사와 제타 숲 정사 건립이 효시가 되어 상가대중이 공동으로 쓰는 아라마와 정사가 세워짐으로써 붇다는 아라마와 정사, 집과 방, 그에 따르는 물건들은 모두 개인이 소유할 수 없는 사방상가의 공동소유로 선언하신다.

신자로부터 방과 집을 시주 받을 수 있을 뿐 아니라 비구들이 직접 머물러 살 집을 지을 수 있도록 허락하시고, 방의 크기를 정해 그 한도를 넘지 못하도록 하신다.

많은 대중이 모였을 때 방을 배정할 때도 윗자리 비구부터 먼저 하도록 법을 정하시고, 평상과 베개를 만들어 쓰는 법, 창문 내는 법을 가르치시며, 방에 있는 상가의 물건들을 훔치는 사례가 발생하므로 자물쇠를 잠그도록 하시고 자물쇠 만드는 법, 보관법을 정하신다.

정사 안에 물을 가두는 못, 발 씻는 곳, 물 담는 통을 마련케 하시고, 물그릇과 물을 담아 보관하는 곳을 만들도록 하신다.

집 지을 때 땅 고르는 법, 돌 깨는 법, 땅 다지는 법 등을 제정하시고, 벽돌 찍는 법 등을 정하신다.

해자를 파서 짐승 막는 법, 다리 놓는 법, 울타리 치는 법을 가르치시고, 우물을 파서 두레박으로 물 긷는 법, 두레박줄 만드는 법을 말씀하시고, 목욕실과 화장실 만들어 쓰는 법을 제정하신다.

『사분율』의 '방과 집의 스칸다'에서 가장 강조하시는 것은 절과 절의 물건, 방과 방의 물건, 절에서 쓰는 비품, 평상과 침구, 숲과 나무, 꽃과 과일 등은 개인 소유로 하지 못하고 사방상가의 소유로 해야 한다는 것이다. 가사와 발우, 아주 제한된 생활용품밖에 개인 소유를 인정하지 않았던 아란야의 공동생활에서 붇다는 먹을 것이나 소모품, 대중 몫의 시주물을 나눌 때나 방을 배정할 때는 윗자리부터 평등히 나누어야 하고, 그것을 나누는 책임자는 다음 다섯 가지 결격 사유가 없어야 한다고 가르치신다.

다섯 가지 법이 있으면 대중의 죽을 나누는 소임으로 뽑지 못한다. 애착이 있고, 성냄이 있고, 두려움이 있고, 어리석음이 있으며, 나누었는지 나누지 않았는지를 모르는 것이다.

이 다섯 가지 법이 있으면 대중의 죽을 나누는 소임으로 뽑지 못한다. 설사 뽑았어도 나누지 못한다.

다섯 가지 법이 있으면 대중의 죽을 나누는 소임으로 뽑을 수 있다. 애착이 없고, 성냄이 없고, 두려움이 없고, 어리석음이 없으며,

나누었는지 나누지 않았는지 아는 것이다.

이런 다섯 가지 법이 있으면 대중의 죽을 나누는 소임으로 뽑으라. 만약 이미 뽑았으면 대중의 죽과 아침밥과 카티나 옷을 나누게 하고, 공양청 받은 곳에 갔을 때 자리를 펴고 방석을 나누게 하고 목욕하는 옷을 나누게 하라.

그렇게 해야만 받을 수 있고 줄 수 있다.

비구를 뽑아서 시키는 때와 사미를 뽑아서 시키는 때에도 모두 이와 같다.

3. 아란야에서 이루어진 중도의 삶

붇다의 연기법에서 니르바나는 나고 사라지는 세간법을 끊고 얻는 곳이 아니다. 니르바나는 세간법이 나되 남이 없고 사라지되 사라짐 없는 진실을 깨달아 쓰는 해탈의 삶에 붙인 이름이다.

연기법에서는 나고 사라짐이 곧 나고 사라짐이 아니므로 머물러야 할 나고 사라짐 없음도 없다.

그러므로 붇다께서 니르바나에 드신 뒤 니르바나를 나고 사라짐 너머 머물러야 할 어떤 곳으로 생각하는 치우친 수행자들의 그릇된 견해를 깨기 위해, 대승의 논사들은 이렇게 가르친다.

보디사트바는 지혜가 있으므로
나고 죽음에 머물지 않고
보디사트바는 자비가 있으므로
니르바나에도 머물지 않는다.

菩薩有智慧故　不住生死

菩薩有慈悲故　不住涅槃

붇다의 세계관은 나고 사라지되 실로 남이 없고 사라짐 없는 연기의 진실을 밝히는 것이므로, 그 삶과 해탈의 길 또한 연기의 진실 그대로의 중도적 삶과 중도의 해탈관으로 표현된다.

그러므로 붇다는 나고 사라지는 세간법을 실로 있는 것으로 집착하는 범부의 삶과, 나고 사라지는 세간법 너머 절대신성에 돌아가려는 브라마나들의 신비선정, 탐욕의 뿌리가 되는 몸을 괴롭혀서 영혼의 빛을 드러내려는 사문들의 고행적 실천을 모두 부정하신다.

연기법에서는 세간법의 탐착과 세간법 밖의 초월적 진리에 대한 집착이 모두 해탈의 장애가 된다.

먹을거리를 구해 먹음에 대해서도 먹을거리의 맛에 탐착하는 세간 범부와, 먹을거리를 끊고 굶주림을 참는 것으로 수행을 삼는 이들의 치우침을 부정한다.

입을 거리를 구해 입음에 대해서도 화려한 옷가지를 쌓아두고 입으려는 탐욕스러움과, 옷을 벗고 벌거숭이로 사는 것이 해탈의 원인이라 주장하는 니르그란타의 제자들을 모두 부정한다.

앉고 누워 쉬는 곳에 대해서도 '크고 화려한 집을 추구하는 탐착과, 집이 없이 살며 집 없는 두려움에서 벗어나지 못하는 어리석음을 모두 넘어서라' 가르치신다.

집이 아닌 데로 집을 나와 여래의 진리의 길을 더불어 닦아가는 상가의 대중은 나무 밑이나 한데서 좌선하다가 다시 아란야의 방에서 쉬기도 하고, 새벽녘 아라마를 거닐고 때가 되면 밥을 빌러 마을에 간다.

마을에 들어가 집집이 다니며 양에 맞는 밥을 빌어 돌아와서 한 번 앉아 한 번 먹고 낮 선정을 닦고 밤에 다시 좌선하고 경행하며, 몸이 지치면 오른쪽 옆구리를 바닥에 대고 누워 본래 밝은 모습[明相]에 마음을 묶어 사마디를 닦는다.

아란야는 수행자가 홀로 머물러 좌선하는 곳과 대중이 같이 모여 수트라를 외우고 프라티목샤를 설하고 듣는 아라마의 정사이다.

'널리 모이는 강당'[普會講堂]이 있는 아란야는 크신 스승 세존과 윗자리 장로로부터 법을 듣는 '배움의 처소'이며, 다시 아랫자리 비구에게 가르치고 재가대중에게 법을 설하는 '가르침의 처소'이기도 하다.

아란야는 출가상가가 좌선하고 경행하며 스스로 해탈의 도를 닦아, 세간 대중을 가르치고 밥을 빌러 세간에 나아가는 곳이다. 또한 아란야는 세간 사람 사이에서 노닐다 돌아와 쉬는 곳이자 나무 밑이나 한데 앉아 사마디 닦는 곳이다.

아란야는 고요한 곳이지만 시끄러움을 피해 머무는 고요한 곳이 아니다. 시끄러움에서도 시끄러움이 없고 고요함에서도 고요함에 빠지지 않는 참된 고요함을 닦는 곳이다.

아란야는 일과 쉼을 모두 거두는 자리이자 일과 쉼을 모두 열어내는 곳이며, 배움과 가르침을 연기적으로 통일하는 곳이다. 상가의 대중이 스스로 법의 이익을 얻기 위해 수행하는 곳이자 세간을 이익되게 하고 안락케 하는 곳이다.

아란야는 수행자가 유행과 걸식에 지친 몸을 쉬는 곳이자 세간의 이익과 안락을 위해 있는 고요한 곳이다. 그러므로 어떤 비구가 아란야에 집과 방을 짓는다 하여 주변환경을 크게 다치거나 시주자가 없이 집을 짓는다고 재물로 여러 사람에게 부담을 주는 것은 수행자의 옳은 행동이 아닌 것으로 금지된다.

『사분율』 '비구계의 프라티목샤'를 말하는 곳에서 아란야의 집을 잘못 지음으로 얻는 비구의 상가바세사 죄를 이렇게 말한다.

시주 없는 상가대중이 윗자리의 지시를 받지 않고 한도를 넘어 집을 짓지 마라.

시주가 있는 상가대중이라도 윗자리의 지시를 받지 않고 아무 데나 집을 짓지 마라.

이 두 계법을 범하면 상가바세사 죄가 되는 것이다.

이 가운데 첫째 계는 시주가 없는 비구가 큰 집을 짓는다고 많은 사람들에게 돈과 재물을 내도록 부담 주는 허물을 막기 위함이다.

둘째 계는 설사 집을 짓는데 시주가 있더라도 현전상가에 허락을 받지 않고 그늘이 될 수 있고 쉼터가 될 수 있는 나무들을 베어내는 허물을 막기 위함이다.

세간의 안락과 이익을 위해 지어야 할 정사가 도리어 세간 사람들에게 불편을 주거나 주변환경을 해치고 좋은 쉼터를 무너뜨리게 되면 복덕의 집이 되지 못하니, 그곳에 도량을 세워서는 안 된다. 집을 짓지 말아야 할 곳에 짓거나 상가의 허락 없이 짓게 되면 도리어 비구로서 상가바세사 죄를 짓는 것이니, 그 허물을 범하지 않도록 경계하신 것이다.

아란야의 정사는 출가대중이 세간에 노닐어 다님에서 돌아와 안 거하기 위한 곳이고, 밥을 빌어서 돌아와 밥을 먹고 좌선하는 곳이며, 대중이 함께 모여 법을 논의하고 윗자리 장로로부터 수트라와 프라티목샤를 듣고 배우기 위한 곳이다.

수행과 전법의 목표 밖에 자기 것을 늘리기 위해 집을 짓고 그 집에 집착하는 것은 수행자의 상가바셰사 죄이다.

상가의 출가수행자는 세간의 사람 사이에 노닐어 다니다가도 여름 비오는 철이면 여러 곳에 다니지 말고 가까운 곳 아란야에서 여름 안거[夏安居]를 지내야 한다. 이때 아란야가 곧 안거처(安居處)이다.

수행자는 때 없이 돌아다녀서는 안 되며, 노닐어 다니다가도 안거 때가 되면 아란야에 돌아가 의지할 스승[依止師]에게 보고하고 아란야에서 머물러 지내며 사마디를 닦아야 한다.

『사분율』에서 붇다는 이렇게 다니는 비구들을 경계하신다.

"너희들은 언제나 봄·여름·겨울 없이 세간으로 돌아다니지 말라. 지금부터 비구들은 여름 석 달 동안 안거하도록 하니, 안거할 대중은 의지할 스승에게 이렇게 말하라.

'저는 이곳에서 여름 안거를 하겠습니다. 장로시여, 한마음으로 생각해주십시오.

저 ○○비구는 ○○마을 ○○절에서 석 달 동안 안거하겠습니다. 방이 무너졌으면 고쳐주십시오.'

이렇게 두 번 세 번 말하라. 뒤 안거[後安居] 석 달도 이런 법으로 해야 한다."

이처럼 아란야는 돌아와 쉬는 곳, 노닐어 다니다 편안히 앉아 좌선하는 곳, 밥을 빌어 밥을 먹고 쉬는 곳, 홀로 앉고 홀로 거닐어 다니다 대중이 같이 모이는 곳, 대중이 함께 모여 토론하고 배우고 가르치는 곳이다.

그러므로 큰 정사 가운데서도 대중이 '같이 모이는 곳'이 아란야의 가장 중심이 되는 처소가 되는 것이니, 대중이 모일 수 있는 넓은 곳을 개인 용도의 방으로 나눌 수 없다.

『사분율』은 말한다.

"대중이 모두 모이는 곳은 겨울 방이나 여름 별당이나 나누지 말며, 함께 모여 거니는 집도 나누지 말라.

누각 아래가 대중이 모이는 곳이면 누각 위를 개인 용도로 나누고, 누각 위가 대중이 모이는 곳이면 누각 아래를 나누라.

그 안거하는 정사 가까이 동굴 속이나 큰 나무 밑 한데도 아무나 가서 살아서는 안 된다.

그곳에서 안거하고 싶은 이가 있으면 자취를 만들어 표시해서 살아야 하며, 떠날 때는 그 자취를 지워 남이 살도록 해야 한다.

만약 비구가 동굴 같은 곳에서 안거하고자 하면 먼저 가서 다음과 같은 자취를 만들라.

손가락을 찍거나 동그라미를 그리며, 마헤슈바라하늘왕의 모습을 그리거나 포도넝쿨을 그리거나 꽃이나 잎을 그리거나 다섯 빛깔을 칠하거나, 'ㅇㅇ가 안거하겠다'고 쓰라.

그러면 먼저 이런 자취를 만든 이에게 살도록 허락한다."

상가대중은 아란야의 작은 방이나 동굴, 나무 밑에서 편안히 앉아 좌선하고 경행하다, 안거철이 지나면 안거의 쉼터에서 일어나 세간 사람 사이에 노닐어 다닌다. 그러므로 아란야의 쉼은 움직임과 고요함을 넘어서서 고요히 머물다 걸어서 세간에 나가는 '쉼 없는 쉼'이며, 아란야의 쉼터는 세간에 노닐어 다니다 다시 돌아와 고요히 머무는 곳이다.

아란야는 여래가 세간 교화를 위해 상가대중을 내보내는 곳이며, 다시 거두어들여 안거·우파바사타·자자를 행하도록 하는 곳이다.

여래는 성도 후 카시 국의 바라나시 성에서 다섯 수행자를 교화하시어 처음 비구상가가 이루어진 뒤, 아란야에서 법의 눈을 뜨고 사마디를 얻은 비구들을 다음처럼 세간으로 내보내셨다.

『사분율』에서는 아란야에 머물던 제자들이 전법(傳法)의 길을 떠나는 모습을 이렇게 기록한다.

붇다께서 게송으로 비구들에게 말씀하셨다.

나는 지금 온갖 묶임 풀었으니
하늘과 세간의 얽매임이다.
너희들도 온갖 묶임 풀었으니
하늘과 세간의 얽매임이다.
我今一切解　天及於世間
汝等一切解　天及於世間

붇다께서 이어 비구들에게 말씀하셨다.
"너희들이 세간에 다닐 때는 두 사람이 함께 다니지 말라. 나는 지금 우루빌라 대장의 마을에 가서 설법할 것이다."

비구들이 대답했다.

"그렇게 하겠습니다, 세존이시여."

비구들이 분부를 받고 세간으로 다니면서 설법할 때, 법을 듣고 믿음이 생겨나 구족계(具足戒)를 받으려는 이가 있었다.

비구들이 구족계 받으려는 이를 데리고 붇다 계신 곳에 가다가 그 가운데 본래의 믿음을 잃어 구족계를 받지 못하는 이가 있었다.

비구들이 붇다께 가서 이 일을 말씀드리니 붇다께서 말씀하셨다.

"지금부터 너희들이 제자를 두어 구족계를 주도록 허락한다. 구족계를 받으려는 이가 있으면 이와 같이 시키도록 해야 한다.

곧 수염과 머리를 깎고 가사를 입고 가죽신을 벗고 오른쪽 무릎을 땅에 대고 합장해 이렇게 말하도록 한다.

'저 ○○는 붇다께 귀의하고, 법에 귀의하고, 상가에 귀의해 지금 붇다의 제자가 되려 합니다.

여래·지극히 참된 분·바르게 깨친 분은 저의 스승이십니다.'"

붇다께서 다시 말씀했다.

"지금부터 이 말을 세 번 말하도록 허락하니, 그는 곧 구족계를 받은 사람이라 한다."

이처럼 붇다는 아란야에서 안거하며 사마디를 닦아 법의 눈을 뜬 비구들을 다시 세간에 내보내 법의 깃발을 세우고 법바퀴를 굴리게 하신다. 그렇게 해서 아직 믿음이 없는 세간 중생에게 믿음을 심어주고, 아직 삼보에 귀의하지 않는 중생을 귀의케 하며, 믿음 일으킨 이를 이끌어서 출가상가를 세간의 복밭이 되게 한다.

그러므로 아란야의 고요한 곳은 세간의 소용돌이를 피해 숨거나 다만 세간으로부터 멀리 떠나기 위해 머무는 장소가 아니다.

아란야의 고요함은 세간의 시끄러움에 물들지 않되, 그 고요함에도 머물 고요함을 보지 않는다. 또한 그 고요함을 떠나지 않고 세간 속에 되돌아나아가며, 세간의 번뇌를 니르바나에 이끈다.

아란야의 고요함은 세간법의 나고 사라지는 움직임에 따라 움직이고 물들지 않되, 세간법의 움직임을 버리지 않는다.

그러므로 움직임과 고요함이 둘 아닌 법문[不二法門]의 뜻을 모르고 다만 아란야에 앉아 고요함만을 추구한다면 참으로 아란야행을 알지 못하는 것이니, 그와 같은 뜻을 모르고 삼 년 사 년을 안거한들 무슨 큰 법의 이익[法利]이 있을 것인가.

'풀에 들어가 풀을 벗어날 수 있는'[入草出草] 자가 참으로 여래의 아란야에 잘 머문다고 할 것이니, 그와 같은 자가 아란야의 고요한 행[寂靜行]으로 저 시끄럽고 물든 세간을, 정토의 세계로 장엄함이 없이 잘 장엄[莊嚴淨土]할 것이다.

1 사마디와 가르침의 처소인 아란야

붇다의 상가는 처음부터 좌선생활과 마을에 들어가 밥을 비는 것
이 함께 이루어져야 했으므로 '한곳에 머묾'[定住]과 '돌아다님'[遊
行]이 혼합된 거주형태의 생활방식을 가졌다.

밤에 나무 밑이나 동굴, 숲속 한데나 무덤 사이에서 좌선하다 아침
이 되면 함께 경행(經行)하고 밥을 빌러 다니다 밥을 빌고서는 다시
아란야에 돌아와야 했으므로 상가는 일정한 집단거주처가 필요했다.

처음 안거제도가 정착되기 전 다른 교단 수행자들의 비난 때문에
안거제도를 제정했다는 비나야의 기록을 보아도 붇다의 상가는 안거
와 관계없이 늘 좌선과 돌아다님을 함께 행했던 수행집단이었다.

붇다의 상가는 대중이 늘어나면서 늘 같이 모여 카르마를 통해 상
가의 주요 의사를 결정하고 다툼을 해결하며 상가 입단의식을 행하
였으므로, 일정한 아라마(arāma, 園)의 비하라(vihāra, 精舍)에서 집
단행사를 치렀다.

또 국왕과 장자·거사들은 붇다의 상가에 집과 방을 시주함으로써
지속적으로 상가대중과 교섭하기를 바랐으며 가르침을 받고자 했

다. 상가대중이 늘어나 대단위 집단으로 성장하고 장자와 거사들이 바친 숲과 집 같은 시주물은 사방상가의 공동소유로 귀속됨으로써 상가에서 승원생활이 일반화되었다.

곧 초기 상가에서 일시적 거주처였던 아바사는 오두막 형태의 비하라로 발전하고, 비하라는 벽돌로 지어진 큰 강당과 승원으로 변화하면서 정사(精舍)라고 하는 큰 정주처(定住處)와 같은 뜻이 되었다.

붓다 니르바나 이후 데칸 고원 지방에서는 구하(guhā, 窟院)라고 하는 석굴 승원이 발달하였지만, 붓다 상가의 큰 비하라는 대개 숲과 집이 결합된 승원(僧園, saṃghārāma)의 형태를 띠었다.

불교역사상 최초의 승원인 빔비사라 왕의 대숲정사가 그 대표적인 모습이고, 라자그리하 성 교외에 있었던 의사 지바카가 기증한 망고나무 동산(Jīvakamkavana) 또한 긴 건물 두 동과 그 안의 숲, 긴 건물 밖의 벽과 작은 집들을 갖춘 비하라였다.

슈라바스티 성의 제타 숲의 '아나타핀다다 장자의 정사'[Jetavana-Anāthapiṇḍadasyārāma], 카우삼비 국의 '고실라라마'(Ghoṣilārāma)의 승원 또한 숲과 비하라가 결합된 형태였다.

상가대중은 비하라의 방사에서나 그 주변의 숲, 동굴, 나무 밑에서 좌선하고 누워 쉬다 승원에서 간타(ghaṇṭā)를 치면 같이 모여 대중의 여러 가지 카르마를 행하고, 아침 간타에 맞추어 경행하다 걸식을 위해 마을이나 성읍에 들어간다. 걸식을 마치고는 다시 비하라에 돌아와 좌선하고 법을 논의하며 때로 설법하고 법을 듣는다.

발굴을 통해 드러난 비하라의 일반적인 형태는 둥근 모양의 가운데 뜰[中庭]이 있고, 그 둘레에 작게 나누어진 승방(僧房)이 늘어서 있다.

발달된 비하라는 방사가 여러 구역으로 나뉘었으며, 여기에 대중이 같이 모이는 강당·주방·변소·우물·거니는 곳[經行堂]·창고 등이 갖추어져 있었다.

붓다께서 니르바나에 드신 뒤 나란다(Nālanda)에 세워졌던 당시 상가 교육의 중심지 마하비하라(Mahāvihāra)는 대승원(大僧園)을 중심으로 공동체 생활을 했던 상가의 모습을 보여주는 대표적인 유적지로서, 그 장대함은 보는 이들을 경탄케 하고 있다.

또 그 유적지가 바로 상가 집단교육 장소이자 교화의 중심지로서 세계 최초의 대학이라는 평가를 받고 있는 것[나란다 대학]은, 바로 온갖 비밀주의를 떠나 대중을 차별 없이 보디(bodhi)에 이끌고 해탈[mokṣa]에 이끌었던 붓다의 개방된 가르침을 보여주는 현장이기 때문이다.

붓다의 상가야말로 인류역사 최초의 체계적이며 개방적인 교육·교화의 시설이었다.

상가대중의 집단거주처였던 아란야와 비하라는 출가대중의 생활공간이었을 뿐 아니라, 상가 구성원의 교육과 대중 교화의 중심지였다. 수행자 스스로 사마디를 닦고 대중에게 스스로 체득한 법을 전하기 위해 길 떠났던 전법의 출발처였던 것이다.

1) 붓다의 생애, 주요 행적과 관련된 곳의 아란야

태어나신 곳에서 삼보에 대한 깨끗한 믿음의 길을 말씀하다

이와 같이 내가 들었다.

한때 붓다께서는 카필라바스투 니그로다 동산 가운데 계셨다. 그때에 사카족 마하나마(Mahānāma)는 붓다 계신 곳에 와서 머리를 대발에 절하고 한쪽에 물러앉아 붓다께 말씀드렸다.

"세존이시여, 이 카필라바스투는 안온하고 넉넉하며 즐거웁고 사람들은 불꽃처럼 번성합니다. 제가 드나들 때마다 언제나 많은 무리들이 옆에 따르고 미친 코끼리와 미친 사람, 미친 수레도 늘 우리와 함께합니다.

그래서 저는 이 여러 미친 것들과 함께 살고 함께 죽으면서, 붓다와 다르마와 비구상가 생각함을 잊어버리지나 않을까 스스로 두려워합니다. 또 저는 스스로 이렇게 사유합니다.

'내가 마친 뒤에 어느 곳에 태어날 것인가.'"

삼보에 대한 바른 믿음과 지혜로 하늘에 날 것을 언약하심

붓다께서는 마하나마에게 말씀하셨다.

"두려워하지 말고 걱정하지 말라. 목숨을 마친 뒤에는 나쁜 곳에 나지 않을 것이요, 마치더라도 또한 나쁜 곳이 없을 것이다.

비유하면 큰 나무가 밑을 따르고 쏠림을 따르며 기욺을 따르는 것과 같다. 만약 그 밑뿌리를 베면 어느 곳에 넘어지겠는가."

마하나마가 붇다께 말씀드렸다.

"그것이 밑을 따르고 쏠림을 따르고 기욺을 따르는 대로 넘어질 것입니다."

붇다께서 마하나마에게 말씀하셨다.

"너 또한 이와 같다. 만약 목숨 마칠 때에는 나쁜 곳에 나지 않을 것이요, 마치더라도 또한 나쁜 곳이 없을 것이다.

왜냐하면 너는 이미 기나긴 밤에 붇다와 다르마와 비구상가 생각함을 닦아 익혔기 때문이다.

비록 목숨 마칠 때 그 몸은 불에 타거나 무덤 사이에 버려져 바람에 날리고 햇볕에 쪼여 오래되어 티끌 먼지가 되어도, 마음의 앎은 기나긴 밤 오래도록 바른 믿음에 물들었고 계와 보시·들음·지혜에 물들었기 때문에, 그 신묘한 앎은 안락한 곳을 향해 위로 올라가 미래에는 하늘에 나게 될 것이다."

붇다께서 이 경을 말씀하시자, 마하나마는 그 말씀을 듣고 기뻐하고 따라 기뻐하면서 절하고 물러갔다.

• 잡아함 930 자공경(自恐經)

• 해설 •

붇다의 제자들은 어느 곳에 붇다의 스투파(stūpa, 塔)를 세워 붇다를 기리고, 어느 곳을 늘 생각하여 붇다의 지혜의 길을 따라 행할 것인가.

여래의 육신의 몸이 나신 곳, 여래가 집을 나와 도를 이루신 곳, 여래가 보디를 이루신 뒤 맨 처음 법바퀴 굴리신 곳, 여래가 육신의 몸을 거두어 니르바나에 드신 곳이다.

카필라바스투 국은 여래께서 나신 곳이다. 보디의 도를 이루시고 상가의 기본 틀이 갖춰진 뒤, 여래는 육신의 몸을 받아 나신 옛 고향에 돌아오시어 부모와 친족을 교화하시고 사카족의 젊은이들을 상가에 입문시킨다.

세간 애착의 인연이 깊었던 그곳에서 붇다는 중생으로 하여금 애착과 탐욕의 불을 끄고 지혜의 목숨[慧命]에 돌아가고 미혹의 몸을 돌이켜 법의 몸[法身]을 얻도록 삼보에 대한 믿음의 법문을 설하셨으니, 믿음으로 지혜의 생명[慧命]이 나고, 믿음이 온갖 공덕의 모태[功德母]가 되기 때문이다.

삼보의 진리 안에는 나되 남이 없고 죽되 죽음이 없다. 그러나 미래의 삶을 두려워하는 마하나마에게 믿음의 뿌리를 세워주기 위해 여래는 방편으로 '죽은 뒤 하늘위에 난다'고 가르치시고 '신묘한 앎이 안락한 곳을 향해 위로 올라간다'고 가르치시니, 이는 실로 난다는 뜻이 아니라 '남이 없되 나지 않음도 없음'을 보여주시는 것이리라.

연기법에서 난다고 함은 곧 남이 없이 나는 것이니, 『화엄경』(「광명각품」光明覺品)은 이렇게 말한다.

중생에게는 남이 있지 않고
또한 다시 무너짐도 없네.
이와 같은 지혜 얻으면
위없는 도를 이루게 되리.

衆生無有生　亦復無有壞
若得如是智　當成無上道

도를 이루신 곳에서 저 언덕으로
건너가는 법을 말씀하다

이와 같이 내가 들었다.

한때 붇다께서는 우루빌라(Uruvilvā) 마을 나이란자나(Nairañjanā) 강가에 있는 큰 보디 나무 밑에 계셨는데, 처음으로 바른 깨달음의 도를 이루셨다.

하늘마라(Deva-māra, 天魔) 파피야스는 이렇게 생각하였다.

'이 사문 고타마가 지금 우루빌라 마을의 나이란자나 강가에 있는데, 보디 나무 밑에서 처음 깨달음의 도를 이루었다.

내가 지금 그곳에 가서 어려움을 끼쳐주어야겠다.'

그리고 그는 곧 스스로 몸을 변화해 백 가지 깨끗한 모습과 깨끗하지 않은 모습을 지어서 붇다 계신 곳으로 나아갔다.

마라의 변화가 나고 죽음 가운데 있음을 노래해 마라를 물리치심

붇다께서는 멀리 파피야스의 온갖 깨끗하고 깨끗하지 않은 모습을 보시고 이렇게 생각하셨다.

'악한 마라 파피야스가 온갖 깨끗하고 깨끗하지 않은 모습을 지어서 어지럽히려고 하는 것이다.'

곧 게송을 말씀하셨다.

　기나긴 밤의 나고 죽음 가운데서

깨끗하고 깨끗하지 않은 모습을 짓네.
너는 어찌 이러한 모습을 짓고
괴로움의 저 언덕에 건너지 않나.

만약 그의 모든 몸과 입과 뜻이
어려움을 끼칠 수 없는 사람은
마라가 어떻게 할 수 없는 것이니
마라가 마음대로 함 따르지 않네.
이와 같이 나쁜 마라인 줄 알았으니
너는 여기서 스스로 사라져 가라.

그때 악한 마라 파피야스는 이렇게 생각했다.
'사문 고타마가 이미 내 마음을 알고 있구나.'
그러고는 안으로 근심 걱정을 품은 채 이내 사라져 나타나지 않
았다.

• 잡아함 1093 정부정경(淨不淨經)

• 해설 •

보디사트바가 우루빌라의 고행숲에서 고행을 버리고 나이란자나 강가 보디 나무[菩提樹]에 나아가시니, 이는 세속의 쾌락의 삶과 고행의 삶 두 극단을 버리고 중도의 진리에 나아감이다.

보디 나무 아래서 위없는 보디를 이루시니 여기 보디 나무가 곧 법계에 두루한 적멸의 도량[寂滅道場]이며, 붇다의 한 생각 보디의 마음[菩提心]이 곧 시방에 가득한 지혜의 빛[普光明智]이다. 그리고 여래의 앉음, 여래의 걸음걸이, 여래의 말씀이 곧 기나긴 밤 나고 죽음의 소용돌이가 다한 니르바나

의 땅[涅槃處]이다.

이 니르바나의 처소에는 온갖 있음이 있음 아닌 있음이라, 마라의 자재한 신통과 변화도 도리어 여래 법신의 고요함이 된다.

여래 법신에 한 티끌도 받음이 없으니, 저 마라의 갖가지 모습의 변화인들 여래의 고요한 사마디를 어찌할 것인가.

위없는 보디로써 성취하신 여래의 법신을 어떻다고 찬탄해 말할까. 『화엄경』(「여래현상품」如來現相品)은 이렇게 노래한다.

　　바탕 없고 머무는 곳이 없으며
　　또한 얻을 수 있는 남이 없도다.
　　모습이 없고 또한 꼴이 없으니
　　여래께서 나타내신 바는
　　모두 다 그림자와 같도다.

　　無體無住處　亦無生可得
　　無相亦無形　所現皆如影

보디 나무 밑에서 브라흐마하늘왕의 찬탄을 받으시다

이와 같이 내가 들었다.

한때 붇다께서는 우루빌라 마을 나이란자나 강가에 있는 보디 나무 밑에 계셨는데, 깨달음을 이루신 지 오래지 않으셨다.

그때 사바세계의 주인 브라흐마하늘왕은 아주 묘한 몸으로 새벽에 붇다 계신 곳에 와, 붇다의 발에 머리를 대 절하고 한쪽에 물러앉아 게송을 말하였다.

여러 종성 가운데 크샤트리아로
두 가지를 모두 갖추어 높으신 이
지혜와 행 원만히 갖추셨으니
하늘과 사람 가운데 가장 빼어나네.

하늘왕의 찬탄을 붇다께서 크게 인정하심

붇다께서 브라흐마하늘왕에게 말씀하셨다.

"그렇다 브라흐마하늘왕이여. 그대의 말과 같이 그렇다, 브라흐마하늘왕이여."

여러 종성 가운데 크샤트리아로
두 가지를 모두 갖추어 높으신 이

지혜와 행 원만히 갖추셨으니
하늘과 사람 가운데 가장 빼어나네.

붇다께서 이 경을 말씀하시자, 사바세계 주인 브라흐마하늘왕은
붇다의 말씀을 듣고 기뻐하고 따라 기뻐하면서, 붇다의 발에 머리를
대 절하고 이내 사라져 나타나지 않았다.

• 잡아함 1190 범주경(梵主經)

• 해설 •

보디 나무 아래서 떠오르는 샛별을 보고 위없고 바른 깨달음[無上正覺]
을 이루시니, 그 깨달음에는 자아도 공하고 세계도 공하며 그 공함마저 공
하다. 그 지혜는 법계인 지혜[法界智]로 고요하되 비치고 비치되 고요하여
[寂而照 照而寂], 그 지혜 가운데에는 세계를 지은 절대신도 자아 속 영혼도
허공의 꽃과 같고 아지랑이 같고 불꽃과 같다.

붇다는 밖으로 구할 것 없고 안으로 얻을 것 없어서 안이 없고 밖이 없으
며, 그 지혜는 올려다볼 위가 없고 내려다볼 아래가 없으니, 그분을 위없는
스승[無上師], 지혜와 행 갖추신 이[明行足], 하늘과 사람의 스승[天人師]이
라 부른다.

그러니 이제껏 사람들의 우러름과 섬김 받던 저 브라흐마하늘왕도 위없
는 스승 세존께 절하고 하늘이 덮을 수 없고 땅이 실을 수 없는 세존의 끝없
는 공덕을 찬탄한다.

그러나 브라흐마하늘왕이 세존의 공덕 찬탄함이 실은 하늘왕 스스로의 공
한 진실을 찬탄함이고 자아와 세계의 진실에 돌아감이니, 세존께서 브라흐마
하늘왕의 말이 '이와 같고 이와 같다'[如是如是]고 인정해주시는 것이다.

바라나시의 사슴동산에서
사제의 진리를 말씀하시다

이와 같이 내가 들었다.

한때 붇다께서는 바라나시의 선인이 살던 사슴동산에 계셨다. 그때 세존께서는 여러 비구들에게 말씀하셨다.

"누가 이렇게 말한다 하자.

'나는 괴로움의 거룩한 진리에 사이 없는 평등한 지혜를 얻지 못하고, 괴로움 모아냄의 거룩한 진리, 괴로움이 사라진 거룩한 진리에 사이 없는 평등한 지혜를 얻지 못했다.'

그런데도 그가 '나는 괴로움 없애는 길의 거룩한 진리에 사이 없는 평등한 지혜를 얻을 것이다'라고 말한다면, 이 말은 맞지 않다.

왜 그런가. 그럴 이치가 없기 때문이다."

사제의 지혜에 원인과 결과가 서로 응함을 비유로 보이심

"만약 괴로움의 거룩한 진리, 괴로움 모아냄의 거룩한 진리, 괴로움이 사라진 거룩한 진리에 아직 사이 없는 평등한 지혜를 얻지 못하고서, 괴로움 없애는 길의 거룩한 진리에 사이 없는 평등한 지혜를 얻는 것은 그럴 수가 없다.

비유하면 어떤 사람이 '나는 카디라 잎을 따서 그것을 모아 그릇을 만들어 물을 담아가지고 가려고 한다'고 하면 그리 될 수 없는 것과 같다. 왜 그런가. 그럴 이치가 없기 때문이다.

이와 같이 '나는 괴로움의 거룩한 진리, 괴로움 모아냄의 거룩한 진리, 괴로움이 사라진 거룩한 진리에 아직 사이 없는 평등한 지혜를 얻지 못하고서, 괴로움을 없애는 길의 거룩한 진리에 사이 없는 평등한 지혜를 얻고자 한다'고 하면 '그럴 수가 없다'고 말한다."

사제의 인과에 밝은 평등한 지혜를 보이심

"만약 다시 어떤 사람이 '나는 괴로움의 거룩한 진리, 괴로움 모아냄의 거룩한 진리, 괴로움이 사라진 거룩한 진리에 사이 없는 평등한 지혜를 얻고, 다시 괴로움 없애는 길의 거룩한 진리를 얻는다'고 하자. 그러면 이것은 옳은 말이다.

왜 그런가. 그럴 이치가 있기 때문이다.

만약 괴로움의 거룩한 진리, 괴로움 모아냄의 거룩한 진리, 괴로움이 사라진 거룩한 진리에 사이 없는 평등한 지혜를 얻고, 괴로움 없애는 길의 거룩한 진리에 사이 없는 평등한 지혜를 얻고자 하면, 그것은 그럴 수가 있다.

비유하면 어떤 사람이 '나는 파두마 잎사귀, 마알루바 잎사귀를 모아 붙여서 물을 담아가지고 가겠다'고 한다면 그것은 옳은 말이다. 왜 그런가. 그럴 이치가 있기 때문 이다.

이와 같이 만약 '나는 괴로움의 거룩한 진리, 괴로움 모아냄의 거룩한 진리, 괴로움이 사라진 거룩한 진리에 사이 없는 평등한 지혜를 얻은 뒤에, 괴로움 없애는 길의 거룩한 진리에 사이 없는 평등한 지혜를 얻고자 한다'고 말한다 하자. 그러면 그것은 옳은 말이다.

왜 그런가. 그럴 이치가 있기 때문이다.

만약 괴로움의 거룩한 진리, 괴로움 모아냄의 거룩한 진리, 괴로움이 사라진 거룩한 진리에 사이 없는 평등한 지혜를 얻고, 괴로움 없애는 길의 거룩한 진리에 사이 없는 평등한 지혜를 얻고자 하면, 그것은 그럴 이치가 있기 때문이다."

붓다께서 이 경을 말씀하시자, 여러 비구들은 붓다의 말씀을 듣고 기뻐하며 받들어 행하였다.

• 잡아함 397 구제라경(佉提羅經)

• 해설 •

보디를 성취하신 세존은 맨 처음 카시 국의 바라나시에 고행주의를 추종하던 다섯 수행자를 찾아가 쾌락과 고행의 두 극단을 넘어선 중도의 삶을 가르치고, 사제의 진리를 설한다.

그리하여 다섯 수행자의 법의 눈을 뜨게 하여 아라한이 되게 하고 비구가 되게 한다. 다섯 수행자가 비구가 됨으로써 비로소 붓다와 다르마와 상가가 갖춰져 삼보가 세간에 출현하게 된다.

여래의 최초 설법인 사제법은 고통과 해탈이 연기함을 밝혀 온갖 모든 법의 연기를 밝히고 있다. 고통과 해탈에는 원인 없는 결과가 없고 결과 없는 원인이 없다. 고통의 결과[苦諦]가 고통을 모아내는 원인[集諦]에 의해서 연기한 것이므로 인간의 고통은 실로 있지 않고 공하며[本空], 고통이 본래 공하므로 인간은 본래 청정한 것이다.

그러나 본래 청정함이 그대로 해탈의 결과가 될 수 없으니, 본래 청정하므로 고통의 원인을 없애는 실천에 의해서 해탈의 결과가 이루어질 수 있는 것이다.

곧 해탈의 결과는 원인 없이 이루어지지 않고, 해탈의 원인은 해탈의 결과가 이루어지지 않으면 해탈의 원인이라 할 수 없으므로 원인과 결과는 공한 원인과 결과이다.

원인과 결과가 공한 줄 알아야 원인의 땅에서 결과를 말할 수 있고, 결과를 통해 원인 아닌 원인을 볼 수 있다. 그 뜻을 경은 괴로움의 원인과 결과,

괴로움의 사라짐에 사이 없는 평등한 지혜가 없으면 괴로움 없애는 길의 진리에 밝은 지혜가 있을 수 없다고 하신 것이다.

원인과 결과가 공하되 원인 없는 결과가 없으므로 해탈의 원인을 바로 아는 것이 결과의 성취를 아는 것이고, 결과 없는 원인이 없으므로 결과의 성취가 있을 때 그 원인이 바른 원인임을 알 수 있는 것이다.

원인 아닌 바른 원인을 모르면 결과를 모르니, 바른 원인을 모르고도 결과를 안다고 하는 것은 마치 잎이 가늘고 성긴 카디라 잎에 물을 담아 옮겨갈 수 있다고 하는 것과 같다.

결과 아닌 결과를 바로 알 때 그 원인을 알 수 있는 것은 물이 담길 수 있다면 잎이 넓고 큰 연꽃이라야 그 잎에 물을 담아갈 수 있는 것과 같다.

여래의 설법은 괴로움의 원인을 알게 하고 그 모아냄을 알게 하며, 니르바나를 알게 하고 괴로움 다해 니르바나에 가는 길을 알게 하는 가르침이다. 그러므로 여래의 법은 연기의 진실밖에 다른 법이 없어서 인연으로 나므로 나되 남이 없는 연기의 실상을 밝힌 법이다.

맨 처음 바라나시에서 사제의 법바퀴 굴리셨으나, 바라나시에서의 법바퀴 굴림은 설하되 설함 없고 굴리되 굴림 없는 법바퀴 굴림이니, 『화엄경』(「광명각품」)은 이렇게 말한다.

온갖 중생의 세간 그 가운데
곳곳에서 법바퀴를 굴리시나
설하신 법에 성품이 없고
법바퀴 실로 굴림이 없으시니
큰 인도자 방편으로 설하시네.

一切世間中　處處轉法輪
無性無所轉　導師方便說

니르바나의 처소 가까이에서
아난다와 법을 문답하시다

이와 같이 내가 들었다.

한때 붇다께서는 '힘센 장사의 마을'[力士聚落] 사람 사이에 노닐어 다니시다 쿠시나가라 성과 아지타바티(Ajitavatī) 강 가운데 머무셨다.

그 마을 옆에서 존자 아난다에게 말씀하셨다.

"세존의 웃타라상가를 네 겹으로 접어 깔아라. 나는 지금 등이 아파 잠깐 누워서 쉬어야겠다."

존자 아난다는 분부를 받고 곧 웃타라상가를 네 겹으로 접어 깔고서 붇다께 말씀드렸다.

"세존이시여, 웃타라상가를 네 겹으로 접어 깔았습니다. 세존께서는 때를 아십시오."

그때 세존께서 상가티를 두텁게 접어 머리에 베고, 오른쪽으로 누워 발과 발을 서로 포개시고 생각을 밝은 모습에 매어, 바른 생각과 바른 지혜로 일어나실 생각을 지으셨다.

아난다에게 일곱 갈래 깨달음 법 설하게 하시고 당부하심

존자 아난다에게 말씀하셨다.

"너는 일곱 갈래 깨달음 법[七覺支]을 말해보아라."

그러자 존자 아난다가 곧 붇다께 말씀드렸다.

"세존이시여, 생각의 깨달음 법[念覺支]은 다음과 같습니다. 세존
께서 스스로 깨달아 평등하고 바른 깨달음[等正覺]을 이루신 뒤에
'멀리 여읨에 의지하고 욕심 없음에 의지하며, 사라짐에 의지해 버
림에 향한다[向於捨]'고 말씀하셨으니, 바로 이것입니다.

법 가림의 깨달음 법[擇法覺支]·정진의 깨달음 법[精進覺支]·기
쁨의 깨달음 법[喜覺支]·쉼의 깨달음 법[猗覺支]·선정의 깨달음
법[定覺支]·버림의 깨달음 법[捨覺支]도 세존께서 스스로 깨달아
평등하고 바른 깨달음을 이루신 뒤에 '멀리 여읨에 의지하고 욕심
없음에 의지하며, 사라짐에 의지하여 버림으로 향한다'고 말씀하셨
으니, 바로 이것입니다."

붇다께서 아난다에게 말씀하셨다.

"너는 정진을 말했느냐?"

아난다가 붇다께 말씀드렸다.

"저는 정진을 말했습니다, 세존이시여. 저는 정진을 말했습니다,
잘 가신 이시여."

붇다께서 아난다에게 말씀하셨다.

"오직 정진의 깨달음 법을 닦아 익히고, 많이 닦아 익히면 아누타
라삼약삼보디를 얻을 수 있다."

이렇게 말씀하신 뒤에 바르게 앉아 몸을 바로 해 사마디에 드셨다.

한 비구가 세존의 위없는 법과 아난다의 법 설함을 찬탄함

그때 어떤 비구가 곧 게송으로 말했다.

아름답고 묘한 법 듣길 좋아하사

병환 참고 아난다께 말하게 하자
비구는 분부 받아 법을 설하여
일곱 가지 깨달음 법 굴려보였네.

뛰어나도다 존자 아난다시여
밝은 지혜와 교묘한 방편으로
빼어나 맑고 깨끗한 법을 말하니
때를 떠난 미묘한 설법이었네.

생각과 법 가림과 정진의 법과
기쁨과 쉼, 선정과 버림의 법
이것이 바로 일곱 갈래 깨달음 법
미묘하여 아주 좋은 말씀이라네.

일곱 갈래 깨달음 법 설함 들으면
바른 깨달음의 맛 깊이 통달하니
몸에 큰 괴로움의 병은 더해도
여래께서는 병을 참아 견디시며
단정히 앉아 설하는 법 들으셨네.

그 살핌이 바르신 법의 왕께서도
늘 사람 위해서 연설하시지만
남이 설함 듣기를 좋아하시니
하물며 아직 바른 법을 듣지 못한

다른 이들이 어찌 듣지 않을 것인가.

으뜸가는 크고 높은 지혜가 있어
열 가지 힘 갖춰 절 받는 이게
그들 또한 반드시 빨리 서둘러
여기 와서 바른 법 설함 들으라.

가르침 많이 들은 여러 수행자로
수트라와 아비다르마 통달한 이와
여래의 법과 율 잘 통한 이도
법 설함을 반드시 들어야 하는데
하물며 그 나머지 사람이겠나.

진실 그대로의 법 설함을 듣되
마음 오롯이해 지혜롭게 들으면
붇다가 말씀하신 법 가운데서
탐욕 떠나 큰 기쁨 얻게 되리라.

기쁨 얻으면 몸은 편안히 쉬고
마음 스스로 즐거움 또한 그러리.
마음이 즐거우면 사마디를 얻고
바로 살펴 여러 일 잘 행하게 되리.

세 가지 길을 싫어해 버리면

탐욕 여의어 그 마음이 해탈하고
모든 존재의 길 싫어해 버리면
사람이나 하늘에도 나지 않아서
남음 없음 등불이 꺼짐과 같아
마쳐 다해 온전한 니르바나에 들리.

가장 빼어난 법 말해주는 것
그 법 들으면 복된 이익 많으니
그러므로 사유를 오롯이하여
큰 스승께서 설하신 법을 들으라.

그 비구는 이 게송을 말하고 자리에서 일어나 떠나갔다.

• 잡아함 727 구이나갈경(拘夷儒竭經)

• 해설 •

세존께서는 니르바나의 때가 가까워오자 라자그리하 성 그리드라쿠타 산에서 안거하신 뒤 법을 설하시니, 이른바 영산회상의 설법이다.

다시 북쪽으로 길을 걸어 바이샬리 국에서 암라파알리 여인과 수많은 바이샬리 국 대중을 교화하시고 암라파알리 동산을 상가에 기증케 하신다.

그 여름 바이샬리 성 교외에서 안거하시다 큰병이 드시어 사마디의 힘으로 병을 이기시고, 니르바나 드시기 전 세존께서 마지막 당부 남겨주시리라 기대하였던 아난다에게 '여래의 교법에는 주먹손 안에 감춘 법이 없다'고 가르치신다.

그 뒤 북쪽으로 길을 걸어 아지타바티 강을 건너서는, 니르바나의 때가 가까워옴을 아시고 웃타라상가를 접어 오른쪽 옆구리를 땅에 대고 누워 아난다에게 일곱 갈래 깨달음 법을 설법하도록 하신다.

이는 많이 들음[多聞]으로 으뜸인 아난다가 여래의 법을 잘 받아 지니고 잘 따라 행하는가를 점검하시어, 여래의 교법이 후대에 잘 전해지도록 하시기 위함이다.

여래는 법의 왕[法王]이시고 법의 눈[法眼]이며 법의 뿌리[法根]이고 법의 의지[法依]가 되는 분이다. 그 여래께서 여래로부터 가르침을 듣고 소리 들어 깨친[聲聞] 제자 아난다가 법을 설하도록[說法] 하시니, 이는 여래의 법은 가르치는 자와 가르침 받는 이에 두 법이 없는 법계 진리의 법이고, 가르치신 법이 곧 듣는 중생의 진실이기 때문이다.

법의 뿌리이신 여래께서도 설하신 법을 다시 듣는데, 아직 듣지 못해 미혹 속에 있는 이가 어찌 법을 듣지 않을 수 있겠는가.

듣고서 사유하여 가르침대로 따라 행하면, 니르바나의 저 언덕에 잘 가신 이[Sugata]를 따라, 듣는 이 또한 파리니르바나의 저 언덕에 잘 건너갈 수 있으리라.

『화엄경』(「여래현상품」)은 여래가 설하신 법이 가르친 이와 배우는 이의 진실이고, 시방 온갖 법의 자기실상임을 이렇게 노래한다.

> 시방 온갖 곳 가운데 있는
> 모든 큰 세계의 바다에서
> 붇다의 신통과 원의 힘이
> 곳곳에서 법의 바퀴 굴리네.
>
> 十方中所有　諸大世界海
> 佛神通願力　處處轉法輪

마투라 국에서 세존 니르바나 뒤의
법을 예언하시다

이와 같이 내가 들었다.

그때 세존께서는 존자 아난다에게 말씀하셨다.

"이 마투라(Mathurā) 국에는 앞으로 상인의 아들이 있을 것인데, 이름을 굽타(Gupta)라 할 것이다.

굽타에게 아들이 있어 우파굽다(Upagupta)라 할 것이다.

내가 니르바나에 들고 백 년 뒤에 그가 붇다의 일[佛事]을 지어, 가르쳐주는 스승[教授師] 가운데 가장 으뜸이 될 것이다."

사람과 하늘신들에게 법 보살핌 당부하실 뜻을 보이심

"아난다여, 너는 멀리 저 파란 숲 덤불을 보느냐."

아난다는 붇다께 말씀드렸다.

"그렇습니다. 이미 보았습니다, 세존이시여."

"아난다여, 이곳은 우루만타[優留曼茶] 산이라 한다. 여래가 니르바나에 들고 백 년 뒤에 이 산에는 나타바르치카[那吒跋置迦]라는 아란야가 있을 것이니, 이곳은 고요함을 따르는 곳으로 가장 으뜸이 될 것이다."

그때에 세존께서는 이렇게 생각하셨다.

'내가 만약 교법을 사람에게만 맡겨 부친다면 아마 내 교법은 오래 머무르지 못할 것이다. 하늘에게 맡겨 부치더라도 내 교법은 오래 머무르지 못하여, 세간 사람들은 법을 받을 이가 없게 될 것이다.

나는 이제 바른 법을 사람과 하늘에 맡겨 부치어, 여러 하늘과 세간 사람이 함께 법을 거두어 받으면 내 교법은 천 년 동안 흔들리지 않을 것이다.'

그때에 세존께서는 짐짓 세속 따르는 마음[世俗心]을 일으키셨다.

때에 인드라하늘왕과 네 큰 하늘왕은 붇다의 생각을 알고, 붇다 계신 곳에 나아가 머리를 대 발에 절하고 한쪽에 물러나 앉았다.

바른 법이 사라진 악한 세상의 도래를 예언하심

그때에 세존께서는 인드라하늘왕과 네 큰 하늘왕에게 말씀하셨다.

"나는 오래지 않아 남음 없는 니르바나에서 파리니르바나하리라. 내가 파리니르바나에 든 뒤에 너희들은 내 바른 법을 보살펴 지켜야 한다."

그때에 세존께서는 다시 동방 하늘왕에게 말씀하셨다.

"너는 동방에서 바른 법을 보살펴 지켜라."

다시 남방·서방·북방 하늘왕들에게 말씀하셨다.

"너희들은 각각 남방·서방·북방에서 바른 법을 보살펴 지켜라. 천 년이 지난 뒤 내 교법이 사라질 때에는, 반드시 그른 법이 세간에 나와 열 가지 착한 법은 모두 무너질 것이다.

그리하여 이 잠부드비파(Jambu-dvīpa, 閻浮提)에는 나쁜 바람은 사납게 일어나고 물과 비는 때를 맞추지 않으며, 세간엔 많은 사람이 굶주리게 될 것이다.

비는 우박의 재앙이 되고, 강과 시내는 마르며, 꽃과 열매는 이루어지지 않고, 사람들은 빛과 윤기가 없어지며, 벌레와 귀신에게 마을

들은 닳아 없어질 것이다.

먹을거리는 맛을 잃고 진기한 보배들은 가라앉아 사라져, 사람들은 거친 풀과 나무를 몸에 걸치고 떫은 풀과 나무를 먹을 것이다.

때에 사카왕·야반나왕·발라바왕·투사라왕들은 많은 권속을 데리고 붇다의 정수리뼈와 어금니와 발우를 동방에 편안히 둘 것이다.

서방에 있는 왕은 이름이 발라바인데, 백천 권속을 데리고 스투파와 절을 부수고 비구들을 죽일 것이요, 북방에 있는 왕은 이름이 야반나인데, 백천 권속을 데리고 스투파와 절을 부수고 비구들을 죽일 것이다.

남방에 있는 왕은 이름이 사카인데, 백천 권속을 데리고 스투파와 절을 부수고 비구들을 죽일 것이요, 동방에 있는 왕은 이름이 투사라인데, 백천 권속을 데리고 스투파와 절을 부수고 비구들을 죽일 것이다.

그리하여 사방이 모두 어지럽게 되면 여러 비구들은 중국(中國)에 와 모일 것이다."

카우삼비 국의 왕자가 다시 네 곳 나쁜 왕들을 쳐부술 것을 보이심

"때에 카우삼비 국에 왕이 있을 것인데 마한드라세나라 할 것이다. 그 왕이 아들을 낳으면, 손은 피를 바른 것 같고 몸은 갑옷을 입은 것 같으며 큰 용맹과 힘이 있을 것이다.

그가 나던 날 오백 대신도 오백 아들을 낳을 것인데, 모두 왕자와 같이 피 묻은 손과 갑옷의 몸일 것이다.

때에 카우삼비 국에는 하루 동안 피의 비가 내려 왕은 그 나쁜 모습을 보고 크게 두려워하여 점치는 이를 청해 물을 것이다.

점치는 이가 왕에게 말할 것이다.

'왕이 지금 낳은 아들은 장차 잠부드비파의 왕이 되어 사람을 많이 죽일 것입니다.'

아들을 낳은 지 이레 만에 이름을 '맞서기 어려운 이'[難當]라 할 것이고, 그는 점점 자라날 것이다. 때에 사방의 나쁜 왕들은 사방에서 들어와 사람들을 죽일 것이다.

마한드라세나 왕은 그 소문을 듣고 매우 두려워할 것이니, 때에 어떤 하늘신이 왕에게 말할 것이다.

'대왕이여, 우선 〈맞서기 어려운 이〉를 왕으로 세우면 저 네 나쁜 왕들을 항복받을 수 있을 것입니다.'

마한드라세나 왕은 하늘신의 가르침을 받고 곧 왕자에게 자리를 내어주고, 상투의 밝은 구슬을 아들 머리에 얹고, 여러 대신들을 모아 향기로운 물을 정수리에 부을 것[灌頂]이다.

그리고 오백 대신들의 한날에 낳은 아들을 부르면, 몸에 갑옷을 입고 왕을 따라 전장에 나가 네 나쁜 왕의 큰 무리들과 싸워 이기어 남김없이 다 죽일 것이다.

이렇게 그는 잠부드비파의 왕이 되어 카우삼비 국을 다스리고 있을 것이다."

하늘왕들에게 삼장법사의 출현을 알려주심

그때에 세존께서는 네 큰 하늘왕에게 말씀하셨다.

"파탈리푸트라 국에 브라마나가 있어서 이름을 아지니닷타라 할 것인데, 그는 베다 경론을 통달할 것이다. 그 브라마나는 장차 아내를 맞이할 것인데, 그때에 중음(中陰)의 중생이 와서 그의 아들이 될 것이요, 그것이 어머니 태에 들어간 때에는 그 어머니는 사람들과 논의하기를 좋아할 것이다.

그래서 그 브라마나가 여러 점치는 이들에게 물으면 점치는 이들은 대답할 것이다.

'이 태 안의 중생은 온갖 아비다르마[一切論]를 밝게 알 것입니다. 그래서 그 어머니에게 이와 같이 논의할 마음을 내도록 해 어머니가 사람들과 논의하고자 하는 것입니다.'

이리하여 날과 달이 차서 어머니 태에서 나와 어린아이가 되자 온갖 경론[一切經論]을 밝게 알아 늘 경론으로써 오백 브라마나의 아들들을 가르쳐주고, 또 다른 여러 논으로 다른 사람을 가르쳐주며, 의술[醫方]로 의사들을 가르칠 것이다.

이리하여 많은 제자가 있을 것이요, 많은 제자가 있기 때문에 이름을 '제자'(弟子)라 할 것이다. 다음에는 그 부모로부터 집을 나와 도를 배우려 할 것이고, 마침내 부모는 그의 집 나옴을 들어줄 것이다.

그러면 그는 곧 나의 법 가운데 집을 나와 도를 배워 삼장(三藏)을 통달하여 잘 설법하고, 그 말솜씨가 교묘하여 말과 이야기로 많은 권속을 거두어 받을 것이다."

수라타 아라한이 '맞서기 어려운 왕'을 위해 설법할 것을 보이심

세존께서는 다시 네 큰 하늘왕에게 말씀하셨다.

"다시 이 파탈리푸트라 국에는 수타나라는 큰 상인의 우두머리가 있을 것이니, 중음의 중생이 와서 그 어머니 태에 들 것이다.

그 중생이 어머니 태에 들 때에, 그 어머니를 곧고 부드럽게 하며,

여러 삿된 생각도 없어 모든 아는 뿌리를 고요하게 할 것이다.

때에 그 큰 상인의 우두머리가 곧 점치는 이에게 물으면 점치는 이는 대답할 것이다.

'태 안에 있는 중생이 아주 어질고 착하기 때문에 어머니를 이와 같이 곧고 부드럽게 하며 모든 아는 뿌리를 고요하게 한 것입니다.'

달이 차서 아이를 낳으면 이름을 '수라타'라 할 것이요, 나이 들어 점점 자라면 부모에게 말씀드려 집을 나와 도 배우기를 구할 것이다.

부모가 곧 들어주면 나의 법 가운데 집을 나와 도를 배우되, 부지런히 행하고 정진하여 도업을 닦아 익혀, 곧 흐름이 다하게 되어 아라한의 과덕을 증득할 것이다.

그렇게 해서 들음이 적지만, 욕심을 줄여 만족할 줄을 알며, 또 아는 이가 적어 산숲 사이에 살게 되는데, 그 산 이름은 간타마라라고 할 것이다.

때에 그 성인은 늘 와서 '맞서기 어려운 이' 왕을 위해 설법할 것이다. 그 부왕이 죽을 때가 되어, 덧없이 죽는 날에 '맞서기 어려운 이' 왕은 그 아버지가 세상을 떠나는 것을 보고, 두 팔로 아버지 시신을 안고 슬피 부르짖으며 울고 근심하여 번민하고 마음 아파할 것이다.

그때에 저 '삼장을 통달한 이'는 많은 권속을 거느리고 왕 있는 곳에 나아가 왕을 위해 설법할 것이다."

왕이 공양한 비구상가가 법의 집안에서 도적이 될 것을 말씀하심

"왕은 그 법을 듣고는 근심과 번민이 곧 그치고, 붇다의 법 가운데 큰 공경과 믿음을 내 소리를 내 외칠 것이다.

'나는 지금부터 이 뒤로 여러 비구들에게 두려움 없음[無恐畏]을

보시하겠으니, 뜻에 맞아 즐거울 것입니다.'

그러고는 비구들에게 물을 것이다.

'앞에 네 나쁜 왕들이 붇다의 법을 헐어 없앤 지가 몇 해나 되었습니까.'

비구들은 대답할 것이다.

'열두 해가 되었습니다.'

왕은 마음으로 생각하고 다시 말로 사자처럼 외칠 것이다.

'나는 열두 해 동안 다섯 대중[五衆]을 공양하겠소.'

그리하여 여러 공양거리를 준비하여 보시를 행하면, 그 보시하는 날에는, 하늘은 향기롭고 윤택한 비를 내려 잠부드비파에 두루하여 온갖 열매와 씨앗은 잘 자라 클 것이며, 여러 곳의 사람들은 모두 공양을 가지고 카우삼비 국으로 와서 여러 상가대중에게 공양할 것이다.

그때 여러 비구들은 큰 공양을 얻을 것이다.

그러나 그 여러 비구 무리들은 남의 믿음 어린 보시를 받아 먹으면서도 경서를 읽거나 외우지 않고, 윗자리 삼장이 아니면서도 남을 위해 경을 받지 않으며, 허튼 이야기로 날을 보내고 누워 잠자기로 밤을 새울 것이다.

이익됨을 탐내 집착하고 스스로 꾸미기를 좋아하여 몸에는 아름다운 옷을 걸치고, 여러 벗어남의 길과 고요함과 집을 나옴과 바른 보디의 즐거움을 버려 떠날 것이다.

이런 모습을 닮은 비구들은 사문의 공덕을 떠날 것이니, 그들은 이 법 가운데 큰 도적[法中大賊]이다.

그들은 끝세상[末世]에 있어서 바른 법의 깃발[正法幢] 부수는 것을 도와, 악한 마라의 깃발[惡魔幢]을 세우고, 바른 법의 횃불[正法

炬]을 없애 번뇌의 불을 붙이며, 바른 법의 북[正法鼓]을 부수고 바른 법의 바퀴[正法輪]를 없앨 것이다.

바른 법의 바다[正法海]를 말리고 바른 법의 산[正法山]을 무너뜨리며, 바른 법의 성[正法城]을 깨뜨리고 바른 법의 나무를 뽑고, 선정과 지혜를 허물고 계율의 보배목걸이[戒瓔珞]를 끊고 바른 도를 더럽힐 것이다."

하늘신들이 나쁜 비구들을 꾸짖고
붇다의 법 사라짐을 걱정하게 될 것 보이심

"그때엔 저 하늘·용·귀신·야크샤·간다르바들은 이 여러 비구들 있는 곳에 나쁜 마음을 내어 여러 비구들을 헐뜯고 비방하며, 싫어하고 미워해 멀리 떠나 서로 가까이하지 않으며, 모두 소리를 같이해 말할 것이다.

'아아, 이런 나쁜 비구들[惡比丘]은 여래의 법에 어울리지 않는다.'

그러고는 게송으로 말할 것이다."

좋지 못하게 나쁜 짓 행하며
여러 삿된 견해의 법을 행하니
이런 여러 어리석은 사람들은
바른 법의 산을 쳐서 무너뜨리고
여러 나쁜 계율의 법을 행하여
여러 법다운 행을 모두 버리며
빼어나고 묘한 법 다 버리고서
지금 붇다의 법을 뽑아 없애네.

믿지 않고 스스로 조복하지 않아
여러 나쁜 행들을 즐겨 행하며
아첨과 거짓으로 세간 속이며
무니의 바른 법을 부숴버리네.

바른 모습 허물고 악한 행 익히며
거칠고 모질게 온갖 짓 저지르며
법을 빙자해 세상 사람 속이고
원한 품고 스스로 높은 체하며
이름과 이익 구함 탐착하면서
악한 업을 갖추지 않음이 없네.

붇다께서 말씀하신 법과 같이
법이 사라지려 이런 모습이 있는가.
지혜로운 이가 천대받는 이 모습
지금 이미 그 모든 것 다 보도다.

이런 법이 지금 이미 나타났으니
무니께서 전한 바른 법의 바다가
오래지 않아 말라 다하게 되리.
바른 법이 지금 조금 남아 있으나
나쁜 사람들이 다시 와 없애버려
우리 바른 법을 헐어 무너뜨리리.

"때에 저 여러 하늘과 용과 신들은 모두 즐겁지 않아 언짢은 마음을 내어 '다시는 비구들을 보살피지 않겠다'라고 하고서, 소리를 같이해 외칠 것이다.

'붇다의 법은 지금부터 이레 뒤에는 사라져 다할 것이다.'

슬피 울고 부르짖으면서 서로 같이 이렇게 말할 것이다.

'비구들이 계 설하는 날[說戒之日, upavasatha]이 되면 같이 서로 싸울 것이니, 여래의 바른 법은 그 가운데서 사라질 것이다.'

이와 같이 여러 하늘들은 슬피 울며 괴로워할 것이다."

카우삼비 국의 오백 우파사카들이
세간 복밭 사라짐을 걱정할 것 보이심

"때에 카우삼비 성안에 있는 오백 우파사카들은 여러 하늘들의 말을 듣고, 같이 여러 비구대중 가운데 나아가 비구들의 싸움을 말리면서 게송으로 말할 것이다."

슬프도다, 아주 괴로운 해로구나.
뭇 중생들 가엾이 생각해오더니
사카무니 그 사자왕의 높은 법
그 법은 지금 곧 사라지려는가.

나쁜 수레바퀴가 법바퀴 부수어
이와 같이 금강의 법 다해가니
어찌 무너지지 않을 수가 있으리.
안온한 때는 이미 사라져갔네.

위험한 법이 이미 일어났으며
맑고 지혜로운 사람 이미 떠나서
지금 이와 같은 모습 보게 되니
다시 오래지 않아 무니의 법이
끊어지고 사라져서 이 세간에는
다시 밝음 없을 것 알아야 하리.

더러운 때를 모두 떠난 고요한 입
무니의 지혜의 해가 지금 사라지면
세상 사람 보배곳간 잃어버리고
선과 악에 차별마저 없게 되리라.
선과 악에 차별마저 없어지면
뉘라서 바른 깨침 얻게 될 건가.

법의 등불 지금 세상에 남아 있어
때 되어 모든 착함 행하게 되면
한량없는 모든 복밭 이루게 되나
이 법은 지금 사라져버리게 되리.
그러므로 지금 이곳 우리 무리가
재물이 굳세지 않음 살펴 안다면
때 되어 진리의 굳센 열매 얻으리.

아라한 비구가 계 설하는 삼장과 대중에게
법의 깃발 사라지게 됨을 경계함

"보름날이 되어 계를 설할 때에 법은 곧 사라지게 될 것이다. 그 날 오백 우파사카들은 하루 동안에 오백 개 붇다의 스투파를 만들 것이다.

때에 여러 우파사카들은 각기 다른 일이 있어서 다시는 여러 상가 대중 가운데 오고가지 않을 것이다.

그때에 간타마라 산에 있던 수라타 아라한은 잠부드비파를 살피 다 이렇게 생각할 것이다.

'오늘 어디서 상가대중의 계 설함이 있는가.'

카우삼비 국에서 여래 제자들이 계를 설해 우파바사타하는 것을 보고 곧 카우삼비 국으로 나아갈 것이다.

때에 상가대중이 백천 명일지라도 그 가운데 오직 한 아라한이 있 어 '수라타'라 할 것이고, 한 사람 삼장을 통달한 이가 있어 '제자'라 이름할 것이다.

그리고 이것은 여래 제자 맨 뒤의 모임이 될 것이다.

그때에 유나(維那)는 산가지[śala]를 돌리고 삼장을 통달한 윗자 리 비구에게 말할 것이다.

'상가대중이 이미 모여 백천 사람이 있습니다. 그들을 위해 프라 티목샤를 설해주십시오.'

때에 그 윗자리 비구는 대답할 것이다.

'잠부드비파의 여래 제자들이 여기 모여 수가 백천이 되오.

이와 같은 대중 가운데 내가 윗머리가 되어 삼장을 밝게 통달했지 만 오히려 계율을 배우지 못했는데, 하물며 다른 사람들이 배우는 것

이 있겠소. 그런데 지금 누구를 위해 계율을 말하겠소.'

　그러고는 이 게송을 말할 것이다."

　　오늘은 보름날 밤은 고요하고
　　달은 아주 맑고 환하게 밝은데
　　이와 같은 여러 비구들이 모여
　　지금 계 설하는 것을 듣고 있네.

　　온갖 이 잠부드비파의 땅에서
　　상가대중이 맨 뒤에 모였으니
　　나는 이 무리 가운데 맨 위로서
　　계율의 법을 배우지 못하였는데
　　하물며 다시 다른 상가의 대중이
　　계율 배워서 익힌 것이 있겠는가.
　　그러니 어찌 저 무니의 법과
　　사카 사자왕의 계율 누가 지니어
　　이 사람이 이 법 설할 수 있겠는가.

수라타 아라한이 계 설해주길 청할 것 보이심

　"그때에 그 아라한 수라타는 높은 자리 비구 앞에 서서 합장하고 그에게 말할 것이다.

　'높은 자리 장로시여, 다만 프라티목샤만 말씀하십시오.

　붇다께서 세간에 계실 때에 사리푸트라나 목갈라야나 같은 큰 비구대중이 배웠던 법과 같은 것은 내가 지금 이미 다 배웠소.

여래께서 비록 니르바나에 드시어 지금 이미 천 년이 되었지만, 그
분께서 제정하신 계율은 내가 다 이미 갖추었소.'
그러고는 이 게송을 말할 것이다."

높은 자리 장로여, 내 말 들으오.
나는 수라타라고 이름하는데
이미 흐름 다한 아라한으로서
상가 가운데서 사자처럼 외치는
무니의 참되고 바른 제자이오.

붇다를 믿는 여러 귀신의 무리들
그 성인이 다음처럼 말함을 듣고
아주 슬퍼하며 눈물 흘리면서
고개 숙여 법이 사라짐 걱정하리.

지금으로부터 이 뒤로 가서는
비나야와 프라티목샤 설해줄 이
다시 이 세간에 있지 않게 되리니
법의 다리는 지금 이미 무너졌고
법의 물은 다시 흐르지 않으며
법의 바다는 이미 말라 다했으며
법의 산은 이미 무너져버렸네.

법의 모임 지금부터 끊어지리니

법의 깃발 다시는 볼 수 없으리.
법의 발은 다시는 걷지 못하고
바른 몸가짐의 계 길이 사라지리.

법의 등불 다시는 비치지 않고
법의 바퀴 다시 구르지 않으며
단이슬의 문은 닫혀 막히리라.
법의 스승 이 세간 계시지 않으니
좋은 사람 비록 묘한 도를 말해도
중생들은 그 좋음을 알지 못하여
저 들짐승과 다르지 아니하리라.

마야 부인이 붇다의 바른 법 사라짐을 걱정하고 깨우쳐줌

"그때에 붇다의 어머니 되시는 마야 부인은 하늘위에서 내려와 여러 비구 있는 곳에 나아가 부르짖어 울며 말할 것이다.

'아아, 괴롭다. 이는 나의 아드님이 아승지겁을 거쳐 여러 괴로운 행을 닦아 몸의 노고 돌아보지 않고 덕을 쌓아 붇다의 도 이루신 것인데, 지금 갑자기 사라지는구나.'

그러고는 이 게송을 말할 것이다."

나는 바로 붇다의 어머니이니
내 아드님 괴로운 행을 쌓아서
오래도록 셀 수 없는 겁을 거치어
마침내 참된 도를 이루었는데

지금 법이 갑자기 사라진다니
슬픈 눈물 스스로 가눌 수 없네.

슬프도다, 지혜로운 사람이여.
그대는 지금 어느 곳에 있는가.
바른 법을 지니어 다툼 버리고
붇다의 입을 따라 태어난 분이
모든 왕 가운데 위없이 높으신 이로
참된 붇다의 제자라 할 수 있네.

두타로 묘한 행을 닦으시면서
덤불숲 가운데 머물러 살아가는
이 같은 참된 붇다의 아들께서는
지금 어느 곳에 머물고 계시는가.

지금 이 세간 위엄과 덕이 없으니
넓은 들판 깊은 산숲 그 가운데서
모든 신들도 고요히 말이 없어라.

보시와 계로 중생 슬피 여기사
믿음과 계로 스스로 장엄하며
욕됨을 참아 곧고 바른 행으로
모든 착함과 악함 가려 살피는
이와 같은 모든 빼어난 법들은

지금 갑자기 모두 다해버렸네.

세간 등불 사라짐을 하늘과 우파사카들이 슬퍼하게 됨을 보이심

"그때에 그 높은 자리 장로의 제자는 이렇게 생각할 것이다.

'저 수라타 비구는 스스로 말하기를 여래께서 제정하신 계율을 나는 다 갖추어 지녔다고 한다.'

그때에 높은 자리 장로에게는 '안가타'라는 제자가 있었다. 그는 참지 못하는 마음을 일으키고 아주 원통해하며, 곧 자리에서 일어나 그 성인을 꾸짖고 욕할 것이다.

'너는 바로 아랫자리 비구로서 어리석고 지혜가 없는데도 우리 화상(和尙)을 헐뜯고 욕했다.'

그러고는 날카로운 칼을 가지고 그 성인을 죽이고, 이 게송을 말할 것이다."

> 내 이름은 안가타로서
> 윗자리 삼장의 제자인데
> 그대 스스로 덕 있다 해
> 날카로운 칼로 너를 죽였다.

"그때에 따티무카라는 귀신은 이렇게 생각할 것이다.

'세간에는 오직 이 한 아라한이 있었는데 악한 비구 제자에게 죽었다.'

그러고는 날카로운 금강공이를 들고 그 끝에 불을 붙여 머리를 깨부수어 안가타는 곧 목숨을 마치게 된다. 그리고 이 게송을 말할 것이다."

나는 바로 못된 귀신인데
이름은 따티무카라 한다.
이 불타는 금강공이로
너의 머리 일곱 조각 내
깨뜨려 부수었도다.

"그때에 아라한 제자는 삼장의 제자가 자기 스승을 죽이는 것을
보고 원통함을 참지 못해 곧 삼장의 비구를 죽일 것이다. 그때 여러
하늘과 세상 사람들은 슬피 울면서 말할 것이다.

'아아, 괴롭도다. 여래의 바른 법은 이제 곧 모두 없어지리라. 이내
이 큰 땅덩이는 여섯 가지로 떨려 움직이고 한량없는 중생들은 부르
짖고 울면서 아주 시름하고 괴로워할 것이다.

아아! 오늘부터 바른 법은 세간에 다시 나타나지 않으리라.'
이렇게 말하고는 제각기 흩어져 떠나갈 것이다.

그때에 카우삼비 국의 오백 우파사카는 이 말을 듣고 절에 와서 손
을 들어 머리를 치고 소리 높여 크게 울면서 말하리라.

'아아, 여래께서는 세간을 슬피 여기시어 여러 중생을 건지실 때
크고 작은 분별이 없으셨는데, 누가 우리들을 위해 법의 뜻[法義]을
말해줄 것인가.

이제는 사람이나 하늘에서 벗어날 사람 얻을 수 없겠구나. 중생들
은 오늘 오히려 캄캄한 어두움 속에 있는데, 아무도 이끌어줄 이 없
어서 모든 악함 길이 익혀 이로써 기쁨 삼으니 들짐승과 같다.

무니의 묘한 법을 듣지 못하고 몸이 무너지고 목숨 마치면 세 갈래 길에 떨어질 것이니, 비유하면 별똥별[流星]과 같은 것이다.

세상 사람들에게는 지금부터 뒤로는 다시 살피는 지혜[念慧]와 고요함[寂靜]과 사마디[三昧]와 열 가지 힘[十力]의 묘한 법이 없어질 것이다.'

그때에 카우삼비 국왕은 여러 비구들이 참사람 아라한과 삼장의 법사를 죽였다는 말을 듣고 마음에 슬픔과 번민을 내 한숨짓고 앉아 있을 것이다.

그때에 여러 삿된 견해를 가진 무리들은 서로 다투어 스투파와 절을 부수고 또 비구들을 죽일 것이니, 이로부터 붇다의 법[佛法]은 곧바로 아득히 사라지고 말 것이다."

바른 법이 오래 머물게 하도록 다시 하늘신들에게 당부하심

그때에 세존께서는 인드라하늘왕과 네 큰 하늘왕과 여러 하늘 세간 사람들에게 말씀하셨다.

"내가 니르바나에 든 뒤 법이 다하는 모습은 위에서 말한 것과 같다.

그러므로 그대들은 지금 부지런히 힘써서 더욱 정진해, 바른 법을 보살펴 지켜서 오래 이 세간에 있도록 하지 않으면 안 된다."

그때에 여러 하늘과 세간 사람들은 붇다의 말씀을 듣고, 각기 슬픈 얼굴에 손으로 눈물을 뿌리면서, 붇다의 발에 머리를 대 절하고 각기 스스로 다시 물러갔다.

• 잡아함 640 법멸진상경(法滅盡相經)

붇다의 법은 기성 브라마나의 철학을 깨뜨리고 세간에 새롭게 설한 해탈의 법이다. 이 법이 진실의 법이지만 기성 철학의 사제들, 기성 철학을 지지하는 왕들에 의해 박해받을 것을 생각해 붇다는 이 법 보살핌을 하늘과 사람에게 당부하신다.

사람뿐 아니고 하늘신에게 법 지킬 것 당부하심은 왜인가. 사람에게만 당부하면 법을 깨뜨리는 왕의 힘과 전쟁의 파괴의 힘을 사람이 이길 수 없기 때문이고, 하늘에게만 당부하면 이 세간에서 법을 짊어지고 갈 현실의 힘이 없기 때문이다.

붇다께서 니르바나에 드신 뒤에 우파굽타 같은 비구가 나와 법을 이어가지만, 또 바깥길을 지지하는 세간의 왕들이 붇다의 법을 깨뜨리고, 동서남북 밖에서 들어온 권세 가진 왕들의 탄압과 박해가 이어질 것이다. 전쟁과 배고픔과 추위와 전염병이 돌아 법을 닦아 행하는 상가가 무너질 것이고, 다시 법을 지키는 새로운 힘을 가진 자들이 법을 보살피기 위해 세간의 권세와 힘을 사용할 것이다.

우파바사타 날 계율 설해줄 현성이 사라지고, 계율 설해줄 이가 있어도 듣는 대중이 그를 미워해 죽이게 될 것이다. 높은 자리 장로와 그를 따르는 이들이 법의 눈을 갖춘 아라한 무니를 죽이고 삼장에 통달한 큰 법사를 죽이니, 법의 끝세상 높은 자리를 지키기 위해 법의 눈[法眼] 뜬 이를 억압하고 설 자리를 빼앗게 될 뒤의 다툼을 미리 알려주는 듯하다.

사마디를 갖춘 아라한 성인과 법을 많이 들어 기억하는 삼장법사의 제자들이 서로 다투어 죽이고, 세간의 우파사카들은 상가의 다툼을 걱정해 울부짖을 것이라 했으니, 이는 지금 교(敎) 없는 선(禪)의 무리와 선 없는 교의 무리가 서로 헐뜯고 허물어뜨리는 것과 같다 할 것이다.

또 이처럼 빼앗고 빼앗기며 죽이고 해치는 이런 싸움과 다툼에 대한 경고는 지금 세력을 의지해 높은 자리 큰 자리를 차지하기 위해 다투는 상가의 현실을 미리 경계하신 듯하다.

그러나 이처럼 붇다의 법을 따르는 사람에 다툼이 있고 세간의 주지삼보(住持三寶)가 허물어진들, 여래의 '남이 없고 사라짐 없는 보디의 법'이 어찌 사라짐이 있고 허물어짐이 있겠는가.

중생이 번뇌 속에서 기나긴 밤[長夜]을 내달려도 물듦이 없는 여래장의 생명은 다함없으리니, 이 법을 소리로 들어 믿음을 내는 이[聲聞]는 소리를 듣고 홀연히 믿어 돌아갈 것이고, 홀로 사유해 깨치는 이[獨覺]는 남아 있는 가르침을 사유해 믿어 돌아갈 것이다.

마음 큰 중생[大心凡夫, bodhisattva]은 스스로 자신의 번뇌가 본래 공함을 살펴 보디의 땅에 돌아갈 것이며, 번뇌가 공하되 보디의 공덕이 허망하지 않음을 알아 갖가지 파라미타행으로 나와 중생을 함께 해탈의 저 언덕에 이끌어갈 것이다.

이 법은 사람의 법일 뿐 아니라 하늘과 용, 뭇 신들의 법이니, 사람 세상의 법이 허물어지면 하늘이 이 법을 전하고, 용과 간다르바와 아수라와 마후라가가 이 법을 유통해 전할 것이다. 뒷세상 어지럽고 흐린 때라도 바른 법 믿어 받드는 이가 있고 법을 보살펴 지키는 이가 있으면 수트라에서 경고하신바 법이 무너지고 상가가 서로 다투는 모습은 일어나게 할 조건[緣]이 사라진 것이다. 그러면 법을 무너뜨릴 씨앗[因]이 있어도 열매[果]를 내지 못할 것이다.

『화엄경』(「세주묘엄품」世主妙嚴品)은 하늘신들이 여래의 법을 받아 법을 지키는 보디사트바가 됨을 다음과 같이 말한다.

여래의 참몸은 본래 둘이 없어서
중생에 응하고 여러 모습 따르되
모습 없는 모습 세간에 가득하여
중생은 여래가 눈앞에 계심을 보니
이것이 불꽃 하늘신의 경계이네.

如來眞身本無二　應物隨形滿世間
衆生各見在其前　此是焰天之境界

여래의 니르바나 뒤, 라자그리하 성에서
바쿠라 존자가 법을 보이다

나는 들었다, 이와 같이.

한때 붇다께서 온전한 니르바나에 드신 뒤 오래지 않아 존자 바쿠라(Vakkula)는 라자그리하 성에 노닐면서 칼란다카 대나무동산에 있었다.

그때 어떤 '배움 다른 이'[異學]가 있었는데, 그는 존자 바쿠라가 집을 나오기 전에 가까이 지내던 좋은 벗이었다.

그는 오후에 천천히 거닐어 존자 바쿠라가 있는 곳에 와 서로 같이 문안한 뒤 한쪽에 앉았다. 배움 다른 이가 말하였다.

"어진 이 바쿠라여, 내가 묻고 싶은 일이 있는데 들어주겠습니까?"

존자 바쿠라가 대답하였다.

"어진 이여, 그대 묻고 싶은 대로 물어보시오. 듣고 생각해보겠소."

배움 다른 이가 물었다.

"어진 이 바쿠라여, 그대는 이 바른 법 안에서 도를 배운 지 얼마나 됐습니까?"

존자 바쿠라가 대답하였다.

"배움 다른 이여, 나는 이 바른 법 안에서 도를 배운 지 팔십 년이 되었소."

배움 다른 이가 다시 물었다.

"어진 이 바쿠라여, 그대는 이 바른 법 안에서 도를 배운 지 팔십 년 동안에 일찍이 음욕 행한 일을 기억하시오?"

존자 바쿠라가 배움 다른 이에게 말했다.

"그대는 이렇게 묻지 말고 다시 다른 일을 이렇게 물어보오.

'어진 이 바쿠라여, 그대는 이 바른 법과 율 안에서 도를 배운 지 팔십 년 동안에 일찍이 탐욕의 생각[欲想] 일으킨 것을 기억하시오?'

배움 다른 이여, 그대는 이렇게 물어야 하오."

그러자 배움 다른 이는 곧 이렇게 말했다.

"내가 이제 다시 어진 이 바쿠라에게 묻겠소. 그대는 이 바른 법과 율 안에서 도를 배운 지 팔십 년 동안에 탐욕의 생각 일으킨 것을 기억하시오?"

팔십 년 수행기간 동안의 열 가지 일찍이 없었던 법을 보임

이에 존자 바쿠라는 이 배움 다른 이의 물음으로 인해 곧 여러 비구들에게 말하였다.

"여러 어진 이들이여, 나는 이 바른 법과 율 안에서 도를 배운 지 팔십 년이 되었소. 그러나 이것으로 높은 체함 일으키는 이런 생각은 아주 없었소."

만약 존자 바쿠라가 이렇게 말했다면, 이것을 '존자 바쿠라의 일찍이 없었던 법'이라 한다.

다시 존자 바쿠라는 이렇게 말했다.

"여러 어진 이들이여, 나는 이 바른 법과 율 안에서 도를 배운 지 팔십 년이 되었소. 그러나 일찍이 탐욕의 생각이 없었소."

만약 존자 바쿠라가 이렇게 말했다면, 이것을 '존자 바쿠라의 일찍이 없었던 법'이라 한다.

다시 존자 바쿠라는 이렇게 말했다.

"여러 어진 이들이여, 나는 떨어진 누더기 옷[糞掃衣]을 입은 지 팔십 년이 되었소. 그러나 이 때문에 높은 체하는 이런 모습 일으킴은 아주 없었소."

만약 존자 바쿠라가 이렇게 말했다면, 이것을 '존자 바쿠라의 일찍이 없었던 법'이라 한다.

다시 존자 바쿠라는 이렇게 말했다.

"여러 어진 이들이여, 나는 떨어진 누더기 옷을 가진 지 팔십 년이나 되었소. 그러나 아직까지 거사의 옷 받은 것을 기억하지 못하고, 일찍이 멀쩡한 옷감을 잘라 끊어서 옷을 만들지 않았소.

그리고 일찍이 다른 비구를 시켜 옷을 만들지 않았고, 일찍이 바늘을 써서 옷을 꿰매게 하지 않았으며, 일찍이 바늘을 가지고 주머니를 깁게 하거나 나아가 바늘 한 땀도 뜨게 하지 않았소."

만약 존자 바쿠라가 이렇게 말했다면, 이것을 '존자 바쿠라의 일찍이 없었던 법'이라 한다.

다시 존자 바쿠라는 이렇게 말했다.

"여러 어진 이들이여, 나는 밥을 빈 지 팔십 년이나 되었소. 그러나 이 때문에 일찍이 높은 체함 일으키는 이런 모습은 아주 없었소."

만약 존자 바쿠라가 이렇게 말했다면, 이것을 '존자 바쿠라의 일찍이 없었던 법'이라 한다.

다시 존자 바쿠라는 이렇게 말했다.

"여러 어진 이들이여, 나는 밥을 빈 지 팔십 년이나 되었소. 그러나 일찍이 거사의 청 받은 것을 기억하지 못하고, 일찍이 차례를 넘겨 밥을 빌지 않았으며, 일찍이 큰집에 가서 아주 깨끗하고 맛있고 넉넉하고 입에 녹는 먹을거리 얻으려고 밥을 빌지 않았고, 일찍이 여인의 얼굴을 보지 않았소.

그리고 일찍이 비구니 방에 들어간 것을 기억하지 못하고, 일찍이 비구니 방에서 비구니와 서로 같이 문안함을 기억하지 못하고, 나아가 길에서도 서로 말하지 않았소."

만약 존자 바쿠라가 이렇게 말했다면, 이것을 '존자 바쿠라의 일찍이 없었던 법'이라 한다.

다시 존자 바쿠라는 이렇게 말했다.

"여러 어진 이들이여, 나는 이 바른 법과 율 안에서 도를 배운 지 팔십 년이나 되었소. 그러나 일찍이 사미 기른 것을 기억하지 못하고, 일찍이 이익 때문에 흰옷의 사람들에게 설법한 것을 기억하지 못하고, 나아가 네 구절의 게송 또한 말하지 않았소."

만약 존자 바쿠라가 이렇게 말했다면, 이것을 '존자 바쿠라의 일찍이 없었던 법'이라 한다.

다시 존자 바쿠라는 이렇게 말했다.

"여러 어진 이들이여, 나는 이 바른 법과 율 안에서 도를 배운 지 팔십 년이나 되었소. 그러나 일찍이 앓거나 나아가 손가락 튕길 사이라도 머리 아파본 적이 없었고, 일찍이 약을 먹거나 나아가 한 조각의 하리티카(haritaka) 먹어본 것을 기억하지 못하오."

만약 존자 바쿠라가 이렇게 말했다면, 이것을 '존자 바쿠라의 일찍이 없었던 법'이라 한다.

다시 존자 바쿠라는 이렇게 말했다.

"여러 어진 이들이여, 나는 두 발을 맺고 앉은 지 팔십 년이나 되었소. 그동안 일찍이 벽에 기대거나 나무에 기대지 않았소."

만약 존자 바쿠라가 이렇게 말했다면, 이것을 '존자 바쿠라의 일찍이 없었던 법'이라 한다.

다시 존자 바쿠라는 이렇게 말했다.

"여러 어진 이들이여, 나는 사흘 낮밤에 세 가지 밝음[三明]에 통달함을 얻었소."

만약 존자 바쿠라가 이렇게 말했다면, 이것을 '존자 바쿠라의 일찍이 없었던 법'이라 한다.

다시 존자 바쿠라는 이렇게 말했다.

"여러 어진 이들이여, 나는 두 발을 맺고 앉아 온전한 니르바나에 들겠소."

바쿠라는 곧 두 발을 맺고 앉아 니르바나에 들었다.

만약 존자 바쿠라가 두 발을 맺고 앉아 온전한 니르바나에 들었다면, 이것을 '존자 바쿠라의 일찍이 없었던 법'이라 한다.

존자 바쿠라가 말한 것이 이와 같았으니, 그때 배움 다른 이와 여러 비구들은 이 말을 듣고 기뻐하며 받들어 행하였다.

• 중아함 34 박구라경(薄拘羅經)

• 해설 •

붓다께서는 마하카샤파 존자의 두타행을 찬탄하시며 '두타법이 있으면 나의 법이 오래 세간에 머물 것이며, 두타법을 찬탄하면 나의 법을 찬탄하는 것이다'라고 하셨다.

바쿠라 존자는 여래의 가르침을 따라 두타로 저 언덕에 이미 건너간 현성이시니, 바쿠라의 '일찍이 없었던 법'이 곧 여래의 법신이 늘 세간에 머무심을 검증해주며, 여래의 법이 온갖 중생의 자기진실임을 온전히 드러내준다.

바쿠라 존자는 집을 나와 집이 없이 여래의 법을 따라 살아가기 팔십 년 동안 한 번도 음욕과 탐욕의 생각 낸 일이 없었으니, 이는 그가 범행의 성취자임을 말한 것이다.

집을 나와 밥을 빈 지 팔십 년 동안 입에 맛있는 먹을거리를 탐착하지 않고, 누더기 옷 입기와 밥 빌기에 여래의 비나야를 범한 적이 없으니, 그가 여래의 인욕의 옷, 부끄러움의 옷을 입고 살아가는 으뜸가는 두타행자임을 말한 것이다.

바쿠라 존자는 도를 배운 지 팔십 년 동안 잠깐이라도 몸의 병을 앓아 약을 먹은 적이 없었으니, 이는 그가 이 육체의 생명이 공한 곳에서 금강 같은 법의 몸[法身]을 깨달아 법의 몸 성취하였음을 말한 것이다.

바쿠라 존자가 사흘 밤낮에 세 밝음을 통한 것은 그가 낮과 밤에 항상 밝은 지혜의 목숨[慧命] 성취한 분임을 나타낸다.

그가 집을 나와 숲속에서 좌선한 지 팔십 년 동안 벽에 기댐이 없이 선정을 닦은 것은 바쿠라 존자가 깊이 흔들림 없는 나가의 큰 선정[那伽大定]을 얻은 사마디 행자[三昧行者]임을 나타낸 것이다. 그가 두 발 맺고 앉아 파리니르바나에 든 것은 바쿠라 존자가 다시 나고 죽음의 길에 헤매지 않는 해탈의 몸[解脫身, mokṣa-kaya] 성취한 현성임을 나타낸다.

바쿠라 존자는 밖으로 구할 보디의 법이 따로 없었고 안으로 끊을 중생의 번뇌가 없었으니, 그는 온전히 여래의 법신으로 자신의 몸을 삼고 여래의 지혜의 생명으로 자신의 반야생명을 삼고 여래의 프라티목샤로 자신의 해탈의 행을 삼은 분이다.

그가 바로 여래의 입으로 태어난 법의 자식이고 길이 여래의 집[如來家]을 떠남이 없이 세간의 고통 속에 돌아와 중생을 이끌어줄 세간의 큰 인도자인 것이다.

2) 마가다 국의 주요 아란야

① 라자그리하 성의 대숲정사

대숲정사에서, 열 가지 법에
집착 떠나도록 가르치시다

이와 같이 내가 들었다.

한때 붇다께서는 라자그리하 성 칼란다카 대나무동산에 계셨다. 그때 세존께서는 여러 비구들에게 말씀하셨다.

"만약 한 법[一法]에 대하여 바로 탐착 떠남을 내고 즐기지 않고 등져버리면[背捨] 모든 흐름을 다할 수 있게 된다. 그것은 곧 온갖 중생은 먹음[食]으로 말미암아 있다는 것이다.

다시 두 법이 있으니 마음 · 물질[名色]이다.

다시 세 법이 있으니 세 가지 느낌[三受]이다.

다시 네 법이 있으니 네 가지 먹음[四食]을 말한다.

다시 다섯 법이 있으니 다섯 가지 받는 쌓임[五受陰]을 말한다.

다시 여섯 법이 있으니 여섯 가지 안과 밖의 들이는 곳[六內外入處]을 말한다.

다시 일곱 법이 있으니 일곱 가지 앎의 머묾[七識住]을 말한다.

다시 여덟 법이 있으니 세간의 여덟 가지 법[世八法]을 말한다.

다시 아홉 법이 있으니 아홉 가지 중생이 머무는 곳[九衆生居處]을 말한다.

다시 열 법이 있으니 열 가지 업의 자취[十業跡]를 말한다.

이 열 가지 법에 탐착 떠남을 내, 즐기지 않고 등져버리면 모든 번뇌의 흐름을 다할 수 있다."

붇다께서 이 경을 말씀하시자, 여러 비구들은 붇다의 말씀을 듣고 기뻐하며 받들어 행하였다.

• 잡아함 486 일법경(一法經) ①

• 해설 •

붇다는 성도 이후 니르바나에 드시기까지 사십오 년간 인도 여러 지방을 유행하며 여러 곳에 안거하고 설법하며 교화하셨다.

그 교화의 지역은 마가다와 코살라 두 큰 나라를 중심으로 앙가 · 브릿지 · 카시 · 밤사의 여러 나라와 멀리 쿠루 · 판차라에까지 그 교화의 발자취가 미쳤다. 그 가운데 설법의 중심지역은 마가다 국의 수도 라자그리하 성과 코살라 국의 수도 슈라바스티 성으로서 그 지역이 이른바 불교중국(佛教中國)의 핵심지역이 된다.

그밖에 주요 도시는 바이샬리 · 카필라바스투 · 카우샴비 등이다.

마가다 국의 수도 라자그리하 성은 당시 인도에서 코살라 국과 더불어 상업경제의 중심지였고 물류와 인적 소통의 중심지였으며, 붇다의 상가가 출범한 이래 첫 집단 정주처로서 '대숲정사'[竹林精舍]가 세워진 곳이다.

대숲정사 밖에도 라자그리하에는 의사 지바카가 보시한 망고나무 동산과 복덕사(福德舍) 등 정사가 있고, 그리드라쿠타 산, 일곱 잎사귀 나무 굴[七葉窟]로 알려진 베바라(vebhāra) 동굴 등 여럿의 설법처가 있다.

라자그리하 성은 붇다의 체계적 교화의 근거지이자 출발지였으며, 마지막 니르바나에 드시기 전 그리드라쿠타 산에서 설법을 마치고 북쪽으로 길을 걸으셨으니, 니르바나의 여정을 떠난 곳이기도 한다.

대숲정사는 붇다께 귀의한 빔비사라 왕이 사방상가에 헌납한 비하라이다. 처음 상가가 출범해서 대숲정사가 세워지기 전까지 붇다는 정주처가 없이 나무 밑이나 빈 터, 동굴 같은 곳을 '앉고 눕는 곳'[坐臥處]으로 삼아 제자들을 모아 법을 가르치시고 좌선하셨다.

대숲정사에서 비로소 붇다는 사제의 교설을 넘어 체계적으로 연기의 진리를 설했으니, 다섯 쌓임[五蘊]·열두 들임[十二入]·열여덟 법의 영역[十八界] 등이다.

이 경 또한 중생을 중생이게 하는 먹음[食]의 한 법[一法]을 보이시고 이어서 열 가지 법을 보인 것이다.

열 가지 법이 있다고 하심은 그 있음[在]을 통해 그 있음[有]이 연기되어 있는 것이므로 공한 있음임을 보이기 위함이다.

탐착 떠나야 할 한 법은 먹음이니, 중생은 먹음으로 생존하기 때문이다.

두 법은 마음·물질이니, 물질 없는 마음 없고 마음 없는 물질 없어 두 법이 공함을 보인 것이다.

탐착 떠날 세 법은 세 가지 느낌이다. 괴로움·즐거움·괴롭지도 않고 즐겁지도 않음, 이 세 느낌은 안의 아는 뿌리와 여섯 알려지는 경계가 어울려 여섯 앎이 나고, 여섯 앎을 따라 각기 세 느낌이 나 그 느낌에 취할 것이 없음을 보인 것이다.

네 법은 네 가지 먹음이니, 덩이로 먹음[摶食]·닿아 먹음[觸食]·하고자 함으로 먹음[思食]·앎의 먹음[識食]으로 네 먹음이 중생을 중생되게 하는 것이기 때문이다.

다섯 법은 다섯 쌓임[五蘊]이다. 물질·느낌·모습 취함·지어감·앎의 다섯 법으로 인해 나[我]가 있으므로 나도 공하고[空] 다섯 쌓임의 법도 공하니[法空], 앎활동[名]과 알려지는 것[色]에 취함이 있고 집착이 있으면 니르바나를 장애하기 때문이다.

여섯 법은 안과 밖의 여섯 들임[內外六入]이다. 안의 들임과 밖의 들임이 있되 공하여 서로 어울려 여섯 앎[六識]을 내니, 여섯 법에 집착 떠나야 번뇌 흐름 다할 수 있음을 보인 것이다.

일곱 법[七法]은 일곱 앎의 머묾[七識住]이니, 머무는 세계를 따라 머무는 마음을 일곱으로 나눔이다. 욕계(欲界)의 사람과 하늘, 색계(色界)의 첫째 선정·둘째 선정·셋째 선정, 무색계(無色界)의 공한 곳·앎의 곳·있는 바 없는 곳의 세 머묾을 함께 일곱 앎의 머묾이라 하니, 머무는 마음과 머물 곳이 있으면 성인의 머묾[聖住]이 아님을 보이기 위함이다.

여덟 법은 세간의 여덟 법[世八法]이니, 이로움[利]·기림[譽]·일컬어줌[稱]·즐거움[樂]의 네 가지 따르는 법[順法], 시듦[衰]·헐뜯음[毁]·비방함[譏]·괴로움[苦]의 네 가지 거스르는 법[違法]이다. 거스르고 따르는 법에 휘둘리면 평등한 마음, 선정의 마음이 날 수 없음을 보인 것이다.

아홉 법은 아홉 가지 중생이 머무는 곳[九衆生居]이다. 중생이 기쁘게 머무는 곳으로서 욕계의 사람세계·색계의 네 하늘[四天, 브라흐마 하늘, 아주 밝고 깨끗한 하늘, 두루 깨끗한 하늘, 생각 없는 하늘]과 무색계의 네 하늘[허공이 끝없는 하늘, 앎이 끝없는 하늘, 있는 바 없는 하늘, 생각 있음도 아니고 생각 없음도 아닌 하늘]이 아홉 곳이다. 설사 사람 세상의 복된 곳, 하늘의 높은 곳이라 해도 모습이 있고 관념의 자취가 있으면 해탈이 아님을 보인 것이다.

열 법은 열 가지 업의 자취[十業跡]로서 열 가지 악한 업과 열 가지 착한 업의 자취를 말한다.

이 한 법에서 열 가지 법까지 여러 법은 모두 인연으로 있음[因緣有]이라 실로 있는 것이 아니므로 그 법을 실로 있음으로 취하면 나고 죽음의 길이요, 있음에서 있음을 떠나면 니르바나의 길이므로 열 가지 법에 애착 떠나 버리도록 가르치시는 것이다.

대숲정사에서, 사제의 진리 알지 못하는 큰 어두움을 말씀하시다

이와 같이 내가 들었다.

한때 붇다께서는 라자그리하 성 칼란다카 대나무동산에 계셨다. 그때 세존께서는 여러 비구들에게 말씀하셨다.

"크게 어두운 지옥이 있다. 저 여러 중생들이 그 가운데 태어나면 자기 몸도 보지 못한다."

때에 어떤 비구가 자리에서 일어나 옷을 여미고 붇다께 절한 뒤에 합장하고 붇다께 말씀드렸다.

"세존이시여, 이것은 크게 어둡습니다.

오직 이것이 크게 어둡습니까? 다시 다른 큰 어두움으로 매우 두려워서 이보다 더한 것이 있습니까?"

사제의 진리 모르는 것이 지옥보다 더한 어두움임을 보이심

붇다께서는 비구들에게 말씀하셨다.

"그렇다. 다시 큰 어두움으로 매우 두려워서 이보다 더한 것이 있다. 사문이나 브라마나로서 네 가지 진리[四諦]를 진실 그대로 알지 못함이다.

곧 나아가 그렇게 되면 끝내 태어남·늙음·병듦·죽음과 근심·슬픔·번민·괴로움의 큰 어두움 속에 떨어지게 된다.

그러므로 비구들이여, 네 가지 진리에 대하여 아직 사이 없는 평등한 지혜가 없으면, 반드시 방편에 부지런히 하여 더욱 하고자 함을 일으켜 사이 없는 평등한 지혜를 배워야 한다."

붇다께서 이 경을 말씀해 마치시자, 여러 비구들은 붇다의 말씀을 듣고 기뻐하며 받들어 행하였다.

• 잡아함 423 대암경(大闇經)

• 해설 •

바라나시의 사슴동산에서 다섯 비구에게 맨 처음 가르친 교설이 사제법이다. 붇다께서 다섯 비구를 건네준 다음 우루빌라 마을로 가시어 카샤파 삼형제와 그들을 따르는 천 명의 브라마나들을 법에 이끄시고 라자그리하 성에 돌아오시자, 빔비사라 왕이 칼란다카 대나무동산을 상가에 기증하고 그곳에 정사를 지었다.

이 사제의 교설 또한 대숲정사를 지으신 뒤 많은 대중을 모아놓고 가르치신 법문인 듯하다.

저 아주 어두운 지옥은 지은 행위의 과보로 가는 지옥이다. 업에 곧 지음이 있고 다함이 있으므로 지옥의 과보 또한 다할 날이 있고 벗어날 길이 있다.

그러나 네 가지 진리를 알지 못하면 고통의 뿌리를 알지 못하고 해탈의 길을 알지 못하는 것이므로 길이 나고 죽음의 어두움에서 벗어나지 못한다.

사제를 살피는 지혜는 멀리 있지 않다. 지금 중생의 이 괴로움이 괴로움이 아니고 나고 죽음이 나고 죽음이 아님을 밝게 비추면 그 지혜가 어두움 속의 중생을 해탈의 저 언덕에 이끌 것이다.

사제를 살피는 사이 없는 평등한 지혜가 없으면 방편에 부지런히 힘써 여덟 가지 바른 길[八正道]의 수레로 정진하여, 괴로움이 공하되 그 공함도 공한 진여의 바다[眞如海]에 돌아가야 할 것이다.

대숲정사에서, 여섯 가지 앎과 닿음 등이 연기한 것이라 공함을 설하시다

이와 같이 내가 들었다.

한때 붇다께서는 라자그리하 성 칼란다카 대나무동산에 계셨다. 그때 세존께서는 여러 비구들에게 말씀하셨다.

"이 몸은 너의 것이 아니요[非汝所有] 또한 다른 사람의 것도 아니다[非餘人所有]. 여섯 닿아 들이는 곳[六觸入處]이, 지어감과 바람을 본래 닦아서[本修行願] 이 몸을 받아 얻은 것이다.

어떤 것이 여섯인가. 눈의 닿아 들이는 곳, 귀·코·혀·몸·뜻의 닿아 들이는 곳이다.

많이 들은 거룩한 제자는 여러 인연의 일어남에 의해[於諸緣起] 이 여섯 가지 앎의 몸[識身]·여섯 가지 닿음의 몸[觸身]·여섯 가지 느낌의 몸[受身]·여섯 가지 모습 취함의 몸[想身]·여섯 가지 짓는 생각의 몸[思身]이 있음을 잘 사유하여 살핀다."

여섯 닿아 들이는 곳이 연기로 있고 없음을 보이심

"그것은 다음과 같다.

'이것이 있기 때문에 저것이 있다는 것이니, 무명 때문에 지어감이 있고 나아가 미래의 태어남·늙음·병듦·죽음과 근심·슬픔·번민·괴로움이 있어서, 이와 같고 이와 같아서 순전한 큰 괴로움의 무더기가 모인다'고 함이다.

이것을 원인이 있고 조건이 있어서[有因有緣] 세간이 모이는 것[世間集]이라고 한다.

또 '이것이 없기 때문에 여섯 앎의 몸이 없고, 여섯 닿음의 몸·여섯 느낌의 몸·여섯 모습 취함의 몸·여섯 지어감의 몸이 없다'고 한다.

곧 '이것이 없기 때문에 저것이 없다는 것이니, 무명이 없으므로 지어감이 없고 나아가 미래의 태어남·늙음·병듦·죽음과 근심·슬픔·번민·괴로움이 없다' 함이다.

이와 같고 이와 같아서 큰 괴로움의 무더기가 모인다."

세간법이 연기인 줄 알면 진실한 고요함에 나아가게 됨을 보이심

"만약 많이 들은 거룩한 제자가 세간의 모임과 세간의 사라짐을 진실 그대로 바로 알아 잘 보고 잘 깨닫고 잘 들어간다 하자.

그러면 그것을 이렇게 말할 수 있다.

'거룩한 제자는 이 착한 법을 불러 이 착한 법을 얻고 이 착한 법을 알고 이 착한 법에 들어간다.

그리하여 세간의 나고 사라짐을 깨달아 알고 깨달아 보아 현성의 나고 죽음 벗어남과 진실한 고요함을 성취하여, 바로 괴로움을 다하여 괴로움의 끝을 마쳐 다한다.'

왜 그런가. 많이 들은 거룩한 제자는 세간의 모이고 사라짐을 진실 그대로 알아 잘 보고 잘 깨닫고 잘 들어가기 때문이다."

붇다께서 이 경을 말씀하시자 여러 비구들은 붇다의 말씀을 듣고 기뻐하며 받들어 행하였다.

• 잡아함 295 비여소유경(非汝所有經)

바라나시의 사슴동산에서 사제의 교설을 말씀해 다섯 비구를 건네주시고, 라자그리하 성에 대숲정사가 세워진 뒤 여래는 본격적으로 연기의 교설을 더 깊이 설하신다.

우주 만법의 연기를 보이시는 데 먼저 붇다는 바로 아는 자[六根]와 알려지는 것[六境]으로 온갖 존재[一切法]을 분류한다.

아는 자와 알려지는 곳은 모두 실로 있는 바가 아니므로 아는 자와 알려지는 것이 서로 만나 여섯 앎[六識, ṣaḍ-vijñāna]이 나고, 그에 따라 여섯 닿음[六觸, ṣaḍ-sparśa]이 나며, 나아가 여섯 느낌[六受, ṣaḍ-vedanā] 여섯 모습 취함[六想, ṣaḍ-saṃjñā], 여섯 지어감[六思, ṣaḍ-cetanā]이 나게 되는 것이다.

모든 것이 인연으로 일어나 인연으로 사라지는 세간은 인연으로 모인 것이므로 없음이 아니지만 실로 있음이 아니고, 세간은 인연으로 사라지는 것이므로 있음이 아니지만 실로 없음이 아니다.

이와 같이 세간법의 연기의 진실을 보면 그는 있음[有]에서 있음을 떠나고 남[生]에서 남을 떠나므로 세간법을 깨달아 진실한 고요함을 성취한다.

있음이 있음 아님을 공함이라 이름하였으므로 공에도 공의 자취가 없는 것이니, 많이 들은 거룩한 제자가 성취한 진실한 고요함은 시끄러움 속에서 시끄러움을 떠나되 고요함 속에서도 머물 고요함을 보지 않는 고요함이다.

시끄러운 세간 속에서 많이 들어 인연법을 깨친 거룩한 제자, 그가 늘 아란야(Araṇya)에 사는 자이고 아란야행을 행하는 자이다.

대숲정사에서, 느낌의 진실 깨달은
사문과 브라마나의 길을 보이시다

이와 같이 내가 들었다.

한때 붇다께서는 라자그리하 성 칼란다카 대나무동산에 계셨다. 그때 세존께서는 여러 비구들에게 말씀하셨다.

"만약 사문이나 브라마나로서 모든 느낌을 진실 그대로 알지 못한다 하자.

느낌의 모아냄 · 느낌의 사라짐 · 느낌을 모아내는 길의 자취 · 느낌을 없애는 길의 자취 · 느낌의 맛 · 느낌의 근심 · 느낌 떠남을 진실 그대로 알지 못하면, 그는 사문이 아니요 브라마나가 아니며, 사문답지 않고 브라마나답지 않으며, 사문의 뜻이 아니요 브라마나의 뜻이 아니다.

그렇게 되면 현재의 법에서 스스로 알고 증득하여 '나의 태어남은 이미 다하고 범행은 이미 서고, 지을 바를 이미 지어 다시는 뒤의 있음 받지 않음'을 스스로 알지 못한다."

느낌의 진실 아는 자가 사문과 브라마나임을 보이심

"만약 사문이나 브라마나로서 모든 느낌에 대하여 진실 그대로 안다고 하자.

그리하여 느낌의 모아냄 · 느낌의 사라짐 · 느낌을 모아내는 길의 자취 · 느낌을 없애는 길의 자취 · 느낌의 맛 · 느낌의 근심 · 느낌 떠남을 진실 그대로 알면, 그는 곧 사문의 사문이요 브라마나의 브라마나이며, 사문답고 브라마나다우며, 사문의 뜻이요 브라마나의 뜻이다.

그렇게 되면 현재의 법에서 스스로 알고 증득하여 '나의 태어남은 이미 다하고 범행은 이미 서고, 지을 바를 이미 지어 다시는 뒤의 있음 받지 않음'을 스스로 아는 것이다."

붇다께서 이 경을 말씀해 마치시자, 여러 비구들은 붇다의 말씀을 듣고 기뻐하며 받들어 행하였다.

• 잡아함 480 사문바라문경(沙門婆羅門經)

• 해설 •

라자그리하 성 칼란다카 대숲정사에서 여래께서 법을 설하실 때, 천 명 대중 대다수는 기성 브라마나의 교단에서 불을 섬기고 신성에 제사 지내던 사제들이었고, 그 나머지 많은 제자들은 산자야 교단에서 수행했던 사문들이었다.

붇다는 브라마나의 길을 걷던 이들, 바깥길 사문의 길을 걷던 이들을 상가의 대중으로 받아들이시고, 이제 안정된 비하라에서 그들에게 여래의 길만이 브라마나로서도 참된 브라마나의 길이고 사문으로서도 참된 사문의 길임을 가르쳐서 더욱 믿음을 굳게 다지고 정진에 이끄신다.

사문의 뜻·브라마나의 뜻이라고 할 때 뜻[義, artha]은 사문·브라마나로서 참된 실천적 지향을 말한 것이니, 여래의 보디의 가르침 니르바나의 길이 사문을 사문답게 하고 브라마나를 브라마다답게 하는 올바른 실천의 지향이 됨을 보이신 것이다.

주체가 대상을 경험하면서 일어나는 느낌은 괴로움과 즐거움, 괴로움도 아니고 즐거움도 아닌 세 가지 모습으로 드러나지만, 느낌을 잡아 보면 경험하는 주체와 경험되는 세계가 지금 느낌밖에 따로 없다.

그러므로 느낌의 연기적 진실을 알면 우주만법의 연기적 진실을 알아 나고 죽음에서 벗어나는 해탈의 길에 들어서게 되는 것이다.

이 연기의 진리밖에 사문과 브라마나의 법이 없으며, 니르바나의 길밖에 사문·브라마나가 향해 나아갈 실천의 길이 없는 것이다.

아는 자와 알려지는 경계가 연기인 줄 알아 마음에 마음 없고 경계에 경계 없을 때 괴로움과 즐거움의 윤회에서 해탈하는 사문의 길 브라마나의 길이 있다.

방거사(龐居士)의 다음 게송이 여래의 말씀을 풀이하는 데 친절하다.

마음이 한결같고 경계 또한 한결같아
실다움이 없고 또한 헛됨이 없도다.
있음에 관여 않고 없음에 거리끼지 않으니
그는 성현이 아니라 일 마친 범부라네.

心如境亦如　無實亦無虛
有亦不管　無亦不拘
不是聖賢　了事凡夫

② 라자그리하 성의 여러 아란야들

━━━━━━

그리드라쿠타 산에서, 중생의 업과 사는 곳의 차별상을 인드라하늘에게 설하시다

이와 같이 들었다.

한때 붇다께서는 라자그리하 성의 그리드라쿠타 산에서 큰 비구대중 오백 사람과 함께 계셨다.

이때 인드라하늘왕은 서른세하늘에서 떠나 붇다 계신 곳에 와서 머리를 대 발에 절하고 한쪽에 서서 세존께 말씀드렸다.

"하늘과 사람에게는 어떤 생각이 있고 그 마음은 어떤 것을 구합니까."

세존께서는 말씀하셨다.

"세간은 흐르는 물결 같아서 그 성질이 같지 않고 가는 곳이 각기 다르며 생각함도 하나가 아니다. 하늘왕이여, 알아야 한다. 옛날 나는 셀 수 없는 아승지겁에 이렇게 생각하였다.

'하늘과 중생의 무리들은 마음이 어느 곳을 향해가며 어떤 바람을 구하는가.'

그러나 그 겁으로부터 오늘에 이르기까지 한 사람도 그 마음이 똑같은 이를 보지 못하였다. 인드라하늘왕이여, 알아야 한다. 이 세간 중생들은 뒤바뀐 생각을 일으킨다.

곧 덧없음에서 항상함을 헤아리는 생각[常顚倒], 즐거움 없음에서 즐거움을 헤아리는 생각[樂顚倒], 나 없음에서 나 있음을 헤아리는 생각[我顚倒], 깨끗하지 않음에서 깨끗함을 헤아리는 생각[淨顚倒], 바른 길에 삿된 길이 있다는 생각[有邪路想], 악함에 복이 있다는 생각, 복됨에 악이 있다는 생각을 일으킨다."

중생의 업과 생각함이 다르므로 사는 곳과 머무는 곳에 모습의 차별이 있음을 보이심

"이 방편으로 중생의 무리들은 근기가 헤아릴 수 없고 그 성질과 행이 각기 다른 것을 알 수 있다. 만약 중생들이 모두 똑같은 한 생각이요, 여러 가지 생각이 없다면 '아홉 가지 중생들이 머무는 곳'[九衆生居處]은 알 수도 없고 또 분별하기도 어려울 것이다.

'아홉 가지 중생들이 머무는 곳'은 그 '앎[神識]이 머무는 곳'이지만 다시 그것을 밝히기 어렵다.

또 여덟 가지 큰 지옥[八大地獄]이 있는 것도 알 수 없고 축생들이 가는 곳도 분별하기 어렵다. 지옥의 괴로움도 분별할 수 없고 네 종족의 호귀함이 있는 것도 알 수 없을 것이다. 아수라가 가는 길도 알 수 없고 또 서른세하늘도 알 수 없을 것이다.

만약 모두다 그 한마음을 같이한다면, 그것은 '빛과 소리의 하늘'[光音天]과 같아야 할 것이다.

중생들은 여러 가지요 그 생각함도 여러 가지이기 때문에, '아홉 가지 중생들이 머무는 곳'과 '아홉 가지 앎이 머무는 곳'[九神所居處]이 있는 줄을 알 수 있고, '여덟 가지 큰 지옥'과 '세 갈래 나쁜 길'[三惡道]이 있는 줄을 알 수 있으며, 서른세하늘에 이르기까지 또한 이와 같다. 이 방편으로 중생들은 그 성질이 같지 않고 그 행하는 것도 각기 다른 것을 알 수 있다."

그때에 인드라하늘왕은 세존께 말씀드렸다.

"여래의 말씀은 매우 기이하고 아름다우십니다.

중생들의 성질과 그 행은 같지 않고 그 생각은 각기 다릅니다. 중생들의 행하는 것이 같지 않기 때문에 파란 것과 노란 것, 하얀 것과 검은 것, 길고 짧음의 고르지 않음이 있게 되었습니다.

세존이시여, 여러 하늘 일이 넘치어 이만 하늘위로 돌아가려 합니다."

세존께서는 말씀하셨다.

"갈 때인 줄 알아서 하라."

이때 인드라하늘왕은 곧 자리에서 일어나 머리를 대 발에 절하고 이내 물러갔다.

그때에 인드라하늘왕은 붇다의 말씀을 듣고 기뻐하며 받들어 행하였다.

• 증일아함 44 구중생거품(九衆生居品) 十一

• 해설 •

그리드라쿠타 산은 라자그리하 성 밖 가까이 있는 산으로, 대숲정사가 이루어진 뒤 라자그리하 성의 장자들이 복덕사(福德舍)를 바친 곳이다.

이 산에 '핍팔라(pippala) 굴'[七葉屈]이 있으니, 붇다는 이 굴 주변의 산에서 자주 많은 비구대중을 위해 설법하셨다.

북쪽으로 니르바나의 길을 떠나시기 전 안거하시며 법을 설하셨던 곳이 바로 그리드라쿠타(Gṛdhrakūṭa) 산이고, 붇다 니르바나 뒤 비구대중이 모여 붇다의 교법과 비나야를 맨 처음 송출해서 결집한 곳도 이 산이다.

이 산을 뜻으로 옮겨 '신령한 독수리 산'[靈鷲山]이라 하니, 『법화경』(法

華經)에서는 붇다의 온갖 교설을 모두 회통하는 법화일승(法華一乘)의 가르침을 이곳 신령한 독수리 산에서 설했다고 말한다.

천태선사(天台禪師)는 스승 혜사선사(慧思禪師)의 지도로 법화삼매법을 닦다 홀연히 삼매를 증득하고 "영산회상이 옛 그대로 흩어지지 않았다"[靈山會上儼然未散]고 말하니, 이 말귀[話頭]가 선문(禪門)의 공안(公案)으로 남아 있다.

그리드라쿠타 산 오백 비구대중이 있는 곳에 저 인드라하늘왕이 와서 같이 법을 문답하니, 이 신령한 독수리 산의 법회는 하늘과 사람이 함께한 법의 모임이다.

온갖 법은 그것을 내는 원인과 조건이 찰나찰나 덧없으므로 결과로서 존재 또한 한 법도 같지 않으며, 생겨난 것은 다시 머물다 달라지고 사라진다. 알려지고 보여지는 법이 덧없을 뿐 아니라 보여지는 법을 통해 일어난 보는 마음과 중생의 앎 또한 덧없어서 중생의 지어감과 성질은 한 중생도 같음이 없다.

마음의 행이 다르므로 마음이 불러들이는 세계가 다르고, 세계의 모습이 다르므로 세계에 머물며 세계를 의지하는 중생의 마음이 다르다.

세계에 머무는 중생의 마음과 중생의 마음이 의지하는 세계가 덧없고 갖가지로 차별된 법이므로, 마음과 세계의 연기적 진실을 깨닫지 못한 중생은 길이 나고 죽음의 갖가지 갈랫길을 떠돌아 쉬어 다할 날이 없다.

오직 연기된 마음과 세계 가운데 취할 모습이 공한 줄 알 때만, 중생의 삿된 길을 벗어나 나되 남이 없는 바른 길을 깨달아 나고 죽음을 다하고, 차별된 온갖 존재의 길 가운데 막힘없고 걸림 없는 해탈의 한길[解脫一路]을 보게 될 것이다.

해탈의 한길이여, 번거로운 사람의 일[人事]과 즐겁고 기쁜 하늘일[天事]이 다하는 때, 사람의 길[人道]과 하늘의 길[天道] 그 가운데 우뚝 드러나는가. 어디로 향해야 하는가.

핍팔라 굴에 계실 때,
고행에 더러움과 깨끗함과 굳셈이 있음을 보이시다

이와 같이 내가 들었다.

한때 붇다께서는 라자그리하 성 그리드라쿠타산의 '핍팔라 굴'[七葉窟]에서 큰 비구대중 천이백오십 사람과 함께 계셨다.

때에 라자그리하 성에 어떤 거사가 있어 이름을 산타나라고 했다. 그는 다니며 둘러보기를 좋아해서 날마다 성을 나와 세존이 계신 곳에 왔다. 때에 그 거사는 해를 우러러보고 잠자코 스스로 속으로 생각했다.

'지금 붇다를 가서 뵈옵는 것은 때가 아니다. 지금 세존은 반드시 고요한 방에서 사마디로 사유하고 계실 것이다. 여러 비구대중 또한 선정에 들어 고요히 계실 것이다.

나는 지금 차라리 저 우둠바리카에 있는 브라마나 여인의 동산으로 가보아야겠다. 그리고 때가 되면 세존께 가서 절하고 공경히 문안드리자. 그러고 나서 여러 비구들 있는 곳에 가서 문안드리자.'

그 여인의 동산엔 한 브라마나가 있어 이름을 '니구타'라고 했다. 그는 오백 브라마나의 제자들과 함께 그 숲속에 있었다.

그 여러 브라마나 무리들은 한곳에 모여 소리 높여 크게 논의하며, 바른 도를 가로막는 흐리고 어지러운 말들을 함께 말해 이런 일로 날을 지새웠다.

그래서 나랏일을 의논하고 전쟁과 무기의 일을 의논하며, 국가 통치의 뜻과 화합의 일을 의논하고, 대신과 서민의 일을 의논했다. 또한 수레와 말과 동산의 일을 의논하고, 앉을 자리·입을 옷·먹을거리·여인의 일을 의논하며, 산과 바다와 거북과 자라의 일을 의논했다.

이렇게 다만 쓸데없는 이야기로 날을 보냈다.

브라마나 대중을 이끄는 스승이 세존을 '애꾸눈 소'라고 비난함

때에 저 브라마나는 멀리 산타나 거사가 오는 것을 보고 곧 그 대중에게 분부하여 잠잠하게 했다.

'사문 고타마의 제자가 지금 밖에서 오고 있다. 그는 사문 고타마의 흰옷의 제자 가운데서 가장 높다. 그 사람이 반드시 여기로 올 것이니, 너희들은 조용히 있어야 한다.'

여러 브라마나들은 각기 스스로 조용했다. 산타나 거사는 브라마나 있는 곳에 가서 문안하고는 한쪽에 앉아 브라마나에게 말했다.

"우리 스승 세존께서는 늘 한가하고 고요함을 좋아하시고[常樂閑靜] 시끄러운 것을 좋아하시지 않습니다.

그대들이 여러 제자들과 사람 가운데 모여 바른 도를 가로막는 쓸데없는 일을 소리 높여 크게 떠드는 것과는 같지 않습니다."

브라마나는 거사에게 말했다.

"사문 고타마가 일찍이 사람들과 같이 말하지 않았더라면 뭇 사람들이 무엇으로 사문에게 큰 지혜 있는 줄을 알았겠소. 그대의 스승이 늘 가장자리에 홀로 있는 곳을 좋아하는 것[常好獨處邊地]은 마치 애꾸눈 소가 풀을 먹으며 한쪽만 치우쳐 보는 것과 같소.

그대의 스승 사문 고타마 또한 이와 같아 치우쳐 홀로 보기를 좋아하고 사람 없는 곳을 즐기오.

그대의 스승이 만약 여기 온다면 우리들은 '애꾸눈 소'라고 부를 것이오. 저는 늘 스스로 큰 지혜가 있다고 말하오. 그러나 나는 한 마디 말로써 그를 몰아붙여 아무 말도 못하게 할 것이오.

그래서 마치 거북이가 몸의 여섯 곳을 감추어 걱정할 것 없다 말함 같이 하고, 한 화살로 쏘아 도망갈 곳이 없게 할 것이오."

브라마나 대중이 있는 브라나마 여인의 동산에 세존께서 가심

그때에 세존께서는 고요한 방에 계시면서 하늘귀로 브라마나와 거사가 이와 같이 이야기하는 것을 들으셨다. 곧 핍팔라 굴을 나와 우둠바리카에 있는 브라마나 여인의 동산으로 가셨다.

때에 저 브라마나는 멀리서 붇다가 오시는 것을 보고 여러 제자에게 분부했다.

"너희들은 다 조용하라. 사문 고타마가 여기 오려고 한다.

너희들은 부디 일어나 맞이하거나 공경히 절하지 말라. 또한 앉도록 청하지도 말라. 딴 자리를 가져다 그에게 주어 앉게 하고, 그가 자리에 앉고 나면 너희들은 이렇게 물어야 한다.

'사문 고타마여, 그대는 본래부터 무슨 법으로 제자를 가르치어 안온함을 얻게 하며 범행을 깨끗이 닦게 하시오.'"

그때 세존께서는 차츰 그 동산에 이르셨다. 때에 그 브라마나는 모르는 사이 저절로 일어나 세존을 맞이하면서 이렇게 말했다.

"잘 오셨습니다, 고타마시여. 잘 오셨습니다, 사문이여. 오랫동안 서로 보지 못했습니다. 지금 무슨 인연으로 여기까지 오셨습니까. 먼저 좀 앉으십시오."

그때 세존께서는 곧 그 자리에 가시어 고요히 기쁘게 웃으시고 다시 잠자코 홀로 생각하셨다.

'이 여러 어리석은 사람들은 스스로 오롯이하지도 못하는구나. 먼저 지침을 세워놓고도 마침내 온전히 하지 못한다. 왜냐하면 그것은 붇다의 신묘한 힘이 저 못된 마음을 저절로 무너뜨렸기 때문이다.'

때에 산타나 거사는 세존의 발에 절하고 한쪽에 앉았다. 니구타 브라마나도 붇다께 문안드리고 또한 한쪽에 앉아 붇다께 말씀드렸다.

"사문 고타마시여, 본래부터 어떤 법의 가르침으로 제자들을 깨우치시어 안온함을 얻게 하고 범행을 깨끗이 닦도록 하십니까."

세존께서 말씀하셨다.

"그만 그치시오, 브라마나여. 나의 법은 깊고 넓어[吾法深廣] 본래부터 여러 제자를 깨우쳐주어 안온함을 얻게 하고 범행을 깨끗이 닦도록 하였으니, 그대가 미치지 못하는 것이오."

또 브라마나에게 말씀하셨다.

"그대 스승과 그대 제자들의 행하는 도법에 깨끗함과 깨끗하지 않음이 있다 해도 나는 그것을 다 말할 수 있소."

때에 오백의 브라마나의 제자들은 다 소리를 내어 서로 말했다.

"그대 고타마 사문은 큰 위세가 있고 크게 신묘한 힘이 있어, 남이 자기의 뜻을 물으면 남의 뜻까지 열어주는구려."

때에 '니구타 브라마나'는 붇다께 말씀드렸다.

"뛰어나십니다, 고타마시여. 이 뜻을 분별해주시길 바랍니다."

붇다께서 브라마나에게 말씀하셨다.

"자세히 듣고 자세히 들으시오. 그대를 위하여 말해주겠소."

브라마나는 대답했다.

"즐거이 듣고자 합니다."

고행하는 브라마나들에게 부질없는
고행의 모습들을 분별해 보이심

붇다께서 브라마나에게 말씀하셨다.

"그대가 행하는 짓은 다 낮고 더럽소. 옷을 벗고 알몸이 되어 손으로 가리다니.

그대들은 병 속에 든 밥은 받지 않고, 발우의 밥은 받지 않으며, 두 벽 사이의 밥은 받지 않고, 두 사람 가운데 밥은 받지 않으며, 두 칼 가운데 밥은 받지 않고, 두 발우 가운데 밥은 받지 않소.

또한 같이 먹는 집의 밥은 받지 않고, 아기 밴 집의 밥은 받지 않으며, 개가 문에 있으면 그 밥을 받지 않고, 파리가 많은 집의 밥은 받지 않으며, 청하는 밥은 받지 않고, 남이 먼저 알았다고 말하면 그 밥을 받지 않소.

물고기를 먹지 않고 짐승 고기를 먹지 않으며 술을 마시지 않소. 두 그릇에 먹지 않고 밥 한 덩이를 한 번 삼켜 일곱 덩이가 되면 그만두오. 사람들이 더해주는 밥을 받되 일곱 번 더해줌을 넘지 않소.

또 하루에 한 번 먹거나 이틀 사흘 나흘 닷새 엿새 이레에 한 번 먹소.

또 다시 과일을 먹고 가라지를 먹으며 밥물을 먹고 싸래기를 먹으며 벼쭉정이를 먹소. 또 다시 소똥을 먹고 사슴똥을 먹기도 하오. 또는 다시 나무의 뿌리·줄기·잎을 먹고 절로 떨어진 열매를 먹소.

때로 옷을 입기도 하는데, 잔디옷을 걸치며 나무껍질로 옷을 해입고 풀을 몸에 걸며, 사슴가죽으로 옷을 해입고 머리털을 남겨두기도 하고, 털을 엮어 입기도 하며, 묘지에 버린 옷을 입기도 하오.

어떤 사람은 늘 손을 든 자도 있고 자리에 앉지 않으며, 늘 쪼그려 앉는 자도 있고 머리는 깎고 수염을 둔 자도 있소.

가시덤불에 눕는 자도 있고 오이넝쿨 위에 눕는 자도 있으며, 알몸으로 소똥 위에 눕는 자도 있소.

하루에 세 번 목욕하기도 하고 하룻밤에 세 번 목욕하기도 하오.

셀 수 없는 뭇 괴로움으로 이 몸을 괴롭게 부리오.

어떻소, 니구타여. 이렇게 행하는 것을 깨끗한 법이라고 하오?"

브라마나는 대답했다.

"이 법은 깨끗한 것이요, 깨끗하지 않은 것이 아닙니다."

고행 가운데 더러운 때가 있음을 보이심

붇다는 브라마나에게 말씀하셨다.

"그대는 깨끗하다 말하지만 나는 그대의 깨끗한 법 가운데에 더러운 때[垢穢]가 있음을 말하겠소."

브라마나는 말했다.

"좋습니다, 고타마시여. 말씀해보십시오. 즐거이 듣고자 합니다."

붇다는 브라마나에게 말씀하셨다.

"저 고행자들은 늘 스스로 이렇게 헤아리오.

'나는 이와 같음을 행하니 공양과 공경히 절하여 섬김을 받아야 한다.' 그러나 이것이 곧 더러운 때이오.

저 고행자들은 공양을 받고는 곧 즐겨하고 집착함이 굳어져 애착하고 물들어 버릴 줄 모르며, 멀리 여읨을 밝게 알지 못하고 벗어날 길을 모르오. 이것이 곧 더러운 때이오.

저 고행자들은 사람이 오는 것을 멀리서 보고는 다 함께 좌선하다가 사람이 없을 때는 마음대로 앉기도 하고 눕기도 하오. 이것이 곧 더러운 때이오.

저 고행자들은 남의 바른 뜻을 듣고도 기꺼이 인정하지 않소. 이것이 곧 더러운 때이오.

저 고행자는 남의 바른 물음을 받고도 인색하여 대답하지 않소. 이것이 곧 더러운 때이오.

저 고행자는 만약 누가 사문·브라마나에 공양하는 것을 보면 곧 그것을 꾸짖어 막소. 이것이 곧 더러운 때이오.

저 고행자는 만약 사문·브라마나가 '다시 살린 먹을거리'[更生物] 먹는 것을 보면 나아가 그것을 꾸짖소. 이것이 곧 더러운 때이오.

저 고행자는 깨끗하지 않은 먹을 것이 있어도 기꺼이 남에게 주지 않고, 만약 깨끗한 먹을 것이 있으면 탐착하여 스스로 먹으며, 자기 허물은 보지 않고 벗어남의 길[出要法]을 알지 못하오. 이것이 곧 더러운 때이오.

저 고행자는 스스로 자기의 옳음을 기리고 다른 사람을 헐뜯고 비방하오. 이것이 곧 더러운 때이오.

저 고행자는 산목숨 죽임·도둑질·삿된 음행·두말·욕설·거짓말·꾸밈말·탐해 취함·질투·삿된 견해의 뒤바뀜을 행하오. 이것이 곧 더러운 때이오.

저 고행자는 게을러서 잘 잊으며 선정을 익히지 않고 지혜가 없어 마치 날짐승 길짐승과 같소. 이것이 곧 더러운 때이오.

저 고행자는 높은 체하고 교만하고 더욱 교만을 늘리오. 이것이 곧 더러운 때이오.

저 고행자는 미더움과 올바름이 없고 또한 돌려 갚음이 없소. 깨끗한 계를 지니지 않고 부지런히 힘써 남의 가르침을 받을 줄 모르며, 늘 못된 사람들 악한 사람들과 패거리지어 악을 지어 그치지 않소.

이것이 곧 더러운 때이오.

저 고행자는 많이 원한을 품고 교활함과 거짓됨을 좋아하여 자기의 견해를 믿고 남의 길고 짧음을 찾으며, 늘 삿된 견해를 품어 치우친 견해와 함께하오[與邊見俱]. 이것이 곧 더러운 때이오.

어떻소, 니구타여. 이와 같이 행하는 것을 깨끗하다 하겠소?"

그는 대답했다.

"이것은 깨끗하지 않아서 깨끗하다고 할 수 없습니다."

고행 가운데 때 없이 깨끗한 법을 보이심

붇다는 말씀하셨다.

"지금 그대의 더러운 때의 법 가운데서 다시 청정하여 더러운 때 없는 법[淸淨離垢法]을 말해주겠소."

브라마나는 말했다.

"말씀해주시길 바랍니다."

붇다는 말씀하셨다.

"저 고행자는 스스로 이렇게 헤아려 생각하지 않소.

'스스로 나의 행이 이와 같으니, 공양과 공경히 절하여 섬김을 받을 것이다.' 이렇게 생각하지 않음이 고행의 때가 없는 법이오.

저 고행자는 공양을 얻고는 마음에 탐착하지 않고 멀리 여읨을 밝게 알고 벗어남의 법을 아오. 이것이 고행의 때가 없는 법이오.

저 고행자는 선정을 닦음에 늘 그러한 법이 있어서 사람이 있거나 없거나 그것으로 달리함이 없소. 이것이 고행의 때가 없는 법이오.

저 고행자는 남이 바른 뜻 풀이해줌을 들으면 기꺼이 인정하오. 이것이 고행의 때가 없는 법이오.

저 고행자는 다른 이에게 바른 물음이 있으면 즐거이 말해주오. 이것이 고행의 때가 없는 법이오.

저 고행자는 비록 어떤 사람이 사문·브라마나에게 공양하는 것을 보더라도 그를 대신해 기뻐하면서 꾸짖어 막지 않소. 이것이 고행의 때를 떠난 법이오.

저 고행자는 비록 사문·브라마나가 '다시 살린 먹을거리' 먹는 것을 보더라도 그것을 꾸짖지 않소. 이것이 고행의 때를 떠난 법이오.

저 고행자는 깨끗하지 못한 먹을 것이 있어도 마음으로 아까워하지 않고, 비록 깨끗한 먹을 것이 있어도 집착하지 않으며, 자기의 허물을 보아 벗어남의 길을 아오. 이것이 고행의 때를 떠난 법이오.

저 고행자는 스스로를 기리지 않고 다른 이를 헐뜯지 않소. 이것이 고행의 때를 떠난 법이오.

저 고행자는 산목숨 죽임·도둑질·삿된 음행·두말·욕설·거짓말·꾸밈말·탐해 취함·질투·삿된 견해를 행하지 않소. 이것이 고행의 때를 떠난 법이오.

저 고행자는 부지런히 힘써 잊지 않고 선정의 행 익히기를 좋아하고[好習禪行] 많이 지혜를 닦아[多修智慧] 짐승처럼 어리석지 않소. 이것이 고행의 때를 떠난 법이오.

저 고행자는 높은 체하지 않고 교만하여 스스로 큰 체하지 않소. 이것이 고행의 때를 떠난 법이오.

저 고행자는 늘 믿음과 바른 뜻을 품어[常懷信義] '돌려 갚는 행'을 닦으며, 깨끗한 계를 지니고 힘써 가르쳐 깨우침을 받으며, 늘 착한 사람과 짝이 되고 무리가 되어 착한 행 쌓기를 그만두지 않소. 이것이 고행의 때를 떠난 법이오.

저 고행자는 원한을 품지 않고 교묘한 거짓을 짓지 않으며, 자기 견해만을 믿지 않고 남의 모자람을 찾지 않으며, 삿된 견해를 품지 않고 또한 치우친 견해가 없소. 이것이 고행의 때를 떠난 법이오.

어떻소, 브라마나여. 이와 같은 고행은 청정하여 더러운 때 없는 법이오?"

그는 대답했다.

"그렇습니다, 그것은 참으로 청정하여 때를 떠난 법입니다."

한량없는 마음과 지혜로 나아가는 고행의 굳센 행을 보이심

브라마나는 붇다께 말씀드렸다.

"가지런히 이러한 고행이 있으면 '으뜸가는 굳센 행'[第一堅固行]이라 이름할 수 있습니까."

붇다께서 말씀하셨다.

"아직 아니오. 그것은 껍질[皮]일 뿐이오."

브라마나는 말했다.

"'나무의 마디'[樹節] 같은 법 말씀해주시길 바랍니다."

붇다는 브라마나에게 말씀하셨다.

"그대는 잘 들으시오. 내 이제 말해주겠소."

브라마나는 말했다.

"그렇게 하겠습니다. 즐거이 듣고자 합니다."

"브라마나여, 저 고행자는 스스로 산목숨 죽이지 않고 남을 시켜 산목숨 죽이게 하지도 않으며, 스스로 도둑질하지 않고 남을 시켜 도둑질하게 하지도 않소. 스스로 삿된 음행 하지 않고 남을 시켜 삿된 음행 하게 하지도 않으며, 스스로 거짓말하지 않고 남을 시켜 하게 하지도 않소.

그는 사랑의 마음으로 일방에 두루 차게 하고 다른 곳에도 또한 그리하여 사랑의 마음이 넓고 커, 둘도 없고 한량도 없고 원한 맺음도 없어 세간에 두루 차오.

슬피 여기는 마음·기뻐하는 마음·버림의 마음 또한 그러하오. 이 고행을 가지런히 하면 '나무의 마디'라 하오."

브라마나는 붇다께 말씀드렸다.

"고행의 굳센 뜻 말씀해주시길 바랍니다."

붇다께서는 브라마나에게 말씀하셨다.

"자세히 듣고 자세히 들으시오. 내가 그 뜻을 말하겠소."

브라마나는 말했다.

"그렇게 하겠습니다, 세존이시여. 즐거이 듣고자 합니다."

붇다께서 말씀하셨다.

"저 고행자는 스스로 산목숨 죽이지 않고 남을 시켜 산목숨 죽이게 하지도 않으며, 스스로 도둑질하지도 않고 남을 시켜 도둑질하게 하지도 않소. 스스로 삿된 음행 하지 않고 남을 시켜 삿된 음행 하게 하지도 않으며, 스스로 거짓말하지도 않고 남을 시켜 하게 하지도 않소.

그는 사랑의 마음으로써 일방에 두루 차게 하고 다른 곳에도 또한 그렇게 하여, 사랑의 마음은 넓고 커 둘도 없고 한량도 없으며 원한 맺음도 없어 세간에 두루 차오.

슬피 여기는 마음·기뻐하는 마음·버림의 마음 또한 이와 같소.

저 고행자는 스스로 지난 옛날 셀 수 없는 겁의 일을 알아, 한 생·두 생·셀 수 없는 생에 이르기까지 국토가 이루어지고 없어짐과 겁의 숫자의 마침과 비롯함을 다 보고 다 아오.

또 스스로 내가 일찍이 저 종성에 나서 이런 이름, 이런 먹을거리, 이런 목숨으로 받은 괴로움과 즐거움, 저기에서 죽어 여기에 나고 여기에서 죽어 저기에 나는 등 셀 수 없는 겁의 일을 이와 같이 다 기억하오.

이것이 브라마나여, 저 고행자의 굳세어 무너짐 없음[牢固無壞]이오."

브라마나는 붇다께 말씀드렸다.

"어떤 것이 으뜸가는 행[第一行]입니까."

붇다께서 말씀하셨다.

"브라마나여, 자세히 듣고 자세히 들으시오. 내가 그것을 말해주겠소."

브라마나는 말했다.

"그렇게 하겠습니다, 세존이시여. 즐거이 듣고자 합니다."

붇다께서 말씀하셨다.

"저 고행자는 스스로 산목숨 죽이지 않고 남을 시켜 산목숨 죽이게 하지도 않으며, 스스로 도둑질하지 않고 남을 시켜 도둑질하게 하지도 않으며, 스스로 삿된 음행 하지 않고 남을 시켜 삿된 음행 하게 하지도 않으며, 자기도 거짓말하지 않고 남을 시켜 하게 하지도 않소.

그는 사랑의 마음으로 일방에 두루 차게 하고 다른 곳에도 또한 그렇게 하오. 사랑의 마음은 넓고 커 둘도 없고 한량없으며 원한 맺음도 없어 세간에 두루 차오.

슬피 여기는 마음·기뻐하는 마음·버림의 마음 또한 이와 같소.

저 고행자는 스스로 지난 옛날 셀 수 없는 겁의 일을 알아, 한 생·두 생·셀 수 없는 생에 이르기까지 국토의 이루어지고 사라짐, 겁의 숫자의 마침과 비롯함을 다 아오.

또 내가 일찍이 저 종성에 나서 이런 이름, 이런 먹을거리, 이런 목숨으로 이와 같이 겪은 괴로움과 즐거움을 알고 보며, 저기에서 죽어 여기에 나고 여기에서 죽어 저기에 나는 등 셀 수 없는 겁의 일 등을 이와 같이 다 기억하오.

또 저 고행자는 하늘눈이 깨끗하여 중생의 무리들이 여기서 죽어 저기서 난 것과 얼굴빛이 잘나고 못남과, 착함과 악함으로 나아가는 곳과 행을 따라 떨어지는 것을 다 보고 다 아오.

또 중생의 몸의 행이 착하지 않고 입의 행이 착하지 않으며 뜻의 행이 착하지 않아, 현성을 비방하고 삿되고 뒤바뀐 견해를 믿어 몸이 무너지고 목숨 마치고 세 가지 악한 길에 떨어지는 것을 아오. 또 어떤 중생은 몸의 행이 착하고 입과 뜻의 행 또한 착하여 현성을 비방하지 않고 견해가 발라 믿음으로 행함으로써 몸이 무너지고 목숨 마치고 하늘이나 사람 가운데 태어나는 것을 아오.

저 고행자는 하늘눈이 청정하여 중생을 살피고 나아가 행을 따라 떨어진 곳을 보아 알지 못하는 것이 없소. 이것이 고행의 으뜸가는 빼어남[第一勝]이오."

붇다께서 브라마나에게 말씀하셨다.

"이 법 가운데에는 다시 빼어난 것이 있소. 나는 늘 이 법으로써 여러 성문을 교화하고 저들은 이 법으로써 범행을 닦을 수 있소."

**브라마나의 오백 제자가 세존을 찬탄하자
브라마나가 세존께 귀의함**

때에 오백 브라마나의 제자들은 각기 큰 소리를 내어 서로 말했다.

"지금 세존을 살펴보니 가장 높아 위가 되는 분이시다. 우리 스승은 미칠 수 없다."

때에 저 산타나 거사는 브라마나에게 말했다.

"그대는 아까 스스로 말했소.

'만약 고타마가 여기 오면 우리들은 〈애꾸눈 소〉라고 부를 것이다.'

세존이 지금 여기 오셨는데 그대는 왜 부르지 않소. 또 그대는 아까 말했소.

'한 마디로써 저 고타마를 몰아붙여 아무 말도 못하게 해서, 마치 거북이 몸의 여섯 곳을 감추어 걱정할 것 없다고 말함과 같게 하겠으며, 한 화살로 쏘아 도망칠 곳이 없게 하겠다.'

그런데 이제 그대는 왜 한 말로 여래를 몰아붙이지 않소?"

붇다께서 브라마나에게 물으셨다.

"그대는 앞에 이런 말 한 것을 기억하오."

그는 대답했다.

"참으로 그렇습니다."

붇다께서 브라마나에게 말씀하셨다.

"그대는 어찌 앞의 오래되신 브라마나들에게 듣지 못했소.

'모든 붇다 여래께서 홀로 산숲에 있으면서 한가하고 고요한 곳을 즐겨하는 것은 내가 오늘날 한가히 있기를 즐겨하는 것과 같다.'

그러니 그대의 법이 시끄러운 것을 즐기어 쓸데없는 일을 떠들면서 날을 보내는 것과 같겠소."

붇다께서 브라마나에게 말씀하셨다.

"그대는 어찌 이렇게 생각하지 않소.

'고타마 사문은 잘 보디를 말씀하시어 스스로 조복하고 남을 조복하며, 스스로 그치어 쉬고 남을 그치어 쉬게 하며, 스스로 저쪽 언덕에 건너가고 남을 건너가게 하며, 스스로 해탈하고 남을 해탈하게 하며, 스스로 니르바나를 얻고 남을 니르바나에 건네주신다.'"

때에 브라마나는 곧 자리에서 일어나 머리를 발에 대 절하고 손으로 붇다의 발을 만지며 자기 이름을 대면서 말했다.

"저는 니구타 브라마나입니다. 저는 니구타 브라마나입니다.

지금 스스로 귀의하여 세존의 발에 절합니다."

해탈의 길이 밝고 깨끗한 법임을 보이시어 다시 의심을 깨뜨리심

붇다는 브라마나에게 말씀하셨다.

"그만두라, 그만두라, 잠깐 기다리라. 그대의 마음이 풀리도록 하면 그것이 곧 절함이 된다."

브라마나는 거듭 붇다의 발에 절하고 한쪽에 앉았다.

붇다께서 브라마나에게 말씀하셨다.

"그대는 바로 붇다는 이익됨을 위하여 설법한다고 말하지 않겠는가. 이런 마음을 일으키지 말라. 만약 이익됨이 있으면 다 그대에게 주리라.

내가 말하는 법은 미묘하기 으뜸이어서 착하지 않음을 없애고 착한 법을 늘려준다."

또 브라마나에게 말씀하셨다.

"그대는 바로 붇다가 이름을 위해, 존중받기 위해, 길잡이의 우두머리가 되기 위해, 따르는 붙이[眷屬]를 위해, 대중을 위해 설법한다고 말하지 않겠는가. 이런 마음을 일으키지 말라.

지금 그대를 따르는 무리들은 다 그대에게 돌아간다. 내가 말하는 법은 착한 법을 없애고 착한 법을 늘려 자라게 한다.”

또 브라마나에게 말씀하셨다.

“그대는 바로 붇다가 그대를 착하지 않은 곳[不善聚]과 캄캄하여 어두운 곳[黑冥聚] 가운데 둔다고 말하지 않겠는가.

이런 마음을 내지 말라. 그대는 다만 모든 착하지 않은 곳과 캄캄하여 어두운 곳을 버려 떠나라. 나는 스스로 그대를 위하여 착하고 깨끗한 법을 말해준다.”

또 브라마나에게 말씀하셨다.

“그대는 바로 붇다가 그대를 착한 법이 모인 곳[善法聚]과 맑고 깨끗한 법이 모인 곳[淸白聚]에서 물리치신다고 말하지 않겠는가. 이런 마음을 일으키지 말라. 그대는 다만 착한 법이 모인 곳과 맑고 깨끗한 법이 모인 곳 가운데서 힘써 부지런히 닦아 행하라.

나는 스스로 그대를 위하여 착하고 깨끗한 법을 말해 착하지 않은 행을 없애고 착한 법을 늘려 더하게 한다.”

그때 오백 브라마나의 제자들은 마음을 단정히 하고 뜻을 바로 해 붇다가 말씀하신 것을 들었다.

파피야스가 어지럽히므로 산타나와 함께 본 곳으로 돌아가심

때에 악한 마라 파피야스는 이렇게 생각했다.

‘이 오백 브라마나의 제자들은 마음을 단정히 하고 뜻을 바로해 붇다에게서 법을 듣는다. 나는 이제 가서 그 뜻을 무너뜨려야겠다.’

그때 악한 마라는 곧 제 힘으로 그 뜻을 부수어 어지럽게 했다.

세존께서 산타나에게 말씀하셨다.

“이 오백 브라마나의 제자는 마음을 단정히 하고 뜻을 바로해 나에게서 법을 들었다.

그런데 저 하늘마라 파피야스가 그 뜻을 부수어 어지럽게 했다. 지금 나는 돌아가고자 한다. 너도 함께 가자."

그때 세존은 오른손으로 산타나 거사를 들어 손바닥에 놓고 허공을 타고 돌아가셨다.

산타나 거사, 니구타 브라마나 및 오백 브라마나의 제자는 붇다의 말씀을 듣고 기뻐하며 받들어 행했다.

• 장아함 8 산타나경(散陀那經)

• 해설 •

붇다의 상가는 기성 브라마나나 사문들의 교단을 모두 부정하고 출발한 제3의 수행집단이고 교육집단이었다.

붇다께서 라자그리하 성에 들어오시기 전 천 명이나 되는 우루빌라 카샤파 삼형제의 브라마나 교단을 상가에 받아들이고, 라자그리하 성에 들어오신 뒤 목갈라야나와 사리푸트라를 따르던 산자야 교단의 이백오십 명의 제자들을 받아들이셨다.

이처럼 출발한 지 얼마 안 된 붇다의 상가가 브라마나와 사문 두 집단의 기성 수행자들을 대거 영입하여 단번에 천 명이 넘는 큰 상가로 발전한 것은 당시 인도사회 사상계를 뒤흔든 일대 충격적 사건이 아닐 수 없다.

라자그리하 성에 들어오신 뒤 대숲정사, 복덕사 등의 비하라가 세워진 뒤에도, 붇다의 설법은 기성 교단의 비판에 대한 반론의 교설이 많았을 것이다. 그리고 기성 교단 출신의 비구들이 다수인 상가대중을 향한 붇다의 가르침은 다른 종교 절대관념론자들의 신비주의 선정이나 고행에 바탕을 둔 영혼주의적 실천의 길과 다름을 강조하는 데 치중했을 것이다.

이 경 또한 이런 초기 상가에 닥친 기성 교단의 비판에 대한 반론적 교설을 담고 있다.

산타나가 만난 브라마나 교단은 아마 세계관에서는 브라흐만의 신성을 믿으면서도 실천적으로 고행주의를 지지하는 유파의 교단인 듯하다.

우루빌라 카샤파와 산자야 교단을 흡수한 붇다에 대해 기성 교단의 지도자들이 갖는 불안감은 이 경 맨 뒤에 붇다께서 언급한 것과 같이 '자기들이 받아야 할 이익되는 공양을 빼앗아가는 이' '자기들이 받아야 할 대중의 공경을 앗아가는 이' '자기 따르는 무리들을 빼앗아 비구로 만드는 이'라는 불안감이었을 것이다.

붇다는 이 경에서 고행의 부질없음을 그저 비판만 하지 않고, 해탈에 이끄는 고행의 길을 다시 긍정하여 붇다의 연기론이 잘못됨에 대한 비판과 올바름에 대한 긍정을 함께 아우르는 포용의 철학임을 말씀하고 있다.

그리고 논의의 상대자인 브라마나의 오백 제자를 그대로 브라마나 교단에 남겨두고 우파사카 산타나만을 데리고 떠나는 것으로 설법을 마무리함으로써 다른 교단의 제자들을 상가에 받아들인다는 비난을 잠재우신다.

고행에 대한 붇다의 가르침은 다음과 같다.

고행 자체를 해탈의 목표라고 말하거나 고행이 그대로 해탈의 원인이라고 말해 부질없이 고행을 일삼는 것은 그릇된 삶의 길이다.

고행을 통해 대중의 존경을 받으려 하고 사람들에게 보이기 위해 고행하고 고행만을 최고의 실천이라 고집하여 남의 옳은 가르침을 듣지 않는 것은 고행 가운데 더러운 때가 가득한 고행이다.

그러나 고행 자체를 목적으로 삼지 않고 탐욕의 마음 성내는 마음을 다스리기 위한 방편으로 고행하는 자는 고행 가운데 깨끗함이 있는 고행을 하는 자이다. 그렇게 고행하는 이는 고행을 통해 탐욕 없는 생활, 선정 닦는 생활, 거짓과 교만함이 없는 생활로 나아간다.

이처럼 고행 가운데 깨끗함이 있는 고행은 붇다가 가르치신 법의 '껍질'[皮]이 되는 법이다.

'나무의 마디'[樹節]와 같은 법은 고행을 통해 바로 네 가지 한량없는 마음을 성취하고 세 가지 밝음[三明]을 이루는 법이다.

다시 세존은 이보다 빼어난 법[第一勝]이 있다고 하셨으니, 껍질과 마디를 넘어서는 법은 온갖 방편의 뜻이 다하고 온전히 존재의 실상을 열어 보이는 법, 니르바나와 둘이 없는 해탈의 행이다.

이는 원인과 결과가 서로 사무치는 법[因果交徹]이고, 원인 가운데 온전히 과덕을 갖추어 원인이 실상 그대로의 원만한 행이 되는 실천[因圓果滿]이니, 여래는 오직 이 법[實相法, 佛知見]을 세상에 열어 보이기 위해 오신 분이다.

이와 같은 고행의 설법에 고행지상주의자인 저 브라마나 스승인들 어찌 혀를 묶고 입을 닫지 않겠는가.

브라마나의 오백 제자가 세존께 귀의하고 오백 제자의 스승 브라마나가 세존의 말씀을 받아들였다. 그러나 파피야스의 교란에 의해 세존께서는 오백 브라마나를 두어두고 흰옷의 제자 산타나만을 데리고 돌아오셨다고 했으니, 이때 파피야스는 누구이며 마라의 어지럽히는 짓이란 무엇인가.

저 브라마나의 스승이 비록 세존의 말씀을 받아들였으나 자기 제자들을 붇다께서 상가에 거두어들이는 것까지 받아들일 만큼 믿음의 뿌리가 굳세지 못한 것을 파피야스의 교란으로 보인 것이리라.

파피야스는 저 브라마나 스승의 마음속 파피야스다. 세존께서 브라마나 스승의 동요하는 뜻을 알아보시고 브라마나의 오백 제자를 그 자리에 두어두고, 세존의 재가제자 산타나만을 거두어 붇다가 머물러 계셨던 그리드라쿠타 산의 아란야로 돌아오셨으리라.

또한 산타나를 데리고 돌아오시되 신통으로 돌아오셨다 하니, 이는 산타나만을 데리고 뒤도 돌아보지 않고 오심으로써 마라에 잡힌 브라마나 대중에게 붇다 세존을 비방하는 죄업을 짓지 않게 하심이리라.

황금장인의 정사에 계시면서
버리는 법을 말씀하시다

이와 같이 내가 들었다.

한때 붇다께서는 라자그리하 성 '황금장인의 정사'[金師精舍]에 계셨다.

그때 어떤 브라마나가 보름날 머리를 감고 재법(齋法)을 받고는 새롭고 긴 털로 짠 흰 베를 감고, 손에는 새로 돋은 풀을 들고 붇다 계신 곳에 와 세존과 서로 얼굴 보며 문안 인사하고 위로한 뒤 한쪽으로 물러앉았다.

그때 세존께서 브라마나에게 말씀하셨다.

"그대는 머리를 감고 새롭고 긴 털로 짠 흰 베를 감았는데, 그것은 누구의 법이오?"

"고타마시여, 이것은 버리는 법[捨法]을 배우는 것입니다."

붇다께서 브라마나에게 물으셨다.

"어떤 것이 브라마나들의 버리는 법이오?"

"고타마시여, 이와 같이 보름날 머리를 감고 재법을 받아 지니되 새롭고 깨끗한 긴 털로 짠 흰 베를 감고, 손에는 새로 돋은 풀을 쥐고 힘 닿는 대로 보시하여 복을 짓습니다.

고타마시여, 이것을 브라마나들이 닦아 행하는 버리는 행이라고 합니다."

붇다께서 브라마나에게 말씀하셨다.

"현성의 법과 율에서 행하는 버리는 법은 이와 다르오."

브라마나가 붇다께 말씀드렸다.

"고타마시여, 어떻게 하는 것이 현성의 법과 율에서 행하는 버리는 법입니까?"

브라마나의 재법에 대해 여래의 법과 율에서 버리는 행을 보이심

붇다께서 브라마나에게 말씀하셨다.

"산목숨 죽임을 버리고 산목숨 죽임을 좋아하지 않는 것이니, 칼이나 막대기를 버리고 부끄러워할 줄 알며, 온갖 중생을 가엾이 생각하여 죽이지 않음에 의지해 산목숨 죽임을 버리는 것이오.

도둑질을 여의고 도둑질을 좋아하지 않는 것이니, 도둑질하지 않음에 의지해 주지 않는 것을 가지는 행을 버리는 것이오.

여러 삿된 음행을 버리고 삿된 음행을 좋아하지 않는 것이니, 음행하지 않음에 의지해 범행이 아닌 것을 버리는 것이오.

거짓말을 버리고 거짓말을 좋아하지 않는 것이니, 거짓말하지 않음에 의지해 진실하지 않은 말을 버리는 것이오.

여러 두말을 버리고 두말을 좋아하지 않는 것이니, 두말하지 않음에 의지해 두말을 버리는 것이오.

나쁜 말을 버리고 나쁜 말을 좋아하지 않는 것이니, 나쁜 말을 하지 않음에 의지해 거친 말을 버리는 것이오.

온갖 꾸밈말을 버리고 꾸밈말을 좋아하지 않는 것이니, 꾸밈말을 하지 않음에 의지해 뜻 없는 말을 버리는 것이오.

탐욕을 끊어 없애 탐욕의 고통을 멀리 버리는 것이니, 탐욕의 마음이 없음에 의지해 애착을 버리는 것이오.

성냄을 끊어 없애 분노와 원한을 내지 않는 것이니, 성냄 없음에 의지해 성냄과 원한을 버리는 것이오.

바른 견해를 닦아 익혀 뒤바뀐 견해를 일으키지 않는 것이니, 바른 견해에 의지해 삿된 견해를 버리는 것이오.

브라마나여, 이것을 현성의 법과 율에서 행하는 버리는 행이라고 하오."

브라마나가 붇다께 말씀드렸다.

"잘 말씀해주셨습니다. 고타마시여, 현성의 법과 율에서 행하는 버리는 행을 잘 보여주셨습니다."

그때 그 브라마나는 붇다의 말씀을 듣고 기뻐하면서 자리에서 일어나 떠나갔다.

• 잡아함 1040 사행경(捨行經)

• 해설 •

붇다께서 천 명이 넘는 대중을 거느리고 라자그리하 성에 들어오시자, 빔비사라 왕이 큰 아라마를 기증하고 큰 비하라를 지어 상가대중의 머물 곳을 마련해드린 뒤 많은 장자와 거사들이 상가에 집을 지어 헌납한다.

이 '황금장인의 정사' 또한 금 세공업으로 부자가 된 장자가 상가에 헌납한 비하라의 하나일 것이다.

이 경에서는 베다에 의거해 브라마나의 율법 지키는 생활과 붇다가 가르치신 법과 율에서 계율의 다른 점을 말씀하시고 있다.

구체적인 생활 속에서 행해야 할 윤리적 행위의 정당성은 무엇으로 판단할 것인가. 그 행위가 세계의 진실 그대로의 지혜에서 발현된 것으로서 삶 속에서 해탈의 덕을 안겨줄 때만 그 정당성은 인정되는 것이다.

그렇지 않고 특정 종파의 종교적 신념에 의거한 윤리적 행위라 하더라도,

그 행위가 세계의 진실에 부합되지 않고 인간의 삶에 해탈의 덕을 보장해주지 않는 한, 아무리 윤리적 행위의 근거가 '절대신성의 말씀'으로 포장되어 있다 해도 그것은 인간의 보편적인 실천윤리가 될 수 없다.

브라마나에게 온갖 옳은 행위의 근거는 절대신성으로서 브라흐만이고, 브라흐만의 윤리적인 명령이 베다로 기록되어 있다. 브라흐만을 믿는 브라마나들은 베다의 말씀대로 몸단장을 하고, 보름날 베다의 계법을 지키고 브라마나의 수행자에게 공양 올리는 것으로 온갖 윤리적 선(善)이 완성된다고 믿는다. 그러나 붇다는 그렇지 않다고 가르치신다.

참된 계율은 진리인 지혜에서 일어나 인간을 지혜인 진리의 세계로 이끌 때 비로소 구체적인 행위 속에서 해탈의 덕이 되는 계율이 된다. 불교에서 계율을 차별된 상황 속에서의 해탈[別解脫]이라는 뜻으로 '프라티목샤'라고 하는 것이 바로 이런 뜻을 담고 있다.

불교에서 계율은 '나와 너' '나와 세계'가 모두 공하되 공함도 공하여 서로 의지해 연기하는 삶의 실상을 통해서 발현되는 윤리적 당위이다. 연기법에서 세계의 진실은 고립된 나만의 나는 본래 없어서 세계는 곧 '서로가 서로에 하나되고 서로가 서로에 들어가는 모습'[相卽相入]으로 주어진다.

그러므로 서로가 서로를 죽이고 다치며 남의 것을 빼앗아 내 것을 만들며 거짓을 말하는 것은 연기법의 진실에 등지는 행위로서, 해서는 안 될 행위[禁戒]가 되는 것이다.

붇다는 그래서 계로써 청정이 아니고 진실이 아닌 행을 금하게 하고[止持戒] 서로 함께 살림과 청정과 진실을 행하게 하여[作持戒] 상가와 이 역사공동체를 공동번영[相生]과 화합의 공동체로 만들어가게 한다.

또한 별해탈의 계는 지혜[般若]인 계가 되고 지혜는 법신(法身)인 지혜가 되어야 하는 것이니, 바른 계행을 짓되 실로 지음이 있으면 법신 그대로의 참된 별해탈의 계가 되지 못한다. 옳은 행을 지음 없이 짓고 짓되 지음 없어야 바로 그 행위가 해탈의 계가 되고 진리의 계가 되는 것이다.

그리드라쿠타 산에서, 존자 사리푸트라가
평등한 지혜의 법을 말하다

이와 같이 내가 들었다.

한때 붇다께서는 라자그리하 성의 칼란다카 대나무동산에 계셨다. 그때 존자 사리푸트라는 마하코티카와 함께 그리드라쿠타 산에 있었다.

마하코티카는 해질녘 선정에서 일어나 사리푸트라가 있는 곳으로 가서 서로 같이 문안하고 서로 인사하고 서로 즐거워한 뒤에 물러나 한쪽에 앉았다.

때에 마하코티카는 사리푸트라에게 말하였다.

"묻고 싶은 것이 있는데, 어진 이께서는 한가하시면 대답해주시겠습니까."

사리푸트라는 말하였다.

"그대는 물으시오. 아는 것은 대답하겠소."

때에 마하코티카는 사리푸트라에게 물었다.

"만약 비구가 아직 사이 없는 평등한 법을 얻지 못하여 사이 없는 평등한 법을 구하고자 하면 어떤 방편으로 구하고, 어떤 법을 사유하여야 합니까."

다섯 쌓임이 공한 실상 사유해야 함을 보임

사리푸트라는 말하였다.

"만약 비구가 아직 사이 없는 평등한 법을 얻지 못하여 사이 없는 평등한 법을 구하고자 하면, 다음과 같이 부지런히 힘써 사유해야 하오.

'다섯 가지 받는 쌓임은 병이 되고 종기가 되며, 가시가 되고 죽임이 되어, 덧없고 괴로우며[無常苦], 비어서 〈나〉가 아닌 것[空無我]이다.'

왜 그런가요. 이렇게 하는 것이 맞는 곳[所應處]이기 때문이오. 만약 비구가 이 다섯 가지 받는 쌓임에 대해서 부지런히 힘써 사유하면 스로타판나의 과덕을 얻을 것이오."

다시 물었다.

"사리푸트라여, 스로타판나의 과덕을 얻은 뒤에 다시 사크리다가민의 과덕을 얻고자 하면 어떤 법을 사유해야 합니까."

사리푸트라는 말하였다.

"코티카여, 이미 스로타판나의 과덕을 얻은 뒤에 사크리다가민의 과덕을 얻으려고 해도, 또한 부지런히 힘써 다음과 같이 사유해야 하오.

'이 다섯 가지 받는 쌓임은 병이 되고 종기가 되며, 가시가 되고 죽임이 되어, 덧없고 괴로우며, 비어서 〈나〉가 아닌 것이다.'

왜 그런가요. 이렇게 하는 것이 맞는 곳이기 때문이오. 만약 비구가 이 다섯 가지 받는 쌓임에 대해서 부지런히 힘써 사유하면 사크리다가민의 과덕을 얻을 것이오."

마하코티카는 다시 사리푸트라에게 물었다.

"사크리다가민의 과덕을 얻은 뒤에 다시 아나가민의 과덕을 얻고자 하면 어떤 법을 사유해야 합니까."

사리푸트라는 말하였다.

"코티카여, 사크리다가민의 과덕을 얻은 뒤에 아나가민의 과덕을 얻으려고 해도, 또한 부지런히 힘써 다음과 같이 사유해야 하오.

'이 다섯 가지 받는 쌓임은 병이 되고 종기가 되며, 가시가 되고 죽임이 되어, 덧없고 괴로우며, 비어서 〈나〉가 아닌 것이다.'

왜 그런가요. 이렇게 하는 것이 맞는 곳이기 때문이오. 만약 비구가 이 다섯 가지 받는 쌓임에 대해서 부지런히 힘써 사유하면 아나가민의 과덕을 얻을 것이오.

다시 아나가민의 과덕을 얻은 뒤에 다시 아라한의 과덕을 얻으려고 해도, 또한 부지런히 힘써 다음과 같이 사유해야 하오.

'이 다섯 가지 받는 쌓임은 병이 되고 종기가 되며, 가시가 되고 죽임이 되어, 덧없고 괴로우며, 비어서 〈나〉가 아닌 것이다.'

왜 그런가요. 이렇게 하는 것이 맞는 곳이기 때문이오. 만약 비구가 이 다섯 가지 받는 쌓임에 대해서 부지런히 힘써 사유하면 아라한의 과덕을 얻을 것이오."

아라한은 바로 다섯 쌓임의 진실대로 사유하고 행하는 자임을 보임

마하코티카는 다시 사리푸트라에게 물었다.

"아라한의 과덕 얻은 뒤에는 다시 어떤 법을 사유해야 합니까."

사리푸트라는 말하였다.

"마하코티카여, 아라한 또한 다시 이렇게 사유하오.

'이 다섯 가지 받는 쌓임의 법은 병이 되고 종기가 되며, 가시가 되고 죽임이 되어, 덧없고 괴로우며, 비어서 〈나〉가 아닌 것이다.'

왜 그런가요. 얻지 못한 것을 얻었기 때문이고, 증득하지 못한 것을 증득하였기 때문이고, 법을 보아 즐겁게 머무르기 때문이오."

때에 두 존자는 각기 말한 것을 듣고 기뻐하면서 떠나갔다.

• 잡아함 259 무간등경(無間等經)

• **해설** •

붇다 상가의 대중이 늘어가면서 상가대중의 머무름과 안거는 한곳에서 같이 머물지 않고, 각기 여러 곳에 나누어 안거하면서 우파바사타의 때 사방 삼 요자나(yojana, 由旬, 1요자나는 약 1.3킬로미터)의 경계 안에 있는 대중이 같이 모여 계를 설하고 계를 들었다.

이 경에서도 세존이 칼란다카 대숲정사에 계시는데 사리푸트라와 코티카 두 존자는 그리드라쿠타 산에서 안거하고 있는 것이다.

안거 대중의 머무는 곳이 달라지고 현전상가의 구역이 서로 떨어지므로, 세존은 네 사람 이상의 대중이 카르마해서 결정할 수 있는 사항과 스무 명 이상의 대중이 모여서 카르마해야만 그 법이 성취될 수 있는 구족계 설하는 법과 죄 벗어나게 하는 법들을 제정하신다.

붇다의 상가가 큰 교단으로 형성된 뒤, 바깥길 수행자들과 대론(對論)하거나 세존을 대신해 새로 된 비구상가의 대중에 설법하는 분으로 가장 많이 등장하는 이가 사리푸트라 존자이다.

그래서 세존이 사리푸트라 존자를 성문제자 가운데 지혜가 으뜸이고 네 가지 걸림없는 말솜씨가 으뜸이라고 칭찬하셨으리라.

다섯 쌓임을 살피는 사이 없는 평등한 지혜[無間等]는 무엇인가.

여기 살피는 지혜가 있고 살펴지는바 경계가 있다면 사이 없는 평등함이 되지 못한다.

다섯 쌓임의 한 법을 살피고 다시 다른 법을 살피면 사이 없는 평등함이 되지 못한다. 다섯 쌓임으로 이루어진 존재가 공한 줄[我空] 알되 다시 다섯 쌓임의 법이 실체가 있다[法有]고 살펴도 사이 없는 평등함이 되지 못한다.

다섯 쌓임으로 이루어진 존재가 공하되 존재를 존재이게 하는 다섯 쌓임의 법도 공한 줄 알아야 사이 없는 평등함이 된다.

다섯 쌓임 가운데 한 법을 들면 다른 네 법이 온전히 한 법 속에 있음을 알아야 사이 없는 평등함이 된다.

살피는바 다섯 쌓임이 공하고 그 공함도 공한 줄 알므로 아는 지혜 또한 고요하되 그 고요함도 고요하여, 고요하되 비치고[寂而照] 비치되 고요하여야[照而寂] 사이 없는 평등함이 된다.

사리푸트라 존자가 다섯 쌓임이 곧 병이 되고 종기가 된다고 함은 다섯 쌓임이 있다는 중생의 사유를 상대해서 병이 되고 종기가 된다고 함이다. 다섯 쌓임이 곧 덧없고 공하여 나도 아니고 나 아님도 아닌 줄 알면 다섯 쌓임이 바로 진여의 진실한 모습[眞如實相]이 되니, 다섯 쌓임이 중도의 진실한 모습일 때가 바로 사이 없는 평등한 지혜가 되는 것이다.

『화엄경』(「광명각품」) 또한 붇다와 법을 둘로 보지 않는 평등의 지혜로 말미암아 해탈의 지위 이루게 됨을 이렇게 노래한다.

만약 누가 붇다와 법에 대해서
그 마음이 평등함을 밝게 안다면
두 생각이 앞에 나타나지 않아
사유할 수 없는 지위 밟아가리라.

若於佛及法　其心了平等
二念不現前　當踐難思位

찬 숲 무덤 사이에 계시면서,
모든 행이 덧없음을 말씀하시다

이와 같이 내가 들었다.

한때 붇다께서 라자그리하 성에 있는 찬 숲[寒林] 무덤 사이에 계셨다.

그때 세존께서 여러 비구들에게 말씀하셨다.

"온갖 행[一切行]은 덧없는 것이다. 온갖 행은 항상하지 않고 편안하지 않으며, 쉬지 않고 변해 바뀌는 법이다.

나아가 온갖 함이 있는 행[有爲行]은 그쳐야 하고 싫어해 떠나야 하고 즐겨하지 말고 해탈해야 한다."

그때 악한 마라 파피야스가 이런 생각을 하였다.

'지금 사문 고타마가 라자그리하 성에 있는 찬 숲 무덤 사이에 머물고 있으면서 여러 성문들을 위해 이렇게 설법하고 있다.

〈온갖 행은 덧없는 것이다. 온갖 행은 항상하지 않고 편안하지 않으며, 쉬지 않고 변해 바뀌는 법이다. 나아가 온갖 함이 있는 행은 그쳐야 하고 싫어해 떠나야 하고 즐겨하지 말고 해탈해야 한다.〉

내가 저곳에 가서 저들을 어지럽혀야겠다.'

게송으로 마라의 어지럽힘을 물리치심

파피야스는 곧 젊은이의 모습으로 변화하여 붇다 계신 곳에 가서 붇다 앞에 서서 게송을 말했다.

목숨은 낮과 밤으로 흘러서
마쳐 다하는 때가 있지 않네.
목숨이 언제나 오고 가는 것은
마치 수레바퀴가 구르는 것 같네.

그때 세존께서는 이렇게 생각하셨다.
'이는 악한 마라가 어지럽히려 하는 것이다.'
곧 게송을 설해 말씀하셨다.

낮과 밤은 언제나 옮겨 흐르니
목숨 또한 따라서 줄어져간다.
사람의 목숨이 차츰 없어지는 것
마치 작은 개울물이 잦아짐 같네.
나는 네가 악한 마라인 줄 아나니
여기서 곧 스스로 사라져가라.

그러자 악한 마라 파피야스는 이렇게 생각했다.
'사문 고타마가 벌써 내 마음을 알고 있구나.'
그러고는 부끄러워하고 근심하고 슬퍼하며 이내 사라지더니 나타
나지 않았다.

• 잡아함 1085 수명경(壽命經)

• **해설** •

라자그리하 성에 대중이 같이 모여 좌선하고 법을 설할 수 있는 큰 비하

라가 들어섰지만, 세존은 꼭 정사의 방에서만 안거하시지 않고 때로 찬 숲 무덤 사이에서 좌선하시고 깊고 험한 바위틈에서 안거하신다.

세존이 '온갖 행이 덧없다'고 가르치심은 온갖 법이 나 없으므로 덧없음을 보이신 것이니, 바깥길 사문이 주장하는 '영혼이 사라지지 않는다'는 주장과는 다르다.

세존이 '온갖 법이 덧없으므로 나 없다'고 가르치면, 이는 존재가 항상하다는 견해[常見]를 깨뜨리지만, 덧없음의 가르침을 '온갖 법이 나 없으므로 온갖 행이 덧없다'고 읽게 하면, 이 가르침은 존재가 흘러 사라져 가버린다는 견해[斷見]를 깨뜨린다.

저 파피야스가 '낮과 밤으로 오고 가는 목숨이 수레바퀴 구름과 같다'고 한 것은, 온갖 법이 덧없이 흘러가므로 사라져 다한다는 허무의 견해와 다시 흘러감 너머에 흘러가지 않는 실체가 있다는 주장으로 세존의 대중을 흔들려 하는 뜻이다.

세존 또한 낮과 밤이 옮겨 흐름으로 덧없음의 뜻을 보이시지만, 세존의 덧없음은 늘 머물러 있음도 없고 사라져 흘러가버림도 없는 덧없음[眞無常]이다.

세존의 가르침 따라 온갖 법의 덧없음을 철저히 살피는 자는, 법이 나고 사라지되 남이 없이 나고 사라짐 없이 사라짐을 보아 나고 사라짐 속에서 무너짐 없는 삶의 길을 보리라.

③ 마가다 국의 다른 여러 아란야들

귀신 사는 곳에서
애욕 떠나 해탈하는 길을 보이시다

이와 같이 내가 들었다.

한때 붇다께서는 마가다 국 사람 사이에 노닐어 다니시다 바늘털 귀신[針毛鬼神]이 사는 곳에 이르러 밤에 묵으시게 되었다.

그때 바늘털 귀신은 여러 귀신들과 한곳에 모여 있었다.

때에 불꽃 귀신[炎鬼]은 세존께서 바늘털 귀신이 사는 곳에서 밤에 묵으시는 것을 보고 바늘털 귀신에게 가서 말하였다.

"마을주인이여, 그대는 매우 좋은 이익을 얻었소. 지금 여래·공양해야 할 분·바르게 깨친 이께서 그대 방에서 주무시오."

바늘털 귀신은 말하였다.

"이제 가서 시험해보겠소. 그가 여래인가, 아닌가."

바늘털 귀신이 세존이 참으로 여래인가 그 위력을 시험함

때에 바늘털 귀신은 모든 귀신들과의 모임이 끝난 뒤에 자기 집에 돌아가 몸을 움츠려 붇다께 부딪쳤다.

그때에 세존께서는 몸을 돌려 그것을 피하셨다. 이와 같이 두 번 세 번 몸을 움츠려 붇다께 부딪치자, 붇다께서도 두 번 세 번 몸을 돌려 그것을 피하셨다.

그때에 바늘털 귀신은 말하였다.

"사문은 두려워하시오?"

붇다께서 말씀하셨다.

"마을주인이여, 나는 두려하지 않는다. 다만 네가 부딪치는 것이 싫다."

바늘털 귀신은 말하였다.

"이제 묻겠으니 나를 위해 말해야 하오. 나를 기쁘게 할 수 있으면 좋지만, 나를 기쁘게 하지 못하면 그대 심장을 부수고 그대 가슴을 찢겠소. 그래서 그대 뜨거운 피가 얼굴에서 솟구치게 하고, 그대 두 팔을 묶어 강가아 강 저쪽 언덕에 던져버리겠소."

붇다께서는 말씀하셨다.

"마을주인이여, 나는 아직 여러 하늘이나 마라와 브라흐만, 사문과 브라마나, 하늘신이나 세간 사람으로, 여래·공양해야 할 분·바르게 깨친 이의 심장을 부수거나 그 가슴을 찢어, 뜨거운 피를 얼굴에서 솟구치게 하거나, 두 팔을 잡아 강가아 강 저쪽 언덕에 던지는 이를 보지 못하였다.

너는 지금 물어보기나 해라. 너를 위해 말해주어 너를 기쁘게 해주겠다."

두려움과 애욕 떠나는 길을 보여 바늘털 귀신을 귀의케 하심

때에 바늘털 귀신은 게송을 말해 붇다께 물었다.

온갖 모든 탐냄과 성내는 마음은
무엇으로 그 원인을 삼는 것인가.

즐겁지 않아 온몸의 털이 곤두서는
그 두려움은 어디에서 일어나는가.

마치 저 갓 태어난 어린아이가
그 젖 주는 어미 의지하는 것처럼
뜻과 생각 여러 느낌 모습 취함은
그 어느 곳을 따라 일어나는가.

그때에 세존께서는 게송으로 대답하셨다.

애착 생겨 스스로 몸이 자라는 것
마치 저 니그로다 나무와 같고
더욱더 서로 끌어당기는 것은
등나무와 목화꽃 덤불숲 같네.

만약 그것들의 원인됨을 알면
반드시 저 귀신이 깨닫도록 하여
나고 죽음의 바다 그 흐름 건네어
다시 존재를 늘리지 않게 하리라.

그때 바늘털 귀신은 세존께서 게송 말하심을 듣고 마음에 기쁨
을 얻어, 붇다께 허물을 뉘우치고 삼보에 귀의하는 계를 받아 지니
었다.

붇다께서 이 경을 말씀하시자, 바늘털 귀신은 그 말씀을 듣고 기뻐

하며 받들어 행하였다.

• 잡아함 1324 침모경(針毛經)

• 해설 •

세존의 안거는 성읍 큰 도시의 아란야 대중이 있는 큰 정사에 국한되지 않는다. 사람 사이 길을 걸으시다 밤이 되어 머무는 곳이 곧 여래의 '앉고 누워 쉬는 곳'이 된다.

여래를 사람과 하늘의 스승[人天師]이라고 일컫듯, 여래께서는 사람의 스승일 뿐 아니라 하늘신의 스승이고 온갖 귀신·야크샤·아수라와 같이 싸우기 좋아하고 다투기 좋아하는 신의 무리들의 스승이시기도 하다.

붇다는 절대신성에 기도하거나 하늘신의 숭배, 여러 귀신 섬기는 길을 부정하셨으니, 가시는 곳곳마다 그를 저항하는 세력을 만나고, 붇다를 시험하는 기성의 힘과의 갈등을 겪지 않을 수 없다.

마을에 주인 노릇하며 사람들의 예배를 받던 바늘털 귀신이 귀신 섬김을 부정하는 세존을 시험하고 세존께 탐냄과 성냄의 뿌리를 물으니, 세존은 애착이 모든 번뇌의 뿌리가 됨으로 답변하시어 귀신을 곧 해탈케 하신다.

세존이 말씀하신 애착의 뿌리는 무엇인가. 연기로 일어난 존재를 실로 있는 존재로 보아 그것을 집착하여 놓지 않음이 애착이니, 그 원인은 무명이고 무명으로 인해 난 애착이 탐냄과 온갖 두려움의 바탕이 된다.

그러므로 모습에 모습 없음을 알아 모습에서 모습 떠나 모습에 대한 애착을 놓아버리면, 다시는 존재의 수를 늘리지 않고 나고 죽음의 저 언덕으로 건너가리라.

아알라비카 귀신에게 저 언덕에
건너는 법을 보이시다

이와 같이 내가 들었다.

한때 붇다께서는 마가다 국 사람 사이에 노닐어 다니시다, 아알라비카(巴 Ālavikā) 귀신이 사는 곳에서 밤에 묵으시게 되었다.

때에 아알라비카 귀신은 여러 귀신들과 모여 있었다.

때에 갈담 귀신[竭曇鬼]은 세존께서 아알라비카 귀신이 사는 곳에서 밤에 묵으시는 것을 보고 아알라비카 귀신에게 가서 말하였다.

"마을주인이여, 그대는 큰 이익을 얻었소. 여래께서 그대가 사는 곳에서 주무시다니."

아알라비카 귀신은 말하였다.

"산 사람[生人]이 오늘 우리 집에 머무르는가. 오늘 그가 여래인가, 여래가 아닌가를 알아내도록 하겠다."

아알라비카 귀신이 자기 사는 곳에 머무시는 여래를 시험함

때에 아알라비카 귀신은 여러 귀신들의 모임이 끝난 뒤에 자기 집에 돌아와 세존께 말하였다.

"나가라, 사문아."

그때에 세존께서는 남의 집이기 때문에 곧 그 집에서 나오셨다.

아알라비카 귀신은 다시 말하였다.

"들어오라, 사문아."

붇다께서는 곧 들어오셨다. 아만을 없앴기 때문이다.

이와 같이 두 번 세 번 되풀이하였다.

때에 아알라비카 귀신은 네 번째 다시 세존께 말하였다.

"나가라, 사문아."

그때에 세존께서는 말씀하셨다.

"마을주인이여, 이미 세 번이나 청을 들어주었다. 이제 다시 나가지 않겠다."

아알라비카 귀신은 말하였다.

"사문이여, 지금 사문께 묻겠으니 사문은 내게 대답하시오. 만약 나를 기쁘게 할 수 있으면 좋지만, 나를 기쁘게 하지 못하면 나는 그 심장을 부수고 그 가슴을 찢어, 뜨거운 피가 얼굴에서 솟구치게 하고, 두 팔을 잡아 강가아 강 저쪽 언덕에 던져버리겠소."

세존께서는 말씀하셨다.

"마을주인이여, 나는 아직 어떤 하늘이나 마라와 브라흐만, 사문이나 브라마나, 모든 하늘신과 세간 사람으로서, 내 심장을 부수고 가슴을 찢어 내 뜨거운 피를 얼굴에서 솟게 하거나, 두 팔을 잡아 강가아 강 저쪽 언덕에 던지는 이를 보지 못하였다.

그러니 마을주인이여, 너는 이제 물어보기나 해라. 너를 위해 말해 네 마음을 기쁘게 해주겠다."

귀신에게 참된 법의 재물을 문답하여 해탈의 길을 보이심

때에 아알라비카 귀신은 게송으로 붇다께 물었다.

어떤 것을 말하여 빼어난 이의

좋은 재산이라고 이름하는 것이며
그 어떤 좋은 법을 행하여야
편하고 즐거운 과보를 얻는가.
어떤 것을 아름다운 맛이라 하고
어떤 것이 목숨 가운데 빼어나는가.

그때에 세존께서는 게를 설해 대답하셨다.

깨끗한 믿음을 빼어난 사람의
좋은 재산이라고 이름하며
법을 행하면 즐거운 과보를 얻고
해탈이 뭇 맛 가운데 가장 높으며
지혜로 늙음과 죽음 없애버리면
이것이 목숨 가운데 빼어남이다.

아알라비카 귀신은 다시 게송으로 말하였다.

어떻게 좋은 이름을 얻는 것이
빼어난 이의 좋은 재산이 되며
그 어떤 좋은 법을 행하여야
편하고 즐거운 과보를 얻는가.
어떤 것을 아름다운 맛이라 하고
어떤 것이 목숨 가운데 빼어나는가.

그때에 세존께서는 게를 설해 대답하셨다.

계 지니면 좋은 이름 널리 흘러서
빼어난 이의 좋은 재산이 되며
법을 행하면 즐거운 과보를 얻고
해탈이 뭇 맛 가운데 가장 높으며
지혜로 늙음과 죽음 없애버리면
이것이 목숨 가운데 빼어남이다.

세간법 일어나는 인연과 세간법의 흐름
건너는 길을 분별해 보이심

때에 아알라비카 귀신은 다시 게송으로 말하였다.

몇 가지 법이 세간을 일으키며
몇 가지 법이 서로 따를 수 있으며
세간은 몇 가지 법이 취해 받으며
세간은 몇 가지 법이 덜어 줄이는가.

그때에 세존께서는 게를 설해 대답하셨다.

세간은 여섯 가지 법이 같이 일으키고
여섯 가지 법이 서로 따를 수 있으며
세간은 여섯 가지 법이 취해 받으며
세간은 여섯 가지 법이 덜어 줄인다.

아알라비카 귀신은 다시 게송으로 말씀드렸다.

　　그 누가 모든 흐름 건널 수 있으며
　　밤낮으로 방편을 부지런히 해
　　잡음도 없고 머무는 곳도 없어
　　그 누가 가라앉지 않을 수 있는가.

그때에 세존께서는 게를 설해 대답하셨다.

　　온갖 계율 빠짐없이 모두 갖추고
　　지혜 있고 사마디를 잘 닦아 행해
　　바른 생각 지니어 안으로 사유하면
　　건너기 어려운 흐름 건널 수 있네.

　　다섯 가지 욕망을 즐기지 않고
　　물질세계 애욕을 뛰어 건너서
　　잡음 없고 머무는 곳도 없으면
　　이 사람이 빠지지 않을 수 있네.

때에 아알라비카 귀신은 다시 게송으로 말씀드렸다.

　　무슨 법으로 흐름 건널 수 있으며
　　무엇으로 큰 바다 건너가는가.
　　무엇으로 괴로움을 버려 떠나며

무엇으로 청정함을 얻게 되는가.

그때에 세존께서는 게를 설해 대답하셨다.

믿음으로 강의 흐름 건널 수 있고
방일하지 않음으로 바다 건넌다.
정진하면 괴로움을 없앨 수 있고
지혜로 청정함을 얻는 것이다.

너는 반드시 다른 사문들이나
브라마나들의 법을 다시 물으라.
그들의 법 가운데는 참된 진리로
잘 조복함 베풀어주는 법이 없다네.

귀신이 여래의 법 받아 들을 것을 다짐함
때에 아알라비카 귀신은 다시 게송으로 말씀드렸다.

다른 사문들이나 브라마나의 법
어찌 번거롭게 다시 묻겠나이까.
바로 오늘 가장 빼어나 거룩한 이가
큰 법의 횃불을 높이 드러내셨네.

저 거룩하신 고타마 크신 스승께
늘 그 은혜 반드시 갚아야 하리.

바르게 깨쳐 위없는 세간의 길잡이
우리들의 스승께 말씀 올리니
나는 오늘 곧바로 길을 떠나서
마을에서 마을로 돌아다니며
바르게 깨치신 분 몸소 모시고
말씀하시는 법을 받아들으리.

붇다께서 이 경을 말씀하시자, 아알라비카 귀신은 기뻐하고 따라
기뻐하면서 절하고 떠나갔다.

- 잡아함 1326 아갈귀경(阿暍鬼經)

• 해설 •

이 경에서 아알라비카 귀신은 그냥 귀신이 아니라 기성 교단의 세계관과
실천관을 부정하고 출발한 붇다의 상가에 대한 도전세력의 한 모습이리라.

귀신은 그런 뜻에서 고타마 붇다가 베다에서 예언한 여래인가 아닌가를
시험해보려 한다.

절대신성의 존재를 부정한 세존의 법에서 무엇이 법의 재물이 되고 무엇
이 아름다운 맛이 되며 무엇이 윤회를 벗어난 빼어난 목숨이 되는가.

온갖 헛것과 거짓이 사라진 존재의 진실에 대한 믿음이 참된 법의 재산이
되고, 존재의 진실 그대로의 바른 길이 해탈의 맛 니르바나의 안락함을 보장
하며, 나되 남이 없고 사라지되 사라짐 없는 삶의 진실을 깨칠 때 길이 다하
지 않을 목숨을 얻는다.

그러므로 바른 계행으로 사마디 닦는 것밖에 해탈의 맛이 없고, 온갖 환
상을 부정하는 지혜밖에 무너지지 않는 법의 재물이 없다.

눈·귀·코·혀·몸과 뜻의 여섯 아는 뿌리에 탐욕과 집착이 있으면 물든
세간법이 일어나고, 여섯 아는 뿌리가 물들면 여섯 경계가 따라 물들며, 여

섯 앎에 따라 나는 물든 느낌[六受, 領納]과 여섯 모습 취함[六想, 取像]이
세간법을 취해 받아들인다.

그러나 여섯 법이 세간을 취해 받되 여섯 법이 다시 세간법을 덜어 줄인
다고 했으니, 무슨 뜻일까. 여섯 앎이 집착을 떠나 계·정·혜의 세 가지 배
움[三學]과 믿음[信]과 방일하지 않음[不放逸]과 물러섬이 없는 정진(精
進), 이 여섯 법[六法]을 행하면, 물든 세간법이 사라지고 세간법이 그대로
진여의 진실한 법으로 드러난다는 뜻이리라.

이와 같이 사마디와 지혜 갖춘 이는 보여지는 여섯 티끌경계 가운데 잡음
도 없고 머무는 곳도 없어서 보되 봄이 없고 듣되 들음 없어서 보고 듣고 아
는 경계 가운데서 늘 청정함을 얻고, 나고 죽음의 흐름을 건너게 된다.

세존의 진실한 말씀, 거짓 없고 속임 없고 두말 없는 말씀에 어찌 저 귀신
인들 귀의치 않으리. 귀신마저 세존이 '가장 빼어나신 이' '법의 횃불 높이
드신 분' '위없는 세간의 길잡이'라 찬탄하니, 세존이야말로 스스로 저 언덕
에 잘 건너서 악하고 모진 중생을 잘 조복해 저 언덕에 이끄시는 크나큰 장
부[調御丈夫]라 할 것이다.

『화엄경』(「광명각품」光明覺品) 또한 미혹의 어두움 속 험난한 윤회의 길
에 헤매는 중생에게 법의 다리를 세워 저 언덕에 이끄시는 여래의 교화를
다음과 같이 찬탄한다.

중생은 앎이 없고 법의 바탕 못 보아
미혹되고 미쳐 험난한 길 속 헤매니
붇다께서 그 중생 가엾이 여기사
법의 다리 세워서 이끌어내어
바른 생각으로 오르도록 해주시니
이것이 여래의 자비행이네.

衆生無知不見本　迷惑癡狂險難中
佛哀愍彼建法橋　正念令昇是其行

암라 나무동산에서 바깥길의 마을주인에게
참된 안락의 법을 말씀하시다

이와 같이 내가 들었다.

한때 붇다께서는 나알라 마을의 '좋은 옷 암라 나무동산'에 계셨다.

그때 과거에 니르그란타푸트라(Nirgrantha-putra)의 제자였던 '칼
잡이마을 주인'이 니르그란타푸트라가 있는 곳에 찾아가서 니르그
란타푸트라의 발에 절하고 한쪽에 물러앉았다.

그때 니르그란타푸트라가 마을주인에게 말했다.

"너는 사문 고타마와 약초를 논하여[葰藜論], 사문 고타마로 하여
금 말할 수도 없고 말하지 않을 수도 없게 할 수 있겠느냐?"

마을주인이 니르그란타푸트라에게 말씀드렸다.

"아차르야(ācārya, 阿闍梨)여, 제가 어떤 것을 약초에 관한 논의로
삼아야 사문 고타마로 하여금 말할 수도 없고 말하지 않을 수도 없게
할 수 있겠습니까?"

니르그란타푸트라가 마을주인에게 세존의 설법을 따지도록 함

니르그란타푸트라가 마을주인에게 말했다.

"너는 사문 고타마가 있는 곳에 가서 이렇게 물어보아야 한다.

'고타마여, 늘 온갖 중생을 안위하려고 하고, 또 온갖 중생 안위함
을 칭찬하지 않으시오?'

그래서 만약 '그렇지 않다'고 대답하거든 너는 이렇게 말해야 한다.

'그렇다면 고타마와 어리석은 범부는 무엇이 다르겠소?'

다시 만약 '늘 온갖 중생을 안위하려고 하고, 또 온갖 중생 안위함을 찬탄한다'고 대답하거든 다시 이렇게 물어보아라.

'만약 온갖 중생들을 안위하려고 한다면, 어찌하여 어떤 사람을 위해서는 설법하고 어떤 사람을 위해서는 설법하지 않으시오?'

이와 같이 물으면 이것을 약초의 논의라 하니, 저 사문 고타마로 하여금 말할 수도 없고 말하지 않을 수도 없게 할 수 있을 것이다."

그때 마을주인은 니르그란타푸트라의 권유를 받고 나서 붇다 계신 곳으로 가서 공경히 문안하고 한쪽에 물러나 앉아서 붇다께 말씀드렸다.

"고타마시여, 어찌 늘 온갖 중생을 안위하고, 또 온갖 중생 안위함을 찬탄하려 하지 않습니까?"

붇다께서 마을주인에게 말씀하셨다.

"여래는 기나긴 밤에 온갖 중생을 사랑하고 가엾이 여겨 그들을 안위하고 또한 늘 온갖 중생 안위함을 찬탄하였다."

세 가지 밭의 비유로 중생을 근기 따라
모두 안위케 하심을 보이심

마을주인이 붇다께 말씀드렸다.

"만약 그렇다면 여래께서는 어찌하여 어떤 사람을 위해서는 설법을 해주고 또 어떤 사람을 위해서는 설법해주지 않습니까?"

붇다께서 마을주인에게 말씀하셨다.

"내가 지금 너에게 묻겠으니 마음대로 나에게 대답하라.

마을주인이여, 비유하면 세 가지 밭이 있는 것과 같다.

첫 번째 밭은 건 땅의 기름진 밭이고, 두 번째 밭은 가운데쯤 되며, 세 번째 밭은 메마른 밭이다. 어떤가? 마을주인이여, 그 밭의 주인이 맨 먼저 어떤 밭부터 갈고 씨를 뿌리겠는가?"

마을주인이 대답하였다.

"고타마시여, 가장 땅이 걸고 기름진 밭부터 먼저 갈아 씨를 뿌릴 것입니다."

"마을주인이여, 다음에는 어떤 밭을 갈아 씨를 뿌리겠는가?"

마을주인이 대답하였다.

"고타마시여, 다음에는 가운데 밭을 갈아 씨를 뿌려야 합니다."

붇다께서 마을주인에게 말씀하셨다.

"다시 어떤 밭을 갈아 씨를 뿌리겠는가?"

마을주인이 대답하였다.

"다음에는 가장 낮은 메마른 밭을 갈아 씨를 뿌릴 것입니다."

붇다께서 마을주인에게 말씀하셨다.

"왜 이와 같이 하는가?"

마을주인이 대답하였다.

"못 쓰게 된 밭에 씨앗을 심고 싶지 않기 때문입니다."

붇다께서 마을주인에게 말씀하셨다.

"나 또한 이와 같다. 저 땅이 걸고 기름진 밭과 같이 나의 여러 비구와 비구니들 또한 이와 같다.

그래서 나는 늘 그들을 위해서 바른 법을 연설한다. 그 법은 처음과 가운데와 뒤가 다 좋으며, 좋은 뜻 좋은 맛으로 순일(純一)하고 원만하고 깨끗하여 범행이 맑고 때 없으니, 이를 열어 보이고 나타내는 것이다.

그러므로 저들은 그 법을 듣고 나서는, 나의 집[我舍]·나의 섬[我洲]·나의 덮어줌[我覆]·나의 그늘[我蔭]·나의 나아감[我趣]을 의지하고, 늘 깨끗한 눈으로 나를 살피면서 머문다.

그러면서 그들은 이렇게 생각한다.

'붇다께서 말씀하신 법을 나는 다 받아 지닌다. 그 법은 나로 하여금 기나긴 밤에 뜻으로 요익(饒益)하게 해주고 안온하고 즐겁게 머무르게 해준다.'

마을주인이여, 저 가운데 밭과 같이 나의 제자 우파사카와 우파시카 또한 이와 같아서 나는 또한 그들을 위하여 바른 법을 연설한다. 그 법은 처음과 가운데와 뒤가 다 좋으며, 좋은 뜻 좋은 맛으로 순일하고 원만하고 깨끗하여 범행이 맑고 때 없으니, 이를 열어 보이고 나타내는 것이다.

그러므로 저들은 그 법을 듣고 나서는, 나의 집·나의 섬·나의 덮어줌·나의 그늘·나의 나아감을 의지하고, 늘 깨끗한 눈으로 나를 살피면서 머문다.

그러면서 그들은 이렇게 생각한다.

'붇다께서 말씀하신 법을 나는 다 받아 지닌다. 그 법은 나로 하여금 기나긴 밤에 뜻으로 요익하게 해주고 안온하고 즐겁게 머무르게 해준다.'

마을주인이여, 저 농부의 가장 낮아 못 쓰는 밭과 같이, 나는 저 배움 다른 바깥길 수행자인 니르그란타푸트라의 무리들을 위해서도 또한 법을 설한다.

그 법은 처음과 가운데와 뒤가 다 좋으며, 좋은 뜻 좋은 맛으로 순일하고 원만하고 깨끗하여 범행이 맑고 때 없으니, 이를 열어 보이고 나타내는 것이다.

그렇게 나는 저들 적게 법을 듣는 자들에게도 그들을 위해 말해주고 많이 법을 듣는 자들을 위해서도 말해준다.

그래서 그 대중들이 내가 잘 말한 법에서 한 구절의 법이라도 들어 그 뜻을 알면, 또한 다시 기나긴 밤에 뜻으로 요익하게 되고 안온하고 즐겁게 머무를 것이다.”

그때 마을주인이 붇다께 말씀드렸다.

“매우 기이하십니다. 세존이시여, 이와 같은 세 가지 밭의 비유를 잘 말씀해주셨습니다.”

세 가지 물그릇의 비유로 중생을 근기 따라 안위케 함을 보이심

붇다께서 마을주인에게 말씀하셨다.

“너는 내가 다시 비유 보이는 것을 들어보라. 비유하면 어느 사내가 세 가지 물그릇을 가진 것과 같다.

첫 번째 그릇은 구멍이 뚫리지도 않았고 깨지지도 않은 것이고 또 물이 새지도 않는 것이다.

두 번째 그릇은 구멍이 뚫리지도 않았고 깨지지도 않았지만 물이 새는 것이다.

세 번째 그릇은 구멍이 뚫어지고 깨진 데다 또 물까지 새는 것이다.

어떤가? 마을주인이여, 저 사내는 이 세 가지 그릇 가운데 어떤 그릇에 늘 깨끗한 물을 담아 지니겠는가?”

마을주인이 말했다.

“고타마시여, 반드시 구멍이 뚫리지도 않고, 깨지지도 않고 물이 새지도 않는 그릇에 먼저 물을 담을 것입니다.”

붇다께서 마을주인에게 말씀하셨다.

"다음에는 어느 그릇에 물을 담겠느냐?"

마을주인이 말했다.

"고타마시여, 그 다음엔 당연히 물이 새기는 하지만 구멍이 뚫렸거나 깨지지 않은 그릇에 물을 담을 것입니다."

붇다께서 마을주인에게 말씀하셨다.

"그 그릇들이 가득 찼으면 어떤 그릇에 맨 나중 물을 담겠느냐?"

마을주인이 말했다.

"구멍이 뚫리고 깨지고 물이 새는 그릇에 물을 맨 나중 담을 것입니다. 왜냐하면, 잠깐 사이라도 조금은 쓸 수 있기 때문입니다."

붇다께서 마을주인에게 말씀하셨다.

"그 사내가 가지고 있는 구멍 뚫리지 않고 깨지지도 않고 물이 새지 않는 그릇과 같이, 내 여러 제자인 비구와 비구니 또한 이와 같아서 나는 또한 그들을 위하여 바른 법을 연설한다.

그 법은 처음과 가운데와 뒤가 다 좋으며, 좋은 뜻 좋은 맛으로 순일하고 원만하고 깨끗하여 범행이 맑고 때 없으니, 이를 열어 보이고 나타내는 것이다.

그러므로 저들은 그 법을 듣고 나서는, 나의 집·나의 섬·나의 덮어줌·나의 그늘·나의 나아감을 의지하고, 늘 깨끗한 눈으로 나를 살피면서 머문다.

그러면서 그들은 이렇게 생각한다.

'붇다께서 말씀하신 법을 나는 다 받아 지닌다. 그 법은 나로 하여금 기나긴 밤에 뜻으로 요익하게 해주고 안온하고 즐겁게 머무르게 해준다.'

마치 두 번째 그릇이 구멍이 뚫리거나 깨지지는 않았으나 물이 새는 것과 같이, 나의 제자인 우파사카와 우파시카 또한 이와 같아서 나 또한 그들을 위하여 바른 법을 연설한다.

그 법은 처음과 가운데와 뒤가 다 좋으며, 좋은 뜻 좋은 맛으로 순일하고 원만하고 깨끗하여 범행이 맑고 때 없으니, 이를 열어 보이고 나타내는 것이다.

그러므로 저들은 그 법을 듣고 나서는, 나의 집·나의 섬·나의 덮어줌·나의 그늘·나의 나아감을 의지하고, 늘 깨끗한 눈으로 나를 살피면서 머문다.

그러면서 그들은 이렇게 생각한다.

'붇다께서 말씀하신 법을 나는 다 받아 지닌다. 그 법은 나로 하여금 기나긴 밤에 뜻으로 요익하게 해주고 안온하고 즐겁게 머무르게 해준다.'

마치 세 번째 그릇이 구멍이 뚫어지고 깨지고 물이 새는 것과 같이, 배움 다른 바깥길 수행자인 여러 니르그란타푸트라의 무리들 또한 이와 같다. 나는 그들을 위해서도 바른 법을 연설한다.

그 법은 처음과 가운데와 뒤가 다 좋으며, 좋은 뜻 좋은 맛으로 순일하고 원만하고 깨끗하여 범행이 맑고 때 없으니, 이를 열어 보이고 나타내는 것이다.

그러므로 듣는 이가 많아도 그들을 위해 법을 설하고, 적어도 그들을 위해 법을 설하니, 만약 그들이 내가 설한 한 구절의 법에서라도 그 이치를 깨닫는다면 기나긴 밤 동안에 편안하고 즐겁게 머물 수 있을 것이다."

마을주인이 세존의 말씀에 허물을 뉘우치고 귀의함

그때 칼잡이마을 주인은 붇다의 말씀을 듣고 나서 그 마음이 매우 놀랍고 두려워 온몸의 털이 다 곤두섰다.

그래서 나아가 붇다의 발에 절하고 이렇게 잘못을 뉘우쳤다.

"세존이시여, 저는 어둡고 어리석은 사람처럼 착하지 못하고 잘 가리지 못해 세존 계신 곳에서 진실을 바로 살피지 못하고 거짓을 함부로 말하였습니다."

그는 붇다의 말씀을 듣고 기뻐하면서 붇다의 발에 절하고 떠나 갔다.

• 잡아함 915 도사씨경(刀師氏經) ②

• 해설 •

붇다의 교설과 붇다의 상가의 생활에 대해 가장 비판적 시각을 가지고 논쟁했던 수행유파가 브라마나들과 사문 가운데 자이나 교파이다.

니르그란타푸트라는 자이나 교의 스승으로서 자이나 교단은 붇다 당시 붇다의 상가가 형성되기 전까지 가장 큰 힘을 가졌던 수행교단이었다.

'약초에 관한 논의'라 함은 환자에게 약이 반드시 필요하지만 아무 약이나 환자에게 써서는 안 되는 것에 대한 논의라 할 것이다.

마을주인이 따져 묻는 것은 '사문 고타마가 참으로 온갖 중생을 안위하게 하는 분이라면, 왜 모든 중생에게 평등히 설법하지 않는가'라는 따짐이다.

붇다는 세 가지 밭의 비유[三種田喩]와 세 가지 물그릇의 비유[三水器喩]로 그 따짐에 응답한다.

씨앗과 물은 평등하지만, 씨앗을 받아들이는 땅에는 기름지고 기름지지 못함이 있고, 물을 담는 그릇에는 온전히 물이 새지 않고 깨어져 샘이 있다.

여래의 평등한 법 설함도 그와 같다.

여래의 설법은 한맛의 법이고 해탈에 이끄는 한길의 설법이다. 그러나 그것을 받아들이는 중생의 밭에 좋고 나쁨이 있어 믿는 자가 있고 믿지 않는 자가 있으며, 믿어도 쉽게 싹 틔우는 자가 있고 믿어도 그 바탕이 거칠어 쉽게 싹 틔우지 못하는 자가 있다. 그러므로 여래의 법 설함에 방편의 문과 그 설하는 차제가 달라질 뿐이다.

또한 여래는 한 음성으로 법을 설하나 받아들이는 중생이 자신의 근기따라 달리 알아들을 뿐이고, 하늘은 한 비를 내리지만 빗물을 받는 그릇이 크고 작음에 따라 그 양이 많고 적음이 있게 되는 것이다.

참으로 믿어 받아들이면 출가상가의 제자이든 재가의 흰옷이든 바깥길의 수행자든, '여래의 집' '여래의 섬'에 의지하고 '여래의 덮어줌'을 의지해 해탈의 저 언덕에 이르를 것이다.

여래의 설법하는 지혜의 바탕은 하나이지만 받아 듣는 중생의 마음 따라 법을 설하는 때와 방편의 문이 달라짐을 화엄회상(「입법계품」入法界品) 선지식은 다음과 같이 말해준다.

그대 보디 구하는 이여
위없는 스승 잘 살펴야 하니
이 세간의 크신 인도자께선
넓고 큰 지혜는 원만하시어
때와 때 아님을 잘 통달하시사
대중 위해 해탈의 법 연설하시네.

汝觀無上士 廣大智圓滿
善達時非時 爲衆演說法

나알라 마을에서, 사리푸트라 존자가
바깥길의 옛 벗에게 여덟 가지 바른 길을 말하다

이와 같이 내가 들었다.

한때 붇다께서는 마가다 국의 나알라 마을에 계셨다. 그때 존자 사리푸트라도 마가다 국의 나알라 마을에 머물고 있었다.

그때 집을 나온 바깥길 사람[外道出家]이 있었는데, 잠부카다카라고 하였다. 그는 사리푸트라의 옛 벗이었다.

그가 사리푸트라와 문안하고 서로 위로한 뒤에 한쪽에 물러나 앉아서 사리푸트라에게 물었다.

"현성의 법과 율 가운데는 어떤 어려운 일이 있습니까?"

사리푸트라가 잠부카다카에게 말하였다.

"오직 집을 나옴이 어렵소."

잠부카다카가 사리푸트라에게 물었다.

"어떻게 집을 나오는 것이 어렵습니까?"

사리푸트라가 잠부카다카에게 말하였다.

"집 나옴을 좋아하기[愛樂]가 어렵소."

"어떻게 좋아하기 어렵습니까?"

대답하였다.

"늘 착한 법 닦음 좋아하기가 어렵소."

집을 나온 수행자의 요점이 되는
길을 물으므로 여덟 가지 바른 길을 보임

다시 물었다.

"사리푸트라여, 길이 있고 향해감이 있어서 닦아 익히고 많이 닦아 익히면 늘 착한 법을 닦아 늘려 키우게 됩니까?"

대답하였다.

"그렇소. 그것은 여덟 가지 바른 길을 말하오.

곧 바른 견해·바른 뜻·바른 말·바른 행위·바른 생활·바른 방편·바른 생각·바른 선정이오."

잠부카다카가 말하였다.

"사리푸트라여, 이것이 곧 좋은 길이요, 이것이 곧 잘 향해감이라 닦아 익히고 많이 닦아 익히면, 여러 착한 법을 늘 닦아 익혀 늘려 키우게 됩니다.

사리푸트라여, 집을 나와 늘 이 길을 닦아 익히면, 오래지 않아 빨리 모든 존재의 흐름[有漏]을 다하게 될 것입니다."

그때 두 수행자는 서로 같이 논의하고는 각기 자리에서 일어나 떠나갔다.

• 잡아함 490 염부차경(閻浮車經)

• **해설** •

붓다의 상가가 확장되고 교설이 보편화되면서 차츰 여래의 교설에 대해 따지고 그 허물을 찾는 무리들은 사라지고, 가르침에 동조하고 승인하는 분위기가 일반화된다.

이 경에서 사리푸트라와 옛 벗과의 문답에서도 여래의 길과 다른 바깥길의 수행자가 여래가 보이신 집 나옴의 길[出家道]이 참으로 좋은 삶의 길임을 승인하고 그 가르침을 찬탄하고 있다.

그러므로 사리푸트라의 벗 잠부카다카는 이름과 겉모습은 집을 나온 바깥길의 수행자[外形異道]이나, 그 마음은 이미 여래의 집으로 집을 나온 비구[內心出家]인 것이다.

비록 출신이 그 무엇이든 현재 몸담고 있는 조직의 틀이 무엇이든, 바른 가르침을 듣고 사물과 세간의 진실을 바로 깨달으면 그가 붓다의 제자이고 붓다를 늘 보아 떠나지 않는 사람이니, 『화엄경』(「광명각품」)은 말한다.

여래가 굴리는 묘한 법바퀴는
그 온갖 것이 다 보디를 위함이네.
만약 듣고서 법의 성품 깨치면
이 사람은 늘 붓다를 뵙게 되리.

如來所轉妙法輪　一切皆是菩提分
若能聞已悟法性　如是之人常見佛

우카타 강가에 계시면서 어떤 브라마나와
'열두 들이는 곳'을 문답하시다

이와 같이 들었다.

한때 붇다께서는 마가다 국의 우카타 강가에 계셨다.

그때 세존께서는 한 나무 밑으로 가시어 손수 자리를 펴고 앉아 몸을 바로하고 뜻을 바로하여 생각을 매어 앞에 두고 계셨다.

그때에 어떤 브라마나가 그곳으로 가다가 세존의 발자국이 묘한 것을 보았다. 보고서는 곧 이런 생각을 냈다.

'이것은 어떤 사람의 발자국인가. 이것은 하늘·용·귀신·간다르바·아수라 또는 사람인 듯 사람 아닌 것의 발자국인가.

우리 조상 브라흐마하늘의 발자국인가.'

이때 브라마나는 그 발자국을 따라 앞으로 나아갔다. 그는 멀리서 세존께서 한 나무 밑에 앉아 몸을 바로하고 뜻을 바로하여 생각을 매어 앞에 두고 계신 것을 보았다. 보고서는 이렇게 말했다.

"그대는 하늘이시오?"

세존께서는 말씀하셨다.

"나는 하늘이 아니오."

"간다르바시오?"

"나는 간다르바도 아니오."

"용이시오?"

"나는 용도 아니오."

"야크샤이시오?"

"나는 야크샤도 아니오."

"우리 조상이시오?"

"나는 그대의 조상도 아니오."

존재의 묶음 벗어나는 길을 보이자
브라마나가 법의 눈이 깨끗해짐

그러자 브라마나가 세존께 물었다.

"그대는 지금 누구시오?"

세존께서는 말씀하셨다.

"애착이 있으면 받아 느낌이 있고, 받아 느낌이 있으면 애착이 있는 것이오. 인연이 합해 모여 그 뒤에 서로 내는 것이 이와 같소.

이리하여 다섯 가지 괴로운 쌓임이 끊어질 때가 있지 않게 되오. 그러므로 애착을 알게 되면 다섯 가지 욕망[五欲]을 알게 되고, 또 밖의 여섯 티끌경계[六塵]와 안의 여섯 들임을 알게 되는 것이오. 그렇게 되면 이 쌓임의 바탕과 끝[本末]을 알게 되는 것이오."

그때에 세존께서는 곧 이 게송을 말씀하셨다.

세간에는 다섯 가지 욕망이 있고
뜻은 다시 여섯 번째로 생겨난다.
안과 밖의 여섯 들임 알게 되나니
괴로움의 끝 다할 것을 생각하라.

"그러므로 방편을 구해 안팎의 여섯 가지 일을 없애야 하오.

이와 같이 브라마나여, 반드시 이렇게 배워야 하오."

그때 그 브라마나는 붇다의 이와 같은 가르침을 듣고 되풀이해 깊이 사유하여 그 마음을 버리지 않았다. 그래서 그 자리에서 모든 번뇌 때가 다하고 법의 눈이 깨끗하게 되었다.

그때에 그 브라마나는 붇다의 말씀을 듣고 기뻐하며 받들어 행하였다.

• 증일아함 38 역품(力品) 三

• 해설 •

브라흐만의 신성에 기도하며 하늘신의 존귀함과 신묘함을 찾던 브라마나가, 사람이되 사람을 넘어서고 사람 아니되 사람 아님도 아닌 고타마 붇다에게서 비할 바 없는 삶의 존귀함을 깨달아 알았다.

붇다는 자아에서 자아의 실체성을 온전히 넘어섰으므로 그분은 하늘도 아니고 간다르바와 용도 아니며 야크샤도 아니고 저 브라흐마하늘의 화현도 아니며 사람도 아니다. 그러나 붇다는 나 없되 나 없음도 없이 삼계의 큰 인도자가 되셨으니, 하늘을 버리지 않고 사람을 버리지 않으며, 용과 야크샤와 간다르바를 버리지 않으신다.

붇다는 눈·귀·코·혀·몸이 공한 줄 알아 애착으로 일어나는 다섯 욕망의 공덕을 넘어서고 뜻이 공한 줄 알아 알되 앎이 없으니, 세존께는 안의 여섯 뿌리와 바깥 여섯 경계가 서로 막힘이 없고 걸림이 없다.

안팎의 여섯 가지 일이 공한 줄 알아 안과 밖의 일을 넘어서되 그 공함도 공한 줄 알아 안과 밖을 버리지 않으니, 그분이 바로 저 언덕으로 잘 가신 이이다.

참으로 잘 가신 이는 이 언덕을 버리지 않고 저 언덕에 이르신 분이니, 그는 세간을 잘 알아[世間解] 삼계 중생을 저 언덕에 잘 이끄시는 이[三界導師]이다.

3) 코살라 국의 주요 아란야

• 이끄는 글 •

붇다 당시 코살라 국은 마가다 국과 함께 인도에서 가장 강성했던 나라였고, 코살라 국의 수도 슈라바스티 성은 마가다 국의 수도 라자그리하 성과 함께 도시상업경제의 중심지였다.

슈라바스티 성과 라자그리하 성을 연결하는 길을 중심으로 인도의 남북을 잇는 교역로와 물류의 길이 개통되었다.

붇다께서 성도하신 뒤 천이백오십 비구상가가 갖춰진 것은 마가다 국의 수도 라자그리하 성에 들어오신 뒤의 일이며, 이곳에 붇다 상가 최초로 대단위 대중집회가 가능한 비하라가 세워졌다.

라자그리하 성의 대숲정사 건립과 더불어 슈라바스티 성의 제타 숲 정사가 세워짐으로 붇다의 상가는 마가다 국과 코살라 국의 두 수도에 수행과 전법의 근거지가 되는 비하라를 갖게 되었다.

제타 숲 정사가 세워진 뒤 붇다와 상가의 제자들은 정사를 기증한 수닫타 장자의 믿음 어린 공양을 받으며 제타 숲 정사를 중심으로 안거하였다. 상가의 여러 곳 아란야 가운데서 붇다의 가장 많은 설법과 안거가 이 슈라바스티 성 제타 숲 정사에서 이루어졌다.

율장의 기록을 살피면 슈라바스티 성의 정사는 라자그리하 성의 정사가 세워진 뒤 가장 적게 잡아도 이 년 남짓 뒤의 일로 보인다.

수닫타 장자는 사업 때문에 라자그리하 성의 벗의 집을 방문하였다가 거기서 이 세간에 붇다가 계시고 붇다가 라자그리하 성에 계신다는 말을 듣는다. 그 말을 듣고 장자는 설레는 마음에 잠 못 이루다 하늘신의 이끎을 따라 성문을 나서 동틀 무렵 붇다를 뵙는다.

아침 문안 인사 드리는 수닫타에게 붇다는 '번뇌와 괴로움이 사라져 다한 여래의 잠'을 가르쳐서 삼보에 귀의케 한다. 우파사카가 된 수닫타 장자는 여래께 그해 여름 안거를 슈라바스티 성에서 나시도록 청하지만, 이미 빔비사라 왕의 청으로 라자그리하 성에서 안거하게 됨을 알려주시고 그 다음해 또한 마가다 국에 머물러야 함을 알려주신다.

다음해의 안거를 청하는 수닫타에게 붇다는 다음과 같은 말씀으로 슈라바스티 성에 비하라 건립을 요청하신다.

"만약 다음 같은 곳, 청정하여 시끄러움이 없고 몹쓸 짐승이 없으며 사람들의 자취가 끊어진 숲으로서 좌선할 만한 곳, 이러한 곳이 있으면 나는 거기에서 머물리라."

붇다의 말씀을 듣고 수닫타가 정사를 지어 모시겠다는 다짐을 하고 다시 안거를 청하자 붇다께서 그 뜻을 받아들인다.

슈라바스티 성에서의 안거의 요청을 받아들이시자 수닫타 장자는 슈라바스티 성에 돌아와 마을과 성읍을 돌아다니며 다음과 같이 이 세간에 붇다의 출현과 붇다께서 이 슈라바스티 성에 안거하실 것을 대중에 알린다.

"빈 곳에는 과일나무를 심고 못을 파고 또 다리를 놓고 배를 띄

우시오.

붇다께서 이미 세간에 나오셨는데 나의 청을 받으시고 이 슈라바스티 성에서 여름 안거를 지내시게 되었소.

이 길을 지나 슈라바스티 성으로 오실 것인데 그대들에게 한량없는 복을 받게 하실 것이오."

그리고 슈라바스티 성에 돌아와 이렇게 생각한다.

'지금 여기 어느 곳에, 오고 가기에 멀지도 않고 가깝지도 않으며, 땅이 평평하고 넓으며, 낮에는 온갖 시끄러움이 없고 밤에도 어지러운 소리가 없으며, 모기·깔다귀·벌·독한 벌레들이 없는 곳이 있을까. 내가 사서 붇다를 위해 비하라를 지으리라.'

그리하여 제타 태자의 동산이 비하라를 짓기에 꼭 알맞은 장소임을 알고 태자와 흥정하고, 나중에는 땅에 황금을 까는 정성을 보여 태자의 마음을 움직여 그곳에 정사를 지으니, 곧 '제타 숲 외로운 이 돕는 장자의 동산'이다.

슈라바스티 성에 정사가 세워진 뒤 붇다의 일생 여름 안거 가운데 대부분이 이 정사를 중심으로 이루어지고 많은 주요 수트라의 가르침 또한 여기에서 설해진다.

붇다의 이십오년 이상의 안거와 앙굴리말라의 교화가 이루어진 곳도 이곳이다.

슈라바스티 성에 정사가 세워진 뒤 코살라 국의 프라세나짓 왕이 세존께 귀의하여 마가다 국 빔비사라 왕과 함께 두 강대국의 지도자가 세존의 제자가 되었다.

데바닫타가 마가다 국의 새로운 왕 아자타사트루와 공모하여 붇다를 죽일 목적으로 붇다의 몸에 상처를 내고 산 채로 지옥에 빠지면서, 마지막 붇다에 대한 귀의와 참회의 목소리를 냈다는 곳도 바로 이 슈라바스티이다.

또 화엄회상(華嚴會上) 선재 어린이[善財童子]가 만주쓰리 보디사트바의 일깨워줌을 받아 선지식을 찾는 구도의 여정을 시작한 곳도 이 제타 숲이 있는 슈라바스티 성이니, 이곳이 세존의 일생 중 가장 많은 이들에게 믿음의 씨앗을 내려주고 보디의 마음을 일으켜준 장소임을 알 수 있다.

① 슈라바스티 성 제타 숲 '외로운 이 돕는 장자의 동산'

제타 숲 동산에서, 상인 우파사카와
하늘신의 지난 세상 문답을 보여주시다

이와 같이 내가 들었다.

한때 붇다께서는 슈라바스티 성 제타 숲 '외로운 이 돕는 장자의 동산'에 계셨다.

그때 세존께서 여러 비구들에게 말씀하셨다.

"과거세상 한때 코살라 국에 많은 상인들이 살고 있었다. 그들은 오백 대의 수레를 타고 함께 사업[治生]하러 가다가 넓은 들판에 이르렀다. 그 넓은 들에는 오백 명의 도둑 떼가 그들의 뒤를 쫓아 따라가면서, 틈을 보아 도둑질을 하려 하였다.

그때 그 넓은 들 길가에 한 하늘신이 서 있었는데 그 하늘신은 이렇게 생각하였다.

'내가 바로 저 코살라 국의 여러 상인들이 있는 곳으로 가서 그 뜻과 이치를 물어보리라.

만약 저 상인들이 내 물음을 기뻐하고 또 때맞추어 해설해주면 나는 반드시 방편으로 그들을 도둑들의 어려움에서 벗어나 안온하게 해줄 것이요, 만약 내 물음을 기뻐하지 않으면 다른 하늘신들처럼 그들을 내버려두리라.'"

상인들에게 하늘신이 깨어 있음과 잠듦의 법을 물음

"그 하늘신은 이렇게 생각한 뒤에, 곧 몸의 밝은 빛을 놓아 상인들의 수레가 모여 있는 곳을 두루 비추면서 게송으로 말했다.

누가 깨어 있음에서 잠자는 자며
누가 다시 잠듦에서 깨어 있는가.
누가 이 뜻을 바로 알 수 있어서
누가 나를 위해 말해줄 수 있는가.

그때 그 상인들 가운데 어떤 우파사카가 있었다.

그는 붇다를 믿고 법을 믿고 비구상가를 믿어, 한마음으로 붇다와 법과 상가를 향해 붇다와 법과 상가에 귀의하였다.

그래서 붇다에 대해 의심 떠나고 법과 상가에 대해 의심 떠나, 괴로움[苦]·괴로움 모아냄[集]·괴로움의 사라짐[滅]·괴로움을 없애는 길[道]의 진리에 의심을 떠나 네 가지 거룩한 진리를 보아 으뜸가는 사이 없는 평등한[無間等] 지혜를 얻었다.

그런 그가 상인들 가운데서 여러 상인들과 함께 길동무가 되었다. 그 우파사카는 새벽에 단정히 앉아 깊이 사유하면서 생각을 매어 앞에 두고 십이인연(十二因緣)을 거슬러 살피고 따라서 살피니, '이 일이 있기 때문에 이 일이 있는 것이고, 이 일이 일어나기 때문에 이 일이 일어난다'는 것이다.

이것은 곧 다음과 같다.

'무명(無明) 때문에 지어감[行]이 있고, 지어감 때문에 앎[識]이 있고, 앎 때문에 마음·물질[名色]이 있고, 마음·물질 때문에 여섯 들이는 곳[六入處]이 있다.

여섯 들이는 곳 때문에 닿음[觸]이 있고, 닿음 때문에 느낌[受]이
있고, 느낌 때문에 애착[愛]이 있고, 애착 때문에 취함[取]이 있고,
취함 때문에 존재[有]가 있고, 존재 때문에 태어남[生]이 있고, 태어
남 때문에 늙음과 죽음, 걱정·슬픔·번민·괴로움이 있어서, 이와
같이 순전한 큰 괴로움의 무더기가 모인다[集].'

다시 이것은 곧 다음과 같다.

'이와 같이 무명이 사라지면 지어감이 사라지고, 지어감이 사라지
면 앎이 사라지며, 앎이 사라지면 마음·물질이 사라지고, 마음·물
질이 사라지면 여섯 들이는 곳이 사라진다.

여섯 들이는 곳이 사라지면 닿음이 사라지고, 닿음이 사라지면 느
낌이 사라지며, 느낌이 사라지면 애착이 사라지고, 애착이 사라지면
취함이 사라지며, 취함이 사라지면 존재가 사라지고, 존재가 사라지
면 태어남이 사라지며, 태어남이 사라지면 늙음·죽음·걱정·슬픔
·번민·괴로움이 사라져서, 이와 같이 순전한 큰 괴로움의 무더기가
사라진다[滅].'"

한 우파사카가 십이연기를 살피고 깨어 있음과 잠듦의 뜻을 보임

"그때 그 우파사카는 이렇게 사유한 뒤에 곧 게송으로 말했다.

나는 깨어 있음에서 잠자는 자며
나는 잠들어 있음에 깨어 있으니
나는 이 뜻을 바로 알 수 있어서
사람들을 위해 말해줄 수 있도다.

그때 그 하늘신이 우파사카에게 물었다.

어떻게 깨어 있음에서 잠자며
어떻게 잠듦에서 깨어 있는가.
어떻게 이 뜻을 잘 알 수 있어서
어떻게 사람 위해 말할 수 있는가.

그때 우파사카가 게송으로 대답하였다.

탐욕과 성냄과 어리석음 가운데
탐욕 떠나 샘이 다한 아라한께선
바른 지혜로 마음이 해탈했으니
그는 바로 언제나 깨어 있으니
나는 그에 대해 잠자는 자이네.

원인이 내는 괴로움 알지 못하고
괴로움의 인연인 모아냄과
온갖 괴로움에서 괴로움 다해
남음 없는 니르바나 알지 못하고
괴로움이 쉰 곳에 평등히 가는
바른 길을 깨달아 알지 못하면
이런 이들 언제나 잠자는 사람
나는 그들에 대해 깨어 있다네.

이와 같이 깨어 있음에서 잠자고
이와 같이 잠듦에서 깨어 있으니
이와 같이 그 뜻을 나는 잘 알아
이와 같이 사람들 위해 말할 수 있네.

하늘신이 상인 우파사카를 찬탄하고
상인의 길 안락케 하길 다짐함

그때 그 하늘신이 다시 게송으로 말했다.

빼어나다, 깨어 있음에 잠듦이여.
빼어나다, 잠듦에 깨어 있음이여.
빼어나다, 이 뜻을 잘 알고 있음이여.
빼어나다, 사람들께 말해줌이여.

오래도록 기다리다 오늘에서야
여러 법의 형제 온 것 보게 되었네.
그대의 은혜로운 힘으로 인해
저 여러 상인의 무리들로 하여금
빼앗는 도적들의 어려움 벗어나
길 따라 안락하게 가게 해주리.

이와 같이 여러 비구들이여, 그리하여 저 코살라 국의 여러 상인들
은 다 안온하게 넓은 벌판을 벗어나게 되었다."

붇다께서 이 경을 말씀하시자, 여러 비구들은 붇다의 말씀을 듣고

기뻐하며 받들어 행하였다.

• 잡아함 590 상인경(商人經)

• 해설 •

붇다께서 슈라바스티 성에서 옛날 코살라 국의 큰 상인 무리를 들어서 법을 설하시는 것은 당시 코살라 국의 수도 슈라바스티 성이 인도 상업경제의 중심지였던 사정을 반영한 설법이다.

이 설법에서 붇다는 삼보에 대한 믿음이 굳세고 사제(四諦)의 진리에 밝은 지혜를 얻으면 세간의 생활과 사업에서도 온갖 액란과 고통을 벗어날 수 있음을 가르치신다.

한 사람의 지혜로운 상인으로 인해 하늘신이 그 상인 무리들 전체의 가는 길을 편안하게 보살펴줌을 보여주시니, 연기법에서 지혜의 힘은 하늘을 빛내고 땅을 빛내며 하늘을 보살피고 땅을 보살필 수 있기 때문이다.

깨어 있음에 대해 잠듦은 지금 비록 사제에 밝은 지혜를 얻었으나 온갖 번뇌의 흐름이 다한 아라한의 참으로 깨어 있음에 못 미치므로 밤낮으로 늘 깨어 있는 이에 대해서 잠들었다 말한 것이다. 이는 현성에 대한 공경심이요 여래의 위없는 법 앞에 겸허함을 나타낸 것이다.

잠듦에 대해 깨어 있음이란 아직 연기의 진리에 대해 듣지 못하고 알지 못한 어리석은 이들의 삶에 견주면, 이미 지혜의 흐름에 들고 현성의 가르침을 받아 지닌 이의 삶은, 어둡게 잠들어 있는 이에 대해 깨어 있는 이와 같다 말한 것이다. 이는 이미 믿음의 땅에 들어선 이의 세상에 대한 연민심과 자비심을 나타낸 것이다.

이와 같이 어진 이가 법을 공경하고 현성을 공경하며 지혜의 힘으로 세상을 자비로 감싸며 현성의 길을 따라 물러섬이 없이 니르바나의 성에 나아간다 하자. 그러면 그가 한량없는 마음으로 세상을 감싸므로 도리어 온 세상산과 들 하늘과 땅이 그를 안위하고 축복할 것이니, 더불어 같이 있는 이도 그 복된 이익을 함께할 것이다.

제타 숲 동산에서,
열여덟 법의 영역을 말씀하심

이와 같이 내가 들었다.

한때 붇다께서는 슈라바스티 성 제타 숲 '외로운 이 돕는 장자의 동산'에 계셨다. 그때 세존께서는 여러 비구들에게 말씀하셨다.

"갖가지 법의 영역을 인연하여 갖가지 닿음을 내고, 갖가지 닿음을 인연하여 갖가지 느낌[受]을 내며, 갖가지 느낌을 인연하여 갖가지 애착을 낸다.

어떤 것이 갖가지 법의 영역인가. 열여덟 법의 영역을 말하니, 눈의 영역[眼界]·빛깔의 영역[色界]·눈의 앎의 영역[眼識界], 나아가 뜻의 영역[意界]·법의 영역[法界]·뜻의 앎의 영역[意識界]이니, 이것을 갖가지 법의 영역이라 한다."

안의 아는 뿌리, 바깥 경계, 가운데 앎이 뿌리가 되고
갖가지 마음작용이 가지가 됨을 보이심

"어떻게 갖가지 법의 영역을 인연하여 갖가지 닿음을 내고, 갖가지 닿음을 인연하여 갖가지 느낌을 내며, 갖가지 느낌을 인연하여 갖가지 애착을 내는가.

곧 눈의 영역을 인연하여 눈의 닿음을 내며, 눈의 닿음을 인연하여 눈의 영역을 내는 것이 아니다. 다만 눈의 영역을 인연하여 눈의 닿음을 내고, 눈의 닿음을 인연하여 눈의 느낌을 내는 것이지, 눈의 느낌을 인연하여 눈의 닿음을 내는 것이 아니다.

다만 눈의 닿음을 인연하여 눈의 느낌을 내고, 눈의 느낌을 인연하여 눈의 애착을 내는 것이지, 눈의 애착을 인연하여 눈의 느낌을 내는 것이 아니다. 다만 눈의 느낌을 인연하여 눈의 애착을 내는 것이다.

이와 같이 귀·코·혀·몸·뜻 등의 영역을 인연하여 뜻 등의 닿음을 내는 것이지, 뜻 등의 닿음을 인연하여 뜻 등의 영역을 내는 것이 아니다. 다만 뜻 등의 영역을 인연하여 뜻 등의 닿음을 내는 것이다.

뜻 등의 닿음을 인연하여 뜻 등의 느낌을 내는 것이지, 뜻 등의 느낌을 인연하여 뜻 등의 닿음을 내는 것이 아니다. 다만 뜻 등의 닿음을 인연하여 뜻 등의 느낌을 내는 것이다.

뜻 등의 느낌을 인연하여 뜻 등의 애착을 내는 것이지, 뜻 등의 애착을 인연하여 뜻 등의 느낌을 내는 것이 아니다. 다만 뜻 등의 느낌을 인연하여 뜻 등의 애착을 내는 것이다.

그러므로 비구들이여, 갖가지 애착을 인연하여 갖가지 느낌을 내는 것이 아니요, 갖가지 느낌을 인연하여 갖가지 닿음을 내는 것이 아니며, 갖가지 닿음을 인연하여 갖가지 법의 영역[種種界]을 내는 것이 아니다.

다만 갖가지 법의 영역을 인연하여 갖가지 닿음을 내고, 갖가지 닿음을 인연하여 갖가지 느낌을 내며, 갖가지 느낌을 인연하여 갖가지 애착을 내는 것이다.

이것을 '비구가 반드시 갖가지 법의 영역을 잘 분별해야 한다'는 것이다."

붇다께서 이 경을 말씀해 마치시자, 여러 비구들은 붇다의 말씀을 듣고 기뻐하며 받들어 행하였다.

• 잡아함 453 촉경(觸經) ②

• 해설 •

슈라바스티 성에 정사가 세워지기 전까지 붇다는 주로 사제 십이연기의 가르침, 삼보에 대한 믿음과 여덟 가지 바른 길 등 가장 기본이 되는 교설을 설하셨다.

슈라바스티 성에 정사가 세워진 뒤 붇다는 여러 법의 영역 등을 다시 세분화해서 가르치시며, 갖가지 실천법[諸道品]을 분별해보이신다.

갖가지 법의 영역이란 여섯 앎[六識]과 여섯 앎의 내적 뿌리인 여섯 아는 뿌리[六根], 앎의 외적 뿌리인 바깥 여섯 경계[六境]를 말한다.

여섯 앎과 여섯 닿음[六觸]·여섯 느낌[六受]·여섯 애착[六愛]이 때를 같이해 연기하지만, 그 바탕[本]과 끝[末]을 분별하면 여섯 아는 뿌리와 여섯 경계로 인해 앎[識]이 나고, 앎으로 인해 닿음[觸]이 나고, 닿음으로 인해 느낌[受]이 나고, 느낌으로 인해 애착[愛]이 나는 것이다.

여섯 느낌과 애착 두 끝가지[枝末]가 여섯 아는 뿌리와 여섯 경계의 바탕[根本]을 의지해 나지만, 끝을 떠난 바탕이 없고 마음작용[心所] 없는 마음의 앎[心王]이 없으니 바탕과 끝이 모두 공한 것이다.

'여러 법의 영역을 분별해 알라'는 여래의 가르침 속에 '차별된 있음'이 '있음 그대로 공한 줄' 보라는 뜻이 담겨 있으니 살피고 살펴야 할 것이다.

제타 숲 동산에서, 다섯 쌓임의 참모습과
해탈의 길을 보이시다

이와 같이 내가 들었다.

한때 붇다께서는 슈라바스티 성 제타 숲 '외로운 이 돕는 장자의 동산'에 계셨다. 그때 세존께서는 여러 비구들에게 말씀하셨다.

"다섯 가지 받는 쌓임[五受陰]이 있다. 어떤 것이 다섯인가. 곧 물질의 받는 쌓임과 느낌·모습 취함·지어감·앎의 받는 쌓임이다."

물질과 느낌의 취함과 집착 떠남을 보이심

"어떤 것이 물질[色, 質碍]의 받는 쌓임인가. 있는 물질 그 온갖 것은 네 가지 요소와 그 네 가지 요소가 지은 물질이니, 이것을 물질의 받는 쌓임이라 한다.

다시 그 물질의 받는 쌓임은 덧없고 괴로우며 변하고 바뀌는 법이다. 만약 그 물질의 받는 쌓임을 길이 끊어 남음이 없고 마쳐 다해버려 떠나고 없애 다하면, 탐욕 떠나 고요히 없어져 다른 물질의 받는 쌓임이 다시 서로 잇지 않고 일어나지 않고 나오지 않으니, 이것을 '묘함'이라 하고, '고요함'이라 하며, '버려 여읨'이라 한다.

그래서 온갖 남음이 있는 애착이 다하고 탐욕 없이 번뇌가 사라져 다해 니르바나가 된다.

어떤 것이 느낌[受, 領納]의 받는 쌓임인가. 곧 여섯 가지 느낌의 몸이니 어떤 것이 여섯인가. 곧 눈의 닿음이 느낌을 내고, 귀·코·혀

· 몸 · 뜻의 닿음이 느낌을 내니, 이것을 느낌의 받는 쌓임이라 한다.

다시 그 느낌의 받는 쌓임은 덧없고 괴로우며 변하고 바뀌는 법이다. 만약 그 느낌의 받는 쌓임을 길이 끊어 남음이 없고 마쳐 다해버려 떠나고 없애 다하면, 탐욕 떠나 고요히 없어져 다른 느낌의 받는 쌓임이 다시 서로 잇지 않고 일어나지 않고 나오지 않으니, 이것을 '묘함'이라 하고, '고요함'이라 하며, '버려 여읨'이라 한다.

그래서 온갖 남음이 있는 애착이 다하고 탐욕 없이 번뇌가 사라져 다해 니르바나가 된다."

모습 취함 · 지어감 · 앎의 취함과 집착 떠남을 보이심

"어떤 것이 모습 취함[想, 取像]의 받는 쌓임인가. 곧 여섯 가지 모습 취함의 몸이니, 어떤 것이 여섯인가. 곧 눈의 닿음이 모습 취함을 내고, 귀 · 코 · 혀 · 몸 · 뜻의 닿음이 모습 취함을 내니, 이것을 모습 취함의 받는 쌓임이라 한다.

다시 그 모습 취함의 받는 쌓임은 덧없고 괴로우며 변하고 바뀌는 법이다. 만약 그 모습 취함의 받는 쌓임을 길이 끊어 남음이 없고 마쳐 다해버려 떠나고 없애 다하면, 탐욕 떠나 고요히 없어져 다른 모습 취함의 받는 쌓임이 다시 서로 잇지 않고 일어나지 않고 나오지 않으니, 이것을 '묘함'이라 하고, '고요함'이라 하며, '버려 여읨'이라 한다.

그래서 온갖 남음이 있는 애착이 다하고 탐욕 없이 번뇌가 사라져 다해 니르바나가 된다.

어떤 것이 지어감[行, 造作]의 받는 쌓임인가. 곧 여섯 가지 짓는 생각의 몸이니, 어떤 것이 여섯인가. 곧 눈의 닿음이 지어가는 생각을 내고 귀·코·혀·몸·뜻의 닿음이 지어가는 생각을 내니, 이것을 지어감의 받는 쌓임이라 한다.

다시 그 지어감의 받는 쌓임은 덧없고 괴로우며 변하고 바뀌는 법이다. 만약 그 지어감의 받는 쌓임을 길이 끊어 남음이 없고 마쳐 다 해버려 떠나고 없애 다하면, 탐욕 떠나 고요히 없어져 다른 지어감의 받는 쌓임이 다시 서로 잇지 않고 일어나지 않고 나오지 않으니, 이 것을 '묘함'이라 하고, '고요함'이라 하며, '버려 여읨'이라 한다.

그래서 온갖 남음이 있는 애착이 다하고 탐욕 없이 번뇌가 사라져 다해 니르바나가 된다.

어떤 것이 앎[識, 了別]의 받는 쌓임인가. 곧 여섯 가지 앎의 몸이 니, 어떤 것이 여섯인가. 곧 눈의 앎의 몸이고 귀·코·혀·몸·뜻의 앎의 몸이니, 이것을 앎의 받는 쌓임이라 한다.

다시 그 앎의 받는 쌓임은 덧없고 괴로우며 변하고 바뀌는 법이다. 만약 그 앎의 받는 쌓임을 길이 끊어 남음이 없고 마쳐 다해버려 떠 나고 없애 다하면, 탐욕 떠나 고요히 없어져 다른 앎의 받는 쌓임이 다시 서로 잇지 않고 일어나지 않고 나오지 않으니, 이것을 '묘함'이 라 하고, '고요함'이라 하며, '버려 여읨'이라 한다.

그래서 온갖 남음이 있는 애착이 다하고 탐욕 없이 번뇌가 사라져 다해 니르바나가 된다."

다섯 쌓임의 공한 실상 알 때 해탈의 공덕이 성취됨을 보이심

"비구들이여, 만약 이 법을 지혜로써 깊이 사유하고 살피며 분별 하여 잘 참으면, 이를 믿음을 따르는 행[隨信行]이라 한다.

그는 뛰어올라 남[生]을 떠나고 범부의 지위를 뛰어넘어 아직 스로타판나는 얻지 못했으나, 가운데 사이에서 죽지 않고 반드시 스로타판나를 얻을 것이다.

비구들이여, 만약 이 법에 대해서 더욱 위로 오르는 지혜로써 깊이 사유하고 살피며 잘 참으면, 이를 법을 따르는 행[隨法行]이라 한다.

비구들이여, 이 법을 진실 그대로의 바른 지혜로 평등하게 보면 세 가지 맺음[三結]이 다해 끊어짐을 알게 되니, 곧 내 몸이 있다는 견해[身見]와 삿된 계[戒取]와 법에 대한 의심[疑]이다.

비구들이여, 이것을 스로타판나라 한다. 그는 나쁜 세계에 떨어지지 않고 반드시 바른 깨달음으로 바로 나아가 일곱 번 하늘과 사람에 가서 난 뒤에는 괴로움의 끝을 마쳐 다할 것이다.

비구들이여, 만약 이 법을 진실 그대로의 바른 지혜로 평등하게 보아 마음 흐름[心漏]을 일으키지 않으면 아라한이라 한다.

그는 모든 흐름이 이미 다해 지을 바를 이미 짓고, 무거운 짐을 버려 떠나고, 스스로의 이익을 얻고, 모든 존재의 맺음을 다 끊고, 바른 지혜로써 마음의 해탈을 얻는다."

붇다께서 이 경을 말씀하시자 여러 비구들은 붇다의 말씀을 듣고 기뻐하며 받들어 행하였다.

• 잡아함 61 분별경(分別經) ①

• 해설 •

존재의 진실 밖에 세울 법이 있다면, 설사 그 법이 절대신의 이름이든 영원한 도의 이름이든 그 모두는 꿈과 같은 것이다.

저 니르바나의 해탈 또한 존재의 진실 그 주체적 실현 속에 있다.

여래는 존재의 실상을 주체의 삶활동의 중심으로 아는 활동과 알려지는 것으로 분류하시니, 아는 활동은 느낌·모습 취함·지어감 앎이고 알려지는 것은 걸림 있는 물질세계이다. 다섯 법은 스스로 있는 것이 아니라 다른 것을 의지해서 일어난 것이므로 '인연으로 일어난 것' '원인과 조건이 모여 있는 것'이라는 뜻으로 '다섯 쌓임'이라 한다.

다섯 쌓임은 인연으로 있기 때문에 공하고 공하기 때문에 덧없이 변하여 머묾이 없다. 있되 취할 것이 없는 쌓임에 취함이 있으면 받는 쌓임[受陰]이라 한다.

다섯 쌓임은 공하되 있어[空而有] 다섯 쌓임이 어울려 존재의 자기동일성을 이루니, 다섯 쌓임의 법[諸法]으로 인해 있는 존재[我]의 모습에 실로 나라 할 것이 없다[無我].

다섯 쌓임의 나고 사라짐은 나되 남이 없고 사라지되 사라짐 없으므로, 물질과 아는 활동 자체에 모두 얻을 것이 없음을 깨달아 취하지 않고 머물지 않으면, 다섯 쌓임을 없애지 않고 다섯 쌓임이 있되 공한 실상이 현전한다.

다섯 쌓임이 있되 공함이 존재의 진실이고 묘함[妙]이고 고요함[寂靜]이다. 이 법을 깊이 사유해 잘 참아 회의하지 않으면 이것이 믿음 따르는 행[隨信行]이고, 더욱 사유의 힘을 늘리어 지혜가 깊어지면 법을 따르는 행[隨法行]이 된다. 다시 다섯 쌓임이 모두 공한 줄 평등히 살펴서 번뇌의 맺음을 지혜로 돌이키면 비로소 지혜의 흐름에 들어가[入流] 스로타판나(srotāpanna)라 이름한다.

스로타판나의 길에 들어서 뒤로 물러섬이 없으면 그는 끝내 번뇌의 흐름이 길이 다한 아라한이 될 것이다.

그러므로 아라한은 법을 얻은 자가 아니라 다섯 쌓임의 진실을 깨달아 법의 진실을 온전히 사는 자이니, 아라한에게 얻을 법이 있다고 말하면 여래의 연기의 진리를 등지는 자인 것이다.

제타 숲 동산에서, 요리사가 맛내는 것에 비유하여 네 곳 살림을 말씀하시다

이와 같이 내가 들었다.

한때 붇다께서는 슈라바스티 성 제타 숲 '외로운 이 돕는 장자의 동산'에 계셨다.

그때 세존께서는 여러 비구들에게 말씀하셨다.

"반드시 자기 마음의 모습[心相]을 잡아 밖으로 흩어지지 않게 하라. 왜 그런가. 만약 비구가 어둡고 어리석어 잘 가리지 못하고 착하지 못하면, 스스로 마음의 모습을 잡지 않고 바깥의 모습을 취하며, 그런 뒤 물러나 줄어들며 스스로 막힘과 걸림을 내기 때문이다."

바깥 모습이 마음인 모습인 줄 모르는 비구의 행을 요리사에 비유하심

"비유하면 요리사가 어둡고 어리석어 잘 가리지 못하고 좋은 솜씨로 여러 가지 맛을 조화하지 못하면, 주인을 받들어 공양할 때에 시고 맵고 짜고 싱거워서 주인의 뜻을 맞추지 못하는 것과 같다.

시고 맵고 짜고 싱거운 여러 가지 맛의 조화를 주인이 좋아하는 대로 맞추지 못하면, 그 주인을 곁에서 몸소 모시지도 그가 필요로 하는 것을 살피지도 못할 것이다.

그가 하고자 함을 잘 들어서 그 마음을 잘 맞추어 스스로 마음을 써 여러 가지 맛을 조화시켜 주인에게 바쳐야 한다.

만약 주인의 뜻에 맞지 않으면 주인은 기뻐하지 않을 것이다.

기뻐하지 않기 때문에 상도 받지 못할 것이요, 또한 사랑해 생각해 주지도 않을 것이다.

어둡고 어리석은 비구 또한 이와 같아, 잘 가리지 못하고 착하지 못해 몸에서 몸을 살펴 머물러 큰 번뇌를 끊어 없애지 못하고, 그 마음을 거두어 잡지 못한다. 또한 다시 안의 마음[內心]의 고요함을 얻지 못하고, 빼어나고 묘한 바른 생각[正念]과 바른 앎[正知]을 얻지 못하며, 다시 네 가지 더욱 위로 오르는 마음의 법[增上心法]과 현재의 법에서 안락하게 머묾[現法樂住]과 본래부터 얻지 못한 안온한 니르바나[安隱涅槃]를 얻지 못한다.

이것을 '비구가 어둡고 어리석어 잘 가리지 못하고 착하지 못해 현명하지 못하면, 안의 마음의 모습을 잘 거두어 잡지 못하고 밖의 모습을 취해서 스스로 막힘과 걸림을 낸다'고 하는 것이다."

비구의 잘 살피는 행을 요리사에 비유하여 네 곳 살핌을 보이심

"만약 어떤 비구가 지혜롭고 말재주[辯才]가 있어, 좋은 방편으로 안의 마음을 거두어 잡은 뒤에[取內心已] 밖의 모습을 취한다면, 그는 뒷날 끝내 물러나고 줄어들어 스스로 막힘과 걸림을 내지 않을 것이다.

비유하면 요리사가 지혜롭고 총명하여 좋은 솜씨로 주인에게 공양하여, 시고 맵고 짜고 싱거운 여러 가지 맛을 잘 조화하여 주인이 좋아하는 맛을 잘 맞추고, 여러 가지 맛을 조화하여 그 마음에 들게 하는 것과 같다.

그 주인이 원하는 맛을 잘 들어서 자주 받들어 올리면, 주인은 기뻐하여 반드시 상을 내리고, 사랑하는 생각이 곱절이나 더할 것이다.

이와 같이 이 지혜로운 요리사가 주인의 마음을 잘 맞추는 것처럼 비구 또한 이와 같다.

몸에서 몸 살펴 생각함에 머물러 큰 번뇌를 끊고, 그 마음을 잘 거두어 안의 마음이 고요히 쉬면[內心寂止], 바른 생각과 바른 앎으로 네 가지 더욱 위로 오르는 마음을 얻고 현재의 법에서 안락하게 머물러 본래부터 얻지 못한 안온한 니르바나를 증득하게 될 것이다.

이것을 '비구가 지혜롭고 말재주가 있어, 좋은 방편으로 안의 마음의 모습을 잘 거두어 잡아서[取內心相] 밖의 모습을 거두어 지니며[攝持外相], 끝내 물러나 줄어들어 스스로 막힘과 걸림을 냄이 없다'고 하는 것이다.

느낌·마음·법을 살핌 또한 이와 같다."

붇다께서 이 경을 말씀하시자, 여러 비구들은 듣고 기뻐하며 받들어 행하였다.

• 잡아함 616 주사경(廚士經)

• 해설 •

연기법에서 아는 자와 알려지는 것과 아는 마음은 서로 의지해 있다. 마음은 알려지는 경계에 의해 마음이 되지만 마음일 때 알려지는 것은 마음인 경계이다. 그러므로 경계를 마음에 거두어 안의 마음의 모습을 잘 거두어 잡아[取內心相], 마음이 경계를 향해 치달리지 않게 해야 한다.

그런 뒤에 마음이 공한 줄 알아서 공한 마음 바탕에서 앎이 없이 저 경계의 모습을 알면, 곧 사마디의 마음으로 경계를 잘 살피는 것이다. 사마디 가운데 마음은 마음 아닌 마음이 되고 살피는바 경계는 모습 아닌 모습이 된다.

바른 살핌에서 온갖 경계는 마음인 경계이고, 마음인 경계는 또한 모습 아닌 모습이라 마음에 맞닥뜨림이 없으니, 요리사의 잘 만든 음식이 늘 주인의 입맛에 맞는 것과 같다.

경계가 오직 마음[唯心]인 경계라 경계의 모습에 모습이 없고[無相] 마음 또한 마음에 마음 없으니[無心], 이처럼 몸[身]과 느낌[受]·마음[心]·법(法)을 잘 살피는 비구는 보고 듣고 알되 막힘과 걸림이 없고 끝내 물러나 줄어듦이 없이 해탈의 삶을 살게 되는 것이다.

『화엄경』(「보현행품」普賢行品) 또한 아는 마음과 알려지는 세계가 모두 공함을 살피는 보디사트바의 바른 눈에 대해 다음과 같이 가르친다.

마음은 세간에 머물고
세간은 마음에 머물지만
보디사트바는 여기에서
둘이나 둘 아님의 분별을
헛되이 일으키지 않도다.

心住於世間　世間住於心
於此不妄起　二非二分別

중생과 세계와 시간
모든 붇다와 붇다의 법
온갖 것 허깨비 변화 같아
법계는 모두 평등하도다.

衆生世界劫　諸佛及佛法
一切如幻化　法界悉平等

제타 숲 동산에서,
평등한 보시의 공덕을 말씀하시다

이와 같이 내가 들었다.

한때 붇다께서는 슈라바스티 국 제타 숲 '외로운 이 돕는 장자의 동산'에 계셨다.

때에 자눗소니 브라마나가 붇다 계신 곳에 와 세존과 서로 같이 문안하고 위로한 뒤에 한쪽에 물러앉아 붇다께 말씀드렸다.

"고타마시여, 제가 듣기에는 고타마께서는 다음처럼 말씀하신다고 합니다.

'오직 나에게 보시하고 다른 사람에게 보시하지 말라. 내게 보시하면 큰 과덕을 얻고 다른 사람에게 보시하면 큰 과덕을 얻지 못한다.

반드시 내 제자에게 보시하고 다른 사람의 제자에게는 보시하지 말라. 내 제자에게 보시하면 큰 과덕을 얻고 다른 사람의 제자에게 보시하면 큰 과덕을 얻지 못한다.'

어떻습니까. 고타마시여, 만약 이런 말을 하는 사람이 있다면 이는 진실된 말입니까. 고타마를 헐뜯는 것은 아닙니까.

말씀 그대로의 말[如說說]이고 법 그대로의 말[如法說]입니까.

그 법이 법을 따르는 말입니까. 다른 사람이 같은 법[同法]을 가지고 와서 꾸짖게 되지나 않겠습니까."

치우친 보시가 여래의 뜻이 아님을 보이심

붇다께서는 브라마나에게 말씀하셨다.

"그렇게 말한 그 사람은 나를 비방해 헐뜯을 뿐이오. 그것은 말 그대로의 말도 아니요, 법 그대로의 말도 아니며, 법이 법을 따르는 말도 아니오. 그러니 다른 사람이 와서 같은 법으로 꾸짖지는 못할 것이오. 왜냐하면 나는 이렇게 말하지 않았기 때문이오.

'오직 나에게 보시하고 다른 사람에게 보시하지 말라. 내게 보시하면 큰 과덕을 얻고 다른 사람에게 보시하면 큰 과덕을 얻지 못한다.

반드시 내 제자에게 보시하고 다른 사람의 제자에게는 보시하지 말라. 내 제자에게 보시하면 큰 과덕을 얻고 다른 사람의 제자에게 보시하면 큰 과덕을 얻지 못한다.'

그러니 자눗소니 브라마나여, 내가 이와 같은 말을 한다면 두 가지 장애를 짓게 되니, 주는 이의 보시를 장애하고 받는 이의 이익을 장애하게 되오.

브라마나여, 어떤 사람이 그릇을 씻고 남은 밥을 깨끗한 땅에 쏟아도 거기에 있는 중생들로 하여금 큰 이익과 즐거움을 얻게 하기 때문에 나는 그들 또한 복의 문[福門]에 들어간다고 말하오.

그런데 하물며 다시 사람에게 보시함이겠소.

브라마나여, 그러나 나는 다시 말하오.

'계를 가지는 사람에게 보시하여 과보 얻음은 계를 범하는 사람에게 하는 보시와는 같지 않다.'"

자눗소니 브라마나는 붇다께 말씀드렸다.

"그렇습니다, 고타마시여. 저 또한 이와 같이 말합니다.

'계를 가지는 사람에게 보시하여 과보 얻음은 계를 범하는 사람에게 보시하는 것과 같지 않다.' "

지혜로운 이에게 행하는 평등한 보시로 니르바나 이룸을 보이심
그때에 세존께서는 다시 게송으로 말씀하셨다.

　몸의 빛깔 검거나 흰빛 있거나
　붉은빛이거나 섞인 얼룩빛
　황금빛 노란빛 잿빛이거나
　이런 갖가지 빛깔 있는 소들과
　송아지로 그 모습 아름다운 것
　몸의 바탕 건강하고 힘을 갖추어
　잘 길들어져 그 걸음이 재빠르고
　무거운 짐 잘 실어 나를 수 있으면
　본래 타고난 빛깔 묻지 않도다.

　사람 또한 다시 이와 같아서
　각기 그들이 태어난 곳 따라서
　크샤트리아나 브라마나 종족
　바이샤나 수드라의 종족들
　찬다라의 낮은 무리들 벌어져
　그 태어난 곳은 모두 같지 않지만
　다만 깨끗한 계를 지니게 해
　번뇌의 무거운 짐을 떠나서

순수하고 한결같이 범행 닦으면
그가 바로 샘이 다한 아라한이고
세간에서 저 언덕 잘 간 사람이니
그에게 보시하면 큰 과덕 얻는다.

어리석은 사람으로 지혜가 없고
일찍이 바른 법을 받아 듣지 못한 이
그에게 보시하면 큰 과덕 없나니
좋은 벗을 가까이하지 않기 때문이다.

만약 좋은 벗을 가까이하여
여래와 성문을 받들어 모시고
잘 가신 이 맑고 깨끗하게 믿으면
몸의 뿌리 굳센 힘을 내게 되어
가서 머무는 곳은 좋은 길이고
크고 좋은 집안에 태어나게 되며
마쳐 다해 온전한 니르바나 되니
큰 성인은 이와 같이 말씀해주네.

붇다께서 이 경을 말씀하시자 자눗소니 브라마나는 듣고 기뻐하
고 따라 기뻐하면서 절하고 물러갔다.

• 잡아함 95 생문경(生聞經)

슈라바스티 성 수닫타 장자의 제타 숲 정사가 세워진 뒤 붇다께서 법을 설하면 천 명이 넘는 상가대중이 모이고 많은 우파사카·우파시카가 구름처럼 모여들었다.

코살라 국 프라세나짓 왕과 슈라바스티 성 최고의 부자인 수닫타 장자가 세존께 귀의하니, 기존의 브라마나와 사문의 교단에서는 여래의 상가로 인해 자신들의 교단이 공양받지 못하고 교단의 생존이 위태롭게 되리라는 불안감이 생겼을 것이다.

경에서 자눗소니 브라마나의 물음은 이러한 기성 교단의 불안감을 대변하고 있다. 그러나 세존은 보시를 권장하고 그 공덕을 말씀해주시되 치우친 보시 가림이 있는 보시를 가르치지 않는다. 그러니 여래의 상가에게만 보시하라는 가르침이 어찌 여래의 말씀이라 할 수 있겠는가.

여래는 신분주의와 사회적 계급의 차별주의에 빠진 다른 교파들의 주장과는 달리 어떤 신분 어떤 계층의 사람이라도 범행 닦아 사마디를 얻고 번뇌 다해 샘이 없는 아라한을 이루면 그가 세간의 가장 높은 복밭이라고 가르치신다.

여래의 보시법문에 차별이 없으나 그 가운데 지혜로운 복밭 위없는 복밭에 공양하는 것이 가장 높은 공양이라고 가르치시니, 여래의 보시법문은 평등함에 평등함의 자취마저 다한 평등의 보시법문이다.

계급주의에 가린 다른 사문·브라마나들이 이러한 여래의 평등한 보시법문을 어떻게 이해할 수 있을 것인가.

잘 가신 이를 따라 해탈의 저 언덕에 잘 나아가는 이, 스스로 세간에 법의 재물로 공양함으로써 세간의 복밭이 되는 자만이, 여래의 보시법문을 잘 받아 행한다고 할 것이다.

제타 숲 동산에서, 프라세나짓 왕에게
'스스로를 사랑해 생각한다'는 뜻을 보이시다

이와 같이 내가 들었다.

한때 붇다께서는 슈라바스티 국 제타 숲 '외로운 이 돕는 장자의 동산'에 계셨다.

때에 프라세나짓 왕은 홀로 한 고요한 곳에서 '선정의 사유'로 사유하며 이렇게 생각하였다.

'어떤 것이 스스로를 사랑해 생각하는 것이며, 어떤 것이 스스로를 사랑해 생각하지 않는 것인가.'

다시 이렇게 생각하였다.

'만약 몸의 악한 행을 행하고 입의 악한 행을 행하고 뜻의 악한 행을 행하면, 이것은 스스로를 사랑해 생각하지 않는 것임을 알아야 한다. 만약 다시 몸의 착한 행을 행하고 뜻의 착한 행을 행하면 그것은 스스로를 사랑해 생각하는 것이다.'

그는 선정에서 깨어나 붇다 계신 곳에 가서, 그 발에 머리를 대 절하고 한쪽에 물러앉아 말씀드렸다.

"세존이시여, 저는 고요한 곳에서 홀로 사유하다가 이렇게 생각하였습니다.

'어떤 것이 스스로를 사랑해 생각하는 것이며, 어떤 것이 스스로를 사랑해 생각하지 않는 것인가.'"

다시 이렇게 생각하였습니다.

'만약 몸의 악한 행을 행하고 입의 악한 행을 행하고 뜻의 악한 행을 행하면, 이것은 스스로를 사랑해 생각하지 않는 것임을 알아야 한다. 만약 다시 몸의 착한 행을 행하고 뜻의 착한 행을 행하면 그것은 스스로를 사랑해 생각하는 것이다.'"

남에 대한 사랑과 스스로를 사랑해 생각함이 둘이 없음을 보이심

붇다께서는 대왕에게 말씀하셨다.

"그렇소, 대왕이여. 그렇소, 대왕이여. 만약 몸의 악한 행을 행하고 입의 악한 행을 행하며 뜻의 악한 행을 행하면, 그것은 스스로를 사랑해 생각하지 않는 것이오. 그가 '스스로를 사랑해 생각한다'고 말하더라도 실로는 스스로를 사랑해 생각하지 않는 것이오.

왜냐하면 나쁜 벗은 지은 악을 생각하지 않음이 없는데, '스스로를 생각하지 않고 사랑하지 않는 자'가 '사랑스럽지 않은 자'에게 지은 것은 스스로 자기에게 지은 것과 같기 때문이오.

그러므로 그것은 스스로를 사랑해 생각하지 않는 것이오.

만약 다시 대왕이여, 만약 다시 몸의 착한 행을 행하고 입의 착한 행을 행하며 뜻의 착한 행을 행하면 그것은 스스로를 사랑해 생각하는 것이오. 이들이 비록 스스로 자기 몸을 사랑해 아끼지 않는다고 말하더라도, 그들은 실로는 스스로를 사랑해 생각하는 것이오.

왜냐하면 착한 벗은 착한 벗을 사랑해 생각하지 않음이 없으니, '스스로를 사랑해 생각하는 자'가 '사랑스러운 자'에게 하는 것은 스스로 자기에게 지은 것과 같기 때문이오.

그러므로 그들은 스스로를 사랑해 생각하는 것이오."

나와 남에 둘 없는 뜻을 노래하심

그때에 세존께서는 다시 게송으로 말씀하셨다.

스스로를 생각한다 하는 이라면
반드시 나쁜 행 짓지 않아야 하니
반드시 나쁜 행 의지하지 않으면
자기로 하여금 안락을 얻게 하리.

스스로를 생각한다 하는 이라면
반드시 나쁜 행 짓지 말아야 하니
여러 가지 착한 업을 짓는 사람은
자기로 하여금 안락을 얻게 하리.

만약 스스로를 사랑하는 이라면
잘 보살피고 스스로 보살피기를
마치 나라 잘 지키는 나라의 왕이
밖으로 국경의 성 막듯이 하리.

만약 스스로를 사랑하는 이라면
아주 잘 스스로 보배 갈무리함
마치 나라 잘 지키는 나라의 왕이
안으로 국경의 성 막듯이 하리.

이와 같이 스스로 보배 간직해

잠깐이라도 빈틈이 없게 할지니

잠깐이라도 틈 있으면 근심 이루고

나쁜 곳에서 길이 괴로움 받으리.

붇다께서 이 경을 말씀하시자, 프라세나짓 왕은 붇다의 말씀을 듣고 기뻐하고 따라 기뻐하면서 절하고 떠나갔다.

• 잡아함 1228 자념경(自念經)

• 해설 •

연기법에서 나[我]는 나 아닌 나[非我之我]이니 나는 늘 너와 더불어 있는 나이고, 나의 마음은 여기 있는 마음이 아니라 세계를 향한 마음이고 세계인 마음이다.

나는 나 아니되 나 아님이 아니고, 나는 너가 아니되 너 아님도 아니다.

나의 활동밖에 세계가 없고 대상을 향한 나의 행위밖에 자아가 없으니, 너를 향해 일으키는 악한 행이 실로 스스로를 향해 일으킨 악한 행이 되고, 너에게 일으킨 미움이 실로 나를 향해 일으킨 미움이 된다.

너를 사랑하지 않는 자는 실로 나 아닌 나를 사랑하지 않는 자이다.

비유하면 나라를 지키는 왕이 밖에서 들어오는 적을 막는 것이 스스로를 잘 지킴이 되듯, 밖을 향한 그릇된 행을 잘 보살펴 범하지 않는 것이 실로는 스스로를 잘 지켜 보살핌이다.

그렇다면 밖으로부터 스스로를 잘 보살펴, 끝내 밖의 것을 나 아닌 나로 받아들이고 너를 너 아닌 너로 세울 수 있는 그러한 사람은 어떤 사람인가.

'눈에 가득한 푸른 산에 한 포기 풀 한 그루 나무도 보지 않는 사람'[滿目靑山無寸樹]인가. 그는 어디 있는가.

제타 숲 동산에서, 세간법의 덧없음과
니르바나의 안온함을 보이시다

이와 같이 내가 들었다.

한때 붇다께서는 슈라바스티 국 제타 숲 '외로운 이 돕는 장자의 동산'에 계셨다.

그때 프라세나짓 왕은 홀로 고요히 사유하다가 이렇게 생각하였다.

'여기 세 가지 법이 있는데 온갖 세간 사람들이 사랑해 생각하지 않는 것이다. 어떤 것이 그 세 가지인가?

늙음·병듦·죽음이니, 이와 같은 세 가지 법은 온갖 세간 누구나 사랑해 생각하지 않는 것이다.

만약 온갖 세간 사람들이 좋아하지 않는 이 세 가지 법이 없었더라면 모든 붇다 세존께서는 세상에 나오지 않으셨을 것이요, 또 세간 사람들도 모든 붇다 여래께서 '깨달아 아시는 법'[所覺知法]을 사람들을 위해 널리 말씀하셨다는 것을 알지 못했을 것이다.

세상에서 사랑해 생각하지 않는 세 가지 법인 늙음·병듦·죽음이 있기 때문에, 모든 붇다 여래께서 세상에 나오셨고, 또 세간 사람들도 모든 붇다 여래께서 깨달아 아시는 법을 널리 연설하셨다는 것을 알게 되었다.'

프라세나짓 왕은 이렇게 생각하고는 붇다 계신 곳으로 와서 붇다의 발에 머리를 대 절하고는 한쪽에 물러나 앉아서, 그가 생각한 것을 세존께 널리 말씀드렸다.

붇다께서 프라세나짓 왕에게 말씀하셨다.

"그렇소, 대왕이여. 그렇소, 대왕이여. 여기 세 가지 법이 있어서 세간 사람들이 다 사랑해 생각하지 않는데, 곧 늙음·병듦·죽음이오. 이와 같은 세 가지 법은 온갖 세간 누구나 다 좋아하지 않는 것이오.

만약 온갖 세간 사람들이 좋아하지 않는 이 세 가지 법이 없었더라면 모든 붇다 세존께서는 세상에 나오지 않으셨을 것이오.

이 세 가지 법이 있기 때문에 모든 붇다께서 세간에 나오셨고, 또 온갖 세간 사람들도 모든 붇다 여래께서 깨달아 아신 법을 사람들을 위해 널리 연설하셨다는 것을 알게 된 것이오."

여래의 바른 법은 무너짐 없음을 게송으로 보이심

그때 세존께서 다시 게송으로 말씀하셨다.

왕이 타고 다니는 보배 수레도
끝내 낡아 부서짐에 돌아가고
이 몸 또한 다시 그러하여서
바뀌고 옮기어 늙음에 돌아가네.

오직 여래의 바른 깨달음의 법은
시들거나 늙는 모습이 없나니
이 바른 깨달음의 법 받는 사람은
길이 안온한 곳에 이르게 되리.

다만 범부들은 시들고 늙어가

더럽고 못난 나쁜 모습이 되며
시들고 늙음이 오면 따라 밟아가
범부의 마음 홀려 미혹케 되네.

만약 사람이 백 살을 산다 하여도
늘 죽음이 따라 이르름 걱정하니
늙음과 병이 다투어 쫓아오면
틈을 엿보아 문득 목숨 해치네.

붇다께서 이 경을 말씀하시자, 프라세나짓 왕은 붇다의 말씀을 듣고 기뻐하면서 절하고 떠나갔다.

• 잡아함 1240 삼법경(三法經)

• 해설 •

덧없음의 바람은 이 땅의 든든함과 수메루 산의 높음도 피해가지 않고, 하늘의 영광 왕의 권세도 피해가지 않는다. 생겨난 것은 그 무엇이든 덧없음의 바람 따라 끝내 허물어지고 사라진다.

다만 지혜의 눈을 떠서 세간의 덧없는 나고 사라짐 가운데서 실로 나되 남이 없고 사라지되 사라짐 없음을 바로 보는 자가 덧없음의 바람 속에서 늘 니르바나의 고요함에 머문다.

그와 같이 여래의 바른 보디의 법을 받은 자는, 천지개벽의 거센 바람도 어찌지 못하고 늙음과 죽음도 그를 어찌지 못한다.

왜 그런가. 그는 색신(色身)의 삶을 돌이켜 법신(法身)을 이루고, 한계가 있는 목숨의 모습[壽者相]을 떠나, 길이 다함없는 지혜의 목숨[慧命]을 이루기 때문이다.

② 코살라 국의 여러 아란야

———————

므리가라마트리 강당으로 파구나 존자를
병문안하시고 아나가민의 언약을 주시다

이와 같이 내가 들었다.

한때 붇다께서는 슈라바스티 성 제타 숲 '외로운 이 돕는 장자의 동산'에 계셨다.

그때 존자 파구나는 동쪽 동산 므리가라마트리 강당에 있으면서 병이 아주 위독하였다. 존자 아난다는 붇다께 나아가 머리를 대 발에 절하고 한쪽에 물러나 붇다께 말씀드렸다.

"세존이시여, 존자 파구나는 동쪽 동산 므리가라마트리 강당에 있으면서 병이 매우 위독합니다. 이런 병으로 비구들이 많이 죽고 있습니다. 거룩하신 세존께서 동쪽 동산 므리가라마트리 강당의 존자 파구나를 가엾이 여기시어 들러주시길 바랍니다."

세존께서는 잠자코 허락하시고 해질녘이 되어 선정에서 깨어나 동쪽 동산 므리가라마트리 강당에 가셨다.

존자 파구나 방에 들어가 자리를 펴고 앉아 파구나를 위해 갖가지로 설법하시어 가르쳐 보이고 기쁘게 하셨다. 가르쳐 보이시고 기쁘게 하신 뒷자리에서 일어나 떠나셨다.

존자 파구나는 세존께서 가신 뒤에 이내 목숨을 마쳤다. 목숨 마칠 때 여러 아는 뿌리는 기쁨에 차고 얼굴빛은 청정하고 살결은 희고 환히 빛났다.

병든 비구의 해탈의 복된 이익 그 차별을 설하심

때에 존자 아난다는 존자 파구나의 사리를 공양한 뒤 붇다 계신 곳에 가서 머리를 대 발에 절하고 한쪽에 물러앉아 붇다께 말씀드렸다.

"세존이시여, 존자 파구나는 세존께서 오신 뒤에 이내 목숨을 마쳤습니다. 목숨 마칠 때 모든 아는 뿌리는 기쁨에 차고 살결은 희고 환히 빛났습니다.

세존이시여, 그는 어떤 길에 태어나 어떻게 남을 받으며 뒷세상은 어떠하겠습니까."

스승이 가르쳐주고 법을 베푸는 복된 이익

붇다께서는 아난다에게 말씀하셨다.

"만약 어떤 비구가 아직 병이 나기 전 다섯 가지 낮은 곳의 묶음[五下分結]을 아직 끊지 못하였다 하자. 그러더라도 병이 난 것을 깨닫고 몸이 괴롭고 마음이 고루어지지 못하고 살 수 있는 힘이 아직 약할 때 큰 스승의 가르쳐주심, 가르쳐 깨우쳐주심과 갖가지 설법을 듣게 되었다 하자. 그러면 그는 다섯 가지 낮은 곳의 묶음을 끊는다.

아난다여, 이것은 크신 스승이 가르쳐주고 법을 베푸는 복된 이익[敎授設法福利]인 것이다."

번뇌 속에서 법을 들은 복된 이익

"다시 아난다여, 만약 어떤 비구가 아직 병이 나기 전에 다섯 가지 낮은 곳의 묶음을 끊지 못하고, 병이 나서 몸이 괴로움과 아픔을 겪고 살 기운이 더욱 약해졌을 때, 크신 스승의 가르쳐주심과 가르쳐 깨우치심과 설법을 받아 듣지 못했다 하자. 그러더라도 많이 아는 다른 큰 스승이나 범행을 닦는 사람의 가르쳐줌과 가르쳐 깨우침, 설법함을 만나면, 듣고서는 다섯 가지 낮은 곳의 묶음이 끊어진다.

아난다여, 이것을 가르쳐줌과 가르쳐 깨우침, 그 법을 들은 복된 이익[聽法福利]이라 한다."

들은 법을 살피는 복된 이익

"다시 아난다여, 만약 어떤 비구가 아직 병이 들지 않았을 때 다섯 가지 낮은 곳의 묶음을 끊지 못하고, 나아가 살 기운이 약해졌을 때 크신 스승의 가르쳐주심과 가르쳐 깨우치심과 설법을 듣지 못했다 하자. 그리고도 다시 다른 많이 아는 스승이나 범행을 닦는 사람들의 가르쳐줌과 가르쳐 깨우침과 설법도 듣지 못했다 하자.

설사 그러더라도 그가 앞서 들은 법을 홀로 고요히 생각하고 헤아려 살피면, 다섯 가지 낮은 곳의 묶음을 끊게 된다.

아난다여, 이것은 앞서 들은 법을 사유하고 살펴서 얻는 복된 이익[觀察福利]이라 한다."

크신 스승이 법을 설하는 복된 이익

"다시 아난다여, 만약 어떤 비구가 아직 병이 나지 않을 때 다섯 가지 낮은 곳의 묶음을 끊었으나, 위없는 애착 다한 해탈로 여러 흐름을 일으키지 않고 마음이 잘 해탈함을 얻지 못했다 하자.

그런 뒤에 병을 얻어서 몸이 괴로움과 아픔을 겪고 살 기운이 약해 졌을 때, 크신 스승의 가르쳐주심과 가르쳐 깨우치심과 설법함을 들었다 하자. 그러면 위없는 애착 다한 해탈을 얻어 여러 흐름 일으키지 않고 탐욕 떠나 해탈하게 된다.

아난다여, 이것은 크신 스승이 설법하는 복된 이익[大師說法福利]이라 한다."

법을 들은 복된 이익

"다시 아난다여, 만약 어떤 비구가 아직 병이 들지 않았을 때 다섯 가지 낮은 곳의 묶음을 끊었으나, 위없는 애착 다한 해탈로 여러 흐름 일으키지 않고 탐욕 떠나 해탈함을 얻지 못하고서 몸에 병이 난 것을 깨달았다 하자.

그렇게 해서 아주 큰 괴로움과 아픔을 겪으면서도 크신 스승의 가르쳐주심과 가르쳐 깨우쳐주심과 설법함을 듣지 못했다 하자. 그러더라도 그가 다른 많이 아는 스승이나 범행을 닦는 사람들의 가르쳐줌과 가르쳐 깨우침과 설법을 들으면, 위없는 애착 다한 해탈로 모든 흐름 일으키지 않고 탐욕 떠나 해탈을 얻게 된다.

아난다여, 이것은 가르쳐줌과 가르쳐 깨우쳐줌 그 법을 들은 복된 이익[聞法福利]이라 한다."

들은 법을 사유하는 복된 이익

"다시 아난다여, 만약 어떤 비구가 아직 병이 들지 않았을 때 다섯 가지 낮은 곳의 묶음은 끊었으나, 위없는 애착 다한 해탈로 여러 흐름 일으키지 않고 탐욕 떠나 해탈함을 얻지 못했다 하자.

그 가운데 몸에 병이 나 아주 큰 괴로움과 아픔이 생겨도 큰 스승의 가르쳐주심과 가르쳐 깨우침과 설법도 듣지 못했다 하자. 또한 다른 많이 들은 스승의 가르쳐줌과 가르쳐 깨우침과 설법도 듣지 못했다 하자.

그러더라도 그가 앞서 들은 법을 홀로 고요한 곳에서 사유하고 헤아려 살핀다면 위없는 애착 다한 해탈로 여러 흐름 일으키지 않고 탐욕 떠나 해탈하게 된다.

아난다여, 이것은 앞서 들은 법을 사유하여 얻은 복된 이익[思惟福利]이라 한다."

파구나가 아나가민이 되리라 언약하심

"그러니 무슨 까닭으로 파구나 비구가 여러 아는 뿌리가 기쁨에 차고 얼굴이 청정하며 살갗과 몸이 곱고 빛나지 않겠는가.

파구나 비구는 아직 병들지 않았을 때 다섯 가지 낮은 곳의 묶음을 끊지 못하였으나, 그는 몸소 크신 스승의 가르쳐줌과 가르쳐 깨우치심과 설법을 듣고 다섯 가지 낮은 곳의 묶음을 끊었다."

세존께서는 그 존자 파구나가 아나가민이 되리라 언약하셨다.

붇다께서 이 경을 말씀하시자, 존자 아난다는 붇다의 말씀을 듣고 기뻐하고 따라 기뻐하면서 절하고 물러갔다.

• 잡아함 1023 파구나경(叵求那經)

• 해설 •

슈라바스티 성의 장자 므리가라(Mṛgāra, Migāra)의 어머니는 '사슴[Migāra]이라는 이름의 아들의 어머니'라는 뜻으로, 한문 녹자모(鹿子母)로 번역되었는데 그 이름이 비사카(Viśākhā)이다.

그녀는 붇다의 돈독한 우파시카가 되어 성 동쪽 동산[東園]에 강당을 지어 상가에 보시하였으니, 이것이 므리가라마트리 강당으로 '녹자모 강당'(鹿子母講堂)이라 번역되었다.

세존은 성도하신 뒤 이십 년이 지나 니르바나에 드시기 한 해 전까지 이십오 년의 안거를, 수닫타 장자의 슈라바스티 성 제타 숲의 '외로운 이 돕는 장자의 동산' 정사와 이 므리가라마트리 강당에서 많이 지내신다.

세존께서 '외로운 이 돕는 장자의 동산'에 계시면서 이 므리가라마트리 강당에 앓아누워 있는 제자 파구나 비구를 찾아가시니, 두 정사가 서로 가기에 그렇게 멀지 않은 것을 알 수 있다.

파구나는 세존의 설법을 듣기 전까지 아직 번뇌를 다하지 못해 큰 법의 이익을 얻지 못했다.

세존의 따뜻한 위로와 법 설함을 듣고 몸과 마음이 안락해져 고통이 사라진 환한 얼굴과 깨끗한 모습으로 목숨 마치니, 그는 다시 다섯 가지 낮은 곳 욕계의 번뇌[五下分結]에 떨어지지 않고 아나가민이 될 것이다.

붇다의 말씀은 병과 죽음이 공한 법계진리의 실상을 열어 보이는 지혜의 말씀이므로 듣는 이가 듣고서 따라 사유하면 그 또한 죽음이 없고 병이 침범치 못한 니르바나의 삶에 들어가게 된다.

설사 크신 스승 붇다의 말씀을 못 들어도 붇다의 말씀을 잘 듣고 따라 행하는 대덕의 가르침을 듣거나, 그 가르침을 못 들어도 이미 들은 것을 사유해서 그 뜻을 살피면, 번뇌를 돌이켜 지혜에 들고 물든 업을 돌이켜 범행에 나아가게 될 것이다.

이것이 중생이 붇다의 법 안에서 얻은 복된 법의 이익이다.

그러므로 붇다는 파구나 비구가 병들기 전, 비록 번뇌와 미혹을 끊지 못했으나 크신 스승 잘 가신 이가 가르쳐주시고 법을 베풀어주신 복된 이익[敎授設法福利]으로, 미혹을 다해 지혜의 흐름에 들었다고 가르치시며, 파구나가 아나가민이 되어 다시는 미혹의 세계에 떨어지지 않을 것이라고 언약하신 것이다.

여래의 자비의 교화는 끝이 없고 차별이 없어서 마음의 문을 열고 받아들이면 누구나 해탈의 언덕에 오르게 되니, 『화엄경』(「광명각품」)은 말한다.

> 사의할 수 없는 오랜 겁에
> 정진하여 여러 행을 닦으심은
> 모든 중생 건네주려 하심이니
> 이것이 크신 선인의 힘이네.

> 不可思議劫　精進修諸行
> 爲度諸衆生　此是大仙力

> 낱낱의 지옥 가운데서
> 한량없는 겁을 지낼지라도
> 중생을 건네주려 하므로
> 이 세간의 구원자께선
> 이 괴로움을 참을 수 있네.

> 一一地獄中　經於無量劫
> 爲度衆生故　而能忍是苦

> 갖가지 모든 중생의 무리들
> 시방세계에 흘러 구르나
> 여래는 분별하지 않으시고
> 끝없는 무리들을 건네
> 그들을 모두 해탈시키네.

> 種種諸衆生　流轉於十方
> 如來不分別　度脫無邊類

코살라 국 심사파 숲에 계시면서,
하늘에 남과 해탈하는 길을 보이시다

이와 같이 내가 들었다.

한때 붇다께서는 코살라 국 사람 사이에 노닐어 다니시다 비라마 마을 북쪽에 있는 심사파(Siṃsapā) 숲속에 계셨다.

비라마 마을의 브라마나 장자들은 세존께서 비라마 마을 북쪽에 있는 심사파 숲속에 계신다는 말을 듣고, 서로 불러 같이 모여 붇다 계신 곳에 가서 붇다의 발에 머리를 대 절하고 한쪽에 물러앉았다.

그러고는 붇다께 여쭈었다.

"세존이시여, 무슨 인연으로 어떤 중생은 몸이 무너지고 목숨 마치면 지옥에 납니까."

붇다께서는 여러 브라마나 장자들에게 말씀하셨다.

"법이 아닌 짓[非法行]과 위험한 짓[危嶮行]을 행하면 그 인연으로 몸이 무너지고 목숨 마치면 지옥에 난다."

여러 브라마나 장자들이 붇다께 여쭈었다.

"그 어떤 법이 아닌 짓과 위험한 짓을 행해서 몸이 무너지고 목숨이 끝나면 지옥에 납니까."

"산목숨을 죽이고, 주지 않는 것을 훔치며, 나아가 삿된 견해를 갖는 것이니, 열 가지 착하지 않은 업[十不善業]을 갖추는 인연 때문이다.

브라마나여, 이 법이 아닌 짓과 위험한 짓으로 몸이 무너지고 목숨 마치면 지옥에 나는 것이다."

지옥에 나는 인연 보이시고, 다시 하늘에 나는 인연 보이심

브라마나들이 붇다께 여쭈었다.

"무슨 인연으로 여러 중생들은 몸이 무너지고 목숨 마치면 하늘위에 나게 됩니까."

붇다께서는 말씀하셨다.

"법다운 행[法行]과 바른 행[正行]을 행하면 이 인연으로 몸이 무너지고 목숨 마치면 하늘위에 나게 된다."

"세존이시여, 어떤 법다운 행과 바른 행을 행하면 몸이 무너지고 목숨 마치면 하늘위에 나게 됩니까."

"곧 산목숨 죽임을 떠나고, 주지 않는 것 훔침을 떠나며, 나아가 삿된 견해를 떠남이니, 이 열 가지 착한 업의 자취, 이 인연으로 몸이 무너지고 목숨 마치면 하늘위에 나게 된다.

브라마나 장자들이여, 만약 이 법다운 행과 바른 행을 행하는 사람으로서 크샤트리아의 큰 집안이나 브라마나의 큰 집안이나 거사의 큰 집안에 나려고 하면 다 거기 가서 나게 된다.

왜냐하면 법다운 행과 바른 행의 인연 때문이다.

만약 다시 네 하늘왕의 하늘이나 서른세하늘이나, 나아가 타화자재하늘에 나려고 하면 다 거기 가서 나게 된다.

왜냐하면 법다운 행과 바른 행 때문이니, 깨끗한 계율을 행한 사람은 그 마음에 바라는 것이 다 저절로 얻어지기 때문이다.

다시 이와 같이 법답고 바른 행을 행한 사람이 브라흐마하늘에 나려고 하면 또한 거기 가서 난다.

왜냐하면 바른 행과 법다운 행을 행하기 때문이니, 계 지님이 청정하여 마음이 애욕을 떠나면 바라는 바를 반드시 얻는다.

다시 빛과 소리의 하늘, 두루 깨끗한 하늘, 아가니타하늘에 나고자 하여도 또한 이와 같다. 왜냐하면 그는 계 지님이 청정하여 마음이 애욕을 떠났기 때문이다."

색계 · 무색계의 선정과 현성의 과덕 얻음을 보이심

"만약 다시 탐욕과 악하여 착하지 않은 법을 떠나 느낌과 살핌이 있는 첫째 선정 나아가 넷째 선정을 갖추어 머무르고자 하여도 다 성취하게 된다.

왜냐하면 그는 법답고 바른 행을 행하기 때문이니, 계 지님이 청정하여 마음이 애욕을 떠나면 바라는 바를 반드시 얻는다.

다시 사랑의 마음, 가엾이 여기는 마음, 기뻐하는 마음, 평등한 마음과 허공의 들임[虛空入], 앎의 들임[識入], 있는 바 없는 들임[無所有入], 생각도 아니고 생각 아님도 아닌 들임[非想非非想]의 선정을 얻으려 해도 다 얻게 된다.

왜냐하면 법다운 행과 바른 행 때문이니, 계 지님이 청정하여 마음이 애욕을 떠나면 바라는 바를 반드시 얻게 된다.

다시 세 가지 맺음을 끊고 스로타판나 · 사크리다가민 · 아나가민의 과덕과 한량없는 신통 곧 하늘귀의 신통, 남의 마음 아는 신통, 오랜 목숨 아는 지혜, 중생의 나고 죽음을 아는 지혜, 흐름 다한 지혜를 얻으려 해도 다 얻게 된다.

왜냐하면 법다운 행과 바른 행 때문이니, 계 지님이 청정하여 마음이 애욕을 떠나면 바라는 것을 다 얻는다."

때에 브라마나 장자들은 다 붇다의 말씀을 듣고 기뻐하면서 절하고 떠나갔다.

• 잡아함 1042 비라경(鞞羅經)

• 해설 •

세존께서는 슈라바스티 성의 제타 숲에서 많은 여름 안거를 지내셨지만, 안거가 끝나면 세존 또한 사람 사이를 노닐어 다니시며 한낮에 밥을 빌어 드시고 밤이면 숲속 나무 밑이나 동굴, 빈터의 아란야에서 선정을 닦으신다.

때로 세존께서 몸소 사람 사이에 들어가 그들에게 설법하시고 때로 물음이 있는 이들이 세존 계신 곳에 와서 마음속 의문점을 여쭈어 세존께 해답을 구한다.

비라마 마을 브라마나와 장자들은 브라흐만의 신성을 믿는 사제들과 그 마을의 재력 있는 거사들이니, 아마도 브라흐만을 믿는 것이 죽어서 하늘에 나는 길이라는 신조를 갖고 있는 이들일 것이다.

그들은 세존께 죽은 뒤에 지옥에 떨어지는 업보와 하늘에 나는 업보를 물어 자신들의 신조와 세존의 입장을 견주어보려 한 것이리라.

연기법에서 세계는 주체의 행위의 토대이되 행위 자체인 세계이니, 해탈의 과덕 또한 원인이 되는 바른 행에 의해, 해탈된 행위 자체로 주어진다. 초월적 신성에 기도한다고 저절로 하늘의 길에 나는 것이 아니라 그 행위가 열 가지 악한 행을 끊고 열 가지 착한 업의 자취에 나아가야 하늘에 나고 탐욕 벗어난 네 가지 선정을 얻는다.

그러므로 세존은 스스로 법다운 행 바른 행을 행함이 하늘에 나는 길이고 네 가지 선정과 현성의 지혜에 드는 길임을 보이신다.

그런 뒤에 끝내 지혜를 통해서만 하늘에 남[生天]을 뛰어넘어 번뇌의 흐름을 다해 다시 뒤의 존재[後有] 받지 않는 해탈의 삶이 성취될 수 있음을 보이시고 있는 것이다.

존자 아난다가 코이야 땅 심사파 숲에서
어린이들에게 네 가지 청정을 말해주다

이와 같이 내가 들었다.

한때 붇다께서는 코이야 땅 사람 사이에 노니시다가, 존자 아난다와 함께 바두 마을 북쪽에 있는 심사파 숲으로 가셨다.

그때 바두 마을의 여러 어린이들은 존자 아난다가 코이야 땅 사람사이에 노닐어 다니다가, 바두 마을 북쪽에 있는 심사파 숲에 머물고 있다는 말을 들었다.

그 말을 듣고서는 그들은 서로 불러 같이 모여 존자 아난다가 있는 곳에 가서, 머리를 대 존자 아난다의 발에 절하고 한쪽으로 물러나 앉았다.

네 가지 삶의 청정을 보임

그때 존자 아난다가 여러 어린이들에게 말했다.

"바두 마을의 어린이들이여, 여래·공양해야 할 분·바르게 깨치신 분께서는 네 가지 청정함을 말씀하셨다.

그것은 계의 청정[戒淸淨]·마음의 청정[心淸淨]·견해의 청정[見淸淨]·해탈의 청정[解脫淸淨]이다.

먼저 계의 청정함으로 물듦 끊는 것을 분별함

"어떤 것이 계의 청정인가. 곧 거룩한 제자는 계인 프라티목샤에 머물러 계가 늘고 자라나 바른 몸가짐을 갖추어서 아주 작은 죄에도 두려움을 내 배움의 계[學戒]를 받아 지닌다.

계의 몸[戒身]이 채워지지 않은 사람은 가득 채워지게 하고, 이미 채워진 사람은 계를 따라 굳게 지니며, 하고자 함[欲]과 정진(精進)의 방편으로 뛰어 벗어나며, 용맹하게 정진하여 모든 몸과 마음의 법을 늘 거두어 받을 수 있게 되니, 이것을 '계의 청정함으로 끊음'[戒淨斷]이라 한다."

마음의 청정함으로 물듦 끊는 것을 분별함

"바두 마을의 어린이들이여, 어떤 것을 '마음의 청정함으로 끊음'[心淨斷]이라 하는가. 곧 거룩한 제자는 탐욕과 악하여 착하지 않은 법을 떠나 느낌과 살핌이 있는 첫째 선정에 머물고, 느낌과 살핌이 사라진 둘째 선정 나아가 셋째 선정, 넷째 선정에 갖추어 머문다.

그리고 선정의 몸[定身]이 아직 채워지지 않은 사람은 채워지게 하고, 이미 채워진 사람은 선정을 따라 굳게 받아, 하고자 함과 정진의 방편으로 뛰어 벗어나 모든 몸과 마음의 법을 굳게 받을 수 있게 되니, 이것을 '마음의 청정함으로 끊음'이라 한다."

견해의 청정함으로 물듦 끊는 것을 분별함

"바두 마을의 어린이들이여, 어떤 것을 '견해의 청정함으로 끊음'[見淨斷]이라 하는가. 곧 거룩한 제자는 크신 스승의 설법을 듣되, 이와 같고 이와 같이 설법하면 곧 이와 같고 이와 같이 진실 그대로의 바른 살핌[如實正觀]에 들어가, 이와 같고 이와 같이 기쁨을 얻고 따라 기뻐함을 얻어 붇다를 따르게 된다.

다시 거룩한 제자가 크신 스승의 설법을 듣지 못한다 하자.

그러더라도 그는 밝은 지혜로 존중받는 다른 범행자로부터 그 범행자가 이와 같고 이와 같이 설함을 듣고서는 곧 이와 같고 이와 같이 진실 그대로의 바른 살핌에 들어가, 이와 같고 이와 같이 살피어 그 법에서 기쁨을 얻고 따라 기뻐하여 바른 법을 믿는다.

다시 거룩한 제자가 크신 스승의 설법도 듣지 못하고 또한 지혜가 밝아 존중받는 범행자의 말도 듣지 못한다 하자.

그러더라도 그는 앞에 들어 받아 지녔던 것을 따라 거듭 외워 익히고 앞에 들어 받아 지녔던 것을 따라 이와 같고 이와 같이 거듭 외우고 나서는 이와 같고 이와 같이 그 법에 들어가며, 나아가 바른 법을 믿는다.

다시 거룩한 제자가 크신 스승의 설법도 듣지 못하고, 지혜가 밝아 존중받는 범행자의 말도 듣지 못하며, 또 앞에 들어 받아 지녔던 것을 따라 거듭 외워 익힐 수가 없다 하자.

그러더라도 그는 앞에 들었던 법을 남을 위해 널리 연설하고, 앞에 들었던 법의 이와 같고 이와 같음을 남을 위해 널리 말하고는 이와 같고 이와 같이 그 법에 들어가 바른 지혜로 살피며, 나아가 바른 법을 믿는다.

다시 거룩한 제자가 크신 스승의 설법도 듣지 못하고, 지혜가 밝아 존중받는 범행자의 말도 듣지 못하며, 또 앞에 받아 지녔던 것을 따라 거듭 외워 익힐 수도 없으며, 앞에 들었던 법을 남을 위해 널리 연설할 수 없다 하자.

그렇더라도 그는 앞에 들었던 법에 대해 홀로 한 고요한 곳에서 사유하여 살피되, 이와 같고 이와 같이 사유하여 살피고는 이와 같고 이와 같이 바른 법에 들어가며, 나아가 바른 법을 믿는다.

이와 같이 남에게서 듣고서 안으로 바르게 사유하면, 이것을 일어나지 않은 바른 견해를 일어나게 하고, 이미 일어난 바른 견해는 더욱 늘려 넓힌다고 하는 것이다.

또 이것을 계의 몸이 아직 채워지지 않은 사람을 채우게 하고, 이미 채운 사람은 계를 따라 거두어 받으며, 하고자 함과 정진의 방편으로 뛰어 벗어나 여러 몸과 마음은 법을 거두어 받는다고 한다.

이것을 '견해의 청정함으로 끊음'이라 한다."

해탈의 청정함으로 물듦 끊는 것을 분별함

바두 마을의 어린이들이여, 어떤 것을 '해탈의 청정함으로 끊음' [解脫淨斷]이라 하는가. 곧 거룩한 제자는 탐내는 마음에서 탐욕이 없어 해탈하고, 성냄과 어리석은 마음에서 탐욕이 없어 해탈한다.

이와 같이 해탈이 아직 채워지지 않은 사람은 채우게 하고, 이미 채워진 사람은 해탈을 따라 거두어 받아, 하고자 함과 정진의 방편으로 뛰어 벗어나 모든 몸과 마음의 법을 늘 거두어 받을 수 있게 되니, 이것을 '해탈의 청정함으로 끊음'이라 한다."

존자 아난다가 이 법을 설하자, 바두 마을의 여러 어린이들은 존자 아난다의 말을 듣고 기뻐하고 따라 기뻐하면서 절하고 떠나갔다.

• 잡아함 565 바두경(婆頭經)

•해설•

아난다 존자가 붇다를 모시고 바두 마을 심사파 숲속에서 안거하고 있는데, 마을의 여러 어린이들이 찾아와 아난다의 설법을 듣고자 한다.

붇다를 대신해 시자인 아난다가 어린이들을 위해 설법하게 된 것은 붇다의 상가가 이미 틀을 잡아 윗자리 비구가 아랫사람을 가르치고 법의 나이 열 살이 되면 화상이 되어 제자를 둘 수 있는 상가의 카르마 법이 정비된 뒤라 할 수 있다.

아난다 존자는 마을 어린이들에게 네 가지 청정을 말해주니, 계의 청정·마음의 청정·견해의 청정·해탈의 청정이다.

계의 청정은 몸가짐을 바로 하고 행실을 바로 해서 죄업을 멀리 여읨이고, 마음의 청정은 선정이 이루어져 마음의 어지러움이 사라져 안온하고 평안함이다. 견해의 청정은 크신 스승의 설법 듣고 말씀대로 살피고 말씀대로 사유하여 삿된 견해 떠남이다. 크신 스승으로부터 직접 가르침 듣지 못하면 다른 범행자에게서 설법 듣고 말씀대로 사유하며, 설사 설법 듣지 못하더라도 앞의 들은 말씀을 받아 지녀 남을 위해 설하며, 그렇지도 못하면 앞에 들었던 법을 홀로 사유하여 삿된 견해 떠나 바른 지혜를 내는 것이다. 해탈의 청정은 탐냄·성냄·어리석음에서 해탈하여 청정함이다.

계의 청정·마음의 청정·견해의 청정이 프라티목샤·디야나·프라즈냐의 세 가지 배움이고, 해탈의 청정은 계·정·혜 삼학의 실천으로 성취되는 해탈과 해탈지견이니, 네 가지 청정함이 바로 다섯 가지 법의 몸[五分法身]인 것이다.

여래의 법은 사람의 근기와 그릇 따라 가르침의 교화방식은 달라진다 해도 한맛의 법의 뜻은 달라질 수 없으니, 여든 살 장로에게 설한 법과 바두 마을 어린아이들에게 설한 법문에 끝내 두 길이 있을 수 없는 것이다.

또 크신 스승 여래의 법이 법계의 진실을 밝힌 것이므로 스승의 법이 곧 바르게 받아 지닌 제자의 법이니, 여래께서 가르치신 법과 아난다의 들어서 아는 법에 두말이 없고 두 뜻이 없는 것이다.

코살라 국 어느 숲속에서 나가닷타 존자가 하늘신의 깨우침을 받다

이와 같이 내가 들었다.

한때 붓다께서는 슈라바스티 국 제타 숲 '외로운 이 돕는 장자의 동산'에 계셨다.

때에 존자 나가닷타는 코살라 국 사람 사이에 있으면서 한 숲 가운데 머물렀다. 거기서 집에 있는 이들[在家]과 집을 나온 이들[出家]이 늘 서로 가까이 지냈다.

때에 그 숲속에 살던 어떤 하늘신은 이렇게 생각하였다.

'이것은 비구의 법이 아니다. 숲속에 살면서 집에 있는 이들과 집을 나온 이들이 두루 돌아다니며 자주 사귀다니.

내가 지금 가서 방편으로 깨우쳐주어야겠다.'

곧 게송으로 말하였다.

　　비구가 아침에 일찍 나가

　　저물어야 숲으로 돌아오면서

　　비구와 집에 사는 이 가까이 지내

　　괴로움과 즐거움을 꼭 함께하네.

　　두렵도다, 여래 집안 방일함을 내

　　마라가 제멋대로 함 따르게 되리.

때에 나가닷타 비구는 그 하늘신이 이와 같이 깨우쳐주니, 그렇게 깨우치게 되었다.

이와 같이 깨우치고는 이와 같이 사유에 오롯이 정진하여, 모든 번뇌를 끊고 아라한을 얻었다.

• 잡아함 1342 나가달다경(那迦達多經)

• 해설 •

수행자가 산숲 아란야에 머무는 것은 세속의 탐욕과 번거로운 생활을 떠나 사마디와 지혜를 닦아 다시 세간을 선정과 지혜로 이끌어주기 위함이다.

산숲 아란야에서 머물되 아침이면 저잣거리에 나가 날 저물어 돌아올 때까지 세속 사람들과 어울려 인정으로 사귀고 세간법으로 교류하니, 하늘신이 아란야행에 머물지 못한 비구를 꾸짖는다.

저 비구를 꾸짖는 이가 어찌 꼭 하늘신이리. 그가 곧 하늘신이되 하늘신 아닌 보디사트바인 하늘신이다.

나가닷타 비구가 하늘신 마하사트바의 깨우침을 듣고 스스로 부끄러워함이 있어 아란야에서 아란야행에 오롯이 정진하니, 그가 잘 뉘우치는 자이고 잘 뉘우쳐 물러섬이 없이 정진하는 두타행자이며 세간의 복밭이다.

코살라 국 어느 마을에서 사리푸트라 존자가
술 취한 바깥길 수행자를 꾸짖다

이와 같이 내가 들었다.

한때 붇다께서는 슈라바스티 국 제타 숲 '외로운 이 돕는 장자의 동산'에 계셨다.

때에 존자 사리푸트라는 코살라 국 사람 사이에 있으면서 한 마을을 의지해 밭가에 머물렀다.

때에 존자 사리푸트라는 이른 아침에 가사를 입고 발우를 가지고 마을에 들어가 밥을 빌었다.

때에 어떤 니르그란타는 술에 잔뜩 취해 술병을 들고 마을에서 나와, 존자 사리푸트라를 보고 게송으로 말하였다.

쌀로 빚은 술 그 향기 내 몸에 배고
쌀로 빚은 술 한 병을 지니었으니
산과 들의 여러 가지 풀과 나무들
모두 다 한 가지 황금빛으로 보이네.

그때에 존자 사리푸트라는 이렇게 생각하였다.

'이렇게 몹쓸 소리를 하다니, 이 못되고 삿된 것이 이렇게 게를 말하는구나. 내 어찌 게송으로 대답할 수 없겠는가.'

때에 존자 사리푸트라는 곧 게송으로 말하였다.

모습 취함 없는 선정의 맛에 배어서
공한 사마디의 병 몸에 지니니
산과 들의 여러 가지 풀과 나무들
눈물이나 가래침처럼 보이네.

• 잡아함 1347 미경(味經)

• 해설 •

삿된 수행자는 아름다운 빛깔과 향기로운 술맛으로 삶의 맛을 삼으나, 마을가 밭두렁에 안거하는 사리푸트라 존자는 모습 취함 없는 선정[無想定]과 법의 기쁨[法喜]으로 맛을 삼는다.

삿된 수행자는 몸에 술병을 차고 거들먹거리나 여래의 아란야행자는 공한 사마디의 병[三昧瓶]을 몸에 차니, 그 걸음걸음과 몸놀림 손놀림이 공한 사마디[空三昧] 아님이 없다.

술에 취해 바라보는 미친 수행자의 세상은 술에 젖어 몽롱한 황금빛이나, 지혜가 으뜸인 법왕의 아들 그 반야의 눈에 비친 세간의 탐욕경계는 눈물이나 가래처럼 취할 것이 없다.

저 보여지는바 세계에 실로 볼 바 모습이 공한 줄 알면 탐욕과 탐욕경계 사라진 곳에, 산과 들, 풀과 나무가 온전히 중도의 진실한 진리의 모습으로 드러나리라.

코살라 국 한 숲속에서 한 비구가
하늘신의 깨우침을 받다

이와 같이 내가 들었다.

한때 붇다께서는 슈라바스티 국 제타 숲 '외로운 이 돕는 장자의 동산'에 계셨다. 때에 어떤 비구는 코살라 국 사람 사이 한 숲 가운데 있었다.

때에 어떤 하늘신이 비둘기들을 보고 게송으로 말하였다.

비둘기들한테는 깨와 쌀과 좁쌀
그 먹이를 쌓아 모아주어야 한다.
그리고 산꼭대기 나무 위에다
둥지 지어 높다랗게 걸어야 한다.
그래야 만약 하늘이 비 내릴 때도
아주 편히 먹고 자고 할 수 있으리.

하늘신의 깨우침을 듣고 비구가 게송을 말함
때에 그 비구는 이렇게 생각하였다.
'또한 나를 깨우쳐주었다.'
곧 게송으로 말하였다.

범부가 만약 착한 법 쌓아 모으고

세 보배에 공경히 귀의한다면
몸이 무너지고 목숨 마치게 될 때
신묘함을 도와 마음 안락하리라.

때에 그 비구는 이 게송을 말하고는 곧 깨닫게 되어, 사유에 오롯이 정진하여 모든 번뇌를 없애고 아라한을 얻었다.

• 잡아함 1362 합조경(鴿鳥經)

• 해설 •

하늘신이 비둘기 보고 게송을 지었다고 하니 그것이 어찌 꼭 바깥 하늘신의 소리겠는가.

그 소리는 바로 산숲 아란야에서 아란야행을 닦는 저 비구가, '하늘 위에서 먹이를 모아 살아가는 비둘기들의 안락한 삶이 무엇일까' 생각하다 스스로 위태로운 세간 속에 참으로 안락한 길을 돌이켜 살피고서 안에서 우러나온 자기 깨우침의 소리일 것이다.

하늘신의 소리를 듣고 게송을 지은 비구의 뜻은 어디 있는가.

그 뜻은 곧 삼보가 나의 귀의처가 되고 여래의 집이 나의 섬이 되고 집이 되어 그 가운데서 착한 법 쌓아 물러섬이 없이 사마디 닦아 정진한다면 온갖 묶임 벗어나 해탈의 땅에 든다는 뜻이리라.

그러므로 연기의 진실에 대한 믿음과 물러섬이 없는 정진으로 보디의 길 따라 행하는 자, 그는 이 위태롭고 위태로운 삼계의 불난 집에서 안온하고 안락하게 살아갈 것이고, 온갖 풍파와 액난이 넘치는 세간 속에 흔들리거나 넘어짐이 없이 평탄하게 곧은 길 걸어갈 것이며, 가난과 헐벗음의 세간 속에서 길이 배고픔과 추위에 시달리지 않는 삶의 풍요에 들어설 것이다.

코살라 국 어느 숲속에서 한 비구가
하늘신의 꾸짖음 듣고 마음을 돌이키다

이와 같이 내가 들었다.

한때 붇다께서는 슈라바스티 국 제타 숲 '외로운 이 돕는 장자의 동산'에 계셨다.

때에 어떤 비구는 코살라 국 사람 사이에 있으면서 한 숲 가운데 머물렀다. 그때 이렇게 사유하였다.

'만약 길이 일곱 팔꿈치, 넓이 두 팔꿈치 되는 좋은 무명 베를 얻으면 옷을 지어 입고 즐겁게 좋은 법을 닦겠다.'

때에 어떤 하늘신이 그 숲을 의지하고 있었는데, 이렇게 생각하였다.

'이것은 비구의 법이 아니다. 숲속에 살면서 좋은 옷을 바라는 이런 생각을 하다니.'

때에 하늘신은 온몸을 해골로 만들어 그 비구 앞에서 춤을 추면서 게송으로 말하였다.

길이 일곱 팔꿈치, 넓이 여섯 자
좋은 무명 베를 비구는 생각하네.
한낮에 이와 같이 생각한다면
밤 되면 무슨 생각할지 알 수 있네.

때에 그 비구는 두려움이 생겨 온몸을 떨면서 게송으로 말하였다.

> 그만두라 그만둬, 베 쓸 데 없으니
> 나는 지금 누더기 옷 입고 있노라.
> 낮에 해골의 춤 이미 보았거니
> 밤에 다시 무엇을 볼지 알 수 있네.

때에 그 비구는 마음이 놀라 두려워하고서는, 바르게 사유하고 오롯이 정진해 닦아 익히어, 모든 번뇌를 끊고 아라한을 얻었다.

• 잡아함 1359 겁패경(劫貝經)

• 해설 •

붇다께서 슈라바스티 정사에 계시는데 비구는 붇다 계신 곳에서 떨어져 코살라 국 마을 곁 숲에서 아란야행과 두타행으로 정진하였다.

그러다가 홀연히 아란야행의 맑고 검박한 생활에 잘 머물던 그 비구의 생각이 바른 생각을 벗어나 좋은 옷 아름다운 몸단장을 생각하였다.

그 생각을 알고 깨우치는 하늘신의 소리는 밖에서 왔는가 안에서 왔는가. 밖에서 들려오는 하늘신의 목소리는 밖이되 밖이 아니니, 그 소리는 한 생각 아란야행을 버린 그릇된 마음을 돌이켜 뉘우치는 자신의 소리이다.

아란야행 비구가 그른 생각날 때에 하늘신의 목소리 듣고 곧 깨우치니, 한 생각 그른 생각이 온 곳이 없고 일어난 곳이 없으므로[無來無起], 그름을 돌이켜 바름을 다시 낸 것이다.

비구가 다시 두타행의 마음으로 돌아가 세간법의 덧없음 가운데서 세간법이 나되 남이 없음을 보아 늘 움직임 없는 사마디를 얻었으니, 그는 세간의 여섯 자 넓이 좋은 무명베옷 버려서, 영겁의 추위와 헐벗음을 덮어줄 해탈의 옷[解脫衣]을 얻었다 하리라.

코살라 국 어느 숲속에서 아니룻다 존자가
하늘에 나는 것이 해탈 아님을 보이다

이와 같이 내가 들었다.

한때 붇다께서는 슈라바스티 국 제타 숲 '외로운 이 돕는 장자의 동산'에 계셨다.

그때 존자 아니룻다는 코살라 국 사람 사이에 있으면서 한 숲 가운데 머물고 있었다. 때에 하늘신이 있었는데, 자알리니라고 하였다.

그는 존자 아니룻다와 본래 알던 벗이었다. 그는 아니룻다 있는 곳에 나아가 게송을 말하였다.

그대는 지금 바로 서원을 세워
본디 있던 곳 돌아가 나길 원하라.
서른세하늘 본래 있던 곳에는
다섯 욕망의 즐거움 갖춰져 있네.

백 가지의 여러 음악으로 언제나
스스로 즐겁게 놀며 지낼 수 있고
날마다 잠자는 때에 이르면
음악으로 그 잠을 일깨워주고
여러 하늘의 아름다운 여인들이
밤낮으로 그 곁을 모셔드리리.

존자 아니룻다는 게송으로 대답하였다.

여러 하늘의 아름다운 여인들
이것은 다 큰 괴로움의 무더기
그들은 뒤바뀌어 잘못된 생각으로
몸이 있다는 견해 얽매이나니
저곳에 나길 바라는 여러 사람들
이것 또한 크나큰 괴로움이네.

자알리니여, 반드시 알아야 한다.
나는 그곳에 나길 바라지 않으니
나고 죽음 이미 길이 다하게 되면
뒤의 있음 받지 않기 때문이라네.

존자 아니룻다가 이렇게 말할 때, 자알리니 하늘신은 존자 아니룻다의 말을 듣고 기뻐하고 따라 기뻐하면서, 이내 사라져 나타나지 않았다.

• 잡아함 1336 사린니경(闍隣尼經)

• 해설 •

아니룻다 저 숲속의 아란야 행자여, 육신의 눈이 멀었지만 하늘눈이 밝았고, 탐욕의 경계에 문을 닫았지만 법의 재물 다함없는 보배곳간 그 빗장을 활짝 열었다.

하늘길은 오르고 내림이 있지만 보디의 길은 오르고 내림이 없으며, 하늘의 세상은 피어남과 시듦이 있지만 니르바나의 땅은 피어남과 시듦을 떠났

으며, 하늘의 영화는 끝내 말라 다함이 있지만 해탈의 과덕 그 빛나는 영화
는 길이 말라 다하지 않는다.

　잘 가신 이를 따라 보디의 길 잘 따라 행하는 아니룻다가 하늘복의 세계
로 이끌려는 하늘신을 도리어 깨우쳐주니, 여래의 법의 아들 아니룻다가 저
하늘신의 스승이고 이 사람 세간의 복밭이시다.

　『화엄경』(「십인품」十忍品) 또한 아니룻다 존자처럼 세간의 공함을 깨달
아 하늘의 즐거움도 취하지 않되 세간 중생 버리지 않고 건져주는 보디사트
바의 삶을 이렇게 노래한다.

　　　보디사트바는 세간 머물지 않고
　　　또한 세간 버려 떠나지 않으니
　　　세간에 살되 의지하는 바가 없고
　　　처소에 의지하되 얻을 것 없네.

　　　不住於世間　不離於世間
　　　於世無所依　依處不可得

　　　바르게 행하는 보디사트바는
　　　세간의 공한 모습 밝게 깨달아
　　　세간 모습에 물들어 집착 없고
　　　비록 세간에 의지하지 않지만
　　　세간 중생 널리 두루 교화하여서
　　　고통바다 건너 벗어나게 해주네.

　　　了知世間性　於性無染着
　　　雖不依世間　化世令超度

4) 여러 작은 나라들의 주요 아란야

세존 교화의 중심지는 붇다 당시 인도의 가장 강대한 국가였던 마가다 국의 수도 라자그리하 성과 코살라 국의 수도 슈라바스티 성이었다.

붇다는 두 큰 도시에서 대숲정사와 제타 숲 정사를 중심으로 교화를 펼쳤지만, 세존의 교화 지역은 앙가·브릿지·말라·카시·밤사 등의 여러 나라에 미쳤으며 멀리 쿠루·판차라까지 교화의 자취가 남아있다.

많은 설법이 이루어졌던 장소는 슈라바스티 성과 라자그리하 성이지만, 이십오 년의 여름 안거는 슈라바스티의 제타 숲 정사와 미가라의 어머니 비사카가 기증한 프리가라마트리 강당에서 지내셨다.

보디 나무 아래서의 성도 이후 카시 국의 사슴동산에서 다섯 비구를 교화하시고, 우루빌라 마을로 가시어 카샤파 형제의 교단을 상가에 받아들이신 뒤 처음 몇 해는 라자그리하 성에서 안거하신다.

라자그리하 성 밖에 대숲정사가 세워지고 그리드라쿠타 산에 복덕사가 세워져 초기 교단의 교화의 토대가 되었다. 이어서 슈라바스티 성 제타 숲 수닫타 장자의 동산에 정사가 이루어짐으로 붇다의 안거와 많은 설법이 이곳에서 이루어진다.

세존의 세간에 노닐어 다니심도 슈라바스티 성과 라자그리하 성

사이가 중심지역이 되었으므로 불교중국(佛敎中國)이라는 말이 나왔으리라. 라자그리하 성에는 대숲정사 외에도 약사 지바카의 망고숲 정사[Jīvakamkavana]가 있었고, 슈라바스티 성에는 비사카의 강당이 있었다.

고향 카필라바스투 국의 첫 방문으로 상가에 세존의 배다른 동생 난다(Nanda), 사촌동생 아난다(Ānanda)와 아니룻다(Aniruddha), 데바닫타(Devadatta), 우팔리(Upāli), 라훌라(Rāhula)를 받아들였다. 그뒤에도 세존은 카필라바스투 국과 그 주변지역을 몇 차례 더 방문하여 설법하셨으며, 사카족의 여러 마을에서 안거하셨다.

브릿지 국은 리차비족의 나라로 그 수도 바이살리 성은 세존의 주된 교화 지역의 한 곳이다. 이곳은 자이나교의 세력이 큰 곳으로 자이나교를 신봉하던 삿차카(Saccaka), 싱하(Siṃha, 獅子)가 세존을 만나 붇다께 귀의하였다. 이곳에 유명한 재가제자 우그라(Ugra) 장자가 있었다.

만년 그리드라쿠타 산에서 출발한 니르바나의 여정 가운데 이곳 바이살리 성에서 머무시며 암라파알리(Āmrapālī) 여인에게서 숲을 기증받으셨으며 암라파알리는 뒷날 출가하여 비구니가 되었다.

밤사 국의 수도 카우삼비도 경전에 자주 등장하는 교화의 장소이다. 성도하신 지 구 년째에 세존은 여름 안거를 이곳에서 지냈다고 한다. 이 도시에서 고실라(Ghoṣila, 巴 Ghosita) 장자가 승원을 기증하였으니, 그 유명한 고실라라마이다.

밤사 국 우다야나(Udayana, 優塡) 왕은 처음 붇다의 법을 비방하다 왕비와 함께 붇다께 귀의하였다. 이 도시에서 핀도라 바라드바자(Pindola Bhāradvāja)가 귀의하였다.

세존의 교화 지역은 불교중국을 넘어 당시 인도 변방까지 넓혀졌으니, 세존의 제자 가운데 마하카타야나(Mahākātyana)가 아반티 국 출신이고, 설법 제일의 푸르나(Pūrṇa)는 서방의 수로나파란타(Śuronāparanta) 출신으로 나중 고향나라에 돌아가서 전법하다 세상을 마쳤다.

이런 점을 보더라도 붇다 당시에 세존의 가르침은 이미 인도 전역 주요 지역에 널리 미쳤다 할 수 있으니, 세존의 교화 지역은 마가다 국과 코살라 국을 중심으로 하는 교화 거점을 넘어, 동으로 강가아 강 유역 서쪽으로 탁사실라(Takṣaśila) 지방까지 미친 것으로 알려졌다.

세존께서 마지막 니르바나에 드실 무렵 당시 인도의 정치상황은 마가다 국 아자타사트루 왕이 브릿지 국 점령 전쟁을 준비할 때였다.

세존께서는 브릿지 국 공화정 체제의 우수성을 찬양하시고 전쟁의 부당함을 깨우치신다. 그런 뒤, 라자그리하 그리드라쿠타 산에서 안거하시며 설법하신 뒤 곧바로 마가다 국을 떠나 니르바나의 긴 여정에 오른다.

나란다(Nālanda)를 지나 파탈리 마을에 이르러 이 도시의 장래의 번영을 예언하시니, 이 도시가 뒷날 마가다 국의 수도 파탈리푸트라(Pāṭali-putra, 華氏城)이다.

세존은 여기서 강가아 강을 건너 브릿지 국의 수도 바이살리에 도착하시어 암라파알리 여인을 교화하시고, 바이살리 가까이의 벨루바(Beluva)라는 마을에서 여름 안거를 나시면서 병이 드셨다.

여름 안거가 끝난 뒤 바이살리에서 밥을 빌며 유행하시다 석 달 뒤 니르바나에 들 것을 예언하신다.

바이살리를 지나 북쪽으로 북쪽으로 길을 재촉해 말라 국의 파바(Pāvā)에 들어가 대장장이 춘다(Cunda)에게서 마지막 공양을 받으신다. 니르바나의 때가 이르자, 가시던 길을 멈추고 쿠시나가라(Kuśinagara)에서 두 그루 사라 나무[yamakasārā] 사이에서 머리를 북으로 두시고 오른쪽 옆구리를 땅에 대고 두 발을 포개고 옆으로 누우시어 온전한 니르바나의 세계에 드심 없이 드신다.

그 전 아난다에게 니르바나에 드신 뒤 기념해야 할 네 거룩한 곳을 말씀하신다.

첫 번째는 여래께서 태어나신 곳 카필라의 룸비니이고, 두 번째는 보디의 도를 이루신 곳 마가다의 붇다가야이다.

세 번째는 처음 법바퀴 굴리신 곳 바라나시의 사슴동산이며, 마지막은 니르바나에 드신 곳 쿠시나가라이다.

여래의 마지막 분부대로 지금 이 네 곳은 붇다 여래를 기리는 장엄한 스투파가 세워져 세계인들의 참배지가 되고 있다.

① 카필라 국의 여러 아란야

사카족 마을에서, 파피야스에게
여래의 자재함을 말씀하시다

이와 같이 내가 들었다.

한때 붇다께서는 사카족 '돌의 주인'[石主] 사카 마을에 계셨다.

그때 세존께서는 홀로 한 고요한 곳에서 선정의 사유로 사유하며 이렇게 생각하였다.

'왕이 되어서도 산목숨 죽이지 않고, 남을 시켜서도 산목숨 죽이지 않으며, 한결같이 바른 법을 행하고, 그른 법을 행하지 않을 수 있을까?'

그때 악한 마라 파피야스는 이렇게 생각하였다.

'지금 사문 고타마가 돌의 주인 사카족 마을에 머물고 있다. 그는 홀로 한 고요한 곳에서 선정의 사유로 이렇게 생각하고 있다.

〈왕이 되어서도 산목숨 죽이지 않고, 남을 시켜서도 산목숨 죽이지 않으며, 한결같이 바른 법을 행하고, 그른 법을 행하지 않을 수 있을까?〉

나는 지금 그곳에 가서 그를 위해 설법하겠다.'

왕의 일 사유하시는 여래를 마라의 왕이 어지럽힘

그는 곧 젊은이로 변화하여 붇다 앞에 서서 이렇게 말했다.

"그렇습니다, 세존이시여. 그렇습니다, 잘 가신 이여.

왕이 되어서도 산목숨 죽이지 않고, 남을 시켜 산목숨 죽이지도 않으며, 한결같이 바른 법을 행하고 그른 법을 행하지 않을 수 있습니다.

세존께서는 지금 곧 왕이 되소서. 잘 가신 이께서는 지금 곧 왕이 되소서. 반드시 뜻대로 될 것입니다."

그때 세존께서 이렇게 생각하셨다.

'이것은 악한 마라 파피야스가 나를 어지럽히려는 짓이다.'

곧 마라의 왕에게 말씀하셨다.

"너 악한 마라 파피야스야, 너는 왜 나에게 이렇게 말하느냐.

'왕이 되소서, 세존이시여. 왕이 되소서, 잘 가신 이여. 뜻대로 될 것입니다.'"

파피야스가 붙다게 말했다.

"저는 붙다로부터 이런 말을 들었습니다.

'만약 네 가지 자재한 선정[四如意足]을 닦아 익히고 많이 닦아 익히고 나면, 저 큰 설산[雪山王]을 순금으로 변하게 하고 싶으면 다름없이 만들 수 있다.'

세존께서는 지금 네 가지 자재한 선정이 있으니, 닦아 익히고 많이 익히면 설산을 순금으로 변화시키는 것이 뜻대로 되 다름없게 할 것입니다. 그래서 제가 세존께 이렇게 말했습니다.

'왕이 되소서, 세존이시여. 왕이 되소서, 잘 가신 이여. 뜻대로 될 것입니다.'"

왕이 되어 큰 위력 행사하기를 권유하는 마라의 뜻을 물리치심

세존께서 파피야스에게 말씀하셨다.

"나는 나라의 왕이 되고 싶은 마음이 전혀 없다. 그러니 어떻게 왕이 되겠는가? 나는 또한 설산을 순금으로 변하게 하고 싶은 마음이 전혀 없다. 그런데 어떻게 변하겠는가?"

그때 세존께서 곧 게송으로 말씀하셨다.

참된 금이 있어 저 설산 만하여
어떤 사람이 이 금을 얻는다 해도
또한 다시 만족할 줄 알지 못하네.
그러므로 지혜로운 사람이라면
금과 돌을 같은 것으로 살피리.

그러자 악한 마라 파피야스는 이렇게 생각했다.
'사문 고타마가 이미 내 마음을 알고 있구나.'
그리고 속으로 근심과 걱정을 품은 채 이내 사라져 나타나지 않았다.

• 잡아함 1098 작왕경(作王經)

• 해설 •

붇다께서 고향인 카필라바스투로 돌아오신 것은 붇다의 상가에 기성 브라마나와 사문 교단 출신의 제자들 천이백오십 명이 모두 갖춰진 뒤의 일이다.

카필라바스투에 들어오시어 아난다 등을 출가제자로 받아들이고서, 붇다의 상가는 기성 교단 출신의 비구에 왕족 출신 젊은 비구들이 충원된 새로운 교단으로 발돋움하게 된다.

붇다께서 사카족 마을에 머무실 때는 카필라바스투의 첫 고향 방문 뒤의 교화할 때일 것이다. 이 경에서 왕의 일에 대한 붇다의 사유와 왕이 되길 권유하는 파피야스의 권유란 곧 세간의 왕으로 나라를 다스려야 할 고타마가 '위없는 보디의 완성자'로 돌아옴에 대한 세간 사람들의 바람과 평판과 그에 대한 붇다의 입장이 이와 같은 경전의 이야기로 구성되었을 것이다.

세간 권세의 길은 큰 권세를 쥐기 위해 다른 이를 이기고 때로 죽여야만 하지만, 보디의 길은 크고 작음 높고 낮음을 모두 넘어서서 세간을 지혜와 자비 속에 거둔다.

세간의 많이 가짐의 길은 내가 더욱 많이 가지기 위해 다른 이들을 이겨야 하고 다른 이의 가진 것을 빼앗고 눌러야 하지만, 붇다의 버림의 길은 있음과 없음을 모두 버려 늘어남도 줄어듦도 없는 공덕의 재물을 얻는다.

네 가지 자재한 선정으로 설산을 황금으로 바꾸는 것이 여래의 능력이라고 말한 파피야스의 말은 능력의 극대화를 여래의 법의 힘이라 생각하는 그릇된 생각의 표현이다.

법의 힘은 함이 없으므로 하지 않음이 없는 것[無爲而無所不爲]이고, 할 수 있음을 취하지 않으므로 하지 못할 것 없는 것[無能而無所不能]이다. 그러므로 온전히 법의 힘으로 살아가는 여래는 온갖 지음 속에서 지음을 넘어서고, 온갖 가짐을 버려 갖지 못함이 없는 삶의 충만 속에 서 있는 분이다.

여래의 길은 지음에 실로 지을 것이 없고 실로 얻음이 없다. 그러므로 함이 있음[有爲]을 확장하고 할 수 있음[有能]을 확대하여 많이 가지고 높이 되는 것을 삶의 목표로 삼는 것은 마라의 견해이고 마라의 길이다.

능력의 극대화를 여래의 삶으로 보는 것이 바로 마라의 견해가 되고 능력의 극대화를 추구하도록 하는 것이 바로 마라의 길이 되는 것이지만, 짓되 지음 없으면 마라의 길이 보디의 길이 되고 가진 것을 널리 회향할 수 있으면 마라의 행이 보디의 삶이 되는 것이다.

여래는 나[我]에 나가 없으므로 법계를 나로 삼는 분이니, 여래의 법의 몸[法身] 가운데서 나라의 왕은 무엇이고 저 설산처럼 큰 황금덩이는 무엇이겠는가.

사리푸트라 존자가 데바다하에서
서방의 비구들에게 탐욕 떠나는 법을 보이다

이와 같이 내가 들었다.

한때 붇다께서는 사카족 데바다하(Devadaha, 天現) 마을에 계셨다.

그때 서방의 많은 비구들은 서방으로 돌아가 안거하려 하면서 세존 계신 곳에 찾아와 붇다의 발에 머리를 대 절하고 한쪽에 물러앉았다.

그때 세존께서는 그들을 위해 설법하시어 여러 가지로 가르쳐 보여 기쁘게 하셨다. 이때 서방의 많은 비구들은 자리에서 일어나 합장하고 붇다께 말씀드렸다.

"세존이시여, 저희들 서방의 많은 비구들은 서방으로 돌아가 안거하고자 이제 하직인사를 드리려 합니다."

붇다께서는 모든 서방 비구들에게 말씀하셨다.

"너희들은 사리푸트라에게 하직인사를 하였느냐?"

"아직 하직인사를 하지 않았습니다."

붇다께서 서방의 여러 비구들에게 말씀하셨다.

"사리푸트라는 순수하게 범행을 닦는다. 너희들은 가서 하직인사를 해라. 그러면 너희들을 뜻으로 이익되게 하여 기나긴 밤에 안락하게 해줄 것이다."

이때 모든 서방 비구들은 하직하고 물러나 떠나려 하였다.

세존의 권유로 사리푸트라 존자가 탐욕 떠나는 법을 설함

이때 존자 사리푸트라는 붇다께 가기 멀지 않은 곳의 어떤 굳센 나무 밑에 앉아 있었다. 여러 서방 비구들은 존자 사리푸트라가 있는 곳으로 나아가 머리를 대 발에 절하고 물러앉아 사리푸트라께 말씀드렸다.

"저희는 서방으로 돌아가 안거하려고 일부러 찾아와 하직인사를 드립니다."

"그대들은 세존께 하직인사를 드렸소?"

"이미 하직인사를 드렸습니다."

사리푸트라가 말했다.

"그대들이 서방으로 돌아가면 곳곳의 다른 나라에서 갖가지 여러 사람들이 반드시 그대들에게 물을 것이오.

그대들은 지금 세존 계신 곳에서 좋은 설법을 듣고서, 반드시 잘 받아들이고 잘 지니며 잘 살피고 잘 들어가, 그들을 위해 갖추어 연설해서 붇다를 헐뜯지 않을 수 있겠소? 또 그 무리들이 따져 묻고 꾸짖어 내리꺾으며 등지지 않도록 할 수 있겠소?"

여러 비구들은 사리푸트라에게 말씀드렸다.

"저희들은 법을 듣기 위해 존자께 찾아왔습니다. 존자께서는 저희를 가엾이 여겨 갖추어 말씀해주시길 바랍니다."

존자 사리푸트라는 여러 비구들에게 말하였다.

"잠부드비파 사람들은 총명하고 근기가 날카롭소. 만약 크샤트리아나 브라마나·장자·사문이라면 반드시 그대들에게 이렇게 물을 것이오.

'그대들의 큰 스승은 어떻게 설법하며 어떤 가르침으로 그대들을

가르치시오?'

그때 그대들은 이렇게 대답해야 하오.

'우리 크신 스승께서는 오직 탐욕[欲貪]을 조복하라고 말씀하시고 이 가르침으로 가르치시오.'

그들은 다시 그대들에게 물을 것이오.

'어떤 법 가운데서 탐욕을 조복하오?'

그대들은 다시 이렇게 대답해야 하오.

'크신 스승께서는 오직 저 물질의 쌓임[色陰]에서 탐욕을 조복하고, 느낌의 쌓임[受陰]·모습 취함의 쌓임[想陰]·지어감의 쌓임[行陰]·앎의 쌓임[識陰]에서 탐욕을 조복하라고 말씀하시오.

우리 크신 스승께서는 이와 같이 설법하시오.'

그들은 다시 이렇게 물을 것이오.

'탐욕에 어떤 허물과 걱정거리가 있기에 그대들 큰 스승은 물질의 쌓임에서 탐욕을 조복하고, 느낌·모습 취함·지어감·앎의 쌓임에서 탐욕을 조복하라고 말하오?'

그러면 그대들은 다시 이렇게 대답해야 하오.

'만약 물질에서 욕심을 끊지 않고 탐욕을 끊지 않으며, 애착을 끊지 않고 생각을 끊지 않고 목마름을 끊지 않으면, 그 물질이 변하거나 달라질 때에 곧 근심·슬픔·괴로움·번민을 내게 되오.

느낌·모습 취함·지어감·앎 또한 이와 같소.

탐욕에서 이와 같은 허물을 보았기 때문에 물질에서 탐욕을 조복하고, 느낌·모습 취함·지어감·앎에서 탐욕을 조복하는 것이오.'"

다섯 쌓임에서 탐욕 떠나는 해탈의 이익을 보여 설법하도록 함

"그들은 다시 이렇게 물을 것이오.

'탐욕을 끊으면 어떤 복된 이익이 있다고 보기에 그대들 큰 스승은 물질에서 탐욕을 조복하고, 느낌·모습 취함·지어감·앎에서 탐욕을 조복하라고 말하오?'

그러면 그대들은 다시 이렇게 대답해야 하오.

'만약 물질에서 욕심을 끊고 탐욕을 끊으며, 생각을 끊고 애착을 끊고 목마름을 끊으면, 그 물질이 변하거나 달라지더라도 근심·슬픔·괴로움·번민을 일으키지 않을 것이오.

느낌·모습 취함·지어감·앎 또한 이와 같소.'

여러 어진 이들이여, 만약 여러 좋지 않은 법의 인연을 받고도 지금 현재법에서 즐거움에 머물러 즐겁게 살면서 괴로워하지도 않고, 걸리지도 않으며, 번민하지도 않고 뜨겁지 않아, 몸이 무너지고 목숨 마친 뒤에도 좋은 곳에 태어난다면, 세존께서는 끝내 '모든 좋지 않은 법은 끊어야 한다'고 말씀하지 않으셨을 것이오.

또한 사람들에게 '붇다의 법 안에서 여러 범행을 닦으면 괴로움의 끝을 다할 수 있다'고 가르치지도 않으셨을 것이오.

여러 좋지 않은 법의 인연을 받기 때문에 현재의 법에서 괴로움에 머물러 걸리고 막히며, 뜨겁게 번민하며, 몸이 무너지고 목숨 마친 뒤에 나쁜 세계에 떨어지는 것이오.

그러므로 세존께서는 이렇게 말씀하시오.

'반드시 모든 좋지 않은 법을 끊고, 붇다의 법 가운데 여러 범행을 닦아 평등하게 괴로움을 다하고 괴로움의 끝을 마쳐 다해야 한다.'

만약 여러 착한 법의 인연을 받고서도 현재의 법에서 괴로움에 머물고, 걸리고 막히며 뜨겁게 번민하며, 몸이 무너지고 목숨 마친 뒤에도 나쁜 세계에 떨어진다면, 세존께서는 끝내 다음과 같이 말씀하지 않으셨을 것이오.

'착한 법을 받아가지고 붇다의 법 가운데서 여러 범행을 닦아 평등하게 괴로움을 다하고 괴로움의 끝을 마쳐 다하라.'

착한 법을 받아 지니면 현재의 법에서 즐거움에 머물고, 괴로워하지 않고 걸리지도 않으며, 번민하지도 않고 뜨겁지도 않으며, 몸이 무너지고 목숨 마친 뒤에도 좋은 곳에 태어나게 되오.

그러므로 세존께서는 그것을 찬탄하시면서 사람들에게 이렇게 가르치시오.

'여러 착한 법을 받아 붇다의 법 가운데서 여러 범행을 닦아 평등하게 괴로움을 다하고, 괴로움의 끝을 마쳐 다하라.'"

존자 사리푸트라가 이 법을 설명하자 여러 서방 비구들은 모든 흐름을 일으키지 않고 마음이 해탈하였다.

존자 사리푸트라가 이 법을 말할 때, 여러 비구들은 기뻐하고 따라 기뻐하면서 절하고 물러갔다.

• 잡아함 108 서경(西經)

• 해설 •

데바다하는 카필라바스투 동쪽에 있는 또 다른 사카족의 땅인 콜리(Koli) 국의 중심지이다. 이곳은 세존의 어머니 되신 마야데비(Māyādevi)의 고향으로 로히니 강이 흐르고 있다.

데바다하는 땅의 이름이자 종족의 이름이다. 이 나라의 통치자 데바다하 사카(Devadaha Sākya)의 아들 얀자나가 야소다라와 결혼해 세존의 어머니인 마야데비와 이모인 프라자파티고타미(Prajāpatī-gautamī)를 낳았다.

그러므로 데바다하 마을에서의 안거는 바로 세존께서 어머니와 이모의 고향마을에서 안거하심이다.

서방의 비구들이란 푸르나 존자의 고향인 수로나 출신의 비구들이 아닌가 싶다. 세존께서 수로나 출신의 비구들이 고국에 돌아가 안거하려 하직인사 드리자, 수로나의 백성들이 억세고 강한 사람들임을 아시고 지혜와 변재가 으뜸인 사리푸트라를 만나 교화의 방법을 지도받고 고국에 돌아가게 하신 것이리라.

사리푸트라 존자는 서방의 비구들에게 먼저 세존의 설법을 잘 받아들여 지니고 잘 사유해 그 법에 들어가 그들을 위해 해설할 것을 주문한다. 이는 『법화경』(「법사품」法師品)의 '경을 받아[受] 지니고[持] 읽고 외우며[讀誦] 베껴 쓰고 해설하는 것[書寫解說]이 여섯 가지 법사행이 된다'는 가르침과 같은 것이다.

스스로 잘 받아 지니고 잘 사유해 그 법의 세계에 들어가지 못하면 그 법을 다른 이를 위해 설할 수 없으니, 저 억센 서방의 백성들을 교화할 수 없을 것이다.

교설의 핵심내용은 무엇으로 해야 하는가. 사리푸트라 존자는 다섯 쌓임의 법이 연기의 진리를 보이는 기본법이므로 이것으로 교화케 한다. 곧 전법의 길 떠나는 비구들에게 아는 마음과 알려지는 세계로 온갖 법을 보인 '다섯 쌓임의 법'으로 절대신성의 창조를 말하는 브라마나를 교화하고, '다섯 쌓임 또한 공하여 탐낼 것이 없고 취할 것이 없음'으로 적취론적 세계관을 가진 사문들을 교화케 한 것이다.

다섯 쌓임으로 분류해보인 법밖에 온갖 존재가 없으니, 연기된 다섯 쌓임의 공한 진실을 보아 취하지 않고 탐내지 않으면 곧 온갖 범행을 갖추어 괴로움의 끝을 다하는 것이다.

사리푸트라가 교화의 핵심내용을 가르쳐주고 교화의 방식을 세워주니, 비로소 서방의 비구들은 법의 눈을 뜬 여래의 믿음직스러운 법사가 되고 여래의 심부름꾼이 되어, 고향나라 수로나에 두려움 없이 나아가게 된 것이다.

사카족 우라디나의 스투파 있는 곳에서
해탈의 머무름을 보이시다

이와 같이 내가 들었다.

한때 붇다께서는 사카족 우라디나[優羅提那]의 스투파가 있는 곳에 계셨다. 그때 세존께서는 새로 수염과 머리를 깎고, 새벽에 두 발을 맺고 앉아 몸을 곧게 하고 뜻을 바로해 생각을 매어 앞에 두고, 옷으로 머리를 덮으셨다.

때에 우라디나의 스투파 곁에는 어떤 하늘신이 머무르고 있었다. 그는 몸에서 밝은 빛을 놓아 정사를 두루 비추면서 붇다께 말씀드렸다.

"사문은 근심하십니까."

붇다께서 하늘신에게 말씀하셨다.

"무엇을 잃었는가."

"사문은 기뻐하십니까."

"무엇을 얻었는가."

"사문은 근심하지도 않고 기뻐하지도 않습니까."

"그렇다, 그렇다."

그때에 하늘신은 곧 게송으로 말하였다.

모든 번뇌를 떠났기 때문에
기뻐함마저 있지 않으시는가.

어떻게 홀로 한곳에 머무르시어
즐겁지 않음에 무너지지 않는가.

번뇌와 기쁨 뛰어나 한곳에 머무는 해탈의 삶을 노래로 보이심
그때에 세존께서는 게송으로 대답하셨다.

나는 모든 번뇌 없이 해탈하였고
또한 기뻐함마저 있지 않도다.
즐겁지 않음이 무너뜨리지 못하니
홀로 한곳에 머물러 살아가노라.

때에 하늘신이 다시 게송으로 말하였다.

어떻게 번뇌 없음을 얻으셨으며
어떻게 기뻐함마저 없으신가.
어떻게 홀로 한곳에 머무르시어
즐겁지 않음에 무너지지 않는가.

그때에 세존께서는 다시 게송으로 대답하셨다.

여러 번뇌가 기뻐함을 내고
기뻐함이 또한 번뇌를 내도다.
번뇌 없고 또한 기뻐함도 없으니
하늘신은 보살펴 지켜야 하리.

하늘신이 세존을 크게 찬탄함

때에 그 하늘신은 다시 게송으로 말하였다.

거룩하십니다, 번뇌 없으심이여.
거룩하십니다, 기뻐함도 없으심이여.
거룩하십니다, 홀로 한곳에 머무르시어
즐겁지 않음에 무너지지 않음이여.

오래도록 브라마나 보아왔더니
온전한 니르바나 얻으셨어라.
온갖 두려움을 모두 이미 벗어나
길이 세간 은혜 애착 뛰어나셨네.

때에 하늘신은 붇다의 말씀을 듣고 기뻐하고 따라 기뻐하면서 붇다의 발에 머리를 대 절하고 이내 사라져 나타나지 않았다.

• 잡아함 585 독일주경(獨一住經)

• 해설 •

세존께서 옛 고향나라 선조의 스투파가 있는 곳에서 안거하시니, 하늘신이 세존의 홀로 앉아 계신 사마디를 묻는다.

세존이 홀로 한곳에 앉으시니, 세존의 앉으신 자리는 모든 법이 공하되 그 공함도 공한 법의 자리[法座]이시다.

그러므로 세존은 여기 앉아 계시되 온갖 곳을 떠나지 않으시며, 고요하여 시끄러움이 없되 그 고요함에도 머물 고요함을 보지 않으신다. 그것을 하늘신은 '선정의 기쁨에도 머물지 않으시고, 번뇌 없으시어 즐겁지 않음에 무너지지 않음'이라 말하고 있는 것이다.

곧 탐욕과 번뇌의 괴로움이 사라졌되 선정의 기쁨마저 취하지 않음이 여래의 크나큰 선정이니, 법계의 진리 그대로의 선정에 계신 여래야말로 브라마나 가운데 브라마나이시고 사문 가운데 사문이시며 하늘 가운데 하늘이신 것이다.

여래는 기쁨과 슬픔 고요함과 움직임에 모두 얻을 것 없는 실상을 깨달아 늘 즐거운 니르바나의 땅에 머무시니, 그 한곳은 세간의 어떤 즐겁지 않음이 무너뜨릴 수 없는 큰 안락의 땅이다.

『화엄경』(「야마궁중게찬품」夜摩宮中偈讚品)은 이렇게 말한다.

붓다의 공덕은 끝이 없으니
어떻게 헤아려 알 수 있으리.
머묾 없고 또한 감이 없지만
널리 법계에 들어가시네.

佛功德無邊　云何可測知
無住亦無去　普入於法界

몸은 또한 붓다가 아니고
붓다 또한 몸이 아니라
다만 법으로써 몸을 삼으사
온갖 법을 모두 통달하시네.

身亦非是佛　佛亦非是身
但以法爲身　通達一切法

② 브릿지 국 바이샬리 성의 여러 아란야

___

바이샬리 성의 암라 동산에 계시면서
바른 선정으로 지혜가 일어남을 말씀하시다

이와 같이 내가 들었다.

한때 붇다께서는 바이샬리 성 지바카구마라 약사(藥師)의 암라 동산에 계셨다. 그때 세존께서 여러 비구들에게 말씀하셨다.

"방편에 부지런히 힘써 선정의 사유로 그 마음을 안으로 고요히 하라. 무슨 까닭인가.

비구들이여, 방편에 부지런히 힘써 선정의 사유로 그 마음을 안으로 고요히 하면, 이와 같이 진실 그대로의 앎[如實知]이 나타나기 때문이다. 무엇에 대한 진실 그대로의 앎이 나타나는가?

눈에 대해서 진실 그대로의 앎이 나타나고, 빛깔과 눈의 앎과 눈의 닿음과 눈의 닿음을 인연하여 생기는 느낌, 곧 괴로운 느낌ㆍ즐거운 느낌ㆍ괴롭지도 즐겁지도 않은 느낌에 대해서 진실 그대로의 앎이 나타난다. 귀ㆍ코ㆍ혀ㆍ몸ㆍ뜻 또한 이와 같다.

모든 법의 덧없음[無常]과 함이 있음[有爲]에 대해서도 또한 이와 같이 진실 그대로의 앎이 나타난다."

붇다께서 이 경을 말씀하시자, 여러 비구들은 붇다의 말씀을 듣고 기뻐하며 받들어 행하였다.

• 잡아함 206 여실지경(如實知經)

바이살리의 암라 동산에 계시면서
무명을 끊고 지혜 얻는 법을 말씀하시다

이와 같이 내가 들었다.

한때 붇다께서는 바이살리 성 지바카구마라 약사의 암라 동산에 계셨다.

그때 세존께서 여러 비구들에게 말씀하셨다.

"만약 어떤 비구가 한 법을 끊을 수 있다면, 그는 곧 바른 지혜를 얻어 스스로 다음과 같이 분명히 말할 수 있을 것이다.

'나의 태어남은 이미 다하고 범행은 이미 서고, 지을 바를 이미 지어 다시는 뒤의 있음을 받지 않음을 스스로 안다.'"

비구들은 붇다께 말씀드렸다.

"세존께서는 법의 근본이요, 법의 눈이며, 법의 의지처이십니다. 세존께서 연설해주시길 바랍니다. 여러 비구들은 그 말씀을 듣고 받아 지녀 받들어 행하겠습니다."

무명의 한 법 끊어야 함을 말씀함

붇다께서 비구들에게 말씀하셨다.

"자세히 듣고 잘 사유하라. 너희를 위해 말해주겠다. 비구들이여, 어떤 한 법을 끊으면 바른 지혜를 얻어 다음과 같이 스스로 분명히 말할 수 있는가.

'나의 태어남은 이미 다하고 범행은 이미 서고, 지을 바를 이미 지

어 다시는 뒤의 있음을 받지 않음을 스스로 안다.'

곧 무명(無明, avidyā)을 말하니, 탐욕을 떠나 밝음[明, vidyā]이 생기면 그는 바른 지혜를 얻어 스스로 이렇게 말할 수 있을 것이다.

'나의 태어남은 이미 다하고 범행은 이미 서고, 지을 바를 이미 지어 다시는 뒤의 있음을 받지 않음을 스스로 안다.'"

열두 들임과 앎과 느낌의 덧없음을 살피도록 하심

이때 어떤 비구가 자리에서 일어나 옷을 여미고 오른쪽 어깨를 드러내고 붇다께 절한 뒤, 오른쪽 무릎을 땅에 붙이고는 합장하고 붇다께 말씀드렸다.

"세존이시여, 무명을 어떻게 알고 어떻게 보아야 탐욕을 떠나 밝음이 생기겠습니까?"

붇다께서 비구에게 말씀하셨다.

"눈은 덧없다고 바르게 살펴야 한다. 만약 빛깔과 눈의 앎, 눈의 닿음과 눈의 닿음을 인연하여 생기는 느낌, 곧 괴로운 느낌·즐거운 느낌·괴롭지도 즐겁지도 않은 느낌이라도 또한 덧없다고 바르게 살펴야 한다. 귀·코·혀·몸·뜻 또한 이와 같다.

비구여, 무명을 이와 같이 알고 이와 같이 보면, 탐욕을 떠나 밝음이 생긴다."

붇다께서 이 경을 말씀하시자, 여러 비구들은 붇다의 말씀을 듣고 기뻐하며 받들어 행하였다.

• 잡아함 203 능단일법경(能斷一法經)

• 해설 •

두 경 모두 지바카구마라 약사의 암라 동산에서 설하신 경으로, 이 정사를 기증한 지바카구마라는 라자그리하 성에 망고 숲 동산을 기증한 지바카와 같은 인물인 듯하다.

암라 동산이란 말 또한 망고 동산이란 뜻이다. 아마도 지바카가 라자그리하 성에도 망고 동산을 소유하고 바이샬리 성에도 망고 동산을 가지고 있다가 붇다의 상가에 기증하여 두 곳 모두 비하라를 지었으리라 생각된다.

붇다 니르바나 직후 암라파알리 여인이 기증한 동산도 망고 숲이고 이곳 지바카구마라 약사의 동산도 망고 숲인 것을 보면 바이샬리 성에는 망고 숲이 많이 우거져 있는 듯하다.

『비말라키르티수트라』가 설해진 때 붇다께서 머무신 곳도 암라 동산이니, 아마도 이 지바카의 망고 숲이 아닌가 한다.

두 경이 모두 진실 그대로 앎과 무명을 말하니, 무명을 어떻게 보아야 진실 그대로 알아 밝음이 나는가.

안의 여섯 아는 뿌리와 밖의 여섯 경계가 실로 있는 줄 알아 앎이 물들고, 앎이 물들므로 여섯 닿음·느낌·모습 취함·지어감이 물들면 그것을 무명이라 한다.

무명은 본래 진실이 아닌 것을 진실이라 그릇 아는 것을 가리키니, 무명 또한 허깨비 같아 나되 실로 남이 없다. 끊어야 할 무명에 실로 남이 없다면, 무명이 다해도 실로 다함이 없는 것이다.

선정의 사유로 뜻을 고요히 해 모습 취하는 생각을 버리면 안의 마음이 고요해지고, 마음에서 마음 떠나 안의 마음이 고요해지면 고요함 그대로의 밝음이 남이 없이 난다. 그러므로 이 경에서 탐욕 떠나 밝음이 난다는 뜻과 번뇌를 끊지 않고 여섯 아는 뿌리를 깨끗이 한다[不斷煩惱淨諸六根]는『관보현행법경』의 뜻이 둘이 아님을 알아야 한다.

바이살리 성 원숭이 못가 이층강당에서
인드라하늘왕의 보시 공덕을 말씀하시다

이와 같이 내가 들었다.

한때 붇다께서는 바이살리 성 원숭이 못가에 있는 이층강당[重閣講堂]에 계셨다.

때에 어떤 비구는 붇다 계신 곳에 나와 그 발에 머리를 대 절하고 한쪽에 물러서서 말씀드렸다.

"세존이시여, 무슨 인연으로 '샤크라데바남인드라'(Śakkra Devānāmindra)는 인드라라고 이름합니까."

인드라하늘의 여러 이름을 통해 그가 행한 보시 공덕을 보이심

붇다께서 말씀하셨다.

"하늘왕 인드라는 본래 사람으로 있을 때에 단번에 모두 베풂[頓施]을 행하였다.

사문이나 브라마나로서 아주 가난하고 살기 어려워 길에서 밥을 빌어 살아가는 이들에게 먹을 것, 돈과 재물, 곡식, 베, 꽃과 향, 꾸밈거리, 앉을 자리와 누울 자리끼, 등불을 보시하여 그 일을 해낼 수 있었으므로, 인드라라고 이름한다."

"세존이시여, 무슨 인연으로 하늘왕 인드라를 다시 프란다라[富蘭陀羅]라 이름합니까."

"저 하늘왕 인드라는 본래 사람으로 있을 때에 자주자주 입을 옷,

먹을 것 나아가 등불로 보시하였다. 그 인연으로 프란다라라 이름
한다."

비구가 다시 붇다께 말씀드렸다.

"무슨 인연으로 다시 마가바(Magava)라고도 이름합니까."

"저 하늘왕 인드라는 본래 사람으로 있을 때에 마가바라고 이름하
였기 때문이다. 인드라는 곧 본래 이름을 마가바라 하였다."

비구가 다시 붇다께 말씀드렸다.

"무슨 인연으로 다시 사하삭카(Sahassakkha)라고도 이름합니까."

"저 하늘왕 인드라는 본래 사람으로 있을 때에 자주 바사바 옷
[vāsava, 婆詵私衣]으로 보시하고 공양하였다. 이 인연 때문에 사하
삭카라고도 이름한다."

비구가 다시 붇다께 말씀드렸다.

"세존이시여, 또 무슨 인연으로 카우시카(Kauśika)라고도 이름합
니까."

"그는 본래 사람으로 있을 때에 카우시카라는 족성의 사람이었다.
이 인연 때문에 카우시카라고도 부른다."

비구가 다시 붇다께 말씀드렸다.

"세존이시여, 무슨 인연으로 그를 사치파트라(Śacipatra)라고도 부
릅니까."

"저 아수라의 딸이 사치(Śacī)라 하는데, 그 여인이 인드라의 첫째
부인이 되었다. 그래서 하늘왕 인드라를 사치파트라라고도 부른다."

비구가 다시 붇다께 말씀드렸다.

"세존이시여, 또 무슨 인연으로 그를 '천 눈'[千眼]이라고도 부릅
니까."

"그는 본래 사람으로 있을 때에 총명하고 지혜로워 한 번 앉는 사이에 천 가지 뜻을 사유하고 살피며 가늠해 헤아렸다. 이 인연 때문에 인드라를 천 눈이라고도 부른다."

비구가 다시 붇다께 말씀드렸다.

"무슨 인연으로 그를 인드라라고 이름합니까."

"그 인드라는 모든 서른세하늘의 왕이요 주인이다. 이 인연 때문에 인드라라고도 부른다."

인드라하늘왕의 일곱 가지 덕행을 보이심

붇다께서는 또 비구들에게 말씀하셨다.

"그리고 저 하늘왕 인드라는 본래 사람으로 있을 때에 일곱 가지 덕행을 받들어 지녔다. 이 인연으로 하늘왕 인드라가 된 것이다.

어떤 것이 일곱인가. 그는 사람으로 있을 때에 부모를 공양하고 나아가 평등하게 은혜로운 보시를 행하였다.

이것이 일곱 가지 덕행이니, 이 인연으로 하늘왕 인드라가 되었다."

그때에 세존께서는 곧 게송으로 말씀하셨다.

부모와 집안의 어른 공양하되
늘 부드럽고 공손한 말씨로써
거친 욕설 두말을 멀리 떠나고
탐내 아끼는 마음 조복하여
언제나 진실한 말을 닦으라.

저 서른세하늘의 대중들이

이 일곱 가지 법 행함을 보면

앞으로 이 하늘에 날 것이라고

모두 같이 언약하여 말할 것이다.

붇다께서 이 경을 말씀하시자, 여러 비구들은 그 말씀을 듣고 기뻐하며 받들어 행하였다.

• 잡아함 1106 이하인경(以何因經)

• 해설 •

원숭이 못가 이층강당이 있는 바이살리의 교화에 관해서는 다음과 같은 이야기가 전해온다.

붇다께서 성도 후 오 년 동안 라자그리하 성 대숲정사에 머무실 때 그 해 바이살리에는 오랜 가뭄으로 많은 사람들이 굶주리고 전염병이 돌아 셀 수 없는 사람들이 죽어갔다.

그때 바이살리 사람들은 브라마나의 전통에 따라 브라흐만에 기도하여 재난을 벗어나고자 하였으며, 자이나교의 가르침에 의해 그 위기를 벗어나고자 하였으나 모두 실패하였다.

그래서 라자그리하 성에 계시는 붇다의 위신력을 의지하려는 마음으로 세존을 바이살리에 오시도록 청한다.

붇다께서 강가아 강을 건너 바이살리 성의 땅을 밟으시자 모든 병의 독기는 사라지고 맑은 기운이 솟아났다. 아난다를 시켜 '보배의 경'[Katra sūtra]을 외우고 성벽에 맑은 물을 뿌려 나라의 악한 기운을 물리쳤다.

그 뒤 붇다는 바이살리에 두 달간 머물며 설법하시니, 바이살리 국왕과 백성들이 붇다께 귀의하여 큰 숲[mahā-vana]을 기증하여 정사를 지었다.

이곳이 '큰 숲 정사'[大林精舍]이다.

이 정사가 있는 큰 숲 안에 원숭이 못이 있고 그 곁에 이층강당이 있다.

또 이 이층강당은 붓다의 비구니상가가 출범한 곳이기도 하다. 세존께서 성도하시고 육 년째 카필라바스투에서 부왕 숫도다나의 장례를 치르시고 이곳 이층강당에 머물고 계시는데, 이모되는 마하프라자파티가 사카족 여인 오백 명과 함께 출가를 청해 붓다의 허락을 받은 곳이기도 하다.

세존께서 이 바이살리에서 인드라신을 섬기던 사람들에게 저 인드라의 복덕에 대한 설법을 통해서 사람들을 하늘의 길 해탈의 길로 이끄신다.

제석(帝釋)으로 통용되는 '샤크라데바남인드라'(Śakkra Devānāmindra)는 도리하늘의 왕이다. 도리하늘 가운데 선견성(善見城)이 있고 사방에 서른두하늘이 있어서 이 인드라가 서른세하늘의 주인이 되어 네 하늘왕[四天王]을 다스린다.

인드라는 본래 저 브라마나들이 섬기던 신으로 그 위력은 브라흐만에게서 온 것이다. 그러나 붓다는 인드라도 지은 업으로 인해 복덕의 과보를 받아 난 중생으로 그 복업의 과보가 다하면 낮은 곳에 떨어지는 하늘왕이라고 가르치신다. 불교에서 인드라는 붓다께 귀의한 하늘왕으로 붓다의 법을 옹호하는 하늘신이다.

사크라데바남인드라는 그보다 높은 권능자로부터 위력을 부여받아 하늘왕이 된 것이 아니라, 그 스스로 일곱 가지 복덕을 지어 그 과보로 서른세하늘을 다스리는 하늘왕 인드라가 되었다. 그러므로 늘 일곱 가지 복덕과 보시행 닦아 행하면 서른세하늘에 태어나 하늘왕 인드라의 권속이 될 것이다.

나아가 나와 중생의 모습에 모습 없음을 알아 그 복덕을 짓되 지음 없이 짓고 보시하되 줌이 없이 주면, 그는 지혜와 선정의 길에 나아가는 사람이다. 이러한 사람은 복을 지어 복을 받는 하늘의 길을 뛰어넘어 지혜의 흐름에 들어가, 니르바나의 저 언덕을 향해 나아가 다시 뒤로 돌아옴이 없는 어진 이이니, 그가 아나가민으로 아라한의 언약을 받은 자이다.

바이살리 원숭이 숲에서 사자대장에게
보시의 공덕을 말씀하시다

이와 같이 들었다.

한때 붇다께서는 바이살리 성 원숭이숲속에 계시면서 큰 비구대중 오백 사람과 함께하셨다. 그때에 사자(獅子, Siṃha)대장은 세존 계신 곳에 가서 머리를 대 발에 절하고 한쪽에 앉았다.

그때 붇다께서 사자대장에게 말씀하셨다.

"어떤가, 사자대장이여. 집에서 늘 보시하느냐."

사자대장이 말씀드렸다.

"늘 네 성문 밖과 도시에서 때를 따라 보시하면서 빠뜨림이 없게 해 먹을 것을 요구하면 먹을 것을 주고, 입을 옷, 향, 꽃, 수레, 말, 앉을 자리를 요구하면 그것을 따라 다 주게 합니다."

사자대장에게 보시의 다섯 가지 공덕을 보이심

"참 잘한 일이다, 참 잘한 일이다. 은혜롭게 보시하여 아끼는 생각 품지 않다니. 다나파티(dāna-pati, 施主)가 때를 따라 보시하면 다섯 가지 공덕이 있다. 어떤 다섯 가지인가.

첫째는 시주의 이름이 사방에 널리 들리어 사람들이 이렇게 칭찬한다.

'아무 마을 어떤 시주는 늘 사문과 브라마나 맞아들이기를 기뻐하여, 대주어야 할 바를 따라 모자람이 없게 한다.'

사자대장이여, 다나파티는 이 첫째 공덕을 얻는다.

다시 사자대장이여, 그 시주는 사문·크샤트리아·브라마나·장자의 무리 가운데 이르러도 부끄러움이 없고 또한 두려워함이 없다. 마치 짐승의 왕 사자가 사슴 떼 속에 있을 때 아무 두려움이 없는 것과 같다.

이것을 사자대장이여, 다나파티가 두 번째 공덕을 얻음이라 한다.

다시 사자대장이여, 다나파티는 사람들이 공경히 우러러서, 보는 이마다 기뻐하는 것이 마치 자식이 아비를 보면 아무리 쳐다보아도 싫증이 없는 것과 같다.

이것을 사자대장이여, 다나파티가 셋째 공덕을 얻음이라 한다.

다시 사자대장이여, 다나파티는 목숨 마친 뒤에는 반드시 두 곳에 나게 되니 하늘위나 사람 가운데 난다. 그래서 하늘에 있으면 하늘이 공경하고 사람에 있으면 사람이 존중한다.

이것을 사자대장이여, 다나파티가 넷째 공덕을 받음이라 한다.

다시 사자대장이여, 다나파티는 그 지혜가 뭇 사람들보다 멀리 뛰어나 현재의 몸으로 흐름을 다하고 뒷세상을 거치지 않는다.

이것을 사자대장이여, 다나파티가 다섯째 공덕을 얻음이라 한다.

대개 사람의 은혜로운 보시에는 다섯 가지 공덕이 있어 늘 자기 몸을 따른다.”

보시로 하늘의 복을 얻고 해탈의 길이 열리게 됨을 말씀하심

그때에 세존께서는 곧 이 게송으로 말씀하셨다.

마음이 늘 은혜로운 보시 기뻐해

이 공덕 빠짐없이 갖춰 이루면
대중 속에서 의심해 따짐 없고
또한 다시 두려워함이 없도다.

지혜로운 이 은혜롭게 보시하여
아예 변해 뉘우치는 마음 없으면
서른세하늘 가운데 있으면서
아름다운 여인들 에워싸게 되리.

　왜냐하면 사자대장이여, 알아야 한다. 그 다나파티는 두 좋은 곳에
나서 현재 몸으로 흐름을 다하고 함이 없는 곳[無爲處]에 이르기 때
문이다.”
　그때에 세존께서는 곧 이 게송을 말씀하셨다.

보시는 뒷세상의 양식이 되니
반드시 마쳐 다한 곳에 이르리라.
좋은 신들이 늘 이끌어 보살피고
또다시 큰 기쁨을 이루게 되리.

　왜 그런가. 사자대장이여, 알아야 한다. 보시할 때에 늘 기뻐 즐거워
하기 때문이다. 그래서 몸과 마음이 굳세어져 모든 좋은 공덕을 다 갖
추며, 사마디를 얻어 마음이 어지럽지 않아 그 법을 진실 그대로 안다.
　무엇을 진실 그대로 아는가. 곧 괴로움을 알고 괴로움 모아냄과 괴
로움의 사라짐과 그 괴로움을 벗어나는 길을 진실 그대로 안다.

그러므로 사자대장이여, 방편을 구해 때를 따라 보시해야 한다.

만약 '성문(聲聞, śrāvaka)의 도나 프라테카붇다의 도'를 구하려 해도 모두 뜻대로 된다.

이와 같이 사자대장이여, 반드시 이렇게 배워야 한다."

그때에 사자대장은 붇다의 말씀을 듣고 기뻐하며 받들어 행하였다.

• 증일아함 32 선취품(善聚品) +

• 해설 •

바이살리 성은 붇다께서 들어오시기 전 브라마나와 자이나 교단이 큰 힘을 떨치던 곳이다. '사자'라는 이름을 가진 대장은 아마 바이살리를 수비하는 군대사령관이 아니었는가 싶다. 장군인 사자와 사차카(Satyaka)는 붇다를 만나 삼보에 귀의하였다.

붇다는 그에게 먼저 방편으로 보시의 공덕을 설해 그 과보로 세간의 복락 누릴 수 있음을 보이시고, 현재의 법에서 해탈할 수 있음을 가르치신다.

곧 존재의 공한 진실을 살피어 진실대로 베푸는 지혜의 보시[慧施]와 과보를 바람이 없고 구하는 마음이 없는 보시[無求施]가 현재의 법에서 풍요를 누리는 길이며 해탈의 길임을 보이신 것이다.

왜 보시로 해탈의 삶을 누리게 되는 것인가. 보시하면 탐냄을 버려 늘 기쁜 마음을 지니게 되고, 갖고 있는 것이 실로 있다는 집착이 사라져 몸과 마음이 굳세어지며, 어지러운 마음을 떠나 사마디의 마음이 되기 때문이다.

여래의 가르침으로 보면, 보시는 늘 기쁜 마음의 행이 되고 범행이 되며 지혜가 되고 사마디가 되는 것이니, 지혜의 사마디를 갖춘 이는 나와 내 것이 공한 줄 알아, 줌이 없이 보시하고, 보시함으로써 그 지혜의 몸·선정의 몸이 더욱 굳세어지는 것이다.

암라 마을에서 카마부 존자와 칫타 장자가
그침[止]과 살핌[觀]을 서로 말하다

이와 같이 내가 들었다.

한때 붇다께서는 암라 마을 암라 나무숲 가운데 여러 윗자리 비구[上座比丘]들과 함께 계셨다.

그때 칫타(Citta) 장자는 여러 윗자리 비구들이 있는 곳으로 찾아가 여러 윗자리 비구들에게 절하고서는, 존자 카마부(Kāmabhū)가 있는 곳에 찾아가 그 발에 머리를 대 절하고 한쪽에 물러앉았다.

몸과 입과 뜻의 세 가지 지어감을 묻고 답함

존자 카마부에게 물었다.

"지어감[行]이란 무엇을 지어감이라 이름합니까?"

존자 카마부가 말했다.

"지어감이란 곧 세 가지 지어감을 말하나니, 몸의 지어감[身行]·입의 지어감[口行]·뜻의 지어감[意行]이오."

"어떤 것이 몸의 지어감이고, 어떤 것이 입의 지어감이며, 어떤 것이 뜻의 지어감입니까?"

"장자여, 날숨[出息]·들숨[入息]을 몸의 지어감이라 하고, 느낌[覺]과 살핌[觀]이 있는 것을 입의 지어감이라 하며, 모습 취함[想]과 하고자 하는 뜻[思]을 뜻의 지어감이라 하오."

"어찌하여 날숨·들숨을 몸의 지어감이라 하고, 느낌이 있고 살핌이 있는 것을 입의 지어감이라 하며, 모습 취함과 하고자 하는 뜻을 뜻의 지어감이라 합니까?"

"장자여, 날숨·들숨은 곧 몸의 법으로서 몸을 의지하고 몸에 속해 있고 몸을 의지해 구르오. 그러므로 날숨·들숨을 몸의 지어감이라 하오.

느낌이 있고 살핌이 있기 때문에 곧 입으로 말을 하오. 그러므로 느낌이 있고 살핌이 있는 것을 곧 입의 지어감이라 하오.

모습 취함과 하고자 하는 뜻은 곧 뜻의 지어감으로 마음을 의지하고 마음에 속해 있고 마음을 의지해 구르오. 그러므로 모습 취함과 하고자 하는 뜻은 곧 뜻의 지어감이라 하오."

다시 물었다.

"존자여, 이미 느끼어 살피고서 입의 말을 내므로, 이 느낌과 살핌을 입의 지어감이라 합니다.

모습 취함과 하고자 하는 뜻은 곧 마음작용의 법[心數法]으로 마음을 의지하고 마음에 속해 있고 마음을 의지해 구릅니다. 그러므로 모습 취함과 하고자 하는 뜻을 뜻의 지어감이라 하는군요."

숨과 따뜻함과 앎이 흩어지면 죽음이라 함을 문답함

다시 물었다.

"존자여, 그러면 몇 가지 법이 있어 다음과 같습니까?"

만약 사람이 그 몸을 버릴 때
그 몸은 송장이 되어 땅에 눕고
다시 그것을 무덤 사이에 버리면

마음 없어 마치 나무나 돌 같네.

대답해 말했다.
"장자여, 이와 같기 때문이오."

목숨과 몸의 따뜻한 기운과 앎은
몸을 버릴 때 함께 버려지기에
그 몸이 저 무덤 사이에 버려지면
마음 없어 마치 나무나 돌과 같으리.

사라져 다한 사마파티의 모습을 묻고 답함

다시 물었다.
"존자여, 만약 죽는 것과 '사라져 다한 사마파티'[nirodha-samāpatti, 滅盡正受]에 드는 것은 어떤 차이가 있습니까?"
"목숨과 몸의 따뜻한 기운을 버리면 모든 아는 뿌리는 다 무너져 몸과 목숨은 나뉘어 떠나게 되니, 이것을 죽음이라 하오.
사라져 다한 사마파티란 몸·입·뜻의 지어감이 사라지는 것으로, 목숨을 버리지 않고 몸의 따뜻한 기운도 여의지 않으며, 모든 아는 뿌리도 무너지지 않아 몸과 목숨이 서로 붙어 있소.
이것이 곧 '목숨 마치는 것'과 '사라져 다한 사마파티'에 드는 것의 차별된 모습이오."
다시 물었다.
"존자여, 어떻게 사라져 다한 사마파티에 듭니까?"
대답했다.

"장자여, 사라져 다한 사마파티에 든다고 해도 '나는 사라져 다한 사마파티에 든다, 나는 사라져 다한 사마파티에 들 것이다'라고 말하지는 않소. 그러나 먼저 이와 같이 어떤 차츰 쉬는 방편을 지어, 그 먼저의 방편대로 사마디에 향해 드는 것이오."

"존자여, 사라져 다한 사마파티에 들 때 어떤 법을 먼저 없앱니까? 몸의 지어감입니까, 입의 지어감입니까, 뜻의 지어감입니까?"

"장자여, 사라져 다한 사마파티에 드는 사람은 먼저 입의 지어감을 없애고, 다음엔 몸의 지어감, 다음엔 뜻의 지어감을 없애오."

다시 물었다.

"존자여, 어떻게 사라져 다한 사마파티에서 나옵니까?"

대답했다.

"장자여, 사라져 다한 사마파티에서 나오는 사람도 '나는 지금 사라져 다한 사마파티에서 나간다, 나는 사라져 다한 사마파티에서 나갈 것이다'라고 말하지 않소. 그러나 먼저 방편의 마음[方便心]을 짓고서 그 먼저 방편의 마음대로 일어나오."

다시 물었다.

"존자여, 사라져 다한 사마파티에서 일어나는 사람은 어떤 법이 먼저 일어납니까? 몸의 지어감입니까, 입의 지어감입니까, 뜻의 지어감입니까?"

대답했다.

"장자여, 사라져 다한 사마파티에서 일어나는 사람은 뜻의 지어감이 먼저 일어나고, 다음엔 몸의 지어감이 일어나며, 다음엔 입의 지어감이 일어나오."

다시 물었다.

"존자여, 사라져 다한 사마파티에 드는 사람은, 어떻게 따라 나아가고 흘러들며 실려갑니까?"

대답했다.

"장자여, 사라져 다한 사마파티에 드는 사람은, 떠남을 따라 나아가고[順趣於離] 떠남에 흘러들고 떠남에 실려가며, 벗어남을 따라 나아가고[順趣於出] 벗어남에 흘러들고 벗어남에 실려가며, 니르바나를 따라 나아가고[順趣涅槃] 니르바나에 흘러들고 니르바나에 실려가오."

다시 물었다.

"존자여, 사라져 다한 사마파티에 머물 때 그 닿음은 몇 가지로 닿습니까?"

대답했다.

"장자여, 움직이지 않음[不動]에 닿고, 모습 없음[無相]에 닿으며, 있는 바 없음[無所有]에 닿소."

그침과 살핌을 보임

다시 물었다.

"존자여, 사라져 다한 사마파티에 들 때는 몇 가지 법을 지어야 합니까?"

대답했다.

"장자여, 이것을 먼저 물었어야 하는데 왜 이제야 묻소?

그러나 그대를 위해 말해주겠소. 비구로서 사라져 다한 사마파티에 들려는 사람은 두 가지 법을 지으니, 곧 그침[止, śamatha]과 살핌[觀, vipaśyanā]이오."

그때 칫타 장자는 존자 카마부의 말을 듣고, 기뻐하고 따라 기뻐하면서 절하고 떠나갔다.

• 잡아함 568 가마경(伽摩經)

• 해설 •

붇다께서 안거하신 암라 마을의 암라 나무숲의 정확한 위치는 알 수 없다.

망고 숲으로 유명한 도시는 바이샬리이지만 칫타 장자가 경의 주역으로 등장하므로 칫타 장자가 머물러 사는 마치카산다(Matsikasaṇḍa) 산의 망고 숲으로 보아야 할 것이다.

붇다의 생애에서 망고 숲 곧 암라바나(Āmra-vana)는 중요한 뜻을 갖는다. 지바카 의사가 기증한 것도 망고 숲 정사이고, 바이샬리 성에서 암라파알리 여인이 기증한 것도 망고 숲이다.

붇다께서 바이샬리 성에서 쿠시나가라 성으로 가시면서 니르바나를 예고하신 곳도 망고 숲이다. 그 망고 숲에 다산(多産)을 기원하는 바후푸트라카 차이타(Bahuputraka-caitya, 多子塔)가 있으니, 세존께서 마하카샤파 존자와 만나 그를 보자마자 제자로 인정하신 곳이다.

세존은 암라 마을 암라 나무숲에서 선정에 들어가시고, 세존의 뛰어난 재가제자 칫타 장자가 카마부 존자 있는 곳에서 '사라져 다한 사마파티'의 뜻을 물으니, 두 사람의 묻고 답함이, 사마디 속 세존의 '보살펴 생각해줌'[護念]을 떠나지 않는다.

살아 있는 목숨과 죽음의 차별은 무엇인가. 목숨이 있다고 하는 것은 몸의 들고 나는 숨[息]과 몸의 따뜻한 기운[暖]과 보고 들을 수 있는 앎[識]이 하나로 어우러질 때를 말한다.

숨과 따뜻함과 앎이 나뉘어 흩어지면 몸은 있어도 나무나 돌과 같이 된다. '사라져 다한 사마파티'는 숨과 몸의 따뜻함이 끊어지지 않고 목숨을 잘 지탱하되, 여섯 아는 뿌리가 경계를 받되 받음이 없고[受而無受] 몸과 입과 뜻의 지어감이 쉬는 것을 말한다.

지어감은 앎이 대상을 받아들여 다시 대상을 앎인 대상으로 새롭게 규정하는 힘을 말한다.

주체가 대상을 알 때 아는 바가 공한 줄 깨달아 앎에 앎이 없으면, 경계인 앎과 앎인 경계가 함께 공하여[境智俱空] 여기 있는 앎이 저기 있는 대상을 앎의 모습으로 규정하는 지어감이 없어지니, 이것을 '지어감이 사라진 선정' 곧 '사라져 다한 사마파티'라 한다.

사라져 다한 사마파티는 그침과 살핌으로 성취되니, 아는 자와 아는 바의 실체성을 넘어서는 것이 그침이고, 아는 자를 앎이 없이 아는 자로 살려내고 알려지는 것을 모습 없는 모습으로 드러내는 것이 살핌이다.

그침과 살핌이 하나되면 날이 다하도록 알되 앎이 없고 짓되 지음 없으니, 경은 그 뜻을 닿되 움직이지 않음에 닿고 모습 없음에 닿으며 있는 바 없음에 닿는다고 한다.

경의 문답과 같이 알되 앎이 없고 경계의 모습에 모습 없어서 경계에 닿되 움직임 없고, 아는바 경계의 모습에 모습 취함 없어서, 마음[心]과 경계[境]가 있되 있는 바가 없으면 그 사람이 '지음 없는 사마디'를 쓰는 자이며 사라져 다한 사마파티를 이룬 자이다.

③ 카우삼비 국 고실라라마 동산

─────────

고실라라마 동산에서, 아난다 존자가
수행자가 머물 네 가지 마음을 설법하다

이와 같이 내가 들었다.

한때 붇다께서는 카우삼비 국 고실라라마 동산에 계셨다.

그때 존자 아난다도 그곳에 머물고 있었다.

그때 존자 아난다가 여러 비구들에게 말했다.

"만약 비구나 비구니가 내 앞에서 스스로 분명하게 말한다면[記 說], 나는 그를 '아주 뛰어나다'고 위로하고 문안해주어야 할 것이 오. 그들은 네 가지 도를 구할 것이니, 어떤 것이 넷인가.

만약 비구나 비구니가 좌선하여 이와 같이 머무는 마음을 짓는 것이오. 그것은 잘 머무는 마음[善住心] · 모아 머무는 마음[局住心] · 조복하는 마음[調伏心] · 그침과 살핌의 마음[止觀]이오."

네 가지 머무는 마음의 네 가지 도를 분별하여 말해줌

"한마음으로 평등하게 받아 분별하여, 법을 잘 헤아려서 닦아 익히고 많이 닦아 익히면 모든 번뇌를 끊을 수 있소.

만약 비구나 비구니가 내 앞에서 스스로 분명하게 말한다면 나는 곧 이와 같이 '참으로 뛰어나다'고 위로해주어야 하니, 이런 옳음을 구하게 되면 이것을 '첫 번째 도를 말함'[說初道]이라 하오.

다시 비구나 비구니는 바르게 앉아 사유하여 법을 가려서 머무는 마음[住心]을 이렇게 잘 사유하오.

'잘 머무는 마음·모아 머무는 마음·조복하는 마음·그침과 살핌의 마음을 한마음으로 평등히 받아 이와 같이 바로 향하여 많이 머물면 모든 번뇌를 떠날 수 있다.'

만약 비구나 비구니가 내 앞에서 이렇게 스스로 분명하게 말한다면, 나는 이와 같이 '참으로 빼어나다'고 위로해주어야 하니, 이 옳음을 구하게 되면 이것을 '두 번째 도를 말함'[第二說道]이라 하오.

다시 비구나 비구니가 들뜨고 어지러운 마음에 붙들리면 조복하는 마음[調伏心]으로 앉아 이렇게 바르게 앉아야 하오.

'마음을 머물러, 잘 머무는 마음·모아 머무는 마음·조복하는 마음·그침과 살핌의 마음을 한마음으로 평등하게 받아서 이와 같이 바르게 향하고 많이 머물면 모든 번뇌를 떠날 수 있다.'

만약 비구나 비구니가 내 앞에서 스스로 분명하게 말한다면, 나는 곧 이와 같이 '참으로 빼어나다'고 위로해주어야 하니, 이 옳음을 구하게 되면 이것을 '세 번째 도를 말함'[第三說道]이라 하오.

'비구나 비구니는 그침과 살핌을 함께 행하고[俱行] 이와 같이 바르게 향하여 많이 머무르면 곧 모든 번뇌를 끊게 된다.'

만약 비구나 비구니가 내 앞에서 스스로 분명하게 말한다면, 나는 곧 이와 같이 '참으로 뛰어나다'고 위로하고 가르쳐 깨우쳐줄 것이니, 이 옳음을 구하게 되면 이것을 '네 번째 도를 말함'[第四說道]이라 하오."

그때 여러 비구들은 존자 아난다의 말을 듣고 기뻐하며 받들어 행하였다.

• 잡아함 560 탁량경(度量經)

• 해설 •

카우삼비는 밤사 국의 수도이다. 붇다께서는 성도 후 구 년째 되던 해 여름안거를 이곳에서 보내셨다 한다.

이 경이 설해진 때는 고실라 장자의 정사가 세워진 뒤이니까, 아마 처음 장자의 정사에서 안거하시고 훨씬 뒤의 어느 때 고실라 장자의 아라마에서 안거하실 때의 이야기일 것이다.

고실라(Ghoṣila, 巴 Ghosita) 장자가 기부한 아라마가 고실라라마이니, 세존께서는 동산에 계시고 아난다 비구가 붇다를 대신해 다른 비구들에게 설법하고 고실라 장자가 아난다에게 물은 내용을 싣고 있다.

이 경에서 아난다 존자는 비구·비구니가 좌선하면서 머물러야 할 네 가지 마음을 스스로 분명히 말할 줄 알고 잘 행할 줄 알면 바로 현성의 격려와 위로 받게 됨을 보이고 있다.

수행자가 머물러야 할 마음은 머묾 없이 잘 머무는 마음, 생각을 모아 온갖 물듦을 벗어난 마음, 모습 취함을 떠나 온갖 어지러움을 잘 쉬어 조복하는 마음, 그침과 살핌이 하나된 마음이다.

첫째, 잘 머무는 마음은 여래의 방편법에 잘 머물러 정진하는 마음으로 번뇌를 방편에 모아 쉬는 마음이니, 사마타이다. 둘째, 모아 머무는 마음은 방편법이 사마타인 비파사나가 된 마음이다. 셋째, 조복하는 마음은 비파사나가 사마타가 되어 모든 번뇌 조복한 마음이다. 넷째, 그침과 살핌인 마음은 사마타와 비파사나가 하나된 마음이다.

살핌인 그침이 있을 때 물든 마음·모습 취하는 마음·그릇된 마음·어지러운 마음이 사라지고, 그침인 살핌이 있을 때 앎 없이 잘 아는 마음·치우침 없는 마음·너그러운 마음·밝은 마음이 있다. 그러므로 네 마음이 모두 '그침과 살핌이 하나된 마음' '그침과 살핌 함께 행함'[止觀俱行]에 모아지니, '사마타와 비파사나가 하나됨'밖에 해탈의 길이 없는 것이다.

고실라라마 동산에서, 아난다 존자와 고실라 장자가 법을 문답하다

이와 같이 내가 들었다.

한때 붇다께서는 카우삼비 국 고실라라마 동산에 계셨는데, 존자 아난다도 그곳에 머물고 있었다.

그때 고실라 장자는 존자 아난다 있는 곳에 찾아가 머리를 대 발에 절하고 한쪽에 물러앉아, 존자 아난다에게 말했다.

"어떤 이를 세간 위해 법 설하는 사람[說法者]이라 하고, 어떤 것을 세간에서 잘 향함[向]이라 하며, 어떤 것을 세간에서 잘 이르름[到]이라 합니까?"

세간에서 잘 설법하는 이와 잘 향함, 잘 이르름의 뜻을 분별해 말해줌

존자 아난다가 고실라 장자에게 말했다.

"내가 이제 그대에게 묻겠으니 마음대로 대답하시오. 장자여, 어떻게 생각하오? 만약 어떤 이가 법을 설하여 탐욕을 조복하고 성냄을 조복하고 어리석음을 조복하면, 세간에서 법을 설함이라 할 수 있겠소?"

장자가 대답하였다.

"존자 아난다여, 만약 어떤 이가 법을 설하여, 탐욕을 조복하고 성냄을 조복하고 어리석음을 조복한다면, 그는 세간에서 법을 설함이라 할 수 있습니다."

다시 물었다.

"장자여, 어떻게 생각하오? 만약 세간에서 탐욕을 조복하고 성냄을 조복하고 어리석음을 조복함으로 향하면, 그것을 세간에서 잘 향함[善向]이라 하겠소?

만약 세간에서 이미 탐욕·성냄·어리석음을 조복하였다면, 그것을 잘 이르름[善到]이라 하겠소, 그렇지 못하겠소?"

장자가 대답했다.

"존자 아난다여, 만약 탐욕을 조복하여 이미 남김없이 끊고, 성냄과 어리석음을 이미 남김없이 끊었다면, 그것을 잘 이르름이라 할 것입니다."

존자 아난다가 대답했다.

"장자여, 내가 시험 삼아 그대에게 물었는데, 그대는 곧 진실하게 나에게 대답하였소. 그 뜻이 이와 같이 그러하니 반드시 받아 지녀야 하오."

고실라 장자는 존자 아난다의 말을 듣고, 기뻐하고 따라 기뻐하면서 절하고 떠나갔다.

• 잡아함 562 구사라경(瞿師羅經)

• 해설 •

이 경은 아라마를 기증해 정사를 지어드린 고실라 장자와 아난다 존자의 문답을 싣고 있으니, 곧 법을 잘 말하는 법사행(法師行)에 대해 묻고 답한 내용이다.

법을 잘 설함[善說法]은 말만 기억해서 남에게 전해주는 것이 아니고, 스스로 그 법에 잘 향해 법을 잘 받아 행하며 남을 위해 그 법을 잘 말하는 것이다.

그러므로 법을 말함으로써 스스로 탐냄·성냄·어리석음을 조복해야 법을 잘 말하는 자[善說]이고, 잘 조복함에 나아가야 세간에서 니르바나에로 잘 나아가는 자[善向]이며, 탐냄·성냄·어리석음을 다해 남김없이 끊어야 법을 말해 니르바나에 잘 이르름[善到]이라 말할 수 있다. 곧 법을 잘 말하는 자는 여래의 말씀이 가리키는 진리의 땅에 서서 말함 없이 그 법을 말해야 법을 잘 말하는 자인 것이다.

『법화경』에서는 '여래의 방에 들어가 여래의 자리에 앉아 여래의 옷을 입고 두려움 없이 법을 설해야 법사다'라고 하였으니, 이 경의 가르침과 서로 다름없는 것이다.

『화엄경』(「명법품」明法品) 또한 잘 법을 말하고 니르바나를 향해 너와 내가 함께 해탈의 땅에 이르게 하는 법사의 행을, 다음과 같이 말한다.

가르침대로 닦아 묘한 법 얻어
이미 법을 얻고서는 중생에게 베풀되
중생 마음의 좋아함과 근기에 따르고
그들의 마땅함 따라 법을 연설해주네.

如是而修獲妙法　旣得法已施群生
隨其心樂及根性　悉順其宜爲開演

자비로 가엾이 여김 온갖 곳에 두루해
중생의 마음과 지음 알지 못함이 없이
듣는 중생이 좋아하고 즐거워하는 대로
한량없고 끝없는 붇다의 법 열어 밝히네.

慈悲哀愍遍一切　衆生心行靡不知
如其所樂爲開闡　無量無邊諸佛法

5) 그 밖의 여러 아란야

• 이끄는 글 •

붇다의 머묾은 머묾 없는 머묾이므로 한곳에 머물되 머묾이 없고, 교화의 인연을 따라 사람 세상을 자재히 노닐어 다니며, 이곳과 저곳에 머무시되 진여를 떠나지 않으신다.

붇다는 가고 오되 실로 가고 옴이 없고 머물되 머묾이 없다.

붇다가 주로 머물며 교화하시던 지역이 마가다 국 라자그리하 성과 코살라 국 슈라바스티 성을 중심으로 한 불교중국의 지역이었지만, 붇다는 그밖에 앙가·말라·카시·밤사 등 여러 나라에 교화의 발자취를 남기셨다. 그 교화의 구역은 동쪽으로 강가아 강, 서쪽으로 탁사실라(Takṣaśila)에 미쳤다. 지금도 인도 남방 스리랑카의 불교대중은 붇다께서 살아계실 때 스리랑카에 들러 법을 설하신 것으로 믿고 살아간다.

경전에는 붇다의 안거처가 사람 세상의 비하라·아라마·나무 밑·빈터·무덤 사이·험한 바위굴에 그치지 않고, 저 도리하늘·서른세하늘의 푸른 바윗돌 위에까지 안거하셨음을 기록하고 있다.

이러한 경전의 이야기를 어떻게 이해해야 할까. 이는 자신이 존경하는 위대한 인간을 신화적인 이야기로 우상화하는 것인가. 보통 인간과 다른 특별한 분의 신비능력인가.

붇다의 연기적인 세계관에서 여기 이곳은 이곳에 닫혀 있지 않고 이곳이되 온갖 곳에 두루하며, 저기 저곳은 저곳이되 지금 여기 이곳을 떠나지 않는다. 온갖 사물이 움직여 가고 가되 실로 감이 없고, 여기 머물러 있되 실로 머물러 있음이 없다.

경에서 붇다의 안거와 붇다의 노닐어 다니심[遊行]은, 사람 세상과 하늘위 그 어느 곳이라도 걸림 없는 것으로 표현되고 있으니, 이는 바로 이러한 세계의 연기적 실상을 온전히 체득해 살아가는 위없는 지혜의 사람의 머묾과 다님을 말하고 있는 것이다.

지금 이곳을 떠남이 없이 하늘위에서 안거하시는 여래의 머묾을 『화엄경』의 가르침을 통해 살펴보자.

『화엄경』에서 법회의 출발은 붇다께서 입을 열어 말하기 전 보디나무 아래의 깨달음의 처소이니, 이를 화엄교(華嚴敎)에서는 '보디를 이루신 도량의 법회'[菩提場會]라 한다.

『화엄경』의 온갖 법회 장소는 지금 이곳이 이곳 아닌 이곳이므로 이곳 보디 도량을 떠나지 않고 시방 세계에 두루하다.

경에서는 붇다의 몸이 보디 나무 밑 깨달음의 현장[菩提場會]을 떠나지 않은 채 여래 설법의 모임은 도리하늘[忉利天] 위 수메루(Sumeru) 산꼭대기[須彌山頂] 위에서 이루어지고, 야마하늘[夜摩天] 위에서 이루어지며, 투시타하늘[兜率天]에서 이루어진다. 이것이 바로 화엄교에서 말하는 '하늘의 궁전에서 이루어진 네 번의 화엄경 설법모임'[天宮四會]이라 한다.

중국불교에서 화엄종교(華嚴宗敎)를 세운 현수법사(賢首法師)는 『화엄경 글과 뜻의 요점을 말한 책』(華嚴文義綱目)에서, 지금 이곳 보디 나무의 앉음을 떠나지 않고 여래의 몸이 하늘에 오르므로, 그 오름이 지금 여기 앉음 속에 있고 하늘에 오름 속에 여기 앉음이 있는 그 뜻을 다음과 같이 말한다.

앉음[坐]은 감[行]을 말미암아 앉음이니 앉음이 가는 것 속에 있고, 감은 앉음으로 말미암아 감이니 가는 것은 앉음 속에 있다.

그렇기 때문에 가는 것 가운데 앉음이라 하늘에 오르지만 자리에서 일어나지 않고, 앉음 가운데 가는 것이라 자리에서 일어나지 않고 하늘에 오르는 것이니, 오름[昇] 그대로 늘 앉음[常坐]이요 앉음[坐] 그대로 늘 오르는 것[恒昇]이다.

대혜선사(大慧禪師)는 당에 올라[上堂] 이 뜻을 다음과 같이 말한다.

"가는 것이 머물 때의 원인이고 머무는 것이 가는 때의 결과이니, 감과 머묾의 결과와 원인이 그렇다 함도 없고 그렇지 않다 함도 없다."

악[喝]! 한 번 외치고 말했다.

"이 속에는 이 어떤 것이 있음인가. 감을 말하고 머묾을 말하고, 원인을 말하고 결과를 말하고, 그렇다 함을 말하고 그렇지 않다 함을 말하네. 비록 그러함이 이와 같으나 이 속에 도리어 이 좋은 곳이 있는가. 또 말하라. 좋음은 어느 곳에 있는가."

잠자코 있다[良久] 말했다.

옛말을 다시 살펴 그 가락 이어 노래하니
마을 노래 사당의 춤 또 거듭 새롭도다.

再理舊詞連韻唱 村歌社舞又重新

파탈리푸트라 성 닭숲정사에서
네 곳 살핌을 문답하다

이와 같이 내가 들었다.

한때 붇다께서는 파탈리푸트라(Pāṭaliputra) 성읍 닭숲정사[鷄林精舍]에 계셨다. 그때 존자 우다인(Udāyin)과 존자 아난다도 파탈리푸트라 성읍 닭숲정사에 있었다.

그때 존자 우다인이 존자 아난다가 있는 곳으로 찾아가 서로 같이 문안하고 위로한 뒤에 한쪽에 물러앉아 존자 아난다에게 말했다.

"여래·공양해야 할 분·바르게 깨치신 분께서는 아시고 보시는 것으로 여러 비구들을 위해 거룩한 계를 말씀하셨소. 그리하여 끊어지지 않게 하고 빠뜨리지 않게 하며, 가리지 않게 하고, 여의지 않게 하며, 그릇된 계에 집착하지 않게 하고, 잘 마쳐 다해 잘 지니게 하셨소.

그러므로 지혜로운 이들이 찬탄하는 것이고 미워해 싫어하지 않는 것이오."

거룩한 계를 지님이 네 곳 살핌 닦기 위한 것임을 말함

"그러면 무엇 때문에 여래·공양해야 할 분·바르게 깨치신 분께서는 아시고 보시는 것으로 여러 비구들을 위해 거룩한 계를 말씀하시어, 끊어지지 않게 하고 빠뜨리지 않게 하며, 가리지 않게 하고 여의지 않게 하신 것이오.

그래서 그릇된 계에 집착하지 않게 하고, 잘 마쳐 다해 잘 지니게 하시며, 나아가 지혜로운 이들이 찬탄하고 미워해 싫어하지 않는 것이오?"

존자 아난다가 우다인에게 말했다.

"네 곳 살핌[四念處]을 닦기 위해서이오. 어떤 것이 네 가지냐 하면 다음과 같소. 곧 몸에서 몸 살펴 생각함에 머물고, 느낌·마음·법에서 느낌·마음·법을 살펴 생각함에 머묾이오."

그때 두 수행자는 서로 같이 논의한 뒤에 각기 본디 있던 곳으로 돌아갔다.

• 잡아함 628 계경(戒經)

• 해설 •

붇다께서 안거하신 파탈리푸트라는 나란다 북쪽에 있는 성읍으로 니르바나에 드실 때 이곳을 거쳐 바이샬리에 이르러 안거하시고 쿠시나가라 성으로 가셨다.

붇다께서는 니르바나의 여정에서 파탈리푸트라가 장차 화려하고 번성한 도시가 될 것이라 예언하셨으니, 이 성읍이 나중 마가다의 새로운 도읍이 되었다.

세존과 비구상가가 파탈리푸트라 성 닭숲정사에서 안거할 때 우다인과 아난다가 서로 만나 여래께서 가르치신 거룩한 계[聖戒] 지님의 뜻을 문답한다.

계를 방편으로 보면 몸과 입과 뜻의 업에서 그릇됨을 막아 그 계 지님으로 선정이 나고 선정으로 지혜가 나는 것이다. 그 뜻을 아난다 존자는 계 지님은 네 곳 살핌으로 선정과 지혜를 얻기 위함이라 답한다.

그렇지만 계는 방편이자 진실법이니, 선정인 지혜일 때 구체적 행위 속에서 해탈의 행이 일어나는 것이며, 구체적 상황 속에서 상황에 맞는 해탈의 행을 바로 프라티목샤라 한다.

계가 선정과 지혜의 바탕이자 계가 선정과 지혜의 작용이니, 별해탈의 옳은 행이 없는 것은 바른 선정이라 이름하지 못한다.

방편의 뜻으로 보면 계는 계 자체를 위한 계가 아니고, 선정은 선정을 위한 선정이 아니고, 지혜는 지혜를 위한 지혜가 아니고, 니르바나에 이르기 위한 계와 선정이고 지혜이다.

방편에는 차제가 없지 않으니 니르바나에는 해탈의 문을 열지 않으면 들어갈 수 없고, 해탈의 문은 지혜가 아니면 열 수 없고, 지혜는 선정이 아니면 얻을 수 없고, 선정은 바른 계법이 아니면 얻을 수 없으니, 그 뜻을 아난다 존자는 '계란 네 곳 살림을 닦기 위한 계'라고 말한 것이리라.

이처럼 계·정·혜는 니르바나에 들기 위한 계·정·혜이나 니르바나의 땅에 이르면 니르바나의 자기 모습이 계·정·혜이니, 니르바나인 계가 해탈(解脫)이고 니르바나인 선정이 법신(法身)이며 니르바나인 지혜가 반야(般若)이다. 그러므로 계 지킴이 지음 없는 계가 되면 계가 곧 선정과 지혜이고 니르바나의 자기 작용인 것이다.

시수마라기라 산에서 다섯 쌓임의
나 없음을 말하다

이와 같이 내가 들었다.

한때 붇다께서는 박가(巴 Bhaggā) 국 시수마라기라(Śisumāragira) 산 사슴동산 깊은 숲속에 계셨다.

그때 나쿨라 장자는 백이십 세였다. 나이가 많아 몸의 여러 뿌리는 짓무르고 바짝 마르고 약해져 병에 괴로워하고 있었다.

그러면서도 그는 세존과 존경하고 알고 지내던 비구들을 뵈옵고자 하여 붇다 계신 곳에 와 발에 절하고 물러나 한쪽에 앉아 붇다께 말씀드렸다.

"세존이시여, 저는 나이 늙고 시들어 몸은 마르고 약해져 병에 괴로워하면서도 제 힘으로 애를 써서 세존과 또 전부터 존경하고 알고 지내던 비구들을 뵈오려 합니다. 세존께서는 저를 위해 설법하시어 기나긴 밤 속에서 안락하게 해주시길 바랍니다."

그때에 세존께서는 나쿨라 장자에게 말씀하셨다.

"참 잘했소, 장자여. 그대는 실로 나이 늙어 몸의 아는 뿌리는 짓무르고 바짝 말라 약해져서 병에 괴로워하면서도 스스로 애를 써서 여래와 또 다른 존경하고 알고 지내던 비구들을 찾아오셨구려.

장자여, 알아야 하오. 괴롭고 아픈 몸에서, 늘 괴롭지 않고 아프지 않은 몸[不苦患身]을 닦아 배워야 하오."

그때에 세존께서는 나쿨라 장자를 위해 가르쳐 보이시고 기쁘게 하신 뒤에 잠자코 계셨다.

나쿨라 장자는 붓다의 말씀을 듣고 기뻐하고 따라 기뻐하면서 절하고 물러갔다.

나쿨라 장자가 사리푸트라께 세존께 들은 법의 요점을 물음

때에 존자 사리푸트라는 세존에게 가기 멀지 않은 곳, 한 나무 밑에 앉아 있었다.

나쿨라 장자는 존자 사리푸트라가 있는 곳으로 가서 머리를 대 발에 절하고 물러나 한 쪽에 앉았다.

때에 존자 사리푸트라는 장자에게 물었다.

"그대는 지금 온몸의 모든 뿌리가 부드럽게 기쁨에 넘치고 얼굴빛이 맑고 밝으시오. 세존 계신 곳에서 깊은 법을 들으셨소?"

나쿨라 장자는 사리푸트라에게 말했다.

"오늘 세존께서는 저를 위해 설법하시어 가르쳐 보여 기쁘게 하시고 단이슬의 법으로 내 몸과 마음에 쏟았습니다.

그래서 저는 지금 몸의 모든 뿌리가 부드럽게 기쁨에 넘치고 얼굴빛이 맑고 밝은 것입니다."

존자 사리푸트라가 장자에게 물었다.

"세존께서는 그대를 위해 어떤 법을 말씀하시어 가르쳐 보여 기쁘게 하시고 단이슬로 윤택하게 하셨소?"

나쿨라 장자가 말했다.

"저는 아까 세존 계신 곳에 나아가 세존께 이렇게 여쭈었습니다.

'세존이시여, 저는 나이 늙고 시들어 몸은 마르고 약해져 병에 괴로워하면서도 제 힘으로 애를 써서 세존과 또 전부터 존경하고 알고 지내던 비구들을 뵈오려 합니다. 세존께서는 저를 위해 설법하시어 기나긴 밤 속에서 안락하게 해주시길 바랍니다.'

붇다께서는 제게 이렇게 말씀하셨습니다.

'참 잘했소, 장자여. 그대는 실로 나이 늙어 몸의 여러 뿌리는 짓무르고 바짝 말라 약해져서 병에 괴로워하면서도 스스로 애를 써서 여래와 또 다른 존경하고 알고 지내던 비구들을 찾아오셨구려.

장자여, 알아야 하오. 괴롭고 아픈 몸에서 늘 괴롭지 않고 아프지 않은 몸을 닦아 배워야 하오.'

세존께서는 저를 위해 이러한 법을 말씀하시어 가르쳐 보여 기쁘게 하시고 단이슬로 윤택하게 하셨습니다."

다섯 쌓임이 공함 깨닫는 곳에 벗어남이 있음을 보임

존자 사리푸트라는 장자에게 말하였다.

"그대는 왜 아까 세존께 거듭 이렇게 여쭙지 않았소.

'어떤 것이 괴롭고 병든 몸이며, 괴롭고 병든 마음입니까.

어떤 것이 몸은 괴롭고 병들었는데, 마음은 괴롭지 않고 병들지 않은 것입니까.'"

장자는 대답하였다.

"저는 이 뜻 때문에 존자께 찾아왔습니다. 저를 위해 법의 요점을 간략히 말씀해주시길 바랍니다."

존자 사리푸트라는 장자에게 말하였다.

"잘 말씀했소, 장자여. 그대는 이제 자세히 들으시오. 그대를 위해 말하겠소. 어둡고 어리석어 들음 없는 범부들은 물질의 모임과 물질의 사라짐과 물질의 걱정거리와 물질의 맛들임과 물질에서 벗어남을 진실 그대로 알지 못하오.

진실 그대로 알지 못하기 때문에 물질을 애착해 즐기어 '물질은 나다, 이것은 내 것이다'라고 말하면서 그것을 취해 거두어 받소.

그러다가 그 물질이 무너지거나 달라지면 마음도 그것을 따라 굴러 고통과 번민이 생기오. 고통과 번민이 생긴 뒤에는 두려워하고 마음이 걸리고 막혀 돌아보아 생각하고 근심하고 괴로워하며 묶여 그리워하오.

느낌·모습 취함·지어감·앎 또한 이와 같소.

이것을 괴롭고 병든 몸이며, 괴롭고 병든 마음이라 하오.

어떤 것을 몸은 괴롭고 병들었는데, 마음이 괴롭고 병들지 않은 것이라 하오?

많이 들은 거룩한 제자들은 물질의 모임과 물질의 사라짐과 물질의 맛들임과 물질의 근심과 물질에서 벗어남을 진실 그대로 아오. 진실 그대로 안 뒤에는 그것을 애착해 즐기지 않아서 '물질은 나다, 물질은 내 것이다'라고 보지 않소.

그러므로 그 물질이 만약 변하거나 달라지더라도 마음이 그것을 따라 굴러 괴로움과 번민이 생기지 않소. 마음이 그것을 따라 굴러 괴로움과 번민이 생기지 않으면, 두려워하거나 마음이 걸리고 막혀 돌아보아 생각하고 애착하지 않소.

느낌·모습 취함·지어감·앎 또한 이와 같소.

이것을 몸은 괴롭고 병들었으나 마음은 괴롭지 않고 병들지 않은 것이라 하오."

법을 들은 나쿨라 장자가 법의 눈이 깨끗해져 삼보에 귀의함

존자 사리푸트라가 이 법을 말했을 때 나쿨라 장자는 법의 눈이 깨 끗하게 되었다.

그때에 나쿨라 장자는 법을 보고 법을 얻고 법을 알고 법에 들어가 모든 여우 같은 의심을 건너, 남을 말미암지 않고 바른 법 안에서 마 음에 두려움이 없게 되었다.

그는 곧 자리에서 일어나 옷을 여민 뒤에 공경히 합장하고 존자 사 리푸트라에게 말씀드렸다.

"저는 이미 뛰어나고 이미 건넜습니다.

저는 이제 붇다와 다르마와 상가의 삼보에 귀의하여 우파사카가 되겠습니다. 저를 증명해 알아주십시오.

저는 지금부터 목숨이 다하도록 삼보에 귀의하겠습니다."

그때에 나쿨라 장자는 존자 사리푸트라의 말을 듣고 기뻐하면서 절하고 물러갔다.

• 잡아함 107 장자경(長者經)

• 해설 •

파기국(婆祇國)이라고 한역된 나라는 박가(巴 Bhaggā) 국을 말한 듯하다. 이 지역은 카시 국의 바라나시 성과 서쪽 밤사 국의 카우삼비 사이에 있는 도시이다. 이 지역도 붇다께서 늘 안거하고 교화하던 불교중국에 포함된 지 역이다.

세존은 이곳에서 비하라에 머물지 않고 사슴동산 깊은 숲속에 계셨다. 그 깊은 곳까지 백이십 세 장자가 찾아와 법을 물으니, 그는 비록 늙은이이지만 그 마음은 진리의 열망에 불타는 싱싱한 젊은이이다.

세존께 아프고 병든 몸 가운데서 병 없는 몸을 배우라는 가르침을 듣고 사리푸트라께 그 요점을 다시 물으니, 존자는 다섯 쌓임이 본래 공함으로 그 해답을 준다.

보통 '병든 몸 가운데서 병 없는 몸과 마음을 찾으라'고 하면, 이 뜻을 병들고 죽음이 있는 몸 가운데 죽지 않는 영적인 몸, 병 없는 신비한 몸이 있는 것으로 생각한다.

이렇게 생각하면 나고 사라짐이 있는 몸과 나고 사라짐이 없는 몸, 이 두 법이 있게 되니 이것은 붇다의 연기교설이 아니다.

그러므로 사리푸트라 존자는 세존께 그 법을 들을 때 다시 '어떤 것이 병 없는 몸인가'를 여쭈어야 했다고 말한 것이다.

연기의 교설로 보면 몸을 떠나지 않는 마음과 마음을 떠나지 않는 몸이 인연으로 있음이라 본래 공하니, 마음과 몸이 공한 줄 모르면 병 있는 몸 가운데 떨어진 것이고, 마음과 몸이 있되 있음 아닌 줄 알면 괴롭지 않고 병 없는 법의 몸[法身]을 아는 것이다.

이처럼 몸이 몸 아닌 줄 알면[了身非身] 몸 가운데 병은 그 뿌리가 무엇이며 병을 느끼는 아픔은 어디서 오는 것인가.

한 번 듣고 병 없는 곳에 바로 이르러 삼보에 귀의하니, 그가 바로 몸이 비록 늙었으되 늙지 않고 늘 젊은 몸을 얻은 이이며, 병고에 시달리는 삼계의 몸 가운데서 여래의 병 없는 법신을 얻은 자이다.

『화엄경』(「광명각품」)은 이렇게 말한다.

　　이 몸은 거짓으로 세워졌으니
　　머무는 곳은 처소가 없도다.
　　이 몸을 자세히 아는 이는
　　그 가운데 집착하는 바 없네.

　　此身假安立　住處無方所
　　諦了是身者　於中無所著

참파 국의 각가리아 못가에서
탐착 없애는 법을 말씀하시다

이와 같이 내가 들었다.

한때 붇다께서는 참파(Campā) 국의 각가리아 못[揭伽池]가에 계셨다.

그때 존자 미가잘라(巴 Migajala)가 붇다 계신 곳을 찾아와 머리를 대 발에 절하고 한쪽에 물러나 앉아 붇다께 말씀드렸다.

"세존이시여, 세존께서 말씀하신 대로라면, 두 번째에 머묾[第二住]이 있고, 낱낱이 하나에 머묾[一一住]이 있습니다. 어떤 것이 한번 하나에 머묾입니까?"

붇다께서 미가잘라에게 말씀하셨다.

"잘 묻고 잘 물었다, 미가잘라여. 네가 여래에게 이와 같은 뜻을 물을 수 있구나."

집착에 떨어진 두 번째에 머묾을 보이심

붇다께서 미가잘라에게 말씀하셨다.

"만약 눈이 빛깔을 알고 보아 사랑할 만하고 즐겨 생각할 만하며, 마음에 들어 탐욕을 기르고 자라게 하는 것이라고 하자.

그러면 그 비구는 그것을 보고서는 기뻐해 즐거워하며 찬탄하고 얽매이고 집착해 머무른다.

애착해 즐거워하며 찬탄하고 얽매이고 집착해 머무르고서는 마음이 더욱 기뻐하고, 기뻐하고 난 뒤에는 깊이 즐거워하며, 깊이 즐거워한 뒤에는 탐착해 사랑하고, 탐착해 사랑한 뒤에는 막히고 걸리게 된다.

기뻐하고 깊이 즐거워해, 탐착해 사랑하고 막히고 걸리는 것, 이것을 두 번째에 머묾이라고 한다.

귀·코·혀·몸·뜻 또한 이와 같다.

미가잘라여, 이와 같은 모습의 비구 무리는 설사 비어 한가한 곳에서 홀로 지낸다 하더라도 오히려 두 번째에 머묾이라 한다.

왜냐하면 애착해 기뻐함을 끊지 못하고 없애지 못하였기 때문이니, 애욕을 끊지 못하고 알지 못하면 모든 붇다 여래[佛如來]는 그것을 두 번째에 머묾이라고 말한다."

애착을 끊고 한 번 하나에 머묾을 보이심

"만약 어떤 비구가 사랑하고 즐겨 생각할 만하며 마음에 드는 것으로서 탐욕을 기르고 자라게 하는 빛깔에 대하여, 그 비구가 그것을 보고서도 기뻐해 즐거워하지 않으며 찬탄하지 않고 얽매여 집착해 머무르지 않는다 하자.

그는 기뻐해 즐거워하지 않으며 찬탄하지 않고 얽매여 집착해 머무르지 않은 뒤에는 즐거워 기뻐하지 않는다.

즐거워 기뻐하지 않기 때문에 깊이 좋아하지 않으며, 깊이 좋아하지 않기 때문에 탐하여 애착하지 않고, 탐하여 애착하지 않기 때문에 막히거나 걸리지 않는다.

즐거워 기뻐하지 않고, 깊이 좋아하지 않으며, 탐하여 애착하지 않고, 막히거나 걸리지 않는 것, 이것을 낱낱이 하나에 머묾이라고 한다.

귀·코·혀·몸·뜻 또한 이와 같이 말한다.

미가잘라여, 이와 같은 모습의 비구 무리들은 설사 높은 다락과 이층 누각에서 지낸다 하더라도 오히려 낱낱이 하나에 머무는 사람이다.

왜냐하면 탐욕과 애욕을 이미 다하고 이미 알았기 때문이다.

탐욕과 애욕을 이미 다하고 이미 안 사람을 모든 붇다 여래는 낱낱이 하나에 머묾이라고 말한다."

그때 존자 미가잘라는 붇다의 말씀을 듣고 기뻐하고 따라 기뻐하면서 절하고 물러갔다.

• 잡아함 309 녹뉴경(鹿紐經) ①

• 해설 •

붇다께서 안거하시던 참파(Campā)는 곧 앙가 국의 수도로서 지금 인도의 비하르푸르나이다. 앙가 국은 붇다 당시 인도 여섯 개 나라 가운데 하나로서 마가다 국의 라자그리하 성 동쪽에 위치해 있다.

또 참파는 붇다 당시 가장 번성했던 6대 도시 가운데 속할 만큼 크고 번성했다. 6대 도시는 앙가 국의 참파, 마가다 국의 라자그리하, 코살라 국의 슈라바스티, 코살라 국의 사케타(Sāketa), 밤사 국의 카우삼비, 카시 국의 바라나시이다. 6대 도시에 버금가는 도시가 브릿지 국의 수도 바이살리다.

이 여러 도시들은 모두 붇다께서 늘 안거하시던 아란야이고 설법하시던 교화의 처소이다.

참파의 못가에서 안거하실 때 미가잘라 비구가 묻는 것은 여래의 말씀 가운데 마음이 경계를 볼 때 두 번째에 머묾과 낱낱이 하나에 바로 머묾을 물은 것이니, 모르는 것을 잘 물을 줄 아는 자가 실은 여래의 가르침 가운데 무엇이 요점인 줄 잘 받아들은 이이다.

그러므로 여래는 그처럼 물을 수 있는 미가잘라를 '잘 물었다'고 찬탄하시는 것이다.

낱낱이 하나에 바로 머묾은 있되 공한 존재의 진실에 머묾이라 거짓과 헛됨이 없고, 어느 곳에 머물러도 진여의 한곳에 머묾이다. 그에 비해 탐욕의 마음 헛된 마음으로 경계를 보는 것은 경계의 진실을 보는 것이 아니라 헛된 마음의 경계에 머묾이므로 두 번째에 머묾이다.

바로 머묾은 보되 봄이 없고 머물되 머묾 없음이고, 두 번째 머묾은 취할 탐욕의 경계에 머묾이라 경계의 모습에 가림이니 진실을 등진 것이다.

머묾 없는 마음이 바로 머묾이고, 머묾 있는 마음은 마음에 마음이 있고 모습에 모습이 있으므로 바르게 머물지 못함이다.

『화엄경』(「보현행품」) 또한 한량없이 차별된 온갖 존재 가운데서 낱낱이 하나에 바로 머무는 큰 사람의 경계[大人境]를 다음과 같이 말한다.

한량없고 끝없는 저 세계가
바로 알면 곧 한 세계이니
이와 같이 모든 세계에 들어가면
그 수를 이루 알 수 없어라.

無量無邊刹　了知卽一刹
如是入諸刹　其數不可知

온갖 모든 차별된 세계가
모두 한 세계 가운데 드니
세계는 같은 한 모습도 아니고
또한 다시 섞여 어지럽지 않네.

一切諸世界　悉入一刹中
世界不爲一　亦復無雜亂

카장갈라부킬라 숲속에 계시면서, 집착 없음으로 아는 뿌리 닦음을 말씀하시다

이와 같이 내가 들었다.

한때 붇다께서는 카장갈라부킬라[迦微伽羅牟眞隣陀] 숲속에 계셨다.

이때 젊은이가 있었는데 웃타라(Uttara)라고 하였다. 그는 파라사나(Pārāśyāna)의 제자인데, 붇다 계신 곳에 와 공경히 문안 인사를 드린 뒤에 한쪽에 물러나 앉았다.

이때 세존께서 웃타라에게 말씀하셨다.

"너희 스승 파라사나는 너희들에게 모든 아는 뿌리[諸根]를 닦으라고 말하더냐?"

웃타라가 대답하였다.

"말했습니다, 고타마시여."

붇다께서 웃타라에게 말씀하셨다.

"너의 스승 파라사나는 어떻게 모든 아는 뿌리 닦음을 말하더냐?"

웃타라가 붇다께 말씀드렸다.

"저희 스승 파라사나는 이렇게 말했습니다.

'눈이 빛깔을 보지 않고 귀가 소리를 듣지 않으면, 이것을 아는 뿌리 닦음이라 한다.'"

붇다께서 웃타라에게 말씀하셨다.

"만약 너의 스승 파라사나의 말대로라면 장님이라야 아는 뿌리를 닦을 것이 아닌가? 왜냐하면 오직 장님이라야 눈이 빛깔을 보지 않기 때문이다."

그때 존자 아난다는 세존의 뒤에서 부채로 붇다를 부쳐드리고 있었다. 존자 아난다가 웃타라에게 말하였다.

"파라사나의 말대로라면 귀머거리라야 아는 뿌리를 닦을 것이 아니오? 왜냐하면 오직 귀머거리라야 귀가 소리를 듣지 못하기 때문이오."

그때 세존께서 존자 아난다에게 말씀하셨다.

"그것은 현성의 법과 율에서 '위없이 모든 아는 뿌리를 닦음'[無上修諸根]과는 다르다."

보고 듣되 집착 떠나는 현성의 아는 뿌리 닦음을 보이심

아난다가 붇다께 말씀드렸다.

"세존께서는 여러 비구들을 위해 현성의 법과 율에서 위없이 아는 뿌리 닦음을 말씀해주시길 바랍니다. 여러 비구들이 듣고서는 반드시 받아들이고 받들어 행할 것입니다."

붇다께서 아난다에게 말씀하셨다.

"자세히 듣고 잘 사유해라. 너희들을 위해 말해주겠다.

눈[眼]과 빛깔[色]을 인연하여 눈의 앎[眼識]을 내, 마음에 드는 빛깔을 보아도 마음에 드는 것을 즐겨하지 않고 떠나는[厭離], 여래의 바른 생각[正念]과 바른 지혜[正智]를 닦고자 해야 한다.

눈과 빛깔을 인연하여 눈의 앎을 내, 마음에 들지 않아도, 마음에 들지 않는 것을 싫어해 떠나지 않는[不厭離], 여래의 바른 생각과 바른 지혜를 닦고자 해야 한다.

눈과 빛깔을 인연하여 눈의 앎을 내, 마음에 들기도 하고 마음에 들지 않기도 한 것이 있어도, 좋은 것을 즐거워하지 않고 떠나며 나쁜 것을 싫어해 떠나지 않는 여래의 바른 생각과 바른 지혜를 닦고자 해야 한다.

눈과 빛깔을 인연하여 눈의 앎을 내, 마음에 들지 않기도 하고 마음에 들기도 하는 것이 있어도, 마음에 들지 않는 것을 싫어해 떠나지 않고 마음에 드는 것을 즐거워하지 않고 떠나는, 여래의 바른 생각과 바른 지혜를 닦고자 해야 한다.

눈과 빛깔을 인연하여 눈의 앎을 내, 마음에 드는 것[可意]과 마음에 들지 않는 것[不可意], 마음에 들기도 하고 들지 않기도 하는 것[可不可意]이 있다 하자. 그래도 즐거워하지 않음[厭]과 싫어하지 않음[不厭], 이 두 가지를 다 여읜 여래의 평정한 마음[俱離捨心]으로 바른 생각과 바른 지혜에 머무름[住正念正智]을 닦고자 해야 한다.

이와 같이 아난다여, 만약 이 다섯 구절[此五句]에서 마음을 잘 조복하고, 잘 굳게 닫고, 잘 지켜 보살피며, 잘 거두어 지니고, 잘 닦아 익히면, 이것이 곧 눈과 빛깔에서 위없이 아는 뿌리 닦음이다.

귀 · 코 · 혀 · 몸 · 법 등 또한 이와 같이 말한다.

아난다여, 이것을 현성의 법과 율에서 위없이 아는 뿌리 닦음이라고 한다."

현성의 아는 뿌리 닦는 방법을, 눈의 아는 뿌리를 잡아 보이심
존자 아난다가 붇다께 말씀드렸다.
"세존이시여, 어떻게 현성의 법과 율로 현성은 아는 뿌리를 닦습니까?"

붇다께서 아난다에게 말씀하셨다.

"눈과 빛깔을 인연하여 눈의 앎을 내면 좋다는 마음이 생기기도 하고, 좋지 않다는 마음이 생기기도 하며, 좋기도 하고 좋지 않기도 하다는 마음이 생기기도 한다.

그러면 그 거룩한 제자는 이와 같이 진실 그대로 안다.

'나는 눈과 빛깔을 인연하여 눈의 앎을 내고, 좋다는 마음이 생기고, 좋지 않다는 마음이 생기며, 좋기도 하고 좋지 않기도 하다는 마음이 생겼다. 그러나 이것은 곧 고요히 사라짐[寂滅]이라 고요히 사라지면 이것이 곧 빼어나고 묘함[勝妙]이니, 이것을 같이 버려 평정함[俱捨]이라 한다.'

그는 평정을 얻은 뒤에는 싫어함과 싫어하지 않음을 여의게 된다. 비유하면, 힘센 장사가 손가락을 퉁기는 아주 짧은 시간과 같다.

이와 같이 눈과 빛깔을 인연하여 눈의 앎을 내면 좋다는 마음이 생기기도 하고, 좋지 않다는 마음이 생기기도 하며, 좋기도 하고 좋지 않기도 하다는 마음이 생기기도 하지만, 잠깐 사이에 다 사라져 다하니 싫어함과 싫어하지 않음을 여의고 평정[捨]을 얻게 된다."

귀의 아는 뿌리 귀의 앎 따라 나는 세 가지 느낌의 공함을 보이심

"이와 같이 귀[耳]와 소리[聲]를 인연하여 귀의 앎[耳識]을 내면 좋다는 마음이 생기기도 하고, 좋지 않다는 마음이 생기기도 하며, 좋기도 하고 좋지 않기도 하다는 마음이 생기기도 한다.

그러면 거룩한 제자는 이와 같이 진실 그대로 안다.

'내 귀의 앎이 소리를 듣고, 좋다는 마음이 생기고, 좋지 않다는 마음이 생기며, 좋기도 하고 좋지 않기도 하다는 마음이 생겼다. 그러

나 이것은 곧 고요히 사라짐이라 고요히 사라지면 이것이 빼어나 묘함이니, 이것을 곧 평정이라 한다.'

그는 평정을 얻은 뒤에는 싫어함과 싫어하지 않음을 여의게 된다. 비유하면 아주 힘센 장사가 손가락을 퉁겨 소리를 내서 곧 사라지는 것과 같다.

이와 같이 귀와 소리를 인연하여 귀의 앎을 내면 좋다는 마음이 생기기도 하고, 좋지 않다는 마음이 생기기도 하며, 좋기도 하고 좋지 않기도 하다는 마음이 생기기도 하지만, 나자마자 다 사라지고 마니, 이것이 곧 평정이다.

그는 평정을 얻은 뒤에는 싫어함과 싫어하지 않음을 여의게 된다."

코의 아는 뿌리 코의 앎 따라 나는 세 가지 느낌의 공함을 보이심

"코[鼻]와 냄새[香]를 인연하여 코의 앎[鼻識]을 내면 좋다는 마음이 생기기도 하고, 좋지 않다는 마음이 생기기도 하며, 좋기도 하고 좋지 않기도 하다는 마음이 생기기도 한다.

그러면 거룩한 제자는 이와 같이 진실 그대로 안다.

'코와 냄새를 인연하여 코의 앎을 내, 좋다는 마음이 생기고, 좋지 않다는 마음이 생기며, 좋기도 하고 좋지 않기도 하다는 마음이 생겼다. 그러나 이것은 곧 고요히 사라짐이라 고요히 사라지면 이것이 곧 빼어나고 묘함이니, 이것을 평정함이라 한다.'

그는 평정을 얻은 뒤에는 싫어함과 싫어하지 않음을 여의게 된다. 비유하면, 연꽃이 물에 물들지 않는 것과 같다.

이와 같이 코와 냄새를 인연하여 코의 앎을 내면 좋다는 마음이 생기기도 하고, 좋지 않다는 마음이 생기기도 하며, 좋기도 하고 좋지 않기도 하다는 마음이 생기기도 하지만, 나자마자 다 사라지고 마니, 이것을 평정이라 한다.

그는 평정을 얻은 뒤에는 싫어함과 싫어하지 않음을 여의게 된다."

혀의 아는 뿌리 혀의 앎 따라 나는 세 가지 느낌의 공함을 보이심

"혀[舌]와 맛[味]을 인연하여 혀의 앎[舌識]을 내면 좋다는 마음이 생기기도 하고, 좋지 않다는 마음이 생기기도 하며, 좋기도 하고 좋지 않기도 하다는 마음이 생기기도 한다.

그러면 거룩한 제자는 이와 같이 진실 그대로 안다.

'혀와 맛을 인연하여 혀의 앎을 내고, 좋다는 마음이 생기고, 좋지 않다는 마음이 생기고, 좋기도 하고 좋지 않기도 하다는 마음이 생겼지만 나자마자 다 사라진다. 그러나 이것은 고요히 사라짐이라 고요히 사라지면 이것이 빼어나고 묘함이니, 이것을 평정이라 한다.'

그는 평정을 얻은 뒤에는 싫어함과 싫어하지 않음을 여의게 된다. 비유하면, 힘센 장사가 혀끝의 침방울을 다 뱉어 없애는 것과 같다.

이와 같이 혀와 맛을 인연하여 혀의 앎을 내면 좋다는 마음이 생기기도 하고, 좋지 않다는 마음이 생기기도 하며, 좋기도 하고 좋지 않기도 하다는 마음이 생기기도 하지만, 나자마자 더 사라지고 마니, 이것을 평정이라 한다.

그는 평정을 얻은 뒤에는 싫어함과 싫어하지 않음을 여의게 된다."

몸의 아는 뿌리 몸의 앎 따라 나는 세 가지 느낌의 공함을 보이심

"몸[身]과 닿음[觸]을 인연하여 몸의 앎[身識]을 내면 좋다는 마음이 생기기도 하고, 좋지 않다는 마음이 생기기도 하며, 좋기도 하고 좋지 않기도 하다는 마음이 생기기도 하지만, 나자마자 다 사라지고 만다. 그러면 거룩한 제자는 이와 같이 진실 그대로 안다.

'몸과 닿음을 인연하여 몸의 앎을 내고, 좋다는 마음이 생기고, 좋지 않다는 마음이 생기며, 좋기도 하고 좋지 않기도 하다는 마음이 생겼지만 나자마자 다 사라진다. 이것은 고요히 사라짐이라, 고요히 사라지면 이것이 빼어나고 묘함이니, 이것을 평정이라 한다.'

그는 평정을 얻은 뒤에는 싫어함과 싫어하지 않음을 여의게 된다. 비유하면, 매우 뜨겁게 달구어진 쇠구슬에 작은 물방울로 물을 뿌리면 물이 곧 사라져 없어지는 것과 같다.

이와 같이 몸과 닿음을 인연하여 몸의 앎을 내면 좋다는 마음이 생기기도 하고, 좋지 않다는 마음이 생기기도 하며, 좋기도 하고 좋지 않기도 하다는 마음이 생기기도 하지만, 나자마자 다 사라지고 마니, 이것을 평정이라 한다.

그는 평정을 얻은 뒤에 싫어함과 싫어하지 않음을 여의게 된다."

뜻의 아는 뿌리 뜻의 앎 따라 나는 세 가지 느낌의 공함을 보이심

"뜻[意]과 법(法)을 인연하여 뜻의 앎[意識]을 내면 좋다는 마음이 생기기도 하고, 좋지 않다는 마음이 생기기도 하며, 좋기도 하고 좋지 않기도 하다는 마음이 생기기도 하지만 나자마자 곧 사라지고 만다. 그러면 거룩한 제자는 이와 같이 진실 그대로 안다.

'뜻과 법을 인연하여 뜻의 앎을 내고, 좋다는 마음이 생기고, 좋지 않다는 마음이 생기며, 좋기도 하고 좋지 않기도 하다는 마음이 생겼지만 나자마자 다 사라진다. 이것이 곧 고요히 사라짐이라, 고요히 사라지면 이것은 곧 빼어나고 묘함이니, 이것을 평정이라 한다.'

그는 평정을 얻은 뒤에는 싫어함과 싫어하지 않음을 여의게 된다. 비유하면 힘센 장사가 다라(多羅) 나무의 둥치를 자르는 것과 같다.

이와 같이 뜻과 법을 인연하여 뜻의 앎을 내면 좋다는 마음이 생기기도 하고, 좋지 않다는 마음이 생기기도 하며, 좋기도 하고 좋지 않기도 하다는 마음이 생기기도 하지만, 나자마자 다 사라지고 마니, 이것을 평정이라 한다.

그는 평정을 얻은 뒤에는 싫어함과 싫어하지 않음을 여의게 된다.

아난다여, 이것이 현성의 법과 율이고, 거룩한 제자들이 모든 아는 뿌리 닦음이다.”

현성의 법과 율 그 깨달음의 길을 다시 보이심

“어떻게 현성의 법과 율을 깨달아 그 길을 봅니까?”

붇다께서 아난다에게 말씀하셨다.

“눈과 빛깔을 인연하여 눈의 앎을 내 좋다는 마음이 생기고, 좋지 않다는 마음이 생기며, 좋기도 하고 좋지 않기도 하다는 마음이 생기면, 저 거룩한 제자는 그것을 부끄러워하고 싫어하며 즐겨하지 않는다.

귀·코·혀·몸·뜻과 법 등을 인연하여 뜻 등의 앎을 내 좋다는 마음이 생기고, 좋지 않다는 마음이 생기며, 좋기도 하고 좋지 않기도 하다는 마음이 생기면, 저 거룩한 제자는 그것을 부끄러워하고 싫어하며 즐겨하지 않는다.

아난다여, 이것을 현성의 법과 율을 깨달아 그 자취를 봄[見跡]이라 한다.

아난다여, 이것을 현성의 법과 율에서 ‘위없이 모든 아는 뿌리를 닦음'이라 한다.

나는 이미 현성이 모든 아는 뿌리 닦음을 말하였고, 깨달아 그 길의 자취 보는 것을 이미 말했다.

아난다여, 내가 모든 성문(聲聞)들을 위해서 내가 해야 할 일을 이미 다했다[所作已作]. 너희들도 반드시 지어야 할 바를 지어서 행해야 한다."

붇다께서 이 경을 말씀하시자, 존자 아난다는 붇다의 말씀을 듣고 기뻐하며 받들어 행하였다.

• 잡아함 282 제근수경(諸根修經)

• 해설 •

여러 아는 뿌리 바르게 닦음이란 사물을 알 수 있는 주체와 알려지는바 객체의 실상을 살펴 닦음이다. 눈이 보지 않고 귀가 듣지 않음으로 닦음을 삼는 것은 봄이 없고 들음 없는 것으로 고요함을 삼는 것이고 해탈을 삼는 것이라 중도(中道)의 길이 되지 못한다.

이 뜻을 보지 않음으로 잘 닦는다 하면 장님이라야 눈을 잘 닦고, 듣지 않음으로 잘 닦는다 하면 귀머거리라야 귀를 잘 닦음이 되리라 경책하신 것이다.

연기론에서 아는 주체는 있되 공하고[有而空] 알려지는 대상 또한 공하되 있다[空而有]. 그러므로 눈이 빛깔 볼 때 실로 봄이 있어도 아는 뿌리 닦음이 되지 못하고, 봄이 없어도 아는 뿌리 닦음이 되지 못한다.

연기법에서 주체를 잘 닦음은 카장갈라부킬라 숲속 아란야의 사마디 가운데에도 소리를 듣지 않음이 없고, 저 세간의 시끄러움 속에 있어도 소리 들음이 없어야 아는 뿌리를 잘 닦음이다.

눈의 앎은 눈의 아는 뿌리와 아는바 빛깔을 인연하여 일어나기 때문에 앎에 실로 앎이 없다.

그와 같이 눈의 앎을 따라 일어나는 느낌 또한 느껴지는바 경계 없는 느낌이 없어서, 뜻에 맞는 느낌·맞지 않는 느낌·맞음도 아니고 맞지 않음도 아닌 느낌이 모두 공하다.

눈의 앎의 느낌과 같이 귀의 앎의 느낌·코의 앎의 느낌·혀의 앎의 느낌·몸의 앎의 느낌·뜻의 앎의 느낌 또한 그러하여 그 모든 느낌들이 다 공하니, 좋은 느낌에서 좋다는 생각을 떠나고 나쁜 느낌에서 싫다는 생각을 떠나고, 좋기도 하고 나쁘기도 한 느낌에서 둘을 모두 떠난 평정한 마음[俱離捨心]이 되고, 좋지도 않고 나쁘지도 않은 느낌에서 공(空)에 머문 캄캄한 마음도 버려야 한다.

그러면 그 모든 생각이 고요하여[寂滅] 참된 평정[捨]을 이루니, 이것이 빼어나게 묘함[勝妙]이고 모든 아는 뿌리를 현성의 법과 율로 잘 닦음이다.

그러므로 경계를 느끼어 받되 실로 받음이 없어야[受而不受] 사마타로 아는 뿌리를 잘 지킴이 되고, 받음 없이 느끼어 받아야[不受而受] 비파사나로 공에 떨어짐이 없이, 사마디를 여의지 않고 사물을 잘 분별할 수 있게 되고, 사마디를 여의지 않고 지혜를 드러낼 수 있는 것이다.

『화엄경』(「보현행품」) 또한 생각[念]과 생각 없음[無念]을 모두 넘어선 자가 아는 뿌리 잘 보살피는 자이고 세간을 잘 보는 자임을 이렇게 가르친다.

잘 행하는 보디사트바는
세간의 모든 법에 대해
분별의 견해를 내지 않나니
잘 분별을 떠나는 지혜로운 이
분별에서 분별함을 보지 않도다.

於諸世間法　不生分別見
善離分別者　亦不見分別

한량없고 셀 수 없는 겁도
이를 알면 곧 한 생각이니

생각과 또한 생각 없음을 알아
이와 같이 세간을 잘 보도다.

無量無數劫 解之卽一念
知念亦無念 如是見世間

「보살문명품」(菩薩問明品) 또한, 보되 봄이 없고 듣되 들음 없이 빼어
나게 잘 보고 잘 들음을 이렇게 말한다.

붇다의 나라에 분별없으니
미워함과 사랑함이 없네.
다만 중생의 마음을 따라
이와 같이 다름 있음을 보네.

佛刹無分別 無憎無有愛
但隨衆生心 如是見有殊

온갖 세간 가운데 있는
모든 말과 여러 소리들을
붇다의 지혜는 모두 따라 알되
또한 분별함이 있지 않네.

一切世間中 所有諸音聲
佛智皆隨了 亦無有分別

크신 스승과 제자는
같은 말과 맛, 같은 뜻이십니다

이와 같이 내가 들었다.

한때 붇다께서는 사케타(Sāketa) 성 안자나 숲(Añjana-vana)에 계셨다.

그때 많은 비구니들이 붇다 계신 곳으로 나아가 머리를 대 붇다의 발에 절하고 한쪽으로 물러나 서 있었다.

그때 세존께서는 많은 비구니들을 위해 갖가지로 설법하여 가르쳐 보여 기뻐하게 하셨고, 가르쳐 보이고 기뻐하게 하신 뒤에 잠자코 계셨다.

그때 모든 비구니들이 붇다께 말씀드렸다.

"세존이시여, 만약 모습 없는 마음의 사마디[無相心三昧]에서 들뜨지도 않고 가라앉지도 않으며, 해탈하고 머물며 머물고서 해탈한다면, 세존께서는 이 모습 없는 마음의 사마디가 무엇의 결과요, 무엇의 공덕이라고 말씀하시겠습니까?"

붇다께서 여러 비구니들에게 말씀하셨다.

"만약 모습 없는 마음의 사마디에서 들뜨지도 않고 가라앉지도 않으며, 해탈하고서 머물고 머무르고서 해탈한다면, 이 모습 없는 마음의 사마디는 지혜의 결과요, 지혜의 공덕이다."

그때 여러 비구니들은 붇다의 말씀을 듣고, 함께 기뻐하면서 절하고 떠나갔다.

사마디와 지혜가 둘 아닌 뜻을 세존께 듣고, 다시 아난다께 물음

그때 많은 비구니들은 존자 아난다가 있는 곳에 가서, 머리를 대발에 절하고 한쪽으로 물러앉아 존자 아난다에게 물었다.

"만약 모습 없는 마음의 사마디에서 들뜨지도 않고 가라앉지도 않으며, 해탈하고서 머물거나 머물고서 해탈한다면, 이 사마디는 무엇의 결과요 무엇의 공덕이라고 말씀하시겠습니까?"

존자 아난다가 비구니들에게 말했다.

"누이들이여, 만약 모습 없는 마음의 사마디에서, 해탈하고 머물며 머물고서 해탈한다면, 세존께서는 그것이 '지혜의 결과요 지혜의 공덕이다'라고 말씀하셨습니다."

비구니들이 말했다.

"기이합니다, 존자 아난다여. 크신 스승과 그 제자는 말귀를 같이하고 맛을 같이하고 뜻을 같이하십니다. 그러니 으뜸가는 뜻과 말이라 하겠습니다.

지금 저희 여러 비구니들은 세존 계신 곳에 나아가, 이와 같은 말·이와 같은 맛·이와 같은 뜻으로써 세존께 여쭈었습니다.

세존께서 또한 이와 같은 말·이와 같은 맛·이와 같은 뜻으로써 저희들을 위해 말씀해주셨습니다.

존자 아난다께서 말씀하신 것과 다르지 않았습니다. 그러므로 크신 스승과 제자가 말귀를 같이하고 맛을 같이하고 뜻을 같이하여 기이하다고 한 것입니다."

그때 여러 비구니들은 존자 아난다의 말을 듣고, 기뻐하고 따라 기뻐하면서 절하고 떠나갔다.

• 잡아함 556 무상심삼매경(無相心三昧經)

• 해설 •

사케타 성은 슈라바스티 성과 함께 코살라 국 안에서 가장 번성했던 도시이다. 세존께서 안자나 숲에서 선정에 들어 계시고, 비구니대중이 찾아와 법을 물으니 아마 사케타 성에 비구니상가의 정사가 있었던 것 같다.

모습 없는 마음의 사마디는 마음으로 보는바 모습에 모습 없음을 바로 살펴 모습에서 모습 떠나는 것이니, 모습에서 모습 떠나면 마음이 모습에 물듦 떠나 사마디가 되고, 마음에서 마음 떠나 마음이 알되 늘 고요함이 된다.

곧 아는바 모습이 모습 아닌 줄 바로 살피지 못하면 사마디의 고요함이 이루어지지 못하니, 사마디는 지혜가 원인이 되고 지혜는 다시 사마디가 원인이 된다. 그러므로 연기법에서 사마디 없는 지혜는 바른 지혜가 아니고, 지혜 없는 사마디는 바른 사마디가 아니다.

많이 들은 제자[多聞弟子]는 누구를 말하는가. 여래의 말씀대로 잘 받아들고, 말씀대로 잘 사유하여 아는 마음과 알려지는 경계에서 아는 자와 알려지는 것이 곧 공함을 살피어 모습 없는 사마디를 이루고 마음의 해탈 이룬 이를 '많이 들은 제자'라 한다.

그러므로 많이 들음으로 으뜸가는 제자 아난다의 말이 여래의 말씀과 어찌 다르겠는가.

크신 스승과 많이 들은 제자는 말과 맛을 같이하고 뜻을 같이하며 끝내 해탈의 길을 같이하는 것이다.

아나바탑타의 샘에서 사리푸트라와
목갈라야나를 통해 신통과 사마디의 법을 보이시다

이와 같이 들었다.

한때 붓다께서 아나바탑타(Anavatapta, 阿耨達池) 샘에서 큰 비구 대중 오백 사람과 함께 계셨다.

그들은 다 아라한으로서 세 가지 밝음을 통달하고 여섯 가지 신통이 자재하여 마음에 두려움이 없었다. 오직 한 비구를 내놓으니, 바로 아난다였다.

그때에 세존께서는 일곱 가지 보배로 줄기가 된 황금 연꽃에 앉으시고 오백 비구들도 각각 보배 연꽃에 앉았다. 그때에 아나바탑타 용왕은 세존 계신 곳에 와 머리를 대 발에 절하고 한쪽에 섰다.

그때 용왕은 거룩한 대중들을 두루 살피고는 세존께 말씀드렸다.

"제가 지금 이 대중을 살펴보니 빠진 이가 있어 갖추어져 있지 않습니다. 존자 사리푸트라가 안 계십니다. 세존께서는 한 비구를 보내어 사리푸트라를 불러오도록 해주시길 바랍니다."

사리푸트라가 목갈라야나를 사마디의 신통으로 시험해보임

그때에 사리푸트라는 제타 숲 '외로운 이 돕는 장자의 동산'에서 낡은 옷을 깁고 있었다. 그때 세존께서는 목갈라야나에게 말씀하셨다.

"그대가 사리푸트라가 있는 곳에 가서 이렇게 말해주라.

'아나바탑타 용왕이 서로 보고 싶어한다.'"

목갈라야나가 대답하였다.

"그렇게 하겠습니다, 세존이시여."

이때 존자 목갈라야나는 사람이 팔을 굽혔다 펴는 사이에 사리푸
트라가 있는 제타 숲 정사에 가서 사리푸트라에게 말했다.

"여래께서 이렇게 분부하셨소.

'아나바탑타 용왕이 사리푸트라와 서로 보고 싶어한다.'

그러니 바로 가시되 때를 따라 하십시오."

사리푸트라가 대답했다.

"그대가 앞서 가시오, 나는 뒤에 가겠소."

목갈라야나가 대답했다.

"여러 거룩한 대중과 아나바탑타 용왕이 생각을 늦추어 존자의 얼
굴을 서로 보고 싶어하오. 바로 가셔서 때를 가볍게 하지 마십시오."

사리푸트라가 대답했다.

"그대가 먼저 거기 가십시오. 내가 뒤에 가겠소."

이때 목갈라야나가 거듭 말했다.

"어떻소, 사리푸트라여. 신통 가운데서 나를 이길 수 있겠소? 그런
데도 지금 나를 먼저 가라 하는가요. 만약 사리푸트라께서 바로 일어
나지 않으면 나는 당신 팔을 붙잡고 저 아나바탑타 샘으로 가겠소."

때에 사리푸트라는 생각하였다.

'지금 목갈라야나가 방편으로 나를 시험해 놀리는 것이다.'

그때 그는 몸소 갈래가 다한 끈을 풀어 땅에 두고 목갈라야나에게
말하였다.

"만약 그대가 신통이 으뜸이라면 지금 이 띠를 들어 땅에서 떼

어내시오. 그런 뒤에 내 팔을 붙잡고 저 아나바탑타 샘으로 데리고
가시오."

때에 목갈라야나는 생각하였다.

'지금 사리푸트라는 나를 가볍게 놀린다. 서로 다뤄보자는 것인
가. 지금 띠를 풀어 땅에 두고 들어올린 다음에 내 팔을 붙잡고 저 샘
으로 데려가라고 한다.'

그는 다시 생각하였다.

'여기에는 반드시 까닭이 있을 것이다. 그러나 그 일은 힘든 것이
아니다.'

그는 바로 팔을 펴서 띠를 집어 들었다. 그러나 털끝만큼도 그 띠
를 움직일 수 없었다. 그는 다시 힘을 다해 띠를 들려 하였으나 움직
일 수 없었다.

이때 사리푸트라는 그 띠를 집어 잠부나무 가지에 매어두었다. 존
자 목갈라야나는 그 신묘한 힘을 다해 이 띠를 들려 하였으나 끝내
옮길 수 없었다. 그러다가 막 이 띠를 들려 할 때에 이 잠부드비파의
땅이 크게 떨려 움직였다.

그때 사리푸트라는 다시 생각하였다.

'목갈라야나 비구는 이 잠부드비파의 땅도 움직이게 하는데, 하물
며 이 띠이겠는가. 나는 이제 이 띠를 두 천하[二天下]에 매어두어야
겠다.'

그때에 목갈라야나 또한 그것을 들었다. 다시 세 천하[三天下], 네
천하[四天下]에 매어두었으나 마치 가벼운 옷을 들듯이 들었다.

이때에 사리푸트라는 생각하였다.

'목갈라야나 비구가 네 천하를 든다고 해도 말할 것이 못 된다. 나

는 이제 이 띠를 저 수메루 산 중턱 배[腹]에 매어두어야겠다.'

그때에 목갈라야나는 다시 저 수메루 산과 네 하늘왕 궁전과 서른 세하늘 궁전까지 모두 흔들었다.

사리푸트라는 다시 그 띠를 천 세계에 매어두었다. 목갈라야나는 또 그것을 움직였다. 사리푸트라는 다시 그 띠를 이천 세계 · 삼천 세계에 매었다. 목갈라야나는 또 그것을 움직였다.

이때 온 하늘땅이 크게 움직였다.

그러나 오직 여래께서 앉아 계시는 아나바탑타만은 움직이지 않았다. 그것은 마치 힘센 장사가 나뭇잎을 놀리며 아무 어려움이 없는 것과 같았다.

사리푸트라의 지혜와 사마디가 빼어남을 말씀하심

그때에 아나바탑타 용왕은 세존께 말씀드렸다.

"지금 이 하늘땅이 왜 떨려 움직입니까."

그때 세존께서는 용왕에게 이 본래 인연[本緣]을 말씀하셨다.

용왕이 붇다께 말씀드렸다.

"그 두 사람의 신통의 힘은 누가 빼어납니까."

세존께서 말씀하셨다.

"사리푸트라 비구의 신통의 힘이 가장 크다."

용왕이 붇다께 말씀드렸다.

"세존께서는 앞에 '목갈라야나 비구는 신통이 으뜸이어서 그보다 나은 이가 없다'고 말씀하셨습니다."

세존께서는 말씀하셨다.

"용왕이여, 알아야 한다. 네 가지 신통이 있다. 어떤 것이 네 가지인가. 자재한 사마디의 신묘한 힘[自在三昧神力]·정진 사마디의 신묘한 힘[精進三昧神力]·마음 사마디의 신묘한 힘[心三昧神力]·사마디를 쓰는 신묘한 힘[試三昧神力]이다.

이것을 용왕이여, 네 가지 신묘한 힘이 있다고 하는 것이다.

만약 어떤 비구·비구니가 이 네 가지 신통의 힘을 가까이해 닦아 행하며 놓아버리지 않으면, 이 사람이 곧 신통의 힘이 으뜸이다.”

아나바탑타 용왕이 말씀드렸다.

“목갈라야나 비구는 그 네 가지 신통을 얻지 못하였습니까.”

“목갈라야나 비구도 그 네 가지 신통의 힘을 얻어 그것을 가까이해 닦아 행하여 처음부터 버리지 않았다. 그리고 그는 목숨을 머물러 한 겁에 이르게 하려 해도 그렇게 할 수 있다. 그러나 사리푸트라가 들어간 사마디는 목갈라야나는 그 이름도 알지 못한다.”

사리푸트라의 사마디는 목갈라야나가 그 이름 알지 못함을 보이심

이때에 존자 사리푸트라는 다시 생각하였다.

‘저 목갈라야나는 이 삼천대천세계를 모두 움직여 고물거리는 벌레 가운데 죽는 것이 헤아릴 수 없다. 그러나 나는 몸소 들었다. 여래의 자리를 움직일 수 없다. 나는 지금 이 띠를 여래의 자리 있는 곳에 매어두어야겠다.’

이때에 목갈라야나는 또 신통으로 그 띠를 들려 하였다. 그러나 움직일 수 없었다. 목갈라야나는 생각하였다.

‘나는 신통에서 물러난 것이 아닌가. 지금 이 띠를 들려 하여도 움직일 수 없구나. 나는 지금 세존 계신 곳에 가서 이 뜻을 여쭈어보아야겠다.’

목갈라야나는 그 때를 버려두고 곧 신통으로 세존 계신 곳에 이르렀다. 그는 멀리서 사리푸트라가 여래 앞에 앉아 있는 것을 보고 다시 생각하였다.

'세존의 제자 가운데 신통이 으뜸인 것으로 나를 벗어난 이가 없다. 그런데 내가 사리푸트라만 같지 못한 것인가.'

그때에 목갈라야나는 붇다께 말씀드렸다.

"저는 신통에서 물러나지 않았습니까. 왜냐하면 저는 제타 숲 '외로운 이 돕는 장자의 동산'으로 먼저 떠났고, 사리푸트라는 뒤에 떠났는데 지금 사리푸트라 비구가 먼저 와서 여래 앞에 앉아 있습니다."

붇다께서는 말씀하셨다.

"그대는 신통에서 물러나지 않았다. 다만 사리푸트라가 들어간 신통의 사마디 법을 그대가 알지 못하는 것이다. 왜냐하면 사리푸트라는 지혜가 한량이 없고 마음에 자재를 얻어서, 그대가 사리푸트라의 마음 따라 그대로 함[從心]과 같지 못하기 때문이다.

사리푸트라는 마음의 신통으로 자재를 얻었다. 만약 사리푸트라 비구가 마음으로 생각하는 법이라면 곧 자재를 얻게 된다."

목갈라야나는 그때 바로 잠자코 있었다. 이때에 아나바탑타 용왕은 기뻐 뛰놀며 스스로 이기지 못해 생각하였다.

'지금 사리푸트라 비구는 이루 생각하고 말할 수 없는 신통의 힘이 있어, 들어간 사마디는 목갈라야나 비구마저 그 이름을 알지 못한다.'

그때에 세존께서는 아나바탑타 용왕을 위해 미묘한 법을 말씀하시어 그를 기쁘게 하시고, 또 그에게 계율을 말씀하셨다.

**목갈라야나가 타방 세계 비구를 발우에 담아
브라흐마하늘에 이르도록 하심**

세존께서는 이른 아침에 비구들을 데리고 슈라바스티 국 제타 숲 '외로운 이 돕는 장자의 동산'으로 돌아가셨다.

그때에 비구들은 저희끼리 말하였다.

"세존께서는 입으로 몸소 말씀하셨다.

'내 성문 가운데 신통이 으뜸인 사람은 바로 목갈라야나 비구이다.'

그런데 오늘은 '사리푸트라와 같지 못하다'고 말씀하신다."

그때 여러 비구들은 목갈라야나에 대해 업신여기는 생각들을 일으켰다.

이때 세존께서 이렇게 생각하셨다.

'이 여러 비구들은 목갈라야나를 향한 업신여기는 생각을 내는구나. 그래서 죄 받음이 헤아릴 수 없을 것이다.'

곧 목갈라야나에게 말씀하셨다.

"그대의 신통의 힘을 나타내어 이 대중들이 보도록 해 게으른 생각을 내지 말도록 하라."

목갈라야나가 대답했다.

"그렇게 하겠습니다, 세존이시여"

이때 목갈라야나는 세존의 발에 절하고 곧 여래 앞에서 사라져 동방으로 일곱 강가아 강 모래알 수 붇다의 나라를 지나갔다.

그 나라에 붇다가 계시어 기이한 빛 여래[奇光如來]·아라한·바르게 깨치신 분이라 하였다.

목갈라야나는 보통의 옷으로 그 국토에 가서 그 여래의 발우 가장자리 위를 거닐고 있었다. 그 국토 사람들은 몸이 아주 컸다.

그때에 그 비구들은 목갈라야나를 보고 저희끼리 서로 말하였다.

"너희들은 이 벌레를 보라. 꼭 사문 같구나."

이때 비구들은 그 벌레를 집어 붇다게 보이면서 말씀드렸다.

"사람들 말대로 그렇습니다, 세존이시여. 지금 이 벌레는 꼭 사문 같습니다."

그때에 '기이한 빛 여래'는 비구들에게 말씀하셨다.

"여기서 서방으로 일곱 강가아 강 모래알 수 세계를 지나 그 세계에는 사카무니 · 여래 · 아라한 · 바르게 깨치신 분 · 붇다가 세간에 출현해 계신다. 이 사람은 바로 그 붇다의 제자로서 신통이 으뜸이다."

그리고 그 붇다께서는 목갈라야나에게 말씀하셨다.

"지금 여러 비구들은 너를 업신여기는 뜻을 가지고 있다. 너의 신통을 나타내어 이 대중이 보도록 하라."

목갈라야나가 대답했다.

"그렇게 하겠습니다, 세존이시여."

이때 목갈라야나는 붇다의 분부를 받고 발우에다 그 오백 비구들을 얽어 담아가지고 브라흐마하늘 위에 이르렀다. 그는 왼쪽 다리를 수메루 산에 올려놓고 오른쪽 다리를 브라흐마하늘에 붙이고 곧 이 게송을 말하였다.

늘 더욱 힘써 정진할 것 생각해
붇다의 위없는 법을 닦아 행하여
마라 무리 그 원한 항복받기를
갈고리로 코끼리 다루듯 하라.

만약 붇다의 위없는 이 법 안에서
방일하지 않음 행할 수 있으면
괴로움의 바탕과 끝 다하게 되어
다시는 못 번뇌 일어나지 않으리.

이때 목갈라야나의 이 소리 울림이 제타 숲 '외로운 이 돕는 장자의 동산'에까지 두루 가득했다.

여러 비구들은 그 소리를 듣고 세존께 말씀드렸다.

"목갈라야나는 지금 어느 곳에 머물며 이 게송을 말합니까."

세존께서는 말씀하셨다.

"목갈라야나는 이 붇다의 땅[佛土]에서 동방으로 일곱 강가아 강 모래알 수 세계를 지나 거기 동방에 있으면서, 노끈으로 그 오백 비구들을 얽어 발우에 담아가지고 왼쪽 다리는 수메루 산에 올려놓고 오른쪽 다리는 브라흐마하늘에 붙이고 이 게송을 말하고 있다."

비구들은 일찍이 없었던 일을 찬탄하며 말했다.

"참으로 기이하고 놀랍습니다. 목갈라야나께서는 이런 큰 신통이 있는데도, 저희들은 목갈라야나에 대해 업신여기는 생각을 일으켰습니다. 세존께서 목갈라야나 비구로 하여금 그 오백 비구들을 데리고 여기 오도록 해주시길 바랍니다."

이때에 세존께서는 멀리 도의 힘 나타내어 목갈라야나로 하여금 그 뜻을 알게 하였다.

타방 세계의 비구들에게 연기의 법을 설해 법의 눈을 열어주심

목갈라야나는 오백 비구들을 데리고 슈라바스티 성 제타 숲 '외로운 이 돕는 장자의 동산'으로 돌아왔다.

그때에 세존께서는 수천만 대중을 위해 설법하고 계셨다. 때에 목갈라야나는 오백 비구를 데리고 세존 계신 곳에 이르렀다.

사카무니 붇다의 제자들은 그 비구들을 우러러보았다. 그리고 동방 세계 비구들은 세존의 발에 절하고 한쪽에 앉았다.

그때에 세존께서는 그 비구들에게 말씀하셨다.

"그대들 비구들은 어디서 왔는가. 어떤 분의 제자인가. 길에서는 얼마쯤 걸렸는가."

오백 비구들은 말씀드렸다.

"저희들은 지금 동방 세계에 있습니다. 그곳 붇다께서는 '기이한 빛 여래'라 이름하시는데, 저희들은 그 붇다의 제자입니다. 그렇지만 저희들은 오늘 어디서 왔으며 며칠이나 걸렸는지 알지 못합니다."

세존께서 말씀하셨다.

"너희들은 붇다의 세계를 아는가"

여러 비구들이 대답했다.

"모릅니다, 세존이시여."

"너희들은 지금 그 세계로 가고 싶은가."

"그렇습니다, 세존이시여. 그 세계로 돌아가고 싶습니다."

그때에 세존께서는 그 비구들에게 말씀하셨다.

"나는 지금 너희들에게 여섯 가지 영역의 법[六界法]을 말하겠으니, 잘 사유해 생각하라."

"그렇게 하겠습니다, 세존이시여."

그때 비구들이 붇다께 가르침을 받아 들으니, 세존께서 말씀하셨다.

"어떤 것을 여섯 가지 영역의 법이라 하는가. 비구들이여, 알아야한다. 여섯 가지 영역으로 이루어진 사람은 부모의 정기를 받아 태어났다. 그 여섯 가지 영역이란 흙의 영역[地界]·물의 영역[水界]·불의 영역[火界]·바람의 영역[風界]·허공의 영역[空界]·앎의 영역[識界]이다.

이것을 비구들이여, '여섯 가지 영역이 있다'고 하는 것이다.

또 사람의 몸은 이 정기를 받아 '여섯 가지 들임'[六入]이 생긴다. 어떤 것이 여섯인가. 곧 눈의 들임·귀의 들임·코의 들임·혀의 들임·몸의 들임·뜻의 들임이다.

이것을 비구들이여, '이 여섯 가지 들임이 있어 부모를 말미암아 있게 된다'고 하는 것이다.

또 이 여섯 가지 들임을 의지해 곧 '여섯 가지 앎의 몸'[六識身]이 있게 된다. 어떤 것이 여섯인가. 만약 눈의 앎을 의지하면 눈의 앎의 몸이 있게 되니, 귀의 앎·코의 앎·혀의 앎·몸의 앎·뜻의 앎 또한 같다. 이것을 비구들이여, '여섯 가지 앎의 몸'이라 한다.

만약 어떤 비구로서 이 여섯 가지 영역[六界]·여섯 가지 들임·여섯 가지 앎을 알면, 그는 여섯 하늘[六天]을 건너 다시 몸을 받을 것이요, 만약 그곳에서 목숨을 마치고 여기 와서 나면 총명하고 재주 높아현재의 몸으로 번뇌의 묶음을 다하고 니르바나에 이르게 된다."

그때에 세존께서는 목갈라야나에게 말씀하셨다.

"그대는 지금 이 비구들을 도로 저 붇다의 국토[佛土]로 데려다주라."

"그렇게 하겠습니다, 세존이시여."

목갈라야나는 다시 그 오백 비구들을 얽어 담고 붇다를 세 바퀴 두루고 곧 물러나 떠났다. 마치 팔을 굽혔다 펴는 사이에 그 붇다의 땅에 이르렀다. 이때 목갈라야나는 그 비구들을 거기 두고, 그 붇다의 발에 절하고 이 사바세계로 돌아왔다.

이때에 그 세계 비구들은 그 여섯 가지 영역의 법을 듣고 모든 티끌의 때가 다하여 법의 눈이 깨끗하게 되었다.

그때에 세존께서는 비구들에게 말씀하셨다.

"나의 제자 가운데 으뜸가는 성문으로 그 신통을 따를 이 없는 이는 바로 마하목갈라야나이다."

그때에 비구들은 붇다의 말씀을 듣고 크게 기뻐하며 받들어 행하였다.

• 증일아함 37 육중품(六重品) 二

• 해설 •

아나바탑타 샘은 한문으로 아뇩달지(阿耨達池)라고 옮겨졌다. 이것은 잠부드비파 4대 강의 근원이 되는 샘이라 한다. 아마 강가아 강의 먼 상류 히말라야 산기슭이 아닌가 생각한다.

지금 네팔의 수도 카투만두 주변의 불교 유적에 관한 학자들의 연구기록을 보면 카투만두 서쪽 칠 킬로미터 지점에 나가르주나 언덕이 있는 자마초(Jamacho)에 자마초스투파가 있는데 주변 빈디야(Vindhya) 산에 사카무니 붇다와 사리푸트라·목갈라야나 존자가 선정에 들던 자리가 남아 있다고 한다.

또 근처에 나가르주나 존자가 참선하던 동굴과 숫도다나 왕과 마야 부인의 스투파가 서 있다고 한다. 현재 락슈미후파(Lakṣimhufa)라는 동굴이 나가르주나의 동굴이라고 한다.

또 카투만두 남쪽 칠 킬로미터 지점에 있는 쵸발 협곡은 옛날 나가바슈라다(Nagavashrada)라는 큰 호수였고, 그 호수에 카르코타크(Karkotak)라는

큰 용이 살고 있었고, 그곳이 옛 붇다들의 유적지로서 나중 만주쓰리 보디사
트바가 많은 이들의 참배를 위해 그 호수를 칼로 베어 물이 빠지게 해서 사
람들이 쉽게 참배하고 머물러 살 수 있게 되었다는 설화가 전해 내려온다.

네팔의 유적지와 설화들에 용의 이야기, 목갈라야나와 사리푸트라의 이
야기가 모두 등장하고 있으니, 이 경의 내용과도 일정 부분 서로 통하는 것
이 있다고 할 수 있다.

아무튼 아나바탑타 샘에서 붇다께서 오백 비구와 안거하실 때 용왕이 사
리푸트라를 청한 것으로 보아 아나바탑타 샘은 계곡의 물, 용과 관계된 장소
라 할 수 있을 것이다.

목갈라야나 존자는 세존의 제자 가운데 신통으로 으뜸가는 제자이다. 연
기법에서 이곳과 저곳은 서로 닫혀 있는 이곳과 저곳이 아니라, 이곳은 저곳
에 통해 있는 이곳이고 저곳은 이곳에 통해 있는 저곳이다.

이곳은 이곳이되 이미 저곳에 들어가 있는 이곳이고, 저곳은 저곳이되 이
미 이곳에 들어와 있는 저곳이다.

신통의 발[神足]이란 바로 이런 연기의 실상 그대로의 사마디에서 일어
나는 신통 작용으로 멀고 가까운 곳을 자재하게 오가는 능력을 말한다.

사리푸트라는 이 신통의 발을 자주 쓰지는 않지만, 크고 작음 멀고 가까
움이 서로 통하는 모습 없는 사마디에 늘 머물러, 그 사마디의 힘과 지혜의
힘이 굳세기로 세존의 제자 가운데 으뜸이다.

그러므로 사리푸트라는 아나바탑타 샘에서 먼 곳인 제타 숲 '외로운 이
돕는 장자의 동산'에서 옷을 깁고 있었지만, 저 붇다께서 계신 아나바탑타
샘을 떠나지 않고 있으니, 그는 곧 제타 숲을 한 걸음도 여의지 않고 붇다 계
신 곳에 곧 갈 수 있었다.

목갈라야나가 비록 신통으로 으뜸이지만 그 신통에는 아직 때와 곳의 자
취가 온전히 다하지 않았다. 그러므로 세존은 목갈라야나가 때와 곳의 자취
를 온전히 넘어서서 때와 곳을 쓰는 사리푸트라의 신통을 알지 못한다고 하
신 것이다.

세존의 머무신 곳은 이곳 아나바탑타 샘이지만 이곳을 여의지 않고 시방에 두루한 머묾이고, 세존의 사마디는 아나바탑타 샘에서 용과 대화하고 오백 비구와 함께하시지만 한 티끌도 받지 않고[不受一塵] 한 모습도 두지 않는[不有一相] 모습 없는 사마디이다.

그러므로 저 목갈라야나와 사리푸트라가 보인 신통의 힘으로 수메루 산이 흔들리고 하늘궁전이 움직이지만, 세존이 머물고 계시는 아나바탑타 샘 아란야는 늘 고요하고 세존의 사마디는 움직임이 없는 것이다.

비록 그러하나 범부의 눈으로 어찌 저 현성이신 목갈라야나의 깊은 사마디와 신통의 힘을 가볍게 여기고 함부로 비방할 수 있는가.

세존께서 목갈라야나의 신통을 가볍게 여기는 대중의 마음을 다스리기 위해 목갈라야나를 저 동방으로 일곱 강가아 강 모래알 수 세계를 지나 '기이한 빛 붇다'의 세계로 보내니, 지구 중심의 실체론적 시간으로 보면 몇 억 광년의 먼 거리에 있는 세계일 것이다.

그 세계가 참으로 멀고 먼 것인가. 실로 멀다면 어찌 여기 있는 목갈라야나가 한순간에 그곳에 이를 것인가.

목갈라야나가 저 붇다의 국토 그곳에 이르니, 그곳 중생은 몸이 커서 목갈라야나는 그 세계 붇다의 발우 가장자리를 거닐었다.

그곳 세계와 중생이 실로 크고 큰 것인가. 실로 크다면 어찌 목갈라야나가 신통으로 오백 비구를 발우에 담아 브라흐마하늘에 올 수 있겠는가.

자아와 세계, 아는 자[六根]와 알려지는 것[六境]과 앎[六識]이 모두 공한 줄 모르면, 이곳 사카무니 붇다의 세계와 저곳 기이한 빛 붇다의 세계 사이에서 사리푸트라와 목갈라야나가 벌인 한바탕 우주적인 신통의 놀음놀이가 한갓 눈가림의 짓이 되고 속임수의 말이 되고 말 것이다.

앎의 영역[識界]에 앎이 없고 저 사대 물질의 영역[地水火風界]과 허공의 영역[空界]에도 취할 것 없음을 깨달아 마음과 물질과 허공에 걸림 없는 해탈의 경계를, 『화엄경』(「범행품」梵行品)은 이렇게 가르친다.

붇다의 법 잘 행하는 보디사트바는
세간의 길고 짧은 겁의 길이와
한 달과 반달 낮과 밤이 차별되며
시방의 국토가 각기 다르되
그 성품이 평등함을 잘 알아서
이와 같은 법의 진실 부지런히 살펴
언제나 방일하지 아니하네.

善知世間長短劫　一月半月及晝夜
國土各別性平等　常勤觀察不放逸

보디사트바는 시방 세계 널리 가지만
모든 방위와 처소에 취하는 바 없고
국토를 깨끗이 장엄해 남음 없으나
깨끗이 한다는 분별 또한 내지 않네.

普詣十方諸世界　而於方處無所取
嚴淨國土悉無餘　亦不曾生淨分別

2 아란야와 여러 교설

여래의 가르침은 초월자의 계시의 빛이 아니고 절대신성의 언어적 발현으로서 비밀한 말씀도 아니다.

여래의 법은 역사의 구체적인 때[時]와 곳[處]에서, 보디의 완성자 붇다가 스스로 깨친 연기의 진실을 소리 듣는 대중[聲聞] 앞에 감성적으로 확신되는 방법을 통해 말씀한 것이다.

그러므로 여래의 수트라는 말하는 이와 듣는 대중 · 때와 곳 · 설한 내용 · 말하고 들음의 행위, 이 여섯 가지 요건을 갖추어[六成就] 경전으로 역사 속에 전승된 것이다.

여래의 가르침은 말한 곳과 때를 통해서 설해진 것이다. 또한 모두 연기의 한 진리[一法]와 해탈의 한맛[一味]을 보이는 가르침이다. 그렇지만 듣는 대중의 근기와 수준에 따라 처음 고통에서 해탈에 이르는 연기(緣起)의 기본 구조[四諦]를 설하고, 삶의 실상에 관한 믿음을 설한 뒤에 차츰 연기법을 인식론적 · 실천론적으로 확장해서 설하셨을 뿐이다.

처음 온갖 존재가 연기임을 설하다가 연기의 뜻이 공의 뜻[空義]

임을 차츰 일깨워주었을 것이며, 끝내 연기의 가르침이 공함도 공한 중도(中道)에 귀결되어짐을 밝혔을 것이다.

법을 설한 장소에 있어서도 처음 사슴동산에서 사제의 교설을 보이신 뒤, 라자그리하 성의 정사나 슈라바스티 성의 제타 숲 정사 등 안정적 비하라가 생긴 뒤에는 연기법을 보다 심화되고 확장된 방법으로 가르쳐 보이셨을 것이다.

그리고 마지막 니르바나의 여정을 출발하시기 전 그리드라쿠타 산에서 안거하며 설법하실 때는 성도의 사십오 년간 설한 법문이 그 교화의 방법과 형식이 달라도, 그 내용은 오직 하나인 붇다의 해탈의 법[一佛乘]임을 보이고, 니르바나의 때에 이르러서는 뒤에 남는 성문제자들에게 마지막 당부의 말씀을 남기셨을 것이다.

이러한 역사적 과정 속에서 보인 여래의 차제적 교설의 방법이 중국불교에서 교판사상과 어울려, 붇다 일생의 교설이 시간적 구분을 가지고 설해진 것으로 이해되어왔다.

그러나 이러한 교설의 시간적 구분은 후대 편집된 붇다의 모든 교설이 붇다 일생의 교설[一佛說]이며 모든 가르침이 한 붇다의 뜻[一佛義]인 것으로 받아들이기 위한 후대 불교도들의 불교 이해의 방식으로서, 특히 중국불교에서는 교판사상과 연결되어 경전해석 방법으로 굳어진 것이다.

중국 교판사상에서 교설에 대한 시대구분[五時說]이나 교리내용[化法]과 교화방법[化儀]의 구분은, 구분에 확정된 뜻이 있는 것이 아니라 실은 다양한 방편문을 열어 설한 방대한 붇다 교설을 통일적으로 이해하기 위한 경전해석 방법에 다름 아니다.

중국불교에서 대표적 교판이라 할 수 있는 천태교판(天台敎判)은 붇다의 교설을 시간적으로 다섯 때[五時]로 나누고, 가르침의 내용에 따라 화법사교(化法四教)로 나누고, 교화형식을 잡아 화의사교(化儀四教)로 구분해 보인다.

화법사교는 『중론』의 삼제게(三諦偈)에 의거해 여래의 교설을 가르치는 언어의 방향에 따라, 존재가 스스로 있지 않고 연기로 있음[有]을 밝힌 교설, 연기이므로 공함[空]을 설한 교설, 공하므로 거짓 있음이 연기함을 보인 교설[假名], 중도를 보인 교설[中]로 나눈다.

교화형식에 따라서는 단박 깨침의 교설[頓]·점차 깨우치는 교설[漸]·정해지지 않은 교설[不定教] 가운데 교화받는 이들이 사람과 들은 법을 서로 알지 못하게 단박 깨침의 가르침과 점차의 가르침을 보이는 교설[秘密不定, 人法俱不知]·단박 깨침과 점차 그 어디로 정해지지 않은 가르침을 배우는 이가 서로 알지만 법을 달리 받아들임은 알지 못하는 교설[顯露不定教, 人知法不知]로 나눈다.

그러므로 교화의 내용에 따라 네 가지로 가름한 가르침[化法四教]의 돌아가는 끝은 모두 중도의 실상이 되니, 교설의 다양한 언어적 가르침의 방향과 형식의 차이를 밝혀, 듣는 이가 모두 해탈의 땅에 들어가게 하는 데에 가르침을 넷으로 가름한 교판[四教判]의 뜻이 있다.

중국 교판사상에서 제일 문제되는 교판이 가르침을 다섯 때[五時]로 나눈 것으로, 그 교판이 세워지게 된 참뜻이 왜곡되게 받아들여지고 있는 것도 바로 이 다섯 때의 교판이다.

연기법에서 때는 늘 사물[物]과 더불어 주어지고 곳과 더불어 주어진다.

역사적인 붇다의 교설은 분명 사슴동산에서의 사제 교설로부터 쿠시나가라 성의 니르바나에 드시기 전 최후 당부하는 교설에 이르른다.

그러나 입을 열어 연기법을 설하기 전 보디 나무 아래서 사마디에 들어 있는 여래의 지혜밖에 진리가 없고, 진리인 지혜밖에 언어적 교설이 없는 것이니, 말 없는 여래 사마디의 처소가 모든 언어적 교설의 원천인 것이다.

그러므로 사마디[海印三昧]에 머물러 있는 그때가 여래의 법이 온전히 드러난 순간이니, 이를 화엄을 설한 때[華嚴時]라고 말한다.

여래께서 니르바나에 드시기 얼마 전 그리드라쿠타 산에서 안거하실 때 만년의 여래에게 중대한 과제는, 사십오 년간 설하신 갖가지 법이 언어의 방향과 교화방식에 차이가 있어도 그 모두가 한 보디의 법이고, 비록 방편문이 달라져도 귀결처는 여래의 보디의 땅임을 깨쳐주는 것이었으리라.

이러한 뜻이 바로 소리 듣고 깨치는 성문승(聲聞乘), 홀로 사유해 깨치는 연각승(緣覺乘), 파라미타의 행으로 보디의 도에 들어가려는 보디사트바의 행[菩薩乘]이, 모두 여래의 하나인 진리의 수레[一佛乘]에서 일어나, 하나인 진리의 수레에 귀결한다[會三歸一]는 법화일승(法華一乘)의 가르침이다.

화엄의 입장에서는 보면 삼매와 지혜와 진리가 하나된 화엄의 법문이 근본법륜(根本法輪)이고, 『화엄경』 이후 아함·반야 등의 가르침은 지말법륜(枝末法輪)이 될 것이다.

그러나 법화일승의 뜻으로 다시 보면, 화엄과 법화 사이에 아함 반야 등의 가르침들[枝末法輪]도 모두 화엄의 근본법륜에서 일어나 다시 법화일승의 근본법륜에 돌아가니, 법화일승이 곧 지말을 거두어 근본법륜에 돌아가게 하는 법바퀴[攝末歸本法輪]가 될 것이다.

그러므로『화엄경』을 이십일 일간 설하고, 아함경을 십이 년 설하고,『방등경』을 팔 년,『반야경』을 이십일 년간 설했다고 이해하는 것은 천태교관의 뜻이 될 수 없으니, 아함 또한 보디 나무 아래서부터 니르바나의 밤까지 설함 없이 설한 것이고, 반야 또한 보디 나무 아래서부터 니르바나의 밤까지 설한 것이다.

이를 다시『화엄경』을 통해 살펴보자.

화엄가(華嚴家)에서는『화엄경』을 「입법계품」 이전과 이후의 두 부분으로 나누는데, 이전을 '1부 화엄'이라 말한다.

1부 화엄은 붇다께서 입을 열어 설한 경이 아니라 붇다의 깨친 지혜와 깨친바 진리가 둘 아닌 곳에서, 여래의 사마디가 온전히 법계진리임을 보이는 가르침이다.

뒤에 법을 배우는 이 선재 어린이[善財童子]와 가르치는 여러 선지식 보디사트바들이 입을 열어 설한 붇다의 온갖 가르침은 2부 화엄으로, 처음 성도하신 여래의 말 없는 사마디를 떠나지 않는다.

보디사트바의 믿음과 행원, 해탈의 활동은 모두 여래 보디의 자기 모습이고 법계 진리바다에서 일어나는 것이므로, 깨달음에 들기 위해서는 중생이 다시 보디사트바의 믿음과 행원을 일으켜 여래의 진리의 세계에 돌아가야 한다.

「입법계품」(入法界品)은 선재 어린이를 주체로 내세워 중생이 믿음을 일으키고 행원을 일으켜 법계에 돌아가는 과정을 그린 것이다.

그러므로 1부 화엄의 설법장소는 여래의 몸이 보디 나무 밑을 떠나지 않고 하늘의 네 궁전에 올라 설하시고 다시 보디 나무 아래로 돌아오는 모습으로 기술되지만, 「입법계품」은 슈라바스티 성 제타 숲 '외로운 이 돕는 장자'의 동산에서 배우는 이들의 구도의 여정이

시작하는 것으로 설정된다.

이는 곧 붇다의 모든 교설, 붇다가 가르친 믿음과 살피는 행, 사마디와 지혜가 모두 여래의 해인삼매(海印三昧)에서 일어난 것이고, 다시 뒤에 여래께서 입을 열어 설한 모든 교설 모든 실천이 다 화엄법계에 돌아가는 행이라는 뜻이 된다.

이렇게 보면 말 없지 않은 아함의 교설, 반야의 교설이 말에 말 없는 화엄의 법계에서 일어나 화엄의 법계에 돌아가는 행이 되는 것이다.

성도 후 말 일으킴이 없이 화엄의 해인삼매에 드실 때, 아함을 설하지 않았지만 설하지 않은 것이 아니고, 말 없는 화엄의 사마디에 반야의 언교가 없지만 언교가 없지도 않다.

화엄의 해인삼매의 처소가 아함과 반야의 원천이고, 아함과 반야를 설하고 들을 때가 곧 선재 어린이가 만주쓰리 보디사트바[文殊菩薩]와 여래 선지식들의 이끎을 받아 바이로차나(vairocana) 법계에 들어가니, 화엄법계를 행하는 때이다.

이렇게 보면 슈라바스티 제타 숲 정사에서 설한 것으로 되어 있는 『반야경』이 보디 나무 밑에서 성도한 날부터 쿠시나가라 성 니르바나의 밤까지 설한 것이니, 반야의 가르침을 어느 정해진 때에 설했다고 하면 여래 교설의 뜻을 알지 못하는 것이다.

천태선사의 『천태금강경소』(天台金剛經疏)에 의하면 어느 때를 따라 설한 『금강경』의 때가, 때 아닌 때이므로 『금강경』 또한 어느 때에 설한 경이되 또한 때를 넘어서 설함 없이 늘 설한 것이다.

『천태금강경소』는 이렇게 말한다.

보디 나무[菩提樹] 밑에서 도를 얻은 밤에서부터 니르바나에 드

시던 저녁까지 늘 반야를 말씀하시어[常說般若] 밝히신 진리는 한
가지[明理一等]이다.

그러나『광찬반야경』(光讚般若經)의 뜻으로 말해보면 다음과 같다.

"여래는 열아홉에 출가하시어 서른에 성도하시고 마흔둘 되
시던 이월 십오일에 밥을 드신 뒤 여러 보디사트바를 위해『반야
경』을 설하셨다."

붇다의 교설을 경전 설한 때로써 나누는 교판으로 보면『반야경』
은『광찬반야경』의 말과 같이 성도 후 십이 년에 설한 것이지만, 여
래의 교설이 화엄의 삼매처에서 일어난 것으로 보면, 반야는 성도 이
후 니르바나까지 늘 설한 것이다.

이렇게 보면 아함을 설할 때도 반야를 떠나지 않고, 반야를 설할
때도 아함을 떠나지 않는 것이다.

또『화엄경』을 맨 처음 설하고『법화경』을 맨 뒤에 설했다 하지만,
법화의 일승(一乘)의 뜻이 아함 · 반야를 설한 때에 있고, 일승을 설
한 때도 사람에 따라 일승의 뜻을 뒤로 물리어 삼승(三乘)을 설하는
것이니, 때의 다름 속에 앞과 뒤가 서로 통함이 있다.

지욱선사의『교관강종』(敎觀綱宗)은 다음과 같이 말한다.

『법화현의』(法華玄義)는 말한다.

"대개 다섯 맛[五味]의 반 글자의 가르침[半字敎]과 온 글자의
가르침[滿字敎]은 다름을 논한 것인데 다름에는 한도가 있다. 통
함을 논하면 처음과 뒤에 통한다."

장안존자(章安尊者)는 말한다.

"사람들은 두 번째 때 십이 년 가운데 삼승의 근기에 따라 달라지는 가르침[三乘別敎]을 설했다고 말한다.

그러나 만약 그렇게 십이 년이 지나서 사제·십이인연·여섯 파라미타를 들어야 할 사람이 있는데도 어찌 설하지 않을 수 있겠는가.

만약 설한다면 삼승의 가르침은 십이 년 가운데에만 있는 것이 아니다. 만약 설하지 않는다면 한 마디라도 뒤에 들어야 할 사람이 있는데, 붇다께서 어찌 교화하지 않을 수 있겠는가. 반드시 이럴 이치는 없다."

경은 '성문(聲聞)을 위해서는 사제를 설하고 나아가 보디사트바를 위해서는 여섯 파라미타를 설한다'고 말씀하니, 십이 년에 그치지 않고 대개 일대 가운데 들어야 할 사람을 따라서 곧 설할 따름이다.

마치 네 가지 아함[四阿含]과 오부의 율[五部律]은 성문을 위해 설한 것인데, 성인이 니르바나에 가셔야 다했으니 곧 이 일이다. 그러니 어찌 소승(小乘)을 다 십이 년 가운데라고 말할 수 있겠는가.

사람들은 세 번째 때 삼십 년 가운데 공종(空宗)인 반야(般若)나 유마(維摩), 사익경(思益經)을 설했다고 하는데 어떤 경의 글을 의지해 삼십 년을 아는가.

『대지도론』(大智度論)은 말한다.

"수부티가 법화 가운데서 손을 들고 머리 숙임이 다 붇다를 짓는다고 설함을 듣고서, 이 때문에 일승의 법에서 사람 따라 삼승으로 교설을 물리는 뜻을 물었다."

만약 그렇다면 대품반야(大品般若)와 법화가 앞과 뒤로 어찌 정해지겠는가.

위의 여러 글들을 논하여 말한다.

지자선사(智者禪師)와 장안선사(章安禪師)의 밝은 글이 이와 같은데, 지금 사람들은 이 글의 뜻을 아주 눈여겨보지 않고서 오히려 스스로 '아함은 십이 년 설했고『방등경』은 팔 년 설했다'는 망령된 말을 그릇 전하니, 해로움이 아주 크다.

그러므로 먼저 통합 논하는 것을 말하고 다음에 다름 논하는 것을 펼쳐보이겠다.

『교관강종』의 위 글은 아함·반야 등 여러 경의 언어적 방향이 차별되고 경을 설한 때와 곳이 차별되지만, 그 모두 여래의 법계진리인 사마디의 처소에서 일어난 언어적 가르침이니 삼승의 차별은 일승에 돌아간다.

법화가 비록 뒤에 설해졌다 해도 모든 경을 설할 때 법화일승의 실천목표를 향해 사람의 알맞음에 따라 뜻을 뒤로 물리어 삼승을 설한 것이니, 법화·아함·반야의 설함을 실체적인 시간의 차이로 구분해서는 안 된다.

이렇게 보면 아함에서 믿음[信]을 말하고 사제와 십이인연의 연기를 말하고 다섯 쌓임의 나 없음[無我]과 공함[空]을 말한 것이 모두 화엄법계에서 일어나 법화일승에 돌아가는 교설이 되는 것이다. 그러므로 아함이 낮지 않고 화엄이 높지 않으며 아함이 앞이 아니고 법화가 뒤가 아닌 것이다.

이렇게 보면 카시 국의 사슴동산에서 다섯 비구에게 설한 사제의 법문과 저 슈라바스티 성에서 세존께 바친 하늘신들의 여래에 대한 믿음과 찬탄, 서른일곱 실천법의 가르침들이 보디 나무 밑의 고요한 해인삼매를 떠나지 않는다.

보디 나무 밑 말 없는 해인삼매 뒤에 설한 여러 가르침들이 사람 따라 그 가르침의 언어적 방향과 교화방식에 차이가 있고 설하신 때와 곳, 듣는 사람이 달라도, 모두 해인삼매에서 일어나 화엄법계의 진리바다에 돌아가는 가르침이다.

이를 중국불교의 교판적 시각으로 살펴보자.

세존께서 북쪽으로 니르바나의 여정을 떠나기 전 라자그리하 성 그리드라쿠타 산에서 법화(法華)를 설하신 것은 사십오 년간 설하신 갖가지 차별된 법문들이 모두 붇다의 하나인 진리의 수레[一佛乘]에 돌아가기 위한 삼승의 법문임을 강조한 것이다.

이 뜻도 깊이 살피면 법화가 맨 뒤지만 꼭 법화의 때가 실체적으로 뒤에 있는 것이 아니다. 차별된 가르침을 설하실 때마다, 붇다는 스스로 깨친 보디의 법에 중생을 이끌기 위해, 한 붇다의 수레[一佛乘]에서 세 가지 방편의 수레[三乘]를 열어 하나인 수레에 이끌고 계시는 것이다.

이렇게 보면 화엄·아함·반야·유마·법화·열반의 설법이 비록 때와 곳, 듣는 사람이 달라도 실은 서로 앞뒤가 통하고 오직 하나인 진여법계에서 일어나 진여법계에 돌아가는 법문이다.

교설을 설한 때와 곳의 차별을 중생이 여래를 따라 다시 보디에 들어가는 인과로 생각해보자.

여래의 가르침을 듣는 중생은 여래의 진리의 교설과 진리를 깨친 분에 대한 믿음과 교설에 대한 이해를 통해 가르침대로 행함으로써 진리의 바다에 들어가고 니르바나의 저 언덕에 건너가는 것이다.

믿음[信] · 이해[解] · 실천[行]을 통해 해탈의 도를 증득[證]하는 것은 미망의 중생이 진여법계에 들어가는 실천의 당위적 요건이다.

그러나 모든 원인이 되는 실천의 요건은 결과의 성취를 통해서만 결과에 대한 실천의 요건이 되고, 온갖 실천의 원인은 이미 그 가운데 과덕을 온전히 싣고 있는 원인일 때만 과덕의 진정한 원인이 된다. 곧 여래가 깨친 과덕의 세계가 연기의 실상이므로 실상에 하나된 행만이 다시 중생을 과덕의 땅에 이끄는 것이다.

붇다의 보디 나무 밑의 보디의 완성, 해인삼매의 온전한 실현 가운데서 다시 진여법계 그대로의 진리에 대한 믿음과 바른 지혜와 진여 그대로의 행이 발현되는 것이다.

붇다가 깨친 화엄의 진리는 지금 중생의 미망의 삶 속에 온전히 드러나 있다. 그런데도 미혹 속에서 듣지 못하고 알지 못하는 저 중생과 치우친 수행자를 화엄법계에 끌어들이기 위해 붇다는 중생의 근기에 따라 다시 사제의 법을 말하고 십이연기를 말하고 믿음을 말하고 선정과 보디사트바의 행을 말하는 것이다.

중생의 고통의 땅, 그 진실이 여래의 과덕의 땅이다.

그러므로 『화엄경』에서도 중생인 저 선재 어린이가 만주쓰리 보디사트바의 이끌어줌을 받아 보디의 마음[菩提心]을 내고, 선지식의 가르침을 따라 행과 원[行願]을 일으켜 화엄법계에 다시 돌아가는 실천의 첫걸음은 슈라바스티 성 제타 숲 '외로운 이 돕는 장자의 동산'에서 시작되는 것이다.

이 아함에서 붇다께서는 중생을 위해 곳과 때를 달리하고 말씀을 달리하여 삼보에 믿음을 설하고, 사제 · 십이인연의 연기를 설하고, 연기이기 때문에 공함을 설한다.

또한 서른일곱 실천법을 가르치고 여섯 파라미타를 설하고 있으니, 그 모든 가르쳐 깨우침은 모두 저 보디 나무 밑 위없는 보디[無上菩提]의 생명바다에서 일어나 진여의 다함없는 진리바다에 중생을 이끌기 위한 것이다.

아가마(Āgama)의 사제(四諦)의 법문이 화엄법계의 법문이고 팔정도가 법화일승의 가르침이다.

곳과 때를 따라 설한 갖가지 교화의 문이 법계진리의 몸[法界身]에서 중생을 해탈의 문에 이끌기 위해 일으킨 가르침이니, 『화엄경』(「세주묘엄품」世主妙嚴品)은 이렇게 말한다.

붇다의 몸 두루하여 법계에 평등하사
중생에 널리 응해 모두 앞에 나타나네.
갖가지 가르침의 문으로 늘 이끄시니
법에 자재하사 열어 깨우치시네.

佛身周遍等法界　普應衆生悉現前
種種教門常化誘　於法自在能開悟

1) 삼보의 귀의

• 이끄는 글 •

화엄교의 풀이로 보면 보디 나무 밑에서 성취한 붇다의 위없는 보디는 법계진리의 온전한 실현이다. 그 깨달음의 과덕은 스스로 이루어진 결과이거나 실체적인 요인이 낸 것이 아니라[非生因之所生], 법계진리 그대로 원인이 되는 지혜의 행으로 진리를 깨달아 온전히 주체화함으로써 이루어낸 결과이다[了因之所了].

결과로서의 보디의 성취 속에서 결과의 원인이 되는 온갖 행은 지금 결과의 자기모습으로 드러나고, 과덕은 지혜의 해탈의 작용으로 발현된다.

곧 보디의 작용인 진리 그대로의 믿음[如理信]과 진리 그대로의 지혜[如理智]와 진리 그대로의 행[如理行]이 미망의 중생에게 보디의 진실한 원인이 되는 것이다.

화엄회상 이후 아함에서 가르치신 믿음의 설법, 사제법에 대한 바른 이해의 설법이 실은 화엄법계에서 일어나 중생을 다시 화엄법계에 돌아가게 하는 행이다.

그러므로 먼저 미망의 중생이 니르바나에 다시 돌아가기 위해서는 여래 안에 성취된 세계의 진실상이 실은 자기의 진실이며 세계의 진실임을 믿는 것[信]이 그 첫걸음이 된다.

인과적으로 보면 붇다 또한 보디의 성취 이전, 선지식과 앞선 붇다의 가르침을 인해 일으킨 진리 그대로의 믿음이 오늘의 믿음 그대로의 진리를 실현하게 된 것이다. 그러므로 중생 또한 지금 보디의 성취자 붇다와 붇다의 가르침과 가르침을 실천하는 공동체에 대한 귀의를 통해서 다시 붇다의 지혜의 세계에 되돌아갈 수 있다.

믿음은 저 초월적 신성을 믿거나 환상의 세계를 믿는 것이 아니다. 믿음은 연기의 진실을 믿는 것이며, 저 여래에게 성취된 보디의 세계가 중생의 본래 진실임을 믿는 것이다.

그러므로 믿음은 믿는 나[能信]와 믿어지는 진리[所信]가 둘이 되면 참된 믿음이 될 수 없다.

둘이 아닌 믿음[不二信心]에 설 때 비로소 진여의 문[眞如門]에 들어서는 것이며, 여래 공덕의 집[功德舍] 그 문을 여는 것이다.

바른 믿음으로 붇다와 선지식을 우러러 공경하는 것이 해탈의 길임을 『화엄경』(「여래출현품」如來出現品)은 이렇게 말한다.

해가 빛을 펴서 법계를 비추지만
그릇 깨지고 물이 흘러 새버리면
해 그림자 따라 사라지는 것 같이
가장 빼어난 지혜의 해도 그 같아서
중생이 믿음 없이 니르바나 보면
니르바나도 따라서 사라지리라.

如日舒光照法界　器壞水漏影隨滅
最勝智日亦如是　衆生無信見涅槃

설산에 약이 있어 잘 보임이라 해

그 약 보거나 듣거나 냄새 맡거나
약을 만지면 뭇 병을 다 없애주네.
만약 열 힘 갖춘 여래 보고 들으면
위없고 빼어난 해탈의 공덕 얻어
붇다의 지혜의 땅 이르게 되리.

雪山有藥名善見　見聞嗅觸消衆疾
若有見聞於十力　得勝功德到佛智

붇다의 법이 중생 자기진실의 새로운 개현이라 붇다와 보디의 법
에 대한 믿음이 중생을 보디의 땅에 언약 받은 보디사트바가 되게 하
는 것이니, 「현수품」(賢首品)은 말한다.

붇다와 붇다의 법 깊이 믿으며
배우는 이가 행해야 할 도를 믿어서
위없는 큰 보디를 믿게 되면
보디사트바는 이 믿음으로써
첫 보디의 마음을 일으키네.

深信於佛及佛法　亦信佛子所行道
及信無上大菩提　菩薩以是初發心

제타 숲 동산에서 끝내 다할 수 없는
삼보의 공덕을 말씀하심

이와 같이 들었다.

한때 붇다께서는 슈라바스티 국 제타 숲 '외로운 이 돕는 장자의 동산'에 계셨다.

"세 가지 착한 뿌리가 있는데, 이루 마쳐 다할 수 없어서 차츰 니르바나의 세계에 이른다. 어떤 것이 세 가지인가.

여래 계신 곳[如來所]에 공덕을 심는 것이니, 이 착한 뿌리는 마쳐 다할 수 없다.

바른 법[正法]에 공덕을 심는 것이니, 이 착한 뿌리는 마쳐 다할 수 없다.

거룩한 상가[聖衆]에 공덕을 심는 것이니, 이 착한 뿌리도 마쳐 다할 수 없다.

이것을 아난다여, '이 세 가지 뿌리는 마쳐 다할 수 없어서 니르바나의 세계에 이르를 수 있다'고 하는 것이다.

그러므로 아난다여, 방편을 구해 이루 마쳐 다할 수 없는 복을 얻어야 한다.

이와 같이 아난다여, 반드시 이렇게 배워야 한다."

그때에 아난다는 붇다의 말씀을 듣고 기뻐하며 받들어 행하였다.

• 증일아함 22 삼공양품(三供養品) 二

삼보는 본래 갖춘 존재의 진실 그것의 인격적 구현이고 역사적 실천이다. 삼보에 공덕을 심는 것은 미망 속에 헤매는 중생이 미혹의 삶을 돌이켜 자기진실에 복귀하는 첫걸음이다.

여래 계신 곳에 공덕을 심는 것은 번뇌를 돌이켜 보디에 나아감이고, 바른 법에 공덕을 심는 것은 탐욕을 버리고 니르바나에 돌아감이며, 거룩한 상가에 공덕을 심는 것은 다툼과 갈등의 삶을 버리고 화합의 공동체에 돌아감이다.

그러므로 삼보에 공덕을 심는 자는 마쳐 다할 수 없는 복을 얻고 니르바나의 저 언덕에 이르리라.

삼보에 공덕 심는 자 반드시 니르바나의 땅에 이르게 됨을, 『화엄경』(「여래출현품」) 또한 이렇게 말한다.

마른 풀이 수메루 산처럼 쌓여도
개자 같은 불씨 던져 다 태우듯이
모든 붇다께 공양한 적은 공덕도
반드시 저 중생의 번뇌를 끊어
니르바나의 저 언덕 이르게 되네.

如乾草積等須彌　投芥子火悉燒盡
供養諸佛少功德　必斷煩惱至涅槃

제타 숲 동산에서 세 곳에 귀의하여
해탈의 과덕 얻도록 가르치심

이와 같이 들었다.

한때 붓다께서는 슈라바스티 국 제타 숲 '외로운 이 돕는 장자의 동산'에 계시면서 여러 비구들에게 말씀하셨다.

"만약 어떤 중생으로서 사랑의 마음[慈心]을 일으키고 깊고 두터운 믿음의 뜻이 있어서 부모·형제·친척·아내·벗과 아는 이들을 받들어 섬기려 한다 하자.

그러면 세 곳에 편안히 머물러, 그 뜻이 옮겨 움직이지 않도록 해야 한다."

머물러야 할 세 곳을 보이심

"어떤 것이 셋인가.

첫째, '여래 계신 곳'에 기쁨을 내 옮겨 움직이지 않게 해야 한다. 저 여래는 아라한·바르게 깨치신 분·지혜와 행 갖추신 분·잘 가신 이·세간을 잘 아시는 분·위없는 스승·법에 잘 이끄시는 이·하늘과 사람의 스승으로 붓다 세존이라 이름한다.

다시 '바른 법' 가운데 마음을 내야 한다. 여래의 법이란 잘 말해져서 걸림 없고 아주 미묘하여 이로 말미암아 해탈의 과덕을 이루니, 이와 같이 지혜로운 이는 이것을 배워서 알아야 한다.

또한 '거룩한 상가 있는 곳'에 마음을 내야 한다. 여래의 거룩한 상가는 모두다 화합하여 뒤섞여 어지러움이 없어서, 법과 법을 성취하고 계를 성취하며 사마디를 성취하고 지혜를 성취하며 해탈을 성취하고 해탈지견을 성취한다.

거룩한 상가라 말함은 네 짝[四雙] 여덟 무리[八輩]인 열두 현성이니, 이들이 여래의 거룩한 상가로서 공경할 만하고 높일 만하여 곧 세간의 위없는 복밭이다.

지금 있는 여러 비구들이 이 세 가지 곳을 배우면 큰 과보를 이룰 것이다.

이와 같이 여러 비구들이여, 반드시 이렇게 배워야 한다."

그때에 비구들은 붇다의 말씀을 듣고 기뻐하며 받들어 행하였다.

• 증일아함 21 삼보품(三寶品) 四

• 해설 •

법계진리의 인격적 실현이 붇다(Buddha)이고, 환상이 없는 여래 지혜 그대로의 진리의 세계와 진리의 언어적 발현이 다르마(Dharma)이고, 다르마를 따라 행하는 공동체가 상가(Saṃgha)이다.

붇다와 다르마와 상가에 공덕을 심고 붇다와 다르마 상가에 굳센 믿음을 내 스스로 기쁜 마음을 지니고 사람들을 그 세 곳에 세워주는 것이 해탈의 길이고 사람 공경의 길이다.

삼보는 나와 세계의 진실이면서, 지금 이 탐욕과 번뇌로 물들고 불타는 세간 속에 구체적인 진실의 체현자로 살아 움직이고 있는 존재다.

내가 이제 삼보의 이름을 부르고 삼보를 나의 피난처로 삼으며 삼보를 귀의처로 삼아 돌아가면, 나의 탐냄의 생활은 크나큰 원력의 삶으로 바뀌고, 나의 성냄의 삶은 중생에 대한 사랑의 삶으로 바뀌며, 나의 어리석음의 삶은 지혜의 삶으로 바뀐다.

삼보가 온갖 공덕의 밭이고 다함없는 진여법계의 바다이기 때문이니, 삼보에 돌아가는 자, 미망의 어두운 구름은 사라지고, 지혜와 자비와 한량없는 공덕의 샘물이 메마른 그의 삶을 윤택케 하리라.

여래와 여래의 법은 둘이 아니다. 그러므로 여래의 법을 깊이 믿어 가르침대로 행해 존재가 날 때 남이 없음을 바로 보면 여래를 눈앞에서 늘 볼 수 있으니, 『화엄경』(「현수품」)은 말한다.

만약 깊고 깊은 법 사랑해 즐기면
함이 있는 모든 허물 버려 떠날 수 있네.
만약 함이 있는 허물 버려 떠나게 되면
모든 교만과 방일함 버려 떠날 수 있네.

若能愛樂甚深法　則能捨離有爲過
若能捨離有爲過　則離憍慢及放逸

만약 남이 없는 깊은 법인 얻으면
모든 붇다의 언약 주심 입게 되리라.
만약 모든 붇다의 언약 주심 입게 되면
온갖 붇다 그 앞에 나타나게 되리라.

若得無生深法忍　則爲諸佛所授記
若爲諸佛所授記　則一切佛現其前

'넓은 들 정사'에서 삼보에 대한 공경으로
하늘에 남을 보이시다

이와 같이 내가 들었다.

한때 붇다께서는 '넓은 들 정사'[曠野精舍]에 계셨다. 때에 그 '넓은 들의 장자'는 병을 앓다 목숨을 마치고 '뜨거움 없는 하늘'[無熱天]에 태어났다. 그는 그 하늘에 태어나고 나서 이렇게 생각했다.

'나는 여기 오래 머물러서 세존을 뵙지 않고서는 안 된다.'

이렇게 생각하고 마치 힘센 장사가 팔을 굽혔다 펴는 사이에 '뜨거움 없는 하늘'에서 사라져 붇다 앞에 나타났다.

때에 그 하늘사람이 하늘몸을 땅에 맡기자 스스로 설 수 없었다. 그것은 마치 타락기름[酥油]을 땅에 던지면 스스로 설 수 없는 것과 같았다.

이와 같이 그 하늘사람의 하늘몸은 곱고 부드러워 스스로 버티어 서지 못하였다.

하늘에서 돌아온 하늘사람에게 경법 기억해 지니는가를 물으심

그때에 세존께서는 그 하늘사람에게 말씀하셨다.

"너는 거친 몸으로 변해 땅에 서야 한다."

그때 그 하늘사람은 곧 스스로 모습을 변화해 거친 몸이 되어 땅에 섰다.

이에 하늘사람은 앞으로 나아가 붇다의 발에 절하고 한쪽에 물러나 앉았다.

그때에 세존께서는 손하늘사람[手天人]에게 말씀하셨다.

"너 손하늘사람아, 너는 본래 이 세간에서 사람의 몸으로 있을 때에 받아들인 경법(經法)을 지금도 기억해 잊지 않고 있느냐."

손하늘사람은 붇다께 말씀드렸다.

"세존이시여, 본래 받아 지녔던 것을 지금 잊지 않고 있습니다. 그리고 본래 사람 사이에 있었을 때 들은 법으로서 다 얻지 못했던 법도 지금은 세존께서 잘 말씀해주신 대로 기억해 생각하고 있습니다.

세존께서는 말씀하셨습니다.

'만약 사람이 안락한 곳에서 법을 기억해 가질 수 있으면, 괴로운 곳이 되지 않는다.'

이 말씀은 진실이십니다. 세존께서 잠부드비파에 계시면서 갖가지 여러 무리들과 사부대중들에게 둘러싸이어 그들을 위해 설법하시면, 그 사부대중들은 붇다의 말씀을 듣고 다 받들어 행합니다.

저 또한 이와 같아서, 뜨거움 없는 하늘위에서 여러 하늘사람들의 큰 모임을 위해 설법하면 그 여러 하늘무리들도 다 법을 받아 따라 배웁니다."

삼보에 대한 지침 없는 공경으로 하늘에 났음을 말씀드림

붇다께서 손하늘사람에게 말씀하셨다.

"너는 여기 사람 사이에 있을 때 몇 가지 법에 싫증내 물림이 없어서 저 뜨거움 없는 하늘 가운데 나게 되었는가."

손하늘사람이 붇다께 말씀드렸다.

"세존이시여, 저는 세 가지 법에 싫증내 물림이 없었기 때문에 몸이 무너지고 목숨 마쳐 뜨거움 없는 하늘에 났습니다.

어떤 것이 세 가지 법이냐 하면, 다음과 같습니다.

저는 '붇다를 뵈옴'에 싫증내 물림이 없었기 때문에 몸이 무너지고 목숨 마치고서 뜨거움 없는 하늘에 났습니다.

저는 '붇다의 법'에 싫증내 물림이 없었기 때문에 몸이 무너지고 목숨 마치고서 뜨거움 없는 하늘에 났습니다.

저는 '상가대중 공양함'에 싫증내 물림이 없었기 때문에 몸이 무너지고 목숨 마치고서 뜨거움 없는 하늘에 났습니다."

삼보에 대한 믿음의 공덕을 노래함

때에 손하늘사람은 곧 게송을 말하였다.

붇다 뵈옴에 싫증내 물림이 없고
법을 들음에도 또한 싫증 없으며
상가대중 받들어 공양함에도
또한 일찍이 만족해 물림 없었네.

현성의 법을 언제나 받아 지니고
아낌과 집착의 때 조복하여서
세 가지 법에 물릴 줄 몰라서
뜨거움 없는 하늘에 나게 되었네.

때에 손하늘사람은 붇다의 말씀을 듣고 따라 기뻐하면서, 이내 사라져 나타나지 않았다.

• 잡아함 594 광야장자생천경(曠野長者生天經)

삼보란 법계진리의 현실적 구현의 모습이므로 삼보를 공경하고 삼보를 늘 생각하면 진리의 땅에 돌아가고 온갖 공덕의 곳간에 들어간다.

삼보 생각하는 생활이 저 어둡고 괴로운 생존의 굴레를 벗어나 보다 밝고 보다 높은 곳으로 나아가게 하고 해탈의 땅에 돌아가게 한다.

붇다를 우러러 공경함이 미혹을 돌이켜 위없는 보디에 돌아감이요, 다르마를 우러러 공경해 법을 들음에 싫증 없으면 나고 죽음이 없는 존재의 진실에 돌아간다. 바른 법 행하는 상가에 공양하면 때묻고 물든 행을 돌이켜 범행에 돌아가며, 탐욕과 아낌을 버리고 나눔과 베풂의 삶에 돌아간다.

범행에 돌아가 번뇌의 불을 꺼버린 이가 어찌 뜨거운 번뇌의 불구덩이에 떨어지겠는가. 그는 반드시 뜨거움 없는 하늘에 나고, 끝내 나고 죽음이 없는 진여의 세계에 돌아갈 것이다.

삼보에 귀명하는 것이 스스로의 삶에 진여의 문을 여는 것이다. 그러므로 붇다는 삼보에 돌아가는 이 법이 궁핍의 세간에 으뜸가는 법의 재물이 되고, 죽음의 두려움에 떠는 이들에게는 죽음이 본래 없는 니르바나의 길이 됨을 보이시니, 『화엄경』(「여래출현품」)은 이렇게 가르친다.

이 법이 세간 뛰어난 으뜸 재물이라
뭇 괴로운 이들 건져 건네주며
이 법이 깨끗한 도를 나타내주니
그대들은 반드시 받아 지니어
게을러 놓아지내지 말아야 한다.

此爲超世第一財　此能救度諸群品
此能出生淸淨道　汝等當持莫放逸

사카족 사카 마을에서 설법하여
하늘의 길을 열어주시다

이와 같이 내가 들었다.

한때 붇다께서는 사카족 '돌의 주인'[石主]이라는 사카 마을에 계셨다.

때에 돌의 주인이라는 사카 마을에 많은 사람이 돌림병으로 죽었다. 그래서 곳곳의 사람들 남자나 여인들이 사방에서 몰려와 세 가지 곳에 귀의하는 게[三歸偈]를 받아 지녔다.

그리고 그 병자들은 남자거나 여자거나 어른이나 아이나 모두 몰려와서는 스스로 이름을 일컬으며 이렇게 말했다.

'저 아무아무는 붇다께 귀의하고 법에 귀의하고 비구상가에 귀의합니다.'

온 마을과 도시가 다 이와 같이 하였다.

그때 세존께서는 성문들을 위해 부지런히 설법하셨다. 그럴 때 믿는 마음으로 삼보에 귀의한 사람들은 다 사람이나 하늘의 길 가운데 나게 되었다.

때에 악한 마라 파피야스는 생각하였다.

'지금 사문 고타마는 사카족 돌의 주인이라는 사카 마을에 있으면서 사부대중을 위해 부지런히 설법한다. 내가 지금 가서 어려움을 끼쳐주어야겠다.'

그는 곧 젊은이로 변화해 붇다 앞에 서서 게송을 말하였다.

무엇하러 부지런히 법을 연설해
저 여러 사람들을 교화하는가.
서로 어긋나거나 어긋나지 않거나
내달려감을 벗어나지 못하니
한갓 수고로움을 면치 못하리.
이는 얽매어 묶여 있기 때문인데
그런데도 그들 위해 법을 설하는가.

그때에 세존께서는 이렇게 생각하셨다.
'이것은 악한 마라 파피야스가 흔들어 어지럽히려는 것이다.'

자비의 마음으로 설법함을 노래로 보이심
그러고는 곧 게송을 말씀하셨다.

너 야크샤는 반드시 알아야 한다.
중생은 무리로 모여 나는 것이니
지혜 있는 여러 사람들이라면
그 누가 가엾이 여기지 않으리.

슬피 여기고 가엾이 여기므로
그 중생 교화하지 않을 수 없네.
여러 중생들을 가엾이 여기는 것
법은 스스로 이와 같아야 하리.

악한 마라 파피야스는 이렇게 생각했다.

'사문 고타마는 이미 내 마음을 알았구나!'

그러고는 안으로 근심과 시름을 품고 이내 사라져 나타나지 않았다.

- 잡아함 1097 설법경(說法經)

· 해설 ·

여래의 법에 중생을 내려다보고 불쌍히 여기는 법이 없다. 중생을 애착의 견해로 사랑하는 법은 없다.

인연으로 온갖 법이 있으므로 있되 공한 진여의 법계[眞如法界]에 실로 있는 '나'와 '중생'의 모습이 없으므로, 보디의 법에 돌아가는 자 저 병고 속의 중생을 위해 큰 의왕이 되고, 미혹의 밤길에 헤매는 이들 위해 세간의 등불이 되는 것이니, 그 뜻을 여래는 '법이 스스로 이와 같기 때문이다'라고 하신 것이다.

삼보에 돌아가는 중생 또한 스스로 고달픈 삶의 짐을 벗고 온갖 병의 괴로움 속 병 낫는 해탈의 법약을 얻으면, 그 또한 세간을 위해 큰 의왕이 되고 세간 중생의 섬이 되고 그늘이 되어야 하니, '법이 스스로 그와 같기 때문'이다.

칼란다카 대나무동산에서, 삼보를 잘 믿어
하늘에 난 사람을 하늘왕이 찬탄하다

이와 같이 내가 들었다.

한때 붇다께서는 라자그리하 성 칼란다카 대나무동산에 계셨다. 때에 라자그리하 성안에 한 사내가 있었다.

그는 아주 가난하여 쓰라린 괴로움을 겪으면서도 붇다와 다르마와 상가에 머물러 금한 계를 받아 지니며, 많이 듣고 널리 배우며 힘써 보시를 행하고 바른 견해를 성취하였다.

그래서 그는 몸이 무너지고 목숨 마치고서 하늘위에 나게 되었다.

갓 태어난 하늘사람이 빼어난 세 가지 일을 갖춤

그는 서른세하늘에 태어나서 세 가지 일[三事]이 다른 서른세하늘보다 빼어났다.

어떤 것이 셋인가. 첫째는 하늘목숨이요, 둘째는 하늘빛깔이며, 셋째는 하늘이름이다.

여러 서른세하늘은 이 하늘사람의 세 가지 일이 아주 빼어난 것을 보았다. 하늘목숨과 하늘빛깔과 하늘이름이 빼어난 것을 다른 여러 하늘들은 보고 하늘왕 인드라가 있는 곳에 가서 이렇게 말하였다.

"카우시카여, 아셔야 합니다. 어떤 하늘사람이 이 하늘에 처음으로 났는데도, 먼저 난 여러 하늘보다 세 가지 일, 곧 하늘목숨 · 하늘빛깔 · 하늘이름이 빼어납니다."

때에 하늘왕 인드라는 그들 하늘사람들에게 말하였다.

"여러 어진 이들이여, 내가 이 사람을 보니 그는 라자그리하 성의 한 사내였소. 아주 가난해 쓰라린 괴로움을 겪으면서도 여래의 법과 율[法律]에 믿음을 얻어 마음을 돌이켜 향하고 널리 배우고 나아가 바른 견해를 성취하고서 몸이 무너지고 목숨 마치고는 이 하늘에 와서 났소.

그리하여 여러 서른세하늘보다 세 가지 일이 아주 빼어났으니, 하늘의 목숨 · 하늘의 빛깔 · 하늘의 이름이오."

하늘왕 인드라가 삼보에 믿음을 성취하여 얻게 되는 공덕을 노래함

때에 하늘왕 인드라는 곧 게송을 말하였다.

여래를 올바르게 믿어서
굳건히 흔들리지 않으며
진실한 계율 받아 지니어
거룩한 계에 싫증 없는 이
붙다께 마음이 청정하므로
바른 견해 성취하게 되리라.

바른 견해 성취한 이 사람
가난하고 고달프지 않으며
헛되이 살아가지 않게 됨을
그대들은 반드시 알아야 하네.

그러므로 붇다와 법과 상가에
청정한 믿음을 내야 하니
지혜의 힘은 더욱 밝아져서
붇다의 거룩하고 바른 가르침을
언제나 받아 지녀 생각하리.

붇다께서 이 경을 말씀하시자, 여러 비구들은 그 말씀을 듣고 기뻐
하며 받들어 행하였다.

• 잡아함 1223 빈인경(貧人經)

• 해설 •

삼보의 진리를 믿고 늘 삼보를 생각하는 생활이란 미혹을 돌이켜 보디에
나아가는 생활이고, 연기법을 깨달아 진여의 법에 돌아가는 생활이며, 아낌
과 탐욕을 버리고 이웃과 세상에 늘 베푸는 삶으로 돌아가는 길이다.

어두운 미혹을 버리므로 그의 하늘목숨[天壽]은 지혜의 목숨이 되고, 아
낌과 탐욕을 버리고 늘 베풂을 행하므로 그의 하늘이름[天名]은 더욱 멀리
들리고, 늘 자비를 행하므로 그의 하늘빛깔[天色]은 더욱 환히 아름답게 빛
난다.

나아가 저 하늘몸[天身]으로 여래께 들은 수트라의 법[經法]을 잊지 않고
기억해 생각하여 늘 다르마(dharma)의 가르침대로 닦아 행하면, 하늘몸을
버리지 않고 세간의 장부인 마하사트바가 되는 것이니, 그는 반드시 여래의
법의 몸[如來法身]을 성취하리라.

2) 하늘신이 '외로운 이 돕는 장자의 동산'에서 붇다를 찬탄함

• 이끄는 글 •

여래의 상가는 라자그리하 성의 대숲정사가 세워짐으로 전법과 수행의 안정적 기초가 마련되었고, 슈라바스티 성 제타 숲 정사가 세워짐으로 당시 인도사회 여러 수행자집단 가운데 중심교단으로 우뚝 서게 되었다. 또 마가다 국 빔비사라 왕과 코살라 국 프라세나짓 왕이 모두 붇다와 상가의 외호자가 되었기 때문에 두 강대국에서 붇다의 교단이 뿌리를 내리고 도약할 물적 기반이 조성되었다.

두 왕의 안정적 지배체제가 유지될 때는 아직 인도 정국이 전쟁의 소용돌이에 휘말리지 않았으므로 붇다의 상가 또한 안거와 우파바사타(upavasatha, 說戒), 프라바라나(pravāraṇā, 自恣)의 제도를 정비하고, 새로운 출가지원자들을 상가에 입문시키고 교육시키며, 세간에 안정적인 전법의 행을 펼치게 된다.

슈라바스티 제타 숲 정사에 세존이 계실 때 하늘신의 붇다에 대한 찬탄이 이어지는 것도 그러한 사회정치적 상황, 안정된 교단발전 상황이 반영된 것이 아닌가 한다.

여래에 대한 찬탄은 신비능력을 가진 특별한 사람이나 초월자로부터 신격을 부여받은 신묘한 인격을 우상화하는 일이 아니다. 그것은 여래의 위없는 지혜에 대한 찬탄이고, 자비의 위덕과 세간에 대한 다함없는 베풂의 삶에 대한 찬탄이다. 그러므로 아함에서 하늘신들의 여래에 대한 찬탄은, 모두 여래께 스스로 풀지 못한 삶의 물음, 세계관에 대한 물음을 올려 그 해답을 듣고 찬탄하는 형식으로 되어 있다.

거룩한 분 세존에 대한 찬탄은 곧 세존의 삶 가운데 성취된 지혜와 자비의 위덕을 이 위태롭고 험난한 세간 속에서 중생이 받들어 행할 삶의 지표로 받아들이는 일이다. 그리고 여래 안에 성취된 지혜와 여래의 가르침이, 찬탄해 우러르는 자의 삶의 진실이자 세계의 실상을 열어주는 거짓 없는 가르침임을 승인하는 일이다.

여래를 찬탄함이 여래께 목숨 들어 돌아가는 일이며 여래의 삶을 나의 삶으로 받아들이는 일이니, 『화엄경』(「세계성취품」世界成就品)은 여래에 대한 깊은 믿음으로 보디로 나아가는 사트바(sattva, 衆生)의 행을 다음과 같이 말한다.

붇다의 경계 깊고 깊어 생각할 수 없으나
널리 중생에게 보이시어 들게 하시네.
마음이 작은 것 좋아해 모든 있음 집착하면
붇다께서 깨치신 것 통달할 수 없도다.

佛境甚深難可思　普示衆生令得入
其心樂小著諸有　不能通達佛所悟

보디에 마음을 낸 구도자들이
만약 깨끗한 믿음의 굳센 마음 있어
늘 선지식을 가까이 할 수 있으면
온갖 붇다들이 그 힘을 더해주어

여래의 지혜에 들어갈 수 있으리.

若有淨信堅固心 常得親近善知識
一切諸佛與其力 此乃能入如來智

모든 아첨 거짓 떠나 마음이 청정하여
늘 자비를 좋아해 그 성품 즐거우며
뜻과 하고자 함 넓고 커 믿음 깊은 이
이 법을 듣게 되면 큰 기쁨을 내리라.

離諸諂誑心淸淨 常樂慈悲性歡喜
志欲廣大深信人 彼聞此法生欣悅

이 모든 보디사트바들 좋은 이익 얻어
붇다의 온갖 신통의 힘을 보게 되리.
다른 길 닦는 이들은 알 수가 없고
넓고 큰 보디사트바행 닦는 이라사
이 위없는 보디의 법 깨치게 되리.

此諸菩薩獲善利 見佛一切神通力
修餘道者莫能知 普賢行人方得悟

아란야 비구는 얼굴빛이 왜 그리 환합니까

이와 같이 내가 들었다.

한때 붇다께서는 슈라바스티 국 제타 숲 '외로운 이 돕는 장자의 동산'에 계셨다.

그때 어떤 하늘사람이 얼굴빛이 아주 묘했는데, 그는 새벽녘 붇다 계신 곳에 와서 발에 머리를 대 절하고 한쪽에 물러나 앉았다. 그러자 몸의 여러 밝은 빛이 제타 숲 '외로운 이 돕는 장자의 동산'을 두루 비추었다.

때에 그 하늘사람은 게송으로 붇다께 여쭈었다.

아란야 비구는
텅빈 곳에 머물러서
고요히 범행 닦으며
하루에 한 끼 먹는데
그는 무슨 까닭으로
얼굴빛이 환합니까.

아란야 비구의 근심 걱정 없는 진리의 행을 노래로 보이심
때에 세존께서는 게송으로 대답하셨다.

지나간 것에 근심 없으며
아직 오지 않음 바라지 않고
현재에는 얻는 바 따라
바른 지혜로 생각 매어 지니어
먹을 때에도 그 생각 매므로
얼굴빛이 늘 곱고 빛나네.

오지 않는 것에 마음 치달리고
지나간 것 뒤쫓아 뉘우치면
어리석음의 불 스스로 태우니
우박이 돋아나는 풀 끊음과 같네.

그 하늘사람은 다시 게송으로 말하였다.

오래도록 브라마나 보아왔더니
온전한 니르바나 얻으셨어라.
온갖 두려움을 모두 이미 벗어나
길이 세간 은혜 애착 뛰어나셨네.

때에 그 하늘사람은 붇다의 말씀을 듣고 기뻐하고 따라 기뻐하면서, 붇다의 발에 머리를 대 절하고 이내 사라져 나타나지 않았다.

• 잡아함 995 아련야경(阿練若經)

하루 한 끼 먹고 빈 숲에서 떨어진 누더기 옷 입고 살아가는 저 비구의 얼굴이 왜 저리 환한가.

한 끼 밥을 먹되 선정의 기쁨[禪悅]과 법의 기쁨[法喜]으로 먹을거리 삼아 그 삶이 안락하기 때문이다. 빈 숲 텅 빈 곳에 앉아 있되 온갖 존재가 공하고 그 공함도 공한 곳으로 자리를 삼아, 그의 삶에 걸림과 막힘이 없어서 그의 삶이 해탈되어 있기 때문이다. 이미 지난 것과 앞으로 올 것이 모두 공해 취할 것이 없음을 알아, 마음으로 붙잡지 않고 현재 주어진 것에 편안히 머물되 지금 현재 또한 머물러 있지 않음을 알아, 머묾 없이 머물러 그 마음이 삼세에 모두 머묾 없기 때문이다.

떨어진 옷을 입었되 그 떨어진 옷이 여래의 해탈의 옷[解脫衣]이라 늘 그의 삶을 따뜻하게 보살피기 때문이고, 집이 없이 여러 곳 아란야에서 살아가되 여래의 넓고 큰 진리의 집을 떠남이 없어서 늘 니르바나의 기쁨과 함께하기 때문이다.

그는 지혜의 눈, 법의 눈을 열어 지난 것을 붙잡지 않고 앞으로 올 것 억지로 바라지 않으며, 눈앞에 있는 것을 취하지 않되 그 모든 것이 허깨비처럼 있는 줄 알아 버리지도 않으니, 어리석음의 불이 다시 그의 삶을 불태우지 않게 된다.

이것이 하늘과 사람의 스승이시고 브라마나 가운데 브라마나이신 여래의 말씀이고, 여래를 따라 집을 나온 아란야 비구의 고요한 범행인 것이다.

죽음과 마라와 원수 이미 벗어났나니

이와 같이 내가 들었다.

한때 붇다께서는 슈라바스티 국 제타 숲 '외로운 이 돕는 장자의 동산'에 계셨다.

그때 어떤 하늘사람이 얼굴빛이 아주 묘했는데, 그는 새벽녘 붇다 계신 곳에 와서 발에 머리를 대 절하고 한쪽에 물러나 앉았다. 그러자 몸의 여러 밝은 빛이 제타 숲 '외로운 이 돕는 장자의 동산'을 두루 비추었다.

때에 그 하늘사람은 게송으로 붇다께 말씀드렸다.

교만한 마음을 일으키어
그 마음 잘 길들이지 못해
일찍이 고요함을 닦지 않고
또한 사마디에도 들지 못하며
숲에 살면서 놓아지내면
죽음의 저 언덕 건널 수 없네.

때에 세존께서는 게송으로 대답하셨다.

이미 교만한 마음 여의고

마음은 늘 사마디에 들어
밝은 지혜로 잘 분별하여
온갖 얽맴을 벗어났도다.

홀로 숲 한곳에 살면서
그 마음놓아 지내지 않아
저 죽음과 마라와 원수 벗어나
저 언덕에 빨리 건너갔도다.

그 하늘사람은 다시 게송으로 대답하였다.

오래도록 브라마나 보아왔더니
온전한 니르바나 얻으셨어라.
온갖 두려움을 모두 이미 벗어나
길이 세간 은혜 애착 뛰어나셨네.

때에 그 하늘사람은 붇다의 말씀을 듣고 기뻐하고 따라 기뻐하면
서, 붇다의 발에 머리를 대 절하고 이내 사라져 나타나지 않았다.

• 잡아함 996 교만경(憍慢經)

• 해설 •

제타 숲 정사에 계실 때 하늘신들이 여래를 브라마나라고 찬탄하는 것은
당시 슈라바스티 성안의 기성 세력인 브라마나를 상대하여 여래가 브라마
나로서도 브라마나 가운데 가장 높은 브라마나임을 강조한 것이리라.

설사 숲의 한 고요한 곳에 살아도 그 마음이 사마디가 되지 못하면 그가 어찌 참으로 해탈한 사람이겠는가.

여래는 숲에 살되 세간을 버리지 않으시며 여기 한곳에 머물되 온갖 곳에 두루하신다.

나라는 교만의 깃발을 꺾고 온갖 법에 나 없음을 통달해 온갖 번뇌의 때를 다했으니, 여래에게 그 무슨 허물을 돌릴 수 있으며 여래에게 그 무슨 얽매임과 걸림이 있겠는가.

나고 죽음이 여래에게는 니르바나의 묘한 작용이 되고, 저 마라와 원수의 무리들이 도리어 여래의 집의 심부름꾼이 될 것이다.

『화엄경』(「여래현상품」) 또한 머물러 있는 곳곳마다 진리의 도량이 되어 뭇 마라의 군사가 모두 항복하는 여래의 머묾을 다음과 같이 노래한다.

> 낱낱 붇다의 나라 가운데
> 곳곳마다 도량에 앉으시니
> 모인 뭇 대중 함께 둘러싸서
> 마라의 군대 모두 꺾어 누르네.
> ──佛刹中　處處坐道場
> 衆會共圍遶　魔軍悉摧伏

스스로 닦은 공덕 뒷세상 좋은 벗이 되나니

이와 같이 내가 들었다.

한때 붓다께서는 슈라바스티 국 제타 숲 '외로운 이 돕는 장자의 동산'에 계셨다.

그때 어떤 하늘사람이 얼굴빛이 아주 묘했는데, 그는 새벽녘 붓다 계신 곳에 와서 발에 머리를 대 절하고 한쪽에 물러나 앉았다. 그러자 몸의 여러 밝은 빛이 제타 숲 '외로운 이 돕는 장자의 동산'을 두루 비추었다.

때에 그 하늘사람은 게송으로 붓다께 여쭈었다.

그 어떤 사람이 멀리 노님의
좋은 벗이 될 수 있으며
그 어떤 사람이 집안의
좋은 벗이 될 수 있습니까.

그 어떤 사람이 재물에 통한
좋은 벗이 될 수 있으며
그 어떤 사람이 뒷세상
좋은 벗이 될 수 있습니까.

그때에 세존께서는 게송으로 대답하셨다.

상인 무리의 길잡이가
노닐어 다님의 좋은 벗이요
정숙하고 어진 아내가
집안의 좋은 벗이 된다.

친척끼리 서로 가까이 지냄
재물에 통한 좋은 벗이요.
스스로 닦은 공덕이
뒷세상 좋은 벗이 된다.

때에 그 하늘사람은 다시 게송으로 말하였다.

오래도록 브라마나 보아왔더니
온전한 니르바나 얻으셨어라.
온갖 두려움을 모두 이미 벗어나
길이 세간 은혜 애착 뛰어나셨네.

때에 그 하늘사람은 붓다의 말씀을 듣고 기뻐하고 따라 기뻐하면서, 붓다의 발에 머리를 대 절하고 이내 사라져 나타나지 않았다.

• 잡아함 1000 원유경(遠遊經)

· **해설** ·

이 고달프고 험한 세간의 가시밭길 속에서 그 누가 멀리 다님에 좋은 벗이고 집안의 좋은 짝이 되는가.

경험 많고 지혜로운 인도자가 먼길에 좋은 벗이 되고, 집안에 정숙한 아내가 평화의 바탕이 되며, 가까운 친척과 가족이 화합해 어려울 때 재물로 도우면, 이것이 복덕의 뿌리가 된다. 스스로 늘 보시 행하고 사마디와 지혜 닦는 것이, 때를 넘어 내 삶의 안락을 보장할 좋은 벗 좋은 길잡이가 되는 것이다.

이처럼 미혹의 세간에 바른 길 가르쳐서 늘 법의 재물 얻게 하고 나고 죽음의 저 언덕에 건네주는 여래가 이 세간의 참된 인도자 구원자가 되시니 여래를 따라 사는 이, 그는 길이 가난이 없고 괴로움이 없으며 배고픔과 추위가 없으리라.

『화엄경』(「비로자나품」毘盧遮那品)은 세간의 참된 인도자이며 선지식인 붇다를 다음과 같이 찬탄한다.

세존께서 도량에 앉으시니
깨끗하고 맑아 크게 밝은 빛
비유하면 천 개의 해가 나와서
허공계를 널리 비춤 같아라.

世尊坐道場　清淨大光明
譬如千日出　普照虛空界

한량없는 억천의 겁 길고 먼 때에
크신 인도자 때가 되어 나타나네.
붇다께서 지금 세간에 나오시니
온갖 중생 우러러 받들도다.

無量億千劫　導師時乃現
佛今出世間　一切所瞻奉

집착 떠나 남음 없으면 중생의 근심 없으리

이와 같이 내가 들었다.

한때 붇다께서는 슈라바스티 국 제타 숲 '외로운 이 돕는 장자의 동산'에 계셨다.

그때 어떤 하늘사람이 얼굴빛이 아주 묘했는데, 그는 새벽녘 붇다 계신 곳에 와서 발에 머리를 대 절하고 한쪽에 물러나 앉았다. 그러자 몸의 여러 밝은 빛이 제타 숲 '외로운 이 돕는 장자의 동산'을 두루 비추었다.

때에 그 하늘사람은 게송으로 붇다께 여쭈었다.

> 어미 자식 다시 서로 기뻐하고
> 소 임자는 그 소를 즐거워하여
> 중생은 남음 있음 즐거워하고
> 남음 없음을 즐기는 이 없네.

그때에 세존께서는 게송으로 대답하셨다.

> 어미와 자식 다시 서로 근심하고
> 소 임자는 늘 그 소 걱정하여
> 남음 있으면 중생은 근심하나

남음 없으면 곧 근심 없으리.

때에 그 하늘사람은 다시 게송으로 말하였다.

오래도록 브라마나 보아왔더니
온전한 니르바나 얻으셨어라.
온갖 두려움을 모두 이미 벗어나
길이 세간 은혜 애착 뛰어나셨네.

때에 그 하늘사람은 붇다의 말씀을 듣고 기뻐하고 따라 기뻐하면서, 붇다의 발에 머리를 대 절하고 이내 사라져 나타나지 않았다.

• 잡아함 1004 상희경(相喜經)

• 해설 •

중생은 서로 사랑하는 이들이 어울려 지냄으로 즐거움 삼고, 가진 것 잃지 않음으로 기쁨 삼으며, 남음 있는 것[有餘]을 기뻐하고 빠뜨리고 모자라면 싫어한다.

그러나 현성은 애착의 사랑이 다하므로 미워할 것이 없고, 가짐에 탐착이 없으므로 잃음의 두려움이 없으며, 온갖 있는 것이 온전히 공한 줄 알아 한 모습도 남음이 없으므로 길이 모습의 장애가 다하고 근심이 다한다.

브라마나 가운데 브라마나이신 여래의 삶이 이와 같으니 그에게 무슨 은혜와 원수의 분별이 남아 있겠으며, 온갖 법이 공함 깨달아 남음 없음[無餘]에 이르신 분에게 그 무슨 한 조각 두려움이 남아 있겠는가.

중생은 업을 의지해 살아가니

이와 같이 내가 들었다.

한때 붇다께서는 슈라바스티 국 제타 숲 '외로운 이 돕는 장자의 동산'에 계셨다.

그때 어떤 하늘사람이 얼굴빛이 아주 묘했는데, 그는 새벽녘 붇다 계신 곳에 와서 발에 머리를 대 절하고 한쪽에 물러나 앉았다. 그러자 몸의 여러 밝은 빛이 제타 숲 '외로운 이 돕는 장자의 동산'을 두루 비추었다.

때에 그 하늘사람은 게송으로 붇다께 여쭈었다.

어떤 것이 사람이 갖는 것이고
무엇을 으뜸가는 짝이라 하며
무엇으로써 목숨을 살리며
중생은 어느 곳 의지합니까.

세존께서는 게송으로 대답하셨다.

논이나 집이 중생이 갖는 것이요
어진 아내 으뜸가는 짝이며
먹고 마심으로 목숨 붙들며

업이 중생의 의지가 된다.

때에 그 하늘사람은 다시 게송으로 말하였다.

오래도록 브라마나 보아왔더니
온전한 니르바나 얻으셨어라.
온갖 두려움을 모두 이미 벗어나
길이 세간 은혜 애착 뛰어나셨네.

때에 그 하늘사람은 붇다의 말씀을 듣고 기뻐하고 따라 기뻐하면서, 붇다의 발에 머리를 대 절하고 이내 사라져 나타나지 않았다.

• 잡아함 1005 인물경(人物經)

• 해설 •

세간의 살림살이는 많이 갖는 것으로 풍요를 삼으니, 농경시대는 논과 집이요, 자본주의 시대는 돈이다. 세간의 살림살이는 남녀가 어울려 가정을 이룸으로 자신의 뒤를 이어가니, 남자에게는 어진 아내이고 여인에게는 좋은 남편이다.

중생의 육체적 생명은 먹고 마심으로 이어져가고 중생의 존재는 곧 업(業)을 의지하니, 존재는 오직 과정으로 주어지고 행위로 주어지기 때문이다.

그러므로 경계가 공해 업인 경계인 줄 깨달아 경계를 취하는 탐욕의 먹음을 법을 기뻐하는 먹음[法喜食]으로 바꾸게 하고, 중생의 애착의 업을 현성의 범행(梵行)으로 바꾸는 곳에, 여래가 가르치는 해탈의 길이 있는 것이다.

여래를 따라 범행을 행하고 선정의 기쁨을 먹고 살아가는 자[禪悅食], 그는 법의 재물로 풍요를 누리는 여래 집안의 권속이 되는 것이다.

하늘과 땅에서 나온 것 가운데 어떤 것이 으뜸입니까

이와 같이 내가 들었다.

한때 붇다께서는 슈라바스티 국 제타 숲 '외로운 이 돕는 장자의 동산'에 계셨다.

그때에 어떤 하늘사람이 얼굴빛이 아주 묘했는데, 그는 새벽녘 붇다 계신 곳에 와서 발에 머리를 대 절하고 한쪽에 물러나 앉았다. 그러자 몸의 여러 밝은 빛이 제타 숲 '외로운 이 돕는 장자의 동산'을 두루 비추었다.

때에 그 하늘사람은 게송으로 붇다께 여쭈었다.

땅에서 생명을 일으키면
어떤 것이 가장 빼어나며
허공에서 떨어지는 것으로는
그 어떤 것을 빼어나다 합니까.

바라고 구하는 곳 가운데서
어떤 것이 가장 으뜸이 되고
여러 가지 말함 가운데서는
어떤 것이 높은 말이 됩니까.

농부였던 하늘신이 자기가 익힌 것으로 답함

때에 어떤 하늘사람은 본래 농부의 아들로서 지금은 하늘위에 나게 되었는데, 본래의 익힌 것으로 그 하늘사람은 대답하였다.

다섯 가지 곡식 땅에서 생겨나니
이것이 곧 가장 빼어나고
허공에서 땅에 떨어지는 것
씨앗이 가장 빼어나도다.

황소는 사람을 도와 길러주니
의지하는 것 가운데 빼어나고
사랑하는 아들이 말하는 것
말함 가운데 빼어나도다.

세존께서 세 가지 밝음과 상가와 여래의 말씀이 으뜸됨을 보이심

처음에 물음을 낸 그 하늘사람이 대답한 이에게 말하였다.

"나는 그대에게 묻지 않았는데, 왜 말이 많게 가벼이 망령된 말을 하는가. 나는 스스로 게를 말해 세존께 여쭈리라."

땅에서 생명을 일으키면
어떤 것이 가장 빼어나며
허공에서 떨어지는 것으로는
그 어떤 것을 빼어나다 합니까.
바라고 구하는 가운데서

어떤 것이 가장 으뜸이 되고
여러 가지 말함 가운데서는
어떤 것이 높은 말이 됩니까.

그때에 세존께서는 게송으로 대답하셨다.

아래서 솟구쳐 나오는 것
세 가지 밝음이 가장 높고
허공에서 흘러내리는 것도
세 가지 밝음이 또한 으뜸이네.

현성의 제자들인 상가는
스승으로 의지함에 가장 높고
여래께서 말씀하시는 것
모든 말 가운데 높은 말이네.

세간법에 대하여 안과 밖의 여섯 법으로 답하심
때에 그 하늘사람은 다시 게송으로 말하였다.

세간은 몇 가지 법으로 일어나고
몇 가지 법이 서로 따릅니까.
세간은 몇 가지 법으로 애착하고
세간의 몇 가지 법이 줄어듭니까.

그때에 세존께서는 게송으로 대답하셨다.

　　세간은 여섯 법으로 같이 일어나고
　　세간은 여섯 법이 서로 따르며
　　세간은 여섯 법으로 취해 애착하나
　　세간의 여섯 법은 덜어지고 줄어든다.

때에 그 하늘사람은 다시 게송으로 말하였다.

　　오래도록 브라마나 보아왔더니
　　온전한 니르바나 얻으셨어라.
　　온갖 두려움을 모두 이미 벗어나
　　길이 세간 은혜 애착 뛰어나셨네.

때에 그 하늘사람은 붇다의 말씀을 듣고 기뻐하고 따라 기뻐하면서, 붇다의 발에 머리를 대 절하고 이내 사라져 나타나지 않았다.

• 잡아함 1008 종자경(種子經)

• 해설 •

중생은 자기가 알고 있는 것밖에 알지 못한다. 스스로 알고 있는 것 그만큼만 사물을 비추므로 아는 것이 실은 사물의 진실을 가리는 것이다.

농부였던 하늘신에게 가장 중요한 것은 뿌리는 씨앗과 거두는 곡식이며 생산수단인 땅과 황소이며 재산을 물려줄 자식이다.

여래의 눈으로 보면 지혜의 밝음이 모든 공덕의 씨앗이 되고 지혜가 공덕의 열매를 내고 법의 재물을 채워주니, 지혜의 밝음이 가장 으뜸간다. 저 농부가 생산수단인 땅과 황소를 소중히 여기듯 현성의 제자들은 지혜를 내게 하는 여래의 가르침과 현성의 공동체인 상가를 소중히 여긴다.

무엇이 중생의 삶을 물든 삶으로 규정하는가.

세간은 안[內]과 밖[外]의 온갖 법이니 안의 여섯 법인 눈·귀·코·혀·몸과 뜻이 어울려 일어나 그것으로 안의 나[我]를 삼으면, 밖의 빛깔·소리·냄새·맛·닿음·법의 여섯 법이 대상이 되어 늘 아는 자를 따른다.

안의 여섯 아는 뿌리와 밖의 여섯 알려지는 경계가 만나 눈·귀·코·혀·몸·뜻의 여섯 앎[六識]이 일어나 바깥 여섯 법을 취해 여섯 모습 취함[六想]을 일으킨다.

그러나 세간의 이 여섯 법들은 서로 의지해 일어난 것이므로 끝내 줄어들고 덜어지며 사라진다.

이처럼 일어나고 사라지는 법은 늘고 줌이 있지만 일어나고 사라짐 없는 니르바나의 법은 늘고 줌이 없으니, 이것이 온전히 니르바나 이루신 여래의 법이다.

그러나 나고 사라지는 법밖에 줄어듦이 없는 니르바나의 공덕바다가 있다고 해서는 안 되니, 온갖 법이 나되 남이 없고 사라지되 사라짐 없음을 바로 보면, 줄어들고 사라지는 세간법에서 늘고 줌이 없는 여래장(如來藏) 공덕바다를 살게 될 것이다.

어떤 것이 수 가운데 수입니까

이와 같이 내가 들었다.

한때 붇다께서는 슈라바스티 국 제타 숲 '외로운 이 돕는 장자의 동산'에 계셨다.

그때 어떤 하늘사람이 얼굴빛이 아주 묘했는데, 그는 새벽녘 붇다 계신 곳에 와서 발에 머리를 대 절하고 한쪽에 물러나 앉았다. 그러자 몸의 여러 밝은 빛이 제타 숲 '외로운 이 돕는 장자의 동산'을 두루 비추었다.

때에 그 하늘사람은 게송으로 붇다께 여쭈었다.

어떻게 수는 헤아려지며
어떻게 수는 숨길 수 없으며
어떤 것이 수 가운데 수이며
어떻게 수라는 말을 합니까.

수의 헤아림이 마음과 물질에서 비롯함을 보이심

그때에 세존께서는 게송으로 대답하셨다.

붇다와 다르마는 헤아릴 수 없어서
두 진리의 흐름 드러나지 않는다.

만약 저 마음과 물질이라면
사라져 다해 다 남음 없게 되리.

이것을 수가 헤아려짐이라 하니
저 수는 숨겨 감춰지지 않네.
이것이 저 수 가운데 수니
이것이 수를 말함이라네.

때에 그 하늘사람은 다시 게송으로 말하였다.

오래도록 브라마나 보아왔더니
온전한 니르바나 얻으셨어라.
온갖 두려움을 모두 이미 벗어나
길이 세간 은혜 애착 뛰어나셨네.

때에 그 하늘사람은 붇다의 말씀을 듣고 기뻐하고 따라 기뻐하면서, 붇다의 발에 머리를 대 절하고 이내 사라져 나타나지 않았다.

• 잡아함 1297 수경(數經)

• 해설 •

수는 연기된 모습이 있음으로 수가 분별되고 헤아려진다. 그러므로 수는 물질도 아니고 마음도 아니지만 물질 아님도 아니고 마음 아님도 아니다.

붇다와 다르마는 두 수로 말해지나 붇다와 다르마는 모두 모습에서 모습 떠난 법이므로 두 흐름은 진리의 흐름이라 있되 공하여 드러나도 실로 드러남이 없는 법이다.

세간법의 온갖 수는 모두 공하되 있는 존재의 수이다. 마음은 물질로 인해 마음이고 물질은 마음으로 인해 물질이라 두 법으로 헤아려진다. 두 법이 모두 공하여 모두 사라져 다해 남음 없게 되지만, 두 법이 공한 줄 모르면 두 법은 늘 두 법으로 헤아려져 그 수는 숨길 수 없다.

이처럼 온갖 수는 공하여 수 없는 곳에 세워진 수 아닌 수이니, 온갖 수를 말하는 것이 모두 수 없는 곳에서 수를 말하는 것이다.

존재의 수 가운데 실로 셀 것이 없음을 아는 자가 하나 속에서 한량없는 수를 보아 늘 진여를 떠나지 않게 되니, 『화엄경』(「광명각품」)은 다음과 같이 말한다.

하나 가운데서 한량없음을 알고
한량없음 가운데서 하나를 아네.
저 수가 서로 나는 것을 안다면
두려울 바 없음을 이루게 되리.

一中解無量　無量中解一
了彼互生起　當成無所畏

해탈해 밝음과 행 갖추신 이
셀 수 없고 견줄 수 없네.
밝음과 행을 모두 갖추신 이
세간의 모든 헤아림으로
허물 구해도 얻을 수 없네.

解脫明行者　無數無等倫
世間諸因量　求過不可得

탐착의 원인 아는 이는 나고 죽음의 바다 건너리

이와 같이 내가 들었다.

한때 붇다께서는 슈라바스티 국 제타 숲 '외로운 이 돕는 장자의 동산'에 계셨다.

그때 가마다 하늘사람이 얼굴빛이 아주 묘했는데, 그는 새벽녘 붇다 계신 곳에 와서 발에 머리를 대 절하고 한쪽에 물러나 앉았다. 그러자 몸의 여러 밝은 빛이 제타 숲 '외로운 이 돕는 장자의 동산'을 두루 비추었다.

때에 그 가마다 하늘사람은 게송으로 붇다께 여쭈었다.

탐냄과 성냄은 무엇이 원인이며
즐겁지 않아 온몸 털이 곤두서는
그 두려움은 어디서 일어납니까.
마치 아기가 젖어미 의지하듯
중생의 느낌과 모습 취함은
어느 곳을 말미암아 생겨납니까.
마치 저 갓 태어난 아기가
젖어미를 의지함과 같습니까.

탐욕과 번뇌의 뿌리가 남이 없음을 알 때 보디 열게 됨을 보이심

그때에 세존께서는 이 게송으로 대답하셨다.

　애욕이 나서 스스로 몸이 자람
　저 니그로다 나무와 같고
　곳곳마다 집착함을 따르는 것
　저 가시나무 덤불숲과 같네.

　만약 저 원인을 아는 이가
　환히 깨달아 보디를 열게 되면
　나고 죽음의 바다 흐름을 건너
　다시는 뒤의 있음 받지 않으리.

가마다 하늘사람은 게송으로 말했다.

　오래도록 브라마나 보아왔더니
　온전한 니르바나 얻으셨어라.
　온갖 두려움을 모두 이미 벗어나
　길이 세간 은혜 애착 뛰어나셨네.

때에 가마다 하늘사람은 붇다의 말씀을 듣고 기뻐하고 따라 기뻐하면서, 붇다의 발에 머리를 대 절하고 이내 사라져 나타나지 않았다.

• 잡아함 1314 가마경(迦摩經) ②

탐냄과 성냄과 두려움의 원인은 무엇인가. 중생의 모습 취함은 그 뿌리가 무엇인가. 어리석음이 그 원인이 된다.

어리석음은 무엇을 어리석음이라 하는가. 인연으로 일어난 온갖 존재가 인연으로 일어났으므로 공한 줄 모르고 그 있음을 실로 있다고 집착함이 곧 어리석음이다.

지금 여기 있는 몸이 실로 있고 저기 바깥 사물이 내가 취할 것으로 있다고 집착하므로 탐욕이 일어나고, 그 욕구의 좌절이 분노를 일으키며, 지금 주어진 삶의 덧없는 사라짐과 없어짐, 지금 알고 있는 것의 잊힘에 대한 두려움이 죽음과 미래의 삶에 대한 공포가 된다.

이 탐욕과 두려움의 원인을 살펴 안의 마음이 취하는바 모습이 모습 아닌 줄 깨달아, 마음에 실로 취하는 것이 없으면 마음은 마음 아닌 마음이 되어 존재의 묶임에서 벗어난다.

곧 아는 마음과 알려지는 경계를 실로 있음으로 집착하여 온갖 탐욕과 두려움이 나는 것이니, 마음과 경계가 모두 공한 줄 알면, 두려움의 원인은 실로 나는 뿌리가 없고[無根] 일어나되 남이 없다[無生].

그러므로 현존재의 있음이 있음 아니고 번뇌와 두려움이 오되 옴이 없음을 알면 그는 다시는 뒤의 있음 받지 않되, 공(空)에 떨어짐이 없이 방편으로 남이 없이 나서[以方便生], 남[生]과 나지 않음[不生]을 모두 뛰어넘는 해탈의 삶을 살아가리라.

고타마 크신 지혜 막힘없는 지견이라 들었습니다

이와 같이 내가 들었다.

한때 붇다께서는 슈라바스티 국 제타 숲 '외로운 이 돕는 장자의 동산'에 계셨다.

그때 찬다나 하늘사람이 얼굴빛이 아주 묘했는데, 그는 새벽녘 붇다 계신 곳에 와서 발에 머리를 대 절하고 한쪽에 물러나 앉았다. 그러자 몸의 여러 밝은 빛이 제타 숲 '외로운 이 돕는 장자의 동산'을 두루 비추었다.

때에 그 찬다나 하늘사람은 게송으로 붇다께 여쭈었다.

거룩하신 고타마의 크신 지혜는
막힘없는 지견이라 들었사온데
어느 곳에 머물러서 무엇 배워야
다른 세상 악함 만나지 않습니까.

그때에 세존께서는 게송으로 대답하셨다.

몸과 입과 뜻을 잘 거두어 지녀
세 가지 나쁜 법을 짓지 않고
가정 꾸려 집에 살면서도

뭇 손님들을 널리 모아서
믿음으로 재물과 법 보시하고
법으로써 온갖 사람 세워주라.
거기에 머물러서 그 법 배우면
다른 세상 두려움 없게 되리라.

찬다나 하늘사람은 게송으로 말했다.

오래도록 브라마나 보아왔더니
온전한 니르바나 얻으셨어라.
온갖 두려움을 모두 이미 벗어나
길이 세간 은혜 애착 뛰어나셨네.

때에 찬다나 하늘사람은 붇다의 말씀을 듣고 기뻐하고 따라 기뻐하면서, 붇다의 발에 머리를 대 절하고 이내 사라져 나타나지 않았다.

• 잡아함 1315 전단경(栴檀經) ①

• 해설 •

연기론의 세계관에서 진리와 해탈은 오직 행위 속의 진리이고 해탈이다. 삶활동 밖에 그 어떤 초월적 진리의 이름이나 신묘한 영적 실체도 연기론에선 환상이 된다.

존재는 존재인 존재가 아니라 몸과 입과 뜻의 업(業, karma)으로 주어지는 존재이고, 업은 세계를 토대로 일어나되 업일 때 세계는 업인 세계이다.

그러므로 바른 삶은 탐욕의 마음·구하는 마음으로 초월자에게 기도하고 간구하는 것이 아니라, 지금 나의 삶활동 안에서 탐욕과 분노 거짓과 미망의 업을 짓지 않고 나의 업을 지혜와 자비의 업으로 돌이키는 데 있다.

연꽃이 진흙 속에 크되 진흙물에 물듦 없듯, 가정살이하되 탐욕 속에서 탐욕에 빠져 살지 않고 늘 이웃과 나누고 사회에 베풀며 먹을거리 입을 것을 보시하고 바른 법을 보시하는 삶이 진리의 삶이다.

스스로 바른 법 가운데 서서 이웃과 뭇 삶들을 법으로써 세워주는 자, 그는 현세에서도 머물 것이 없고 취할 것이 없으므로 안락하고, 뒷세상에서도 잃을 것이 없고 받을 것이 없으므로 아무런 두려움이 없게 되리라.

『화엄경』(「입법계품」) 또한 중생을 법 가운데 세워주고 보디의 도에 이끄는 보디사트바의 삶을 이렇게 노래한다.

여래의 법 잘 행하는 보디사트바는
크나큰 자비와 방편의 힘으로
세간에 널리 두루 몸을 나타내
중생의 앎과 하고자 함을 따라
그 중생들 위하여 법을 설하여
모두 보디의 도 향해 나가게 하네.

以大慈悲方便力　普遍世間而現身
隨其解欲爲說法　皆令趣向菩提道

그 누가 머무는 곳 없이 흐름에 빠지지 않습니까

이와 같이 내가 들었다.

한때 붇다께서는 슈라바스티 국 제타 숲 '외로운 이 돕는 장자의 동산'에 계셨다.

그때 찬다나 하늘사람이 얼굴빛이 아주 묘했는데, 그는 새벽녘 붇다 계신 곳에 와서 발에 머리를 대 절하고 한쪽에 물러나 앉았다. 그러자 몸의 여러 밝은 빛이 제타 숲 '외로운 이 돕는 장자의 동산'을 두루 비추었다.

때에 그 찬다나 하늘사람은 게송으로 붇다께 여쭈었다.

　그 누가 모든 흐름 건너갑니까.
　밤낮으로 부지런해 게으름 없이
　붙잡지 않고 머무는 곳이 없이
　어떻게 흐름에 빠지지 않습니까.

선정과 지혜로 온갖 흐름 건넘을 보이심
그때에 세존께서는 게송으로 대답하셨다.

　온갖 계를 잘 갖춰 지니고
　지혜로 사마디에 잘 들어서

안으로 바른 생각 사유하면
건너기 어려운 흐름 건너리.

이 탐욕의 생각에 물듦 없이
저 빛깔의 애욕 뛰어 건너면
탐욕의 기쁨을 모두 다해서
헤아리기 어려운 번뇌 흐름에
빠져 들어가지 않게 되리라.

때에 찬다나 하늘사람은 게송으로 말했다.

오래도록 브라마나 보아왔더니
온전한 니르바나 얻으셨어라.
온갖 두려움을 모두 이미 벗어나
길이 세간 은혜 애착 뛰어나셨네.

때에 찬다나 하늘사람은 붇다의 말씀을 듣고 기뻐하고 따라 기뻐
하면서, 붇다의 발에 머리를 대 절하고 이내 사라져 나타나지 않았다.

• 잡아함 1316 전단경②

• 해설 •

무엇을 모든 흐름이라 하는가. 인연으로 나는 존재의 흐름이 흐름 아닌
흐름인 줄 모르고 존재의 흐름에 따라 구르는 것이 흐름이다.

연기법에서 안의 마음과 바깥 존재는 서로 의지해 있어서 안의 마음은 존
재인 마음이다.

온갖 존재는 인연으로 일어나고 인연으로 사라지어 찰나에도 멈춤이 없다. 존재인 마음이 저 보여지는 존재의 나고 사라짐을 실로 나고 사라지는 것으로 알아, 존재의 모습을 따라 끝없이 나고 사라져 흘러가므로 여래는 이를 중생의 흐름이라 이름한다.

여래의 지혜의 눈으로 보면 보여지는바 존재는 나되 남이 없고 사라지되 사라짐 없어서 모습에 모습 없다. 보여지는바 모습에 취할 모습이 없으므로 존재인 마음 또한 마음에 마음 없어 알되 앎이 없다. 그러므로 온갖 존재의 흐름 가운데 늘 고요하고, 늘 고요하되 온갖 존재의 흐름을 앎이 없이 안다.

흐름 가운데서 흐름 없음을 머묾 없음[無住]이라 하고, 흐름 없고 앎 없되 앎 없음에 빠짐이 없이 앎 없이 아는 것[無知而知]을 사마디인 지혜가 늘 바른 생각으로 사유한다고 한다.

바른 생각은 생각하되 생각함 없고 생각함 없되 생각함 없음도 없어서 늘 때와 곳을 따라 바른 해탈의 행을 일으키니, 이것이 바로 프라티목샤의 해탈이고 바른 계이다.

여래는 사마디가 지혜가 되고 지혜가 계가 되며, 계가 다시 사마디가 되고 다시 지혜가 되어 스스로 온갖 흐름 건너서 선정과 지혜로 온갖 중생을 법 가운데 세워주는 분이니, 그 여래를 우리는 온전한 니르바나의 성취자라 부르는 것이다.

화엄회상(「입법계품」) 선지식 또한 여래의 가르침대로, 세간의 흐름이 흐름 아닌 흐름인 줄 알아 세간 흐름 따르지 않되 세간 버리지 않는 구도자 보디사트바의 행을 다음과 같이 격려한다.

그대는 지금 모든 세간 속에서
의지함 없고 집착하는 바 없이
그 마음 널리 걸림 없어서
청정하기 저 허공과 같아라.

汝於諸世間 無依無所著

其心普無礙　清淨如虛空

그대는 지금 보디의 행을 닦아
공덕이 모두 두렷이 채워졌나니
크나큰 지혜의 빛 널리 놓아서
온갖 세간 널리 비추어주네.

汝修菩提行　功德悉圓滿
放大智慧光　普照一切世

그대는 세간을 떠남이 없고
또한 세간을 집착함이 없이
세간 행하되 막혀 걸림 없으니
바람이 저 허공에 노님 같아라.

汝不離世間　亦不著於世
行世無障礙　如風遊虛空

3) 주요 교설을 설한 아란야

• 이끄는 글 •

존재의 진실에 대한 깨달음을 구체적인 때[時]와 곳[處]에 의지해서 설한 여래의 가르침은, 다시 듣는 이가 믿음[信]과 이해[解], 이해를 통한 실천[行]을 통해서 듣는 이 스스로 해탈의 땅에 나아가게 하는 데 가르침의 뜻을 두고 있다.

가르침이 진리를 깨친 분의 말씀이고 가르침이 존재의 실상을 열어내는 것이라는 믿음이 없으면, 이해에 나아갈 수 없고 이해하지 못하면 실천할 수 없으나, 믿고 나서 이해하는 것이 아니라 믿음과 앎[信解], 앎과 함[解行]은 늘 동시적 규정 속에 있다.

믿지 않으면 받아들여 이해할 수 없으나, 이해하고 실천하고 스스로 증험함으로써 그 믿음은 움직일 수 없는 확신으로 다져진다. 그러므로 믿음은 믿어지는 진여[所信眞如]와 둘이 아닐 때만 참된 믿음이 되고, 믿음인 이해만이 바른 이해가 되며, 앎과 함 또한 앎을 통해 바른 함이 정립되지만 함[行]을 통해서 앎의 정당성은 검증된다.

화엄에서 저 보디 나무 아래서 여래의 새로 깨달음을 이룸[始成正覺]은 사카무니 붓다가 아직 입 열기 전 말 없는 스스로의 사마디 속 지혜와 진리가 하나됨으로 기술된다. 그곳에서는 여래의 사마디가 우주법계이고 여래의 지혜가 온갖 중생의 진실처이며 온갖 보디사트바의 실천행[菩薩行]이 된다.

여래의 사마디는 머물러야 할 고요함도 없으므로 여래는 해인삼매를 움직이지 않고 보디 나무 아래 깨달음의 자리에서 일어나 카시 국의 저 사슴동산으로 걸어가 사제법의 법바퀴를 굴리고 보디 나무 아래서의 깨달음을 십이연기로 다시 보인다.

이때 여래의 법바퀴 굴림[轉法輪]은 말 없되 말 없음도 없는 사마디 속의 깨달음을 다시 저 중생의 언어로 열어낸 것이니, 여래의 말 있음은 사마디의 말 없음을 떠나지 않는다.

이처럼 여래는 말 없는 사마디의 처소에서 말 없는 말을 일으켜 중생에게 믿음을 내게 하고, 연기의 진리를 이해시키며, 실천으로 이끌어 진여의 바다 깨달음의 세계에 들어가게 하신다. 다시 중생은 가르침을 듣고서[聞] 믿고[信], 사유하며[思] 이해하고[解], 닦아 행해[修] 스스로 니르바나의 성에 들어간다[證].

붇다의 설법에서 연기법에 대한 이해의 기초는 사제·십이인연의 가르침을 통해서 이루어진다. 그 토대 위에서 여래는 다섯 쌓임·열두 들임·열여덟 법의 영역 등 존재론적·인식론적 가르침을 열어 보이고, 서른일곱 갖가지 실천법을 말씀해, 앎[解]과 함[行]이 하나 된 해탈의 실천에 나아가도록 하신다.

그러나 여래는 중생 번뇌가 공해 원래 니르바나되어 있는 진리의 땅에서 설함 없이 법을 설해 새롭게 중생을 니르바나의 땅에 이끄시는 것이니, 『화엄경』(「여래출현품」)은 이렇게 말한다.

여래의 법바퀴는 구르는 바가 없어
삼세에 일어남 없고 얻음도 없네.
비유하면 문자가 다하는 때가 없듯

열 가지 힘 갖추신 여래의 법바퀴
또한 이와 같아서 다함이 없네.

如來法輪無所轉　三世無起亦無得
譬如文字無盡時　十力法輪亦如是

붓다께서 이와 같이 다함없는 법바퀴를 굴려 이곳에서 어느 날 믿음과 바른 지혜를 설하고 저곳에서 바른 살핌과 파라미타를 설해도, 모든 교설은 중도의 진실을 열고 보디의 문을 열기 위함이다.

이 뜻이 『화엄경』(「세주묘엄품」)에서는 모습 없고 성품 없는 여래의 두루한 몸이 세간 구원을 위해 곳곳에 자비화현을 나타내는 것으로 표현되니, 경은 말한다.

붓다의 몸은 큰 모임들에 널리 두루해
법계를 가득 채워 다함이 없도다.
고요하여 자기성품 없어 취할 수 없으나
이 세간 건져주기 위해 나타나시네.

佛身普遍諸大會　充滿法界無窮盡
寂滅無性不可取　爲救世間而出現

① 사제[四諦說]

바라나시의 사슴동산에서, 사제의 법을 설해
사문과 브라마나의 길을 보이시다

이와 같이 내가 들었다.

한때 붓다께서는 바라나시의 '선인이 살던 사슴동산'에 계시면서 여러 비구들에게 말씀하셨다.

"만약 모든 사문이나 브라마나로서 이 괴로움의 진리를 진실 그대로 알지 못하고, 이 괴로움 모아냄의 진리를 진실 그대로 알지 못하며, 괴로움이 사라짐의 진리를 진실 그대로 알지 못하고, 이 괴로움을 없애는 길의 진리를 진실 그대로 알지 못한다 하자.

그러면 그는 사문이 아닌 사문이요, 브라마나 아닌 브라마나다.

그는 또한 사문의 뜻과 브라마나의 뜻에 의해 법을 보아 스스로 알고 증득하여 '나의 태어남은 이미 다하고 범행은 이미 서고, 지을 바를 이미 지어 다시는 뒤의 있음을 받지 않는다'고 스스로 알지 못한다."

사문과 브라마나의 뜻에 의해 사제 닦아가길 당부하심

"만약 사문이나 브라마나로서 이 괴로움의 진리를 진실 그대로 알고, 이 괴로움 모아냄의 진리를 진실 그대로 알며, 이 괴로움이 사라짐의 진리를 진실 그대로 알고, 이 괴로움을 없애는 길의 진리를 진실 그대로 안다고 하자.

그러면 알아야 한다. 그 사문이나 브라마나는 사문인 사문이요, 브라마나인 브라마나이다.

그는 또한 사문과 브라마나의 뜻에 의해, 법을 보아 스스로 알고 증득하여 '나의 태어남은 이미 다하고 범행은 이미 서고, 지을 바를 이미 지어 다시는 뒤의 있음을 받지 않는다'고 스스로 안다.

그러므로 비구들이여, 네 가지 진리에 대하여 사이 없는 평등한 지혜로써 더욱 하고자 함을 일으켜 부지런히 힘쓰고 견디어내며 방편으로써 닦아 배워야 한다.

어떤 것을 넷이라 하는가. 곧 괴로움의 진리 · 괴로움 모아냄의 진리 · 괴로움이 사라짐의 진리 · 괴로움을 없애는 길의 진리이다."

붇다께서 이 경을 말씀하시자, 여러 비구들은 붇다의 말씀을 듣고 기뻐하며 받들어 행하였다.

- 잡아함 390 사문바라문경(沙門婆羅門經)

• 해설 •

미혹의 병이 깊은 중생을 향한 여래의 교화방식은 병 따라 약을 쓰는 의사의 처방 방식이다.

사슴동산이 첫 설법지가 된 것은, 맨 처음 교화의 인연으로 결정된 다섯 수행자가 머물러 있던 곳이 카시 국 바라나시의 사슴동산이었기 때문이고, 사제의 법을 설하신 것 또한 고행으로 해탈할 수 있다는 다섯 수행자의 그릇된 인생관과 실천관을 깨기 위함이다.

기성의 브라마나들은 절대신에 대한 공양과 범아일여(梵我一如)의 선정으로 해탈할 수 있다 말하고, 그에 반대하는 사문들은 고행을 통한 영혼의 정화로 해탈할 수 있다 말한다.

붇다는 사제법으로 고통이 삶활동 속에서 연기한 것이므로 미혹과 탐욕에 젖은 행위의 새로운 전환을 통해서만 행위 자체인 해탈이 구현된다고 가르치신다.

사제법을 통해 초월적 선정주의와 영혼주의적 진리관은 타파되고, 주체와 객체가 서로 의지해 있는 세계의 연기적 실상과 초월주의와 영혼주의를 넘어선 행위 속의 선정이 밝혀진다.

그러므로 붇다는 그 어떤 신비한 진리의 내용, 절대신의 이름을 말하는 사문이나 브라마나라 하더라도 사제의 진리 곧 괴로움의 원인과 결과, 해탈의 원인과 결과를 참으로 알지 못하는 이는 사문으로 참된 사문이 되지 못하고, 브라마나로서 참된 브라마나가 되지 못한다고 가르치신다.

왜인가. 그에게는 세계의 진실 그대로의 해탈이 구현될 수 없기 때문이고, 진실 그대로의 해탈을 향한 실천적 지향[義, artha]이 있을 수 없기 때문이다.

『화엄경』(「세주묘엄품」) 또한 붇다의 세간 출현이 모두 중생을 세계의 실상 그대로의 해탈의 바다에 이끌기 위함임을 이렇게 노래한다.

> 법의 성품 걸림 없음 밝게 깨친 이
> 시방 한량없는 세계 널리 나타나
> 붇다의 경계 부사의함을 말해주어
> 한량없이 고통받는 중생이 모두
> 해탈의 바다 돌아가게 하여주도다.
>
> 了知法性無礙者　普現十方無量刹
> 說佛境界不思議　令衆同歸解脫海

바라나시의 사슴동산에서, 사제법 아는 것이
사문과 브라마나의 길임을 보이시다

이와 같이 내가 들었다.

한때 붇다께서는 바라나시의 선인이 살던 사슴 동산에 계셨다.

그때 세존께서 여러 비구들에게 말씀하셨다.

"만약 사문이나 브라마나로서 괴로움의 거룩한 진리를 진실 그대로 알지 못하고, 괴로움 모아냄의 거룩한 진리를 진실 그대로 알지 못하며, 괴로움 사라짐의 거룩한 진리를 진실 그대로 알지 못하고, 괴로움 없애는 길의 거룩한 진리를 진실 그대로 알지 못한다 하자.

그러면 알아야 한다. 이 사문이나 브라마나는 괴로움에서 벗어날 수 없는 것이다.

만약 사문이나 브라마나로서 괴로움의 거룩한 진리를 진실 그대로 알고, 괴로움 모아냄의 거룩한 진리를 진실 그대로 알며, 괴로움 사라짐의 거룩한 진리를 진실 그대로 알고, 괴로움 없애는 길의 거룩한 진리를 진실 그대로 안다고 하자.

그러면 알아야 한다. 이 사문이나 브라마나는 괴로움에서 벗어날 수 있는 것이다."

붇다께서 이 경을 말씀하시자, 여러 비구들은 붇다의 말씀을 듣고 기뻐하며 받들어 행하였다.

사제를 진실대로 알아야 해탈함을 계송으로 보이심

" '괴로움에서 해탈하지 못함과 해탈함 같이, 나쁜 세계[惡趣]를 버려서 해탈함과 해탈하지 못함도 그러하다.

계를 물리어 줄어듦[戒退滅]을 버릴 수 있음과 버리지 못함도 그러하며, 사람 지나는 법[過人法] 스스로 증득함을 말할 수 있음과 사람 지나는 법을 증득함을 스스로 말할 수 없음도 그러하다.

이밖에 좋은 복밭을 구할 수 있음[求良福田]과 좋은 복밭을 구할 수 없음도 그러하다.

이밖에 밖으로 큰 스승을 구할 수 있음[外求大師]과 밖으로 큰 스승을 구할 수 없음도 그러하며, 괴로움을 뛰어넘지 못함과 괴로움을 뛰어넘을 수 있음[堪能越苦]도 그러하며, 괴로움에서 벗어날 수 없음과 괴로움에서 벗어날 수 있음도 그러하다."

이와 같이 위의 여러 경을 거듭 말씀하시고, 다시 계송으로 이어 말씀하셨다.

만약 온갖 괴로움을 알지 못하고
그 뭇 괴로움 일으키는 원인과
온갖 모든 괴로움이 고요하여서
길이 나머지 없음 알지 못하고
괴로움 없애는 길 알지 못한다 하자.

그러면 온갖 괴로움 사유하여서
마음이 괴로움에서 해탈하고
지혜 또한 그렇게 해탈하여

온갖 괴로움들을 뛰어넘어서
괴로움을 마쳐 벗어날 수 없으리.

만약 진실 그대로 괴로움 알고
또한 뭇 괴로움의 원인을 알며
온갖 괴로움이 길이 사라져 다해
나머지 없음을 진실 그대로 알며
만약 다시 괴로움 없애는 길의 자취
진실 그대로 모두 안다고 하자.

그러면 마음의 해탈 갖추게 되고
지혜의 해탈 또한 그렇게 갖추어
뭇 괴로움들을 모두 뛰어넘어서
마쳐 다해 해탈을 얻게 되리라.

붇다께서 이 경을 말씀하시자, 여러 비구들은 붇다의 말씀을 듣고 기뻐하며 받들어 행하였다.

• 잡아함 392 여실지경(女實知經)

• 해설 •

사슴동산에서 여래의 설법은 지붕이 있는 비하라에서의 설법이 아니고 겨우 햇빛 가릴 수 있는 나무 밑에서 첫 출가상가에 입문한 다섯 비구들을 모아놓고 설한 가르침이다.

또한 맨 처음 사제의 교설을 통해 붇다가 강조하는 것은 연기법의 세계관과 실천이 기성 브라마나나 사문들과는 다른 길임을 보이는 것이다.

괴로움이 원인과 조건에 의해 일어난 괴로움인 줄 알게 되면, 삶의 진실을 등진 그릇된 원인과 조건의 소멸을 통해 새로운 니르바나의 현실이 구현되는 것이지 스스로 주어진 실체로서의 영혼과 절대신성 속에 구원과 해탈이 있는 것이 아님을 알게 된다.

원인과 조건에 의해 결과가 있다면 원인과 조건, 결과가 모두 공한 것이다. 결과로서 괴로움과 괴로움을 괴로움이게 하는 원인과 조건이 모두 공한 줄 알면, 괴로움과 번뇌의 현실 한복판에 괴로움과 삶의 장애가 본래 공한 삶의 해탈처가 있음을 알게 된다.

붇다의 연기론적 세계관·실천관에서는 삶 속의 온갖 대립이 대립 아닌 대립이며, 나고 사라짐이 나고 사라짐 아닌 나고 사라짐이다. 그러므로 실체적인 대립과 생멸 속에서 유아론적 해탈을 추구하는 다른 길의 가르침과 연기론을 같다고 보아서는 안 된다.

사제법은 우리 중생에게 본래 해탈되어 있는 진여의 땅에서, 고통을 돌이켜 새롭게 니르바나를 이룸 없이 이루어가는 실천관을 보인다.

사제의 진실을 모르는 자, 그는 설사 사문과 브라마나로서 그 어떤 신비적 교의를 주장한다 해도 세계의 실상 그대로의 진실한 해탈처, 마쳐 다한 니르바나[滅盡涅槃]에 이르를 수 없다.

칼란다카 대나무동산에서, 사제의 법을 말할 뿐 공양물에 대해 말하지 않게 하시다

이와 같이 내가 들었다.

한때 붇다께서는 라자그리하 성의 칼란다카 대나무동산에 계셨다. 때에 많은 비구들은 식당에 모여 이런 이야기를 하고 있었다.

'아무아무 다나파티(dāna-pati, 施主)는 거칠고 성긴 먹을 것을 준다. 우리들이 그것을 먹으면 맛도 없고 힘도 나지 않는다.

우리는 차라리 그 거친 음식을 버리고 밥 빌러 다니는 것이 낫겠다.

왜냐하면 비구가 밥 빌러 다닐 때에는 좋은 먹을거리를 얻을 수 있고 또 좋은 빛깔을 볼 수도 있으며, 때로는 좋은 소리를 들을 수 있고, 여러 사람이 알아보며, 또한 입을 옷·잠자리·의약품을 얻을 수도 있기 때문이다.'

공양물 탐착하는 비구들을 깨우쳐 해탈의 길 찾도록 하심

그때 세존께서는 선정 가운데서 하늘귀로 여러 비구들이 의논해 말하는 소리를 들으셨다. 곧 자리에서 일어나 식당으로 가시어 대중 앞에 자리를 펴고 앉으시어 여러 비구들에게 물으셨다.

"너희들은 무엇을 의논하고 이야기를 하고 있느냐."

때에 여러 비구들은 위의 일을 갖추어 말씀드렸다.

붇다께서 여러 비구들에게 말씀하셨다.

"너희들은 먹을거리의 일을 말하지 말라.

왜냐하면 그것은 뜻의 요익함도 아니요 법의 요익함도 아니며, 범행의 요익함도 아니요 지혜도 아니며, 바른 깨달음도 아니어서 니르바나에로 향하지 않기 때문이다. 비구들이여, 다음과 같이 말해야 한다.

'이것은 괴로움의 진리요, 괴로움 모아냄의 진리며, 괴로움 사라짐의 진리요, 괴로움 없애는 길의 진리이다.'

왜냐하면 그것은 뜻의 요익함이요 법의 요익함이며, 범행의 요익함이요 바른 지혜이며, 바른 깨달음으로써 바로 니르바나에 향하기 때문이다.

그러므로 비구들이여, 네 가지 진리에 아직 사이 없는 평등한 살핌이 없으면 반드시 방편에 힘써 더욱 하고자 함을 일으켜 사이 없는 평등한 지혜를 배워야 한다."

붇다께서 이 경을 말씀하시자, 여러 비구들은 붇다의 말씀을 듣고 기뻐하며 받들어 행하였다.

• 잡아함 415 단월경(檀越經)

• 해설 •

라자그리하 성 칼란다카 대숲정사가 이루어진 때에 붇다의 상가는 이미 대중의 수가 천 명이 넘는 큰 집단이 되었으며, 다나파티의 공양으로 상가의 생활이 안정적인 기반을 확보한 시대이다.

나무 밑 앉음과 빌어서 밥 먹음을 기본으로 했던 수행자의 생활은 큰 비하라에서의 안거와 숲속의 안거를 병행하게 되고, 먹음 또한 빌어서 먹음과 신자의 공양 받아먹음을 함께하게 되었다.

또한 대중이 함께 모여 토론하고 의사결정하는 갖가지 카르마 제도가 정비되고 입문의식이 체계화되며, 죄 지은 자에 대한 징벌과 죄에서 벗어나게 해주는 제도[出罪]가 정비된다.

그러나 많은 수행자들은 체계화되고 안락해진 생활조건으로 인해, 여래의 설법을 들으며 나무 밑에서 안거하고 밥을 빌어 생활하던 상가의 첫 출범 시기에 비해 실천적 긴장감이 풀어지고 느슨해지게 된다.

오직 해탈의 법만을 말하고 그밖에 거룩한 침묵 지키라 한 가르침은 받들어지지 않고, 먹을 것 입을 것을 말하고 시주의 공양을 말하는 출가자들이 많게 되니, 붇다는 크게 꾸짖으시며 첫마음[初心]에 돌아가도록 깨우치고 계신다.

『화엄경』(「보현행품」) 또한 나와 중생, 첫마음과 끝마음이 둘이 없는 평등한 지혜를 깨달아, 법의 비로 세간을 적셔 요익케 하는 보디사트바의 길을 이렇게 말한다.

바르게 보디의 길 가는 수행자
인연으로 있는 법과 중생의 수
밝게 깨달아 알아서 집착치 않고
세간에 법의 비를 널리 내려서
모든 세간 중생 흠뻑 적셔주네.

法數衆生數　了知而不著
普雨於法雨　充洽諸世間

널리 세간의 모든 세계 가운데서
생각생각 바른 깨달음을 이루고
보디사트바의 행을 닦고 닦아서
일찍이 뒤로 물러나 구름이 없네.

普於諸世界　念念成正覺
而修菩薩行　未曾有退轉

② 십이연기[十二緣起說]

제타 숲 동산에서, 십이인연의 법이 넓고 커서
끝과 밑이 없음을 보이시다

이와 같이 들었다.

한때 붇다께서는 슈라바스티 국 제타 숲 '외로운 이 돕는 장자의 동산'에 계셨다. 그때 세존께서 비구들에게 말씀하셨다.

"여래는 열 가지 힘을 성취하고 스스로 집착이 없음을 알아 대중 가운데서 사자처럼 외치면서 위없는 법바퀴를 굴려 중생들을 건네준다. 그리하여 이렇게 살핀다.

'이것은 물질이요, 이것은 물질을 익히어냄이고, 이것은 물질의 다함이요, 이것은 물질에서 벗어나는 길이다.

다시 이렇게 살핀다.

'이것은 느낌이고 모습 취함이고 지어감이며 앎이고, 이것은 앎 등의 익히어냄이고, 앎 등의 다함이며, 앎 등에서 벗어나는 길이다.'

그것은 다시 다음과 같이 살핌이다.

'이것으로 인해 이것이 있고 이것이 생기면 이것이 생긴다.

곧 무명 때문에 지어감이 있고, 지어감 때문에 앎이 있으며, 앎 때문에 마음·물질이 있고, 마음·물질 때문에 여섯 들임이 있다.

여섯 들임 때문에 닿음이 있고, 닿음 때문에 느낌이 있으며, 느낌 때문에 애착이 있고, 애착 때문에 취함이 있으며, 취함 때문에 존재가 있고, 존재 때문에 죽음이 있으며, 죽음 때문에 시름 · 근심 · 괴로움 · 번민이 이루 헤아릴 수 없다.

이 다섯 쌓임의 몸[五陰之身]으로 인해 이렇게 익히어내는 법이 있는 것이다.

그러니 이것이 사라지면 곧 이것이 사라지고 이것이 없으면 곧 없어지는 것이다.

곧 무명이 다하면 지어감이 다하고, 지어감이 다하면 앎이 다하며, 앎이 다하면 마음 · 물질이 다하고, 마음 · 물질이 다하면 여섯 들임이 다한다.

여섯 들임이 다하면 닿음이 다하고, 닿음이 다하면 느낌이 다하며, 느낌이 다하면 애착이 다하고, 애착이 다하면 취함이 다하며, 취함이 다하면 존재가 다하며, 존재가 다하면 죽음이 다하고, 죽음이 다하면 시름 · 근심 · 괴로움 · 번민이 모두 없어져 다한다.' "

넓고 큰 해탈의 법 잘 닦아 행하기를 당부하심

"비구들이여 알아야 한다.

내 법은 아주 넓고 커서[甚爲廣大] 끝이 없고 밑이 없으니[無崖無底], 모든 여우 같은 의심을 끊으면 바른 법에 안온히 살 수 있다.

그러므로 옳게 행하는 남자나 여인은 부지런히 마음을 써서 빠뜨림이 없게 하고, 비록 이 몸[身體]이 마르고 무너지더라도 끝내 정진하는 행을 버리지 말며, 마음을 잡아매어 잊지 않도록 해야 한다.

괴로운 법을 닦아 행하는 것은 아주 쉽지 않다. 한가하게 머무는 곳을 즐겨 고요히 사유하면서 두타(dhūta)의 행을 버리지 말라.

지금 여래처럼 현재에서 범행을 잘 닦아야 한다.

그러므로 비구들이여, 만약 스스로 살필 때에는 미묘한 법[微妙之法]을 깊이 사유하여 또 두 가지 뜻을 살피고 방일한 행이 없이 과덕을 이루도록 해 '단이슬의 사라져 다한 곳'에 이르러야 한다.

그렇게 하면 비록 남에게서 입을 옷·먹을거리·잠자리·의약품 등의 공양을 받더라도 그들의 수고를 헛되게 하지 않을 것이다.

또한 부모로 하여금 그 공덕의 좋은 갚음[果報]을 얻도록 모든 붇다를 받들어 섬기고 예경하고 공양하게 하라.

이와 같이 비구들이여, 반드시 이렇게 배워야 한다."

그때에 비구들은 붇다의 말씀을 듣고 기뻐하며 받들어 행하였다.

• 증일아함 46 결금품(結禁品) 三

• 해설 •

십이연기설은 세분화된 방식으로 한 교설 안에 연기법의 존재론과 인식론 실천관을 하나의 고리로 묶어 세워낸 교설이다.

이 교설은 마가다 국과 코살라 국에 정사가 세워진 뒤 상가의 안정기에 설해진다. 대개 성도 이후 보디 나무 밑의 위없는 깨침을 술회하시면서 그 깨달음이 바로 십이연기의 가르침임을 보이는 방식으로 설해지고, 또 이 경처럼 대중에게 직접 설하는 방식으로 설해진다.

처음 붇다는 여러 다원주의적인 언어를 써서 존재가 갖가지 조건으로 연기되어 일어남을 보여 분석적인 방법으로 연기된 것의 공함[緣起卽空]을 가르치신다.

십이연기 또한 마찬가지다. 열두 고리의 법이 서로 의지해 나고 서로 의지해 사라짐을 통해 인연으로 있는 법이 공함을 보이는 것이니, 그 '인연으로 있고 인연으로 생긴다'는 가르침을 통해 법이 곧 공함을 보아야 여래의 뜻에 나아갈 수 있다.

다섯 쌓임에서 '이것이 물질'이라고 함은 지금 주어진 결과로서 물질을 보임이고, '물질을 익히어냄'이란 물질을 물질로서 있게 한 원인과 조건을 말함이고 또 물질의 있음을 있음으로 이어져 가게 하는 집착의 삶을 말한다.

물질의 다함은 물질이 사라짐을 통해 물질이 공함을 보인 것이고, 물질에서 벗어나는 길이란 물질이 물질 아님을 살펴서 물질의 집착 떠나는 실천을 말한다.

이처럼 여래께서 열두 가지 인연의 법이 서로 의지해 생김과 의지해 사라짐을 말하는 것은 '십이연기의 공성'을 보인 것이니, 십이연기의 공성을 볼 때 연기되어 있음[緣起有]에서 안과 밖이 공하고[內外空] 나고 사라짐이 공함[生滅空]을 보게 되는 것이다.

십이연기의 공성을 알면 인연으로 있는 법에서 위가 없고 밑이 없고 안과 밖이 없는 지혜를 깨닫게 된다.

이 뜻을 여래는 '내 법은 아주 넓고 커서 끝이 없고 밑이 없다'고 한다.

연기로 있다는 교설을 통해, 연기로 있는 것이 곧 공해 넓고 커서 밑이 없고 끝이 없는 진여의 세계에 돌아가려면, 가르침을 듣고 그 법을 깊이 사유하여 있음에서 있음 떠나는 실천관행을 닦아가야 한다.

한가한 곳에 홀로 앉아 연기의 법을 사유하여 지금 한 생각 마음밖에 저 세계가 없음을 살피고, 다시 세계인 마음 또한 인연으로 난 마음이라 한 생각 마음이 곧 남이 없음[無生]을 아는 자, 그가 십이연기의 교설을 통해 '남이 없고 사라짐 없는 곳' '단이슬의 사라져 다한 곳'에 이르게 될 것이다.

또한 온갖 법이 인연으로 나므로 남이 없음[生而無生]을 아는 자, 그가 바로 밑이 없고 끝이 없어 넓고 큰 진리의 집에서 사는 자가 될 것이다.

칼란다카 대나무동산에서 애착과
취함을 의지해 괴로움이 남을 보이시다

이와 같이 내가 들었다.

한때 붇다께서는 라자그리하 성의 칼란다카 대나무동산에 계셨다. 그때 세존께서 여러 비구들에게 말씀하셨다.

"내가 안의 닿음의 법[內觸法] 말하는 것을 너희들은 잘 가지는가."

때에 어떤 비구가 자리에서 일어나 옷을 여미고, 머리를 대 발에 절한 뒤에 합장하고 붇다께 말씀드렸다.

"세존이시여, 말씀하신 안의 닿음의 법을 저는 이미 가졌습니다."

때에 그 비구는 붇다 앞에서 이러이러하다고 스스로 설명하였지만, 이러이러하다는 설명을 붇다께서는 달가워하지 않으셨다.

그때에 존자 아난다는 붇다 뒤에서 부채를 들고 붇다를 부쳐드리고 있었다.

붇다께서는 아난다에게 말씀하셨다.

"거룩한 법과 율에서 말하는 안의 닿음의 법은 이 비구가 말한 것과는 다르다."

안의 닿음의 법에 대해 바르게 일러주심

아난다는 붇다께 말씀드렸다.

"지금이 바로 이때입니다. 세존께서 여러 비구들을 위하여 현성의 법과 율에서 안의 닿음의 법을 말씀해주시길 바랍니다.

여러 비구들은 듣고서는 받아 받들어 행할 것입니다.”

붇다께서는 아난다에게 말씀하셨다.

“잘 말했다. 자세히 들어라. 너희들을 위해 말해주겠다. 이 여러 비구들이 안의 닿음의 법을 잘 가지려면 이와 같이 사유해야 한다.

‘만약 중생들에게 있는 갖가지 많은 괴로움이 생기면, 이 괴로움은 무엇이 원인이며 무엇이 모아내며 무엇이 내며 무엇이 닿는 것인가.’

이와 같이 안의 닿음을 갖게 될 때에는 알아야 한다. 이 괴로움은 취함[upadāna, 取]이 원인이요 취함이 모아내며 취함이 내고 취함이 구름이다.

다시 비구들이여, 그 안의 닿음[觸, sparśa]의 법과 취함은 무엇이 원인이며 무엇이 모아내며, 무엇이 내고 무엇이 닿는 것인가. 그것을 가질 때 다시 알아야 한다.

‘취함은 애착[愛, tṛṣṇa]이 원인이고 애착이 모아내며 애착이 내고 애착이 닿는 것이다.’

다시 비구들이여, 안의 닿음의 법을 잘 가지면 다시 알아야 한다.

‘애착은 무엇이 원인이며 무엇이 모아내고 무엇이 내며 무엇이 닿는 것인가.’

이와 같이 가질 때에는 알아야 한다. 세간이 반듯하다고 생각할 만한 물질[諦正之色], 거기에서 애착은 생기고 또 생기며, 매이고 또 매이며, 머무르고 또 머무른다.

만약 여러 사문이나 브라마나들이 세간이 반듯하다고 생각할 만한 물질에서 항상하다는 생각, 늘 있다는 생각, 안온하다는 생각, 병이 없다는 생각, ‘나’라는 생각, ‘내 것’이라는 생각을 가지고 또 본다면 곧 그 물질에 대한 애착이 늘어나고 자란다.

애착이 늘어나 자라고 나면 취함이 늘어나고 자라며, 취함이 늘어나고 자라고 나면 괴로움이 늘어나고 자라며, 괴로움이 늘어나고 자라면 곧 태어남·늙음·병듦·죽음과 근심·슬픔·번민·괴로움에서 해탈하지 못한다. 나는 그것이 괴로움에서 해탈하지 못함이라 말한다.

비유하면 다음과 같다. 길가에 맑고 시원한 못물이 있어 향기와 맛이 모두 갖추어져 있는데, 어떤 사람이 그 안에 독을 넣었다 하자. 따뜻한 봄날에 여러 길 가는 사람들이 바람과 더위에 목이 몹시 말라 다투어 와서 마시려 할 때에 어떤 사람이 말했다.

'여러 사람들이여, 이 맑고 시원한 못물은 향기와 맛이 모두 갖추어져 있다. 그러나 그 속에는 독이 있으니 너희들은 마시지 말라. 만약 마신다면 너희들을 죽게 할지도 모르며 거의 죽도록 괴로워하게 될 것이다.'

그러나 그 목마른 사람들은 그 말을 믿지 않고 그것을 마신다 하자. 그러면 그들은 비록 아름다운 맛은 얻겠지만 잠깐 동안에 죽거나 거의 죽도록 괴로워하게 될 것이다.

이와 같이 사문이나 브라마나들이 세간에서 반듯하다고 생각할 만한 물질을 보고서, 항상하다는 생각, 늘 있다는 생각, 안온하다는 생각, 병이 없다는 생각, '나'와 '내 것'이라는 견해를 가지고 보면, 그 물질에 대한 애착이 늘어나 자라며 나아가 태어남·늙음·병듦·죽음과 근심·슬픔·번민·괴로움에서 해탈하지 못할 것이다."

물질의 덧없음을 바로 살피면 취함과 애착 닳음
나아가 괴로움이 사라짐을 보이심

"만약 여러 사문이나 브라마나들이 세간에서 반듯하다고 생각할 만한 물질을 보고서, 병과 같고 종기 같으며, 가시와 같고 죽임과 같으며, 덧없고 괴로우며[無常苦], 공하고 '나'가 아니라[空非我]고 살피면, 그 애착은 곧 떠나게 된다.

애착이 떠나기 때문에 우파다나가 떠나고, 우파다나가 떠나므로 괴로움이 떠나며, 괴로움이 떠나기 때문에 태어남·늙음·병듦·죽음과 근심·슬픔·번민·괴로움이 떠난다.

비유하면 다음과 같다. 길가에 맑고 시원한 못물이 있어 향기와 맛이 모두 갖추어져 있는데, 어떤 사람이 그 속에 독을 넣었다 하자. 따뜻한 봄날에 여러 길 가는 사람이 바람과 더위에 목이 몹시 말라 다투어 와서 마시려 할 때에 어떤 사람이 말했다.

'이 물은 독이 있다. 너희들은 마시지 말라. 만약 마시면 너희들을 죽게 할지도 모르며 거의 죽도록 괴로워하게 될 것이다.'

그는 곧 생각하였다.

'이 물은 독이 있다. 만약 마시면 나를 죽게 할는지도 모르며 거의 죽도록 괴로워하게 될 것이다. 나는 우선 목마른 것을 참고 마른 보릿가루밥을 먹자.'

그래서 그가 물을 마시지 않는다 하자.

이와 같이 사문이나 브라마나들이 세간에서 반듯하다고 생각할 만한 물질에 대해서, '병과 같고 종기와 같으며, 가시와 같고 죽임과 같으며, 덧없고 괴로우며, 공하고 나가 아니다'라고 살피면, 그 물질에 대한 애착이 늘어나고 자라지 않으며, 나아가 태어남·늙음·병듦

· 죽음과 근심 · 슬픔 · 번민 · 괴로움에서 해탈하게 될 것이다. 그러므로 아난다여, 이 법에 대해서 이와 같이 보고 이와 같이 듣고 이와 같이 깨닫고 이와 같이 알아야 한다.

지나간 것, 아직 오지 않은 것에 대해서도 또한 이와 같이 말하니, 이와 같이 살피도록 하라."

붇다께서 이 경을 말씀하시자 여러 비구들은 붇다의 말씀을 듣고 기뻐하며 받들어 행하였다.

• 잡아함 291 촉경(觸經)

• 해설 •

연기법에서 모든 결과는 원인으로 난 결과이며, 그 원인 또한 결과의 성취로 인해 결과의 원인이 되는 법이다. 또한 모든 원인 또한 다른 원인의 결과로서 난 법이 다시 다른 법의 원인이 된 것이다.

십이연기에서 고통의 출발로 표시된 무명으로 인해 애착과 취함이 있고, 취함으로 존재가 있고 나고 죽음이 있다. 그러나 무명이 모든 취함의 뿌리일 뿐만 아니라 존재를 실로 있는 존재로 취함으로 나고 죽음이 나고 죽음으로 실체화되는 것을 무명이라고 이름한 것이니, 무명은 취함의 결과이다. 무명 때문에 나고 죽음이 있고 나고 죽음을 나고 죽음으로 취함으로 인해 무명이 있는 것이다.

그와 같이 십이연기에서 닿음으로 인해 느낌이 있고 느낌으로 인해 애착과 취함이 있지만, 애착과 취함으로 인해 닿음이 물든 닿음이 되는 것이다.

여섯 아는 뿌리[根]와 알려지는 경계[境]와 여섯 앎[六識]이 만나는 것[三事和合]을 닿음[觸]이라 한다. 주체가 객체와 마주해도 구체적인 앎이 나지 않으면 닿음이 없고 느낌이 없다. 눈이 빛깔 마주함을 보기로 들어보자.

눈으로 먼 산을 바라보지만 생각이 깊이 다른 것에 빠져 있으면 눈이 빛깔을 마주해도 구체적인 눈의 앎[眼識]이 나지 않으니, 눈의 앎이 없으면 눈의 닿음이 없고 닿음이 없으면 느낌과 애착이 나지 않는다.

설사 닿음이 있고 느낌이 있어도 느끼는바 대상에 취할 모습이 없는 줄 알아 취하지 않고 애착함이 없으면 닿되 닿음이 없어서 괴로움이 없는 것이다.

이처럼 십이연기의 열두 법은 그 어떤 법이라도 한 법이 연기이므로 공한 줄 알면 십이연기의 공성을 알아 십이연기의 실체적인 고리가 끊어지게 되는 것이다. 곧 저 보는바 물질이 공하여 취할 것이 없고 물질의 닫혀진 있음이 곧 삶에 병이 되고 종기가 되는 줄 알아 물질에서 물질 떠나면, 그가 물질을 보는 앎활동 안에서 해탈할 것이다. 물질을 보는 앎 가운데서 해탈함이란, 안의 보는 앎에 실로 봄이 없고 보여지는 모습에 모습이 끊어져 안과 밖이 없고 위와 아래도 없게 됨이니, 이 해탈의 마음이 곧 진여의 법계인 것이다.

『화엄경』(「이세간품」離世間品) 또한 실로 있음이 아니고 없음도 아닌 연기의 진실을 보지 못해 중생이 윤회의 삶에 떨어지게 됨을 다음과 같이 가르친다.

> 인연으로 있는 세간의 모든 법은
> 옴도 없고 또한 감도 없으며
> 또한 다시 머묾도 있지 않으나
> 번뇌와 업 괴로움이 원인되어
> 이 세 가지 언제나 흘러 구르네.
>
> 無來亦無去　亦復無有住
> 煩惱業苦因　三種恒流轉
>
> 연기는 있음과 없음 아니며
> 실다움도 아니고 헛됨 아니니
> 이와 같이 알아서 중도에 들면
> 이것을 집착 없음이라 말하네.
>
> 緣起非有無　非實亦非虛
> 如是入中道　說之無所著

제타 숲 동산에서, 좋고 나쁜 세계의
갚음이 생기는 인연을 보이시다

이와 같이 내가 들었다.

한때 붇다께서는 슈라바스티 국 제타 숲 '외로운 이 돕는 장자의 동산'에 계셨다. 그때 세존께서 여러 비구들에게 말씀하셨다.

"원인이 있어서 탐욕의 생각을 내니 원인이 없는 것이 아니다.
원인이 있어서 성냄의 생각을 내니 원인이 없는 것이 아니다.
원인이 있어서 해침의 생각을 내니 원인이 없는 것이 아니다."

삿된 행위의 과보로 악도에 떨어짐을 보이심

"어떤 원인이 탐욕의 생각을 내는가. 곧 탐욕의 경계[欲界] 때문이다. 탐욕의 경계 때문에 탐욕의 생각·탐욕의 하고자 함·탐욕의 느낌·탐욕의 뜨거움·탐욕의 구함[欲求]을 낸다.

어리석은 범부는 탐욕의 구함을 일으킨 뒤에는 이 중생은 세 곳의 삿됨을 일으키니 몸과 입과 마음이다. 이와 같은 삿된 인연 때문에 현재의 법에서 괴로움에 머물러 괴로움이 있고 걸림이 있으며, 번민이 있고 뜨거움이 있어서, 몸이 무너지고 목숨 마친 뒤에는 나쁜 세계에 태어나니, 이것을 인연이 탐욕의 생각을 내는 것이라 한다.

어떤 인연으로써 성냄의 생각과 해침의 생각을 내는가. 해침의 경계[害界] 때문이다. 해침의 경계 때문에 해침의 생각·해치는 하고자 함·해치는 느낌·해치는 뜨거움·해치는 구함을 낸다.

어리석은 범부는 해치는 구함을 일으킨 뒤에는 이 중생은 세 곳의 삿됨을 일으키니 몸과 입과 마음이다. 세 곳의 삿된 인연을 일으킨 뒤에는 현재법의 괴로움에 머물러, 괴로움이 있고 걸림이 있으며, 번민이 있고 뜨거움이 있어서, 몸이 무너지고 목숨 마친 뒤에는 나쁜 세계에 태어나니, 이것을 인연이 해침의 생각을 내는 것이라 한다.

여러 비구들이여, 만약 여러 사문이나 브라마나로서 이와 같이 삿된 삶에 편안히 해서, 위험하다는 생각[危嶮想]을 내더라도 그것을 버리기를 구하지 않고 깨닫지 못하며 뱉어 버리지 못한다 하자.

그러면 그들은 현재법의 괴로움에 머물러, 괴로움이 있고 걸림이 있으며, 번민이 있고 뜨거움이 있어서, 몸이 무너지고 목숨 마친 뒤에는 나쁜 세계에 태어난다.

비유하면 다음과 같다. 성읍이나 마을에서 멀지 않은 넓은 벌판에 큰 불이 갑자기 일어났을 때에, 거기에는 그 불을 끌 수 있는 힘이 있는 자가 없다 하자. 그러면 알아야 한다. 그 여러 들판의 중생들은 다 불의 해침을 입게 된다.

이와 같이 여러 사문이나 브라마나로서 삿된 삶에 편안히 함으로써 위험하다는 생각을 내더라도 버리지 못하면, 몸이 무너지고 목숨 마친 뒤에는 나쁜 세계에 태어날 것이다.”

삿된 업을 돌이키는 바른 인연으로 좋은 세계에 남을 보이심

“여러 비구들이여, 원인이 있어서 벗어날 생각[出要想]을 내는 것이니, 원인이 없는 것이 아니다.

어떻게 원인이 있어서 벗어날 생각을 내는가. 벗어남의 경계[出要界] 때문이다. 벗어남의 경계 때문에 벗어날 생각 · 벗어나려는 하고자 함·벗어나려는 느낌·벗어나려는 뜨거움·벗어나려는 구함을 낸다.

저 지혜로운 사람이 벗어남을 구할 때에 그 중생은 세 곳에서 바름을 내니, 몸과 입과 마음이다. 그는 이와 같이 바른 인연을 낸 뒤에는 현재법의 즐거움에 머물러, 괴로워하지 않고 걸리지 않으며, 번민하지 않고 뜨겁지 않아서, 몸이 무너지고 목숨 마친 뒤에는 좋은 세계에 난다. 이것을 인연이 벗어날 생각을 내는 것이라 한다.

어떤 인연으로 성내지 않는 생각을 내며 해치지 않는 생각을 내는가. 곧 해치지 않는 경계[不害界]이다. 해치지 않는 경계 때문에 해치지 않는 생각·해치지 않는 하고자 함·해치지 않는 느낌·해치지 않는 뜨거움·해치지 않는 구함을 낸다.

저 지혜로운 사람은 해치지 않음을 구할 때 그 중생은 세 곳이 바르게 되니, 곧 몸과 입과 마음이다. 그는 바른 인연이 생긴 뒤에는 현재법의 즐거움에 머물러, 괴로워하지 않고 걸리지 않으며, 번민하지 않고 뜨겁지 않아서, 몸이 무너지고 목숨 마친 뒤에는 좋은 세계에 난다. 이것을 인연이 해치지 않는 생각을 내는 것이라 한다.

만약 여러 사문이나 브라마나로서 이런 바른 삶에 편안히 해 해치지 않는 생각을 내면, 그것을 버리지 않고 깨닫지 못하며 뱉어 버리지 못하더라도, 현재법의 즐거움에 머물러, 괴로워하지 않고 걸리지 않으며, 번민하지 않고 뜨겁지 않아서, 몸이 무너지고 목숨 마친 뒤에는 좋은 세계에 태어난다.

비유하면 다음과 같다. 성읍이나 마을 가에 넓은 벌판이 있어 큰 불이 갑자기 일어났을 때에 어떤 사람이 손발로 그 불을 끌 수 있다 하자. 그러면 알아야 한다. 그 풀과 나무 의지하는 여러 중생들은 다 해를 입지 않게 된다.

이와 같이 여러 사문이나 브라마나로서 바른 삶에 편안히 해[安於生] 바른 생각을 낸다[生正想] 하자. 그러면 그것을 버리지 않고 깨닫지 못하며 뱉어버리지 못하더라도, 현재법의 즐거움에 머물러, 괴로워하지 않고 걸리지 않으며, 번민하지 않고 뜨겁지 않아서, 몸이 무너지고 목숨 마친 뒤에는 좋은 세계에 태어난다."

붇다께서 이 경을 말씀해 마치시자, 여러 비구들은 붇다의 말씀을 듣고 기뻐하며 받들어 행하였다.

• 잡아함 458 인경(因經)

• 해설 •

연기법에서 그 어떤 것도 스스로 있는 법은 없다. 삿된 마음은 그릇된 경계로 인해 일어나고 바른 마음과 해탈의 마음은 해탈의 경계로 인해 일어난다.

저 보여지는바 경계에 실로 취할 것이 있다는 집착으로 취하는 마음이 생겨나, 탐냄의 마음과 탐냄의 경계가 벌어지고, 성냄의 마음과 성냄의 경계가 벌어지며, 해침의 마음과 해침의 경계가 벌어진다.

저 보여지는바 경계가 곧 모습에 모습 없어서 경계가 해탈의 경계[解脫境]로 드러나면 경계를 보는 마음 또한 해탈의 마음[解脫心]이 된다.

그 마음에 취하는 마음이 없고 물든 마음이 없으면 성냄 없고 해침 없는 마음과 성냄 없고 해침 없는 경계가 벌어진다.

삿된 마음이 삿된 경계를 부르고 삿된 경계가 삿된 마음을 일으켜서 현재법의 삿된 업이 미래의 삿된 세계를 불러들인다.

바른 마음이 바른 경계를 부르고 바른 경계가 바른 마음을 일으켜서 현재법의 바른 업이 미래의 해탈의 세계를 불러들인다.

그러나 인연으로 일어난 선과 악의 업이라 선과 악이 모두 공하니[善惡俱空], 실로 취할 착함과 버릴 악함이 모두 공한 곳에서, 악을 선으로 돌려 쓰는 곳에 니르바나의 삶이 있으니 살피고 살펴야 할 것이다.

『화엄경』(「이세간품」) 또한 착함과 악함, 물듦과 깨끗함의 온갖 지어감
[一切行]이 모두 공한 줄 알 때 보디의 길이 열림을 다음과 같이 가르친다.

　　잘 행하는 보디사트바는
　　중생의 온갖 지어감에
　　옴이 없고 또한 감이 없음을
　　밝게 깨달아 통달하여서
　　이미 그 지어감이 공함을 아니
　　그들 위해 위없는 법 말해주네.

　　了達一切行　無來亦無去
　　旣知其行已　爲說無上法

　　뒤섞여 물든 행과 청정한 행
　　갖가지의 진실을 다 깨달아 알면
　　한 생각에 위없는 보디 얻어서
　　온갖 것 아는 지혜 이루게 되리.

　　雜染淸淨行　種種悉了知
　　一念得菩提　成就一切智

③ 다섯 쌓임[五蘊說]

제타 숲 동산에서, 다섯 쌓임의 덧없음과 나 없음을 설하시다

이와 같이 내가 들었다.

한때 붇다께서는 슈라바스티 국 제타 숲 '외로운 이 돕는 장자의 동산'에 계셨다. 그때 세존께서 여러 비구들에게 말씀하셨다.

"물질은 덧없다. 만약 원인과 조건이 모든 물질을 낸다면, 그 원인과 조건 또한 덧없다.

덧없는 원인과 덧없는 조건으로 생긴 모든 물질에 어떻게 항상함이 있겠느냐.

느낌·모습 취함·지어감·앎 또한 덧없다. 만약 원인과 조건이 모든 앎 등을 낸다면, 그 원인과 조건 또한 덧없다. 덧없는 원인과 덧없는 조건으로 생긴 모든 앎 등에 어떻게 항상함이 있겠느냐."

덧없으므로 공한 다섯 쌓임을 진실하게 살펴 해탈하도록 하심

"이와 같이 비구들이여, 물질은 덧없고 느낌·모습 취함·지어감·앎 또한 덧없다. 덧없는 것은 곧 괴로움이요, 괴로움은 곧 나가 아니며, 나가 아니면 또한 내 것도 아니다.

이와 같이 살피는 것을 '진실한 살핌'[眞實觀]이라 한다.

거룩한 제자로서 이렇게 살피면 그는 곧 물질에서 해탈하고, 느낌

· 모습 취함 · 지어감 · 앎에서 해탈한다.

나는 이러한 것을 태어남 · 늙음 · 병듦 · 죽음 · 근심 · 슬픔 · 괴로움의 번민에서 해탈하였다고 말한다."

때에 여러 비구들은 붇다의 말씀을 듣고 기뻐하며 받들어 행하였다.

• 잡아함 12 인연경(因緣經) ②

• 해설 •

슈라바스티 국 제타 숲 정사가 세워지기 전 상가의 초창기에, 붇다께서는 해탈론을 중심으로 연기법의 기본방향을 설하고 해탈론을 중심으로 존재와 인식을 해명하였으니, 사제법과 십이연기가 바로 그러한 교설이다.

수닫타 장자의 정사가 세워진 뒤 붇다는 본격적으로 다섯 쌓임 · 열두 들임 · 열여덟 법의 영역을 가르치시니, 이는 존재와 인식의 연기구조를 해명하여 실천론과 해탈론을 말씀한 법문이다.

이 경에서 다섯 쌓임은 온갖 법을 아는 마음[名, nāma]과 알려지는 존재[色, rūpa]의 영역으로 분류한 교설이다.

알려지는 존재인 물질의 영역과 마음의 법인 느낌 · 모습 취함 · 지어감 · 앎은 모두 인연의 결과로 주어진 법이다. 결과는 생겨난 것이므로 덧없고, 덧없는 결과를 내는 원인과 조건 또한 덧없다.

원인과 조건과 결과가 모두 공한 곳에서 원인 · 조건 · 결과가 서로 어울려 남이 없이 나는 것이니, 그 온갖 것에서 나와 내 것을 떠나되 나 없음[無我]에도 머물러서는 안 된다.

나와 나 없음을 모두 넘어서야 진실한 살핌으로 해탈의 길에 들어서는 것이니, 나와 내 것 떠남이 '살핌 그대로의 그침'[卽觀之止]이 되고, 나 없음마저 떠남이 '그침 그대로의 살핌'[卽止之觀]이 되며, '그침과 살핌이 하나되는 곳'[止觀 一體]이 해탈의 행이기 때문이다.

제타 숲 동산에서 다섯 쌓임의
일어남과 사라짐을 보이시다

이와 같이 내가 들었다.

한때 붓다께서는 슈라바스티 국 제타 숲 '외로운 이 돕는 장자의 동산'에 계셨다. 그때 세존께서 여러 비구들에게 말씀하셨다.

"늘 방편을 닦아 익히어 선정의 사유로 안으로 그 마음을 고요히 하여야 한다. 왜 그런가. 방편을 닦아 익혀 선정의 사유로 그 마음을 고요히 하면 진실 그대로 살필 수 있기 때문이다.

어떻게 진실 그대로 살피는가.

'이것은 물질이다. 이것은 물질의 모아냄이다. 이것은 물질의 사라짐이다.

이것은 느낌 · 모습 취함 · 지어감 · 앎이다. 이것은 앎 등의 모아냄이다. 이것은 앎 등의 사라짐이다.'

이와 같이 살핌이 진실 그대로 살피는 것이다."

진실대로 살피지 못해 다섯 쌓임이 더욱 실체화됨을 보이심

"어떤 것이 물질의 모아냄이며, 어떤 것이 느낌 · 모습 취함 · 지어감 · 앎의 모아냄인가.

비구들이여, 어리석고 들음 없는 범부들은 물질의 모아냄과 물질의 맛과 물질의 걱정거리와 물질을 떠남을 진실 그대로 살피지 못하기 때문에 그 물질을 즐겨하고 찬탄해 애착하여 미래세상에서 물질이 다시 난다.

느낌 · 모습 취함 · 지어감 · 앎에 있어서도 또한 이와 같이 널리 말할 수 있다.

그 물질이 생기고 느낌 · 모습 취함 · 지어감 · 앎이 생기고 나면, 물질에서 해탈하지 못하고, 느낌 · 모습 취함 · 지어감 · 앎에서 해탈하지 못한다.

나는 '그 사람이 태어남 · 늙음 · 병듦 · 죽음과 근심 · 슬픔 · 번민 · 괴로움의 순전한 큰 괴로움의 무더기에서 해탈하지 못한다'고 말한다.

이것을 물질의 모아냄이라 하며, 느낌 · 모습 취함 · 지어감 · 앎의 모아냄이라 한다."

바른 살핌으로 집착 떠나 다섯 쌓임에서 벗어남을 보이심

"어떤 것이 물질의 사라짐이며, 느낌 · 모습 취함 · 지어감 · 앎의 사라짐인가.

많이 들은 거룩한 제자들은 물질의 모아냄과 물질의 사라짐과 물질의 맛과 물질의 근심과 물질에서 떠남을 진실 그대로 살피고 진실 그대로 안다. 진실 그대로 알기 때문에 물질을 즐거워하지 않고, 물질을 찬탄하지 않으며, 물질에 집착하지 않아서, 또한 미래의 물질을 내지 않는다.

느낌 · 모습 취함 · 지어감 · 앎에 있어서도 또한 이렇게 널리 말할 수 있다.

물질이 나지 않고, 느낌 · 모습 취함 · 지어감 · 앎이 나지 않기 때문에 물질에서 해탈할 수 있고, 느낌 · 모습 취함 · 지어감 · 앎에서 해탈할 수 있다.

나는 '그 사람이 태어남·늙음·병듦·죽음과 근심·슬픔·번민·괴로움의 순전한 큰 괴로움의 무더기에서 해탈하였다'고 말한다.

이것을 물질의 사라짐이라 하고, 느낌·모습 취함·지어감·앎의 사라짐이라 한다.

그러므로 비구들이여, 늘 방편을 닦아 익혀 선정의 사유로 안으로 그 마음을 고요히 하고, 방편에 부지런히 정진해 진실 그대로 살피라."

붇다께서 이 경을 말씀하시자 여러 비구들은 붇다의 말씀을 듣고 기뻐하며 받들어 행하였다.

• 잡아함 66 생경(生經)

• 해설 •

알려지는바 물질과 아는 앎활동으로서 느낌·모습 취함·지어감·앎의 모든 법은 인연으로 일어나고 사라지므로 공하고, 공하기 때문에 인연으로 일어나고 사라진다.

선정의 사유로 '그 마음을 고요히 함'이란 다섯 쌓임 가운데 아는 마음과 아는바 물질이 모두 공한 진실에 하나됨이고, '나고 사라짐을 진실 그대로 살핌'이란 다섯 쌓임이 공하되 공도 공하므로 선정의 고요함을 떠나지 않고 다섯 쌓임이 남이 없이 나고 사라짐 없이 사라짐을 살핌이다.

선정 그대로의 지혜[卽定之慧]가 되고 그침 그대로의 살핌[卽止之觀]이 되면 아는 마음에서 마음 떠나고 알려지는바 물질에서 물질의 모습 떠나 해탈하니, 그는 현재법에서 물질에 집착하지 않고 미래에도 실체로서의 물질을 내거나 물질에 갇히지 않는다.

제타 숲 동산에 계시면서 다섯 쌓임에서
괴로움 끊는 길을 보이심

이와 같이 내가 들었다.

한때 붇다께서는 슈라바스티 국 제타 숲 '외로운 이 돕는 장자의 동산'에 계셨다. 그때 세존께서 여러 비구들에게 말씀하셨다.

"비유해서 어떤 못물이 한 모서리 길이가 오십 요자나요, 깊이 또한 그와 같은데 거기에 물이 가득 차 있다고 하자. 다시 어떤 사람이 털이나 풀이나 또는 손톱으로 그 물을 뜨는 것과 같다.

여러 비구들이여, 어떻게 생각하느냐. 그 사람의 뜬 물이 많으냐, 못물이 많으냐."

비구들은 붇다께 말씀드렸다.

"그 사람이 털이나 풀, 손톱으로 뜬 물은 적어서 적다고 말할 것도 없습니다. 그 못물은 아주 많아 백천만 배나 되어 견줄 수 없습니다."

"이와 같이 여러 비구들이여, 진리를 본 사람이 끊은 뭇 괴로움도 그 못물과 같다. 그리고 그것은 미래세상에도 길이 나지 않는다."

그때에 세존께서는 이 법을 말씀하신 뒤 방에 들어가 좌선하셨다.

세존의 못물 비유를 존자 사리푸트라가
몸의 견해 끊음으로 풀어 말해줌

때에 존자 사리푸트라는 대중 가운데 앉아 있다가 세존께서 방에 들어가신 뒤에 여러 비구들에게 말하였다.

"일찍이 들은 적이 없소. 세존께서는 오늘 못의 비유를 잘 말씀해 주셨소. 왜냐하면 거룩한 제자가 갖추어 진리를 보면 사이가 없는 평등한 과덕을 얻기 때문이오.

만약 범부가 삿된 소견인 몸의 치우친 견해[身見]·무명의 뿌리가 되는 몸의 집착된 견해[根本身見]로 몸의 견해를 모아내고 몸의 견해를 내 일으키면, 곧 근심과 시름을 덮어 숨기고 몸에 대한 기쁨을 아껴 붙들며, '나'[我, ātman]를 말하고 '중생'(衆生, sattva)을 말하며 기특함과 자랑스러움을 말하게 되오.

그러나 이와 같은 여러 가지 삿된 견해를 모두 없애버려야 하니, 그 뿌리 끊어 없앰을 마치 타알라 나무를 꺾는 것과 같이 하면 미래 세상에 다시 나지 않을 것이오."

다섯 쌓임 가운데 물질을 잡아 '나'라는 견해를 보임

"여러 비구들이여, 어떤 것이 진리를 본 거룩한 제자가 위의 못 삿됨을 끊어 미래세상에 길이 다시 나지 않는 것이오?

어리석고 들음 없는 범부들은 이렇게 보오.

'물질은 〈나〉다. 나와 다르다. 〈나〉는 물질에 있고 물질은 〈나〉에게 있다.'

또 이렇게 보오.

'느낌·모습 취함·지어감·앎은 〈나〉다. 나와 다르다. 〈나〉는 앎 등에 있고 앎 등은 〈나〉에게 있다.'

어떻게 물질은 곧 〈나〉라고 보는 것이오? 범부는 땅의 온갖 들임[一切入]을 바로 받게 되면, 그것을 살피고는 이렇게 생각하오.

'땅은 곧 〈나〉요, 〈나〉는 곧 땅이다. 〈나〉와 땅은 오직 하나요 둘이

없으며, 다르지도 않고 따로 있음도 아니다.'

이와 같이 물·불·바람과 파랑·노랑·붉음·흰빛의 온갖 들임을
바로 받게 되면, 그것을 살피고는 이렇게 생각하오.

'지어감은 곧 〈나〉요, 〈나〉는 곧 지어감이다. 그것들은 오직 하나
요 둘이 없으며, 다르지도 않고 따로 있음도 아니다.'

이와 같이 온갖 들임에서 낱낱이 〈나〉라고 헤아리나니 이것이 '물
질은 곧 〈나〉다'라고 하는 것이오.

어떻게 '물질은 〈나〉와 다르다'고 보는 것이오? 만약 그가 느낌은
곧 〈나〉라고 보면, 느낌을 곧 〈나〉라고 본 뒤에는 물질은 곧 〈내 것〉
이라고 보오. 또는 모습 취함·지어감·앎은 곧 〈나〉라고 보면 물질
은 곧 〈내 것〉이라고 보는 것이오.

어떻게 〈나〉 안의 물질을 보는 것이오? 곧 느낌이 곧 〈나〉라고 보
면 물질은 〈나〉 안에 있게 되오. 또 모습 취함·지어감·앎을 곧 〈나〉
라고 보면 물질은 〈나〉 가운데 있게 되오.

어떻게 물질 안의 〈나〉를 보는 것이오? 곧 느낌이 〈나〉로서 물질
안에 머무른다고 보면, 물질에 들어가 온몸에 두루한다고 보는 것이
며, 모습 취함·지어감·앎이 곧 〈나〉로서 물질 안에 머무른다고 보
면 온몸에 두루한다고 보는 것이오.

이것이 '물질 안에 〈나〉가 있다'고 하는 것이오."

느낌·모습 취함·지어감·앎을 잡아 '나'라는 견해를 보임

"어떻게 '느낌이 곧 〈나〉'라고 보는 것이오? 곧 여섯 가지 느낌의
몸[六受身]이니, 눈의 닿음이 느낌을 내고, 귀·코·혀·몸·뜻의 닿
음이 느낌을 내면, 이 '여섯 느낌의 몸' 낱낱에서 나를 보아 나는 곧

느낌이라 하는 것이니, 이것이 '느낌은 곧 〈나〉다'라고 하는 것이오.

어떻게 '느낌은 곧 〈나〉와 다르다'고 보는 것이오? 곧 물질을 〈나〉라고 보아 느낌은 곧 〈내 것〉이라고 보며, 모습 취함·지어감·앎을 곧 〈나〉라고 보아 느낌을 〈내 것〉이라고 보면, 이것이 '느낌은 〈나〉와 다르다'라고 하는 것이오.

어떻게 〈나〉 안에 느낌이 있다고 보는 것이오? 곧 물질은 〈나〉라고 보아 느낌은 그 안에 있다고 보며, 모습 취함·지어감·앎은 곧 〈나〉라고 보아 느낌은 그 안에 있다고 보면, 이것이 '〈나〉 안에 느낌이 있다'고 하는 것이오.

어떻게 '느낌 속에 〈나〉가 있다'고 보는 것이오? 곧 물질이 〈나〉로서 느낌 안에 머물러 온몸에 두루한다고 보면, 이것이 '느낌 속에 〈나〉가 있다'고 하는 것이오. 모습 취함·지어감·앎이 〈나〉로서, 느낌 안에 머물러 온몸에 두루한다고 보면, 이것이 '느낌 속에 〈나〉가 있다'고 하는 것이오.

어떻게 '모습 취함이 곧 〈나〉다'라고 보는 것이오? 곧 여섯 가지 모습 취함의 몸[六想身]이니, 눈의 닿음이 모습 취함을 내고, 귀·코·혀·몸·뜻의 닿음이 모습 취함을 내면, 이 여섯 가지 모습 취함의 몸을 곧 〈나〉라고 보는 것이니, 이것이 '모습 취함은 곧 〈나〉다'라고 하는 것이오.

어떻게 '모습 취함은 〈나〉와 다르다'고 보는 것이오? 곧 물질이 〈나〉라고 보아 모습 취함을 곧 〈내 것〉이라 보며, 앎이 〈나〉라고 보아 모습 취함을 곧 〈내 것〉이라고 보면, 이것이 '모습 취함은 〈나〉와 다르다'고 하는 것이오.

어떻게 〈나〉 안에 모습 취함이 있다고 보는 것이오? 곧 물질이 〈나〉로서 모습 취함이 그 안에 머무르며, 느낌·지어감·앎이 곧 〈나〉로서 모습 취함이 그 안에 머무른다고 보면, 이것이 '〈나〉 안에 모습 취함이 있다'고 하는 것이오.

어떻게 모습 취함 안에 〈나〉가 있다고 보는 것이오? 곧 물질이 곧 〈나〉로서 모습 취함 안에 머물러 온몸에 두루한다고 보면, 이것이 '모습 취함 속에 〈나〉가 있다'고 하는 것이오.

어떻게 '지어감은 곧 〈나〉다'라고 보는 것이오? 곧 여섯 가지 지어감의 몸[六思身]이니, 눈의 닿음이 지어감을 내고, 귀·코·혀·몸·뜻의 닿음이 지어감을 내면, 이 여섯 가지 지어감의 몸 낱낱에서 곧 〈나〉를 보는 것이니, 이것이 '지어감은 곧 〈나〉다'라고 하는 것이오.

어떻게 '지어감은 곧 〈나〉와 다르다'고 보는 것이오? 곧 물질이 〈나〉라고 보고 지어감은 곧 〈내 것〉이라고 보며, 느낌·모습 취함·앎이 곧 〈나〉라고 보고 지어감은 곧 〈내 것〉이라고 보면, 이것이 '지어감은 곧 나와 다르다'고 하는 것이오.

어떻게 〈나〉 안에 지어감이 있다고 보는 것이오? 곧 물질이 〈나〉로서 지어감이 그 안에 머무르며, 느낌·모습 취함·지어감·앎이 곧 〈나〉로서 지어감이 그 안에 머무른다고 하면, 이것이 '〈나〉 속에 지어감이 있다'고 하는 것이오.

어떻게 지어감 안에 〈나〉가 있다고 보는 것이오? 곧 물질이 〈나〉로서 지어감 안에 머물러 온몸에 두루한다고 보며, 느낌·모습 취함·앎이 곧 〈나〉로서 지어감 안에 머물러 온몸에 두루한다고 보면, 이것이 '지어감 속에 〈나〉가 있다'고 하는 것이오.

어떻게 '앎은 곧 〈나〉다'라고 보는 것이오? 곧 여섯 가지 앎의 몸[六識身]이니, 눈의 앎과 귀·코·혀·몸·뜻의 앎의 몸이오. 이 여섯 가지 앎의 몸 낱낱에서 곧 〈나〉를 보는 것이니, 이것이 '앎은 곧 〈나〉다'라고 하는 것이오.

어떻게 '앎은 〈나〉와 다르다'고 보는 것이오? 곧 물질이 〈나〉라고 보고 앎은 곧 〈내 것〉이라고 보며, 느낌·모습 취함·지어감이 〈나〉라고 보고 앎은 곧 〈내 것〉이라고 보면, 이것이 '앎은 곧 〈나〉와 다르다'고 하는 것이오.

어떻게 '〈나〉 안에 앎이 있다'고 보는 것이오? 곧 물질이 〈나〉로서 앎이 그 속에 머무르며, 느낌·모습 취함·지어감이 〈나〉로서 앎이 그 안에 머무른다고 하면, 이것이 '〈나〉 안에 앎이 있다'고 하는 것이오.

어떻게 '앎 속에 〈나〉가 있다'고 보는 것이오? 곧 물질이 〈나〉로서 앎 안에 머물러 온몸에 두루한다고 보며, 느낌·모습 취함·지어감이 곧 〈나〉로서 앎 속에 머물러 온몸에 두루한다고 보면, 이것이 '앎 안에 〈나〉가 있다'고 보는 것이오."

다섯 쌓임의 덧없음과 공함을 보면 해탈하게 됨을 보임

"이와 같이 거룩한 제자들이 네 가지 진리를 보면, 사이 없는 평등한 과덕[無間等果]을 얻고 여러 삿된 견해를 끊어 미래세상에 길이 다시 일어나지 않게 되오.

있는 모든 물질로 과거든 미래든 현재든, 안이든 밖이든, 거칠든 가늘든, 곱든 밉든, 멀든 가깝든, 그것들은 한결같이 쌓여 모인 것이니, 그는 이와 같이 살피오.

'온갖 것은 덧없다. 온갖 것은 괴롭다. 온갖 것은 공하다. 온갖 것은 〈나〉가 아니다. 그러니 그것을 사랑하고 즐겨하여 거두어 받아들이거나, 붙들어 가지지 않아야 한다.

느낌·모습 취함·지어감·앎 또한 이와 같다.

그러니 그것을 사랑하고 즐겨하여 거두어 받아들이거나, 붙들어 가지지 않아야 한다.'

이와 같이 살핀 뒤에는 마음을 잘 잡아매어 머물러, 법에 어둡지 않으며 다시 살피고 정진하여 모든 게으름을 떠나면, 마음에 기쁨과 즐거움을 얻어 몸과 마음이 고요히 쉬게 되오[身心猗息].

그러면 고요하게 평정에 머물러[寂靜捨住], 여러 실천법[諸道品]을 갖추고 닦아 행함이 채워져 길이 모든 악을 여의게 되오.

태워 녹이지 않은 것이 없고 고요하게 되지 않음이 없어서 사라져 일어나지 않고, 줄어들어 더하지 않으며, 끊어져 나지 않게 되오.

그래서 나지도 않고 취하지 않고[不生不取] 집착하지 않아서, 스스로 니르바나를 깨달아[自覺涅槃], 나의 태어남은 이미 다하고 범행은 이미 서고, 지을 바를 이미 지어 다시는 뒤의 있음 받지 않을 줄을 스스로 아오."

사리푸트라가 이 법을 말할 때 예순 명의 비구들은 모든 흐름을 받지 않고 마음의 해탈을 얻었다.

붇다께서 이 경을 말씀하시자, 여러 비구들은 붇다의 말씀을 듣고 기뻐하며 받들어 행하였다.

• 잡아함 109 모단경(毛端經)

• 해설 •

존재의 연기적 진실을 본 자는 고통이 연기한 것이라 본래 공함을 아는 자이니, 끊지 못할 괴로움이 없다.

붇다는 그것을 '진리를 본 사람이 끊는 고통은 오십 요자나의 못물에 가득한 물과 같고, 끊지 못한 고통은 가는 털로 뜬 물처럼 적다'고 비유하신다.

세존의 설법을 사리푸트라 존자가 다시 해설해주니, 이때는 이미 상가의 대중이 늘어나 여래께서 법 설함과 계 설함을 많이 윗자리 비구들에게 대신시키게 된 때임을 알 수 있다.

탐착의 뿌리는 이 몸이 실로 있다는 치우친 사고가 그 바탕이 되므로 '몸이 있다는 견해'를 무명의 뿌리가 되는 몸의 견해[根本身見]라 하는 것이다. 이 몸의 견해와 그것이 바탕이 되어 일어난 온갖 번뇌를 어떻게 다할 수 있는가. 억지로 집착과 번뇌를 하나하나 끊어서는 마치 가는 털로 저 오십 요자나의 못물을 다하려는 것과 같을 것이다.

아는 마음과 물질은 서로 의지해 나서 마음이 물질을 떠나지 않고 물질이 마음을 떠나지 않는다. 그러므로 마음과 물질이 모두 공해 마음 안에 물질을 구해 얻지 못하고, 물질 안에서 마음의 모습을 구해 얻지 못한다.

그러므로 마음과 물질에 대해 나와 내 것이라는 생각을 내거나 마음 안에 물질이 있다거나 물질 안에 마음이 있다거나 하는 것은 다 연기의 진리를 등지는 것이다.

마음이 물질인 마음이므로 공하고, 물질이 마음인 물질이라 공한 것이다. 이와 같이 아는 마음과 알려지는바 모습이 공한 줄 깨달으면, 날이 다하도록 알되 마음에 마음이 없고 아는바 온갖 것이 끝없이 일고 지되 모습에 모습이 없으니, 마음으로 물질을 대하되 취하지 않고 머물지 않게 된다. 그리하여 늘 알되 고요하여 모든 악을 쉬고 온갖 선근을 내게 된다.

연기의 진실을 보면 악은 태워 없애지 못함이 없고 온갖 공덕은 갖추지 않음이 없게 되니, 그는 나고 죽음 떠나고 온갖 범행 갖추어 스스로 니르바나 깨닫게 된다.

저 높은 지혜의 제자 사리푸트라가 크신 스승의 가르침을 스스로 깨달아 그 가르침의 진리성을 삶 속에서 증험하고, 다시 증험된 진리를 저 새로된 비구들에게 가르치니, 하나의 법의 등불[一燈]이 다함없는 법의 등불[無盡燈]이 되는 소식이라 할 만하다.

한 등이 다함없는 등불이 되는 법바퀴 굴림은 어떤 것인가.

나되 남이 없고 사라지되 사라짐 없는 세계의 진실상이 여래 설법의 뜻이다. 그러므로 사리푸트라처럼 연기의 실상을 깨달아 세간에 법을 설하는 자가 여래의 법바퀴를 함께 굴리는 세간의 인도자이니, 『화엄경』(「여래현상품」)은 말한다.

> 삼세 온갖 세계 가운데
> 계신 바 뭇 인도자들은
> 갖가지 그 이름이 다르지만
> 중생 위해 법을 말하여
> 모두 바로 보도록 하시네.
>
> 三世一切刹　所有衆導師
> 種種名號殊　爲說皆令見
>
> 과거 미래 현재에 계신
> 온갖 모든 여래들이
> 굴리는 묘한 법의 바퀴는
> 여기 이 모임 가운데서
> 모두 그 법 들을 수 있네.
>
> 過未及現在　一切諸如來
> 所轉妙法輪　此會皆得聞

그리드라쿠타 산에서 사리푸트라 존자가
밝음과 무명을 분별해줌

이와 같이 내가 들었다.

한때 붇다께서는 라자그리하 성 칼란다카 대나무동산에 계셨다. 그때 존자 사리푸트라와 존자 마하코티카는 그리드라쿠타 산에 있었다. 때에 존자 코티카는 해질녘 선정에서 일어나 존자 사리푸트라 있는 곳에 가서 서로 같이 문안하고 갖가지로 서로 즐거워한 뒤에, 물러나 한쪽에 앉았다.

때에 존자 마하코티카는 사리푸트라에게 말하였다.

"묻고 싶은 것이 있는데 한가하시면 저를 위해 말씀해주실 수 있겠습니까."

사리푸트라가 말하였다.

"그대 물음을 따라 아는 것은 말해주겠소."

두 존자가 무명과 밝음을 문답함

마하코티카는 사리푸트라에게 물었다.

"무명이란 어떤 것이며, 누구에게 이 무명이 있습니까."

사리푸트라가 대답하였다.

"무명이란 알지 못하는 것이니, 바로 알지 못하면 이것이 무명이오."

"어떤 것을 알지 못합니까."

"곧 물질은 덧없는 것인데 물질의 덧없음을 진실 그대로 알지 못하고, 물질은 닳아서 없어지는 법인데 물질이 닳아서 없어지는 법임을 진실 그대로 알지 못하며, 물질은 나고 사라지는 법인데 물질이 나고 사라지는 법임을 진실 그대로 알지 못하는 것이오.

느낌·모습 취함·지어감·앎은 덧없는 것인데 느낌·모습 취함·지어감·앎의 덧없음을 진실 그대로 알지 못하고, 앎 등은 닳아서 없어지는 법인데 앎 등이 닳아서 없어지는 법임을 진실 그대로 알지 못하며, 앎 등은 나고 사라지는 법인데 앎 등이 나고 사라지는 법임을 진실 그대로 알지 못하는 것이오.

마하코티카여, 이 다섯 가지 받는 쌓임에 대해서 진실 그대로 알지 못하고 보지 못하며, 사이 없는 평등함이 없어서, 어리석고 어두워 밝지 못하면 이것을 무명이라 하고, 이것을 성취한 사람을 무명이 있다고 하오."

다시 물었다.

"사리푸트라여, 밝음이란 어떤 것을 밝음이라 하며, 누구에게 그 밝음이 있습니까."

사리푸트라가 말하였다.

"마하코티카여, 밝음이란 곧 아는 것이니, 바로 알면 이것을 밝음이라 하오."

"어떤 것을 압니까."

"곧 물질의 덧없음을 아는 것이니, 물질의 덧없음을 알아 진실 그대로 아는 것이오. 물질은 닳아서 없어지는 법이니 물질이 닳아서 없어지는 법임을 진실 그대로 알며, 물질은 나고 사라지는 법이니 물질이 나고 사라지는 법임을 진실 그대로 아는 것이오.

느낌·모습 취함·지어감·앎은 덧없는 것이니 느낌·모습 취함·

지어감·앎의 덧없음을 진실 그대로 아는 것이오. 앎 등은 닳아서 없어지는 법이니 앎 등이 닳아서 없어지는 법임을 진실 그대로 아는 것이오. 앎 등은 나고 사라지는 법이니 앎 등은 나고 사라지는 법임을 진실 그대로 아는 것이오.

코티카여, 이 다섯 가지 받는 '쌓임'에 대해서 진실 그대로 알고 보며, 밝게 깨쳐 지혜로워 사이 없는 평등함이 되면, 이것을 '밝음'이라 하고, 이 법 성취한 사람을 밝음이 있다고 하오."

이 두 존자는 각각 말한 것을 듣고, 더욱더 따라 기뻐하며 자리에서 일어나 각기 본래 있던 곳에 돌아갔다.

• 잡아함 256 무명경(無明經) ①

• 해설 •

그리드라쿠타 산은 라자그리하 성밖 가까이에 있다. 세존께서 성 안 칼란다카 대숲정사에 계시고 두 존자는 그리드라쿠타 산에 안거하며 서로 만나 문안하고 법을 묻고 답하며 법 안에서 큰 기쁨을 누린다.

무명은 무엇인가. 무명이 온갖 번뇌 온갖 집착을 일으키니, 무명이 괴로움의 씨앗이 된다. 그러나 무명 또한 그릇된 삶의 결과이니, 존재의 진실을 바로 알지 못하는 것을 무명이라 한다.

무명이 다른 것의 씨앗[子時]이자 다른 것의 결과[果時]이므로 무명이 곧 공한 무명이다. 무명이 무명 아닌 무명이므로 진실을 잘못 보는 한 생각 어두움[一念無明]을 돌이켜 존재의 진실을 향하면 무명 그대로 밝음이 되니, 무명을 끊고 밝음을 얻는다 말해서는 안 된다.

중생의 중생됨이 공한 줄 알아 중생의 진실을 보면 중생이 곧 보디인 존재가 되고 중생이 보디사트바가 되는 것이니……

④ 열두 들임[十二處說]·열여덟 법의 영역[十八界說]

────────

바이샬리 이층강당에서 열두 들임이 얽매임을 보이심

이와 같이 내가 들었다.

한때 붇다께서는 바이샬리 성의 원숭이 못가에 있는 이층강당에 계셨다. 그때 세존께서 여러 비구들에게 말씀하셨다.

"나는 이제 번뇌의 묶음[結]에 매이는 법과 묶는 법[結法]을 말하겠다. 어떤 것이 묶음에 매이는 법인가. 눈과 빛깔·귀와 소리·코와 냄새·혀와 맛·몸과 닿음·뜻과 법이니, 이것을 묶음에 매이는 법이라 한다.

어떤 것이 묶는 법인가. 욕탐(欲貪)을 말하니, 이것을 묶는 법이라 한다."

붇다께서 이 경을 말씀하시자, 여러 비구들은 붇다의 말씀을 듣고 기뻐하며 받들어 행하였다.

바이샬리 성의 이층강당에서 열두 들임이 집착되어짐을 보이심

이와 같이 내가 들었다.

한때 붇다께서는 바이샬리 성의 원숭이 못가에 있는 이층강당에 계셨다. 그때 세존께서 여러 비구들에게 말씀하셨다.

"나는 이제 취해지는 법과 취하는 법을 말하겠다. 어떤 것이 취해지는 법인가. 눈과 빛깔·귀와 소리·코와 냄새·혀와 맛·몸과 닿음·뜻과 법이니, 이것을 취해지는 법이라 한다.

어떤 것이 취하는 법인가. 욕탐을 말하니, 이것을 취하는 법이라 한다."

붇다께서 이 경을 말씀하시자, 여러 비구들은 붇다의 말씀을 듣고 기뻐하며 받들어 행하였다.

• 잡아함 239 결경(結經)·240 취경(取經)

• 해설 •

원숭이 못가 이층강당은 바이살리 성 북쪽 큰숲정사 가운데 있다. 바이살리 성에는 붇다 니르바나 뒤 사리를 분배 받은 리차비족이 세운 붇다의 사리를 모신 스투파가 있으며, 『비말라키르티수트라』가 설해진 곳이기도 하다.

이곳 이층강당에서 열두 들임[十二入], 열여덟 법의 영역 교설[十八界說]을 말씀하시니, 이는 온갖 법을 주체와 객체로 분류하여 그것의 연기구조를 설하신 것이다.

열두 들임은 온갖 법을 아는 자[六根]와 알려지는 것[六境]으로 나눈 법으로, 들임[入, āyatana]이란 여섯 앎[六識]이 아는 뿌리와 알려지는 경계에서 일어나 다시 아는 뿌리와 알려지는 경계에 거두어지므로 들임[入]이라 이름하였다.

여섯 앎을 결과[果]로 보면 여섯 아는 뿌리는 원인[因]이 되고 여섯 경계는 조건[緣]이 되는 것이니, 원인·조건·결과가 모두 있되 공한 법이다.

있되 공한 법을 실로 있음으로 보기 때문에 욕탐(欲貪)과 취함[取]이 일어나 안의 아는 뿌리[內根]와 밖의 알려지는 경계[外境]를 묶고 취해 서로 닫히게 하고 걸리게 한다.

주객의 있음이 있음 아닌 줄 알면 욕탐이 사라져 아는 나와 알려지는 것은 막힘이 없고 걸림이 없게 되어 해탈법계(解脫法界)가 된다.

바이살리 성 원숭이 못가에서 안의 여섯 들임과
앎으로 경계 취하는 고통을 보이시다

이와 같이 내가 들었다.

한때 붇다께서는 바이살리 성의 원숭이 못가에 있는 이층강당에 계셨다. 그때 세존께서 여러 비구들에게 말씀하셨다.

"어리석고 들음 없는 범부들은 차라리 구리쇠 산대를 불에 달구어 그 눈을 태워 타오르게 할지언정, 눈의 앎[眼識]으로써 빛깔 모습을 잡거나 좋은 모습을 따라 취하지 말라. 왜인가. 빛깔 모습을 잡거나 좋은 모습을 따라 취하면 나쁜 세계에 떨어지는 것은 잠기는 쇠구슬과 같기 때문이다.

어리석고 들음 없는 범부들은 차라리 쇠송곳을 불에 달구어 그 귀를 찌를지언정 귀의 앎[耳識]으로써 소리 모습을 잡거나 좋은 소리를 취하지 말라. 왜인가. 귀의 앎이 소리 모습을 잡거나 좋은 소리를 취하면 몸이 무너지고 목숨 마친 뒤에는 나쁜 세계에 떨어지는 것은 잠기는 쇠구슬과 같기 때문이다.

어리석고 들음 없는 범부들은 차라리 날카로운 칼로 그 코를 벨지언정 코의 앎[鼻識]으로써 냄새 모습을 잡거나 좋은 냄새를 취하지 말라. 왜인가. 냄새 모습을 잡거나 좋은 냄새를 취하면 몸이 무너지고 목숨 마친 뒤에는 나쁜 세계에 떨어지는 것이 잠기는 쇠구슬과 같기 때문이다.

어리석고 들음 없는 범부들은 차라리 날카로운 칼로 그 혀를 끊을 지언정 혀의 앎[舌識]으로써 맛의 모습을 잡거나 좋은 맛을 취하지 말라. 왜인가. 맛의 모습을 잡거나 좋은 맛을 취하면 몸이 무너지고 목숨 마친 뒤에는 나쁜 세계에 떨어지는 것이 잠기는 쇠구슬과 같기 때문이다.

어리석고 들음 없는 범부들은 차라리 강한 쇠로 된 날카로운 창으로 그 몸을 찌를지언정 몸의 앎[身識]으로써 닿는 모습을 잡거나 좋은 닿음을 취하지 말라. 왜인가. 닿는 모습을 잡거나 좋은 닿음을 취하면 몸이 무너지고 목숨 마친 뒤에는 나쁜 세계에 떨어지는 것은 잠기는 쇠구슬과 같기 때문이다.

여러 비구들이여, 잠이란 어리석은 삶이다. 이 어리석은 목숨은 이익도 없고 복도 없다. 그러나 여러 비구들이여, 차라리 잠잘지언정 저 빛깔에 대해서 느끼어 모습 취함[覺想]을 일으키지 말라. 만약 느끼어 모습 취함 일으키면, 반드시 얽맴과 다툼을 내, 많은 사람으로 하여금 그른 뜻을 일으켜서, 하늘과 사람을 이익되게 하거나 안락하게 하지 못할 것이다.”

안과 밖, 안팎의 앎 등을 바로 살피어 경계 취하지 않도록 당부하심

“저 많이 들은 거룩한 제자들이라면 이와 같이 배운다.

‘나는 이제 차라리 활활 타는 쇠창으로 그 눈을 꿰뚫을지언정, 눈의 앎으로써 빛깔 모습을 잡아 세 가지 나쁜 세계[三惡取]에 떨어져 기나긴 밤 동안 괴로움을 받지 않겠다.

나는 오늘부터 바르게 사유하여, 눈은 덧없고 함이 있으며, 마음의 인연[心緣]이 법을 내는 것이라 살펴야 한다.

만약 빛깔[色]과 눈의 앎과 눈의 닿음[眼觸]이거나, 눈의 닿음의 인연으로 난 느낌[眼受]들, 곧 괴롭고 즐거우며 괴롭지도 않고 즐겁지도 않은 안의 느낌이거나, 그것도 또한 덧없고 함이 있으며 마음의 인연이 법을 내는 것이라 살펴야 한다.

귀·코·혀·몸의 들이는 곳에서도 이와 같이 배워야 한다.

그래서 차라리 쇠창으로 내 몸[身體]을 꿰뚫을지언정, 몸의 앎으로써 닿는 모습이나 좋은 닿음을 취함으로써 세 가지 나쁜 세계에 떨어지지 않겠다.

나는 오늘부터 바르게 사유하여, 몸은 덧없고 함이 있으며, 마음의 인연이 법을 내는 것이라 살펴야 한다.

만약 닿아짐과 몸의 앎과 몸의 닿음[身觸]이거나, 몸의 닿음의 인연으로 난 느낌들, 곧 괴롭고 즐거우며 괴롭지도 않고 즐겁지도 않은 안의 느낌이거나, 그것도 또한 덧없고 함이 있으며 마음의 인연이 법을 내는 것이라 살펴야 한다.'

또 많이 들은 거룩한 제자들은 이렇게 배워야 한다.

'잠이란 어리석은 삶이다. 이 어리석은 목숨은 결과도 없고 이익도 없으며 복도 없는 것이다.

나는 자지 않을 것이며 또한 느끼어 모습 취함도 일으키지 않을 것이다. 만약 느껴 모습 취함을 일으키면 얽맴과 다툼을 내, 많은 사람들로 하여금 뜻으로 이익되지 않게 하고 안락을 얻지 못하게 할 것이다.'"

취함이 없고 집착이 없으면 해탈하게 됨을 보이심

"많이 들은 거룩한 제자들이 이렇게 살피면, 눈에 대해서 탐착하지 않음[厭]을 내고, 빛깔과 눈의 앎과 눈의 닿음과 눈의 닿음의 인연으로 난 느낌, 곧 괴롭고 즐거우며, 괴롭지도 않고 즐겁지도 않은 안의 느낌, 그것에 대해서 또한 탐착하지 않음을 낸다.

탐착하지 않으므로 즐기지 않고, 즐기지 않으므로 해탈하며 또 해탈지견이 생긴다.

그래서 '나의 태어남은 이미 다하고, 범행은 이미 서고, 지을 바를 이미 지어 다시는 뒤의 몸 받지 않는다'고 스스로 안다.

귀·코·혀·몸·뜻에서 또한 이와 같다."

붇다께서 이 경을 말씀하시자, 여러 비구들은 붇다의 말씀을 듣고 기뻐하며 받들어 행하였다.

• 잡아함 241 소연법경(燒燃法經)

• 해설 •

여섯 앎[六識]은 여섯 아는 뿌리[六根]와 여섯 경계[六境]에서 일어나지만, 여섯 앎이 나면 아는 뿌리와 경계는 앎인 뿌리와 경계로 주어진다. 눈이 빛깔을 보아 눈의 앎이 날 때 앎이 주체의 눈과 빛깔에 의해 일어났지만 눈의 앎밖에 눈도 없고 빛깔도 없는 것이다.

그러나 미혹의 중생은 여기 아는 자가 있고 저기 알려지는 경계가 있다는 집착을 일으켜, 앎으로 여섯 일어나는 경계의 실로 있는 모습을 취해 경계의 있는 모습에 갇힌다.

여섯 앎과 앎을 따라나는 느낌[受]은 항상하지 않다.

그러므로 하나의 앎과 느낌이 주·객을 의지해 나면 그 앎은 곧 사라지고 새로운 앎이 주·객에 의해 일어난다. 인연으로 난 법은 나되 남이 없다.

눈이 빛깔을 보아 눈의 앎이 나고 눈의 앎을 따라 갖가지 느낌이 날 때 그 모든 것을 있되 공한 것으로 바로 살피면, 눈의 앎이 빛깔을 보되 실로 봄이 없게 된다.

실로 봄이 없이 보면 아는 자와 알려지는 경계와 앎이 모두 닫혀진 있음[實有]에서 벗어나 해탈하고 해탈하면 해탈지견이 생긴다.

경에는 눈과 빛과 눈의 앎에 싫어함[厭]을 낸다고 하지만, 탐착해 취함을 상대해서 싫어함이라는 말을 쓴 것이니, 취함이 없으면 싫어할 것이 없는 것이다.

경의 뜻은 아는 자와 알려지는 경계와 앎이 모두 실로 있음이 아니므로 취할 것이 없고, 실로 없음이 아니므로 버릴 것이 없음을 보인 것이다.

취하지 않으므로[不取] 주·객의 닫힌 틀에서 해탈하고, 버리지 않으므로 [不捨] 해탈지견이 생겨, 앎이 없이 알고 봄이 없이 보아 늘 온갖 범행을 세우고 지을 바를 지음 없이 짓는 것이다.

『화엄경』(「이세간품」) 또한 안과 밖의 온갖 법에 자기성품 없음을 깨달아 해탈하는 삶을 다음과 같이 노래한다.

여래의 법 잘 행하는 보디사트바는
안과 밖 가운데 앎 그 모습들에
다 자기성품 없음을 깨달아
있음과 없음에 집착하지 않네.
이와 같이 온갖 것 통달한 지혜는
다함이 없고 의지하는 바 없도다.

了性皆無性　有無無所著
如是一切智　無盡無所依

⑤ 네 곳 살핌[四念處說]

파탈리푸트라 성읍 닭숲정사에서
네 가지 살피는 곳이 온갖 법임을 말씀하시다

이와 같이 내가 들었다.

한때 붇다께서는 파탈리푸트라 성읍 닭숲정사에 계셨다. 그때 세존께서 여러 비구들에게 말씀하셨다.

"온갖 법이라고 말하는데, 온갖 법이란 네 가지 살피는 곳[四念處]을 말하니, 이것이 바른 말이다.

어떤 것이 넷인가. 곧 몸에서 몸을 살펴 생각함에 머물고, 느낌·마음·법에서 법 등을 살펴 생각함에 머무는 것이다."

붇다께서 이 경을 말씀하시자, 여러 비구들은 붇다의 말씀을 듣고 기뻐하며 받들어 행하였다.

· 잡아함 633 일체법경(一切法經)

· 해설 ·

파탈리푸트라는 마가다 왕국이 붇다 니르바나에 드신 뒤 신도시를 건설하여 새로 도읍을 정한 곳으로, 붇다께서 니르바나의 여정 가운데 이곳을 지나시며 도시의 번성을 예언하신 곳이다.

네 곳 살핌에서 네 곳은 살피는바 경계[所觀境]이고 살핌은 살피는 마음[能觀智]이다. 네 가지 살펴지는 곳[四處]이 온갖 법을 거두니, 네 곳이 곧 다섯 쌓임[五蘊]의 법이기 때문이다.

살피는바 네 곳은 몸[身]·느낌[受]·마음[心]·법(法)이다.

몸은 다섯 쌓임에서 물질일반[色法]을 거두고, 느낌[受]·마음[心]은 다섯 쌓임의 느낌[受]과 앎[識]이며, 법(法)은 다섯 쌓임에서 모습 취함[想, 取像]과 지어감[行, 造作]을 거두니, 네 곳이 곧 다섯 쌓임이다.

그러므로 살피는바 몸[身]은 여기 주관의 물질적인 몸만으로 보아서는 안 되니, 네 곳 살핌에서 몸을 살피는 것은 안과 밖의 온갖 존재를 몸에 거두어서 살핌이다. 그것은 연기법에서 몸을 들면 주체는 안의 몸[內身]으로 표시되고 객체는 밖의 몸[外身]으로 표시되며, 안의 여섯 앎[六識]은 안팎의 몸[內外身]으로 표시되기 때문이다.

하나가 공하면[一空] 온갖 법이 또한 공하니[一切空], 지금 안의 몸이 공한 줄 살피면 경계인 밖의 몸과 안팎의 몸인 여섯 앎이 모두 공한 줄 알게 된다. 그러므로 네 곳 살핌은 비록 네 곳으로 나누어 보이지만, 지금 드러나고 있는 한 생각[現前一念]이 남이 없음[無生]을 바로 살피는 법밖에 따로 있는 법이 아니다.

지금 한 생각이 안과 밖에 머묾 없음을 바로 살피면 그곳이 니르바나의 처소가 되니, 『화엄경』(「십회향품」)은 이렇게 말한다.

보디사트바는 마음이 밖에 있지 않고
또한 안에서도 얻을 수 없음 살피어
그 마음 바탕 있지 않은 줄 알아서
존재와 존재를 이루는 갖가지 법
모두다 떠나 길이 고요하도다.

菩薩觀心不在外　亦復不得在於內
知其心性無所有　我法皆離永寂滅

제타 숲 동산에서, 네 곳 살핌으로
다섯 쌓임의 덧없음 끊게 됨을 보이심

이와 같이 내가 들었다.

한때 붇다께서는 슈라바스티 국 제타 숲 '외로운 이 돕는 장자의 동산'에 계셨다. 그때 세존께서 여러 비구들에게 말씀하셨다.

"덧없음을 끊기 위해서는 안 몸에서 몸 살핌을 따라 닦아 머물러야 한다. 어떤 법이 덧없는가. 곧 물질은 덧없는 것이니, 그것을 끊기 위해서는 안 몸에서 몸 그대로 살펴 거기에 머물러야 한다.

이와 같이 느낌·모습 취함·지어감·앎은 덧없는 것이니, 그것을 끊기 위해서는 안 몸에서 몸 그대로 살펴 거기에 머물러야 한다."

붇다께서 이 경을 말씀하시자, 여러 비구들은 붇다의 말씀을 듣고 기뻐하며 받들어 행하였다.

〈다섯 쌓임의 덧없음 그대로 이와 같이 과거의 물질은 덧없는 것이다. 미래의 물질과 현재의 물질, 과거의 미래의 물질, 과거의 현재의 물질, 미래의 현재의 물질, 과거의 미래와 현재의 물질은 덧없는 것이다. 그것을 끊기 위해서는 몸에서 몸 살핌을 따라 닦아 머물러야 한다. 느낌·모습 취함·지어감·앎을 따라 살펴 머묾 또한 다시 이와 같다.

안 몸에서 몸 살핌을 따라 닦아 머무는 여덟 가지와 같이 바깥 몸에서 몸 살핌, 안팎의 몸에서 몸 살핌과 안의 느낌에서 느낌 살핌, 밖의 느낌에서 느낌 살핌, 안팎의 느낌에서 느낌 살핌도 그와 같다.

이와 같이 안의 마음에서 마음 살핌, 밖의 마음에서 마음 살핌, 안팎의 마음에서 마음 살핌과 안의 법에서 법 살핌, 밖의 법에서 법 살핌, 안팎의 법에서 법 살핌 또한 같다.

그러므로 법 등을 잘 살펴 머물러야 하는 것이다.〉

• 잡아함 176 신관주경(身觀住經) ①

• 해설 •

덧없음의 뜻을 끊기 위해 네 곳 살핌을 닦는다는 것은 무슨 뜻인가.

살피는바 몸이 찰나찰나 덧없이 변하되 그 나고 사라짐에 실로 남이 없고 실로 사라짐이 없음을 보면 몸 살핌에서 덧없음을 끊고, 나되 남이 없고 사라지되 사라짐 없음[生而無生 滅而生滅]을 보기 때문이다.

연기법에서 물질인 몸[身]을 잡아보면 온갖 법은 온전히 물질인 몸으로 표시되고, 마음으로 보면 온갖 법은 온전히 마음인 온갖 법으로 표시된다. 그러므로 안의 주체는 안의 몸·안의 마음으로 표시되고 밖의 경계는 밖의 몸·밖의 마음으로 표시된다.

안팎의 몸·안팎의 마음이란 안의 주체와 밖의 객체가 어울려 일어난 여섯 앎[六識]을 표현한 말로, 안과 밖을 의지해 일어나 안과 밖이 아니되 안팎을 떠나지 않음이 곧 안팎의 몸과 마음이다.

이런 뜻에서 경은 안의 몸, 현재의 몸 살핌을 들어 과거·미래의 몸, 안과 밖의 몸 살핌도 그와 같음을 보이기 위해 뒤의 말을 덧붙여 보이고 있다.

또한 경의 끝에 '덧없는 뜻을 끊음과 같이 아는 뜻[知義]·다하는 뜻[盡義]·뱉어내는 뜻[吐義]도 그와 같다'는 말이 덧붙어 있으니, 이는 덧없음을 끊듯 진실을 알고 번뇌를 다하며 미혹을 뱉어내고 나고 죽음이 사라져 없어지도록 하기 위해서도 네 곳 살핌에 바르게 머물러야 함을 말한 것이다.

아니룻다가 소나무숲 정사에서
여러 비구들에게 네 곳 살핌을 설하다

이와 같이 내가 들었다.

한때 붇다께서는 슈라바스티 국 제타 숲 '외로운 이 돕는 장자의 동산'에 계셨다.

그때에 존자 아니룻다는 슈라바스티 국 소나무숲 정사에 있었다.

때에 많은 비구들은 존자 아니룻다가 있는 곳에 가서 서로 같이 문안하고 위로한 뒤에 한쪽에 앉아 존자 아니룻다에게 물었다.

"만약 아라한 비구로서 모든 흐름[漏]이 이미 다하고, 지을 바를 이미 짓고, 무거운 짐을 버려 떠나고[捨離重擔] 모든 존재의 묶음을 떠나[離諸有結], 바른 지혜로 마음이 잘 해탈하였다[正智心善解脫] 하더라도, 또한 네 곳 살핌[四念處]을 닦아야 합니까."

마음이 해탈한 이도 늘 네 곳 살핌 닦아야 함을 보임

존자 아니룻다는 비구들에게 말하였다.

"만약 비구로서 모든 흐름이 이미 다하고, 지을 바를 이미 짓고, 무거운 짐을 버려 떠나고 모든 존재의 묶음을 떠나, 바른 지혜로 마음이 잘 해탈하였다 하더라도, 또한 네 곳 살핌을 닦아야 하오.

왜냐하면 얻지 못한 것을 얻고, 증득하지 못한 것을 증득하여, 현재의 법에서 즐겁게 머물 수 있기 때문이오.

그 까닭은 나 또한 모든 존재의 묶음을 떠나 아라한이 되어, 지을 바를 이미 짓고 마음이 잘 해탈하였지만, 네 곳 살핌을 닦음으로써 얻지 못한 것을 얻고, 미처 이르지 못한 곳에 이르고 증득하지 못한 것을 증득하여, 현재의 법에서 안락하게 머물고 있기 때문이오."

때에 여러 존자들은 서로 같이 논의하고서는 기뻐하고 따라 기뻐하면서, 각기 자리에서 일어나 떠나갔다.

• 잡아함 543 아라한비구경(阿羅漢比丘經)

• 해설 •

세존께서 제타 숲 정사에 안거하시는데 아니룻다는 소나무숲 정사에 머무니, 당시 슈라바스티 성은 제타 숲 정사를 중심으로 도시 곳곳에 상가의 아란야가 세워진 듯하다.

이미 존재의 짐을 다 벗은 아라한도 네 곳 살핌을 닦는가.

네 곳 살핌은 아직 배우지 못한 이·지금 배워가는 이·배움 다해 배울 것 없는 이가 모두 닦아 행해야 하는 법이다.

그것은 네 곳 살핌밖에 살필바 법이 없기 때문이다.

다만 아직 배우지 못한 이는 이제 관행(觀行)의 뜻을 세워 새로 배워야 하는 이이고, 배워가는 이는 살피되 살핌의 자취가 있는 이이며, 배울 것 없는 이는 살피되 살핌의 자취가 없는 이이다.

살피되 살피는바 경계가 공한 줄 통달하면 살핌 또한 고요해져, 늘 비추되 고요하고[照而寂] 고요하되 늘 비추게[寂而照] 된다.

여래는 바로 고요함과 비춤이 하나된 크고 두렷한 깨달음[大圓覺]이 온전히 현전하여 기나긴 겁에 보디인 니르바나의 바다[菩提寂滅海]가 늘 고요하고[常寂], 니르바나인 보디의 빛[寂滅菩提光]이 늘 비치어[常照] 무너짐이 없고 다함이 없는 분인 것이다.

제타 숲 동산에서 네 가지 살피는 곳의
실상을 보면 머물 것 없음을 보이시다

이와 같이 내가 들었다.

한때 붇다께서는 슈라바스티 국 제타 숲 '외로운 이 돕는 장자의 동산'에 계셨다. 그때 세존께서 여러 비구들에게 말씀하셨다.

"나는 지금 네 가지 살피는 곳의 모여남[集], 네 가지 살피는 곳의 없어짐[沒]을 말하겠다. 자세히 듣고 잘 생각하라.

어떤 것을 네 가지 살피는 곳의 모여남과 네 가지 살피는 곳의 없어짐이라 하는가.

먹음이 모이면[食集] 몸이 모여나고[身集], 먹음이 없어지면[食滅] 몸이 없어진다[身沒].

이와 같이 몸의 모여남을 살펴 따라 머물고, 몸의 없어짐을 살펴 따라 머물러야 하니, 몸의 모여남과 없어짐을 살펴 살핌을 따라 머물면 곧 의지해 머물 것이 없게 되고[無所依住], 여러 세간에 길이 취할 것이 없게 된다[永無所取]."

네 곳의 실상 살피면 머물러 취할 것이 없음을 보이심

"이와 같이 닿음이 모이면 느낌이 모여나고, 닿음이 없어지면 느낌이 없어진다.

이와 같이 모아내는 법을 따라 느낌을 살펴 머물고, 없애는 법을 따라 느낌을 살펴 머물며, 모아내고 없애는 법을 따라 느낌을 살펴 머물면, 곧 의지해 머물 것이 없게 되고 여러 세간에 길이 취할 것이 없게 된다.

마음·물질이 모이면 마음이 모여나고, 마음·물질이 사라지면 마음이 사라진다.

모아내는 법을 따라 마음을 살펴 머물고, 없애는 법을 따라 마음을 살펴 머물며, 모아내고 없애는 법을 따라 마음을 살펴 머물면, 곧 의지해 머물 것이 없게 되고 길이 여러 세간에 취할 것이 없게 된다.

기억하는 생각[憶念]이 모이면 법이 모여나고[法集], 기억하는 생각이 없어지면 법이 없어진다.

모아내는 법을 따라 법을 살펴 머무르고, 없애는 법을 따라 법을 살펴 머무르며, 모아내고 없애는 법을 따라 법을 살펴 머무르면, 곧 의지해 머물 것이 없게 되고 여러 세간에 길이 취할 것이 없게 된다.

이것을 네 가지 살피는 곳의 모여남과 네 가지 살피는 곳의 없어짐이라 한다."

붇다께서 이 경을 말씀하시자, 여러 비구들은 붇다의 말씀을 듣고 기뻐하며 받들어 행하였다.

• 잡아함 609 집경(集經)

• 해설 •

살피는바 네 곳은 모두 여기 있되 그 있음은 모아내는 법으로 인해 모여나는 법이고 없애는 법으로 인해 없어지는 법이다.

그 있음이 모여남을 살피면 있음이 실로 없다는 견해를 떠날 수 있고, 그 있음이 사라짐을 살피면 있음이 실로 있다는 견해를 떠나게 된다.

살피는바 경계[所觀境]의 있음에서 있음을 떠나고 없음에서 없음을 떠나면, 살피는 지혜[能觀智]가 의지해 머물 곳이 없게 되어[無所依住] 지혜가 있되 공한 해탈의 지혜가 된다.

안의 몸은 스스로 몸이 아니고 먹음으로 인해 몸이 되고 먹음이 사라지면 몸이 사라진다.

느낌은 안의 마음과 밖의 마음, 안팎의 마음이 어울려 합하는 닿음[觸]으로 일어나니, 닿음이 없으면 느낌 또한 없어진다.

마음은 마음·물질이 일어남으로 구체적인 앎의 마음[內外心]으로 나니, 여섯 앎은 늘 아는 자와 알려지는 경계가 만나 일어나기 때문이다.

법은 기억하는 생각[憶念]이 모습 취함으로 인해 나니, 기억하는 생각이 없으면 법 또한 사라진다. 안의 몸과 안팎의 몸, 안의 느낌과 안팎의 느낌, 안의 마음과 안팎의 마음, 안의 법과 안팎의 법이 모두 모아내는 인연으로 있고 모아내는 인연이 사라지면 없는 것이니, 네 곳은 모두 나되 실로 남이 없고 사라지되 사라짐이 없다.

이와 같이 살펴 살피는바 법에 취할 것이 없고 머물 것이 없으면 살피는 마음이 또한 머묾 없는 마음[無所住心]이 되니, 머묾 없는 마음이 바로 해탈의 마음[解脫心]이고 파라미타의 마음[波羅密心]이며 넓고 커서[廣大心] 끝이 없는 마음[無邊心]이다.

바이살리 성의 암라파알리 동산에서 네 곳 살핌을
보이시고 보시의 공덕을 말씀하시다

이와 같이 내가 들었다.

한때 붇다께서는 브릿지 국의 사람 사이에 노니시다가 바이살리 성의 암라파알리 동산에 계셨다.

그때 암라파알리라는 여인은 세존께서 브릿지 국의 사람 사이에 노니시다가 암라파알리 동산에 계신다는 말을 들었다.

그래서 곧 스스로 수레를 장엄하고 바이살리 성을 나와 세존 계신 곳에 가서 공경히 공양하려고 암라파알리 동산 문에 이르렀다.

거기서 수레를 내려 걸어 나아가다가, 멀리서 세존께서 대중에게 둘러쌓여 설법하시는 것을 보았다.

네 가지 바른 끊음과 네 곳 살핌으로 마음 거두어
머물도록 당부하심

세존께서도 멀리서 암라파알리 여인이 오는 것을 보시고 여러 비구들에게 말씀하셨다.

"너희 비구들이여, 힘써 마음을 거두어 머물러서, 생각을 바로하고 지혜를 바로하라. 지금 암라파알리 여인이 온다.

그러므로 너희들을 경계하는 것이다.

어떤 것이 비구가 힘써 마음을 거두어 머무는 것인가. 만약 비구라면 이미 생긴 악하여 착하지 않은 법을 끊어야 하니, 하고자 함을 내어 방편으로 꾸준히 힘써 마음을 거두어야 한다[精勤攝心].

아직 생기지 않은 악하여 착하지 않은 법은 일어나지 않게 하고, 아직 생기지 않은 착한 법은 일어나게 해야 한다.

이미 생긴 착한 법은 머물러서 잊지 않도록 하여, 닦아 익혀 늘어나고 가득 차게 하며, 하고자 함을 내어 방편으로 꾸준히 힘써 마음을 거두어야 한다.

이것을 비구가 부지런히 힘써 마음을 거두어 머무는 것[勤攝心住]이라 한다.

어떤 것을 비구가 지혜를 바르게 함[正智]이라 하는가. 만약 비구라면 가고 오는 몸가짐이 늘 바른 지혜를 따라야 하니, 돌아보고 바라보며 굽히고 펴며 구부리고 우러르며, 옷과 발우를 가지고 와, 가고 머무르고 앉고 누움과 자고 깨고 말하고 잠잠함이 다 바른 지혜를 따라 머무르면, 이것이 지혜를 바르게 함이다.

어떤 것이 생각을 바르게 함[正念]인가. 만약 비구라면 안 몸에서 몸을 살피는 생각에 머물러, 방편에 꾸준히 힘써 바른 지혜와 바른 생각으로 세간의 탐욕과 근심을 조복한다.

이와 같이 느낌과 마음 법에서도 법 등을 살피는 생각에 머물러, 방편에 꾸준히 힘써 바른 지혜와 바른 생각으로 세상의 탐욕과 근심을 조복한다. 이것을 비구가 생각을 바르게 함이라 한다.

그러므로 너희들은 힘써 그 마음을 거두어 지혜를 바르게 하고 생각을 바르게 해야 한다.

지금 암라파알리 여인이 온다. 그러므로 너희들을 경계하는 것이다."

암라파알리 여인의 공양청을 받으심

때에 암라파알리 여인은 세존 계신 곳에 가서 머리를 대 발에 절하고 한쪽에 물러나 앉았다.

그때에 세존께서는 암라파알리 여인을 위하여 갖가지로 설법하여 가르쳐 기쁘게 하시고, 가르쳐 기쁘게 하신 뒤에 잠자코 계셨다.

그때에 암라파알리 여인은 옷을 여미고 붇다께 절하고 합장하며 말씀드렸다.

"세존께서 대중들과 함께 내일 제가 점심 공양에 청함을 받아주시길 바랍니다."

때에 세존께서는 잠자코 그 청을 받으시었다.

암라파알리 여인은 세존께서 잠자코 공양청 받아주심을 알고는, 그 발에 머리를 대 절하고, 자기 집에 돌아가 갖가지 먹을 것을 마련하고 상과 자리를 펼쳐놓은 뒤에 이른 아침에 사람을 보내어 붇다께 말씀드렸다.

"때가 되었습니다."

때에 세존께서는 대중과 함께 암라파알리 여인 집에 가시어 자리에 나아가 앉으셨다.

암라파알리 여인은 손수 갖가지 먹을거리를 공양하였다.

공양이 끝나 손을 씻고 양치질하고 발우를 다 씻으니, 때에 암라파알리 여인은 작은 자리를 가지고 와서 붇다 앞에 앉아 설법을 들었다.

암라파알리 여인을 위해 보시의 공덕을 노래로 보이심

그때에 세존께서는 암라파알리 여인을 위해 '따라 기뻐하는 게송'을 말씀하셨다.

아낌없이 늘 보시하는 이는
사람들이 그 사람을 사랑하고
많은 무리들이 따르는 것이니
그 이름은 날로 늘고 높아져서
멀리서나 가까이서 모두 다 듣네.

그는 대중에 있어도 늘 부드럽고
아낌 떠나 두려워함이 없어라.
그러므로 지혜로운 이의 보시는
아낌을 끊어 길이 남음이 없네.

보시 공덕 도리하늘 태어나거나
기나긴 밤에 즐거움을 받으며
목숨 다하도록 늘 덕을 닦아서
기쁨의 동산에서 즐거워하니
백 가지 여러 하늘음악 울리고
다섯 욕망 그 마음을 즐겁게 하리.

그는 이 사람 사이에 살게 되면
붇다의 말씀하신 법을 듣고서
잘 가신 이의 좋은 제자 되었다가
좋은 곳에 가서 남을 즐거워하리.

그때에 세존께서는 암라파알리 여인을 위해 갖가지로 설법하여 가르침을 보여 기쁘게 하시고, 가르쳐 기쁘게 하신 뒤 자리에서 일어나 떠나가셨다.

• 잡아함 622 암라녀경(菴羅女經)

• **해설** •

세존께서 니르바나의 여정을 행하시던 중 바이샬리 성의 암라파알리 동산에 계실 때, 그 숲의 주인인 암라파알리 여인이 세존을 찾아와 세존께 공양청을 올리고서 세존께 귀의하여 그 동산을 상가에 헌납하게 된다.

암라파알리는 바이샬리 성에서 오백 유녀(遊女)를 거느린 화류계 여성이었다. 세존의 자비의 교화가 가림 없이 내리는 허공의 비와 같으니, 높은 산이슬 먹고 자라는 풀과 나무도 그 비의 은택을 입고, 저 낮은 곳 시궁창에 핀 연꽃에도 그 자비의 덕화가 미친다.

암라파알리와 그 따르는 아름다운 여인 무리들이 세존께 문안 인사 오니, 세존께서는 비구들의 마음에 동요가 일어날까 싶어서 네 가지 바른 끊음[四正念]으로 그른 마음은 나지 않게 하고 바른 마음 착한 선근은 자라게 하여 여인들의 아름답고 화려한 빛깔에 물들어 뒤로 물러서지 않게 하신다.

세존은 비구들의 마음의 흔들림을 막기 위해 마음을 거두어 한곳에 머물게 하시니, 한곳은 바로 다섯 쌓임이 공한 법계의 처소[法界處]이다.

늘 온갖 경계가 공한 곳에 마음이 머물면 그 경계 살피는 마음의 지혜가 머묾 없는 마음이 된다.

머묾 없는 마음으로 가고 머물고 앉고 서며 자고 깨며 말하고 잠잠하면, 이것이 곧 지혜를 바르게 함이고 늘 사마디에 그 마음이 그윽이 하나되게 함이다.

지혜를 바로해 사마디에 그윽이 하나되려면 그 생각을 바르게 해야 하니, 생각을 바르게 함이란 네 곳 살핌에 바르게 머묾이다.

몸과 느낌, 마음과 법을 살펴 얻을 것이 없고 붙잡을 것이 없는 줄 알면, 그 마음이 머묾 없는 마음이 되고 바른 생각이 되어 바른 지혜가 되고 고요한 사마디가 된다.

암라파알리의 공양으로 인해 공양 받는 비구들에게 네 곳 살핌의 선정을
말씀해주시고, 공양하는 암라파알리 여인에게는 보시의 법문을 열어 현세
에서 즐겁고 오는 세상 하늘의 즐거운 곳에 나게 됨을 보여주신다. 이처럼
암라파알리 여인의 공양으로 인해 공양하고 공양 받는 자들이 여래의 자비
의 법음 속에서 한 가지 해탈을 얻게 된 것이다.

암라파알리 여인이 여래의 보시법문을 듣고 암라파알리 동산을 온전히
여래의 사방상가에 바치니, 그는 비록 유녀의 몸이었지만 보시 공덕으로 인
해 여래 집안의 청정하고 고귀한 자식이 되었다.

세존의 보시법문을 듣고서 사방상가에 아라마를 헌납하고 기녀의 몸으로
여래의 법의 자식이 된 암라파알리 여인을 무엇으로 찬탄할까.

『화엄경』(「수미정상게찬품」須彌頂上偈讚品)의 다음 게송이 그에 꼭 걸맞
은 노래이다.

　　만약 거룩한 여래를 뵙게 되면
　　크고 좋은 이익을 얻게 되리.
　　붓다의 이름 듣고서 귀의하면
　　깨끗한 믿음을 냈다 말하니
　　이 사람이 곧 세간의 스투파이네.

　　若見如來者　爲得大善利
　　聞佛名生信　則是世間塔

⑥ 다섯 가지 진리의 뿌리[五根說] · 다섯 가지 진리의 힘[五力說]

제타 숲 동산에서 다섯 가지 진리의 뿌리로 위없는 보디 이루셨음을 보이시다

이와 같이 내가 들었다.

한때 붇다께서는 슈라바스티 국 제타 숲 '외로운 이 돕는 장자의 동산'에 계셨다. 그때 세존께서 여러 비구들에게 말씀하셨다.

"다섯 가지 진리의 뿌리가 있다. 어떤 것이 다섯 가지인가. 믿음의 뿌리 · 정진의 뿌리 · 생각의 뿌리 · 선정의 뿌리 · 지혜의 뿌리이다.

여러 비구들이여, 내가 만약 이 믿음 뿌리의 모임 · 믿음 뿌리의 없어짐 · 믿음 뿌리의 맛 · 믿음 뿌리의 걱정거리 · 믿음 뿌리의 떠남을 진실 그대로 알지 못하였다 하자.

그러면 나는 여러 하늘과 마라, 브라흐만, 사문과 브라마나들 가운데서 벗어나고 뛰어나며 마음이 뒤바뀜에서 떠나 아누타라삼약삼보디를 이루지 못하였을 것이다.

이와 같이, 정진의 뿌리 · 생각의 뿌리 · 선정의 뿌리 · 지혜의 뿌리에서도 또한 이와 같이 말한다.

여러 비구들이여, 나는 믿음 뿌리 · 믿음 뿌리의 모임 · 믿음 뿌리의 없어짐 · 믿음 뿌리의 맛 · 믿음 뿌리의 걱정거리 · 믿음 뿌리의 떠남을 진실 그대로 알았다.

그러므로 모든 하늘과 마라, 브라흐만, 사문과 브라마나들 가운데

서 벗어나고 떠나며 마음이 뒤바뀜을 떠나 아누타라삼약삼뵈디를
이루게 되었다."

붇다께서 이 경을 말씀하시자, 여러 비구들은 붇다의 말씀을 듣고
기뻐하며 받들어 행하였다.

제타 숲 동산에서 비구들에게 다섯 가지 진리의 뿌리를 설하시다

이와 같이 내가 들었다.

한때 붇다께서는 슈라바스티 국 제타 숲 '외로운 이 돕는 장자의
동산'에 계시면서 여러 비구들에게 말씀하셨다.

"다섯 가지 진리의 뿌리가 있다. 어떤 것이 다섯 가지인가. 곧 믿음
의 뿌리·정진의 뿌리·생각의 뿌리·선정의 뿌리·지혜의 뿌리이다.

믿음의 뿌리란 네 가지 무너지지 않는 깨끗한 믿음[四不壞淨信]임
을 알아야 한다.

정진의 뿌리란 네 가지 바른 끊음[四正斷]임을 알아야 한다.

생각의 뿌리란 네 가지 곳 살핌[四念處]인 줄 알아야 한다.

선정의 뿌리란 네 가지 선정[四禪]임을 알아야 한다.

지혜의 뿌리란 네 가지 거룩한 진리[四聖諦]임을 알아야 한다."

붇다께서 이 경을 말씀하시자, 여러 비구들은 붇다의 말씀을 듣고
기뻐하며 받들어 행하였다.

• 잡아함 651 사문바라문경 ②, 646 당지경(當知經)

• 해설 •

붇다께서 출현하시던 당시 붇다를 둘러싼 기성 사상계의 세계관의 벽은
높고 높았을 것이며, 기성 교단의 기득권의 산 또한 두텁고 두터웠을 것이다.

기성 세계관은 절대신의 이름과 사라지지 않는 영혼의 이름으로 대중을 압도했으며, 브라마나들은 브라흐만의 이름으로 신분적 지배질서를 유지시켜가며 브라마나 사제계급의 우월적 지위를 주장하고 있었다.

붇다는 그 가운데서 주어진 것의 연기적 진실만을 믿는 새로운 믿음의 세계, 경험하고 있는 삶활동 자체의 자기전환을 통한 해탈을 주장하며, 온갖 환상과 거짓됨을 깨부수고 참된 삶의 안주처를 제시하니, 이것이 다섯 가지 진리의 뿌리이다.

믿음의 뿌리는 붇다와 다르마와 상가와 거룩한 계에 대한 믿음의 뿌리이다.

정진의 뿌리는 악을 끊고 선을 행하는 네 가지 정진이다.

생각의 뿌리는 몸·느낌·마음·법 네 가지 곳을 살피는 지혜의 뿌리이다.

선정의 뿌리는 탐욕의 마음과 물질의 장애를 뛰어넘는 네 가지 선정이다.

지혜의 뿌리는 고통의 결과와 발생의 원인, 니르바나의 결과와 실천의 원인을 바로 살피는 지혜이다.

붇다가 제시한 다섯 가지 진리의 뿌리는 연기되어 일어난 것, 주어진 것의 반성을 통해서만 구성되는 믿음의 세계이고 진리의 세계이다.

주어진 것의 진실이란 있되 공하고 그 공함도 공하므로 진리의 세계 또한 주체의 삶밖에 대상화되지 않으니, 여래의 진리관은 곧 삶 행위 자체 자기 존재의 진실을 실현하는 것밖에 그 무엇도 아니다.

삶의 진실에 대한 확신으로서의 믿음 또한 저절로 생기는 것이 아니라 하고자 하는 실천적 지향[欲]으로 생겨나는 것이니, 그 지향을 잃어버리면 그 믿음의 맛 또한 사라지는 것이다. 믿음을 통한 해탈의 맛은 있되 공한 법의 맛이므로 탐욕 떠난 맛이다. 이 진리의 맛을 지키지 못한 믿음 없는 삶은 걱정거리이고, 진리의 맛을 지향하는 믿음의 삶으로 해탈의 길이 열리니, 이 진실밖에 다른 진실은 없다.

연기의 실상밖에 진실을 따로 구하는 자, 진실을 보지 못하고[圓成無性], 삶 속의 온갖 거짓된 관념이 꿈처럼 공한 줄[遍計無性] 알며, 연기되어 일어난 객관세계가 허깨비같이 취할 것 없는 줄[依他無性] 아는 자가 삶의 진실을 보는 자이다.

여래를 따라 삶의 진실을 보는 자에게는, 저 두렵고 무서운 하늘과 마라·
브라흐만이 실로 있는 것이 아니며, 저 허깨비 같은 세간이 실로 없는 것도
아니니, 살피고 살펴야 할 것이다.

이처럼 다섯 가지 진리의 뿌리란 존재의 진실을 이미 체현한 분의 가르침
에 대한 믿음에서 출발하여 자기실천으로 자기존재의 진실을 온전히 체현
해 온갖 의혹과 환상 떠나는 것에 회향되니, 『화엄경』(「현수품」)은 말한다.

바른 믿음은 흐린 때가 없어서
믿는 마음은 언제나 청정하니
모든 교만 없애 공경의 바탕되고
또한 법의 곳간 으뜸의 재물되며
그 믿음이 깨끗한 손이 되어서
여러 가지 좋은 행을 받도다.

信無垢濁心淸淨 滅除憍慢恭敬本
亦爲法藏第一財 爲淸淨手受衆行

믿음으로 은혜롭게 남에게 베풀어
마음에 아낌의 때가 없게 되며
믿음으로 기쁘게 붇다의 법에 들고
믿음이 지혜 공덕 늘리고 길러
믿음으로 여래의 땅 반드시 이르네.

信能惠施心無吝 信能歡喜入佛法
信能增長智功德 信能必到如來地

제타 숲 동산에서 덧없음의 불을 끄기 위해 다섯 가지 힘 닦도록 당부하시다

이와 같이 내가 들었다.

한때 붇다께서는 슈라바스티 국 제타 숲 '외로운 이 돕는 장자의 동산'에 계셨다. 그때 세존께서는 여러 비구들에게 말씀하셨다.

"마치 어떤 사람에게 불이 머리나 옷을 태우는 것과 같으니, 어떻게 꺼야 하겠느냐."

비구들은 붇다께 말씀드렸다.

"세존이시여, 더욱 하고자 함을 일으켜서 간절한 방편으로 때맞춰 꺼서 없애야 합니다."

붇다께서는 비구들에게 말씀하셨다.

"머리나 옷이 타는 것은 오히려 잠깐 잊는다 하더라도 덧없음의 타오르는 불은 다 끊어야 한다. 덧없음의 불을 끊기 위해서는 반드시 믿음의 힘을 닦아야 한다. 곧 물질의 덧없음을 끊기 위하여 믿음의 힘을 닦아야 하고, 느낌·모습 취함·지어감·앎의 덧없음을 끊기 위하여 믿음의 힘을 닦아야 한다."

덧없음을 끊기 위해 믿음의 힘을 닦아야 함과 같이, 정진의 힘·생각의 힘·선정의 힘·지혜의 힘 또한 이와 같이 말씀하셨다.

붇다께서 이 경을 말씀하시자 여러 비구들은 붇다의 말씀을 듣고 기뻐하며 받들어 행하였다.

• 잡아함 181 신력경(信力經)

제타 숲 동산에서 세 가지 네 힘이 있음을 보이시다

이와 같이 내가 들었다.

한때 붇다께서는 슈라바스티 국 제타 숲 '외로운 이 돕는 장자의 동산'에 계셨다. 그때 세존께서 여러 비구들에게 말씀하셨다.

"네 가지 힘이 있다. 어떤 것이 넷인가. 믿음의 힘·정진의 힘·생각의 힘·지혜의 힘을 말한다.

다시 네 가지 힘이 있으니 믿음의 힘·생각의 힘·선정의 힘·지혜의 힘이다.

다시 네 가지 힘이 있으니 깨닫는 힘·정진의 힘·죄 없는 힘·거두는 힘이다."

세 가지 네 힘을 보이시고 그 실천내용을 풀이해주심

"어떤 것을 믿음의 힘[信力]이라 하는가. 네 가지 무너지지 않는 깨끗한 믿음이다.

어떤 것을 생각의 힘[念力]이라 하는가. 네 곳 살핌이다.

어떤 것을 선정의 힘[定力]이라 하는가. 네 가지 선정이다.

어떤 것을 지혜의 힘[慧力]이라 하는가. 네 가지 거룩한 진리이다.

어떤 것을 깨닫는 힘[覺力]이라 하는가. 착하고 착하지 않은 법을 진실 그대로 알고, 죄가 있고 죄가 없음, 가까이할 것과 가까이하지 않아야 할 것, 낮은 법과 빼어난 법, 검은 법과 흰 법, 분별이 있는 법과 분별이 없는 법, 인연으로 일어나는 법[緣起法]과 인연으로 일어나지 않는 법을 진실 그대로 아는 것이니, 이것을 깨닫는 힘이라 한다.

어떤 것을 정진의 힘[精進力]이라 하는가. 네 가지 바른 끊음을 말한다.

어떤 것이 죄 없는 힘[無罪力]인가. 몸·말·뜻에 죄가 없음을 말하니, 이것을 죄 없는 힘이라 한다.

어떤 것이 거두는 힘[攝力]인가. 네 가지 거두는 일을 말하니, 은혜로운 보시·사랑스런 말·이익된 일을 행함[行利]·이익을 함께함[同利]이다."

붇다께서 이 경을 말씀하시자, 여러 비구들은 붇다의 말씀을 듣고 기뻐하며 받들어 행하였다.

• 잡아함 667 사력경(四力經)

• 해설 •

다섯 가지 진리의 뿌리[五根]가 실천의 바탕이라면, 다섯 가지 진리의 힘[五力]은 실천의 공능(功能)이니, 뿌리와 힘은 인과를 이룬다.

그러나 뿌리 없는 힘이 없고 힘이 없는 뿌리란 죽은 것이니, 두 법을 앞과 뒤로 보아서는 안 된다.

온갖 덧없음의 불 가운데 어떻게 그 덧없음의 불을 끄는가.

지혜의 뿌리에서 일어나는 다섯 가지 힘을 갖추면 온갖 덧없음이 남이 없이 나고 사라짐 없이 사라지는 덧없음[無常]인 줄 알게 된다. 그러면 덧없음 가운데 실로 일어나고 사라짐이 없음[無有起滅]을 깨닫고 움직임이 움직임 아닌 움직임인 줄 알게 된다.

이렇게 다섯 가지 진리의 힘을 갖추게 되면 덧없음의 불을 끄고 덧없음 가운데 참된 항상함[眞常]의 삶을 살 것이며, 움직임 가운데서 늘 고요한 법의 기쁨을 누릴 것이다.

다섯 가지 진리의 힘을 기초로 세 가지의 네 힘을 분별해 보이니, 사람들의 병에 따라 약을 달리 쓰는 여래의 방편이다.

때로 네 힘은 믿음·정진·생각·지혜가 되고, 때로 믿음·생각·선정·지혜가 되며, 때로 깨닫는 힘·정진·죄 없는 힘·거두는 힘으로 보인다.

끝의 네 힘 가운데 깨닫는 힘은 일곱 깨달음 법에서 법 가림[擇法]의 깨달음 법이고, 죄 없는 힘은 세 가지 업에 허물없는 범행(梵行)을 말하며, 거두는 힘은 네 가지 거두는 법이니 보시(布施)·사랑스런 말[愛語]·이로운 행[利行]과 일을 같이하고[同事] 이익을 같이함[同利]이다.

이처럼 세 가지 네 힘을 묶어 보이는 것은 법의 진실을 살필 때 흐르고 동요하는 세간법 속에서 늘 고요함을 알 수 있고, 고요함에 머묾 없이 법을 가려 쓸 수 있으며, 세간 중생을 자비로 거둘 수 있음을 보인 것이다.

『화엄경』(「수미정상게찬품」) 또한 연기된 법에 대한 헛된 집착이 사라질 때 동요하는 세간법 속에 흔들림 없는 진리의 뿌리를 세워, 세간법을 무너뜨림 없이 진여의 세계에 들어감을 이렇게 말한다.

　　법에 집착하는 바가 없으면
　　생각 없고 또한 물듦이 없으며
　　머묾이 없고 처소가 없어서
　　법의 성품 무너뜨리지 않네.

　　於法無所著　無念亦無染
　　無住無處所　不壞於法性

⑦ 일곱 갈래 깨달음 법[七覺支說]

———

제타 숲 동산에서 일곱 갈래 깨달음 법을
닦아 익혀 만족하게 됨을 보이시다

이와 같이 내가 들었다.

한때 붇다께서는 슈라바스티 국 제타 숲 '외로운 이 돕는 장자의 동산'에 계셨다. 그때 세존께서 여러 비구들에게 말씀하셨다.

"일곱 갈래 깨달음 법[七覺支]이란 어떤 깨달음의 법인가."

여러 비구들은 붇다께 말씀드렸다.

"세존께서는 법의 근본이시고, 법의 눈이시며, 법의 의지이십니다. 말씀해주시길 바랍니다. 여러 비구들은 듣고서는 받들어 행하겠습니다."

붇다께서는 여러 비구와 비구니들에게 말씀하셨다.

"일곱 갈래 깨달음 법이란, 일곱 가지 실천의 법[道品法]이다. 비구들이여, 이 일곱 갈래 깨달음 법은 차츰 일어나는데, 차츰 일어나면 닦아 익혀 만족하게 된다."

일곱 갈래 깨달음 법은 차츰 닦되 모두 만족하게 됨을 말씀하심

여러 비구들이 붇다께 말씀드렸다.

"어떻게 일곱 갈래 깨달음 법은 차츰 일어나며, 차츰 일어나면 닦아 익혀 만족하게 됩니까."

붓다께서 말씀하셨다.

"만약 비구가 몸에서 몸 살피는 생각에 머무르면, 그는 몸에서 몸 살피는 생각에 머무른 뒤에는 마음을 오롯이해 생각을 매어 잊지 않는다. 바로 그때 방편으로 '생각의 깨달음 법'을 닦아, 방편으로 생각의 깨달음 법을 닦고서는 닦아 익혀 만족하게 된다.

생각의 깨달음 법을 닦아 익힌 뒤에는 법을 가리니, 그때에는 '법 가림의 깨달음 법'의 방편을 닦고, 법 가림의 깨달음 법의 방편을 닦은 뒤에는 닦아 익히어 만족하게 된다.

이와 같이 정진·기쁨·쉼·선정·버림의 깨달음 법에서도 또한 이와 같이 말한다."

생각의 깨달음 법이 갖춰질 때 일곱 법이 모두 갖춰짐을 보이심

" '안의 몸'과 같이, '밖의 몸'과 '안팎의 몸'을 살피는 생각에 머물고, 느낌·마음·법에서 법 등을 살피는 생각에 머물러, 마음을 오롯이해 생각을 매어 잊지 않는다.

바로 그때에 방편으로 생각의 깨달음 법을 닦고 방편으로 그것을 닦은 뒤에는 닦아 익히어 만족하게 된다.

이와 같이 법 가림·정진·기쁨·쉼·선정·버림의 깨달음 법에서도 또한 이와 같이 말한다.

이것을 '비구의 일곱 갈래 깨달음 법이 차츰 일어나며 차츰 일어나면 닦아 익히어 만족하게 된다'고 하는 것이다."

붓다께서 이 경을 말씀하시자, 여러 비구들은 그 말씀을 듣고 기뻐하며 받들어 행하였다.

- 잡아함 737 칠도품경(七道品經)

붇다께서 처음 사슴동산에서 실천법[道諦]을 말씀하실 때는 여덟 가지 바른 길[八正道]을 들어 해탈의 인과를 말씀했다. 마가다 국과 코살라 국에 안정적인 상가의 안거처가 생긴 뒤부터 붇다는 살피는 행[觀行]을 네 곳 살핌·일곱 갈래 깨달음 법으로 세분화·구체화시키고 계신다.

일곱 갈래 깨달음 법은 한 법이 다른 법을 모두 거두나 방편으로 일곱 법을 나누니, 일곱 법은 그침[止]과 살핌[觀]으로 실천을 나누어 그 둘의 하나 됨을 이끄시는 것이다.

일곱 갈래 깨달음 법은 살핌을 먼저 들어 그침을 보이고 끝에 '그침과 살핌 같이 행함'[止觀俱行]으로 거두니, 앞의 생각[念]·법 가림[擇法]·정진 (精進)의 깨달음 법이 살핌[觀, vipaśyanā]이라면, 뒤의 기쁨·쉼·선정은 그침[止, śamatha]이며, 끝의 버림[捨, upekṣā]은 '그침과 살핌이 평등함'[止觀平等]이다.

천태선사의 『법계차제초문』은 생각의 깨달음 법을 중도의 살핌에 배치하고, 버림의 깨달음 법을 사마타에 두니 버림을 집착된 모든 경계 버림으로 본 것이다. 천태선사는 마음이 가라앉을 때는 생각의 깨달음 법으로 사마타를 쓰고, 마음이 들뜰 때는 생각의 깨달음 법으로 비파사나의 법 쓰는 것으로 풀이한 것이니, 『영가선종집』에 의거한 본서에서 우페크샤의 풀이와 천태선사의 풀이가 두 뜻이 아니다.

경에서 보이고 있는 바처럼 모든 살핌의 살피는 바는 네 곳이며 다섯 쌓임이니, 살핌으로 정진하여 살피는바 네 곳에 취할 모습이 없는 줄 알면 어지러운 생각이 곧 고요해지고 고요해지면 선정의 기쁨이 함께한다.

그러나 고요함이 다시 법을 가릴 수 있는 지혜와 하나되어야 하니, 살핌과 그침을 모두 버릴 때[止觀雙遮, 捨, upekṣā], 살핌과 그침을 모두 살릴 수 있는 것이다[止觀雙照, 念, smṛti].

그리드라쿠타 산에서, '두려움 없는 왕자'에게 일곱 갈래 깨달음 법을 설하시다

이와 같이 내가 들었다.

한때 붇다께서는 라자그리하 성 그리드라쿠타 산에 계셨다. 때에 '두려움 없는 왕자'는 날마다 걷고 걸어 천천히 거닐어 노닐며, 붇다 계신 곳에 와서 세존과 마주보고 서로 같이 문안하고 위로한 뒤에, 한쪽에 물러앉아 붇다께 말씀드렸다.

"세존이시여, 어떤 사문이나 브라마나는 이렇게 보고 이렇게 말합니다.

'원인이 없고 조건이 없이[無因無緣] 중생은 번뇌하고, 원인이 없고 조건이 없이 중생은 청정해진다.'

붇다께서는 다시 어떻게 하십니까."

바깥길의 무인론(無因論)에 대해 인연으로 번뇌가 남을 보이심

붇다께서는 두려움 없는 왕자에게 말씀하셨다.

"그 사문이나 브라마나가 그런 말을 하는 것은 사유하지 않고 말한 것이고, 어리석고 잘 가리지 못한 것이며, 옳지 못한 것이요, 사유할 줄 모르고 헤아릴 줄 몰라서 이렇게 말한 것이오.

'원인이 없고 조건이 없이 중생은 번뇌하고, 원인이 없고 조건이 없이 중생은 청정해진다.'

왜냐하면 인연이 있어서 중생은 번뇌하는 것이고, 인연이 있어서 중생은 청정해지기 때문이오.

무슨 인연으로 중생은 번뇌하며, 무슨 인연으로 중생은 청정해지는 것인가요. 곧 중생은 탐욕이 더욱 늘어나고 치솟아, 남의 재물이나 남이 갖는 것들에 탐냄을 일으켜 이렇게 말하오.

'이 물건을 내가 가지면 내가 좋아하여 떠나지 않고 사랑해 즐길 것이다.'

그리하여 다른 중생에게 원한의 마음, 험한 마음을 일으켜 때리려 하고 묶으려 하고 누르려 하여, 못된 짓[不道]을 함부로 저질러 못 어려움을 짓고 성냄을 버리지 못하오.

그래서 몸은 지치고 마음은 게으르고 들떠, 안으로 고요히 안정하지 못하고 마음이 늘 의혹하여, 과거를 의심하고 미래를 의심하고 현재를 의심하오. 이러한 인연으로 중생은 번뇌하고, 이러한 인연으로 중생은 청정해지는 것이오."

두려움 없는 왕자는 붇다께 말씀드렸다.

"고타마시여, 한 부분의 덮음으로도 충분히 마음을 번뇌하게 하는데, 하물며 온갖 덮음이겠습니까."

중생의 청정을 이루게 하는 일곱 갈래 깨달음 법을 보이심

두려움 없는 왕자가 붇다께 말씀드렸다.

"고타마시여, 무슨 인연으로 중생은 청정하게 됩니까."

붇다께서는 두려움 없는 왕자에게 말씀하셨다.

"만약 브라마나로서 하나의 빼어난 생각을 가지고 결정코 성취하려 하여, 오랜 때에 지어간 것과 오랜 때에 말한 것을 따라 기억해 생각한다 합시다.

그때에는 '생각의 깨달음 법'[念覺支]을 닦아 익히고, 생각의 깨달음 법을 닦고 나면 생각의 깨달음 법을 만족하게 될 것이오.

생각의 깨달음 법이 만족하게 되면 곧 가리고 분별하여 사유하게 될 것이니, 그때에는 '법 가림의 깨달음 법'[擇法覺支]을 닦아 익히고, 법 가림의 깨달음 법을 닦고 나면 법 가림의 깨달음 법을 만족하게 될 것이오.

법을 가리고 분별하여 사유한 뒤에는 곧 방편에 정진하여 '정진의 깨달음 법'[精進覺支]을 닦아 익히고, 정진의 깨달음 법을 닦고 나면 정진의 깨달음 법을 만족하게 될 것이오.

그가 방편에 정진한 뒤에는 곧 기쁨이 생겨 '모든 탐욕스런 먹음 생각하는 것'[諸食想]을 떠나 '기쁨의 깨달음 법'[喜覺支]을 닦아 익히고, 기쁨의 깨달음 법을 닦아 익힌 뒤에는 기쁨의 깨달음 법을 만족하게 될 것이오.

기쁨의 깨달음 법이 만족하게 되면 몸과 마음이 편히 쉬게 되어[身心猗息] 곧 '쉼의 깨달음 법'[猗覺支]을 닦고, 쉼의 깨달음 법을 닦은 뒤에는 쉼의 깨달음 법을 만족하게 될 것이오.

몸이 쉰 뒤에는 곧 사랑하고 즐거워하며, 사랑하고 즐거워한 뒤에는 마음이 고요하여 곧 '선정의 깨달음 법'[定覺支]을 닦고, 선정의 깨달음 법을 닦은 뒤에는 선정의 깨달음 법을 만족하게 될 것이오.

선정의 깨달음 법이 만족하게 되면 탐욕과 근심이 사라지고 곧 버림의 마음이 생겨 '버림의 깨달음 법'[捨覺支]을 닦고, 버림의 깨달음 법을 닦은 뒤에는 버림의 깨달음 법을 만족하게 되오.

이와 같이 두려움 없는 왕자여, 이런 인연으로 중생은 청정하게 되오."

두려움 없는 왕자가 경의 이름을 묻고, 세존의 가르침을 찬탄함

두려움 없는 왕자가 붇다께 말씀드렸다.

"고타마시여, 한 부분만 만족하게 되어도 중생을 청정하게 하는데, 하물며 다시 온갖 것 만족하게 함이겠습니까.

고타마시여, 이 경을 무엇이라고 이름하고 어떻게 받들어 지녀야 합니까."

붇다께서는 두려움 없는 왕자에게 말씀하셨다.

"이 경을 '여러 갈래 깨달음 법의 경'이라고 이름해야 하오."

두려움 없는 왕자가 붇다께 말씀드렸다.

"고타마시여, 이것은 가장 빼어난 깨달음의 법입니다.

고타마시여, 저는 왕자입니다. 안락하면서도 또한 늘 안락함을 구해 나고 들기를 바랐습니다. 이제 이 산에 올라와 몸의 네 가닥이 아주 지쳤었는데, 고타마께서 '깨달음의 법' 말씀하시는 것을 듣고 그 지침을 다 잊었습니다."

붇다께서 이 경을 말씀하시자 '두려움 없는 왕자'는 붇다의 말씀을 듣고 기뻐하고 따라 기뻐하면서 자리에서 일어나, 머리를 대 붇다의 발에 절하고 떠났다.

• 잡아함 711 무외경(無畏經)①

• 해설 •

이 경의 시대적 배경은 붇다 만년이다. 마가다 국 빔비사라 왕이 죽고 그 다음 아자타사트루 왕이 다스리던 시대, 그 왕자가 붇다를 찾아 그리드라쿠타 산으로 왔으니, 니르바나 여정을 떠나기 얼마 전이 아닌가 한다.

원인 없고 조건 없이 어떤 일의 결과가 저절로 이루어진다는 주장은 절대 신성이 만들었다는 주장에 대항하기 위해 원인 없이 결과가 있다는 주장[無

因]을 편 것이니, 삿된 원인을 말함[邪因論]이나 원인 없다[無因論]는 주장이 모두 그릇된 견해이다.

붇다는 병 따라 약을 처방하시는 큰 의사이시다.

저 세간의 권력을 쥔 자에게 붇다는 중생의 번뇌를 일으키는 원인이 탐욕이고, 그 탐욕의 마음이 가진 자, 힘 있는 자가 더 많이 갖고 남을 지배하기 위해 벌이는 폭압과 그릇된 행임을 보여주신다.

탐욕에 의한 분노와 폭력, 지배와 빼앗음을 돌이키는 행은 바로 생각의 깨달음 법이다. 바른 사유·바른 기억·바른 살핌이 탐욕의 삶을 합리적 사고가 이끄는 삶·지혜가 이끄는 삶으로 돌이킨다.

꼭 붇다의 거룩한 말씀이 아니더라도 어진 현성의 말씀, 과거 지혜로운 이들이 남긴 언어를 통해서 탐욕에 대해 반성하고 더 나아가 탐욕의 대상인 사물에 실로 얻을 것이 없고 취할 것이 없음을 알면, 남의 것, 갖고 싶은 것에 대한 탐욕스런 먹어치움이 사라진다.

탐욕의 먹음이 그치면 고요함과 기쁨이 생겨 몸과 마음이 편안해지고, 몸과 마음이 편안하면 자기가 가진 것 자기지식을 도리어 남에게 베풀어, 이웃과 세간의 이익과 안락을 위한 삶으로 나아가게 된다.

왕이 여래의 법을 들어 받아 지니면 폭압과 전쟁의 정치를 그치고 평화와 화해의 정치를 펼칠 것이며, 상인이 여래의 법을 받으면 부지런히 일해 재물을 늘리되 늘린 재물을 심부름꾼과 이웃 더불어 사는 뭇 삶들을 위해 쓰게 될 것이다.

이처럼 여래가 한 음성으로 법을 설하면 중생은 무리 따라 그 법을 들어 해탈의 이익을 얻을 것이다. 하늘은 하늘의 소리로 법을 듣고 용은 용의 소리로 법을 들으며 사람은 사람의 소리로 법을 들어, 들음 따라 공덕의 재물[功德財]을 얻는 것이다.

제타 숲 동산에서, 온갖 덮음과 일곱 갈래 깨달음의 법이 모두 먹음으로 이루어짐을 보이시다

이와 같이 내가 들었다.

한때 붇다께서는 슈라바스티 국 제타 숲 '외로운 이 돕는 장자의 동산'에 계셨다. 그때 세존께서 여러 비구들에게 말씀하셨다.

"다섯 가지 덮음[五蓋]과 일곱 갈래 깨달음 법에 먹음이 있음과 없음을 나는 이제 말하겠으니, 자세히 듣고 잘 사유하라.

비유하면 몸은 먹음을 의지해 서 있게 되니, 먹지 않음이 아니다. 그와 같이 다섯 가지 덮음도 먹음을 의지하여 서고, 먹지 않음이 아니다."

다섯 덮음이 먹는 먹을거리를 보이심

"탐욕의 덮음[貪欲蓋]은 무엇으로 먹음을 삼는가. 곧 닿음의 모습이니, 그것에 대해 바르게 사유하지 않으면 아직 일어나지 않은 탐욕은 일어나게 하고, 이미 일어난 탐욕은 더욱 늘어나고 넓어지게 한다. 이것을 '탐욕의 덮음이 먹음'이라 한다.

어떤 것이 성냄의 덮음[瞋恚蓋]이 먹음인가. 곧 막혀 걸리는 모습이니, 그것에 대해 바르게 사유하지 않으면 아직 일어나지 않은 성냄은 일어나게 하고, 이미 일어난 성냄은 더욱 늘어나고 넓어지게 한다. 이것을 '성냄의 덮음이 먹음'이라 한다.

어떤 것이 잠의 덮음[睡眠蓋]이 먹음인가. 거기에는 다섯 가지 법이 있다. 어떤 것이 다섯인가. 가늘어 약함[微弱]·즐겁지 않음[不樂]·하품[欠呿]·많이 먹음[多食]·게으름[懈怠]이다.

그것에 대해 바르게 사유하지 않으면 오지 않은 잠은 오게 하고, 이미 온 잠은 더욱 늘어나고 넓어지게 한다. 이것들을 '잠의 덮음이 먹음'이라 한다.

어떤 것이 들뜸과 뉘우침의 덮음[掉悔蓋]이 먹음인가. 네 가지 법이 있다. 어떤 것이 네 가지인가. 곧 친족이라는 생각, 사람의 무리라는 생각, 하늘이라는 생각, 본래 즐겨왔다는 생각으로 스스로 기억하고 남이 기억하도록 해 나는 생각이다.

그것에 대해 바르게 사유하지 않으면 일어나지 않은 들뜸과 뉘우침은 일어나게 하고, 이미 일어난 들뜸과 뉘우침은 더욱 늘어나고 넓어지게 한다.

이것들을 '들뜸과 뉘우침의 덮음이 먹음'이라 한다.

어떤 것이 의심의 덮음[疑蓋]이 먹음인가. 의심에 세 가지 세상[三世]이 있으니, 어떤 것이 셋인가. 곧 과거세상·미래세상·현재세상이니, 과거세상의 머뭇거림[猶豫]과 미래세상의 머뭇거림과 현재세상의 머뭇거림이다.

그것에 대해 바르게 사유하지 않으면 일어나지 않은 의심은 일어나게 하고, 이미 일어난 의심은 더욱 늘어나고 넓어지게 한다.

이것들을 '의심의 덮음이 먹음'이라 한다."

중생은 법의 음식[法食] 먹지 않음을 보이심

"비유하면 몸은 먹음을 의지하여 크고 자라서 먹지 않는 것이 아님과 같다. 그와 같이 '일곱 갈래 깨달음 법'도 먹음을 의지하여 머물고 자라며, 먹지 않는 것이 아니다.

어떤 것이 '생각의 깨달음 법'을 먹지 않음인가. 곧 '네 곳 살핌'[四 念處]을 사유하지 않음이니, 일어나지 않은 생각의 깨달음 법은 일어나지 않고, 이미 일어난 생각의 깨달음 법은 물러나게 한다. 이것을 '생각의 깨달음 법을 먹지 않음'이라 한다.

어떤 것이 '법 가림의 깨달음 법을 먹지 않음'인가. 곧 옳은 법을 가리고 옳지 않은 법을 가림에서 그것을 사유하지 않음이니, 일어나지 않은 법 가림의 깨달음 법은 일어나지 않게 하고, 이미 일어난 법 가림의 깨달음 법은 물러나게 한다. 이것을 '법 가림의 깨달음 법을 먹지 않음'이라 한다.

어떤 것이 '정진의 깨달음 법을 먹지 않음'인가. 곧 '네 가지 바른 끊음' 그것을 사유하지 않음이니, 일어나지 않은 정진의 깨달음 법은 일어나지 않게 하고, 이미 일어난 정진의 깨달음 법은 물러나게 한다. 이것을 '정진의 깨달음 법을 먹지 않음'이라 한다.

어떤 것이 '기쁨의 깨달음 법을 먹지 않음'인가. 기뻐함과 기뻐하는 곳이 있는데 그것을 사유하지 않음이니, 일어나지 않은 기쁨의 깨달음 법은 일어나지 않게 하고, 이미 일어난 기쁨의 깨달음 법은 물러서게 한다. 이것을 '기쁨의 깨달음 법을 먹지 않음'이라 한다.

어떤 것이 '쉼의 깨달음 법을 먹지 않음'인가. 몸의 쉼과 마음의 쉼, 그것을 사유하지 않음이니, 생기지 않은 쉼의 깨달음 법은 생기지 않고, 이미 생긴 쉼의 깨달음 법은 물러서게 한다. 이것을 '쉼의 깨달음 법을 먹지 않음'이라 한다.

어떤 것이 '선정의 깨달음 법을 먹지 않음'인가. 네 가지 선정이 있는데 그것을 사유하지 않음이니, 일어나지 않은 선정의 깨달음 법은 일어나지 않고, 이미 일어난 선정의 깨달음 법은 물러서게 한다. 이 것을 '선정의 깨달음 법을 먹지 않음'이라 한다.

어떤 것이 '버림의 깨달음 법을 먹지 않음'인가. 세 가지 세계가 있으니, 곧 끊어짐의 세계[斷界] · 욕심 없는 세계[無欲界] · 사라짐의 세계[滅界], 이 세계를 사유하지 않음이니, 일어나지 않은 버림의 깨달음 법은 일어나지 않고, 이미 일어난 버림의 깨달음 법은 물러서게 한다. 이것을 '버림의 깨달음 법을 먹지 않음'이라 한다."

바른 실천법으로 다섯 덮음의 먹을거리 먹지 않게 됨을 보이심

"어떤 것이 '탐욕의 덮음을 먹지 않음'인가. 곧 '깨끗하지 않다는 살핌'[不淨觀]이니, 그것을 생각하면 일어나지 않은 탐욕의 덮음은 일어나지 않고, 이미 일어난 탐욕의 덮음은 끊어지게 한다. 이것을 탐욕의 덮음을 먹지 않음이라 한다.

어떤 것이 '성냄의 덮음을 먹지 않음'인가. 저 '사랑의 마음'[慈心]을 사유함이니, 그것은 일어나지 않은 성냄의 덮음은 일어나지 않게 하고, 이미 일어난 성냄의 덮음은 사라지게 한다. 이것을 성냄의 덮음을 먹지 않음이라 한다.

어떤 것이 '잠의 덮음을 먹지 않음'인가. 저 '밝게 비춤'[明照]을 사유함이니, 그것은 일어나지 않은 잠의 덮음은 일어나지 않게 하고, 이미 일어난 잠의 덮음은 사라지게 한다. 이것을 잠의 덮음을 먹지 않음이라 한다.

어떤 것이 '들뜸과 뉘우침의 덮음을 먹지 않음'인가. 저 '고요히 그침'[寂止]을 사유함이니, 그것은 일어나지 않은 들뜸과 뉘우침의 덮음은 일어나지 않게 하고, 이미 일어난 들뜸의 덮음은 사라지게 한다. 이것을 들뜸과 뉘우침의 덮음을 먹지 않음이라 한다.

어떤 것이 '의심의 덮음을 먹지 않음'인가. 저 '연기의 법'[緣起法]을 사유함이니, 그것은 일어나지 않은 의심의 덮음은 일어나지 않게 하고, 이미 일어난 의심의 덮음은 사라지게 한다. 이것을 의심의 덮음을 먹지 않음이라 한다."

법의 먹을거리를 먹음으로
일곱 갈래 깨달음 법이 이루어짐을 보이심

"또 비유하면, 몸이 먹음을 의지해 머무르고 서는 것과 같이, '일곱 갈래 깨달음 법'도 먹음을 의지해 머무르고 서게 된다.

어떤 것이 '생각의 깨달음 법을 먹음'인가. 곧 '네 곳 살핌'을 생각하는 것이니, 그것은 생기지 않은 생각의 깨달음 법은 생기게 하고, 이미 생긴 생각의 깨달음 법은 더욱 내어 늘어나 넓어지게 한다. 이것을 '생각의 깨달음 법을 먹음'이라 한다.

어떤 것이 '법 가림의 깨달음 법을 먹음'인가. 좋은 법을 가리고 좋지 않은 법을 가림에서 그것을 사유함이니, 그것은 일어나지 않은 법 가림의 깨달음 법은 일어나게 하고, 이미 일어난 법 가림의 깨달음 법은 거듭 내어 더욱 늘어나 넓어지게 한다. 이것을 '법 가림의 깨달음 법을 먹음'이라 한다.

어떤 것이 '정진의 깨달음 법을 먹음'인가. 저 '네 가지 바른 끊음'을 사유함이니, 그것은 생기지 않은 정진의 깨달음 법은 생기게 하고, 이미 생긴 정진의 깨달음 법은 거듭 내어 더욱 늘어나 넓어지게 한다. 이것을 '정진의 깨달음 법을 먹음'이라 한다.

어떤 것이 '기쁨의 깨달음 법을 먹음'인가. '기뻐함과 기뻐하는 곳'이 있어 그것을 사유함이니, 생기지 않은 기쁨의 깨달음 법은 생기게 하고, 이미 생긴 기쁨의 깨달음 법은 거듭 내어 더욱 늘어나 넓어지게 한다. 이것을 '기쁨의 깨달음 법을 먹음'이라 한다.

어떤 것이 '쉼의 깨달음 법을 먹음'인가. '몸과 마음의 쉼'이 있어 사유함이니, 그것은 생기지 않은 쉼의 깨달음 법은 생기게 하고, 이미 생긴 쉼의 깨달음 법은 거듭 내어 더욱 늘어나 넓어지게 한다. 이것을 '쉼의 깨달음 법을 먹음'이라 한다.

어떤 것이 '선정의 깨달음 법을 먹음'인가. '네 가지 선정'을 사유함이니, 그것은 생기지 않은 선정의 깨달음 법은 생기게 하고, 이미 생긴 선정의 깨달음 법은 거듭 내어 더욱 늘어나 넓어지게 한다. 이것을 '선정의 깨달음 법을 먹음'이라 한다.

어떤 것이 '버림의 깨달음 법을 먹음'인가. 세 가지 세계가 있으니, 어떤 것이 셋인가. 끊어짐의 세계·욕심 없는 세계·사라짐의 세계이다.

세 가지 세계를 사유함이 버림의 법이니, 그 세 가지 세계를 사유하면 일어나지 않은 버림의 깨달음 법은 일어나게 하고, 이미 일어난 버림의 깨달음 법은 거듭 내어 더욱 늘어나 넓어지게 한다. 이것을 '버림의 깨달음 법을 먹음'라 한다."

붇다께서 이 경을 말씀하시자, 여러 비구들은 붇다의 말씀을 듣고 기뻐하며 받들어 행하였다.

• 잡아함 715 식경(食經)

• 해설 •

다섯 가지 덮음이 본래 밝은 지혜의 빛을 가리어 해탈의 문을 닫으며, 일곱 갈래 깨달음 법이 다시 지혜의 눈을 덮는 가림을 끊고 해탈의 문을 연다.

이 몸이 먹을거리를 먹고 숨을 쉼으로써 서 있을 수 있듯, 다섯 가지 덮음도 먹을 것을 먹음으로 생겨나고 이어져서 지혜를 가리고, 일곱 갈래 깨달음 법도 먹을거리를 먹음으로써 늘어나고 자라나 해탈의 문을 연다.

다섯 가지 덮음은 무엇으로 먹을거리 삼는가.

탐욕은 닿는 것을 취함으로 생겨나 자라고, 성냄은 막혀 걸림에 다쳐 일어나며, 잠은 기운이 약하고 일이 즐겁지 않으며 하품나고 짜증나며 많이 먹어 몸이 무겁고 게을러서 더 늘어나고 넓어진다.

들뜸과 뉘우침은 바깥 사물과 일, 지난 일에 대해 온갖 사유 일으킴으로 일어나며, 의심은 과거·현재·미래세상의 취할 것이 없는 모습에서 연기의 진실을 몰라 회의하고 망설임으로 일어난다. 일곱 갈래 깨달음 법도 진리의 음식 먹음으로 나고, 먹지 않음으로 사라진다.

'생각의 깨달음 법'은 네 곳 살핌이 법의 음식이 되고, '법 가림의 깨달음 법'은 옳고 그름 잘 가림이 법의 음식이 되며, '정진의 깨달음 법'은 악을 끊고 선을 행해 앞으로 나아감이 법의 음식이 된다.

'기쁨의 깨달음 법'은 참으로 기뻐할 곳을 기뻐하는 것이 법의 음식이 되며, '쉼의 깨달음 법'은 몸과 마음을 쉼이 법의 음식이 되고, '선정의 깨달음 법'은 네 가지 선정이 법의 음식이 된다. '버림의 깨달음 법'은 탐욕 없고 모습 없고 나고 사라짐 없는 니르바나의 세계가 법의 음식이 된다.

법의 음식을 먹으면 일곱 갈래 깨달음 법은 늘어나고 자라나 중생의 미혹의 구름을 헤치고, 다섯 가지 지혜 덮는 어두움과 캄캄함의 장막을 걷어내 본래 밝은 지혜를 드러낸다.

그가 바로 '깨끗하지 않다는 살핌'으로 탐욕 떠나고, 늘 '사랑의 마음'으로 미움 떠나며, '본래 밝은 빛'을 사유해 잠을 떠나며, '고요히 그침'을 사유해 들뜸을 떠나고, '연기법'을 사유해 의심 떠나는 이이다.

이와 같은 이를 여래는 선정의 기쁨[禪悅]을 먹고 법의 기쁨[法喜]을 먹으며 해탈의 밥[解脫食]을 먹는 여래의 자식이라 인가하신다.

아니룻다 존자가 소나무숲 정사에 있으면서
일곱 갈래 깨달음 법에 머묾을 보이다

이와 같이 내가 들었다.

한때 붇다께서는 슈라바스티 국 제타 숲 '외로운 이 돕는 장자의 동산'에 계셨다.

그때 존자 아니룻다는 소나무숲 정사에 있었다.

때에 많은 비구들은 아니룻다가 있는 곳에 나아가 서로 같이 문안하고 위로한 뒤에 한쪽에 물러 앉았다.

그리고 존자 아니룻다에게 말하였다.

"존자는 방편을 알아 '일곱 갈래 깨달음 법'을 닦을 때에 즐거움을 내 머무를 수 있습니까."

존자 아니룻다가 여러 비구들에게 말하였다.

"나는 비구의 방편을 알아 일곱 갈래 깨달음 법을 닦을 때에 즐거움을 내 머무르오."

여러 비구들이 존자 아니룻다에게 물었다.

"어떻게 비구의 방편을 알아 일곱 갈래 깨달음 법을 닦을 때에 즐거움을 내 머무릅니까."

존자 아니룻다가 여러 비구들에게 말했다.

"비구의 방편으로 '생각의 깨달음 법'을 닦고 잘 알아 이렇게 사유하오.

'나는 마음이 잘 해탈하였고 잠을 잘 물리쳤으며, 들뜸을 잘 조복

하였다.'

이와 같은 생각의 깨달음 법을 행하는 곳에서 법을 사유하고는 방편에 부지런히 힘써 마음이 게으르지 않으면 몸이 쉬어 어지럽게 움직이지 않고, 마음을 잡아매어 머무르게 하여 어지러운 생각을 일으키지 않으면 한마음의 사마디[一心正受]가 되오.

이와 같이, 법 가림·정진·기쁨·쉼·선정·버림의 깨달음 법에서도 또한 이와 같이 말하오.

이것을 '비구의 방편을 알아 일곱 갈래 깨달음 법을 닦을 때에 즐거움을 내 머무는 것'이라 하오."

때에 많은 비구들은 존자 아니룻다의 말을 듣고 기뻐하고 따라 기뻐하면서, 자리에서 일어나 떠나갔다.

• 잡아함 720 아나율경(阿㝹律經)

• 해설 •

세존께서 제타 숲 정사에 계실 때 존자 아니룻다는 자주 소나무숲 정사에서 안거하며 좌선하였으니, 소나무숲 정사가 아니룻다 존자와 깊은 인연 있는 듯하다.

아니룻다는 육신의 눈이 멀었지만 하늘눈[天眼]을 열고 지혜의 눈[慧眼]과 법의 눈[法眼]을 열었으니, 네 곳 살핌과 일곱 갈래 깨달음 법에 대해서는 많은 비구들이 자주 아니룻다 존자께 묻고 아니룻다는 여래를 대신하여 살핌의 법을 설해준다.

바른 살핌은 늘 그침인 살핌[卽止之觀]이고 그침은 늘 살핌인 그침[卽觀之止]이니, 네 곳 살핌으로 몸과 느낌, 마음과 법이 공한 줄 알아 살피는 마음과 살피는바 경계가 함께 고요해지면 살핌이 곧 그침이 된다.

이와 같이 생각의 깨달음 법에서 한마음의 사마디가 되면, 생각의 깨달음이 곧 일곱 갈래 깨달음 법을 모두 갖추게 되어 늘 선정의 기쁨으로 머물고 늘 지혜의 밝음으로 머무니, 이것이 '현성의 머묾'[賢聖住]이요 머묾 없이 머무는 '보디사트바의 머묾'[菩薩住]인 것이다.

모습인 마음이 좇아온 바가 없고 마음인 세계가 나되 남이 없음을 사유해 탐욕 다한 니르바나의 세계 진여의 세계에 잘 머무는 보디사트바의 머묾을, 『화엄경』(「십주품」十住品)은 이렇게 말한다.

여래의 길 잘 행하는 보디사트바는
붇다를 향한 믿음 굳세어 무너뜨릴 수 없고
법이 고요함을 살펴 마음 편히 머무네.
세간의 여러 중생 따라 밝게 깨달아 아니
중생 바탕의 성품은 허망하여 진실이 없네.

信佛堅固不可壞　觀法寂滅心安住
隨諸衆生悉了知　體性虛妄無眞實

세간의 국토와 중생의 업과 그 과보
나고 죽음과 니르바나 다 이와 같으니
잘 행하는 이가 법을 이와 같이 살피면
붇다의 법의 몸을 좇아 태어난 것이니
그를 붇다의 자식이라 이름하도다.

世間利土業及報　生死涅槃悉如是
佛子於法如是觀　從佛親生名佛子

⑧ 여덟 가지 바른 길[八正道說]

————

제타 숲 동산에서, 바른 사유가
여덟 가지 바른 길 일으킴을 보이시다

이와 같이 내가 들었다.

한때 붇다께서는 슈라바스티 국 제타 숲 '외로운 이 돕는 장자의 동산'에 계셨다. 그때 세존께서 여러 비구들에게 말씀하셨다.

"안의 법[內法] 가운데 한 법[一法]으로서 나는 다음처럼 좋지 못한 한 법을 보지 못했다.

곧 그것은 아직 생기지 않은 악하여 착하지 않은 법은 생기게 하고, 이미 생긴 악하여 착하지 않은 법은 거듭 내어 더욱 늘어나고 넓어지게 하며, 아직 생기지 않은 착한 법은 생기지 못하게 하고, 이미 생긴 착하지 않은 법은 물러나게 한다.

그것은 곧 바르지 않은 사유[不正思惟]를 말한다.

비구들이여, 바르지 않은 사유는 아직 생기지 않은 삿된 견해는 생기게 하고, 이미 생긴 것은 거듭 내어 더욱 늘어나고 넓어지게 하며, 아직 생기지 않은 바른 견해는 생기지 못하게 하고, 이미 생긴 것은 물러나게 한다.

이와 같이 아직 생기지 않은 삿된 뜻·삿된 말·삿된 행위·삿된 생활·삿된 방편·삿된 생각·삿된 선정은 생기게 하고, 이미 생긴 그것은 거듭 내어 더욱 늘어나고 넓어지게 하며, 아직 생기지 않은 바른 뜻·바른 말·바른 행위·바른 생활·바른 방편·바른 생각·바른 선정은 생기지 못하게 하고, 이미 생긴 그것은 물러나게 한다.

비구들이여, 나는 안의 법 가운데 한 법으로서, 다음처럼 좋은 법을 보지 못했다.

그것은 아직 생기지 않은 악하여 착하지 않은 법은 생기지 못하게 하고, 이미 생긴 악하여 착하지 않은 법은 사라지게 하며, 아직 생기지 않은 착한 법은 생기게 하고, 이미 생긴 착한 법은 거듭 내어 더욱 늘어나고 넓어지게 하는 것이다.

그것은 곧 바른 사유[正思惟]를 즐거워함이다.

여러 비구들이여, 바른 사유란 아직 생기지 않은 삿된 견해는 생기지 못하게 하고, 이미 생긴 삿된 견해는 사라지게 한다. 아직 생기지 않은 바른 견해는 생기게 하고, 이미 생긴 바른 견해는 거듭 내어 더욱 늘어나고 넓어지게 한다.

이와 같이, 이 법은 아직 생기지 않은 삿된 뜻·삿된 말·삿된 행위·삿된 생활·삿된 방편·삿된 생각·삿된 선정은 생기지 못하게 한다. 또한 이미 생긴 그것은 사라지게 하며, 아직 생기지 않은 바른 뜻·바른 말·바른 행위·바른 생활·바른 방편·바른 생각·바른 선정은 생기게 하고, 이미 생긴 그것은 거듭 내어 더욱 늘어나고 넓어지게 한다."

붇다께서 이 경을 말씀하시자, 여러 비구들은 그 말씀을 듣고 기뻐하며 받들어 행하였다.

• 잡아함 777 정부정사유경(正不正思惟經) ③

처음 바라나시 성의 사슴동산에서 사제법을 설하실 때, 그 가운데 도제(道諦)인 여덟 가지 바른 길의 교설은, 연기법의 해탈이 초월적 신성에 합일하거나 영적 실체에 돌아감으로 얻는 것이 아니라 행위 속의 해탈임을 강조한다.

고통이 그 고통을 모아내는 집착과 삿된 행에 의해 일어나듯 니르바나는 바른 행위에 의한 존재의 연기적 실상의 실현이다. 그러므로 바른 길의 실천을 통한 니르바나의 구현은 행위의 자기전환을 통해 이루어지는 것이니, 어떤 원인이 되는 행위에 의해 실체적 성과를 얻는 것이 아니다.

비하라가 없었던 초기 상가 출범기를 지나 제타 숲 정사 등 정사가 세워지면서 붇다의 여덟 가지 바른 길에 대한 교설은 세분화되고 심화되며 다른 교설과 연결되어 설해진다. 이 경에서 붇다는 여덟 가지 바른 길의 바탕이 세계의 연기 실상을 살펴 드러내는 바른 사유임을 보이신다.

주체의 행위는 자아와 세계 속에서 일어나 자아와 세계를 행위 안에 싣고 있다. 그러므로 '보는 나와 보여지는 세계'를 어떻게 사유하느냐가 온갖 행위의 바탕이 된다.

나에 나 없고 저 세계의 모습에 모습 없음을 바로 보는 사유가 나와 세계의 실체성에 갇힌 중생의 삿된 몸과 말과 뜻의 행위를 여덟 가지 바른 길로 전환시킨다. 그리하여 바른 사유가 무명의 중생을 악을 끊고 선에 향하는 네 가지 바른 끊음의 길 바른 정진의 길[四正斷]에 나아가게 한다.

이미 지은 악·지금 생기는 악·삿된 행위가 공한 줄 알므로 끊어 나지 않게 하고, 온갖 행위가 공하여 새로 연기하는 줄 알므로 아직 생기지 않은 악은 생기지 않게 하고, 아직 생기지 않은 선은 생기게 하고, 이미 생긴 선은 늘어나 자라게 한다.

여덟 가지 바른 길에 나아가는 수행자는 악을 끊되 끊음 없이 끊고 선을 행하되 행함 없이 행한다.

짓되 지음 없고[無作] 하되 함이 없으면[無爲] 지금 지음과 함을 떠나지 않고, 서 있는 그 자리에서 니르바나를 구현할 수 있게 된다.

제타 숲 동산에서, 삿된 삶의 길과
바른 삶의 길 설하시다

이와 같이 내가 들었다.

한때 붇다께서는 슈라바스티 국 제타 숲 '외로운 이 돕는 장자의 동산'에 계시면서 여러 비구들에게 말씀하셨다.

"삿됨을 향하는 이는 법에 어긋나 법을 즐겨하지 않을 것이요, 바름을 향하는 이는 법을 즐겨하여[樂於法] 법에 어긋나지 않을 것[不違於法]이다.

어떤 것이 삿됨을 향하면 법에 어긋나 법을 즐겨하지 않는다는 것인가.

만약 삿된 견해의 사람이 몸의 업[身業]이 삿되게 보는 바와 같고[如所見] 입의 업[口業]이 삿되게 보는 바와 같다 하자. 그러면 사유하고 하고자 하며 바라며 짓는 것들이 다 보는 바를 따라서, 온갖 것에서 사랑스럽지 못한 결과와 생각할 만하지 못하여 마음에 들지 않는 결과를 얻게 된다.

왜 그런가. 나쁜 견해 때문이니 삿된 견해를 말한다. 삿된 견해란 삿된 뜻·삿된 말·삿된 행위·삿된 생활·삿된 방편·삿된 생각·삿된 선정을 일으키는 것이다."

쓴 씨앗의 비유로 삿된 견해가 온갖 물듦 일으킴을 보이심

"비유하면 쓴 열매와 같으니, 씨앗을 땅에 심고 때를 따라 물을 주면 그것은 땅맛·물맛·불맛·바람맛을 얻더라도 모두 쓰다. 왜냐하면 그 씨앗이 쓰기 때문이다.

이와 같이 삿된 견해를 가진 사람은 몸의 업이 삿되게 보는 바와 같고, 입의 업이 그 삿되게 보는 바와 같고, 사유하고 하고자 하며 바라며 짓는 것들이 다 보는 바를 따라서, 온갖 것에서 사랑스럽지 못한 결과와 생각할 만하지 못하여 마음에 들지 않는 결과를 얻게 된다.

왜 그런가. 나쁜 견해는 삿된 견해를 말하는데, 삿된 견해는 삿된 뜻과 나아가서는 삿된 선정을 일으키기 때문이다.

이것을 삿됨을 향하면 법에 어긋나고 법을 즐겨하지 않는다고 하는 것이다."

바른 견해가 해탈에 이끎을 씨앗의 비유로 보이심

"어떤 것이 바름을 향하면 법을 즐겨하고 법에 어긋나지 않는다는 것인가.

만약 바른 견해의 사람이 몸의 업이 바르게 보는 바와 같고 입의 업이 바르게 보는 바와 같다 하자. 그러면 사유하고 하고자 하며 짓는 것들이 다 보는 바를 따라서, 온갖 것에서 사랑할 만하고 생각할 만하여 마음에 드는 결과를 얻게 된다.

왜 그런가. 좋은 견해는 바른 견해를 말하는데, 바른 견해는 바른 뜻과 나아가서는 바른 선정을 일으키기 때문이다.

비유하면, 감자나 벼·보리·포도 씨앗을 땅에 심고 때에 맞춰 물을 주면, 그것은 땅맛·물맛·불맛·바람맛을 얻더라도 그 온갖 맛은 모두 달다. 왜냐하면 그 씨앗이 달기 때문이다.

이와 같이 바른 견해의 사람이 몸의 업이 그 보는 바와 같고, 입의 업이 그 보는 바와 같으면, 사유하고 하고자 하며 짓는 것들이 다 보는 바를 따라서 그 온갖 것에서 사랑할 만하고 생각할 만하여 마음에 드는 결과를 얻게 된다.

왜냐하면 좋은 견해는 바른 견해를 말하는데, 바른 견해는 바른 뜻과 나아가서는 바른 선정을 일으키기 때문이다.

이것을 바름을 향하면 법을 즐겨하고 법에 어긋나지 않는다고 하는 것이다."

붇다께서 이 경을 말씀하시자, 여러 비구들은 그 말씀을 듣고 기뻐하며 받들어 행하였다.

다시 게송으로 삿된 견해 떠나도록 당부하심

세간과 세간 뛰어남에 대해서도 위와 같이 말씀하시고, 또한 이 게송을 말씀하셨다.

더러운 법은 가까이하지 말고
방일함은 행하지 않아야 하며
삿된 견해는 익히지 않아야 하니
물든 세간 자라게 하기 때문이네.

비록 이 세간에 살고 있다 해도
바른 견해 늘리어 오르는 이는
비록 백 생 천 생 태어난다 해도
끝내 나쁜 세계 떨어지지 않으리.

붇다께서 이 경을 말씀 하시자, 여러 비구들은 그 말씀을 듣고 기뻐하며 받들어 행하였다.

• 잡아함 788 사견정견경(邪見正見經) ②

• 해설 •

몸과 입과 뜻의 업, 이 세 가지 업이 함께 서로 어우러져 일어나지만 그 뿌리와 끝을 분별하면 뜻의 업이 몸과 입의 업의 뿌리가 된다.

저 세계를 보는 사유와 견해가 그릇되면 몸으로 짓는 갖가지 행위와 언어적 행위가 그 사람의 보는 견해대로 일어나 삶의 길이 물들고 닫혀진다.

비유하면 쓴 씨앗이 곧 열매가 아니고 씨앗이 땅·물·바람·햇빛을 받아야 싹이 되고 열매가 되지만, 씨앗이 쓴 씨앗이면 그 열매도 쓴 열매가 맺는 것과 같다.

온갖 존재가 연기된 줄 바르게 살피고 늘 지혜로 삶을 이끌어가면, 그의 온갖 몸의 업·입의 업도 그의 바른 견해의 보는 것과 같아서 여덟 가지 바른 길에 나아가게 된다.

마치 포도씨는 포도가 아니지만 포도씨에 물을 뿌리고 햇빛이 알맞게 비추고 바람이 때맞추어 불면, 싹이 나고 자라 온통 단 포도 열매가 열리는 것과 같다.

지금 중생의 한 생각 바른 마음이 그대로 니르바나의 과덕이 아니지만, 한 생각 바른 견해·바른 사유가 바른 믿음·바른 정진의 바탕이 되고 보디의 씨앗이 되고 니르바나의 첫걸음이 된다.

더 나아가 지금 한 생각이 곧 공하고 그 공함도 공해 온통 실상인 생각이 되면, 이미 니르바나되어 있는 진여의 땅에서 함이 없이 보디의 행을 지을 수 있는 것이다.

제타 숲 동산에서, 여덟 가지 바른 길에
세간의 길과 세간 벗어남의 길이 있음을 보이심

이와 같이 내가 들었다.

한때 붇다께서는 슈라바스티 국 제타 숲 '외로운 이 돕는 장자의 동산'에 계셨다. 그때 세존께서 여러 비구들에게 말씀하셨다.

"여덟 가지 바른 길이 있으니, 너희들을 위해 말해주겠다. 자세히 듣고 잘 사유하라.

어떤 것이 여덟 가지인가. 바른 견해·바른 뜻·바른 말·바른 행위·바른 생활·바른 방편·바른 생각·바른 선정이다."

세간의 바른 견해와 세간 벗어난 바른 견해 보이심

"어떤 것이 바른 견해[正見]인가. 곧 바른 견해에는 두 가지가 있다.

하나는 세간의 바른 견해로, 샘[漏]이 있고 취함이 있어 좋은 길[善趣]로 돌이켜 향함[轉向]이다.

또 하나는 세간 벗어난 바른 견해로 성인이 세간을 벗어나, 샘이 없고 취함이 없이, 바로 괴로움을 없애어 괴로움의 끝으로 돌이켜 향함이다.

어떤 것이 세간의 바른 견해로, 샘이 있고 취함이 있어 좋은 길에 돌이켜 향함인가. 만약 그가 보시와 바른 말이 있음을 보고, 나아가 이 세간에 아라한이 있어 뒤의 있음 받지 않는 줄을 안다면, 이것을 '세간의 바른 견해로, 세간에 샘이 있고 취함이 있어 좋은 길에 돌이켜 향한다'고 하는 것이다.

어떤 것이 바른 견해로 성인이 세간을 벗어나 샘이 없고 취함이 없이 바로 괴로움을 없애어 괴로움의 끝으로 돌이켜 향함인가.

곧 거룩한 제자는 괴로움을 괴로움이라 사유하고, 괴로움의 모아 냄·사라짐·없애는 길을 없애는 길 등이라 사유하여, 샘이 없는 사유와 서로 맞아[無漏思惟相應], 법을 가리고 분별해 구하며 지혜롭게 깨달아 알고 깨달음을 열어 살핀다.

이것을 '바른 견해로 성인이 세간을 벗어나, 샘이 없고 취함이 없이, 바로 괴로움을 없애어 괴로움의 끝으로 돌이켜 향한다'고 하는 것이다."

세간의 바른 뜻과 세간 벗어난 바른 뜻을 보이심

"어떤 것이 바른 뜻[正志]인가. 바른 뜻에는 두 가지가 있다.

하나는 세간의 바른 뜻으로 샘이 있고 취함이 있어 좋은 길로 돌이켜 향함이다. 또 하나는 바른 뜻으로 성인이 세간을 벗어나 샘이 없고 취함이 없이, 바로 괴로움을 없애어 괴로움의 끝으로 돌이켜 향함이다.

어떤 것이 세간의 바른 뜻으로, 샘이 있고 취함이 있어 좋은 길로 돌이켜 향함인가.

곧 바른 뜻으로 탐냄을 벗어난 느낌[出要覺], 성냄이 없는 느낌[無恚覺], 해치지 않는 느낌이니, 이것을 '세간의 바른 뜻으로, 샘이 있고 취함이 있어 좋은 길로 돌이켜 향한다'고 하는 것이다.

어떤 것이 바른 뜻으로 성인이 세간을 벗어나 샘이 없고 취함이 없이 바로 괴로움을 없애어 괴로움의 끝으로 돌이켜 향함인가.

거룩한 제자는 괴로움을 괴로움이라 사유하고, 괴로움 모아냄·
사라짐·없애는 길을 없애는 길 등이라 사유하여, 샘이 없는 사유와
서로 맞게[無漏思惟相應] 마음과 법을 분별하고[心法分別], 스스로
결정해 뜻이 풀리고, 수를 헤아려 뜻을 세움[計數立意]이다.

이것을 '바른 뜻으로 성인이 세간을 벗어나, 샘이 없고 취함이 없
이, 바로 괴로움을 없애어 괴로움의 끝으로 돌이켜 향한다'고 하는
것이다."

세간의 바른 말과 세간 벗어난 바른 말을 보이심

"어떤 것이 바른 말[正語]인가. 바른 말에는 두 가지가 있다.

하나는 세간의 바른 말로 샘이 있고 취함이 있어 좋은 세계로 돌
이켜 향함이다. 또 하나는 바른 말로 성인이 세간을 벗어나 샘이 없
고 취함이 없이, 바로 괴로움을 없애어 괴로움의 끝으로 돌이켜 향
함이다.

어떤 것이 세간의 바른 말로써, 샘이 있고 취함이 있어 좋은 길로
돌이켜 향함인가.

곧 그 바른 말은 거짓말·두말·나쁜 말·꾸밈말을 떠난 것이다.
이것을 '세간의 바른 말로, 샘이 있고 취함이 있어 좋은 길로 돌이켜
향한다'고 하는 것이다.

어떤 것이 바른 말로 성인이 세간을 벗어나 샘이 없고 취함이 없
이, 바로 괴로움을 없애어 괴로움의 끝으로 돌이켜 향함인가.

거룩한 제자는 괴로움을 괴로움이라 생각하고, 괴로움 모아냄·
사라짐·없애는 길을 없애는 길 등이라 사유하여, 삿된 생활인 입의
네 가지 행과 다른 여러 가지 입의 나쁜 행 생각함을 버려 떠나고, 샘

이 없이 멀리 떠나서[無漏遠離] 집착해 굳게 지키지 않고, 거두어 지녀 범하지 않으며[攝持不犯], 때를 넘지 않고 한계를 넘지 않는다.

이것을 '바른 말로써 성인이 세간을 벗어나, 샘이 없고 취함이 없이, 바로 괴로움을 없애어 괴로움의 끝으로 돌이켜 향한다'고 하는 것이다."

세간의 바른 행위와 세간 벗어난 바른 행위를 보이심

"어떤 것이 바른 행위[正業]인가. 바른 행위에는 두 가지가 있다.

하나는 세간의 바른 행위로 샘이 있고 취함이 있어 좋은 길로 돌이켜 향함이다. 또 하나는 바른 행위로 성인이 세간을 벗어나 샘이 없고 취함이 없이, 바로 괴로움을 없애어 괴로움의 끝으로 돌이켜 향함이다.

어떤 것이 세간의 바른 행위로, 샘이 있고 취함이 있어 좋은 길로 돌이켜 향함인가.

산목숨 죽임과 도둑질과 삿된 음행 떠난 것이니, 이것이 '세속의 바른 행위로, 샘이 있고 취함이 있어 좋은 길로 돌이켜 향한다'고 하는 것이다.

어떤 것이 바른 행위로 성인이 세간을 벗어나, 샘이 없고 취함이 없이, 바로 괴로움을 없애어 괴로움의 끝으로 향함인가.

거룩한 제자는 괴로움을 괴로움이라 사유하고, 괴로움 모아냄·사라짐·없애는 길을 없애는 길 등이라 사유하여, 삿된 생활[邪命]인 몸의 세 가지 나쁜 행과 다른 여러 가지 몸의 나쁜 행 생각함을 버리고, 샘이 없어 마음에 즐겨 집착하여 굳게 지키지 않으며, 잘 지녀 범하지 않고[執持不犯], 때를 넘지 않고 한계를 넘지 않는다.

이것을 '바른 행위로 성인이 세간을 벗어나, 샘이 없고 취함이 없이, 바로 괴로움을 없애어 괴로움의 끝으로 돌이켜 향한다'고 하는 것이다."

세간의 바른 생활과 세간 벗어난 바른 생활을 보이심

"어떤 것이 바른 생활[正命]인가. 바른 생활에는 두 가지가 있다.

하나는 세간의 바른 생활로 샘이 있고 취함이 있어 좋은 길로 돌이켜 향함이다. 또 하나는 바른 생활로 성인이 세간을 벗어나 샘이 없고 취함이 없이, 바로 괴로움을 없애어 괴로움의 끝으로 돌이켜 향함이다.

어떤 것이 세간의 바른 생활로, 샘이 있고 취함이 있어 좋은 길로 돌이켜 향함인가.

입을 옷·먹을거리·자리끼·의약품을 법답게 구하고 법답지 않게 하지 않음이다. 이것을 '세간의 바른 생활로, 샘이 있고 취함이 있어 좋은 길로 돌이켜 향한다'고 하는 것이다.

어떤 것이 바른 생활로써 성인이 세간을 벗어나 샘이 없고 취함이 없이, 바로 괴로움을 없애어 괴로움의 끝으로 돌이켜 향함인가.

곧 거룩한 제자는 괴로움을 괴로움이라 사유하고, 괴로움 모아냄·사라짐·없애는 길을 없애는 길 등이라 사유하여, 모든 삿된 생활에 대해 샘이 없어, 즐겨 집착해 굳게 지키지 않고, 잘 잡아 범하지 않으며, 때를 넘지 않고 한계를 넘지 않는다.

이것을 '바른 생활로 성인이 세간을 벗어나, 샘이 없고 취함이 없이, 바로 괴로움을 없애어 괴로움의 끝으로 돌이켜 향한다'고 하는 것이다."

세간의 바른 방편과 세간 벗어난 바른 방편을 보이심

"어떤 것이 바른 방편[正方便]인가. 바른 방편에는 두 가지가 있다.

하나는 세간의 바른 방편으로 샘이 있고 취함이 있어 좋은 길로 돌이켜 향함이다. 또 하나는 바른 방편으로 성인이 세간을 벗어나 샘이 없고 취함이 없이, 바로 괴로움을 없애어 괴로움의 끝으로 돌이켜 향함이다.

어떤 것이 세속의 바른 방편으로, 샘이 있고 취함이 있어 좋은 길로 돌이켜 향함인가.

곧 하고자 함과 정진의 방편으로 뛰어 벗어나 굳세게 세우고 잘 지어 정진하며, 마음과 법을 거두어 받아[心法攝受] 늘 쉬지 않음이다[常不休息]. 이것을 '세간의 바른 방편으로, 샘이 있고 취함이 있어 좋은 길로 돌이켜 향한다'고 하는 것이다.

어떤 것이 바른 방편으로 성인이 세간을 벗어나 샘이 없고 취함이 없이, 바로 괴로움을 없애어 괴로움의 끝으로 향하는가.

거룩한 제자는 괴로움을 괴로움이라 사유하고, 괴로움 모아냄·사라짐·없애는 길을 없애는 길 등이라 사유하여, 샘이 없는 생각과 서로 맞는 마음[心]과 법(法)으로, 하고자 함과 방편에 정진함으로 부지런히 뛰어나고 벗어나서 굳셈을 세워내고 정진하여 마음과 법을 거두어 받아 늘 쉬지 않음이다.

이것을 '바른 방편으로 성인이 세간을 벗어나, 샘이 없고 취함이 없이, 바로 괴로움을 없애어 괴로움의 끝으로 돌이켜 향한다'고 하는 것이다."

세간의 바른 생각과 세간 벗어난 바른 생각을 보이심

"어떤 것이 바른 생각[正念]인가. 바른 생각에는 두 가지가 있다.

하나는 세간의 바른 생각으로 샘이 있고 취함이 있어 좋은 길로 돌이켜 향함이다. 또 하나는 바른 생각으로 성인이 세간을 벗어나 샘이 없고 취함이 없이, 바로 괴로움을 없애어 괴로움의 끝으로 돌이켜 향함이다.

어떤 것이 세속의 바른 생각으로, 샘이 있고 취함이 있어 좋은 길로 돌이켜 향함인가.

만약 생각과 생각 따름과 거듭 생각함과 기억해 생각함이 거짓되지 않고 헛되지 않으면, 이것을 '세간의 바른 생각으로 샘이 있고 취함이 있어 좋은 길로 돌이켜 향한다'고 하는 것이다.

어떤 것이 바른 생각으로 성인이 세간을 벗어나, 번뇌와 취함이 없어 괴로움의 끝으로 돌이켜 향함인가.

거룩한 제자는 괴로움을 괴로움이라 생각하고, 괴로움 모아냄·사라짐·없애는 길을 없애는 길 등이라 사유하여, 샘이 없는 사유와 서로 맞아, 생각과 생각 따름과 거듭 생각함과 기억해 생각함이 거짓되지 않고 헛되지 않는다[不妄不虛].

이것을 '바른 생각으로 성인이 세간을 벗어나, 샘이 없고 취함이 없이, 바로 괴로움을 없애어 괴로움의 끝으로 돌이켜 향한다'고 하는 것이다."

세간의 바른 선정과 세간 벗어난 바른 선정을 보이심

"어떤 것이 바른 선정[正定]인가. 바른 선정에는 두 가지가 있다.

하나는 세간의 바른 선정으로 샘이 있고 취함이 있어 좋은 길로 돌이켜 향함이다. 또 하나는 바른 선정으로 성인이 세간을 벗어나 샘이 없고 취함이 없이, 바로 괴로움을 없애어 괴로움의 끝으로 돌이켜 향함이다.

어떤 것이 세간의 바른 선정으로, 샘이 있고 취함이 있어 좋은 길로 돌이켜 향함인가.

만약 마음이 머물러 어지럽지 않고[心住不亂] 움직이지 않고 거두어 받아 고요히 그치며[攝受寂止] 사마디의 한마음이 되면[三昧一心], 이것을 '세간의 선정으로써 샘이 있고 취함이 있어 좋은 길로 돌이켜 향한다'고 하는 것이다.

어떤 것이 바른 선정으로 성인이 세간을 벗어나 샘이 없고 취함이 없이, 바로 괴로움을 없애어 괴로움의 끝으로 향하는가.

거룩한 제자가 괴로움을 괴로움이라 사유하고, 괴로움 모아냄·사라짐·없애는 길을 없애는 길 등이라 사유하여, 샘이 없는 사유와 서로 맞게 마음과 법이 머물러[心法住] 어지럽지 않고 흩어지지 않으며[不亂不散] 거두어 받아 고요히 그쳐서 사마디의 한마음이 되는 것이다.

이것을 '바른 선정으로 성인이 세간을 벗어나, 샘이 없고 취함이 없이, 바로 괴로움을 없애어 괴로움의 끝으로 돌이켜 향한다'고 하는 것이다."

붇다께서 이 경을 말씀하시자, 여러 비구들은 그 말씀을 듣고 기뻐하며 받들어 행하였다.

• 잡아함 785 광설팔성도경(廣說八聖道經)

모습 있고 대립하는 세계에서 보면 역사는 불의와 정의, 반이성과 이성
의 싸움터이다. 한 개인 안에도 두 요인이 갈등하고 세상은 두 요인이 서로
겹치고 갈라지며 대결하고 타협하며 흘러간다.

개인의 행위가 합리성과 공익성에 기초해서 이루어지도록 사회제도의
틀이 정비되면 역사는 공동번영의 길로 발전해갈 것이다. 그러나 사회 속에
합리적 행위와 자선과 이타적 행위가 보편화되고 공동체가 이성이 지배하
는 사회가 된다고 해도 그것만으로 붇다가 가르치신 해탈의 삶이 이루어지
지는 않는다.

연기법에서 온갖 법은 인연으로 난 법이라 있되 공하다. 그러므로 존재
의 공성을 통달하지 못한 어떤 행위도 해탈의 요인이 되지 못한다.

삿됨과 바름, 불의와 정의에 있어서도 삿됨과 바름이 모두 공하므로 삿
됨을 끊되 끊음 없이 끊고 바름을 행하되 행함 없이 행해야 니르바나의 원
인이 되는 바른 삶의 길이 된다.

그러므로 붇다는 여덟 가지 바른 길에도 두 법이 있어서 하나는 세간의
바른 길이고 하나는 세간 벗어남의 바른 길이라 가르치신다.

세간은 취함이 있고 구함이 있으며 얻음이 있고 잃음이 있다.

취함이 있고 구함이 있는 세속의 삶에서 그 구함을 이성적 사유와 합리
성에 기초해서 구하고, 남을 해치지 않는 마음, 함께 이익을 나누는 마음으
로 구할 것을 구하는 것이 세간의 바른 길이다.

곧 세속의 바른 견해란 보시할 줄 알고 바른 말 할 줄 알며 이 세간에 현
성이 계신 줄 알아 현성을 섬길 줄 알면 세간의 바른 견해이다.

늘 자선을 행하고 봉사하며 자신의 신념과 신조에 따라 예수를 섬기고
공자를 따르며 동서양의 위대한 철학자를 존경하고 붇다와 도인을 섬기는
것은 세간의 바른 견해이다.

그러나 착함을 짓되 지음 없이 짓지 못하고, 현성을 섬기되 섬기는 자와
섬김 받는 이가 모두 공해 하나인 진여의 모습[一眞如相]인 줄 모르고 자기

가 모시는 현성을 고집하면, 그런 섬김은 세간 벗어나 샘이 없고 취함 없는 바른 길이 되지 못한다.

바른 뜻에서도 남을 해치지 않고 성내지 않고 미워하지 않으면 이는 세간의 바른 뜻이다. 그러나 마음과 법이 모두 공한 줄 알아서[心法俱空] 알되 앎 없는 앎으로 법 아닌 법을 분별하고, 수 아닌 수를 세울 줄 모르면 세간 벗어난 바른 뜻이 되지 못한다.

바른 말에서도 거짓말·두말·꾸밈말하지 않고 정의(正義)를 말하고 이성(理性)을 말하는 것은 세간의 바른 말이다. 그러나 말함에 말함 없는 줄 알아 말함 없이 바른 말 하지 못하면 세간 벗어난 바른 말이 되지 못한다.

바른 행위에서도 죽이지 않고 훔치지 않고 삿된 음행 떠나면 세간의 바른 행위이다.

그러니 산목숨을 살리는 행위 남에게 베푸는 행도 하되 함이 없고[爲而無爲] 하지 않되 하지 않음도 없어야만[無爲而無所不爲], 비로소 세간 벗어난 바른 행위라 할 수 있다.

바른 생활에서도 남에게 해 끼치지 않는 정당한 방법으로 먹을 것을 구하고 사업해 돈을 벌며 가정과 자기 직업에 충실하며 사회의 공익에 이바지하면 이것은 세간의 바른 생활이다.

그러나 나의 낱낱 일 낱낱 행이 법계인 행[法界行]이 되어 저 중생에게 그 공덕이 회향되지 못하면 세간 벗어난 바른 생활이라 할 수 없다.

바른 방편에서도 착한 일 좋은 사업에 의욕을 내 부지런히 노력하는 것은 바른 방편이다.

그러나 나의 낱낱 생각이 공하되 공함도 공한 줄 알아 낱낱 생각이 온전히 보디의 마음[菩提心]이 되게 하고 낱낱 행이 파라미타의 행[波羅密行]이 되게 하지 못하면 세간 벗어난 바른 방편 바른 수행이 되지 못한다.

바른 생각에서도 거짓되고 헛된 생각을 짓지 않고 그릇된 세계관에 현혹되지 않으면 이것이 세간의 바른 생각이다.

그러나 생각하되 생각함이 없고[念而無念] 생각함이 없되 생각하지 않음도 없이[無念而無不念] 늘 고요한 지혜가 밝아야 비로소 세간 벗어난 바른 생각이라 할 수 있다.

바른 선정에서도 그 생활이 늘 안정되고 하는 일에 집중해서 일과 내가 둘이 없으면 세간의 바른 선정이다.

그러나 나와 세계, 마음과 법이 모두 공해 아는 마음과 알려지는 세계가 본래 고요한 사마디에 몸과 마음이 안주하여 닦음이 온통 니르바나의 성품이 되고 니르바나의 성품이 닦음 없는 닦음이 되고 나날의 활동이 되지 못하면, 세간 벗어난 바른 사마디라 할 수 없다.

연기법에서 세간 벗어남[出世間]이란 나고 사라지는 세간법이 본래 공한 곳에 붙인 거짓 이름이다.

그러므로 붇다께서 비록 세간의 바른 길과 세간 벗어난 바른 길 두 법을 세웠지만, 둘[二]을 실로 있는 둘로 보아서는 안 된다[實非二].

세간 벗어난 바른 길을 모르고 세간의 바른 길만 행하면 그는 이 역사와 사회의 실체적 존재성[有]에 갇힌 옳은 일 하는 이, 정의로운 사람은 되지만 해탈의 길은 알지 못한다.

그 반대로 세간 벗어난 바른 길을, 세간 떠나 모습 없음에 돌아가는 것으로 생각해, 함이 없음과 지음 없음으로 도를 삼는 자는 공(空)에 빠진 수행자이거나, 종교관념론이나 함이 없는 도[無爲道]에 빠진 은둔자가 될 것이다.

세간의 옳은 일을 하되 함이 없이 하고, 함이 없고 지음 없되 함 없음도 없는 자가, 괴로움이 본래 공한 해탈처에 서서 고통의 세간 속에서 고통의 끝을 향해 물러섬이 없이 힘있게 나아가는 자라 할 것이다.

4) 사부대중에게 니르바나의 길을 보이심

연기법에서 행위는 자아와 세계 속에서 일어나되 자아는 행위인 자아로 드러나고 세계 또한 행위 안에서 세계로 드러난다.

온갖 법은 인연으로 일어나므로 공한 것이니, 온갖 법은 이미 적멸되어 있고 이미 니르바나되어 있다. 그러므로 니르바나는 생각을 일으켜 구할 수 있는 어떤 것으로 주어질 수 없고 행위를 일으켜 이르는 어떤 곳으로 설정될 수 없다.

니르바나는 연기의 진실이 온전히 체현된 삶으로 주어지는 것이니, 중생의 미혹의 삶에서 보면 니르바나를 얻는다고 해도 옳지 않고 얻지 않는다고 해도 옳지 않다.

니르바나는 연기의 진실을 생활 속에서 실현하려는 서른일곱 실천법의 행이 니르바나 자체인 행이 되어, 지음 없는 지음이 되고 함이 없는 함이 되는 곳이 니르바나의 구현처이다.

중생이 본래 니르바나되어 있는 중생의 진실밖에 여래의 깨달음이 없다. 저 화엄회상에서 보디 나무 밑 여래의 해인삼매 가운데 드러난 법계의 진실이 곧 중생이 지금 쓰고 있는 삶의 진실이고 경험하고 있는 세계의 실상이다.

그러므로 여래의 사마디는 내면의 사마디가 아니고 지혜인 사마디이고 행위인 사마디이고 세계인 사마디이니, 여래의 사마디 안에 드러난 온갖 공덕의 행이 다시 중생이 화엄법계(華嚴法界)에 들어가는 실천의 발걸음이 된다.

연기법에서 보디의 결과는 실천의 원인이 완성되어 해탈의 결과가 되었지만, 그 결과가 중생의 자기진실이므로 다시 여래 과덕의 세계가 모든 해탈행의 원인이 되고 그 출발이 되는 것이다.

지금 아함에서 니르바나 또한 여러 실천행의 성취로서 이루어진 니르바나지만, 그 니르바나는 중생의 본래적인 진실과 세계의 실상의 새로운 실현일 뿐이다.

그러므로 니르바나의 원인이 되는 실천의 씨앗은, 여래 안에 성취된 니르바나의 과덕 그대로의 원인이어야 하고, 니르바나의 과덕이란 과덕의 원인인 실천행의 지음이 지음 없는 지음이 되는 곳이며, 해탈행의 함이 함이 없는 함[無爲之爲]이 되는 곳이며, 파라미타행의 지음이 지음 없음[無作]이 되는 곳이다.

중생은 본래 해탈되어 있는 곳에서 새로 해탈로 나아가며 본래 니르바나되어 있는 곳에서 새로 니르바나를 구현해가는 자이지, 원죄와 윤회 속에서 고통받거나 눈물짓는 자가 아니다.

이미 여래장의 공덕 속에 있는 자가 여래장의 공덕을 온전히 발현해 쓰는 길, 그 길이 연기법에서 해탈과 니르바나의 길이다.

본래 니르바나 되어 있는 진실의 땅에서 온갖 해탈법이 나오고 그 해탈법을 행해 다시 니르바나의 땅에 돌아가는 것이 마하사트바의 길이니, 『화엄경』(「수미정상게찬품」)은 이렇게 말한다.

온갖 범부들이 짓는 모든 행은
다함에 빨리 돌아가지 않음 없으나

모든 행 그 성품은 허공과 같나니
그러므로 다함이 없다 말하네.

一切凡夫行　莫不速歸盡
其性如虛空　故說無有盡

연기의 실상 바르게 깨친 이는
한 법의 청정하고 밝은 도를
중생에게 잘 열어 보여주시니
정진하는 지혜의 마하사트바
한량없는 법을 잘 연설하도다.

正覺善開示　一法淸淨道
精進慧大士　演說無量法

있다고 하거나 있지 않다고 하는
그 생각은 모두 다 없애야 하니
이 같아야 붇다의 참된 몸 보아
니르바나의 땅에 편히 머물리.

若有若無有　彼想皆除滅
如是能見佛　安住於實際

제타 숲에서, 아니룻다 존자가
니르바나의 길을 보이다

나는 들었다, 이와 같이.

한때 붓다께서 슈라바스티 국을 노닐어 다니실 적에 제타 숲 '외로운 이 돕는 장자의 동산'에 계셨다.

그때 여러 비구들은 해질녘 좌선에서 일어나 존자 아니룻다가 있는 곳에 가서 머리를 대 발에 절하고 물러나 한쪽에 앉아 말했다.

"저희들에게 물어보고 싶은 것이 있는데, 말씀드리도록 해주십시오."

존자 아니룻다가 대답했다.

"여러 어진 이들이여, 묻고 싶은 것이 있으면 물으시오. 나는 듣고서 사유해보겠소."

때에 여러 비구들이 물었다.

"어떻게 비구는 어질게 죽고, 어질게 목숨을 마칩니까?"

존자 아니룻다는 말했다.

"여러 어진 이들이여, 만약 비구가 탐욕을 떠나고, 악하여 착하지 않은 법을 떠나, 첫째 선정을 성취하고 나아가 넷째 선정을 성취하여 노닐면, 이것을 '비구가 어질게 죽고 어질게 목숨 마친다'고 하는 것이오."

마음의 해탈과 지혜의 해탈로 니르바나가 구현됨을 보임

때에 다시 여러 비구들이 물었다.

"비구가 아주 이렇게만 하면 어질게 죽고 어질게 목숨을 마치는 것입니까?"

존자 아니룻다가 대답했다.

"여러 어진 이들이여, 비구는 아주 이렇게만 해서는 어질게 죽고 어질게 목숨 마치는 것이 아니오.

다시 여러 어진 이들이여, 만약 비구가 자재한 선정의 신통[如意足], 하늘귀[天耳], 남의 마음 아는 지혜[他心智], 오랜 목숨 아는 지혜[宿命智], 중생의 나고 죽음 아는 지혜[生死智], 번뇌의 흐름이 다해 샘이 없음[無漏]을 얻는다 합시다.

그리하여 마음이 해탈하고 지혜가 해탈하면, 현재의 법에서 스스로 알고 스스로 깨닫고 스스로 증득하여 성취하여 노닐게 되오. 그리하여 '태어남은 이미 다하고, 범행은 이미 서고, 지을 바를 이미 지어 다시는 뒤의 있음 받지 않음'을 진실 그대로 알게 되오. 그러면 이것을 어질게 죽고 어질게 목숨 마친다고 하는 것이오."

때에 여러 비구들이 다시 물었다.

"비구가 아주 이렇게만 하면 어질게 죽고 어질게 목숨을 마칩니까?"

존자 아니룻다가 대답했다.

"여러 어진 이들이여, 비구가 아주 이렇게만 하면 어질게 죽고 어질게 목숨을 마치게 되오."

이에 여러 비구들은 존자 아니룻다의 말을 듣고 잘 받아 지녀 외우고서는 곧 자리에서 일어나 존자 아니룻다의 발에 머리를 대 절하고 세 바퀴 두루고 떠나갔다.

존자 아니룻다가 말한 것이 이와 같았으니, 그 여러 비구들은 존자 아니룻다의 말을 듣고 기뻐하며 받들어 행하였다.

• 중아함 218 아나율타경(阿那律陀經) (상)

• 해설 •

세간의 물질과 몸에 대한 집착된 생각과 탐욕을 떠나 그 마음이 선정의 기쁨과 함께하면 현세에서 늘 몸과 마음이 편안해 이 몸 마칠 때 고통없이 안락하게 마칠 수 있으니, 이것이 어질게 죽고 어질게 목숨 마침이다.

그러나 이 몸이 본래 공하고 몸이 태어날 저 세계가 실로 있지 않은 줄 깨달아야 참으로 어질게 죽는 자이다. 그는 마음에 모든 번뇌의 흐름이 다해 모습에 머묾 없어서 마음이 해탈하고, 모습 없음에도 머묾 없어서 지혜가 해탈한 자이니, 그가 참으로 남이 없이 나고 죽음 없이 죽는 자이다.

죽되 죽음 없는 이가 어질게 죽는 자이고 나되 남이 없이 나는 자가 방편으로 세간에 나[以方便生], 세간의 등불[世間燈]이 되고 세간의 복밭[世間福田]이 되는 자이다.

『화엄경』(「십지품」十地品) 또한 온갖 법이 남이 없고 사라짐 없는 줄 아는 자가 늘 고요한 니르바나의 처소에서 행하는 자임을 다음과 같이 말한다.

남이 없고 또한 사라짐 없어서
성품 깨끗하고 늘 고요하여라.
번뇌의 때를 떠나 지혜 밝은 이
그 지혜로 행하는 곳이 바로
나고 사라짐 없는 이곳이라네.

無生亦無滅　性淨恒寂然
離垢聰慧人　彼智所行處

대왕이여, 도를 닦아 나고 죽음 없는
니르바나로 나아가야 하오

이와 같이 내가 들었다.

한때 붇다께서는 슈라바스티 국 제타 숲 '외로운 이 돕는 장자의 동산'에 계셨다.

그때 프라세나짓 왕에게는 아주 존경하던 할머니가 있었는데 목숨을 마쳤다. 그는 성을 나가 화장[闍維]을 하고 사리(舍利, sarira)에 공양을 마치고는 해진 옷을 입고 머리를 풀어헤치고 붇다 계신 곳으로 찾아와 붇다의 발에 머리 대 절하고 한쪽에 물러나 앉았다.

그때 세존께서 프라세나짓 왕에게 말씀하셨다.

"대왕이여, 어디에서 오시기에 해진 옷을 입고 머리를 풀어헤쳤습니까?"

프라세나짓 왕이 붇다께 말씀드렸다.

"세존이시여, 제가 아주 존경하던 할머니가 돌아가셨습니다. 저를 버리고 목숨 마쳐서 성 밖에 나가 화장을 하고 사리에 공양을 마친 다음 세존께 온 것입니다."

붇다께서 대왕에게 말씀하셨다.

"할머니를 아주 사랑하고 존경스럽게 생각하셨습니까?"

프라세나짓 왕이 붇다께 말씀드렸다.

"세존이시여, 아주 존경하고 사랑하며 그리워합니다. 세존이시여, 만약 이 나라에 있는 모든 코끼리와 말과 일곱 보배 나아가 왕위까지 모두 가져다 남에게 주고서라도 할머니의 목숨만 구할 수 있다면 저는 그에게 다 주겠습니다.

그러나 이미 목숨을 건져낼 수 없어서 삶과 죽음이 길이 하직하니, 슬픔과 그리움과 근심과 괴로움을 스스로 견디어 이길 수 없습니다.

일찍이 세존께서 이렇게 말씀하신 것을 들었습니다.

'온갖 중생·온갖 벌레·온갖 신으로서 태어난 것은 모두다 죽어 마쳐 다하지 않는 것은 없다. 생겨나서 죽지 않는 것은 없다.'

오늘에야 비로소 세존께서 잘 말씀해주신 것을 알았습니다."

프라세나짓 왕에게 남이 있으면 반드시 죽음 있게 됨을 보이심

붇다께서 말씀하셨다.

"대왕이여, 그렇소. 그렇소. 온갖 중생·온갖 벌레·온갖 신으로서 태어난 것은 어떤 것이나 죽게 마련이어서 끝내 마쳐 다함에 돌아가오. 하나라도 생겨나 죽지 않는 것은 없소."

붇다께서 대왕에게 말씀하셨다.

"설사 브라마나의 큰 종성[姓]이나 크샤트리아의 큰 종성이나 장자의 큰 종성이라 하더라도 태어난 이는 다 죽어서, 죽지 않는 이는 없소.

설사 크샤트리아 종성의 대왕이 '정수리에 물을 붓는 의식'[灌頂]을 치르고 왕위에 올라 네 천하의 왕이 되어, 힘 얻음이 자재하여 여러 적국(敵國)을 항복받지 않음이 없어도, 끝내 다함으로 돌아가 죽지 않는 이는 없소.

만약 다시 대왕이여, 긴 목숨의 하늘[長壽天]에 태어나서 하늘궁전의 왕이 되어 자재하게 즐거움을 누린다 하더라도, 끝내는 다함에 돌아가 죽지 않는 이는 없소.

만약 다시 대왕이여, 아라한 비구로서 모든 흐름이 이미 다하고 여러 무거운 짐을 버리고 지을 바를 이미 짓고 자신의 이익을 얻고 모든 존재의 묶음을 다해 바른 지혜로 마음이 잘 해탈하였다 하더라도, 그 또한 다함으로 돌아가 몸을 버리고 니르바나에 드는 것이오.

만약 다시 프라테카붇다[緣覺]로서 잘 고루고 잘 고요히 한다 해도 이 몸과 목숨을 다하고 끝내 니르바나에 돌아가오.

모든 붇다 세존께서 열 가지 힘을 갖추고 네 가지 두려움 없음[四無所畏]으로 빼어난 사자의 외침으로 설법하신다 해도, 끝내 또한 몸을 버리고 온전한 니르바나에 드시는 것이오.

이 같음으로 견주어 대왕께서는 아셔야만 하오.

온갖 중생·온갖 벌레·온갖 신으로서 태어난 것은 누구나 다 죽어 끝내 닳아 사라짐에 돌아가서 죽지 않는 것이 없소."

지은 선악의 업을 따름과 죽음 없는 니르바나의 길 보이심

그때 세존께서 다시 게송을 말씀하셨다.

온갖 살아 있는 중생의 무리들
목숨 있으면 끝내 죽음에 돌아가
각기 업을 따라서 나아가는 곳
선악의 결과 스스로 받음이네.

악한 업 지으면 지옥에 떨어지고

착한 일 지으면 위로 하늘 오르며
빼어나고 묘한 도 닦아 익히면
흐름 다해 온전한 니르바나 얻네.

위없는 도 이룬 여래와 연각
붇다의 여러 성문제자들까지
반드시 몸과 목숨 버리게 되는데
하물며 저 세속 범부들이겠는가.

붇다께서 이 경을 말씀하시자, 프라세나짓 왕은 붇다의 말씀을 듣
고 기뻐하면서 절하고 떠나갔다.

• 잡아함 1227 모경(母經)

• 해설 •

여래는 사람의 집착 따라 법을 쓰시는 분이다. 때로 법의 몸[法身]을 깨
친 여래는 길이 죽음이 없다 가르치시고 때로 여래도 니르바나에 든다고 가
르치신다.

할머니의 죽음 때문에 너무 슬퍼 제정신을 잃은 프라세나짓 왕을 위로하
고 육체적 죽음의 필연성을 강조하시기 위해 여래는 온갖 중생 온갖 벌레나
신이 다 죽지 않을 수 없고, 국왕·장자 등 세간의 힘을 가진 이도 죽지 않을
수 없고, 성문과 연각의 현성도 죽지 않을 수 없다고 가르치신다.

그러므로 병 따라 약 쓰시는 이러한 여래의 가르침을 듣고 남이 없고 사
라짐 없음을 보인 여래의 뜻을 그릇 알지 않아야 한다.

여래는 '안의 몸과 바깥 세계에 다시 물든 마음의 흐름이 다한 아라한은
다시는 뒤의 존재를 받지 않는다[不受後有]'고 가르치신다.

그런데 하물며 법계가 본래 고요한 사마디에 편히 앉아 크나큰 보디의 빛이 다함없으신 여래께 어찌 나고 죽음의 자취가 있겠는가.

여래는 저 할머니의 죽음을 슬퍼하는 국왕에게 태어남이 있는 자 반드시 죽게 됨을 보여 끝내 남이 없고 사라짐 없는 니르바나에 이끄신 것인가. 여래의 뜻은 어떤 것인가.

산 자에게서 삶이 삶 아닌 것을 보고 죽은 자에게서 죽음이 죽음 아닌 것을 보아야 여래의 뜻을 알 수 있을 것이니, 옛 선사[大慧]는 죽은 사람의 상여를 메고 가는 산 사람의 행렬을 보고 다음과 같이 노래한다.

산 밑에 보리 익고 누에 이미 끊겼는데
한 줄의 죽은 사람이 산 사람 보내네.
산 사람의 몸이 쇠금강과 같은데
지금 다시 붉은 화로 속에 들어가네.

山下麥黃蠶已斷　一隊死人送活漢
活人身似鐵金剛　卽今再入紅鑪鍛

제타 숲 동산에서, 번뇌의 묶음 없는
해탈의 길을 보이시다

이와 같이 들었다.

한때 붇다께서는 슈라바스티 국 제타 숲 '외로운 이 돕는 장자의 동산'에 계셨다.

그때 세존께서 여러 비구들에게 말씀하셨다.

"옛날 인드라하늘왕은 서른세하늘들에게 말했다.

'여러 어진 이들이 아수라와 싸울 때에 만약 아수라가 하늘만 같지 못해 여러 하늘들이 이기면, 그대들은 베파치티[毘摩質多] 아수라왕을 잡아 이리 데리고 와서 그 몸을 다섯 매듭으로 묶으라.'

그때에 베파치티 아수라도 다시 여러 아수라들에게 말했다.

'너희들이 오늘 저 여러 하늘들과 싸울 때에 만약 이기거든 인드라하늘왕을 잡아 여기로 묶어 보내라.'"

하늘과 아수라의 싸움을 보기로 들어 묶음 있는 삶을 말씀하심

"비구들이여, 알아야 한다. 그때에 이 두 집이 같이 싸워 여러 하늘이 이기고 아수라가 그와 같지 못했다.

이때 서른세하늘은 몸소 아수라왕 베파치티를 잡아 그 몸을 묶어 인드라하늘왕 있는 곳에 끌고 와서 가운데문 밖에 두었다. 이때 베파치티 아수라왕이 스스로 그 다섯 매듭을 살피고 이렇게 생각했다.

'이 하늘들의 법은 바르고 아수라가 하는 짓은 그른 법이다. 나는

지금 아수라를 좋아하지 않는다. 나는 이 여러 하늘들의 궁에서 머물러야 한다.'

이때 그는 속마음으로 이렇게 말했다.

'여러 하늘의 법은 바르고 아수라는 그른 법이다. 나는 여기서 살고 싶다.'

이렇게 생각하자 이때 바로 베파치티 아수라왕은 그 몸의 묶음이 없어지고 다섯 욕망으로 스스로 즐기게 됨을 깨달아 알았다.

그러나 만약 베파치티 아수라왕이 이렇게 속마음으로 말했다 하자.

'여러 하늘들은 그른 법이고 아수라의 법은 바르다. 나는 이 서른 세하늘이 쓸데없다. 도로 아수라궁에 가고 싶다.'

이때에 아수라왕의 몸은 곧 다섯 매듭으로 묶이고 다섯 가지 욕망의 즐거움은 저절로 사라질 것이다."

다시 마라의 경계와 번뇌에 묶이지 않는 해탈의 길을 보이심

"비구들이여, 알아야 한다. 얽어 묶음의 빠름이 이 일을 지나지 않는다. 그러나 마라가 묶는 것은 다시 이보다 더 심하다. 설사 번뇌의 마라[煩惱魔]에게 묶이게 된다 하더라도, 마라를 움직이면 묶이지만 마라를 움직이지 않으면 묶이지 않는다.

그러므로 여러 비구들이여, 반드시 방편을 구해 마음을 묶이지 않게 하고 한가하고 고요한 곳을 즐겨라. 왜냐하면 이 모든 번뇌는 마라의 경계이기 때문이다.

만약 비구로서 마라의 경계에 있으면 그는 태어남·늙음·병듦·죽음을 벗어나지 못하고, 시름과 근심, 괴로움과 번민을 벗어나지 못할 것이다. 내가 지금 이 괴로움의 끝을 말해주겠다.

만약 다시 어떤 비구가 마음이 움직이지 않아서 번뇌에 집착하지 않으면 곧 태어남·늙음·병듦·죽음과 시름과 근심, 괴로움과 번민에서 벗어나게 될 것이다. 나는 지금 이 괴로움의 끝을 말했다.

그러므로 여러 비구들이여, 반드시 이렇게 배워 번뇌의 묶음이 없게 해 마라의 경계를 벗어나야 한다.

이와 같이 비구들이여, 반드시 이렇게 배워야 한다."

그때에 비구들은 붇다의 말씀을 듣고 기뻐하며 받들어 행하였다.

• 증일아함 34 등견품(等見品) 八

• 해설 •

번뇌의 묶음이 있는 세계와 해탈의 세계는 하나인 삶의 장에서 일어난다. 여기 묶음의 세계가 있고 저기 해탈의 세계가 있는 것이 아니라, 하나인 현실[俗諦]에서 있음을 실로 있음으로 보고 있음에 닫힌 삶을 살면 얽매어 묶이고, 세계의 있음이 있음 아닌 있음인 줄 바로 보면 '연기된 현실'[俗諦]에서 닫힘 없는 진리의 세계[眞諦]를 보고 해탈의 세계를 살게 된다.

다툼과 싸움의 업을 대표하는 아수라가 복덕과 보시의 업을 대표하는 인드라왕에게 지고서, 인드라왕의 법이 옳다고 승인하면 곧 묶임이 풀리고, 인드라왕이 그르고 자신이 옳다 하면 묶임의 밧줄이 몸을 조여드는 것과 같다.

마라의 경계[魔境]도 법계(法界) 안에서 연기된 것이다. 나고 죽음에 나고 죽음이 있다 하고 물질에 취할 물질이 있다 하면 법계가 마라의 경계가 되고, 나고 죽음에 실로 나고 죽음이 없다고 바로 보면 마라의 경계가 법계가 된다. 마라의 세계가 공한 줄 알면 저 마라의 세계 가운데 들어가서 붇다의 일[佛事]을 지을 수 있으니, 이것이 보디사트바의 행이고 마음 큰 중생[大心凡夫, mahāsattva]의 살아감이다.

제타 숲 동산에서, 연꽃처럼 물듦 없는 해탈의 행을 보이시다

나는 들었다, 이와 같이.

한때 붇다께서는 슈라바스티 성에 노니시면서 제타 숲 '외로운 이 돕는 장자의 동산'에 계셨다.

그때 세존께서 여러 비구들에게 말씀하셨다.

"어떤 법은 몸을 따라서 사라지고 입을 따라서 사라지지 않으며, 어떤 법은 입을 따라서 사라지고 몸을 따라서 사라지지 않으며, 또 어떤 법은 몸과 입을 따라서는 사라지지 않고, 다만 지혜의 견해로 써 사라진다."

그른 법이 몸과 입과 지혜를 따라 사라짐을 분별해주심

"어떻게 법이 몸을 따라 사라지고 입을 따라 사라지지 않는가.

비구가 착하지 않은 몸의 행이 가득해 갖추어 받아 지니고 몸을 집착하면, 여러 비구들은 그것을 보고는 그 비구를 꾸짖는다.

'그대여[仁者], 착하지 않은 몸의 행이 가득해 갖추어 받아 지니고 있는데, 무엇하러 그 몸을 집착하는가. 그대여, 착하지 않은 몸의 행을 버리고 착한 몸의 행을 닦아 익혀라.'

그러면 그는 그 뒤에 착하지 않은 몸의 행을 버리고, 착한 몸의 행을 닦아 익힌다.

이것을 '법이 몸을 따라 사라지고 입을 따라 사라지지 않는다'고

하는 것이다.

어떻게 법이 입을 따라 사라지고 몸을 따라 사라지지 않는가.

비구가 착하지 않은 입의 행이 가득해 갖추어 받아 지니고서 입을 집착하면, 여러 비구들은 그것을 보고는 그 비구를 꾸짖는다.

'그대여, 착하지 않은 입의 행이 가득해 갖추어 받아 지니고 있는데, 무엇하러 그 입을 집착하는가. 그대여, 착하지 않은 입의 행을 버리고, 착한 입의 행을 닦아 익혀라.'

그러면 그는 그 뒤에 착하지 않은 입의 행을 버리고, 착한 입의 행을 닦아 익힌다.

이것을 '법이 입을 따라 사라지고 몸을 따라 사라지지 않는다'고 하는 것이다.

어떻게 법이 몸과 입을 따라서는 사라지지 않고, 다만 지혜의 견해를 따라 사라지는가. 탐욕은 몸과 입을 따라서는 사라지지 않고, 다만 지혜의 견해로써 사라진다.

이와 같이 다툼과 성내어 원한 가짐, 성내어 얽매임, 말하지 않는 맺음, 아낌, 질투, 속임, 아첨, 스스로 부끄러워하지 않음, 남에 대해 부끄러움 없음, 나쁜 욕심과 나쁜 견해는 몸과 입을 따라서는 사라지지 않고, 다만 지혜의 견해로써 사라진다.

이것을 '법이 몸과 입을 따라서는 사라지지 않고, 다만 지혜의 견해를 따라 사라진다'고 하는 것이다."

계와 지혜 닦아 탐욕과 나쁜 견해 떠나는 길을 보이심

"여래는 어떤 때 살피시게 되어 남의 마음을 살피면 이 사람이 이와 같이 몸을 닦지 않고 계를 닦지 않으며, 마음을 닦지 않고 지혜를 닦지 않음을 안다.

그가 만약 몸을 닦고 계를 닦으며, 마음을 닦고 지혜를 닦는다면, 탐욕[增伺]을 없앨 수 있다. 왜 그런가. 이 사람은 마음에 나쁜 탐욕을 내 머물고 있기 때문이다.

이와 같이 다툼과 성내어 원한 가짐, 성내어 얽매임, 말하지 않는 맺음, 아낌, 질투, 속임, 아첨, 스스로 부끄러워하지 않음, 남에 대해 부끄러움 없음에서도 계와 마음과 지혜를 닦아야만 나쁜 욕심과 나쁜 견해를 없앨 수 있다.

왜 그런가. 이 사람은 마음에 나쁜 욕심과 나쁜 견해를 내 머물고 있기 때문이다.

다시 여래는 이 사람이 이와 같이 몸을 닦고 계를 닦으며, 마음을 닦고 지혜를 닦는 줄을 안다.

만약 그렇게 몸을 닦고 계를 닦으며, 마음을 닦고 지혜를 닦으면 탐욕을 없앨 수 있다. 왜 그런가. 이 사람은 마음에 나쁜 탐욕을 내 머물지 않기 때문이다.

이와 같이 다툼과 성내어 원한 가짐, 성내어 얽매임, 말하지 않는 맺음, 아낌, 질투, 속임, 아첨, 스스로 부끄러워하지 않음, 남에 대해 부끄러움 없음에서도 나쁜 욕심과 나쁜 견해를 없앨 수 있다.

왜 그런가. 이 사람은 나쁜 욕심과 나쁜 견해를 내 머물지 않기 때문이다.”

여래의 행이 연꽃과 같음을 보이시고, 경 이름을 보여 지니게 하심

“마치 푸른 연꽃과 붉고 빨갛고 흰 연꽃이 물에서 나서 물에서 자랐지만, 물 위에 나와 물에 묻지 않는 것과 같다.

이와 같이 여래는 세간에서 나서 세간에서 자랐지만, 세간의 행[世間行]을 뛰어나고 세간의 법[世間法]을 집착하지 않으신다. 왜 그런가. 여래·집착 없는 이·바르게 깨친 분은 온갖 세간을 벗어났기 때문이다.”

그때에 존자 아난다는 털이를 잡고 붇다를 모시고 있었다. 이에 존자 아난다는 두 손을 맞잡고 붇다께 말씀드렸다.

“세존이시여, 이 경을 무엇이라 이름하며, 어떻게 받아 지녀야 합니까.”

이에 세존께서는 말씀하셨다.

“아난다여, 이 경은 ‘푸르고 흰 연꽃으로 비유한 경’이라 이름하니, 너는 이와 같이 잘 받아 지녀 외워야 한다.”

그때에 세존께서는 여러 비구들에게 말씀하셨다.

“너희들은 함께 이 ‘푸르고 흰 연꽃으로 비유한 경’을 받아, 외워 익히고 지켜 지녀야 한다.

왜 그런가. 이 ‘푸르고 흰 연꽃으로 비유한 경’은 법 그대로의 뜻이 있어서, 이것이 범행의 근본이라 신통을 이루고 깨달음을 이루며, 니르바나를 이루기 때문이다.

만약 좋은 종족의 사람으로 수염과 머리를 깎고 가사를 입고, 지극한 믿음으로 집을 버리어 집이 없이 도를 배우는 자는 반드시 ‘푸르고 흰 연꽃으로 비유한 경’을 받아 잘 읊고 외워 지녀야 한다.”

붇다께서 이렇게 말씀하시니, 존자 아난다와 여러 비구들은 붇다의 말씀을 듣고 기뻐하며 받들어 행하였다.

• 중아함 92 청백연화유경(靑白連華喩經)

니르바나는 죽어 있는 고요함이 아니라 마음의 해탈이고 지혜의 해탈이며, 머묾 없고 닫힘 없는 해탈의 행으로 자비의 행으로 드러난다.

몸과 입의 악한 행은 그 바탕이 탐냄이고 탐냄의 바탕은 어리석음이다. 그러므로 아직 지혜의 행이 다 갖춰지지 않아도 몸을 경계하고 입을 경계하면 몸과 입을 따라 그른 법을 없앨 수 있다. 그러나 몸과 입의 그른 법의 바탕이 되는 탐욕은 저 탐내는바 경계가 공한 줄 모르면 그 탐욕의 불이 꺼지지 않으니 지혜를 통해서만 탐욕이 사라질 수 있다.

여래는 중생의 그른 행을 막아 착한 행을 짓도록 하기 위해 먼저 프라티목샤의 계법을 설해 몸을 닦게 하고, 나아가 지혜의 법으로 마음을 닦아 탐냄과 성냄, 어리석음의 뿌리를 뽑게 하신다.

그렇게 하여 번뇌의 뿌리가 빠져 사마디가 되고 지혜가 되면 낱낱 행은 지혜인 해탈의 행이 되고 사마디인 프라티목샤의 행이 되어 물든 세간에 살아도 물듦 없다. 마치 저 연꽃이 물에서 나서 물에서 자라되 물에 묻지 않음과 같다.

이것이 크신 스승 여래의 해탈의 삶이며 가르침이니, 여래의 제자 또한 크신 스승을 따라 이 세간에 살되 마치 허공처럼 막힘없고 연꽃처럼 물듦 없이 살아야 할 것이다.

존자 아난다가 파탈리푸트라 성에서
단이슬의 법문을 보이다

나는 들었다, 이와 같이.

한때 붇다께서 온전한 니르바나에 드신 지 오래지 않아 이름과 덕이 높은 많은 비구들은 파탈리푸트라 성에 노닐면서 닭숲정사에 머무르고 있었다.

이때 '여덟 성 열째 거사'[第十居士八城]는 많은 값진 재물을 가지고 파탈리푸트라 성에 가서 사업으로 장사를 하였다.

이에 여덟 성 열째 거사는 그 많은 재물을 빨리 팔아 큰 재물의 이익을 얻고 기뻐 뛰면서 파탈리푸트라 성을 나와, 닭숲정사의 이름과 덕이 높은 많은 비구들이 있는 곳에 가서 머리를 대 그들 발에 절하고 물러나 한쪽에 앉았다.

상인 거사가 아난다 존자를 찾아가 진리의 뜻을 물음

때에 이름과 덕이 높은 많은 비구들은 그를 위해 설법하여 간절히 우러르는 마음을 내게 하여 기쁨을 성취하게 하였다.

그들은 한량없는 방편으로 그를 위해 설법하여 간절히 우러르는 마음을 내게 하여 기쁨을 성취하게 한 뒤에, 잠자코 앉아 있었다.

많은 이름과 덕이 높은 비구들이 그를 위해 설법하여 간절히 우러르는 마음을 내게 하고 성취하게 하자, 이에 여덟 성 열째 거사는 말했다.

"높은 존자들이시여, 지금 존자 아난다는 어디 계십니까. 나는 가서 뵈오려 합니다."

여러 높은 비구들이 대답했다.

"거사여, 존자 아난다는 지금 바이살리 성의 원숭이 못가에 있는 높은 누각에 계시오. 뵙고 싶으면 그곳으로 가시오."

이에 여덟 성 열째 거사는 곧 자리에서 일어나 여러 높은 비구들 발에 머리를 대 절하고 세 바퀴 돌고 떠나갔다.

그는 존자 아난다가 있는 곳으로 가서 머리를 대 발에 절하고 물러나 한쪽에 앉아 말했다.

"존자 아난다시여, 묻고 싶은 것이 있는데 제 물음을 들어주시겠습니까."

존자 아난다가 말했다.

"거사여, 묻고 싶은 것이 있으면 곧 물으시오. 나는 들은 뒤에 사유해보겠소."

거사가 물었다.

"존자 아난다시여, 세존이신 여래·집착 없는 분·바르게 깨치신 분께서는 지혜의 눈을 성취하시어 으뜸가는 진리의 뜻[第一義]을 보셨습니다.

세존께서 한 법을 말씀하실 때에, 만약 거룩한 제자가 흐름이 다해 남음이 없음[漏盡無餘]에 머무른다면, 마음의 해탈을 얻을 수 있습니까."

존자 아난다가 대답했다.

"그렇소."

네 가지 선정과 한량없는 마음, 네 가지 무색계의 선정을 보임

거사가 물었다.

"존자 아난다시여, 세존이신 여래·집착 없는 분·바르게 깨치신 분께서는 지혜의 눈을 성취하시어 으뜸가는 진리의 뜻을 보셨습니다.

그렇다면 어떻게 한 법을 말씀하실 때에, 만약 거룩한 제자라면 흐름이 다해 남음이 없음에 머물러서 마음의 해탈을 얻을 수 있습니까."

존자 아난다가 대답했다.

"거사여, 많이 들은 거룩한 제자는 탐욕을 떠나고 악하여 착하지 않은 법을 떠나, 느낌과 살핌이 있는 첫째 선정을 성취하고 나아가 넷째 선정을 성취하여 노닐며, 그는 이곳[此處]에 의지하여 법을 법 그대로 살피오.

그가 이곳을 의지해 법을 법 그대로 살피면, 거기 머물러 흐름이 다하게 된다는 것은 그럴 수가 있소.

그러나 만약 거기에 머물러 흐름이 다하지 못하게 된다 해도, 이 법으로 말미암아 법에 하고자 함을 내고 법을 사랑하며, 법을 즐겨하고 법을 생각하며, 즐겨하고 기뻐하여 '다섯 가지 낮은 곳의 묶음'을 끊어 다한다 합시다.

그러면 저 세상에 변화해 나서 그곳에서 온전한 니르바나에 들고서 물러나지 않는 법을 얻어 끝내 이 욕계에는 돌아오지 않소.

거사여, 많이 들은 거룩한 제자는, 마음이 사랑과 함께 하여 일방에 성취하여 노닐며, 이와 같이 이·삼·사방, 네 모서리, 위아래의 온갖 곳에 두루하오.

마음은 사랑과 함께하기 때문에 맺음도 없고 원망도 없으며, 성냄도 없고 다툼도 없어, 아주 넓고 매우 크고 한량없이 잘 닦아 온갖 세간에 두루 가득히 성취하여 노니오.

이와 같이 슬피 여기는 마음·기뻐하는 마음이 평정함[捨]과 함께 하여 맺음도 없고 원망도 없으며, 성냄도 없고 다툼도 없어, 아주 넓고 매우 커서 한량이 없이 잘 닦아 온갖 세간에 두루하여 성취하여 노닐며, 그는 이곳을 의지하여 법을 법 그대로 살피오.

그가 이곳에 의지하여 법을 법 그대로 살피면[觀法如法], 거기에 머물러서 흐름이 다하게 된다는 것은 그럴 수 있소.

그러나 만약 거기에 머물러 흐름이 다하지 못하게 된다 해도 그 법으로 말미암아 법에 하고자 함을 내고[欲法], 법을 사랑하며, 법을 즐겨하고 법을 생각하며, 즐겨하고 기뻐하여 '다섯 가지 낮은 곳의 묶음'을 끊어 다한다 합시다.

그러면 저 세상에 변화해 나 그곳에서 온전한 니르바나에 들고서, 물러나지 않는 법을 얻어 끝내 이 욕계의 세상에 돌아오지 않소.

이것이 여래·집착 없는 분·바르게 깨친 분께서 지혜의 눈을 성취하여 으뜸가는 진리의 뜻을 보시고 한 법을 말씀하실 때, '만약 거룩한 제자로서 흐름이 다하여 남음이 없으면 마음이 해탈한다'고 말씀하신 것이오.

거사여, 많이 들은 거룩한 제자는 '온갖 빛깔이라는 생각'[一切色想]을 건너 나아가 '생각 있음도 아니고 생각 없음도 아닌 곳'의 선정을 성취하여 노닐며, 그는 이곳을 의지하여 법을 법 그대로 살피오.

그가 이곳을 의지하여 법을 법 그대로 살피면, 거기에 머물러 흐름이 다하게 된다는 것은 그럴 수 있소.

그러나 만약 거기에 머물러 흐름이 다하지 못하게 된다 해도 그 법으로 말미암아 법에 하고자 함을 내고, 법을 사랑하며, 법을 즐겨하고 법을 생각하며, 즐겨하고 기뻐하여 다섯 가지 낮은 곳의 묶음을 끊어 다한다 합시다.

그러면 저 세상에 변화해 나서 온전히 니르바나에 든 뒤에는 물러나지 않는 법을 얻어 끝내 이 욕계의 세상에는 돌아오지 않소.

이것이 여래·집착 없는 분·바르게 깨친 분께서 지혜의 눈을 성취하여 으뜸가는 진리의 뜻을 보시고 한 법을 말씀하실 때, '만약 거룩한 제자로서 흐름이 다하여 남음이 없는 데에 머무른다면 마음이 해탈한다'고 말씀하신 것이오."

상인 거사가 존자 아난다의 설법을 크게 찬탄하고 대중에게 공양을 올림

이에 '여덟 성 열째 거사'는 곧 자리에서 일어나 가사 한 자락을 벗어 메고 두 손을 맞잡고 말했다.

"존자 아난다시여, 참으로 기이하고 참으로 뛰어나십니다.

저는 존자 아난다에게 한 단이슬의 문을 물었는데, 존자 아난다께서는 저를 위해 '열두 가지 단이슬의 법문'[十二甘露法門]을 한꺼번에 말씀하였습니다. 이제 이 열두 가지 단이슬의 법문은 반드시 의지하는 바를 따라 안온하게 벗어날 수 있을 것입니다.

존자 아난다시여, 마치 마을에 가기 멀지 않은 곳에 큰 집이 있어 열두 문을 열어놓은 것과 같습니다.

어떤 사람이 볼일이 있어 그 집 안에 들어갔을 때 다시 어떤 사람이 와서, 옳음과 이익 구함을 돌아보지 않고 그 사람의 안온을 생각하지 않고 그 집을 불사르더라도, 존자 아난다시여, 그 사람은 반드시 그 열두 지계문에서 자기가 의지하는 문을 따라 나와 스스로 안온하게 될 것입니다.

이와 같이 저는 존자 아난다께 한 단이슬의 문을 물었는데, 존자 아난다께서는 저를 위해 열두 단이슬의 법문을 말씀하였습니다.

저는 이제 이 열두 단이슬의 문에서 반드시 의지하는 문을 따라 안온하게 나올 수 있을 것입니다.

존자 아난다시여, 저 브라마나의 법과 율 가운데서는 착하지 않은 법과 율을 말해도 오히려 그 스승께 공양하는데, 하물며 제가 어찌 큰 스승 존자 아난다께 공양하지 않겠습니까."

이에 여덟째 성 열째 거사는 그날 밤으로 아주 묘하고 깨끗하고 맛있으며 입에 녹는 넉넉한 먹을거리를 마련하였다.

그는 그 먹을 것을 마련한 뒤에 이른 아침에 자리를 펴고 닭숲정사의 대중과 바이살리 성의 대중을 청해 한곳에 모으고 손수 손 씻을 물을 돌린 뒤에, 곧 아주 묘하고 깨끗하고 맛나며 입에 녹는 넉넉한 먹을거리를 손수 덜어드려 모두 배불리 드시게 하였다.

공양이 끝나자 그릇을 거두고 손 씻을 물을 돌린 뒤에 오백 가지 물건을 가지고 집을 사서 따로 존자 아난다에게 보시하였다.

존자 아난다는 그것을 받아 사방상가[招提僧, caturdiśa-saṃgha]에 나누어주었다.

존자 아난다가 말한 것이 이와 같았으니, 여덟 성 열째 거사는 존자 아난다의 말을 듣고 기뻐하며 받들어 행하였다.

• 중아함 217 팔성경(八城經)

붇다께서 니르바나의 긴 여정 가운데 파탈리 마을을 지나시면서 파탈리 마을이 뒤에 번성한 도시로 건설될 것을 예언하시니, 이 경은 아마 파탈리 성이 건설된 뒤의 이야기를 기록한 것으로 보아야 할 것이다.

여덟 성[八城]이라는 말도 아마 계획도시인 성읍의 한 구역을 말하는 듯하고, 열째 거사[第十居士]라는 말도 아마 계획도시 안의 여러 상업지구에 특정 사업처를 가진 거사라고 볼 수 있을 것이다.

거사는 여러 비구 대덕들의 법문을 듣고, 붇다께서 니르바나에 드신 뒤 교단의 중심이 되어 있는 아난다 존자를 찾아가 법을 묻는다.

묻는 뜻은 세존이 가르치신 으뜸가는 진리의 뜻을 깨친 이의 삶의 머묾이다. 세존의 으뜸가는 진리의 뜻[第一義]을 바로 깨달아 남음 없음에 머무르면 취할 모습이 없어서 마음의 해탈을 얻게 된다.

그러나 법을 듣고서 한 생각에 바로 남음 없음에 머물러 해탈하지 못한다 해도, 저 온갖 법이 인연으로 난 것이라 취할 모습이 없는 줄 바르게 이해하고서, '다섯 가지 낮은 곳의 묶음' 끊게 하는 네 가지 선정을 닦으면 욕계를 떠나 니르바나에 들 수 있다.

나아가 큰 사랑과 슬피 여김·따라 기뻐함·평정함의 네 가지 한량없는 마음의 선정에 머무르면 네 가지 한량없는 마음의 처소에서 남음 없음에 이를 수 있다.

또한 욕계의 탐욕을 떠나 지혜의 흐름에 들어가고, 나아가 다시 번뇌의 땅에 돌아옴이 없이 앞으로 나아가면, 아나가민이 되어 니르바나에 들어 남음 없음에 이를 수 있다.

나아가 온갖 빛깔을 건너 허공의 곳·온갖 앎의 곳·있는 바 없는 곳·생각 있음도 아니고 생각 없음도 아닌 곳의 선정에 의지해 법을 법 그대로 살피면 흐름 다해 남음 없음에 머물 수가 있다.

이와 같이 아난다 존자는 여래가 보인 차제가 있는 방편의 선정을 닦더라도 그 가운데서 연기의 실상을 바로 살펴 그 선정의 모습을 집착하지 않으면 그 선정의 법을 통해 니르바나의 단이슬의 문에 들어설 수 있음을 보인다.

이는 선정을 의지해 탐욕과 번뇌를 끊되 그 선정의 모습을 집착하지 않을 때 지혜를 성취하고 남음 없음에 이르를 수 있음을 보인 것이다.

이 문답에서 보인 선정법은 차제의 선정문을 방편으로 보인 것이다. 그러므로 자칫 선정의 모습과 선정의 차제를 집착하면, 선정이 그대로 지혜인 선정이 되지 못하게 된다.

번뇌의 모습과 선정의 모습이 모두 공한 줄 알면, 선정의 차제와 선정의 모습마저 취하지 않게 되고, 선정의 고요함에 머물지 않게 된다. 그렇게 되면 차제의 선정법을 버리지 않고 중생 번뇌와 세속의 모습 속에 이미 구현되어 있는 니르바나의 진실을 보고 끝내 번뇌를 돌이켜 남음 없음에 이르게 될 것이다.

세존이 이미 파리니르바나에 드셨지만 세존이 실로 가셨다고 보아서는 안 되니, 중생과 세계가 본래 공해 고요한 실상이 여래의 니르바나의 모습이다. 그러므로 언제 어느 곳에서도 중생이 남이 없는 법인[無生法忍]에 머물면 늘 여래의 파리니르바나에 함께 머물며 여래의 언약을 받고 여래를 따라 중생 교화의 법바퀴를 굴리게 되는 것이다.

『화엄경』(「십인품」)은 말한다.

온갖 모든 세간의 모습과
중생의 한량없는 업은
평등하여 다 변화와 같아
마쳐 다해 고요함에 머무네.

一切諸世間 及以無量業
平等悉如化 畢竟住寂滅

보디사트바가 이 법인에 머물면
널리 모든 여래를 뵈옵게 되며

때를 같이해 언약을 주시는 것이니
이를 붇다의 일감 받음이라 하네.

菩薩住此忍　普見諸如來
同時與授記　斯名受佛職

삼세의 모든 법이 늘 고요하여
청정한 모습 깨달아 통달하면
늘 고통바다 중생을 교화해
착한 길 가운데 이끌어둘 수 있네.

了達三世法　寂滅淸淨相
而能化衆生　置於善道中

보디사트바의 마음은
세간을 떠나지 않으며
또한 세간에 머물지 않네.
세간이 바로 세간이 아니라
세간 밖에서 온갖 것 아는 지혜
따로 구해 닦아 행하지 않네.

心不離世間　亦不住世間
非於世間外　修行一切智

상가공동체의 거룩한 수행자들

제5부

상가공동체의
거룩한 수행자들

대승불교 당시 시대불교의 요구는
출가·재가를 아우르는 실천주체의 설정에
그 힘이 모아지지 않을 수밖에 없었다. 이런
시대적 요구 속에서 출가주의적 성문승을
비판함으로써 보살승을 세우기 위해서는 그
매개 과정으로 연각승을 설정하지 않을 수
없었을 것이다. 교판적 시각에서 연각승은
붇다가 계시지 않음에도 불구하고 남기신
교법을 듣고서 해탈에 이르른 이이므로
성문승보다도 높은 단계의 수행자로 설정된다.
연각승을 삼승 가운데 중승의 수행자로 보는
것이 바로 그런 시각을 반영한다.

초기 불교 상가에서 붇다의 성문제자들과 후대 삼승(三乘)의 전개

1. 초기 불교에서 성문제자들과 성문 · 연각의 뜻

성문(聲聞)이란 말은 지금 역사적인 뜻과 교판(敎判)의 뜻이 서로 뒤섞여 쓰이고 있어서 개념에 많은 혼란이 있다.

『아함경』에서 붇다께서는 사리푸트라 · 목갈라야나 등 제자들에 대해 이야기할 때 늘 '나의 성문제자 가운데 지혜가 으뜸인 이', '나의 성문제자 가운데 신통이 으뜸인 이' 또는 '나의 성문 가운데 두타행이 으뜸인 이'라고 말씀한다.

성문의 범어는 슈라바카(śrāvaka)로서 말 그대로 '소리를 듣고 깨친 이'라는 뜻을 담고 있다. 성문이란 말은 붇다의 육성을 직접 듣고 지혜의 흐름에 들어간 이[入流], 아라한을 이룬 이들을 말하니, 붇다를 직접 만나 가르침을 들은 제자들을 모두 일컫는 뜻이다.

성문이 소리를 듣고 깨친 이라는 넓은 뜻을 갖고 있지만, 경전에서 성문은 보통 출가한 상가제자들을 가리키는 말로 쓰인다. 이는 아마 붇다께서 맨 처음 다섯 제자들에게 직접 사제법을 육성으로 말씀하고, 그 말씀을 들은 제자들이 아라한을 이루자 그들을 '말을 듣고 깨친 이'라고 이름하면서부터 출가상가 제자들을 일컫는 보편적 술어가 되었을 것이다.

그에 비해 범어 프라테카붇다(pratyeka-buddha)는 연각(緣覺) · 독각(獨覺)으로 번역되었는데, 연각은 '인연법을 깨친 이', 독각은 '홀로 깨친 이'라는 뜻이 된다.

한역 경에서는 소리로 옮겨 '벽지불'(辟支佛)이라 하는데, 붇다께서 세간에 출현하지 않았을 때 인연법을 홀로 깨쳐서 남에게 설법하지 않고 홀로 그 깨달음을 지킨 수행자를 나타내는 말이었다.

차츰 '홀로 깨친 이'라는 이 뜻은 깨달은 뒤 역사와 사회 속에 깨달음의 공덕을 회향하지 않는 치우친 수행자, 홀로 산숲에 숨어 지내며 선정을 닦는 수행자의 뜻으로 쓰이게 된다.

장안관정선사(章安灌頂禪師)의 『천태팔교대의』(天台八敎大意)는 프라테카붇다의 뜻을 다음과 같이 말한다.

프라테카붇다는 여기 말로 옮기면 홀로 깨친 이이다.

만약 붇다께서 세상에 오시지 않을 때에 태어나면 꽃이 날리고 잎이 지는 것을 살펴 단박 깨달음을 이루므로 홀로 깨친 이[獨覺]라 한다.

붇다께서 세상에 나서 인연법 설하심을 듣고 단박 깨달음 이루는 이를 인연법을 깨친(緣覺)이라 한다.

장안관정선사는 프라테카붇다를 독각이라 번역할 때는 붇다께서 세상에 계시지 않을 때 '홀로 깨친 이'라는 뜻이 되고, 연각이라 번역할 때는 붇다로부터 십이연기(十二緣起)의 가르침을 듣고 '인연법을 깨친 이'라는 뜻이 된다고 풀이한다.

보디사트바(bodhi-sattva)는 깨달음이라는 뜻의 보디(bodhi, 覺)와 중생이라는 뜻의 사트바(sattva, 衆生)의 합성어로서 '오롯이 깨달음에 나아가는 중생', '깨달음을 이룬 중생', '위로 보디를 구하고 아래로 중생을 건지는 이'라는 뜻을 담고 있다.

그러므로 보디사트바는 원래 대승불교에서 설정한 역사적 개념의 실천주체로서 '깨달음을 역사와 사회 속에 회향하는 이타적 수행자'만을 뜻하는 말이 아니다. 그 뜻은 붇다의 가르침을 듣고 '보디에 바르게 나아가는 이' 모두를 나타내는 말이 된다.

붇다 당시에도 상가가 확장되면서 출가한 뒤 눈으로 직접 붇다의 얼굴을 뵙지 못하고 귀로 직접 말씀도 듣지 못하고, 전해들은 가르침을 사유하여 수행하다 뒤에 붇다를 뵙게 된 비구가 등장한다.

이런 비구도 엄밀하게 보면 연각에 해당되지만 경은 그들을 모두 성문제자라 부른다. 후대에 성문·연각·보디사트바에 교판적인 의미, 역사적 가치판단이 부여되기 전에는 성문·연각·보디사트바의 뜻이 서로 배타적이지 않았던 것으로 볼 수 있다.

다시 성문·연각·보디사트바라는 세 주체를 깨달음에 이르는 방법론적인 개념으로 살펴보자.

성문은 스승을 직접 만나서 그 육성의 가르침과 깨우침을 들어서 이해하는 이들이니, 감성적 방법에 의거해서 깨달음에 이르는 이들이다.

연각은 직접 눈으로 보지 않더라도 뜻을 전해 듣거나 남긴 가르침을 사유해서 이해하는 이들이니, 이성적 사유에 의해서 깨달음에 이르는 이들이다.

보디사트바는 이성과 감성의 구분이 없이 생활 전체를 반성하고 돌이켜서 해탈에 이르는 이들이니, 실천적인 삶에 의해 깨달음에 이르는 이들이라 할 수 있다.

중국 선종사에서 달마선문(達摩禪門)은 제자가 스승을 직접 눈

앞에서 보고 법을 이어받는 것이 부모 자식이 혈맥으로 이어져감과 같다고[血脈相傳] 말한다. 그에 비해 천태선문(天台禪門)에서는 혜문선사(慧聞禪師)가 나가르주나(Nāgārjuna, 龍樹) 존자의 『중론』(中論)에서 깨달아 용수의 법을 이었다고 말함으로써, '들어서 아는 전함'이 중요시된다.

'보아서 아는 전함'[見知之傳]과 '가르침을 들어서 아는 전함'[聞知之傳]은 유가(儒家)의 말이지만 불교에서도 이 말은 통용되는 것이니, 달마선문이 보아서 아는 전함을 중요시해 혈맥으로 전함[血脈單傳]을 주장한다면, 천태선문은 '들어서 아는 전함'과 '직접 보고서 전함'을 함께 말한다.

우리 불교사에서 고려말 태고(太古)·나옹(懶翁)·백운(白雲) 세 선사가 원(元)에 들어가 태고·백운선사가 임제종 석옥청공(石屋淸珙)의 법을 받아오고 나옹선사가 평산처림(平山處林)의 법을 받아와 임제법을 이었다고 말하는 것은 '보아서 아는 전함'을 이어온 것이다.

그에 비해 고려 수선사(修禪社)의 보조지눌선사(普照知訥禪師)가 대혜종고선사(大慧宗杲禪師)의 어록을 읽고 가슴에 뭉친 응어리가 풀어졌다고 말하는 것이나, 백련사(白蓮社)의 원묘요세선사(圓妙了世禪師)가 천태선사의 『관무량수불경묘종』(觀無量壽佛經妙宗)을 읽고 깨쳐 얼굴에 큰 미소를 지었다고 한 것은 '들어서 아는 전함'을 받은 것이라 할 수 있다.

조사선풍(祖師禪風)에서 직접 선지식을 만나 말 아래 크게 깨치는[言下大悟] 가풍을 중시하는 것이 성문적 방법론에 가깝다면, 경교(經敎)와 비나야를 연찬하여 교의(敎義)를 통달해서 사마디와 지혜를 얻는 것은 연각적 방법론에 가깝다 할 것이다.

중국 법안종(法眼宗) 현사사비선사(玄沙師備禪師)는 젊어서 온 천하로 선지식을 찾아 돌아다니며 법을 물었다. 그러다가 선지식 참방의 길을 떠나기 위해 총림의 고개를 넘다 발가락을 크게 다친 뒤 선지식 찾는 유행(遊行)을 그만두고 『수랑가마수트라』(首楞嚴經)를 읽다 크게 깨쳤다.

이것은 눈에 보이는 스승에게 직접 들음으로부터 여래의 가르침을 사유해 깨닫는 것으로 방법론적 전환을 하여 큰 깨달음을 얻은 예라 할 것이다.

위에서 간략히 살핀 바처럼 성문·연각·보디사트바가 감성적 방법, 이성적 방법, 실천적 방법으로 그 중시하는바 방법론의 차이가 있지만, 구체적 수행과정에서 세 가지 방법론은 서로 겹쳐지고 어우러지는 것이다.

역사적으로는 붇다께서 세간에 머물러 계시던 당시, 크신 스승 붇다의 가르침을 직접 귀로 듣고 눈으로 붇다의 모습을 바라본 제자가 성문으로 분류되고, 붇다 니르바나 이후 남겨진 가르침을 사유해 아라한의 도를 닦아 행한 이들은 연각이 된다.

그에 비해 붇다 계시던 시대로부터 때가 멀어져 성문·연각의 실천이 관념화되고 내면화되자, 그 성문·연각의 실천적 치우침을 비판해서 연기론의 실천관을 파라미타행으로 이해한 능동적이고 구세적인 수행자들을 보디사트바라 한다.

중국 송대 천태가의 큰 법사인 보윤(普潤)이 엮은 『번역명의집』(翻譯名義集)에서는 성문·연각·보디사트바의 기본적인 뜻을 다음과 같이 기록하고 있다.

붇다의 가르침은 진리를 말해[佛敎詮理] 중생의 마음을 교화해 돌이켜서 범부의 삶을 뛰어넘어 성인의 땅[聖域]에 올라 들어가게 한다.

그 가운데 어떤 이는 괴로움[苦]을 알아 늘 싫어해 떠날 뜻을 품고, 괴로움 모아내는 원인[集]을 끊어 나고 죽음 윤택케 함을 길이 쉬며, 높이 함이 없음[無爲]에 계합하고 도(道)를 닦아 오직 스스로 건념[自度]을 구하니, 이는 성문승(聲聞乘)이다.

그 가운데 어떤 이는 무명(無明)이 바로 망령됨의 비롯함임을 살피고 모든 지어감[諸行]이 허깨비임을 알아, 두 나고 죽음의 원인[二因]이 이끌어 이어감을 끊고, 다섯 가지 결과[五果]로 나타나는 얽매임을 없애니, 이는 연각승(緣覺乘)이다.

그 가운데 어떤 이는 한 자식이라도 평등히 살펴 뭇 삶들[諸萌]을 널리 건지려 네 가지 넓은 서원의 마음을 잡고 여섯 파라미타의 범행(梵行)을 움직이니, 이는 보살승(菩薩乘)이다.

그 강 건념[渡河]을 말하면 코끼리·말·토끼의 다름이 있지만, 삼계의 불타는 집 벗어남[出宅]을 논하면 실로 양과 사슴, 소, 세 수레[羊鹿牛三車]의 다름이 없는 것이다.

위의 성문승·연각승·보살승의 정의에서 성문을 사제법에 연결시켜 작은 실천의 수레[小乘]로 보고, 연각을 십이연기에 연결시켜 가운데 수레[中乘]로 보며, 보디사트바를 여섯 파라미타에 연결시켜 마하야나의 큰 수레[大乘]로 보는 것은 이미 대승에서 형성된 교판적인 뜻이 가미된 것이다.

그렇지만 보윤법사는 천태가의 입장대로 '그 강 건너는 방편'에는 다름이 있지만 '저 언덕에 건너감과 불난 집에서 벗어남'에는 다름이 없다고 말한다.

『번역명의집』에서는 다시 붇다 당시 주요한 성문제자의 이름을 다음과 같이 들고 있다.

다섯 비구[五比丘] 아즈냐타 카운디냐(Ājñāta-kauṇḍinya), 아쓰바짓(Aśvajit), 바드리카(Bhadrika), 바스파(Vāṣpa), 마하나마 쿨리카(Mahānāma Kulika).

십대제자(十大弟子) 사리푸트라(Śāriputra), 마하목갈라야나(Mahāmaudgalyāyana), 마하카샤파(Mahākāśyapa), 아니룻다(Aniruddha), 수부티(Subhūti), 푸르나마이트레야니푸트라(Pūrunamaitreyaṇiputra), 마하카타야나(Mahākātyāyana), 우팔리(Upāli), 라훌라(Rāhula), 아난다(Ānanda).

그 밖의 여러 성문들 핀도라 바라드바자(Piṇḍola-bhāradvāja), 바쿠라(Vakkula), 난다(Nanda), 레바타(Revata), 마하카우스틸라(Mahākauṣṭhila), 가밤파티(Gavāṃpati), 필림다바차(Piliṃdavatsa), 순다라남다(Suṅdaranaṃda), 우루빌라 카샤파(Uruvilvā-kāśyapa), 가야 카샤파(Gayā-kāśyapa), 나디 카샤파(Nadī-kāśyapa), 카핀나(Kapphina), 나쿨라(Nakula), 우파티샤(Upatiṣya, 사리푸트라의 아버지), 우타라(Uttara), 데바세나(Devaśena), 아차라(Ācāra), 칼로다인(Kālodayin, 黑光), 우다인(Udāyin), 우파니사다(Upaniṣada), 추다판타카(Cūḍapanthaka), 마하판타카(Mahāpanthaka), 스바가

타(Svāgata), 파르쓰바(Parśva), 수밧드라(Subhadra), 마하프라
자파티(Mahāprajāpati), 야소다라(Yaśodharā), 스로나코티빔사
(Śroṇakoṭīviṃśa).

붇다 니르바나 드신 바로 뒤의 제자들 마드얌티카(Madhyāṁtika, 末
田地), 우파굽타(Upagupta, 優波毱多).

아난다 존자의 세 이름 한 분의 아난다를 성문장·연각장·보살
장을 전한 세 가지 다른 이름의 아난다로 보임.
아난다(Ānanda: 慶喜 · 聲聞藏 · 三藏敎를 지니어 전한 아난다).
아난다바드라(Ānandabhadra: 喜賢 · 緣覺藏 · 通敎를 지니어 전한
아난다). 아난다사가라(Ānandasāgara: 喜海 · 菩薩藏 · 圓敎를 지니
어 전한 아난다).

2. 성문승·연각승·보살승의 역사적인 뜻

1) 삼승의 성립과 교단의 분열

붇다 당시 직접 말씀을 듣고 해탈의 과덕을 얻은 수행자들을 여래
는 '나의 성문제자'라고 불렀다. 이들은 붇다를 직접 만나뵙고 가르
침을 들어 마음의 해탈, 지혜의 해탈을 얻은 제자들이므로 경전에서
늘 긍정적인 뜻으로 쓰였다.

붇다 니르바나 이후에도 성문은 후대 상좌부 교단 상가의 수행자
들이 따라 배워야 할 이상적인 인간형으로 추앙받았다.

보윤법사는 『번역명의집』에서 대표적인 성문에 대해 사슴동산의
다섯 비구와 십대제자, 그밖의 난다 · 레바타 등 여래의 뛰어난 제자

들의 이름을 들고 여래 니르바나 바로 뒤의 제자인 우파굽타와 마드얌티카만을 들고 있다.

이런 점을 보더라도 성문은 여래로부터 직접 육성의 가르침을 들은 제자로서 추앙받는 현성을 일컫는 말이라 할 수 있다.

성문을 낱말 뜻 그대로 '소리로 직접 들어서 깨친 이'라고 정의하면, 붇다 니르바나 이후 대승불교가 발흥하던 때까지 출가상가의 수행자들은 성문이라기보다는 '인연의 가르침에 대한 사유를 통해 깨달아가는 이' 곧 연각으로 정의되어야 할 것이다.

성문이 부정적인 뜻으로 규정되어가는 것은 대승불교가 일어나면서부터이다. 대승의 범어는 마하야나(mahāyāna)이니, 마하야나는 크나큰 실천의 수레라는 뜻이다.

대승의 실천가들은 여래의 가르침이 곧 나만을 싣고 저 언덕에 이르는 작은 수레가 아니라 나와 중생을 함께 해탈에 이끄는 파라미타의 '크나큰 수레'라고 주장한다.

대승의 입장에서 오직 듣기만 하고 가르칠 줄 모르거나 자기해탈만으로 해탈의 완결을 주장하는 실천론은 붇다의 뜻과는 다른 치우친 주장이고 '작은 해탈의 수레'[hīna-yāna, 小乘]일 뿐이다.

연기법에서 나[我]는 나 없는 나이니, 나에 저 세계와 무관한 나는 없다. 그러므로 나의 참모습을 살펴서 해탈에 이끄는 실천은 세계로부터 고립된 자아의 내면에 돌아감일 수 없다.

연기법에서 해탈은 나와 세계의 연기적 실상을 깨달아, 나와 중생, 나와 세계의 모습에 모습 없되[於相無相] 모습 없음도 없는 실상[無相實相]을 온전히 실현하는 일이다.

자아와 세계의 연기적 진실을 실현해가는 인식과 실천이 파라미타행이다. 파라미타행은 여래가 설한 여덟 가지 바른 삶의 길 [八正道]의 시대적 해석이다. 그러므로 대승의 보살승(菩薩乘, bodhisattva-yāna)에서 성문승(聲聞乘, śravaka-yāna)에 대한 비판은 여래의 제자로서 바르게 행한 성문제자에 대한 비판이 아니다.

그 비판은 여래의 성문제자들을 이상화하면서 '출가중심주의' '내면주의'에 빠져 '자기해탈'만을 주장하는 시대불교의 병폐를 부정해 붇다의 연기적 실천에 복귀해가는 실천운동이다.

성문승에 대한 보살승의 비판은 부파불교 시대 성문에 대한 그릇된 이해와 왜곡된 실천관을 깨뜨려 붇다 당시 성문의 실천적 지향을 그 시대에 새롭게 천명코자 함이다.

붇다 당시 성문의 실천적 이상은 '가르침의 소리 들어 자기해탈만을 추구하는 것'이 아니다. 성문은 '여래의 가르침을 스스로 많이 듣고[多聞] 남을 위해 법을 해설하고 법을 말하며 중생을 법의 흐름에 이끌고 해탈의 저 언덕에 이끄는 자'이다.

'소리 들어 깨치는 이'가 출가상가의 제자에게만 국한되는 것은 아니지만, 실제로 성문은 '출가한 여래의 제자'들로 그 뜻이 제한되어 왔다.

그러므로 대승가의 새로운 해석에 의해 실천주체로서 '스스로 소리 들어 깨닫고 널리 가르침을 전하는 이'는 이제 출가와 현전상가의 한계를 넘어 역사공동체 전체로 확장되고 출가 · 재가의 형식적 틀을 넘어서서 출가 보디사트바와 재가 보디사트바로 그 뜻이 확장된다.

대승불교에서 처음 성문승 · 보살승으로 실천주체를 나누던 것이 연각승이 추가되어 성문승 · 연각승 · 보살승의 삼승(三乘)으로 확장

된다.

이는 아마 아직 보디사트바의 이타적 실천행으로까지 철저화되지 못했지만, 이성적 사유를 중시해서 여래의 가르침을 실천하는 수행자의 무리를 연각승으로 상정함으로써일 것이다.

또 연각승은 붇다 니르바나 이후 여래의 가르침을 직접 듣지는 못했지만 남겨진 교설을 통해서 해탈의 도를 추구하는 시대상황이 반영되어 있다.

연각승을 소승(小乘)에 대해 중승(中乘)이라고 교판하는 것은 소리로 직접 가르침을 듣지 못해도 보다 심화된 교리를 접해서 스스로 이성적 사유를 통해 해탈에 이르는 수행자를 성문승보다 높은 수준의 수행자로 판단하는 사고가 깔려 있다.

대승불교 발흥 당시 보살승을 제창하는 새로운 불교의 실천가들은 성문승을 이상적 실천의 모형으로 생각하던 당대 상가 중심 불교에 대한 비판을 성문승에 대한 비판으로 시작한다.

대승에서 비판은 본질의 발현을 위한 뒤틀림과 거짓됨의 비판이므로 비판을 통해 밝혀진 실천의 역동성이 실은 성문승의 참모습이 되어야 한다.

대승불교 당시 시대불교의 요구는 출가·재가를 아우르는 실천주체의 설정에 그 힘이 모아지지 않을 수밖에 없었다. 이런 시대적 요구 속에서 출가주의적 성문승을 비판함으로써 보살승을 세우기 위해서는 그 매개 과정으로 연각승을 설정하지 않을 수 없었을 것이다.

교판적 시각에서 연각승은 붇다가 계시지 않음에도 불구하고 남기신 교법을 듣고서 해탈에 이르른 이이므로 성문승보다도 높은 단계 수행자로 설정된다. 연각승을 삼승 가운데 중승의 수행자로 보는 것이 바로 그런 시각을 반영한다.

역사적으로는 붇다를 직접 만나뵈었던 초기 상가의 수행자가 성문승이 되고, 붇다 니르바나 이후 교법을 사유해서 연기의 진리를 깨친 이들이 연각승이 된다. 다시 성문·연각의 치우친 수행론을 비판해서 보디사트바라는 새로운 실천주체를 내세운 불교운동이 보살승의 마하야나가 된다.

삼승의 역사적인 뜻을 분명히 하기 위해 다시 붇다 니르바나 이후 초기 대승까지, 출가상가를 중심으로 이루어진 교파의 분열과 경전의 결집, 법과 율에 대한 논쟁을 살펴보자.

붇다 니르바나 이후 맨 처음 법과 율의 결집은 그리드라쿠타 산 '일곱 잎사귀 나무 굴'[七葉窟]에서 오백 장로의 모임을 통해서 이루어지니, 『사분율』(四分律)의 '오백 사람의 스칸다'에 그 내용이 자세하다.

이때 마하카샤파를 중심으로 모인 장로들은 아난다 존자가 기억을 통해 송출(誦出)한 가르침을 '함께 외움'[合誦, saṃgīti]의 형식으로 공인하여 최초의 경장을 이루었다.

율(律, vinaya)은 우팔리 존자가 송출하여 율장이 이루어지게 된다.

당시 일차 결집의 중심이 되었던 마하카샤파 존자 이후 교단의 상승은 『아소카 왕에 관한 수트라』(阿育王經) 등에서 마하카샤파·아난다·사나카바시(Śānakavāsi, 商那和修)·우파굽타의 순으로 이어진 것으로 기록하고 있다.

사나카바시의 동문으로 아난다 밑에 마드얌티카가 있었다고 한다. 마하카샤파와 아난다가 모두 붇다의 직계 제자이고, 사나카바시와 마드얌티카가 아난다를 이은 사람들이므로 붇다 니르바나 이후 교단은 아난다 존자의 제자들에 의해 통솔된 것으로 보인다.

『선견율』(善見律)에 의하면 율의 전승은 우팔리(Upāli)·다사카(Dāsaka)·소나카(Sonaka)·식가바(Siggava)·목갈리푸르타·팃샤의 순으로 이어졌다. 남전(南傳)에서 목갈리푸르타는 아소카 왕의 스승으로 기록되어 있으므로 아소카 왕까지 교단이 오대(五代)를 이어온 셈이 된다.

여기서 붇다 니르바나 이후 왕조의 변화를 살펴보자.

붇다의 만년 마가다 국에서의 마지막 안거 뒤 니르바나의 여정을 떠나기 전 그리드라쿠타 산에서 설법하실 때의 마가다 국의 왕은 '아자타사트루'이다. 붇다의 니르바나는 아자타사트루 즉위 8년째라 한다.

마가다 국의 왕조는 수도를 파탈리푸트라로 옮기고 몇 대를 지나나가다사카(Nāgadāsaka) 왕 시대에 멸망하고, 마가다 국의 대신이었던 수수나가(Susunāga)가 왕위에 오른다.

이 시대에 아반티 국이 마가다 국에 의해 정복된다.

수수나가 왕조 이후 난다(Nanda) 왕조가 들어서 광대한 영토를 장악했으나 22년의 짧은 통치 끝에 멸망한다. 이때 마케도니아 알렉산드로스 대왕이 서북 인도에 침입하니 서력 기원전 326년이다. 알렉산드로스 대왕은 서북 인도까지 들어왔다 회군하던 도중 기원전 323년 바빌로니아에서 죽는다.

그 뒤 인도 중원에는 찬드라굽타 마우리아가 군사를 일으켜 난다 왕조를 무너뜨리고 마우리아(Maurya) 왕조를 세운다.

마우리아 왕조 때 서북 인도에서 그리스 세력을 몰아내고 인도를 통일하고 24년간 통치한다. 마우리아 왕조의 이대(二代)가 찬드라굽타 마우리아의 아들 빈두사라(Bindusāra) 왕이고 빈두사라 왕의 아들이 아소카 왕이니, 그의 왕위 계승 시기는 기원전 268년경이라 한다.

그러나 북전에서는 붇다 니르바나 이후 100년경에 아소카 왕이 출현했다고 한다.

이차 결집은 『사분율』의 '칠백 사람의 스칸다'에 그 내용이 실려 있다. 바이살리 비구들의 계율에 관한 열 가지 주장[十事]에 대해 칠백 장로가 모여 그 사항을 그릇된 법[非法]으로 결의하고 이차로 경율을 결집하였다 한다.

열 가지 문제가 되었던 계율의 사항은 다음과 같다.

① 다 먹고 나서 두 손가락으로 먹을 것을 집어먹을 수 있는가.
② 마을 사이에서 거듭 먹을 수 있는가.
③ 절 안에서 따로 하는 무리의 카르마가 이루어지는가.
④ 경계 안에서 따로 하는 카르마를 뒤에 허락할 수 있는가.
⑤ 여기에서 이것을 행하고는 이것이 항상한 법이라 할 수 있는가.
⑥ 다 먹은 뒤에 물과 버터 등을 섞어서 먹을 수 있는가.
⑦ 몸에 약으로 지닌 소금을 먹을 것에 넣어서 먹을 수 있는가.
⑧ 시주와 술을 마실 수 있는가.
⑨ 조각 내 자르지 않은 좌복을 가질 수 있는가.
⑩ 금은을 받을 수 있는가.

이 논쟁에서 계율에 관해 보수적 입장을 취한 칠백 장로들에 의해 열 가지 일이 법에 그릇된 일[非事]로 결의되었지만, 계율 해석의 형식주의를 반대했던 장로들이 그에 반발하여 따로 카르마를 행해 대중부 교단을 만들게 된다.

그렇게 해서 교단은 전통 비나야를 고수하는 상좌부(上座部, Thera-Vāda)와 계율 해석에 진보적인 대중부(大衆部, Mahāsaṅghika) 두 파로 나뉘게 되니, 이를 근본분열이라 한다.

이 무렵 위 계율 논쟁과는 별도로 마하데바(Mahādeva, 大天)라는 장로에 의해 아라한과 관계해서 다섯 가지 일[五事]에 대한 논쟁이 제기된다.

그 일이란 아라한이 비록 붇다의 한 이름이지만, 성문승이 수행의 완성자로 이해한 아라한과 붇다가 같지 않음을 제기한 것이다.

마하데바의 문제제기는 다음 다섯 가지이다.

① 아라한에게도 다른 꾀임이 있음[餘所誘] 아라한이 비록 이미 음욕과 번뇌가 없으나 악한 마라 등이 붇다의 법을 미워하여 선근 닦는 이들을 유혹해 선근을 깨뜨리면 깨끗하지 못한 것[不淨]들을 흘리게 된다.

② 아라한에게도 무지가 있음[無知] 아라한이 비록 샘이 없는 도를 닦아 삼계의 모습에 물든 번뇌[見思煩惱]를 끊고 물듦 있는 무명을 끊었지만 물듦 없는 무명[不染汚無知]은 끊지 못해 의혹이 남아 있다.

③ 아라한도 의심해 머뭇거림이 있음[猶豫] 아라한이 캄캄한 번뇌의 의혹[隨眠之疑]은 끊었으나 바른 곳과 그른 곳에 대한 의혹[處非處之疑]을 끊지 못해 비록 프라테카붇다가 되어도 늘 그 의혹이

있다.

④ 아라한은 다른 이가 과덕에 들어가도록 해야 함[他令入] 아라한
은 다른 사람의 언약에 의해서 자기가 아라한인 줄 안다. 그것은
사리푸트라·목갈라야나 존자가 지혜와 신통이 으뜸이지만 붇다
께서 언약주심을 의지해 자기가 해탈한 것을 안 것과 같다.

⑤ 아라한의 도는 소리로 인하여 일어남[道因聲故起] 아라한이 비
록 이미 해탈의 즐거움이 있지만 지심으로 스스로 '괴롭다'고 소
리내어 말해야 고제(苦諦)로 인해 거룩한 도가 일어날 수 있다.

계율에 관한 열 가지 일의 논쟁과 아라한에 관한 다섯 가지 일의
논쟁은, 단순히 계율에 대한 논쟁이 아니라 아라한을 신성시하고 계
율을 교조화했던 기존 상좌부 장로들에 대한 문제제기가 된다. 이런
계율에 관한 논쟁과 기성 성문교단에 대한 출가상가 내부의 문제제
기는 교리해석과 연결되어 결국 교단의 분열로 이어지게 된다.

교단의 분열은 상좌부와 대중부의 근본분열이 바탕이 되어 상좌
부는 일곱 번의 분열에 의해 십일 부로 나뉘고, 대중부는 본말(本末)
을 합해 구 부의 분열이 있어 모두 합해 이십 부파의 분열이 있었다.

상좌부 안에서도 아비다르마(abhidharma, 論)를 중시하는 기존 유
부종(有部宗)의 여러 부파에 대해, 수트라(sūtra, 經)를 중시하는 경
량부(經量部)의 분열이 맨 마지막 분열이 된다.

남전(南傳) 디파밤사(Dīpavaṃsa)와 현장법사가 번역한 세우(世
友, Vasumitra)의 『이부종륜론』(異部宗輪論)에 의거해 부파의 분열
을 도표화하면 다음과 같다.

남전 부파분열도

대중부	1계윤부	3다문부 4설가부
	2일설부	
		5제다산부
상좌부	1화지부	7설일체유부 9음광부 10설산부 11경부(경량부)
		8법장부
	2독자부	3법상부 4현주부 5밀림산부 6정량부

북전 설일체유부의 분파도는 다음과 같다.

북전 부파분열도

대중부	1일설부 2설출세부 3계윤부		
	4다문부		
	5설가부		
	6제다산부 7서산주부 8북산주부		
상좌부	1설일체유부	3독자부	4법상부 5현주부 6정량부 7밀림산부
		8화지부	9법장부
		10음광부	
		11경량부	
	2본상좌부(설산부)		

　남전의 부파분열은 상좌부가 본말을 합쳐 십이 부파, 대중부에서 본말을 합쳐 육 부파의 분열을 말하므로 모두 십팔 부파가 된다.

　북전의 부파분열은 대중부가 본말을 합쳐 구 부, 상좌부에서 십일

부를 말하므로 모두 이십 부파가 된다.

　북전의 일체유부론의 분파도에서는 설일체유부에서 화지부가 분열되어 나간 것으로 되어 있는데, 남전에서는 화지부에서 설일체유부가 분열되어 나간 것으로 되어 있다.

　북전에서 근본 지말을 합친 이십 부파의 한자와 원음을 표기하면 다음과 같다.

① 대중부	大衆部	Mahāsaṃghika	
② 상좌부	上座部	Sthavira	
③ 일설부	一說部	Ekavyavahārika	
④ 설출세부	說出世部	Lokottaravādin	
⑤ 계윤부	雞胤部	Kaukuṭika	
⑥ 다문부	多聞部	Bahuśrutīya	
⑦ 설가부	說假部	Prajñaptivādin	
⑧ 제다산부	制多山部	Caitika	
⑨ 서산주부	西山住部	Aparaśaila	
⑩ 북산주부	北山住部	Uttaraśaila	
⑪ 설일체유부	說一切有部	Sarvāstivādin(說因部, Hetuvādin)	
⑫ 본상좌부	本上座部, 雪山部	Haimavata	
⑬ 독자부	犢子部	Vātsīputrīya	
⑭ 법상부	法上部	Dharmottarīya	
⑮ 현주부	賢胄部	Bhadrayānīya(說轉部, Saṅkrāntika)	
⑯ 정량부	正量部	Sammatīya	
⑰ 밀림산부	密林山部	Ṣaṇṇagarika	

⑱ 화지부	化地部	Mahīśāsaka
⑲ 법장부	法藏部	Dharmaguptaka
⑳ 음광부	飮光部	Kāśyapīya(善歲部, Suvarṣaka)
㉑ 경량부	經量部	Sautrāntika

남전 디파밤사에서는 대중부 근본 지말 육 부 분열 이후, 다시 설산부(雪山部)·왕산부(王山部)·의성부(義城部)·동산부(東山部)·서산부(西山部)·서왕산부(西王山部)의 여섯 부파가 더 분출되었다고 한다. 이 뒤의 여섯 부파 가운데 설산부와 서산왕부를 제외한 네 부파를 안다카(Andhaka)라 하는데, 제다산부에서 분파한 것으로 보고 있다.

부파의 지역적 분포를 간략히 살펴보자.

대중부는 불멸(佛滅) 육백 년 무렵 중인도의 마투라 카우삼비 부근에서부터 북쪽으로는 간다라 지방에까지 퍼졌으며, 남인도 아마라바티 나가르주나콘다 근처에 큰 세력을 가지고 있었다고 한다.

대중부 계열의 제다산부·서산주부·동산주부의 이름이 크리슈나 강 하류 여러 유적에서 발견되고 있다.

상좌부 계열인 법상부·현주부 등의 이름은 서인도 뭄바이푸나 주변의 석굴에서 그 유적이 발견된다.

설일체유부는 마투라 지방에서부터 서북인도 간다라케시미르까지 크게 발전했다.

독자부·정량부의 유적으로는 마투라나 베나레스에 한정되고 있지만, 주요 근거지가 아반티 지방으로 추정되고 있다.

특히 정량부는 서쪽으로 인더스 강 하구에서 동쪽으로 벵골 지방에 이르기까지 널리 분포되어 있는 것으로 보고 있다.

부파 가운데 법장부 · 화지부 · 설일체유부 · 대중부 · 근본설일체유부 · 분별설부(상좌부)에서 독자적으로 정비된 율장(律藏, vinaya-piṭaka)을 가지고 있었으며, 아비다르마로는 경량부 · 설일체유부의 아비다르마가 대승불교의 중관(中觀) · 유가(瑜伽)와 함께 아비다르마 사대학파(四大學派)로 알려져 있다.

2) 교법 · 교판과 관계된 삼승의 풀이

붓다 당시 성문승으로부터 대승불교의 보살승이 형성될 때까지 교단은 근본지말 이십 부파의 분열과 인도 전역으로 교화지역의 확대가 함께 이루어진다.

이 무렵 붓다의 어금니 사리를 모신 스리랑카 지역과 붓다의 머리카락을 모신 미얀마 지역은 교화와 전법의 대상이 아니라 이미 중심지역으로 자리 잡았을 것이다.

교화지역의 확대는 전법과 호법의 왕[護法王] 아소카 시대 마우리아 왕조의 정치적 지배권의 확대와 함께 이루어진다.

아소카 왕은 인도와 주변 지역에 전법의 사절을 보내어 붓다의 가르침을 전한다.

부파의 분열은 한편으로 법과 율에 관한 논쟁의 시대이고 가르침의 왜곡의 시대이면서 아비다르마 불교의 번성으로 교리발전이 이루어지고 교화 지역의 확대가 이루어진 시기이기도 하다.

아비다르마 불교에서 법에 대한[對法] 고찰은 존재가 법에 의해 연기한 것이므로 존재가 공함[我空]을 밝히는 데 치중했지만, 존재를 이루는 여러 법[諸法] 자체가 다시 실체화되고 신비화됨으로써 아비다르마 불교의 발전과정은 대승논사들에 의해 불교철학의 왜곡의 과정으로 비판된다.

성문승 이후 보살승의 등장은 바로 법집(法執)에 떨어진 아비다르마 불교의 왜곡된 불교이해에 대한 실천적 비판운동에 다름 아니다. 보살승의 당대불교에 대한 비판은 성문승의 모습을 이상적인 인간형으로 믿고 상가의 비나야를 교조적으로 지키려는 유파에 대한 비판과, 여래의 남겨진 교법에 대한 이론적 사유를 통해 유아론적 해탈에 이르려는 유파에 대한 비판을 포괄한다.

보살승은 두 가지 입장으로 정리될 수 있다.

첫째 입장은 붇다의 교법을 잘못 이해하고 치우치게 행하는 성문승과 연각승에 대해, 보살승의 관점이 붇다의 연기의 진리를 올바로 실천하는 길이라고 주장하여 성문·연각에 대해 보살승의 차별을 강조하는 입장이다.

둘째 입장은 보살승이야말로 붇다의 가르침을 소리를 듣고 깨치거나 연기법을 사유해 깨치거나 깨달음에 이르는 모든 길에 통하는 실천의 길이라는 관점이다.

중국불교에서는 인도에서 들어와 한문으로 번역된 붇다의 모든 가르침을 자기종파 중심으로 통일적으로 이해하기 위한 교리이해의 잣대를 세우게 되었으니 그것이 교상판석(敎相判釋)이다.

천태교판으로 보면 앞의 입장은 성문·연각·보살승의 가르침이 서로 차별되게 설해진 교설[三乘別敎]이라 이해하는 입장이고, 뒤에 보살승으로 성문·연각을 거두어 보는 관점은 보살승의 교설이 성문·연각·보살의 삼승에 서로 통하여 설해짐[三乘通敎]이라 이해하는 입장이다.

교판에는 이처럼 역사적 개념으로서 성문·연각에 대한 비판의 뜻과 평면적 실천주체로서 성문·연각·보살승의 뜻이 서로 섞여 있으므로, 그에 대한 분별의 시각을 가지고 교판불교의 구분을 읽어야 할 것이다.

연기법에 대한 이해를 중심으로 다시 삼승과 일승의 관점을 살펴보자.

성문·연각승이 존재가 인연으로 일어나는 측면을 중심으로 존재가 공함을 살핌이라면, 보살승은 존재가 공할 뿐만 아니라 존재를 이루는 법마저 공함을 다시 강조하는 가르침으로 성문·연각승을 거둔다.

보살승의 법이 공하다는 말을 듣고 그 공을 다시 집착해 공의 자취를 떨쳐버리지 못하므로 성문·연각·보살승 위에 일승의 중도를 설정하면 이는 삼승과 차별되게 강조하는 일승[別敎一乘]이 된다.

그러나 성문·연각이 보는바 '연기의 있음'[緣起有]과 보살승이 보는바 '연기된 것이므로 공함'과 별교일승이 주장하는바 '공도 공함'에서 진실을 바로 보면, 연기가 곧 공함[卽空]이고 공도 공해 연기함이 거짓 있음[卽假]이 되어 연기밖에 따로 중도가 없는 것[緣起卽中]이다.

이렇게 중도를 설하면 이는 일승을 모든 가르침을 회통하는 가르침으로 보는 관점이니 이를 원교일승(圓敎一乘)이라 한다.

이와 같이 붇다의 일대교설인 성문·연각·보살승을 일승원교 가운데 통일적으로 이해하는 것이 천태교판이다.

또한 위에서 말한 삼승별교(三乘別敎)·삼승통교(三乘通敎)·별교일승(別敎一乘)·원교일승(圓敎一乘)의 사교판은 우리불교 원효

성사(元曉聖師)가 천태교판을 재해석해서 세운 사교판이기도 하다.

우익지욱선사(藕益智旭禪師)의 『교관강종』(敎觀綱宗)은 천태선사의 교판과 관행의 핵심내용을 정리한 천태교관(天台敎觀)의 개론서에 해당되는 저술인데, 그 가운데 기술된 삼장교(三藏敎)·통교(通敎)·별교(別敎)·원교(圓敎)의 교판을 간략히 살펴 성문·연각·보살승의 뜻을 다시 새겨보기로 한다.

천태선사는 붇다의 모든 가르침을 존재를 해명하는 언어의 강조점에 따라서 다음 네 가지로 분류한다.

첫째, 인연으로 만법이 있음을 밝히는 삼장의 가르침[三藏敎].

둘째, 인연으로 있기 때문에 공함을 보이는 가르침[通敎].

셋째, 공하기 때문에 만법이 연기하여 거짓 있는 것임을 보이는 가르침[別敎].

넷째, 연기의 있음과 공함이 중도임을 보이는 가르침[圓敎].

모든 교설을 이 네 가지 가르침으로 나누어 아함과 비나야를 장교라 하고 법화·열반을 원교라 한다.

그러나 천태교판의 뜻은 연기가 곧 공[卽空]이고 거짓 있음[卽假]이고 곧 중도[卽中]이므로, 연기를 보인 삼장교의 뜻이 곧 공함이고 삼장교의 가르침이 법화·열반의 중도교설과 다르지 않음을 보이고 있는 것이다.

곧 삼장교·통교·별교·원교의 가르침의 차제에는 연기의 가르침이 곧 중도임을 모르는 중생의 망집을 상대해서 가르침의 언어가 확장되고, 집착의 방향에 따라 공을 세우고[立空] 공을 깨뜨려서[破

空] 중도로 향상시킨 언교의 방향성이 녹아 있다.

그러므로 천태교판의 강조점은 가르침의 차제를 실체화하는 데 있는 것이 아니라, 언교가 중생의 집착에 따라 치유의 방향이 달라지더라도 망집을 치유해서 돌아가는 곳은 중도의 한맛이고 일승의 한길이라는 점을 밝히는 데 있다.

지욱선사의 『교관강종』은 다음과 같이 말한다.

법은 오히려 하나[一]도 없는데 어떻게 넷[四]이 있겠는가.

그렇지만 여래는 남을 이롭게 하는 지혜로 중생의 병[衆生病]을 인해 갖가지 약(藥)을 베푸신다.

모습에 대한 중생의 견해와 감성의 병[見思病]이 무거우면 그를 위해 '삼장교'를 말씀하시고, 견해와 감성의 병이 가벼우면 그를 위해 '통교'를 말씀하시며, 무명(無明)의 병이 무거우면 그를 위해 별교를 말씀하고, 무명의 병이 가벼우면 그를 위해 원교(圓敎)를 말씀하신다.

삼장교란 네 가지 아함[四阿含]은 경장(經藏)이 되고 비나야는 율장(律藏)이 되며 아비다르마는 논장(論藏)이 된다.

이 가르침은 '나고 사라지는 사제법'[生滅四諦]을 말하고, 또한 '살펴 생각할 수 있고 말할 수 있는 나고 사라짐의 십이인연'[思議生滅十二因緣]을 말하며, 또한 사법의 여섯 파라미타행[事六度行]을 말한다.

그리하여 삼계 안의 근기 무딘 중생을 열어 보이어 '분석해서 공함 살핌'[析空觀]을 닦도록 해서 치우친 참됨의 니르바나를 증득케 한다. 바로 성문과 연각 이승(二乘)을 교화하고 곁으로 보디사트바를 교화한다.

(중략)

통하는 가르침은 무딘 근기는 앞의 삼장교에 통하고 날카로운 근기는 뒤의 별교와 원교에 통하므로 통하는 가르침이라 이름한다.

또 이 가르침 자체를 따라 이름을 얻으니 곧 성문·연각·보디사트바 세 사람[三人]이 같이 말이 없는 도[無言說道]로써 법을 체달하면 공함에 들어가므로 통함이라 이름한다.

이 가르침은 다른 경전의 부류에는 없고 다만 방등(方等)·반야(般若) 가운데 있다. '밝음이 있는 삼승'[有明三乘]이 같이 행한다는 것이 곧 이 가르침에 속한다.

이 가르침은 '남이 없는 사제'[無生四諦]를 말하고, 또한 '살펴 생각할 수 있고 말할 수 있는 나지 않고 사라지지 않음의 십이인연'[思議不生滅十二因緣]을 말하고, '진리의 여섯 파라미타행'[理六度行]을 말하며, 또한 '허깨비 같은 있음'[幻有, 俗諦]과 '공함'[空, 眞諦]의 두 진리[幻有空二諦]를 말한다.

또한 원교와 별교가 통교에 만나는 속제와 진제[圓別接通二諦]를 말한다.

또한 별교가 통교에 드는 삼제[別入通三諦]를 말하고, 원교가 통교에 드는 삼제[圓入通三諦]를 말해 삼계 안의 날카로운 근기의 중생을 열어 보여 '있음 그대로 공함을 체달하는 살핌'[體空觀]을 닦도록 해 '나뉨과 덩이가 있는 나고 죽음'[分段生死]을 벗어나 진제의 니르바나를 증득케 한다.

이 가르침은 바로 보디사트바를 교화하고 곁으로 성문·연각이승을 교화한다.

(중략)

별교는 가르침과 진리[敎理], 지혜와 끊음[智斷], 행과 지위[行位], 원인과 과덕[因果]이 앞의 삼장교와 통교의 두 가르침과 다르고 뒤의 원교와 다르므로 별교라 이름한다.

이 가르침은 한량없는 사제[無量四諦]를 말하고 또한 '사유할 수 없고 말할 수 없는 나고 사라짐의 십이인연'[不思議生滅十二因緣]을 말하고, 또한 '사유할 수 없고 말할 수 없는 여섯 파라미타 열 파라미타'[不思議六度十度]를 말한다.

또한 중도를 드러내는 두 진리[顯中二諦]를 말하고, '원교가 별교에 드는 두 진리'[圓入別二諦]를 말한다. 또한 원교가 별교에 드는 삼제[圓入別三諦]를 말해 삼계 밖의 무딘 근기의 보디사트바를 열어 보여 차제인 공함과 거짓 있음과 중도의 세 살핌[次第三觀]을 닦도록 해 '나뉨과 덩이 있는 나고 죽음', '변화에 자재한 나고 죽음' 이 두 가지 나고 죽음을 벗어나 중도의 머묾 없는 니르바나를 얻게 한다.

(중략)

원교는 세 가지 진리가 두렷이 묘하고[三諦圓妙] 두렷이 융통하며[圓融] 사법과 진리가 한 생각에 두렷이 갖추어 있고[圓足] 실천의 과덕이 두렷하고 단박 이루어지므로[圓頓] 원교라 이름한다.

곧 다음을 말하는 것이니 다섯 번뇌를 두렷이 조복하고[圓伏] 본래 갖춘 진리를 두렷이 믿으며[圓信], 하나를 끊어 온갖 번뇌를 두렷이 끊는 것이다[圓斷]. 또한 한 지위에서 온갖 지위를 두렷이 이루며[圓位] 한 마음의 세 살핌으로 한 마음의 삼제의 진리를 두렷이 자재하게 장엄하고[圓自在莊嚴] 중생을 보디의 모습으로 두렷이 세워줌[圓成立衆生]이다.

이 가르침은 지음이 없는 사제[無作四諦]를 말하고, 또한 '이루 사유할 수 없고 말할 수 없는 나지 않고 사라지지 않는 십이인연'[不思議不生滅十二因緣]을 말한다. 또한 '사유할 수 없고 말할 수 없는 이제'[不思議二諦]를 말하고, 두렷이 묘한 삼제[圓妙三諦]를 말한다. 그리하여 삼계 밖 날카로운 근기의 보디사트바를 열어 보여 한 마음의 세 살핌[一心三觀]을 닦게 해 '두 가지 나고 죽음'을 두렷이 벗어나 '세 가지 덕 갖춘 니르바나'[三德涅槃]를 두렷이 증득케 한다.

천태교판에 관한 지욱선사의 강종을 보면, 성문·연각에 설한 삼장의 가르침은 존재와 실천의 인과를 연기되고 있는 차별의 인과로 설명하는 가르침이라면, 통교는 연기이므로 공함을 잡아 차별이 평등함을 보인 가르침이다.

별교는 온갖 차별이 평등 속의 차별임을 보인 가르침이고, 원교는 차별과 평등의 자취가 사라져 온갖 차별이 곧 법계진리의 온전한 드러남임을 보이는 가르침이다.

처음 나고 사라짐을 실체화하는 집착을 깨기 위해 나고 사라짐으로 속제(俗諦)를 삼고 공함[空]으로 진제(眞諦)를 말씀했다. 나고 사라짐이 실은 공의 뜻인데, 공을 나고 사라짐 밖에 있는 것으로 집착하면 진제로써 나고 사라짐을 깨뜨리고 속제로써 공을 깨뜨리며, 중도로써 진속이제(眞俗二諦)의 자취를 깨뜨린다.

원교의 관점에서는 연기를 말해도 공함과 거짓 있음 중도가 함께 있고, 공을 말해도 거짓 있음과 중도가 같이 있어 세 가지 진리가 두렷이 묘하고 두렷이 융통한 것이다.

삼장교의 뜻을 모르므로 통교를 세워 그 뜻을 열고, 통교의 뜻을 모르므로 별교·원교의 중도를 세운 것이다. 그러나 연기이므로 공함을 알면 공에도 취할 것이 없으므로, 통교는 통한다는 말 그대로 삼장의 가르침에도 통하고 별교와 원교에도 통하는 것이다.

그러므로 별교와 원교가 통교와 만남[接通]을 말하고 별교와 원교가 통교에 들어감[入通]을 말하는 것이니, 진제와 속제가 중도임을 보이는 교설이 집착 따라 여러 가지로 전개되나 모두 중생의 망집 따라 세워진 것일 뿐이다.

곧 갖가지 진제와 속제를 보인 가르침이 중생의 미망의 병을 낫게 하기 위한 가르침이므로 병이 없으면 가르침의 차별된 이름을 세울 수 없으니, 성문·연각을 위한 연기의 가르침밖에 일승원교(一乘圓敎)의 중도의 가르침이 따로 없는 것이다.

3. 『비말라키르티수트라』에서 성문제자에 대한 비판의 뜻

붇다께서 니르바나에 드신 뒤에도 크신 스승 붇다와 여러 선지식으로부터 직접 가르침을 들어 깨달음에 나아가는 실천의 수레[聲聞乘]는 아름다운 실천의 모습으로 찬양되고, 해탈의 과덕을 얻은 성문제자들은 가장 이상적인 수행자상으로 추앙되어왔다.

보살승을 표방하는 대승 실천집단의 출현에 의해 성문승과 성문제자들을 비판하는 경이 나오게 되니, 그 비판의 맨 앞머리에 있는 경이 『비말라키르티수트라』(淨名經, Vimalakīrti-sūtra)이다.

비말라키르티는 한국불교에서 유마힐(維摩詰)로 알려진 분으로 바이샬리 성의 큰 장자이다. 뜻으로는 '깨끗한 이름[淨名]의 거사'라 한다. 『비말라키르티수트라』는 비말라키르티 거사를 경의 중심 인물로 내세워 성문승의 치우침을 비판한다.

화엄·법화의 일승과, 성문·연각을 위한 여래의 삼장의 교설이 둘이 아니라는 우리들의 해석의 입장과 성문승을 비판하는 『비말라키르티수트라』의 관점, 이 둘의 차이를 어떻게 말해야 하는가.

사리푸트라·목갈라야나·마하카샤파 등 붇다의 십대제자는 성문제자들 가운데서도 으뜸가며, 아함의 곳곳에서 붇다로부터 크게 칭찬받았다.

그러나 붇다 니르바나 이후 성문승을 가장 높은 실천의 이상으로 생각했던 상좌부(上座部, Thera-vāda) 교단에서는 성문을 문자 그대로 '가르침을 들어서 자기해탈을 완성한 이', '출가수행자로서 범행을 이룬 이'로 이해했다.

그리하여 본래 출가의 뜻을 편협하게 해석하고, 깨달음을 내면적으로 이해하고 계율을 교조적이고 형식주의로 해석하는 폐풍이 상좌부 교단에서 나타나게 된다.

보살승을 표방하는 실천집단은 상좌부 교단의 성문승에 대한 왜곡된 이해와 연기법의 진리를 적취적 사유와 동일시하는 삿된 견해를 깨뜨린다.

그 깨뜨림의 방법론이 바로 성문승에 대한 비판이다. 곧 출가중심주의와 교조적 계율주의에 떨어진 당시 상좌부 교단의 출가수행자들이 자신들의 치우친 견해로 그려내고 있는 성문제자의 이상적 모습 자체를 깨뜨리는 것으로 마하야나의 길을 밝힌 것이다.

보살승들은 소리를 들어 깨치든 인연법을 사유해 깨치든 연기법의 깨달음은 중생과 세간에 회향되는 깨달음이므로 깨달음을 내면화·관념화하는 것은 붇다의 연기적 해탈의 길이 아니라고 말한다.

그러므로 보살승에 의한 당대 불교의 삿된 견해에 대한 비판과 타파가 실은 연기법의 진실을 시대 속에 확인하고 연기법의 바른 세계관을 새롭게 정립함이 되는 것이다.

보살승의 실천집단은 상좌부 교단에 의해 잘못 표방되고 있고 그릇 받들어지고 있는 성문승의 얼굴을 깨뜨림으로써 시대 대중을 소리 들음[聲聞]과 법을 설함[說法], 자기해탈과 세간 건짐[救世]이 둘이 아닌 연기론적 해탈의 넓고 큰 길에 나아가게 한 것이다.

독한 약은 그 병이 깊을 때 쓰이는 것이니, 병 없는 곳에 쓰는 독한 약은 병의 증세보다 그 깊은 병을 더해줄 것이다.

『비말라키르티수트라』의 성문제자에 대한 꾸짖음과 깨우침은 붇다 당시 성문제자 자체에 대한 부정이 아니라, 성문제자에 대한 당대불교의 치우친 견해를 꾸짖고 깨우침이다.

그 꾸짖음은 히나야나(hīna-yāna, 小乘)로 해석된 성문(聲聞)을 보디사트바 성문으로 돌이키는 데 뜻이 있는 것이니, 그 꾸짖음을 실로 꾸짖음으로 보아서는 『비말라키르티수트라』의 뜻을 보지 못할 것이다.

이제 『비말라키르티수트라』의 제자품 가운데 십대제자와 비말라키르티 거사의 문답내용을 살펴보자.

경에서는 바이샬리 성에 병들어 누워 있는 비말라키르티 거사에게 세존께서 문병하라고 하자, 십대제자가 문병 가지 못하는 사유를 말씀드리는 형식으로 되어 있다.

십대제자의 문병 가지 못한 사유는 모두 비말라키르티 거사로부터 꾸중들었던 옛일 때문이다.

경은 '대승 보디사트바인 비말라키르티 거사'가 '출가비구인 성문제자들을 꾸중하는 형식으로 되어 있다. 그러나 비말라키르티의 십대제자의 치우친 행에 대한 타이름은, 그 꾸중을 들은 제자들의 입장에서 보면 거사의 말이 연기의 진실 그대로의 행인 보디사트바의 실천의 수레[菩薩乘]이며, 스스로 추구해야 할 참된 성문의 길[聲聞乘]인 것이다.

그러므로 경에서 성문승에 대한 비판은, 후대 수행자들이 성문승을 왜곡되게 해석하는 치우침을 깨뜨리는 데 그 뜻이 있다.

『비말라키르티수트라』와 같은 가르침을 중국불교의 교판사상에서는 '치우침을 비판하고 작은 수레를 배척하여 큰 실천의 수레를 찬탄하고 두렷한 법을 드러내는 가르침'[彈偏斥小歎大褒圓]이라고 정의한다.

경은 사리푸트라부터 아난다까지 십대제자들이 비말라키르티 거사에 대해 회고하는 형식으로 구성되어 있다.

1) 사리푸트라 존자의 회고

먼저 여래의 성문제자 가운데 지혜가 으뜸인 사리푸트라 존자의 경우를 살펴보자. 사리푸트라 존자의 거사에 대한 회고에는 '앉음[坐]으로 선정을 삼는 형식주의적 수행관, 선정주의에 대한 비판의 법문'이 담겨 있다.

"세존이시여, 저는 그에게 가서 문병할 수 없습니다. 왜냐하면 다음과 같은 일이 있었기 때문입니다.

생각해보니 저는 옛날 숲속 나무 밑에 앉아서 좌선했습니다.

그때 비말라키르티가 저에게 와서 말했습니다.

'사리푸트라시여, 반드시 앉는 것이 좌선이 아닙니다. 좌선이란 삼계에 몸과 뜻을 나타내지 않는 것이며, 사라져 다한 사마파티 [nirodhasamāpatti, 滅盡定]를 일으키지 않고 모든 몸가짐을 나타내는 것입니다.

도법을 버리지 않고 범부의 일을 나타내는 것이며, 마음이 안 [內]에 머물지 않고 또한 밖[外]에 있지도 않은 것이며, 모든 견해에 움직이지 않고 서른일곱 실천법을 닦아 행하는 것이며, 번뇌를 끊지 않고 니르바나에 드는 것입니다.

이와 같이 앉을 수 있는 사람이라야 붓다께서 인가하십니다.'

그때 저는 세존이시여, 이 말을 듣고 잠자코 그쳐서 대꾸하지 못했습니다. 그러므로 저는 그에게 가서 문병할 수 없습니다."

2) 목갈라야나 존자의 회고

여래의 성문제자 가운데 신통이 으뜸인 목갈라야나 존자의 거사에 대한 회고를 살펴보자. 목갈라야나 존자의 회고에는 연기법의 진실로 보면 법을 설하되 설하는 나와 듣는 중생, 설함 자체가 모두 공하므로 '법의 진실 그대로 설함 없이 설하는 것이 참된 설법이 된다'는 뜻이 담겨 있다.

"세존이시여, 저는 그에게 가서 문병할 수 없습니다. 왜냐하면 다음과 같은 일이 있었기 때문입니다.

생각해보니 저는 옛날 바이샬리 큰 성에 들어가 마을 가운데서 여러 거사들을 위해 설법했습니다. 그때 비말라키르티가 저에게 와서 말했습니다.

'마하목갈라야나시여, 흰옷의 거사를 위해 설법할 때는 그대처럼 말씀하셔서는 안 됩니다. 설법이란 법과 같이 말해야 합니다. 법에는 중생이 없으니 중생의 때를 떠났기 때문이고, 법에는 나 있음[有我]이 없으니 나의 때[我垢]를 떠났기 때문이며, 법에는 목숨이 없으니 나고 죽음을 떠났기 때문이며, 법에는 사람[人]이 있지 않으니 앞과 뒤의 때가 끊어졌기 때문이고, 법은 늘 고요하니 모든 모습을 없앴기 때문입니다.

법은 모습을 떠났으니 잡아 취함이 없기 때문이고, 법에는 이름이 없으니 말이 끊어졌기 때문이며, 법에는 말함이 있지 않으니 느끼어 살핌을 떠났기 때문이며, 법에는 형상이 없으니 허공과 같기 때문입니다.

법에는 허튼 논란이 없으니 마쳐 다함도 공하기 때문이고, 법에는 내 것[我所]이 없으니 내 것을 떠났기 때문이며, 법에는 분별이 없으니 모든 앎을 없앴기 때문이며, 법에는 견줌이 없으니 서로 마주함이 없기 때문입니다.

법은 원인에 속하지 않으니 조건에도 있지 않기 때문이고, 법은 법의 성품[法性]과 같으니 여러 법에 들기 때문이며, 법은 한결같음[如]을 따르니 따르는 바가 없기 때문입니다.

법은 그 진실한 바탕[實際]이 머무니 모든 치우침이 움직이지 못하기 때문이고, 법은 움직여 흔들림이 없으니 여섯 티끌경계에 의지하지 않기 때문이며, 법은 가고 옴이 없으니 늘 머물지 않기 때문입니다. 법은 공함[空]을 따르고 모습 없음[無相]을 따라서 지음이 없으며, 법은 좋고 나쁨을 떠납니다.

법은 늘어나고 줄어듦이 없고, 법은 나고 사라짐이 없으며, 법에는 돌아가는 바가 없고, 법은 눈·귀·코·혀·몸·뜻을 넘습니다. 법은 높고 낮음이 없으며, 법은 늘 머물러 움직이지 않으며[常住不動], 법은 온갖 살피는 행을 떠납니다.

마하목갈라야나시여, 법의 모습이 이와 같으니 어찌 실로 설할 수 있겠습니까. 법을 설함은 말함이 없고 보임이 없으며, 그 법을 듣는 이는 들음이 없고 얻음이 없는 것이 마치 환술쟁이가 허깨비 사람을 위해 법을 설하는 것과 같으니, 반드시 이런 뜻을 세워서 법을 설해야 합니다.

또한 중생의 근기에 날카로움과 무딤이 있는 것을 밝게 알아 잘 그 지견에 걸림이 없이 해서 큰 자비의 마음으로 대승을 찬탄하고, 붇다의 은혜를 갚아 삼보 끊지 않기를 생각한 뒤에 법을 설해야 합니다.'

비말라키르티가 이 법을 말할 때 팔백 거사가 위없고 바른 보디의 마음을 냈습니다. 저에게는 이런 말재간이 없으므로 저는 그에게 가서 문병할 수 없습니다."

3) 마하카샤파 존자의 회고

카샤파 존자의 경우를 살펴보자. 여래의 성문제자 가운데 두타행으로 으뜸인 마하카샤파 존자의 거사에 대한 다음 회고 가운데는 '평등하게 밥을 빌어야 밥을 잘 비는 것이며, 밥의 공한 실상을 알아 먹음 없이 밥을 먹어야 잘 먹음이 된다'는 법문의 뜻이 들어 있다.

"세존이시여, 저는 그에게 가서 문병할 수 없습니다. 왜냐하면 다음과 같은 일이 있었기 때문입니다.

생각해보니 저는 옛날 가난한 마을에서 밥을 빌었습니다. 그때 비말라키르티가 제게 와서 말했습니다.

'마하카샤파시여, 자비한 마음이 있으시지만 넓지 못해, 부유한 집을 버리고 가난한 집에서 밥을 비십니까. 카샤파시여, 평등한 법[平等法]에 머물러 차례대로 밥을 빌어야 합니다. 실로 먹지 않기 때문에 밥 빌기를 행해야 하며, 어울려 합해진 모습[和合相]을 무너뜨리기 때문에 덩이밥을 받아 취해야 하며, 받지 않기 때문에 저 밥을 받아야 합니다.

'텅 빈 것이 모여 있다는 생각'[空聚想]으로 마을에 들어가고, 보는 빛깔은 장님과 같고 듣는 소리는 메아리와 같으며 맡는 냄새는 바람과 같고 먹는 맛은 분별하지 않으며 여러 닿음을 느끼는 것은 지혜로 증득함과 같아야 합니다.

그래서 모든 법이 허깨비 모습과 같아서 자기성품[自性]도 없고 남의 성품[他性]도 없어서 본래 스스로 그렇지 않기에 지금 사라짐이 없다고 알아야 합니다.

카샤파시여, 만약 여덟 가지 삿됨[八邪]을 버리지 않고 여덟 해탈[八解脫]에 들어가고, 삿된 모습으로 바른 법에 들어갈 수 있으며, 한 덩이 밥[一食]으로 온갖 중생에게 베풀고 모든 붇다와 뭇 현성들에게 공양해서, 그런 다음에야 먹을 수 있습니다.

이와 같이 먹는 이는 번뇌가 있지도 않고 번뇌를 떠나지도 않으며, 선정에 들어가는 뜻도 아니고 선정에서 일어나는 뜻도 아니며, 세간에 머물지도 않고 니르바나에도 머물지 않습니다.

이처럼 받는 모습이 없으므로 그에게 베푸는 이는 큰 복도 없고 작은 복도 없으며 늘어남도 아니고 줄어듦도 아니니, 이것이 바로 붇다의 도에 들어가는 것[正入佛道]이요 성문에 의지하지 않는 것[不依聲聞]입니다.

카샤파시여, 만약 이와 같이 먹으면 헛되이 남이 베푸는 밥을 먹지 않게 됩니다.'

그때 저는 세존이시여, 이렇게 말한 것을 듣고 일찍이 없었던 일을 겪고 곧 온갖 보디사트바들에 깊이 공경하는 마음을 냈습니다.

다시 이렇게 집에 있는 이에게도 말재간과 지혜가 이와 같을 수 있음을 생각해보면, 그 누가 위없고 바른 보디의 마음을 내지 않겠습니까.

저는 이 일이 있은 뒤부터 다시 사람들에게 성문과 연각의 행을 권하지 않게 되었습니다. 그러므로 저는 그에게 가서 문병할 수 없습니다."

4) 수부티 존자의 회고

여래의 성문제자 가운데 '공을 아는 데[解空] 으뜸가는 제자' 수부티의 거사에 대한 회고를 살펴보자. 그 회고 가운데는 '밥[食]과 법(法)에 평등하여 집착 없는 삶, 삼보의 진리와 마라가 모두 공한 법계의 실상, 세간법 떠나지 않는 해탈의 모습에 대한 깊은 법문'이 들어 있다.

"세존이시여, 저는 그에게 가서 문병할 수 없습니다. 왜냐하면 다음과 같은 일이 있었기 때문입니다.

생각해보니 저는 옛날 그의 집에 들어가 밥을 빌었습니다. 그때 비말라키르티가 제 발우를 가져다 가득 채워주고 저에게 말했습니다.

'수부티시여, 만약 밥[食]에 평등할 수 있는 이는 모든 법(法)에 평등할 수 있고, 모든 법에 평등할 수 있는 이는 모든 밥에 평등할 수 있습니다. 이와 같이 밥을 빌어야 밥을 받을 수 있습니다.

만약 수부티께서 음욕과 성냄과 어리석음을 끊지 않고 또한 함께하지도 않으며, 몸을 무너뜨리지 않고 모습 없는 한 모습[一相]을 따르며, 어리석음과 애착을 없애지 않고 밝은 해탈을 일으킨다 합시다.

그리고 다섯 가지 죄의 거스르는 모습[五逆相]으로 해탈을 얻되 또한 풀림도 아니고 얽매임도 아니며, 사제(四諦)를 보지 않으나 진리 보지 않음도 아니며, 과덕 얻음이 아니나 과덕 얻지 않음도 아니며, 범부가 아니나 범부를 떠남도 아니며, 성인이 아니나 성인 아님도 아니며, 비록 온갖 법을 성취하나 모든 법의 모습 떠난다 합시다. 그래야만 밥을 얻을 수 있습니다.

만약 수부티시여, 붇다를 뵙지도 못하고 법을 듣지도 못한 저 바깥길 여섯 스승[外道六師]인 푸라나 카샤파, 마카리 고사리푸트라, 산자야 바이라티푸트라, 아지타 케사캄바라, 카쿠다 카타야나, 니르그란타 즈냐타푸트라가 그대의 스승이라 그들을 인해 집을 나왔다면, 그 스승들이 떨어진 곳[彼師所墮]에 그대도 따라 떨어질 수 있어야[汝亦隨墮] 밥을 받을 수 있습니다.

만약 수부티시여, 모든 삿된 견해에 들어가 저 언덕에 이르지 않고, 여덟 가지 어려움에 머물러 어려움 없지 않으며, 번뇌와 함께하여 청정법을 떠나고도 그대가 다툼 없는 사마디[無諍三昧]를 얻는다면, 온갖 중생 또한 이 선정을 얻을 것입니다.

복이 복이 아니므로 그대에게 보시하는 자는 복밭이라 이름하지 못하고, 그대에게 공양한 자가 세 가지 악한 길에 떨어지게 되어 뭇 마라와 함께 손을 같이 잡아 여러 힘든 일의 벗이 되면, 그대가 뭇 마라와 여러 번뇌와 평등해 다름이 없음인 것입니다.

자비행에 모습이 없으므로 온갖 중생에게 원망하는 마음이 있으며[於一切衆生而有怨心], 삼보가 공한 줄 알므로 모든 모습 있는 붇다를 비방하고 법을 헐고 상가의 수에 들지 않으며, 끝내 니르바나를 얻지 않습니다.

그대가 만약 이와 같을 수 있으면 밥을 얻을 수 있습니다.'

그때 세존이시여, 이 말을 듣고 아득해져서 이 무슨 말인가를 알지 못하고 어떻게 답할지 모르고 곧 발우를 두고 그 집을 나오려는데 비말라키르티가 말했습니다.

'수부티시여, 발우를 드시고 두려워하지 마십시오. 어찌 생각하시오. 여래께서 만드신 변화의 사람이 만약 이 일로 따지면 그래도 두려움이 있겠습니까.'

제가 '아니오'라고 답하니, 비말라키르티가 말했습니다.

'온갖 모든 법이 허깨비가 변화된 모습이니, 그대는 지금 두려워할 것이 없습니다. 왜냐하면 온갖 말은 이 모습을 떠나지 않았으나[一切言語不離是相] 지혜로운 사람이라면 문자를 집착하지 않으므로 두려워하지 않습니다.

그 까닭은 문자가 문자의 모습을 떠나[文字性離] 문자 없는 것[無有文字], 이것이 해탈이며 해탈의 모습이 곧 모든 법이기 때

문입니다.'

비말라키르티가 이 법을 말할 때 이백 하늘신들이 법의 눈이 깨끗해졌습니다. 저는 그 때문에 그에게 가서 문병할 수 없습니다."

수부티에게 한 이 법문이 가장 높은 고갯마루다. 평등하게 밥을 비는 자는 법에 평등한 자이다. 그러므로 붇다의 법을 따르고 여섯 바깥길[六師]의 그릇된 스승을 버리되, 여섯 바깥길의 견해가 공하므로 여섯 바깥길 속에 들어가 같이 그들의 법을 행하되 그릇된 여래의 지견을 떠나지 않아야 참으로 평등하게 밥을 비는 자가 되는 것이다.

복과 죄가 공한 곳에 서 있으므로 그곳에 보시해도 복밭이 되지 못하고, 선과 악이 공한 곳에서 때로 선 아닌 선과 악 아닌 악을 써서 중생을 이끌고 악을 끊지 않고 악을 니르바나에 이끄므로, 그에게 공양해도 삼악도에 떨어질 수 있는 것이다.

악이 공한 곳에서 악을 써서 중생을 이끌므로 중생에게 원망하는 마음이 있게 되며, 삼보의 공한 실상이 곧 참된 삼보이므로 모습 있는 삼보를 허물고 삼보의 수를 깨뜨려 참으로 삼보를 세우며 니르바나의 모습을 깨뜨리므로 니르바나를 얻지 않고 니르바나에 참으로 드는 것이다.

5) 푸르나 존자의 회고

푸르나 존자를 살펴보자. 여래의 성문제자 가운데 설법으로 으뜸인 푸르나 존자의 거사에 대한 다음 회고에는 '법의 실상을 통달한 이의 참된 설법에 관한 법문'이 들어 있다.

"세존이시여, 저는 그에게 가서 문병할 수 없습니다. 왜냐하면 다음과 같은 일이 있었기 때문입니다.

생각해보니 저는 옛날 큰 숲 가운데 있는 한 나무 아래서 여러 새로 배우는 비구들을 위해 설법했습니다. 그때 비말라키르티가 저에게 와서 말했습니다.

'푸르나시여, 먼저 선정에 들어서 이 사람의 마음을 살핀 뒤에 법을 설해야 합니다. 더러운 먹을거리를 보배그릇에 두지 마십시오. 이 비구가 마음으로 생각하는 것을 알아야 하니, 유리를 수정과 같다고 해서는 안 됩니다. 그대는 중생의 근원을 알지 못하고서 소승법으로 일으켜서 저가 스스로 상처 없는데 다치게 해서는 안 됩니다. 크나큰 도를 행하고자 하면 작은 길을 보여서는 안 되며, 큰 바다를 소 발자국 안에 넣으려거나 햇빛을 저 반딧불과 같다 해서는 안 됩니다.

푸르나시여, 이 비구는 오래 대승의 마음을 냈으나 그 가운데 이 뜻을 잊은 것이니 어떻게 소승법으로 그를 가르쳐 이끌겠습니까.

내가 소승을 살펴보니 지혜가 작고 낮아 마치 장님과 같아서 온갖 중생의 근기의 날카로움과 무딤을 분별하지 못합니다.'

그때 비말라키르티가 곧 사마디에 들어서 이 비구로 하여금 스스로 오랜 목숨[宿命]을 알도록 하니, 그는 일찍이 오백 붇다 계신 곳[五百佛所]에 뭇 덕의 근본을 심어서 아누타라삼약삼보디로 돌이켜 향했던 이였습니다. 곧바로 환히 열려 본마음을 도로 얻자 여러 비구들이 비말라키르티의 발에 머리 숙여 절했습니다.

그때 비말라키르티가 그로 인해 법을 설해 아누타라삼약삼보디의 마음이 다시 물러나 뒤바뀌지 않도록 했습니다.

제 생각에도 성문은 사람의 근기를 살피지 못하므로 설법하지 않아야 합니다. 그러므로 저는 그에게 가서 문병할 수 없습니다."

6) 아니룻다 존자의 회고

여래의 성문제자 가운데 하늘눈이 으뜸인 아니룻다 존자의 거사에 대한 다음 회고에는 '봄이 없이 보시는 붇다의 참된 하늘눈에 대한 법문'이 들어 있다.

"세존이시여, 저는 그에게 가서 문병할 수 없습니다. 왜냐하면 다음과 같은 일이 있었기 때문입니다.

생각해보니 저는 옛날 한곳에서 거닐어 다니고 있었습니다. 그때 브라흐마하늘왕이 있어 이름을 '깨끗하게 장엄한 이'라 하였는데, 만 명의 브라흐마하늘신들과 같이 깨끗하고 밝은 빛을 놓으며 저 있는 곳에 와서 머리 숙여 절하고 저에게 물었습니다.

'얼마만한 것이 아니룻다 하늘눈의 보는 것입니까.'

제가 대답했습니다.

'어진 이여, 내가 사카무니 붇다의 땅인 삼천대천세계를 보는 것은 마치 손바닥 안에 아말라(āmala) 열매를 보듯 하오.'

그때 비말라키르티가 저에게 와서 말했습니다.

'아니룻다시여, 하늘눈의 보는 것은 모습을 짓습니까, 모습을 짓지 않습니까. 모습을 짓는다고 하면 바깥길의 다섯 신통과 같을 것이요, 만약 모습을 짓지 않는다면 곧바로 함이 없음이라 봄이

있지 않아야 합니다.'

세존이시여, 저는 그때 잠자코 있었는데 저 여러 브라흐마하늘
들이 그 말을 듣고서 일찍이 없었던 기쁨을 얻고 곧 절하고서 그
에게 물었습니다.

'세상에 누구에게 참된 하늘눈이 있습니까.'

비말라키르티가 말했습니다.

'붓다 세존께서 참된 하늘눈을 얻으셨으니 늘 사마디에 계시면
서 모든 붓다의 국토를 다 보시되 두 모습으로 보시지 않으십니다.'

이에 '깨끗하게 장엄한 이' 브라흐마하늘왕과 그 따르는 무리
들 오백 브라흐마하늘신들이 다 아누타라삼약삼보디의 마음을
내고 비말라키르티의 발에 절하고 홀연히 나타나지 않았습니다.

그러므로 저는 그에게 가서 문병할 수 없습니다."

7) 마하카타야나 존자의 회고

여래의 성문제자 가운데 논의(論議)로 으뜸인 마하카타야나 존자
의 다음 회고에는 '항상함과 덧없음이 둘이 아닌 것이 덧없음의 뜻
이며, 나와 나 없음이 둘이 아닌 것이 나 없음의 뜻이다'라는 중도의
법문이 들어 있다.

"저는 그에게 가서 문병할 수 없습니다. 왜냐하면 다음과 같은
일이 있었기 때문입니다.

생각해보니 옛날 붓다께서 여러 비구들을 위해 법의 요점[法
要]을 간략히 말씀하셨는데 제가 그 뒤에 그 뜻을 넓혀 연설했으
니, 곧 덧없음의 뜻과 괴로움의 뜻과 공함의 뜻과 나 없음의 뜻과

적멸의 뜻이었습니다.

그때 비말라키르티가 저에게 와서 말했습니다.

'카타야나시여, 나고 사라지는 마음의 지어감으로 실상의 법을 말하지 마십시오.

카타야나시여, 마쳐 다해 나지 않고 사라지지 않음이 덧없음의 뜻이고, 다섯 받는 쌓임[五受陰]이 트여 통달해 공하여 일어남이 없는 것이 괴로움의 뜻이며, 모든 법이 마쳐 다함마저 있는 바가 없는 것이 공함의 뜻이고, 나[我]와 나 없음[無我]에 둘 아님이 나 없음의 뜻이고, 법이 본래 그렇지 않아서 지금 사라짐 없는 것이 고요히 사라짐의 뜻입니다.'

이 법을 설할 때에 저 여러 비구들이 마음에 해탈을 얻었습니다.

그러므로 저는 그에게 가서 문병할 수 없습니다."

8) 우팔리 존자의 회고

여래의 성문제자 가운데 계 지님으로 으뜸인 우팔리 존자의 거사에 대한 다음 회고에는 '죄의 공한 실상과 참된 계 지킴의 뜻'이 들어있다.

"세존이시여, 저는 그에게 가서 문병할 수 없습니다. 왜냐하면 다음과 같은 일이 있었기 때문입니다.

생각해보니 옛날에 두 비구가 율행을 범하고 부끄럽게 여기어 붇다께는 여쭙지 못하고 저에게 와서 물었습니다.

'우팔리시여, 저희들이 율을 범했는데 참으로 부끄럽게 여기나 붇다께 여쭐 수 없으니, 의심과 뉘우침 풀어주어서 이 허물을 벗

어나게 해주시길 바랍니다.'

제가 곧 그들을 위해 법답게 해설해주었는데, 그때 비말라키르티가 저에게 와서 말했습니다.

'우팔리시여, 이 두 비구의 죄를 거듭 늘리지 마시고 곧바로 없애주어 그 마음을 시끄럽게 하지 마십시오. 왜냐하면 그 죄의 성품은 안에 있지 않고 밖에 있지 않으며 가운데도 있지 않기 때문입니다.

붇다의 말씀처럼 마음의 때[心垢] 때문에 중생이 때가 끼고, 마음이 깨끗하므로 중생이 깨끗해집니다. 마음 또한 안에 있지 않고 밖에 있지 않으며 가운데도 있지 않습니다.

그 마음이 그런 것처럼 죄의 때[罪垢] 또한 그러하고 모든 법 또한 그러하여 한결같음[如]을 벗어나지 않습니다. 이런 마음의 모습으로 해탈할 때 어찌 때[垢]가 있겠습니까.'

제가 '없습니다'라고 말하자, 비말라키르티가 이렇게 말했습니다.

'온갖 중생의 마음의 모습이 때 없음 또한 이와 같습니다.

우팔리시여, 망상이 곧 때[垢]요 망상 없음이 깨끗함이며, 뒤바뀜이 때요 뒤바뀜 떠나는 것이 깨끗함이며, 나[我]를 취함이 때요 나를 취하지 않는 것이 깨끗합니다.

우팔리시여, 온갖 법이 나고 사라져 머물지 않음이 허깨비 같고 번갯불 같아 모든 법이 서로 마주하지 않습니다. 나아가 한 생각도 머물지 않아 모든 법을 망령되게 보는 것이 꿈과 같고 불꽃 같으며 물 가운데 달 같고 거울 속 모습 같아 망상으로 난 것입니다.

이렇게 아는 것이 비나야를 받듦[奉律]이고 이렇게 아는 것이

잘 아는 것[善解]입니다.'

이에 두 비구가 '높으신 지혜이십니다'라고 말하니, 이는 우팔리가 미칠 수 없는 것입니다.

제가 비나야지니는 것보다 높은 위가 되어 말할 수 없는 것입니다. 그래서 제가 대답했습니다.

'스스로 여래를 내놓고는 그 어떤 성문이나 보디사트바들로서도 그 즐겁게 설법하는 말재간을 누를 수 없을 것이오.'

그의 지혜가 밝게 통달함이 이와 같았습니다. 그때 두 비구는 의심해 뉘우침이 곧 없어져 아누타라삼약삼보디의 마음을 내 큰 원을 이렇게 내서 말했습니다.

'온갖 중생으로 하여금 다 이런 말솜씨 얻게 하여지이다.'

그러므로 저는 그에게 가서 문병할 수 없습니다."

9) 라훌라 존자의 회고

여래의 성문제자 가운데 밀행(密行)으로 으뜸가는 라훌라 존자의 거사에 대한 다음 회고에는 '모습 떠나 실로 얻을 이익 없는 것이 참된 출가의 이익이며 공덕이 된다'는 다음 법문이 들어 있다.

"세존이시여, 저는 그에게 가서 문병할 수 없습니다. 왜냐하면 다음과 같은 일이 있었기 때문입니다.

생각해보니 옛날 바이샬리의 여러 장자의 아들들이 저 있는 곳에 와서 머리 숙여 절하고 저에게 물었습니다.

'라훌라시여, 그대는 붓다의 아드님이시나 전륜왕의 지위를 버리고 집을 나와 도(道)를 위하니 그 집을 나옴은 어떤 이익이 있

습니까.'

저는 곧 법과 같이 그들을 위해 집을 나오는 공덕의 이익을 말했습니다. 그때 비말라키르티가 와서 저에게 말했습니다.

'라훌라시여, 집을 나오는 공덕의 이익을 말씀하지 않아야 합니다. 왜냐하면 이익 없고 공덕 없는 것이 이 집을 나옴이기 때문입니다. 함이 있는 법은 이익 있고 공덕 있다고 말할 수 있지만, 집을 나오는 것은 함이 없는 법[無爲法]이라 함이 없는 법 가운데는 이익이 없고 공덕이 없습니다.

라훌라시여, 집을 나옴이란 저것도 없고 이것도 없으며 또한 가운데도 없는 것입니다. 예순두 견해[六十二見]를 떠나 니르바나에 머무는 것이니, 지혜로운 이가 받는 것이요 성인이 행하는 곳입니다.

뭇 마라를 항복받고 다섯 길의 삶들을 건네주며, 다섯 눈[五眼]을 깨끗이 하고 다섯 가지 진리의 힘[五力]을 얻어 다섯 가지 진리의 뿌리[五根]를 세워서 남을 괴롭히지 않고 뭇 여러 악한 일들을 떠나고 여러 바깥길들을 꺾습니다.

거짓 이름[假名]을 벗어나고 진흙에서 뛰어나 얽매임이 없어서 내 것이 없으니 받는 바가 없으며 시끄럽고 어지러움이 없습니다.

안으로 기쁨을 품고 남의 뜻을 보살펴주며 선정을 따라서 뭇 허물을 떠납니다.

만약 이와 같을 수 있으면 이것이 참으로 집을 나옴입니다.'

이렇게 하고 비말라키르티는 여러 장자의 아들들에게 말했습니다.

'너희들은 바른 법 가운데로 같이 집을 나와야 할 것이다. 왜 그

런가. 붙다 계신 세상은 만나기 어렵기 때문이다.'

여러 장자의 아들들이 말했습니다.

'거사시여, 저희들이 듣기에 붙다께서는 어버이가 들어주시지 않으면 집을 나올 수 없다고 하셨습니다.'

비말라키르티가 말했습니다.

'그렇지만 너희들이 곧 위없고 바른 보디의 마음을 내면 이것이 곧 집을 나옴[出家]이고 이것이 계를 갖춤[具足]이다.'

그때에 서른둘 장자의 아들들이 다 아누타라삼약삼보디의 마음을 냈습니다.

그러므로 저는 그에게 가서 문병할 수 없습니다."

10) 아난다 존자의 회고

여래의 성문제자 가운데 많이 들음이 으뜸인 아난다 존자의 거사에 대한 다음 회고에는 '여래의 법신에 병 없음을 보이는 법문'이 들어있다. 아난다 존자와 거사의 문답은 다음과 같이 기록되어 있다.

"세존이시여, 저는 그에게 가서 문병할 수 없습니다. 왜냐하면 이런 일이 있었기 때문입니다.

생각해보니 옛날 세존께서 몸에 작은 병이 있으셔서 소젖을 쓰셔야 했으므로 제가 곧 발우를 가지고 큰 브라마나의 집에 가서 문 밑에 서 있었습니다. 그때 비말라키르티가 저에게 와서 말했습니다.

'아난다시여, 어찌 이른 아침에 발우를 가지고 여기 계십니까.'

제가 말했습니다.

'거사시여, 세존께서 몸에 작은 병이 생겨 소젖을 쓰셔야 하므로 여기 와 있습니다.'

비말라키르티가 말했습니다.

'그만두시오, 아난다시여. 이런 말 하지 마십시오.

여래의 몸은 금강의 몸[金剛身]이라 모든 악은 이미 끊고 뭇 착함은 널리 모였는데 무슨 병이 있으시겠으며, 무슨 괴로움이 있으시겠습니까. 잠자코 가십시오.

아난다시여, 여래를 비방하지 마시고 다른 사람들이 이 더러운 말을 듣지 말게 하시고, 큰 위덕 있는 여러 하늘신들과 다른 곳 정토에서 오신 여러 보디사트바들이 이 말을 듣지 말도록 하십시오.

아난다시여, 전륜왕은 작은 복으로라도 오히려 병 없음을 얻는데, 어찌 하물며 여래처럼 한량없는 복이 모여 널리 빼어나신 분[普勝者]이겠습니까.

가십시오, 아난다여. 우리들이 이 부끄러움을 받지 않도록 하십시오. 바깥길의 브라마나들이 만약 이 말을 들으면 반드시 이렇게 생각할 것입니다.

〈무엇을 남의 스승이라고 할 것인가. 스스로의 병도 건지지 못하는데 여러 병들을 건질 수 있겠는가.〉

그대는 가만히 빨리 가서 남이 듣지 못하게 하십시오.

아셔야 하오, 아난다시여. 여러 여래의 몸은 곧 법신(法身)이라 은혜와 탐욕의 몸이 아닙니다.

붇다께서는 세존이 되어 삼계를 넘으셨습니다.

붇다의 몸은 샘이 없어서 모든 흐름이 이미 다했으며, 붇다의 몸은 함이 없어서 모든 수를 따르지 않으시니, 이와 같은 몸에 무

슨 병이 있으시겠소.'

그때 저는 세존이시여, 참으로 부끄러운 마음을 품고 '붇다를 가까이 모시고도 그릇 듣지 않았는가' 생각했더니, 허공 가운데서 소리를 듣게 되었습니다.

'아난다여, 거사의 말과 같으나 다만 붇다께서는 다섯 가지가 흐린 악한 세상에 나오셔서 이런 법을 나타내 행하시어 중생을 건네 벗어나게 하시는 것이오.

가십시오, 아난다여. 소젖 가져오는 것에 부끄러워하지 마십시오.'

세존이시여, 비말라키르티의 지혜와 말솜씨가 이와 같았습니다. 그러므로 저는 그에게 가서 문병할 수 없습니다."

'문병에 관한 단락'[問病品]의 끝에 열 큰 제자뿐 아니라, 이와 같이 오백 큰 제자가 각각 붇다를 향해 본디 인연을 말씀드리고 비말라키르티의 말한 바를 다시 일컬어서, 다 그에게 가서 문병할 수 없다고 말하고 있다.

이와 같이 경에서는 출가중심주의적 교단관에 빠진 수행자들의 입장에서 출가비구의 교화의 대상이었던 흰옷 우파사카인 비말라키르티 거사가 도리어 출가성문 가운데 가장 뛰어난 십대제자를 깨우치는 설법의 주체로서 등장하고 있다. 이것으로 우리는 이 경이 편집될 당시 기성 교단에 대한 보살승 집단의 비판의식이 고조되었음을 알 수 있다.

그러나 경 가운데서 비말라키르티 거사와 성문제자들의 문답을 통해 비판적으로 다시 고찰된 출가와 걸식, 좌선과 설법의 뜻이, 실은 붇다께서 성문제자에게 가르치신 연기법의 실천정신임을 우리는 깊이 알아야 할 것이다.

4. 화엄과 법화에서 삼승과 일승

1) 화엄교와 성문 · 연각 · 보디사트바의 세 수레

지금까지 살핀 바처럼 대승불교 경전 가운데 등장하는 성문 · 연각 · 보디사트바의 세 수레는 역사적인 개념이자 교법과 연결된 교판의 뜻, 방법론적인 가르침을 함께 지니고 있는 뜻이다.

역사적으로는 붇다 니르바나 이후 전통교단을 고수해왔던 상좌부 상가의 대중들은 붇다 당시 붇다께 '소리를 들어 깨달음에 나아간 출가수행자들'[聲聞乘]을 이상적인 인간형으로 추앙하며 계율중심적 사고[持律]로 생활하였다.

그에 비해 보살승이야말로 여래께서 가르치신 바른 뜻이라는 신조를 가졌던 새로운 수행자들은, 성문승을 내면주의적 수행에 빠진 이들이라 비판하였다.

성문승을 이상화하는 상좌부 교단과 그들을 비판의 대상으로 보았던 새로운 대승 집단, 두 조류의 충돌 속에서 성문승 · 연각승 · 보살승의 개념은 형성된다.

보살승을 내세우는 새로운 사조는 붇다 니르바나 이후 아비다르마 불교를 건립하며 성문승을 가장 높은 이상으로 추구했던 기성 수행자 모두를 성문승 · 연각승으로 비판한다.

연각승의 원래 뜻은 붇다가 계시지 않는 시대에 '홀로 사유해 깨친 이'[獨覺]라는 뜻이므로 붇다 니르바나 이후 남겨진 교법을 읽고 사유를 통해 깨달아가는 이들은 넓은 의미의 연각승이다.

방법론적인 개념으로는 성문승은 직접 눈으로 보고 귀로 듣는 감성적 확신의 방법에 의해 진리를 체득하려 한다.

그에 비해 이성적 사유를 중시하는 유파에서는 스승을 직접 보지 못하고 가르침을 귀로 듣지 못해도 가르침의 뜻을 사유하여 깨달음에 이르려 한다.

깨달음은 깨달음에 드는 문으로서 감성적 창구가 중시되거나 이성적 통로가 중시된다 해도 문을 통해 들어간 깨달음 자체에는 감성과 이성의 자취가 없고 삶 자체의 혁명적 전환이 있을 뿐이다.

그러므로 연기의 가르침대로 생활 전체의 실천적 전환을 중시하는 이들은 '보디사트바의 파라미타의 수레'[菩薩乘]가 바로 해탈에 이르는 길이라 강조하게 된다.

중국불교의 교판사상으로 보면 초기 상가에서 다섯 비구에게 맨 처음 사제의 교설을 설한 것이 성문의 법[聲聞法]이 된다면, 차츰 십이연기의 가르침으로 연기의 교설을 심화시켜 가르침을 직접 듣지 않더라도 그 교법을 사유해 깨달음에 이르게 하는 법은 연각의 법[緣覺法]이 될 것이다.

나아가 성문의 법이든 연각의 법이든 모든 연기의 가르침은 연기이므로 공한 중도실상을 열어주는 것이므로, 연기의 있음에서 있음을 떠나고 공의 없음에서 없음을 떠나 실상[中道實相]의 법을 바로 받아들임은 보디사트바의 법이 된다.

중국 교판사상에서 『화엄경』을 보디 나무 밑에서 삼칠일(21일) 동안 설한 법이라 하고, 아함경을 12년, 『방등경』을 8년, 『반야경』을 21년, 『법화경』과 『열반경』을 8년 설했다는 것은 『열반경』의 '소젖의 다섯 맛[五味]의 비유'와 『화엄경』의 '해의 다섯 비침'[五照]과 『법화경』(「신해품」信解品)의 '거지 자식의 비유'[窮子喩]에 나오는

'다섯 때[五時]의 비유'를 실체론적 시간으로 해석한 교판이다.

연기론에서 때[時]와 곳[處]은 지금 이곳에 닫혀져 있는 때와 곳이 아니다. 연기론에서 한때[一時]와 한곳[一處]은 다른 때 다른 곳과 서로 차별되지만, 서로 융통하여 막힘이 없다.

이렇게 보면 아함과 반야·법화는 설한 때와 곳이 다르지만 그 때와 곳은 서로 융통한다.

실제로도 아함의 가르침은 보디 나무 아래서부터 니르바나의 밤까지 설하신 것이고, 반야의 공과 중도교설 또한 보디를 이룬 처음부터 니르바나의 밤까지 설하신 것이다.

붇다의 성도 바로 뒤 사마디[三昧]에서 설하신 것으로 되어 있는 화엄교(華嚴敎)와 성문·연각·보살승의 교설 사이의 모순을 교판사상에서는 어떻게 해결하고 있을까.

중국불교 삼론종(三論宗)의 교판에서는 이를 세 가지 법바퀴 굴림으로 해결한다.

곧 『화엄경』의 설법은 근본의 법바퀴[根本法輪]를 굴리신 것이고, 그 뒤 갖가지 교법을 설하신 것은 가지가 되는 법바퀴[枝末法輪]를 굴리신 것이며, 법화를 설하신 것은 끝가지를 거두어 뿌리에 돌이키는 법바퀴[攝末歸本法輪]를 굴리신 것이다.

화엄의 해인삼매(海印三昧) 가운데서는 보디 나무 밑의 한때가 삼세를 거두고, 해인삼매에 든 보디 나무 밑의 한곳은 시방 온갖 곳에 두루한다.

또한 화엄의 해인삼매는 삼매인 지혜와 지혜인 법계가 온전히 현전해 있는 자리이니, 법계의 진리 자체이자 지혜인 사마디가 바로 새로 해탈의 마음을 낸 보디사트바가 법계진리에 다시 돌아가는 온갖 실천행의 원천이다.

이렇게 보면『화엄경』이후『아함』『반야』등 여러 경에서 설한 교설은 화엄의 해인삼매를 떠나지 않고 설한 교설이 되고『화엄』의 삼매처에서 일어난 교설이 되는 것이다.

『화엄경』(「입법계품」入法界品)의 선재 어린이[善財童子]는 여래의 해인삼매에서 드러난 법계진리를 바로 믿고서 여래의 해인삼매 안에 이미 갖춰진 행을 다시 밟아 법계에 들어가는 실천주체의 이름이다.

선재가 믿음을 일으키고 가르침을 들어 가르침을 사유하고 이해하여, 해탈의 행을 밟아 다시 법계에 들어가는 것은, 여래가 화엄법계를 떠나지 않고 근기 따라 설해주신 성문승·연각승·보살승의 법을 통해 중생이 다시 화엄법계에 돌아가는 행에 다름 아니다.

『화엄경』에서는 처음 여래께서 삼매의 처소에서 법계의 진리를 설할 때 성문은 보지도 못하고 듣지도 못했다고 하였다.

그러나『화엄경』후반부「입법계품」에서는 선재 어린이가 사리푸트라 등 오백 성문제자들과 같이 슈라바스티 성 제타 숲에서 만주쓰리 보디사트바를 찾아가는 것으로 구도의 여정이 시작된다.

이것은 바로 화엄의 삼매처에서 방편으로 설한 성문의 법을 통해 성문제자들이 화엄법계에 나아감을 뜻한다.

성문 또한 화엄의 근본 법바퀴에서 일어난 지말의 법바퀴로서 성문의 법바퀴를 듣고 진리의 문을 열어『화엄경』의 법의 모임[法會]에 함께함을 나타내는 것이니, 이 뜻을 우익지욱선사는『교관강종』에서 이렇게 풀이한다.

『화엄경』의 앞의 여덟 모임[前八會] 가운데에는 아예 성문이 없다. 그러므로 경에서 '성문은 보지 못하고 듣지 못한다'고 말했다.

아홉째 모임인 「입법계품」에 이르러서야 슈라바스티 성 제타 숲 동산 가운데 바야흐로 성문이 있게 되니, 그때 이미 성인의 과덕을 증득한 것이다.

오히려 보디사트바의 경계에 대해서도 벙어리 같고 귀머거리 같다고 했으므로, 그 앞에서는 비록 화엄을 들어도 또한 전혀 이익이 없었음을 증험해 알 수 있는 것이다.

그러나 사리푸트라 등은 삼장의 가르침[三藏敎] 들음을 말미암아 바야흐로 성인의 과덕을 증득해서 법계의 모임에 들어가게 된 것이다.

결단코 「입법계품」이 아함 앞에 설하지 않은 것임을 알 수 있는 것이다. 그런데도 사람들이 건성대며 사유해 살피지 않고 화엄이 삼칠일(21일) 동안에만 설해졌다고 망령되이 말하는 것이다.

지욱선사의 이야기처럼 교판의 입장에서도 『화엄경』을 설한 때는 아함 앞의 삼칠일에 갇혀 있지 않다. 그러므로 온갖 방편을 갖춘 화엄의 설함 없는 설함 또한 듣는 이가 말에서 말을 떠나고 생각에서 생각 떠나면 법계 자체인 화엄의 설법을 늘 들을 수 있다.

화엄회상(「입법계품」) 선지식은 이렇게 가르친다.

나의 귀는 매우 청정하여
들음이 미치지 못함 없어서
세간 온갖 언어의 바다를

듣고서 기억해 지닐 수 있네.

我耳甚淸淨　聽之無不及

一切語言海　悉聞能憶持

모든 붇다 법바퀴 굴리심은

그 소리 묘해 견줄 수 없지만

그 가운데 있는 모든 문자들을

모두 기억해 지닐 수 있네.

諸佛轉法輪　其聲妙無比

所有諸文字　悉皆能憶持

2) 『법화경』에서 삼승과 '하나인 붇다의 실천의 수레'

화엄의 입장에서 보면 성문·연각·보디사트바의 교승(敎乘)은 화엄삼매의 말 없는 근본의 법바퀴에서 일어난 지말의 법바퀴이다.

모습에 모습 없고 말에 말 없는 근본의 법바퀴에서 일어난 지말의 법바퀴는 말 없음에 말 없음도 없으므로 일어난 '말 없는 말의 법'이므로, 화엄이 앞이 아니고 삼승이 뒤가 아니다.

다섯 때[五時]의 교판으로 보면 화엄은 맨 처음 법문이고, 법화는 일승의 법을 설한 맨 뒤의 법문이다.

맨 뒤에 모든 교설을 한맛에 거두어보인 법화의 입장에서도 삼승의 교설은 하나인 붇다의 실천의 수레[一佛乘]에서 방편으로 세 문을 열어 보인 것이다.

방편의 교설은 삼보에 이끌기 위한 것이므로 실로는 일승밖에 삼승이 따로 없이 오직 하나인 붇다의 실천의 수레를 열어 보이기 위한 세 수레의 교설[三乘敎]인 것이다.

이렇게 보면 앞에 설한 세 수레가 꼭 앞이 아니고 뒤에 설한 법화일승이 꼭 뒤가 아니다.

법화일승의 관점에서 여래께서 갖가지 교설을 일으킴은 늘 하나인 진실의 수레에서 중생의 병에 따라 삼승을 열어 보인 것이니, 삼승은 삼승 자체가 교설의 끝이 아니라 삼승을 통해 일승에 돌아감이 끝이 되는 것이다.

화엄에서는 성문승이 처음 보디 나무 밑에서 설한 화엄일승의 교설은 전혀 알아듣지 못하다 삼장의 가르침으로 아라한을 얻고서 화엄회상에 참여하는 주체로 표현된다.

법화에서는 성문승이 삼장교의 가르침을 들을 때, 이미 그 삼장교는 법화일승에서 분별해 설한 삼승이다. 그러므로『법화경』(방편품)의 첫머리는 바로 붇다의 성문승인 사리푸트라의 삼승과 일승에 관한 문답으로 시작된다.

「방편품」에서는 사슴동산의 처음 사제(四諦) 법바퀴 굴림이 중생으로 하여금 '하나인 붇다의 수레'에 들게 하기 위한 방편의 시설임을 이렇게 보인다.

　　모든 법의 고요한 모습은
　　말로써 펴 보일 수 없네.
　　중생 위한 방편의 힘 때문에
　　다섯 비구 위해 법 설하니
　　이를 법바퀴 굴림이라 하네.
　　이에 니르바나란 말과

아라한이 있게 되었고
법과 상가의 차별된 이름
비로소 세간에 있게 되었네.

諸法寂滅相　不可以言宣

以方便力故　爲五比丘說

是名轉法輪　便有涅槃音

及以阿羅漢　法僧差別名

위 법화의 뜻으로 보면 위없는 보디를 이루신 여래가 '오직 하나뿐인 붇다의 수레'[唯一佛乘], '붇다의 보디의 세계'[佛菩提]에 중생을 이끌기 위해 일승 가운데서 삼승을 분별해 카시의 바라나시로 나아가 사제의 법을 설한 것이다.

사제법은 다만 나고 사라지는 인연법으로 해탈을 보인 낮은 교설이 아니라 오직 일승에서 분별해 보인 사제이고 일승에 이끌기 위한 사제법이다.

사제법에서 보인 고통과 해탈의 연기구조는 그 가르침의 형식이 괴로움이 일어나고 사라지며 해탈이 성취됨을 보인 나고 사라짐의 언어구조로 설한 법이다. 그러나 사제법에서 괴로움은 연기한 것이라 공한 것이니, 사제의 교설은 실로 괴로움과 해탈이 나되 남이 없음을 열어 보인 교설이라 해탈의 실천 또한 짓되 지음 없는 행[無作行]이 되는 것이다.

『법화경』은 성문·연각·보살승의 가르침이 온전히 일승을 위한 가르침이므로 방편으로 세워진 갖가지 언어적인 형식이나 교화의 수단에 집착해서는 안 됨을 이렇게 보인다.

붇다께서는 방편의 힘으로써
삼승의 가르침을 보인 것이나
중생은 곳곳에서 집착하므로
그들 이끌어 벗어나게 하네.

佛以方便力 示以三乘教

衆生處處着 引之令得出

곧 『법화경』(「방편품」)의 가르침에 의하면 삼승은 일승에서 분별
해서 설한 삼승이라 삼승은 오직 일승을 위한 삼승이니, 삼승 자체
에 집착하는 것은 여래의 뜻을 어기는 것이 된다.
경은 말한다.

시방 붇다의 땅 가운데는
오직 일승의 법만이 있고
이승이 없고 삼승도 없으나
붇다의 방편의 말씀은 내놓네.
다만 거짓 이름으로써
중생을 이끌어준 것이니
붇다의 지혜를 말씀하시려
모든 붇다 이 세간 오셨네.

十方佛土中 唯有一乘法

無二亦無三 除佛方便說

但以假名字 引導於衆生

說佛智慧故 諸佛出於世

오직 하나인 진실뿐이라

나머지 둘은 참됨 아니니

끝내 작은 실천의 수레로

중생을 건지시지 않네.

붇다는 스스로 대승 머물러

그 깨쳐 얻으신 법과도 같이

선정과 지혜의 힘으로 장엄해

이로써 중생을 건져주시네.

唯此一事實　餘二則非眞

終不二小乘　濟度於衆生

佛自住大乘　如其所得法

定慧力莊嚴　以此度衆生

　붇다의 가르침이 '오직 하나인 붇다의 진실한 수레'에 이끌기 위함이지만, 구체적인 방편이 없으면 하나인 진실 또한 관념화되지 않을 수 없다. 일승 없는 삼승이 해탈의 내용 없는 형식적 실천이 된다면, 삼승 없는 일승은 중생의 병에 맞는 약을 쓰지 못하는 의사의 치료행위가 된다.

　중생의 존재에 대한 집착은 모두 있음과 없음으로 요약된다. 있음을 취하는 중생에게는 그 있음이 연기적인 있음이라 공함을 보여주고, 없음과 고요함을 취하는 중생에게는 연기적인 존재가 공하기 때문에 공에도 취할 공이 없음을 가르쳐야 있음과 없음에 머물지 않는 보디사트바의 길이 열리게 된다.

　때로 중생의 집착을 따라 법이 있지 않음을 가르치고, 때로 법이 없지 않음을 가르치되, 두 방편의 교설은 중도의 진실에 귀착한다.

『법화경』(「비유품」)은 갖가지 교설이 갖는 방편의 효용성과 여래 자비방편의 실천적 의미를 불난 집에서 아이들을 이끌어내는 '양과 사슴, 소의 세 수레'[羊鹿牛三乘]와 불난 집 밖 넓은 뜰 안에서 만나는 '흰 소가 끄는 큰 수레'[白牛大車]로 다음과 같이 비유한다.

여기 장자의 큰 집에 여러 자식이 있다. 그들이 집 안에서 재미있게 놀고 있는데 불이 났다. 장자가 그들을 건져내기 위해 그 아이들이 각기 좋아하는 양·사슴·소 수레를 주겠다고 꾀어 아이들을 불타는 집 밖으로 이끌어낸다. 그러나 그곳에는 양·사슴·소 수레는 없고 오직 흰 소가 끄는 큰 수레가 있다.

양·사슴·소 수레는 여래가 보인 성문승·연각승·보살승의 교법이고, 흰 소가 끄는 큰 수레는 '오직 하나인 붇다의 수레'[一佛乘]이다.

법화일승의 교설에 의해 그간 보살승을 표방하는 실천집단에 의해 '작은 실천의 수레'[小乘, hīna-yāna]를 탄 이들이라 비판받았던 성문제자들은 양의 수레에 의해 불타는 집 밖으로 나오는 어린아이들로 비유된다.

법화일승에서는 양 수레를 탄 성문승들 또한 양 수레로 불난 집을 나오면 문밖에서 흰 소 수레를 만나게 되니, 그들도 여래의 하나인 보디의 수레를 함께 타게 된다.

법화일승에서는 삼승의 가르침은 일승에서 일어나 일승으로 돌아오는 삼승이다. 그러므로 아가마(āgama, 阿含) 가운데 온갖 성문제자들 또한 성문법을 통해 여래의 진리의 집에 태어난 여래의 아들이고, 양의 수레로 여래의 크나큰 진리의 수레에 탄 이들이다.

양 수레 사슴 수레가 방편의 수레인 줄 알면 성문은 성문이 아니라 성문인 보디사트바인 것이다. 오늘날처럼 붇다 계시지 않은 세상에서 인연법을 사유하여 중도실상에 들어간 이들은 다만 연각이 아니라 연각인 보디사트바가 되는 것이다.

나아가 여래를 등지고 비방하는 자들마저 비방하는 그 인연으로 끝내 여래의 땅에 태어나 여래의 법의 아들로 다시 살게 될 것이다.

그러므로 붇다는 『법화경』(「비유품」)에서 성문·연각·보디사트바가 모두 여래의 법의 아들이 됨을 이렇게 인가하고 격려하신다.

사리푸트라여, 만약 중생이 안으로 지혜의 성품이 있어 붇다 세존으로부터 법을 듣고 믿어 받으며 정진해 빨리 삼계(三界)에서 벗어나고자 해 스스로 니르바나를 구하면, 이런 사람을 성문승이라 한다. 이는 마치 저 장자의 아들들이 양 수레를 구해 불난 집을 벗어나는 것과 같다.

만약 중생이 붇다 세존으로부터 법을 듣고 믿어 받으며 꾸준히 정진해 스스로 그러한 지혜[自然智]를 구해 홀로 있음을 좋아해 고요히 지내며 모든 법의 인연을 깊이 알면, 이를 연각승이라 한다. 이는 마치 저 장자의 아들들이 사슴 수레를 구해 불난 집을 벗어나는 것과 같다.

만약 중생이 붇다 세존으로부터 법을 듣고 믿어 받아 꾸준히 정진해 온갖 것의 공성을 보는 지혜[一切智]와 붇다의 지혜[佛智]와 스스로 그러한 지혜[自然智], 스승 없는 지혜[無師智]와 여래의 지견[如來知見]과 열 가지 힘[十力]과 두려움 없음[無畏]을 구해 한량없는 중생을 슬피 생각하고 안락케 하고 하늘과 사람을 이익되게 하고 온갖 삶들을 건네어 벗어나게 하면, 이를 마하야나[大乘]라 한다.

보디사트바가 이 실천의 수레를 구하므로 그를 마하사트바라 이름한다. 이는 마치 저 장자의 아들들이 소 수레를 구해 불난 집에서 벗어나는 것과 같다.

사리푸트라여, 저 장자가 여러 자식들이 안온하게 불난 집에서 나와 두려움 없는 곳에 이르른 것을 보면, 스스로 재부가 한량없음을 생각해 똑같이 크나큰 수레를 여러 자식들에게 나누어주듯 여래 또한 이와 같다.

제1장

여래의 출가제자들,
그 위덕과 자재를 모아 말함

"중생의 근본은 다 스스로 서로 무리 짓는 것이니,
악한 이는 악한 이와 서로 따르고, 착한 이는 착한 이와
서로 따르는 것이다. 과거나 앞으로 올 중생들의 근본 또한
그러하여 무리끼리 서로 따른다. 그것은 마치 깨끗한 것은
깨끗한 것과 서로 맞고, 더러운 것은 더러운 것과
서로 맞는 것과 같다.
그러므로 비구들이여, 깨끗한 이와 서로 어울려 깨끗해짐과
깨끗하지 않은 이들 멀리 여의는 것을 배워야 한다."

여래 출가제자들의 공동체인 상가는 한 구역 안에 같이 모여 수행하고 같이 모여 카르마의 결의를 하는 현전상가[現前僧伽]의 모임을 넘어 사방상가[四方僧伽]로 확장되고, 사방상가는 다시 역사와 사회 공동체 전체로 그 뜻이 넓혀진다.

그렇듯 여래의 가르침을 듣고 연기법을 사유하여 번뇌를 다해 스스로 나고 죽음을 벗어나고 뭇 삶들을 해탈에 이끄는 여래상가 안의 현성들도 상가의 틀을 넘어선다.

끊어야 할 번뇌와 고통이 본래 공적한 니르바나의 땅에서 실천의 인연으로 현성이 나는 것이다. 그러므로 미혹을 돌이켜 지혜의 흐름에 새로 들어서서 진리의 집에 가족이 된 현성, 번뇌의 샘이 다한 아라한은 아라한 아닌 아라한이며, 보디사트바 또한 보디사트바 아닌 보디사트바이다.

연기의 진리에 대한 믿음과 바른 사유가 미망의 흐름 속에 있는 중생을 지혜의 흐름에 들게 하고, 더 배울 것 없는[無學] 지혜의 성취가 아직 구함이 있고 배울 것이 있는[有學] 닦아가는 이들을 더 배울 것 없는 아라한이 되게 하는 것이다.

보디사트바 또한 스스로 보디사트바가 아니라 나와 너를 함께 해탈에 이끄는 파라미타행이 보디사트바가 되게 한다.

곧 법의 보시로 세간 중생을 섬기고 보살피는 행으로 인해, 자기 해탈에 갇힌 수행자를 세간 중생의 복밭이 되게 하고 공양 받을 자가 되게 하며, 위없는 보디의 마음과 크나큰 서원이 사트바(sattva)를 보디사트바가 되게 한다.

붇다가 제시한 지혜의 길은 중생 삶밖에 따로 있는 지혜가 아니라, 중생의 삶을 물들이고 있는 거짓과 환상을 부수고 존재의 연기적 진실을 진실 그대로 보는 것이다.

그러므로 아라한과 보디사트바의 길은 새로 신비한 정신의 내용을 얻는 길이 아니라 세계와 중생의 진실에 복귀하는 길이다.

아라한과 보디사트바가 추구하는 지혜가 세계의 진실[實相]이고 중생의 참된 자기모습[如來藏]이므로 아라한과 보디사트바 상가의 현성들은 지금 이곳 우리가 보고 듣고 느낄 수 있는 감성적 인식의 범위 안에 닫혀 있지 않다.

바른 지혜와 참된 삶의 확신처에 돌아가는 실천이 있으면 그 어느 곳에도 아라한이 있고 보디사트바가 있다.

진리의 형제는 독선적 신앙과 교조적 이론을 공유하는 집단 안의 형제가 아니라, 거짓을 버려 진실에 돌아가는 실천주체들의 함께함이고 서로 어우러짐이고 서로 이끌어줌이다.

진실에 돌아가는 자, 그는 결코 홀로이지 않다. 진리의 공동체는 늘 열려 있고, 서로 보살피고 이끌어주는 진리의 힘은 잠시도 그를 떠나지 않는다.

연기적 세계관에서 현성은 갑자기 초월적 신성의 계시로 세간에 내려오거나 특정 신비집단의 가족이 됨으로써 되어지는 것이 아니라, 주어진 세계의 실상을 통달한 자를 현성이라 한다. 그러므로 현성에는 현성이라 할 정해진 모습이 없다.

세간의 진실과 몸이 몸 아닌 몸의 진실을 보는 곳에 현성의 거짓 이름을 붙인 것이니, 『화엄경』(「십인품」十忍品)은 이렇게 말한다.

보디사트바가 스스로 생각해

깊고 깊어 미묘한 법 들으면
반드시 온갖 것 아는 지혜 통달한
사람 하늘의 인도자 이루게 되리.

自念以聞此　甚深微妙法
當成一切智　人天大導師

다시 「보현행품」(普賢行品)은 이렇게 말한다.

이 고요한 선정의 마음으로
여러 선근을 닦아 익혀가면
온갖 붇다를 내게 되나니
헤아릴 수 있는 것도 아니고
헤아림 없는 것도 아니네.

以此寂定心　修習諸善根
出生一切佛　非量非無量

위 「보현행품」의 게송에서 닦아서 온갖 붇다 현성을 내지만 헤아
릴 수 있는 것도 아니고 헤아림 없는 것도 아니라 함은 어떻게 보아
야 하는가. 실로 헤아릴 수 있다고 하면 현성의 법은 사물화되는 것
이고, 헤아릴 수 없다 하면 현성의 법은 관념화되는 것이다.

현성의 법은 지혜로 인해 역사 속에 구체화되나 그 법은 모습에서
모습 떠난 법이므로, 그 어떤 것, 어떤 신비능력 가진 자로 제약할 수
없다. 세계의 진실은 온전히 현전해 있지만 중생 스스로 미망과 집
착으로 인해 보지 못하고 쓰지 못하는 것이다.

그 뜻을 「여래출현품」은 이렇게 표현한다.

비유하면 뜻대로 되는 마니의 보배가
구하는바 있음에 따라 다 채워주지만
복이 적은 중생은 이 보배 볼 수 없으나
보배왕에 분별 있어서가 아님과 같네.

譬如如意摩尼寶　隨有所求皆滿足
少福衆生不能見　非是寶王有分別

잘 가신 이 보배왕 또한 이와 같아
중생이 구하는 모든 욕락 다 채워주지만
믿음 없는 중생은 붇다를 뵙지 못하나
잘 가신 이의 마음이 버려서가 아니네.

善逝寶王亦如是　悉滿所求諸欲樂
無信衆生不見佛　非是善逝心棄捨

1 사마디와 지혜 갖춘 셀 수 없는 아라한들

붇다의 현전상가를 중심으로 보면 여래의 진리의 집에 들려면 부모의 허락을 받아 애착의 집을 나와[出家] 삼보에 귀의하고 구족계를 받아야 한다. 이처럼 집을 나옴은 집착과 애욕 번뇌의 집을 나옴이니, 집착의 마음을 놓아버리고 연기의 진리에 믿음을 내면 믿음 내는 그 자리가 집을 나온 자리이다.

이런 뜻으로 비말라키르티 거사는 출가의 공덕을 말하는 라훌라 존자에게 출가는 함이 있는 세간의 틀을 넘어 하되 함이 없음을 구현하는 길이라고 말한다. 그리고 출가는 모습에서 모습 떠나 모습에 자재함을 실현하는 길이므로 형상의 출가를 들어 출가의 공덕을 말하는 것이 도리어 출가의 모습 없는 공덕을 가리게 된다고 말한다.

그런 뜻으로 다시 비말라키르티 거사는 '위없는 보디의 마음을 내는 것이 곧 집을 나옴이고, 계를 갖춤[具足]이다'라고 말하고 있는 것이다.

『비말라키르티수트라』의 뜻으로 보면 꼭 머리를 깎고 누더기 옷을 입고 상가의 카르마를 거쳐야만 계 받은 자가 아니고, 모습이 모습 아닌 줄 요달하여 번뇌를 다하고 온갖 그름을 다하면 그 자리가 곧 여래의 비나야를 모두 갖추는[具足戒] 자리인 것이다.

그러므로 바라나시 사슴동산의 다섯 수행자는 사제의 진리를 바로 본 그때 곧 비구가 된 것이며, 저 마하카샤파 존자는 스스로 출가하여 다자탑 앞에서 세존을 만나뵙고 예배를 드릴 때 바로 비구가 된 것이다.

성문승(聲聞乘) 또한 출가 비구나 비구니에 한정된 뜻이 아니고 거룩한 가르침을 몸소 듣고 믿음을 내어 바르게 사유하는 이 모두이다. 아라한 또한 비구·비구니·우파사카·우파시카, 안의 길·바깥 길의 틀을 넘어 번뇌의 샘이 다해 남에서 남 없음을 깨달으면 그분이 아라한이다.

삼계 안의 삶은 모습에 갇히거나 모습 없음에 빠진 삶이지만, 아라한의 삶은 모습에서 모습 떠나고 모습 없음에서 모습 없음마저 떠나 해탈을 성취한 삶이다. 그러므로 모습의 세계 가운데 가장 높은 복덕을 성취한 브라흐마하늘왕이나 인드라하늘왕이라 하더라도 아라한의 모습 떠난 해탈의 삶에 비할 수 없다.

아라한은 분명 때와 곳이 있고 모습이 있는 세간의 삶 한복판에 우리와 같이 수가 있는 모습으로 살아가지만, 아라한은 수에서 수를 떠나 수 아닌 수를 세우는 분이다.

아라한은 여기 눈에 보이고 귀에 들리는 모습으로 있지만 어디에도 그 자취가 없고, 인연이 갖추어지면 어디에든 구체적인 수의 세계로 현상한다.

우주법계 가운데 한량없는 아라한 현성들을 보려는가. 아라한에서 아라한을 보지 않아야 할 것이다.

번뇌 다한 여러 아라한 그 수 헤아릴 수 없나니

이와 같이 내가 들었다.

한때 붓다께서는 슈라바스티 국 제타 숲 '외로운 이 돕는 장자의 동산'에 계셨다.

때에 어떤 브라흐마하늘이 브라흐마하늘 위에 머물면서 이와 같은 삿된 견해를 일으켜 말하였다.

"이곳은 늘 항상되어 변해 바뀌지 않고, 순수하고 한결같아 온갖 얽매임을 벗어나 떠났다. 일찍이 아무도 이곳에 온 이를 보지 못했는데 하물며 다시 이 위를 지나는 이가 있겠는가."

그때 세존께서는 브라흐마하늘의 마음속 생각을 아시고, 곧 사마디에 들어 사마디의 위신력대로[如其正受] 슈라바스티 국에서 사라져 브라흐마하늘 궁전에 나타나셨다.

그래서 브라흐마하늘 꼭대기에 머물러 허공 가운데 두 발을 맺고 앉아 몸을 바루어 생각을 매어두셨다.

세존을 따라 여러 아라한들이 브라흐마하늘에 모임

그때에 존자 아즈냐타 카운디냐는 이렇게 생각하였다.

'세존께서는 오늘 어느 곳에 계시는가.'

그는 곧 사람 눈보다 뛰어난 하늘눈의 깨끗함으로 세존께서 브라흐마하늘 위에 계신 것을 보았다. 보고서는 곧 사마디에 들어 그 사마디의 위신력대로 슈라바스티 국에서 사라져 브라흐마하늘 세계에 나타났다.

동쪽에 있으면서 서쪽으로 붇다를 향해 두 발을 맺고 앉아 몸을 바르게 하고 생각을 매어두니, 붇다의 자리 밑이요 브라흐마하늘의 자리 위에 있었다.

그때에 존자 마하카샤파도 이렇게 생각하였다.

'세존께서는 오늘 어느 곳에 계시는가.'

그는 곧 사람 눈보다 뛰어난 하늘눈의 깨끗함으로, 세존께서 브라흐마하늘 위에 계신 것을 보았다. 보고서는 곧 사마디에 들어 사마디의 위신력대로 슈라바스티 국에서 사라져 브라흐마하늘 위에 나타났다.

남쪽에 있으면서 북쪽으로 붇다를 향해 두 발을 맺고 앉아 몸을 바르게 하고 생각을 매어두니, 붇다의 자리 밑이요 브라흐마하늘의 자리 위에 있었다.

때에 존자 사리푸트라도 이렇게 생각하였다.

'세존께서는 지금 어느 곳에 계시는가.'

그는 곧 사람 눈보다 뛰어난 하늘눈의 깨끗함으로, 세존께서 브라흐마하늘 위에 계신 것을 보았다. 보고서는 곧 사마디에 들어 사마디의 위신력대로 슈라바스티 국에서 사라져 브라흐마하늘 위에 나타났다.

서쪽에 있으면서 동쪽으로 붇다를 향해 두 발을 맺고 앉아 몸을 바르게 하고 생각을 매어두니, 붇다의 자리 밑이요 브라흐마하늘의 자리 위에 있었다.

그때에 존자 마하목갈라야나도 이렇게 생각하였다.

'세존께서는 오늘 어느 곳에 계시는가.'

그는 곧 사람 눈보다 뛰어난 하늘눈의 깨끗함으로, 세존께서 브라흐마하늘 위에 계시는 것을 멀리서 보았다. 보고서는 곧 사마디에 들어 사마디의 위신력대로 슈라바스티 국에서 사라져 브라흐마하늘 위에 머물렀다.

북쪽에 있으면서 남쪽으로 붇다를 향해 두 발을 맺고 앉아 몸을 바르게 하고 생각을 매어두니, 붇다의 자리 밑이요 브라흐마하늘의 자리 위에 있었다.

목갈라야나 존자가 아라한이 셀 수 없음을 말해줌

그때에 세존께서는 브라흐마하늘에게 말씀하셨다.

"그대는 지금 다시 '일찍이 아직 내 위로 지난 이를 보지 못하였다'는 이런 견해를 일으켰는가."

브라흐마하늘은 붇다께 말씀드렸다.

"저는 이제는 감히 '일찍이 내 위를 지나는 이를 보지 못하였다'고 다시는 말하지 않습니다. 오직 브라흐마하늘의 밝은 빛이 막힌 것을 봅니다."

그때에 세존께서는 그 브라흐마하늘을 위해 갖가지로 설법하여 가르쳐보이고 기쁘게 하신 뒤에, 곧 사마디에 들어 사마디의 위신력대로 브라흐마하늘에서 사라져 슈라바스티 국으로 돌아오셨다.

존자 아즈냐타 카운디냐와 마하카샤파와 사리푸트라도 그 브라흐마하늘을 위해 갖가지로 설법하여 가르쳐보이고 기쁘게 한 뒤에, 곧 사마디에 들어 사마디의 위신력대로 브라흐마하늘에서 사라져 슈라바스티 국으로 돌아왔다.

오직 존자 마하목갈라야나만 그대로 그곳에 머물러 있었다.

때에 그 브라흐마하늘은 존자 목갈라야나에게 물었다.

"세존의 여러 다른 제자들도 다 이와 같은 큰 덕과 큰 힘이 있으시오?"

때에 존자 목갈라야나는 곧 게송으로 말하였다.

대덕들은 세 가지 밝음 갖추어
남의 마음 통달해 환히 살피네.
번뇌의 샘이 다한 여러 아라한
그 수는 이루 헤아릴 수 없도다.

때에 존자 마하목갈라야나는 그 브라흐마하늘을 위해 갖가지로 설법하여 가르쳐보이고 기쁘게 한 뒤에, 곧 사마디에 들어 사마디의 위신력대로 브라흐마하늘에서 사라져 슈라바스티 국으로 돌아왔다.

• 잡아함 1196 사견경(邪見經)

• 해설 •

모습의 세계에서 모습의 복을 늘려 가장 높음을 삼고, 신통의 능력을 키워 그 재능으로 빼어남을 삼는 저 브라흐마하늘왕이 모습에서 모습 떠나 모습 아닌 모습을 쓰고 함이 없되 하지 않음도 없이 해탈의 묘용을 쓰는 여래의 지혜의 경계를 어찌 알 것인가.

또 여래를 따라 함이 없는 지혜의 세계에 들어가 더 배울 것 없는 저 아라한의 경계를 모습 있는 복업에 갇힌 하늘왕이 어찌 견주어 상대할 것인가.

네 아라한이 여래의 교화를 돕기 위해 이곳 슈라바스티 국을 떠나지 않고 브라흐마하늘에 가 브라흐마하늘왕의 교만을 꺾고 하늘왕의 귀의를 받으니, 하늘신의 권세를 믿고 하늘신에 제사 지내는 이들이 어찌 이 일을 짐작이나 하겠는가.

가고 오되 가고 옴이 없고 머물되 머묾 없음이 아라한의 살림살이이고 아라한의 걸음걸이이니, 그 수가 한량없는 아라한들은 지금 어디 계신가.

온갖 한량없는 세간의 수법[數法]에서 수가 공한 고요한 법[寂滅法]을 알 때 수에 헤아림 있음과 헤아림 없음을 넘어설 수 있는 것인가.

『화엄경』(「보현행품」)은 수가 끊어진 법계의 땅에서 한량없는 현성의 수가 분별됨을 다음과 같이 노래한다.

세계와 온갖 여래들의
갖가지 모든 이름들은
한량없는 겁을 지내어
말한다 해도 다할 수 없네.

世界及如來　種種諸名號
經於無量劫　說之不可盡

하물며 가장 빼어난 지혜의
삼세 모든 붇다의 법이
법계를 좇아서 생겨나
여래의 땅에 가득함을
어찌 이루 말하겠는가.

何況最勝智　三世諸佛法
從於法界生　充滿如來地

현성들에게 늘 보시 행하고
온갖 공덕 닦으며 받들겠습니다

이와 같이 들었다.

한때 붇다께서는 라자그리하 성 칼란다카 대나무동산에서 큰 비구대중 오백 사람과 함께 계셨다.

그때 네 사람의 큰 성문들이 한곳에 모여 이렇게 말하였다.

"우리 다같이 이 라자그리하 성안을 살펴보자. 누가 붇다와 법과 상가를 받들어 공양하여 공덕을 짓지 않고 있는가.

지금껏 내려오면서 믿음이 없는 이라면, 권유해서 여래와 법과 상가를 믿도록 해야 한다."

그 네 큰 성문은 곧 존자 마하목갈라야나 · 존자 카샤파 · 존자 아니룻다 · 존자 핀도라 바라드바자였다.

네 큰 성문이 바드리카 장자와 그 누이 교화할 것을 다짐함

그때 바드리카(Bhadrika)라는 장자가 있었는데, 그는 재물이 넉넉하고 보배가 많아 이루 헤아릴 수 없었다.

금 · 은 · 진귀한 보물 · 자거 · 마노 · 진주 · 호박과 코끼리 · 말 · 수레 · 노비 · 하인들도 모두다 갖추어져 있었다.

그러나 그는 몹시 아끼고 탐욕이 많아 기꺼이 붇다와 법과 상가에 보시하지 않았고, 털끝만한 착한 일도 하지 않았으며, 깊은 믿음도 없었다. 그러므로 지은 복은 이미 다하였고, 다시 새로운 복은 짓지 않고서 늘 이런 삿된 견해를 품었다.

'보시도 쓸데없는 것이고 복도 없는 것이며, 또한 받는 사람도 없다. 지금 세상도 없고 뒷세상도 없으며, 착함과 악함의 갚음도 없는 것이다. 부모도 없고 아라한을 얻은 이도 없으며, 또한 진리를 증득한 이도 있는 것이 아니다.'

그 장자의 집에는 일곱 겹의 문이 있었고, 문마다 지키는 사람이 있어 와서 비는 사람들[乞者]이 문에 오지 못하게 하였다. 나는 새들이 들안에 들어올까 걱정해 쇠울타리[鐵籠]로 뜰을 얽어 덮었다.

그 장자에게는 난다(Nanda)라는 누이가 있었다. 그 누이 또한 아주 아끼고 탐욕이 많아 보시하기를 좋아하지 않았고, 공덕의 뿌리를 심지 않았기 때문에 지은 복은 이미 다하였고 새 복은 짓지 않았다.

그녀 또한 이렇게 삿된 견해를 품었다.

'보시도 쓸데없는 것이고 복도 없는 것이며, 또한 받는 사람도 없다. 지금 세상도 없고, 뒷세상도 없으며, 착함과 악함의 갚음도 없는 것이다. 부모도 없고 아라한을 얻은 이도 없으며, 또한 진리를 증득한 이도 있는 것이 아니다.'

난다의 집 문도 일곱 겹으로 되어 있었고, 문마다 지키는 사람이 있어 와서 비는 사람이 없게 하였다. 또 쇠울타리를 그 위에 덮어 나는 새들마저 집 안에 들어오지 못하게 하였다.

그 성문들은 이렇게 의논하였다.

'우리들이 오늘 저 난다라는 늙은 어머니로 하여금 붇다와 법과 상가를 독실하게 믿게 하자.'

아니룻다와 카샤파 존자가 바드리카 장자를
교화하기 위해 밥을 빌러감

그때 바드리카 장자는 아침에 떡을 먹고 있었다. 이때 존자 아니룻다가 때가 되어 가사를 입고 발우를 가지고 장자의 집 땅속에서 솟아올라 장자를 향해 발우를 내밀었다. 이때 장자는 매우 시름하고 근심하면서 떡을 조금 떼어 아니룻다에게 주었다.

그러자 아니룻다는 떡을 얻어가지고 있던 곳으로 되돌아왔다.

이때 장자는 곧 화를 내 문지기에게 말했다.

"내가 아무도 문 안에 들여보내지 말라고 분부했는데, 왜 사람을 들어오게 했느냐?"

그러자 문지기가 대답하였다.

"문은 굳게 잠가놓았습니다. 그런데 그 수행자가 어디서 들어왔는지는 모르겠습니다."

장자는 잠자코 아무 말도 하지 않았다.

그때 장자는 떡을 다 먹고 난 다음에 고기를 먹고 있었다. 존자 마하카샤파는 가사를 입고 발우를 가지고 장자의 집으로 가서 땅속에서 솟아올라 장자를 향해 발우를 내밀었다. 그러자 장자는 매우 시름하고 근심하면서 고기를 조금 떼어주었다.

카샤파는 고기를 얻어가지고 거기에서 사라져 있던 곳으로 되돌아왔다.

그러자 장자는 곱절이나 화를 내며 문지기에게 말했다.

"나는 앞에도 사람을 들여보내지 말라고 분부했는데, 왜 두 사문이 집에 들어와 먹을 것을 빌게 하였느냐?"

그러자 문지기가 대답하였다.

"저희들은 이 사문이 어디에서 들어왔는지 보지 못했습니다."

장자가 중얼거려 말했다.

"이 머리 깎은 사문은 환술이나 잘해 세상 사람들을 미혹케 할 뿐, 바른 행(行)이 없다."

장자의 부인이 장자에게 두 존자를 욕하지 말도록 일깨움

그때 장자의 아내는 장자에게 가기 그리 멀리 떨어지지 않은 곳에 앉아서 이것을 다 지켜보았다. 그런데 이 장자의 아내는 칫타(Citta) 장자의 누이동생으로서 마치카산다(Matsikasaṇḍa)에서 데리고 온 여자였다.

그때 아내가 장자에게 말하였다.

"스스로 입을 보살펴서 그런 말하지 마세요. 사문더러 '환술이나 잘하는 사람'이라니요. 왜냐하면 이 사문들에게는 큰 위신(威神)이 있기 때문입니다.

그분들이 우리 집에 온 까닭은 우리 집에 많은 이익을 주기 위해서입니다. 장자께선 끝내 아까 먼저 온 그 비구를 아셨습니까?"

장자가 대답하였다.

"나는 알지 못하오."

아내가 대답하였다.

"장자여, 당신은 카필라바스투 드로노다나 왕(Droṇodana, 斛正王) 의 아들 아니룻다라는 사람을 들어보셨습니까? 그가 날 때에 이 땅이 여섯 번 변해 떨려 움직였고, 집 둘레 한 요자나 안에 숨겨져 있던 보배들이 모두 저절로 드러났었습니다."

장자가 대답하였다.

"나는 아니룻다라는 이름만 들었지 보지는 못하였소."

그러자 아내가 장자에게 말하였다.

"그는 좋은 종족의 아들로서 집을 버리고 집을 나와 도(道)를 배우면서 범행(梵行)을 닦아 아라한의 도를 얻었는데, 하늘눈이 으뜸이어서 그보다 더 뛰어난 사람이 없습니다.

그래서 여래께서도 말씀하시기를 '나의 제자들 가운데 하늘눈이 으뜸인 사람은 바로 아니룻다 비구이다'라고 하셨습니다.

다음 두 번째로 들어와 빌었던 사람이 누구인지 아십니까?"

장자가 대답하였다.

"나는 모르는 사람이오."

그 아내가 말하였다.

"장자여, 당신은 이 라자그리하 성안에 사는 카필라(Kapila)라는 큰 브라마나가 재물이 풍족하고 보배가 많아 이루 다 헤아릴 수 없어서 구백구십구 마리의 일소로 농사를 짓는다는 말을 들은 일이 있습니까?"

장자가 대답하였다.

"나는 몸소 그 브라마나를 보았소."

아내가 말하였다.

"장자시여, 다음과 같은 말을 들어보셨습니까?

'피팔라야나(Pippalāyāna)라고 이름하는 그 브라마나의 아들은 몸이 황금빛이고, 그 아내 바타(婆陀)는 여자 가운데서 빼어난다.

설사 자마금(紫磨金)을 그 앞에 갖다놓아도, 마치 검은 것을 흰 것에 견주는 것과 같다.'

이 같은 말을 들어보셨습니까?"

장자가 말하였다.

"나는 이 브라마나에게 아들이 있어서 피팔라야나라고 한다는 말을 들은 적은 있지만, 아직 그를 직접 보지는 못하였소."

아내가 말하였다.

"조금 전에 뒤에 왔던 비구가 바로 그 사람입니다. 그는 이처럼 보배같이 아름다운 아내를 버리고 집을 나와 도를 배워 지금은 아라한의 도를 얻었습니다. 그는 늘 두타(dhūta)를 행하는데, 두타행으로 법을 갖춘 모든 사람들 가운데 저 존자 카샤파보다 더 뛰어난 사람이 없습니다.

그래서 여래께서도 말씀하시기를, '나의 제자들 가운데서 두타행으로 으뜸가는 비구는 바로 마하카샤파이다'라고 하셨습니다.

지금 장자는 좋은 이익을 시원스럽게 얻으셨습니다. 저런 현성들이 여기 와서 밥을 빌도록 하셨으니, 저는 이런 뜻을 살피고서 당신에게 이렇게 말했던 것입니다.

'스스로 입을 잘 보살펴서 현성을 비방해 환술이나 잘하는 사람이라고 말씀하지 마십시오.'

이분들은 사카의 제자들로서 다 신묘한 덕이 있는 이들이십니다."

목갈라야나 존자가 장자를 교화하려 밥을 빌며 신통을 보임

이렇게 말할 때에 존자 마하목갈라야나는 가사를 입고 발우를 가지고 허공에 날아올라 장자의 집으로 가서 쇠울타리를 부수고 허공에 내려와 두 발을 맺고 앉았다.

이때 바드리카 장자는 목갈라야나가 허공에 앉아 있는 것을 보고 곧 두려운 마음을 품고 이렇게 말하였다.

"그대는 하늘신이시오?"

목갈라야나가 대답하였다.

"나는 하늘신이 아니오."

장자가 물었다.

"그럼 그대는 간다르바시오?"

목갈라야나가 대답하였다.

"나는 간다르바도 아니오."

장자가 물었다.

"그대는 귀신이시오?"

목갈라야나가 대답하였다.

"나는 귀신도 아니오."

장자가 물었다.

"그대는 사람을 먹는 귀신 라크샤이시오?"

목갈라야나가 대답하였다.

"나는 사람을 먹는 귀신 라크샤도 아니오."

그때 바드리카 장자는 곧 다음 게송으로 말하였다.

그대는 하늘인가 간다르바인가

사람 먹는 라크샤인가 귀신인가

하늘이나 라크샤나 귀신이나

그 모두가 아니라 그대 말하고

이 구역 노닐어 다니고 있는

간다르바와 서로 같지도 않소.

그대 지금 이름을 무어라 하는지

나는 지금 그것을 알려고 하오.

그때 목갈라야나도 게송으로 대답하였다.

나는 하늘이나 간다르바도 아니고
귀신이나 라크샤의 종류도 아니오.
삼세에서 벗어나 해탈을 얻은
지금의 나는 바로 사람 몸이오.

항복받아야 할 마라를 항복받고서
위없는 깨달음의 도 이루었으니
내 스승은 사카무니라 하시고
내 이름 마하목갈라야나라 하오.

그때 바드리카 장자가 목갈라야나에게 말하였다.
"비구시여, 어떤 것을 분부하려 하오?"
목갈라야나가 대답하였다.
"나는 지금 그대를 위해 설법하려고 하오. 잘 사유해 생각하시오."
그때 장자가 이렇게 생각하였다.
'이 여러 수행자들은 기나긴 밤 동안 먹을거리에 집착해왔다.
그러니 지금 말하고자 하는 것도 바로 먹을거리 이야기일 것이다.
만약 지금 나에게서 먹을 것을 찾는다면 나는 반드시 없다고 말하
리라.'
그는 다시 이렇게 생각하였다.

'나는 이제 잠깐 이 사람의 말을 들어보아야겠다.'

목갈라야나 존자가 여래의 보시의 법문을 보임

그때 목갈라야나는 장자가 마음속으로 생각하고 있는 것을 다 알고는 곧 이런 게송을 말하였다.

여래는 두 가지 보시 말씀했으니
법의 보시와 재물의 보시이네.
지금 법의 보시를 말하겠으니
마음 오롯이해 한뜻으로 들으라.

이때 장자는 법의 보시를 말해주겠다고 함을 듣고 곧 기쁜 마음을 품고 목갈라야나께 말하였다.

"지금 연설하기 바라오. 들으면 알 수 있을 것이오."

목갈라야나가 대답해 말했다.

"장자여, 알아야 하오. 여래께서는 다섯 가지 큰 보시를 말씀하셨소. 몸과 목숨을 다하도록 닦아 행할 것을 생각해야 하오."

장자는 다시 이렇게 생각하였다.

'이 목갈라야나가 아끼는 법의 보시행을 말하겠다고 하더니, 지금은 또 다섯 가지 큰 보시가 있다고 말한다.'

이때 목갈라야나는 장자가 마음속에 품고 있는 생각을 알고 다시 장자에게 말하였다.

"여래께서는 두 가지 큰 보시가 있다고 말씀하셨소. 그것은 법의 보시와 재물의 보시를 말하오. 나는 지금 법의 보시를 말하고 재물의 보시는 말하지 않겠소."

장자가 대답하였다.

"어떤 것이 다섯 가지 큰 보시요?"

목갈라야나가 대답하였다.

"첫째는 산목숨 죽이지 않는 것이니, 이것을 큰 보시라 하오. 장자는 몸과 목숨을 다하도록 닦아 행해야 하오.

둘째는 도둑질하지 않는 것이니, 이것이 큰 보시이오. 몸과 목숨을 다하도록 닦아 행해야 하오.

그리고 음행하지 않는 것, 거짓말하지 않는 것, 술 마시지 않는 것이 큰 보시이니, 몸과 목숨을 다하도록 닦아 행해야 하오.

이것을 장자여, 다섯 가지 큰 보시가 있다고 하는 것이니, 늘 닦아 행할 것을 생각해야 하오."

이때 바드리카 장자는 그 말을 듣고 매우 기뻐하면서 이렇게 생각하였다.

'사카무니 붓다의 말씀은 깊고 미묘하구나. 지금 연설한 것으로는 보물을 쓰지 않아도 된다. 나라면 오늘 산목숨 죽이지 않을 수 있으니, 이것은 받들어 행할 수 있다.

또 우리 집에는 재물이 넉넉하고 보배가 많으므로 끝내 도둑질 않을 것이니, 이 또한 내가 행할 수 있는 일이다.

또 우리 집에는 아주 아름다운 여자들이 있으니 끝내 남의 여자와 음행하지 않아도 된다. 이것도 내가 행할 수 있는 일이다.

또 나는 거짓말하는 사람을 좋아하지 않는데 어찌 하물며 내 스스로 거짓말을 하겠는가? 이것 또한 내가 행할 수 있는 일이다.

또 나는 오늘 같아서는 뜻에 술을 생각지도 않는데 하물며 직접

맛보겠는가? 이것도 내가 행할 수 있는 일이다.'

이때 장자가 목갈라야나에게 말하였다.

"이 다섯 가지 보시를 나는 다 받들어 행할 수 있소."

그때 장자는 마음속으로 이렇게 생각하였다.

'나는 이제 이 목갈라야나에게 밥을 주어야겠다.'

장자는 머리를 들어 목갈라야나를 보며 말하였다.

"뜻을 굽히시어 아래를 살피시고 여기 와 앉도록 하십시오."

그러자 목갈라야나는 그의 말을 따라 내려와 앉았다.

그때 바드리카 장자는 몸소 갖가지 먹을거리를 마련해 목갈라야나에게 드렸다. 목갈라야나가 공양을 마치자 깨끗한 물을 돌리고 장자는 이렇게 생각하였다.

'털담요 한쪽을 가져다가 목갈라야나에게 받들어 올리리라.'

이때 그는 곳간에 들어가 흰 베를 가려 가져오면서, 좋지 않은 것을 가지고 오려고 하다가 좋은 것으로 가려내고 곧 다시 이를 버리었다. 다시 털 담요를 가져오면서도 또 옛날 좋아하던 것을 취하고, 그것을 버리고는 다시 다른 것을 취하곤 하였다.

장자를 일깨워주자 장자가 법의 눈을 얻어 삼보에 귀의함

이때 목갈라야나는 장자가 마음속에 품고 있는 생각을 다 알고는 곧 이런 게송을 말하였다.

보시와 아끼는 마음 싸워 다투니

이런 복은 어진 이가 버리는 바네.

보시할 때는 싸우는 때가 아니니

그럴 때에 마음을 따라 보시하라.

그때 장자는 이렇게 생각하였다.

'지금 목갈라야나는 내가 마음속으로 생각하고 있는 것을 다 알고 있다.'

그러고는 곧 흰 베를 가져다가 목갈라야나께 바쳐 올렸다.

목갈라야나는 곧 이렇게 그를 축원하였다.

보시 가운데 으뜸됨 살피는 것은
현성이 계심을 아는 것이니
보시 가운데 가장 높음이 되어
좋은 밭이 좋은 열매 냄과 같아라.

그때 목갈라야나는 이런 축원을 마치고 나서 그 흰 털 방석을 받아 장자로 하여금 복 받음이 끝없게 하였다.

그때 장자가 한쪽에 앉았다. 목갈라야나는 그를 위해 차츰 묘한 논의를 설법해주었다. 그 논함은 보시를 논하고, 계를 논하며, 하늘에 태어남을 논함이었으며, '탐욕은 깨끗하지 않다는 생각'과 '벗어남이 즐거움이 됨'을 논함이었다.

그리고 모든 붇다 세존이 말씀하신 법인 괴로움·괴로움 모아냄·괴로움의 사라짐·괴로움을 없애는 길을 그를 위해 다 말해주자, 그는 곧 그 자리에서 법의 눈이 깨끗하게 되었다.

비유하면 마치 아주 깨끗한 옷이 쉽게 물드는 것처럼, 이 바드리카 장자도 그와 같아서 그 자리에서 바로 법의 눈이 깨끗하게 되었다. 그래서 법을 얻고 법을 보아 여우 같은 의심이 없어져, 다섯 계를 받고 붇다와 법과 상가에 스스로 귀의하였다.

목갈라야나는 장자의 법의 눈이 깨끗해진 것을 보고 곧 이 게송을 설하였다.

여래께서 말씀하신 여러 경은
뿌리와 바탕 다 갖추어졌으니
눈이 깨끗해 더러운 티 없으면
의심 없고 머뭇거림 없게 되리라.

이때 바드리카 장자가 목갈라야나에게 말씀드렸다.

"지금부터 이 뒤로는 사부대중들과 함께 늘 제 공양청을 받아주십시오. 반드시 입을 옷·먹을거리·앉을 자리·자리끼·의약품 등을 대드려서 애착하거나 아까워하지 않겠습니다."

이때 목갈라야나는 장자를 위해 설법하고 나서 곧 자리에서 일어나서 떠나갔다.

핀도라 바라드바자 존자가 난다 여인을 신통의 힘으로 교화함

다른 큰 성문인 존자 마하카샤파와 존자 아니룻다가 존자 핀도라 바라드바자에게 말하였다.

"우리들은 이미 바드리카 장자를 건네주었소. 그대는 지금 저 늙은 어머니 난다에게 가보시오."

핀도라가 대답하였다.

"이 일은 아주 좋습니다."

그때 늙은 어머니 난다는 구운 과자를 만들고 있었다.

그때 존자 핀도라는 때가 되어 가사를 입고 발우를 가지고 라자 그리하 성에 들어가 밥을 빌면서 차츰 늙은 어머니 난다의 집에 이르렀다. 땅속으로부터 솟아나와 손에 들고 있던 발우를 내밀고 늙은 어머니 난다에게 먹을 것을 빌었다. 그러자 늙은 어머니는 핀도라를 보고는 아주 크게 성냄을 품고 이렇게 모진 말을 했다.

"비구여, 알아야 하오. 설사 그대 눈알이 빠진다 해도 나는 끝내 그대에게 밥을 주지 않을 것이오."

그때 핀도라는 곧 사마디에 들어 두 눈이 빠져나오도록 하였다. 그러자 난다는 곱절이나 더 화를 내며 다시 모진 말을 하였다.

"설사 그대 사문이 허공 가운데 거꾸로 매달린다 하더라도 나는 끝내 그대에게 밥을 주지 않을 것이오."

존자 핀도라는 다시 사마디의 힘으로 허공 가운데 거꾸로 매달렸다. 그러자 늙은 어머니 난다는 곱절이나 더 화를 내면서 이렇게 말하였다.

"설사 그대 사문의 온몸에 연기가 난다 하더라도 나는 끝내 그대에게 밥을 주지 않을 것이오."

그때 핀도라는 다시 사마디의 힘으로 온몸에 연기를 내었다. 늙은 어머니는 그것을 보고는 더욱 화를 내면서 이렇게 말하였다.

"설사 그대 사문의 온몸이 탄다 하더라도 나는 끝내 그대에게 밥을 주지 않을 것이오."

그때 핀도라는 곧 사마디에 들어 온몸이 다 타게 하였다. 늙은 어머니는 그것을 보고 나서 다시 이렇게 말하였다.

"설사 그대 사문의 온몸에서 물을 낸다 하더라도 나는 끝내 그대에게 밥을 주지 않을 것이오."

핀도라는 다시 사마디의 힘으로써 온몸에서 물을 내었다. 늙은 어머니는 그것을 보고 다시 이렇게 말하였다.

"설사 그대 사문이 내 앞에서 죽는다 하더라도 나는 끝내 그대에게 밥을 주지 않을 것이오."

그때 존자 핀도라는 곧 사라져 다한 사마디[滅盡三昧, nirodha-samādhi]에 들어가서 내쉬고 들이쉬는 숨이 없이 그 늙은 어머니의 앞에서 죽었다.

그때 늙은 어머니는 들이쉬고 내쉬는 숨길이 없어진 것을 보고 곧 두려움을 품어 옷의 털마저 다 곤두선 채 이렇게 말하였다.

"이 사문 사카족의 아들은 많은 사람들이 알고 있고, 또한 나라 왕이 존경하는 사람이다. 만약 우리 집에서 죽었다는 말을 들으면 반드시 관청에 붙잡혀 가서 빠져나오지 못할까 두렵다."

그리고 이렇게 말했다.

'만약 이 사문이 도로 살아난다면 나는 사문에게 밥을 주리라.'

그러자 핀도라는 곧 사마디에서 일어났다.

그때 늙은 어머니 난다는 다시 이렇게 생각하였다.

'이 떡은 너무 크다. 지금 작은 것을 다시 만들어주어야겠다.'

그때 늙은 어머니는 밀가루를 조금 가져다가 떡을 만들었다. 그런데 그 떡이 점점 더 커졌다. 늙은 어머니는 그것을 보고는 다시 이렇게 생각하였다.

'이 떡은 너무 크다. 지금 다시 작은 것을 만들어야겠다.'

그러나 다시 떡은 더욱 커졌다.

'이제 먼저 만든 것을 가져다주자.'

그러고는 먼저 만든 것을 집었다. 그러나 여러 떡이 다 한데 같이 붙어 있었다. 그때 늙은 어머니 난다가 핀도라에게 말하였다.

"비구여, 떡이 먹고 싶으면 스스로 가져다 먹지, 왜 이렇게 시끄럽게 하느냐?"

핀도라가 대답했다.

"큰 누이여, 알아야만 하오. 나는 먹을 것이 필요 없소. 다만 늙은 어머니에게 하고 싶은 말이 있을 뿐이오."

늙은 어머니 난다가 말하였다.

"비구여, 어떤 것을 깨우쳐 분부하려 하오?"

핀도라가 대답하였다.

"늙은 어머니여, 알아야만 하오. 우리는 지금 이 떡을 가지고 세존 계신 곳으로 갑시다. 만약 세존께서 깨우쳐 분부하시는 것이 있으면, 우리들은 같이 받들어 행해야 합니다."

늙은 어머니가 대답하였다.

"그거 참 시원스러운 일이오."

이때 늙은 어머니는 몸소 그 떡을 들고 존자 핀도라의 뒤를 따라 세존 계신 곳에 갔다. 그곳에 이르러 그는 머리를 대 세존의 발에 절하고 한쪽에 섰다. 그때 존자 핀도라가 세존께 말씀드렸다.

"이 늙은 어머니 난다는 바드리카 장자의 누이입니다. 아주 아끼고 탐욕이 많아 혼자서만 먹으면서 기꺼이 남에게 주지 않습니다. 세존께서 그를 위해 독실히 믿는 법을 말씀하시어 열어 알도록 해주시길 바랍니다."

세존께서 신통으로 다함없는 보시 공덕의 길을 보이심

그러자 세존께서 늙은 어머니 난다에게 말씀하셨다.

"그대는 지금 이 떡을 가지고 여래와 비구상가에 돌려라."

그러자 늙은 어머니 난다는 곧 그 떡을 여래와 다른 비구스님들에게 베풀어드렸다. 그렇게 해도 떡은 아직 남아 있었다.

늙은 어머니 난다가 세존께 말씀드렸다.

"그렇게 했는데도 아직 떡이 남았습니다."

세존께서 말씀하셨다.

"붇다와 비구스님들에게 다시 돌려라."

늙은 어머니 난다는 붇다의 분부를 받고, 다시 그 떡을 붇다와 비구스님들에게 돌렸다. 그런데도 아직 떡은 남았다.

이때 세존께서 늙은 어머니 난다에게 말씀하셨다.

"그대는 지금 이 떡을 가지고 가서 저 비구니·우파사카·우파시카대중에게 주어라."

그런데도 떡은 여전히 남았다. 세존께서 말씀하셨다.

"그대는 이 떡을 가져다 저 가난한 이들에게 나누어주어라."

그렇게 다 했는데도 떡은 아직 남았다.

세존께서 말씀하셨다.

"그대는 이 떡을 가져다가 깨끗한 땅이나 또는 아주 깨끗한 물 가운데 버려라. 왜냐하면, 여래·지극히 참된 이·바르게 깨친 분을 내놓고는 어떤 사문이나 브라마나, 그리고 하늘과 사람으로 이 떡을 다 소화할 이를 나는 끝내 보지 못했기 때문이다."

대답하였다.

"그렇게 하겠습니다, 세존이시여."

이때 늙은 어머니 난다는 곧 그 떡을 가져다가 깨끗한 물에 버렸다. 그러자 그때 곧 불꽃이 일어났다. 늙은 어머니 난다는 그것을 보고 나서 곧 두려운 마음을 품고 세존 계신 곳에 가 머리를 대 발에 절하고 한쪽에 앉았다.

그때 세존께서는 차츰 그를 위해 설법하셨다. 그때 논하신 것은 보시를 논하고, 계를 논하고, 하늘에 태어남을 논함이고, 또 탐욕은 깨끗하지 않다는 생각과 번뇌의 흐름은 더러움이며 벗어남이 요점이 됨을 논함이었다.

그때 세존께서는 늙은 어머니 난다가 마음이 열리고 뜻이 풀림을 보시고, 다시 모든 붇다께서 늘 설하셨던 법인, 괴로움·괴로움 모아냄·괴로움의 사라짐·괴로움을 없애는 길을 늙은 어머니 난다에게 말씀해주셨다. 그러자 그 늙은 어머니는 곧 그 자리에서 법의 눈이 깨끗하게 되었다.

비유하면 흰 베가 물감에 쉽게 물드는 것처럼 이 또한 그와 같아서, 그때 늙은 어머니 난다는 모든 티끌과 때가 다하고 법의 눈이 깨끗하게 되었다. 그는 법을 얻고 법을 이루어 여우 같은 의심이 없어져, 이미 머뭇거림을 건너 두려움이 없게 되었다. 그래서 삼보를 받들어 섬기고 다섯 계를 받아 지녔다.

그때 세존께서 그를 위해 거듭 설법하시어 그로 하여금 기쁨을 내게 하셨다. 그때 난다가 세존께 말씀드렸다.

"지금부터 이 뒤로는 사부대중들이 저의 집에서 보시를 받게 하소서. 지금부터는 늘 보시하고 온갖 공덕을 닦으며, 여러 현성들을 받들겠습니다."

그는 곧 자리에서 일어나 머리를 대 붇다의 발에 절하고 이내 물러나 떠났다.

우바가니 장자가 교화의 소식을 전하자
왕이 바른 법 보살피는 칙령을 내림

그때 바드리카 장자와 그 누이 난다에게는 우바가니(優婆迦尼)라
는 동생이 있었다. 그는 아자타사트루 왕과 어릴 때부터 함께 좋아
하여 아주 서로 사랑스럽게 생각하였다.

그때 우바가니 장자는 농사를 짓고 있었는데, 그의 형 바드리카와
누이 난다가 여래에게 법의 교화를 받았다는 말을 듣고는 기뻐서 뛰
놀며 스스로 이기지 못했다. 그리하여 이레 동안 잠도 자지 않고 먹
고 마시지 않았다.

그때 장자는 농사일을 마치고 라자그리하 성으로 돌아가던 길 가
운데서 이렇게 생각하였다.

'나는 지금 먼저 세존 계신 곳에 갔다가 다음에 집에 가리라.'

장자는 세존 계신 곳에 가서 머리를 대 발에 절하고 한쪽에 앉았다.
그때 장자가 세존께 말씀드렸다.

"저의 형 바드리카와 누이 난다가 여래의 교화를 받았습니까?"

세존께서 말씀하셨다.

"그렇다, 장자여. 지금 바드리카와 난다는 네 가지 진리를 보고 여
러 착한 법을 닦고 있다."

그때 우바가니 장자가 세존께 말씀드렸다.

"저희 집안이 큰 이익을 얻었습니다."

세존께서 말씀하셨다.

"그렇다. 장자여, 네 말과 같다. 지금 너의 부모는 아주 큰 이익을

얻었고, 뒷세상의 복까지 심었다."

그때 세존께서 장자를 위해 미묘한 법을 설하셨다. 장자는 법을 듣고 나서 곧 자리에서 일어나 머리를 대 발에 절하고 이내 물러나 떠나갔다.

그는 아자타사트루 왕이 있는 곳에 찾아가 한쪽에 앉았다.

그때 왕이 장자에게 물었다.

"그대의 형과 누이가 여래의 교화를 받았느냐?"

대답하였다.

"그렇습니다, 대왕이시여."

왕은 이 말을 듣고 기뻐 뛰면서 스스로 이기지 못했다. 곧 종을 치고 북을 울려 성안에 칙령을 알렸다.

"지금부터 이 뒤로는 붇다를 섬기는 집안은 세금을 내지 말도록 하고, 또 붇다를 섬기는 사람은 와서 마중하고 가서 배웅하도록 하라. 왜냐하면 그들은 다 도법(道法)으로 나의 형제이기 때문이다."

그때 아자타사트루 왕은 갖가지 먹을 것을 내어 장자에게 주었다. 그러자 장자는 갑자기 이렇게 생각하였다.

'나는 아직 우파사카[淸信士]의 법으로 어떤 음식을 먹어야 하고 어떤 국물을 마셔야 하는가를 세존께 듣지 못하였다. 나는 지금 우선 세존 계신 곳을 찾아가서 이 뜻을 여쭈어본 뒤에 이 음식을 먹어야겠다.'

우바가니 장자가 세존께 우파사카·우파시카의
먹을거리 먹는 법과 계 지니는 법을 물어 받음

그때 장자는 곁에 있던 어떤 사람에게 말하였다.

"그대는 세존 계신 곳에 가서 그곳에 이르면 머리를 대 발에 절하고 내 말로 세존께 이렇게 말씀드려주오.

'우바가니 장자는 세존께 여쭙니다. 대개 어진 이의 법으로서 몇 가지 계를 지녀야 하며, 몇 가지 계를 범하면 우파사카가 아닙니까? 또 어떤 먹을 것을 먹어야 하고, 어떤 마실거리를 마셔야 합니까?'"

그때 그 사람은 장자의 부탁을 받고 세존 계신 곳에 가서 머리를 대 발에 절하고 한쪽에 서 있었다. 그때 그 사람은 장자의 이름으로 세존께 말씀드렸다.

"대개 우파사카의 법은 몇 가지 계를 지녀야 하며, 몇 가지 계를 범하면 우파사카가 아닙니까? 또 어떤 먹을 것을 먹어야 하고, 어떤 마실거리를 마셔야 합니까?"

세존께서 말씀하셨다.

"너는 지금 알아야 한다. 먹을 것[食]에는 두 가지가 있다. 가까이 해야 할 것이 있고 가까이하지 않아야 할 것이 있다. 어떤 것이 그 두 가지인가?

만약 가까이해서 먹었을 때, 착하지 못한 법을 일으키고 착한 법에 덜어짐이 있으면, 그 먹을 것은 가까이하지 않아야 할 먹을 것이고, 만약 그 먹을 것을 먹어 착한 법이 늘어나고 나쁜 법은 줄어들면, 그 먹을 것은 가까이해야 할 먹을 것이다.

마실거리[漿] 또한 두 가지가 있다. 만약 마실거리를 얻어서 착하지 않은 법을 일으키고 착한 법에 덜어짐이 있으면, 그 마실거리는 가까이하지 않아야 하고, 만약 마실거리를 얻어서 착하지 않은 법은 줄어들고 착한 법에 더해감이 있으면, 그 마실거리는 가까이해야 한다.

또 우파사카의 법으로 지켜야 할 계에 다섯 가지가 있다.

그 가운데 한 가지 계·두 가지 계·세 가지 계·네 가지 계와 나아가 다섯 가지 계를 다 지닐 수 있으면 모두 이를 지녀야 하고, 또 모두 지닐 수 있다는 이에게는 두 번, 세 번 물어서 지니게 하라.

만약 우파사카로서 한 가지 계를 범하면 몸이 무너지고 목숨 마친 뒤에는 지옥 가운데 날 것이다.

또 만약 우파사카로서 한 가지 계만이라도 받들어 지니면 하늘위의 좋은 곳에 날 것이다. 그런데 어찌 하물며 둘·셋·넷·다섯 가지 계를 다 지니는 것이겠느냐?"

그 사람은 붇다께 가르침을 받고서는 머리를 대 절하고 이내 물러나 떠나갔다.

우파사카·우파시카에게 오계와 삼귀의계 주는 법을 보이심

그가 돌아간 지 그리 얼마 되지 않아 세존께서 여러 비구들에게 말씀하셨다.

"지금부터 이 뒤로는 우파사카들에게 다섯 가지 계[五戒]와 삼보에 스스로 귀의하는 계[三歸衣戒]를 줄 수 있도록 들어준다.

만약 비구가 우파사카와 우파시카[淸信女]에게 계를 주려고 할 때에는 그로 하여금 팔을 드러내어 두 손을 모아 합장하게 하고 자기 이름과 성을 말하게 한 뒤에 먼저 이렇게 말하게 하라.

'붇다와 법과 상가에 귀의합니다.'

두 번, 세 번 자기 성명을 대게 하고 '붇다와 법과 상가에 귀의합니다'라고 말하게 하라.

그리고 다시 스스로 이렇게 말하게 하라.

'저는 지금 이미 붇다와 법과 비구스님에게 귀의하였습니다.'

이는 마치 사카무니 붇다께서 맨 처음 장사꾼 오백 명에게서 '삼보에 귀의한다'고 함을 받아주시고, '목숨을 마칠 때까지 산목숨 죽이지 않고, 도둑질하지 않으며, 음행하지 않고, 속이지 않으며, 술을 마시지 않겠습니다'라고 말하게 한 것과 같다.

만약 한 가지 계만 지니면 다른 네 가지 계를 막고, 만약 두 가지 계만 받으면 다른 세 가지 계를 막으며, 세 가지 계만 받으면 다른 두 가지 계를 막고, 네 가지 계만 받으면 다른 한 가지 계를 막는다. 그러나 만약 다섯 가지 계를 받으면 반드시 모든 계를 다 갖추어 지니게 된다."

그때 비구들은 붇다의 말씀을 듣고 기뻐하며 받들어 행하였다.

• 증일아함 28 성문품(聲聞品) 一

• 해설 •

진리의 가족 진리의 형제는 그 누구인가. 인종과 혈연 집단과 조직을 넘어 미혹한 자에게 지혜를 열어주고, 탐욕에 불타는 이에게 탐욕의 불을 꺼서 큰 서원의 바다에 이끌어주는 자가 그 사람이다.

증오와 분노의 마음으로 괴로워하는 이를 자비의 따뜻한 마음에 돌이켜주며, 아낌의 때에 물든 이를 보시의 착한 행에 이끌어주는 자, 그가 진리의 가족 진리의 형제이다.

여기 참으로 여래의 진리의 음성을 듣고 지혜의 흐름에 들어간 성문승이 있고, 연기의 가르침을 깊이 사유해 존재의 진실을 잘 살피는 연각승이 있다 하자. 그리고 파라미타의 행으로 뭇 삶들을 저 언덕에 이끄는 보디사트바가 있다 하자.

그들은 늘 고통받는 중생이 설사 청하지 않더라도 벗이 될 수 있으며, 중생을 위해 섬이 되고 집이 되며 그늘이 될 수 있는 이들이니, 그들이 곧 진리의 벗이고 가족이다.

당대 라자그리하 성의 으뜸가는 부자로서 한량없는 재부를 축적했던 바드리카 장자와 그 누이는 그 많은 재산을 가졌으면서도 한 덩이 밥과 과자 한 조각 기름진 먹을거리 한 덩이도 남을 주지 못한 채 아낌과 탐욕의 때로 온통 그 삶이 찌들었고, 연기법을 깨친 현성의 존재도 현성의 가르침도 믿지 않았다.

장자와 그 누이를 건져주기 위해 마하목갈라야나·카샤파·아니룻다· 핀도라바라드바자 네 아라한 현성께서 나셨으니, 청하지 않아도 벗이 되어 해탈의 땅에 이끌어주는 자비심의 발로이다.

현성의 중생을 위한 구제행은 악이 공한 곳에서 짐짓 악을 굴려 건지시기도 하는 것이니, 네 현성의 신통의 방편 또한 지독한 탐욕과 아낌의 허물, 교만의 허물을 깨뜨리기 위한 선지식의 방편이다.

목갈라야나 존자, 마하카샤파 존자, 아니룻다 존자가 바드리카 장자를 건네주어 법의 눈을 열어주고 다섯 계를 주고 삼보에 귀의케 하니, 핀도라바라드바자 존자 또한 장자의 누이 난다 여인을 신통의 방편을 써서 건네준다.

탐욕으로 찌든 난다 앞에서 작은 떡을 크게 만들어 보인 뒤 여인을 세존께 이끌어 교화를 받게 하니, 세존께선 여인이 떡을 상가대중에게 돌려주도록 하신다. 현전상가 대중에 다 돌리고도 떡이 또 남아돌아 다시 그 떡을 우파사카 우파시카에게 돌리게 하고, 다시 떡이 남으니 성안의 온갖 가난한 이들에게 나누도록 하신다.

세존의 이와 같은 '신통의 깨우치심'은 무엇을 가르치심인가.

모습에서 모습을 집착하고 내 것을 내 것으로 붙잡음으로 내가 가진 것이 모든 이의 재부가 될 수 없고, 가진 것에 실로 가질 것 있음을 보아 가짐과 잃음이 없는 참된 풍요에 나아가지 못함을 깨우치심인가.

여래의 신통경계에서는 작은 것이 큰 것이 되고, 내 것이 모든 이의 것이 되며, 한 덩이 떡이 한량없는 먹을거리가 되어 모든 이를 배불린다.

하나가 곧 온갖 것이 되고 온갖 것이 하나되며, 한 티끌 속에 허공을 머금고 온갖 티끌 또한 허공을 머금은 법계연기 실상이 여래의 신통 속에 온전히 드러나 있다.

이것이 어찌 꼭 여래의 신통일 것인가. 법이 본래 늘 그러하므로[法常爾] 여래께서 본래 그러한 실상을 온전히 나타내 보이신 것일 뿐이다.

탐욕과 아낌의 때에 찌든 장자와 그 누이가 여래께 귀의해 아낌을 돌이켜 베풂의 삶을 결단하고 탐욕을 돌이켜 크나큰 서원의 땅에 돌아오니, 그들이 바로 진리의 형제가 된 것이며, 여래의 넓고 큰 진리의 집으로 탐욕의 집을 나와 출가한 것이다.

저 잔악했던 아자타사트루 왕이 세존께 귀의한 장자를 찬양하고 현성 섬기는 이를 또한 나라의 법으로 보살피니, 그 또한 폭압의 마음 미친 마음을 쉴 때 쉬는 그 자리에서 진리의 가족이 되고 진리의 집으로 어리석음의 집을 나온 것이다.

아라한과 보디사트바는 스스로 연기의 진리를 깨쳐 탐욕의 불을 끄고 미망의 꿈을 깼지만 그에게 저 고통 받는 중생은 자기 삶밖에 실체로서 중생이 아닌 것이니, 참된 현성이라면 저 중생을 함께 거두어 여래 해탈의 집에 들게 한다. 그러므로 화엄회상(「십지품」)에서 현성과 현성은 서로에게 다음과 같이 당부한다.

> 그대는 비록 이미 번뇌의 불 없앴지만
> 세간 미혹의 불은 오히려 활활 타오르니
> 반드시 본원으로 중생 건네줄 것 생각해
> 바른 인행 닦아서 해탈에 나아가게 하라.
>
> 汝雖已滅煩惱火　世間惑焰猶熾然
> 當念本願度衆生　悉使修因趣解脫

2 자재한 선정의 힘 갖춘 뛰어난
   제자들의 서로 어울림

• 이끄는 글 •

모든 법은 인연으로 일어나니 원인과 조건이 같으면 같은 법을 내고 원인과 조건이 비슷하면 비슷한 법을 낸다.

비슷한 업을 짓는 무리들이 서로 어울려 같은 업을 지어 늘리고 서로 이어가니, 악의 업을 좋아하는 이는 악의 무리들과 어울려 악업을 더욱 늘리고, 착한 업을 좋아하는 이는 착한 무리들과 어울려 착한 업을 서로 늘려 이어간다.

하늘 섬기는 것 좋아하는 이는 하늘 섬기는 사제를 따라 하늘 섬김의 업을 늘려가고, 산과 땅의 신 섬기는 것을 좋아하는 이는 산과 땅의 신 섬기는 업을 늘려간다.

여래의 상가는 여래와 다르마를 따라 모인 공동체이다. 그러므로 상가는 모든 법이 인연으로 나므로 실로 남이 없음을 가르치는 여래의 법을 따라 인연의 법을 살펴 해탈의 길에 나아가는 법의 무리들이다.

이 법의 무리는 법을 따라 모여 스승의 가르침을 듣고 더욱 법에 대한 믿음을 굳건히 해서 법을 따라 진리의 바다 사르바즈냐나

(sarvajñāna, 一切智)의 바다로 흘러들어간다.

닦아 익혀옴과 바람[願]의 차별에 따라 법의 무리들도 어떤 이는 선정을 통해 지혜에 들고, 어떤 이는 지혜를 통해 선정에 들며, 어떤 이는 계율을 통해 선정에 들고, 어떤 이는 두타행을 통해 선정에 들고, 어떤 이는 설법행을 통해 지혜에 든다.

드는 인연이 차별되어도 들어가는 인연이 법의 인연이면 법의 바다에는 아무런 차별이 없다.

지금 저 사물의 빛깔을 볼 때 빛깔 보는 눈과 봄을 돌이켜보아[反觀見色] 지혜의 바다에 들어가거나, 사물의 소리를 들을 때 귀와 들음을 돌이켜 보아[反觀聞聲] 지혜에 들어가도 모두 하나인 지혜의 바다이다.

그것은 보는 눈을 돌이켜보면 눈에 눈이 없고 봄에 실로 봄이 없기 때문이고, 듣는 귀를 돌이켜 보면 듣는 귀에 귀가 없고 들음에 들음이 없기 때문이다.

이처럼 법의 땅에서 믿음을 일으켜 지혜의 바다에 돌아가는 자가 모두 진리의 가족이며 사방상가의 대중인 것이니, 들어가는 문이 달라도 문을 열고 들어가면 그곳이 모두 니르바나의 성인 것이다.

『화엄경』(「보현행품」) 또한 갖가지 업 차별된 중생이 여래의 방편의 지혜로 인해 해탈의 땅에 나아가게 됨을 이렇게 보인다.

세간의 갖가지 다른 차별은
다 생각의 머묾 말미암지만
붇다의 방편의 지혜에 들면
여기에서 모두 밝게 깨닫네.

世間種種別　皆由於想住
入佛方便智　於此悉明了

뭇 대중의 모임 말할 수 없으나
중생 세간의 바른 인도자는
낱낱이 그들 위해 몸을 나투어
모두 여래를 뵙도록 하여
끝없는 중생 건네 해탈케 하네.

衆會不可說　一一爲現身
悉使見如來　度脫無邊衆

「입법계품」 또한 온갖 붇다의 법이 언어의 방편 때문에 차별이 있지만 그 문을 따라 지혜의 바다에 들어가면 하나인 법의 가족이 됨을, 이렇게 말한다.

온갖 모든 붇다의 법은
법계에 다 평등하도다.
말씀하기 때문에 같지 않으나
잘 따라 행하는 대중은
말씀 따라 모두 통달하도다.

一切諸佛法　法界悉平等
言說故不同　此衆咸通達

착한 이는 착한 이들과 어울리니,
저 잘 닦아 행하는 비구들을 보는가

이와 같이 들었다.

한때 붇다께서는 슈라바스티 국 제타 숲 '외로운 이 돕는 장자의 동산'에 계셨다.

그때 붇다께서는 셀 수 없는 중생들에게 앞뒤로 둘러싸여 설법하고 계셨다.

이때 사리푸트라는 많은 비구들을 거느리고 거닐어 다니고[經行] 있었고, 마하목갈라야나·마하카샤파·아니룻다·레바타·카타야나·푸르나·우팔리·수부티·라훌라·아난다 비구 등도 각기 많은 비구들을 거느리고 서로 즐거워하고 있었다. 데바닫타 또한 많은 비구들을 거느리고 스스로 거닐어 다니고 있었다.

그때 세존께서는 자재한 선정의 힘[神足]이 있는 여러 제자들이 각기 그 무리들을 거느리고 거닐어 다니는 모습을 지켜보셨다.

그때 세존께서 여러 비구들에게 말씀하셨다.

"사람의 근기와 성질은 서로 비슷하여 착한 이는 착한 이와 서로 어울리고, 나쁜 이는 나쁜 이와 서로 어울린다.

마치 젖은 젖과 서로 맞고, 삭힌 젖[酥]은 삭힌 젖과 서로 맞으며, 똥오줌은 똥오줌과 각기 서로 맞듯이, 이 또한 이와 같다.

중생의 근기의 바탕과 행하는 법은 각기 서로 맞아, 착한 이는 착한 이와 서로 맞고 나쁜 이는 나쁜 이와 서로 맞는 것이다."

여러 높은 수행자들이 좋은 법으로 서로 어울려 지냄을 보이심

"너희들은 사리푸트라 비구가 여러 비구들을 거느리고 거닐어 다니는 것을 보는가?"

비구들이 말씀드렸다.

"예, 그렇습니다. 봅니다"

"저 사람들은 모두 지혜로운 수행자들이다."

또 말씀하셨다.

"너희들은 저 목갈라야나 비구가 여러 비구들을 거느리고 거닐어 다니는 것을 보는가?"

여러 비구들이 대답했다.

"예, 그렇습니다. 봅니다."

"저 비구들은 모두 자재한 선정의 힘을 갖춘 수행자들이다."

또 물으셨다.

"너희들은 저 카샤파가 여러 비구들을 거느리고 거닐어 다니는 것을 보는가?"

여러 비구들이 대답했다.

"예, 그렇습니다. 봅니다."

붓다께서 말씀하셨다.

"저 여러 높은 수행자[上士]들은 다 열두 가지 두타법을 행하는 사람들이다."

또 물으셨다.

"너희들은 저 아니룻다 비구를 보는가?"

여러 비구들이 대답했다.

"예, 그렇습니다. 봅니다."

"저 여러 어진 수행자들은 모두 하늘눈이 으뜸이다."

또 물으셨다.

"너희들은 저 레바타 비구를 보는가?"

여러 비구들이 대답했다.

"예, 그렇습니다. 봅니다."

붇다께서 말씀하셨다.

"저 사람들은 다 선정에 든 수행자들이다."

또 물으셨다.

"너희들은 저 카타야나 비구를 보는가?"

여러 비구들이 대답했다.

"예, 그렇습니다. 봅니다."

붇다께서 말씀하셨다.

"저 높은 수행자들은 다 뜻과 이치[義理]를 분별할 줄 아는 사람들이다."

또 물으셨다.

"너희들은 저 푸르나 비구를 보는가?"

여러 비구들이 대답했다.

"예, 그렇습니다. 봅니다."

붇다께서 말씀하셨다.

"저 여러 어진 수행자들은 다 설법을 잘하는 사람들이다."

또 물으셨다.

"너희들은 저 우팔리가 여러 비구들을 거느리고 거닐어 다니는 것을 보는가?"

여러 비구들이 대답했다.

"예, 그렇습니다. 봅니다."

붇다께서 말씀하셨다.

"저 사람들은 다 금한 계율을 잘 지니는 사람들이다."

또 물으셨다.

"너희들은 저 수부티 비구를 보는가?"

여러 비구들이 대답했다.

"예, 그렇습니다. 봅니다."

붇다께서 말씀하셨다.

"저 여러 높은 수행자들은 공을 앎[解空]에 으뜸이다."

또 물으셨다.

"너희들은 저 라훌라 비구를 보는가?"

여러 비구들이 대답했다.

"예, 그렇습니다. 봅니다."

붇다께서 말씀하셨다.

"저 여러 어진 수행자들은 다 계를 갖춘 수행자들이다."

또 물으셨다.

"너희들은 저 아난다 비구를 보는가?"

여러 비구들이 대답했다.

"예, 그렇습니다. 봅니다."

"저 여러 어진 수행자[賢士]들은 다 많이 들음[多聞]에 으뜸이라 서 한 번 받아 들은 것은 잊지 않는다."

나쁜 벗들이 서로 따름을 데바닫타의 무리를 들어 말씀하심

또 물으셨다.

"너희들은 저 데바닫타 비구가 여러 사람들을 거느리고 거닐어 다니는 것을 보는가?"

여러 비구들이 대답했다.

"예, 그렇습니다. 봅니다."

붇다께서 말씀하셨다.

"이 여러 사람들은 악의 우두머리가 되어 착함의 바탕이 없다."

그때 세존께서 곧 이 게송을 말씀하셨다.

    나쁜 스승과 벗 어리석은 이들
    그들 따라 서로 같이 일하지 말고
    좋은 스승과 벗 지혜로운 이들
    그런 이들과 서로 통해 사귀라.

    만약 사람이 본래 악함 없어도
    악한 사람들과 서로 가까이하면
    뒤에는 반드시 악의 원인 이루어
    나쁜 이름 온 세상에 두루하리라.

그때 데바닫타의 서른 남짓 되는 제자들은 세존의 이 게송을 듣고, 곧 데바닫타를 버리고 붇다 계신 곳에 와서 머리를 발에 대 절하고 무거운 죄 고치기를 구했다.

그리고 세존께 말씀드렸다.

"저희들이 어리석고 미혹하여 참과 거짓 가리지 못하고는 좋은 스승 좋은 벗을 버리고 나쁜 벗을 가까이하였습니다. 세존께서는 용

서해주시길 바랍니다. 뒤에 다시는 범하지 않겠습니다."

세존께서는 말씀하셨다.

"너희들의 허물 뉘우침을 들어주니, 지난 잘못을 고치고 앞의 옳음을 닦아 뒤에 다시는 범하지 말도록 하라."

이때 데바닫타의 제자들은 세존의 가르쳐 깨우침을 받들어 한가하고 고요한 곳에 있으면서 묘한 뜻을 사유하며 스스로를 이겨 바른 법을 행했다.

좋은 종족의 사람들이 수염과 머리를 깎고 집을 나와 도를 배우는 것은 위없는 범행을 닦고자 함이다.

그때 그 비구들은 바른 법의 뜻대로 다 아라한을 얻었다.

좋은 벗과 서로 따르도록 당부하심

"비구들이여, 알아야 한다. 중생의 근본은 다 스스로 서로 무리짓는 것이니, 악한 이는 악한 이와 서로 따르고, 착한 이는 착한 이와 서로 따르는 것이다. 과거나 앞으로 올 중생들의 근본 또한 그러하여 무리끼리 서로 따른다. 그것은 마치 깨끗한 것은 깨끗한 것과 서로 맞고, 더러운 것은 더러운 것과 서로 맞는 것과 같다.

그러므로 비구들이여, 깨끗한 이와 서로 어울려 깨끗해짐과 깨끗하지 않은 이들 멀리 여의는 것을 배워야 한다.

이와 같이 비구들이여, 반드시 이렇게 배워야 한다."

그때 비구들은 붇다의 말씀을 듣고 기뻐하며 받들어 행하였다.

• 증일아함 49 목우품(牧牛品) ① 三

•해설•

경에서 성문제자들 가운데 열한 제자의 이름과 그 행함의 자취가 나오니, 열한 분 성문제자의 잘 행하는 법의 문이 뒷세상 중생이 따라 들어가는 진리의 문호가 된다.

데바닫타 또한 세존의 제자로 높은 이름을 얻었으나 세존을 등지고 상가의 화합을 깨뜨려, 살아서 지옥에 떨어지는 과보를 받았으나, 지옥의 과보를 받는 그때 한 생각 뉘우침으로 해탈의 언약을 받았다.

아함에서는 세존께서 데바닫타를 프라테카붇다의 지위로 언약하셨으나, 저 법화회상(法華會上)에서는 데바닫타에게 또한 오는 세상 하늘왕여래[天王如來] 붇다가 되리라는 보디의 언약을 주셨다.

열한 제자가 각기 빼어난 행이 있으니 제자 따라 계·정·혜에 빼어남이 있기도 하고, 많이 들음과 잘 설함에 빼어남이 있기도 하다. 또한 닦아 얻음에 따라 선정과 두타행에 빼어남이 있으며, 신통과 밀행에 빼어남이 있어서 그 빼어남 따라 따르는 무리들이 있다.

이 열한 제자의 모습이 그대로 중국 종파불교에서 선종·교종·율종의 종승(宗乘)이 되고, 선사(禪師)·법사(法師)·율사(律師)·관정사(灌頂師)의 차별된 수행자의 모습이 된 것 같다.

그러나 해탈에 이르게 하는 실천의 종지[宗]는 언제나 진리의 바탕[體]에서 연기하여 진리에 돌아가는 행이어야 하니, 열한 제자의 낱낱 행이 지혜인 행이라 모두 아라한의 행 아님이 없고 법계의 행 아님이 없다.

법계의 행인 실천의 수레를 타면 모두가 니르바나의 성에 들어갈 것이고, 아라한인 열한 제자의 빼어난 행을 따라 행하면 행함 따라 아라한의 과덕이 현전할 것이다.

하늘왕들도 여래의 거룩한 제자들을
뒤따르며 보살피나니

이와 같이 내가 들었다.

한때 붇다께서는 슈라바스티 국 제타 숲 '외로운 이 돕는 장자의 동산'에 계셨다. 그때 세존께서는 한밤 어두움 속에 계셨는데, 하늘에서는 보슬비가 내리고 번갯불이 번쩍였다.

붇다께서는 아난다에게 말씀하셨다.

"너는 우산으로 등불을 덮어 가지고 나오너라."

존자 아난다는 분부를 받고 곧 우산으로 등불을 덮어 붇다의 뒤를 따라 거닐었다. 한곳에 이르시자 세존께서는 빙그레 웃으셨다.

존자 아난다는 붇다께 여쭈었다.

"세존께서는 까닭 없이 웃으시지 않으십니다. 오늘은 무슨 인연으로 빙그레 웃으시는지 살피지 못하겠습니다."

여러 하늘왕들이 높은 제자비구들 따라 거님을 보이심

"그렇다, 그렇다. 여래는 까닭 없이 웃지 않는다.

너는 지금 우산을 가지고 등불을 덮어 나를 따라 거닌다.

나는 지금 브라흐마하늘 또한 이와 같이 우산으로 등불을 덮어 카운다냐 비구 뒤를 따라가고 있으며, 인드라하늘 또한 이와 같이 우산으로 등불을 덮어 마하카샤파 뒤를 따라가고 있는 것을 본다.

드리타라스트라(Dhṛta-rāṣṭra, 持國)하늘왕 또한 우산으로 등불을

덮어 사리푸트라 뒤를 따라가고, 비루다카(Virūdhaka, 增長)하늘왕
또한 우산으로 등불을 덮어 마하목갈라야나 뒤를 따라가며, 비루
팍샤(Virūpakṣa, 廣目)하늘왕 또한 우산으로 등불을 덮어 마하카우
스틸라 뒤를 따라가고, 바이쓰라바나(Vaiśravaṇa, 多聞)하늘왕 또한
우산으로 등불을 덮어 마하칼피나 뒤를 따라가고 있는 것을 보고
있다."

붇다께서 이 경을 말씀하시자, 존자 아난다는 그 말씀을 듣고 기
뻐하며 받들어 행하였다.

• 잡아함 872 산개부등경(傘蓋腐燈經)

• 해설 •

참으로 아름답고 거룩한 광경이다.

보슬비 내리고 번개치는 밤, 아난다가 세존의 뒤를 등불 밝혀 따르니, 브
라흐마하늘왕·인드라하늘왕, 네 하늘왕[四天王]인 지국천(持國天)·증장
천(增長天)·광목천(廣目天)·다문천(多聞天)의 하늘왕들도 세존의 성문
제자들의 뒤를 불을 밝혀 따른다.

사람들의 섬김 받는 하늘왕이 도리어 아라한 제자들을 보살피며 그 뒤를
따라 걸으니, 세존의 성문제자들의 고요한 사마디가 안도 없고 밖도 없어서
하늘을 감싸고 땅을 감싸기 때문인가.

하늘왕들이 거룩한 성문제자의 뒤를 따르니, 여래의 법을 저 하늘왕들
이 하늘에 전하고 땅에 전하며 미래 만대 뒷세상에 전해 끊어짐이 없게 하
리라.

제2장

거룩한 제자들,
그 위덕과 자재를 나누어 말함

"아난다여, 어둡지 않고 어리석지 않고
지혜가 있는 사람이라면, 존자 사리푸트라의 여러 법
잘 설함을 듣고 어찌 기뻐하지 않겠느냐.
왜냐하면, 사리푸트라 비구는 계를 지니고 많이 들으며,
욕심 줄여 만족할 줄을 알며, 부지런히 정진하여
바른 생각에 머물러 지혜로 선정에 든다.
그는 재빠른 지혜 · 날카로운 지혜 · 벗어나는 지혜 ·
결정된 지혜 · 큰 지혜 · 넓은 지혜 · 깊은 지혜 ·
견줄 수 없는 지혜 등, 지혜의 보배를 성취하여
잘 교화할 수 있다."

여래의 출가상가의 제자들은 크게 두 그룹으로 나눌 수 있다.

첫째 기성 교단에 몸담아 그 교단에서 중심위치에 있다가 붇다께 귀의한 이들로, 우루빌라 카샤파 형제들의 브라마나 집단과 사리푸트라와 목갈라야나의 산자야 교단의 사문이 그 주축이다.

두 교단 출신으로 비구가 된 대중만 이미 천이백오십 명이 넘으니, 수적으로도 이들이 상가의 주류를 이루고 기성 교단의 지도자였던 이들이 상가의 윗자리[上座] 비구가 된다. 마하카샤파 존자도 라자그리하 성의 큰 부호였던 브라마나로서 브라마나의 길을 버리고 여래의 제자가 되었다.

또 한 그룹은 카필라 출신들로 세존을 옆에서 모셨던 사람들이나 새로 교화받아 집 나온 이, 숫도다나 왕가의 친족들이나 카필라의 주민들로서 출가한 이들이다. 바라나시의 첫 설법으로 비구가 된 다섯 제자, 야사스와 그 벗들, 아난다·난다·아니룻다·우팔리·라훌라·데바닫타 등과 마하프라자파티와 함께 출가한 오백 비구니가 그들이다.

상가는 출신계급도 브라마나와 크샤트리아에서 바이샤와 천민까지 모두 아우르고 있다. 우팔리는 이발사 출신이고, 앙굴리말라는 살인마였고, 추다판다카는 저능인이었으며, 우트팔라파라니 비구니는 거리의 여인이었다.

지역적으로는 붇다의 성도지였던 마가다 국 출신이 주류를 이루고, 고향인 카필라 출신의 사문들이 그 다음 많은 수를 채운다.

차츰 붇다의 교화가 인도 전역으로 넓혀지면서 불교중국 지역 밖의 변두리에서도 뛰어난 제자들이 출가해 상가의 윗자리 비구가 된다.

논의로 으뜸인 마하카타야나 비구는 아반티(Avanti) 출신, 마하카타야나 비구의 제자로 알려진 소나쿠티칸나(Soṇakutikana, 億耳)는 아반티보다 더 서쪽에 치우친 아파란타(Aparanta) 출신이다. 그는 마하카타야나를 화상으로 해서 출가했지만 슈라바스티에서 붇다를 뵙고 가르침을 들었다.

이들과 같이 중심지역에서 멀리 떨어진 지방출신 비구들의 요청으로 원래 열 명의 현전상가에서만 구족계(具足戒)의 카르마를 행할 수 있는 법을 변두리 지방에서는 다섯 명 이상의 현전상가에서도 계를 설할 수 있도록 하셨다.

설법으로 으뜸인 푸르나는 인도 서해안에 있는 항구인 숫파라카(Suppāraka) 출신으로 그 지역을 소파라(Sopāra)라고 부른다. 그는 아라한을 이룬 뒤 붇다의 가르침이 전해지지 않은 고향 서쪽 지역에 돌아가 전도할 뜻을 붇다께 말씀드리고 그곳에서 많은 제자를 두었다.

또 『숫타니파타』(「저 언덕에 이르는 길에 관한 품」彼岸度品)에 데칸고원 지방 고다바리의 상류에 살던 브라마나 바바리(Bāvari)가 자신의 제자 열여섯 명을 붇다께 파견해 가르침을 듣고 오도록 한 이야기가 전해지고 있다.

이것만 보더라도 붇다 당시에 이미 슈라바스티·라자그리하·카필라 지역을 넘어 광대한 지역에 가르침이 전해지고 많은 출가상가의 제자들이 여러 지역에서 배출되었음을 알 수 있다.

이는 붇다의 교설이 온갖 계급주의와 밀전주의(密傳主義)를 넘어선 보편 철학이며 온갖 중생을 해탈에 이끄는 개방된 가르침이기 때문이다.

『화엄경』(「입법계품」)에서 선재 어린이[善財童子]가 백십 개 성[百十城]을 거치어 오십삼 선지식을 만났다고 한 것이 붇다 교설의 우주적 개방성을 그대로 보여주고 있는 것이다.

가르침의 빛에 가림이 없고 차별이 없으므로 가르침 받는 이들 또한 믿음을 내고 보디의 마음을 내는 자면, 그 누구나 사방상가의 한 성원이 되는 것이니, 「입법계품」의 선지식은 다음과 같이 구도자를 일깨워준다.

여래는 세간에 나오시어
여러 중생 널리 건져주시니
너희들은 어서 빨리 일어나
인도자의 처소 가서 뵈어라.

如來出世間　普救諸群生
汝等應速起　往詣導師所

한량없고 셀 수 없는 겁에
붇다께선 세간에 오시사
깊고 묘한 법 연설하시어
온갖 중생 널리 요익케 하네.

無量無數劫　乃有佛興世
演說深妙法　饒益一切衆

한량없는 억천 겁이 되도록
참된 인도자 만나기 어려우니

뵙거나 듣고 모셔 섬기면
온갖 것 헛되이 지나치지 말라.

無量億千劫　導師難可遇
見聞若承事　一切無空過

여래의 몸이 한량없는 빛
놓으심을 우러러보니
갖가지 미묘한 빛깔은
온갖 어두움 없애버리네.

瞻仰如來身　放演無量光
種種微妙色　除滅一切暗

세간의 참된 인도자께서
낱낱의 털구멍 가운데서
빛을 놓음 사의할 수 없으니
여래께선 모든 중생 널리 비추어
중생을 모두 크게 기쁘게 하네.

一一毛孔中　放光不思議
普照諸群生　咸令大歡喜

1 십대제자

여래가 십대제자를 직접 들어 말한 곳은 경전의 어디에도 없다.
증일아함(「목우품」)에 착한 법으로 스승과 제자가 서로 무리지어
따름을 말함에서 열한 명의 성문제자를 들고, 또 그릇된 법으로 서
로 무리지어 따르는 예로 데바닫타를 들고 계실 뿐이다.

보통 십대제자를 말하면 선종에서 초조(初祖)로 모시는 카샤파
존자와 선종의 이조이면서 모든 경전의 송출자인 아난다 존자를
생각하게 된다. 그러나 경전 가운데 가장 많이 여래로부터 찬탄받
은 제자는 사리푸트라와 목갈라야나 존자이며, 그 다음이 카샤파
존자이다.

여래를 대신해 처음 상가에 입문한 비구·비구니나 그 밖의 물음
이 있는 대중 장자·거사들에게 설법한 존자 비구로는 사리푸트라
존자가 단연 홀로 우뚝하다.

또 빼어난 성문제자로 열한 제자를 들어보이실 때 그 가운데 선정
으로 으뜸인 레바타를 들고 있으니, 십대제자설은 붇다 니르바나 이
후 열[十]이라는 완성된 수에 제자의 이름을 연결시킨 듯하다.

십대제자는 『비말라키르티수트라』(「제자품」)에 이미 그 이름이 나오니, 대승경전이 처음 편집될 무렵 이미 정설화되었을 것이다.

십대제자는 지혜(智慧)가 으뜸인 사리푸트라, 신통(神通)이 으뜸인 목갈라야나, 두타행(頭陀行)이 으뜸인 카샤파, 하늘눈[天眼]이 으뜸인 아니룻다, 공을 이해함[解空]에 으뜸인 수부티, 법을 설함[說法]에 으뜸인 푸르나, 뜻을 논함[論義]에 으뜸인 마하카타야나, 율 지님[持律]에 으뜸인 우팔리, 그윽한 행[密行]에 으뜸인 라훌라, 많이 들음[多聞]이 으뜸인 아난다이다.

여래의 법은 여래로부터 그 가르침을 잘 듣지 않고서는 선정과 지혜에 나아갈 수 없고, 스스로 선정과 지혜를 얻어 가르침을 체달하지 않고서는 남을 위해 설할 수 없다.

또 선정과 지혜가 아니고서는 하늘눈과 신통이 나올 수 없고, 선정과 지혜를 얻으려면 금한 계를 잘 지녀야 한다. 그러므로 어느 한 법을 말해도 다른 아홉 법 없이 그 한 법을 갖출 수 없다.

『번역명의집』에서도 십대제자의 이름을 말하고 있으며, 수록된 십대제자의 순서도 『비말라키르티수트라』(「제자품」)와 같다.

이 열 제자가 모두 특별히 뛰어난 법이 각기 다르고 그 한 법에 으뜸가는 제자라 하나, 열 가지 법을 모두 갖추지 않으면 아라한이라 할 수 없으니, 『번역명의집』은 천태선사의 글을 인용하여 다음과 같이 말한다.

천태선사의 『정명소』(淨名疏)는 이렇게 말한다.

"지금 열 분 큰 제자가 각기 한 법을 잡고 있으니, 사람들이 무리지어 모이고 중생이 무리로 나뉜다. 그 좋아하고 하고자 함을 따라 각기 한 법문으로 거두어 권속을 삼아, 비록 각기 한 법을 관장하고 있으나, 어찌 일찍이 열 가지 덕[十德]을 갖추지 않겠는가.

스스로 치우쳐 잘한 점이 있으므로 으뜸간다고 일컫는 것이다."

이처럼 비록 여래의 성문제자들에 대해 그 빼어난 점을 들어 십대제자설이 나중 나온 것이지만, 열 가지 법을 살펴보면 사마디행이 없는 지혜가 없고 지혜 없는 사마디행이 없어서 사마디와 지혜가 그 기본이 되는 것이다.

또 여래는 늘 성문제자를 찬탄하면서 선정에 으뜸가는 제자가 레바타라 말하고 있으니, 마하카샤파 존자에게만 법을 전했다는 선가(禪家)의 삼처전심설(三處傳心說)을 맹목적으로 믿는 이들은 잘 살펴야 할 것이다.

두타법이 있는 곳에 여래가 있다고 말씀하며 두타행은 마하카샤파 존자를 따라 배우라고 하여, 여래의 찬탄과 부촉을 받은 마하카샤파 존자에게 '붇다의 마음 도장[佛心印]을 전했다'고 함은 옳으나, 마음 도장을 오직 카샤파께 전했다고 한 것은 여래의 뜻이 아니다. 여래의 법은 주먹손 안에 감추어둠이 없는 것이니, 실로 전할 것 없는 곳에서 전함 없이 전하는 뜻을 알아야 할 것이다.

1) 지혜가 으뜸인 사리푸트라

지혜로운 이라면 그 누가 사리푸트라의 설법 듣고
마음이 즐겁지 않겠는가

이와 같이 내가 들었다.

한때 붇다께서는 슈라바스티 국 제타 숲 '외로운 이 돕는 장자의 동산'에 계셨다.

때에 수시마 하늘사람은 얼굴빛이 아주 묘한 오백 명 권속들과 함께, 새벽에 붇다 계신 곳에 와서 붇다의 발에 머리를 대 절하고 한쪽에 앉았다. 그러자 그 몸의 밝은 빛이 제타 숲 '외로운 이 돕는 장자의 동산'을 두루 비추었다.

그때에 세존께서는 아난다에게 말씀하셨다.

"너 아난다여, 사리푸트라의 좋은 설법에 마음이 기쁘고 즐거우냐."

아난다는 말씀드렸다.

"그렇습니다, 세존이시여. 어둡지 않고 어리석지 않아 지혜가 있는 사람이라면, 존자 사리푸트라의 좋은 설법에 어찌 마음이 즐겁지 않겠습니까. 왜냐하면, 저 존자 사리푸트라는 계를 지니고 많이 들으며, 욕심 줄이어 만족할 줄을 알며, 부지런히 정진해 멀리 떠나고, 바른 생각에 굳건히 머물러 지혜로 선정에 듭니다.

그는 재빠른 지혜·날카로운 지혜·벗어나는 지혜·결정된 지혜·큰 지혜·넓은 지혜·깊은 지혜·견줄 수 없는 지혜 등, 지혜의 보배를 성취하여 잘 교화할 수 있습니다.

그리하여 가르쳐보여 기쁘게 하고, 또 가르쳐보여 기쁘게 함을 늘 찬탄하며, 늘 네 대중을 위해 설법해 게으르지 않습니다."

사리푸트라의 지혜에 대한 아난다의 찬탄을 세존께서 인정하심

붇다께서는 말씀하셨다.

"그렇고 그렇다. 네 말과 같다. 아난다여, 어둡지 않고 어리석지 않고 지혜가 있는 사람이라면, 사리푸트라의 여러 법 잘 설함을 듣고 어찌 기뻐하지 않겠느냐. 왜냐하면, 사리푸트라 존자는 계를 지니고 많이 들으며, 욕심 줄여 만족할 줄을 알며, 부지런히 정진하여 바른 생각에 머물러 지혜로 선정에 든다.

그는 재빠른 지혜·날카로운 지혜·벗어나는 지혜·결정된 지혜·큰 지혜·넓은 지혜·깊은 지혜·견줄 수 없는 지혜 등, 지혜의 보배를 성취하여 잘 교화할 수 있다.

그리하여 가르쳐보여 기쁘게 하고, 또 가르쳐보여 기쁘게 함을 늘 찬탄하며, 늘 네 대중을 위해 설법해 게으르지 않기 때문이다."

아난다가 말씀드렸다.

"세존이시여, 그렇습니다. 그렇습니다."

그러자 세존께서는 아난다를 향해 "그렇다. 그렇다"고 하시며 사리푸트라의 설법을 찬탄하셨다. 수시마 하늘사람과 그 권속들도 '그렇습니다, 그렇습니다'라고 속마음으로 기뻐하니, 몸의 빛은 더욱 밝아져 청정하게 비추어 빛났다.

수시마 하늘사람이 사리푸트라 존자를 찬탄함

그때 수시마 하늘사람은 안으로 기쁨을 품으며 몸의 깨끗한 빛을
내 밝게 비추고는 게송을 말하였다.

사리푸트라 존자는 많이 들었고
밝은 지혜와 평등한 지혜 있으며
계 지니어 마음 잘 조복하여서
일어남 없는 니르바나 얻으시사
이 같은 맨 뒤 끝의 몸을 가지고
마라 군대 모두다 항복받았네.

때에 그 수시마 하늘사람과 오백 명 권속들은 붇다의 말씀을 듣고
기뻐하면서, 붇다의 발에 머리를 대 절하고 이내 사라져 나타나지
않았다.

• 잡아함 1306 수심경(須深經)

• **해설** •

사리푸트라 존자는 여래 당시 상가대중 가운데 우뚝 솟은 산봉우리처럼
가장 높은 제자로 지혜만 으뜸이 아니라 선정과 신통, 설법과 많이 들음에
모두 으뜸이었다. 처음 산자야의 으뜸제자로 머물고 있던 당시 라자그리하
성 길거리에서 단정히 걸어가는 아쓰바짓의 모습과 그가 전하는 붇다의 가
르침을 듣고 곧바로 마음이 열려 벗인 목갈라야나와 따르는 무리 이백오십
명을 모두 이끌고 비구가 되었다.

방언이 많은 인도 여러 지방에서 몰려온 출가제자들과 여러 재가신자 앞에
서 붇다를 대신해 설법할 때 존자가 늘 주역이 되니, 지혜와 사마디를 갖추고

걸림없는 말솜씨[無碍言辯]와 여러 방언에 모두 통달했기 때문이다. 그의 이름을 사리푸트라라 한 것에 대해서는 『번역명의집』에 이렇게 전한다.

『대론』(大論)에서 말하고 있다.

'파라(婆羅, 毛道生者)를 논의하는 스승이 있었는데 이름을 파타라 왕이라 하였다. (중략) 그 부인이 한 딸을 낳았는데 눈이 사리(śari) 새의 눈과 같아서 이 딸을 사리라 이름하였다. 뭇 사람이 사리 여인이 낳은 자식들을 같이 이름하여 사리푸트라라고 하였다. 푸트라는 여기 말로 아들이다.'

『열반경』에서는 '저 사리푸트라 같으면 어머니의 이름이 사리이므로 사리푸트라라고 이름하였다'고 하였다.

문구(文句)에 말한다.

'이 여인은 좋은 몸의 모습을 가졌는데 그 몸으로 낳은 자식이므로 좋은 몸의 아들[身子]이라고 말하고 또한 독수리 어머니의 아들[鶖子]이라고 말한다. 어머니의 눈이 밝고 맑은 것이 마치 독수리 눈과 같고 해오라기 눈과 같았다.'

위 기록을 보면 사리푸트라 존자는 모계의 영향력이 강한 집안에서 나서 자란 것을 알 수 있다.

이 경에서 사리푸트라 존자와 배움을 같이하는[同學] 아난다가, 사리푸트라의 큰 지혜·깊은 선정·그의 뛰어나고 걸림 없는 말솜씨·교육방법을 찬탄하고, 크신 스승 세존께서 아난다의 그 말을 크게 인정하시며 스승과 제자의 대화를 듣고 있던 저 하늘신마저 사리푸트라 존자의 지혜를 찬탄한다. 인류 역사 그 어느 기록에 제자가 크신 스승의 가르침을 온전히 받아들여 행해서 스승의 이와 같이 찬탄함을 받고, 배움 같이하는 이[同學]가 스승처럼 우러르며 저 하늘신의 무리마저 찬탄한 이야기가 있는가.

오직 우리 사리푸트라 존자가 있을 뿐이다.

사리푸트라 존자가 법 연설하실 땐
아름다운 그 소리 듣는 이는 다 기뻐하나니

이와 같이 내가 들었다.

한때 붇다께서는 참파(Campā) 국 가르가(garga) 못가에 계셨다.

때에 존자 사리푸트라는 공양당에 있었는데, 많은 비구들이 모여 있어서 그들을 위해 설법하였다.

글귀와 맛은 원만히 갖춰지고 말솜씨는 간결하고 깨끗해 알기도 쉽고 듣기도 즐거우며, 걸리지도 않고 끊이지도 않아, 깊은 뜻이 밝게 드러났다.

그 여러 비구들은 뜻을 오롯이해 즐거이 듣고, 존중하고 기억해 생각하면서 한마음으로 귀 기울여 들었다.

때에 존자 방기사(빼 Vaṇgīsa)는 그 모임 가운데 있다가 이렇게 생각하였다.

'나는 존자 사리푸트라의 얼굴 앞에서 게송을 말해 찬탄해야겠다.'

이렇게 생각하고는 곧 일어나 합장하고 존자 사리푸트라에게 말씀드렸다.

"제가 하고 싶은 말이 있습니다."

사리푸트라는 말하였다.

"말하고 싶은 대로 하시오."

사리푸트라 존자의 지혜와 좋은 설법을 방기사가 찬탄함

존자 방기사는 곧 게송으로 말하였다.

　　간략히 법을 잘 말씀하실 수 있어
　　대중이 널리 알도록 열어주시사
　　저 우파데사의 어지신 말씀을
　　대중에게 드날려 펼쳐내시네.

　　말씀해야 할 법이 있을 때에는
　　목에서 아름다운 소리 내나니
　　기쁘고 즐거워 사랑의 마음으로
　　내는 그 소리 고르고 부드러워
　　차츰차츰 그 소리가 나아가니
　　법문 소리 듣는 이는 다 즐거워서
　　생각을 오롯이해 옮기지 않네.

　존자 방기사가 이렇게 말할 때에 여러 비구들은 그 말을 듣고 모두 매우 기뻐하였다.

• 잡아함 1210 사리불경(舍利弗經)

• 해설 •

　사리푸트라 존자는 그 지혜가 크고 넓고 빠르며 선정이 깊고 신통의 힘이 빼어날 뿐 아니라, 법을 연설할 때 그 말씀씨가 뛰어나고 그 목소리가 참으로 아름다워 들으면 기뻐하지 않는 이가 없었다.

그래서 그의 설법 듣는 이는 모두 뜻이 풀려 법의 문에 들어서니 만고에 그와 같은 변재는 다시없을 것이다.

그래서 세존은 늘 사리푸트라 존자가 넓고 큰 지혜·빠른 지혜·밝은 지혜를 갖추었다 찬탄하고, 때로 신통경계에 대해서도 저 신통으로 으뜸가는 목갈라야나라 해도 사리푸트라가 갖춘 신통의 이름을 알 수 없다고 찬탄하신다. 또한 그 말씀씨가 빼어나 여래의 네 가지 변재를 잘 따라 행하는 이로 늘 네 대중을 위해 설법해 게으름이 없다 찬탄하시는 것이다.

크신 스승의 이와 같은 찬탄을 받으므로 방기사 존자가 법왕의 맏아들을 대중 앞에서 높이 찬탄하며 하늘신도 찬탄의 노래를 바치는 것이리라.

후대 큰 선사[大禪師] 가운데 사리푸트라 같은 지혜와 변재 얻은 이가 그 누구일까.

중국불교의 천태선사(天台禪師)나 우리불교 원효대사(元曉大師)와 같은 분이 존자에 버금가는 큰 변재를 얻은 성사(聖師)가 아닐까.

천태선사의 스승 남악혜사선사는 천태선사의 법화삼매(法華三昧)를 인가하면서 '네가 아니면 얻지 못하고 내가 아니면 알지 못한다'[非汝不證 非我莫識]고 말하고, '앞으로 문자법사(文字法師) 천만 인이라도 너의 변재에 맞설 이가 없으리라'고 하였다.

또한 우리불교 최대의 저작가이자 삼매의 성취자인 원효성사에 대해서는, 고려 대각국사 의천(義天)이 '성품과 모습을 융통하게 밝히고 가만히 옛과 지금을 거두었다'[融明性相 隱括古今]고 크게 찬탄하고, 고려조에서 국가적으로 원효성사 현창운동을 벌였다.

앞에 가르치신 스승과 뒤를 이은 큰 제자에 의해, 이처럼 인정받은 천태·원효 두 분 성사라야 크신 스승 붇다로부터 크게 칭찬받은 사리푸트라 존자의 뒤를 이어 선정과 변재를 모두 겸한 종사로 추앙받을 만하다.

2) 신통이 으뜸인 마하목갈라야나

존자 목갈라야나여, 그대는 오늘밤
사라져 다한 사마디에 머물러 계시오

이와 같이 내가 들었다.

한때 붇다께서는 슈라바스티 국 제타 숲 '외로운 이 돕는 장자의 동산'에 계셨다.

그때 존자 사리푸트라 · 존자 마하목갈라야나 · 존자 아난다는 라자그리하 성 칼란다카 대나무동산에서 한 방에 같이 머물고 있었다.

새벽녘[後夜] 존자 사리푸트라가 존자 목갈라야나에게 말하였다.

"기이합니다. 존자 목갈라야나여, 그대는 오늘밤 고요히 사라져 다한 사마디[寂滅正受]에 머물러 계시오."

존자 목갈라야나가 존자 사리푸트라의 말을 듣고 사리푸트라에게 말하였다.

"나는 그대의 숨 쉬는 소리조차 전혀 듣지 못했소."

목갈라야나가 세존과 사마디 속에서 나눈 대화를 들려줌

존자 목갈라야나가 말하였다.

"이것은 고요한 사마디가 아니라 거친 사마디[正受]에 머문 것일 뿐이오. 존자 사리푸트라여, 나는 오늘밤에 세존과 함께 말씀을 나누었소."

존자 사리푸트라가 말하였다.

"목갈라야나여, 세존께서는 슈라바스티 국 제타 숲 '외로운 이 돕는 장자의 동산'에 계시오. 그곳에 가기에는 아주 머오. 어떻게 말할 수 있단 말이오? 그대는 지금 대숲정사에 있는데 어떻게 함께 말씀을 나눌 수 있단 말이오?

그대가 신통의 힘으로 세존 계신 곳까지 갔소? 아니면 세존께서 신통의 힘으로 그대 있는 곳으로 오셨소?"

존자 목갈라야나가 존자 사리푸트라에게 말하였다.

"제가 신통의 힘으로 세존이 계신 곳까지 가지도 않았고, 세존께서 신통의 힘으로 제가 있는 곳으로 오시지도 않았소. 그러나 나는 슈라바스티 국과 라자그리하 성의 가운데서 들었으니, 세존과 나는 함께 하늘눈과 하늘귀를 얻었기 때문이오.

나는 세존께 여쭈었소.

'은근한 정진[慇懃精進]이라고 하시는데, 어떤 것을 은근한 정진이라고 합니까?'

세존께서 저에게 말씀하셨소.

'목갈라야나여, 만약 비구가 낮에 거닐어 다니거나 앉아 있으며, 걸림이 없는 법으로써 스스로 그 마음을 깨끗하게 하며, 초저녁[初夜]에도 앉거나 거닐어 다니면서 걸림이 없는 법으로써 스스로 그 마음을 깨끗하게 한다 하자.

그리고 한밤[中夜]에는 방 밖에 나가 발을 씻고 도로 방에 들어와 오른쪽 옆구리를 땅에 붙이고 누워 발과 발을 서로 포개고, 밝은 모습[明相]에 생각을 매어 두고, 바른 생각과 바른 앎으로 사유를 일으킨다 하자.

그러다가 새벽녘[後夜]이 되면 천천히 깨고 천천히 일어나 앉거나 거닐어 다니면서 걸림이 없는 법으로써 스스로 그 마음을 깨끗하게 한다 하자.

목갈라야나여, 이것을 비구의 은근한 정진이라 한다.' "

사리푸트라와 목갈라야나가 서로 찬탄함

존자 사리푸트라가 존자 목갈라야나에게 말하였다.

"그대 마하목갈라야나께서는 참으로 큰 신통의 힘[大神通力]과 큰 공덕의 힘[大功德力]으로 편안히 앉으려면 앉으시오. 나 또한 큰 힘으로 그대와 함께할 수 있소.

목갈라야나여, 비유하면 어떤 사람이 큰 산에 작은 돌 하나를 가져다 던지면 큰 산의 빛깔과 맛에 같이하는 것처럼, 나 또한 이와 같아서 존자의 큰 힘과 큰 덕에 자리를 같이하게 되었소.

비유하면 세간의 곱고 깨끗한 좋은 물건은 사람들이 다 머리에 이어 받드는 것처럼, 이와 같이 존자 목갈라야나의 큰 덕과 큰 힘은 모든 범행자들이 다 머리에 이어 받들어야 할 것이오.

존자 목갈라야나를 만나 서로 사귀어 가고 오며 공경하고 공양할 수 있는 여러 사람은 크게 좋은 이익을 얻을 것이오.

지금 나 또한 존자 마하목갈라야나와 서로 사귀어 가고 오며 큰 이익을 얻었소."

그때 존자 마하목갈라야나는 존자 사리푸트라에게 말했다.

"나는 이제 큰 지혜와 큰 덕이 있는 존자 사리푸트라와 함께 자리를 같이하여 앉게 되었소.

마치 작은 돌을 가져다 큰 산에 던지면 그 빛깔이 같아지는 것처럼, 나 또한 이와 같이 큰 지혜가 있는 존자 사리푸트라와 자리를 같이하여 앉아 두 번째 벗이 되었소."

그때 두 존자는 서로 같이 논의하고서는 각기 자리에서 일어나 떠나갔다.

• 잡아함 503 적멸경(寂滅經)

• 해설 •

사리푸트라 존자와 목갈라야나 존자는 법을 듣고 비구가 된 것도 서로 함께하고, 마지막 니르바나에 들 때도 서로 의논하여 사리푸트라 존자가 먼저 파리니르바나에 든 뒤 목갈라야나 존자가 뒤따라 니르바나에 든다.

'배움 같이하는 좋은 벗 좋은 스승'[同學善知識]이란 사리푸트라와 목갈라야나 두 존자와 같은 경우를 두고 한 말일 것이다.

목갈라야나 존자는 니르바나에 들 무렵 브라마나의 무리들의 큰 박해를 만나자 신통으로 그 박해를 피하지 않고 브라마나들의 몽둥이질, 주먹과 발길질로 온몸이 만신창이가 되어 목숨을 마치게 된다.

이는 아마도 브라마나 출신인 목갈라야나 존자가 산자야 교단에 있다 붇다의 교단에 들어가 가장 높은 윗자리 비구가 된 것이 목갈라야나를 배출했던 브라마나 교단의 입장에서 자신들의 가장 큰 배신자로 비쳐졌기 때문이 아닌가 한다.

『번역명의집』에서는 목갈라야나에 대해 다음과 같이 기록하고 있다.

쿠마라지바가 말했다.

"목갈라야나는 브라마나 족성으로 이름은 콜리타(Kolita)이다. 콜리타는 나무의 이름이니 나무신에 빌어서 아들을 얻었으므로 그렇게 이름한 것이다."

그에 대해 『수유기』(垂裕記)에서 물었다.

"『대경』에서 목갈라야나는 성(姓)인데 그 성으로 인해 이름을 목갈라야나라 하였다고 했는데 왜 콜리타라고 이름하는가."

그에 대해 이렇게 답하고 있다.

"본래 스스로 이름이 있지만 다만 그 당시 사람들이 많이들 성을 부르기 때문에 『대경』에서 그렇게 말할 따름이다."

천태선사의 『정명소』는 말한다.

"『문수문반야경』에서는 칡뿌리[萊茯根]라 번역하니 그 부모가 그 뿌리 먹기를 좋아해서 아들의 이름에 나타낸 것이다."

진제삼장(眞諦三藏)은 말한다.

"가라는 여기 말로 푸른빛 작은 콩[綠豆]이다. 옛 선인들이 이 녹두 먹기를 좋아해서 이것이 성(姓)이 되었다. 바로 말하면 마하푸드갈라(Mahapudgala)인데 새로 녹두씨[釆菽氏]라 옮겼다."

『서역기』(西域記)에서는 '푸드갈라를 옛날 목갈라야나라 했다'고 하는데, 이는 잘못 말한 것이다.

이 경에서 사리푸트라와 목갈라야나 존자는 서로 이끌어주고 서로 북돋우며, 세존의 법을 함께 받들어 행하며 세존의 제자된 것을 함께 축복하고 서로의 사마디를 찬탄하니, 두 존자 같은 아름답고 고귀한 벗의 인연이 어디 있을까.

낮과 밤에 늘 사마디 떠나지 않는 두 존자의 정진 속에 세존께서 가르친 은근한 정진이 모두 실현되었으니, 두 분 존자는 모두 여래의 방에 함께 들어가 여래의 법의 자리에 나란히 함께 앉아 여래의 교화를 돕는 여래의 법의 아들들인 것이다.

이는 나의 크신 스승의 제자 목갈라야나의
덕과 힘 때문이니

이와 같이 내가 들었다.

한때 붇다께서는 라자그리하 성에 계셨다. 존자 마하목갈라야나
는 그리드라쿠타 산 가운데 있었다.

그때 존자 마하목갈라야나는 홀로 한 고요한 곳에서 선정의 사유
로 이렇게 생각하였다.

'옛날 어느 때 인드라하늘왕이 〈구역이 떨어진 산〉[界隔山] 돌굴
속에서 세존께 애착이 다한 해탈의 뜻을 묻자 세존께서는 그를 위해
말씀하셨다.

그는 말씀을 듣고 따라 기뻐하면서 다시 묻고 싶은 뜻이 있는 것
같았다. 나는 지금 가서 그가 기뻐한 뜻을 물어야겠다.'

이렇게 생각한 뒤에, 마치 힘센 장사가 팔을 굽혔다 펴는 것 같은
짧은 시간에 그리드라쿠타 산에서 사라져 서른세하늘에 이르러서,
한 푼다리카(puṇḍarīka) 못에 가기 멀지 않은 곳에 머물렀다.

목갈라야나 존자가 인드라하늘에 이르름

그때 인드라하늘은 오백 명의 아름다운 여인들과 못에서 목욕하
면서 즐기고 있었는데, 여러 하늘여인들은 음성이 아름답고 미묘하
였다. 그때 인드라하늘은 멀리서 존자 마하목갈라야나를 보고 여러
하늘여인들에게 말했다.

"노래하지 말라, 노래하지 말라."

그때 모든 하늘여인들은 곧 잠자코 있었다. 인드라하늘은 곧 존자 마하목갈라야나가 있는 곳으로 찾아가 머리를 대 발에 절하고 한쪽에 물러앉았다.

존자 마하목갈라야나가 인드라에게 물었다.

"그대는 먼젓번에 '구역이 떨어진 산'에서 세존께 애착이 다한 해탈의 뜻을 물었고, 그 말씀을 듣고는 따라 기뻐하였소. 그대는 어떤 생각으로 그 말씀을 듣고 따라 기뻐하였소?

다시 물을 일이 있기 때문에 따라 기뻐하였소?"

인드라하늘이 존자 마하목갈라야나에게 말했다.

"저희 서른세하늘은 많이 놓아 지내는 즐거움에 집착하여, 앞의 일을 기억하기도 하고, 어떤 때는 기억하지 못하기도 합니다.

세존께서는 지금 라자그리하 성의 칼란다카 대나무동산에 계십니다. 제가 먼젓번 '구역이 떨어진 산'에서 물은 일을 존자께서 알고 싶다면, 지금 세존께 찾아가 물으십시오.

그래서 세존께서 말씀하신 대로 잘 받아 지녀야 할 것입니다.

그리고 나의 이곳에는 좋은 누각이 있는데 새로 지은 지 오래되지 않았습니다. 들어가서 살펴보십시오."

그때 존자 마하목갈라야나는 잠자코 그 청을 받아들여, 곧 인드라하늘과 함께 누각으로 들어갔다. 그 여러 하늘여인들은 멀리서 인드라하늘이 오는 것을 보고, 모두들 하늘음악을 연주하면서 노래하거나 춤을 추었다.

여러 하늘여인들은 몸에 보배구슬 목걸이와 꾸밈거리를 걸치고, 아름다운 음성을 내 다섯 가지 가락을 함께 맞추었다. 그리고 음악을 잘 연주하듯 음성도 다르지 않았다.

그들은 존자 마하목갈라야나를 보자 모두 부끄러워하며 방으로 들어가 숨었다. 그때 인드라하늘은 존자 마하목갈라야나에게 말하였다.

"이 누각을 보십시오. 땅은 편편하고 고르며, 벽과 기둥·들보·이층·창·비단 그물·가리개발도 모두 아름답습니다."

존자 마하목갈라야나가 인드라에게 말하였다.

"카우시카여, 앞에 좋은 법을 닦은 복덕의 인연으로 이 묘한 과보를 이룬 것이오."

인드라는 이렇게 세 번이나 스스로 칭찬하고서 존자 마하목갈라야나에게 물었고, 존자 마하목갈라야나 또한 두 번 세 번 그렇게 대답했다.

하늘여인들이 크신 스승 세존을 찬탄함

그때 존자 마하목갈라야나가 이렇게 생각하였다.

'이 인드라는 아주 스스로 놓아 지내며 이 구역의 신묘한 머묾에 집착해 이 누각을 칭찬하고 있구나. 나는 그의 마음에 싫증을 내게 해야겠다.'

그러고는 곧 사마디에 들어 신통의 힘으로 한 발가락으로 그 누각을 쳐 모두 흔들리게 하였다. 그리고 존자 마하목갈라야나는 이내 사라져 나타나지 않았다.

여러 하늘여인들은 그 누각이 흔들려 움직이는 것을 보고, 뒤집혀 놀라고 두려워 이리저리 내달리며 인드라에게 말씀드렸다.

"이것은 카우시카의 크신 스승께 이와 같이 큰 공덕의 힘이 있으신 것입니까?"

그때 인드라하늘이 여러 하늘여인들에게 말하였다.

"이것은 내 스승께서 그런 것이 아니다. 이것은 바로 크신 스승의 제자 마하목갈라야나 때문이니, 그는 범행이 청정하고 큰 덕과 큰 힘이 있는 분이다."

여러 하늘여인들이 말하였다.

"아주 뛰어나십니다, 카우시카여. 이렇게 범행이 있고, 큰 덕과 큰 힘을 가진 '배움 같이하는 벗'[同學]이 계시는데, 크신 스승[大師]의 덕과 힘이야 다시 어떠하겠습니까?"

• 잡아함 505 애진경(愛盡經)

• 해설 •

하늘왕 인드라는 진리에 믿음을 일으켜서 붇다를 섬기고 상가를 섬기니, 그는 지혜의 흐름에 들어간 이이다.

그러나 아직 모습에 모습 없음을 온전히 체달치 못하고 모습 있는 욕락의 세계를 즐기니, 그가 비록 하늘왕의 신묘한 힘과 위력이 있다 해도 모습에서 모습 떠나 모습 아닌 모습을 자재히 쓰는 존자 목갈라야나의 신통의 힘을 엿볼 수 있겠는가.

하늘의 궁전과 하늘왕의 위세도 바람 같고 연기 같음을 보이기 위해 존자가 튼튼히 잘 지어진 하늘궁전을 흔드니, 모든 있는 것의 덧없음[無常]을 보여 참된 항상함[眞常]에 나아가도록 하기 위함이다.

저 하늘여인들이 하늘왕 인드라를 크신 스승 여래의 제자요 목갈라야나 존자와 '배움 같이하는 이'라 말하니, 저 인드라하늘왕도 여래의 사방상가의 한 제자이고, 잘 믿고 잘 행하는 이를 보살피고 붇다의 법을 세간에 전해 이어가는 신통과 위신력 가진 거룩한 대중[聖衆]의 한 수인 것이다.

3) 두타행이 으뜸인 카샤파

지금 내 손이 허공에 붙거나 물들지 않듯
저 카샤파의 마음도 그와 같다

이와 같이 내가 들었다.

한때 붇다께서는 라자그리하 성 칼란다카 대나무동산에 계시면서 여러 비구들에게 말씀하셨다.

"반드시 달의 비유처럼 머물고, 새로 배우는 이처럼 부끄러워하고 부드럽게 낮추어, 마음을 거두고 모습을 추슬러 남의 집[他家]에 들어가야 한다. 그리고 눈 밝은 사람이 깊은 물에 닿고 높은 봉우리에 오를 때에, 마음을 거두고 모습을 추슬러 빨리 앞으로 나아가지 않음과 같이 해야 한다.

이와 같이 비구는 달의 비유처럼 머물고, 또한 새로 배우는 이처럼 부끄러워하고 부드럽게 낮추어, 마음을 거두고 모습을 추슬러 남의 집에 들어가야 하는 것이다."

바르게 밥 비는 법을 보이시고 카샤파 비구를 찬탄하심

"카샤파 비구는 달의 비유처럼 머물고, 새로 배우는 이처럼 부끄러워하고 부드럽게 낮추어, 마음을 다스리고 모습을 추슬러 남의 집에 들어간다. 그리고 눈 밝은 사람이 깊은 물에 닿고 높은 봉우리에 오를 때에, 마음을 다스리고 모습을 추슬러 바로 살펴 나아가듯이 한다.”

붇다께서는 비구들에게 말씀하셨다.

“어떻게 생각하느냐. 비구가 어떤 모습이 되어야 남의 집에 들어갈 만한가.”

비구들이 말씀드렸다.

“세존께서는 법의 근본이시고 법의 눈이시며 법의 의지이십니다. 널리 말씀해주시길 바랍니다. 저희들은 들은 뒤 받들어 행하겠습니다.”

붇다께서는 여러 비구들에게 말씀하셨다.

“자세히 듣고 잘 사유하라. 너희들을 위해 말해주겠다.

만약 어떤 비구가 남의 집에서 그 마음이 탐욕의 즐거움에 얽매여 집착하지 않고, 남이 이익 얻고 공덕을 지을 때에 자기에게 있는 것처럼 기뻐하여 질투하는 생각을 내지 않고, 스스로 뽐내지 않고 남을 업신여기지 않는다 하자.

이와 같은 모습의 비구는 남의 집에 들어갈 수 있다.”

허공에 붙지 않는 손의 비유로 카샤파의 집착 없는 행을 찬탄하심

그때에 세존께서 손으로 허공을 어루만지시면서 말씀하셨다.

“지금 내 손이 오히려 허공에 붙고 허공에 얽매이며 허공에 물드느냐.”

비구들은 붇다께 말씀드렸다.

“아닙니다, 세존이시여.”

붇다께서 비구들에게 말씀하셨다.

“비구의 법도 늘 이와 같아 집착하지 않고 얽매이지 않으며, 물들지 않는 마음으로 남의 집에 들어가는 것이다.

오직 카샤파 비구만은 집착하지 않고 얽매이지 않으며, 물들지 않는 마음으로 남의 집에 들어간다. 그리고 남이 이익 얻고 공덕을 지을 때에는 자기에게 있는 것처럼 기뻐하여 질투하는 생각을 내지 않고, 스스로 뽐내지 않고 남을 업신여기지 않는다.

오직 카샤파 비구만이 남의 집에 들어갈 만하다."

그때에 세존께서는 다시 손으로 허공을 어루만지시면서 여러 비구들에게 말씀하셨다.

"어떻게 생각하느냐. 지금 내 손이 오히려 허공에 붙고 허공에 얽매이며 허공에 물드느냐."

비구들은 말씀드렸다.

"아닙니다, 세존이시여."

붇다께서는 말씀하셨다.

"오직 저 카샤파 비구의 마음만은 늘 이와 같아서, 집착하지 않고 얽매이지 않으며, 물들지 않는 마음으로 남의 집에 들어간다."

**카샤파 비구의 바른 설법행을 찬탄하시고
비구들에게 바른 설법행을 당부하심**

그때에 붇다께서는 다시 비구들에게 말씀하셨다.

"어떤 모습의 비구라야 청정하게 법을 설할 수 있는가."

비구들은 여쭈었다.

"세존께서는 법의 근본이시오 법의 눈이시며 법의 의지이십니다. 세존께서 널리 말씀해주시길 바랍니다. 저희들은 듣고서 받들어 행하겠습니다."

붇다께서는 말씀하셨다.

"자세히 듣고 잘 사유하라. 너희들을 위해 말해주겠다.

어떤 비구는 이와 같은 마음으로 남을 위해 설법한다.

'어떤 사람이 내게 깨끗한 믿는 마음을 일으키는가. 이미 그런 마음을 낸 이를 위해서 법을 설하면 입을 옷·먹을거리·자리끼·의약품의 공양을 얻을 것이다.'

이와 같이 설하면 청정하지 않은 설법이라 말한다.

다시 어떤 비구는 남을 위해 설법할 때에 이렇게 생각한다.

'세존께서는 바른 법과 율을 드러내 모든 불꽃같이 타오르는 번뇌를 떠나, 때를 기다리지 않고 이 현재의 몸 그대로, 인연으로 스스로 깨쳐 알아 바로 니르바나로 향하셨다.

그런데도 여러 중생들은 늙음·병듦·죽음과 근심·슬픔·번민·괴로움에 빠져 있다. 이와 같은 중생이 이 바른 법을 듣게 되면 뜻으로 요익되어, 기나긴 밤 동안에 안락하게 될 것이다.

그래서 이 바른 법의 인연으로 사랑의 마음·슬피 여기는 마음·가엾이 여기는 마음을 가지고 바른 법이 오래 머무르게 하려는 마음으로 남을 위해 설법해야 한다.'

이것을 청정한 설법이라 한다.

오직 저 카샤파 비구만은 이와 같은 청정한 마음으로 남을 위해 설법한다. 그리하여 여래의 바른 법과 율을 드날리고 나아가 법이 오래 머무르게 하려는 마음으로 남을 위해 설법한다. 그러므로 여러 비구들이여, 반드시 다음처럼 배우고 이와 같이 설법하여야 한다.

'비구라면 여래의 바른 법과 율을 드날리고 나아가 바른 법이 오래 머무르게 하려는 마음으로 남을 위해 설법하여야 한다.'"

붇다께서 이 경을 말씀하시자, 여러 비구들은 붇다의 말씀을 듣고 기뻐하며 받들어 행하였다.

• 잡아함 1136 월유경(月喩經)

• 해설 •

마하카샤파 존자는 라자그리하 성의 부유한 브라마나로서 결혼하고서
곧바로 세간의 덧없음을 깨우치고 부인과 같이 집을 나와 스승을 찾아간다.
라자그리하 성에서 바이샬리 성으로 가는 길목, 다산(多産)을 기원하는 스
투파[多子塔] 앞에서 처음으로 붇다를 뵙고 눈이 마주치자[目擊] 마하카샤
파 존자는 세존을 스승으로 모시고 세존은 그를 제자로 받아들였다.

카샤파 존자는 세존을 뵙기 전에 몸으로 이미 출가해서 세존과 눈 마주
쳐 세존을 뵙는 그 자리에서 비구의 계를 다 갖춰버린[具足戒] 분이다.

세존은 늘 "두타법이 있는 곳이 나의 법이 있는 곳이다, 저 마하카샤파처
럼 두타를 행하라"고 말씀하셨으니, 중국 선종(禪宗)에서 마하카샤파 존자
를 붇다의 마음 도장을 전한[傳佛心印] 첫 번째 조사로 삼는 경전적인 근
거가 된다. 선종에서는 세존께서 세 곳에서 '니르바나의 묘한 마음'[涅槃妙
心]과 '바른 법의 눈과 법의 곳간'[正法眼藏]을 카샤파에 특별히 전했다[三
處傳心]고 한다.

그 첫 번째는 저 그라드라쿠타 산 설법의 모임에서 세존께서 꽃을 들어
보이니 카샤파 존자가 미소 지을 때 니르바나의 묘한 마음을 전했다고 한
다. 이는 아함에는 나오지 않는 이야기이지만 스승이 꽃을 들어 보이시고
제자가 미소 지은 이 뜻은 아함경 가운데 카샤파 존자가 아름다운 상가티를
세존께 바치니 세존께서 카샤파에게 누더기 옷을 내리신 뜻과 서로 다른 뜻
은 아니리라.

둘째는 다자탑 앞에서 설법하실 때 뒤늦게 모임에 함께한 카샤파께 반
자리[半座]를 내주실 때 니르바나의 묘한 마음을 전했다고 한다. 이는 경에
서 세존과 마하카샤파가 다자탑 앞에서 처음 만난 이야기와 슈라바스티 국
제타 숲에서 카샤파 존자에게 반 자리를 내주어 함께 앉게 하신 이야기가

서로 결합된 내용이다.

셋째는 나이란자나 강가에서 세존께서 관 밖으로 두 발을 내보여 전하심이니, 이는 세존께서 니르바나에 드시고 이레가 되어 다비하기 바로 전 뒤늦게 도착한 카샤파께 세존께서 두 발을 내보인 경전 기록과 서로 맞는다.

이 경에서도 두타행으로 성문제자 가운데 으뜸이고 선정과 지혜를 원만히 갖춘 카샤파 존자의 법을 드날리기 위해 '보름날 달은 가득 차 밝은 빛이 온 하늘을 비추어도 달은 더 차서 넘치지 않는다'는 달의 비유로 세존께서 카샤파의 원만한 덕을 보이고, 허공의 비유로 집착 없는 삶을 보이신다. 그러니 어찌 꼭 세 곳[三處]의 전함만으로 여래께서 카샤파에게 전한 니르바나의 묘한 마음을 검증할 것인가.

세존께서 전하신 니르바나의 묘한 마음, 바른 법의 눈과 법의 곳간이란 온갖 중생의 참된 마음이고 저 세계의 진실한 모습이니, 저 카샤파에게 어찌 전해 받음이 있다 할 것이며, 또한 카샤파만이 전해 받고 다른 성문제자들은 받지 못했다 할 것인가.

또 세존께서 마하카샤파 비구가 '청정하게 설법하는 이'라고 찬탄하시니, 카샤파에게는 선(禪)을 전하고 아난다께 교(敎)를 전했다는 이야기는 중국불교에서 선교(禪敎) 이분법적 사고로 뒤에 만들어진 망령된 소리인 줄 알아야 한다.

그러므로 카샤파 존자가 전해 받을 때 온갖 중생에게 이미 니르바나의 묘한 마음이 함께 맡겨 부쳐졌음을 알아야 하니, 삼계의 불타는 집[三界火宅] 못난 중생이 실은 다 여래의 자식이기 때문이다. 다만 카샤파 존자에 특별히 전했다[別傳] 함은 그 집착 없음과 두타의 가난한 삶과 교만 없이 밥을 비는 겸허함과 깊은 사마디와 지혜가 만대의 사표가 되기 때문이리라. 그러므로 여래께서 보디의 법을 카샤파의 두타행과 사마디의 행을 지표로 길이 뒷세상에 전하기 위해 카샤파 존자에게 법을 따로 전했다는 말이 내려왔을 것이다.

잘 왔다 카샤파여, 이 반 자리[半座]에 앉으라

이와 같이 내가 들었다.

한때 붇다께서는 슈라바스티 국 제타 숲 '외로운 이 돕는 장자의 동산'에 계셨다. 그때 존자 마하카샤파는 슈라바스티 국 아란야의 평상으로 된 앉을 곳에 오래 머물다가, 수염과 머리를 기르고 해진 누더기 옷을 입고 붇다 계신 곳에 왔다.

그때에 세존께서는 셀 수 없는 대중에게 둘러싸여 설법하고 계셨다. 여러 비구들은 존자 마하카샤파가 멀리서 오는 것을 보았다.

그 모습을 보고서는 가볍게 여기는 마음을 일으켜 말했다.

"어떤 비구이기에 입은 옷은 거칠고 더러우며 반듯한 모습이 없이 오는가. 옷을 펄럭이며 오는구나."

카샤파를 반 자리에 앉도록 하시고, 카샤파의 공덕을 찬탄하심

그때에 세존께서는 비구들의 마음속 생각을 아시고 마하카샤파에게 말씀하셨다.

"잘 왔다. 카샤파여, 이 반 자리에 앉아라. 나는 지금 끝내 알았다. 누가 먼저 집을 나왔던가. 그대인가, 나인가."

여러 비구들은 곧 마음에 두려움을 내 몸의 털이 다 곤두섰다. 그들은 서로 말하였다.

"참으로 기이하오, 존자들이여. 저 존자 마하카샤파는 큰 덕과 큰 힘이 있소. 그는 크신 스승의 제자인데 반 자리로 청하시오."

그때에 존자 마하카샤파는 합장하고 붓다께 말씀드렸다.

"세존이시여, 붓다께서는 제 스승이요, 저는 제자입니다."

붓다께서는 카샤파에게 말씀하셨다.

"그렇다, 그렇다. 나는 큰 스승이요 그대는 내 제자다. 그대는 그만 앉아 편한 대로 하라."

존자 마하카샤파는 붓다의 발에 머리를 대 절하고 한쪽에 물러앉았다.

그때에 세존께서는 다시 여러 비구들을 일깨워주시려 하고, 또 존자 마하카샤파가 여래가 얻은 뛰어나고 넓고 큰 공덕과 같음을 대중에게 나타내 보이려 하므로, 여러 비구들에게 이렇게 말씀하셨다.

"나는 악하여 착하지 않은 법을 떠나 느낌도 있고 살핌도 있어, 첫째 선정을 갖추어 낮이나 밤이나 밤낮으로 머무른다.

마하카샤파도 나와 같아서, 악하여 착하지 않은 법을 떠나, 첫째 선정을 갖추어 낮이나 밤이나 밤낮으로 머무른다.

내가 둘째·셋째·넷째 선정을 갖추어 낮이나 밤이나 밤낮으로 머무르려고 하면, 저 마하카샤파 또한 그와 같이 넷째 선정을 갖추어 낮이나 밤이나 밤낮으로 머문다.

나는 하고자 함을 따라 사랑의 마음·가엾이 여기는 마음·기뻐하는 마음·평등한 마음을 갖추고, 허공의 곳·앎의 곳·있는 바 없는 곳·생각이 아니고 생각 아님도 아닌 곳의 선정을 갖춘다. 신통경계인 하늘귀·남의 마음 아는 지혜·오랜 목숨을 아는 지혜·나고 죽음을 아는 지혜·흐름이 다한 지혜를 갖추어 밤이나 낮이나 밤낮으로 머무른다.

그러면 저 카샤파 비구 또한 이와 같이 흐름이 다한 지혜를 갖추어 낮이나 밤이나 밤낮으로 머문다."

그때에 세존께서 한량없는 대중 가운데서 마하카샤파가 여래의 넓고 크고 빼어나고 묘한 공덕과 같음을 칭찬하시자, 여러 비구들은 붇다의 말씀을 듣고 기뻐하며 받들어 행하였다.

• 잡아함 1142 납의중경(衲衣重經)

• 해설 •

세존께서 슈라바스티 국 제타 숲 동산에 계시면서 대중에게 설법하시는데 카샤파 존자는 슈라바스티 국의 다른 아란야에 머물러 뒤늦게 모임에 왔다. 떨어진 옷 꾸밈새 없는 모습으로 나타나자 많은 대중은 그 초라하고 못난 모습에 카샤파 존자를 낮추어 보았다.

법을 설하시는 크신 스승 세존께서 법을 듣기 위해 늦게 나타난 카샤파에게 앉으신 자리를 나누어 반 자리에 앉게 하시니, 세존의 앉으신 자리는 머물되 머묾 없는 법계가 그 자리이기 때문인가.

한 자리가 한 자리가 아니므로 한 자리를 나누어 둘이 되게 하고 한량없는 자리가 되게 하시니, 이는 스승이 스승의 자리에 앉고 제자가 제자의 자리에 앉되 그 앉은 자리를 무너뜨리지 않고 법계의 자리에 앉으셨기 때문이리라.

스승의 법이 온전한 법계의 진실이고 법을 듣는 제자의 삶의 참모습이므로, 옳게 스승의 법을 들어 바르게 사유하여 보디에 나아간다면 제자의 법이 어떻게 스승의 법과 다를 것인가.

크신 스승 붇다께서 잘 듣고 잘 사유하며 잘 머물고 잘 사마디에 들고 잘 법을 말하는 카샤파의 법이 여래의 법과 둘이 없다 하시니, 여래의 법은 여래의 법이 아니라 중생의 진실인 법이기 때문이다.

아난다여, 세존께서 카샤파에게
반 자리에 앉으라고 하심을 들었소

이와 같이 내가 들었다.

한때 붓다께서는 라자그리하 성 칼란다카 대나무동산에 계시고, 존자 마하카샤파와 존자 아난다는 그리드라쿠타 산에 있었다.

그때 존자 아난다는 존자 마하카샤파가 있는 곳에 가서 말하였다. "지금 같이 그리드라쿠타 산을 나와 라자그리하 성에 들어가 밥을 빕시다."

존자 마하카샤파는 잠자코 허락하였다. 존자 마하카샤파와 존자 아난다가 가사를 입고 발우를 가지고 라자그리하 성에 들어가 밥을 빌려 하다가, 존자 아난다는 존자 마하카샤파에게 말하였다.

"때가 너무 이릅니다. 잠깐 비구니 절에 같이 들러 갑시다."

그들은 곧 들러 가기로 하였다. 때에 여러 비구니들은 존자 마하카샤파와 존자 아난다가 멀리서 오는 것을 보고 얼른 자리를 펴고 앉기를 청하였다. 그리고 여러 비구니들은 존자 마하카샤파와 존자 아난다의 발에 머리를 대 절하고 한쪽에 물러앉았다.

비구니 정사에서 마하카샤파 존자가 설법하자
툴라팃사아 비구니가 반발함

존자 마하카샤파는 여러 비구니들을 위해 갖가지로 설법해 가르쳐보여 기쁘게 하였다. 가르쳐보여 기쁘게 하고 나자, 그때 툴라팃사아(巴 Thullatissā) 비구니는 기뻐하지 않고 이렇게 욕설하였다.

"존자 마하카샤파시여, 어떻게 존자 아난다 비데하무니(Videhamuni) 앞에서 비구니를 위해 설법하십니까.

마치 바늘을 파는 아이가 바늘 만드는 장인 집[針師家]에 바늘을 파는 것처럼, 존자 마하카샤파께서 존자 아난다 비데하무니 앞에서 비구니를 위해 설법하는 것 또한 그와 같습니다."

존자 마하카샤파는 툴라팃사아 비구니가 마음이 언짢아 욕설하는 말을 듣고 존자 아난다에게 말하였다.

"보시오. 이 툴라팃사아 비구니가 마음이 언짢아 입으로 못된 욕을 하는구려. 어째서 아난다여, 내가 바늘을 파는 아이이고 그대는 바늘 만드는 장인으로서, 내가 그대 앞에서 판다고 하는 것이오."

존자 아난다는 존자 마하카샤파에게 말하였다.

"그만하십시오, 참아야 합니다. 이 어리석은 늙은 할멈이 지혜가 엷고 적어 일찍이 닦아 익히지 않았기 때문입니다."

세존께서 반 자리에 앉게 하신 옛일을 들어 깨우침

"아난다여, 그대는 어찌 세존·여래·바르게 깨치신 이께서 알고 보시는 바로 대중 가운데서 '달의 비유로 보인 경'을 말씀해, 가르쳐 깨우치고 가르쳐주시는 것을 듣지 못했소?

곧 세존께서는 말씀하셨소.

'비구여, 달처럼 살고 늘 새로 배우는 이처럼 하라.'

세존께서는 이와 같이 널리 말씀하셨소.

'아난다여, 달처럼 살고 늘 새로 배우는 이처럼 하오?'"

아난다는 대답하였다.

"아닙니다, 존자 마하카샤파여."

"아난다여, 세존·여래·바르게 깨치신 이께서 알고 보시는 바로 '비구여, 달처럼 살고 늘 새로 배우는 이처럼 하라'고 하시고, '그렇게 하는 이는 오직 마하카샤파 비구다'라고 말씀하신 것을 들었소?"

아난다는 대답하였다.

"그렇습니다, 존자 마하카샤파시여."

"아난다여, 그대는 일찍이 세존·여래·바르게 깨치신 이의 아시고 보시는 바로 한량없는 대중 가운데서 '그대는 와서 앉아라'고 청함을 받은 일이 있소? 또 세존께서 '여래의 넓고 크신 덕과 같다'고 그대를 찬탄하신 일이 있소? 아난다여, 탐욕과 악하여 착하지 않은 법을 떠나고 흐름이 다한 신통을 얻었다고 그대를 칭찬하신 일이 있소?"

대답해 말했다.

"아닙니다, 존자 마하카샤파시여."

"그렇소, 아난다여. 세존·여래·바르게 깨치신 이께서는 한량없는 대중 가운데서 몸소 입으로 말씀하셨소.

'잘 왔다, 마하카샤파여. 이 반 자리에 앉으라.'

그리고 다시 대중 가운데서 '여래의 넓고 큰 공덕과 같다' 하시고, '악하여 착하지 않은 법을 떠나 흐름이 다한 신통'으로써 이 마하카샤파를 찬탄하셨소."

아난다가 대답했다.

"그렇습니다, 존자 마하카샤파시여."

때에 마하카샤파는 비구니대중 가운데서 사자처럼 외쳐 법을 설했다.

• 잡아함 1143 시시경(是時經)

• 해설 •

마하카샤파 존자와 아난다 존자는 여래로부터 모두 찬탄을 받은 성문제
자이지만, 두 존자는 후대 배우는 이들에 의해 '두타로 잘 선정 닦은 이' '많
이 들어 가르침을 전한 이'로 분별되고, 중국불교에 와서는 두 존자의 뛰어
난 점이 다시 선종과 교종의 분기점이 된다.

그러나 여래의 바른 실천에서 가르침이 없으면 그 행함이 위태롭고, 사
마디의 행이 없으면 가르침이 전할 내용이 없게 되는 것이니, 두 존자의 법
을 따로 떼어 보아서는 안 될 것이다.

두 현성의 지위에서 잘나고 못남의 분별이 없고 두타행과 많이 들음의
행에 다툼이 있을 수 없으나, 그 따르는 이들은 두 존자를 두고 다툼을 일으
킨다. 이에 마하카샤파 존자는 세존께서 '달의 비유로 찬탄하심'과 '허공의
비유로 크게 인가하심', 크신 스승께서 '반 자리를 나누어 함께 앉도록 하
심', '제자의 법이 크신 스승 여래의 법과 다르지 않다 하심'을 들어 저 비구
니대중의 분별심을 크게 꾸중한다.

비구니상가의 많은 대중이 마하프라자파티 비구니를 따라 출가한 대중
들이니, 아직 범부의 분별이 다하지 못한 비구니들은 같은 카필라 출신으로
붇다의 친족인 아난다 존자께 쏠리는 마음을 어쩌지 못했을 것이다.

카샤파 존자가 비구니대중 앞에서 세존의 말씀을 들어 아난다께 한 번
크게 깨우침을 주고, 다시 여래께서 니르바나 드신 뒤, 저 '일곱 잎사귀 나
무 굴'[七葉窟] 오백 비구대중의 카르마에서 아난다의 아라한 얻지 못했음
과 시자 때의 허물을 들어 크게 깨우쳐준다. 그러나 이는 허물 잡아 사람을
내리누름이 아니라 법의 깃발을 높이 세워 상가의 화합을 깨뜨리지 않게 하
려는 상가의 맨 윗자리 장로 카샤파 존자의 자비의 타이름이리라.

아난다여, 나는 붇다의 법의 아들로서
여래의 입에서 났나니

이와 같이 내가 들었다.

한때 존자 마하카샤파와 존자 아난다는 라자그리하 성 그리드라쿠타 산에 있었는데, 세존께서 니르바나에 드신 지 오래지 않았다. 때에 세상은 흉년이 들어 밥을 빌어도 얻기 어려웠다.

존자 아난다는 많은 젊은 비구들과 함께 있으면서 '여러 아는 뿌리'를 잘 거두지 못하였다. 먹는 것은 양을 알지 못하였고, 초저녁과 새벽에도 선정에 부지런히 힘쓰지 않고, 잠자기를 즐겨해 집착하였다.

늘 세간 이익을 구해 사람 사이에 노닐어 다니면서 먼 남쪽 지방[南天竺]으로 갔다. 거기서 서른 명 젊은 제자들이 계율을 버리고 세속으로 돌아갔고, 남은 이는 대개 어린아이들이었다.

존자 아난다는 남산(南山) 국토에서 노닐어 다니다가 적은 무리를 데리고 라자그리하 성으로 돌아왔다.

많은 제자대중을 잃어버린 아난다를 카샤파 존자가 크게 경책함

때에 존자 아난다는 가사와 발우를 거두어 들고 발을 씻은 뒤에 존자 마하카샤파가 있는 곳에 이르러 머리를 대 발에 절하고 한쪽에 물러앉았다.

존자 마하카샤파는 존자 아난다에게 물었다.

"그대는 어디서 오시오? 대중이 아주 적구려."

아난다는 대답하였다.

"남산 국토에서 사람 사이에 노닐어 다니다가, 젊은 비구 서른 명이 계를 버리고 세속으로 돌아갔기 때문에 대중이 줄었습니다.

게다가 지금 남은 이도 어린아이들이 많습니다."

존자 마하카샤파는 존자 아난다에게 말하였다.

"몇 가지 복된 이익이 있기에, 여래·바르게 깨치신 이께서 아시고 보시는 바로, 세 사람 이상이면 무리지어 먹는 것을 억제하는 계율을 만들었다고 들었소?"

아난다는 대답하였다.

"두 가지 일 때문입니다. 어떤 것이 두 가지냐 하면, 첫째는 가난하고 작은 집 때문이요, 둘째는 여러 나쁜 사람이 패거리를 만들어 서로 깨뜨려 부수기 때문입니다. 곧 나쁜 사람이 대중 가운데 머물며 대중이란 이름으로 대중을 가로막아 두 패로 갈리어 서로 미워하고 다투지 못하도록 하신 것입니다."

존자 카샤파가 아난다에게 말했다.

"그대는 이 뜻을 알면서, 어째서 흉년이 든 때에 많은 젊은 비구를 데리고 남산 국토에 노닐어 다니다가, 서른 명이 계율을 버리고 세속으로 돌아가 대중을 줄게 하고, 나머지는 어린이들만 많게 했소?

아난다여, 그대가 대중을 줄게 한 일을 보면 그대도 어린 사미요, 그렇게 헤아릴 줄 모르다니."

아난다가 대답했다.

"어떻게 존자 마하카샤파시여, 저는 이미 머리털이 두 가지 빛깔입니다. 그런데도 어린 사미라고 부르십니까."

존자 마하카샤파는 말하였다.

"그대는 흉년 든 세상에 여러 젊은 제자들과 사람 사이에 노닐어 다니다가, 서른 명 제자를 계율을 버리고 세속으로 돌아가게 하고, 그 나머지 있는 이는 다시 어린이들로 대중이 없어졌소.

이는 헤아릴 줄 모른 것이오. 그런데도 '오래된 수행자 대중이 무너졌다'고 말하오.

아난다여, 대중이 아주 다 무너졌으니, 아난다여 그대는 어린이요. 바로 헤아릴 줄 모르기 때문이오."

툴라팃사아 비구니로 인해 마하카샤파 존자가 옛 인연을 보임

때에 툴라팃사아 비구니는 존자 마하카샤파가 존자 아난다 비데하무니를 어린이라고 꾸짖는 것을 보고 언짢게 여겨 이렇게 욕설하였다.

"어떻게 존자 마하카샤파는 본래 바깥길 사문으로서 존자 아난다 비데하무니를 어린이라고 꾸짖고 어린이라는 이름을 퍼지게 하십니까."

존자 마하카샤파는 하늘귀로써 툴라팃사아 비구니가 마음이 매우 즐겁지 않아 욕설하는 소리를 듣고 존자 아난다에게 말하였다.

"그대는 보오. 이 툴라팃사아 비구니는 마음이 매우 즐겁지 않아 이렇게 입으로 욕하였소.

'마하카샤파는 본래 바깥길 사문으로서 존자 아난다 비데하무니를 꾸짖고 어린이라는 이름을 퍼지게 하였다.'"

존자 아난다는 대답하였다.

"그만하십시오, 존자 마하카샤파시여. 참으십시오, 존자 마하카샤파시여. 저 어둡고 어리석은 늙은 할멈은 타고난 지혜가 없습니다."

존자 마하카샤파는 아난다에게 말하였다.

"나는 집을 나온 뒤로 어떤 다른 스승도 알지 못하고 오직 여래·공양해야 할 분·바르게 깨치신 이뿐이었소.

나는 아직 집을 나오지 않았을 때에는 태어남·늙음·병듦·죽음과 근심·슬픔·번민·괴로움을 늘 생각하였소.

집에 있으면 번거로운 일로 여러 번뇌가 많음을 알고, 비어 한가한 곳, 세속 사람들은 살기 어려운 곳, 집 아닌 곳으로 집을 나오면 한결같이 깨끗하여 모습과 목숨을 다하도록 순일하고 원만하며, 깨끗하여 범행이 맑고 깨끗함을 알았소.

그래서 수염과 머리를 깎고 가사를 입고 바른 믿음으로 집을 나와 집이 없이 도를 배우리라 생각하였소. 백천금의 값어치가 되는 옷을 조각조각 끊어 상가티를 만들고, 만약 세상에 아라한이 있으면 가만히 그를 따라 집을 나오리라 생각하였소.

내가 집을 나온 뒤에 라자그리하 성과 나알라 마을 가운데 다자탑 있는 곳에서 세존을 뵙게 되었소.

그는 몸을 바르게 하고 단정히 앉아 계셨는데, 모습은 기이하여 빼어나시고 모든 아는 뿌리는 고요하며 첫째로 숨이 사라져 마치 황금산[金山]과 같았소.

나는 그때 그것을 보고서는 이렇게 생각하였소.

'이분은 내 스승이시고 이분이 세존이시며 이분이 아라한이시고 이분이 바르게 깨친 분이다.'

나는 그때에 한마음으로 합장하고 공경히 절한 뒤에 붇다께 말씀드렸소.

'바로 저의 크신 스승이시오, 저는 제자입니다.'

붇다께서는 내게 말씀하셨소.

'그렇다 카샤파여, 나는 그대의 스승이요 그대는 내 제자다.'

카샤파여, 그대는 지금 이와 같이 진실하고 깨끗한 마음을 성취하여 공경 받는 사람이다.

만약 알지 못하고 안다고 말하고, 보지 못하고 보았다고 말하며, 진실로 아라한이 아니면서 아라한이라 말하고, 바르게 깨달은 이가 아니면서 바르게 깨달은 이라고 말한다면, 그는 저절로 몸이 일곱 조각으로 부서질 것이다.

카샤파여, 나는 지금 알기 때문에 안다고 말하고, 보기 때문에 본다고 말하며, 진실로 아라한이기 때문에 아라한이라 말하고, 진실로 바르게 깨달은 이이기 때문에 다 바르게 깨달은 이라고 말하는 것이다.

카샤파여, 나는 지금 인연이 있으므로 성문을 위해 설법하여 인연이 없는 것이 아니다. 의지하는 데가 있으며, 의지하는 데가 없는 것이 아니며, 신묘한 힘이 있고 신묘한 힘이 없는 것이 아니다.

그러므로 카샤파여, 만약 법을 듣고자 하거든 이와 같이 배워야한다. 만약 법을 듣고자 하거든 뜻으로써 요익되게 하고 그 마음을 한결같이 해 공경하고 존중하며 마음을 오롯이해 귀를 기울여 들어 이렇게 생각해야 한다.

〈나는 다섯 가지 쌓임의 나고 사라짐과 여섯 가지 닿아 들이는 곳의 모아내 일어남과 사라져 없어짐을 바르게 살피고, 네 곳 생각함을 바르게 생각해 즐겁게 머무르며, 일곱 갈래 깨달음법과 여덟 가지 해탈을 닦아 몸으로 증득하고, 늘 그 몸을 생각해 일찍이 끊이지 말아야 한다.

그리하여 스스로와 남에 부끄러워하지 않음을 떠나서 크신 스승이 계신 곳과 큰 덕이 있는 범행자들에 대하여 부끄러워함에 늘 머물러서, 반드시 이와 같이 배워야 한다.〉'

그때에 세존께서는 이처럼 나를 위해 설법하여 가르쳐보여 기쁘게 하시고 자리에서 일어나 떠나셨소."

세존께 상가티를 바치고 세존의 법의 아들이 되었음을 선언함

"나 또한 따라가 세존 계신 곳으로 향했소. 나는 백천금 값어치가 되는 옷을 끊어 상가티를 만들고 네 겹으로 접어 자리를 만들었소. 그때에 세존께서는 나의 지극한 마음을 아셨고, 곳곳에서 길을 내려가시면 나는 곧 옷을 펴 앉을 자리를 만들어 붇다께서 앉으시도록 하였소. 그러면 세존께서는 곧 앉아 손으로 옷을 어루만지시면서 이렇게 찬탄하셨소.

'카샤파여, 이 옷은 가볍고 곱구나. 이 옷은 아주 부드럽구나.'

그때에 나는 말씀드렸소.

'그렇습니다, 세존이시여. 이 옷은 가볍고 곱습니다. 이 옷은 아주 부드럽습니다. 세존께서 이 옷을 받아주시길 바랍니다.'

붇다께서는 이렇게 말씀하셨소.

'그대는 내 누더기 옷을 받아라. 나는 그대의 상가티를 받겠다.'

그리고 붇다께서는 곧 손수 나에게 누더기 옷을 주시고 나는 곧 붇다께 상가티를 바쳤소.

이렇게 차츰 가르쳐주시니 나는 여드레 동안에 법을 배워 밥 비는 법을 받았고, 아흐레가 되자 '배울 것 없음'[無學]을 일으켰소.

아난다여, 만약 어떤 바로 묻는 이가 있어, 누가 세존의 법의 아들로서 붇다의 입에서 나왔고, 법의 교화에서 났으며, 법의 재물[法財]을 부쳐주어 모든 선정과 해탈과 사마디를 바로 받았는가 물으면, 바로 '나 카샤파가 그분이다'라고 답하시오. 이것이 곧 바른 말이오.

비유하면 전륜왕의 맏아들이 정수리에 물을 붓고 왕위에 오르면, 왕의 다섯 가지 욕망의 즐거움을 받되 괴롭게 방편을 쓰지 않고도 저절로 얻어지는 것과 같소.

나 또한 이와 같아서, 붇다의 법의 아들로서 붇다의 입에서 나왔고, 법의 교화에서 났으며, 법과 남은 법의 재물을 얻어, 선정과 해탈과 사마디와 사마파티는 괴롭게 방편을 쓰지 않고 저절로 얻은 것이오.

또 비유하면 전륜왕의 보배 코끼리는 높이가 일고여덟 팔꿈치[肘]나 되는데 타알라 나뭇잎 한 장으로 가릴 수 있다고 하면 그럴 수 없는 것처럼, 내가 성취한 여섯 가지 신통의 지혜를 가릴 수 있다고 하는 것도 이와 같소.

만약 누가 신통경계에서 지혜로 증득한 데 대해 의혹이 있으면 나는 다 분별해 말할 수 있소. 또 하늘귀, 남의 마음 아는 신통, 오랜 목숨의 일 아는 지혜, 흐름이 다해 증득한 지혜의 신통에 대해 의혹이 있으면 나는 다 분별해 말해 결정된 마음을 얻게 할 것이오."

마하카사파 존자가 세존의 법의 맏아들임을 존자 아난다가 크게 인정함

존자 아난다는 존자 마하카샤파에게 말하였다.

"그렇습니다, 그렇습니다. 마하카샤파시여, 전륜왕의 보배 코끼리의 높이가 일고여덟 팔꿈치가 되는데 타알라 나뭇잎 한 장으로 가리려고 하는 사람처럼, 존자 마하카샤파의 여섯 가지 신통의 지혜를 가릴 수 있다고 하는 것도 이와 같습니다.

만약 신통경계에서 증득한 지혜와, 흐름이 다해 증득한 지혜에 대해 의혹을 가진 사람이 있으면, 존자 마하카샤파께서는 그것을 말해 결정된 마음을 얻게 하실 것입니다.

제가 기나긴 밤에 존자 마하카샤파를 공경하고 믿고 존중하는 것은 이와 같은 큰 덕과 신묘한 힘이 있으시기 때문입니다."

존자 마하카샤파가 이렇게 말할 때, 존자 아난다는 그 말을 듣고 기뻐하면서 받들어 가졌다.

• 잡아함 1144 중감경(衆減經)

• 해설 •

붇다께서 머물러 계실 때부터 마하카샤파를 따르는 상가대중과 아난다를 따르는 대중 사이에 보이지 않는 갈등이 있었던 것 같다.

붇다께서 니르바나에 드신 뒤 마하카샤파 존자는 동요하는 대중의 한복판에 서서 법과 율에 따라 화합하는 상가의 원칙을 굳게 세운다.

그리드라쿠타 산에서 수트라와 비나야를 송출할 때 아난다를 경전 결집의 중심으로 세우지만, 오백 아라한을 뽑을 때 아난다는 아라한을 얻지 못한 이라고 해서 사백구십구 명의 아라한 장로를 선출하고, 나중 많이 들음으로 으뜸인 아난다를 오백 장로 가운데 수를 채워 경전을 오백 장로의 합송(合誦, saṃgīti)이라는 공인의 방식으로 결집해낸다.

세존께서 니르바나에 드신 뒤에도 아난다가 흉년 든 해 남인도 지방으로 유행하다 서른 명의 따르던 이들이 환속해버리고 다시 라자그리하 성으로 돌아오자 카샤파 존자는 여래의 법과 율로써 아난다를 꾸짖는다.

세존이 전하신 비나야에는 가난하고 작은 집들이 많은 마을에 들어가 세

사람 이상 같이 밥을 빌지 못하게 하니, 이는 가난한 집에 어려움을 끼치지 않게 하심이고 상가대중이 밥을 빌며 떼거리지어 싸우지 않도록 하심이다.

이 비나야로 아난다를 깨우치고 서른 명의 상가대중을 환속시킨 허물을 꾸짖는다. 아난다를 비호하기 위해 존자 카샤파께 욕설하는 비구니로 인해 다시 카샤파 존자는 다자탑 앞에서 세존과 만나 한 번 마주친 자리에서 세존의 제자가 되어 세존의 가르침 받으며 그 자리에서 여래의 계를 모두 갖추게 된 인연을 다시 보인다.

또한 세존께 자신이 입었던 가볍고 고운 비단 베의 상가티를 바치고 세존으로부터 누더기 옷을 받은 인연을 보이며, 자신이 세존이신 법왕의 바른 아들이고 세존의 법의 재물을 온전히 짊어진 제자임을 다시 일깨운다.

아난다는 크신 스승의 법이 바른 제자의 법임을 깊이 인정하고 스스로 뉘우치고 마음 돌이켜 카샤파께 경배하니, 그는 지금 많이 들음에는 빼어나고 깊은 사마디에 모자람이 있는 이지만, 이미 아라한의 과덕을 크신 스승 세존으로부터 언약 받은 법의 아들로서 카샤파 존자와 뜻을 같이하는 현성인 것이다.

나중 아난다 존자는 존자 바즈라푸트라의 교화로 깊은 사마디를 얻고 아라한을 증득하였다. 그리하여 듣되 들음 없이 잘 듣고 설함 없이 잘 설하는 높은 지혜의 사람이 되었으니, 여래의 바른 법과 율 가운데 많이 들음[多聞]은 끝내 함이 없음 샘이 없음에 나아가야 하는 것이고, 많이 들음은 반드시 사마디의 말 없음 속에서만 잘 말함[善說]이 되는 것이다.

4) 많이 들음이 으뜸인 아난다

───────

기이합니다 존자 아난다시여
세존께서 보이신 같은 뜻과 맛으로 설법해주시다니

이와 같이 내가 들었다.

한때 붇다께서는 카우삼비 국 고실라라마(Ghoṣilārāma) 동산에 계셨다. 그때 존자 아난다도 그곳에 머물고 있었다.

그때 쟐릴라아 비구니는 존자 아난다가 있는 곳에 찾아가, 머리를 대 발에 절하고 한쪽에 물러앉아 존자 아난다에게 물었다.

"만약 모습 없는 마음의 사마디[無相心三昧]에서 들뜨지도 않고 가라앉지도 않으며, 해탈하고서 머물거나 머무르고서 해탈한다면, 존자 아난다여, 세존께서는 이것이 무엇의 결과[果]요, 무엇의 공덕이라고 말씀하셨습니까?"

존자 아난다가 쟐릴라아 비구니에게 말했다.

"만약 모습 없는 마음의 사마디에서 들뜨지도 않고 가라앉지도 않으며, 해탈하고서 머물거나 머무르고서 해탈한다면, 세존께서는 '이것이 지혜의 결과요 지혜의 공덕이다'라고 말씀하셨소."

쟐릴라아 비구니가 말했다.

"기이합니다, 존자 아난다여. 크신 스승과 그 제자가 말귀를 같이하고 맛을 같이하고 뜻을 같이하다니.

존자 아난다여, 옛날 붇다께서는 사케타(Sāketa) 성 안자나 숲

(Añjana-vana)에 계셨습니다. 그때 많은 비구니들이 붇다 계신 곳으로 찾아가 이 같은 뜻을 물었습니다.

그때 세존께서는 이와 같은 말·이와 같은 맛·이와 같은 뜻으로 모든 비구니들을 위해 말씀해주셨습니다.

그러므로 아셔야 합니다. 크신 스승과 그 제자가 말씀하신 것이 구절을 같이하고 맛을 같이하고 뜻을 같이하여 기이하고 빼어나다고 한 것이니, 바로 '으뜸가는 구절과 뜻'[第一句義]을 말합니다."

그때 쟐릴라아 비구니는 존자 아난다의 말을 듣고, 기뻐하고 따라 기뻐하면서 절하고 떠나갔다.

• 잡아함 557 도지라경(闍知羅經)

• 해설 •

세존께서 니르바나 드신 바로 뒤 그리드라쿠타 산에서 경전의 결집을 위해 오백 아라한을 모을 때, 아난다가 아라한을 얻지 못한 비구로 규정된 것은 그가 많이 들은 지혜의 힘에 비해 선정의 힘이 깊지 못했음을 나타낸다.

그러나 세존으로부터 많이 들어 밝은 지혜가 있는 비구로 칭찬받았던 아난다를 아라한 비구들의 문밖에 세워둔 것은, 아마도 세존의 시자이고 친족이며 비구니상가의 전폭적인 지지를 받고 있었던 아난다 존자에 대한 대중의 견제였을 것이다.

그리고 이 견제는 카샤파 존자를 중심으로 한 오백 장로들의 합의되고 공인된 견해의 표출이었을 것이며, 그 견제가 실로는 '법과 율에 의해 살라'는 여래의 당부를 실천한 것이기도 하다.

그러나 아난다 존자가 많이 들음만 있고 선정이 없는 비구였다면 그가 어찌 마하카샤파를 이어 교단의 법을 이어가는 중심인물이 되었겠는가.

또 그리드라쿠타 산 '핍팔라(pippala) 굴'[七葉窟]의 결집 때 아난다 존자가 아라한의 과덕을 얻지 못했다는 기록과 함께, 우파리 존자의 율장 가운데서는 쿠시나가라에서 라자그리하로 내려오기 전 아난다 존자가 바즈라푸트라 존자의 경책으로 사마디를 얻고 아라한의 과덕을 증득했다고 기록하고 있으니, 기록에 이설이 있음을 알 수 있다.

비록 아난다 존자가 사마디보다는 많이 들음에 으뜸가는 제자지만, 중국 선종(禪宗) 또한 아난다 존자를 여래의 정법안장을 전한 두 번째 조사[第二祖師]라고 말하고 있으니, 그 또한 깊은 사마디와 지혜를 같이 갖춘 아라한 성자임을 알 수 있다.

『번역명의집』에서는 아난다 존자의 이름에 관해 다음과 같이 기록하고 있다.

『대론』(大論)에서는 아난다(Ānanda)라는 말이 여기 말로 기뻐함[歡喜]이라고 한다.

붇다께서 도를 이루셨을 때 드로노다나 왕[斛飯王]의 사신이 와서 숫도다나 왕[淨飯王]에게 말했다.

"왕의 동생[貴弟]께서 사내아이를 낳았습니다."

왕의 마음이 기뻐서 말했다.

"오늘은 아주 좋은 날이다."

그러고는 그 사신에게 말했다.

"그 사내아이를 아난다라고 부르라."

온 나라가 기뻐해서 또 이름을 기뻐함이라 하였다. 또한 그 이름을 물듦 없음이라 옮기니, 비록 남은 생각이 다하지 못했으나 붇다를 따라 하늘에 들어가고 용궁에 들어가 여인을 보아도 마음에 물들어 집착함이 없었기 때문이다.

『법화현의』(法華玄義)에서는 이 아난다를 삼장교(三藏教)를 지닌 이라 말한다.

아난다바드라(Ānandabhadra, 阿難跋陀)는 여기 말로 기뻐하고 어짊[喜賢]이라 하니, 『법화현의』에서 통교(通敎)를 지닌 이라고 말한다.

아난다사가라(Ānandasāgara, 阿難迦羅)는 여기 말로 기쁨의 바다[喜海]라 하니,『법화현의』에서는 원교(圓敎)를 지닌 이라고 말한다.

『부법장인연전』(付法藏因緣傳)에도 세 아난다가 있다.

첫째, 아난다는 여기 말로 기뻐함[慶喜]이니 성문장(聲聞藏)을 전하였다.

둘째, 아난다바드라는 여기 말로 기뻐하고 어짊이니, 연각장(緣覺藏)을 지니었다.

셋째, 아난다사가라는 여기 말로 기쁨의 바다이니, 보살장(菩薩藏)을 지니었다.

『원각경약소』(圓覺經略疏)에서는 '줄이면 한 사람이지만 덕을 따라 이름이 달라진 것이다'라고 말하였다.

앞의 기록에서 본 바처럼 아난다는 이름 자체가 법장(法藏)을 전한 이로 풀이되어왔다. 법장을 전한 이는 말만 전하면 실로 전함이 없는 것이니, 아난다가 곧 바른 법의 눈과 법의 곳간[正法眼藏]을 전한 분인 것이다.

이 경 또한 쟐릴라아 비구니가 세존께 물은 뜻을 제자 아난다에게 묻고서, 크신 스승 세존의 법 잘 받아 지니는 제자 아난다의 말이 크신 스승 세존의 말씀, 세존의 뜻, 세존의 전하신 내용과 다름없음을 크게 찬탄하고 있다.

여래가 가르치신 사마디는 존재의 실상 곧 모습에 모습 없는 진실에 머묾이니, 그 사마디는 세계의 실상을 체달한 지혜 그대로의 사마디이고 지혜 그대로의 해탈의 작용이다. 그러므로 많이 들어 여래의 뜻을 참으로 잘 받아 지님으로 으뜸가는 제자인 아난다라면 그 뜻이 어찌 크신 스승의 뜻과 다르리.

아난다야말로 세존으로부터 으뜸가는 진리의 뜻[第一義]을 잘 받아 들어 받들어 행하는 자이고, 으뜸가는 진리의 뜻을 잘 통달해 쓰는 자이다. 으뜸가는 진리의 뜻을 받아 통달한 자, 그가 곧 여래의 법의 눈과 법의 곳간을 잘 부촉받아[付法藏] 뒷세상에 잘 전해주는 현성이며 법의 깃발인 것이다.

아난다 존자시여, 저는 존자의 설법 듣고
법의 눈을 뜨고서 참회합니다

이와 같이 내가 들었다.

한때 붇다께서는 슈라바스티 국 제타 숲 '외로운 이 돕는 장자의 동산'에 계셨는데, 존자 아난다도 그곳에 머물고 있었다.

그때 어떤 비구니가 존자 아난다에게 물들어 집착하는 마음을 일으키고는 사람을 보내 존자 아난다에게 이런 말을 전하게 하였다.

"제 몸에 병이 들어 앓고 있습니다. 존자께서 가엾게 여기시어 살펴봐주시길 바랍니다."

존자 아난다는 이른 아침에 가사를 걸치고 발우를 가지고 그 비구니가 있는 곳에 갔다.

그 비구니는 멀리서 존자 아난다가 오는 것을 보고 벌거벗은 몸으로 평상 위에 누워 있었다. 존자 아난다는 멀리서 그 비구니의 몸을 보고 곧 모든 아는 뿌리를 추스르고 몸을 돌려 등진 채 서 있었다.

그 비구니는 존자 아난다가 모든 아는 뿌리를 추스르고 몸을 돌려 등진 채 서 있는 것을 보고, 곧 스스로 부끄러워하며[慚愧] 일어나 옷을 입고 앉을 자리를 펴고, 존자 아난다를 나가 맞아들여 앉기를 청하였다. 그러고는 머리를 대 발에 절하고 한쪽에 물러나 서 있었다.

그때 존자 아난다가 그를 위해 설법하였다.

"누이여, 이 몸이라는 것은 더러운 먹을거리가 키워 기르고 교만이 키워 기르며, 애욕으로 자랐고 음욕으로 자라난 것이오.

누이여, 더러운 먹을거리에 의지하는 자는 더러운 먹을거리를 끊어야만 하고, 교만에 의지하는 자는 교만을 끊어야만 하며, 애욕과 음욕에 의지하는 자는 애욕과 음욕을 끊어야만 하오."

애욕 일으킨 비구니에게 먹을거리에 집착 끊는 법을 설함

"누이여, 무엇을 '더러운 먹을거리에 의지하는 자가 더러운 먹을거리를 끊는다'고 하는 것이오? 다음과 같소.

곧 거룩한 제자는 먹을거리에 대해 분수를 헤아려 사유하면서 먹되, 집착하여 즐기는 생각이 없고 교만한 생각이 없으며, 만져보고 싶다는 생각이 없고 꾸미겠다는 생각이 없소.

다만 몸을 붙들기 위하고, 길러 살리기 위하며, 굶주리고 목마른 병을 고쳐서 범행(梵行)을 거두어 받으려 하기 때문에 먹는 것이오.

그러니 지나간 여러 느낌들을 없애고 새로운 모든 느낌들을 나지 않도록 범행을 우러러 익히고 키워 길러야 하오.

몸의 힘[力]이나 즐거운 느낌[樂] 닿음[觸]에서도 이와 같이 머물러야 하오.

비유하면 마치 상인이 버터기름[酥油]을 그 수레에 칠할 때, 물들어 집착하는 생각이 없고 교만한 생각이 없으며, 만져보고 싶다는 생각이 없고 꾸미겠다는 생각 없이, 다만 실어 나르기 위해서인 것과 같소.

또 마치 옴병[瘡病]을 앓는 사람이 버터기름을 바를 때, 집착하여 좋아하는 생각이 없고 교만한 생각이 없으며, 만져보고 싶다는 생각이 없고 꾸미겠다는 생각 없이, 다만 옴병을 낫기 위해서인 것과 같소.

이와 같이 거룩한 제자는 분수를 헤아려 먹되, 물들어 집착하는 생각이 없고 교만한 생각이 없으며, 만져보고 싶다는 생각이 없고 꾸미겠다는 생각 없이, 다만 길러 살리기 위하고, 굶주림과 목마름을 고치기 위하므로 먹으며, 범행을 거두어 받으려 하기 때문에 먹는 것이오.

그러니 지나간 여러 느낌들을 떠나고 새로운 여러 느낌들을 일으키지 않고, 몸의 힘이든 즐거움이든 죄의 닿음[罪觸]이 없이 안온하게 머물러야 하오.

누이여, 이것을 '먹을거리를 의지하는 이가 먹을거리를 끊는다'고 하는 것이오."

존재에 대한 집착 끊음으로 교만 끊는 법을 설함

"'교만에 의지하는 자가 교만을 끊는다'고 했는데 어떤 것을 '교만에 의지하는 자가 교만을 끊는다'고 하는 것이오? 그것은 다음과 같소.

곧 거룩한 제자가 이런 말을 듣는다 합시다.

'아무 존자와 아무 존자 제자는 모든 존재의 흐름[諸有漏]을 다하여, 샘이 없이 마음이 해탈하고[心解脫] 지혜가 해탈하여[慧解脫], 현재의 법에서 스스로 알고 증득하여, 〈나의 태어남은 이미 다하고, 범행은 이미 서고, 지을 바를 이미 지어 다시는 뒤의 있음 받지 않는다〉라고 스스로 안다.'

그 말을 들으면 곧 이렇게 생각하게 되오.

'저 거룩한 제자는 모든 존재의 흐름을 다하여 샘이 없이 마음이 해탈하고 지혜가 해탈하여, 현재의 법에서 스스로 알고 증득하여, 〈나의 태어남은 이미 다하고, 범행은 이미 서고, 지을 바를 이미 지어 다시는 뒤의 있음 받지 않는다〉라고 스스로 안다. 그런데 우리들은 지금 어째서 모든 존재의 흐름을 다하지 못했을까? 어째서 뒤의 있음 받지 않는다고 스스로 알지 못할까?'

그러면 그는 그때 곧 '모든 존재의 흐름'을 끊고 샘이 없이 마음이 해탈하고 지혜가 해탈하여, 현재의 법에서 스스로 알고 증득하여, 〈나의 태어남은 이미 다하고, 범행은 이미 서고, 지을 바를 이미 지어 다시는 뒤의 있음 받지 않는다〉고 스스로 알게 되오.

누이여, 이것을 '교만에 의지하는 자가 교만을 끊는다'고 하는 것이오."

존재에 대한 집착 끊음으로 애욕 끊는 법을 설함

"누이여, 어떤 것이 '애욕에 의지하는 자가 애욕을 끊는다'는 것이오? 그것은 다음과 같소.

곧 거룩한 제자가 이런 말을 듣는다 합시다.

'아무 존자와 아무 존자 제자는 모든 존재의 흐름을 끊고 샘이 없이 마음이 해탈하고 지혜가 해탈하여, 현재의 법에서 스스로 알고 증득하여, 〈나의 태어남은 이미 다하고, 범행은 이미 서고, 지을 바를 이미 지어 다시는 뒤의 있음 받지 않는다〉고 스스로 안다.'

그 말을 들으면 이렇게 생각하게 되오.

'아무 존자와 아무 존자의 제자는 모든 존재의 흐름을 다하여 샘이 없이 마음이 해탈하고 지혜가 해탈하여, 현재의 법에서 스스로 알고 증득하여, 〈나의 태어남은 이미 다하고, 범행은 이미 서고, 지을 바를 이미 지어 다시는 뒤의 있음 받지 않는다〉라고 스스로 안다.

그런데 우리들은 지금 어째서 모든 존재의 흐름을 다하지 못했을까? 어째서 뒤의 있음을 받지 않는다고 스스로 알지 못할까?'

그러면 그는 그때 곧 모든 존재의 흐름을 끊고 샘이 없이 마음이 해탈하고 지혜가 해탈하여, 현재의 법에서 스스로 알고 증득하여, 〈나의 태어남은 이미 다하고, 범행은 이미 서고, 지을 바를 이미 지어 다시는 뒤의 있음 받지 않는다〉고 스스로 알게 되오.

누이여, 이것이 '애욕에 의지하는 자가 애욕을 끊는다'는 것이오. 누이여, 지어가는 바가 없으면 음욕과 어울려 합하는 다리[橋樑]도 끊게 되오."

법의 눈이 깨끗해진 비구니의 참회를 아난다 존자가 받아줌

존자 아난다가 이 법을 설할 때, 그 비구니는 티끌을 멀리하고 때를 여의어 법의 눈이 깨끗해졌다.

그 비구니는 법을 보아 법을 얻고 법을 깨달아 법에 들어갔으며, 여우 같은 의심을 건너, 남을 말미암지 않고도 바른 법과 율에서 마음에 두려움이 없게 되었다.

그래서 존자 아난다의 발에 절하고 존자 아난다에게 말했다.

"저는 이제 허물을 드러내 뉘우칩니다. 어둡고 어리석으며 잘 벗어나지 못해 어쩌다 이와 같이 해서는 안 될 짓을 저지르고 말았습니다.

이제 존자 아난다가 계신 곳에서, 스스로 허물을 보고 스스로 허물을 알아 그 허물 드러내 참회합니다. 가엾게 여겨 들어주시길 바랍니다."

존자 아난다가 비구니에게 말했다.

"그대는 지금 참으로 스스로 죄를 보고 스스로 죄를 알았소.

어둡고 어리석으며 착하지 못해 무엇과도 비할 수 없는 죄[不類之罪] 지었음을 그대는 스스로 알았소.

그대는 지금 스스로 알고 스스로 보고서 허물을 뉘우쳤으니, 오는 세상에서는 계 갖춤[具足戒]을 얻을 것이오.

나는 지금 가엾게 여겨 그대의 허물 뉘우침을 받아들이겠소. 그리고 그대로 하여금 착한 법을 늘리고 키워 끝내 물러나거나 없애지 않게 하겠소.

왜냐하면, 만약 스스로 죄를 보고 스스로 죄를 알아 허물을 뉘우칠 수 있는 사람은 오는 세상에서 계 갖춤을 얻고, 착한 법이 늘어나고 자라 끝내 물러나거나 없애지 않을 것이기 때문이오."

존자 아난다는 이렇게 그 비구니를 위해 갖가지로 설법하여 가르쳐 보이고 기뻐하게 한 뒤에, 자리에서 일어나 떠나갔다.

• 잡아함 564 비구니경(比丘尼經)

• 해설 •

아난다 존자가 가는 곳엔 여인의 애착이 있고 여인의 유혹이 있으니, 이 경의 이 비구니가 그와 같은 여인이고 『수랑가마수트라』(首楞嚴經)의 마탕가(Mātaṅga) 여인이 그러하다.

존자의 허물인가 여인의 허물인가. 보는 나와 보여지는 대상 속에서 애착과 탐욕의 마음이 일어났지만, 나와 대상이 공하므로 그 애착의 마음도 나되 남이 없으니, 애욕으로 인해 애욕이 나는 진실을 보면 애욕을 실로 끊지 않고 범행에 이르는 해탈의 법이 난다.

이 몸은 애욕의 인연으로 생겨나 먹음으로 자란다. 그러므로 몸에는 몸의 바탕이 없으니, 몸이 몸 아님[身非身]을 살피는 곳에 먹을거리에 대한 탐착을 끊어 먹되 먹음 없이 법의 음식[法食]을 먹는 길이 열리고 탐욕을 돌이켜 범행으로 나아가는 길이 열린다.

몸에 몸 없음을 통달하면 나에서 나 없음을 통달하니 교만을 끊음이다.

먹을거리에 의지해 있는 몸이 깨끗하지 않음을 살펴 몸이 공한 실상 속에서 참된 청정을 성취하면 물든 몸의 업이 범행이 되니 애욕을 끊음 없이 끊음이다.

이와 같이 바로 보아 연기의 진실을 통달한 자, 그는 모든 존재의 흐름을 끊고 다시 모습의 얽매임을 일으키지 않으니 마음이 해탈함이요, 해탈의 마음으로 공(空)에 빠짐이 없이 몸 아닌 몸을 살피고 모습 아닌 모습을 살펴서 지혜가 해탈한다.

아난다의 가르침 아래 저 애욕의 여인이 법의 눈을 뜨고 범행의 비구니가 되었으니, 애욕을 실로 끊지 않고 몸의 업을 청정케 하는 소식이다. 또한 존재의 진실을 알아 모습에 갇혀 일으킨 죄업에서 벗어남이며, 죄와 애욕이 남이 없음[無生]을 알아 여래의 깨끗한 계를 한 생각에 모두 갖춤[具足戒]이다.

잘 말했다, 내 제자 아난다는 눈이 있고 지혜가 있으며 뜻이 있고 법이 있다

나는 들었다, 이와 같이.

한때 붇다께서 슈라바스티 국을 노닐어 다니실 적에 제타 숲 '외로운 이 돕는 장자의 동산'에 계셨다.

그때 존자 아난다는 여러 비구들을 위하여 밤에 강당에 모여 '바즈라티의 게'[跋地羅帝偈]와 그 뜻을 말하였다.

그때 어떤 비구가 밤이 지나 이른 아침에 붇다 계신 곳에 나아가 머리를 대 절하고 물러나 한쪽에 앉아 말씀드렸다.

"세존이시여, 저 존자 아난다가 여러 비구들을 위해 밤에 강당에 모여 바즈라티의 게와 그 뜻을 말하였습니다."

이에 세존께서는 그 비구에게 말씀하셨다.

"너는 아난다 비구 있는 곳에 가서 이렇게 말하라.

'아난다여, 세존께서 그대를 부르시오.'"

대중에게 설법하는 아난다를 세존께서 불러 설법의 뜻을 물으심

그 비구는 세존의 분부를 받들고 곧 자리에서 일어나 붇다의 발에 머리를 대 절하고 세 바퀴 두루고 나서 떠났다.

그는 아난다에게 가서 말하였다.

"세존께서 존자 아난다를 부르십니다."

존자 아난다는 곧 붇다 계신 곳에 가서 머리를 대 절하고 물러나 한쪽에 섰다. 세존께서는 물으셨다.

"아난다여, 네가 참으로 여러 비구들을 위하여 밤에 강당에 모여 바즈라티의 게와 그 뜻을 말하였느냐?"

존자 아난다가 대답했다.

"예, 그렇습니다."

세존께서 물으셨다.

"아난다여, 너는 여러 비구들을 위하여 바즈라티의 게와 그 뜻을 어떻게 말하였느냐?"

세존께 설법한 게송의 뜻을 말씀드림

존자 아난다가 곧 이 게송을 말씀드렸다.

부디 지나간 것 생각하지 말고
또한 아직 오지 않은 것 바라지 마라.
지나간 일은 이미 사라져 없고
오지 않은 것 다시 이르지 않았다.

지금 드러나 있는 모든 법들
그것들 또한 이같이 사유하여
굳세고 강한 것 없다 생각해야 하니
지혜로운 이는 이와 같이 깨닫네.

만약 성인의 행 지으려 하면
뉘라서 죽음 근심하지 않으리.

나는 반드시 그것 만나지 않으리니
큰 괴로움과 재앙 끝나게 되리.

이와 같이 행해 정진하여서
밤낮으로 게으름 피우지 말라.
그러므로 이 바데카랏타의 게송을
언제나 사람들에게 설해야 하리.

삼세에 집착 없는 해탈의 뜻을 다시 물으심

세존께서 다시 물으셨다.

"아난다여, 어떻게 비구가 지나간 것[過去]을 생각하게 되느냐?"

존자 아난다가 대답했다.

"세존이시여, 만약 어떤 비구가 과거의 물질[色]을 즐거워하여 욕심내고 집착하고 거기에 머무르며, 과거의 느낌[覺]·모습 취함[想]·지어감[行]·앎[識]을 즐거워하여 욕심내고 집착하고 거기에 머문다면, 이와 같은 비구는 지나간 것을 생각하게 됩니다."

세존께서 다시 물으셨다.

"아난다여, 어떻게 비구가 지나간 것을 생각하지 않게 되느냐?"

존자 아난다가 대답했다.

"세존이시여, 만약 비구가 과거의 물질을 즐거워하지 않아서 욕심내지 않고 집착하지 않아서 거기에 머무르지 않고, 과거의 느낌·모습 취함·지어감·앎을 즐거워하지 않아서 욕심내지 않고 집착하지 않아서 거기에 머무르지 않는다면, 이와 같은 비구는 지나간 것을 생각하지 않게 됩니다."

세존께서는 다시 물으셨다.

"아난다여, 어떻게 비구가 아직 오지 않은 것[未來]을 바라게 되느냐?"

존자 아난다가 대답했다.

"세존이시여, 만약 비구가 미래의 물질을 즐겨하여 욕심내고 집착하여 거기에 머무르며, 미래의 느낌·모습 취함·지어감·앎을 즐겨하여 욕심내고 집착하여 거기에 머문다면, 이와 같은 비구는 아직 오지 않은 것을 바라게 됩니다."

세존께서 다시 물으셨다.

"아난다여, 어떻게 비구는 아직 오지 않은 것을 바라지 않게 되느냐?"

존자 아난다가 대답했다.

"세존이시여, 만약 비구가 미래의 물질을 즐겨하지 않아서 욕심내지 않고 집착하지 않아서 거기에 머무르지 않고, 미래의 느낌·모습 취함·지어감·앎을 즐겨하지 않아서 욕심내지 않고 집착하지 않아서 거기에 머무르지 않는다면, 이와 같은 비구는 아직 오지 않은 것을 바라지 않게 됩니다."

세존께서는 다시 물으셨다.

"아난다여, 어떻게 비구가 지금 드러나 있는 법[現在法]을 받아들이게 되느냐?"

존자 아난다가 대답했다.

"세존이시여, 만약 비구가 현재의 물질을 즐겨하여 욕심내고 집착하여 거기에 머무르고, 현재의 느낌·모습 취함·지어감·앎을 즐겨하여 욕심내고 집착하여 거기에 머문다면, 이와 같은 비구는 지금 드러나 있는 법을 받아들이게 됩니다."

세존께서 다시 물으셨다.

"아난다여, 어떻게 비구가 지금 드러나 있는 법을 받아들이지 않게 되느냐?"

존자 아난다가 대답했다.

"세존이시여, 만약 비구가 현재의 물질을 즐겨하지 않아서 욕심내지 않고 집착하지 않아서 거기에 머무르지 않으며, 현재의 느낌·모습 취함·지어감·앎을 즐겨하지 않아서 욕심내지 않고 집착하지 않아서 거기에 머무르지 않는다면, 이와 같은 비구는 지금 드러나 있는 법을 받아들이지 않게 됩니다.

세존이시여, 저는 이렇게 여러 비구들을 위하여 밤에 강당에 모여 바즈라티의 게와 그 뜻을 말하였습니다."

삼세에 집착 없는 길을 잘 대답하자 세존께서 크게 찬탄하심

이에 세존께서는 여러 비구들에게 말씀하셨다.

"아주 잘 말하고 잘 말했다. 내 제자는 눈이 있고 지혜가 있으며, 뜻이 있고 법이 있다. 왜냐하면 내 제자는 스승의 얼굴 앞에서 이와 같은 구절과 이와 같은 글로써 그 뜻을 널리 말하였기 때문이다.

참으로 아난다 비구의 말과 같다. 너희들은 반드시 이와 같이 받아 지녀야 한다.

왜냐하면 이 말은 뜻을 살피면 반드시 이와 같아야 하기 때문이다."

붇다께서 이와 같이 말씀하시자, 존자 아난다와 여러 비구들은 붇다의 말씀을 듣고 기뻐하며 받들어 행하였다.

• 중아함 167 아난설경(阿難說經)

바즈라티의 게는 날마다 바르게 행하는 이의 게송을 말한다. 어떻게 행해야 게송의 뜻을 말씀대로 잘 행함인가.

연기되는 존재의 모습을 떠나 과거·현재·미래의 시간이 없으니, 존재가 인연으로 인해 나므로 있되 공하고 공하되 없지 않음을 알 때, 삼세의 시간 속에서 그 마음이 해탈할 것이다.

과거·현재·미래의 것이 있되 공함을 통달한 곳에 사물의 변화 속에서 늘 고요한 사마디가 있고, 과거·현재·미래의 것이 공하되 없지 않음을 통달한 곳에 사마디와 지혜가 하나된 지침 없는 정진이 현전할 것이다.

이와 같이 삼세의 법이 있되 공하므로 취할 것이 없고, 공하되 공도 공하므로 버릴 것이 없음을 알아 늘 고요하고 밝은 이가 아난다이시니, 그를 어찌 많이 들음만 있는 이라 말할 것인가.

그는 많이 듣되 들음 없고 말하되 말함 없이 법을 잘 말하는 분이니, 아난다 존자가 바로 바즈라티의 게를 잘 지니는 분이고, 잘 지니어 행하고 남을 위해 잘 설하는 분인 것이다.

그는 사마디로 사유하니 생각 없이 생각하고, 사마디로 말하니 말함 없이 말하고, 사마디로 들으니 들음 없이 듣는다.

그러므로 크신 스승께서는 말함 없이 말하는[無說說] 그를 '스승의 얼굴 앞에서 배운 법을 잘 말한 이'라고 칭찬하시고, 들음 없이 듣는[不聞聞] 그를 '많이 들은 거룩한 제자'라고 찬탄하시는 것이다.

5) 하늘눈이 으뜸인 아니룻다

눈은 잠으로 먹음을 삼는다고 말씀했으나
저는 차마 잘 수 없습니다

이와 같이 들었다.

한때 붓다께서는 슈라바스티 국 제타 숲 '외로운 이 돕는 장자의 동산'에 계셨다.

그때 붓다께서 셀 수 없는 백천만 대중을 위해 설법하고 계셨다.

그때 아니룻다도 그 자리 위에 있었다. 이때 아니룻다는 대중 가운데서 졸고 있었다.

잠에 빠진 아니룻다를 게송으로 경책하심

그때 붓다께서 아니룻다가 조는 것을 보시고 곧 게송으로 말씀하셨다.

법을 받으면 시원스레 잘 잘 수 있어
뜻에는 뒤얽혀 어지러움이 없다.
현성께서 말씀하여주신 이 법은
지혜로운 이들이 즐기는 것이네.

마치 저 깊고 고요한 못물이

맑고 깨끗해 더러운 때가 없듯
이와 같이 바른 법을 듣는 사람은
청정한 마음으로 즐거이 받네.

또한 마치 저 크고 반듯한 돌이
바람에 전혀 움직이지 않듯이
이와 같이 헐거나 기림 들어도
마음에는 흔들려 움직임 없네.

그때 세존께서 아니룻다에게 말씀하셨다.
"너는 나라의 법이나 도적을 두려워해 도를 닦느냐?"
아니룻다가 대답하였다.
"아닙니다, 세존이시여."
붇다께서 아니룻다에게 말씀하셨다.
"너는 무엇 때문에 집을 나와 도를 배우느냐?"
"이 늙음과 병듦과 죽음, 시름과 근심·괴로움과 번민을 싫어하
고, 괴로움에 시달리기 때문에 그것을 버리려 합니다.
그러므로 집을 나와 도들 배우는 것입니다."
세존께서 말씀하셨다.
"너는 지금 좋은 종족의 사람으로, 굳센 믿음으로 집을 나와 도를
배우고 있다. 그런데 세존이 오늘 몸소 설법하는데 어떻게 거기서
졸고 있느냐?"
이때 존자 아니룻다가 곧 자리에서 일어나 오른쪽 어깨를 드러내
고 길게 꿇어앉아 두 손을 맞잡고 세존께 말씀드렸다.

"지금부터 이 뒤로는 몸이 문드러지더라도 끝내 여래 앞에서 졸지 않겠습니다."

꾸중을 듣고 다시 잠자지 않는 아니룻다에게 잠자도록 타이르심

그때 존자 아니룻다는 새벽이 되도록 자지 않았다. 그러나 잠을 없앨 수는 없었고 마침내 눈이 손상되었다.

그때 세존께서는 아니룻다에게 말씀하셨다.

"너무 지나치게 정진해가면 들뜸의 덮음[調戲蓋]과 서로 응하고, 만약 너무 게으르면 번뇌의 묶음[結]과 서로 응하게 된다. 너는 지금 행하는 것이 그 가운데 있어야 한다[當處其中]."

아니룻다는 붇다께 말씀드렸다.

"저는 앞에 벌써 여래 앞에서 다짐하였습니다. 이제 와서 본디 다짐[本要]을 어길 수는 없습니다."

그때 세존께서는 약사 지바카에게 말씀하셨다.

"너는 아니룻다의 눈을 치료해주라."

지바카가 대답하였다.

"만약 아니룻다가 조금만 잠을 잔다면 제가 그 눈을 치료할 수 있습니다."

세존께서 아니룻다에게 말씀하셨다.

"너는 잠을 자도록 하라. 왜냐하면 온갖 모든 법은 먹음으로 말미암아 존재하고, 먹지 않으면 존재하지 못하기 때문이다.

눈은 잠으로 먹음을 삼고, 귀는 소리로 먹음을 삼으며, 코는 냄새로 먹음을 삼고, 혀는 맛으로 먹음을 삼으며, 몸은 닿음으로 먹음을 삼고, 뜻은 법으로 먹음을 삼는다. 그리고 나는 지금 니르바나에도 먹음이 있다고 말한다."

아니룻다가 붇다께 말씀드렸다.

"니르바나는 무엇으로 먹음을 삼습니까?"

"니르바나는 방일하지 않는 것[無放逸]으로 먹음을 삼는다. 그러므로 방일하지 않음을 타고[乘無放逸] 함이 없음[無爲]에 이른다."

"세존께서 비록 눈은 잠으로 먹음을 삼는다고 말씀하셨지만, 저는 차마 잘 수 없습니다."

하늘눈을 얻은 아니룻다에게 여래도
여섯 가지 복된 법에 싫증 없음을 보이심

그때 아니룻다는 낡은 옷을 깁고 있었다. 이때 몸의 눈[肉眼]이 무너지고 하늘눈[天眼]을 얻었는데, 더러운 티가 없었다.

그때 아니룻다는 보통의 법으로 옷을 기우려 하였으나 실을 바늘구멍에 꿸 수가 없었다.

이때 아니룻다는 이렇게 생각하였다.

'여러 세간에서 도를 얻은 아라한이라면 나를 위해 바늘을 꿰어줄 것이다'.

이때 세존께서는 하늘귀[天耳]의 청정함으로 '여러 세간에서 도를 얻은 아라한이라면 나를 위해 바늘을 꿰어줄 것이다'라고 하는 이 소리를 들으셨다.

세존께서는 아니룻다 있는 곳으로 가 말씀하셨다.

"너는 그 바늘을 가져오라, 내가 꿰어주겠다."

아니룻다는 붇다께 말씀드렸다.

"아까 제가 말한 것은 세간에서 복을 구하려는 사람이 저를 위해 바늘을 꿰어달라고 하는 것이었습니다."

세존께서는 말씀하셨다.

"세간에서 복을 구하는 사람으로 나보다 지나는 사람은 없다. 여래는 여섯 가지 법에 싫증내 물림이 없다.

어떤 것이 여섯 가지인가?

첫째는 보시요, 둘째는 가르쳐 깨우침이며, 셋째는 참음이다.

넷째는 법의 말[法說]과 뜻의 말[義說]이며, 다섯째는 중생을 거느려 보살핌이요, 여섯째는 위없이 바르고 참된 도를 구하는 것이다.

이것을 아니룻다여, '여래는 이 여섯 가지 법에 싫증내 물림이 없다'고 하는 것이다."

아니룻다가 말씀드렸다.

"여래의 몸은 참된 법의 몸이신데 다시 무슨 법을 구하려 하십니까? 여래께서는 이미 나고 죽음의 바다를 건너고 또 애착을 벗어났습니다. 그런데도 오늘 짐짓 구해 복을 구하는 윗머리가 되시는군요."

세존께서 말씀하셨다.

"그렇다, 아니룻다야. 네가 말한 것과 같다. 여래 또한 이 여섯 가지 법에 싫증내 물림이 없어야 함을 안다.

만약 중생들이 죄악의 바탕인 몸과 입과 뜻으로 지은 것을 안다면 끝내 세 갈래 나쁜 곳에 떨어지지 않을 것이다.

저 중생들은 죄악의 바탕을 알지 못하기 때문에 세 갈래 나쁜 곳에 떨어지는 것이다."

늘 복을 지어 깨달음의 도 이루도록 당부하심

그때 세존께서는 곧 이런 게송을 말씀하셨다.

　　이 세간에 있는 여러 힘 가운데
　　하늘과 사람 가운데 노니는 데는
　　복의 힘이 가장 높아 빼어나나니
　　복을 말미암아 깨달음의 도 이루네.

"그러므로 아니룻다여, 반드시 방편을 구해 이 여섯 가지 법을 얻어야 한다.

이와 같이 여러 비구들이여, 반드시 이렇게 배워야 한다."

그때 여러 비구들은 붇다의 말씀을 듣고 기뻐하며 받들어 행하였다.

• 증일아함 38 역품(力品) 五

• 해설 •

육체의 눈은 눈과 보여지는 빛깔이 서로 닿아 어울리지 않으면 볼 수 없다. 그러므로 눈의 아는 뿌리가 무너지거나 눈의 힘이 미치지 못하고 보여지는 빛깔이 막히고 가리면 볼 수 없다.

하늘눈은 막히고 가림이 없이 사물을 보는 눈이다. 그러나 하늘눈도 봄에 봄이 있으니 존재의 연기적 진실을 보는 눈은 아니다.

존재가 연기이므로 공한 줄 알아 보되 봄이 없어야 온갖 것의 공성을 보는 지혜의 눈이고, 봄이 없되 봄 없음도 없이 존재의 연기적 변화를 살펴야 법의 눈이 되며, 공함과 있음의 자취를 모두 넘어서서 봄도 없고 보지 않음도 없으면 중도인 붇다의 눈[佛眼]이다.

감성적 인식은 육체의 눈을 못 벗어나고, 이성적 인식의 지평이 넓어지면 하늘눈에 이른다. 그러나 지혜의 눈과 법의 눈, 붇다의 눈은 연기법을 깨달은 지혜로운 이만이 얻을 수 있다.

감성적 인식의 눈인 육체의 눈은 잠을 먹이로 삼는다. 그러므로 빛을 막아 쉬어주지 않으면 눈은 지쳐 볼 수 없는 것이니, 몸이 먹지 않으면 움직이지 못하는 것과 같다.

저 아니룻다 존자가 세존의 꾸중을 듣고 잠을 너무 자지 않음으로 육체의 눈이 멀었지만 사유와 선정의 힘이 깊어져 하늘눈이 열렸다.

아니룻다 존자는 하늘눈의 신통만 얻은 분이 아니라 세존의 제자 가운데 네 곳 살핌으로 깊은 사마디의 지혜를 얻은 분이다.

그는 몸과 느낌, 마음과 법을 살펴 공함과 있음, 항상함과 덧없음을 넘어선 중도의 진실을 살펴서 하늘눈으로 장애 밖의 사물을 보되 봄이 없으니, 그는 하늘눈이 있고 지혜의 눈 법의 눈이 있는 분이다.

아니룻다는 세존께서 고국 카필라에 돌아오셨을 때 출가한 친족 가운데 한 사람이다. 세존과 같은 사카족으로 이웃나라 왕인 드로노다나의 아들로서 세존과는 사촌형제의 세속 인연이다.

『번역명의집』은 아니룻다의 이름에 대해 다음과 같이 기록한다.

아니룻다(Aniruddha)는 여기 말로 '사라지지 않음'이니, 옛날 밥을 보시해서 사람과 하늘의 즐거움을 받았는데 지금까지 그 복이 사라지지 않음이다.

『정명소』는 말한다.

"아니룻다는 한자 기록이 다름이 있으나 소리를 기록한 것이기 때문이다. 여기 말로는 뜻대로 됨[如意]이라 하고 가난이 없음[無貧]이라 한다.

지난 세상 굶주린 때에 일찍이 피밥[稗飯]을 프라테카붇다의 수행자에게 보시하여 아흔한 겁 하늘과 사람 가운데서 뜻대로 되는 즐거움을 받게 되므로 이름을 '뜻대로 됨'이라 한다. 그 뒤로 쓸 것이 모자라거나 끊어짐이 없으므로 '가난이 없음'이라 한다.

　붇다의 사촌동생[從弟]이다."

이 경에서는 하늘눈을 얻은 아니룻다가 하늘눈이 밝았지만 그 일상생활에서는 육안 그대로의 보통법으로 생활하므로, 바늘귀를 꿰지 못하자 붇다께서 그 바늘귀를 꿰어주신 일이 기록되어 있다. 그러면서 붇다야말로 보시에 싫증냄이 없는 분으로, 늘 복을 지어 중생을 덮어주고 한량없는 복으로 중생을 보살펴주는 사람이라고 말씀해주신다.

붇다는 온전히 법계의 진리로 몸을 삼고 법계의 진리인 지혜와 자비로 살아가시는 분이므로, 그 말하고 일함이 모두 법계의 모습 없는 진리이고 법계의 모습 없는 진리가 온전히 삶의 활동이 되신 분이다.

형계선사는 이런 붇다의 모습을 수행론으로 전개하여 온전한 닦음이 그대로 진리의 성품[全修卽性]이고 진리 성품이 닦음을 일으킨다[全性起修]고 말한다.

이 경에서 보시와 자비행에 싫증내 물림이 없는 분이 여래라고 함과 같이, 연기법에서 해탈은 영원한 과정으로서의 해탈이자 영원한 휴식으로서의 해탈이니, 하되 함이 없는 연기법의 실천은 멈추어 있지 않다.

그러므로 진리의 실현자 붇다는 나와 중생의 모습, 짓는 복업이 모두 공한 줄 체달하셨지만, 공에도 머물 공이 없으므로 온전히 법계의 진리인 복업으로 중생을 보살피고 거두시는 것이다.

붇다야말로 짓되 지음 없이 늘 복을 짓는 분이시라, 한 티끌도 그 복덕을 받지 않으시고[不受福德], 온전히 중생과 법계에 그 복덕을 회향하시는[衆生廻向 法界廻向] 분이다.

그래서 삼계의 중생은 보디의 성취자 여래를 '복덕과 지혜를 모두 갖춘 분'이라 부르는 것이고, '지혜와 행을 갖추어 삼계 중생을 잘 니르바나와 크나큰 복의 세계에 이끄시는 분'이라 일컫는 것이다.

나의 성문제자로 하늘눈이 으뜸인 사람은
곧 아니룻다 비구다

이와 같이 들었다.

한때 붇다께서는 슈라바스티 국 제타 숲 '외로운 이 돕는 장자의 동산'에 계셨다. 존자 아니룻다는 쿠시나가라 국의 본래 태어난 곳에 있었다.

그때 인드라하늘과 브라흐마하늘과 네 하늘왕 및 오백 하늘사람과 스물여덟의 큰 귀신왕들이 곧 존자 아니룻다가 있는 곳에 가 머리를 대 발에 절하고 한쪽에 서 있었다.

그러고는 다시 이 게송으로 아니룻다를 찬탄했다.

사람 가운데 높은 분께 귀명하오니
뭇 사람이 공경하고 받드는 이여,
어떤 선정 의지하여 닦아야 하나
저희들은 지금 알지 못하옵니다.

한 브라마나가 하늘왕을 볼 수 있는 하늘눈을 물음

그때 브라마나가 있었는데, 사발타라고 하였다. 그는 브라흐마유(Brahmāyu)의 제자였다. 그 또한 아니룻다 있는 곳에 와 머리를 대 발에 절하고 한쪽에 앉았다.

그때 그 브라마나가 아니룻다에게 물었다.

"나는 옛날 왕궁에서 태어났지만 일찍이 이 스스로 그러한 향내를 맡아본 적이 없습니다. 어떤 사람이 여기에 와 있는 것입니까?

하늘입니까, 용입니까, 귀신입니까? 그도 아니면 사람인 듯 사람 아닌 것입니까?"

그러자 아니룻다가 브라마나에게 대답하였다.

"아까 인드라하늘과 브라흐마하늘과 네 하늘왕과 오백 하늘사람, 그리고 스물여덟의 큰 귀신왕들이 나 있는 곳에 와서 머리를 대 내 발에 절하고 한쪽에 서서 다시 이런 게송으로 나를 찬탄하였소."

    사람 가운데 높은 분께 귀명하오니
    뭇 사람이 공경하고 받드는 이여,
    어떤 선정 의지하여 닦아야 하나
    저희들은 지금 알지 못하옵니다.

브라마나가 물었다.

"무엇 때문에 나는 지금 그들의 모습을 볼 수 없습니까? 인드라하늘·브라흐마하늘·네 하늘왕들은 지금 어느 곳에 있습니까?"

아니룻다가 대답하였다.

"그대는 하늘눈이 없기 때문에 인드라하늘·브라흐마하늘·네 하늘왕·오백 하늘사람·스물여덟의 큰 귀신왕들을 보지 못하는 것이오."

브라마나가 물었다.

"만약 내가 하늘눈을 얻는다면 이 인드라하늘·브라흐마하늘·네 하늘왕·오백 하늘사람·스물여덟의 큰 귀신왕들을 볼 수 있습니까?"

아니룻다가 대답하였다.

"만약 하늘눈을 얻는다면 곧 인드라하늘·브라흐마하늘·네 하늘왕·오백 하늘사람과 스물여덟의 큰 귀신왕들을 볼 수 있을 것이오.

그러나 다시 브라마나여, 이 하늘눈이 어찌 그리 기이할 것이오. 브라흐마하늘왕이 있는데 이름을 천 눈[千眼]이라고 하오.

그는 눈이 있는 사람이 자기 손바닥 위에 있는 보배관[寶冠]을 들여다보듯 이 천 세계[千世界]를 보오. 이 브라흐마하늘은 이와 같이 이 천 세계를 보는데 아무 걸림이 없소.

그러나 그 브라흐마하늘은 스스로 몸에 입고 있는 옷은 보지 못하오."

브라마나가 물었다.

"왜 천 눈 브라흐마하늘이 스스로 몸에 입고 있는 옷을 보지 못합니까?"

아니룻다가 대답하였다.

"그 하늘은 위없는 지혜의 눈이 없으므로 스스로 자기 몸에 입고 있는 옷을 보지 못하는 것이오."

지혜의 눈을 가리는 큰 나와 나라는 견해 버리도록 깨우침

브라마나가 물었다.

"만약 그가 위없는 지혜의 눈을 얻는다면 이 몸에 입고 있는 옷을 볼 수 있습니까?"

아니룻다가 대답하였다.

"만약 위없는 지혜의 눈을 얻는다면 곧 자기 몸에 입고 있는 옷을 볼 수 있을 것이오."

브라마나는 말하였다.

"존자는 나에게 아주 미묘한 법을 말씀하여 나로 하여금 위없는 지혜의 눈을 얻게 해주시길 바랍니다."

아니룻다가 말하였다.

"그대는 계를 지니오?"

브라마나가 물었다.

"어떤 것을 계라고 합니까?"

아니룻다가 말하였다.

"뭇 악을 짓지 않고 그른 법을 범하지 않는 것이오."

브라마나가 대답했다.

"이와 같은 계라면 나는 이런 계를 받들어 지닐 수 있습니다."

아니룻다가 말하였다.

"그대는 지금 브라마나여, 반드시 금한 계를 지니어 털끝만큼도 잃어버리지 말고, 또한 교만(憍慢)의 묶음[結]을 없애버리고, 큰 나[吾]를 헤아려 나[我]라는 물들어 집착된 생각을 내지 마시오."

그러자 브라마나가 다시 물었다.

"어떤 것을 큰 나라 하고 어떤 것을 나라 하며, 어떤 것을 교만의 묶음이라고 합니까?"

아니룻다가 말하였다.

"큰 나란 곧 신묘한 앎[神識]을 말하는 것이고, 나란 곧 이렇게 몸의 모습[形體]을 갖춘 것이오. 그 가운데 앎[識]을 일으켜 큰 나와 나라고 함을 내는 것이니, 이것을 교만의 묶음이라고 하오.

그러므로 브라마나여, 그대는 반드시 방편을 구해 이 여러 묶음을 없애야 하오.

이와 같이 브라마나여, 반드시 이렇게 배워야 하오."

브라마나는 곧 자리에서 일어나 아니룻다의 발에 절하고 세 바퀴 두루고 떠나갔다.

있던 곳에 채 이르기 전에 길 가운데서 이 뜻을 사유하다 모든 티끌과 때[塵垢]가 다하고 법의 눈이 깨끗하게 되었다.

세존께서 아니룻다를 하늘눈이 으뜸인 제자로 찬탄하심

그때 옛날에 이 브라마나와 친한 벗이었던 어떤 하늘이 있었다. 그 하늘은 브라마나의 마음 가운데 모든 티끌과 때가 다해 법의 눈이 깨끗하게 된 것을 알았다.

그래서 다시 존자 아니룻다가 있는 곳에 가서 머리를 대 발에 절하고 한쪽에 서서 곧 게송으로 아니룻다를 찬탄하였다.

브라마나가 집에 이르기 전에
길 가운데서 도의 자취를 얻어
때가 다하고 법의 눈이 깨끗해져
의심이 없고 머뭇거림도 없어졌네.

그러자 존자 아니룻다도 다시 게송으로 그 하늘에게 답하였다.

내가 앞서 그의 마음을 살펴보니
길 가운데서 도의 자취 응했네.
그 사람은 저 카샤파 붇다 때에
일찍이 이 법의 가르침 들었네.

그때 존자 아니룻다는 바로 그곳을 떠나 사람 사이에 노닐어 다니며 차츰 슈라바스티 성에 이르렀다. 그는 세존 계신 곳을 찾아가 머리를 대 발에 절하고 한쪽에 서 있었다.

그때 세존께서는 아니룻다에게 법의 말[法語]을 갖추어 말씀해 주셨다. 아니룻다는 붇다의 가르침을 받고 나서 곧 자리에서 일어나 머리를 대 발에 절하고 이내 물러갔다.

그때 세존께서 여러 비구들에게 말씀하셨다.

"나의 성문제자 가운데 하늘눈이 으뜸인 사람은 바로 아니룻다 비구이다."

그때 여러 비구들은 붇다의 말씀을 듣고 기뻐하며 받들어 행하였다.

• 증일아함 16 화멸품(火滅品) 九

• 해설 •

감성적 인식의 눈[前五識]으로 사물을 볼 때 보여지는 빛깔에 머물면 지금 보는 것에 가려져 보지 못함이 있으니 그 봄이 늘 가려지고 닫혀진다.

이성적 인식의 눈[第六意識]을 잘 써서 사물을 보되 보여지는 것의 모습을 떠나면 그는 보지 못함이 없으니, 아니룻다 존자가 하늘눈으로 걸림 없이 사물을 봄이다.

아니룻다 존자는 하늘눈으로 장애 밖을 보아 육체의 눈이 보지 못한 것을 보되, 다시 그 봄에서 봄을 떠나 지혜의 눈으로 온갖 법의 연기적인 진실을 본다. 사람이 성취한 하늘눈이 빼어나다 해도 저 하늘왕이 성취한 천 눈[千眼]의 하늘눈에 미치지 못한다.

그러나 저 브라마나하늘왕의 하늘눈이 천 세계(千世界)를 보되, 하늘왕도 보지 못함이 있으니 자신의 옷은 보지 못한다.

이는 저 하늘왕이 하늘눈으로 걸림 없이 보되 보는 것에 가려서 보지 못함이 있음을 말하고 있는 것이다. 지금 보는 것에 가려짐은 보는 나[我]에 나의 모습을 떠나지 못하기 때문이니, 이 뜻을 경은 하늘왕이 자신의 옷을 보지 못한다고 한 것이다.

현성의 하늘눈은 장애 밖을 잘 보되 봄에서 봄을 떠나므로, 보는 것에 가리지 않아서 보지 못하는 것이 없다.

그의 하늘눈은 보되, 봄과 보여지는 것의 실체성을 떠나니 그 눈이 지혜의 눈[慧眼]이며, 봄에서 봄을 떠나되 보지 못함마저 떠나, 봄이 없이 법을 잘 보니 그 눈이 법의 눈[法眼]이다.

그러므로 하늘눈의 성취를 바라는 브라마나에게, 아니룻다 존자는 보는 나에서 나를 떠날 때 보여지는 것에서 보여지는 모습을 떠나 하늘눈이 성취됨을 보인다. 큰 나[吾]는 정신주의자·신비주의자가 추구하는 영적 자아이고, 나는 육체적 생명이다.

큰 나와 나가 모두 하늘눈과 지혜눈을 가리는 병이고 티끌이니, 자아의 병과 티끌 떠나 비록 보되[雖見] 봄[能見]과 보여지는 것[所見]을 떠날 때, 봄이 없이 온갖 법 보는 지혜눈 하늘눈이 열리는 것이다.

아니룻다의 설법에 브라마나가 자기 집에 이르기 전에 길 가운데서 깨치니, 현성의 밭[田]에 현성의 씨앗[種]이 싹을 튼 것이다.

세존께서 아니룻다를 '나의 성문제자 가운데 하늘눈이 으뜸'이라고 찬탄하시니, 하늘눈을 들어 아니룻다에게 여래의 바른 법의 눈[正法眼]과 법의 곳간[法藏]을 온전히 맡겨 당부하신 것이다.

기이하오, 아니룻다 존자는
큰 덕과 신묘한 힘이 있소

이와 같이 내가 들었다.

한때 붇다께서는 슈라바스티 국 제타 숲 '외로운 이 돕는 장자의 동산'에 계셨다.

그때 존자 마하목갈라야나와 존자 아니룻다는 슈라바스티 국 '손으로 판 목욕못'[手成浴池]가에 있었다.

존자 사리푸트라는 존자 아니룻다가 있는 곳에 찾아가 서로 같이 문안하고 위로한 뒤에 한쪽에 앉았다.

존자 사리푸트라가 존자 아니룻다에게 말했다.

"기이하오, 아니룻다시여. 큰 덕과 신묘한 힘이 있으시니, 무슨 공덕을 닦아 익히고 또 닦아 익혔기에 이렇게 되실 수 있었소?"

네 곳 살핌 닦아 큰 공덕 이루었음을 보임

존자 아니룻다가 존자 사리푸트라에게 대답하였다.

"네 곳 살핌을 닦아 익히고 또 닦아 익혀 이러한 큰 덕과 신묘한 힘을 이루었습니다.

어떤 것이 네 곳 살핌이냐 하면, 다음과 같습니다.

안의 몸[內身]에서 몸을 살펴 생각하여 방편에 부지런히 정진해 바른 생각 바른 지혜로 세간의 탐욕과 근심을 조복하였습니다.

이와 같이 밖의 몸[外身]·안팎의 몸[內外身]과, 안의 느낌[內受]

·밖의 느낌[外受]·안팎의 느낌[內外受]과, 안의 마음[內心]·밖의 마음[外心]·안팎의 마음[內外心]과, 안의 법[內法]·밖의 법[外法]·안팎의 법[內外法]에서 법 등을 살펴 생각하여, 방편에 부지런히 정진해 바른 생각 바른 지혜로 세간의 탐욕과 근심을 조복하였습니다.

존자 사리푸트라시여, 이것을 '네 곳 살핌을 잘 닦아 익히고 또 많이 닦아 익혀 이러한 큰 덕과 신묘한 힘을 이루었다'고 하는 것입니다.

존자 사리푸트라시여, 저는 네 곳 살핌을 잘 닦아 익혔기 때문에, 적은 방편으로도 작은 천 세계[小千世界]를 두루 살필 수 있습니다.

마치 눈 밝은 사람이 높은 누각 위에서 아래 평평한 땅의 갖가지 사물을 보는 것처럼, 제가 적은 방편으로 작은 천 세계를 살필 수 있는 것 또한 이와 같습니다.

이와 같이 저는 네 곳 살핌을 닦아 익히고 또 많이 닦아 익혀 이 큰 덕과 신묘한 힘을 이룬 것입니다."

그때 두 존자는 서로 같이 논의하고서는 각기 자리에서 일어나 떠나갔다.

• 잡아함 537 수성욕지경(手成浴池經)

• 해설 •

아니룻다 존자의 하늘눈이 참으로 신묘하니 그 무슨 공덕을 닦아 이런 신묘한 힘을 얻었는가. 사리푸트라 존자의 물음이 지금 우리 후대 중생을 위해 세운 물음이다.

보는 능력을 넓혀 보지 못한 것을 보게 되었는가, 귀신의 힘 하늘의 힘을 빌려 그렇게 보지 못한 것을 보게 되었는가.

의지할 바가 있고 붙잡을 것이 있는 봄은 도리어 참된 봄[眞見]을 장애하는 것이니, 아니룻다 존자는 보는 나[能見]와 보여지는 것[所見], 봄 자체[見]를 돌이켜 실로 보는 나가 없고 보여지는 사물에 실로 볼 것이 없음을 통달해 봄에서 봄을 떠나므로[於見離見] 보지 못함이 없게 된 것[無所不見]이다.

지금 눈[眼]으로 빛깔 봄과, 귀[耳]로 소리[聲] 들음[聞]에서 실로 보는 나와 보여지는 것이 공함을 살피고, 실로 듣는 나와 들리는 것이 공함을 살피는 법이 네 곳 살핌이다.

안의 몸·안의 느낌·안의 마음·안의 법은 보는 주체이고, 밖의 몸·밖의 느낌·밖의 마음·밖의 법은 보여지는 사물이며, 안팎의 몸과 안팎의 느낌·안팎의 마음·안팎의 법은 바로 보고 듣는 앎활동[六識]이다.

아니룻다 존자는 보는 것을 붙들고 더욱 많은 봄을 향해 나아가 하늘눈의 신묘한 힘을 얻은 것이 아니라, 봄에서 봄을 떠나 온갖 보여지는 것의 장애를 뛰어넘어 하늘눈의 신묘한 힘을 성취한 것이니, 그의 하늘눈이 어찌 작은 천 세계를 보는 데 그치겠는가.

봄에서 봄을 떠나 한 티끌[一塵]의 공한 진실을 보는 곳에서, 온갖 법의 공한 진실을 남김 없이 모두 사무쳐 보리라.

존자 아니룻다시여, 병환은 좀 어떠하며 어떻게 견디십니까

이와 같이 내가 들었다.

한때 붇다께서는 슈라바스티 국 제타 숲 '외로운 이 돕는 장자의 동산'에 계셨다.

그때 존자 아니룻다는 슈라바스티 국 소나무숲 정사에 있으면서 몸에 병을 앓고 있었다. 그때 많은 비구들이 존자 아니룻다가 있는 곳에 찾아가 문안하고 위로한 뒤에 한쪽에 서서 존자 아니룻다에게 말했다.

"존자 아니룻다시여, 아프신 것은 좀 어떠시며 참으실 만하십니까? 병세가 점점 더하지는 않습니까?"

병문안 온 비구들에게 극심한 병의 고통을 보임

존자 아니룻다가 말했다.

"내 병은 평안치 못해 견디기 어려우며, 몸의 여러 괴로움은 갈수록 더해 줄지 않소.

만약 힘센 장사가 약한 사람을 붙잡아 노끈으로 머리를 동여매어 두 손으로 세게 당기면 그 고통이 심하겠지만, 내가 지금 겪는 고통은 그보다 더하오. 또 만약 백정이 날카로운 칼로 소의 배를 가르고 내장을 끄집어내면 그 소의 고통이 어떠하겠습니까. 그러나 지금 내 배의 아픔은 그 소보다 더하오.

또 마치 두 힘센 장사가 약한 한 사람을 붙들어다 불 위에 달아 놓고 두 발을 태우는 것과 같이, 지금 내 두 발의 뜨거움은 그보다 더하오.

그렇게 내 몸이 이미 이런 괴로움을 겪고 있으니, 우선은 참아내며 바른 생각 바른 지혜로 머무르고 있소."

네 곳 살핌으로 몸의 괴로움을 편안히 참음을 보임

여러 비구들이 존자 아니룻다에게 물었다.

"마음을 어느 곳에 머물러서 이와 같이 큰 괴로움을 편안히 참아낼 수 있으시며, 생각을 바르게 하고 지혜를 바르게 할 수 있습니까?"

존자 아니룻다가 여러 비구들에게 말했다.

"네 곳 살핌에 머물러 나는 내 몸에 일어나는 모든 괴로움을 스스로 편안히 참아내며, 생각을 바르게 하고 지혜를 바르게 할 수 있습니다.

어떤 것이 네 곳 살핌이냐 하면, 다음과 같소.

곧 안의 몸에서 몸을 살펴 생각함과 밖의 몸에서 몸을 살펴 생각함과 안팎의 몸에서 몸 살펴 생각함과 나아가 느낌[受]과 마음[心] · 법(法)에서 법 등을 살펴 생각함이오. 이것을 네 곳 살핌에 머물러 몸의 모든 괴로움을 스스로 편안히 참아내며, 생각을 바르게 하고 지혜를 바르게 하는 것이라 하오."

그때 여러 존자들은 서로 같이 논의하고서는 기뻐하고 따라 기뻐하면서, 각기 자리에서 일어나 떠나갔다.

• 잡아함 540 소환경(所患經) ①

네 곳 살핌으로 몸의 괴로움 안온하게 되었나니

이와 같이 내가 들었다.

한때 붇다께서는 슈라바스티 국 제타 숲 '외로운 이 돕는 장자의 동산'에 계셨다.

그때 존자 아니룻다는 슈라바스티 국 소나무숲 정사에 있었는데, 병이 나은 지 오래지 않았었다. 그때 많은 비구들이 아니룻다가 있는 곳에 찾아가 문안하고 위로한 뒤에 한쪽에 앉아 존자 아니룻다에게 물었다.

"안온하고 즐겁게 지내십니까?"

아니룻다가 말했다.

"안온하고 즐겁게 지내오. 몸의 여러 괴로움들이 차츰 다 쉬었소."

여러 비구들이 아니룻다에게 물었다.

"어느 곳에 머물러 몸의 여러 괴로움들이 안온하게 되었습니까?"

존자 아니룻다가 말했다.

"네 곳 살핌에 머물러 몸의 여러 괴로움들이 차츰 안온하게 되었소. 어떤 것이 네 가지냐 하면 다음과 같소.

곧 안의 몸에서 몸을 살펴 생각함과 밖의 몸에서 몸을 살펴 생각함, 안팎의 몸에서 몸을 살펴 생각함, 나아가 느낌·마음·법에서 법 등을 살펴 생각함이니, 이것을 네 곳 살핌이라 하오. 이 네 곳 살핌에 머물렀기 때문에 몸의 여러 괴로움이 차츰 쉬게 된 것이오."

그때 여러 존자들은 서로 같이 논의하고서는 기뻐하고 따라 기뻐하면서, 각기 자리에서 일어나 떠나갔다.

• 잡아함 541 소환경 ②

• 해설 •

이 세간에 몸을 받으면 몸은 먹어야 지탱하고 몸은 덧없음의 변화를 따르지 않을 수 없다. 모든 현성과 보디사트바 또한 몸이 있는 한, 몸의 병을 겪지 않을 수 없고 덧없음의 변화를 따르지 않을 수 없다.

다만 현성은 몸이 공하고 병이 공한 곳에서 중생의 병을 함께 짊어지고 앓는 것이며, 병을 통해 세간에 덧없음의 법을 일러주고, 몸에 몸 없는 몸의 진실을 가르쳐주는 것이다. 하늘눈으로 으뜸인 아니룻다 존자라 해도 세간에 형상을 지니고 살아가는 한 중생이 앓는 병을 함께 앓지 않을 수 없다.

온몸을 칼로 도려내듯 깊은 아픔이 닥쳐도 존자는 이 고통스런 느낌[受]이 안의 몸과 밖의 몸, 안팎의 몸 가운데 연기하는 느낌이라 안의 느낌[內受, 六根]에도 그 느낌이 없고 밖의 느낌[外受, 六境]에도 그 느낌이 없으며, 안팎의 느낌[內外受, 六識]에도 그 느낌이 없음을 바르게 살펴 병의 고통을 이겨내고 병을 통해 그 지혜의 힘을 더욱 굳건히 하니, 현성의 사마디의 힘이 아니면 어찌 이럴 수 있겠는가.

아니룻다 존자가 병으로써 네 곳 살핌의 법[四念處法]을 열어주시니, 바이살리 국 암라 나무동산에서 병으로써 둘 아닌 법문[不二法門]을 열어 보인 비말라키르티 거사의 자비행과 다름없는 법이라 할 것이다.

병 속에서 법의 힘으로 병을 바로 털고 일어난 현성이 또 어떤 분이 있는가.

선정을 닦다 병이 들어 죽음의 막바지에 이르러서, 업과 몸이 공함을 살펴 바로 병에서 일어난 중국불교의 남악혜사선사 같은 분이 그러한 현성이시니, 혜사(慧思) 같은 성사라야 아니룻다 존자와 나란히 병 법문의 현성으로 천추만대에 그 이름을 같이 올릴 수 있을 것이다.

6) 공함을 잘 아는 데[解空] 으뜸인 수부티

수부티 존자는 지금 여섯 아는 뿌리
공함 살피는 선정에 들어 계시네

이와 같이 들었다.

한때 붇다께서는 라자그리하 성 그리드라쿠타 산에서 큰 비구대중 오백 사람과 함께 계셨다.

그때 존자 수부티도 라자그리하 성 그리드라쿠타 산 곁에서 따로 오두막을 짓고 스스로 선정을 닦고 있었다.

그때 존자 수부티는 몸에 병이 들어 매우 깊고 무거웠다. 그는 이렇게 생각하였다.

'나의 이 괴로움은 어디에서 생겨났으며, 다시 무엇을 좇아 사라지며 또 어디로 가는가?'

그때 존자 수부티는 곧 한데에다 앉을 자리를 펴고 몸을 곧게 하고 뜻을 바로 하여 한마음에 오롯이 정진해, 두 발을 맺고 앉아 모든 들임[諸入]을 사유하여 괴로움을 줄여 없애려 하였다.

인드라하늘왕이 음악신에게 수부티 존자를 문안하도록 함

그때 인드라하늘왕은 존자 수부티가 생각하는 것을 알고 곧 음악신 판차시카(Pañcaaśikha)에게 게송으로써 말하였다.

수부티께서는 모든 얽맴 벗어나
그리드라쿠타 산에 머무시더니
지금 아주 무거운 병을 얻었지만
공함 즐기어 모든 뿌리 고요해졌네.

빨리 가서 존자의 병 문안해드리고
높은 이의 얼굴을 찾아 살피라.
존자는 이미 큰 복을 얻으셨으니
덕 심는 것 이보다 나음 없으리.

그때 판차시카가 대답하였다.
"그렇게 하겠습니다, 거룩한 이여."

그때 인드라하늘왕이 오백 하늘사람과 판차시카를 데리고 장정
이 팔을 굽혔다 펴는 동안에 곧 서른세하늘에서 사라져 그리드라쿠
타 산에 내려와, 존자 수부티와 그리 멀리 떨어지지 않은 곳에서 다
시 이 게송을 판차시카에게 말하였다.

너는 지금 선정 즐겨 사마디에 있는
수부티 존자를 선정에서 깨우라.
그대 부드럽고 맑아 깨끗한 소리
지금 선정에서 깨어나게 하리라.

판차시카가 대답하였다.
"그렇게 하겠습니다."

음악신이 수부티 존자를 찬탄하여 선정에서 깨움

그때 판차시카는 인드라하늘왕의 말을 듣고 곧 유리로 만든 거문고를 타며 수부티가 있는 곳에 가서 게송으로 수부티를 찬탄하였다.

묶음 다해 길이 나머지가 없어서
모든 생각 섞여 어지럽지 않으며
모든 티끌과 때 다 사라졌으니
어서 빨리 선정에서 깨어나소서.

마음 쉬어 존재의 강 건너 가셨고
마라 눌러 모든 묶음 건너셨으며
그 공덕은 저 큰 바다와 같으시니
어서 빨리 선정에서 일어나소서.

눈은 맑아 마치 저 연꽃 같으시사
모든 더러움들 길이 붙지 않아서
돌아갈 곳 없는 이의 갈 곳 되시니
빨리 공한 선정에서 일어나소서.

네 흐름을 이미 건너 함이 없으사
늙고 병듦 없는 것 잘 깨달으시고
함이 있는 온갖 재앙 벗어났으니
존자시여 선정에서 깨어나소서.

오백 명 하늘사람 저 위에 있고

인드라하늘왕도 몸소 스스로 와서

거룩하고 높은 얼굴 뵈려고 하니

공을 아시는 이 어서 일어나소서.

수부티 존자가 법이 공함을 설하자 인드라하늘왕이 받아 지님

그때 존자 수부티가 곧 자리에서 일어나 다시 판차시카를 찬탄하였다.

"뛰어나오, 판차시카여. 지금 그대 노랫소리는 거문고 소리와 잘 어울리고 거문고 소리는 노랫소리와 잘 어울려서 틀림이 없구려. 그래서 거문고 소리는 노랫소리를 떠나지 않고 노랫소리는 거문고 소리를 떠나지 않아, 두 소리가 같이 잘 어울려 끝내 묘한 소리를 이루고 있소."

그때 인드라하늘왕이 존자 수부티가 있는 곳에 가서 머리를 대 그의 발에 절하고 한쪽에 앉았다.

그때 인드라하늘왕이 수부티에게 말했다.

"어떻습니까? 수부티시여, 앓고 있는 병은 좀 덜하십니까? 그런데 지금 몸의 이 병은 어디서 생겼습니까? 몸에서 생겼습니까, 아니면 마음에서 생겼습니까?"

그때 존자 수부티가 인드라하늘왕에게 말하였다.

"뛰어나시오, 카우시카여. 모든 법은 인연으로 법과 법이 스스로 생겨났다가[法法自生] 법과 법이 스스로 사라지오[法法自滅].

법과 법이 서로 움직이고[法法相動] 법과 법이 스스로 쉬오[法法自息].

마치 카우시카여, 독약이 있으면 그 독을 없애는 약이 있듯이 인드라하늘이여, 이 또한 이와 같소. 법과 법이 서로 어지럽게 하고 법과 법이 스스로 쉬며, 법이 법을 낼 수 있소. 검은 법은 흰 법으로써 다스리고, 흰 법은 검은 법으로써 다스리오.

인드라하늘이여, 탐욕의 병은 깨끗하지 않다는 생각으로 다스리고, 성냄의 병은 사랑의 마음으로 다스리며, 어리석음의 병은 지혜로써 다스리오.

인드라하늘왕이여, 이와 같이 있는바 온갖 것은 다 공(空)으로 돌아가 나[我, ātman]라는 것도 없고 사람[人, pudgala]이라는 것도 없으며, 목숨[壽, jīva]도 없고 목숨의 틀[命, ajīva]도 없으며, 어떤 신분도 없고 남편과 아내의 모습도 없고, 꼴도 없고 모습도 없으며, 남자도 없고 여자도 없는 것이오.

마치 인드라하늘왕이여, 바람이 큰 나무를 넘어뜨리면 가지와 잎사귀가 말라 떨어지고, 우레와 우박이 싹을 때리면 꽃과 열매가 처음에는 우거지다가 물이 없어지면 저절로 시들며, 하늘에서 때맞추어 비를 내리면 시들었던 싹이 다시 살아나는 것과 같소.

이와 같이 인드라하늘이여, 법과 법이 서로 어지럽다가[法法相亂] 법과 법이 스스로 안정되오[法法自定].

내가 본디 앓던 아픔과 고통도 지금은 이미 다 사라져서 다시는 근심과 괴로움이 없소."

이때 인드라하늘왕이 수부티에게 말씀드렸다.

"저 또한 시름과 근심, 괴로움과 번민이 있었는데, 지금 이 법을 듣고 나니 다시는 시름과 근심이 없어졌습니다.

여러 일이 쓸데없이 많아서 이제 하늘위로 돌아가려고 합니다.

이미 일이 있었지만, 오늘따라 여러 하늘의 일들이 많이 넘칩니다."

그때 수부티가 말하였다.

"지금이 바로 그때요, 때맞추어 잘 가시오."

이때 인드라하늘왕은 곧 자리에서 일어나 수부티의 앞에서 그의 발에 절하고 세 번 돌고 나서 떠나갔다.

수부티 존자가 다시 세존의 법을 찬탄함

그때 존자 수부티가 게송으로 말하였다.

어지신 세존 이렇게 말씀하셨소.
뿌리와 바탕 모두다 갖추었으니
지혜로운 이는 안온함을 얻으며
법을 들은 이 모든 병을 쉬리라.

그때 인드라하늘왕은 존자 수부티의 말을 듣고 기뻐하며 받들어 행하였다.

• 증일아함 13 이양품(利養品) 七

• 해설 •

수부티 존자는 온갖 존재가 공함을 잘 깨달아 아는 데 으뜸가는 제자이다. 모든 법은 인연으로 일어나므로 나되 남이 없고 인연으로 사라지므로 사라지되 사라짐 없다. 그러므로 인연으로 생긴 법이 공에 돌아가는 것이 아니라 저 연기된 법이 연기이므로 존재 그대로 본래 공한 것이다.

온갖 있음이 곧 공해 머무는 모습이 없고 취할 모습이 없으므로, 나와 사람, 중생과 목숨의 있는 모습에 머물지 않고 그 마음을 내면 그 마음이 있음을 떠나고 없음을 떠난 지혜의 마음[智慧心]이 된다.

또한 그 마음이 모습에 막히지 않는 넓고 큰 마음[廣大心]이 되며, 온갖 함[爲]과 지음[作]에서 함과 지음을 떠난 해탈의 마음[解脫心]이 된다.

병을 앓으면서 몸과 병이 본래 좇아온 곳이 없음을 살펴 병에서 병을 떠나 안온하게 머무니, 저 하늘왕과 하늘신이 수부티 존자의 선정을 찬탄한다.

이 한 경이 온전히 금강반야(金剛般若)의 뜻을 드러내고 금강반야의 뜻이 이 한 경 속에 있으니, 세존이 수부티 존자와 문답해서 『금강경』을 설하신 뜻이 이 경을 통해 더욱 분명해진다.

수부티 존자의 이름에 대해서는 『번역명의집』에 이렇게 기록되어 있다.

수부티에 대해서 『정명소』에서 이렇게 말한다.

"여기 말로 '착하고 좋은 이'[善吉]이라 하고, 또한 '좋은 업'[善業]이라고 하며, 또한 '빈 곳에서 남'[空生]이라고 한다.

그가 나던 날 집의 방이 다 비어버리므로 부모가 놀라고 기이하게 여기어 점술사를 청해 물으니 점술사가 점쳐 말했다.

'이는 아주 좋은 모습입니다.'

이로 인해 그를 '착하고 좋은 이'라고 이름하였다.

타고난 성품이 자애롭고 착해 사람들과 다투지 않았다. 출가해서는 공함을 보아 도를 얻었고, 겸하여 사랑의 마음을 닦아 다툼 없는 사마디[無諍三昧]를 얻었다.

이 때문에 늘 중생의 마음을 잘 거느리고 보살피므로 이름을 '좋은 업'이라고 한다."

날 때 집이 다 비어버리므로 그로 인해 '빈 곳에서 남'이라고 하였다. 집의 방이 다 빈 것은 곧 그가 자라서 '공을 잘 이해하는 모습' 이루게 될 것을 나타낸다.

도생법사(道生法師)는 말했다.

"다툼 없는 사마디란 공을 잘 알아서 논의하는 곳에서 다투게 되지 않음이다."

『서역기』에서 '수부티는 여기 말로 잘 나타난 이[善現]이다. 번역 따라 이름이 조금씩 다르지만 옮기면 착하고 좋은 이[善吉]이다'라고 하였지만 모두 그릇되게 말한 것이다.

훈문(熏聞)에 말했다.

"반드시 '좋은 모습을 알아야 한다'는 것은 사물을 비게[空物] 할 뿐만 아니라 또한 사물을 잘 느낄[感物] 수 있어야 하기 때문이다."

『비유경』에서 말했다.

"슈라바스티 성에 장자의 이름이 구류(鳩留)인데 아들을 낳자 작은 아이를 '수부티'라 이름하였다. 그가 저절로 복된 과보가 있어 밥그릇이 다 비어서 바라는 것이 다 채워졌다. 그렇다면 공은 끊어져 없는 것이 아니라 묘한 있음이 없어지지 않은 것을 나타낸다."

진제(眞諦)는 수부티를 '동방의 푸른 용 같은 이'[東方靑龍陀佛]라 하였다.

또 증일아함에서는 '좋은 옷 입기를 기뻐하고 그 행실이 본래 청정하니 하늘 수부티[天須菩提]를 말한다'고 하였다.

이로써 사카무니 상가의 문안에 두 수부티가 있음을 알 수 있다.

수부티 존자는 날 때부터 '빈 곳에서 남'으로 존재의 공성을 통달하는 지혜가 빼어난 이로 약속되어서 태어난 이다.

이 경에서 수부티 존자가 모든 법은 인연으로 법과 법이 스스로 생겨났다 법과 법이 스스로 사라지며, 법과 법이 서로 움직이고[法法相動] 법과 법이 스스로 쉰다[法法自息]고 함은 무슨 뜻인가.

존재는 갖가지 법과 법이 서로 모여 존재를 이루나, 인연이 된 법과 법도 서로 의지해 원인이 되고 조건이 되므로 그 스스로가 있되 공하고 공하되 있다. 온갖 법은 다른 법을 내면서 다른 법에 의해 나는 것이라 법과 법은 서로 움직이는 것이며, 나되 남이 없으니 온갖 법은 움직이되 고요하게 움직이는 것이라 법과 법은 서로 쉬는 것이다.

연기법에서 존재를 내는 생성의 조건은 다시 존재를 없애는 파괴의 조건이 된다. 생겨남[所生]은 반드시 사라져 새로운 생김을 예비하니, 남으로 인해 사라짐이 있고 사라짐으로 인해 남이 있다.

법과 법이 어울려 일어난 남[生]은 수부티 존자의 가르침에서 법과 법이 서로 움직여 스스로 남이다. 법이 날 때 나게 함[能生]과 나는 것[所生]이 서로 어울려 남[生]이라 이름하므로 남에 남이 없다[無生].

이렇듯 법과 법이 의지해서 내고 나는 법[生生法]이 실은 나되 나지 않고[生不生] 나지 않되 남[不生生]이니, 법과 법이 서로 움직이되 법과 법이 스스로 쉬고 스스로 안정됨이다.

그러므로 나되 남이 없음[生而無生]과 남이 없되 남[無生而生]을 한꺼번에 넘어서야 존자가 가르친 공의 뜻[空義]을 알고, 세존께서 가르쳐주심을 따라 나고 나는[生生] 덧없음의 땅에서 바로 나고 사라짐 없는[不生不滅] 니르바나의 땅에 들어가게 될 것이다.

법과 법이 어울려 일어나되 실로 남이 없는 뜻을, 『화엄경』(「광명각품」)은 이렇게 말한다.

　　또한 마치 큰 불무더기에서
　　세찬 불꽃 때를 같이해 일어나지만
　　각각 서로 알지 못함 같나니
　　모든 법 또한 이와 같도다.

　　亦如大火聚　猛焰同時發
　　各各不相知　諸法亦如是

나는 차라리 참된 법[眞法]에 돌아가 여래를 뵈오리라

이와 같이 들었다.

한때 붇다께서는 슈라바스티 국 제타 숲 '외로운 이 돕는 장자의 동산'에서 큰 비구대중 오백 사람과 함께 계셨다.

그때 인드라하늘왕은 팔을 굽혔다 펴는 것 같은 짧은 동안에 세존 계신 곳에 와 머리를 대 발에 절하고 한쪽에 앉았다.

"여래께서는 말씀하셨습니다.

'여래가 세상에 나오시게 되면 반드시 다섯 가지 일을 하신다. 어떤 것이 다섯인가.

첫째, 반드시 법바퀴를 굴린다.

둘째, 반드시 어버이를 건네준다.

셋째, 믿음 없는 사람을 믿음의 땅에 세워준다.

넷째, 아직 보디사트바의 마음 내지 않은 사람을 보디사트바의 뜻 내도록 한다.

다섯째, 세간에 머무시는 가운데 붇다의 언약을 준다.

이 다섯 가지 인연은 여래가 출현하시면 반드시 하신다.'

지금 여래의 어머니께서는 서른세하늘에 계시면서 법을 듣고자 하십니다. 그리고 지금 여래께서는 잠부드비파에 계셔서 네 부류의 대중이 둘러싸고 국왕과 백성들이 모두 와서 모였습니다.

거룩하신 세존께서는 서른세하늘에 가시어 어머님께 법을 설하시도록 하십시오."

이때 세존께서는 잠자코 받아주셨다.

(중략)

서른세하늘에서 하늘신들에게 설법하심

그때에 여래께서는 수천만 무리들에게 앞뒤로 둘러싸이어 이렇게 설법하셨다.

"다섯 가지 쌓임은 괴로움이다.

어떤 것이 다섯인가. 물질·느낌·모습 취함·지어감·앎이다.

어떤 것이 물질의 쌓임인가. 네 가지 요소의 몸이니, 네 가지 요소로 된 몸을 물질의 쌓임이라 한다.

어떤 것이 느낌의 쌓임인가. 괴로운 느낌·즐거운 느낌·괴롭지도 즐겁지도 않은 느낌이니, 이것을 느낌의 쌓임이라 한다.

어떤 것이 모습 취함의 쌓임인가. 과거·현재·미래의 세간이 함께 모인 것이니, 이것을 모습 취함의 쌓임이라 한다.

어떤 것이 지어감의 쌓임인가. 몸의 행과 입과 뜻의 행이니, 이것을 지어감의 쌓임이라 한다.

어떤 것이 앎의 쌓임인가. 눈·코·귀·혀·몸·뜻의 앎이니, 이것을 앎의 쌓임이라 한다.

(중략)

여러 하늘신들이여, 알아야 한다.

이 다섯 가지 쌓임에는 세 갈래 나쁜 길과 하늘의 길과 사람의 길이 있는 줄을 알아야 한다.

이 다섯 가지 쌓임이 사라지면 곧 니르바나의 길이 있는 줄을 알아야 한다."

세존께서 이 법을 설하실 때 육만 하늘사람들이 법의 눈이 깨끗해졌다.

다시 잠부드비파에 오시는 세존을
우트팔라바르나 비구니가 먼저 뵈오려 함

그때에 세존께서는 저 하늘사람들을 위해 설법하시고는 곧 자리에서 일어나 수메르 산꼭대기로 가시어 이 게송을 말씀하셨다.

　　그대들은 반드시 붇다와 다르마와
　　거룩한 상가 부지런히 배워서
　　죽음의 지름길 없애버리기를
　　코끼리 잘 다루는 이가 갈고리로
　　코끼리를 잘 길들여 다루듯 하라.

　　만약 이 법에 게으름 없으면
　　그는 곧 나고 죽음을 다하게 되어
　　괴로움의 바탕이 없게 되리라.

그때 세존께서는 이 게송을 마치시고 곧 복판 길로 가셨다.

그때에 브라흐마하늘왕은 여래의 오른쪽 은길 가에 서고 인드라하늘왕은 수정길 가에 서고, 여러 하늘사람들은 허공에서 꽃을 뿌리고 향을 사르며 악기를 타 여래를 기쁘게 하였다.

이때에 우트팔라바르나[蓮花色] 비구니는 오늘 여래께서 잠부드비파의 상가시 못가에 오신다는 말을 듣고 곧 이렇게 생각하였다.

'네 무리 대중과 국왕, 대신과 온 나라 백성들이 가지 않는 이가 없을 것이다. 만약 내가 평소의 모습으로 간다면 그것은 맞지 않을 것이다. 나는 이제 전륜왕의 형상을 지어 세존을 가서 뵙겠다.'

이때 우트팔라바르나 비구니는 자기 모습을 숨기고 전륜왕의 형상을 짓고 일곱 가지 보배를 두루 갖추었다.

전륜왕의 일곱 가지 보배란 바퀴 보배·코끼리 보배·말 보배·구슬 보배·여인의 보배·군대를 관장하는 보배·곳간을 관장하는 보배이니, 이것을 일곱 가지 보배라 한다.

수부티가 여래의 법신의 뜻을 깨닫고 노래함

그때에 존자 수부티는 라자그리하 성의 그리드라쿠타 산의 어떤 한 산기슭에서 옷을 깁고 있었다.

이때 수부티는 생각했다.

'오늘 세존께서 잠부드비파로 오시는데 네 부류 무리들이 가서 뵙지 않는 이가 없다는 말을 들었다. 나도 지금 가서 여래를 뵙고 문안하고 절하리라.'

그는 옷 깁기를 그만두고 자리에서 일어나 오른발이 땅에 닿자, 이때 다시 생각하였다.

'이 여래의 형상은 어떤 것이 세존인가. 눈이 세존인가. 귀·코·입·몸·뜻이 세존인가.

가서 뵙는 것은 다시 이 땅·물·불·바람의 요소인가.

온갖 모든 법은 다 비고 고요해 만듦도 없고 지음도 없다. 이것은 세존께서 말씀하신 게송과 같다.'

만약 위없는 붇다께 절하려 하고
가장 빼어난 이께 절하려 하면
다섯 쌓임 모든 들임 물질의 요소
모두다 덧없는 줄 살펴보아라.

지나간 겁 이미 가신 모든 붇다와
앞으로 오시게 될 여러 붇다와
지금 현재 계시는 붇다라 해도
이 모습은 모두다 덧없는 것이네.

만약 위없는 붇다께 절하려 하면
이미 가신 붇다나 앞으로 오실 붇다
현재 설하시는 붇다라 할지라도
모두 공한 법이라 살펴야 한다.

만약 위없는 붇다께 절하려 하면
이미 가신 붇다나 앞으로 오실 붇다
현재 설하시는 붇다라 할지라도
모두 나 없음이라 생각해야 한다.

이 가운데 나[我, ātman]도 없고, 목숨의 틀[命, ajīva]도 없고, 사람[人, pudgala]도 없고, 만들어 지음도 없고, 형용할 것도 없고, 가르침도 없고 주는 것도 없다.

모든 법이 다 비어 고요하다. 어느 것이 이 나인가. 나에게는 주인

이 없다. 나는 지금 참된 법의 무더기[眞法之聚]에 목숨 들어 돌아가
리라.'

그때 존자 수부티는 다시 앉아 옷을 기웠다.

• 증일아함 36 청법품 五 전반부

• 해설 •

이 한 경 가운데 수부티 존자가 공을 잘 아는 데 으뜸[解空第一]이라 찬
탄받는 뜻이 잘 드러나 있고, '온갖 모습 떠나는 것을 모든 붇다라 한다'[離
一切諸相 卽名諸佛]고 하고, '모든 모습이 모습 아닌 줄 알아야 참으로 여
래를 보는 것이다'[若見諸相非相 卽見如來]라고 하는 『금강경』의 뜻이 잘
드러나 있다.

넉 달간 이 사바세계 잠부드비파에서 떠나 저 서른세하늘에 가시어 법을
설하자, 여래의 모습을 그리워하는 이들이 여래의 모습을 조각으로 모셔 받
든다. 그리고 돌아오시는 여래를 맞이하기 위해 사부대중과 다섯 왕[五王]
이 여래를 기다리고 만백성이 여래의 모습을 뵙고자 한다.

수부티 존자가 산골에서 홀로 옷을 깁다가 여래의 모습을 뵈러 가는 사
람들을 보고 그 스스로도 여래를 뵈러 가려고 발을 올려 오른발이 땅에 닿
는 그때[右脚著地時], 여래를 뵙는 뜻이 온갖 존재가 있되 공한 진실을 보
는 것임을 깊이 깨치고 도로 앉아 옷을 깁는다.

그는 비록 옷을 기우며 여래의 몸을 뵙지 않았지만 옷 깁는 그 자리를 떠
나지 않고 늘 여래의 법신을 본 사람이고, 여래의 참몸[眞身]을 떠나지 않
는 사람이다.

『선문염송집』(禪門拈頌集)은 이 뜻을 하늘에서 돌아오는 여래를 뵙기 위
해 전륜왕의 모습으로 몸을 바꾸어 먼저 여래의 모습을 뵌 우트팔라바르나
비구니에게 여래께서 내리신 다음 꾸중의 법문으로 보인다.

세존께서 구십일 동안 도리하늘[忉利天]에 계시면서 어머니를 위해 설법하시고 하늘을 하직하고 내려오실 때, 네 대중[四衆]과 여덟 부류 성중[八部]이 모두 허공에 가서 마중하였다.

이때, 우트팔라바르나 비구니가 생각하였다.

'나는 비구니의 몸이므로 반드시 대덕 스님들 뒤에서 붇다를 뵙게 될 것이다. 차라리 신통의 힘을 써서 전륜왕의 몸을 나투어 천 명의 왕자를 앞뒤에 거느리고 맨 먼저 붇다를 뵙는 것만 같지 못할 것이다.'

과연 그 바람[願]이 채워진 뒤 세존께서 보시고는 꾸중해 말씀하셨다.

"우트팔라바르나 비구니여, 그대는 어째서 대덕 스님들의 차례를 뛰어넘어서 나를 보느냐? 너는 비록 나의 물질의 몸[色身]은 보았으나 나의 법신(法身)은 보지 못했다[不見吾法身].

수부티는 바위 굴속에 고요히 앉아 있지만[巖中宴坐] 나의 법신을 보았다[見吾法身]."

오랫동안 크신 스승의 형상을 뵙지 못한 그리움에 여래의 몸을 먼저 보려는 비구니의 믿음의 열정이 장하긴 장하다.

그러나 저 비구니처럼 여래의 거룩한 모습에서 그 모습의 모습된 바를 보면, 그는 덧없이 사라져 없어지지 않고 공하되 끊어져 없어지지 않는 여래의 참몸을 보지 못한 자이다.

깊은 산 굴속에 앉아 있되, 모습이 모습 아님을 보되 모습 없음 또한 취할 것 없는 줄 아는 저 수부티가 여래의 참몸을 먼저 본 자이다.

『금강반야』의 한 경이 이 수부티에 대한 여래의 찬탄의 한 말씀을 온전히 다시 밝힌 법문이다. 세존께서 비구니의 거룩한 모습 취하는 집착을 깨기 위해 꾸중하셨지만, 모습이 모습 아니고 몸이 몸 아닌 연기의 진실은 깨닫고 못 깨닫고에 관계없이 법계에 온전히 드러나 있다.

그렇다면 여래의 색신을 보되 봄 없으면 그가 바로 색신을 떠나지 않고 여래의 법신을 본 것이니 우트팔라바르나 비구니에게는 무슨 허물이 있을 것이며, 여래의 색신을 보지 않는 것으로 법신을 보려 한다면 수부티 존자께는 무슨 상을 내릴 것인가.

여래 색신의 한 털끝도 없애지 않고 여래의 법신 보는 뜻은 보는 자의 눈에 있는 것이니, 여래의 참생명이 도리어 보는 자의 손아귀에 있는 것인가.

옛 선사[薦福懷]의 다음 한 마디 말을 살펴보자.

우트팔라바르나 비구니가 호되게 꾸중들은 것은 그만두고,
저 고타마 붇다의 목숨이 다른 사람 손아귀에 있는 것을 알겠는가.

蓮花色比丘尼　被熱謾且置

還知瞿曇老人性命　在別人手裏麼

7) 법 설함에 으뜸인 푸르나

푸르나여, 저 거칠고 악한 수로나 사람들에게 가서 니르바나의 법을 설해주라

이와 같이 내가 들었다.

한때 붇다께서는 슈라바스티 국 제타 숲 '외로운 이 돕는 장자의 동산'에 계셨다.

그때 존자 푸르나가 붇다 계신 곳으로 찾아와 머리를 대 발에 절하고 한쪽에 물러나 앉아 붇다께 말씀드렸다.

"거룩하십니다, 세존이시여. 저를 위해 설법하여주십시오.

저는 홀로 한 고요한 곳에 앉아 오롯이 정진해 사유하면서 방일하지 않게 머무르며, 나아가 '나의 태어남은 이미 다하고 범행은 이미 서고, 지을 바를 이미 지어 다시는 뒤의 있음 받지 않는다'고 스스로 알았습니다."

여섯 아는 뿌리와 아는 바 티끌경계에 집착 없는 길을 보이심

붇다께서 푸르나에게 말씀하셨다.

"잘 묻고 잘 물었다. 네가 여래에게 이와 같은 뜻을 묻는구나. 자세히 듣고 잘 사유하라. 너를 위하여 말해주겠다.

만약 비구가 눈[眼]으로 사랑할 만하고 좋아할 만하며 생각할 만하고 마음에 들어 탐욕을 길러 자라게 하는 빛깔[色]을 본다고 하

자. 그것을 본 뒤에 기뻐하고 찬탄하며 얽매여 집착하고, 기뻐하고 찬탄하며 얽매여 집착하고서는 즐거워하고, 즐거워하고서는 좋아해 집착하고, 좋아해 집착한 뒤에는 탐하여 사랑한다.

탐하여 사랑한 뒤에는 막히고 걸리게 된다.

이렇게 즐거워하고 좋아해 집착하며 탐하여 사랑하고 막히고 걸리기 때문에 그는 니르바나에 가기가 멀어진다.

귀·코·혀·몸·뜻 또한 이와 같이 말한다.

다시 푸르나여, 만약 비구가 눈으로 사랑할 만하고 좋아할 만하며 생각할 만하고, 마음에 들어 탐욕을 길러 자라게 하는 빛깔을 눈으로 본다고 하자.

그것을 본 뒤에 기뻐하지 않고 찬탄하지 않으며 얽매여 집착하지 않는다면, 기뻐하지 않고 찬탄하지 않으며 얽매여 집착하지 않기 때문에 즐거워하지 않고, 즐거워하지 않기 때문에 깊이 좋아하지 않으며, 깊이 좋아하지 않기 때문에 탐하여 사랑하지 않는다.

탐하여 사랑하지 않기 때문에 막히거나 걸리지 않게 된다.

이렇게 즐거워하지 않고 깊이 좋아하지 않으며 탐하여 사랑하지 않고 막히거나 걸리지 않기 때문에 그는 차츰 니르바나에 가까워진다.

귀·코·혀·몸·뜻 또한 이와 같이 말한다."

푸르나에게 서방의 거친 사람들을 교화케 하심

붇다께서는 푸르나에게 말씀하셨다.

"나는 이미 간략히 법의 가르침을 말하였다. 너는 어느 곳에 머무르려 하느냐?"

푸르나가 붇다께 말씀드렸다.

"세존이시여, 저는 이미 세존께서 가르쳐 깨우침[敎誡]과 간략히 말씀해주심을 받았습니다. 저는 서방 수로나 국으로 가서 사람 사이에 노닐어 다니고자 합니다."

붇다께서 푸르나에게 말씀하셨다.

"서방의 수로나 국 사람들은 거칠고 악하며 가볍고 성급하며 못되고 사나워서 꾸짖기를 좋아한다.

푸르나여, 네가 만약 그들의 거칠고 악하며 가볍고 성급하며 못되고 사나워서 꾸짖기를 좋아하며, 헐뜯고 욕하는 것을 듣는다면 어떻게 하겠느냐?"

푸르나가 붇다께 말씀드렸다.

"세존이시여, 만약 저 서방의 수로나 국 사람들이 얼굴 앞에서 거칠고 악하여 꾸짖고 나무라며 헐뜯고 욕한다면, 저는 이렇게 생각하겠습니다.

'저 서방의 수로나 국 사람들은 어질고 착하며 지혜롭다. 비록 내 앞에서 거칠고 악하며 못되고 사나워 나무라고 꾸짖으며 헐뜯어 나를 욕하지만, 그래도 손이나 돌로 나를 때리고 던지지는 않는구나.'"

붇다께서 푸르나에게 말씀하셨다.

"저 서방의 수로나 국 사람들이 다만 거칠고 악하며 가볍고 성급하며 못되고 사나워서 너를 나무라고 욕하기만 한다면 너는 벗어날 수도 있겠지만, 다시 손이나 돌로 때리고 던진다면 어떻게 하겠느냐?"

푸르나가 붇다께 말씀드렸다.

"세존이시여, 저 서방의 수로나 국 사람들이 만약 손이나 돌로 저를 때린다면, 저는 이렇게 생각하겠습니다.

'수로나 국 사람들은 어질고 착하며 지혜롭다. 비록 손이나 돌로 나를 때리고 던지지만 칼이나 몽둥이를 쓰지는 않는구나.'"

붇다께서 푸르나에게 말씀하셨다.

"만약 그 사람들이 빗나가 칼이나 몽둥이로 너에게 해를 입힌다면 너는 다시 어떻게 하겠느냐?"

푸르나가 붇다께 말씀드렸다.

"세존이시여, 만약 그 사람들이 빗나가 칼이나 몽둥이로 저에게 해를 입힌다면, 저는 이렇게 생각하겠습니다.

'저 수로나 국 사람들은 어질고 착하며 지혜롭다. 비록 칼이나 몽둥이로 내게 해를 입혔지만 죽이지는 않는구나.'"

붇다께서 푸르나에게 말씀하셨다.

"가령 그 사람들이 빗나가 너를 죽인다면 어떻게 하겠느냐?"

푸르나는 붇다께 말씀드렸다.

"세존이시여, 만약 서방의 수로나 국 사람들이 빗나가 저를 죽인다면, 저는 이렇게 생각할 것입니다.

'모든 세존의 제자들은 몸에 집착 떠나 갖가지로 닥치는 죽음에 대해 뉘우쳐 두려워하지 않는다. 저 서방 수로나 국 사람들은 어질고 착하며 지혜롭다. 썩어 무너질 나의 몸을 적은 방편으로 곧 해탈하게 하는구나.'"

붇다께서 말씀하셨다.

"아주 뛰어나다, 푸르나여. 너는 욕됨 참는 것을 잘 배웠다. 너는 이제 수로나 국 사람들 사이에서 지낼 수 있을 것이다.

너는 지금 떠나 건너지 못한 사람을 건네주고, 편안하지 못한 사

람을 편안하게 하며, 니르바나를 얻지 못한 자들이 니르바나 얻게
해주라."

수로나 국에서 법을 전하고 그곳에서 니르바나에 들어감

그때 존자 푸르나는 붓다의 말씀을 듣고 기뻐하면서 절하고 떠나
갔다.

그때 존자 푸르나는 밤이 지나고 이른 아침에 가사를 입고 발우를
가지고 슈라바스티 성으로 들어가 밥을 빌었다.

밥을 다 먹고는 다시 나와 자리끼를 다른 이에게 물려준 뒤에 가
사와 발우를 가지고 떠나 서방 수로나 국에 이르러 사람 사이에 노
닐어 다녔다.

거기 이르러서는 여름 안거를 지내며 오백 우파사카를 위하여 설
법하였고, 오백 상가라마(saṃghārāma, 僧伽藍)를 세워 앉는 자리와
덮을 거리와 공양에 필요한 모든 도구를 다 갖추었다.

석 달이 지난 뒤에는 세 가지 밝음 [三明]을 갖추었고, 그곳에서
남음 없는 니르바나[無餘涅槃]에 들어갔다.

• 잡아함 311 부루나경(富樓那經)

• 해설 •

푸르나마이트레야니 존자는 법 설함에 으뜸가는 세존의 제자이다. 법을
설함이란 무엇을 말하는가. 스스로 이해하지 못하고 깨달아 들어가지 못한
법을 말만 전해서는 설법이라 하지 못한다.

스스로 가르침을 받아 지니고 늘 익히며 가르침을 통해 존재의 진실을
깨달아 여래의 진리의 집에 들어간 이가, 비로소 여래의 말씀을 생동하는
자기언어로 대중 위해 설할 수 있다.

그래서 『법화경』(「법사품」法師品)은 '법사는 여래의 방에 들어가 여래의 자리에 앉아 여래의 옷을 입고 두려움 없이 법을 설해야 한다'고 가르친다.

또한 법을 듣는 자가 그 교설을 받아들이지 않을 뿐만 아니라 법을 말하는 자를 박해하여 몽둥이로 때리고 감옥에 집어넣고 주먹과 발길질을 하더라도 죽음의 시련과 박해를 무릅쓸 수 있어야 비로소 법을 말하는 법사라 할 것이다.

푸르나 존자가 바로 그러한 사람이니, 온갖 욕됨과 박해 앞에 두려움 없이 여래의 법을 전한 푸르나의 이야기가 『법화경』 가운데 '박해하는 저 중생마저 가볍게 여기지 않는 보디사트바'[常不輕菩薩]의 이야기로 정리된 것이 아닌가 생각한다.

사바세계는 욕됨을 참지 않으면 살아갈 수 없지만, 여래의 법을 전하는 법사는 더욱 욕됨 참는 행을 닦아야 한다.

그러므로 『법화경』(「안락행품」安樂行品)은 '길이 욕됨을 참는 땅에 편히 머물러 설법하라'고 가르치고, 「법사품」 또한 '여래의 욕됨 참는 옷[忍辱衣]을 입고 설법하라'고 가르친다.

푸르나 존자는 잘 법을 설하는 분이자 잘 욕됨을 참는 분이며, 나에게 욕됨을 주는 자와 욕됨을 받는 내가 공함을 살펴, 모습 없는 사마디[無相三昧]·다툼 없는 사마디[無諍三昧]에 잘 머문 분이다.

『번역명의집』에서는 푸르나의 이름에 대해 다음과 같이 기록하고 있다.

푸르나마이트레야니에 대해서 『법화문구』(法華文句)에서는 푸르나(pūrṇa)는 '원을 가득히 함'[滿願]이라 옮길 수 있고, 마이트레야(maitreya)는 사랑[慈]이라 옮기며, 니(ni)는 여인을 나타낸다고 하였다.

아버지가 물이 찬 강[滿江]에서 브라마나하늘에 아들 갖길 빌자 강이 더욱 가득해지게 되었다. 또 꿈에 칠보 그릇에 보배가 가득 차서 어머니 품에 들고서는 어머니가 아들을 낳았다.

아버지의 원이 여러 가지 짓는 원을 따라 얻은 것이므로 '원을 가득히 함'[滿願]이라 말한 것이다.

마이트레야니는 '사랑의 행'[慈行]이라 옮겨지고 또한 '잘 아는 이'[知識]라 말한다.

네 가지 베다에 이 '사랑의 행'이라는 품(品)이 있는데, 그 어머니가 그 품을 외어서 이 베다의 품으로 이름한 것이다.

또한 미쉬푸트라[彌室子]라 하니, 옮기면 '잘 아는 이'[善知識]이다.

지겸(支謙)이 파라미타경[度無極經]을 번역할 때 '축원을 가득히 한 아들'[滿祝子]이라 이름하였다. 이는 곧 아버지가 물이 찬 강에서 브라흐마하늘에 빌어서 그 아들을 얻은 것을 말한다.

그 밖 『서역기』 등에 여러 그릇되게 옮긴 말들이 있다.

이 경에서 세존께서 푸르나 존자를 서방 수로나 국으로 보내시며 그곳 중생의 험악함과 거침을 미리 말씀해주고, 죽음을 무릅쓰고 전법의 길 떠날 다짐을 듣고서야 그를 서방으로 떠나보낸다.

그것은 푸르나가 고국 수로나에 돌아가면 그곳에서 전법하다 그곳 사람들의 박해로 목숨 마칠 수 있음을 예견하신 것이다.

서방에 들어가 석 달의 안거 뒤에 여러 상가라마를 세우고 세 가지 밝음을 성취하고 니르바나에 들었다고 하니, 이는 고국 수로나에 붓다의 거룩한 법을 전하고 그곳에 정사를 세운 뒤, 고국 수로나 땅에서 그곳 사람들의 박해로 목숨 마쳤음을 뜻한다.

그러나 존자는 남이 없는 법의 실상을 통달한 법의 참음[法忍], 중생을 중생으로 보지 않는 광대한 마음[廣大心]의 크나큰 참음[大忍]을 성취한 분이니 수로나에서 파리니르바나하신 존자에게는 오직 한량없는 마음의 해탈만이 있는 것이다.

8) 논의함에 으뜸인 카타야나

아주 뛰어나십니다, 카타야나 존자여
존자는 진실한 뜻을 말씀했습니다

이와 같이 내가 들었다.

한때 붇다께서는 슈라바스티 국 제타 숲 '외로운 이 돕는 장자의 동산'에 계셨다. 그때 존자 마하카타야나는 아반티 국 구라라타 정사에 있었다.

존자 마하카타야나는 이른 아침에 가사를 입고 발우를 가지고, 구라라타 정사에 들어가 차례로 밥을 빌다가, 카아리카(Kālika) 우파시카 집에 이르렀다.

그때 우파시카는 존자 마하카타야나를 보고 곧 앉을 자리를 펴고 앉기를 청한 뒤에, 존자 마하카타야나의 발에 절하고 한쪽에 물러서서 존자 카타야나에게 말했다.

카타야나 우파시카가 세존이 보이신 게송의 뜻을 카타야나 존자께 물음

"세존께서 말씀하신 것이라면, 상기다(僧耆多) 아가씨의 물음에 대답해주신 것입니다. 세존께서 말씀하신 것은 상기다 아가씨의 물음에 대답하신 것이니, 게송은 이렇습니다."

진실한 뜻을 마음에 두게 되면
고요히 사라져 어지럽지 않네.
사랑스러운 단정한 빛깔을
여러 용맹으로 항복받도다.

한마음으로 홀로 고요히 사유해
묘한 선정의 즐거움을 먹으면
이것이 세간의 여러 패거리들을
멀리 떠나 고요히 머무는 것이니
세간의 여러 무리 패거리들은
나에게 가까이할 수 없도다.

"존자 마하카타야나시여, 세존의 이 게송의 그 뜻은 어떻습니까?"

열한 가지 온갖 들이는 곳의 사마디[一切入處三昧]로 그 뜻을 답함

존자 마하카타야나가 그 우파시카에게 말했다.

"누이여, 어떤 사문·브라마나는 말하오.

'땅이 곧 온갖 들이는 곳의 사마디[一切入處正受]이니 이것이 위없다. 그러므로 이 과덕을 구한다.'

누이여, 만약 사문·브라마나가 땅의 온갖 들이는 곳[一切入處]의 사마디로 청정하고 깨끗하게 되면, 그는 곧 그 근본[本]을 보고 걱정거리[患]를 보며, 사라짐[滅]을 보고 없애는 길의 자취[滅道跡]를 볼 것이오.

그리고 그 근본을 보고 걱정거리를 보며, 사라짐을 보고 없애는 길의 자취를 봄으로써, 진실한 뜻을 마음에 두고 고요하여 어지럽지 않게 되오.

누이여, 이와 같이 물의 온갖 들이는 곳[水一切入處]의 사마디, 불의 온갖 들이는 곳[火一切入處]의 사마디, 바람의 온갖 들이는 곳[風一切入處]의 사마디, 푸른빛 온갖 들이는 곳[青一切入處]의 사마디, 노란빛 온갖 들이는 곳[黃一切入處]의 사마디, 붉은빛의 온갖 들이는 곳[赤一切入處]의 사마디, 흰빛의 온갖 들이는 곳[白一切入處]의 사마디, 공의 온갖 들이는 곳[空一切入處]의 사마디, 앎의 온갖 들이는 곳[識一切入處]의 사마디가 위없는 것이니, 그 과덕을 구하는 것이오.

누이여, 어떤 사문·브라마나가 물의 온갖 들이는 곳의 사마디, 불의 온갖 들이는 곳의 사마디, 바람의 온갖 들이는 곳의 사마디, 푸른빛 온갖 들이는 곳의 사마디, 노란빛 온갖 들이는 곳의 사마디, 붉은빛 온갖 들이는 곳의 사마디, 흰빛 온갖 들이는 곳의 사마디, 공의 온갖 들이는 곳의 사마디, 앎의 온갖 들이는 곳의 사마디로 청정하고 깨끗하게 된다 합시다.

그는 근본을 보고 걱정거리를 보며 사라짐을 보고 없애는 길의 자취를 볼 것이오.

그리고 근본을 보고 걱정거리를 보며 사라짐을 보고 없애는 길의 자취를 봄으로써, 진실한 뜻을 마음에 두고 고요해져 어지럽지 않게 되어 잘 보고 잘 들어가게 되오.

그러므로 세존께서는 상기다 아가씨의 물음에 다음과 같은 게송으로 대답하신 것이오.

진실한 뜻을 마음에 두게 되면
고요히 사라져 어지럽지 않네.
사랑스러운 단정한 빛깔을
여러 용맹으로 항복하도다.

한마음으로 홀로 고요히 사유해
묘한 선정의 즐거움을 먹으면
이것이 세간의 여러 패거리들
멀리 떠나 고요히 머무는 것이니
세간의 여러 무리 패거리들은
나에게 가까이할 수 없도다.

이와 같이 누이여, 나는 세존께서 이와 같은 뜻 때문에 이러한 게송을 말씀하셨을 것이라고 이해하고 있소."

뜻 풀이를 듣고 기쁜 마음으로 공양을 바치고 법을 다시 들음

그 우파시카가 말했다.

"아주 뛰어나십니다. 존자께서는 진실한 뜻을 말씀하셨습니다. 존자께서는 제가 청하는 공양을 받아주시길 바랍니다."

그때 존자 마하카타야나는 잠자코 그 청을 받아들였다.

그때 카아리카 우파시카는 존자 마하카타야나가 청을 받아들인 것을 알고, 곧 갖가지 깨끗하고 맛있는 먹을거리를 마련하여, 공경하고 존중하며 자기 손으로 먹을거리를 바쳤다.

그때 우파시카는 존자 마하카타야나가 공양을 마치고, 발우를 씻고 양치하고 손을 씻은 줄 알고 나서, 낮은 자리를 펴고 존자 마하카타야나 앞에서 공경하여 법을 들었다.

존자 마하카타야나는 카아리카 우파시카를 위해 갖가지로 설법해 가르쳐보여 기뻐하게 한 뒤에, 자리에서 일어나 떠나갔다.

• 잡아함 549 가리경(迦梨經)

• 해설 •

바르게 뜻을 논함[論義]은 무엇을 말하는가. 어떤 사람의 다른 주장에 대해 또 다른 주장을 세워 그와 토론함인가. 그렇다면 주장과 주장의 다툼이 쉬지 않아 그 논의는 끝이 없을 것이다. 온갖 주장은 주체의 사유와 사유에 응하는 세계의 모습이 어우러져 하나의 주장을 이룬다.

사유에 응하는 세계의 모습이 실로 있는 것이 아닌 줄 알 때 세계의 모습에 응하는 사유와 사유를 따라 일어난 언어적 주장도 공한 주장이 된다.

사유와 언어, 세계가 모두 공한 곳에서 사유 아닌 사유와 주장 아닌 주장을 세울 줄 알 때 다른 이의 주장을 깨뜨리되 깨뜨림이 없을 것이다. 이와 같이 자기주장을 세우는 이가 바른 뜻을 세울 줄 아는 이이다.

연기법에서 존재의 있음은 실로 있음이 아니고 없음은 실로 없음이 아니다. 연기법의 진실에 대해 있다고 하거나 없다고 하거나 있음도 아니고 없음도 아니라 하거나 있기도 하고 없기도 하다 함이 모든 헛된 논의가 된다.

그러나 중생이 있음을 실로 있음이라 주장하면 바른 뜻을 논하는 이는 그 중생의 집착을 인해 없음의 뜻을 세워 그 집착을 깨뜨리고, 중생이 없음을 실로 없음이라 주장하면 바른 뜻을 논하는 이는 그 중생의 집착을 인해 있음의 뜻을 세워 그 집착을 깨뜨린다.

이때 바른 뜻을 세운 이가 있음을 세워도 그것은 실로 있음을 말한 것이 아니고, 없음을 세워도 그것은 실로 없음을 말한 것이 아니다.

마하카타야나 존자가 뜻을 논함에 으뜸인 제자라고 세존이 칭찬하심은 그가 말 잘하고 토론 잘하고 잘 따지는 사람임을 뜻하는 것이 아니라, 말과 사유가 본래 공함을 잘 통달하여 말에 말길이 끊어진 곳[言語道斷處]에서 말 아닌 말을 세워 온갖 거짓과 헛됨 잘 부수는 자임을 말한다.

뜻을 잘 논하는 자는 말에서 말길이 끊어진 자이고 사유에서 마음 가는 곳이 사라진[心行處滅] 자이니, 그가 바로 마음의 해탈을 얻은 자이고 지혜의 해탈을 얻은 자이다.

저 대승불교의 나가르주나 존자, 바수반두(Vasubandhu) 존자, 아상가(Asaṅga) 존자를 대승논사(大乘論師)라고 부를 때, 바로 말과 뜻이 끊어진 곳에서 말 아닌 말을 세워 중생의 삿된 견해를 잘 부수는 분들임을 말하니, 대승논사가 바로 대승의 보디사트바[大乘菩薩]이고 크나큰 사마디의 성취자이고 두렷이 밝은 지혜의 성취자인 것이다.

『번역명의집』에서는 마하카타야나 존자의 이름에 대해 이렇게 기록한다.

쿠마라지바는 마하카타야나를 '남인도 브라마나의 족성으로서 여래의 수트라를 잘 아는 분'이라 한다.

『정명소』에서는 이렇게 말한다.

"이 이름의 옮김은 정해지지 않았다. 어떤 이는 '부채줄'[扇繩]이라 하고, 어떤 이는 '무늬로 꾸밈'[文飾]이라 하나, 누가 옳은지 알 수 없다. 어떤 이는 말하기를 '이 이름은 있음과 없음을 떠나고 나라는 교만의 마음 깨뜨린다는 뜻이다'라고 한다."

이 경에서 세존의 말씀에 대해 마하카타야나 존자가 풀이한 뜻은 무엇일까.

세존이 말씀한 진실한 뜻이란 사유가 사유 아닌 고요한 곳에 머무는 뜻이니, 사유가 사유 아닌 곳은 사유 너머에 있는 곳이 아니라 사유[思]와 언어[議]와 현실[事]의 모습이 있되 공한 실상을 말한다. 진실한 뜻에 마음이 하나되면 모습과 빛깔 갖가지 주장의 어지러움을 떠나 늘 고요하니, 그는 사유 아닌 사유를 세워 세간의 그릇된 뜻을 깨뜨림 없이 깨뜨려 사유와 주장의 소용돌이 속에서 다툼 없는 사마디로 살아간다.

다툼 없는 사마디를 아는 이는 자기주장을 실체화하고 교조화해서 패거리 짓는 삶을 떠나 참으로 아란야에 머물게 되고 여래의 도량에 머물게 된다.

땅과 물, 불과 바람, 푸름과 누름, 붉음과 흰빛, 허공과 앎의 실체성이 남아 있어서 취할 것이 있고 붙잡을 것이 있으면 마주함이 있고 걸림이 있고 다툼이 있다. 땅이 공하되 그 공함도 공하면 땅이 온갖 것이 되고, 물이 공하되 그 공함도 공하면 물이 온갖 것이 된다.

이와 같이 마음과 세계에서 있음과 공함을 모두 뛰어넘는 사마디가 여래가 보이신 위없는 사마디이고, 그 모든 것의 공한 근본을 보아 존재의 진실한 뜻에 나아가는 자가 사유와 언어 세계가 모두 고요한 삶의 진실처 니르바나에 나아가는 자이다.

경의 여러 사마디는 여섯 법의 영역(땅·물·불·바람·허공·앎)을 살펴 마음과 물질, 허공이 모두 공함을 증득한 사마디에 다시 네 가지 빛깔의 사마디를 더하고, 있는 바 없는 곳[無所有處]의 사마디를 더해 열한 가지 온갖 들이는 곳의 사마디[十一 一切處三昧]를 보인 것이다.

경은 열한 가지 사마디가 곧 하나가 온갖 들이는 곳이 되는 사마디로 다툼 없는 사마디[無諍三昧]가 됨을 말한 것이다.

그 사마디의 고요함 가운데서는 하나가 하나를 무너뜨리지 않고 온갖 것이 되고, 온갖 것이 온갖 것을 무너뜨리지 않고 하나가 되니, 그 사마디의 고요함에는 시끄러움도 없지만 고요함의 모습도 없는 것이다.

마하카타야나 존자의 진실한 뜻 설함을 듣고 세속의 물든 땅에 사는 카아리카 우파시카가 진실한 뜻 설하는 카타야나 존자를 알아보고 진실한 뜻을 받아들이니, 그 여인 또한 진흙탕 속에서도 때묻지 않고 향내를 멀리 풍기는 아름다운 연꽃과 같다 할 것이다.

마하카타야나 존자여
여기서 공양하시길 바랍니다

이와 같이 내가 들었다.

한때 붇다께는 슈라바스티 국 제타 숲 '외로운 이 돕는 장자의 동산'에 계셨다.

그때 존자 마하카타야나는 사카족의 하리 마을에 있었다.

그때 하리 마을의 주인인 장자가 몸에 병이 들어 앓고 있었다.

존자 마하카타야나는 하리 마을의 주인인 장자가 몸에 병이 들어 앓고 있다는 소식을 들었다.

그 말을 듣고서는 이른 아침에 가사를 입고 발우를 가지고 하리 마을에 들어가 밥을 빌다가, 차례로 하리 마을의 주인인 장자의 집에 이르렀다.

하리 마을의 주인인 장자는 멀리서 존자 마하카타야나를 보고 자리에서 일어나려 하였다.

존자 마하카타야나는 장자가 일어나려 하는 것을 보고 곧 말했다.

"장자여, 일어나지 마시오. 다행히 남은 자리가 있으니, 내 그 남은 자리에 앉겠소."

다시 장자에게 말했다.

"어떻소, 장자여. 병환은 견딜 만하시오? 몸의 모든 고통들은 차츰 나아지시오? 더하지는 않으시오?"

장자가 대답하였다.

"존자여, 제 병은 견디기가 어렵습니다. 몸의 온갖 고통은 갈수록 더하고 덜하질 않습니다.

만약 힘센 장사가 약한 사람을 붙잡아 노끈으로 머리를 동여매어 두 손으로 세게 당기면 그 고통이 심하겠지만 내가 지금 겪는 고통은 그보다 더합니다.

또 만약 백정이 날카로운 칼로 소의 배를 가르고 내장을 끄집어내면 그 소의 고통이 어떠하겠습니까. 그러나 지금 내 배의 아픔은 그 소보다 더합니다.

또 마치 두 힘센 장사가 약한 한 사람을 붙들어다 불 위에 달아놓고 두 발을 태우는 것과 같이 지금 내 두 발의 뜨거움은 그보다 더합니다."

하리 마을의 주인 장자를 문병하고 네 가지 믿음과 여섯 가지 생각 닦도록 이끎

이에 존자 마하카타야나가 장자에게 말했다.

"그러므로 그대는 붇다에 대한 무너지지 않는 깨끗한 믿음과 법에 대한 무너지지 않는 깨끗한 믿음과 상가에 대한 무너지지 않는 깨끗한 믿음을 닦고, 거룩한 계를 성취해야 하니, 반드시 이와 같이 배워야 하오."

장자가 대답하였다.

"붇다께서 말씀하신 대로 네 가지 무너지지 않는 깨끗한 믿음을 저는 다 성취하였습니다.

저는 이제 붇다에 대한 무너지지 않는 깨끗한 믿음과 법에 대한 무너지지 않는 깨끗한 믿음과 상가에 대한 무너지지 않는 깨끗한 믿음을 성취하였고, 거룩한 계를 성취하였습니다."

존자 마하카타야나가 장자에게 말했다.

"그대는 그 네 가지 무너지지 않는 깨끗한 믿음에 의지해 여섯 가지 생각[六念]을 닦아 익혀야 하오.

장자여, 붇다의 공덕을 이렇게 생각해야 하오.

'이 분은 여래시며, 공양할 분·바르게 깨치신 분·지혜와 행을 갖추신 분·잘 가신 이·세간을 잘 아시는 분·위없는 스승·잘 다루는 장부·하늘과 사람의 스승·붇다 세존이시다.'

또 법의 공덕을 이렇게 생각해야 하오.

세존의 바른 법과 율에서는 현재의 법에서 모든 뜨거운 번뇌를 여의고, 때를 떠나지 않고 통달하여 그런 인연으로 스스로 깨닫는다.

또 상가의 공덕을 이렇게 생각해야 하오.

여래의 상가는 잘 향하고 바르게 향하며, 곧게 향하고 고르게 향하며 법을 따라 행함을 닦는다.

그들은 곧 스로타판나를 향하는 이[須陀洹向]와 스로타판나를 얻은 이[srotāpanna, 須陀洹果], 사크리다가민을 향하는 이[斯陀含向]와 사크리다가민을 얻은 이[sakṛdāgāmin, 斯陀含果], 아나가민을 향하는 이[阿那含向]와 아나가민을 얻은 이[anāgāmin, 阿那含果], 아라한을 향하는 이[阿羅漢向]와 아라한을 얻은 이[arhat, 阿羅漢果]로서, 이와 같은 네 짝의 여덟 수행자[四雙八士]를 세존의 제자인 상가라 한다.

이들은 계를 갖추고[戒具足] 선정을 갖추며[定具足], 지혜를 갖추고[慧具足] 해탈을 갖추며[解脫具足], 해탈지견을 갖춘[解脫知見具足] 이들이니, 공양하고 공경하고 존중할 곳으로 세간의 위없는 복밭[福田]이다.

또 계의 공덕을 이렇게 생각해야 하오.

스스로 바른 계를 지니어 허물지 말고 빠뜨리지 말며, 끊지 말고 [不斷] 무너뜨리지 않아야[不壞] 한다.

그 계는 훔치지 않는 계·마쳐 다하는 계·찬탄할 계·범행의 계·악을 늘리지 않게 하는 계이다.

또 보시의 공덕을 이렇게 생각해야 하오.

스스로 보시할 것을 생각하고, 마음으로 스스로 기뻐하며 아끼고 탐냄을 버려야 한다.

비록 집에서 살아도 해탈의 마음으로 보시하고 늘 보시하며, 즐겁게 보시하고 갖추어 보시하며, 평등하게 보시해야 한다.

또 하늘의 공덕을 이렇게 생각해야 하오.

'네 하늘왕[四王天]·서른세하늘[三十三天]·야마하늘[炎摩天]·투시타하늘[兜率陀天]·변화가 자재한 하늘[化樂天]·타화자재하늘[他化自在天]은 청정한 믿음과 계로써 여기서 목숨을 마치고서 저 여러 하늘에 태어났다.

나 또한 이와 같이 청정한 믿음[信]·계(戒)·보시[施]·들음[聞]·지혜[慧]로써 저 하늘 가운데 태어나리라.'

장자여, 이와 같이 깨달아 네 가지 무너지지 않는 깨끗한 믿음에 의지해 여섯 가지 생각[六念處]을 늘려야 하오."

장자가 깨우침대로 닦기를 다짐하고
마하카타야나 존자를 청해 공양 올림

장자가 존자 마하카타야나에게 말했다.

"세존께서 네 가지 무너지지 않는 깨끗한 믿음에 의지해 여섯 가지 생각을 늘어나게 하라고 말씀하셨는데, 저는 모두 성취하였습니다. 저는 반드시 붇다의 공덕을 생각하고, 법을 생각하며, 상가를 생각하고, 계를 생각하며, 보시를 생각하고, 하늘 생각함을 닦아 익히겠습니다."

존자 마하카타야나가 장자에게 말했다.

"뛰어나시오, 장자여. '아나가민을 얻었다'고 스스로 언약해 말할 수 있겠군요."

그때 장자는 존자 마하카타야나에게 말했다.

"여기서 공양하시기 바랍니다."

존자 마하카타야나는 잠자코 그 청을 들어주었다.

하리 마을의 주인인 장자는 존자 마하카타야나가 청을 받아들인 줄 알고, 갖가지 깨끗하고 맛있는 먹을거리를 마련하여 손수 공양을 올렸다.

존자는 공양을 마치고 발우를 씻고 손을 씻고 양치질한 뒤에, 장자를 위해 갖가지로 설법하여 가르쳐보여 기뻐하게 하였고, 가르쳐보여 기뻐하게 한 뒤에 자리에서 일어나 떠나갔다.

• 잡아함 554 하리경(訶梨經) ④

• 해설 •

『비말라키르티수트라』에서 마하카타야나 존자는 저 바이샬리 국 비말라키르티 장자가 병이 들어 그의 방장(方丈)에 누워 있을 때는 세존께서 문병하도록 당부해도 거사에게 법문 들은 옛일을 들어서 문병하지 않았다. 그런데 사카족 하리 마을의 장자가 병들었을 때는 청하지 않아도 문병하여 법을 설해준다.

한 분의 카타야나 존자가 같이 병들어 있는 한 장자에게는 당부해도 문병하지 않고, 한 장자에게는 청하지 않아도 문병하니 문병한 카타야나가 옳은가 문병하지 않은 카타야나가 옳은가.

카타야나 존자에게는 문병해도 옳고 문병하지 않아도 옳으니, 현성의 문병은 앓는 이에게 병이 병 아닌 법의 문을 열어 몸과 마음의 안락함을 주는 것이기 때문이다.

저 비말라키르티 거사는 병 없고 죽음 없는 법신을 이미 깨달아 쓰는 높은 보디사트바이다. 비말라키르티는 병 없는 데서 방편으로 병을 나타내, 병으로 앓고 있는 이 세간에 둘 없는 법문[不二法門]을 보이기 때문에 카타야나 존자는 문병하지 않음으로써 거사의 높은 법을 드러낸 것이다.

그에 비해 지금 하리 마을의 장자는 비록 믿음의 땅에 들어섰으나 극심한 병고를 겪으며 그 마음이 흔들리고 병의 고통을 참아내지 못하므로 그에게 병문안 가 장자를 병 없는 니르바나의 땅 가운데 굳건히 세워준 것이다.

그리하여 병고에 시달리는 장자를 삼보와 거룩한 계에 대한 믿음에서 물러서지 않게 하고 여섯 가지 생각으로 잘 사마디를 닦게 하여서 그를 '아나가민'으로 언약해준 것이다.

때로 흰옷의 높은 보디사트바 거사로부터 둘이 아닌 법문[不二法門]을 받아듣고, 때로 흰옷의 장자에게 법을 설해 아나가민이 되게 하니, 마하카타야나 존자가 바로 방편에 자재한 보디사트바인 것이다.

9) 계 지님에 으뜸인 우팔리

───────

우팔리여, 너는 반드시 짓는 업을 따라 그 업 말하는 것을 배워야 한다

나는 들었다, 이와 같이.

한때 붇다께서 참파 국에 노니실 적에 강가아 강 언덕에 계셨다.

그때 존자 우팔리는 해질 무렵에 좌선하는 자리[燕坐]에서 일어 나 붇다 계신 곳으로 나아가 붇다의 발에 머리를 대 절하고 물러나 한쪽에 앉아 말씀드렸다.

"세존이시여, 만약 비구대중이 같이 화합하면서 다른 업을 짓고 다른 업을 말한다면, 이것은 법 그대로의 업이며, 율 그대로의 업입 니까?"

세존께서 대답하셨다.

"아니다, 우팔리여."

존자 우팔리가 다시 말씀드렸다.

"세존이시여, 만약 비구대중이 같이 화합하면서 마땅히 '얼굴 앞 에서 주는 율'[面前律]을 주어야 할 자에게 '기억해서 주는 율'[憶 律]을 주고, 마땅히 '기억해서 주는 율'을 주어야 할 자에게 '얼굴 앞에서 주는 율'을 준다면, 이것은 법 그대로의 업이며, 율 그대로의 업입니까?"

세존께서 대답하셨다.

"아니다, 우팔리여."

(중략)

"우팔리여, 너는 반드시 짓는 업에 따라 곧 그 업 말하는 것을 배워야 한다. 그리고 '얼굴 앞에서 주는 율'을 줄 자에게는 곧 '얼굴 앞에서 주는 율'을 주고, '기억해서 주는 율'을 주어야 할 자에게는 곧 '기억해서 주는 율'을 주며, '어리석지 않은 율'을 주어야 할 자에게는 곧 '어리석지 않은 율'을 주어야 한다.

'스스로 잘못을 드러내게 하는 율'을 주어야 할 자에게는 곧 '스스로 잘못을 드러내게 하는 율'을 주며, '사람 이름을 불러 따지는 율'을 주어야 할 자에게는 곧 '사람 이름을 불러 따지는 율'을 주어야 한다. 그리고 꾸짖어야 할 자는 곧 꾸짖고, 아래에 두어야 할 자는 곧 아래에 두며, 위로 올려야 할 자는 곧 위로 올리고, 내쳐야 할 자는 곧 내쳐야 한다. 기억해야 할 자는 곧 기억하고, 근본을 좇아 다스려야 할 자는 곧 근본을 좇아 다스리며, 몰아내야 할 자는 곧 몰아내고, 교만하지 않음을 행하게 할 자는 곧 교만하지 않음을 행하게 하고, 다스려야 할 자는 곧 다스려야 한다.

우팔리여, 너는 반드시 이와 같이 배워야 한다."

붇다께서 이렇게 말씀하시자, 존자 우팔리와 여러 비구들은 붇다의 말씀을 듣고 기뻐하며 받들어 행하였다.

• 중아함 197 우팔리경(優婆離經) 부분

• 해설 •

우팔리 존자는 계 지님에 으뜸인 제자이다.

계를 해탈의 첫걸음으로 보면 계를 잘 지님으로 선정이 생기고 선정으로 인해 지혜가 난다고 말하겠지만, 계를 해탈의 끝모습으로 보면 선정과 지혜로 인해 구체적인 삶 속에서 프라티목샤의 별해탈(別解脫)이 갖춰지는 것이다.

이런 뜻으로 우팔리 존자가 사마디가 없고 지혜가 없이 계만 잘 지키는이라고 말하면 계의 뜻도 모르고 사마디와 지혜의 뜻도 모르는 것이다.

이 경에서 우팔리 존자가 세존께 물은 것은 낱낱 수행자가 금하고 행해야 할 행위규범인 실라(sīla, 止持戒作持戒)를 물은 것이 아니고, 상가의 질서를 세우고 화합을 이루기 위한 공동체의 행위규범인 비나야(vinaya, 律)를 물은 것이니, 앞 책「화합의 공동체」장에 그 내용이 자세하다.

『번역명의집』에는 우팔리에 관한 다음 기록이 실려 있다.

우팔리는 여기 말로 옮기면 '변화로 남'[化生]이라 한다. 때로 윗머리[上首]라 옮긴다. 그가 계율을 지니어 대중의 벼릿줄[紀綱]이 되기 때문에 이름을 우팔리라 한 것이다. 때로 가까이 모신 이[近執]라고도 하니, 붇다께서 태자일 때 그가 가까이서 여러 일을 보아드리며[執事] 모시는 신하였기 때문이다.

이에 대해서는 옛 사람이 말했다.

"붇다의 세속 집안 사람이라는 것은 맞지 않으니 그릇되게 우팔리라고 말한 것이다.

우팔리 존자는 태자를 모시는 신하가 아니라 카필라 국 왕족의 이발사라는 설이 있으니 그 말이 맞는 듯하다. 계 지님에 으뜸가는 제자라고 하였지만 수트라 가운데 우팔리의 기록을 거의 찾을 수 없고, 오직 비나야의 결집에 우팔리 존자가 중심이 되어 율장을 그가 송출(誦出)하고 오백 아라한이 합송(合誦)해 비나야피티카[律藏]의 최초의 결집이 이루어진 것이다.『사분율』(「오백 장로의 스칸다」)에 그 내용이 실려 있다.

10) 그윽한 행이 으뜸인 라훌라

잘 말했다 라훌라여, 네가 여래께
깊고 깊은 뜻을 물을 수 있다니

이와 같이 내가 들었다.

한때 붇다께서는 라자그리하 성 그리드라쿠타 산에 계셨다.

그때 존자 라훌라는 붇다 계신 곳에 나아가 붇다의 발에 머리를 대 절하고 한쪽에 물러서서 붇다께 말씀드렸다.

"세존이시여, 어떻게 알고 어떻게 보아야 안의 앎의 몸[內識身]과 바깥 온갖 모습[外一切相]에서 '나다, 내 것이다'라는 견해, 나라는 교만[我慢]과 같은 번뇌의 얽매임이 나지 않게 하겠습니까?"

그때 세존께서 라훌라에게 말씀하셨다.

"잘 말했다, 라훌라야, 네가 여래에게 깊고 깊은 뜻을 물을 수 있다니."

붇다께서는 라훌라에게 말씀하셨다.

"그 눈이 과거든 미래든 현재든, 안이든 밖이든, 거칠든 가늘든, 곱든 밉든, 멀든 가깝든, 그 온갖 것은 나가 아니요, 나와 다른 것도 아니며, 나와 나와 다른 것이 함께 있는 것도 아니라고 진실 그대로 알라.

귀·코·혀·몸·뜻 또한 이와 같다.

라훌라야, 이와 같이 알고 이와 같이 보면 안의 앎의 몸과 바깥 온

갓 모습에서 '나다, 내 것이다'라는 견해, 나라는 교만과 같은 번뇌의 얽매임을 내지 않을 것이다.

라훌라야, 이와 같이 '나다, 내 것이다'라는 견해, 나라는 교만과 같은 번뇌의 얽매임을 내지 않으면, 이것을 애욕의 흐린 견해를 끊고 사이 없는 평등한 지혜[無間等]로 괴로움의 끝을 마쳐 다함이라 한다."

붇다께서 이 경을 말씀하시자, 존자 라훌라는 붇다의 말씀을 듣고 기뻐하며 받들어 행하였다.

• 잡아함 198 라훌라경(羅羅經) ①

• 해설 •

라훌라 존자를 그윽한 행[密行]에 으뜸인 제자라 함은, 라훌라가 세존의 세속 인연으로 혈족이 되므로 그 스스로 상가의 많은 대중들 가운데 몸과 뜻을 감추고 감춤으로써 그와 같은 이름을 얻은 것이리라.

그러나 참으로 잘 감춤은 지금 드러난 온갖 모습이 곧 공한 줄 알아 하되 함이 없고 짓되 늘 지음 없으면 그가 이 삼계 가운데 살되 늘 삶 가운데서 몸과 마음을 잘 감춘 이라 할 것이다.

다시 몸과 세계가 공한 줄 알되 그 공함도 공한 줄 알아 지음 없이 짓고 함이 없이 잘 행하면 그는 삼계에 몸과 뜻을 감추되, 모습 없는 선정[無相定]을 움직이지 않고 온갖 모습을 잘 나타내는 자라 할 것이다.

이와 같이 짓되 지음 없고 지음 없이 지으면 그는 숨김과 보임이 자재하고[隱現自在], 드러남과 그윽함이 두렷이 통해[顯密圓通] 이 다섯 가지가 흐린 세간의 흐름[五濁世間] 속에서 아란야행을 잘 행하는 이가 될 것이다.

라훌라 존자의 이름에 대해서는 『번역명의집』에 다음과 같이 기록되어 있다.

라훌라에 대해서는 쿠마라지바가 말하기를 '아수라가 달을 먹어 가리는 때를 라훌라라 한다'고 하였다. 여기 말로 '덮어 가림'을 말하니 달의 밝음을 가리는 것이다. 라훌라는 여섯 해 어머니의 탯속에 머물러 덮어 가려졌기 때문에 이로 인해 라훌라라 한 것이다.

『서역기』에 몇 가지 낱말이 나오나 모두 잘못 말한 것이다.

여기 말로 '해를 잡음'[執日]이라고도 한다.

『정명소』에서는 이렇게 말한다.

"궁에서 낳음'[宮生]이라 옮기고 있으니, 태자가 출가하고 태자비가 궁에 있었다면 어떻게 임신하겠는가. 붇다께서 숫도다나 왕과 함께하신 그 뒤에 이 태자의 아들을 얻은 것이니 궁에서 낳은 것이다. 그로 인해 '궁에서 낳음'이라 이름한 것이다."

이 경에서 라훌라 존자가 여래께 안의 앎의 몸과 바깥 경계에서 해탈하는 법을 물으니, 안의 앎의 몸[內識身]이란 여섯 앎[六識]이고, 앎의 아는 바가 바깥 경계이다. 여섯 앎은 스스로 있는 어떤 것이 아니라, 여섯 아는 뿌리[六根]와 여섯 바깥 경계[六境]에서 일어난 것이다. 아는 뿌리와 알려지는 경계 여섯 앎이 모두 다른 것을 통해 있는 어떤 것이므로 스스로 있는 어떤 것이 아니니, 아는 '나'[我]도 '나와 다름'[異我]을 떠나 '나'가 없고, 알려지는바 '나와 다름'도 '나'를 떠나 '나와 다름'이 없다.

그러므로 인연으로 있는 모습에서 모습을 취하지도 않고 버리지도 않으면 온갖 묶음에서 벗어나는 것이니, 여래는 먼저 여섯 아는 뿌리가 공한 줄 살펴 앎에서 앎을 떠나고 보여지는 모습에서 모습 떠나면 '나와 내 것의 집착 떠나 마음이 해탈한다'고 가르치신 것이다.

라훌라 존자가 그윽한 행[密行]에 으뜸이라고 함은, 그가 여래의 이러한 말씀을 잘 받아들여 마음에서 마음을 떠났기 때문이리라.

계를 잘 닦아 아는 뿌리 보살피면
저 라훌라도 마음의 해탈 얻게 되리

이와 같이 들었다.

한때 붓다께서는 슈라바스티 국 제타 숲 '외로운 이 돕는 장자의 동산'에 계셨다.

그때에 존자 라훌라는 금한 계를 받들어 닦아 범함이 없었다. 작은 죄도 오히려 피하는데, 하물며 다시 큰 허물이겠는가.

그러나 샘이 있음[有漏]에서 마음이 해탈하지 못하였다.

그때에 많은 비구들이 세존 계신 곳에 이르러 머리를 대 발에 절하고 한쪽에 앉았다.

그때 많은 비구들은 세존께 말씀드렸다.

"라훌라 비구는 금한 계를 받들어 닦아 범함이 없습니다. 그러나 여전히 샘이 있음에서 마음이 해탈하지 못하였습니다."

마음의 해탈 얻지 못한 라훌라를 위해 게송을 말씀하심

그때에 세존께서는 곧 이 게를 말씀하셨다.

금한 계를 잘 닦아 법을 갖추고
여러 아는 뿌리 또한 성취하면
온갖 번뇌의 묶음이 다하게 됨을
차츰차츰 반드시 얻게 되리라.

"그러므로 비구들이여, 늘 바른 법 닦기를 생각하여 빠뜨려 샘이 없게 하라.

이와 같이 비구들이여, 반드시 이렇게 배워야 한다."

그때에 여러 비구들은 붇다의 말씀을 듣고 기뻐하며 받들어 행하였다.

• 증일아함 16 화멸품 +

• 해설 •

라홀라 존자는 그윽한 행으로 으뜸이지만 우팔리 존자와 함께 계 잘 지키는 제자로도 늘 찬탄 받는 제자이다.

라홀라가 비록 금한 계를 범하지 않고 작은 허물도 짓지 않지만, 그는 아직 끊을 악이 본래 공하고 번뇌가 본래 남이 없음[無生]을 밝게 알지 못하므로 다른 윗자리 비구들이 샘이 있음에서 해탈하지 못했다고 한 것이다.

지금 짓는 악한 마음 악한 짓은 아는 뿌리와 경계가 만나 악한 짓을 일으켰으나, 악한 짓에는 아는 자도 없고 알려지는 경계도 없다.

악을 일으킨 주체와 경계가 있되 공하면 일어난 악한 마음 또한 있되 있음의 뿌리가 없는 것이다.

그러므로 붇다는 계를 잘 지켜 범하지 않되 아는 뿌리가 공한 줄 알고 경계가 공한 줄 알아 아는 뿌리를 깨끗이 보살피면 온갖 번뇌가 나지 않게 되리라고 가르치신다.

샘이 있는 마음으로 계 지킴은 악을 억지로 끊고 번뇌를 눌러 나지 않게 하는 계 지킴이요, 온갖 묶음이 다한 계 지킴은 번뇌와 악한 마음이 실로 남이 없음을 알아 마음의 흐름에서 벗어남이다.

억지로 눌러 그치는 마음은 잠깐 방일하면 또 새어나오나, 마음이 나되 남이 없음을 요달하면[了心無生], 알되 앎이 없어서 경계를 향해 흘러가는 마음이 없는 것이다.

곧 마음이 나되 남이 없음을 알 때 마음의 샘 있음을 다해, 아는 뿌리를 잘 보살피게 되고 마음이 남이 없되 남이 없이 난 줄 알 때 세간 거두는 온갖 청정한 행을 갖추게 되고 프라티목샤의 계를 갖추게 되니[具足戒], 『화엄경』(「현수품」)은 다음과 같이 말한다.

만약 남이 없는 깊은 법인을 얻으면
모든 붇다의 언약 주심을 받게 되고
만약 모든 붇다의 언약 주심을 받으며
온갖 붇다가 그 앞에 나타나리.

若得無生深法忍 則爲諸佛所授記
若爲諸佛所授記 則一切佛現其前

만약 온갖 붇다가 그 앞에 나타나면
신통의 비밀한 작용 깨닫게 되고
만약 신통의 비밀한 작용 깨달으면
모든 붇다께서 기억해 생각해주리.

若一切佛現其前 則了神通深密用
若了神通深密用 則爲諸佛所憶念

2 그 밖의 뛰어난 비구제자들

• 이끄는 글 •

성문(聲聞)의 원뜻은 붓다 당시 붓다의 가르침의 소리를 듣고 보디에 나아가는 수행자를 지칭한다. 이 성문승에 대해서는 상좌부 교단의 상가에 의해서는 이상적인 수행자상으로 떠받들어지고, 보살승의 교단에 의해서는 자기 홀로만의 니르바나를 추구하는 치우친 수행자로 비판된다.

그러나 성문의 뜻은 넓고 넓으며 아라한의 현성 또한 닫혀 있는 수가 아니다.

『번역명의집』은 붓다 당시 여러 성문들의 이름을 말하기 전에 다음과 같이 성문에 대해 기록하고 있다.

『법화론』(法華論)에서는 네 가지 성문[四種聲聞]을 밝히고 있다.

첫째, 결정된 성문[決定聲聞]이니 결단코 남음 없음[無餘]에 들어가버리기 때문이다.

둘째, 높은 교만을 늘리는 성문[增上慢聲聞]이니 증득하지 못하고 증득했다 하기 때문이다.

셋째, 보디에서 물러나는 성문[退菩提聲聞]이니 마하야나 (mahāyāna, 大乘)에서 물러나 작은 실천의 수레[hīnayāna, 小乘]를 취하기 때문이다.

넷째, 중생에 응해 변화한 성문[應化聲聞]이니 대승의 큰 뜻을 안으로 감추고 밖으로 작은 뜻을 드러내기 때문이다.

논에서 스스로 풀이해 말한다.

"뒤의 두 성문에는 언약을 주고 앞의 둘에는 언약하지 않으니, 근기 무딤이 아직 익지 않았기 때문이다."

천태선사는 여기에 '붇다의 도를 전하는 성문'[佛道聲聞]을 더하니, 경에서 '붇다의 도의 소리를 온갖 삶들에게 듣도록 한다'고 함을 따른 것이다.

소리 들음[聲聞]이라는 뜻을 잡아보면, 붇다의 법에 새로 들어온 이를 들어보인 것이다. 또 결정된 성문과 보디에서 물러나는 성문은 성문의 과덕에 머물러 위없는 보디에 나아가지 못한 이를 이름한 것이다.

형계선사(荊溪禪師)가 세 가지 성문을 들어보이며, 세 성문이 세 번째 보디에서 물러나는 성문에 만나게 된다[逢値第三]고 한 것은 다만 작은 실천의 수레에 만남만을 논하고 대승에 만남을 논하지 않은 것[不論遇大]이다. 이는 성문이라는 이름이 원래 작은 실천에 머묾이기 때문이다.

이처럼 성문의 뜻[聲聞義]은 넓어서 하나가 아니다.

성문의 뜻이 여러 가지로 풀이됨은, 원래 긍정적인 성문제자의 뜻이 실천에서 내면주의나 출가중심주의로 인해 후대 보살승(菩薩乘)

에 의해 비판되면서 이루어진 역사적인 과정의 반영이다.

성문이 대승의 뜻을 만나면 성문승(聲聞乘)이 그대로 보살승이 되지만, 문자 그대로의 작은 뜻에 머물면 보디에서 물러나는 성문의 수레가 되는 것이다.

소리 들음 자체는 작은 실천의 수레의 뜻이 될 수 없으니, 소리 듣고[聞聲] 빛깔을 보며[見色] 감성적으로 대상을 받아들여 느끼는 것은 주체가 세계를 경험하는 가장 기본적인 바탕이 되기 때문이다.

소리 들음은 붇다의 도에 들어가는 가장 기본적인 통로이고, 미망의 세간에 진리의 소리를 들려주는 것은 보디사트바의 파라미타행의 첫걸음이 된다.

성문승이 바로 연각승(緣覺乘)과 보살승의 출발이니, 가르침의 소리를 들어[聞聲] 말로 법 전함[說法]을 떠나, 하나인 붇다의 진리의 수레[一佛乘]에 돌아가는 실천의 수레가 따로 없는 것이다.

가르침을 듣고 남을 위해 말해주는 것이 보디 성취의 첫걸음이니, 그 뜻을 『화엄경』(「야마궁중게찬품」)은 이렇게 말한다.

이와 같은 모든 붇다의 법을
만약 스스로 받아듣고 지니며
지니고선 널리 말해준다면
이 사람은 반드시 붇다 이루리.

若有能受持　如是諸佛法
持已廣宣說　此人當成佛

1) 선정으로 으뜸가는 레바타

아란야에서 디야나를 닦으므로
이 사자숲이 아름답게 빛나오

이와 같이 들었다.

한때 붇다께서는 브릿지 국 사자 동산[siṃha-rama, 師子園]에서 여러 신통이 있고 덕이 높은 비구인 존자 사리푸트라, 존자 마하목갈라야나, 존자 마하카샤파, 존자 레바타, 존자 아난다 등 오백 비구와 함께 계셨다.

그때 마하목갈라야나와 마하카샤파, 아니룻다는 이른 아침에 사리푸트라가 있는 곳에 갔다.

아난다는 멀리서 그 세 성문들이 사리푸트라 존자에게 가는 것을 보고 레바타에게 말하였다.

"저 세 큰 성문들은 사리푸트라 존자에게 가오. 우리들 두 사람도 사리푸트라 존자에게 갑시다. 왜냐하면 사리푸트라 존자의 미묘한 법을 들을 수 있기 때문이오."

"그렇게 합시다."

곧 레바타와 아난다는 사리푸트라가 있는 곳에 갔다.

사자 동산을 즐겁고 빛나게 하는 까닭을 여러 비구들에게 물음

이때 사리푸트라는 말하였다.

"잘 오셨소, 어진 이들이여. 이 자리에 앉으시오."

사리푸트라는 아난다에게 말하였다.

"나는 지금 물을 일이 있소. 이 소사자[牛師子] 동산은 매우 즐겁소. 저절로 나는 향내가 사방에 흘러 퍼지오. 무엇이 이 동산을 이처럼 즐겁게 하오."

아난다는 대답하였다.

"어떤 비구는 많이 들어 잊지 않고 온갖 법의 뜻과 맛을 모두 지니며[總持] 범행을 갖추어 닦아 행합니다. 그는 이런 법을 모두 온전히 갖추어 빠뜨리지 않고 또 네 가지 대중을 위해 설법하되 차례를 잃지 않으며 사납지도 않고 어지러운 생각이 없습니다.

이와 같은 비구가 이 소사자 동산에 있으면 즐거울 것입니다."

사리푸트라는 다시 레바타에게 말하였다.

"아난다께서는 지금 설명하셨소. 나는 다시 그대에게 그 뜻을 묻소. 소사자 동산은 이처럼 즐겁소. 그대가 지금 다음으로 그 까닭을 말해보오. 뜻이 어떻소?"

레바타는 대답하였다.

"이에 대해서는 이렇게 말할 수 있습니다.

비구로서 한적한 곳을 즐기고 사유하고 좌선하며[思惟坐禪], 바른 살핌에 서로 맞는다[正觀相應] 합시다.

이와 같은 비구가 이 소사자 동산에 있으면 즐거울 것입니다."

존자 사리푸트라는 다시 아니룻다에게 말하였다.

"이제 그대가 즐거움의 뜻을 말해보시오."

아니룻다는 대답하였다.

"만약 어떤 비구가 하늘눈으로 사무쳐 본다 합시다. 그리하여 중생의 무리를 보면 중생들의 죽는 이와 나는 이, 좋은 형상과 나쁜 형상, 좋은 세계와 나쁜 세계, 고운 모습과 미운 모습을 환히 보아 모두 압니다.

어떤 중생은 몸과 입과 뜻의 행이 악해 성현을 비방하다가 몸이 무너지고 목숨이 끝난 뒤에는 지옥에 납니다. 어떤 중생은 몸과 입과 뜻으로 착함을 행해 성현을 비방하지 않습니다.

그것을 마치 사람이 허공을 두루 살펴보는 것처럼, 하늘눈을 가진 비구도 세계를 두루 살펴보고 의심과 따짐이 없습니다.

이와 같은 비구가 이 소사자 동산에 있으면 즐거움이 이와 같을 것입니다."

사리푸트라는 또 카샤파에게 말하였다.

"나는 이제 그대에게 묻겠소. 여러 어진 이들은 이와 같이 즐거운 까닭을 말하였소. 다음에는 그대가 말해보시오."

카샤파는 대답하였다.

"어떤 비구는 스스로도 아란야행을 행하고 남을 시켜서도 행하게 하며, 또 한가하고 고요함의 덕[閑靜之德]을 칭찬하며, 스스로의 몸에도 기운 누더기 옷을 입고 남을 시켜서도 두타행을 행하게 합니다.

또 스스로도 만족할 줄을 알아 한적한 곳에 살고 남을 시켜서도 그 행을 닦게 하며, 스스로의 몸으로도 계의 덕[戒德]을 갖추고 사마디를 이루며, 지혜를 이루고 해탈을 이루며, 해탈지견을 이룹니다.

또한 다시 남을 시켜서도 그 법을 행하고 그 법을 찬탄해, 스스로 이미 교화를 권하고 또한 남을 시켜서도 그 법을 행하게 하고, 가르침에 싫증내지 않습니다.

이와 같은 비구가 이 소사자 동산에 있으면 즐거움이 견줄 데 없을 것입니다."

사리푸트라는 다시 목갈라야나에게 말하였다.

"여러 어진 이들은 모두 즐거운 까닭을 말하였소. 이제는 그대가 그 까닭을 말해보시오. 지금 이 소사자 동산은 견줄 데 없이 즐겁소. 그대는 어떻게 설명하려 하오."

목갈라야나는 대답하였다.

"어떤 비구는 큰 신통이 있고 그 신통에서 자재를 얻어 셀 수 없는 일을 변화시키되 어려움이 없소.

곧 한 몸을 나누어 셀 수 없는 몸을 만들기도 하고, 때로 그것을 모아 하나로 만들기도 하며, 돌벽을 그대로 지나가고 솟았다 가라앉기는 강물과 같으며, 새가 공중을 날되 자취가 없는 것과 같고, 사나운 불이 산과 들을 불태우는 것과 같으며, 해와 달이 비치지 않는 곳이 없는 것과 같소. 또 손을 들어 해와 달을 만지고 또 몸을 변해 브라흐마하늘에 이릅니다.

이와 같은 비구가 이 소사자 동산에 알맞을 것입니다."

목갈라야나가 사리푸트라 존자의 뜻을 물음

그때에 목갈라야나는 사리푸트라에게 말하였다.

"우리는 각기 말재주를 따라 말하였소. 이제는 우리가 사리푸트라 존자께 묻겠소. 이 소사자 동산은 매우 즐겁습니다. 어떤 비구가 여기 있기에 알맞겠습니까."

사리푸트라 존자가 말하였다.

"만약 어떤 비구가 그 마음을 항복받으면 그 마음이 그 비구를 항복받는 것이 아니오. 만약 그가 사마디를 얻고자 하고 곧 그 사마디를 얻어 멀거나 가깝거나 뜻을 따라 그 사마디를 성취하면 그는 곧 이룰 수 있소.

마치 장자가 집에 좋은 옷을 넣어 둔 농이 있을 때 그 장자는 어떤 옷이고 마음대로 집어내되 어려움이 없는 것처럼, 뜻을 따라 사마디에 드는 것[隨意入三昧]도 이와 같소.

그 마음이 그 비구를 부리면 비구가 그 마음을 부릴 수 없소. 뜻을 따라 사마디에 들어감[隨意入三昧]에 의심해 따질 것이 없는 것도 이와 같아서, 비구가 마음을 부리고[比丘能使心] 마음이 비구를 부릴 수 없는 것[非心使比丘]이니, 이와 같은 사람이 이 소사자 동산에 알맞을 것이오."

그때에 사리푸트라는 여러 비구에게 말하였다.

"우리는 말재주를 따라 말하였소. 제각기 방편을 따라 이 뜻을 잘 말하였소. 이제 우리는 세존께 나아가 '어떤 비구가 이 소사자 동산을 즐길 수 있습니까'라고 여쭈어보아 만일 세존께서 무슨 말씀을 하시면 우리는 받들어 행해야 하겠소."

비구들은 대답하였다.

"그렇게 합시다, 사리푸트라시여."

이때 큰 성문들은 각각 서로 이끌어 세존 계신 곳에 나아가 머리를 대 발에 절하고 한쪽에 앉았다.

그때 큰 성문들은 이 인연을 붇다께 갖추어 말씀드렸다.

세존께서 모든 비구들의 행을 방편 따르는 행으로 찬탄해주심

그때에 세존께서는 말씀하셨다.

"잘 말했다. 아난다의 말과 같다.

왜 그런가. 아난다 비구는 법을 많이 듣고 온갖 법을 모두 지닐 수 있으며 범행을 갖춰 닦아 행하기 때문이다. 그런 법을 잘 들어 잊지 않고 삿된 견해도 없으며, 네 가지 무리를 위해 설법하되 말이 뒤섞이거나 사납지 않기 때문이다.

레바타 비구 말도 옳다. 왜 그런가. 그는 한가하고 고요한 곳을 즐겨 사람들 사이에 있지 않고, 늘 바른 생각으로 좌선하여[常念坐禪] 다툼이 없으며 사마타(śamatha, 止)와 비파사나(vipaśyanā, 觀)가 서로 응해[止觀相應] 고요한 곳에서 한가히 머물기 때문이다.

아니룻다 비구 말도 옳다. 왜 그런가. 아니룻다 비구는 하늘눈이 으뜸이다. 그는 하늘눈으로 삼천대천세계를 살펴본다.

마치 눈 있는 사람이 손바닥의 구슬을 보는 것처럼, 아니룻다 비구는 하늘눈으로 삼천대천세계를 보아 의심해 따짐이 없기 때문이다.

카샤파 비구 또한 옳다.

왜 그런가. 카샤파 비구는 스스로도 아란야행을 행하고 또 아란야행을 칭찬하며, 스스로도 밥 비는 덕을 칭찬하며, 스스로도 누더기 옷을 입고 또 누더기 옷의 덕을 칭찬하며, 스스로 만족할 줄 알고 또 만족할 줄 아는 덕을 칭찬하기 때문이다.

스스로도 바위 굴속에 살고 또 바위 굴속의 덕을 칭찬하며, 스스로도 계를 성취하고 사마디를 성취하며, 지혜를 성취하고 해탈을 성취하고 해탈지견을 성취하며, 또한 남을 시켜 이 다섯 가름 법의 몸[五分法身]을 이루도록 하며, 스스로도 교화하고 또한 남을 시켜 이 법 행하도록 하기 때문이다.

또 참으로 빼어나고 빼어나다. 목갈라야나의 말과 같다.

왜 그런가. 목갈라야나 비구는 큰 위력이 있고 신통이 으뜸이어서 마음에 자재를 얻었다[心得自在]. 그는 하고 싶은 것은 곧 할 수 있다. 곧 한 몸이 만억 몸으로 나누어지기도 하며 도로 합해서 하나가 되기도 한다.

돌벽을 지나가도 걸림이 없고, 솟구치고 가라앉음이 자유롭기가 흐르는 강물처럼 걸림이 없고, 허공 가운데 새와 같아서 자취가 없으며, 해나 달과 같아서 비치지 않는 곳이 없고, 몸을 변화해 브라흐마하늘에까지 갈 수 있기 때문이다.

아주 빼어나다. 사리푸트라의 말과 같다. 왜 그런가. 사리푸트라는 그 마음을 항복받고 그 마음이 사리푸트라를 항복받는 것이 아니다. 만약 사마디에 들고 싶으면 곧 들 수 있어 의심하거나 따질 것이 없다[無疑難].

마치 장자가 좋은 옷을 마음대로 가지되 의심하거나 따질 것이 없는 것처럼, 사리푸트라가 그 마음을 항복받고 그 마음이 사리푸트라를 항복받는 것이 아니다. 그가 뜻을 따라 사마디에 들면[隨意入三昧] 모든 것이 눈 앞에 나타나기 때문이다.

참 잘 말하고 잘 말했다, 비구들이여. 너희들의 말은 모두 방편을 따른 것이다.

이제 내 말을 들어라. 어떤 비구가 이 소사자 동산을 즐겨하는가.

만약 어떤 비구가 마을을 의지해 살면서 때가 되어 가사를 입고 발우를 가지고 마을에 들어가 밥을 빈다 하자. 그는 밥 빌기를 마치고 돌아와 손과 얼굴을 씻고 한 나무 밑에서 몸과 뜻을 바로하고 두 발을 맺고 앉아 생각을 매어 앞에 둔다.

그는 생각한다.

'나는 지금 이 자리를 무너뜨리지 않고 반드시 샘 있음[有漏]을 다하여 샘 없음[無漏]을 이루리라.'

그때 그 비구는 곧 샘 있음에서 마음이 해탈한다.

이와 같은 비구가 이 소사자 동산에 알맞을 것이다."

이와 같이 비구들은 늘 부지런히 정진하고 게으르지 말라. 그러면 있는 곳마다 받들어 높이지 않음이 없을 것이다.

이와 같이 비구들이여, 반드시 이렇게 배워야 한다."

그때에 여러 비구들은 붇다의 말씀을 듣고 기뻐하며 받들어 행하였다.

• 증일아함 37 육중품(六重品) 三

• 해설 •

아름다운 산과 숲, 맑은 물과 환한 들의 꽃들이 사람의 마음을 즐겁게 하고, 사람의 깨끗한 뜻 고귀한 마음이 저 세계를 빛나게 하고 아름답게 가꾼다. 마음 밖에 세계가 없으니, 현성의 사마디가 있고 지혜가 있는 곳이 도량이 되고 거룩한 곳이 된다.

사리푸트라 존자가 계신 곳으로 마하목갈라야나 · 마하카샤파 · 아니룻다, 이 큰 세 분 아라한 비구가 찾아가니, 아난다와 레바타 비구 또한 함께 모여 저 사자 동산은 더욱 아름답게 보인다.

사리푸트라 존자가 모인 대중에게 사자 동산이 아름다운 까닭과 아름다운 사자 동산에 잘 머물 수 있는 현성의 길을 물으니, 여러 현성들은 각기 스스로 익혀온 범행을 들어 그 까닭을 답한다.

아난다는 많이 들음의 행으로, 아니룻다는 하늘눈의 신통경계로, 카샤파는 두타행으로, 목갈라야나는 사마디의 자재한 신통으로, 사리푸트라 존자는 스스로 마음에 마음 없음을 통달해 마음 항복함[降心]으로 답한다.

마음이 주체를 항복받는다는 것은 관념이 자아를 규정하므로 참된 항복 받음이 아니니, 주체가 마음을 항복받아야 바른 항복받음이다. 그러나 항복 받을 내가 있어서 마음을 항복받음은 참된 항복받음이 아니니, 마음 항복받음은 안의 주체와 밖의 세계, 안팎의 마음이 모두 공한 줄 알 때 참으로 주체와 마음을 모두 항복받음이다.

그러므로 설사 내가 마음을 항복받는다 말해도, 마음에 마음이 없고 아는 뿌리에 나[我]가 없음을 알아야 그 마음이 늘 머묾 없는 마음이 되니 그때 참된 항복받음 되는 것이다.

저 레바타 존자는 여래로부터 '나의 성문제자 가운데 선정이 으뜸'이라고 찬탄받은 제자이다.

그럼에도 레바타 존자에 대한 경의 기록이 많지 않은 것은 왜일까.

늘 고요한 곳에서 사마디만을 깊이 닦아 그를 알아본 사람이 없고, 뒤에 그 법을 전해 받은 이가 없어서 그런 것일까.

사마타의 그침은 비파사나인 그침이고 비파사나의 살핌은 사마타인 살핌이니, 사마타와 비파사나가 늘 하나됨이 디야나이다. 그러므로 디야나일 때 그 마음에는 늘 계가 있고 지혜가 있고 파라미타의 행이 있다.

디야나의 현성이 두 발 맺고 앉아 고요히 좌선하며 그 숲에 살 때 그 숲은 아름답게 빛날 것이고, 아름답고 고요한 숲속에서 현성의 디야나는 깊고 깊어 밑이 없고 넓고 넓어 밖이 없는 사마디가 될 것이다.

숲속 아란야에서 늘 바른 사유로 좌선하는 레바타 존자의 행은 「법화안락행품」의 '몸과 입, 뜻과 서원의 네 가지 안락행' 가운데 '몸의 안락행'[身安樂行]에서 보인 행과 서로 응하니, 『법화경』은 이렇게 말한다.

보디사트바는 늘 좌선을 좋아하여[常好坐禪] 한가한 곳에 있으면서 그 마음을 거두어 닦아야 한다[修攝其心]. 만주쓰리여, 이것을 처음 몸으로 가까이할 곳[初親近處]이라 한다.

다시 보디사트바 마하사트바는 온갖 법이 공하여 실상과 같아, 뒤바뀌지 않고 움직이지 않으며 물러서거나 구르지 않음이 허공이 있는바 성품이 없는 것과 같음을 살핀다.

그리하여 온갖 말길이 끊어져 생기지 않고 나가지 않고[不生不出] 일어나지 않고 이름 없고 모습 없어 실로 있는 바가 없고 한량없고 끝이 없으며 막혀 걸림이 없음을 살핀다.

다만 인연으로 있어서 실로 남이 없는데[但以因緣有] 뒤바뀜을 좇아나기 때문에 난다고 하는 것이다[從顚倒生故說]. 이와 같은 법의 모습을 늘 즐겨 살피는 것[常樂觀如是法相]을 보디사트바 마하사트바가 두 번째 가까이할 곳[第二親近處]이라 한다.

위 『법화경』에서 살핀 바처럼, 레바타 존자의 좌선행이 그대로 「법화안락행」의 온갖 법을 실상같이 살피는 좌선 법문과 둘이 아님을 알 수 있다.

세존께서는 두타행·좌선행·설법행을 찬탄하면서, 사리푸트라·마하카사파·레바타 존자 등 성문제자들의 행이 다 각기 방편 따르는 법이라 모든 법이 진리의 법이 되고 모든 법이 서로서로 하나되는 법이라 가르치신다. 그러면서도 그 가운데서 두타의 밥 비는 행과 고요히 나무 밑에서 좌선하는 디야나행이 바탕이 된다고 가르치신다.

이는 레바타의 아란야행과 좌선행, 카샤파의 두타행, 사리푸트라의 자재한 사마디행이 만 가지 행의 바탕이 됨을 보이심이니, 디야나의 한 행이 만 가지 파라미타행 모두 거둠을 가르치신 것이다.

그러므로 디야나가 만행(萬行)이 되고 만 가지 파라미타행이 선정의 고요함이 되어야 선으로 종지[禪宗]를 삼는 자라 할 것이니, 선종(禪宗)을 주장하는 자 레바타 존자의 아란야행 좌선행을 본받아야 할 것이다.

2) 맨 처음 성문이 된 아즈냐타 카운디냐

윗자리의 윗자리 존자 카운디냐는
이미 건너고 이미 뛰어났으니

이와 같이 내가 들었다.

한때 붇다께서는 참파 국 각가리아 못가에 계셨다.

그때에 존자 아즈냐타 카운디냐는 비어 한가한 아란야에 오래 머무르다가, 붇다 계신 곳에 와서 붇다의 발에 머리를 대 절하고, 얼굴로 붇다의 발 위를 덮으면서 이렇게 말하였다.

"오랫동안 세존을 뵈옵지 못하였습니다. 오랫동안 '잘 가신 이'를 뵈옵지 못하였습니다."

그때에 존자 방기사는 대중 가운데 있다가 이렇게 생각하였다.

'나는 지금 존자 아즈냐타 카운디냐의 얼굴 앞에서 윗자리의 비유로써 그를 찬탄하겠다.'

이렇게 생각한 뒤에 곧 자리에서 일어나 옷을 바루고 붇다께 절하고 합장하고 말씀드렸다.

"세존이시여, 하고 싶은 말이 있습니다. 잘 가신 이여, 하고 싶은 말이 있습니다."

붇다께서는 말씀하셨다.

"하고 싶은 말이 있거든 곧 말하라."

방기사 존자가 존자 카운디냐를 노래로 찬탄함

때에 존자 방기사는 곧 게송으로 말하였다.

윗자리의 윗자리 존자 카운디냐는
이미 건너고 이미 뛰어 벗어나사
편안하고 즐거운 사마디를 얻어
아란야의 비어 고요한 곳에서
멀리 떠남을 언제나 즐거워하네.

여러 성문의 제자에게 맞는 바인
크신 스승의 바른 법의 가르침
그 온갖 것을 모두다 말하고서
바른 사마디로 방일하지 않도다.

큰 덕과 힘 세 가지의 밝음 갖춰
남의 마음 아는 지혜 환히 밝으니
윗자리이신 카운디냐 존자는
붇다의 법의 재물 보살펴 지녀
공경하는 마음을 더욱 늘리어
붇다의 발에 머리를 대고 절하네.

존자 방기사가 이렇게 말할 때에 여러 비구들은 그 말을 듣고 모두 매우 기뻐하였다.

• 잡아함 1209 교진여경(橋陳如經)

카운디냐 존자는 저 사슴동산에서 가르침을 들은 다섯 수행자 가운데서 소리를 듣고 맨 처음 사제법을 깨친 제자이니, 그가 인류역사 최초의 성문 비구이다. 그가 사제를 깨치고 사마디를 얻음으로 여래의 법이 모든 이의 해탈의 법으로 검증된 것이다.

『번역명의집』은 카운디냐 존자에 대해 다음과 같이 기록하고 있다.

> 아즈냐타 카운디냐(Ājñāta-kauṇḍinya)는 또한 코리타라고 이름한다. 『법화소』(法華疏)는 말한다.
>
> "아즈냐타는 이름인데 여기 말로 옮기면 '이미 앎'[已知]이다. 때로 '앎이 없음'[無知]이라고도 옮긴다."
>
> 앎 없는 것은 바로 아는 것 없음이 아니니, 이것은 알되 앎 없음일 뿐이다.
>
> 또 번역해 '이해함'[解]이라 하니, 『능엄경』은 '나는 처음 평등함을 아는 이[解等]라 불렸으니, 갖추어 말하면 본바탕을 아는 이[解本元]이다'라고 말한다. 고산법사는 '맨 처음 법을 아는 이'[第一解法]라고 풀이했다.
>
> 카운디냐는 성(姓)이다. 여기 말로 옮기면 불그릇[火器]이니, 브라마나 종족은 불을 섬기므로 이를 좇아 종족의 이름이 된 것이다.

아즈냐타 카운디냐는 이름 그대로, 이미 가르침을 들어 맨 처음 지혜의 흐름에 들고 남이 없음을 깨달아 번뇌의 흐름 다한 크신 스승의 높은 제자다. 윗자리의 윗자리 제자가 스승께 절하는 모습을 보고, 뒤따르는 성문제자 방기사가 크신 스승 앞에서 카운디냐를 찬탄하는 노래를 바친다. 크신 스승 앞에서 제자를 찬탄하는 것은, 맨 처음 성문의 도를 이룬 카운디냐 존자가 출가상가 출범의 단초를 열어낸 분으로서 붇다의 법의 재물을 잘 보살피는 이요, 여래의 법을 세간에 잘 전하는 분이기 때문이다.

3) 우루빌라 카샤파 형제와 천 명의 제자들

우루빌라 카샤파여, 여래의 법 안에서
무슨 이익을 보았길래 불 섬김을 버리었는가

이와 같이 내가 들었다.

한때 붇다께서는 마가다 국 사람 사이에 노닐어 다니시면서 천 명의 비구와 함께하셨는데, 그들은 다 옛날에 머리를 땋았던 집을 나온 이들로서, 이제는 다 아라한을 얻었다.

그래서 모든 흐름이 이미 다하고, 지을 바를 이미 짓고, 여러 무거운 짐을 버리고 자기의 이익을 얻었으며, 모든 존재의 묶임을 다해 바른 지혜로 잘 해탈한 이들이었다.

그들은 '잘 세워진 묘'(Suppatiṭṭha-cetiya, 善建立支提)가 있는 야스티 숲(Yaṣṭi-vana, 杖林)에 이르러 그곳에 머물렀다.

빔비사라 왕과 그 대중이 세존과 함께한 우루빌라 카샤파를 봄

마가다 국 빔비사라 왕은 세존께서 마가다 국 사람 사이에 노닐어 다니시다가 '잘 세워진 묘'가 있는 야스티 숲에 이르러 그곳에 계신다는 말을 들었다.

그래서 곁에 모시고 뒤를 따르는 여러 작은 왕들과 많은 신하들, 수레 만이천 대와 말 팔천 마리와 걸어서 따르는 셀 수 없이 많은 대중들과 마가다 국의 브라마나·장자 등을 이끌고 라자그리하 성을 나와, 세존 계신 곳으로 가서 공경을 다하여 공양을 올리려고 하였다.

길 어귀에 이르러서는 수레에서 내려 걸어서 안 문[內門]에 오자 왕의 다섯 가지 장식을 벗었으니, 곧 관을 벗고 일산을 놓아두고 부채와 칼을 버리고 가죽신을 벗어놓았다.

붇다 앞에 이르러서는 옷을 바르게 여미고 오른쪽 어깨를 드러내어 붇다께 절한 뒤에 오른쪽으로 세 바퀴 두루고 나서 스스로 성명을 일컬으며 붇다께 말씀드렸다.

"세존이시여, 저는 마가다 국의 빔비사라 왕입니다."

붇다께서 빔비사라 왕에게 말씀하셨다.

"그렇소, 대왕이시여. 그대는 빔비사라 왕이시오. 이 자리에 앉아 편하게 하시오."

그러자 빔비사라 왕은 붇다의 발에 거듭 절하고 한쪽으로 물러나 앉았고, 여러 왕과 대신과 브라마나·거사들도 모두 붇다의 발에 절하고 차례대로 앉았다.

그때 마침 우루빌라 카샤파도 그 자리 가운데에 있었다.

그때 마가다 국의 브라마나·장자들은 이렇게 생각하였다.

'저 큰 사문이 우루빌라 카샤파에게서 범행을 닦는 것인가? 아니면 우루빌라 카샤파가 저 큰 사문에게서 범행을 닦는 것인가?'

우루빌라 카샤파가 불 섬김 버린 까닭을 말하도록 하심

그때 세존께서는 마가다 국의 브라마나·장자들의 생각을 아시고서 곧 게송으로 물으셨다.

불 섬기던 우루빌라 카샤파여,

여기에서 무슨 이익을 보았기에
그대는 앞서 불을 섬기던 일 등
갖가지 받들던 일들 버렸는가.
불 섬기던 옛날의 일 버린 까닭
지금 그 뜻을 말해보도록 하라.

우루빌라 카샤파가 게송으로 붇다께 말씀드렸다.

돈과 재물 모아 그에 맛들임과
이성을 탐냄 등 오욕의 결과로
미래에 과보 받음을 살펴보니
이는 다 큰 때와 더러움입니다.
그러므로 앞서 여러 받들던 것들
불 섬김을 모두다 버렸나이다.

• 잡아함 1074 영발경(縈髮經) 전반부

• 해설 •

우루빌라 카샤파는 붇다 당시 브라마나 교단의 가장 높은 윗자리 스승으로 신통의 힘을 갖추고 두 동생과 함께 천 명의 제자들을 이끌고 있었다.

브라마나 우루빌라 카샤파가 붇다의 제자가 된 것은 당시 인도사상계의 일대 충격적 사건에 해당한다. 빔비사라 왕과 대신들이 우루빌라 카샤파가 세존의 대중 속에 앉아 있는 것을 보고 모두 저 브라마나인 우루빌라 카샤파가 사문인 고타마의 제자가 된 것인가, 사문인 고타마가 브라마나인 우루빌라 밑에서 범행을 닦는 것인가 의심한다.

그러므로 붇다는 우루빌라 카샤파에게 불로 브라흐만신을 섬기던 일 버린 까닭을 왕과 대신, 장자·거사 등 셀 수 없는 마가다 국의 군중 앞에서 말하게 한다.

브라마나 계급의 사제들이 현세의 복락을 누리면서 브라흐만께 불의 공양과 기도로 내세에 브라흐만의 방에 나려고 하는 것에는 현세의 복락을 뒷세상까지 이어가려는 탐욕이 그 밑바탕에 깔려 있다.

붇다의 길은 세간의 모습 있는 법과 세간 떠난 초월적 법에 대한 집착을 모두 버려 지금 현재의 법에서 구함 없고 집착 없는 해탈을 이루어 다시 뒷세상 존재의 묶음을 다시 받지 않음이다.

우루빌라 카샤파가 지금껏 브라흐만께 불로 공양하던 삶을 떠나서 세간의 탐욕과 출세간의 집착 모두 버리는 보디의 길 따라 붇다의 제자가 되었음을 빔비사라 왕과 마가다 국의 장자·거사들 앞에서 선언한다.

붇다가 되신 사문 고타마를 따라 붇다의 제자가 되었다는 브라마나 최고의 장로, 우루빌라 카샤파의 한 마디는 이제 갓 새로 출범한 붇다의 상가가 천 명의 브라마나 교단을 흡수한 큰 교단이 된 것을 당시 인도 최대의 나라 마가다의 국왕과 셀 수 없는 대중 앞에서 선언하는 일이 된다.

또한 이 선언은 붇다의 상가가 마가다 국뿐 아니라 인도 여러 나라들 앞에 신뢰 받을 수 있는 집단으로 공인받는 일이 되는 것이다.

왜 하늘 섬김을 버렸는가,
카샤파여 뜻을 따라 말해보라

그때 세존께서 다시 게송으로 물으셨다.

그대가 이 세간의 돈과 재물 등
다섯 물질의 맛 집착하지 않는다면
다시 왜 하늘신 섬김을 버렸는가.
카샤파여, 뜻을 따라 말해보라.

카샤파가 다시 게송으로 대답하였다.

도를 보아 남음 있음 멀리 여의고
고요히 사라져 남은 자취 없어서
있는 바가 없고 집착하지 않으니
달리 나아감 없고 다른 길 없네.
그러므로 앞에서 불 섬기던 일
모두 버려 다시 하지 않사옵니다.

큰 모임 열어 물과 불을 섬기며
고루 그런 일들을 받아 지니며
어둡고 어리석게 그 속에 빠져

해탈의 도 구할 뜻 세웠습니다.

장님처럼 지혜의 눈이 없어서
나고 늙고 병들어 죽음 향하여
나고 죽는 윤회의 길 길이 떠날
바른 길을 보지 못하였습니다.

오늘에야 비로소 세존을 만나
함이 없는 도를 보게 되었으니
크신 용의 말씀하는 힘을 입어서
저 언덕에 건너가게 되었나이다.

무니께서 넓게 세간 건져주시고
한량없는 중생 편히 위로하시니
고타마가 진실로 벗어나셨음
오늘에야 비로소 알게 되었네.

붇다께서 카샤파를 찬탄하시고 신묘한 변화를 보이게 하심

붇다께서 다시 게송으로 카샤파를 찬탄하셨다.

참 잘 말했도다 그대 카샤파여.
앞에도 나쁜 생각 짓지 않더니
차례로 법을 분별하고 구해서
드디어 빼어난 곳 이르렀도다.

그대 지금 카샤파여, 반드시 그대를 따르던 무리들의 마음을 위로해야 한다.

그때 우루빌라 카샤파는 곧 사마디에 들어 신통의 힘[神足力]으로 동쪽을 향해 허공에 올라, 가고 머물고 앉고 누움 등 네 가지 신묘한 변화를 나타내었다.

그러고는 불 사마디[火三昧]에 들어 온몸이 환히 타올라, 푸른빛·노란빛·붉은빛·흰빛·수정빛·분홍빛을 내었다.

그러고는 몸 위에서는 물을 내고 몸 아래서는 불을 내며, 도로 그 몸을 태우고, 다시 몸 위에서 물을 내어 그 몸에 쏟아 부었다.

다시 몸 위에서는 불을 내어 그 몸을 태우다가 몸 아래에서 물을 내어 그 몸에 쏟아 붓기도 하였다. 이렇게 갖가지 변화를 나타낸 뒤 붇다의 발에 머리를 대 절하고는 붇다께 말씀드렸다.

"세존이시여, 붇다께서는 곧 저의 스승이시고, 저는 제자입니다."

붇다께서 카샤파에게 말씀하셨다.

"나는 그대의 스승이요, 그대는 나의 제자이다. 그대는 편안히 다시 자리에 앉아라."

그러자 우루빌라 카샤파는 본래 자리로 돌아왔다. 그때 마가다 국의 브라마나·장자들이 이렇게 생각하였다.

'우루빌라 카샤파가 저 큰 사문 있는 곳에서 범행을 닦아 행하는 것이 확실하구나.'

붇다께서 이 경을 말씀하시자, 마가다 국 빔비사라 왕과 여러 브라마나·장자들은 붇다의 말씀을 듣고 기뻐하면서 절하고 떠나갔다.

• 잡아함 1074 영발경 후반부

천 명의 제자 대중을 거느리고 브라마나 최고의 지도자 우루빌라 카샤파가 세존께 귀의한 것은 당대 민중들을 큰 충격 속에 빠뜨린 일일 뿐 아니라 수천 년 인도사상사의 일대 혁명적 사건이 아닐 수 없다.

우루빌라 카샤파의 입으로 하늘신 섬김이 윤회의 길 벗어나지 못함이고, 오직 세존의 가르침 안에 나고 죽음 벗어나는 길이 있으며 붇다가 참으로 벗어난 이, 세간 건지시는 이임을 말하니, 이는 만백성 앞에 고타마가 붇다 세존이시고 여래임을 선포한 것이다.

카시 국의 사슴동산에서 세존께서 다섯 수행자에게 '너희들은 여래를 옛 이름으로 부르거나 벗이라 부르지 말라'고 하신 것은 스스로 위없는 보디의 성취자임을 선언하심이고, 지금 우루빌라 카샤파의 선언은 온 천하를 향해 붇다가 나의 스승이시고 붇다가 여래이시며 세존임을 확인시킨 것이다.

우루빌라 카샤파 삼형제의 이름에 대해서는 『번역명의집』에 이렇게 기록하고 있다.

우루빌라는 『법화문구』에서 목과숲[木瓜林]으로 옮겨진다고 말한다. 우루빌라 카샤파라 한 것은 이 숲 가까이 살았기 때문이다.

고산(孤山)법사는 말한다. '여기서 목과 같은 혹[木瓜瘻]이라 한 것은 가슴 앞에 혹이 목과 같기 때문이다'라고 말하고, 또 '이 나무신에 빌려서 났기 때문에 우루빌라라는 이름을 얻은 것이다'라고 하였다.

가야 카샤파에 대해서 고산법사는 말한다.

"가야(Gāya)는 산이름인데 곧 코끼리머리산[象頭山]이다. 『법화문구』에서 성(城)이라 옮기니 이 산 가까이 성이 있기 때문이다. 집이 라자그리하 성 남쪽 일곱 요자나에 있었다."

나디 카샤파의 나디(Nādi)는 강이다. 카샤파를 가섭이라 한 것은 말을 줄인 것이다. 옛 붇다의 때같이 도량의 기둥을 세워서 이 인연으로 형제가 되었다.

4) 찬탄의 시 짓기로 으뜸가는 방기사

———

스스로를 채찍질하는 노래를 짓고는
마음이 저절로 열리었나니

이와 같이 내가 들었다.

한때 붇다께서는 라자그리하 성 칼란다카 대나무동산에 계셨다. 그때 존자 니그로다카파[尼拘律相]는 넓은 벌판의 날짐승·들짐승이 사는 곳에 있었다.

존자 방기사는 집을 나온 지 오래지 않았으나 다음과 같은 바른 몸가짐이 있었다.

곧 마을이나 도시를 의지해 살면서, 이른 아침에 가사를 입고 발우를 가지고 그 마을이나 도시에서 밥을 빌 때에는, 그 몸을 잘 보살피고 모든 아는 뿌리의 문을 지키어, 마음을 거두고 생각을 잡아매었다. 밥 빌기를 마치고 머물던 곳에 돌아와서는 가사와 발우를 거두어 들고 발을 씻은 뒤에는 방에 들어가 좌선하고, 빨리 선정에서 깨어나도 밥 빌기에 집착하지 않았다.

그러나 그에게는 때를 따라 가르쳐주거나 가르쳐 깨우치는 사람이 없어, 마음의 편안하고 즐거움이 두루 원만치 못해, 숨기고 덮어 이와 같이 깊이 숨어 살았다.

스스로 일깨우는 노래를 짓고 마음이 열림

때에 존자 방기사는 이렇게 생각하였다.

'나는 이익을 얻지 못했으나, 그것은 얻기 어렵고 쉽게 얻는 것이 아니다. 나는 때를 따라 가르쳐줌과 가르쳐 깨우침을 받지 못하여, 기뻐하는 마음이 두루 원만치 못한 채 숨기고 덮는 그런 마음으로 머물고 있다.

나는 지금 스스로 묶임이 있는 생활 싫어함을 찬탄하는 게를 말하리라.'

그는 곧 게송으로 말하였다.

반드시 즐거운 것과 즐겁지 않음
그리고 온갖 탐내는 느낌을 버리고
이웃들에 대해 짓는 바가 없이
물듦 떠나면 그를 비구라 한다.

여섯 가지 느낌과 마음의 모습 취함
온 세간을 치달려 돌아다니며
악하여 착하지 않음 숨겨 덮어서
덮는 겉가죽을 버리지 못하고
더러운 물듦이 마음 즐겁게 하면
이런 사람 비구라고 하지 않는다.

남음 있는 묶음에 묶인다 해도
보고 듣고 느끼어 앎이 함께할 때

탐욕을 바로 깨달아 아는 이는
다시는 그곳에 물들지 않으니
이와 같이 물들지 않은 사람
이 사람이 바로 무니인 것이네.

큰 땅과 허공 세간의 모든 모습들
이는 다 닳아 없어지는 법이라
스스로 반드시 고요함 되네.

법의 그릇 오래도록 닦아 익히어
고요한 사마디를 끝내 얻어서
실로 있는 경계에 닿지 않으며
아첨이나 거짓된 마음이 없이
그 마음 아주 오롯이 지니어 가면
그 현성 오래되면 니르바나에 드니
언제나 생각을 매어 때를 기다리면
마침내 모든 묶음 다 사라지리라.

때에 존자 방기사는 스스로 묶임을 싫어해 게송을 말한 뒤에, 마음이 스스로 열리고 깨쳐, 즐거움과 즐겁지 않은 느낌 등을 깨달은 뒤 기쁘고 즐거운 마음으로 머물렀다.

• 잡아함 1213 불락경(不樂經)

· 해설 ·

여래를 찬탄하고 여래의 공덕을 찬탄함은 여래 안에 성취된 삶의 진실을 온전히 승인해 '나'의 삶으로 받아들이는 행이다.

저 화엄의 보디사트바는 늘 여래 찬탄함으로 진리법계와 하나된 보현의 행[普賢行]을 닦는다고 했는데, 그 삶의 원형이 바로 방기사 존자에게 있다.

방기사의 찬탄의 시가 있음으로 해서 여래의 상가는 높은 철학적 사유를 지닌 지식계급의 토론의 모임, 윤회에서 해탈하기 위해 두타와 선정으로 밤낮없이 치열하게 정진의 불꽃을 피우는 구도자의 모임을 넘어서게 되었다. 그리하여 상가는 찬탄과 축복의 노래가 넘쳐나고 감성의 비가 촉촉히 서로를 적셔주는 어울림과 사랑의 공동체가 되었다.

방기사 존자는 출가해서 이끌어주는 이 없이, 홀로 아란야에 머물며 홀로 지냄의 두려운 마음의 벽을 느끼고 살았다.

그는 그 마음의 장벽을 여래가 설하신 가르침에 대한 아름다운 찬탄의 시로 돌파하니, 법을 찬탄하는 곳이 여래와 함께하는 곳이며, 뭇 현성과 함께하는 곳이기 때문이다.

지금 내 마음속에 일어나는 기쁨과 슬픔, 즐거움과 괴로움은 여기 내 안에 있는 것이 아니라 나와 세계 속에서 연기한 것이다. 느낌이 공한 줄 알아 모습 취하지 않고 느낌 없음 또한 머물 바 없음을 알면, 그곳이 여래의 보디의 처소이고 니르바나의 처소이다. 니르바나의 처소가 나의 삶의 진실이니, 이와 같이 살피는 힘이 깊어지고 깊어지면 끝내 온갖 번뇌 사라져 늘 고요한 사마디와 늘 밝은 지혜가 현전할 것이다.

방기사 존자가 노래하는 그때 홀연히 마음이 열리니, 그 힘은 어디서 오는가.

법계진리의 힘[法界力]은, 모습이 아니되 모습 아님도 아니며 '나' 아니되 '나 아님'도 아니라 방기사 존자가 법을 노래할 때 노래하는 그 마음을 법계인 마음[法界心]으로 돌이켜준 것이다.

792 **승보장 4** | 제5부 상가공동체의 거룩한 수행자들

아난다시여, 저를 위해 여인에 대한
탐욕의 불꽃 없애주소서

이와 같이 내가 들었다.

한때 붇다께서는 슈라바스티 국 제타 숲 '외로운 이 돕는 장자의 동산'에 계셨다.

그때 존자 아난다는 이른 아침에 가사를 입고 발우를 가지고 슈라바스티 성에 들어가 밥을 빌었는데, 존자 방기사와 짝이 되었다.

그때 존자 방기사는 어떤 여인을 보았는데, 그 여인은 빼어나게 아름다운 모습이었다. 그녀를 보고서는 탐욕의 마음이 일어났다.

여인에 대한 탐욕의 불길이 일자 아난다께 도움을 청함

그때 존자 방기사는 이렇게 생각하였다.

'나는 지금 이익되지 않음을 얻었다. 괴로움만 받을 뿐 즐거움을 얻지 못할 것이다. 나는 지금 모습이 아주 아름다운 젊은 여인을 보고 탐욕의 마음이 생겼다.

지금 싫어해 여의려는 마음을 내기 위해 게송을 말해보자.'

탐욕에 물들고 덮이어서
타는 불길 내 마음을 태우네.
이제 존자 아난다시여,
나를 위해 탐욕의 불길을

시원스럽게 꺼주소서.
사랑의 마음으로 슬피 여겨
방편을 나에게 말해주오.

아난다 존자가 노래로 바른 살핌의 길을 열어줌
존자 아난다가 게송으로 대답하였다.

저 뒤바뀐 생각 때문에
타는 불길 그 마음 태우니
탐욕을 기르고 키우는
깨끗하다는 생각 멀리 떠나
깨끗하지 않다는 살핌 닦아
늘 한마음의 바른 사마디로
빨리 탐욕의 불길을 꺼
그 마음 태우지 않게 하오.

모든 행은 괴롭고 공하며
내가 있지 않다고 살피고
생각 매어 몸을 바로 살펴
싫어해 떠나려는 마음을
많이 닦아 익혀야 하오.

모습 없음을 닦아 익혀서
교만의 번뇌 없애버리고

나라는 교만 일어남에서
사이 없는 평등한 지혜 얻으면
괴로움의 끝 마쳐 다할 것이오.

존자 아난다가 이렇게 말하자, 존자 방기사는 그 말을 듣고 기뻐
하며 받들어 행하였다.

• 잡아함 1214 탐욕경(貪欲經)

• 해설 •

길을 걷다 방기사와 아난다 존자가 같이 아름다운 여인을 보았는데 어찌
저 방기사는 탐욕의 불길이 타올라 괴로워하고 아난다 존자가 방기사의 타
는 탐욕의 불길 꺼주는가.

아난다 존자가 많이 들었을 뿐 마음의 샘이 있음을 다하지 못했다는 기
록은 아마도 그에 대한 여러 대중의 견제의 마음이 반영된 점이 없지 않다.

이미 아난다 존자가 그 마음에 사마디를 얻지 못했으면 방기사가 그에게
탐욕의 불길 꺼주길 어찌 청하고, 아난다가 어찌 바른 살핌[正觀]을 보이는
노래 한 수로 그 마음의 불길을 꺼주었겠는가.

방기사 존자도 스스로 그 마음의 허물과 때를 숨기지 않고 밝히고 드러
내[發露] 아난다께 도움을 청하니, 그는 부끄러워할 줄 알고 뉘우칠 줄 알
며 잘 뉘우쳐 해탈의 문을 여는 사람이다.

방기사여 그냥 누워서 움직이지 말라,
앓고 있는 병은 견딜 만한가

이와 같이 내가 들었다.

한때 붇다께서는 슈라바스티 국 제타 숲 '외로운 이 돕는 장자의 동산'에 계셨다.

그때 존자 방기사는 슈라바스티 국 동쪽 동산 므리가라마트리 강당에 있었는데, 존자 푸르나가 간병인이 되어 쓸거리를 대주고 공양하였다.

그때 존자 방기사가 존자 푸르나에게 말하였다.

"존자는 세존 계신 곳으로 가서 제 말을 가지고 이렇게 세존께 말씀드려주십시오.

'제자 방기사는 세존의 발에 머리를 대 절하고 문안드립니다. 어디 편찮으신 데나 힘드신 일은 없으시며, 지내시기는 가볍고 안락하십니까.'

그리고 다시 이렇게 말씀드려주십시오.

'제자 방기사는 동쪽 동산 므리가라마트리 강당에 있는데, 병세가 아주 위독하여 세존을 직접 가서 뵈옵고자 해도 세존께 갈 힘과 방편이 없습니다.

거룩하신 세존께서는 제자 방기사를 가엾이 여기시어 동쪽 동산 므리가라마트리 강당의 제자 방기사가 있는 곳까지 찾아주시기를 바랍니다.'"

푸르나 존자가 병들어 누워 있는 방기사의 청을 세존께 말씀드림

그때 존자 푸르나는 그 청을 받아들고 곧 세존 계신 곳으로 나아가 붇다의 발에 머리를 대 절하고 한쪽에 물러나 앉아서 이렇게 말씀드렸다.

"제자 방기사는 동쪽 동산 므리가라마트리 강당에 있는데, 병세가 아주 위독하여 세존을 직접 가서 뵈옵고자 해도 세존께 갈 힘과 방편이 없습니다.

거룩하신 세존께서는 제자 방기사를 가엾이 여기시어 동쪽 동산 므리가라마트리 강당의 제자 방기사가 있는 곳까지 찾아주시기를 바랍니다."

그러자 세존께서는 잠자코 허락하셨다. 존자 푸르나는 붇다께서 허락하신 것을 알고 곧 자리에서 일어나 붇다의 발에 절하고 물러갔다.

세존께서는 저녁때가 되어 선정에서 일어나시어 존자 방기사에게 가셨다. 존자 방기사는 멀리 세존께서 오시는 것을 보고 자리를 붙잡고 일어나려고 하였다. 그때 세존께서 존자 방기사가 자리를 붙잡고 일어나려고 애쓰는 모습을 보시고 말씀하셨다.

"방기사여, 함부로 움직이지 말라."

그렇게 말씀하시고는 곧 자리에 앉으시어 존자 방기사에게 물으셨다.

"앓고 있는 병의 괴로움은 좀 편안해져 참을 만하느냐? 몸의 모든 고통은 좀 어떠냐? 더하느냐 좀 덜하느냐?"

"제 병의 괴로움은 갈수록 더할 뿐 줄어드는지를 모르겠습니다."

세존께서 병든 방기사를 위로하시고 마음의 해탈을 물으심

붇다께서 방기사에게 말씀하셨다.

"내가 이제 너에게 묻겠다. 뜻대로 나에게 대답하라. 너는 마음이 물들지도 않고 집착하지도 않으며, 때묻지 않고 해탈하여 모든 뒤바뀜을 떠났는가?"

방기사가 붇다께 말씀드렸다.

"제 마음은 물들지도 않고 집착하지도 않으며, 때묻지 않고 해탈하여 모든 뒤바뀜을 떠났습니다."

붇다께서 방기사에게 말씀하셨다.

"너는 어떻게 마음이 물들지도 않고 집착하지도 않으며, 때묻지 않고 해탈하여 모든 뒤바뀜을 떠나게 되었는가?"

방기사가 붇다께 말씀드렸다.

"저는 과거의 눈[過去眼]이 빛깔[色]을 아는 것에서도 마음이 돌아보아 생각하지 않고, 미래의 빛깔에서도 기쁘게 생각하지 않으며, 현재의 빛깔에서도 집착하지 않습니다.

저는 과거·미래·현재의 눈이 빛깔을 아는 것에서도 탐욕[貪欲]과 사랑하고 좋아하는 생각[愛念]이 거기에서 사라져 탐욕 없고 사라져 없어지며, 쉬어 떠나고 해탈하여 마음이 이미 해탈하였습니다.

그러므로 물들지도 않고 집착하지도 않으며, 때묻지 않고 모든 뒤바뀜을 떠나 사마디[正受]에 머물게 되었습니다.

이와 같이 귀·코·혀·몸·뜻이 과거의 법 등을 아는 것에서도 마음이 돌아보아 생각하지 않고 미래를 기뻐하지 않으며, 현재에도 집착하지 않고, 과거·미래·현재의 법 가운데 탐욕 생각함과 애착이 다해, 탐욕 없고 사라져 없어지며 쉬어 떠나고 해탈하여 마음이 이미 해탈하였습니다.

그러므로 물들지도 않고 집착하지도 않으며, 때묻지 않고 해탈하여, 모든 뒤바뀜을 떠나 사마디에 머물게 되었습니다.

세존께서는 오늘 맨 뒤로 저를 요익되게 하시사 제가 게송 말함을 들어주시길 바랍니다."

붇다께서 말씀하셨다.

"바로 지금이 말할 때다."

방기사 존자가 세존을 찬탄하고, 대중에게
가르침 따라 잘 행하기를 당부함

존자 방기사는 자리에서 일어나 몸을 바로하고 단정히 앉아 생각을 매어 앞에 두고 게송을 말하였다.

나는 지금 붇다 앞에 머물러
머리 숙여 공경히 절하옵나니
세존께선 온갖 법에서 해탈하사
모든 법의 모습을 잘 이해하시고
깊이 믿어 바른 법을 좋아하시네.

세존께선 바르게 깨치신 분이고
세존께선 크나큰 스승이시며
세존께선 마라와 원수 항복받으시고
세존께선 크나큰 '무니'이시니
온갖 번뇌 남김없이 없애버리사

스스로 중생 무리 건네주시네.

세존께선 이 중생의 이 세간에서
모든 법을 다 깨달아 아신 분이니
이 세간에서 법을 깨쳐 알기로는
붇다를 넘는 이란 있지 않도다.

저 모든 하늘들과 사람 가운데도
붇다와 견줄 만한 이 또한 없어라.
그러므로 나는 오늘 큰 정진 이루신
세존께 머리 숙여 절하옵니다.

가장 높아 거룩한 분께 절하나니
이 세간 뭇 성인 중 높으신 세존
온갖 애욕의 가시 뽑아내었네.
나는 지금 이내 목숨 마침에 닥쳐
마지막으로 세존을 뵙게 됐으니
해의 종족 높은 분께 절하옵고서
이 저녁 니르바나 들려 합니다.

바른 지혜로 바른 생각 잡아매니
썩어 무너져 없어질 이 몸 가운데
남은 힘이 일으킨 모든 것들은
이 밤부터 길이 사라져 없어져서

삼계의 더러움에 물들지 않고
남음 없는 니르바나 들어가오리.

괴로운 느낌 그리고 즐거운 느낌
괴롭지도 않고 즐겁지도 않은 느낌
닿음의 인연 좇아 생겨났으니
이제는 그 모든 것 길이 끊으리.

괴로운 느낌 그리고 즐거운 느낌
괴롭지도 않고 즐겁지도 않은 느낌
닿음의 인연 좇아 생겨나는 것을
나는 이미 다 깨달아 알았으니
안과 밖 괴롭고 즐거운 모든 느낌
그 느낌들에 집착하는 바가 없어서
바른 지혜로 마음을 잡아 묶으니
처음이나 가운데나 맨 마지막의
모든 쌓임에 막힘과 걸림 없어서
온갖 쌓임을 이미 다 끊었으므로
느낌을 밝게 알아 나머지 없네.

법의 진실을 밝게 보는 사람은
구십일 겁에 세 겁은 비지 않아서
크신 선인 세존이 계신다 말하고
그 나머지 기나긴 겁은 비어서

이 세간의 섬과 의지처 없어
오직 두렵고 무서운 겁이라 하네.

그러나 중생은 반드시 알아야 하니
크신 선인 세간에 다시 오시어
여러 하늘과 사람들 안위해주고
눈을 열어 어두움 떠나게 하리.

여러 중생 보여주고 깨닫게 하사
온갖 것 괴로움인 것 알게 하시고
쓰린 괴로움과 괴로움의 모아냄과
괴로움을 벗어난 니르바나와
현성의 여덟 가지 바른 길 깨닫게 하여
안온하게 니르바나로 나가게 하네.

이 세간에서 만나 뵙기 어려운 분
나는 바로 눈앞에서 뵙게 되었고
이 세상에 태어나 사람 몸 얻고서
여래의 바른 법 연설 몸소 들었네.

각기 자기들의 하고자 함을 따라
때를 여의고 청정한 범행 구하여
자기의 바른 이익 오롯이 닦아
헛되이 결과 없게 지내지 말라.

헛되이 지내면 근심을 내게 되고
머지않아 지옥의 괴로움 받네.

여래께서 말씀하신 그 바른 법을
좋아하지 않고 받으려 하지 않으면
오래도록 나고 죽음에 있으면서
윤회가 그치어 쉴 기약 없으며
기나긴 밤 근심하고 괴로워함이
마치 재물 잃어버린 상인 같으리.

나는 이제 온갖 기쁨과 즐거움 모여
다시는 나고 늙고 죽는 일 없고
괴로움의 윤회는 이미 다 끊어져
거듭 다시 태어남 받지 않으리.

애욕과 번뇌의 강 흐르는 물결
지금 모두다 말려 다해버리고
이미 모든 쌓임의 근본 뽑았으니
사슬고리 서로 이어지지 않으리.

크신 스승께 공양하여 마쳤고
지을 바를 이미 지어 이루었으며
무거운 짐을 모두다 벗어버렸고
존재의 흐름은 이미 다 끊어졌네.

다시 남을 받는 것 좋아하지 않고
또한 미워할 죽음이 본래 없네.
바른 지혜로 바르게 생각을 매어
오직 마칠 때가 이르길 기다리네.

생각하면 빈들의 큰 코끼리 왕
육십 년 용맹한 짐승의 왕인데
하루아침에 쇠사슬에서 풀려나
산 숲속에 마음대로 즐김과 같네.

이 제자 방기사 또한 그러해
큰 스승의 입이 낳아준 아들로서
모든 헛된 무리들 싫어서 버리고
바른 생각으로 때 이르길 기다리네.

내 이제 그대들께 일러두나니
여기 와 같이 모인 이들이 모두
내가 읊는 맨 뒤의 게송 들어보면
그 뜻에 이익됨이 매우 많으리.

생겨난 것은 사라짐에 돌아가
모든 행에 항상함이 있지 않아라.
빨리 생겨났다 빨리 죽는 법이니
어찌 오래 의지해 믿을 것인가.

그러므로 그 뜻을 굳세게 하여
부지런히 정진해 방편 구하되
두려워할 것 있음 언제나 살펴
무니의 길 그대로 따라 걸어서
이 괴로움의 쌓임 빨리 버리고
다시는 윤회의 길 더하지 말라.

방기사 존자가 여래의 입으로 태어난 법의 아들임을 보임

붇다의 입으로 태어난 법의 아들
세존을 찬탄해 이 게송을 말한 뒤
모인 그 대중들과 길이 하직하고
방기사는 니르바나에 들었도다.

그는 중생 위한 자비의 마음으로
위없는 이 게송을 말하였나니
방기사는 여래의 법의 아들로
중생 가엾이 여기는 마음 드러내
위없는 이 게송을 말하고 나서
온전한 니르바나 들어갔으니
온갖 중생 공경히 절해야 하리.

• 잡아함 994 바기사멸진경(婆耆娑滅盡經)

• **해설** •

게송의 맨 끝에 방기사 존자가 여래의 입으로 태어난 법의 아들이라고 말하며 방기사 존자를 찬탄하는 부분은 방기사 존자에 관한 이 수트라를 편집할 때 덧붙인 게송인 듯하다.

방기사는 마지막 병이 들어 목숨 거두는 그 순간 한 점의 뉘우침도 없이 여래와 여래의 법을 찬탄하고, 스스로의 목숨에 나고 사라짐이 본래 없음을 노래로 보이고 남은 대중에게 당부의 말까지 남긴다.

이와 같은 높은 수행자 방기사야말로 나고 죽음과 니르바나가 둘이 아닌 법문, 움직임과 고요함이 둘이 아닌 법문[不二法門]에 잘 들어선 현성이다.

비록 배워갈 때 아나가민의 마음이 되지 못해 거리에서 만난 여인에게 탐욕의 마음이 일어났으나, 이제 몸과 마음과 세계가 모두 공함을 깨달아 다시 실로 태어남을 받지 않고 미워할 죽음을 보지 않으니, 그가 아라한이고 여래의 법의 아들이다.

그는 이미 범행을 모두 세운[梵行已立] 아라한이므로, 목숨이 다해 뒤의 몸의 실로 태어남을 받지 않지만, 고요함에 걸리거나 공(空)에 빠짐이 없으니 길이 여래와 여래의 법을 찬탄하는 그 마음[稱讚如來心]과 넓고 큰 서원의 행[廣大誓願行]은 저 허공이 무너진들 다함이 없을 것이다.

『화엄경』(「여래현상품」)은 방기사 존자처럼 여래의 공덕과 여래의 진리 바다를 찬탄하고 보디에 들어가는 수행자의 길을 다음과 같이 말한다.

보디사트바는 온갖 국토 가운데서
미묘한 음성 널리 연설하여
붓다의 공덕을 찬탄해 드날리니
찬탄의 음성 법계에 가득하도다.

一切國土中　普演微妙音
稱揚佛功德　法界悉充滿

5) 세속의 욕락에 빠졌다 아라한이 된 난다

─────

난다여, 너는 누더기 옷 입고 밥을 빌며
아란야행을 닦아야 하리

이와 같이 내가 들었다.

한때 붇다께서는 슈라바스티 국 제타 숲 '외로운 이 돕는 장자의 동산'에 계셨다.

그때 존자 난다는 붇다 이모의 아들인데, 좋은 옷과 고운 빛으로 물들인 옷과 빛깔 곱게 다듬이질한 옷을 입기 좋아했고, 좋은 발우를 가지고, 장난치길 좋아하고 우스갯소리 하며 다녔다.

그때 많은 비구들이 붇다 계신 곳을 찾아와서 붇다의 발에 머리를 대 절하고는 한쪽에 물러나 앉아서 붇다께 말씀드렸다.

"세존이시여, 존자 난다는 붇다 이모의 아들로서 좋은 옷과 빛깔 곱게 다듬이질한 옷을 입기 좋아하고, 좋은 발우만 지니고서 장난치길 좋아하고 우스갯소리 하고 다닙니다."

그때 세존께서 어떤 한 비구에게 분부하셨다.

"너는 난다 비구 있는 곳에 가서 이렇게 말해주라.

'난다여, 크신 스승께서 그대에게 말씀하실 것이 있으시오.'"

그 비구는 세존의 분부를 받고 난다에게 가서 말하였다.

"세존께서 그대에게 말씀하실 것이 있으십니다."

난다는 그 말을 듣고 나서 곧 붇다 계신 곳으로 가서 붇다의 발에 머리를 대 절하고는 한쪽에 물러나 앉았다.

좋은 옷 걸치고 놀러다니길 좋아하는
난다를 여래께서 크게 꾸중하심

붇다께서 난다에게 말씀하셨다.

"네가 정말 좋은 옷과 빛깔 곱게 다듬이질한 옷 입기 좋아하고, 장난치길 좋아하고 우스갯소리 하며 다니는가?"

난다가 붇다께 말씀드렸다.

"참으로 그렇습니다, 세존이시여."

붇다께서 난다에게 말씀하셨다.

"너는 나의 이모의 아들로서 좋은 집안인데도 집을 나왔다. 그러니 너는 반드시 좋은 옷과 빛깔 곱게 다듬이질한 옷 입기를 좋아하거나, 좋은 발우를 지니고 다니거나, 장난치길 좋아하며 우스갯소리하고 다녀서는 안 된다. 너는 이렇게 생각해야 한다.

'나는 붇다 이모님의 아들로서 좋은 집안인데도 집을 나왔다. 그러니 아란야에 살면서 밥을 빌고 누더기 옷[糞掃衣]을 입어야한다. 그리고 언제나 누더기 옷을 입은 이를 찬탄하고, 늘 산이나 늪에 살면서 다섯 가지 욕망[五欲]을 돌아보지 말아야 한다.'"

세존께서 아란야행 닦는 난다를 찬탄하심

그때 난다는 붇다의 가르침을 받은 뒤로는 아란야행을 닦으며 밥을 빌고 누더기 옷을 입었다. 또 늘 누더기 옷 입은 이를 찬탄하고 산이나 늪에 살기를 좋아하며 애욕을 돌아보지 않았다.

그때 세존께서 곧 게송을 설하셨다.

난다여, 너는 무엇을 보았길래
아란야행을 잘 닦아 익히느냐?
집집마다 다니며 밥을 빌고
몸에는 누더기 옷을 걸치고서
산이나 늪에 사는 것 좋아하며
다섯 욕망 돌아보지 않는구나.

붇다께서 이 경을 말씀하시자, 존자 난다는 붇다의 말씀을 듣고 기뻐하며 받들어 행하였다.

• 잡아함 1067 난타경(難陀經) ②

• 해설 •

난다는 붇다의 이모의 아들이라고 하고 이복동생이라고 하니, 아마도 마하프라자파티의 세속 아들이 아닌가 한다.

세존께서는 마하프라자파티 비구니가 니르바나에 들자 그의 관을 아난다 · 라훌라 · 난다와 함께 들고 다비장에 가셨으니, 붇다께서도 세속의 길러주신 인연과 친족의 인연을 소중히 생각하셨던 것이다.

난다가 세존의 이복동생이면 난다 또한 숫도다나 왕의 아들이고 왕자이다. 화려한 궁전생활을 익히고 당시 카필라 여인으로 그 미모가 뛰어났던 순다리를 아내로 맞이하여 욕락을 즐겼으니 쉽게 아란야행과 두타행에 적응치 못했으리라.

세존께서는 늘 난다를 불러 '내가 언제나 난다가 아란야행과 두타행으로 저 언덕 건너감을 보려는가' 하고 타이르셨으니, 이를 어찌 출가수행자에게만 해당되는 가르침으로 볼 것인가. 오늘날 소비문화가 도를 넘치는 시기에 좋은 옷 · 좋은 차 · 기름진 음식 · 화려한 생활을 추구하는 모든 이들이 가슴 깊이 새겨야 할 꾸짖음이시다.

난다여, 순다리가 아름다우냐
저 하늘의 오백 여인이 아름다우냐

이와 같이 들었다.

한때 붇다께서는 슈라바스티 국 제타 숲 '외로운 이 돕는 장자의
동산'에 계셨다.

그때 존자 난다는 범행 닦기를 견디지 못해 법의를 벗고 흰옷의
행[白衣行]을 익히려고 하였다. 그때 많은 비구들이 세존 계신 곳에
가 머리를 대 붇다의 발에 절하고 한쪽에 앉았다.

그때 많은 비구들이 세존께 말씀드렸다.

"난다 비구가 범행 닦기를 견디지 못하여 법의를 벗고 흰옷의 행
을 익히려고 합니다."

그러자 세존께서는 한 비구에게 말씀하셨다.

"너는 난다 있는 곳으로 가서 '여래께서 그대를 부른다'고 말하라."

그 비구가 대답하였다.

"그렇게 하겠습니다, 세존이시여."

그 비구는 세존의 분부를 받고 곧바로 자리에서 일어나 머리를 대
세존의 발에 절한 다음 물러갔다. 그러고는 난다 있는 곳으로 가서
말하였다.

"세존께서 그대를 부르십니다."

대답하였다.

"그렇게 하겠소."

그때 난다 비구는 바로 그 비구를 따라서 세존 계신 곳에 이르러 머리를 대 발에 절하고 한쪽에 앉았다.

환속하려는 난다를 불러 음욕과 술 마심의 허물을 깨우치심

그때 세존께서 난다에게 말씀하셨다.

"어떠냐? 난다야, 범행 닦기를 좋아하지 않아 법의를 벗고 흰옷의 행을 닦으려 하느냐?"

난다가 대답하였다.

"그렇습니다, 세존이시여."

세존께서 말씀하셨다.

"왜 그러느냐, 난다야."

난다가 대답하였다.

"음욕의 마음이 불꽃처럼 일어나 스스로 누를 수 없습니다."

세존께서 말씀하셨다.

"어떠냐? 난다야, 너는 좋은 종족의 사람으로서 집을 나와 도를 배우고 있지 않느냐?"

난다가 대답하였다.

"그렇습니다, 세존이시여. 저는 좋은 종족의 사람으로서 굳센 믿음으로 집을 나와 도를 배우고 있습니다."

세존께서 말씀하셨다.

"너는 좋은 종족의 사람으로서 이런 일은 옳지 못하다. 집을 버리고 도를 배우며 청정한 행을 닦는데, 어떻게 바른 법을 버리고 물들어 더러운 행을 익히려고 하느냐?

난다야, 알아야 한다. 두 가지 법에는 싫증내 물림이 없다. 만약 어떤 사람이 이 법을 익히면 끝내 싫증내 물림이 없을 것이다.

어떤 것이 그 두 가지 법인가? 곧 음욕과 술을 마시는 것이다. 이것을 두 법에는 싫증내 물림이 없다고 하는 것이다.

어떤 사람이라도 이 두 가지 법을 익히면 끝내 싫증내 물림이 없다. 따라서 이 행의 결과로 말미암아 또한 함이 없는 곳[無爲處]을 얻을 수 없는 것이다. 그러므로 난다야, 이 두 가지 법을 버리기를 생각하면, 뒤에는 반드시 샘이 없는 과보[無漏報]를 이루게 될 것이다.

너는 지금 난다야, 범행을 잘 닦아야 한다. 도의 과덕에 나아가는 것이 이를 말미암지 않은 것이 없다."

그때 세존께서 곧 다음 게송으로 말씀하셨다.

지붕 덮는 것이 빽빽하지 않으면
하늘에서 비 내릴 때 곧 흘러 새며
사람이 맑은 행을 닦지 않으면
탐냄과 성냄과 어리석음이 새리라.

지붕이 빽빽하게 잘 덮어지면
하늘에서 비 내려도 새지 않으며
사람이 맑은 행을 닦아 행하면
탐냄 성냄 어리석음이 없어지리.

원숭이와 하늘여인을 보여 깨우치심

그때 세존께서 다시 이렇게 생각하였다.

'이 좋은 종족의 사람은 음욕의 마음이 아주 많다. 내가 이제 법의

불로써 저 음욕의 불을 꺼주어야겠다.'

그때 세존께서는 곧 신묘한 힘으로써 손으로 난다를 잡고, 마치 힘센 장사가 팔을 굽혔다 펴는 동안에 난다를 향산(香山) 위로 데리고 올라가셨다. 그 산 위에는 바위구멍이 하나 있었고, 그 바위구멍 속에는 한 마리 애꾸눈 원숭이가 살고 있었다.

그때 세존께서 오른손으로 난다를 잡고 물으셨다.

"너 난다야, 이 애꾸눈 원숭이를 보느냐?"

대답하였다.

"그렇습니다, 세존이시여."

세존께서 말씀하셨다.

"누가 아름다우냐, 너의 아내 사카족 순다리(Sundarī)냐 이 애꾸눈 원숭이냐?"

난다가 대답하였다.

"이 원숭이는 마치 어떤 사람이 매우 흉악한 개의 코에 상처를 내고 거기에 다시 독약을 발라 그 개가 곱절이나 더 흉악해진 것과 같습니다. 사카족 여인 순다리를 이 애꾸눈 원숭이와 서로 견주는 것은 말도 안 되는 일입니다.

마치 큰 불 덩어리가 산과 들을 태울 때 마른 섶나무를 거기에 보태면 불길이 더욱 활활 타오르는 것처럼 이 또한 이와 같습니다.

저는 지금 저 사카족 여인을 생각해 그 생각이 마음에서 떠나질 않습니다."

그때 세존께서는 팔을 굽혔다 펴는 동안에 그 산에서 사라져 서른세하늘로 가셨다. 그때 서른세하늘 위의 여러 하늘무리들은 '좋은 법 강설하는 집'[善法講堂]에 모여 있었다. 강당에 가기 그리 멀지 않은 곳에 다시 궁전이 있는데, 거기에는 오백의 아름다운 여인[玉女]들이 서로 즐겁게 놀고 있었다. 온통 여자들뿐이고, 남자는 하나도 없었다.

난다는 멀리서 오백 하늘여인들이 노래를 부르고 음악을 연주하면서 서로 즐겁게 노는 것을 보고 세존께 여쭈었다.

"여기가 어디기에 저 하늘여인[天女]들이 저렇게 노래를 부르고 음악을 연주하면서 즐겁게 놀고 있습니까?"

세존께서 말씀하셨다.

"너 난다가 스스로 가서 물어보아라."

그때 존자 난다는 곧 오백 하늘여인들이 있는 곳으로 갔다. 그 궁전을 보니, 좋은 앉을 자리 몇 백 개를 깔아놓았는데, 온통 여자들뿐이고 남자는 하나도 없었다.

존자 난다는 그 하늘여인들에게 물었다.

"그대들은 어떤 하늘의 여인들이기에 이처럼 서로 즐겁게 놀아 그 즐거움이 이와 같소?"

하늘여인들이 대답하였다.

"저희들은 오백 명인데, 모두 청정하고 깨끗하여 남편이 없습니다.

저희들이 들으니 세존의 제자 가운데 난다라는 이가 있는데, 그는 분다의 이모님의 아들로, 여래 계신 곳에서 청정하게 범행을 닦는다고 합니다.

그가 목숨을 마친 뒤에 이곳에 태어나 우리들의 남편이 되어 서로 같이 즐기게 될 것입니다."

이때 존자 난다는 못내 기뻐 스스로 이기지 못하였다. 그는 이렇게 생각하였다.

'나는 지금 세존의 제자이고, 게다가 다시 세존의 이모님의 아들이다. 이 여러 하늘여인들은 다 내 아내가 될 것이다.'

그때 난다는 곧 물러나 세존 계신 곳으로 갔다.

세존께서 말씀하셨다.

"어떠냐, 난다야. 저 아름다운 여인들이 무슨 말을 하던가?"

난다가 대답하였다.

"저 아름다운 여인들이 저마다 이렇게 말했습니다.

'저희는 모두 남편이 없습니다. 듣기에 세존의 제자로서 범행을 잘 닦는 이가 있다는데, 그가 목숨을 마친 뒤에는 여기 와서 태어날 것이라고 합니다.'"

세존께서 말씀하셨다.

"난다야, 어떻게 생각하느냐? 난다야, 어떻게 생각하느냐?"

난다가 대답하였다.

"저는 그때 곧 생각했습니다.

'나는 세존의 제자이고 게다가 다시 세존의 이모님의 아들이다. 이 여러 하늘여인들은 다 내 아내가 될 것이다.'"

세존께서 말씀하셨다.

"좋구나, 난다야. 네가 범행을 잘 닦으면, 이 오백 명의 여자들이 다 너를 모시는 사람들이 될 것을 내 너에게 증명해주겠다."

세존께서 다시 말씀하셨다.

"어떠냐, 난다야. 사카족의 여인 순다리가 아름다우냐, 저 오백 명의 하늘여인들이 더 아름다우냐?"

난다가 대답하였다.

"마치 저 산꼭대기의 애꾸눈 원숭이가 순다리 앞에서는 아무런 때깔이 없는 것처럼, 순다리도 저 하늘여인들 앞에 있으면 또한 다시 이와 같이 아무 때깔이 없을 것입니다."

세존께서 말씀하셨다.

"너는 범행을 잘 닦아라. 네가 저 오백 명의 하늘여인들을 얻는다는 것을 내가 반드시 증명해주겠다."

지옥의 괴로움을 보이시니 난다가 허물을 뉘우침

그때 세존께서 다시 이렇게 생각하였다.

'내가 지금 불로써 난다의 불을 꺼주리라.'

그렇게 생각하시고는 마치 힘센 장사가 팔을 굽혔다가 펴는 동안에 세존께서는 오른손으로 난다의 손을 잡고 지옥으로 데리고 가셨다. 그때 지옥에 있던 중생들은 여러 가지 고통을 받고 있었다.

그 지옥 가운데는 커다란 빈 가마솥 하나만 있고 사람들은 아무도 없었다. 그는 그것을 보고서는 곧 두려움을 내 옷의 털마저 다 곤두섰다. 그는 세존 앞에 나아가 말씀드렸다.

"이 모든 중생들이 다 고통을 받고 있는데, 오직 이 가마솥만은 비어 있고 아무도 없습니다."

세존께서 말씀하셨다.

"이곳이 바로 아비치(avīci, 無間地獄)라고 하는 곳이다."

그러자 난다는 곱절이나 더 두려워져 옷의 털마저 다 일어섰다. 그는 세존께 말씀드렸다.

"여기도 아비치인데 여기만 비어서 죄인이 아무도 없습니다."

세존께서 말씀하셨다.

"난다야, 네가 스스로 가서 물어보아라."

그때 존자 난다가 스스로 가서 물었다.

"어떻소, 옥졸(獄卒)이여. 여기는 무슨 지옥이오? 여기가 무슨 지옥이기에 텅 비어 있고 아무도 없소?"

옥졸이 대답하였다.

"비구여, 알아야 하오. 사카무니 붇다의 제자 난다는 여래 계신 곳에서 범행을 깨끗이 닦고 있는데, 그는 몸이 무너지고 목숨이 끝난 뒤에는 좋은 곳인 하늘위에 태어나, 그곳에서 천 년을 살면서 스스로 즐겁게 지낼 것이오. 그러다가 그는 거기에서 목숨을 마치고 이 아비치에 태어날 것이오. 이 빈 가마는 곧 그의 방이오."

그때 존자 난다는 이 말을 듣고 더욱 두렵고 무서워서 옷의 털마저 곤두섰다. 그는 곧 이렇게 생각하였다.

'이 빈 가마솥이 바로 나를 위한 것이구나.'

그는 세존 계신 곳에 돌아와 머리를 대 발에 절하고 세존께 말씀드렸다.

"저의 참회 받아주시길 바랍니다. 저는 죄의 인연으로 범행은 닦지 않고 여래를 성가시게 괴롭혔습니다."

그때 존자 난다는 다시 다음 게송으로 말하였다.

사람의 삶도 아주 귀함이 아니고
하늘의 목숨도 다하면 죽는다네.
지옥은 쓰라리게 괴로운 곳
오직 니르바나의 즐거움만 있네.

그때 세존께서 난다에게 말씀하셨다.

"잘 말하고 잘 말했다. 네 말과 같다. 니르바나가 가장 즐거운 것이다. 난다야, 너의 참회를 들어주겠다.

너는 어둡고 너는 어리석었으나, 여래 계신 곳에서 <u>스스로</u> 허물을 알았으니, 나는 이제 네 허물 뉘우침을 받아준다. 뒤에는 다시 범하지 말라."

그러고는 세존께서 팔을 굽혔다 펴는 동안에 손으로 난다를 붙들고 지옥에서 사라져 슈라바스티 성에 있는 제타 숲 '외로운 이 돕는 장자의 동산'으로 돌아오셨다.

그침과 살핌, 지혜와 변재를 닦아 아라한을 이룸

그때 세존께서 난다에게 말씀하셨다.

"난다야, 너는 지금 반드시 두 가지 법을 닦아야 한다.

어떤 것이 그 두 가지 법인가? 그침[止]과 살핌[觀]을 말한다.

또 두 가지 법을 닦아야 한다. 어떤 것이 그 두 가지 법인가? 나고 죽음은 즐거워할 것이 아니라는 생각과 니르바나가 즐거움이라는 것을 아는 것이다. 이것을 두 법이라 한다.

다시 두 가지 법을 닦아야 한다. 어떤 것이 그 두 가지 법인가? 지혜(智慧)와 변재(辯才)를 말한다."

그때 세존께서는 이런 갖가지 법을 난다에게 말씀해주셨다.

그때 존자 난다는 세존께 가르침을 받고 자리에서 일어나 세존의 발에 절하고 이내 물러갔다. 그는 곧 안다 동산[Andha-vana, 安陀園]으로 가서 한 나무 밑에서 두 발을 맺고 앉아, 몸을 바르게 하고 뜻을 바르게 해 생각을 매어 앞에 두고 여래의 이러한 가르침의 말씀[言敎]을 사유하였다.

이때 존자 난다는 한가하고 고요한 곳에 있으면서 늘 여래의 가르침을 생각하며 잠시도 떠나지 않았다.

좋은 종족의 사람들이 굳은 믿음으로 집을 나와 도를 배우는 것은 위없는 범행을 닦는 데 있다. 그렇게 하여 '나고 죽음은 이미 다하고 범행은 이미 서고, 지을 바를 이미 지어 다시는 뒤의 있음 받지 않는다'고 진실 그대로 알았다.

이때 존자 난다는 곧 아라한을 이루었다. 이미 아라한을 이루고서, 자리에서 일어나 옷을 여미고는 세존 계신 곳에 이르러 머리를 대 그 발에 절한 다음 한쪽에 앉았다.

그때 존자 난다가 세존께 말씀드렸다.

"세존께서 앞에 오백 하늘여인들이 저를 모시도록 증명해주신다고 하셨지만, 이제 다 버리겠습니다."

세존께서 말씀하셨다.

"너는 지금 나고 죽음이 이미 다하였고, 범행이 이미 섰다. 그러니 나도 곧 증명해주는 것을 버리겠다."

난다가 아라한 이루었음을 대중에게 알리심

그때 세존께서 곧 게송으로 말씀하셨다.

내가 지금 저 난다를 보니
사문의 법 닦아 행하여
여러 악은 모두다 쉬고
두타행에 빠뜨림 없네.

그때 세존께서 여러 비구들에게 말씀하셨다.

"아라한을 얻은 사람은 지금 난다 비구이고, 음욕·성냄·어리석음이 없는 이 또한 난다 비구이다."

그때 여러 비구들은 붇다의 말씀을 듣고 기뻐하며 받들어 행하였다.

• 증일아함 18 참괴품(慙愧品) 七

• 해설 •

여래께서 중생에 금지하는 계법을 세워주시는 것은 중생의 탐욕에 물든 생활의 관성을 끊고 선정과 지혜의 생활로 돌이켜주기 위함이다.

난다는 옛날의 화려한 생활과 아내 순다리와의 욕락의 생활에 애착을 버리지 못하여 상가의 가사를 벗고 도로 흰옷을 입고서 세속의 가정에 돌아가려 한다. 세존께서는 방편으로 난다에게 애꾸눈 원숭이를 보여주고 하늘여인의 아름다운 모습을 보여주어 중생이 느끼는 아름다움과 추함의 생각이 상대적인 것이고 덧없는 것이며 공한 것임을 알도록 하신다.

중생이 느끼는바 사물의 모습이 연기한 것이고 찰나찰나 옮기는 것이며 공한 것이라면 대상을 받아 느낌[受, vedava]과 사물의 모습을 취한 중생의 관념[想, samjñāna, 取像]이 어찌 덧없지 않겠는가.

다시 세존은 복을 지어 받는 하늘의 과보와 죄를 지어 받는 지옥의 과보가 모두 덧없고 공함을 보여 난다를 아란야행에 이끄시고 두타행에 이끄시며 니르바나의 행에 이끄신다.

그리하여 난다에게 니르바나의 행으로 그침과 살핌의 두 법 닦도록 분부하시고 지혜와 변재를 아울러 닦도록 가르치신다. 가르침을 받아들은 난다가 사마타의 고요함이 밝음을 떠나지 않고 비파사나의 살핌이 고요함 떠나지 않음을 스스로 통달하여 애욕의 불을 끄고 범행을 성취하자 난다의 아라한 이룸을 크게 찬탄하신다.

난다는 이제 탐욕의 불이 꺼짐으로 탐욕이 온통 자비가 되고 어리석음이 온통 지혜가 된 것이다.

탐욕의 불이 꺼진 곳에 지혜와 자비의 불이 일어나 자비의 불로 세간을 따뜻이 감싸는 곳, 그곳이 여래 니르바나의 땅이다.

난다의 탐욕의 불길을 꺼 해탈의 시원한 못물에 이끄시는 것처럼, 여래의 자비는 삼계 불난 집의 중생을 이끌어 니르바나의 저 언덕에 세우신다.

이와 같은 여래의 자비의 행을 따라 스스로 해탈하고 중생을 해탈의 땅에 이끄는 보디사트바의 행을 『화엄경』(「입법계품」)은 이렇게 노래한다.

악한 길 속에 빠진 여러 중생의 무리
쓰라린 고통받아 돌아갈 곳 없음 보면
큰 자비의 빛을 놓아 고통 모두 없애주니
이는 가엾이 여기는 자가 머무는 곳이네.

普見惡道群生類　受諸楚毒無所歸
放大慈光悉除滅　此哀愍者之住處

모든 중생이 바른 길 잃고 헤매는 것이
눈먼 자가 두려운 길 밟음과 같음을 보면
그들 이끌어 해탈의 성에 들게 하나니
이는 큰 인도자가 머무는 곳이네.

見諸衆生失正道　譬如生盲踐畏途
引其令入解脫城　此大導師之住處

대왕이시여, 지금 나는 이미 아라한을 이루었습니다

이와 같이 들었다.

한때 붇다께서는 슈라바스티 국 제타 숲 '외로운 이 돕는 장자의 동산'에 계셨다. 그때 존자 난다는 슈라바스티 성에 있는 '코끼리 꽃 동산'[象華園]에 있었다.

그때 존자 난다는 한가하고 고요한 곳에 있으면서 이런 생각을 냈다.

'여래께서 세상에 나오시는 것은 매우 만나기 어려운 일이다. 억 겁(劫)이 되어야 나오시니 참으로 뵐 수가 없다.

여래는 기나긴 밤 오래고 먼 때가 되어야 세상에 나오실 분이다.

마치 우트팔라 꽃이 오래 되어야 피는 것처럼 이 또한 이와 같다.

여래께서 세상에 나오시는 것은 매우 만나기 어려운 일이다. 억 겁이 되어야 나오시니 참으로 뵐 수가 없다.

여래께서 나오시는 그곳 또한 만나기 어렵다. 여래께서는 온갖 지 어감이 다 쉬어 그쳤고, 애욕이 다하여 남음이 없으시며, 물들어 더 러움도 없어서 아주 사라져 다한 니르바나이시다.'

마라 짓 하늘사람이 순다리에게 헛된 소식 전함

그때 '마라 짓'[魔行]이라는 어떤 하늘사람이 존자 난다가 마음속 으로 생각하고 있는 것을 알고는 곧 사카족 여인 순다리가 있는 곳의 허공을 날면서 게송으로 찬탄하였다.

　　그대는 이제 기쁜 마음을 내어
　　옷을 잘 꾸며 입고 풍악을 울려라.
　　난다가 지금 법복을 버리고
　　그대에게 와서 서로 즐겁게 놀리.

　그때 사카족 여인 순다리는 하늘사람의 말을 듣고 기뻐 뛰면서 스
스로 이기지 못했다. 그녀는 곧 몸치장을 하고 방을 잘 꾸미고 좋은
앉을 자리를 펴고 음악을 연주했다.
　마치 난다가 집에 있을 때와 다름이 없이 하였다.
　그때 프라세나짓 왕은 '널리 모이는 강당'[普會講堂]에 있다가 난
다 비구가 다시 법복을 벗어버리고 가정의 업[家業]을 익히려 한다
는 소식을 들었다.
　왜냐하면 어떤 하늘사람이 허공에서 그 아내 순다리에게 알려주
었기 때문이었다.
　프라세나짓 왕은 그 소식을 듣고 나서 문득 마음속에 시름과 근심
을 품고 곧 흰 코끼리를 타고 그 동산으로 찾아갔다.
　그 동산에 이르러 곧 '코끼리 꽃 못'[華象池]에 들어가 멀리서 존
자 난다를 바라보고 난다가 있는 곳 앞으로 나아가 머리를 대 그의
발에 절하고 한쪽에 앉았다.
　그때 존자 난다가 프라세나짓 왕에게 말하였다.
　"대왕이시여, 왜 여기에 오셨습니까? 얼굴빛이 변하고 달라졌습
니다. 다시 무슨 일이 있으셔서 저 있는 곳에 오셨습니까?"

프라세나짓 왕이 말하였다.

"존자께서는 아셔야 합니다. 조금 전에 '널리 모이는 강당'에 있다가, 존자께서 법복을 버리고 다시 흰옷이 된다는 소식을 들었습니다. 이 말을 듣고 나는 일부러 여기까지 온 것입니다.

존자께서 어디서 그런 말씀을 하셨는지 모르겠습니다."

프라세나짓 왕에게 아라한임을 선언하고, 니르바나의 법을 설함

그때 난다는 웃음을 머금고 천천히 왕에게 말하였다.

"보지도 않고 직접 듣지도 않았으면서, 대왕께서는 무엇 때문에 그런 말씀을 하십니까? 대왕이여, 어찌 여래의 주변 사람들로부터 이런 말씀을 못 들으셨습니까.

'이 난다가 모든 묶음을 이미 없애 〈나고 죽음은 이미 다하고 범행은 이미 서고, 지을 바를 이미 지어 다시는 뒤의 태의 몸을 받지 않는다〉고 진실 그대로 알아서, 지금은 아라한을 이루어 마음이 해탈하였다.'"

프라세나짓 왕이 말하였다.

"저는 여래께서 '난다 비구가 나고 죽음이 이미 다하고 아라한을 이루어 마음이 해탈하였다'는 말씀을 듣지 못하였습니다.

그 까닭은 이렇습니다.

저는 '어떤 하늘사람이 사카족 여인 순다리에게 와서 〈바로 지금 난다가 돌아온다〉고 말하자, 순다리 부인은 그 말을 듣고 곧 음악을 연주하고 옷차림을 꾸미고 자리를 폈다'는 말을 들었기 때문입니다.

저는 이 말을 듣고 곧 존자 있는 곳에 달려온 것입니다."

난다가 말하였다.

"다시 왕께서는 알지도 못하고 듣지도 못했으면서 왜 이런 말씀을 하십니까? 여러 사문·브라마나들은 이 쉼의 즐거움[休息樂]·잘가는 이의 즐거움[善逝樂]·사문의 즐거움[沙門樂]·니르바나의 즐거움[涅槃樂]을 즐기지 않는 이가 없습니다.

그리하여 음욕의 불구덩이는 바라보지도 않습니다. 그러니 다시가정의 업에 나아간다는 것은 그럴 수 없습니다.

뼈는 마치 쇠고리 같고 살은 돌을 쌓아놓은 것 같습니다. 마치 꿀을 칼날에 발라놓으면 앉아서 작은 이익을 탐내다 뒤의 걱정거리를생각지 못하는 것 같습니다.

또 열매가 너무 우거지면 가지가 부러지는 것과 같으며, 또 빌린것은 오래지 않아 꼭 갚아야 하는 것과 같습니다.

또 그것은 칼나무[劍樹] 숲과 같고 또한 독이 들어 있어 사람을해치는 약과 같으며, 독이 들어 있는 꽃이나 과일과 같은 것입니다.

이 음욕 살피기를 또한 이와 같이 하면서 뜻이 물들어 집착한다는것은 그럴 수 없습니다.

저 음욕의 불구덩이로부터 나아가 독한 과일에 이르기까지 이런일들을 살피지 않고서 탐욕의 흐름[欲流]·존재의 흐름[有流]·견해의 흐름[見流]·무명의 흐름[無明流]을 건너고자 한다면, 그 일은그럴 수 없습니다.

탐욕의 흐름·존재의 흐름·견해의 흐름·무명의 흐름을 건너지도 못하고 남음 없는 니르바나[無餘涅槃]의 세계에 들어가 온전한니르바나 이루려고 한다면, 이 일은 그럴 수 없는 것입니다.

대왕이시여, 아셔야 합니다. 저 사문·브라마나들이 쉼의 즐거움

· 잘 가는 이의 즐거움 · 사문의 즐거움 · 니르바나의 즐거움을 살피는 것은 반드시 그럴 수 있습니다.

저들이 이렇게 살펴 음욕의 불구덩이를 밝게 깨달아, 뼈는 마치 쇠고리 같고 살은 돌을 쌓아놓은 것 같으며, 꿀 바른 칼과 같고, 또 열매가 너무 우거지면 가지가 부러지는 것과 같으며, 빌린 물건은 오래지 않아 반드시 갚아야 하는 것과 같고 또 그것은 칼나무 숲이나 독한 나무, 독이 들어 있어 해치는 약과 같은 것이라고 살펴, 모두 살펴 깨달아 알면 이것은 그럴 수 있습니다.

이미 음욕의 불이 일어난 것을 깨달아 알고 나면, 곧 탐욕의 흐름 · 존재의 흐름 · 견해의 흐름 · 무명의 흐름을 건널 수 있으니, 이 일은 반드시 그럴 수 있습니다.

그가 이미 탐욕의 흐름 · 존재의 흐름 · 견해의 흐름 · 무명의 흐름을 건넜다면, 이 일도 반드시 그럴 수 있습니다.

어떻습니까 대왕이시여, 무엇을 보고 무엇을 알았기에 이런 말씀을 하십니까? 지금 저는 대왕이시여, 이미 아라한을 이루었습니다. 그리하여 나고 죽음이 이미 다하고 범행은 이미 서며, 지을 바를 이미 지어 다시는 어머니의 태의 몸을 받지 않으며, 마음이 해탈하였습니다[心解脫]."

그때 프라세나짓 왕이 마음에 기쁨을 품고 착한 마음이 생겨나 존자 난다에게 말하였다.

"저는 지금 털끝만큼의 여우 같은 의심이 없습니다. 존자께서 아라한 이루었음을 이제야 바야흐로 알았습니다.

저는 이제 나랏일이 바빠 하직하고 돌아가고자 합니다."

난다가 대답하였다.

"때를 알아 하십시오."

그때 프라세나짓 왕은 곧 자리에서 일어나 머리를 대 그의 발에 절하고 곧 물러나 떠나갔다.

다시 '마라 짓' 하늘신이 세간 탐욕으로 시험하지만 이를 물리침

프라세나짓 왕이 떠나간 지 얼마 되지 않아서 마라의 하늘신[魔天]이 존자 난다 있는 곳에 찾아와 허공 가운데 있으면서 다시 이 게송으로 난다에게 말하였다.

부인의 얼굴 모습 달과 같으며
금과 은 보배목걸이로 가꾼 몸
저 아름다운 모습을 생각해보오
다섯 가락으로 늘 스스로 즐기오.

거문고 타고 북치고 악기 뜯으며
노래하는 소리 아주 부드러워서
모든 시름과 근심 없애버리니
이 숲 사이에서 즐기며 사시오.

그때 곧 존자 난다는 '이것은 마라 짓 하늘사람[魔行天人]이다'라고 생각하고, 이를 깨닫고 나서는 곧 게송으로 대답하였다.

나는 옛날 이러한 마음이 있어
음탕하게 살아 싫증냄이 없어서

애욕에 얽히고 또 애욕에 쌓여
늙고 병들어 죽음 깨닫지 못했네.

나는 이미 애욕의 깊은 못 건너
더러움 없고 물드는 것도 없나니
영화와 지위는 모두가 괴로운 것
홀로 진여의 법을 즐거워하네.

나는 지금 그 모든 묶음이 없고
음욕과 성냄 어리석음 다했네.
다시 이런 법 익히지 않으리니
어리석은 자는 깨쳐 알아야 하리.

그때 저 마라 짓 하늘사람은 이 말을 듣고 곧 시름과 근심을 품고 곧 그곳에서 사라지더니 나타나지 않았다.

세존께서 난다를 크게 찬탄하심

그때 많은 비구들은 이런 인연을 세존께 갖추어 말씀드렸다.

세존께서 여러 비구들에게 말씀하셨다.

"단정한 비구로서 난다 비구보다 더 나은 이가 없다. 모든 아는 뿌리가 맑고 고요한 이 또한 난다 비구이다.

욕심이 없는 이 또한 난다 비구이고, 성냄이 없는 이도 난다 비구이며, 어리석음이 없는 이도 바로 난다 비구요, 아라한을 이룬 이 또한 난다 비구이다.

왜 그런가. 난다 비구는 단정하고 모든 아는 뿌리가 고요하기 때문이다."

그때 세존께서는 이어 여러 비구들에게 말씀하셨다.

"나의 성문제자들 가운데 단정한 이는 바로 난다 비구이고, 모든 아는 뿌리가 고요한 이 또한 난다 비구이다."

그때 여러 비구들은 붇다의 말씀을 듣고 기뻐하며 받들어 행하였다.

• 증일아함 16 화멸품(火滅品) 一

• 해설 •

세존께서 난다에게 지혜와 변재를 함께 닦으라 가르치시니, 이는 난다에게 법을 잘 설할 수 있는 소양과 자질이 있음을 알고 보셔서 그렇게 분부하셨으리라.

세존의 가르침대로 난다가 아라한을 성취하니 아라한인 난다 존자의 여래에 대한 찬탄의 말과 갖가지 비유와 언어적 표현을 구사하는 설법의 말솜씨는 참으로 놀라우며 저 대왕과 논의하는 높은 품격은 참으로 빼어나다.

마치 세존에 앞서 니르바나에 든 사리푸트라 존자의 지혜와 변재의 모습을 보는 것 같다.

이미 번뇌의 흐름이 다하고 온갖 범행을 갖춰 사마디의 힘이 저 허공처럼 움직임 없으니, 마라의 짓 행하는 하늘신의 어지럼힘도 난다의 지혜 앞에는 하늘의 헛 꽃[空華]과 같고 땅의 아지랑이와 같다.

난다의 마음에 번뇌의 불길이 쉬자 지지 않는 지혜의 꽃이 피고, 탐욕의 펄펄 끓는 물이 식자 시원한 단이슬의 물이 몸을 적시고 마음을 적신다.

이제껏 가사를 입었지만 흰옷의 행에 빠졌던 난다 비구가 여래의 자비하신 이끄심으로 아라한이 되고, 보디의 땅에 굳건히 선 마하사트바 보디사트바가 된 것이다.

6) 추다판타카와 우다인

추다판타카 비구는 신통의 힘이 있고
높은 사람의 법을 얻었나니

이와 같이 들었다.

한때 붇다께서는 라자그리하 성 칼란다카 대나무동산에서 큰 비구대중 오백 사람과 함께 계셨다.

그때 마노(Mano) 왕자가 세존 계신 곳에 찾아와 머리를 대 발에 절하고 한쪽에 앉았다. 이때 마노 왕자가 세존께 말씀드렸다.

"저는 일찍이 이렇게 들은 적이 있습니다.

'추다판타카 비구는 로가야나[盧迦延] 브라마나와 같이 논의하였으나 그 비구가 잘 대답하지 못하였다.'

저는 또 이렇게 들은 적이 있습니다.

'여래의 제자대중 가운데서 모든 아는 뿌리가 어둡고 무디어 지혜의 밝음이 없기로는 이 비구를 넘는 자가 없다.

여래의 우파사카들 가운데 집에 지내는 자[居家者]로서는 카필라바스투에 사는 고타마 사카족이 모든 아는 뿌리가 어둡고 무디어 마음과 뜻이 막혀 있다.'"

붇다께서 왕자에게 말씀하셨다.

"추다판타카 비구는 신통의 힘[神足力]이 있고 높은 사람[上人]의 법을 얻었으나, 세간의 잘 토론하는 법을 익히지 못하였소. 왕자여, 알아야 하오. 이 비구에게는 아주 묘한 뜻이 있소."

마노 왕자가 말씀드렸다.

"붓다께서 말씀하신 것이 비록 그렇다 하지만, 저는 마음 가운데 오히려 이런 생각을 내고 있습니다.

'어떻게 크고 신묘한 힘이 있는데, 저 배움 다른 바깥길 수행자들과 같이 잘 논의하지 못할까.'

저는 지금 붓다와 비구대중을 청해 공양하려 합니다. 그러나 오직 추다판타카 한 사람만은 빼겠습니다."

세존께서 잠자코 그 청을 받아주셨다.

이때 왕자는 세존께서 청을 받아주신 것을 보고 곧 자리에서 일어나 머리를 대 세존의 발에 절하고 오른쪽으로 세 바퀴 두루고 곧 물러갔다.

그는 그날 밤으로 갖가지 맛있는 찬거리와 먹을거리를 장만하였고 좋은 자리를 펴고는 세존께 말씀드렸다.

"때가 되었습니다. 지금이 바로 오실 때입니다."

마노 왕자를 교화하기 위해 발우를 추다판타카에게 맡기심

그때 세존께서는 발우를 추다판타카가 들게 하여 뒤에 남아 있게 하시고는 여러 비구들에게 앞뒤로 둘러싸여 라자그리하 성으로 들어가셨다.

왕자의 집에 이르러서는 각기 차례대로 앉았다.

그때 왕자가 세존께 말씀드렸다.

"여래께서는 저에게 발우를 주시길 바랍니다. 제가 지금 몸소 여래께 공양을 올리겠습니다."

세존께서 왕자에게 말씀하셨다.

"발우는 지금 추다판타카 비구 있는 곳에 있는데, 그만 가지고 오질 않았소."

왕자가 붇다께 말씀드렸다.

"세존께서 비구를 한 명 보내 그 발우를 가져오도록 하시길 바랍니다."

붇다께서 왕자에게 말씀하셨다.

"그대가 지금 스스로 가서 여래의 발우를 가져오시오."

그때 추다판타카 비구는 신통으로 오백 그루의 꽃나무를 변화해 만들었고, 그 나무 밑마다 다 추다판타카 비구가 앉아 있었다.

이때 왕자는 붇다의 분부를 듣고 발우를 가지러 갔다. 그는 오백 그루의 나무 밑에 모두 추다판타카 비구가 좌선하며 생각을 매어 앞에 두고 앉아 흩어짐이 없는 것을 멀리서 보고 이렇게 생각하였다.

'누가 진짜 추다판타카 비구일까?'

이때 마노 왕자는 곧바로 세존 계신 곳에 돌아와서 말씀드렸다.

"그 동산에 갔더니 여럿이 다 추다판타카 비구여서 누가 진짜 추다판타카 비구인지 알 수 없었습니다."

세존께서 왕자에게 말씀하셨다.

"그 동산 가운데 다시 가 한가운데 서서 손가락을 퉁기며 이렇게 말하오.

'진짜 추다판타카 비구라면 부디 자리에서 일어나주시오.'"

왕자는 분부를 받고 다시 동산으로 가 한가운데 서서 이렇게 말하였다.

"진짜 추다판타카 비구라면 부디 자리에서 일어나주시오."

왕자가 이렇게 말하자, 그 나머지 오백 명의 비구는 저절로 사라지고 오직 추다판타카 비구 한 명만 남았다.

왕자가 참회하자 아홉 가지 사람을 분별해 보이심

이때 마노 왕자는 추다판타카 비구와 함께 세존 계신 곳에 이르러 머리를 대 세존의 발에 절하고 한쪽에 섰다. 그리고 마노 왕자는 붇다게 말씀드렸다.

"세존께서는 지금 제가 스스로 뉘우쳐 꾸짖게 하시길 바랍니다. 저는 이 비구에게 큰 신통의 힘과 큰 위력이 있다는 여래의 말씀을 믿지 않았습니다."

붇다께서 왕자에게 말씀하셨다.

"그대의 뉘우침을 들어주겠소. 여래가 말한 것에는 끝내 둘이 없소. 또 이 세간에는 아홉 가지 사람이 두루 돌아다니며 가고 오오. 어떤 것이 그 아홉이냐 하면, 다음과 같소.

첫째, 남의 뜻을 미리 아는 사람이오.

둘째, 듣고서 곧 아는 사람이오.

셋째, 모습을 살핀 뒤에 아는 사람이오.

넷째, 뜻과 이치를 살핀 뒤에야 아는 사람이오.

다섯째, 맛을 보고 난 뒤에야 아는 사람이오.

여섯째, 뜻을 알고 맛을 본 뒤에야 아는 사람이오.

일곱째, 뜻도 알지 못하고 맛도 알지 못하는 사람이오.

여덟째, 사유와 신통의 힘을 배우는 사람이오.

아홉째, 받아들이는 뜻이 아주 적은 사람이오.

이것을 왕자여, '아홉 가지 사람이 세간에 나온다'고 하는 것이오.

이와 같이 왕자여, 저 모습을 살핀 뒤에 아는 사람[觀相之人]이 그 아홉 사람 가운데 으뜸이니, 그보다 지나는 이가 없기 때문이오.

지금 이 추다판타카 비구는 신족(神足)은 익혔지만, 다른 법은 배우지 못하였소. 그래서 이 비구는 늘 신통으로 사람들에게 설법하곤 하오. 추다판타카 비구가 신통의 힘이 뛰어난 비구라면, 아난다는 사람의 마음을 잘 아는 이오.

나에게 지금 이 아난다 비구는 모습을 보면 곧 그 사람의 마음을 아오. 그래서 '여래께는 이것이 필요하다, 이것은 쓸 데 없다'고 알며, 또 '여래께서는 이것을 말씀하실 것이다, 이것을 여읠 것이다'라고 알아 그것을 다 분명하게 아오.

그런 점에서는 지금 이 아난다 비구보다 뛰어날 이가 없소. 그는 여러 경(經)의 뜻을 널리 보아 두루하지 않은 것이 없소.

또 이 추다판타카 비구는 하나의 형상을 변화시켜 여러 가지 형상으로 만들고, 다시 도로 합해 하나로 만드오. 이 비구는 뒷날 허공 가운데서 니르바나에 들 것이오.

나는 이 아난다 비구와 추다판타카 비구처럼 니르바나에 들 다른 비구를 다시 보지 못하오."

이때 세존께서 다시 여러 비구들에게 말씀하셨다.

"나의 성문 가운데 으뜸가는 비구로서 몸을 변화시켜 크게도 하고 작게도 하는 데 추다판타카 비구와 같은 이는 없다."

세존께서 왕자가 추다판타카 비구에게 참회하도록 하심

이때 마노 왕자는 손수 음식을 헤아려 대중상가에 공양하였다. 그리고 발우를 거두고는 작은 자리를 가지고 와서 여래 앞에 서서 두 손 맞잡고 세존께 말씀드렸다.

"세존께서는 추다판타카 비구가 필요한 대로 옷가지와 여러 물건을 다 저희 집에서 받아가도록 들어주시길 바랍니다. 몸과 목숨을 다하도록 그가 필요로 하는 것들을 대드리겠습니다."

붇다께서 말씀하셨다.

"그대는 지금 왕자여, 다시 추다판타카 비구에게 참회하고 몸소 스스로 그렇게 청하오. 왜냐하면 지혜롭지 못한 사람이 지혜로운 사람을 분별하려 한다면 그럴 수 없는 일이지만, 지혜로운 사람이 지혜로운 사람을 분별할 수 있다고 말한다면 그것은 그럴 수 있기 때문이오."

이때 마노 왕자는 곧 추다판타카 비구를 향해 절하고 스스로 성명을 일컬으며 참회를 구하였다.

"큰 신족의 비구시여, 저는 마음의 교만을 냈지만 지금부터 뒤로는 다시 범하지 않겠습니다. 부디 저의 참회를 받아주시길 바랍니다. 다시는 범하지 않겠습니다."

추다판타카 비구가 말하였다.

"그대의 허물 뉘우침을 들어주겠으니 다시는 범하지 마십시오. 또한 다시는 현성을 비방해서는 안 되오.

왕자여, 알아야 하오. 어떤 중생이라도 성인을 비방하면 그는 반드시 세 갈래 나쁜 세계에 떨어지고 지옥에 태어나게 되오.

이와 같이 왕자여, 반드시 이렇게 배워야 하오."

세존께서 왕자를 위해 축원해주심

그때 세존께서 마노 왕자를 위해 아주 미묘한 법을 말씀하시어 격려해 기쁘게 해주셨고, 그 자리 위에서 이런 축원을 하셨다.

> 제사에서는 불이 으뜸되고
> 경서에서는 게송이 가장 높다.
> 사람 가운데선 왕이 가장 높고
> 뭇 흐름에선 바다가 우두머리다.
> 숱한 별 가운데선 달이 첫째요
> 밝은 빛에는 해가 으뜸이 되네.

> 위와 아래 그리고 온 사방의
> 여러 있는바 모습들 가운데와
> 하늘과 세간의 사람 가운데서
> 저 붓다가 가장 높은 분이니
> 만약 그 높은 복을 구하려 하면
> 삼붓다의 행에 우러러 공양하라.

세존께서 이 게송을 설하시고는 곧 자리에서 일어나셨다.
그때 마노 왕자는 붓다의 말씀을 듣고 기뻐하며 받들어 행하였다.

• 증일아함 44 구중생거품(九衆生居品) 九

• 해설 •

이 경에서 붓다께서 제자인 아난다와 추다판타카의 니르바나에 들 모습
을 예언하신 것으로 보아 그리드라쿠타 산 안거 직전 만년의 설법인 것 같
다. 그 당시 마가다 국의 왕자라면 아자타사트루 왕의 아들일 것이다.

추다판타카는 출가한 비구 가운데 저능한 사람으로 두 마디 말 가운데 뒤의 구절을 들으면 앞의 구절을 잊어버릴 정도로 그 근성이 무디고 어두웠다.

세존께서 빗자루로 마당을 쓸게 하시고 '부지런히 먼지를 털고 닦으라'는 말을 외우게 하시니, 빗자루로 마당을 쓸다 홀연히 지혜의 눈이 열렸다.

그는 잘 외우고 잘 논의하는 데는 익힌 업이 없지만, 깊이 선정을 닦아 신통을 얻어 변화에 자재한 신묘한 힘을 얻었다.

마노 왕자가 그 출신이 미천하고 배움이 짧아 잘 논의하지 못함을 트집잡아 공양 청함에 그를 빠뜨리니, 세존께서는 여래의 발우를 추다판타카에게 맡겨 왕자의 교만을 꺾게 하신다.

추다판타카 존자는 한 몸이 몸이 아닌 줄 깊이 요달함으로 한 몸으로 여러 몸을 나투고 여러 몸을 한 몸에 거두니, 몸과 몸 없음을 모두 뛰어넘은 지혜의 작용이리라.

아난다 존자는 많이 들음과 '모습 보고 알아보는 지혜'가 뛰어나 수트라의 뜻을 통달하지 못함이 없다. 하지만 추다판타카는 들어서 기억함, 모습 보고 잘 분별함에는 익힌 힘이 없지만 깊이 사마디를 닦아 변화에 자재한 신통을 얻었다.

비록 서로 익힌 것이 다르고 빼어난 점이 다르나 모두 아라한을 이루어서 두 분 현성은 마지막 니르바나 때 죽음을 두려워하지 않는 높은 사람의 법[上人法]으로 니르바나에 들 것이다.

왕자가 추다판타카께 참회하니 세존께서는 저 왕자를 거두어 권세 가진 세간의 왕이 높은 자가 아니라 하늘위 하늘아래 위없는 보디의 성취자 붇다가 가장 높은 분임을 가르쳐주고, 붇다께 공양하고 삼보디(saṃbodhi, 正覺)의 행에 돌아가고 삼붇다(saṃbuddha, 正覺者)께 귀의하는 것이 세간의 뛰어난 복이 됨을 가르쳐주신다.

우다인이여, 탐욕을 멀리 떠난
보디의 즐거움이 있나니

이와 같이 내가 들었다.

한때 붇다께서는 라자그리하 성 칼란다카 대나무동산에 계셨다.
그때 빔비사라 왕은 존자 우다인이 있는 곳으로 찾아가 머리를 대
절한 뒤에 한쪽에 물러나 앉았다.

이때 빔비사라 왕이 존자 우다인에게 말하였다.

"어떤 것이 세존께서 말씀하신 여러 느낌입니까?"

우다인이 말하였다.

"대왕이여, 세존께서는 세 가지 느낌을 말씀하시니, 즐거운 느낌
· 괴로운 느낌 · 괴롭지도 즐겁지도 않은 느낌입니다."

빔비사라 왕이 존자 우다인에게 말하였다.

"존자는 세존의 가르침에 대해 이렇게 말하지 마십시오.

'세존께서는 세 가지 느낌을 말씀하시니, 즐거운 느낌 · 괴로운 느
낌 · 괴롭지도 즐겁지도 않은 느낌입니다.'

그래서 바로 두 가지 느낌만이 있어야 하니, 즐거운 느낌과 괴로
운 느낌입니다.

만약 괴롭지도 않고 즐겁지도 않은 느낌이라면 곧 고요히 사라짐
[寂滅]입니다."

이와 같이 세 번을 말하니, 우다인은 왕을 위해 세 가지 느낌을 세
워보일 수 없었고, 왕 또한 두 가지 느낌을 세워보일 수 없었다.

그들은 함께 붇다 계신 곳으로 나아가 머리를 대 그 발에 절한 뒤에 한쪽에 물러나 섰다.

이때 존자 우다인이 앞에 했던 말들을 세존께 널리 말씀드렸다.

"저도 세 가지 느낌을 세울 수 없었고, 왕 또한 두 가지 느낌을 세울 수 없었습니다.

그래서 지금 일부러 함께 찾아와 세존께 이와 같은 뜻을 갖추어 여쭙습니다. 정확히 몇 가지 느낌이 있습니까?"

연기된 느낌을 여러 뜻을 세워 갖가지로 분별함을 보이심

붇다께서 우다인에게 말씀하셨다.

"나는 때로는 한 가지 느낌을 말하고, 때로는 두 가지 느낌을 말하며, 세 가지·네 가지·다섯 가지·여섯 가지·열여덟 가지·서른여섯 가지, 나아가 백여덟 가지 느낌을 말하고, 때로는 한량없는 느낌을 말한다.

어떤 것이 내가 말하는 한 가지 느낌[一受]인가? 있는바 모든 느낌은 다 괴로운 것이라고 말함과 같으니, 이것이 내가 말하는 한 가지 느낌이다.

어떤 것이 두 가지 느낌[二受]인가? 몸의 느낌과 마음의 느낌을 말하는 것이니, 이것을 두 가지 느낌이라고 한다.

어떤 것이 세 가지 느낌[三受]인가? 즐거운 느낌·괴로운 느낌·괴롭지도 즐겁지도 않은 느낌이다.

어떤 것이 네 가지 느낌[四受]인가? 욕계(欲界)에 매인 느낌·색계(色界)에 매인 느낌·무색계(無色界)에 매인 느낌과 매이지 않은 느낌이다.

어떻게 다섯 가지 느낌[五受]을 말하는가? 즐거움의 뿌리·기쁨의 뿌리·괴로움의 뿌리·근심의 뿌리·평정의 뿌리이니, 이것을 다섯 가지 느낌을 말하는 것이라 한다.

어떻게 여섯 가지 느낌[六受]을 말하는가? 눈의 닿음[眼觸]이 내는 느낌과 귀·코·혀·몸·뜻의 닿음이 내는 느낌이다.

어떻게 열여덟 가지 느낌[十八受]을 말하는가? 곧 여섯 가지 기쁨의 행 따름[隨六憙行]과 여섯 가지 근심의 행 따름[隨六憂行], 여섯 가지 평정의 행 따름[隨六捨行]의 느낌이니, 이것을 열여덟 가지 느낌 말하는 것이라 한다.

어떻게 서른여섯 가지 느낌[三十六受]을 말하는가? 여섯 가지 탐착함을 의지하는 기쁨, 여섯 가지 탐착 여읨을 의지하는 기쁨, 여섯 가지 탐착을 의지하는 근심, 여섯 가지 탐착 여읨을 의지하는 근심, 여섯 가지 탐착을 의지하는 평정, 여섯 가지 탐착 여읨을 의지하는 평정이니, 이것을 서른여섯 가지 느낌 말하는 것이라 한다.

어떻게 백여덟 가지 느낌[一百八受]을 말하는가? 곧 과거의 서른여섯 가지 느낌과 미래의 서른여섯 가지 느낌과 현재의 서른여섯 가지 느낌을 합한 것이니, 이것을 백여덟 가지 느낌을 말하는 것이라 한다.

어떻게 한량없는 느낌을 말하는가? 이런 느낌 저런 느낌 등을 말하는 것과 같다. 이와 같이 한량없음에 견주어 말하면 이것을 한량없는 느낌 말하는 것이라 한다.

우다인이여, 나는 이와 같이 갖가지로 느낌의 진실한 뜻[受如實義]을 말한다. 세간에서는 알지 못하므로 서로 같이 다투어 논의하고 같이 서로 어기어 거스르며, 끝내 나의 법과 율 가운데 진실한 뜻을 얻지 못해 스스로 그치어 쉬지 못한다.

우다인이여, 만약 내가 이렇게 말한 갖가지 느낌의 뜻을 진실 그대로 안다면 다투는 논의를 일으켜 함께 서로 어기어 거스르는 짓을 하지 않을 것이며, 일어났거나 아직 일어나지 않은 다툼도 이 법과 율로써 그쳐 쉬게 할 수 있을 것이다.”

탐욕의 느낌과 탐욕 떠난 선정의 느낌, 선정의 즐거움과 모습 취함과 느낌이 사라진 선정을 보이심

“그런데 우다인이여, 두 가지 느낌이 있으니, 탐욕의 느낌[欲受]과 탐욕을 여읜 느낌[離欲受]이다.

어떤 것이 탐욕의 느낌인가? 다섯 욕망의 공덕[五欲功德] 그 인연으로 생긴 느낌이니, 이것을 탐욕의 느낌이라고 한다.

어떤 것이 탐욕을 여읜 느낌인가? 곧 비구가 탐욕과 악하여 착하지 않은 법을 떠나 느낌[覺]이 있고 살핌[觀]이 있으며, 여읨으로 기쁨과 즐거움을 내 첫째 선정에 갖추어 머무르면, 이것을 탐욕을 여읜 느낌이라고 한다.

만약 어떤 이가 ‘중생들이 이 첫째 선정을 의지하는 것, 오직 이것만이 즐거움이요 다른 것은 아니다’라고 말한다면, 그것은 그렇지 않다. 왜 그런가. 다시 이것을 넘는 빼어난 즐거움이 있기 때문이다.

무엇이 그것인가? 비구가 느낌 있음과 살핌 있음을 여의고 안으로 깨끗해져서, 선정에서 기쁨과 즐거움을 내 둘째 선정에 갖추어 머무르면, 이것을 빼어난 즐거움이라고 한다.

이와 같이 셋째 선정과 넷째 선정, 나아가 생각도 아니고 생각 아님도 아닌 곳의 선정까지 더욱더 빼어남을 말한다.

만약 어떤 이가 '오직 이곳만이 있다, 나아가 생각 아니고 생각 아님도 아님[非想非非想]이 지극한 즐거움이라 다른 것은 아니다'라고 말한다면, 그것 또한 다시 그렇지 않다.

왜 그런가. 다시 빼어난 즐거움이 있어 이를 지나기 때문이다.

무엇이 그것인가? 비구가 온갖 생각 아니고 생각 아님도 아닌 곳을 건너, '모습 취함[想]과 느낌[受]의 사라짐'을 몸으로 증득하여 갖추어 머무르면, 이것을 빼어난 즐거움[勝樂]이 저 즐거움을 지난다고 하는 것이다."

보디의 즐거움이 참된 즐거움의 수임을 다시 보이심

"만약 어떤 배움 다른 집을 나온 이가 '사문 사카족의 아들은 오직 모습 취함과 느낌 사라짐을 지극한 즐거움이라 한다'고 말한다면, 이것도 맞는 것이 아니다.

왜 그런가. 이것은 세존께서 말씀하신 즐거움 받는 수[受樂數]가 아니기 때문이다. 세존께서 참된 즐거움 받는 수를 말하는 것은 다음과 같다.

'우다인이여, 네 가지 즐거움이 있다. 어떤 것이 그 네 가지인가? 곧 탐욕을 여읜 즐거움[離欲樂]·멀리 여읜 즐거움[遠離樂]·고요히 사라진 즐거움[寂滅樂]·보디의 즐거움[菩提樂]이다.'"

붇다께서 이 경을 말씀하시자, 존자 우다인과 빔비사라 왕은 붇다의 말씀을 듣고 기뻐하며 받들어 행하였다.

• 잡아함 485 우다이경(優陀夷經)

• 해설 •

존자 우다인에 대한 자세한 기록은 없다.『번역명의집』에는 그가 해가 들 때 태어나서 그 이름이 '나타난다'[出現]는 뜻의 우다인이 되었다고 말한다.

천민으로 똥장군을 짊어지고 가다 넘어져 우는 아이를 세존께서 강가아 강물에 몸을 씻어주고 출가시킨 이가 지금의 아라한이 된 우다인 존자이리라.

세간의 높은 권세가인 왕과 가장 낮은 계급 출신 비구가 문답하다 우다인 존자의 말을 왕이 받아들이지 않자 세존께 말씀드린다.

연기법에서 법의 수[法數]를 세워보인 것은 중생 번뇌의 병을 다스리기 위한 실천적 관심에 따라 온갖 존재를 수로 분류해보인 것이다. 그러므로 여래의 말씀은 법의 말[法說]·뜻의 말[義說]이 되는 것이다.

법의 말·뜻의 말은 존재의 진실을 반영하여 해탈을 지향한다.

그러므로 온갖 존재가 공하여 세울 수(數)가 없는 곳에서 연기되어가는 존재의 양상에 따라 한 법 두 법 나아가 한량없는 법을 세운다.

느낌 또한 마찬가지이다. 느낌은 여섯 앎을 따라 나고 여섯 앎은 여섯 아는 뿌리와 여섯 티끌경계에서 연기하므로 공하다.

여섯 닿음에 따라 나는 여섯 느낌이 기쁨·근심·평정의 방향 따라 열여덟 느낌으로 넓혀지고, 탐착과 탐착 여읨 등의 방향 따라 서른여섯 느낌으로 넓혀지며, 서른여섯 느낌이 삼세에 걸쳐 있으므로 백팔 느낌이 세워진다.

이 느낌은 주체의 객관에 대한 감성적 받아들임[vedanā]으로서 보통 세 방향의 느낌[三受]으로 분류된다. 주체와 객체와 앎이 서로 어울려 닿음을 따라 나는 느낌은, 괴로운 느낌·즐거운 느낌·괴롭지도 않고 즐겁지도 않은 느낌 이 세 방향으로 일어나지만, 세 느낌이 모두 공해 취할 바탕이 없다.

'괴롭지도 않고 즐겁지도 않은 느낌'은 빔비사라 왕의 말처럼 그것 자체가 느낌이 다한 고요한 느낌이 아니고 연기된 느낌의 한 양상이다. 괴로운 느낌·즐거운 느낌·괴롭지도 않고 즐겁지도 않은 느낌을 모두 취하지 않아야 느낌의 진실한 뜻을 알아 느낌에서 느낌을 벗어나 해탈할 수 있다.

욕계(欲界)의 모습에 물든 느낌은 탐욕의 느낌이고, 탐욕의 집착 떠난[色

界] 네 가지 선정의 기쁨과 즐거움은 탐욕을 여읜 즐거운 느낌이다.

네 가지 선정의 즐거움에도 머물지 않으면 탐욕을 떠나고 존재의 집착마저 떠난[無色界] 선정의 즐거움이 되지만, 모습의 즐거움과 모습 떠난 즐거움을 함께 넘어서야 '느낌과 모습 취함이 다한 선정'[滅受想定]의 즐거움이 된다.

그러나 '느낌과 모습 취함이 다했다'는 말을 듣고 끊어져 없어짐에 빠지면 해탈의 즐거움이 아니니, 모습 취함이 없되 모습 취함 없음마저 없어야 여래가 보이는 탐욕을 여읜 즐거움·멀리 여읜 즐거움·보디의 즐거움·니르바나의 즐거움[涅槃樂]이다.

그렇다면 보디의 즐거움·니르바나의 즐거움은 어디에서 얻는가.

지금 보고 듣고 느끼어 아는 곳[見聞覺知處]에서 '알되 앎이 없고 앎 없되 앎 없음도 없으면 지금 보는 것이 보디이고 지금 듣는 것이 니르바나이니, 머물 처소가 있으면 니르바나의 즐거움이 아니다.

7) 죽임의 칼을 버리고 해탈한 앙굴리말라

나는 지금 이 죽임의 칼 버리고
저 사문의 길 따라 구하리

이와 같이 들었다.

한때 붇다께서는 슈라바스티 국 제타 숲 '외로운 이 돕는 장자의 동산'에 계셨다.

그때 많은 비구들이 슈라바스티 성에 가서 밥을 빌다가, 프라세나짓 왕의 궁궐 문밖에서 많은 사람들이 손을 들고 부르짖으며 모두 원통하다 외치는 소리를 들었다.

"나라 안에 도적이 있는데, 앙굴리말라(Aṅguli-mālya)라고 합니다. 그는 아주 모질고 사나워 산목숨 죽인 것이 이루 헤아릴 수 없습니다.

온갖 중생들에게 자비함이 전혀 없기 때문에 온 나라 사람들이 싫어해 걱정하지 않음이 없습니다.

그는 날마다 사람을 죽여 그 손가락으로 꽃다발을 만들므로 이름을 '손가락 꽃다발'이라고 합니다. 대왕께서 가시어 그와 싸워주시길 바랍니다."

많은 비구들은 밥 빌기를 마치고 제타 숲 정사로 돌아와 가사와 발우를 거두고 니시다나를 어깨 위에 걸치고 세존 계신 곳에 가서 머리를 대 발에 절하고 한쪽에 앉았다.

그때 많은 비구들이 세존께 말씀드렸다.

"오늘 저희 많은 비구들은 슈라바스티 성에 들어가 밥을 빌다가, 많은 사람들이 궁궐 문밖에서 이렇게 원통하다 외치며 호소하는 것을 보았습니다.

'지금 대왕의 나라 안에 도적이 있는데, 앙굴리말라라고 합니다. 그는 사람됨이 모질고 사나워 자비한 마음이 없어 온갖 중생들을 마구 죽입니다.

사람들이 없어지고 나라가 비게 되는 것은 다 이 사람을 말미암은 것입니다. 또 그는 사람 손가락을 잘라 꽃다발처럼 만든다고 합니다.'"

세존께서 앙굴리말라가 살고 있는 곳으로 나아가심

세존께서 그 비구들의 말을 듣고 곧 자리에서 일어나 잠자코 걸어가셨다. 그때 세존께서는 곧장 그가 있다는 곳으로 가셨고, 땔감을 줍고 풀을 지던 사람, 밭갈이하던 사람들과 소나 염소를 치던 사람들은, 세존께서 그 길로 가시는 것을 보고 각기 분다게 말씀드렸다.

"사문이시여, 사문이시여, 그 길로 가지 마십시오.

왜냐하면 이 길가에는 '앙굴리말라'라는 도적이 있어서 그 가운데서 살고 있습니다.

그래서 여러 사람들이 이 길로 가려 하면 반드시 열 명·스무 명·서른 명·마흔 명·쉰 명씩 모여서 가지만, 그런데도 오히려 거기를 지나지 못하니, 다 앙굴리말라에게 잡히기 때문입니다.

그런데 사문 고타마께서 벗도 없이 홀로 가시다가 앙굴리말라에게 괴롭힘을 당하신다면, 그건 이 일을 살피지 못하신 것입니다."

세존께서는 비록 이 말을 들으셨으나 짐짓 나아가 머물지 않으셨다.

그때 앙굴리말라의 어머니는 음식을 가지고 앙굴리말라가 있는 곳으로 갔다. 이때 앙굴리말라는 이렇게 생각했다.

'내 손가락 목걸이는 이제 그 수를 채웠을까?'

곧 손가락 수를 세어보았으나 아직 수를 채우지 못했다. 다시 세어보았으나 꼭 한 사람 손가락이 모자랐다.

이때 앙굴리말라는 좌우를 둘러보며 산 사람이 있는지 찾아보고 잡아 죽이려고 하였다. 그러나 사방으로 멀리까지 살펴보았으나 사람을 보지 못했다. 그는 이렇게 생각하였다.

'우리 스승에게 이런 가르침이 있다.

〈만약 어머니를 죽일 수 있는 자라면 반드시 하늘위에 태어나리라.〉

그런데 지금 어머니가 몸소 이곳에 와 있다. 곧 잡아 죽인다면 손가락 수를 채우고 하늘위에 태어날 것이다.'

이때 앙굴리말라는 왼손으로 어머니의 머리를 붙잡고 오른손으로 칼을 빼어들고는 어머니에게 말하였다.

"잠깐만 그렇게 계십시오, 어머니."

그때 세존께서는 이렇게 생각하시었다.

'저 앙굴리말라가 다섯 큰 거스림의 죄[五逆罪]를 짓겠구나.'

곧 눈썹 사이에서 밝은 빛을 놓아 그 산숲을 널리 비추었다.

이때 앙굴리말라는 밝은 빛을 보고 다시 그 어머니에게 말하였다.

"이것은 무슨 빛이기에 밝게 산숲을 비추는 것이오? 장차 국왕이 군사를 모아 나를 치려는 게 아닐까요?"

그 어머니가 말하였다.

"너는 지금 알아야 한다. 이것은 해나 달이나 불의 밝은 빛이 아니고, 인드라나 브라흐마하늘왕의 밝은 빛도 아니다.'

그때 그 어머니는 곧 이런 게송을 말하였다.

이것은 타는 불의 밝음 아니고
해나 달 인드라의 빛도 아니고
브라흐마하늘왕의 빛이 아니니
새가 사냥꾼에 놀라 두려워하지 않고
어울려 우는 것은 평소와 다르네.

이 밝은 빛은 아주 맑고 깨끗해
사람들을 한량없이 기쁘게 하니
반드시 가장 높고 빼어나시사
열 가지 힘 갖춘 분이 오셨으리라.

하늘이나 세상의 사람 가운데
하늘눈으로 이 세계 살펴보시고
너의 몸을 일부러 건네주시려
세존께서 이곳에 오신 것이리.

**어머니를 죽이려다 그만두고 세존을
죽이려고 쫓아가다 가르침을 받음**

앙굴리말라는 붇다라는 소리를 듣고 기뻐 뛰놀며 스스로 이기지 못하고 이렇게 말했다.

"우리 스승에게는 또한 이런 가르쳐 깨우침이 있어서 나에게 말씀했다.

'만약 네가 어머니를 죽일 수 있고 또한 사문 고타마를 죽일 수 있다면 반드시 브라흐마하늘위에 태어날 것이다.'"

이때 앙굴리말라가 어머니에게 말하였다.

"어머니, 여기 잠깐만 계십시오. 나는 먼저 사문 고타마를 잡아죽이고, 그런 뒤에 밥을 먹겠습니다."

앙굴리말라는 곧 그 어머님을 놓아주고 세존을 쫓아갔다.

멀리서 세존이 오는 모습을 바라보니, 마치 금덩이 같아서 비추지 않는 곳이 없었다. 그는 그 모습을 보고 웃으며 이렇게 말하였다.

"지금 이 사문은 확실히 내 손아귀에 들어왔다. 반드시 죽일 수 있다. 이 길을 지나려는 백성들은 모두 무리를 모아 이 길을 함께 지나가는데, 저 사문은 홀로 같이하는 벗도 없구나.

내 지금 반드시 저자를 잡아죽이겠다."

앙굴리말라는 곧 허리에 찼던 칼을 빼어 세존을 향해 달려들었다. 그러자 세존께서는 곧 왔던 길로 발길을 돌려 천천히 걸었다.

앙굴리말라는 힘껏 내달려 뒤쫓았지만 여래를 따라잡을 수 없었다. 이때 앙굴리말라는 세존을 향해 소리쳤다.

"멈춰라, 멈춰라, 사문아."

세존께서는 말씀하셨다.

"나는 스스로 멈추었는데 네가 멈추지 않는구나."

앙굴리말라는 달려오면서 멀리서 이 게송을 말하였다.

　　가면서 다시 멈추어 있다 말하고

나한테는 멈추지 않는다 하네.
너는 멈췄고 나는 멈추지 않았다는
이 뜻을 나에게 말해보아라.

세존께서는 게송으로 대답하셨다.

세존이 이미 멈추었다 말하는 것
온갖 중생 해치지 않기 때문이고
너는 지금 죽이려는 마음이 있어
악의 바탕 떠나지 못하고 있다.

나는 자애로운 마음 땅에 머물러
온갖 사람 가엾이 여겨 보살피는데
너는 지옥 괴로움의 씨앗 심으며
악의 바탕 떠나지 못하고 있다.

가르침을 듣고 여래께 귀의하여 사문이 됨

앙굴리말라는 이 게송을 듣고 생각하였다.

'내가 정말 악한 걸까? 게다가 우리 스승은 나에게 이렇게 말했다.
〈이것이 바로 큰 제사 드림[大祠]으로 큰 과보를 얻는 것이니, 백
사람을 죽여 그 손가락으로 목걸이를 만들 수 있다면 그는 바라는
것을 이룰 것이다.

이와 같은 사람은 목숨을 마친 뒤에 하늘위의 좋은 곳에 태어날
것이요, 만약 낳아준 어머니와 사문 고타마를 죽인다면 반드시 브라

흐마하늘에 태어날 것이다.〉'

그때 붇다께서는 위신력을 지어 그가 번쩍 본래 맑은 정신이 깨이게 하셨다.

그는 생각하였다.

'브라마나의 여러 서적에도 이런 말이 있다.

〈여래께서 세상에 나오심은 매우 만나기 어렵다. 때로 억겁이 되어야 출현하신다. 그분이 세상에 출현하실 때는 건너지 못한 이는 건너게 하고 해탈하지 못한 이는 해탈하게 하신다.

그분은 여섯 가지 견해 없애는 법을 말씀하신다. 그 여섯 가지란 무엇인가?

'나가 있다'는 견해를 가진 이를 위해서는 나라는 견해를 없애는 법을 말씀하신다.

'나가 없다'는 견해를 가진 이를 위해서는 나가 없다는 견해 없애는 법을 말씀하신다.

'나는 있기도 하고 없기도 하다'는 견해를 가진 이를 위해서는 나는 있기도 하고 없기도 하다는 견해 없애는 법을 말씀하신다.

다시 스스로 살피면서 그 살피는 법을 말씀하시어, 스스로 '나 없음의 법'을 말씀하시고, 또 '내가 말하는 것도 아니고 내가 말하지 않는 것도 아니다'라는 법을 말씀하신다.

여래께서 세상에 출현하시면 이 여섯 가지 견해 없애는 법[滅六見之法]을 말씀하신다.〉

또 나는 힘껏 달릴 때에는 코끼리나 말, 수레 및 어떤 사람도 따라 잡을 수 있다.

그러나 이 사문은 걷는 것이 빠르지도 않은데 오늘 나는 이 사문

을 따라잡을 수가 없다. 이분이 반드시 여래(如來)일 것이다'

그때 앙굴리말라는 곧 이런 게송을 말하였다.

세존께서 지금 나를 위하시므로
미묘한 게송을 말씀해주셨네.
나 같은 악한 자가 진리를 안 것은
다 세존의 위신력 말미암음이네.

바로 지금 날카로운 칼을 버려서
깊은 구덩이 가운데 던져버리고
이제 저 사문의 발자취에 절하고
바로 사문 되기를 구하오리라.

그때 앙굴리말라는 곧 붇다 앞으로 나아가 말씀드렸다.

"세존이시여, 제가 사문이 되는 걸 들어주시길 바랍니다."

세존께서는 말씀하셨다.

"잘 왔다, 비구여."

곧 바로 앙굴리말라는 사문이 되어 세 가지 가사[法衣]를 입었다.

앙굴리말라에게 설법하여 법의 눈을 열어주심

세존께서는 곧 게송으로 말씀하셨다.

너는 지금 이미 머리를 깎았으니
묶음 없애는 것 또한 그렇게 하라.

묶음 사라져 큰 과덕 이루게 되면
다시는 근심과 괴로움 없으리.

앙굴리말라는 이 게송을 듣고 곧 모든 티끌과 때가 다하고[諸塵垢
盡] 법의 눈이 깨끗해졌다[得法眼淨].

그때 세존께서는 앙굴리말라 비구를 데리고 슈라바스티 성 제타
숲 정사로 돌아가셨다.

· 증일아함 38 역품(力品) 六 전반부

· 해설 ·

붇다의 초기 상가에서 앙굴리말라의 존재는 우리 모두에게 '인간이 얼마
나 악해질 수 있고 또 얼마나 선해질 수 있는가'에 대해 근원적인 물음을 던
지게 한다.

앙굴리말라는 극악한 살인마와 거룩한 성자, 두 극단적으로 다른 얼굴을
보여준다. 앙굴리말라의 이야기를 들으면서 우리는 도덕적인 선(善)의 판
단기준이 무엇인가를 다시 고민하게 된다.

『번역명의집』을 엮은 보윤법사(普潤法師)는 살인마의 죄를 뉘우치고 비
구가 된 앙굴리말라와, 비구니로서 아난다 존자를 유혹한 성비구니(性比丘
尼)를, 마라를 말하는 데서 두 사람의 이름을 들어보인다.

성문(聲聞)의 이름을 풀이하는 곳에서 그 이름을 수록하지 않고, 파피야
스(pāpīyas)를 하늘에 있는 마라로 보고 앙굴리말라와 성비구니를 사람의
탈을 쓴 마라로 본 것이다.

증일아함의 성비구니를 장수(長水) 자선법사의 『수능엄경』 풀이 가운데
서는 아난다를 유혹한 마탕가(Mātaṃgā, 魔登伽)로 본다.

『번역명의집』에서 앙굴리말라의 이름은 이렇게 풀이된다.

앙굴리말라는 여기 말로 '손가락의 꽃다발'[指鬘]이니, 사람을 죽여 손가락을 가져다 머리에 얹어 꽃다발을 만들었기 때문이다.

『앙굴리말라경』에서 말한다.

"스승이 백 명까지 사람을 죽이도록 해 각기 한 손가락을 꿰어 그 머리에 꽃다발처럼 얹게 한 것이다."

또 그 이름을 '온갖 세간에 나타남'[一切世間現]이라 옮긴다.

젊은 브라마나 앙굴리말라가 살인마가 된 까닭이 무엇인가. 주술을 가르치는 스승이 멀리 나간 사이, 나이 늙은 스승의 젊은 아내는 제자 앙굴리말라를 유혹하다 말을 듣지 않는 그를 되레 '자기를 욕보이려 했다'고 거짓으로 말해 그 스승이 삿된 주술을 걸어 살인마로 만든 것이다.

그렇다면 지금 앙굴리말라의 사람 죽이는 미친 기운은 어디서 온 것인가. 앙굴리말라 안에 있는 것인가 삿된 스승의 주술에 있는 것인가. 스승과 스승 아내의 마음에 있는 것인가.

그 모든 것에서 온 것이 아니지만 그 모든 것을 떠나지 않으므로 살인마라도 그 모든 죽임의 인연이 공한 곳에서 사람 죽임의 미친 기운을 쉴 때 마라(māra)가 아르야(Āryā, 聖者)가 되는 것인가.

마라가 곧 법계라는 『마하지관』의 뜻을 깊이 살펴야, 아흔아홉 명을 죽인 사람탈을 쓴 마라가 여래의 한 마디 자비의 가르침에 칼을 버리고 거룩한 이의 자리에 오른 뜻을 알게 되리라.

'거룩한 이를 따라 태어난 뒤로는
일찍이 산목숨 죽이지 않았다' 하라

이때 프라세나짓 왕은 네 무리의 군사를 모아 도적 앙굴리말라를 치러가려고 하였다. 왕은 이렇게 생각했다.

'나는 지금 세존 계신 곳에 가서 이 인연을 갖추어 말씀드리고, 만약 세존께서 무슨 말씀이 있으면 받들어 행하리라.'

그때 프라세나짓 왕은 곧 네 무리의 군사를 모으고 세존 계신 곳에 가 머리를 대 발에 절하고 한쪽에 앉았다.

그때 세존께서 왕에게 물으셨다.

"대왕은 오늘 어디를 가시려고 온몸에 먼지를 뒤집어썼습니까?"

이렇게 되자 프라세나짓 왕은 붇다께 말씀드렸다.

"지금 우리나라 안에 앙굴리말라라는 도적이 있는데, 아주 모질고 사나워 온갖 중생에게 자비한 마음이 없어서 나라 땅을 못쓰게 만들고 백성들이 뿔뿔이 흩어지게 하고 있습니다. 그 자는 사람을 잡아 죽여 그 손가락으로 목걸이를 만든다고 합니다.

그는 악한 귀신이지, 사람이라 할 수 없습니다. 그래서 제가 지금 이 사람을 치려고 합니다."

프라세나짓 왕이 사문이 된 앙굴리말라를 만나
세존의 위신력을 찬탄함

세존께서는 말씀하셨다.

"대왕이 만약 이 앙굴리말라가 믿는 마음이 굳세어 집을 나와 도를 배우는 것을 보신다면 어떻게 하시겠습니까?"

왕이 붇다께 말씀드렸다.

"다시 그가 어떤지를 안다면 반드시 받들어 섬기고 공양하며 때따라 절할 것입니다. 그러나 세존이시여, 그는 악한 사람으로 털끝만큼의 착함도 없어 늘 죽이기만 하는데, 어떻게 그런 마음이 있어 집을 나와 도를 배울 수 있겠습니까? 끝내 그럴 수 없습니다."

그때 앙굴리말라는 세존에게 가기 멀지 않은 곳에서 두 발을 맺고 앉아, 몸을 바르게 하고 마음을 바르게 하여 생각을 매어 앞에 두고 있었다. 그때 세존께서는 오른손을 뻗어 그를 가리키며 대왕에게 말씀하셨다.

"이 사람이 바로 그 도적 앙굴리말라입니다."

왕은 이 말을 듣자 옷의 털까지 다 곤두섰다.

세존께서는 말씀하셨다.

"두려워하지 마십시오. 그의 앞에 가보시면 대왕의 뜻을 저절로 깨달을 것이오."

이때 왕은 붇다의 말씀을 듣고 앙굴리말라에게 다가가서 물었다.

"그대 성은 누구요?"

앙굴리말라는 대답하였다.

"제 성은 '가가'(伽伽)이고, 어머니의 이름은 '가득 채움'[滿足]입니다."

그러자 왕은 곧 그 발에 절하고 한쪽에 앉아 말하였다.

"이 바른 법 가운데서 즐거워하며 게을리하지 마시오. 청정한 범행을 닦는다면 괴로움의 끝을 다할 수 있을 것이오. 내가 몸과 목숨을 다하도록 입을 옷·먹을거리·앉을 자리·자리끼·의약품을 공양해드리겠소."

이때 앙굴리말라는 잠자코 대답하지 않았다. 왕은 곧 자리에서 일어나 머리를 대 발에 절하고 세존께 돌아왔다.

그는 머리를 대 세존의 발에 절하고 한쪽에 앉았다. 이때 왕이 다시 분다게 말씀드렸다.

"항복하지 않는 자를 항복케 하고, 숙이지 않는 자를 숙이게 하시다니, 참으로 기이하고 참으로 뛰어나십니다. 일찍이 없었던 일입니다. 이처럼 아주 악한 사람을 항복케 하시다니요.

세존께서는 목숨 받음이 끝없으시어 온 백성들을 길러주시길 바랍니다. 세존의 은혜를 입어 이 어려움을 면하였습니다.

저는 나랏일이 너무 많아 이만 성으로 돌아가고자 합니다."

세존께서는 말씀하셨다.

"왕께서 때를 알아 하십시오."

대왕은 곧 자리에서 일어나 머리를 대 세존의 발에 절하고 물러나 떠났다.

현성에게서 다시 난 뒤 산목숨 죽인 적 없음을 말하도록 하심

그때 앙굴리말라는 아란야를 지어 다섯 가지 누더기 옷[五納衣]을 입고, 때가 되면 발우를 가지고 집집마다 밥을 빌러 다녔으며, 한 번 돌고는 다시 시작하였다.

해진 누더기 옷을 입은 모습은 너무도 거칠고 보기 싫었으며, 한데 앉아서는 몸을 덮지도 않았다. 이때 앙굴리말라는 한가하고 고요한 곳에서 스스로 그런 행을 닦았다.

좋은 종족의 사람이 집을 나와 도를 배우는 것은 위없는 범행을 닦고자 함이다. 그리하여 앙굴리말라는 그 뜻대로 '나고 죽음은 이미 다하고 범행은 이미 서고, 지을 바를 이미 지어 다시는 태를 받지 않음'을 진실 그대로 알았다.

이때 앙굴리말라는 바로 아라한을 이루어, 여섯 가지 신통[六神通]이 맑게 사무쳐 티끌의 때가 전혀 없게 되었다.

이미 아라한을 이루고 때가 되어 가사를 입고 발우를 가지고 슈라바스티 성에 들어가 밥을 빌고 있을 때였다. 그때 그는 어떤 부인이 아기 낳을 때가 되어 심하게 어려움 겪고 있는 모습을 보고 생각하였다.

'중생의 무리들은 아주 심한 고통을 겪으며 태를 받아 끝이 없구나.'

앙굴리말라는 밥 빌기를 마친 뒤에 가사와 발우를 거두어 들고는 니시다나를 어깨에 걸치고 세존 계신 곳에 가서 머리를 대 발에 절하고 한쪽에 앉았다.

이때 앙굴리말라는 세존께 말씀드렸다.

"저는 아까 가사를 입고 발우를 가지고 슈라바스티 성에 들어가 밥을 빌다가, 아기를 배어 몸이 무거운 어떤 부인이 아기 낳으려 하면서 저를 보자 더욱 고통스러워 하는 것을 보고, 이렇게 생각했습니다.

'중생들이 받는 괴로움이 어찌 이렇게도 심한가'"

세존께서는 말씀하셨다.

"너는 지금 그 부인에게 찾아가 이렇게 말하라.

'저는 현성에게서 태어난 뒤로 다시는 산목숨 죽이지 않았습니다.'

이 지성스러운 말을 지니면 그 부인의 태에 별탈이 없게 될 것이다."

"그렇게 하겠습니다, 세존이시여."

앙굴리말라는 그날로 가사를 입고 발우를 가지고 슈라바스티 성으로 들어가 그 산모 있는 곳에 가서 말하였다.

"저는 현성을 따라 다시 태어난 뒤로 다시는 산목숨 죽이지 않았습니다. 이 지성스러운 말을 지니시면 태에 아무 어려움이 없을 것입니다."

그때 그 산모는 곧 태에 탈없이 아이를 낳았다.

슈라바스티 성 사람들에게 모진 고난을 겪고서
세존께 인욕과 지혜의 서원을 노래로 바침

이때 앙굴리말라는 성안에서 밥을 빌고 있었다. 여러 남녀 어른이나 아이들이 그를 보고 저희끼리 서로 말하였다.

"저자는 앙굴리말라다. 중생을 헤아릴 수 없이 죽여놓고 지금 다시 성안에서 밥을 비는구나."

성안의 사람들이 각기 기왓장과 돌로 때렸고, 어떤 이는 칼로 찌르는 자도 있어서, 머리와 눈을 다치고 옷이 모두 찢어진 채 흐르는 피가 온몸을 더럽혔다. 곧 슈라바스티 성을 벗어나 여래 계신 곳으로 갔다. 이때 세존께서는 그가 머리와 눈을 다쳐 깨지고 흐르는 피가 옷을 더럽힌 채 오는 모습을 멀리서 보시고 말씀하셨다.

"너는 지금 참아야 한다. 왜냐하면 이 죄는 긴 겁에 오랫동안 받아야 할 것이기 때문이다."

이때 앙굴리말라는 세존 계신 곳에 이르러 머리를 대 발에 절하고 한쪽에 앉았다. 앙굴리말라는 여래 앞에서 이 게송을 말하였다.

굳세게 법의 글귀 귀 기울여 듣고
굳세게 붇다의 법을 행해가며
굳세게 좋은 벗을 가까이하면
곧 사라져 다한 곳 이루게 되리.

나는 본래 아주 큰 도적으로서
이름을 앙굴리말라라 하였네.
악의 흐름에 떠돌아다녔으나
세존께서 건져주심 입게 되었네.

지금 스스로 귀의하는 업을 살피고
또한 반드시 법의 근본 살펴서
지금 바로 세 가지 밝음을 얻어
붇다의 행하시는 업 이룩하였네.

나는 본래 이름이 해침 없음이나
죽이고 해침 헤아릴 수 없었네.
지금의 이름은 진실한 진리이니
온갖 중생을 해치지 아니하리라.

설사 다시 이 몸과 입과 뜻으로도
해치려는 마음과 앎 아주 없어서
죽이고 해침 없다 이름했는데
어찌 하물며 생각과 뜻 일으키리오.

활 만드는 장인 뿔을 잘 다루고
뱃사공은 물을 잘 다루어 타며
좋은 목수 나무를 잘 다루듯이
지혜로운 사람 스스로 몸을 고루네.

어떤 이는 채찍과 몽둥이질하고
어떤 이는 말로써 굽히려 하나
끝내 칼과 몽둥이질하지 않으니
이제 나는 스스로를 항복받았네.

사람이 앞에 죄와 악 지었더라도
뒤에 그쳐 다시 저지르지 않으면
이는 밝게 세간을 비추는 것이니
마치 구름 걷혀 달이 나타남 같네.

사람이 앞에 죄와 악 지었더라도
뒤에 그쳐 다시 저지르지 않으면
이는 밝게 세간을 비추는 것이니
마치 구름 걷혀 해가 나타남 같네.

비구가 늙거나 어리거나 젊거나
붇다의 법 잘 닦아 행하는 자는
이는 밝게 세간을 비추는 것이니
마치 저 달에 구름이 걷힘 같으리.

비구가 늙거나 어리거나 젊거나
붇다의 법 잘 닦아 행하는 자는
이는 밝게 세간을 비추는 것이니
마치 저 해에 구름이 걷힘 같으리.

나는 이제 받는 아픔 줄어져가고
먹을 것에 스스로 만족할 줄 알아
온갖 괴로움 모두 벗어났으니
본래의 악연 이제는 이미 다했네.

다시는 죽음의 발자취 받지 않고
또한 다시 태어남 즐기지 않고
지금 여기서 바로 때를 기다리니
기쁨이 넘쳐 어지럽지 않도다.

세존께서 과거세상 앙굴리말라의 본사를 보이시고 앙굴리말라의 지혜를 찬탄하심

이때 여래께서는 앙굴리말라의 말을 옳다 하셨다. 앙굴리말라는 여래께서 옳다 하시는 것을 보고 곧 자리에서 일어나 세존의 발에 절하고 떠났다. 그때 비구들이 세존께 말씀드렸다.

"저 앙굴리말라는 앞 생에 어떤 공덕을 지었기에 이 세간에 참으로 드물게 지금 지혜가 저리 밝고 얼굴과 눈이 단정합니까?

또 어떤 악업을 지었기에 지금 저 몸으로 헤아릴 수 없는 중생을 죽였습니까? 또 어떤 공덕을 지었기에 지금 여래를 만나 아라한의 도를 얻게 된 것입니까?"

(중략)

세존께서 말씀하셨다.

"비구들이여, 다른 생각을 말라. 그때 그 대과왕(大果王)이 어찌
다른 사람이겠는가? 지금의 저 앙굴리말라의 스승이었던 자가 바로
그 사람이다. 그때의 음란한 여인은 지금 그 스승의 아내요, 그때의
백성들은 앙굴리말라에게 죽은 셀 수 없는 백성들이며, 그때의 청정
태자는 지금의 앙굴리말라 비구가 바로 그 사람이다.

그는 죽음에 다다라 이런 서원을 세웠기 때문에 지금 다시 원수를
갚아 그 손을 벗어나지 못하게 된 것이니, 그 인연 때문에 죽여 해침
이 끝이 없었다. 또 그 뒤에 서원을 세워 붇다를 뵙고 싶다 원했으므
로 지금 해탈을 얻어 아라한이 된 것이다.

이것이 그 뜻이니 잘 생각해 받들어 행하라."

그때 세존께서는 다시 비구들에게 말씀하셨다.

"내 제자 가운데 총명하고 빠른 지혜가 으뜸인 자는 바로 앙굴리
말라 비구이다."

그때 여러 비구들은 붇다의 말씀을 듣고 기뻐하며 받들어 행하였다.

• 증일아함 38 역품 六 후반부

• 해설 •

아흔아홉 명을 죽인 살인마가 세존의 교화를 받아 사문이 되어 집집마다
밥을 빌러 다니니, 옛날 그를 알았던 이들은 크게 놀라지 않을 수 없다.

아이 낳으려는 여인이 놀라 아이를 낳지 못하자 앙굴리말라는 세존께 돌
아가 사실을 말씀드리니, 세존께서는 '현성에게서 난 뒤로 산목숨 죽이지 않

았다'고 말하도록 가르치신다. 이 말을 들은 산모가 탈 없이 아이를 낳았다.

'아흔아홉 명을 죽인 살인마가 세존께 출가함으로 산목숨 죽이지 않은 사람으로 다시 태어났다'는 이 말귀는 선문(禪門)에서 공안(公案)으로 제시하는 이야기이다.

이 공안은 간화선(看話禪)의 대종장(大宗匠) 대혜종고선사(大慧宗杲禪師)의 오도(悟道)와 관계가 깊다. 이 공안을 듣고 대혜선사가 의심이 풀리지 않아서 스승인 담당문준선사(湛堂文準禪師)께 이 뜻을 물으니, 이렇게 대혜에게 되묻는다.

"앙굴리말라를 보고 놀란 산모의 남편인 장자가 '어떻게 해야 아이 낳는 어려움에서 벗어나겠는가'라고 묻자, 그 물음을 다시 세존께 여쭙기 위해 앙굴리말라가 세존께 채 이르기 전에 아이 낳으면 어떠한가.

또 세존으로부터 들은 '현성의 법을 의지한 뒤 산목숨 죽이지 않았다'는 말귀를 가지고 장자의 집에 이르기 전에 아이 낳으면 어떠한가."

대혜선사도 처음 이 말귀의 뜻을 얻지 못하다 나중 『화엄경』을 읽다 제8지의 '남이 없는 법인'[無生法忍]을 얻은 보디사트바가 제9지 '움직임 없는 지위'[不動地]에 나아가는 다음 경의 말씀에서 크게 깨친다.

"불자여, 보디사트바가 이 남이 없는 법인을 성취하면 그때 보디사트바의 여덟째 움직임 없는 지위에 들어가 깊은 행[深行]의 보디사트바가 되어 이루 헤아려 알 수 없게 된다.

차별이 없이 온갖 모습 온갖 생각 온갖 집착을 떠나니, 끝없는 여러 치우친 수행자들이 미칠 수 없다.

(중략)

이 보디사트바 마하사트바는, 보디사트바의 마음·붇다의 마음·보디의 마음·니르바나의 마음도 오히려 일으키지 않는데, 하물며 세간의 마음을 일으키겠는가."

앙굴리말라의 공안에서 대혜선사가 깨친 뜻은 무엇인가.

연기법에서 보디의 마음·니르바나의 마음은 중생의 마음을 끊고 얻는 마음이 아니고, 저 죄업의 마음·물든 마음이 나되 남이 없음을 깨달을 때 그 마음을 보디의 마음이라 한 것이다.

그러므로 중생의 마음 가운데 죄업이 나되 남이 없음을 통달한 곳에 보디의 마음이 있지, 극악한 마음을 끊고 거룩한 마음 니르바나의 마음을 구하는 것이 아니라는 경의 가르침이, 스승이 물은 공안의 뜻과 다르지 않음을 대혜선사는 홀연히 깨달은 것인가.

『화엄경』에서 남이 없는 법인을 성취한 보디사트바는 '보디의 마음·니르바나의 마음도 일으키지 않는데 하물며 세간의 물든 마음을 일으키겠는가'라고 가르친 뜻을 다시 읽으면 바로 중생의 죄업이 본래 남이 없는 여래장의 청정을 보되 그 청정함이라는 분별마저 없애야 해탈이 된다는 뜻이리라.

『화엄경』의 이 가르침은 또한 극악한 죄업을 일으킨 중생의 진실이 보디이지 극악한 죄업을 끊고 얻는 보디의 모습이 따로 없다는 뜻이리라. 이 뜻을 알아야 셀 수 없는 사람 죽인 앙굴리말라가 여래의 법 안에서 한 생명도 죽이지 않는 범행의 성취자로 다시 사는 뜻을 알게 되리라.

이 경이 우리에게 던지는 또 하나의 공안이 있으니, 여래가 보이신 앙굴리말라의 본사이다.

"과거세상 오랜 겁 전에 왕이 있었으니 그 이름이 대과왕(大果王)이다. 그 왕이 자식이 없어 여러 신전의 신들에게 빌어 아들을 낳으니, 그가 청정태자이다. 청정태자가 세간의 욕락을 즐기지 않으므로 왕이 그에게 욕락을 가르치는 자에게 큰 상금을 내린다 하니, 한 음란한 여인이 태자를 유혹하여 욕락의 맛을 알게 한다.

그러자 태자는 왕에게 청하여 나라의 시집가지 않은 여인을 먼저 자기에게 보낸 뒤에 시집가도록 요청한다.

그에 불만을 가진 수반야라는 여인이 나라 가운데 남자들을 부추겨 대과왕을 위협하여 청정태자를 죽이게 된다. 좋아하는 여인들을 태자에게 먼저 바쳐야 했던 많은 남자들은 몰려가 기와와 돌로 그를 때려죽이게 된다.

죽음에 다다라 태자는 '오는 세상 반드시 이 원수를 갚겠으며 또 참사람인 아라한을 만나서 해탈을 얻겠다'고 서원한다.

그 태자가 앙굴리말라이고, 자기가 살기 위해 태자를 죽이도록 한 왕이 주술을 건 스승이고, 태자에게 욕락을 가르친 여인이 스승의 아내이고, 지금 죽임을 당한 많은 사람들은 그때 태자에게 몰려가 기와와 돌로 태자를 때려죽인 사람들이다.

비록 이런 악연이 꼬여 있으나 아라한을 만나 해탈하리라 서원했으므로 지금 세존을 만나 아라한을 이룬 것이다."

앙굴리말라의 과거생의 이야기가 지금 우리에게 주는 가르침의 뜻은 무엇인가. 과거에 지은 업이 있으므로 지금 그 과보를 운명적으로 받아야 한다는 말인가. 아니면 지금의 일이 과거의 인연을 떠나지 않으므로 지금의 일 또한 닫혀 있음이 아니며, 지금의 선과 악, 사랑과 미움의 업이 허깨비처럼 공해 취할 것 없음을 보임인가.

과거의 본사로 지금의 일이 있으면 지금 짓는 온갖 행위가 미래에서는 과거의 본사가 되는 것이니, 여래가 보이신 과거생의 이야기가 실은 지금의 창조적 행위를 지시함이리라.

또한 온갖 결정됨은 본래 결정되어 있지 않음[不定] 가운데서 정함 없이 정해감[不定而定]이므로 모든 필연 가운데 자유의 터전을 보라는 뜻이리라.

이 공안의 뜻을 잘 살펴 알아야 지금 우리가 일으킨 한 생각 바른 보디의 마음이 미래의 온전한 해탈의 과덕 언약해줌을 알게 될 것이다.

8) 불의 사마디로 니르바나에 든 드라비아 말라푸트라

세존이시여, 저 드라비아 말라푸트라 비구는
청정하여 죄가 없나이다

이와 같이 내가 들었다.

한때 붇다께서는 라자그리하 성 칼란다카 대나무동산에 계셨다.

그때 드라비아 말라푸트라(Dravya-malla-putra)가 라자그리하 성에 오래도록 살고 있으면서 대중 스님들의 먹을거리 맡아보는 일을 하였는데, 앉는 자리의 차례를 따라서 공양을 받게 하여 순서를 넘지 않았다. 그런데 그때 마이트레야부우미(Maitreyabhūmi, 慈地) 비구가 세 번씩이나 순서를 벗어나 거친 음식을 받아 식사 때 몹시 괴로워하면서 이렇게 생각하였다.

'이상한 일이다. 아주 괴롭구나. 저 드라비아 말라푸트라 비구에게 좋지 못한 뜻이 있어서 거친 음식으로 나를 괴롭혀 밥 먹을 때마다 나를 몹시 괴롭히는 것일 게다. 내가 어떻게 해야 저에게 이롭지 못한 일을 지어 앙갚음할 수 있을까?'

마이트레야부우미 비구가 누이 비구니를 시켜
말라푸트라 비구를 모함케 함

그때 마이트레야부우미 비구에게는 누이 되는 비구니가 있었는데, 미트라(Mitra)라고 하였다. 그녀는 라자그리하 성에 있는 왕의 동산[rājarāma, 王園] 비구니대중 가운데 머물고 있었다.

미트라 비구니는 마이트레야부우미 비구에게로 가서 그 발에 머리를 대 절하고는 한쪽에 머물러 있었다. 그러나 마이트레야부우미 비구는 돌아보지도 않고 말도 하지 않았다.

미트라 비구니가 마이트레야부우미 비구에게 말하였다.

"아르야(Āryā)여, 왜 돌아보지도 않고 말도 하지 않습니까?"

마이트레야부우미 비구가 말하였다.

"드라비아 말라푸트라 비구는 자주 거친 음식으로 나를 괴롭혀 밥 먹을 때마다 나를 몹시 괴롭게 했는데, 그대까지도 다시 나를 버리시오?"

비구니가 말하였다.

"어떻게 해야 되겠습니까?"

마이트레야부우미 비구가 말하였다.

"그대는 세존 계신 곳에 가서 이렇게 말씀드려 주시오.

'세존이시여, 드라비아 말라푸트라 비구는 법답지 않기로 견줄 데가 없습니다. 저와 같이 범행(梵行)이 아닌 파라지카다르마 (pārājikādharmāḥ, 波羅夷罪)를 범하였습니다.'

그러면 나도 '세존이시여, 내 누이의 말과 같습니다'라고 증명해 말하리다."

비구니가 말하였다.

"아르야여, 내가 어떻게 범행을 행하는 비구에 대해서 파라지카다르마로 비방할 수 있겠습니까?"

마이트레야부우미 비구가 말하였다.

"만약 그대가 그렇게 해주지 않으면 나는 그대와 인연을 끊을 터이니, 다시는 오가며 말하거나 서로 쳐다보지도 맙시다."

그러자 비구니는 잠깐 동안 잠자코 생각하다가 이렇게 말하였다.

"아르야여, 내가 그렇게 해주기를 바란다면 그 분부를 말대로 따르겠습니다."

마이트레야부우미 비구가 말하였다.

"그대는 내가 먼저 세존 계신 곳에 갈 때까지 잠깐 기다리오. 내 뒤에 따라오도록 하오."

그리고 마이트레야부우미 비구는 곧 붇다 계신 곳에 가서 세존의 발에 머리를 대 절하고는 한쪽으로 물러나 있었다. 미트라 비구니도 그 뒤를 따라 가서 붇다의 발에 머리를 대 절하고는 한쪽으로 물러나 있었다. 그때 비구니가 붇다께 말씀드렸다.

"세존이시여, 어찌 이런 짝이 없는 좋지 못한 일이 있습니까. 드라비아 말라푸트라는 저에게 와서 범행이 아닌 파라지카다르마를 지었습니다."

마이트레야부우미 비구 또한 붇다께 말씀드렸다.

"누이의 말과 같습니다. 저도 앞에 또한 알고 있었습니다."

비구대중으로 하여금 옳고 그름을 가려 잘 꾸중해 깨우치게 하심

그때 드라비아 말라푸트라 비구는 바로 그 대중들 가운데 있었다. 그때 세존께서 드라비아 말라푸트라 비구에게 말씀하셨다.

"너는 이 말을 들었는가?"

드라비아 말라푸트라 비구가 말씀드렸다.

"들었습니다, 세존이시여."

붇다께서 드라비아 말라푸트라 비구에게 말씀하셨다.

"너는 어떻게 생각하는가?"

드라비아 말라푸트라가 붇다께 말씀드렸다.

"세존께서 아시는 바와 같습니다. 잘 가신 이께서 아시는 바와 같습니다."

붇다께서 드라비아 말라푸트라에게 말씀하셨다.

"너는 '세존께서 아시는 바와 같습니다'라고 말하지만 지금은 그런 때가 아니다. 너는 지금 기억하면 기억한 것을 말하고, 기억하지 못하면 기억하지 못한다고 말해야 한다."

드라비아 말라푸트라가 말하였다.

"저는 기억하지 못합니다."

그때 존자 라훌라는 붇다 뒤에 서서 부채를 잡아 붇다께 부채질을 하다가 붇다께 말씀드렸다.

"세존이시여, 좋지 못함이 참으로 짝이 없습니다. 이 비구니가 말했습니다.

'존자 드라비아 말라푸트라는 저에게 와서 저와 함께 범행이 아닌 파라지카다르마를 지었습니다.'

그리고 마이트레야부우미 비구 또한 이렇게 말했습니다.

'그렇습니다. 세존이시여, 저도 앞에 또한 알고 있었습니다. 누이의 말과 같습니다.'"

붇다께서 라훌라에게 말씀하셨다.

"내가 지금 너에게 묻겠으니 마음대로 내게 대답하라. 만약 미트라 비구니가 내게 와서 이렇게 말했다 하자.

'세존이시여, 좋지 못함이 짝이 없습니다. 라훌라는 저와 함께 범행이 아닌 파라지카다르마를 지었습니다.'

또 마이트레야부우미 비구도 나에게 이렇게 말했다 하자.

'그렇습니다. 세존이시여, 누이의 말과 같습니다. 저도 앞에 또한 알고 있었습니다.'

이렇게 말한다면 너는 어떻게 하겠는가?"

라홀라가 붇다께 말씀드렸다.

"세존이시여, 저는 만약 기억하면 기억한 것을 말하고, 기억하지 못하면 기억하지 못한다고 말하겠습니다."

붇다께서 말씀하셨다.

"라홀라, 이 어둡고 어리석은 사람아. 너도 오히려 그렇게 말을 하는데, 저 드라비아 말라푸트라 비구는 청정한 비구인데도 어찌 이같은 말을 할 줄 모르겠는가?"

그때 세존께서 여러 비구들에게 말씀하셨다.

"드라비아 말라푸트라 비구에 대해서는 반드시 기억해야 한다. 미트라 비구니는 반드시 스스로 말한 것을 없애야 한다.

그리고 마이트레야부우미 비구는 잘 꾸짖고 충고하여 이렇게 가르쳐 깨우쳐야 한다.

'너는 무엇을 보았으며 어디서 보았는가? 너는 그때 무슨 일로 가서 그 일을 보았는가?'"

세존께서는 이렇게 분부하시고 곧 자리에서 일어나 방에 들어가시어 고요히 앉아 선정에 드시었다.

기억해 생각케 하고 꾸짖어 뉘우치게 함

그때 여러 비구들은 드라비아 말라푸트라 비구에 대해서는 기억해 생각하고, 미트라 비구니는 스스로 말한 것을 없애게 하였으며,

마이트레야부우미 비구에게는 잘 꾸짖고 충고하고 이렇게 가르쳐 깨우쳐 물었다.

"그대는 무엇을 보았으며 어디서 보았는가? 그대는 그때 무슨 일로 가서 그 일을 보았는가?"

이렇게 따져 물어 충고하자 그는 이렇게 말하였다.

"저 드라비아 말라푸트라는 범행 아닌 행을 짓지 않았고, 파라지카다르마도 범하지 않았습니다. 그러나 드라비아 말라푸트라 비구는 세 번씩이나 나쁜 음식으로 나를 놀라게 하고, 나로 하여금 밥 먹을 때 몹시 괴롭게 하였습니다.

그래서 나는 드라비아 말라푸트라 비구에 대해 애욕·성냄·어리석음 그리고 두려움을 품었습니다. 그러므로 이런 말을 한 것입니다. 그러나 드라비아 말라푸트라는 청정하여 아무 죄도 없습니다."

그때 세존께서는 해질 무렵에 선정에서 깨어나 대중 앞에 자리를 펴고 앉으셨다. 그러자 여러 비구들이 붇다께 말씀드렸다.

"세존이시여, 저희들은 저 드라비아 말라푸트라 비구 있는 곳에 대해 잘 기억해두었고, 미트라 비구니에게는 스스로 말한 것을 없애게 하였으며, 마이트레야부우미 비구에게는 잘 꾸짖고 충고하고 가르쳐 깨우쳐서 이렇게 물어보았습니다.

'그대는 무엇을 보았으며 어디서 보았는가? 그대는 그때 무슨 일로 가서 그 일을 보았는가?'

이렇게 따져 묻자 그는 이렇게 말하였습니다.

'저 드라비아 말라푸트라는 범행 아닌 행을 짓지 않았고, 파라지카다르마도 범하지 않았습니다. 그러나 드라비아 말라푸트라 비구는 세 번씩이나 나쁜 음식으로 나를 놀라게 하고, 나로 하여금 밥 먹을 때 몹시 괴롭게 하였습니다.

그래서 나는 드라비아 말라푸트라 비구에 대해 애욕·성냄·어리석음 그리고 두려움을 품었습니다. 그러므로 이런 말을 한 것입니다. 그러나 드라비아 말라푸트라는 청정하여 아무 죄도 없습니다.'"

세존께서 알면서 거짓말하는 죄를 게로써 깨우쳐주심

그때 세존께서 여러 비구들에게 말씀하셨다.

"얼마나 어둡고 어리석은가? 먹을 것 때문에 알고도 일부러 거짓말을 하였구나."

그때 세존께서는 곧 게송을 설하셨다.

만약 한 가지 진실의 법을 버리고
알면서 일부러 거짓말을 한다면
뒷세상 일 헤아리지 않는 것이니
짓지 못할 악한 일이 없게 되리라.

차라리 뜨거운 쇠구슬을 먹어
저 타오르는 숯불처럼 된다 해도
여래께서 금한 계 범하면서까지
상가 향한 믿음의 보시 먹지 않으리.

붇다께서 이 경을 말씀하시자, 여러 비구들은 붇다의 말씀을 듣고 기뻐하며 받들어 행하였다.

• 잡아함 1075 타표경(陀驃經) ①

• 해설 •

우파바사타 때나 상가의 큰 모임에서 여러 대중이 공양 받은 음식을 같이 모여 먹을 때는 음식 나누는 소임을 정한다.

드라비아 말라푸트라 비구는 음식을 나누며 순서를 지나쳐 거친 음식이 마이트레야부우미 비구에게만 돌아가게 해 음식 받은 이 비구가 크게 불만을 갖는다. 이 행위가 고의가 아니라면 이 허물은 파일제[波逸提, śuddha-prāyaścittika] 죄에 해당하는 것이니, 당사자에게 말로써 그 허물에 대해 고함으로써 이 허물에서 벗어난다.

그러나 이 비구는 누이인 비구니와 짜고서 드라비아 말라푸트라 비구를 파라지카 죄로서 무고한다. 이 다툼에 대해서 진실이 분명하지만 세존은 정해진 비나야에 의해서 다툼을 해결하게 하신다. 그것은 바로 상반된 주장하는 두 당사자가 대중 앞에 서서 스스로 기억한 것을 말하게 함이니, 일곱 다툼 없애는 법 가운데 기억의 비나야[憶念律]이다.

이렇게 해서 무고의 허물을 짊어진 이 비구와 누이인 비구니는 대중 앞에서 크게 꾸짖는 카르마로써 허물을 벗게 하신다.

여래의 비나야는 허물을 고쳐 바름에 나아가게 하는 데 그 뜻이 있고, 죄지은 이를 단죄해서 내치기 위함이 아니므로 뉘우쳐 다시 짓지 않으면 그는 이미 허물을 벗어나 허물이 없는 것이다.

또 아라한 비구 드라비아 말라푸트라는 부우미 비구의 누이가 대중 앞에 참회하자 다시 모함한 그 비구니에게 미워하고 원망하는 마음을 내지 않으니, 왜 그럴 수 있는가. 저 모함과 비방의 소리가 아라한 현성의 귀뿌리에 실로 닿은 바가 없으니, 그가 어찌 원망의 마음 미워하는 마음을 낼 것인가. 그에게는 지나간 마음을 취하지 않고 현재법에서도 머묾 없는 사마디의 한마음이 있을 뿐이다.

불의 사마디로 니르바나에 든
드라비아 말라푸트라의 간 곳 알 수 없도다

이와 같이 내가 들었다.

한때 붇다께서는 라자그리하 성 칼란다카 대나무동산에 계셨다.

그때 존자 드라비아 말라푸트라가 붇다 계신 곳에 찾아와서 붇다의 발에 머리를 대 절하고는 한쪽에 물러나 앉아서 말씀드렸다.

"세존이시여, 저는 붇다 앞에서 온전한 니르바나에 들고 싶습니다."

세존께서 잠자코 계시자, 그와 같이 세 번 말씀드렸다.

붇다께서 드라비아 말라푸트라에게 말씀하셨다.

"이것은 함이 있는 모든 행이니, 법은 으레 이와 같아야 한다."

허공에서 불의 사마디로 니르바나에 들어감

그때 존자 드라비아 말라푸트라가 곧 붇다 앞에서 사마디에 들어 그 사마디대로[如其正受] 동방을 향해 허공에 올라, 다니고[行]·머물고[住]·앉고[坐]·눕는[臥] 네 가지 몸가짐[威儀]을 나타내었다.

그러고는 다시 불의 사마디[火三昧]에 들어가서 몸 아래에서 불을 내, 온몸에서 환하게 불꽃이 사방으로 퍼지니, 푸른빛 노란빛 붉은빛 흰빛 파리의 분홍빛이었다.

그렇게 몸 아래서 불을 내어 그 몸을 태웠다.

다시 몸 위에서 물을 내어 그 몸에다 물을 뿌렸다. 그리하여 몸 위에서 불을 내어 아래로 그 몸을 태우다가 몸 아래에서 물을 내어 위로 그 몸에 뿌리기도 하였다.

이렇게 열 방위를 두루 돌면서 온갖 변화를 나타낸 뒤에는 허공 가운데서 몸 안에 불을 내어 다시 스스로 몸을 태워 남음 없는 니르바나[無餘涅槃]에 들어, 없어져 다하고 고요히 사라져 남긴 티끌이 없게 하였다.

비유하면 마치 허공에 등불을 켜면 기름과 심지가 한꺼번에 다 없어지는 것[油炷俱盡]처럼, 드라비아 말라푸트라가 허공 가운데서 니르바나에 들어 몸과 마음이 한꺼번에 사라진 것[身心俱盡] 또한 이와 같았다.

세존께서 평등한 해탈과 니르바나를 찬탄하심

그때 세존께서 곧 게송을 설하셨다.

비유하면 마치 쇠구슬 태움과 같아
그 불꽃 환하게 활활 타오르다가
뜨거운 기운 차츰 쉬어 사라지면
그 돌아간 곳을 알 수 없는 것 같네.

이와 같이 평등하게 해탈하여서
번뇌의 진흙탕을 뛰어 건너면
모든 번뇌의 흐름 길이 끊어져서
그 돌아가는 곳 모두 알 수 없으니
움직이지 않는 도의 자취 얻어서
남음 없는 니르바나 들어가도다.

붇다께서 이 경을 말씀하시자, 여러 비구들은 붇다의 말씀을 듣고 기뻐하며 받들어 행하였다.

• 잡아함 1076 타표경②

• 해설 •

연기법에서 마음은 마음이 아니고 세계는 세계가 아니지만, 마음은 세계인 마음이고 세계는 마음인 세계이다.

저 드라비아 말라푸트라 존자는 마음과 세계가 공한 사마디에서 때로 불을 내고 물을 내니, 그 사마디는 물과 불이 아니지만 물과 불 아님도 아니기 때문이다.

중국 남악혜사선사의 문인으로 법화삼매(法華三昧)를 얻은 백제 현광선사(玄光禪師)의 제자 가운데, 물빛 사마디[水光三昧] 불빛 사마디[火光三昧]를 얻은 두 사람이 『불조통기』(佛祖通紀)에 기록되어 있으니, 사마디의 불[三昧火]로 스스로의 몸을 태우고 사마디의 물[三昧水]로 물 뿌려 니르바나에 든 이 경계를 범부의 생각으로 어찌 없다 할 것인가.

세존께서 '몸에서 이미 몸을 떠나고 모습에서 모습 떠난 드라비아 말라푸트라에게는 이르는 곳이 없고 돌아가는 곳이 없다'고 찬탄하시니, 그는 모습에 이미 모습 없어 붙잡을 것 없고 의지할 바 없는 니르바나의 처소에 서서, 가되 감이 없이 잘 간 것이다.

9) 늘 아란야행 닦는 견다 비구 · 싱갈라카 비구 · 상가라마 비구

하늘신도 아란야행 닦는 견다 비구 공경하나니

이와 같이 내가 들었다.

한때 붇다께서는 슈라바스티 국 제타 숲 '외로운 이 돕는 장자의 동산'에 계셨다.

그때 존자 견다(見多) 비구는 코살라 국 사람 사이에 있으면서 한 숲속에 머물고 있었는데, 그는 누더기 옷을 입고 있었다.

그때 브라흐마하늘왕이 칠백 명의 브라흐마하늘들과 함께 그 궁전을 타고 존자 견다 비구가 있는 곳에 찾아와 공경히 절하고 섬겼다.

브라흐마하늘이 공경함을 보고 숲의 하늘신이 찬탄함

그때 그 숲속에 살고 있던 하늘신이 게송으로 말하였다.

저 고요한 아는 뿌리 살펴보므로
좋은 공양을 늘 불러 받을 수 있네.
세 가지 밝음 갖추어 통달하고
흔들려 움직이지 않는 법을 얻어
온갖 방편을 뛰어나고 건너서
일을 줄이어 누더기 옷뿐이라네.

칠백의 브라흐마하늘신들이
궁전을 타고와 받들어 모시며
나고 죽음과 존재의 끝을 보고
존재의 언덕 건넌 분께 지금 절하네.

그때 저 하늘신은 존자 견다 비구를 게송으로 찬탄한 뒤에 이내 사라지고는 나타나지 않았다.

• 잡아함 1345 견다경(見多經)

• **해설** •

인류역사 그 어떤 종교가 인간보다 백 배 천 배 그 능력이 뛰어난 하늘신들이 사람에게 절하고, 보좌에 앉아 하늘의 영광을 누리는 하늘왕이 '현성의 사람' 받들어 섬김을 말하는 종교가 있는가.

오직 붇다의 가르침만이 그러하다. 왜 그럴 수 있는가.

저 하늘왕은 사람보다 천 배 만 배의 능력이 있고 신통의 힘이 있으나 아직 존재의 끝[有邊]을 다하지 못했고, 존재의 언덕[有岸] 건너지 못했다.

그러나 숲속 아란야에서 좌선하는 견다 비구의 사마디에는 마음이 마음이 아니고 모습이 모습이 아니어서 지금 즐겨야 할 존재가 없으므로 뒤에 미워해야 할 죽음이 없고, 있음이 있음 아님을 통달해 존재의 언덕을 건너[度有岸] 다시 뒤에 받을 존재가 없다.

그러므로 비록 사람보다 빼어난 신통과 신비의 힘을 갖추었지만 나고 죽음에 갇히고 존재의 언덕 건너지 못한 하늘신들이, 해탈한 여래의 현성제자에게 공경히 절하고 찬탄하는 것이다.

이 비구에게는 두 곳의 단엄함이 있나니

이와 같이 내가 들었다.

한때 붇다께서는 슈라바스티 국 제타 숲 '외로운 이 돕는 장자의 동산'에 계셨다.

그때 존자 싱갈라카(Sīngālaka)가 있었는데, 그는 새로 수염과 머리를 깎고, 가사를 입고 바른 믿음으로 집 아닌 데로 집을 나와 도를 배웠다. 그는 붇다 계신 곳으로 찾아와 붇다의 발에 머리를 대 절하고는 한쪽에 물러나 앉아 있었다.

그때 세존께서 여러 비구들에게 말씀하셨다.

"비구들이여, 알아야 한다. 이 싱갈라카 잘 행하는 이에게는 두 곳의 단엄함이 있다.

첫째, 수염과 머리를 깎고 가사를 입고 바른 믿음으로 집 아닌 데로 집을 나와 도를 배우는 것이다.

둘째, 모든 존재의 흐름을 다해 샘이 없이 마음이 해탈하고 지혜가 해탈하여 현재의 법에서 스스로 알고 증득하여 '나의 태어남은 이미 다하고, 범행은 이미 서며, 지을 바를 이미 지어 다시는 뒤의 있음 받지 않는다'라고 스스로 아는 것이다."

그때 세존께서 곧 게송을 설하셨다.

고요하게 모든 흐름을 다했으니

이 비구의 단엄함은 아주 좋도다.
탐욕 떠나 모든 묶음 끊어 다하고
니르바나에 들어 다시 나지 않나니
이 맨 뒤 니르바나의 몸을 가지고
마라와 원수 도적 꺾어 눌렀네.

붇다께서 이 경을 말씀하시자, 여러 비구들은 붇다의 말씀을 듣고 기뻐하며 받들어 행하였다.

• 잡아함 1062 선생경(先生經)

• 해설 •

싱갈라카는 잘 태어남[善生]이라는 뜻이니, 남이 없이 남[無生而生]을 잘 태어남이라 한다.

번뇌가 본래 남이 없음을 알아 머묾 없이 그 마음을 내고, 모습이 공해 남이 없음을 알되, 남 없음도 없이 실상을 내[卽生實相] 모습 없는 모습을 쓰므로 잘 태어남이라 한다.

크신 스승이 이제 갓 집을 나온 제자를 이토록 찬탄하시니, 잘 배운 제자가 스승의 법을 잘 깨달아 스승의 법이 온갖 중생의 법임을 증험해내고, 스승의 법을 늘 기리고 받들어 모시기 때문이다.

또한 이 경은 바른 믿음으로 번뇌의 집을 나오면 오래 배워 닦음을 기다리지 않고, 여우 같은 의심이 다할 때 그 자리에서 마음과 지혜가 해탈할 수 있음을 보여주고 있으니, 한번 뛰어 여래의 땅에 들어간다[一超直入如來地]는 말이 어찌 헛된 말일 것인가.

오고 감에 집착 없는 저 비구가 참된 브라마나이니

이와 같이 내가 들었다.

한때 붇다께서는 슈라바스티 국 제타 숲 '외로운 이 돕는 장자의 동산'에 계셨다.

그때 존자 상가라마(saṃghārāma)는 코살라 국 사람 사이에 노닐어 다니다가 슈라바스티 국 제타 숲 '외로운 이 돕는 장자의 동산'에 이르렀다. 그 상가라마 비구에게는 '본래 둘'[本二]이라는 이름의 집을 나오기 전의 아내가 있었다.

그 여자는 슈라바스티 국에 있었는데 상가라마 비구가 코살라 국의 사람 사이에 노닐어 다니다가 슈라바스티 국 제타 숲 '외로운 이 돕는 장자의 동산'에 왔다는 말을 듣고는 좋은 옷을 입고 꽃과 구슬 목걸이[瓔珞]로 꾸미고서 아기를 안고 제타 숲 정사에 와서 상가라마 비구의 방 앞에 이르렀다.

그때 존자 상가라마가 방에서 나와 한데서 거닐어 다니고 있었다. 그때 예전 아내 '본래 둘'이 그 앞에 와서 이렇게 말했다.

"이 아기는 아직 어린데 그대는 버리고 집을 나왔으니 누가 이 아기를 기르겠습니까?"

그러자 상가라마 비구는 아무 말도 하지 않았다. 그렇게 두 번 세 번 말하였으나 또한 같이 말하지 않았다.

그때 예전 아내 '본래 둘'이 말하였다.

"내가 두 번 세 번 얘기해도 나와는 같이 말도 하지 않고 돌아보지도 않으니, 나는 지금 이 아기를 여기 두겠소."

그러고는 그 비구가 거닐고 있는 길머리에 두고 떠나가면서 다시 말하였다.

"사문이여, 지금 이 아이는 그대의 자식이니 그대 스스로 기르시오. 나는 이제 버리고 가겠소."

존자 상가라마는 또한 이 아기를 돌아보지 않았다. 그러자 예전 아내 '본래 둘'이 다시 말하였다.

"이 사문은 지금 아기를 아예 돌아보지도 않는구나. 그렇다면 그는 틀림없이 높은 수행자[仙人]의 얻기 어려운 곳을 얻은 것이리라."

그러고는 말했다.

"놀랍소, 사문이여. 반드시 해탈할 수 있을 것이오."

그래서 마음에 바라던 바를 이루지 못한 채 아기를 안고 돌아갔다.

옛 가정의 업을 다시 애착하지 않는 상가라마 비구를 세존께서 찬탄하심

그때 세존께서 낮에 사마디에 들어 사람 귀보다 뛰어난 하늘귀로써 존자 상가라마와 '본래 둘'이 하는 말을 듣고 곧 게송을 설하셨다.

오는 것에 기뻐하지 않고
가는 것 슬퍼하지 않으며
세간의 어울려 합함에서
해탈하여 집착하지 않으면
나는 저런 비구가 바로

참된 브라마나라 말하리.

오는 것에 기뻐하지 않고
가는 것 슬퍼하지 않으며
물들지 않고 근심도 없어
두 마음 함께 고요해졌으니
나는 이 비구가 바로
참된 브라마나라 말하리.

붇다께서 이 경을 말씀하시자, 존자 상가라마는 붇다의 말씀을 듣고 기뻐하면서 절하고 떠나갔다.

• 잡아함 1072 승가람경(僧伽藍經)

• 해설 •

세간의 온갖 흐름[流]에 실로 흐름이 없음을 알면 그가 흐름 따르되 공성(空性)을 잘 얻은 이[隨流認得性]이니, 좋은 경계가 와도 기뻐하지 않고 나쁜 경계가 와도 근심하지 않으며, 가는 것 슬퍼하지 않고 오는 것 기뻐하지 않는다.

상가라마 비구는 가정의 업을 버리고 집이 아닌 데로 집을 나와 범행을 닦은 뒤로는 다시 가정의 업을 돌아보지 않으니, 그는 사람의 도리를 어기고 인륜을 저버리는 비정한 사람으로 보일 수 있다.

그러나 그는 집이 아닌 데로 집을 나온 뒤 세간 탐욕을 따르지 않고 여래의 법의 흐름을 따라[入流] 물러섬이 없이 앞으로 나아가니, 애착 떠난 그야말로 범행의 복으로 세간의 애착 인연마저 다시 복되게 할 것이며, 법의 재물로 세간 가난한 이들의 궁핍을 건져줄 것이다.

애착의 인연을 마주해 애착의 마음으로 그 인연의 경계 집착하는 것이
참된 사랑이 아니고, 나고 죽음의 어려움과 장애 속에 있는 그를 니르바나
의 땅에 이끄는 것이 참된 사랑이니, 『화엄경』(「십주품」)은 보디사트바의
넓고 큰 길을 이렇게 가르친다.

세간의 인도자 보디사트바는
온갖 세간 뭇 어려움 없애기 위해
모든 존재 이끌어서 기쁘게 하네.
낱낱이 조복해 빠뜨리는 이 없이
모든 이들 해탈의 덕을 갖추어
니르바나 저 언덕에 향하게 하네.

爲一切世除衆難　引出諸有令歡喜
一一調伏無所遺　皆令具德向涅槃

온갖 세간 뭇 어려움 없애기 위해
모든 존재 이끌어내 기쁘게 하고
낱낱이 조복하여 나머지 없게 해
모든 이들 해탈의 덕을 갖추어
니르바나 저 언덕에 향하게 하네.

爲一切世除衆難　引出諸有令歡喜
一一調伏無所遺　皆令具德向涅槃

중생을 건지기 위해 고난과 시련도 마다하지 않는 보디사트바의 큰 사랑
을 「범행품」(梵行品) 또한 이렇게 말한다.

중생을 잘 거두는 보디사트바는
중생이 고통바다 벗어나 떠나게 하고

뒤 때가 다하도록 널리 요익되게 해
기나긴 때 힘들어도 마음에 싫증 없고
지옥의 괴로움 또한 편안히 받네.

爲令衆生得出離　盡於後際普饒益
長時勤苦心無厭　乃至地獄亦安受

복과 지혜 한량없이 다 갖추고
중생 근기 하고자 함 모두다 알며
모든 업의 지어감 보지 못함이 없이
중생이 좋아함대로 법을 설해주네.

福智無量皆具足　衆生根欲悉了知
及諸業行無不見　如其所樂爲說法

3 여래의 뛰어난 비구니제자들

• 이끄는 글 •

비구·비구니의 범어는 빅슈(bhikṣu)·빅슈니(bhikṣunī)이지만, 팔리어 발음인 비구(bhikkhu)·비구니(bhikkhunī)로 통용된다.

니(尼, ni)는 여성어미이므로 비구·비구니는 진리의 길을 같이 가는 수행자일 뿐 실천행에는 아무런 차별이 없다.

곧 비구의 뜻이 비구니의 뜻이 되는 것이다.

비구의 뜻을 다시 살펴 비구니 수행자의 길을 말해보자.

비구는 악을 깨뜨리는 이[破惡], 마라를 두렵게 하는 이[怖魔], 빌어서 사는 수행자[乞士]이니, 비구의 이 세 덕으로 인해 세 가지 뜻이 갖춰진다. 곧 첫째 번뇌의 적을 죽임[殺賊], 둘째 두려움이 나지 않음[不生], 셋째 공양해야 할 이[應供]이다.

번뇌의 적을 죽임이란 악 깨뜨림[破惡]을 좇아 이름을 얻은 것이니, 악이 공한 줄 알아 악을 그치므로 번뇌의 도적에 붙잡히지 않고 번뇌의 도적을 죽임 없이 죽이는 것이다.

두려움이 나지 않음이란 마라를 두렵게 함을 좇아 그런 일컬음을 얻은 것이니, 스스로 여섯 티끌경계와 하늘마라의 경계에 두려움을 내지 않고 도리어 저 마라가 비구의 지혜를 두려워하기 때문이다. 공양해야 할 이란 빌어서 삶으로 인해 덕을 이룸이니, 안으로 법을 빌고[乞法] 밖으로 밥을 빌어[乞食] 교만의 깃발을 꺾으므로 세간의 복밭이 됨을 말한다.

비구니상가의 출발은 마하프라자파티의 출가로부터 시작한다.

「회정기」(會正記)에서는 다음과 같이 비구니상가의 출발을 붓다 성도 뒤 십사 년으로 판정하고 있다.

붓다께서 보디의 도를 이루신 뒤 십사 년에 이모인 마하프라자파티가 출가하려고 하니 붓다께서 출가를 허락하지 않으셨다.

아난다가 세 번 청하는 말씀을 드려 붓다께서 아난다로 하여금 여덟 공경법[八敬法]을 전하여 '만약 이 공경법을 행할 수 있으면 그대의 출가를 들어주신다'고 말하게 하신다. 마하프라자파티가 받들어 지니겠다고 함으로써 비구니상가를 허락하셨다.

오늘날의 시각으로 보면 여덟 공경법은 비구니상가의 비구상가에 대한 종속성과 남녀차별로 볼 수 있는 측면이 없지 않다.

그러나 그것은 여성출가자 집단이 없었던 시대상황을 고려해서 이해해야 하며, 방편으로 형식상 종속적 관계를 설정하여 두 상가가 서로 협동하고 이끌도록 하신 것으로 보아야 할 것이다.

『번역명의집』에는 여덟 공경법에 대해 다음과 같이 노래하고 있다.

비구니가 절하도록 하신 것은
공경해서 함부로 욕하고 비방 말며

비구상가 죄 들추지 못하게 함이고
비구니는 비구상가 따라 계를 받고
식차마나법 두 해 행해야 하네.
반 달마다 비구상가에 가서
우파바사타 가르쳐줌 구해야 하고
안거 때는 비구상가 가까이하여
두 상가에서 자자법 청해야 하네.

禮不罵謗不擧過　從僧受戒行摩那
半月僧中求敎授　安居近僧請自恣

　사미에서 바로 비구가 되는 비구상가와 달리, 비구니는 사미니 다음 비구니의 계를 갖추기 전 이 년간 식차마나(śikṣamāṇā)의 과정을 거치게 되어 있으니, 이에 대해서는 다음 게송을 보이고 있다.

물든 마음으로 서로 접촉하거나
다른 사람의 네 푼 돈을 훔치거나
짐승의 산목숨을 죽이거나
진실이 아닌 거짓말을 하거나
때 아닌 때 먹거나 술 마시거나
이런 법들을 경계하여 금하는 것
이를 식차마나가 이 년 동안
여섯 가지 법 배움이라 하네.

染心相觸盜四錢　斷畜生命小妄語
戒非時食及飮酒　是名式叉學六法

1) 마하프라자파티 비구니

고타미여, 여래에 대해 그런 말 마오

이와 같이 들었다.

한때 붇다께서는 사카족의 카필라 성 니그로다 동산에서 큰 비구 오백 사람과 함께 계셨다.

그때 마하프라자파티 고타미가 세존 계신 곳으로 찾아와 머리를 대 발에 절하고 세존께 말씀드렸다.

"세존이시여, 길이 어리석고 어두운 이들을 교화하시고 늘 목숨 잘 보살피시길 바랍니다."

세존께서 말씀하셨다.

"고타미여, 여래에게 '목숨 잘 보살피시라'는 말을 하지 마시오. 여래는 목숨 오래 살기로 말하면 끝이 없어서[延壽無窮] 늘 그 목숨 잘 보살피오."

그때 마하프라자파티 고타미가 이 게송을 말하였다.

어떻게 빼어나신 분께 절하오리
세존께선 이 세간에서 짝할 이 없어
온갖 의심 다 끊어 없애주시니
이 때문에 이런 말씀하여주시네.

성문제자를 보살피고 중생 공경함이 여래께 절함임을 보이심

세존께서 다시 게송으로 고타미에게 대답하셨다.

정진하는 그 뜻 이지러지지 않고
언제나 용맹스런 마음이 있는
성문제자 평등하게 바라본다면
이것이 곧 여래께 절함이 되리.

이때 마하프라자파티가 세존께 말씀드렸다.

"지금부터 이 뒤로는 반드시 세존께 늘 절하겠습니다.

여래께서는 지금 온갖 중생에게 절하되 그 뜻에 늘어나고 줄어듦
이 없게 해야 한다고 가르치셨습니다.

그러나 하늘위와 사람 아수라 가운데 여래께서 가장 높으십니다."

그때 세존께서는 마하프라자파티의 말을 옳다고 하셨다.

마하프라자파티는 곧 자리에서 일어나 머리를 대 세존의 발에 절
하고 물러갔다.

세존께서 모든 비구들에게 말씀하셨다.

"내 성문 가운데 널리 알고 많이 알기[廣識多知]로 으뜸가는 제자
는 바로 마하프라자파티이다."

그때 모든 비구들은 붇다의 말씀을 듣고 기뻐하며 받들어 행하
였다.

• 증일아함 18 참괴품(慚愧品) 八

고타미란 사카족의 여인을 통칭하는 말이다. '고타마'라고 말할 때 사카족의 남성이라는 일반명사가 '사카족의 무니'를 가리키는 뜻으로 쓰이듯, 고타미 또한 사카족의 여인으로 맨 처음 비구니상가의 수가 된 고타미 마하프라자파티를 부를 때 쓰인다.

마하프라자파티는 세존의 세속 이모이면서 길러주신 어머니이니, 어머니로서 세간의 뜻을 담아, 세존께서는 '오래 건강하게 사셔야 된다'고 문안드린 것이다.

이 말에 대해 세존께서는 여래의 몸은 법의 몸[法身]이고 여래의 목숨도 육신의 생명이 아니고 지혜의 목숨[慧命]임을 말씀하며 고타미를 깨우치신다.

세간의 온갖 법은 한 법도 나서 사라지지 않는 것이 없지만, 나고 사라지는 법의 진실이 나되 남이 없고 사라지되 사라짐 없음을 온전히 체현한 여래의 진리생명이 지혜의 목숨이니, 그 지혜의 목숨은 한량없는 목숨[無量壽]이고 한량없는 빛[無量光]이다.

또 여래를 공경함이란, 눈에 보이는 여래의 육신에 절함으로 참된 공경이 되지 못하고, 여래의 법을 공경해 부지런히 정진함이고 여래의 상가를 공경해 잘 보살피는 것임을 말씀해주신다.

중생의 생명이 여래께서 깨쳐 쓰시는 여래장(如來藏)의 생명임을 알고 늙고 죽음 없는 마음으로 중생을 잘 공경하고 보살피는 것이 여래를 공경하는 것이니, 여래 또한 중생 속에 이미 있는 공덕의 곳간[功德藏]을 열어 온전히 쓰시는 분이기 때문이다.

2) 아알라비카 비구니

모든 사라짐을 몸으로 증득하면
온갖 번뇌 다해 편안하나니

이와 같이 내가 들었다.

한때 붇다께서는 슈라바스티 국 제타 숲 '외로운 이 돕는 장자의 동산'에 계셨다.

그때 아알라비카(㊟ Āḷavikā) 비구니는 슈라바스티 국의 왕의 동산에 있는 정사의 비구니들과 함께 있었다.

그는 이른 아침에 가사를 입고 발우를 가지고 슈라바스티 성에 들어가 밥을 빌었다. 밥을 다 빌고서는 정사로 돌아와 가사와 발우를 거두어 들고 발을 씻은 뒤에, 니시다나를 오른쪽 어깨에 메고 안다 숲에 들어가 좌선하고 있었다.

그때 악한 마라 파피야스는 이렇게 생각하였다.

'지금 사문 고타마는 슈라바스티 국 제타 숲 '외로운 이 돕는 장자의 동산'에 있고, 그 제자 아알라비카 비구니는 슈라바스티 국 국왕의 동산에 있는 정사의 비구니들과 함께 있다.

그는 이른 아침에 가사를 입고 발우를 가지고 슈라바스티 성에 들어가 밥을 빌고, 밥을 다 빌고서는 정사로 돌아와 가사와 발우를 거두어 들고 발을 씻은 뒤에, 니시다나를 오른쪽 어깨에 메고 안다 숲에 들어가 좌선하고 있다.

나는 지금 가서 어려움을 끼쳐주겠다.'

그러고는 곧 얼굴 모습이 단정한 젊은이로 변화하여 그 비구니 있는 곳으로 가서 그 비구니에게 말하였다.

"아르야여, 어디로 가려 하오?"

비구니가 대답하였다.

"어진 이여, 멀리 떨어진 곳[遠離處]으로 가려고 하오."

그때 악한 마라 파피야스가 곧 게송으로 말하였다.

> 이 세간을 벗어날 수 없는데
> 멀리 떠남 구하여 무엇 하리오.
> 도로 다섯 욕망의 맛을 먹고서
> 뒤에 뉘우쳐 다른 뜻 내지 마시오.

그때 아알라비카 비구니는 이렇게 생각하였다.

'이는 누구이기에 나를 두렵게 하려는가. 이는 사람인가, 사람 아닌 것인가? 간악하고 교활한 사람인가?'

마음으로 또 생각해 말했다.

'이것은 틀림없이 악한 마라가 나를 어지럽히려는 것이다.'

탐욕으로 흔드는 마라를 깨닫고 세간 벗어나는 길을 노래함

이렇게 깨닫고 나서 게송으로 말하였다.

> 이 세간은 벗어나는 길이 있는데
> 나는 스스로 얻는 법을 알도다.

더럽고 아주 낮은 그대 악한 마라여,
너는 벗어나는 그 길 알지 못한다.

비유하면 날카로운 칼이 해치듯
다섯 가지 욕망도 이와 같으며
비유하면 살덩이를 베어내듯이
괴로움의 받는 쌓임 또한 그러네.

그대가 조금 전에 말한 것과 같이
다섯 가지 욕망의 맛을 먹는 것
이것은 즐거워할 일이 아니고
크게 두려워해야 할 곳이네.

온갖 세간 기쁨과 즐거움 여의고
크게 캄캄한 모든 어두움 버려
번뇌가 사라져 다함 증득한다면
모든 흐름 떠남에 편히 머물리.
그대 악한 마라인 줄 이미 다 아니
어서 빨리 스스로 사라져가라.

그때 악한 마라 파피야스는 이렇게 생각했다.
'저 아알라비카 비구니가 이미 내 마음을 알고 있구나.'
그러고는 시름하고 근심하면서 이내 사라지더니 나타나지 않았다.

• 잡아함 1198 아랍비경(阿臘毘經)

아는 마음과 알려지는 경계는 서로 의지해 있다. 마음이 있으므로 마음인 경계가 있고, 경계가 있으므로 경계인 마음이 있다. 그러므로 경계도 있되 공하고 마음도 있되 공하다.

지금 홀로 아란야에서 좌선하는 아알라비카 비구니 앞에서 잘난 남성 모습으로 변해 다섯 욕망으로 유혹하는 마라의 얼굴은, 아알라비카 비구니의 마음속 세간 탐욕의 생각밖에 있지 않다.

홀연히 한 생각 다섯 탐욕의 마음이 나면 마라의 경계가 나지만, 뒤의 마음[後心]이 살피는 마음이 되어[能觀心], 앞에 일어난 마음[前心]과 앞의 경계를 살펴[所觀境] 마음과 경계가 공함을 알면 마라가 곧 사라져 없어진다.

마라가 사라지면 마라에 사로잡힌 번뇌의 마음은 보디의 마음이 된다.

그렇다면 앞의 마음에서 저 아알라비카 비구니의 마음속 마라의 경계는 어디서 왔는가.

뒤의 마음이 앞의 마음을 살펴 알자 마라가 사라지니, 뒤의 마음에서 마라는 어디로 갔는가.

뒤의 마음이 살피는 마음이 되고 앞의 물든 마음이 살피는바 경계가 되어 경계 가운데 마라의 모습이 허깨비 같아 붙잡아 얻을 것이 없는 줄 알므로, 마음에서 마라가 사라져 마라의 마음[魔心]이 법계의 마음[法界心]이 된 것인가. 이 어떤 것인가.

3) 소마 비구니

나는 남녀의 분별이 없이 선정으로
가장 높은 법을 살펴보았나니

이와 같이 내가 들었다.

한때 붇다께서는 슈라바스티 국 제타 숲 '외로운 이 돕는 장자의 동산'에 계셨다. 그때 소마 비구니는 가사를 입고 발우를 들고서 슈라바스티 성에 들어가 밥을 빌었다. 밥을 다 먹고 난 뒤 발우를 씻고 앉을 자리를 거두고서 '눈을 얻는 숲'[得眼林]으로 향하였다.

마라의 왕 파피야스는 이렇게 생각하였다.

'지금 소마 비구니가 가사를 입고 발우를 들고 성안에 들어가 밥을 빌고 밥을 다 먹은 뒤에 발우를 씻고 앉을 자리를 거두고서 눈을 얻는 숲으로 향하고 있구나.'

그리하여 파피야스는 브라마나로 변화하여 길가에 서서 이러한 말을 하였다.

"아르야여, 어디로 가려 하오?"

"나는 지금 저 고요한 곳에 가려고 하오."

그러자 파피야스는 곧 게송으로 말하였다.

거룩한 선인들이 얻으신 이곳
따라 밟아서 미치기 어렵나니

그대의 낮고 더러운 지혜로는
이와 같은 곳을 얻을 수 없으리라.

그때 비구니는 이와 같은 생각을 하였다.
'이는 사람인가, 사람이 아닌 것인가? 나를 괴롭히려고 하다니.'

남녀의 모습이 공해 번뇌 없는 법에 머무름을 보임
그러고는 선정에 들어 이것이 파피야스임을 살피고는 곧 게송으로 말하였다.

여자라는 모습은 지은 바 없고
오직 마음으로 선정만을 닦으면서
가장 높은 법을 살펴보았도다.

만약 남자나 여자의 모습 있다면
여인은 그 법 못 이룬다 말하겠지만
만약 남자와 여자의 모습 없다면
어떻게 그런 분별을 낼 수 있겠나.

온갖 애욕의 마음 끊어 없애고
모든 무명의 어두움을 없애서
사라져 다한 사마파티 증득한다면
샘이 없는 법에 머무르게 되리.

그러므로 악한 마라 파피야스는
떨어져 진 곳을 스스로 알아야 하리.

그때 파피야스는 이렇게 생각했다.
'소마 비구니가 나의 마음을 잘 아는구나.'
그러고는 시름하고 근심하며 뉘우치고 부끄러워하면서 자기 궁
전으로 되돌아갔다.

• 별역 잡아함(別譯雜阿含) 215

• 해설 •

아르야(Āryā)는 '거룩한 이'란 뜻으로 존자(尊者)로 번역된다.

좌선하기 위해 아란야로 가는 소마 비구니에게 마라가 브라마나로 변해
'여인이 어떻게 아란야에 들어가 높은 지혜의 법을 얻을 수 있겠는가'라고
따지니, 소마 비구니는 본래 남자와 여인의 모습이 공함으로 답변한다.

여인의 출가와 여인들의 범행을 위한 공동체 생활이 없었던 당시 인도사
회에서 여인에 대한 편견이 수행자의 마음을 얼마나 괴롭혔겠는가.

그 마음을 돌이켜 본래 남자의 모습 여인의 모습이 공한 것이므로 '여인
이기 때문에 보디의 법 닦을 수 없다'는 것이 마라의 생각이며 마라의 경계
임을 깊이 살피니, 소마 비구니의 마음에 갈등과 회의가 사라지고 늘 고요
한 사마디의 마음이 되었다. 다섯 쌓임이 공한 사마디의 마음에 마라의 마
음과 마라의 경계는 어디 있겠는가.

소마 비구니는 니시다나를 거두어 들고 저 '눈을 얻는 숲' 그 고요한 아
란야를 향하다 마라의 마음을 돌이켜 눈을 얻는 숲에서 지혜의 눈을 얻은
것이다.

4) 키사고타미 비구니

나는 남자 밖으로 건넜으니 번민과 근심 없도다

이와 같이 내가 들었다.

한때 붇다께서는 슈라바스티 국 제타 숲 '외로운 이 돕는 장자의 동산'에 계셨다.

그때 키사고타미(Kisāgotamī) 비구니는 슈라바스티 국 왕의 동산에 있는 정사의 비구니대중 가운데 있었다.

그는 이른 아침에 가사를 입고 발우를 가지고 슈라바스티 성에 들어가 밥을 빌었다. 밥을 빌고 나서는 정사로 돌아와 가사와 발우를 거두어 들고 발을 씻은 뒤에, 니시다나를 오른쪽 어깨에 메고 안다 숲으로 가 한 나무 아래에서 두 발을 맺고 앉아 낮 사마디에 들어갔다.

그때 악한 마라 파피야스는 이렇게 생각하였다.

'지금 사문 고타마는 슈라바스티 국 제타 숲 '외로운 이 돕는 장자의 동산'에 있고, 키사고타미 비구니는 슈라바스티 국 왕의 동산에 있는 정사의 비구니대중 가운데 있다.

그는 이른 아침에 가사를 입고 발우를 가지고 슈라바스티 성에 들어가 밥을 빌고, 밥을 빌고 나서는 정사로 돌아와 가사와 발우를 거두어 들고 발을 씻은 뒤에, 니시다나를 오른쪽 어깨에 메고 안다 숲에 들어가 한 나무 아래에서 두 발을 맺고 앉아 낮 사마디에 들어 있다.

나는 지금 가서 어려움을 끼쳐주겠다.'

그러고는 곧 얼굴 모습이 단정한 젊은이로 변화하여 키사고타미 비구니가 있는 곳으로 가서 게송으로 말하였다.

너는 어찌 그 아들 잃어버리고
눈물 흘리며 근심하고 시름하는가.
홀로 한 나무 아래 앉아 있으며
어찌 남자를 구하려고 하는가.

마라를 남녀의 분별 떠난 지혜로 물리치고 그 뜻을 노래로 보임

그때 키사고타미 비구니가 생각하였다.

'이는 누구이기에 나를 두렵게 하려 하는가. 이는 사람인가, 사람 아닌 것인가? 간악하고 교활한 사람인가?'

이와 같이 사유하고는 곧 결정된 지혜를 내 '이는 악한 마라 파 피야스가 와서 어지럽히려는 것'이라는 것을 알고 곧 게송을 말하 였다.

끝이 없는 세간의 여러 아들들
그 온갖 것 다 없어졌으니
이는 곧 남자가 다한 끝이고
남자 밖으로 이미 건너감이네.

번민하지 않고 시름하지 않으니
붇다께서 짓게 하심 이미 지었고

온갖 애욕의 괴로움을 떠나서
온갖 캄캄한 어두움을 버렸네.

이미 사라져 다함 증득하여서
안온하게 모든 흐름 다하였도다.
그대 악한 마라인 줄 이미 다 아니
여기에서 스스로 사라져가라.

그때 악한 마라 파피야스는 이렇게 생각했다.
'저 키사고타미 비구니가 이미 내 마음을 알았구나.'
그러고는 시름하고 근심하며 이내 사라지더니 나타나지 않았다.

• 잡아함 1200 구담미경(瞿曇彌經)

• 해설 •

키사고타미 비구니는 아마도 사랑하는 자식과 남편을 잃고 집을 나와 사문의 길을 걸었던 비구니였던 것 같다. 여인으로서 어찌 아들 잃고 남편 잃은 설움이 북받치지 않을 것이며, 때로 좋은 남편을 다시 만나 자식을 두고 가정을 꾸리고 싶은 욕망이 어찌 나지 않겠는가. 그러나 살펴보면 자식을 두어도 살아서도 헤어지고 죽으면 끝내 길이 못 만나는 것이며, 남자가 있어도 사랑에는 반드시 헤어짐이 있는 것이다.

오직 온갖 있음이 있음 아님을 깨달아 남자의 모습 다한 끝에 이를 때 세간 은혜와 애착의 그물 벗어나 길이 근심과 시름 벗어나는 길이 있으며 참으로 안온한 삶의 기쁨이 있는 것이다. 돌이켜 살펴 관념과 모습이 허깨비인 줄 알면 그때가 해탈하는 때이니, 키사고타미가 저 마라의 마음과 마라의 경계가 허깨비인 줄 아는 때가 마라가 사라져 다시 나타나지 않는 때이다.

5) 우트팔라바르나 비구니

나는 모든 얽매임 벗어났으니
그대 악한 마라 두렵지 않네

이와 같이 내가 들었다.

한때 붇다께서는 슈라바스티 국 제타 숲 '외로운 이 돕는 장자의 동산'에 계셨다.

그때 우트팔라바르나(Utpalavarṇā, 蓮花色) 비구니는 슈라바스티 국 왕의 동산에 있는 정사의 비구니대중 가운데 있었다.

그는 이른 아침에 가사를 입고 발우를 가지고 슈라바스티 성에 들어가 밥을 빌었다. 밥을 빌고 나서는 정사로 돌아와 가사와 발우를 거두어 들고 발을 씻은 뒤에, 니시다나를 오른쪽 어깨에 메고 안다 숲으로 가 한 나무 아래에서 낮 사마디에 들어갔다.

그때 악한 마라 파피야스는 이렇게 생각하였다.

'지금 사문 고타마는 슈라바스티 국 제타 숲 '외로운 이 돕는 장자의 동산'에 있고, 우트팔라바르나 비구니는 슈라바스티 국 왕의 동산에 있는 정사의 비구니대중 가운데 있다.

그는 이른 아침에 가사를 입고 발우를 가지고 슈라바스티 성에 들어가 밥을 빌고, 밥을 빌고 나서는 정사로 돌아와 가사와 발우를 거두어 들고 발을 씻은 뒤에, 니시다나를 오른쪽 어깨에 메고 안다 숲으로 가 한 나무 아래에서 낮 사마디에 들어 있다.

나는 지금 가서 어려움을 끼쳐주겠다.'

그러고는 곧 얼굴 모습이 단정한 젊은이로 변화하여 우트팔라바르나 비구니 있는 곳으로 가서 게송으로 말하였다.

아름다운 꽃 핀 굳센 나무
그 나무 밑을 의지해 앉아
벗도 없이 홀로 있으니
악한 사람 두렵지 않은가.

악한 마라의 두렵게 함을 두려움 없는 사마디의 힘으로 물리침

그때 우트팔라바르나 비구니가 생각하였다.

'이는 어떤 사람이기에 나를 두렵게 하려 하는가? 이는 사람인가, 사람 아닌 것인가? 간악하고 교활한 사람인가?'

이와 같이 사유하고는 곧 이렇게 깨달아 알았다.

'반드시 이는 악한 마라 파피야스가 나를 어지럽히려고 하는 것이다.'

곧 이렇게 게송으로 말하였다.

설사 백천 사람이 있다고 한들
모두 다 간악하고 교활한 사람
지금 너희들같이 악한 마라들
내가 있는 곳에 와 이르른다 해도
털끝 하나도 움직일 수 없으니
그대 악한 마라 두려워하지 않네.

악한 마라가 다시 게송으로 말하였다.

　내가 이제 너의 배에 들어가
　너의 내장 가운데 머무르거나
　두 눈썹 사이에 머물지라도
　너는 나를 볼 수 없을 것이다.

그러자 우트팔라바르나 비구니가 다시 게송으로 말하였다.

　나의 마음에는 큰 힘이 있어서
　신통이 자재한 사마디 잘 닦아 익혀
　큰 얽매임에서 이미 벗어났으니
　너 악한 마라 두려워하지 않는다.

　나는 이미 세 가지 때를 뱉어버리니
　그것은 온갖 두려움의 뿌리네.
　두렵지 않은 자리에 머물렀으니
　마라의 군사 두려워하지 않는다.

　온갖 애착의 기쁨 그 가운데서
　갖가지 캄캄한 어두움 떠나
　고요히 사라짐을 이미 증득해
　모든 흐름 다함에 편히 머무네.
　그대 악한 마라인 줄 이미 다 아니

스스로 곧 없어져 사라져가라.

　그때 악한 마라 파피야스는 이렇게 생각했다.
　'저 우트팔라바르나 비구니가 이미 내 마음을 알고 있구나.'
　그러고는 안으로 근심과 시름을 품고 이내 사라져 나타나지 않았다.

• 잡아함 1201 우발라색경(優鉢羅色經)

　• 해설 •

　우트팔라바르나는 '연꽃 빛깔'이라는 뜻이니, 출가 전 어머니와 남편을 같이하고 딸과 남편을 같이하고서 거리의 여인으로 떠돌던 기구한 운명의 여인이었다.
　출가해서 깊이 사마디를 닦아 여래의 비구니제자 가운데 신통이 으뜸가는 제자로 찬탄받았다.
　사람이 사람을 마주할 때 애착하는 사람에 대해서도 사랑과 미움의 감정이 뒤섞이고, 믿는 사람에 대해서도 믿음과 배신에 대한 두려움이 함께한다. 사람은 늘 그리움의 대상이면서 두려움의 대상이 된다.
　저 세간에서 온갖 풍상과 갈등을 겪고 출가한 우트팔라바르나 비구니의 마음속 그리움과 두려움이 뒤섞인 사람에 대한 관념이 지금 저 잘난 젊은이의 모습으로 나타난 파피야스의 모습이리라.
　밖의 사물에서 공한 실상을 깨달아 밖으로 구함이 없고 취함이 없는 사마디의 마음이 되면 취할 마음이 없으므로 빼앗길 두려움이 없고, 모습에 모습 있음이 없으므로 모습 없음에 모습 없음의 공허감이 없게 된다.
　있음을 취하지 않고 없음에 절망하지 않는 이 마음이, 마라의 경계에 속지 않는 지혜의 마음이다.
　지혜의 마음이 되어 온갖 흐름이 다하면 저 마라의 경계 또한 허깨비 같으니 마라의 경계가 도로 법계가 될 것이다.

『선문염송집』(禪門拈頌集)에는 신통으로 으뜸인 우트팔라바르나 비구니에 관계된 다음 공안(公案)이 실려 있다.

세존께서 도리하늘[忉利天]에 구십 일 동안 계시면서 어머니를 위해 설법하시다 하늘세계를 하직하시고 내려올 때, 네 대중 여덟 부류 무리들[四衆八部]이 같이 허공계에 가서 맞이할 때 우트팔라바르나 비구니가 이렇게 생각했다.

'나는 비구니 몸이라 반드시 큰 상가 맨 뒤에 있다가 붇다를 뵙게 될 것이다. 신통의 힘을 써서 전륜왕의 몸으로 변해 천 명의 자식이 에워싸서 맨 처음 붇다를 뵙는 것만 같지 못하다.'

과연 그 바람을 채우니 세존께서 보시자 꾸짖어 말씀했다.

"우트팔라바르나 비구니여, 너는 어찌 큰 상가를 뛰어넘어 나를 보느냐. 네가 비록 나의 몸[色身]을 보았으나 내 법신(法身)은 보지 못했다.

수부티가 바위굴 안에서 좌선하면서 내 법신을 보았다."

이 공안에서 우트팔라바르나 비구니는 여래의 '색신'을 먼저 보았으나 '법신'을 보지 못했고, 수부티가 좌선하면서 법신을 보았다는 세존의 뜻은 무엇인가.

색신밖에 보아야 할 신묘한 법신이 있다는 말인가.

저 모습의 세계를 보되 봄이 없고 봄이 없되 보지 않음도 없는 이가 법신을 보는 것인가. 그렇다면 모습을 보되 봄에서 봄을 떠난 이가 모습 보는 것을 떠나지 않고 여래의 법신을 보는 것인가.

저 우트팔라바르나 비구니가 꾸중 들은 곳은 어디인가.

비구니여, 참으로 여래께 절하는 것은
법의 진실 보는 것이니

그때 세존께서 하늘세계에서 이 사바세계 라자그리하 성으로 돌아오실 때 우트팔라바르나 비구니는 전륜왕의 형상으로 일곱 가지 보배를 앞뒤에 세우고 세존 계신 곳에 이르렀다.

이때에 다섯 왕[五王]들은 멀리서 전륜왕이 오는 것을 보고 너무 기뻐 뛰면서 스스로 이기지 못하고 서로 말하였다.

"참으로 기이하고 빼어나다. 이 세상에는 여래와 전륜왕의 두 진기한 보배가 나타났구나."

그때에 세존께서는 수만의 하늘사람들을 거느리시고 수메루 산 꼭대기에서 못가로 내려오셨다.

세존께서 발을 들어 땅을 밟으시자 이 삼천세계는 여섯 가지로 떨려 움직였다.

이때에 변화한 전륜왕이 차츰 세존 계신 곳으로 가까이 가자 여러 작은 국왕들과 백성들은 모두 피하였다.

전륜왕으로 변화해 여래를 먼저 뵙자,
여래의 몸도 공한 법임을 보이심

이때에 변화한 전륜왕은 세존께 가까이 온 줄을 알고 본래 형상을 돌이켜 비구니가 되어 세존의 발에 절하였다.

다섯 왕들은 그것을 보고 원망하며 말하였다.

"우리는 오늘 크게 잃음이 있었다. 우리가 먼저 여래를 뵈어야 할 것인데 저 비구니가 먼저 뵈었다."

이때 비구니는 세존 계신 곳에 나아가 머리를 대 발에 절하고 말씀드렸다.

"저는 지금 가장 높은 이께 절하옵니다.

오늘 제가 먼저 뵈었습니다. 저는 우트팔라바르나 비구니로서 바로 여래의 제자이옵니다."

그때에 세존께서는 그 비구니를 위해 다음 게송으로 말씀하셨다.

착한 업으로써 먼저 절하는 것
맨 처음 절함에는 허물 없지만
온갖 모든 법이 비어 모습 없음을
잘 알아 통달하는 해탈의 문이
바로 붇다께 절하는 바른 뜻이다.

만약 위없는 붇다께 절하려 하면
앞으로 오실 붇다나 이미 가신 붇다
모두 공한 법이라 살펴야 하니
이를 붇다께 절하는 뜻이라 한다.

우데나 왕이 여래상을 만든 공덕을 물음에 그 공덕을 보이심

그때에 다섯 왕과 헤아릴 수 없는 사람들이 모두 세존 계신 곳에 나아가 각기 이름을 일컬었다.

"저는 카시 국의 프라세나짓 왕입니다.

저는 브릿지 국의 우데나 왕입니다.

저는 네 도시 백성의 주인인 칼리 왕입니다.

저는 남쪽 바다의 주인 우다야나 왕입니다.

저는 마가다 국의 빔비사라 왕입니다."

그때에 열한 나유타 사람들이 모두 세존 계신 곳에 와서 모였다.

네 부류 대중 가운데서 가장 높은 웃어른인 천이백오십 사람은 세존 계신 곳에 나아가 머리를 대 발에 절하고 한쪽에 섰다.

그때에 우데나 왕은 붉은 찬다나(candana) 나무 여래상(如來像)을 손에 들고 게송으로 여래께 말씀드렸다.

저는 지금 여쭙고 싶은 것이 있으니
자비로 온갖 중생 보살피시는 이여
붇다의 거룩한 형상 지은 사람은
어떤 뛰어난 복을 받게 됩니까.

그때에 세존께서 다시 게송으로 대답하였다.

지금 조금 그 뜻을 설명하리니
대왕은 이제 내 말을 들으시오.
만약 붇다 형상을 만든 사람
그 공덕 간략히 설명하리라.

눈뿌리 처음부터 무너지지 않고
뒤에 또 하늘눈의 밝음을 얻어

희고 검은 동자가 또렷하리니
붇다의 거룩한 형상 만든 덕이네.

몸의 모습 온전히 갖춰 빠짐없고
그 뜻은 반듯해 미혹하지 않으며
그 힘은 보통 사람 몇 곱 되리니
붇다 형상 만든 공덕의 사람이네.

끝내 나쁜 길에 떨어지지 않고
마침내 저 하늘위에 태어나
거기서 그는 하늘의 왕이 되리니
붇다의 거룩한 형상 만든 복이네.

나머지 복도 헤아릴 수 없어서
그 복은 사유하거나 말할 수 없고
좋은 이름 사방에 멀리 들리니
붇다의 거룩한 형상 만든 복이네.

"아주 잘하고 잘했소, 대왕이여. 그것은 이익이 많아 하늘이나 사람이 그 이익을 다 입을 것이오."

그때에 우데나 왕은 아주 기뻐서 스스로 기쁨을 이기지 못했다.

세존께서는 네 부류 대중과 다섯 왕을 위해 미묘한 논을 말씀하셨다.

• 증일아함 36 청법품 五 후반부

참으로 여래의 방편의 문이 넓고도 크시다.

비록 여래의 법신은 몸의 실로 있는 모습으로 볼 수 없음을 수부티를 들어보이셨지만, 우트팔라바르나 비구니의 여래 모습 먼저 뵈려는 그 뜻을 다시 거두어 법의 진실에 나아가게 하시고, 여래의 모습 뵙고 싶어 찬다나 나무로 여래상을 모신 우데나 왕을 찬탄하신다.

여래의 참몸은 여래의 서른둘 형상의 모습이 아니지만 그 형상의 모습 아님도 아니다.

그 모습에 모습 없음을 보는 자가 서른둘 뛰어난 형상을 버리지 않고 여래의 참몸을 보아 한 빛깔, 한 냄새도 진실 아님이 없음을 알게 되는 것이니, 우트팔라바르나 비구니인들 어찌 여래의 법신에 나아가지 못하리.

저 수부티는 모습을 보지 않되 보지 않음도 없음[不見而無不見]으로 여래를 본 것이고, 먼저 육신의 여래를 뵌 우트팔라바르나 비구니도 여래의 거룩한 모습을 보되 봄이 없으면[見而無見] 또한 여래의 법신을 보게 되리라.

『선문염송집』에서 옛 선사[寶林本]는 이 뜻을 이렇게 말한다.

보림본(寶林本)이 당에 올라[上堂] 이 이야기를 들어보이고[擧此話] 말하였다.

"여러분들이여, 늙으신 사카 붇다께서도 아기를 가엾이 여기다 못났음[醜]을 깨닫지 못하고, 앞만을 보고 뒤는 살피지 못하신 것을 아는가?

저 법신은 어떻게 보는 도리를 말하겠는가?

봄이 있는 봄[有見見]이라고 하겠는가?

봄이 없는 봄[無見見]이라고 하겠는가?

봄이 있기도 하고 없기도 함[亦有亦無見]이라고 하겠는가?

봄이 있음도 아니고 봄이 없음도 아님[非有非無見]이라고 하겠는가?

만약 이렇게 네 구절[四句]로써 따진다면 곧장 위로는 하늘 뚫을 헤아림이 없고 아래로는 땅에 들 꾀도 없게 되리라.

지금 만약 붇다를 뵈오려 하는 자가 있는가?

서른 방망이에서 한 방망이도 뺄 수가 없다. 또 말해보라. 그렇게 때린다면 그를 상 주는 것인가? 벌 주는 것인가?

만약 점검해서 가려낸다면 그대들이 붇다를 몸소 뵈었다 허락하리라."

살피라[察].

그렇다면 누가 여래의 몸을 바로 살필 수 있는 자인가. 옛 사람[悅齋居士]의 한 노래를 들어보자.

달빛은 구름에 섞여 희고
솔 소리는 이슬 띠어 차갑네.
이렇게 듣고 보지 않는 자는
온갖 것이 다 삿되게 살핌이다.

月色和雲白 松聲帶露寒
非玆聞見者 一切是邪觀

6) 실라 비구니

빈 쌓임의 무더기인 중생이 있다 하면
곧 악한 마라의 견해다

이와 같이 내가 들었다.

한때 붇다께서는 슈라바스티 국 제타 숲 '외로운 이 돕는 장자의 동산'에 계셨다.

그때 실라(Sīla) 비구니는 슈라바스티 국 왕의 동산에 있는 정사의 비구니대중 가운데 있었다. 그는 이른 아침에 가사를 입고 발우를 가지고 슈라바스티 성에 들어가 밥을 빌었다.

밥을 빌고 나서는 정사로 돌아와 가사와 발우를 거두어 들고 발을 씻은 뒤에, 니시다나를 어깨에 메고 안다 숲으로 가 한 나무 아래에 앉아 낮 사마디에 들어갔다.

사마디에 들어간 실라 비구니를 마라가 어지럽힘

그때 악한 마라 파피야스는 이렇게 생각하였다.

'지금 사문 고타마는 슈라바스티 국 제타 숲 '외로운 이 돕는 장자의 동산'에 있고, 실라 비구니는 슈라바스티 국 왕의 동산에 있는 정사의 비구니대중 가운데 있다.

그는 이른 아침에 가사를 입고 발우를 가지고 슈라바스티 성에 들어가 밥을 빌고, 밥을 빌고 나서는 정사로 돌아와 가사와 발우를 거

두어 들고 발을 씻은 뒤에, 니시다나를 어깨에 메고 안다 숲으로 가
한 나무 아래에 앉아서 낮 사마디에 들어 있다.

나는 지금 가서 어려움을 끼쳐주겠다.'

그러고는 곧 얼굴 모습이 단정한 젊은이로 변화하여 실라 비구니
의 앞으로 가서 게송으로 말하였다.

중생은 어떻게 생겨났는가?
누가 저 중생을 만든 자이며
중생은 어느 곳에서 일어났으며
가서 다시 어느 곳에 이르는가.

중생에 자기성품[自性] 없는 뜻으로 마라의 두렵게 함을 물리침

실라 비구니가 생각하였다.

'이는 어떤 사람이기에 나를 두렵게 하려 하는가. 이는 사람인가,
사람 아닌 것인가. 간악하고 교활한 사람인가.'

이렇게 사유하고는 '이는 악한 마라 파피야스가 어려움 끼쳐주려
는 것'이라고 깨달아 알고는 게송으로 말하였다.

너는 중생이 있다고 말하지만
이는 바로 악한 마라의 견해이네.
오직 빈 쌓임의 무더기가 있으니
중생이라고 할 자기성품이 없네.

마치 뭇 재목을 한데 어울려 모아

세간에서 이를 수레라 이름하듯
모든 쌓임의 인연이 합한 것을
짐짓 중생이라고 이름하였네.

그 인연 생기면 괴로움 생기고
그 인연 머물면 괴로움 머물러
다른 법이 괴로움을 내지 않으니
괴로움은 났다 스스로 사라지네.

온갖 애착과 괴로움을 버리고
온갖 캄캄한 어두움을 떠나면
고요히 사라짐을 이미 증득해
모든 흐름 다함에 편히 머물리.
그대 악한 마라인 줄 이미 다 아니
곧바로 스스로 사라져가라.

그때 악한 마라 파피야스는 이렇게 생각했다.
'실라 비구니가 이미 내 마음을 알고 있구나.'
그러고는 안으로 근심과 슬픔을 품고 이내 사라지더니 나타나지
않았다.

• 잡아함 1202 시라경(尸羅經)

• 해설 •
저 중생이 어디서 왔으며 세계의 근원과 시작이 무엇인가를 끝없이 찾는

사고 자체가 마라의 생각이다.

인연으로 이루어졌으므로 자기성품이 없고[緣成無性], 인연으로 났으므로 이루어짐이 없는 곳[緣生無成]에서 실로 생겨남을 찾고 존재의 실체적 뿌리를 찾으면, 여기 존재의 근원을 찾는 내가 있고 찾아 구하는 뿌리가 있으니 그는 진리 밖에서 늘 맴도는 자이다.

진리 밖에서 맴돌면 불안과 어두움의 그림자가 그의 삶을 어둡게 가리고 삶의 안정을 뒤흔들 것이니, 온갖 법이 남이 없음[無生]을 알아야 흐름 끊어진 고요함에 편히 머물리라.

남에 남이 없고 모습에 모습 없음이 뿌리 없는 삶의 뿌리이니, 생각을 일으켜 뿌리를 찾으면 길이 삶의 고향을 잃고 나그네 신세를 면치 못하리라.

실라 비구니는 중생에 중생의 모습 없음을 통달함으로써 마라의 꿈이 넘치는 세간 속에서 위력 있는 장부가 되신 현성이시고, 사트바이되 보디사트바 마하사트바가 되신 분이다.

모든 법이 공한 줄 바로 보되 그 공함에도 집착하지 않는 것이 여래의 보디의 길을 따르는 마하사트바의 삶이니, 『화엄경』(「십회향품」十廻向品)은 이렇게 말한다.

시방에 계신 모든 여래들께선
모든 법을 깨쳐 통달해 남음 없으사
온갖 것이 공적한 줄 비록 알지만
공함에 집착의 생각 일으킴 없네.

十方所有諸如來　了達諸法無有餘
雖知一切皆空寂　而不於空起心念

7) 비자야 비구니

───

지금 고요히 사마디 들면 참된 법의 즐거움이 있나니

이와 같이 내가 들었다.

한때 붇다께서는 슈라바스티 국 제타 숲 '외로운 이 돕는 장자의 동산'에 계셨다.

그때 비자야(巴 Vijaya) 비구니는 슈라바스티 국 왕의 동산에 있는 정사의 비구니대중 가운데 있었다.

그는 이른 아침에 가사를 입고 발우를 가지고 슈라바스티 성에 들어가 밥을 빌었다. 밥을 빌고 나서는 정사로 돌아와 가사와 발우를 거두어 들고 발을 씻은 뒤에, 니시다나를 어깨에 메고 안다 숲으로 가 한 나무 아래에 앉아서 낮 사마디에 들어갔다.

그때 악한 마라 파피야스는 이렇게 생각하였다.

'지금 사문 고타마는 슈라바스티 국 제타 숲 '외로운 이 돕는 장자의 동산'에 있고, 비자야 비구니는 슈라바스티 국 왕의 동산에 있는 정사의 비구니대중 가운데 있다.

그는 이른 아침에 가사를 입고 발우를 가지고 슈라바스티 성에 들어가 밥을 빌고, 밥을 빌고 나서는 정사로 돌아와 가사와 발우를 거두어 들고 발을 씻은 뒤에, 니시다나를 어깨에 메고 안다 숲으로 가 한 나무 아래에 앉아서 낮 사마디에 들어갔다.

나는 지금 가서 어려움을 끼쳐주겠다.'

그러고는 곧 얼굴 모습이 단정한 젊은이로 변화하여 그의 앞에 가서 게송으로 말하였다.

> 너는 지금 나이가 아주 젊으며
> 나 또한 나이가 한창 젊도다.
> 여기 이곳에서 우리 서로 함께
> 다섯 가지 소리가락 지어 부르며
> 서로 같이 즐겁게 놀며 지내자.
> 선정의 사유 닦은들 무엇할 건가.

탐욕 즐김으로 꾀는 악한 마라를 사마디의 즐거움으로 물리침

그때 비자야 비구니가 생각하였다.

'이는 어떤 사람이기에 나를 두렵게 하려 하는가. 이는 사람인가, 사람 아닌 것인가. 간악하고 교활한 사람인가.'

이렇게 사유하고는 곧 깨달아 알게 되었다. 그리하여 '이는 악한 마라 파피야스가 어지럽히려는 것'이라고 생각하고 곧 게송으로 말하였다.

> 노래하고 춤추며 뭇 재주 피어
> 갖가지로 서로 즐겁게 노는 것
> 지금 다 너에게 이미 주었으니
> 그것들은 나에게 필요치 않네.

만약 고요히 사라져 사마디 들면
하늘과 사람 세상 다섯 즐거움
그 온갖 것 가져다 네게 주어도
또한 나에게는 다시 필요치 않네.

세간의 온갖 기쁨 즐거움 버리고
온갖 캄캄한 어두움을 떠나면
고요히 사라짐을 증득하여서
모든 흐름 다함에 편히 머물리.
그대 악한 마라인 줄 이미 다 아니
곧 스스로 사라져 없어져가라.

그때 악한 마라 파피야스는 이렇게 생각했다.
'저 비자야 비구니가 이미 내 마음을 알고 있구나.'
그러고는 안으로 근심과 슬픔을 품고 이내 사라지더니 나타나지
않았다.

• 잡아함 1204 비사경(毘闍經)

• 해설 •

눈으로 빛깔을 취하고 귀로 소리를 붙잡아 다섯 욕망의 세계에 빠져 살
면, 취함이 있으므로 잃음이 있고 있음이 있으므로 없음이 있고 생겨남이
있으므로 사라짐이 있다.

있음이 있고 없음이 있는 생활은 늘 동요하는 삶이고 늘 대립하는 삶이
며 늘 뒤바뀌는 삶이다. 그러나 모습이 모습 아님을 깨달아 구함이 없고 취

함이 없으면 동요가 없고 뒤바뀜이 없으므로 늘 고요하다. 늘 고요한 곳에서 그 고요함마저 취하지 않으면 있음과 없음 나고 사라짐을 해탈의 작용으로 살려내니 그의 삶은 결코 적막하지 않다.

맛[味]에 맛들일 것이 없는 니르바나의 맛은 단이슬의 물처럼 번뇌의 불을 꺼주며, 길이 배고프지 않는 법의 맛으로 중생의 배고픔과 굶주림의 병을 나아줄 것이다. 그러니 비자야 비구니 같은 현성이 어찌 단이슬의 법맛을 버리고 탐욕의 맛에 맛들여 캄캄한 어두움의 길에 헤맬 것인가.

비자야 비구니가 이와 같이 탐욕의 경계 마라의 경계에 자재할 수 있는 것은 중생 업의 뿌리가 공해 온 곳이 없음을 깨달았기 때문이니, 『화엄경』(「광명각품」)은 이렇게 말한다.

비유하면 탯속 그 가운데서
모든 몸의 뿌리 다 이루어졌지만
바탕모습 온 곳이 없음 같나니
업의 성품 또한 이와 같도다.

譬如胎藏中　諸根悉成就
體相無來處　業性亦如是

또 있는바 저 세계 모두
겁의 큰 불에 탄다 하여도
이 불은 온 곳이 없음 같나니
업의 성품 또한 이와 같도다.

又如諸世界　大火所燒然
此火無來處　業性亦如是

8) 차알라 비구니

─────────

내 큰 스승의 법은 평등한 법이라
나는 그 법 좋아한다네

이와 같이 내가 들었다.

한때 붇다께서는 슈라바스티 국 제타 숲 '외로운 이 돕는 장자의 동산'에 계셨다.

그때 차알라(Cāla) 비구니는 슈라바스티 국 왕의 동산에 있는 정사의 비구니대중 가운데 있었다.

그는 이른 아침에 가사를 입고 발우를 가지고 슈라바스티 성에 들어가 밥을 빌었다. 밥을 빌고 나서는 정사로 돌아와 가사와 발우를 거두어 들고 발을 씻은 뒤에, 니시다나를 어깨에 메고 안다 숲으로 가 한 나무 아래에 앉아 낮 사마디에 들어갔다.

사마디를 다섯 욕망의 즐거움으로 마라가 흔듦

그때 악한 마라 파피야스는 이렇게 생각하였다.

'지금 사문 고타마는 슈라바스티 국 제타 숲 '외로운 이 돕는 장자의 동산'에 있고, 차알라 비구니는 슈라바스티 국 왕의 동산에 있는 비구니대중 가운데 있다.

그는 이른 아침에 가사를 입고 발우를 가지고 슈라바스티 성에 들어가 밥을 빌고, 밥을 빌고 나서는 정사로 돌아와 가사와 발우를 거

두어 들고 발을 씻은 뒤에, 니시다나를 어깨에 메고 안다 숲으로 가
한 나무 아래에 앉아서 낮 사마디에 들어갔다.

나는 지금 가서 어려움을 끼쳐주겠다.'

그러고는 곧 얼굴 모습이 단정한 젊은이로 변화하여 차알라 비구
니의 앞에 가서 게송으로 말하였다.

태어남 받음이 즐거운 줄 깨닫고
살면서 다섯 욕락 받아야 하는데
그 누가 너를 이렇게 가르쳐서
삶을 싫어해 떠나도록 하는가.

악한 마라를 사라져 다한 니르바나의 즐거움으로 물리침

그때 차알라 비구니가 생각하였다.

'이는 어떤 사람이기에 나를 두렵게 하려 하는가. 이는 사람인가,
사람 아닌 것인가. 간악하고 교활한 사람인가. 여기 와서 나를 어지
럽게 하려고 하는구나.'

그러고는 곧 게송으로 말하였다.

태어난 것은 반드시 죽음이 있고
태어나면 곧 여러 괴로움 받네.
채찍질하고 때리는 여러 괴로움
그 온갖 것 태어남으로 있도다.

그러므로 온갖 괴로움을 끊고

온갖 태어남 벗어나 뛰어넘어서
무니께서 중생 위해 말씀한 법인
네 가지 거룩한 해탈의 진리
지혜의 눈으로 잘 살펴야 하리.

쓰라린 괴로움과 괴로움의 모아냄
사라져 다해 모든 괴로움 떠남
여덟 가지 바른 길 닦아 익히면
안온하게 니르바나 나아가리라.

크신 스승 세존의 법은 평등하니
나는 그 법을 좋아해 즐거워하고
나는 그 법을 잘 알기 때문에
다시는 태어남 받음 즐거워 않네.

온갖 세간의 애착과 기쁨 떠나고
온갖 캄캄한 어두움을 버리면
고요히 사라짐을 증득하여서
모든 흐름 다함에 편히 머물리.
그대 악한 마라인 줄 이미 다 아니
곧 스스로 사라져 없어져가라.

그때 악한 마라 파피야스는 이렇게 생각했다.
'저 차알라 비구니가 이미 내 마음을 알고 있구나.'

그러고는 안으로 근심과 슬픔을 품고 이내 사라지더니 나타나지
않았다.

• 잡아함 1205 차라경(遮羅經)

• 해설 •

망상(妄想)과 망경계(妄境界), 탐욕[貪]과 탐욕의 경계[欲界]는 서로 규
정한다. 보고 듣고 닿아지는 경계에 실로 취할 것이 있고 맛들일 것이 있다
고 생각함이 망상이 되고 탐욕이 되며, 탐욕과 망상으로 인해 허망한 경계
와 탐욕의 경계는 늘어나고 자라난다.

차알라 비구니가 선정 가운데서 단정한 젊은이의 소리를 듣는 것은, 선
정의 한 생각을 잘 지켜가다 홀연히 일어난 망상과 망경계가 마라의 젊은이
와 그 음성으로 나타난 것이 아닐까.

잠깐 마라의 모습을 보다 한 생각을 돌이켜 취할 경계도 없고 경계 취하
는 망상이 없는 줄 돌이켜, 고요히 사라진 니르바나의 기쁨에 다시 머물러
저 마라를 물리친 것이리라.

이미 취할바 다섯 경계와 저 경계를 보는 다섯 아는 뿌리가 공한 줄 알아
법의 흐름에 들어서 니르바나의 길에 다시 물러섬 없는 현성에게, 저 마라
는 눈병 든 이에게 날리는 허공의 꽃[虛空華]과 같고, 어젯밤 꿈속의 일[夢
中事]과 같으리라.

9) 우파차알라 비구니

하늘의 즐거움도 함이 있는 행 떠나지 못하니

이와 같이 내가 들었다.

한때 붇다께서는 슈라바스티 국 제타 숲 '외로운 이 돕는 장자의 동산'에 계셨다.

그때 우파차알라 비구니는 슈라바스티 국 왕의 동산에 있는 정사의 비구니대중 가운데 있었다.

그는 이른 아침에 가사를 입고 발우를 가지고 슈라바스티 성에 들어가 밥을 빌었다. 밥을 빌고 나서는 정사로 돌아와 가사와 발우를 거두어 들고 발을 씻은 뒤에, 니시다나를 어깨에 메고 안다 숲으로 가 한 나무 아래에 앉아 낮 사마디에 들어갔다.

그때 악한 마라 파피야스는 이렇게 생각하였다.

'지금 사문 고타마는 슈라바스티 국 제타 숲 '외로운 이 돕는 장자의 동산'에 있고, 우파차알라 비구니는 슈라바스티 국 왕의 동산에 있는 정사의 비구니대중 가운데 있다.

그는 이른 아침에 가사를 입고 발우를 가지고 슈라바스티 성에 들어가 밥을 빌고, 밥을 빌고 나서는 정사로 돌아와 가사와 발우를 거두어 들고 발을 씻은 뒤에, 니시다나를 어깨에 메고 안다 숲으로 가 한 나무 아래에 앉아 낮 사마디에 들어갔다.

나는 지금 가서 어려움을 끼쳐주겠다.'

그러고는 곧 얼굴 모습이 단정한 젊은이로 변화하여 우파차알라 비구니 있는 곳에 가서 게송으로 말하였다.

저 서른세하늘 위에나
야마하늘과 투시타하늘
화락하늘 타자재하늘은
갈 뜻만 내면 가서 나리라.

그때 우파차알라 비구니가 생각하였다.

'이는 어떤 사람이기에 나를 두렵게 하려 하는가. 이는 사람인가, 사람 아닌 것인가. 간악하고 교활한 사람인가.'

마라를 흔들림 없는 니르바나의 고요함으로 물리침

그러고는 스스로 사유해 이렇게 깨달았다.

'이는 틀림없이 악한 마라가 어지럽히려는 것이다.'

그러고는 곧 게송으로 말하였다.

저 서른세하늘 위에나
야마하늘과 투시타하늘
화락하늘과 타자재하늘
이러한 여러 하늘위는
함이 있는 행 못 떠나니
마라의 자재함 따르리.

온갖 모든 세간의 법은
다 뭇 행의 무더기이고
온갖 모든 세간의 법은
다 움직여 흔들리는 법이며
온갖 모든 세간의 법은
괴로움의 불이 늘 타오르고
온갖 모든 세간의 법은
다 연기와 먼지가 일어난다.

움직이거나 흔들리지 않고
범부의 행 익히지 않으면
마라의 길 따라가지 않으니
이곳에서 즐거움 누리네.

온갖 애착과 괴로움 떠나
온갖 캄캄한 어두움 버리면
고요히 사라짐을 증득하여
모든 흐름 다함에 편히 머물리.
그대 악한 마라인 줄 이미 다 아니
곧 스스로 사라져 없어져가라.

그때 악한 마라 파피야스는 이렇게 생각하였다.
'저 우파차알라 비구니가 이미 내 마음을 알고 있구나.'
그러고는 안으로 근심과 슬픔을 품고 이내 사라지더니 나타나지 않았다.

• 잡아함 1206 우파차라라경(優波遮羅經)

• 해설 •

우파차알라 비구니에게 나타난 마라의 모습은 세간의 다섯 욕망의 즐거움으로 유혹하는 마라가 아니고, 하늘의 즐거움으로 유혹하는 마라이다.

앞의 차알라 비구니에게 나타난 마라와 유혹하는 길이 조금 달라도 두 마라의 유혹은 모두 모습을 모습으로 집착하는 미혹에 바탕을 둔 마라의 모습이다.

마라는 곧 마라가 아니라 걸림 없고 막힘없는 법계 가운데서 경계 취하는 마음이 있고 마음에 닿는 경계가 있으면 마라의 세계가 일어나는 것이니, 앞의 마라가 욕계 다섯 욕망의 마라라면 뒤의 마라는 하늘의 즐거움을 탐하는 마라이다. 거칠게 음욕과 탐내는 마음을 일으켜서 경계 취함이 다섯 욕망의 세계라면, 거친 탐욕이 가라앉아 질적으로 고양되고 지속성이 보장된 삶의 즐거움을 추구하는 것은 하늘마라의 세계이다.

그러나 설사 하늘의 즐거움이라 할지라도 아직 존재의 공성(空性)을 통달하지 못하고, 나고 사라짐을 뛰어넘지 못한 즐거움의 세계는 늘 상실과 망각에 대한 두려움이 있는 즐거움이고, 모습의 장애가 있는 즐거움이다.

그러나 모습에서 모습 떠나 모습 취함이 없고 공하여 모습 없음에도 머묾이 없으면, 그는 모습의 걸림과 막힘을 뛰어넘고 길이 상실과 망각의 두려움을 벗어나 무너짐 없고 사라짐이 없는 삶의 안락을 누릴 것이다.

남이 없으므로 사라짐이 없는 니르바나의 즐거움을 향해 나아가는 수행자가 어찌 다시 모습에 얽힌 즐거움에 되돌아갈 것인가.

마라의 마음과 마라의 경계가 모두 공하니, 그 공함도 공한 곳에 길이 다하지 않는 삶의 안락과 휴식이 함께하리라.

10) 시이수파차알라 비구니

크신 스승 그 법만을 좋아하니
번뇌 떠나 고요함 얻었네

이와 같이 내가 들었다.

한때 붇다께서는 슈라바스티 국 제타 숲 '외로운 이 돕는 장자의 동산'에 계셨다.

그때 시이수파차알라 비구니는 슈라바스티 국 왕의 동산에 있는 정사의 비구니대중 가운데 있었다.

그는 이른 아침에 가사를 입고 발우를 가지고 슈라바스티 성에 들어가 밥을 빌었다. 밥을 빌고 나서는 정사로 돌아와 가사와 발우를 거두어 들고 발을 씻은 뒤에, 니시다나를 어깨에 메고 안다 숲으로 가 한 나무 아래에 앉아서 낮 사마디에 들어갔다.

그때 악한 마라 파피야스는 이렇게 생각하였다.

'지금 사문 고타마는 슈라바스티 국 제타 숲 '외로운 이 돕는 장자의 동산'에 있고, 시이수파차알라 비구니는 슈라바스티 국 왕의 동산에 있는 정사의 비구니대중 가운데 있다.

그는 이른 아침에 가사를 입고 발우를 가지고 슈라바스티 성에 들어가 밥을 빌고, 밥을 빌고 나서 정사로 돌아와 가사와 발우를 거두어 들고 발을 씻은 뒤에, 니시다나를 어깨에 메고 안다 숲으로 가 한 나무 아래에 앉아서 낮 사마디에 들어갔다.

나는 지금 가서 어려움을 끼쳐주겠다.'

그러고는 곧 얼굴 모습이 단정한 젊은이로 변화하여 시이수파차
알라 비구니 있는 곳에 가서 이렇게 말하였다.

"아르야여, 그대는 어떤 여러 도를 좋아하는가?"

"나는 아무것도 좋아하는 것이 없다."

그때 악한 마라 파피야스가 곧 게송으로 말하였다.

　　그대는 어느 곳에서 물어 그 뜻 받아
　　머리를 깎고서 사문이 되어
　　몸에는 가사의 법옷 걸치고
　　집을 나온 사람의 모습을 지어
　　여러 가지 도를 즐거워하지 않고
　　어둡고 어리석음 지켜 사는가.

그때 시이수파차알라 비구니가 생각하였다.

'이는 어떤 사람이기에 나를 두렵게 하려 하는가. 이는 사람인가,
사람 아닌 것인가. 간악하고 교활한 사람인가.'

바깥길로 꾀는 마라를 세존의 니르바나 법으로 물리침

이와 같이 사유하고는 '악한 마라 파피야스가 어지럽히려는 것'
이라고 스스로 깨달아 알고는 곧 게송으로 말하였다.

　　여래의 이 법 밖 다른 여러 도는
　　모든 견해에 얽매어 묶인 것이니

모든 견해에 얽매 묶이고 나면
늘 마라의 자재함 따르게 된다.

만약 사카족의 집에 태어나신
견줄 수 없는 스승 가르침 받으면
모든 마라 원수를 누를 수 있어
그들에게 눌리지 않게 되리라.

맑고 깨끗하게 온갖 것 벗어나
도의 눈으로 널리 두루 살피면
온갖 지혜로 모두 바르게 알고
가장 빼어나 모든 흐름 떠나리.

그분은 나의 크신 스승이시라
나는 오직 그 법만을 좋아하니
나는 그 법에 이미 들어가고서
멀리 떠나 고요함을 얻게 되었네.

온갖 세간의 애욕과 기쁨 떠나고
온갖 캄캄한 어두움을 버리면
고요히 사라짐을 증득하여서
모든 흐름 다함에 편히 머물리.
그대 악한 마라인 줄 이미 다 아니
이와 같이 스스로 사라져가라.

그때 악한 마라 파피야스는 이렇게 생각했다.

'저 시이수파차알라 비구니가 이미 내 마음을 알고 있구나.'

그러고는 안으로 근심과 슬픔을 품고 이내 사라지더니 나타나지 않았다.

• 잡아함 1207 시리사차라경(尸利沙遮羅經)

• 해설 •

연기적 세계관에 굳건히 뿌리를 내리지 못하면 다른 삿된 세계관이나 치우친 사상과 이론에 그 마음이 요동하게 될 것이다. 갖가지 견해의 길은 연기된 사물의 일시적 성취와 사물의 한 측면을 보편화하거나 부풀려 일반화한 주장과 이론을 뜻한다.

참으로 온갖 법이 인연이므로 공함을 깨달아 온갖 견해의 길에서 견해를 벗어나 지혜의 길에 들어서고 지혜의 흐름에 들어서야 스로타판나라 하고, '소리 들어 지혜에 돌아가는 현성'이라 할 것이다.

아직 굳건히 법계진리의 땅에 믿음의 뿌리가 내리기 전에는 갖가지 견해와 세간의 관념의 흐름에서 벗어나기 힘들다.

지금 낮 선정에 든 마라의 유혹은 '세계에 갖가지 도가 있고 사상이 있는데 그대는 어찌 고요함만을 지키고 그 여러 도를 즐기지 않는가'라는 물음으로 나타난다.

그러나 견해와 생각이 공한 줄 아는 여래의 성문제자는 생각이 생각 아닌 곳에서 생각 아닌 생각을 잘 써서 세간을 지혜로 살피는 자이니, 성문제자의 길은 고요함만을 지키고 어두움만을 지키는 길이 아니다.

생각에서 생각 떠난 이가 늘 모든 흐름 떠나 고요하되, 강가아 강 모래알 수 같은 세간법의 변화를 봄이 없이 볼 수 있는 자이니, 그는 참으로 고요하되 참으로 밝은 자이고 함이 없되 하지 않음이 없는 자이다.

시이수파차알라 비구니는 저 견해의 길로 유혹하는 마라와, 견해가 끊어진 캄캄한 고요함을 모두 넘어선 분이니, 그가 보디사트바인 비구니이고 마라의 세계에 들어가 마라를 건질 수 있는 힘센 대장부이다.

붇다의 법은 온갖 견해와 관념의 집을 떠난 해탈의 길이니 보디의 길에 잘 나아가는 크나큰 장부의 길을, 『화엄경』(「광명각품」)은 다음과 같이 가르친다.

붇다의 법은 미묘해 헤아릴 수 없으며
온갖 언설로서는 미칠 수 없어라.
어울려 합함도 아니고 합하지 않음도 아니니
바탕성품 고요하여 모든 모습 없어라.

佛法微妙難可量　一切言說莫能及
非是和合非不合　體性寂滅無諸相

붇다의 몸은 실로 남이 없어서
갖가지 허튼 논란 모두 뛰어넘어서
쌓임이 모인 차별된 법이 아니네.
자재한 힘 얻어야 붇다께서 행하신
두려움 없고 말 떠난 길 반드시 보게 되리.

佛身無生超戲論　非是蘊聚差別法
得自在力決定見　所行無畏離言道

11) 숙카라 비구니

술에 취해 자면서 숙카라 비구니에게
공양하지 않는구나

이와 같이 내가 들었다.

한때 붇다께서는 라자그리하 성 칼란다카 대나무동산에 계셨다.

그때 숙카라 비구니는 왕의 동산에 있는 정사의 비구니대중 가운데 있었는데, 라자그리하 성의 여러 사람들에게 아라한처럼 공경과 공양을 받고 있었다.

그러던 어느 때 라자그리하 성 사람들이 좋은 날을 가리어 즐겁게 큰 모임을 가졌다. 그래서 그날은 그 비구니에게 공양을 올리지 못했다.

착한 신이 숙카라 비구니에게 공양하도록 일깨움

그러자 한 착한 신이 그 비구니를 존경하는 까닭에 라자그리하 성 거리 가운데로 가 집집마다 다니면서 게송으로 말하였다.

라자그리하 성의 사람들이여,
술에 취해 누워서 자고 있는가.
저 숙카라 비구니 뛰어난 사문께
공양하기를 힘쓰지 않는구나.

모든 아는 뿌리를 잘 닦으므로
그를 숙카라라고 이름했도다.
그는 번뇌의 때 떠나는 법과
니르바나의 시원한 곳 잘 말하나니
만약 그가 말한 법 따라 들으면
날이 다하도록 즐거워 싫증냄 없으리.

설한 법을 듣고서 그 지혜를 타면
나고 죽음의 흐름을 건너가리니
이는 마치 저 바닷길 가는 상인이
힘센 말을 붙들어 의지함 같네.

공양한 우파사카에게 착한 신이 복된 이익을 언약함

그때 어떤 우파사카가 숙카라 비구니에게 옷을 보시하고, 또 어떤
우파사카는 먹을 것을 공양하였다.

그때 그 신은 곧 계송으로 말하였다.

저 지혜로운 우파사카는
복을 얻어 그 이익 많으리니
숙카라께 옷을 보시해
모든 번뇌 떠났기 때문이네.

저 지혜로운 우파사카는
복을 얻어 그 이익 많으리니

숙카라께 먹을 것 보시해
모든 번뇌 떠났기 때문이네.

그때 그 신은 이 게송을 말하고는 이내 사라지더니 나타나지 않았다.

• 잡아함 1327 숙가라경(叔迦羅經)

• 해설 •

현성이신 숙카라 비구니의 사마디에 '나'와 '남'이 없고 세간 모습을 취함도 없고 버림도 없으니, 착한 신이 어찌 숙카라 비구니의 범행 닦음을 보살피지 않겠는가. 스스로 놀이에 빠지고 술에 취해 현성께 공양하지 않는 라자그리하 사람들을 일깨우니, 현성께 공양함으로써 법의 이익 얻도록 하기 위함이리라.

술에 취하고 잠에 빠지면 기나긴 겁 나고 죽음의 바퀴 구름을 언제나 벗어날 것인가.

이미 니르바나의 땅에 서 계신 현성의 말씀을 듣고 그 가르침을 받아들여야 해탈의 기쁨이 함께 하리라.

12) 비라 비구니

술에 취해 자면서 비라 비구니에게
공양하지 않는구나

이와 같이 내가 들었다.

한때 붇다께서는 라자그리하 성 칼란다카 대나무동산에 계셨다.

그때 비라(毘羅) 비구니는 라자그리하 성 왕의 동산에 있는 정사의 비구니대중 가운데 있었는데, 라자그리하 성의 여러 사람들에게 아라한처럼 공경과 공양을 받고 있었다.

그러던 어느 때 라자그리하 성 사람들이 좋은 날을 가리어 즐겁게 큰 모임을 가졌다. 그래서 그날은 그 비구니에게 공양을 올리지 못했다.

비라 비구니께 공양하도록 일깨우고 공양한 이를 찬탄함

그때 어떤 착한 신이 비라 비구니를 존경하여, 곧 라자그리하 성에 들어가 곳곳의 거리와 네거리 길목에서 이 게송을 말하였다.

라자그리하 성의 사람들이여,
술에 취해 어둡게 누워 자는가?
저 잘 행하는 비라 비구니에게
공양하는 이가 아무도 없구나.

저 잘 행하는 비라 비구니는
모든 아는 뿌리 용맹하게 닦아서
번뇌의 때와 티끌 멀리 떠남과
니르바나의 시원한 법 잘 설하네.

그가 말하는 법 모두 따르게 되면
날이 다하도록 즐거워 싫증냄 없으리.
설한 법을 듣고서 그 지혜를 타면
나고 죽음의 흐름 건너게 되리.

공양한 우파사카에게 착한 신이 복과 이익을 언약함

그때 어떤 우파사카는 비라 비구니에게 옷을 가져와 보시하고, 또
어떤 우파사카는 먹을 것을 공양하였다.

그때 그 신이 게송으로 말하였다.

저 지혜롭고 착한 우파사카는
지금 많은 복과 이익 얻으리니
비라 비구니께 옷을 보시해
모든 묶음 끊었기 때문이네.

저 지혜롭고 착한 우파사카는
지금 많은 복과 이익 얻으리니
비라 비구니께 먹을 것 보시해
모든 어울려 합함 떠났기 때문이네.

그때 그 신은 이 게송을 마치고 이내 사라지더니 나타나지 않았다.

• 잡아함 1328 비람경(毘藍經)

• 해설 •

현성의 길에는 남자와 여자의 분별이 없고 늙은이와 어린이의 구별이 없다. 크신 스승 여래의 가르침, 여래의 진리를 잘 사유해 나고 죽음을 뛰어넘으면 그가 현성이니, 지혜의 법을 잘 깨치면 여덟 살 용의 딸[八歲龍女]이 바로 보디 이루는 것이고, 그릇 마음을 쓰면 높은 윗자리 비구 선성(善星)도 산 채로 지옥에 떨어지는 것이다.

앞의 숙카라 비구니와 이 경의 비라 비구니는 이미 여래의 가르침을 잘 받아 지니어 번뇌의 흐름 다한 사마디에 머무르고 있으니, 이미 지혜의 흐름에 들어선 현성은 응당 공양해야 할 분[應供]이다.

또한 두 분 현성 비구니는 스스로 사마디와 지혜를 성취했을 뿐 아니라, 걸림 없는 말재간으로 니르바나의 길을 열어주고, 해탈의 시원한 법 말해주어 세간을 자비로 이끄는 분들이니, 깊은 사마디와 방편의 문을 모두 갖춘 높은 선지식들이다.

이제 공양해야 할 아라한 큰 선지식을 라자그리하 성의 큰 장자와 거사가 알아보지 못하고 공양할 줄 모르니, 하늘과 땅의 신이 그를 일깨워준다.

실컷 세간의 욕락을 즐기고 술에 취해 잠만 자며 현성을 모실 줄 알지 못하니, 그들이 언제쯤 현성을 따라 여래의 법바다에 들어갈 수 있겠는가.

착한 신이 잠자는 라자그리하 성의 백성을 일깨우니, 그 신은 그저 신이 아니라 선지식인 신이고 보디사트바인 신이다.

4 사미로서 이미 아라한이 된 현성들

· 이끄는 글 ·

아직 비구·비구니의 구족계(具足戒)를 받기 전의 출가수행자는
사미·사미니라는 별칭으로 통용된다. 범어 원발음으로 사미는 슈
라마네라(śrāmaṇera)이고, 사미니는 슈라마네리카(śrāmaṇerikā)이지
만, 이미 우리 언어 속에 녹아 있는 사미·사미니로 쓴다.

『번역명의집』에서는 다음과 같이 보인다.

남산(南山, 道宣律師)의 「사미별행편」(沙彌別行篇)에 말한다.

"사미는 여기 말로 옮기면 '쉬어 자비를 행함'[息慈]이니, 곧 세
간 물든 뜻을 쉬고 자비로 중생을 건짐이다."

「일체경음의」(一切經音義)에서는 '사미 그 글자는 옛날 잘못
줄인 말이다'라고 하였다.

당삼장(唐三藏, 玄奘)은 '슈라마네라는 여기 말로 옮기면 부지
런히 채찍질하는 남자 수행자[勤策男]이다'라고 말한다.

『기귀전』(寄歸傳)은 말한다.

"십계를 주면 이미 슈라마네라라 하니, 옮기면 고요함을 구하

는 이[求寂]라 한다. 가장 밑으로 일곱 살에서 열세 살까지는 다 '검은 까마귀를 쫓아내는 사미'[驅烏沙彌]라 하고, 나이 열넷에서 열아홉까지는 '법에 응하는 사미'[應法沙彌]라 하고, 만약 나이가 스물이 넘으면 다 '이름만의 사미'[名字沙彌]라 한다."

사미니에 대해서는 당삼장이 '슈라마네리카는 여기 말로 부지런히 채찍질하는 여자 수행자[勤策女]라 한다'고 말했다.

위의 기록에 의하면 사미·사미니는 스물 이전 구족계 받기 전 출가수행자를 의미하니, 스물이 넘고 아직 구족계 받기 전 출가수행자는 이름만의 사미가 된다.

나이 어려 세간 탐욕의 경계에 물들기 전에 출가하여 여래의 가르침을 듣고 마음이 이미 해탈하고 여래의 법의 뜻을 잘 깨달아 여래의 가르침을 잘 설할 수 있는 사미에 대해, 여래는 '그 사미가 다만 사미가 아니라 큰 비구[大比丘]이고 높은 장로(長老)'라고 인가하신다. 사미니도 나이 어리지만 이미 사마디를 성취해 나고 죽음에 자재한 사미니가 경에 등장한다.

그들은 비록 나이가 어리지만 목숨의 모습 취함[壽者相, jīva-saṃjñā]과 중생의 모습 취함[衆生相, sattva-saṃjñā]이 공함을 깨쳐 지혜의 목숨[慧命]을 성취한 큰 장부[mahāsattva]인 것이다.

사미 아치라바토오여, 저 탐욕에 가득 찬
어린 왕자를 어찌할 수 있으리

나는 들었다, 이와 같이.

한때 붇다께서는 라자그리하 성에 노니시면서 칼란다카 대나무 동산에 계셨다. 그때 사미 아치라바토오 또한 라자그리하 성에 노닐면서 일없는 곳의 선실에 있었다.

그때 어린 왕자 자야세나는 오후에 천천히 걸어 사미 아치라바토오가 있는 곳으로 가서 서로 인사하고 물러나 한쪽에 앉아 말하였다.

"어진 이 아치라바토오여, 물을 말이 있는데 내 물음을 들어주겠소?"

"어진 왕자시여, 묻고 싶으면 곧 물으십시오. 나는 듣고 생각해보겠습니다."

여래의 법과 율 따라 정진하는 길 믿지 않는
왕자의 일을 세존께 말씀드림

어린 왕자는 물었다.

"아치라바토오여, 참으로 비구가 이 법과 율 안에서 방일하지 않고 부지런히 정진하면 한마음을 얻게 되오?"

"어진 왕자시여, 참으로 비구가 이 법과 율 안에서 방일하지 않고 부지런히 정진하면 한마음을 얻습니다."

"어진 이 아치라바토오여, 그러면 그대는 그대가 들은 법[所聞法]

과 그대가 외워 익힌 것[誦習]을 가지고 '참으로 비구는 이 법과 율 안에서 방일하지 않고 부지런히 정진하면 한마음을 얻는다'는 것을 내게 말해보시오."

"어진 왕자시여, 나는 내가 들은 법과 내가 외워 익힌 것을 가지고는 '참으로 비구가 이 법과 율 안에서 방일하지 않고 부지런히 정진하면 한마음을 얻는다'는 것을 왕자께 다 말할 수 없습니다.

어진 왕자시여, 내가 들은 법과 내가 외워 익힌 것을 가지고 '참으로 비구가 이 법과 율 안에서 방일하지 않고 부지런히 정진하면 한마음을 얻는다'는 것을 그대로 말하더라도, 아마 어진 왕자는 그것을 알아듣지 못할 것이오. 이와 같다면 나는 헛수고만 하게 될 것입니다."

어린 왕자는 사미에게 말했다.

"어진 이 아치라바토오여, 그대는 아직 남에게 눌리지 않았는데 무슨 뜻으로 스스로 물러서시오?

어진 이 아치라바토오여, 그대가 들은 법과 그대가 외워 익힌 것을 가지고 '참으로 비구가 이 법과 율 안에서 방일하지 않고 부지런히 정진하면 한마음을 얻는다'는 것을 그대로 내게 말해보시오.

만약 내가 알아 들으면 좋고, 만약 내가 알지 못하면 나는 다시 그대에게 아무 법도 묻지 않을 것이오."

이에 사미 아치라바토오는 스스로 들은 법과 스스로 외워 익힌 것을 가지고 어린 왕자 자야세나에게 '참으로 비구가 이 법과 율 안에서 방일하지 않고 부지런히 정진하면 한마음을 얻는다'는 것을 그대로 말하였다.

이에 어린 왕자가 아치라바토오에게 말했다.

"어진 이 아치라바토오여, 만약 비구가 이 법과 율 안에서 방일하지 않고 부지런히 정진하면 한마음을 얻는다고 하더라도, 그것은 끝내 그럴 수 없소."

왕자는 그럴 수 없음을 말하고 곧 자리에서 일어나 하직도 하지 않고 떠나 버렸다.

어린 왕자 자야세나가 떠난 지 오래지 않아 이에 사미 아치라바토오는, 붇다 계신 곳에 나아가 머리를 대 절하고 물러나 한쪽에 앉아 어린 왕자 자야세나와 서로 이야기한 것을 모두 붇다께 말씀드렸다.

세존께서는 들으시고 곧 사미 아치라바토오에게 말씀하셨다.

"아치라바토오여, 그만두라. 어린 왕자 자야세나를 어떻게 하겠는가. 그는 욕심을 부리고 욕심에 집착하여 애욕에 먹히고 욕심에 불타고 있다.

그래서 지금으로는 아무리 욕심을 끊고 애욕을 끊고 욕심의 뜨거움을 끊어, 탐욕의 앎[欲知]이 없고 탐욕의 견해[欲見]가 없으며 탐욕의 느낌[欲覺]이 없는 것을 지금 단계의 어린 왕자로서는 알려고 하고 보려고 하더라도 끝내 그럴 수 없다.

왜 그런가. 아치라바토오여, 어린 왕자 자야세나는 늘 욕심을 부리기[行欲] 때문이다."

어린 왕자 자야세나의 탐욕 길들임을 네 가지 길들임으로 비유해 보이심

"아치라바토오여, 마치 코끼리 길들임·말 길들임·소 길들임·사람 길들임의 네 가지 길들임[調御]이 있는데, 그 가운데 두 가지 길들임은 길들일 수 없고, 두 가지 길들임은 길들일 수 있는 것과 같다.

아치라바토오여, 너의 뜻에는 어떠하냐. 만약 길들일 수 없는 두 가지 길들임, 이것은 아직 길들이지 못하고, 길들이지 못할 처지인데, 길들이지 못할 것을 길들이려 하는 것은 끝내 그럴 수 없다.

만약 길들일 수 있고, 잘 길들일 수 있는 두 가지 길들임, 이것은 아직 길들이지 못하고, 길들이지 못한 처지에 있어도 길들이려 한다면 그것은 반드시 그럴 수 있는 것이다.

이와 같이 아치라바토오여, 그만두라. 어린 왕자 자야세나를 어떻게 할 수 있겠는가. 그는 욕심을 부리고 욕심에 집착하며 애욕에 먹히고 욕심에 불타고 있다.

그래서 지금으로는 아무리 욕심을 끊고 애욕을 끊으며 욕심에 불타는 것을 끊어, 탐욕의 앎이 없고 탐욕의 견해가 없으며 탐욕의 느낌이 없는 것을 지금 단계의 어린 왕자가 알려 하고 보려 하더라도 끝내 그럴 수 없다.

무슨 까닭인가. 아치라바토오여, 왕자 자야세나는 늘 욕심을 부리기 때문이다.”

왕자의 탐욕 끊을 수 없음을 산 너머를 보는 두 사람으로 비유하심

“아치라바토오여, 그것은 마치 다음과 같다. 마을에 가기 멀지 않은 곳에 큰 돌산이 있는데, 그 산은 이지러진 데도 없고 뚫린 곳도 없으며, 가득 차 비지 않았고, 굳건하여 움직이지 않고, 모두 합해서 하나가 되어 있다.

어떤 두 사람이 그것을 바로 보려고 하였는데, 그 가운데 한 사람은 빨리 산에 올라가고 둘째 사람은 산 아래 머물러 있었다.

돌산 위에 올라간 사람이 돌산 너머 있는 좋은 편편한 땅과 동산·

수풀·맑은 샘·꽃못·긴 흐름과 강물을 본 뒤에 산 아래 있는 사람에게 이렇게 말한다 하자.

'너는 저 산 너머에 있는 좋은 편편한 땅과 동산·수풀·맑은 샘·꽃못·긴 흐름과 강물을 보느냐.'

산 아래 있는 사람은 이렇게 답할 것이다.

'내가 보기에는 그 너머는 좋은 편편한 땅과 동산·수풀·맑은 샘·꽃못·긴 흐름과 강물이 있을 수 없다.'

이에 돌산 위에 오른 사람이 빨리 내려와 산 아래 있는 사람을 붙들고 산 위로 빨리 올라가서 돌산 위에 이르러 다음과 같이 묻는다 하자.

'너는 이 산 너머 있는 좋은 편편한 땅과 동산·수풀·맑은 샘·긴 흐름과 강물을 보느냐.'

그러면 그 사람은 '이제 비로소 본다'고 대답할 것이다.

그가 다시 '네가 아까는 그런 것 본다는 것은 그럴 수 없다 하고, 지금은 본다 하니 그것은 무슨 까닭인가'라고 물으면, 그 사람은 '내가 아까는 산이 가려서 보지 못했다'고 대답하는 것과 같다.

이와 같이 아치라바토오여, 그만두라. 어린 왕자 자야세나를 어떻게 하겠는가. 그는 욕심을 부리고 욕심에 집착하며 애욕에 먹히고 욕심에 불타고 있다.

그래서 지금으로는 아무리 욕심을 끊고 욕심의 뜨거움을 끊어 탐욕의 앎이 없고 탐욕의 견해가 없으며 탐욕의 느낌이 없는 것을 지금 단계의 어린 왕자가 알려 하고 보려 하더라도 그것은 끝내 그럴 수 없다."

탐욕 떠나 그 마음 잘 길들임을 코끼리 길들여짐으로 비유하심

"아치라바토오여, 옛날 크샤트리아족의 '정수리로 난 왕'[頂生 王]에게 코끼리 다루는 이가 있었다. 왕은 그에게 말했다.

'너 코끼리 다루는 이여, 나를 위해 들코끼리를 잡아와서 내게 알려라.'

때에 코끼리 다루는 이는 왕의 명령을 받고 곧 왕의 코끼리를 타고 들숲으로 갔다. 그는 들숲에서 큰 들코끼리를 보고 붙잡아 왕의 코끼리 목에 잡아매었다. 왕의 코끼리는 그 들코끼리를 목에 달고 숲 밖으로 나와 궁으로 갔다.

코끼리 다루는 이는 정수리로 난 왕에게 가서 말했다.

'하늘왕[天王]이시여, 이미 들코끼리를 잡아와서 한데 매어두었습니다. 왕의 뜻대로 하십시오.'

크샤트리아 정수리로 난 왕은 명령하였다.

'코끼리 잘 다루는 이[調象師]여, 너는 이제 빨리 이 들코끼리를 길들이고 항복받아 잘 길든 코끼리가 되게 하라. 그리고 잘 길들인 뒤에는 곧 내게 와서 알려라.'

이에 코끼리 잘 다루는 이는 왕의 명령을 받고 아주 큰 막대기를 어깨에 메고 들코끼리 있는 곳으로 가서, 말뚝을 박고 들코끼리의 목을 말뚝에 매어 들에 노닐어 즐기는 뜻을 억누르고, 들에 대한 욕심의 생각을 없애며, 들에 헤매는 지침을 쉬게 하였다.

그래서 마을을 즐기게 하고 사람을 따르게 하기 위해 코끼리 잘 다루는 이는 먼저 먹을거리를 주었다.

아치라바토오여, 만약 그 들코끼리가 처음부터 코끼리 잘 다루는 이가 주는 먹을거리를 받아먹으면, 그 코끼리 다루는 이는 곧 이렇게 생각할 것이다.

'이 들코끼리는 반드시 살 것이다. 왜냐하면 이 큰 들코끼리가 처음부터 먹을거리를 받아먹기 때문이다.'

만약 그 들코끼리가 처음부터 코끼리 잘 다루는 이가 주는 먹을거리를 받아먹으면 코끼리 다루는 이는 부드럽고 사랑스런 말로 대해 주고, 들코끼리는 그를 따라 눕고 일어나며, 가고 오며, 가지고 버리며, 굽히고 펴고 할 것이다.

만약 그 들코끼리가 코끼리 잘 다루는 이의 부드럽고 사랑스런 말을 따라 눕고 일어나며, 가고 오며, 가지고 버리며, 굽히고 펴고 하면, 이렇게 하여 들코끼리는 코끼리 다루는 이의 다룸을 따르게 된다.

아치라바토오여, 만약 그 들코끼리가 코끼리 다루는 이의 다룸을 따르면 그 코끼리 다루는 이는 곧 두 앞다리·두 뒷다리·두 볼기짝·두 옆구리·꼬리·등성이·목·머리·귀·어금니를 묶고, 또 그 코끼리를 묶은 뒤에 사람을 시켜 쇠갈고리[鉤]를 가지고 그 머리 위에 올라 타게 한다.

많은 사람을 시켜 칼·방패·긴 창·짧은 창·두 갈래 창·도끼를 가지고 그 앞에 서게 하고 코끼리 잘 다루는 이는 손에 날카로운 칼을 들고 들코끼리 앞에서 이렇게 말한다.

'나는 이제 너를 다루어 움직이지 않게 하고, 너를 다루어 움직이지 못하도록 할 것이다.'

만약 그 들코끼리가 코끼리 다루는 이의 다룸을 쫓아 움직이지 않을 때에는 그는 앞다리를 들지 않고 또한 뒷다리도 움직이지 않으며, 두 볼기짝·두 옆구리·꼬리·등성이·목·머리·귀·어금니 및 코를 모두 움직이지 않는다.

이리하여 들코끼리는 코끼리 다루는 이의 시킴을 따라 가만히 있고 움직이지 않는다.

아치라바토오여, 만약 그 들코끼리가 코끼리 다루는 이의 시킴을 따라 가만히 있고 움직이지 않으면, 그는 그때에는 칼과 방패·긴 창·두 갈래 창·민눈창·도끼와 큰 소리로 부르는 것을 참게 되고, 또 고동을 불고 북을 치며 종을 치더라도 다 참아 견딜 수 있다.

만약 그 들코끼리가 그것들을 참아 견딜 수 있으면, 그는 그때에는 길들고, 잘 길들며, 으뜸으로 길들고, 가장 높게 으뜸으로 길들여져서, 가장 빠르고 위없이 빨라, 왕이 타게 되어 왕의 곡식을 받아먹고, 왕의 코끼리[王象]라 일컬어진다.

이와 같이 아치라바토오여, 만약 때로 여래가 세상에 나오면 여래는 집착이 없는 이·바르게 깨친 분·지혜와 행을 갖추신 분·잘 가신 이·세간을 잘 아시는 분·위없는 스승·법에 잘 이끄는 이·하늘과 사람의 스승으로 붇다 세존이라 불린다.

그는 이 세상에서 여러 하늘이나 마라와 브라흐만, 사문이나 브라마나, 사람에서 하늘에 이르기까지 스스로 알고, 스스로 깨닫고, 스스로 증득하여 성취하여 노닌다.

그의 설법은 처음도 묘하고 가운데도 묘하고 마지막 또한 묘하여, 뜻[義]도 있고 무늬[文]도 있으며, 청정을 갖추어 범행을 나타낸다.

여래의 설하신 법을 거사의 아들이 들으면 거사의 아들은 그것을 듣고는 여래의 설법을 믿게 되고, 믿은 뒤에는 수염과 머리를 깎고, 가사를 입고 지극한 믿음으로 집을 버리어 집이 없이 도를 배우게 한다.

아치라바토오여, 그때에 거룩한 제자들은 집에서 나와 한데에 있게 된다.

마치 이 왕의 들코끼리가 탐욕을 내고 즐기고 집착하는 것은 숲 속에 있기 때문인 것처럼 아치라바토오여, 이 하늘과 사람이 탐욕을 내고 즐기고 집착하는 것은 빛깔·소리·냄새·맛·닿음의 이 다섯 욕망[五欲]에 있기 때문이다.

여래가 처음으로 그 비구들을 길들일 때에는 이렇게 말한다.

'너희들은 반드시 몸과 목숨의 청정을 보살피고, 입과 뜻과 목숨의 청정을 보살피라.'"

여래의 중생 길들임을 네 곳 살핌으로 보임

"만약 거룩한 제자가 몸과 목숨의 청정을 보살피고, 입과 뜻과 목숨의 청정을 보살피면, 여래는 다시 그 비구들을 길들이기를 다음처럼 한다.

'너희들은 반드시 안의 몸을 몸 그대로[內身如身] 살피고, 나아가 느낌과 마음과 법을 살피기를 느낌과 마음과 법 그대로 살피라.'

만약 거룩한 제자들이 안의 몸을 몸 그대로 살피고, 느낌·마음·법을 느낌·마음·법 그대로 살피면, 이 네 곳 살핌은 거룩한 제자들의 마음속에 있어서, 그 마음을 묶어서 집을 즐겨하는 뜻을 누르고, 집에 대한 욕심을 없애며, 집의 피로를 쉬게 한다.

그래서 바른 법을 즐기게 하고, 성인의 계를 닦아 익히게 한다.

아치라바토오여, 마치 코끼리 다루는 이가 크샤트리아 정수리로 난 왕의 명령을 받고는 아주 큰 막대기를 어깨에 메고 들코끼리 있는 곳으로 가서, 말뚝을 박고 들코끼리 목을 말뚝에 매어 들에 노닐어 즐기는 뜻을 누르고, 들에 대한 욕심을 없애며, 들에 헤매는 지침을 쉬게 하여 마을을 즐기게 하고 사람을 따르게 하는 것과 같다.

이와 같이 아치라바토오여, 이 네 곳 살핌은 거룩한 제자들의 마음 속에 있어서, 그 마음을 묶어 집을 즐겨하는 뜻을 누르고, 집에 대한 욕심을 없애며, 집의 피로를 쉬게 한다.

그래서 바른 법[正法]을 즐기게 하고, 거룩한 계[聖戒]를 닦아 익히게 한다.

만약 거룩한 제자들이 안의 몸을 몸 그대로 살피고, 나아가 느낌과 마음과 법을 느낌과 마음 법 그대로 살피면, 그 여래는 다시 그 비구들을 다음과 같이 길들인다.

'너희들은 반드시 안의 몸을 몸 그대로 살피고 〈욕심과 서로 어울리는 생각[欲相應念]〉을 생각하지 말고, 나아가 느낌·마음·법을 느낌·마음·법 그대로 살펴, 〈그른 법과 서로 어울리는 생각[非法相應念]〉을 생각하지 말라.'

만약 거룩한 제자가 안 몸을 몸 그대로 살피어 욕심과 서로 어울리는 생각을 생각하지 않고, 나아가 느낌·마음·법을 느낌·마음·법 그대로 살피어 '그른 법과 서로 어울리는 생각'을 생각하지 않는다 하자.

이렇게 하면 거룩한 제자들은 여래의 가르침[如來教]을 따르게 된다.

아치라바토오여, 마치 들코끼리가 코끼리 다루는 이의 부드럽고 사랑스런 말을 따라 눕고 일어나며, 가고 오며, 가지고 버리며 굽히고 펴고 한다면 이렇게 하여 들코끼리는 코끼리 다루는 이의 시킴

[調象師敎]을 따르는 것과 같다.

이와 같이 아치라바토오여, 만약 거룩한 제자들이 안의 몸을 몸 그대로 살펴어 욕심과 서로 어울리는 생각을 생각하지 않고, 나아가 느낌·마음·법을 느낌·마음·법 그대로 살펴어, 그른 법과 서로 어울리는 생각을 생각하지 않는다 하자.

이렇게 하면 거룩한 제자들은 곧 여래의 가르침을 따르게 된다."

여래의 중생 길들임을 선정과 여래 따라 머묾으로 보임

"만약 거룩한 제자들이 여래의 가르침을 따르면 여래는 다시 그 비구들을 이렇게 길들인다.

'너희들은 반드시 욕심을 떠나 악하여 착하지 않은 법을 떠나고, 나아가 넷째 선정을 얻어 성취하여 노닐라.'

만약 거룩한 제자들이 욕심을 떠나고 악하여 착하지 않은 법을 떠나, 넷째 선정을 성취하여 노닌다 하자. 이렇게 하면 거룩한 제자들은 곧 여래를 따라 머물러 옮겨 움직이지 않는다.

아치라바토오여, 마치 들코끼리가 코끼리 다루는 이의 다룸을 좇아 움직이지 않을 때에는 앞다리도 들지 않고, 또한 뒷다리도 움직이지 않으며, 두 볼기짝·두 옆구리·꼬리·등성이·목·머리·귀·어금니 및 코를 모두 움직이지 않는 것과 같다.

이와 같이 아치라바토오여, 만약 거룩한 제자들이 욕심을 떠나고 악하여 착하지 않은 법을 떠나 나아가 넷째 선정을 얻어 성취하여 노닌다 하자. 이렇게 하면 거룩한 제자들은 곧 여래를 따라 머물러 옮겨 움직이지 않는다.

만약 거룩한 제자들이 여래를 따라 머물러 움직이지 않는다 하자.

그러면 그들은 그때에는 굶주림과 목마름·추위·더위·모기·등에·파리·벼룩과 바람과 햇볕의 시달림을 참고, 욕설과 매질도 참으며, 몸이 모든 병에 걸려 지극히 고통스럽고 나아가 목숨이 끊어지려 하더라도 그런 어려움을 다 참고 견딜 수 있게 된다.

아치라바토오여, 마치 들코끼리가 코끼리 다루는 이를 따라 가만히 있고 움직이지 않으면, 그는 그때에는 칼과 방패·긴 창·두 갈래 창·민눈창·도끼와 큰 소리로 부르는 것을 참고, 또 고동을 불고 북을 치며 종을 치더라도 다 참고 견딜 수 있는 것과 같다.

이와 같이 아치라바토오여, 만약 거룩한 제자들이 여래를 따라 머물러 움직이지 않는다 하자. 그러면 그는 그때에는 굶주림과 목마름·추위·더위·모기·등에·파리·벼룩과 바람과 햇볕의 시달림을 참고, 욕설과 매질도 참으며, 몸이 모든 병에 걸려 지극히 고통스럽고 나아가 목숨이 끊어지려 하더라도 그런 어려움을 다 참고 견딜 수 있다.

아치라바토오여, 만약 거룩한 제자들이 여래를 따라 참고 견딘다 하자.

그러면 그들은 그때에는 길들고, 잘 길들며, 높이 길들고, 가장 높이 으뜸으로 길들여져서, 높이 쉬고 가장 높이 쉬어, 모든 악과 두려움, 어리석음 및 아첨을 버리고 청정하여 티끌을 그치고 때가 없게 된다. 그리하여 더러움이 없어 부를 만하고 청할 만하며, 공경하고 존중할 만하고 공양할 만하여 온갖 하늘과 사람의 좋은 복밭이 된다.

아치라바토오여, 마치 들코끼리가 참으면 그는 그때에는 길들고, 잘 길들며, 높이 길들고, 가장 높이 으뜸으로 길들여져서, 으뜸으로 빠르고 위없이 빨라, 왕이 타게 되어 왕의 곡식을 받아먹고, 왕의 코끼리라고 불리어지는 것과 같다.

이와 같이 아치라바토오여, 만약 거룩한 제자들이 여래를 따라 참고 견딘다 하자.

그러면 그들은 그때에는 길들고, 잘 길들며, 높이 길들고, 가장 높이 으뜸으로 길들여져서, 높이 쉬고 가장 높이 쉬어, 모든 악과 두려움, 어리석음 및 아첨을 버리고 청정하여 티끌을 그치고 때가 없게 된다. 그리하여 더러움이 없어 부를 만하고 청할 만하며, 공경하고 존중할 만하고 공양할 만하여 온갖 하늘과 사람의 좋은 복밭이 된다."

여래의 지혜로 잘 길들여져 목숨 마치도록 당부하심

"아치라바토오여, 어린 들코끼리가 길들지 못하고 죽으면 길들지 못하고 죽었다고 말하며, 한창 때이거나 나이든 들코끼리가 길들지 못하고 죽으면 길들지 못하고 죽었다고 말한다.

아치라바토오여, 어린 거룩한 제자가 길들지 못하고 목숨을 마치면 길들지 못하고 목숨을 마쳤다고 말하며, 한창 때이거나 나이든 거룩한 제자가 길들지 못하고 목숨을 마치면 길들지 못하고 목숨을 마쳤다고 말한다.

아치라바토오여, 어린 들코끼리가 잘 길들어 죽으면 잘 길들어 죽었다고 말하고, 한창 때이거나 나이든 들코끼리가 잘 길들어 죽으면 잘 길들어 죽었다고 말한다.

아치라바토오여, 어린 거룩한 제자가 잘 길들어 목숨을 마치면 잘 길들어 목숨을 마쳤다고 말하고, 한창 때이거나 나이든 거룩한 제자가 잘 길들어 목숨을 마치면 잘 길들어 목숨을 마쳤다고 말한다."

붇다께서는 이렇게 말씀하셨다. 사미 아치라바토오와 모든 비구들은 붇다의 말씀을 듣고 기뻐하며 받들어 행하였다.

• 중아함 198 조어지경(調御地經)

• 해설 •

저 오만하고 탐욕에 가득 찬 어린 왕자는 나이 어린 사미를 향해 법을 묻는 것이 아니라 오히려 그 생각을 떠보고, 여래의 법과 율에 대한 불신의 뜻을 나타내려고 여래의 법에 대해 묻는다.

어린 사미 아치라바토오는 비록 나이 어리지만 이미 현성의 지위에 들어간 분이다.

저 오만한 왕자를 향해 조금도 두려움이나 머뭇거림이 없이 '여래의 법과 율 가운데서 정진하면 반드시 해탈의 과덕을 얻게 되지만, 믿지 않고 시험하려드는 왕자에게는 다 말할 수 없음'을 말한다. 어린 현성 아치라바토오의 생각대로 왕자는 믿지 않고 오히려 비방의 뜻을 낸다.

위없는 스승 세존께서 나이 어린 사미를 향해 왕자의 오만과 탐욕심을 일깨워주며 아직은 그가 법을 받을 수 있는 바탕이 되지 못함을 갖가지 비유로 보이시니, 어린 제자에 이렇듯 친절하게 가르치시는 스승이 인류역사 그 어디에서라도 찾을 수 있겠는가.

여래께서 가르치신 법은 실로 얻을 바 있는 법이 아니라 자기존재의 진실일 뿐이니, 받아들여 믿음과 듣고서 잘 행함이 아니고서는 스스로의 진실에 돌아갈 수 없다. 그러니 저 교만한 왕자가 어찌 현성 사미의 친절한 가르침이 있다 한들 그 진여의 문에 들어설 수 있겠는가.

그 교만의 뜻을 버릴 때 니르바나의 문을 열 수 있을 것이다.

그것은 마치 들판의 거친 코끼리가 뛰어난 조련사에게 길들여져 들판의 날뛰는 습성을 버리고 들과 숲의 피로를 버릴 때 잘 길들여진 코끼리로 목숨 마치게 됨과 같다.

왕의 들코끼리가 길들여지지 않고 탐욕을 내 제멋대로 날뛰고 즐기는 것

이 숲속에 있기 때문인 것처럼, 하늘과 사람이 길들여지지 않고 탐욕을 내
즐기는 것은 빛깔·소리·냄새·맛·닿음의 다섯 욕망의 경계에 있기 때문
이다.

왕의 코끼리가 조련사에 의해 잘 길들여지는 것처럼, 거룩한 제자 또한
여래의 가르침을 따라 몸과 느낌·마음·법[身受心法]을 돌이켜 살펴 탐욕
의 집 그 욕심과 피로를 쉬게 되니, 그가 바른 법을 즐기고 성인의 계를 닦
아 익히는 자이다.

붇다의 거룩한 제자는 이처럼 중생을 잘 다루는 장부, 삼계의 큰 인도자
이신 붇다의 지혜의 잘 길들여져 마침 없이 그 목숨 잘 마치면, 그가 아라한
이고 뒤의 존재 받지 않는 이이다.

끝내 무엇이 여래의 가르침에 잘 길들여짐인가. 몸과 느낌·마음·법 네
곳을 살펴 살피는 바가 공한 줄 알아, 살피는 마음 또한 고요해 선정과 지혜
가 하나되면 이것이 여래의 머묾 없는 머묾에 따라 머묾이다.

사미 아치라바토오가 세존이신 큰 스승과 이렇게 잘 법을 논의하고 그
법을 받아들으니, 그는 비록 어리지만 현성인 사미이며 지혜의 흐름에 든
사미인 것이다.

수다 사미가 이 나라 땅에 노니니 마가다 국은 좋은 이익을 얻었다

이와 같이 들었다.

한때 붇다께서는 마가다 국 파사산(波沙山)에서 큰 비구대중 오백 명과 함께 계셨다.

그때 세존께서 맑은 아침 고요한 방에서 나와 밖에서 거닐고 계셨다. 그때 수다(Sudhā)라고 하는 사미가 세존의 뒤를 따라 거닐고 있었다.

그때 세존께서 돌아보시며 사미에게 말씀하셨다.

"내가 지금 너에게 어떤 뜻을 묻겠으니, 자세히 듣고 잘 생각해보아라."

수다 사미가 대답하였다.

"그렇게 하겠습니다, 세존이시여."

수다 사미에게 법의 같되 다른 여러 뜻을 물으심

그때 세존께서 말씀하셨다.

"항상한 물질과 덧없는 물질은 하나의 뜻인가, 여러 모습이 있는가?"

수다 사미가 붇다께 말씀드렸다.

"항상한 물질과 덧없는 물질은 그 뜻이 여러 가지이고, 한뜻이 아닙니다. 왜냐하면 항상한 물질은 곧 안[內]이고, 덧없는 물질은 바깥

[써]입니다. 이런 까닭에 그 뜻에 여러 가지가 있고, 하나가 있는 것이 아닙니다."

세존께서 말씀하셨다.

"잘 말하고 잘 말했다. 수다야, 네가 한 말과 같다. 이 뜻을 잘 말하였다. 항상한 물질과 덧없는 물질은 그 뜻이 여러 가지이고 한뜻이 아니다.

어떠냐? 수다여. 샘 있음의 뜻과 샘 없음의 뜻은 한뜻인가 여러 가지 뜻인가?"

수다 사미가 대답하였다.

"샘 있음의 뜻과 샘 없음의 뜻은 그 뜻이 여러 가지이고, 한뜻이 아닙니다. 왜냐하면, 샘 있음의 뜻은 곧 나고 죽음의 묶음[結使]이고, 샘 없음의 뜻은 니르바나의 법입니다.

이런 까닭에 뜻에는 여러 가지가 있고 한뜻이 아닙니다."

세존께서 말씀하셨다.

"잘 말하고 잘 말했다. 수다여, 네가 한 말과 같다. 샘 있음은 곧 나고 죽음이요, 샘 없음이 곧 니르바나이다."

세존께서 다시 물으셨다.

"모이는 법과 사라지는 법은 한뜻인가, 여러 가지 뜻인가?"

수다 사미가 붇다께 말씀드렸다.

"모이는 법의 물질과 사라지는 법의 물질은 이 뜻이 여럿이요, 한뜻이 아닙니다. 왜냐하면, 모이는 법의 물질은 네 가지 큰 요소[四大]의 물질이요, 사라지는 법의 물질은 괴로움이 다한 진리[苦盡諦]입니다. 이런 까닭에 이 뜻이 여럿이요 한뜻이 아니라고 말한 것입니다."

세존께서 말씀하셨다.

"잘 말하고 잘 말했다. 수다여, 네가 한 말과 같다. 모이는 법의 물질과 사라지는 법의 물질은 그 뜻이 여럿이요, 한뜻이 아니다. 어떠냐?

수다여, 느낌의 뜻[受義]과 쌓임의 뜻[陰義]은 한뜻인가, 아니면 여럿이 있는가?"

수다 사미가 분다께 말씀드렸다.

"느낌과 쌓임의 뜻에는 여럿이 있고 한뜻이 아닙니다.

왜냐하면, 느낌이란 그 안에 볼 수 있는 물질이 없고, 쌓임이란 볼 수 있는 물질이기 때문입니다. 이런 까닭에 그 뜻에는 여럿이 있고 한뜻이 아닙니다."

세존께서 말씀하셨다.

"잘 말하고 잘 말했다. 수다여, 네가 한 말과 같다. 느낌의 뜻과 일에는 여럿이 있어서 한뜻이 아니다."

이름 있는 나고 죽음의 법과 이름할 것 없는 니르바나의 뜻을 물으심

세존께서 말씀하셨다.

"이름이 있는 것[有名]과 이름이 없는 것[無名]은 뜻에 여럿이 있는가, 한뜻인가?"

사미가 분다께 말씀드렸다.

"이름이 있는 것과 이름이 없는 것은 뜻에 여럿이 있고, 한뜻이 아닙니다. 왜냐하면, 이름이 있는 것은 곧 나고 죽음의 묶음[結]이요, 이름이 없는 것은 바로 니르바나이기 때문입니다.

이런 까닭에 뜻에 여럿이 있고, 한뜻이 아니라고 말한 것입니다."

세존께서 말씀하셨다.

"잘 말하고 잘 말했다. 수다야, 네가 한 말과 같다. 이름이 있는 것은 곧 나고 죽음이요, 이름이 없는 것은 곧 니르바나이다."

세존께서 말씀하셨다.

"어떠냐? 수다여, 무슨 까닭에 이름이 있는 것은 곧 나고 죽음이요, 이름이 없는 것은 곧 니르바나라고 말하느냐?"

사미가 붙게 말씀드렸다.

"이름이 있는 것은 태어남이 있고 죽음이 있으며, 마침이 있고 비롯함이 있으며, 이름이 없는 것은 태어남도 없고 죽음도 없으며, 마침이 없고 비롯함이 없기 때문입니다."

세존께서 말씀하셨다.

"잘 말하고 잘 말했다. 수다여, 네가 한 말과 같다. 이름이 있는 것은 곧 나고 죽음의 법이고, 이름이 없는 것은 곧 니르바나의 법이다."

그때 세존께서 사미에게 말씀하셨다.

"이런 말을 시원스럽게 말하는구나. 지금 바로 네가 큰 비구[大比丘, mahā-bhikṣu]가 되는 것을 들어주겠다."

여러 비구대중 앞에서 수다 사미를 큰 비구로 인정하심

그때 세존께서는 '널리 모이는 강당'[普會講堂]으로 돌아가시어 여러 비구들에게 말씀하셨다.

"이 마가다 국 국토는 시원스럽게 좋은 이익을 얻었다. 수다 사미로 하여금 이 구역을 노닐게 하였기 때문이다.

그에게 입을 옷·먹을거리·자리끼·의약품을 가지고 공양한 이도 좋은 이익을 얻을 것이요, 그를 낳은 부모 또한 좋은 이익을 얻을 것이니, 곧 이 수다 비구를 낳기 때문이다.

만약 수다 비구가 태어난 집이라고 하면 그 집도 곧 큰 행복을 얻을 것이다.

나는 지금 너희 여러 비구들에게 말한다. 너희들은 반드시 수다 비구처럼 되기를 배워야 한다.

왜 그런가. 이 수다 비구는 아주 밝고 지혜로워 설법을 하는데 막혀 걸림이 없고 또 겁내 약함이 없기 때문이다.

그러므로 여러 비구들이여, 수다 비구처럼 되기를 배워야 한다.

이처럼 여러 비구들이여, 반드시 이렇게 배워야 한다."

그때 여러 비구들은 붇다의 말씀을 듣고 기뻐하며 받들어 행하였다.

• 증일아함 30 수타품(須陀品) ─

• 해설 •

출가한 지 오래되고 법의 나이가 많아도 그가 선정과 지혜를 갖추지 못했으면 장로라 할 수 없고, 비록 나이 어려도 이미 지혜의 뜻이 밝고 마음의 해탈을 얻어 번뇌의 흐름이 다하면 그가 바로 윗자리 장로비구이다.

수다 사미는 세속의 뜻으로 보면 아직 어린아이지만, 그 뜻이 현성의 뜻에 하나되고 그 마음이 늘 사마디가 되었으니 곧 높은 장로비구인 것이다.

여래께서 안의 물질과 밖의 물질의 덧없음과 항상함, 샘 있음과 샘 없음, 느낌과 쌓임의 같음과 다름, 하나와 여럿의 뜻을 물으니, 수다 사미는 한 뜻이 아니고 여러 뜻이 있음으로 답한다.

법에는 두 모습이 없지만, 법에 대한 중생의 집착 때문에 가르침의 약도 달리 세워지므로 수다 사미가 한 뜻이 아니고 여러 뜻이 있음으로 답하니,

여래가 그것을 인가하신 것이다.

물질의 항상함과 덧없음을 생각해보자.

온갖 물질은 있되 공하고 덧없이 흘러가되 실로 덧없이 나고 사라짐이 없다. 다만 중생이 안의 지혜로 남에서 남 없음을 깨닫지 못하면, 덧없음 속에서 항상한 물질의 뜻을 모르므로 수다 사미는 안의 항상한 물질과 밖의 덧없는 물질을 말한 것이다.

샘 있음과 샘 없음의 뜻을 살펴보자.

덧없는 물질에 취하는 생각을 일으키면 나고 사라지는 세간법 속에서 샘 있음을 다하지 못하므로 나고 죽음의 묶음이 샘 있음이 된다. 그러나 나고 사라짐이 본래 공한 줄 알면 나고 사라지는 흐름 속에서 샘이 없이 니르바나를 깨달으므로 샘 있음이 나고 사라짐이고, 샘 없음이 니르바나라 답한 것이다.

모이고 흩어지는 법이 온갖 세간법이다. 결과를 모아내는 인연이 공한 줄 알면 모이되 실로 모임이 없고 흩어지되 실로 흩어짐이 없다. 그러므로 모임을 보고 흩어짐을 보는 것은 세간법이고, 모임이 없고 흩어짐이 없음[不聚不散]을 보아 나고 사라짐이 참으로 다하면 니르바나의 사라지는 법이 되는 것이다.

느낌과 느낌의 쌓임을 살펴보자.

느낌[受, vedanā]을 안팎의 느낌[內外受, 六識]에서 보면 앎을 따라 느낌이 나므로 느낌에는 물질의 걸림이 없지만, 느낌을 쌓임[蘊, skandha]에서 보면 물질인 안의 느낌[內受, 六根]과 물질인 밖의 느낌[外受, 六境]을 떠나 안팎의 물질[內外色]과 안팎의 느낌[內外受]이 없다.

그러므로 수다 사미는 느낌의 연기성을 통찰하여 느낌과 쌓임을 나누어 말씀드린 것이니, 수다의 답은 만법이 공하므로 있음 아닌 있음이 한량없이 분별되는 문을 세워 존재와 실천을 차별의 문으로 답한 것이다.

『화엄경』(「여래현상품」) 또한 평등한 성품 가운데서 차별의 문을 세워 중생을 이끄는 여래의 자비의 방편을 다음과 같이 말한다.

세간의 참된 인도자께서는
모든 중생의 마음을 따라
그 앞에 널리 나타나시어
갖가지로 조복함 보이시사
붇다의 도에 빨리 향하게 하네.

隨諸衆生心　普現於其前
種種示調伏　速令向佛道

위 『화엄경』의 뜻으로 보면 수다 사미의 다르다는 뜻은 실로 다름을 보인
것이 아니라 중생의 병 따라 다름 없음 가운데 다름을 보이고 있는 것이다.

세존께서 '시원스럽게 잘 말했다' 찬탄하시고 사미를 큰 비구로 인정하
시니, 어찌 어리다고 할 것인가.

수다 사미는 지혜의 원력으로 다시 오신 현성의 사미이고 마하사트바인
사미이다. 그러므로 여래는 여래의 경행하는 길을 따라 걷는 높은 장로 사
미를 돌아보시며, 이 사미의 공덕으로 말미암아 그와 함께한 대중은 물론,
그에게 공양한 이, 그가 사는 나라, 그를 낳아주신 어버이까지 복과 이익을
받으리라 말씀하시는 것이다.

나이 들었다고 장로가 아니다
저 수마나 사미가 장로다

이와 같이 들었다.

한때 붇다께서는 라자그리하 성 칼란다카 대나무동산에서 큰 비구대중 오백 사람과 함께 계셨다.

그때 세존께서는 셀 수 없는 대중에게 앞뒤로 둘러싸여 설법하고 계셨는데, 어떤 장로비구가 대중 가운데 있으면서 세존을 향해 발을 뻗은 채 졸고 있었다.

때에 수마나(Sumana) 사미는 나이 겨우 여덟인데 세존께 가기 멀지 않은 데서 두 발을 맺고 앉아 생각을 매어 앞에 두고 있었다.

단정히 앉아 설법 듣는 수마나가 장로임을 노래로 보이심

세존께서는 발을 뻗고 앉아 조는 장로비구와 단정히 앉아 사유하고 있는 사미를 보시고 곧 이 게송을 말씀하셨다.

수염과 머리를 깎았다 하여
그를 장로라고 말하지 않네.
비록 다시 그의 나이 많다고 해도
어리석은 행을 벗어나지 못하네.

만약 네 가지 진리의 법을 보고

못 어린 싹들 해치지 않으며
여러 더럽고 나쁜 행을 버리면
이 사람을 장로라 이름하도다.

내가 지금 장로라고 말하는 것은
먼저 집 나옴을 꼭 말함이 아니다.
착함의 바탕되는 업을 닦고서
바른 행을 잘 가리어 안다면
설사 그 나이가 아직 어리다 해도
여러 아는 뿌리 빠뜨려 샘 없어서
이 사람을 장로라 이름하나니
그는 바른 법과 행 잘 가려 아네.

삼보에 공경하는 마음을 가져야 해탈할 수 있음을 다시 보이심

그때에 세존께서는 여러 비구들에게 말씀하셨다.

"너희들은 이 장로가 발을 뻗고 조는 것을 보는가."

"그렇습니다, 세존이시여. 저희들은 다 봅니다."

"이 장로비구는 오백 생 동안 늘 용의 몸이었다. 만약 지금도 목숨을 마치면 용 가운데 태어날 것이다. 왜냐하면 그는 붇다와 법과 상가에 공경하는 마음이 없기 때문이다.

만약 중생으로서 붇다와 법과 상가에 공경하는 마음이 없으면 그는 몸이 무너지고 목숨이 끝난 뒤에는 반드시 용 가운데 태어나게 된다.

너희들은 저 수마나 사미가 나이 겨우 여덟인데도, 나에게 가기 멀지 않은 곳에서 단정히 앉아 사유하고 있는 것을 보는가."

여러 비구들이 대답했다.

"그렇습니다, 세존이시여."

세존께서는 말씀하셨다.

"이 사미는 앞으로 이레 뒤에는 네 가지 신통과 네 가지 진리를 얻고, 네 가지 선정에서 자재를 얻으며, 네 가지 바른 끊음을 잘 닦을 것이다. 왜냐하면 이 수마나 사미는 붇다와 법과 상가를 향해 공경하는 마음을 가지기 때문이다.

이런 까닭에 비구들이여, 언제나 부지런히 붇다와 법과 상가에 공경을 더하도록 하라.

이와 같이 여러 비구들이여, 반드시 이렇게 배워야 한다."

그때에 비구들은 붇다의 말씀을 듣고 기뻐하며 받들어 행하였다.

• 증일아함 30 수타품 二

• 해설 •

장로가 꼭 장로가 아니고 사미가 꼭 사미가 아니다.

지혜 없이 나이만 먹으면 그는 나이로써 행세하는 늙은이일 뿐이고, 지혜 없고 공경심 없는 사미가 윗자리 장로에게 함부로 대하면 그는 나이 어리고 버릇마저 없는 어린이일 뿐이다.

위없는 스승 세존의 설법자리에 나이든 늙은 비구가 부끄럼 없이 발 뻗고 잠만 자니, 그를 어찌 윗자리 장로라 할 것인가.

비록 저 수마나 사미가 나이 어리지만 세존의 설법을 단정히 앉아 사마디의 마음으로 들음 없이 들으니, 그는 몸은 여덟 살 어린 사미이지만 지혜와 선정과 공경심을 갖춘 상가의 장로이다.

세존께서 이레 뒤 신통과 사마디 갖춘 아라한의 과덕으로 언약하시니,

그는 비록 여덟 살 어린이이지만 때와 곳이 끊어진 진여의 땅에서 여덟 살 어린이의 몸으로 세존 앞에 나타난 보디사트바인 사미이다.

수마나 사미는 『화엄경』(「정행품」淨行品)에서 보이는 다음과 같은 본원 (本願)의 힘으로 이 세간에 다시 온 사람[再來人]일 것이니, 경은 보디사트 바의 큰 서원을 다음과 같이 말한다.

> 몸을 바르게 해
> 단정히 앉을 때는
> 바라오니 모든 중생
> 보디의 자리에 앉아
> 마음에 집착 없어지이다.
>
> 正身端坐　當願衆生
> 坐菩提座　心無所著
>
> 두 발 맺어 좌선할 때는
> 바라오니 모든 중생
> 착한 뿌리 굳세어
> 움직임 없는 지위
> 모두 얻어지이다.
>
> 結跏趺坐　當願衆生
> 善根堅固　得不動地

5 교단을 분열한 데바닫타,
그에 대한 여래의 해탈 언약

• 이끄는 글 •

데바닫타는 세존께서 고국 카필라에 귀환하셨을 때 아난다·난다·아니룻다와 함께 출가한 사카족의 제자로 아난다의 형으로 알려져 있다.

아난다의 형이라면 아니룻다·아난다와 함께 정반왕(淨飯王, Śuddhodana-rāja)의 동생 드로노다나 왕(Droṇodana-rāja, 斛飯王)의 혈족일 것이다.

데바닫타는 출가해서 사마디를 닦아 신통까지 갖춘 뛰어난 수행자였다. 그가 세존께 반기를 들고 승단을 분열시키고 아자타사트루와 공모하여 세존을 시해하려 했으므로, 상가의 가장 무거운 파라지카(pārājikā)의 죄를 넘어 다섯 거스르는 죄[五逆罪]를 지어 보디에 선근을 끊어버리는 이찬티카(icchantika, 一闡提)로 규정된다.

데바닫타의 다섯 거스르는 죄 가운데 첫 번째가 곧 상가의 화합을 깨뜨린 것이므로, 『사분율』은 그 일을 '상가를 깨뜨리는 스칸다'[破僧犍度]에 기록하고 있다.

『사분율』에 보면 데바닫타의 다섯 가지 일에 대해 논의하기 위해 열린 '라자그리하 성의 카르마'에서 형제간인 데바닫타와 아난다의 물음에 다수 대중인 오백 비구가 데바닫타의 말을 따르게 된다.

데바닫타가 자신의 말이 법과 율에 합당하면 산가지를 잡게 하니 새로 된 오백 비구가 산가지를 잡는다.

그에 대해 아난다가 말한다.

"어느 장로께서나 이 다섯 가지 일이 법이 아니요 율이 아니요 붇다의 가르침이 아니라고 인정하시면 웃타라상가를 한쪽에 놓으시오."

이에 예순 장로가 웃타라상가를 내려놓았다.

그러자 데바닫타는 오백 명 비구를 이끌고 가야 산에 올라 그 대중만의 카르마를 세우고 계를 설했다.

이것이 데바닫타에 의한 교단분열의 맨 처음의 모습이다. 이 독자적인 카르마가 계기가 되어 그의 뜻에 동조하는 아자타사트루가 데바닫타에게 공양을 바침으로써 세존을 시해하려는 사건이 발생하고 비구니를 죽이게 된다.

이처럼 율장과 수트라에서 데바닫타는 가장 극악한 죄를 지은 자로 규정되고 성토되고 있다면, 그에 비해 세존은 지혜와 자비의 완성자, 삼계의 크신 인도자로 추앙되므로 세간의 가장 높은 복덕과 선행의 성취자라 할 것이다.

그런데 이러한 세존의 위없는 복덕과 선행이 저 데바닫타의 악과 죄업에 실체적 대치점에 서 있는 복덕과 선행일까.

그렇다면 여래의 길이 함이 없고 모습 취함 없는 복덕과 선행이 될 수 없으니, 세존의 지혜와 자비는 중생의 선업과 악업, 죄와 복이 공한 곳에서 그 공함마저 벗어나 모습 없는 복덕으로 중생을 거두는 지혜와 자비이다.

그러므로 세존의 자비행은 데바닫타의 악행을 꾸짖되 그 악함마저 거두어 니르바나의 성에 이끄는 자비이며, 세존의 모습 없는 복덕의 행은 저 데바닫타의 죄업을 깨뜨리되 그 죄업을 돌이켜 다함없는 공덕의 땅에 이끄는 복덕행이다.

아함에서 데바닫타는 죄업을 지어 산 채로 지옥에 떨어지는 과보를 받되 마지막 참회의 한 생각을 일으켜 앞으로 프라데카붇다[獨覺]가 될 것이라는 언약을 받는다.

『법화경』(「데바닫타품」)에서는 지금 악업을 저지른 데바닫타가 과거생 사카무니 붇다에게 『법화경』을 가르친 선인이었던 스승이었으며, 오는 세상 '하늘왕'[Devarāja, 天王]이라는 이름을 가진 붇다가 되리라 언약하신다.

이는 저 데바닫타의 세존에 대한 도전과 박해가 실로 세존의 자비공덕을 모습 없고 다함없는 자비로 확인시키고 완성시킨 악 아닌 악임을 보여주는 가르침이리라. 데바닫타의 극악한 죄업이 본래 공하되 그 공함도 공한 진여의 세계가 모든 붇다의 출생처이고 모든 여래 보디의 산실임을 뜻하는 가르침이리라.

『선문염송집』에서는 악행의 과보로 지옥에 사는 데바닫타와 아난다의 문답을 통해 중생의 죄업과 지옥의 세계가 공한 뜻을 이렇게 보이고 있다.

세존께서는 데바닫타가 붇다를 비방하고 산 몸으로 지옥에 들어감으로 인해, 아난다로 하여금 이렇게 물음을 전하게 하신다.
"그대가 지옥에 있는데 지낼 만한가."

데바닫타가 말했다.

"내가 비록 지옥에 있지만 마치 색계 셋째 선정의 하늘의 즐거움[三禪天樂]과 같소."

붇다께서 또 아난다를 시켜 물으셨다.

"그대는 다시 나오기를 바라는가."

말했다.

"세존이 여기에 오시면 나가겠소."

아난다가 말했다.

"붇다께서는 삼계의 크신 스승이신데, 어찌 지옥에 들어오실 일[入地獄分]이 있겠소."

말했다.

"붇다께서 이미 지옥에 들어오실 일이 없다면, 내가 어찌 지옥에서 나갈 일이 있겠소."

이 뜻을 어떻게 보아야 하는가. 죄와 복의 인과가 어둡지 않되 공함을 보이며, 저 지옥이 지옥 아닌 지옥이라 법계인 지옥임을 보이는 뜻인가.

대혜종고선사는 이 공안에 대해 다음과 같이 대중에게 보이고 있다[示衆].

이미 나갈 일이 없고 또 들어올 일이 없다고 하면, 다시 누구를 사카무니라 부르고, 누구를 데바닫타라 부르며, 무엇을 지옥이라 부르겠는가. 알겠는가.

스스로 병을 들고 술 파는 집 가더니
도리어 한삼 입고 주인 노릇 하는구나.

自携缾去沽村酒　却着衫來作主人

　이는 악업으로 지옥에 가되 지옥에 머물지 않고 니르바나의 땅에
머물되 머묾 없음을 보인 것인가.
　그렇다면 계 지킨 사람이 실로 니르바나에 들어감이 없고 계 깨뜨
린 비구가 실로 지옥에 들어감이 없음을 알아야, 데바닫타가 지옥에
서 선정하늘의 기쁨 누리는 뜻을 알아 대혜선사의 게송처럼 가는 곳
곳에서 자재해탈을 구현할 수 있을 것인가.
　보영용(保寧勇)선사는 이렇게 노래한다.

　평생에 탁 트이고 거리낌이 없어서
　술집과 찻집에 마음대로 노니네.
　한의 땅도 안 거두고 진의 땅도 안 맡으니
　또 나귀를 타고 양주를 지나치네.

生平疎逸無拘檢　酒肆茶坊信意遊
漢地不收秦不管　又騎驢子過楊州

1) 데바닫타가 새로운 붇다를 꿈꾸며 교단을 분열시킴

왕자여 부왕을 죽이고 나라를 다스리십시오, 나는 새 붇다가 되리라

이와 같이 들었다.

한때 붇다께서는 라자그리하 성 칼란다카 대나무동산에서 큰 비구대중 오백 사람과 함께 계셨다.

그때 악한 사람 데바닫타가 바라루치(Balaruci) 왕자에게 가서 말하였다.

"옛날에는 백성들의 목숨이 아주 길었는데, 지금 사람들의 목숨은 백 년을 넘기지 못하오. 왕자께서는 아셔야 하오.

사람의 목숨이란 정말 덧없소[無常]. 왕위에 오르기도 전에 그 가운데 목숨을 마친다면 어찌 애통하지 않겠소? 왕자여, 지금 곧 부왕(父王)의 목숨을 끊고 이 나라 사람들을 거느려 다스리십시오.

나는 지금 사문 고타마를 죽이고 위없고 지극히 참된 이[至眞, 아라한]·바르게 깨친 이[等正覺]가 될 것이오. 그렇게만 되면 이 마가다 국에 왕을 새롭게 하고 붇다를 새롭게 할 것이니, 시원스럽지 않겠소?

그것은 마치 해가 구름을 뚫고 어디든 비추지 않는 곳이 없는 것과 같고, 구름이 사라진 하늘에서 뭇 별 가운데 달이 밝은 것과 같소."

그때 바라루치 왕자는 곧 부왕을 거두어 쇠감옥 가운데 잡아가두고 신하들을 다 다시 세우고 백성들을 직접 다스렸다.

이때 많은 비구대중들이 라자그리하 성에 들어가 밥을 빌다가, 데바닷타가 왕자를 시켜 그 부왕을 거두어 쇠감옥에 잡아가두고 신하들을 다시 세웠다는 말을 들었다.

데바닷타와 바라루치 왕자의 이야기를 들으시고,
그릇된 왕의 법을 경계해 가르치심

이때 많은 비구들은 밥 빌기를 마치고 있던 곳으로 돌아와서 가사와 발우를 거두어 들고 세존 계신 곳에 가서 머리를 대 발에 절하고 세존께 말씀드렸다.

"저희들이 아침에 성에 들어가서 밥을 빌다가 저 어리석은 데바닷타가 왕자를 시켜 그 부왕을 거두어 감옥에 가두고 신하들을 다시 세웠다는 말을 들었습니다.

그는 다시 왕자에게 이렇게 말했다 합니다.

'당신이 부왕을 죽이고 내가 여래를 죽이면, 이 마가다 국에 왕을 새롭게 하고 붇다를 새롭게 하는 것이니, 어찌 시원스럽지 않겠는가?'"

그때 세존께서 여러 비구들에게 말씀하셨다.

"만약 왕의 법과 다스림이 바르지 않으면 그때는 대신들도 그른 법을 행할 것이요, 대신들이 이미 그른 법을 행하게 되면 그때는 왕태자도 그른 법을 행할 것이다.

태자가 이미 그른 법을 행하게 되면 그때는 신하들과 관리들도 그른 법을 행할 것이요, 신하들과 관리들이 이미 그른 법을 행하고 나면 그때는 백성들도 그른 법을 행할 것이다.

나라 안에 백성들이 이미 그른 법을 행하고 나면 그때는 군대도 그른 법을 행할 것이요, 군대가 이미 그른 법을 행하고 나면 그때는 해와 달이 뒤집히고 잘못되어 그 운행이 때를 잃게 될 것이다.

해와 달이 때를 잃게 되면 곧 해와 나이가 없어질 것이요, 해와 나이가 없어지고 나면 해가 어긋나고 달이 뒤틀리어 다시 빛이 없어질 것이다. 해와 달이 이미 빛이 없어지면 그때는 별자리가 변괴를 나타낼 것이요, 별자리가 변괴를 나타내면 거센 바람이 일어날 것이다.

거센 바람이 이미 일어나고 나면 하늘과 땅의 신[神祇]이 화를 낼 것이요, 하늘과 땅의 신이 화를 내면 그때는 바람과 비가 때를 맞추지 못할 것이니, 그때는 곡식이 땅에 있어도 자라 크지 못할 것이요, 사람이나 짐승이나 벌레들까지 모두 얼굴빛이 바뀌어 변하고 목숨이 아주 짧아질 것이다.

만약 다시 어떤 때에 왕의 법과 다스림이 바르면 그때는 신하들도 바른 법을 행할 것이요, 많은 신하들이 이미 바른 법을 행하고 나면 그때는 왕태자도 바른 법을 행할 것이다.

왕태자가 이미 바른 법을 행하고 나면 그때는 관리들도 바른 법을 행할 것이요, 관리들이 이미 바른 법을 행하면 백성들도 바른 법을 행할 것이다. 그리하여, 해와 달은 늘 그런 길[常道]을 따르고, 바람과 비가 때를 잘 맞추어 재변이 나타나지 않을 것이다.

하늘과 땅의 신도 기뻐하고 오곡도 타오르듯 넉넉해질 것이고, 임금과 신하가 같이 어울려 서로를 바라보고, 마치 형제처럼 지내 끝내 늘어나고 덜어짐이 없을 것이다.

모습 있는 무리들의 얼굴이 빛이 나고 윤이 나며, 먹는 것은 저절

로 소화되어 아무 재해가 없으며, 목숨은 아주 길고 사람들의 사랑
과 존경을 받을 것이다."

물 건너는 소 떼를 비유로 그른 길잡이를 깨우쳐주심
그때 세존께서 곧 게송으로 말씀하셨다.

마치 소 떼가 물을 건넘과 같아
길잡이 소가 바로 가지 못하면
온갖 소들이 다 바로 가지 못하니
본디 길잡이 말미암기 때문이네.

여러 중생 또한 이와 같나니
대중 가운데 반드시 길잡이 있어
길잡이가 그른 법을 행하게 되면
하물며 다시 아래 따르는 이겠느냐.

백성의 무리 다 괴로움 받는 것은
왕의 법이 바르지 않기 때문이네.
그러므로 왕이 그른 법을 행하면
온갖 백성 또한 그러함 알라.

마치 소 떼가 물을 건넘과 같아
길잡이 소 가는 것이 바르면
따르는 소들 또한 다 바르나니

본디 길잡이 말미암기 때문이네.

여러 중생들 또한 이와 같나니
대중 가운데 반드시 길잡이 있어
길잡이가 바른 법을 행하게 되면
하물며 다시 아래 낮은 사람이겠나.

백성무리 다 즐거움 누리는 것은
그 왕의 법이 바르기 때문이네.
그러므로 왕이 바른 법을 행하면
온갖 백성 또한 편안함 알라.

"그러므로 여러 비구들이여, 부디 그른 법을 버리고 바른 법을 행해야 한다. 이와 같이 여러 비구들이여, 반드시 이렇게 배워야 한다."

그때 여러 비구들은 붇다의 말씀을 듣고 기뻐하며 받들어 행하였다.

• 증일아함 17 안반품(安般品) 十一

• 해설 •

이 세간은 선과 악, 죄와 복이 공하되 없지 않아 서로 겹치고 어울려 일어나니, 정해진 하나의 시선으로 세간법이 연기되는 모습을 알 수 없다. 오히려 여러 갈랫길이 끊어진 진여의 평탄한 땅에 이르러서야, 있되 공한 세간법의 차별되게 연기되는 모습을 살펴 알 수 있을 것이다.

붇다와 상가에 믿음이 깊었던 마가다 국 빔비사라 왕과 코살라 국 프라세나짓 왕이 모두 그 자식들에 의해 비참한 최후를 맞이하니, 이 모순 가득 찬 세간의 어지러운 모습을 어떻게 헤아릴 수 있겠는가.

데바닫타는 세존의 충실한 제자였다가 차츰 자신의 극단적 율법주의의 견해에 동조하는 무리들이 생기면서, 스스로를 '새 붇다'[新佛]로 생각하는 삿된 견해가 생겨, 교단을 분열시켜 자기를 중심으로 새로운 상가를 만들려 한다.

그러나 이 밑바탕을 살펴보면 인도의 최대 강국이었던 마가다 국 안의 권력구조에 변동이 생겨 빔비사라 왕의 정치노선을 반대하는 정치세력들이 바라루치 왕자 중심으로 뭉치게 되었을 것이다. 그러한 정치상황과 맞물려 상가 안에도 시대조류에 편승한 교단세력이 데바닫타를 중심으로 뭉치어 빔비사라 왕이 귀의했던 세존의 기성 상가를 분열시키게 된 게 아닌가 생각한다.

데바닫타가 자기중심의 상가를 구성하려 하면서 내세운 명분은 철저한 두타행의 실천이었다.

세존은 늘 두타의 고행을 사문의 기본생활로 강조하시지만, 쾌락과 고행의 두 극단주의를 배격하는 여래의 중도적 실천관 그대로 늘 극단화된 율법주의나 형식적 고행주의를 반대하시고 상황에 따라 그 원칙을 유연하게 적용하게 하신다. 걸식법에서도 마을에 가 밥을 빌어서 먹는 것을 생활의 원칙으로 가르치시면서도 때로 장자와 거사가 상가에 공양청을 하면 그를 받아들여 그들이 마련한 공양을 받고, 우파바사타 때 대중이 함께 모이면 신자가 바친 공양을 들도록 하였다.

이러한 붇다의 중도적 생활방식과 실천행에 대해 자신의 차별성을 강조하기 위해, 데바닫타는 다음과 같이 철저히 두타행의 원칙을 고수하며 살도록 주장한다.

① 숲의 아란야에서 지낸다.
② 빌어서 얻은 밥을 먹고, 청해서 받는 음식을 먹지 않는다.
③ 떨어진 누더기 옷만을 입고 신자가 바친 새 옷을 입지 않는다.

④ 나무 밑에 머물고 지붕 밑에서 살지 않는다.

⑤ 물고기를 먹지 않는다.

데바닫타가 주장한 다섯 가지 원칙은 붇다께서 맨 처음 상가의 기본생활로 강조하신 네 가지 의지법[四依法]의 원칙과 다름없다.

그렇지만 붇다는 늘 형식주의적 엄격성보다는 실천 내용의 진실에 가르침의 중심을 두었으므로 위 네 가지 의지법은 늘 상황의 변화에 따라 그 원칙이 유연해지고, 그 원칙의 적용은 방편문을 갖추어 변화된 조건에 맞추어 실행되었다.

데바닫타의 주장은 초기 상가에서 내세운 생활원칙의 엄격한 적용의 측면도 있지만, 그보다 데바닫타가 내세운 율법적 엄숙주의와 교조적 두타행의 주장은 붇다의 상가에 반기를 들기 위한 하나의 명분일 뿐이다.

또한 상가의 분열에는 빔비사라 왕이 섬기는 세존의 상가를 분열시켜 붇다의 영향력을 위축시키지 않으면 안 되는 마가다 국 권력구조의 거대한 변동이 그 저변에 깔려 있다고 보아야 할 것이다.

그러므로 세존은 새로운 붇다의 출현을 알리는 데바닫타의 움직임과 새로운 정치세력의 준동을 한데 묶어, 그릇된 길잡이의 법이 세간의 정치를 어지럽히고 하늘땅의 운행질서마저 교란시킨다고 일깨우시는 것이다.

그릇된 인간의 행위가 하늘땅의 질서까지 어지럽힌다는 그 가르침이 어찌 허황된 말일 것인가.

연기법에서는 중생의 역사와 사회뿐 아니라 하늘땅 저 허공까지도 중생의 업(業) 밖의 세계가 아니므로, 중생의 업이 그릇되고 어두워지며 세간 정치가 폭압적이 되면 인간의 역사가 혼돈 속에 빠질 뿐 아니라 하늘 땅의 질서마저 어지러워지는 것이다.

그러므로 다시 사악한 견해와 탐욕으로 물들고 때묻은 중생의 업을 지혜와 자비의 업으로 정화하는 것이 물들고 닫힌 역사와 세계를 깨끗하고 아름다운 땅으로 정화하는 길이 되는 것이다.

저 데바닫타는 스스로 이찬티카의 죄를 짓고
아자타사트루로 하여금 그 부왕을 죽이게 했으니

이와 같이 들었다.

한때 붇다께서는 라자그리하 성 그리드라쿠타 산에서 큰 비구대중 오백 사람과 함께 계셨다.

그 무렵 데바닫타가 상가대중을 무너뜨려 어지럽게 하고 여래의 발을 다치게 하고는 아자타사트루를 시켜 그 부왕을 죽이게 하였다.

그리고 다시 아라한인 비구니를 죽이고는 대중 가운데 있으면서 이렇게 말하였다.

"어느 곳에 악(惡)이 있으며 악은 어디에서 생기는가. 누가 그 악을 지어 그 갚음을 받는가. 나 또한 이 악을 지어서 그 갚음을 받지 않는다."

악을 지어도 인과가 없다는 데바닫타의 이야기를 세존께 전함

그때 많은 비구들이 라자그리하 성에 들어가서 밥을 빌다가 저 데바닫타 어리석은 이가 대중 가운데 있으면서 이렇게 말하는 것을 들었다.

"어느 곳에 악이 있으며 악은 어디에서 생기는가. 누가 그 악을 지어 그 갚음을 받는가."

그때 많은 비구들은 공양을 마친 뒤에 가사와 발우를 거두어 들고 니시다나를 오른쪽 어깨에 걸치고 세존 계신 곳으로 가 머리를 대 발에 절하고 한쪽에 앉았다.

그때 많은 비구들이 세존께 말씀드렸다.

"저 데바닫타 어리석은 이가 대중 가운데 있으면서 이렇게 말했습니다.

'어떻게 악을 짓는다 해도 재앙이 없고, 복을 지어도 갚음이 없다. 선과 악에 받는 갚음은 없는 것이다.'"

선과 악에 그 갚음이 따름을 보이심

그때 세존께서 여러 비구들에게 말씀하셨다.

"악도 있고 죄도 있으며 선이나 악의 행에는 다 갚아 따름이 있다.

만약 저 데바닫타 어리석은 사람이 선과 악의 갚음이 있는 줄을 안다면 몸이 바짝 말라 타고 시름하고 근심해 기쁘지 않고, 피가 끓어올라 얼굴의 온갖 구멍에서 그 피가 흘러나올 것이다.

저 데바닫타 어리석은 사람은 선과 악의 갚음을 알지 못하고 있기 때문에 대중 가운데 있으면서 이렇게 말하는 것이다.

'선과 악의 갚음이 없다. 악을 행해도 재앙이 없고, 선을 지어도 복이 없다.'"

그때 세존께서 곧 게송으로 말씀하셨다.

어리석은 이가 스스로 밝은 체하며
악을 행해도 복이 있다고 하네.
나는 지금 미리 밝게 깨달아 아니
선과 악에는 갚아 따름이 있네.

"이와 같이 여러 비구들이여, 악을 멀리 여의고 복 짓기를 게을리 하지 말아야 한다.

여러 비구들이여, 반드시 이렇게 배워야 한다."

그때 여러 비구들은 붇다의 말씀을 듣고 기뻐하며 받들어 행하였다.

• 증일아함 12 일입도품(壹入道品) 八

• 해설 •

마가다 국 왕국 정변의 중심인물이 된 아자타사트루로 하여금 부왕을 죽이고 왕권을 잡도록 하는 데는, 그에게 그렇게 해도 되는 정치적 정당성을 심어주고 죄의식을 없애줄 수 있는 이론 제공자가 있었을 것이다.

그가 데바닫타이다.

아자타사트루가 새로 왕권을 수립하는 데 정신적 자문 역할을 한 이가 데바닫타라면, 그를 새로운 붇다로 내세우는 상가결성의 사회정치적 후원자는 아자타사트루를 중심으로 한 마가다 국의 새로운 정치세력이었을 것이다.

존재는 연기이므로 공하고 공하므로 연기한다. 중생의 행위 또한 마찬가지다. 행위의 인과가 공하지만 공하기 때문에 행위는 실로 정함 없이 정해지는 인과적 규정성[無定而定]을 가지는 것이다.

아버지를 죽이고 현성들의 거룩한 상가를 분열에 몰아넣은 죄업에 어찌 아무런 행위의 갚음이 없겠는가.

선악의 행위에 그 갚음이 따르는 것이니, 지금 다른 이를 위한 베풂의 행이 스스로의 넉넉한 미래의 삶을 만들어내고, 남에 대한 복되고 자애로운 보살핌이 뒷날 스스로의 안락한 삶을 보장해줄 것이다.

2) 데바닫타가 이룬 사마디와 설법은 참된 해탈의 길이 아님

구가리여, 사리푸트라나 마하목갈라야나
존자 있는 곳에 깨끗한 믿음 일으키라

이와 같이 내가 들었다.

한때 붇다께서는 라자그리하 성 칼란다카 대나무동산에 계셨다.

그때 사바세계의 주인인 브라흐마하늘왕은 날마다 부지런히 붇다 계신 곳에 가서 존중하고 공양하였다.

그때 사바세계의 주인은 이렇게 생각하였다.

'오늘 아침은 너무 일러, 붇다를 뵈려고 왔더니 마침 세존께서 큰 사마디에 들어 계신다. 나는 우선 데바닫타의 무리인 구가리(瞿迦梨) 비구의 방 가운데 들어가보자.'

이렇게 생각하고 곧 그 비구의 방에 들어가 방문 앞에 이르러 손가락으로 창을 두드리면서 입으로 말하였다.

브라흐마하늘왕이 노래로 경책함

"구가리여 구가리여, 그대는 사리푸트라나 목갈라야나 있는 곳에 깨끗한 믿음의 마음을 일으키시오. 그리하여 기나긴 밤 동안 요익됨이 없는 괴로움을 받지 마시오."

구가리가 대답하였다.

"그대는 누구요?"

브라흐마하늘이 대답하였다.

"사바세계의 주인인 브라흐마하늘왕이오."

구가리가 말하였다.

"세존께서 그대에게 아나가민을 얻었다고 언약하지 않았소?"

브라흐마하늘왕이 말하였다.

"그렇소, 비구여."

구가리가 말하였다.

"그런데 그대는 왜 또 왔소?"

사바세계의 주인인 브라흐마하늘왕이 말하였다.

"이 사람은 고칠 수 없구려."

그러고는 곧 게송으로 말하였다.

헤아릴 수 없는 곳에 대해
마음 내어 헤아리려 하네.
어떻게 지혜로운 사람이
이런 집착된 생각 낼 건가.
헤아릴 수 없음을 헤아림
이것은 어둡게 덮인 범부이네.

브라흐마하늘왕이 세존께 구가리 비구 경책한 내용을 말씀드림

그때 사바세계의 주인인 브라흐마하늘왕은 붇다 계신 곳에 가서 머리를 대 발에 절하고 한쪽에 물러나 앉아서 붇다께 말씀드렸다.

"세존이시여, 저는 늘 날마다 부지런히 붇다 계신 곳에 찾아와 몸소 뵙고 공양하였습니다. 저는 오늘 이렇게 생각하였습니다.

'오늘 아침은 너무 일러, 세존을 뵈러 왔더니 마침 세존께서 큰 사마디에 들어 계신다. 나는 우선 데바닷타의 무리인 구가리 비구의 방 가운데 들어가보자.'

그렇게 생각하고는 곧 그의 방 가운데 있으면서 천천히 창문을 두드리면서 말하였습니다.

'구가리여 구가리여, 그대는 어질고 착하며 지혜 있는 이 사리푸트라와 목갈라야나 있는 곳에 깨끗한 믿음의 마음을 일으키시오. 그리하여 기나긴 밤 동안 요익됨이 없는 괴로움을 받지 마시오.'

그러자 구가리가 물었습니다.

'그대는 누구요?'

제가 대답하였습니다.

'나는 사바세계의 주인인 브라흐마하늘왕이오.'

그러자 그는 말하였습니다.

'세존께서 그대에게 아나가민을 얻었다고 언약하시지 않았소?'

제가 대답하였습니다.

'그렇소.'

그가 다시 물었습니다.

'그런데 그대는 왜 또 왔소?'

제가 대답하였습니다.

'이 사람은 고칠 수 없구려.'

그러고는 곧 게송으로 말하였습니다.

    헤아릴 수 없는 곳에 대해
    마음 내어 헤아리려 하네.

어떻게 지혜로운 사람이
이런 집착된 생각 낼 건가.
헤아릴 수 없음을 헤아림
이것은 어둡게 덮인 범부이네.

브라흐마하늘왕의 뜻을 세존께서 찬탄하심
붇다께서 브라흐마하늘왕에게 말씀하셨다.
"그렇다 그렇다, 브라흐마왕이여."

아주 헤아릴 수 없는 곳을
마음 내어 헤아리려 하네.
어떻게 지혜로운 사람이
이런 헛된 생각을 낼 것인가.
헤아릴 수 없음을 헤아림
이것은 어둡게 덮인 범부이네.

붇다께서 이 경을 말씀하시자, 사바세계의 주인인 브라흐마하늘
왕은 붇다의 말씀을 듣고 기뻐하고 따라 기뻐하면서 자리에서 일어
나 붇다께 절하고 이내 사라지더니 나타나지 않았다.

• 잡아함 1193 구가리경(瞿迦梨經)

• **해설** •
이 경의 이야기에는 아자타사트루 왕이 왕위를 찬탈하고 데바닫타가 따
르는 무리들을 거느리고 따로 상가를 꾸려 제자를 가르치는 상황이 반영되

어 있다.

브라흐마하늘왕이 세 가지로 헛된 생각 버리도록 타이르고 꾸짖는 것은 이미 데바닫타의 무리들이 건널 수 없는 다리를 건너 상가의 분열이 기정 사실화된 것을 나타내고, 붇다의 상가가 상당한 위기감에 빠져 있음을 나 타낸다.

또 하늘왕이 구가리에게 사리푸트라와 목갈라야나 존자 있는 곳에 깨끗 한 믿음을 일으키라고 하는 것은, 세존의 상가를 이탈한 대중을 다시 타일 러 마음을 돌이키는 데 두 존자가 중심이 되고 있음을 뜻한다.

헤아릴 수 없는 곳에 헤아림을 낸다는 하늘왕의 계송은 무슨 뜻인가.

여래에 의해 아나가민으로 언약받고 인정받은 이라면, 그는 이미 지혜의 흐름에 들어 다시 탐욕의 경계에 떨어지지 않는 자이다. 탐욕의 경계에 떨 어지지 않는 자는 오고 가되 오고 감의 자취가 없고 머물되 머묾이 없으니, 오고 감을 따르는 것은 여래의 지혜의 경계를 거스르는 것이다.

또한 여래의 법은 말로 할 수 없고 사유로 사유할 수 없는 진여의 세계를 중생성취[siddhānta, 悉壇]의 인연을 따라 말을 세워 보이고 견해를 세워 이 끌어들이되, 그 말과 견해에는 취할 말과 사유의 자취가 없는 것이다.

그러므로 관념적 사유와 이익에 얽힌 견해로 여래의 법을 따지고 오고 감에 오고 감의 자취를 따지는 것은 미망에 가린 범부의 짓일 뿐이다. 하늘 왕이 짐짓 구가리를 '고칠 수 없는 이'라 꾸짖음은 곧 관념에 가린 견해의 길과 이양(利養)을 좇는 탐욕의 길을 버리고 여래의 보디의 길에 다시 돌아 오도록 이끌어들임인 것이다.

왜 그런가. 보고 앎에 실로 보고 앎을 두어 관념의 견해가 생기고 삿된 견 해로 탐착할 경계가 나면 그때 바로 마라와 무명이 나는 것이고, 닫힌 관념 의 견해가 사라지면 무명을 돌이켜 보디에 나아가고 마라의 꿈을 버리고 해 탈의 성에 돌아옴이기 때문이다.

저 데바닫타는 참된 계와 지혜와
사마디의 행을 알지 못하니

이와 같이 들었다.

한때 붇다께서는 라자그리하 성 칼란다카 대나무동산에서 큰 비구대중 오백 사람과 함께 계셨다.

그때 데바닫타는 이미 신통을 잃었는데 아자타사트루 태자가 날마다 오백 가마의 밥을 보내 그를 공양하고 있었다.

이때 많은 비구대중들은 데바닫타가 이미 신통을 잃었는데 아자타사트루 태자의 공양을 받고 있다는 소식을 듣고, 같이 서로 이끌어 붇다 계신 곳에 와 그 발에 머리 대 절하고 한쪽에 앉았다.

이때 많은 비구들이 붇다께 말씀드렸다.

"데바닫타는 아주 큰 위력을 가졌습니다. 지금 아자타사트루 왕의 공양을 받고 있는데 날마다 오백 가마의 밥을 보내고 있답니다."

데바닫타를 나무꾼의 비유로 비판하심

그때 세존께서는 이 말을 들으시고 여러 비구들에게 말씀하셨다.

"너희들은 데바닫타 비구의 이익된 공양 탐내는 이런 뜻을 일으키지 말라. 저 어리석은 자는 그 이익됨으로 말미암아 스스로 멸망할 것이다. 왜 그런가. 여기에 대해서는 이렇게 말할 수 있다.

비구들이여, 데바닫타는 집을 나와 도를 배우는 사람으로서 그 바람을 이루지 못할 것이기 때문이다.

비구들이여, 알아야 한다. 마치 어떤 사람이 그 마을을 벗어나 손에 날이 선 도끼를 들고 큰 나무에 갔을 때, 앞의 뜻으로 바랐던 것은 큰 나무를 바란 것이었으나, 그 나무에 이르러서는 가지와 잎사귀만 가지고 돌아오는 것과 같다.

지금 이 비구 또한 이와 같아서 이익됨을 탐하고 집착한다[貪著利養]. 그는 그 이익됨으로 말미암아 남들에게 스스로를 높여 기리고 다른 사람을 헐뜯으니, 비구로서 행해야 할 것에 그 바람을 이루지 못할 것이다. 그는 이 이익됨으로 말미암아 방편을 구해 용맹스런 마음을 일으키지 않으니, 마치 보배를 구해도 얻지 못하는 사람과 같아 지혜로운 이들의 버림을 받게 될 것이다.

설령 어떤 비구가 이익됨을 얻은 뒤에 스스로를 기리지 않고 또 다른 사람을 헐뜯지 않아도, 때로 남들에게 '나는 계를 지키는 사람이요, 저 사람은 계를 범한 사람이다'라고 스스로 일컫는다면, 그는 비구가 바라는 것을 이루어 얻지 못할 것이다.

마치 어떤 사람이 뿌리와 심은 버리고 가지만 들고 집으로 돌아오는 것과 같으니, 지혜로운 사람이 본다면 이렇게 말할 것이다.

'이 사람이 비록 가지를 들고 집으로 돌아오긴 했지만 뿌리와 심은 모르는구나.'

이 가운데 비구들 또한 이와 같다. 이익됨을 얻으려고 계율을 받들어 지키며[奉持戒律] 아울러 범행을 닦고 사마디를 닦기 좋아한다 하자.

그래도 그가 이 사마디의 마음으로 남들에게 스스로를 기리어 '나는 지금 선정을 얻었지만 다른 사람들은 선정이 없다'고 말한다면, 그는 비구로서 행해야 할 법에서 그 과덕을 이루어 얻지 못한다.

이는 마치 어떤 사람이 그 재목을 구해 큰 나무가 있는 곳에 가서는 재목감을 보고는 가지와 잎사귀를 버리고[捨其枝葉] 그 뿌리와 심을 가지고[取其根實] 돌아가는 것과 같다.

지혜로운 사람이 이것을 보고서는 이렇게 말할 것이다.

'저 사람은 뿌리와 심을 가려 아는구나.'

지금 여기 있는 비구들 또한 이와 같아 비록 이익됨을 일으키되 계율을 받들어 지키며, 또한 스스로를 기리지 않고 다른 사람을 헐뜯지 않으며, 사마디를 닦아 행함 또한 다시 이와 같다 하자.

그러면 차츰 지혜를 행하게 되니, 지혜야말로 이 법 가운데서 가장 으뜸이 되는 것이다.

그러나 저 데바닫타 비구는 이 법 가운데서 끝내 지혜와 사마디를 얻지 못할 것이고, 또 계율의 법도 다시 갖추지 못했다."

지혜 없는 율법주의와 선정주의가 참된 해탈의 길이 아님을 보이심

어떤 비구가 세존께 말씀드렸다.

"저 데바닫타가 어떻게 계율의 법을 모르는 자입니까? 그는 신묘한 덕을 가지고 있고 여러 행을 성취하였습니다. 이런 지혜가 있는데 어떻게 계율의 법을 모른다 하십니까?

지혜가 있으면 사마디가 있고 사마디가 있으면 계율이 있습니다."

세존께서 말씀하셨다.

"계율의 법[戒律之法]은 세속의 늘 있는 법[世俗常數]이요, 사마디의 성취[三昧成就]도 세속의 늘 있는 법[世俗常數]이요, 신통으로 날아다니는 것[神足飛行]도 세속의 늘 있는 법[世俗常數]이다.

그러나 지혜의 성취[智慧成就] 이것이 가장 으뜸가는 진리의 뜻

[第一之義]이다."

그때 세존께서는 곧 이런 게송을 말씀하셨다.

선정으로 말미암아 신통을 얻어
위에 이르른들 마쳐 다함 아니네.
함이 없는 끝을 얻지 못한다면
도로 다섯 욕망 속에 떨어지리라.

지혜가 가장 높아 으뜸이 되니
근심 없고 생각할 것이 없도다.
오래되어 평등한 견해 얻어 마치면
나고 죽는 존재를 끊게 되리라.

"비구들이여, 알아야 한다. 이런 방편으로 데바닫타는 계율의 법을 알지 못하고 지혜와 사마디의 행도 알지 못한다고 한 것이다.

너희 비구들은 저 데바닫타처럼 이익됨을 탐내고 집착하지 말라. 대개 이익됨이란 사람을 나쁜 곳에 떨어뜨려 좋은 곳에 이르지 못하게 한다.

만약 이익됨에 집착한다면 곧 삿된 견해를 익혀 바른 견해[正見]를 떠나고, 삿된 다스림을 익혀 바른 다스림[正治]을 떠나며, 삿된 말을 익혀 바른 말[正語]을 떠나고, 삿된 업을 익혀 바른 업[正業]을 떠나게 된다. 그리고 삿된 생활을 익혀 바른 생활[正命]을 떠나고, 삿된 방편을 익혀 바른 방편[正方便]에서 떠나며, 삿된 생각을 익혀 바른 생각[正念]을 떠나고, 삿된 선정을 익혀 바른 선정[正定]을 떠나게 된다.

그러므로 여러 비구들이여, 너희들은 이익됨에 집착하는 마음[利養之心]을 일으키지 말고 눌러 일어나지 못하게 하고, 이익됨에 집착하는 마음을 이미 일으켰으면 방편을 구해 이를 없애도록 해야 한다.

이와 같이 여러 비구들이여, 반드시 이렇게 배워야 한다."

이 미묘한 법을 말씀하셨을 때 예순 명 남짓 비구는 법복을 벗어 버리고 흰옷의 행[白衣行]을 익히었으며, 예순 명 남짓 비구는 흐름이 다하고 뜻이 풀리어[漏盡意解] 모든 티끌과 때가 다하고[諸塵垢盡] 법의 눈이 깨끗해졌다[得法眼淨].

그때 여러 비구들은 붇다의 말씀을 듣고 기뻐하며 받들어 행하였다.

• 증일아함 43 마혈천자문팔정품(馬血天子問八政品) 四

• 해설 •

이 경의 내용을 보면 아자타사트루의 정변이 성공하고 데바닫타의 교단 분열이 성사되어 많은 따르는 무리들이 데바닫타에게 몰려 있는 상황이 나타나고 있다.

그러면서 붇다의 상가에서 사리푸트라와 목갈라야나를 중심으로 데바닫타를 향해 체계화된 이론적인 반박이 시작되고 있음을 보이고 있다.

날마다 아자타사트루 왕이 오백 가마의 밥을 보냈다면 데바닫타에게 그 정도로 많은 따르는 무리들이 몰려 있음을 나타낸다.

세존 상가에서 데바닫타의 무리들에 대한 비판은 크게 두 가지 방향으로 진행된다.

첫째, 그들의 모임이 이해관계를 따라 이루어진 탐욕의 모임이라는 비판이다. 곧 아자타사트루 집단의 정권 장악의 욕망과 분파주의적 상가집단을 꾸려 그 우두머리가 되겠다는 데바닫타의 욕망이 결합된, 정치집단과 사문 집단의 그릇된 유착 관계를 비판함이다.

그것이 곧 데바닫타가 받는 이익된 공양에 대한 탐욕을 일으키지 말라는 깨우치심이다. 붇다의 이 말씀은 밖으로 데바닫타 따르는 무리들의 정당성을 부정하고, 안으로 상가대중의 동요를 막는 준엄한 깨우치심이다.

둘째, 사마디와 신통으로 대중을 현혹하는 데바닫타에 대한 비판이다. 곧 바른 세계관과 지혜가 없는 사마디와 신통은 세간의 율법을 행하는 이들도 수련을 통해 얻을 수 있는 법이기 때문에 그런 눈속임의 신통과 선정에 속지 말라고 깨우치심이다.

붇다는 가르치신다. 지혜를 통해 온갖 존재가 있되 공하며 나되 남이 없음을 사무쳐 보는 자가 참된 선정과 바른 진리관에 의거한 신통의 작용을 일으킬 수 있다. 그러므로 지혜 없는 선정과 신통으로 대중을 현혹해서 그들로부터 이익되는 공양 받는 것은 여래의 뜻이 아니다.

이 가르침을 듣고 예순 명 남짓 비구가 법복을 벗었다고 하니, 이들은 아마 출가 수도의 길이 세간법과 다른 신비 선정을 추구하는 길이고 신통을 얻는 것이라는 신조를 가진 이들이었을 것이다. 만약 세존이 가르치신 뜻과 같다면 굳이 출가의 고행생활을 해야 할 까닭이 없다고 생각했던 이들이 아니었을까.

다른 예순 명 남짓 비구들은 티끌과 때를 다하고 법의 눈이 깨끗해졌다고 하였으니, 그들은 여래의 가르침을 듣고 마음을 돌려 다시 여래의 상가에 되돌아온 이들이다.

그들은 곧 세간법 밖에 기이하고 신비한 일 추구하는 것이 출가의 뜻이 아니고, 지혜의 성취가 가장 높은 해탈의 뜻이라는 말씀을 듣고, 헛된 관념을 벗고 바른 세계관에 눈을 뜬 비구들이었을 것이다.

데바닫타 비구는 여러 비구들에게
어떻게 설법하는가

이와 같이 내가 들었다.

한때 붇다께서는 라자그리하 성 칼란다카 대나무동산에 계셨다. 그때 존자 사리푸트라는 그리드라쿠타 산 속에 있었다.

때에 데바닫타의 제자 찬드라푸트라(Candraputra, 月子) 비구는 존자 사리푸트라가 있는 곳으로 가서 서로 같이 문안하고 위로한 뒤에 한쪽에 물러앉았다.

한쪽에 물러앉고 나자, 존자 사리푸트라가 찬드라푸트라 비구에게 말했다.

"데바닫타 비구는 여러 비구들을 위하여 설법하는가."

찬드라푸트라 비구는 대답하였다.

"설법합니다."

존자 사리푸트라가 찬드라푸트라 비구에게 물었다.

"데바닫타는 어떻게 설법하는가."

"저 데바닫타께서는 이와 같이 설법합니다.

'비구들이여, 마음의 법으로 마음을 닦으라. 그러면 그 비구는 〈나는 욕심을 떠나 다섯 욕망의 공덕에서 해탈하였다〉고 스스로 언약해 말할 수 있다.'"

탐욕 떠남만을 요점으로 삼는 데바닫타의 설법을 비판함

사리푸트라는 찬드라푸트라 비구에게 말하였다.

"그대의 데바닫타는 왜 이렇게 설법하지 않는가.

'비구들이여, 마음의 법으로 잘 마음을 닦으면 탐내는 마음을 떠나고 성내는 마음을 떠나며, 어리석은 마음을 떠나서 탐욕이 없는 법·성냄이 없는 법·어리석음이 없는 법을 얻어, 욕계의 존재·색계의 존재·무색계의 존재에 굴러 돌아오지 않는다.

그리하여 그 비구는 스스로 '나의 태어남은 이미 다하고 범행은 이미 서고, 지을 바를 이미 지어 다시는 뒤의 있음을 받지 않는 줄을 스스로 안다'고 말할 수 있게 된다."

찬드라푸트라 비구는 말하였다.

"그는 그렇게 하지 못합니다, 존자 사리푸트라여."

그때에 사리푸트라는 찬드라푸트라 비구에게 말하였다.

"만약 비구로서 마음의 법으로 잘 마음을 닦는 이는 탐욕의 마음을 떠나고 성내는 마음을 떠나며 어리석은 마음을 떠나서, 탐욕이 없는 법·성냄이 없는 법·어리석음이 없는 법을 얻는다.

그리하여 그 비구는 스스로 '나의 태어남은 이미 다하고 범행은 이미 서고, 지을 바를 이미 지어 다시는 뒤의 있음을 받지 않는다'고 스스로 언약해 말할 수 있게 된다."

어리석음을 떠날 때 참된 해탈이 있음을 여러 비유로 보임

"비유하면 다음과 같다. 마을과 성읍 가까이 큰 돌산이 있어서, 끊어지지도 않았고, 부서지지도 않았으며, 뚫리지도 않고 두껍고 빽빽하다 하자.

그러면 만약 동방에서 바람이 와도 움직일 수도 없고, 또 그것을 지나 서방으로 갈 수도 없으며, 그와 같이 남·서·북방·네 모서리에서 바람이 와도 흔들리게 할 수도 없고, 또한 그것을 지나갈 수도 없다.

그와 같이 비구가 마음의 법으로 마음을 잘 닦으면, 탐내는 마음을 떠나고 성내는 마음을 떠나며 어리석은 마음을 떠나서, 탐욕이 없는 법·성냄이 없는 법·어리석음이 없는 법을 얻는다.

그리하여 그 비구는 스스로 '나의 태어남은 이미 다하고 범행은 이미 서고, 지을 바를 이미 지어 다시는 뒤의 있음을 받지 않는다'고 언약해 말할 수 있게 된다.

비유하면 다음과 같다. 인드라의 구리쇠와 구리쇠 기둥을 땅속에 깊이 박아 굳세고 튼튼하게 쌓아두면 사방에서 바람이 와도 흔들리게 할 수 없다.

그와 같이 비구가 마음의 법으로 잘 마음을 닦아 마치면, 탐내는 마음을 떠나고 성내는 마음을 떠나며 어리석은 마음을 떠나서, 탐욕이 없는 법·성냄이 없는 법·어리석음이 없는 법을 얻는다.

그리하여 그 비구는 '나의 태어남은 이미 다하고 범행은 이미 서고, 지을 바를 이미 지어 다시는 뒤의 있음을 받지 않음'을 스스로 안다고 언약해 말할 수 있게 된다.

비유하면 다음과 같다. 돌기둥의 길이가 열여섯 팔꿈치인데, 여덟 팔꿈치 길이를 땅에 박으면, 사방에서 바람이 불어도 흔들리게 할 수 없다.

이와 같이 비구가 마음의 법으로 잘 마음을 닦으면, 탐내는 마음을 떠나고 성내는 마음을 떠나며 어리석은 마음을 떠나서, 탐욕이 없는 법·성냄이 없는 법·어리석음이 없는 법을 얻는다.

그리하여 스스로 '나의 태어남은 이미 다하고 범행은 이미 서고, 지을 바를 이미 지어 다시는 뒤의 있음을 받지 않음을 안다'고 언약해 말할 수 있게 된다.

비유하면 다음과 같다. 불로써 태우는데, 아직 타지 않은 것이 다 탄 뒤에는 다시는 거듭 타지 않는다.

이와 같이 비구가 마음의 법으로 잘 마음을 닦으면, 탐내는 마음을 떠나고 성내는 마음을 떠나며 어리석은 마음을 떠나서, 탐욕이 없는 법·성냄이 없는 법·어리석음이 없는 법을 얻는다.

그리하여 스스로 '나의 태어남은 이미 다하고 범행은 이미 서고, 지을 바를 이미 지어 다시는 뒤의 있음을 받지 않음을 안다'고 언약해 말할 수 있게 된다."

사리푸트라가 이 경을 말해 마치자, 여러 비구들은 그 말을 듣고 기뻐하며 받들어 행하였다.

• 잡아함 499 석주경(石柱經)

• 해설 •

데바닫타에 대한 비판의 선봉에 붇다의 제자 가운데 지혜가 으뜸이고 변재가 으뜸인 사리푸트라 존자가 있다.

사리푸트라 존자가 데바닫타의 제자인 찬드라푸트라 비구에게 데바닫타의 법을 물으니, 그는 '마음의 법으로 마음을 닦아 탐욕 떠남'으로 답한다.

그에 비해 사리푸트라 존자는 '마음의 법으로 마음을 닦아 탐냄·성냄·어리석음의 마음이 없어지고, 존재가 다해 뒤의 있음 받지 않는 것'으로 비구의 법을 말한다.

두 길에 무슨 차이가 있는가.

찬드라푸트라 비구의 답은 두타행으로 마음을 닦아 탐욕을 조복하고 마음의 신비능력을 키우는 법이니, 마음에 마음이 있는 법이다.

그에 비해 사리푸트라의 법에서 어리석음이 다한 마음이란 마음에 마음이 없음이고 모습에 모습이 없음이니, 지금 존재에서 존재의 모습이 공하므로 뒤에 새로 받을 존재가 없는 것이다.

곧 탐냄은 저 경계의 모습에 취할 모습이 있기 때문에 탐냄이 있는 것이니, 탐냄이 사라짐은 경계의 모습이 모습 아님을 통달하는 지혜가 있어야 탐냄이 참으로 사라지는 것이다.

탐냄은 두타의 고행만으로 눌러서 다하지 않고, 탐내는바 경계를 집착하는 어리석음이 다하지 않으면 탐냄이 사라지지 않는다.

마음은 경계의 모습인 마음[卽境之心]이니 모습에 모습이 남아 있으면 마음에 마음이 있어 참으로 탐냄·성냄·어리석음을 넘어설 수 없다.

그러므로 사리푸트라 존자는 존재의 공성을 통달해 어리석음·탐냄·성냄을 다한 해탈의 길에 대해 바람에 끄떡없는 돌과 같고 땅에 깊이 뿌리박은 인드라의 쇠기둥과 돌기둥이 바람에 움직이지 않는 것과 같다고 비유한다.

그렇다면 어떻게 모습의 공성을 통달할 수 있는가. 저 모습은 늘 마음인 모습[卽心之境]이고, 지금 한 생각 일어난 마음은 경계인 마음[卽境之心]이니 마음의 자기성품[自性]이 공해 마음에 마음 없음을 바로 보면 모습에서 모습 떠난다.

그와 같이 마음에서 마음 떠나 모습을 떠나면 그는 다 탄 불이 다시 타지 않는 것과 같이 밖의 모습을 향해 치달리는 마음의 불을 길이 꺼서 다시 나지 않게 하는 것이다.

마음에 마음 있는 선정 해탈법[禪定解脫法]과 마음에 마음 없고 모습에 모습 없는 보디의 길[無相菩提道]이 어찌 같겠는가.

털끝만큼 달라져도 하늘땅이 아득히 멀어지는 것이다.

3) 데바닫타 같은 죄업의 사람도 마침내 해탈하리라

바르게 깨친 분은 끝내 남의 해침 받지 않나니

이와 같이 들었다.

한때 붇다께서는 사카족 카필라바스투 니그로다 동산에서 큰 비구대중 오백 사람과 함께 계셨다.

그때 '데바닫타 왕자'는 세존 계신 곳에 가서 머리를 대 발에 절하고 한쪽에 앉았다. 이때 데바닫타는 붇다께 말씀드렸다.

"오직 그럴 뿐입니다, 세존이시여. 저도 도를 따라 사문이 되는 것을 들어주십시오."

붇다께서 데바닫타에게 말씀하셨다.

"너는 집에 있으면서 다나파티가 되어 보시하는 것이 좋겠다. 사문이 된다는 것은 참으로 쉽지 않다."

이때 데바닫타는 두 번 세 번 붇다께 말씀드렸다.

"오직 그럴 뿐입니다, 세존이시여. 끝에서라도 가도록 들어주십시오."

붇다께서 다시 말씀하셨다.

"너는 집에 있는 것이 좋겠다. 집을 나와 사문의 행을 닦는 것은 맞지 않다."

세존께서 출가를 허락하지 않으시자 데바닫타는
스스로 머리를 깎고 스승을 찾음

그때 데바닫타는 곧 이런 생각을 냈다.

'이 사문이 질투하는 마음을 품고 있구나. 나는 지금 스스로 머리를 깎고 범행을 잘 닦는 것이 좋겠다. 이 사문이 하라는 것이 어디 쓸데가 있겠는가?'

이때 데바닫타는 곧 물러나 돌아가 스스로 수염과 머리를 깎고 가사를 입고 '나는 사카족의 아들이다'라고 스스로 일컬었다.

그때 한 비구가 있었는데 수라타(修羅陀)라고 하였다. 그는 두타행으로 밥을 빌면서 누더기 옷을 입고 다섯 가지 신통을 밝게 사무쳤다. 이때 데바닫타는 그 비구 있는 곳에 가서 머리를 대 발에 절하고 앞으로 나아가 말하였다.

"존자는 저에게 가르침을 말씀해 기나긴 밤에 안온함을 얻도록 해주시길 바랍니다."

수라타 비구는 곧 그에게 바른 몸가짐과 예절을 설명하고 말하였다.

"이 법을 깊이 사유하여 버릴 것과 가질 것을 잘 분별하시오."

이때 데바닫타는 그 비구의 가르침대로 하여 빠뜨려 잃음이 없었다.

데바닫타가 그 비구에게 말하였다.

"존자께서는 저를 위해 신통의 길 말씀해주시길 바랍니다. 저는 이 길을 닦아 행해갈 수 있습니다."

그때 비구는 다시 그를 위해 신통의 길을 말해주었다.

"그대는 지금 마음의 가볍고 무거움을 배워야 하오.

이미 마음의 가볍고 무거움을 알았으면, 다시 네 큰 요소인 땅·물·불·바람의 가볍고 무거움을 분별하고, 이미 네 요소의 가볍고 무거움을 알았으면 곧 자재한 사마디[自在三昧]를 닦아 행해야 하오.

자재한 사마디를 이미 행했으면 다시 용맹한 사마디[勇猛三昧]를 닦아야 하며, 용맹한 사마디를 이미 행했으면 다시 마음의 뜻 사마디[心意三昧]를 닦아야 하며, 마음의 뜻 사마디를 이미 행했으면 다시 스스로 경계하는 사마디[自戒三昧]를 닦아 행해야 하오.

스스로 경계하는 사마디를 닦아 행하고 나면 오래지 않아 곧 신통의 도를 이룰 것이오."

그때 데바닷타는 스승의 가르침을 받고는 스스로 마음의 가볍고 무거움을 알았고, 다시 네 큰 요소의 가볍고 무거움을 깨알았다. 그리고 여러 가지 사마디를 다 닦아 빠뜨려 잃음이 없었다.

그때 오래지 않아 곧 신통의 도를 이루었다. 이와 같이 셀 수 없는 방편으로 변화를 지음이 헤아릴 수 없었다. 그때 그 명성이 사방에 멀리 퍼졌다.

신통과 사마디를 얻은 뒤 아자타사트루 왕자에게 그 신통을 보임

이때 데바닷타는 신통의 힘으로 서른세하늘에까지 올라가 갖가지 우트팔라 연꽃과 쿠무다[kumuda] 꽃 등을 꺾어가지고 와서 아자타사트루 태자에게 바치면서 말하였다.

"이 꽃은 서른세하늘에 나는 꽃으로 인드라하늘왕이 보내어 태자에게 바치는 것입니다."

그때 왕태자는 데바닷타의 신통이 이러한 것을 보고 곧 때를 따라 공양하고 그가 필요한 것을 대주었다.

태자는 다시 이렇게 생각하였다.

'데바닫타의 신통은 참으로 미치기 어렵다.'

이때 데바닫타는 다시 스스로 모습을 숨기고 어린아이의 몸을 지어 태자의 무릎 위에 앉았다. 여러 궁녀들은 각기 이렇게 생각하였다.

"이는 어떤 사람인가. 귀신인가, 하늘인가?"

그 말이 아직 마치기 전에 그는 다시 몸을 변화해 다시 옛과 같이 되었다. 이때 왕태자와 궁녀들은 모두 찬탄하였다.

"이는 바로 데바닫타였구나."

곧 필요한 것을 모두 대주었고 또한 이러한 말을 널리 전했다.

"데바닫타의 이름과 덕망은 이루 다 말할 수 없다."

세존께 도전하여 오백 비구를 이끌고 나가 교단을 분열시킴

그때 많은 비구들은 이 소문을 듣고 세존 계신 곳에 가서 머리를 대 발에 절하고 말씀드렸다.

"데바닫타는 아주 큰 신통으로 입을 옷·먹을거리·자리끼·의약품 등을 얻을 수 있습니다."

붇다께서 비구들에게 말씀하셨다.

"너희들은 그런 생각을 내지 말라. 데바닫타의 이익된 공양[利養]을 집착하지 말라. 그리고 그의 신통의 힘을 부러워하지도 말라. 그 사람은 곧 이 신통의 힘 때문에 세 가지 악한 길[三惡道]에 떨어지게 될 것이다. 데바닫타가 얻는 이익됨과 그 신통도 다시 닳아 없어질 것이다.

왜냐하면 데바닫타는 스스로 몸과 입과 뜻의 나쁜 행을 짓게 될 것이기 때문이다."

그때 데바닫타는 다시 이런 생각을 일으켰다.

'사문 고타마가 신통이 있으면 나도 신통이 있다. 사문 고타마가 아는 것이 있으면 나도 아는 것이 있다. 사문 고타마가 귀족이면 나도 귀족이다.

만약 사문 고타마가 한 가지 신통을 나타내면 나는 두 가지를 나타낼 것이요, 사문이 두 가지를 나타내면 나는 네 가지를 나타낼 것이며, 그가 네 가지를 나타내면 나는 여덟 가지를 나타낼 것이다. 그가 여덟 가지를 나타내면 나는 열여섯 가지를 나타낼 것이며, 그가 열여섯 가지를 나타내면 나는 서른두 가지를 나타낼 것이다.

그 사문이 나타내는 변화를 따라 나는 더욱 그보다 곱절이나 더할 것이다.'

그때 많은 비구들이 데바닫타의 이런 말을 들었다. 그 가운데 오백 남짓 비구들이 데바닫타 있는 곳에 갔다. 그리하여 데바닫타와 그 오백 비구들은 태자의 공양을 받았다.

이때 사리푸트라와 목갈라야나가 서로 이렇게 의논하였다.

"우리 같이 저 데바닫타가 있는 곳에 가서 그가 설법할 때 무엇을 말하는지 들어보자."

곧 그들은 같이 서로 이끌어 데바닫타 있는 곳에 갔다.

그때 데바닫타는 멀리서 사리푸트라와 목갈라야나가 오는 것을 보고 곧 여러 비구들에게 말하였다.

"이 두 사람은 싣달타의 제자이다."

그러고는 매우 기쁜 마음을 품었다. 사리푸트라와 목갈라야나는 거기 이르러서 서로 같이 문안 인사를 나누고 한쪽에 앉았다.

이때 여러 비구들은 각기 이런 생각을 일으켰다.

'사카무니 붇다의 제자들이 지금 다 데바닫타에게 왔다.'

그때 데바닫타가 사리푸트라에게 말하였다.

"그대는 지금 비구들을 위하여 설법할 수 있겠소? 나는 조금 쉬고 싶소. 등병을 앓고 있기 때문이오."

이때 데바닫타는 다리를 서로 포개고 오른쪽으로 누워 즐거워하는 마음 때문에 곧 잠이 들었다.

그때 사리푸트라와 목갈라야나는 데바닫타가 잠든 것을 보고 곧 신통으로 여러 비구들을 데리고 허공 가운데로 날아갔다.

이때 데바닫타는 깨어나 여러 비구들이 보이지 않자 아주 화를 내며 이런 말을 내뱉었다.

"내가 만약 원수를 갚지 못하면 데바닫타라고 이름하지 못할 것이다."

이것이 데바닫타가 처음 '다섯 거스르는 죄'[五逆罪, 破和合僧]를 범한 것이다.

아자타사트루를 사주하여 부왕을 죽이게 하고
세존의 몸에 피를 냄

그는 막 이런 생각을 내자 곧 그때 신통을 잃고 말았다.

그때 많은 비구들이 세존께 말씀드렸다.

"데바닫타 비구는 대단한 신통이 있어서 우리 거룩한 상가를 무너뜨릴 수 있습니다."

그때 세존께서 여러 비구들에게 말씀하셨다.

"데바닫타는 다만 지금만 거룩한 상가를 무너뜨린 것이 아니다. 과거세상에서도 늘 거룩한 상가를 무너뜨렸다.

왜 그런가. 그는 지나간 옛 때에도 거룩한 상가를 무너뜨렸고 또 악한 생각을 일으켜 '나는 반드시 사문 고타마를 잡아 죽이고 삼계에서 붇다가 되어 홀로 높아 짝이 없게 되리라'고 하였다."

이때 데바닫타가 아자타사트루 태자에게 말하였다.

"옛날에는 여러 사람들의 목숨이 아주 길었지만 지금은 짧아졌소. 만약 왕태자가 하루아침에 목숨을 마친다면, 이 세간에 헛되이 태어난 것이 되고 말 것이오.

그런데 왜 부왕을 해쳐 성왕(聖王)의 자리를 이어 받지 않소?

나는 여래를 해치고 붇다가 될 것이니, 왕을 새롭게 하고 붇다를 새롭게 하면 아주 시원스럽지 않겠소?"

그때 아자타사트루 태자는 곧 문지기를 보내어 부왕을 잡아 감옥에 가두고 스스로 세워 왕이 되어 나라 사람들을 다스렸다.

이때 신하들이 저희끼리 수군거렸다.

"이 아들은 태어나기 전에 곧 원수 집의 아들이었을 것이다."

그런 뜻에서 아자타사트루 왕이라고 이름한 것이다.

이때 데바닫타는 아자타사트루 왕이 그 부왕을 가둔 것을 보고 다시 이런 생각을 일으켰다.

'나도 반드시 사문 고타마를 잡아죽여야겠다.'

그때 세존께서는 그리드라쿠타 산의 한 작은 산 곁에 계셨다.

데바닫타는 그리드라쿠타 산으로 가서 손으로 길이 서른 팔꿈치, 너비 열다섯 팔꿈치가 되는 큰 돌을 들어 세존께 던졌다.

이때 산신 킴빌라(Kimbila)가 늘 그 산에 머물고 있었는데, 데바닫타가 돌을 안아 붇다께 던지는 것을 보고 곧 손을 뻗어 다른 곳을 잡았다. 그때 부서진 돌 한 조각이 여래의 발을 때려 곧 피를 내었다.

그때 세존께서 데바닫타를 보고 말씀하셨다.

"너는 지금 또 나쁜 생각을 내어 여래를 해치려고 하는구나."

이것이 두 번째 '다섯 거스르는 죄'[五逆罪, 殺父, 出佛身血]를 범한 것이다.

코끼리를 부려 세존을 죽이려다 실패하고
아라한인 비구니를 죽임

그때 데바닫타는 다시 스스로 이렇게 사유하였다.

'나는 지금 끝내 이 사문 고타마를 죽이지 못하였다. 다시 방편을 구해야겠다.'

그러고는 그곳을 버리고 떠나갔다.

그는 아자타사트루 왕이 있는 곳에 가서 말햇다.

"검은 코끼리를 취하도록 술을 먹여 사문을 해치도록 하시오. 왜냐하면 이 코끼리는 몹시 사나워서 반드시 사문 고타마를 해칠 수 있기 때문이오.

그리고 만약 저 사문에게 온갖 것 아는 지혜[一切智]가 있다면 내일은 반드시 성에 들어와 밥을 빌지 않을 것이요, 온갖 것 아는 지혜가 없다면 틀림없이 성에 들어와 밥을 빌다가 이 사나운 코끼리에게 죽임을 당할 것이오."

그때 아자타사트루 왕은 곧 독한 술을 코끼리에게 먹여 취하게 하고 온 나라 백성들에게 영(令)을 내렸다.

"스스로 편안히 해 목숨을 아끼는 자는 내일은 성안을 다니지 말라."

그때 세존께서는 때가 되어 가사를 입고 발우를 가지고 라자그리하 성에 들어가 밥을 비셨다.

그런데 그 나라 안의 남자와 여인, 늙은이와 젊은이, 사부대중들은 아자타사트루 왕이 코끼리에게 술을 먹여 여래를 해치려 한다는 말을 듣고, 모두 서로 이끌어 세존 계신 곳에 와 머리를 대 발에 절하고 붓다께 말씀드렸다.

"세존께서는 라자그리하 성에 가서서 밥을 빌지 마시길 바랍니다. 왜냐하면 아자타사트루 왕이 코끼리에게 취하도록 술을 먹여 여래를 해치려고 하기 때문입니다."

붓다께서 여러 우파사카들에게 말씀하셨다.

"바르게 깨친 분은 끝내 다른 사람의 해침을 받지 않는다."

그때 세존께서는 비록 이 말을 들었으나 예전과 같이 성안으로 들어가셨다. 이때 그 사나운 코끼리가 멀리서 세존께서 오시는 것을 보고는 불꽃처럼 성이 나서 여래께 달려들어 와 해치려고 하였다.

그러나 붓다께서는 코끼리가 오는 것을 보고 곧 이 게송을 말씀하셨다.

코끼리야, 이 용을 해치지 말라.
용과 코끼리는 나타나기 어렵나니
너는 이 용을 해치지 않음으로
저 좋은 곳에 태어나게 되리라.

그때 그 코끼리는 여래께서 이 게송 말씀하심을 듣고는 곧 앞으로 나아가 길게 꿇어앉아 여래의 발을 핥았다.

그리고 허물을 뉘우치고 마음이 스스로 편치 않아, 곧 목숨을 마치고는 서른세하늘에 태어났다.

그때 아자타사트루 왕과 데바닫타는 코끼리가 이미 죽은 것을 매우 슬퍼하였다.

데바닫타가 왕에게 말하였다.

"이 사문 고타마가 코끼리를 잡아 죽였습니다."

왕이 대답하였다.

"이 사문 고타마는 큰 신력이 있고 여러 재주가 많아 곧 주술(呪術)로써 저 큰 코끼리[龍象]를 죽인 것입니다."

왕이 다시 말하였다.

"이 사문은 반드시 큰 위덕을 갖추고 있습니다. 그러므로 끝내 사나운 코끼리의 해침을 받지 않은 것입니다."

데바닫타가 대답하였다.

"사문 고타마는 허깨비로 홀리는 주술이 있어서 저 바깥길 배움 다른 이들을 시켜서도 누를 수 없는데, 어찌 하물며 축생의 무리이겠습니까?"

이때 데바닫타는 다시 이렇게 생각하였다.

'내가 지금 아자타사트루 왕을 살펴보니 마음이 변해 뉘우치려 한다.'

그때 데바닫타는 시름하고 근심하며 즐겁지 않아 라자그리하 성을 나왔다.

그때 다르마다나(dharma-dāna, 法施) 비구니는 멀리서 데바닫타가 오는 것을 보고 그에게 말하였다.

"그대가 지금 하는 짓은 아주 잘못된 일이오. 지금 뉘우치기는 쉽지만 뒤에는 하기 어려울까 걱정이오."

데바닫타는 이 말을 듣고 곱절이나 화가 나서 곧 대답했다.

"이 까까머리 여자야, 무슨 잘못이 있기에 지금은 쉽고 뒤에는 어렵다고 하느냐?"

다르마다나 비구니가 대답하였다.

"그대는 지금 악한 사람들과 함께 못 착하지 못한 근본을 지었소."

이때 데바닫타는 활활 타오르는 불꽃처럼 화가 나 곧 손으로 그 비구니를 때려 죽였다[殺阿羅漢].

• 증일아함 49 목우품(牧牛品) 九 전반부

• 해설 •

데바닫타에 관한 긴 경의 앞부분은 데바닫타가 사문이 되어 사마디를 닦고 신통을 얻은 뒤 아자타사트루의 귀의를 받아 이찬티카의 죄[五逆罪] 저지르는 과정을 기술하고 있다.

이 다음에 이어지는 경의 뒷부분은 참회의 마음을 일으켜 세존께 가서 산 채로 지옥에 들어갔지만, 마지막 한 생각 간절히 뉘우쳐 여래께 향하는 마음으로 프라테카붇다의 언약 받는 모습이 기술되어 있다.

극악한 죄를 지어 지옥에 들어갔지만 끝내 해탈의 언약 받는 모습 속에 여래가 설한 업(業)과 연기(緣起)의 진실이 있고, 한 중생도 버리지 않는 여래의 자비가 온전히 드러나 있다.

데바닫타의 악법문(惡法門)이 세존을 삼계 온갖 중생의 크나큰 인도자[三界大導師], 세간을 건지시는 크나큰 사랑의 성취자[救世大悲者]로 온전히 밝혀주고 있는 것이다.

저 데바닫타가 끝내 해탈하여 프라테카붇다 되리니

데바닫타는 그 참된 사람[眞人, 阿羅漢]을 죽이고 자기 방으로 가서 여러 제자들에게 말하였다.

"너희들은 알아야 한다. 나는 지금 옳지 못한 생각을 일으켜 사문 고타마에게 향하였다. 그러나 이는 옳은 뜻과 이치가 아니다. 아라한으로서 다시 나쁜 생각을 일으켜 아라한을 향해서는 안 된다.

나는 지금 저분에게 참회해야 옳다."

세존께 죄를 뉘우치려 찾아가자 목숨을 마침

이때 데바닫타는 이 때문에 시름하고 근심하여 즐겁지 않아 이내 무거운 병을 얻었다. 데바닫타는 여러 제자들에게 말하였다.

"나는 지금 사문 고타마를 찾아가 뵐 힘이 없다. 너희들이 나를 붙들어 저 사문 있는 곳에 가야 한다."

그때 데바닫타는 열 손톱에 독약을 바르고는 다시 그 제자들에게 말하였다.

"너희들이 나를 가마에 메고 사문 있는 곳에 가라."

여러 제자들이 그를 가마에 메고 세존 계신 곳에 이르렀다.

그때 아난다가 멀리서 데바닫타가 오는 것을 보고 곧 세존께 말씀드렸다.

"데바닫타가 지금 저기에 오고 있는데, 반드시 뉘우치는 마음이 있어 여래께 허물 뉘우쳐 고침을 구하려 할 것입니다."

붇다께서 아난다에게 말씀하셨다.

"데바닫타는 끝내 세존 계신 곳에 이르지 못할 것이다."

아난다는 두 번 세 번 되풀이해 말씀드렸다.

"지금 저 데바닫타가 이미 이렇게 여기 오려는 것은 허물 뉘우침을 구하는 것입니다."

세존께서 아난다에게 말씀하셨다.

"저 나쁜 사람은 끝내 여래 계신 곳에 이르지 못할 것이다. 그는 오늘 목숨뿌리가 이미 다 되었다."

그때 데바닫타는 세존 계신 곳에 이르기 전에 그 제자들에게 말하였다.

"내가 지금 누워서 여래를 뵐 수는 없다. 가마에서 내려 뵈어야 한다."

데바닫타가 발을 내려딛자 그때 땅속에서 큰 불바람[火風]이 일어나 몸을 에워쌌다. 그때 데바닫타는 불에 타면서 곧 여래 계신 곳에 뉘우치는 마음을 내 바로 '나무붇다'[南無佛]라고 외치려고 하였다. 그러나 그 말을 채 마치지 못한 채 '나무'만을 일컫고 곧 지옥으로 들어갔다.

데바닫타가 지옥 고통을 겪다 하늘에 태어나게 됨을 보이심

그때 아난다는 데바닫타가 지옥에 떨어지는 것을 보고 세존께 여쭈었다.

"데바닫타가 지금 목숨을 마치고 지옥에 들어갔습니까?"

세존께서 말씀하셨다.

"데바닫타는 지금 사라져 다하고 마쳐 다한 곳[滅盡究竟處]에 이르지 못했다. 지금 그는 나쁜 생각을 일으켜 여래의 몸을 향하였기 때문에 몸이 무너지고 목숨이 마친 다음에 아비치(avīci, 阿鼻地獄)에 들어갔다."

아난다는 슬피 울며 눈물을 흘리고 스스로 이기지 못했다.

세존께서 아난다에게 말씀하셨다.

"너는 왜 그리 슬피 우느냐?"

아난다가 붇다께 말씀드렸다.

"저는 애욕의 마음이 아직 다하지 못하였고 탐욕의 묶음을 끊지 못하였기 때문에 슬피 웁니다."

그때 세존께서 이 게송을 말씀하셨다.

만약 사람이 스스로 행을 짓고서
도로 스스로 그 바탕 살펴본다면
착한 이는 착한 일의 갚음을 받고
악한 이는 악한 일의 재앙을 받네.

세간 사람들이 악한 짓을 하여서
죽어서 지옥의 괴로움 받아도
만약 다시 착한 행을 하게 되면
몸을 돌이켜 하늘의 복을 받으리.

그는 스스로 악한 짓 불러 지어서
스스로 지옥 들어가게 된 것이라

이는 붇다가 그를 원망하여서
받게 되는 괴로움의 과보 아닌데
너는 지금 어찌하여 슬퍼하는가.

그때 아난다가 세존께 말씀드렸다.
"데바닫타는 몸이 무너지고 목숨 마쳐서 어느 곳에 태어났습니까?"

세존께서 아난다에게 말씀하셨다.
"지금 데바닫타는 몸이 무너지고 목숨 마치고서 아비치에 들어갔다. 왜냐하면 그는 다섯 거스르는 죄를 지었기 때문에 이런 갚음을 받은 것이다."

아난다가 다시 붇다께 말씀드렸다.
"그렇습니다, 세존이시여. 거룩하신 분의 가르침과 같습니다.
자기 몸으로 악을 지어 현재의 몸으로 지옥에 들어갔습니다.
제가 지금 슬피 울며 눈물을 흘리는 까닭은 데바닫타가 그 이름과 종족을 아끼지 않고, 또 부모와 어른들을 위하지 않으며 여러 사카족을 욕되게 하고 우리 집안을 헐뜯었기 때문입니다.
그렇듯 데바닫타가 현재의 몸으로 지옥에 들어간 것은 참으로 그래서는 안 될 일입니다. 왜냐하면 우리 집안[門族]은 전륜왕의 지위에서 나왔기 때문입니다. 그렇게 데바닫타의 몸이 왕족에서 나왔는데 현재의 몸으로 지옥에 들어가서는 안 되는 일입니다.
데바닫타는 현재의 몸으로 샘이 있음을 다하고 샘이 없음을 이루어, 마음이 해탈하고 지혜가 해탈하여 현재의 몸으로 과덕을 얻었어야만 합니다.

그래서 '나고 죽음은 이미 다하고 범행은 이미 서고, 지을 바를 이미 지어 다시는 뒤의 있음을 받지 않는다'는 것을 진실 그대로 알아야만 합니다. 그리하여 참사람[眞人]의 자취를 익혀 아라한을 이루어 남음 없는 니르바나[無餘涅槃]의 세계에서 온전히 니르바나를 얻어야 했는데, 어찌 현재의 몸으로 지옥에 들어갈 줄 알았겠습니까?

데바닫타는 살아 있을 때에 큰 위신의 힘이 있었고, 아주 신묘한 덕이 있어 서른세하늘에까지 올라갈 수 있어 변화가 자재하였는데, 어떻게 그런 사람이 지옥에 들어갈 수 있습니까?

알 수 없습니다, 세존이시여. 데바닫타는 지옥 가운데 있으면서 얼마만한 세월을 지내야 합니까?"

세존께서 아난다에게 말씀하셨다.

"그 사람은 지옥에서 한 겁을 지내야 할 것이다."

이때 아난다가 다시 붇다께 말씀드렸다.

"그러나 겁에는 큰 겁[大劫]과 작은 겁[小劫], 이 두 종류가 있는데, 이 사람은 어떤 겁을 지내야 합니까?"

붇다께서 아난다에게 말씀하셨다.

"그는 큰 겁을 지내야 한다. 큰 겁이란 곧 현겁(賢劫)이니, 그는 그 겁의 수[劫數]를 다하고 행이 다하여 목숨을 마치면 도로 사람의 몸을 받을 것이다."

아난다가 붇다께 말씀드렸다.

"데바닫타는 사람의 뿌리[人根]를 다 잃어버리고야 비로소 다시 이루겠습니다. 왜냐하면 겁의 수가 길고 멀기 때문입니다. 대개 큰 겁이란 현겁을 지나지 않습니다."

그때 아난다는 다시 더욱 슬피 울고 흐느끼며 기뻐하지 않고 다시 붇다께 말씀드렸다.

"데바닫타는 아비치에서 나오면 어느 곳에 태어나겠습니까?"

붇다께서 아난다에게 말씀하셨다.

"데바닫타는 거기서 목숨을 마치면 네 하늘왕의 하늘에 태어날 것이다."

아난다가 다시 물었다.

"또 거기에서 목숨을 마치면 어느 곳에 태어나겠습니까?"

붇다께서 아난다에게 말씀하셨다.

"거기에서 목숨을 마치면 더욱 굴러 서른세하늘·야마하늘·투시타하늘·화자재하늘·타화자재하늘에 태어날 것이다."

데바닫타가 다시 사람 몸으로 프라테카붇다 이루리라 언약하심

아난다가 다시 물었다.

"거기에서 목숨을 마치면 또 어느 곳에 태어나겠습니까?"

붇다께서 아난다에게 말씀하셨다.

"데바닫타는 지옥에서 목숨을 마치고 하늘위의 좋은 곳에 태어나 예순 겁을 지내도록 세 가지 악한 곳[三惡道]에 떨어지지 않고, 하늘과 사람을 가고 오다가 맨 뒤에 사람의 몸을 받을 것이다.

그러고는 수염과 머리를 깎고 세 가지 가사를 입고 굳센 믿음으로 집을 나와 도를 배워 프라테카붇다가 될 것이니, 그때 이름을 '나무'라 할 것이다."

그때 아난다가 앞으로 나아가 붇다께 말씀드렸다.

"이와 같이 세존이시여, 데바닫타는 악의 갚음으로 말미암아 지옥의 죄를 받았는데, 또 무슨 공덕을 지었기에 예순 겁 동안 나고 죽음을 지내면서도 괴로움을 받지 않고, 뒤에 프라테카붇다가 되어 그이름을 '나무'라 하게 됩니까?"

붇다께서 아난다에게 말씀하셨다.

"손가락 튕길 동안의 착한 뜻도 그 복을 비유하기 어려운데, 하물며 데바닫타처럼 옛을 널리 알고 오늘에 밝아 많이 외워 익히고, 온갖 법을 모두 지니어[總持] 들은 것을 잊지 않는 이이겠는가?

생각하면 저 데바닫타는 옛날의 원한으로 해칠 마음을 내어 여래를 향하였으나, 다시 오랜 옛날의 인연의 갚음으로 기쁜 마음을 가지고 여래를 향하였다.

그러므로 이 인연의 갚음으로 말미암아 예순 겁 동안 세 가지 악한 곳에 떨어지지 않는 것이다.

그는 또 맨 뒤 목숨을 마칠 때에 부드럽고 기쁜 마음으로 '나무'라고 했기 때문에 뒷날 프라테카붇다가 되어 그 이름을 '나무'라 할 것이다."

그때 아난다가 곧 앞으로 나아가 붇다께 절하고 거듭 말씀드렸다.

"그렇습니다, 세존이시여. 세존께서 가르치신 것과 같습니다."

(후략)

• 증일아함 49 목우품 九 후반부

• 해설 •

이 경의 앞부분은 데바닫타가 출가하면서부터 수라타 비구를 만나 사마디와 신통을 얻고서 독자적 세력을 구축하여 이찬티카의 죄를 범하게 되는 과정을 말하고 있다.

뒷부분은 세존께 참회하러 가다가 목숨 마치고서 뒷세상 해탈의 언약 받게 됨을 보인 내용이다.

데바닫타는 처음 출가해서 두타행을 깊이 닦고 신통을 얻은 비구를 스승으로 해서 사마디와 신통의 법을 닦아 성취했음을 알 수 있다.

경의 표현 가운데 수라타가 사마디의 힘으로 다섯 신통[五神通]을 얻었다고 하는 것은 그가 사마디와 신통이 있지만 마음의 샘이 다하지 못했음을 나타낸다. 그리고 데바닫타 또한 그 스승을 따라 마음에서 마음 다한 지혜를 통해 신통과 사마디를 닦지 않고, 사마디의 힘을 강화해 마음과 물질 세계의 작용을 탐구하고 신묘한 능력을 단련해서 신통 이루었음을 알 수 있다.

아비치 나라카(avīci-naraka, 無間地獄)에 떨어지는 다섯 거스르는 죄[五逆罪]는 아버지를 죽임, 어머니를 죽임, 아라한을 죽임, 붇다의 몸에 피를 냄, 상가의 화합을 깨뜨림이다.

데바닫타가 저지른 다섯 거스르는 죄의 첫째 죄는 상가의 화합을 깨뜨림이니, 아자타사트루와 결탁하여 오백 비구들을 이끌고 독자세력을 만들어 마가다 국의 새로운 왕권세력의 공양을 받음이다.

둘째 다섯 거스르는 죄를 범한 것은 아자타사트루 왕으로 하여금 아버지를 감옥에 가두게 하고 그리드라쿠타 산에서 돌을 굴려 세존을 죽이려다 세존의 발에 피를 나게 한 것이다.

셋째 다섯 거스르는 죄 범한 것은 코끼리에게 독한 술을 먹여 세존을 죽이려다 코끼리가 세존께 귀의하자 다르마다나(dharma-dāna) 비구니를 죽인 것이니, 곧 아라한을 죽인 죄이다.

넷째와 다섯째 다섯 거스르는 죄는 위의 세 가지 죄에 부모를 죽인 죄이니, 데바닫타가 사주하여 아자타사트루가 부왕 빔비사라를 죽인 것이므로 아버지 죽인 죄에 공범이 되는 셈이다.

경의 뒷부분은 데바닫타가 죄를 뉘우치고 세존께 참회하러 가다가 땅에서 솟구치는 불바람을 만나 곧 지옥에 들어간 뒤 세존이 그에게 프라테카붇다의 언약을 주신 내용이다.

산 채로 지옥에 빠졌다는 이야기는 아마 갑자기 큰 지진이나 화산 폭발이 일어나 손쓸 사이도 없이 그대로 죽게 된 상황이 발생했음을 말하고, 데바닫타가 그 죽음에 이르러서야 자기 잘못을 뉘우쳤음을 말한다.

아난다와 데바닫타는 같은 드로노다나 왕(Droṇodana-rāja, 斛飯王)의 혈육이다. 형의 이찬티카의 죄 지음과 갑작스런 죽음에 그 동생이 어찌 눈물 짓지 않았겠는가. 한 형제로서 고귀한 종족의 이름을 더럽히고 부모와 어른들을 위하지 않음으로 슬픈 눈물을 흘렸다고 말하고 있지만, 형의 비참한 최후에 자비의 마음과 연민의 마음으로 눈물지었으리라.

데바닫타의 지옥의 과보에 슬퍼하는 아난다에게 다시 데바닫타가 지옥의 업보를 마치고 저 하늘에 나고 다시 사람의 몸을 받아 프라테카붇다가 될 것이라 언약하시니, 이는 지옥의 과보도 공하고 하늘세계의 과보도 공하며 착한 업과 악한 업이 모두 공한 것을 보이심인가.

데바닫타는 비록 아비치 업을 지어 지옥의 과보를 받았으나 마지막 목숨 마침에 이르러 그 온갖 죄를 참회하고 부드럽고 기쁜 마음으로 여래를 향하여 나아갔다. 그러므로 지옥업이 공한 곳에 그 착한 마음이 선근의 씨앗이 되어, 끝내 '홀로 깨친 이'[獨覺]가 되고 뒷날 하늘왕여래[天王如來]가 되리라 언약을 받은 것이다.

중생의 업은 비록 공하되 사라져 없어지는 것이 아니며, 항상하지 않되 또한 끊어짐도 아니다.

과거 아득한 겁에 데바닫타가 사카무니 붇다의 스승이었다가 먼 뒷날 하늘왕여래가 된다고 함은, 지금 이 이찬티카의 죄업과 지옥불 속에서도 진여의 생명이 물들지 않으며 여래장의 공덕이 사라져 다하지 않음을 뜻하는 것인가.

여래 언약의 뜻은 끝내 무엇인가.

여래의 지혜와 자비는 다섯 거스르는 죄업이 물들일 수 없는 것이며, 데바닫타의 악행으로 인해 여래의 지혜와 자비가 여래의 지혜와 자비로 참으로 검증되었기 때문에 저 극악한 죄업의 사람 데바닫타가 여래의 선지식이었다고 말한 것이리라.

중생의 악업이 공한 곳에 여래장의 공덕이 다함없어서 보디를 향한 한 생각 바른 마음과 서원의 마음이 나면, 극악한 죄업의 사람이라도 그 마음이 끝내 위없는 보디의 과덕 이룰 것이니, 여래의 언약에 한 점 거짓이 있을 것인가.

『법화경』은 데바닫타가 과거세상 사카무니 붇다를 가르쳤던 선지식으로서, 뒷세상 붇다가 될 것을 다음과 같이 말한다.

데바닫타는 한량없는 겁이 지난 뒤 보디를 이룰 것이니, 그 이름을 하늘왕여래[devarāja-tathāgata]·공양해야 할 이·바르게 두루 아시는 분·지혜와 행을 갖춘 분·잘 가신 이·세간을 아시는 분·위없는 스승·잘 길들이는 장부·하늘과 사람의 스승·붇다 세존이라 할 것이다.
그리고 그 세계의 이름은 하늘의 길[天道, devamarga]이라 할 것이다.

경은 또한 오는 세상 잘 행하는 남자와 여인이 이 『법화경』(「데바닫타품」)을 듣고 깨끗한 믿음을 내 이 가르침 잘 행하면 '세 가지 악한 길'에 떨어지지 않고, 붇다 앞에 연못 위 연꽃으로 변화해서 날 것이라고 언약하신다.

데바닫타가 보디의 언약을 받을 뿐 아니라 이 품을 읽어 믿음을 내는 자도 해탈하리라 가르치시니, 설사 극악한 죄인이라도 삶의 진실에 바른 믿음 낸 자 그 누군들 언약 받지 못할 것인가. 믿고 믿어야 할 것이다.

제3장

여러 장자들과
그 밖의 재가제자들

세존께서 말씀하셨다.
"손의 장자여, 그대는 지금 이처럼 많은
대중을 거느리고 있구나. 장자여, 그대는 어떤 법으로
이 많은 대중들을 거두었는가?"
그때 손의 장자가 말씀드렸다.
"세존께서는 네 가지 일로 거둠을 말씀하셨습니다.
세존의 말씀대로라면 네 가지 일로 거둠이란,
첫째 은혜롭게 베푸는 것이요, 둘째 부드럽고
고운 말이며, 셋째 이익됨이요,
넷째 일을 같이함입니다.
세존이시여, 저는 이것으로 대중들을 거두어서
때로는 은혜롭게 베푸는 것으로, 때로는 부드럽고
고운 말로, 때로는 이익되게 함으로,
때로는 일 같이함으로 거두었습니다."

집을 나와 출가상가의 한 구성원이 되어 오롯이 범행 닦는 수행자
가 비구·비구니라면, 집에 살며 깨끗한 믿음으로 계를 지니며 보시
행을 닦고 선정·지혜의 바른 법을 지니는 이를 우파사카·우파시카
라 한다. 출가제자인 비구·비구니·식차마나·사미·사미니와 함께
이들은 붇다의 제자 일곱 대중[七衆弟子]을 이룬다.

『번역명의집』은 우파사카와 우파시카의 뜻을 이렇게 정리한다.

『대론』[大智度論]에서는 붇다의 제자 일곱 대중을 말하니, 비구
·비구니·식차마나[學戒尼]·사미·사미니·우파사카·우파시
카이다.

그러나 여러 경 가운데서 네 대중[四衆]을 말하고 있으므로 예
부터 다 비구·비구니·우파사카·우파시카로 네 대중을 삼는다.

천태선사는 여기에서 다시 상가의 대중에 대해 마음가짐과 행
함을 따라, 첫째 보디의 마음을 일으킨 이[發起], 둘째 사람의 바탕
자체에 선근 갖춘 이[當機], 셋째 그림자와 메아리 같은 이[影響],
넷째 연을 맺은 이[結緣]의 네 가지를 세워 네 대중이라 하였다.

이렇게 되면 일곱 대중[七衆]은 비록 다르나 네 대중은 모두
통하니, 일곱 대중 네 대중이 같이 스물여덟 대중[二十八衆]을 이
룬다.

여래의 일곱 제자 대중 가운데 재가대중인 우파사카·우파시카
에 대해서 승조(僧肇)법사는 이렇게 말했다.

"뜻으로 옮겨 믿음이 깨끗한 남자 수행자[信土男], 믿음이 깨끗
한 여자 수행자[信土女]를 이름한다."

『정명소』(淨名疏)는 말한다.

"여기에서 청정한 남자 수행자[淸淨士] 청정한 여자 수행자[淸淨女]라고 하고, 또한 '잘 자는 남자'[善宿男] '잘 자는 여자'[善宿女]라고도 하니, 비록 집에 살아가나 오계를 지니고 남녀가 깨끗이 지내므로 잘 잔다고 말한다."

그러나 이렇게 말하는 것은 뜻을 꼭 그렇다고 정해 쓸 수는 없는 것이니 형계(荊溪)선사는 말한다.

"다른 경의 글을 의지해보면 다만 붇다께 가까이함으로 '잘 잔다'는 이름을 얻은 것이라고 하니, 남녀가 같이 자지 않는다는 뜻으로 정해서 말할 수 없는 것이다."

『열반소』(涅槃疏)는 말한다.

"하루 낮 하루 밤이라도 여덟 계를 받으면 잘 자는 우파사카라 이름한다."

『서역기』에서도 우파사카와 우파시카의 발음에 대해서 여러 가지로 말하고 있으며, '가까이 섬기는 이'[近事者]라고 번역한다고 말하고 있으나, 발음에 대한 말들은 다 잘못된 것이다.

뜻으로 '가까이 섬기는 이'라 말하는 것은 여러 붇다의 법을 가까이하고 받들어 섬기기 때문이다.

『후한서』에서는 우파사카를 여기 말로 '가까이 머묾'[近住]이라 옮긴다고 하고 있으니, 계를 받고 인욕을 행해 상가의 머묾[僧住]에 가까이함을 말한다.

따로 다나(dāna)라고 하니 이에 대해서는 『요람』(要覽)에서 이렇게 말한다.

"범어 다나파티(dāna-pati)는 여기 말로 시주(施主)이니, 지금

'단나'라고 하는 것은 타(陀)를 잘못 단(檀)이라 하고 파티를 없애버리고 나(那)만 남긴 것이다."

『사대승론』(思大乘論)은 이렇게 말한다.

"탐내고 아낌 미워함을 깨뜨리고 가난하고 하천한 이들의 괴로움을 깨뜨리므로 타(陀)라 일컫고, 뒤에 큰 재부를 얻어 복덕의 양식[福德資糧]을 이끌어내므로 나(那)라 말한다.

또 단월(檀越, dāna-pati)이라 말한 것에서 단(檀, dāna)은 곧 보시(布施)이니, 이 사람이 보시를 행해 가난의 바다[貧窮海] 건네주는 것을 말한다."

연꽃이 진흙 속에 있되 진흙에 물들지 않듯, 세간 탐욕의 물결 속에서 깨끗한 믿음을 지니며 보시행과 갖가지 거두는 법[四攝法]으로 지혜와 삶의 풍요에 나아가는 우파사카·우파시카의 생활은, 『화엄경』(「십회향품」)에서 보디사트바의 다음과 같은 행으로 표현된다.

한량없고 끝없는 붇다 공양하며
중생에게 보시하고 계를 지키어
여러 아는 뿌리 잘 눌러 지키며
여러 중생 이익되게 하기 위하여
그 온갖 것을 모두 청정케 하네.

供養無量無邊佛　布施持戒伏諸根
爲欲利益諸衆生　普使一切皆淸淨
사의할 수 없이 한량없는 겁토록
갖가지로 보시하되 마음에 싫증 없고

백천만억 길고 긴 오랜 겁 가운데
모든 착한 법 닦음도 다 이와 같아라.

不可思議無量劫　種種布施心無厭
百千萬億衆劫中　修諸善法悉如是

비록 모든 존재 다 청정하게 하지만
또한 모든 존재에 대해 분별치 않네.
모든 존재의 성품 있는 바 없음 알지만
그 중생 기쁘게 하고 뜻을 청정케 하네.

雖令諸有悉淸淨　亦不分別於諸有
知諸有性無所有　而令歡喜意淸淨

1 믿음과 지혜 갖춘 여러 장자들

• 이끄는 글 •

우파사카는 붇다의 제자 가운데 남자 신도 전체를 함께 일컫는 말이지만, 그 가운데 장자가 초기 상가의 성립과 유지에 가장 영향력이 큰 대표적 제자들이므로 장자에 관한 경을 엮어본다.

장자와 거사라고 말하는 사회계층은 인도의 사성계급의 신분질서 속에서 중간계층에 속하나, 붇다 당시 브라마나 사제계급 중심의 사회를 바이샤 중심의 사회로 전환시키는 데 중심 역할을 했다.

바이샤들의 상업자본의 축적과 도시상업국가의 출현으로써 사회는 사제 중심의 질서로부터 바이샤 중심의 사회로 재편되며, 정치적 수장들인 크샤트리아 계급의 힘 또한 강대해진다.

또 당시 사회의 물류와 사람의 이동이 슈라바스티 성과 라자그리하 성을 연결하는 중심선을 축으로 남북의 교역로를 따라 이루어짐으로써 공화정 체제의 작은 상업국가들은 차츰 코살라 국과 마가다 국 같은 강대한 전제국가로 통합되는 과정을 밟는다.

그 변동의 중심에 장자들이 있다.

붇다의 상가에 비하라를 지어 바친 장자로는 제타 숲 정사의 수닫타 장자, 암라 동산을 기증한 약사 지바카 장자, 카우삼비 국에서 고실라라마 동산을 기증한 고실라장자 등이 알려져 있다.

『번역명의집』은 장자에 관해 다음과 같이 기록하고 있다.

장자(長者)는 서쪽 인도의 종족이다. 부유한 상인과 큰 장사치들이 재물을 많이 모으면 모두 장자라 불렸다. 이쪽 중국 지방에선 그렇지 않으니 대개 덕이 있는 이를 일컫는 말이다.

『풍속통』(風俗通)에 이렇게 말한다.

"춘추시대 끝 정(鄭)나라에 어진 사람이 있어서 저술이 한 편이 있는데, 그를 정장자(鄭長者)라 불렀다. 곧 나이 들고 덕이 있어 사람들의 어른 노릇하는 사람을 장자라 하는 것이다."

『한자』(韓子)에는 '덕이 무겁고 두텁게 스스로 머무는 이를 장자라 한다'고 하였다.

천태선사의 『법화문구』(法華文句)는 이렇게 말했다.

"장자에게는 열 가지 덕이 있다.

첫째, 그 성이 귀하니 삼황오제(三皇五帝)의 후예나 황제를 좌우에서 세워주는 집안이다. 둘째, 지위가 높으니 지위가 왕을 보필하는 승상이거나 물산을 담당하는 높은 관리이다.

셋째, 큰 부자이니 이를테면 구리언덕 금골짜기를 가진 자, 곡식이 넘치고 사치하게 사는 자이다. 넷째, 위엄이 강함이니 위엄스러움이 서릿발같이 높고 무겁되 엄숙하지 않게 저절로 이루어지는 자이다. 다섯째, 지혜가 깊음이니 지혜라 함은 그 가슴이 무기창고 같고 방편의 기묘함이 빼어나 뛰어남이다.

여섯째, 나이드신 이이니 사람들이 몸을 낮춰 구부리는 분이다.

일곱째, 행실이 깨끗함이니 그 행실은 흰 구슬같이 티가 없고 행하는 것이 말함과 같음이다.

여덟째, 예의가 갖춰짐이니 예는 곧 저 살아가는 절도가 차례가 있고 세상이 모범으로 우러름이다. 아홉째, 윗사람이 찬탄함이니 위는 곧 공경하는바 한 사람이다. 열째, 아랫사람이 돌아감이니 아래는 곧 네 바다의 사람들이 돌아가는 것이다."

천태선사의 『정명소』는 장자의 열 가지 덕[十德]에 대해 이렇게 말한다.

"나라 안의 빼어난 사람을 장자라 하니, 반드시 귀족이다.

비록 귀족이나 작위가 낮고 작으면 성씨만을 바라보아 그를 일컬어[姓望] 말하지 않을 것이다. 비록 높은 지위이나 가난해 재물의 덕이 없으면 세상이 존중하지 않을 것이다.

비록 재물이 가득 쌓여 있어도 총애함이 없고 위엄스럽지 않으면 사람들이 공경하고 두려워하지 않을 것이다. 비록 큰 세력이 있으나 신묘한 작용이 어둡고 짧으면 지혜로운 사람들이 가볍게 여길 것이다. 비록 신묘하게 알고 밝게 비춤이 있어도 나이가 어리면 사람들의 뜻을 거두지 못할 것이다.

비록 나이가 늙어 얼굴 모습이 노인이 되어도 안의 행이 악하면 사람들이 그를 낮고 괴이하게 여길 것이다. 비록 행실을 조심해 티가 없어도 밖으로 예의를 빼뜨리면 우러러 사랑할 수 없을 것이다.

비록 나아가고 그침에 용납해줌이 있어도 만약 윗사람이 그와 화목하지 못하면 이름이 멀리 사무치지 못할 것이다. 비록 존귀하여 즐겁게 노래하고 살아도 은혜가 아래에 미치지 못하면 사람들이 숭상하지 않을 것이다.

그러므로 열 가지 덕을 갖추어야 장자라 말할 수 있는 것이다."

붇다 당시처럼 장자와 크샤트리아의 영향력이 컸던 시대에, 보배 곳간을 풀어 가난한 이를 돕는 장자의 모습과 정의의 칼로 악을 무찌르는 의로운 군대의 모습이 경 가운데서 다음과 같이 보디사트바의 삶에 투영된다.

『화엄경』(「입법계품」)은 말한다.

복과 지혜 갖춘 큰 상인의 주인
용맹스럽게 보디를 구하여
여러 중생들을 널리 이익케 하니
바라오니 이 제자를 지켜주소서.

福智大商主　勇猛求菩提
普利諸群生　願垂守護我

몸에는 욕됨 참는 갑옷을 입고
손에는 지혜의 칼을 잡고서
자재하게 마라 군대 항복받나니
바라오니 이 제자를 건져주소서.

身被忍辱甲　手提智慧劍
自在降魔軍　願垂拔濟我

1) 수닫타 장자

저희 집에 머무는 자는 누구나
깨끗한 믿음 얻고 목숨 마치면 하늘에 납니다

이와 같이 내가 들었다.

한때 붇다께서는 슈라바스티 국 제타 숲 '외로운 이 돕는 장자의 동산'에 계셨다.

그때 아나타핀다 장자('외로운 이 돕는 장자')가 붇다 계신 곳으로 찾아와 붇다의 발에 머리를 대 절하고 한쪽에 물러나 앉아서 말씀드렸다.

"세존이시여, 만약 어떤 사람이라도 우리 집에 있으면 다 깨끗한 믿음을 얻고, 우리 집에 있다가 목숨을 마치는 사람은 다 하늘에 나게 됩니다."

장자의 말을 크게 찬탄하시고 그 뜻을 물으심

붇다께서 말씀하셨다.

"잘 말하고 잘 말했다, 장자여. 이는 깊고 묘한 말이고, 이는 한결같이 받아들일 수 있는 말이다. 그대는 대중들 가운데서 사자처럼 외쳐 '우리 집에 있는 이는 다 깨끗한 믿음을 얻고, 또 목숨을 마치면 다 하늘에 난다'고 말하는구나.

그러면 어떤 큰 덕과 신묘한 힘이 있는 비구가 그대를 위해 이렇게 말해주던가.

'무릇 그대의 집에 있다가 목숨을 마치는 이는 모두 하늘에 난다.'"

장자가 붇다께 말씀드렸다.

"아닙니다, 세존이시여."

세존께서 다시 물으셨다.

"어떤가? 비구니가 그런 말을 하던가, 여러 하늘들이 그런 말을 하던가, 그것도 아니면 여래가 있는 곳 얼굴 앞에서 내 말을 들은 사람이 그런 말을 하던가?"

장자가 붇다께 말씀드렸다.

"아닙니다, 세존이시여."

"그러면 어떤가? 장자여, 그대 스스로 알고 보는 것으로 인해 '우리 집에 있다가 목숨을 마치는 이는 다 하늘에 난다'고 알았느냐?"

장자가 붇다께 말씀드렸다.

"아닙니다, 세존이시여."

붇다께서 장자에게 말씀하셨다.

"그대는 이미 큰 덕과 신묘한 힘이 있는 비구에게서 들은 것도 아니고, 비구니나 하늘로부터 들은 것도 아니며, 또 내 얼굴 앞에서 말을 들은 이로부터 들은 것도 아니고, 스스로 알고 보는 것을 인하지도 않고 이렇게 말하고 있다.

'만약 누구나 우리 집에 있다가 목숨을 마치면 다 하늘위에 난다.'

그대는 지금 무엇을 말미암아 이와 같이 깊고 묘한 말[深妙說]을 하며 또 한결같이 받아들이도록 해 대중들 가운데에서 사자처럼 외쳐 '어떤 사람이든지 우리 집에서 목숨을 마치면 다 하늘위에 난다'고 말하느냐?"

장자의 믿음 행이 삼보의 진리 그대로를 따름을 말씀드림

장자가 붇다께 말씀드렸다.

"큰 덕과 신묘한 힘이 있는 어떤 비구가 제게 와서 말해준 적도 없고, 비구니나 여러 하늘, 여래의 얼굴 앞에서 들은 이가 와서 말해준 적도 없습니다.

또 스스로 알고 보는 것을 인해 '우리 집에 있다 목숨 마치는 이는 다 하늘에 난다'고 말하지도 않습니다.

세존이시여, 저는 어떤 중생으로 주인된 이가 아기를 배었을 때에는 그에게 가르칩니다.

'그 아이를 위해 붇다께 귀의하고 법과 상가에 귀의하라.'

아기가 태어났을 때에 다시 '세 곳[三歸, 佛·法·僧]에 귀의하라'고 가르치고, 그 아이가 알고 보는 분별이 생겼을 때에는 다시 '계를 가지라'고 가르칩니다.

설사 따르는 이나 심부름꾼, 낮고 천한 나그네들이 아기를 배고 또 낳았을 때에도 이와 같이 가르칩니다.

그리고 만약 어떤 사람이 데리고 부리는 이[奴婢]를 팔려고 하면 나는 바로 그에게 가서 이렇게 말합니다.

'어진 이여, 내가 그 사람을 사겠소. 그대는 반드시 붇다께 귀의하고 법에 귀의하며 비구상가에 귀의하시오, 그리고 금한 계를 받아지니시오.'

나의 가르침을 따르면 곧 다섯 가지 계를 주고 그런 뒤에 값을 따라 사지만, 내 가르침을 따르지 않으면 사지 않습니다.

만약 다시 손님을 재우거나 일꾼을 부릴 때에도 또한 다시 먼저 세 곳에 귀의하게 하고 다섯 가지 계를 준 뒤에 그들을 받아들입니다.

만약 다시 제게 와서 제자가 되려고 하거나 돈을 빌리러 와 이자를 놓더라도, 나는 먼저 반드시 붇다와 다르마와 상가 세 곳[三處]에 귀의하게 하고 '다섯 가지 계'를 준 뒤에 그들의 말을 들어줍니다.

또 우리 집에서 붇다와 비구상가에 공양할 때에도 부모의 이름을 일컫고, 형제·처자·친척·아는 벗·국왕·대신·여러 하늘·용신들과, 산 자와 죽은 이들, 사문과 브라마나, 그리고 안팎의 여러 붙이들과 밑으로 데리고 부리는 이들에 이르기까지 모두 그 이름을 일컬어 축원합니다.

또 세존께 들은 그 이름까지 일컬어 축원합니다.

이 인연으로 인하여 그들은 다 하늘위에 나게 됩니다.

또는 동산이나 밭을 보시하기도 하고, 또는 방과 집, 평상·자리끼를 보시하기도 하며, 늘 행하는 보시[常施]를 하거나 다니는 길에서 보시[施行路]해도 그 인연으로 모든 사람이 하늘에 나며, 나아가 한 덩이 밥을 중생에게 보시하더라도 다 이 여러 인연으로 인하여 그들은 하늘위에 나게 될 것입니다."

장자의 믿음의 행을 크게 찬탄하고 인정하심

붇다께서 말씀하셨다.

"잘 말하고 잘 말했다. 장자여, 그대는 믿는 마음이 있기 때문에 이런 말을 할 수 있다. 여래는 거기에 대해 알고 보는 위없는 지혜가 있다.

그래서 어떤 사람이든지 그대 집에서 목숨을 마치면 모두 하늘에 난다는 것을 잘 살펴 안다."

그때 아나타핀다다는 붇다의 말씀을 듣고 기뻐하면서 절하고 떠나갔다.

• 잡아함 1241 급고독경(給孤獨經)

• 해설 •

수닫타 장자를 아나타핀다다(Anāthapiṇḍada) 장자라 하니, 아나타 (anātha)는 '외로운 이'를 말하고 핀다다(piṇḍada)는 '도와준다'는 뜻이니, '외로운 이 돕는 장자'라 한다.

『번역명의집』에서는 수닫타 장자의 이름을 이렇게 기록하고 있다.

수닫타(Sudatta)의 이름에 대해서는 『서역기』에서 '여기 말로 잘 베푸는 이[善施]'라 하고, 또한 '즐겁게 베푸는 이[樂施]라 한다'고 하였다.

옛날에 수달(須達)이라고 했다는 것은 잘못이다. 수닫타는 프라세나짓 왕[勝軍王]의 대신으로 어질고 지혜가 밝은 사람이다. 재물을 쌓아 풀어주어 없는 이에게 나누고 가난한 이를 건져주며 외로운 이를 슬피 여기고 늙은이를 보살펴주므로 당시 그 덕을 아름답게 여겨 '외로운 이 돕는 이'[給孤獨]라 이름하였다.

『맹자』(孟子)에 이렇게 말한다.

"늙어 부인이 없는 이를 홀아비[鰥]라 하고, 늙어서 남편이 없는 이를 홀어멈[寡]이라 하며, 늙어서 자식이 없는 이를 홀로 있음[獨]이라 하고, 어려서 아버지 없음을 외로운 이[孤]라 한다.

이 네 사람이 천하에 가난한 백성으로 하소연할 곳이 없는 사람들[無告者]이다."

지금 이 장자는 외롭고 홀로 된 이들을 건져주고 베풀어주는 사람이라 '외로운 이 돕는 장자'라 한다."

이 장자는 늘 외로운 이를 도울 뿐 아니라 붇다의 상가에 제타 숲 정사를 지어 바치니, 슈라바스티 성을 붇다 상가의 수행과 전법의 중심지로 만들었다.

그는 믿음이 지극한 우파사카로 믿음 깊은 자신의 집에 머무는 자마저 다 그 복으로 하늘에 난다고 말한다.

'수닷타 장자의 이 말은 스스로 한 말인가 남에게 들어서 한 말인가.'

세존의 이 물음에 깊은 뜻이 있으니, 자기 집에 함께하는 자는 저 하늘에 난다는 수닷타의 이 말은 연기의 진리에 대한 믿음의 마음에서 나온 말이 다. 연기법에서 모든 법이 나는 것은 주체를 인함도 아니고 객체를 인함도 아니며 주체와 객체를 떠남도 아니다.

수닷타의 믿음은 연기의 진실인 진여의 법을 믿는 것이니 믿는 마음[能信]과 믿는바 진리[所信]는 둘이 없다. 마음과 진리가 둘 없는 믿음의 마음 가운데는 안도 없고 밖도 없고 안팎을 떠남도 없다.

곧 수닷타의 말은 스스로 하는 말도 아니고 남에게 들어서 하는 말도 아니지만, 수닷타의 마음과 말은 나와 남을 떠나지 않으며 진여법계(眞如法界)를 떠나지 않는다.

진여의 깨끗한 믿음 자리에 서서 아이 밴 어버이에게도, 태에 든 아이에게도, 심부름꾼, 따르는 이, 부리는 이, 길에서 만난 이에게도 이 깊은 믿음의 마음으로 축원하고 이 깊은 믿음의 마음으로 보시하니, 이 진여 그대로의 실천의 씨앗이 어찌 해탈의 과보가 없겠는가.

그러므로 이 믿음의 마음에 함께하는 자, 그가 축원하는 자, 그가 베풀어주는 것을 받는 자, 그와 함께 사는 자, 그 믿음 어린 집에 하룻밤 묵은 자도 진여법계의 힘으로 하늘에 나고 삼보의 진리에 그윽이 하나되는 것이다.

하늘에 난 수닫타 장자가 다시 세존께
예경하고 사리푸트라를 찬탄했으니

이와 같이 내가 들었다.

한때 붇다께서는 슈라바스티 국 제타 숲 '외로운 이 돕는 장자의 동산'에 계셨다. 때에 아나타핀다는 병을 앓아 목숨을 마친 뒤에 투시타하늘에 나서 투시타하늘신이 되어 이렇게 생각하였다.

'나는 여기서 오래 머무를 수 없다. 가서 세존을 뵈어야 한다.'

이렇게 생각하고는, 마치 힘센 장사가 팔을 굽혔다 펴는 동안에 투시타하늘에서 사라져 붇다 앞에 나타나, 붇다의 발에 머리를 대 절하고 한쪽에 물러나 앉았다.

하늘신 수닫타가 여래의 상가와 사리푸트라를 찬탄함

때에 '외로운 이 돕던 하늘신'은 몸에서 밝은 빛을 놓아 제타 숲 '외로운 이 돕는 장자의 동산'을 두루 비추었다.

이때 외로운 이 돕던 하늘신은 게송으로써 말했다.

여기 이 제타 숲 동산에는
선인이신 상가대중이
머물러 살고 계시고
여러 왕들도 여기 머물러
내 기쁜 마음을 늘려주네.

깊은 믿음 깨끗한 계의 업
지혜가 빼어난 목숨이 되어
이로써 중생을 깨끗이하므로
좋은 종족이나 재물이 아니네.

지혜 크신 사리푸트라 존자
바른 생각으로 선정 닦으사
늘 고요하고 말 없으시며
아란야에 한가히 지내며
멀리 떠남의 행을 닦으사
처음 좋은 업을 세워주시니
참으로 좋은 벗과 스승이셨네.

이 게송을 말하고는 이내 사라져 나타나지 않았다.

세존께서 하늘신 수닷타의 게송을 대중에게 일러주심

그때에 세존께서는 그 밤을 나고 대중 가운데 들어가시어, 니시다나를 펴고 대중 앞에 앉아 여러 비구들에게 말씀하셨다.

"지금 이 밤에 얼굴빛이 아주 묘한 어떤 하늘신이 나 있는 곳에 와서, 내 발에 머리를 대 절하고 한쪽에 물러앉아 게송을 말하였었다.

여기 이 제타 숲 동산에는
선인이신 상가대중이
머물러 살고 계시고

여러 왕들도 여기 머물러
내 기쁜 마음을 늘려주네.

깊은 믿음 깨끗한 계의 업
지혜가 빼어난 목숨이 되어
이로써 중생을 깨끗이하므로
좋은 종족이나 재물이 아니네.

지혜 크신 사리푸트라 존자
바른 생각으로 선정 닦으사
늘 고요하고 말 없으시며
아란야에 한가히 지내며
멀리 떠남의 행을 닦으사
처음 좋은 업을 세워주시니
참으로 좋은 벗과 스승이셨네.

그때에 존자 아난다는 붇다께 여쭈었다.

"세존이시여, 세존께서 말씀하신 것을 제가 이해하기로는 아나타 핀다다 장자가 저 하늘위에 난 뒤에 세존께 와서 뵌 것입니다.

그리고 저 아나타핀다다 장자는 존자 사리푸트라와 아주 서로 공경하고 존중했습니다."

붇다께서는 아난다에게 말씀하셨다.

"그렇고 그렇다. 아난다여, 아나타핀다다는 저 하늘위에 난 뒤에 나를 와서 본 것이다."

사리푸트라의 지혜를 찬탄하시고 여래의 지혜를 보이심

그때에 세존께서는 존자 사리푸트라 때문에 이렇게 게송을 말씀하셨다.

오직 위없는 여래를 내놓고서
온갖 세간 그 어떤 지혜도
사리푸트라의 지혜에 견주면
열여섯의 하나에도 못 미치네.

저 사리푸트라의 지혜는
하늘사람과 같이 평등하나
여래의 위없는 지혜에 견주면
열여섯의 하나에도 못 미치네.

붇다께서 이 경을 말씀하시자, 여러 비구들은 붇다의 말씀을 듣고 기뻐하며 받들어 행하였다.

• 잡아함 593 급고독생천경(給孤獨生天經)

• 해설 •

잘 보시를 행하고 믿음과 범행을 닦아 저 하늘에 나는 것이 끝이 아니고, 사리푸트라 같은 높은 성문의 지혜도 위없는 여래의 지혜에 의지해 일어난 것이니 진여법계인 여래의 지혜가 끝이 된다. 그러므로 저 하늘신 수닫타도 온갖 성문들도 여래의 지혜 자체인 진여법계 가운데서 다시 보디의 완성자인 여래를 찬탄하고 그 지혜의 바다에 돌아가는 것이다.

저 하늘신인 수닫타는 슈라바스티 성 수닫타 장자일 때 이미 굳센 믿음의 땅에 서서 버릴 사람의 몸[人身]이 없음을 알았으므로, 지금 투시타하늘의 몸[天身]을 받았으되 실로 받음이 없다. 그는 하늘몸을 받은 하늘신이되 하늘신 아닌 하늘신이라 한 발자국도 여래의 사방상가 밖으로 나감이 없이 제타 숲 정사에 다시 돌아와 세존께 예배하고 법을 듣는 것이다.

수닫타는 슈라바스티 성의 사람몸을 버리고 투시타하늘신이 되었지만, 투시타하늘 떠남이 없이 이곳 슈라바스티 성에 돌아와 여래와 상가를 찬탄한다. 투시타하늘을 떠남 없이 이곳 제타 숲에 다시 돌아온 수닫타의 하늘몸의 가고 오는 모습이 곧 법계진리의 땅을 떠남 없이 세간에 모습 나투는 보디사트바의 큰 자비행인 것이다.

『화엄경』(「초발심공덕품」初發心功德品) 또한 걸림 없는 보디사트바의 행을 다음과 같이 보인다.

여래의 법 잘 행하는 보디사트바가
큰 자비로 널리 건짐 견줄 수 없어
자비의 마음 널리 두루해 허공 같네.
중생에 대해 분별하지 않고
이같이 청정하게 세간 노니네.

大悲廣度最無比 慈心普遍等虛空
而於衆生不分別 如是清淨遊於世

보디사트바는 묘한 지혜의 빛을 갖춰
인연을 잘 깨달아 의심이 없이
온갖 미혹 다 없애 끊어버리고
이와 같이 걸림 없이 법계 노니네.

菩薩具足妙智光 善了因緣無有疑
一切迷惑皆除斷 如是而遊於法界

2) 우그라 장자

가르침 듣고 우그라 장자가
'일찍이 없었던 법'을 갖추었으니

나는 들었다, 이와 같이.

한때 붇다께서 바이샬리를 노닐어 다니실 적에 큰 숲[大林] 가운데 계셨다.

그때 우그라(Ugra) 장자는 오직 여인들만 따라 모시도록 하고 여러 여인들 앞에 서서 바이샬리에서 나왔다. 그러고는 바이샬리와 큰 숲 가운데서 기녀들과 왕처럼 놀이하고 즐기고 있었다.

그러다가 우그라 장자는 술을 많이 마셔 크게 취해서 여러 여인들을 내버려 둔 채 큰 숲 가운데로 갔다.

술이 잔뜩 취해서 멀리서 세존께서 나무숲 사이에 계시는 것을 보았는데, 그 모습은 단정하고 아름다워 별 가운데 달과 같으시고, 빛이 환히 빛나 그 밝음이 황금산과 같았다.

그리고 좋은 모습[相好]이 갖추어져 그 위신의 힘은 산처럼 우뚝하사, 여러 아는 뿌리가 고요히 안정되어 가려 막힘이 없고 잘 다루어 고룸을 이루시고, 마음을 쉬어 말없이 고요하셨다.

그는 붇다를 뵙자, 곧바로 취한 기운이 깨었다. 우그라 장자는 술이 깨자 곧 붇다께 나아가 머리를 대 발에 절하고 물러나 한쪽에 앉았다.

우그라 장자가 법의 눈을 얻고서 삼보에 귀의함

그때 세존께서 그를 위하여 설법하셔서, 목마르듯 우러르는 마음을 내게 하시고 기쁨을 성취하게 하셨다.

한량없이 많은 방편으로 그를 위해 설법하여 목마르듯 우러르는 마음을 내게 하고 기쁜 마음을 내게 한 다음 모든 붇다의 항상한 법을 따라, 먼저 바르고 곧은 법[端正法]을 말씀하시자 듣는 사람마다 모두들 기뻐하였다.

바르고 곧은 법이란 곧 보시를 설하시고 또 계를 설하시며 하늘에 나는 법을 설함이었다. 그리고 그 법은 또 탐욕은 재앙과 걱정거리라 꾸짖으시고, 나고 죽음을 더러움이라 하시고, 탐욕 없음의 아름다움과 여러 실천법[道品]의 희고 깨끗함[白淨]을 찬탄함이었다.

이와 같이 세존께서는 그를 위하여 이런 법을 설하셨다.

그런 뒤에 붇다께서는 그에게 기뻐하는 마음, 갖춘 마음, 부드러운 마음, 견디어 참는 마음, 빼어난 마음, 한결같은 마음, 의심이 없는 마음, 덮음이 없는 마음이 있고, 해낼 수 있고 힘이 있어, 바른 법을 견디어 받을 수 있음을 아셨다.

그래서 여러 붇다께서 바른 법의 요점[要]을 말씀하신 것처럼 세존께서도 곧 그를 위하여 괴로움[苦]과 괴로움의 익히어냄[習], 괴로움의 사라짐[滅]과 괴로움을 없애는 길[道]에 대하여 말씀하셨다.

그때 우그라 장자는 그 자리에서 네 가지 거룩한 진리[四聖諦]인 괴로움·괴로움의 익히어냄·괴로움의 사라짐·괴로움 없애는 길에 대하여 깨달았다.

마치 희고 깨끗한 바탕이 쉽게 물들여지는 것처럼 우그라 장자 또한 그와 같아서, 그 자리에서 네 가지 거룩한 진리인 괴로움·괴로움의 익히어냄·괴로움의 사라짐·괴로움 없애는 길을 깨달았다.

이에 우그라 장자는 이미 법을 보고 법을 얻고 희고 깨끗한 법[白淨法]을 깨달았다. 의심을 끊고 미혹을 건너서 다시 다른 이를 높이지 않고 남을 따르지 않고, 머뭇거려 망설임 없이 이미 과덕 얻음[果證]에 머물렀고, 세존의 법에서 두려움이 없게 되었다.

그는 곧 자리에서 일어나 붇다께 절하고 말씀드렸다.

"세존이시여, 저는 지금 붇다와 법과 비구상가에 귀의하겠습니다. 세존께서는 제가 우파사카가 되도록 받아주시길 바랍니다.

저는 오늘부터 이 몸을 마치도록 스스로 귀의하여 목숨이 다하는 그날까지 그렇게 하겠습니다.

세존이시여, 저는 오늘부터 세존을 따라 스스로 몸과 목숨이 다할 때까지 범행을 으뜸으로 삼아 다섯 가지 계를 받아 지니겠습니다."

집에 돌아와 선행을 베풀자,
세존께서 일찍이 없었던 법을 찬탄하심

우그라 장자는 세존을 따라 스스로 몸과 목숨이 다할 때까지 범행을 으뜸으로 삼기로 하고 다섯 가지 계를 받아 지닌 뒤에[受持五戒已], 붇다의 발에 머리를 대 절하고 붇다를 세 바퀴 두른 다음 물러갔다.

그는 집에 돌아가 여러 부인들을 모아놓고 말하였다.

"그대들은 아오? 나는 세존을 따라 몸과 목숨이 다할 때까지 범행을 으뜸으로 삼아 다섯 가지 계를 받아 지닐 것이오.

그러니 그대들이 여기서 머물고 싶다면 여기서 머물되 보시를 행하여 복을 짓도록 하오.

만약 여기서 머물고 싶지 않거든 곧 각기 스스로 돌아가시오. 만약 그대들이 시집을 가고자 한다면 나는 그대들을 모두다 시집보내주겠소."

이때 가장 큰 부인이 우그라 장자에게 말하였다.

"만약 당신께서 붓다를 따라 몸과 목숨이 다할 때까지 범행을 으뜸으로 삼아 다섯 가지 계를 받아 지니셨다면, 저를 저 아무개에게 시집보내주십시오."

우그라 장자는 곧 그 사람을 불러놓고, 왼손으로 큰 부인의 팔을 잡고 오른손으로는 금 물거르개를 들고 그 사람에게 말했다.

"나는 지금 이 큰 부인을 너에게 아내로 주겠다."

그 사람이 이 말을 듣고 크게 두려워 온몸의 털이 곤두서서 우그라 장자에게 말하였다.

"장자시여, 저를 죽이려 하십니까. 저를 죽이려 하십니까?"

장자가 대답하였다.

"너를 죽이려는 것이 아니다. 나는 붓다를 따라 몸과 목숨이 다할 때까지 범행을 으뜸으로 삼기로 하고 다섯 가지 계를 받아 지니려 한다. 그래서 나는 지금 가장 큰 부인을 너의 아내로 주는 것이다."

우그라 장자는 큰 부인을 이미 주었고 남은 부인들도 다 줄 것이지만, 줄 때에는 조금도 후회하는 마음이 없었다.

이때에 세존께서는 한량없는 백천 대중들에게 둘러싸여 그 가운데서 우그라 장자를 칭찬하고 찬탄하며 말씀하셨다.

"우그라 장자에게는 여덟 가지 '일찍이 없었던 법'[未曾有法]이 있다."

여덟 가지 일찍이 없었던 법을 보임

첫째, 세존 뵙고 술기운이 깸을 보임

이에 어떤 비구가 이른 아침에 가사를 입고 발우를 가지고 우그라 장자의 집으로 갔다.

우그라 장자는 멀리서 비구가 오는 것을 보고 곧 자리에서 일어나 한쪽 어깨를 드러내 옷을 입고는 두 손을 맞잡고 비구에게 말하였다.

"존자여, 잘 오셨습니다. 존자께서는 오랜만에 여기에 오셨습니다. 이 평상에 앉으시길 바랍니다."

그때 비구는 곧 그 자리에 앉았다. 우그라 장자는 비구의 발에 절하고 물러나 한쪽에 앉았다.

비구가 장자에게 말하였다.

"장자여, 그대에게는 좋은 이익이 있고 큰 공덕이 있소.

왜냐하면 세존께서 그대를 위하여 한량없이 많은 백천 대중들에게 둘러싸인 가운데 '여덟 가지 일찍이 없었던 법이 있다'고 칭찬하셨기 때문이오. 장자여, 그대에게는 어떠한 법이 있소?"

우그라 장자가 비구에게 대답하였다.

"존자여, 세존께서는 처음부터 틀린 말씀은 하시지 않으십니다. 그러나 저는 세존께서 무슨 까닭으로 그런 말씀을 하셨는지 모릅니다. 다만 존자께서는 제게 있었던 일을 들어보십시오.

한때 세존께서 바이샬리를 노닐어 다니실 적에 큰 숲 가운데 계셨습니다. 존자여, 저는 그때는 오직 여인들만 모셔 따르게 하고는 내가 맨 앞에 서서 바이샬리를 나와, 바이샬리와 큰 숲 가운데서 기녀들과 즐겨 노닐기를 왕처럼 하였습니다.

존자여, 저는 그때 크게 취하도록 술을 마셔 여러 여인들을 내버려 둔 채 큰 숲속으로 갔었습니다. 저는 그때에 술이 잔뜩 취해 있었는데, 멀리서 세존께서 나무숲 사이에 계시는 것을 보았습니다.

그때 세존의 모습은 단정하고 아름답기가 별 가운데 달과 같으셨고, 빛이 환히 빛나 황금산과 같으셨습니다. 좋은 모습이 갖추어져 위신의 힘은 우뚝하시고, 여러 아는 뿌리가 고요히 안정되어 가려 막힘이 없고, 잘 다루어 고룸을 이루시고 마음을 쉬어 말없이 고요하셨습니다. 저는 붇다를 뵙자, 곧바로 술이 깼습니다.

존자여, 제게는 이런 법(法)이 있었습니다."

비구가 찬탄하며 말했다.

"장자여, 만약 이런 법이 있다면 아주 기이하고 아주 빼어난 일입니다."

둘째, 세존의 설법 듣고 사제의 진리 깨침을 보임

"존자여, 제게는 이런 법만 있는 것이 아닙니다.

존자여, 저는 술이 깬 뒤에 곧 붇다께 나아가 머리를 대 발에 절하고 물러나 한쪽에 앉았습니다.

세존께서는 저를 위해 설법하시어, 목마르듯 우러르는 마음을 내게 하시고 기쁨을 성취하게 하셨습니다.

세존께서는 한량없이 많은 방편으로 저를 위해 설법하셔서 목마르듯 우러르는 마음을 내게 하고 기쁨을 성취하게 한 다음, 모든 붇다의 법과 같이 먼저 곧고 바른 법을 말씀하셨는데 듣는 사람들마다 모두 기뻐하였습니다.

곧고 바른 법이란 곧 보시를 설하시고 계를 설하시며, 하늘에 나는 법을 설하심입니다. 그러고는 탐욕은 재앙과 걱정거리라 꾸짖으시고, 나고 죽음을 더러움이라 하셨으며, 탐욕 없음의 아름다움과 여러 실천법의 희고 깨끗함을 찬탄하심입니다.

세존께서는 저를 위하여 이와 같은 법을 말씀하신 뒤 내게 기뻐하는 마음, 갖춘 마음, 부드러운 마음, 견뎌 참는 마음, 빼어난 마음, 한결같은 마음, 의심이 없는 마음, 덮음이 없는 마음이 있고, 해낼 수 있고 힘이 있어, 바른 법을 견디어 받을 수 있음을 아셨습니다.

그래서 모든 붓다께서 바른 법의 요점을 말씀하신 것처럼, 세존께서도 곧 저를 위하여 괴로움·괴로움의 익히어냄·괴로움의 사라짐·괴로움 없애는 길에 대하여 말씀해주셨습니다.

그때에 저는 그 자리에서 괴로움·괴로움의 익히어냄·괴로움의 사라짐·괴로움 없애는 길의 네 가지 거룩한 진리를 깨달았습니다.

마치 희고 깨끗한 바탕이 쉽게 물들여지는 것처럼, 저 또한 그와 같아서 그 자리에서 괴로움·괴로움의 익히어냄·괴로움의 사라짐·괴로움 없애는 길의 네 가지 거룩한 진리를 깨달았습니다.

존자여, 저에게는 이런 법이 있었습니다."

비구가 찬탄하며 말하였다.

"장자여, 만약 그런 법이 있다면 아주 기이하고 아주 빼어난 일입니다."

셋째, 삼보에 귀의하여 계 받아 지님을 보임

"존자여, 저에게는 이런 법만 있는 것이 아닙니다.

존자여, 저는 또 법을 보았고 법을 얻었으며 희고 깨끗한 법을 깨달았습니다. 의심을 끊고 미혹을 건너서 다시 다른 이를 높이지 않고 남을 따르지 않으며, 머뭇거려 망설임 없이 이미 과덕 얻음에 머물렀고, 세존의 법에서 두려움이 없게 되었습니다.

존자여, 저는 그때 곧 자리에서 일어나, 붇다의 발에 머리를 대 절하고 이렇게 말했습니다.

'세존이시여, 저는 지금 붇다와 법과 비구상가에 귀의하겠습니다. 세존께서는 제가 우파사카가 되도록 받아주시길 바랍니다.

저는 오늘부터 이 몸이 다할 때까지 스스로 귀의하여 목숨이 다하는 그 날까지 그렇게 하겠습니다.

세존이시여, 저는 오늘부터 세존을 따라 스스로 몸과 목숨이 다할 때까지 범행을 으뜸으로 삼아 다섯 가지 계를 받아 지니겠습니다.'

존자여, 저는 세존을 따라 스스로 몸과 목숨이 다할 때까지 범행을 으뜸으로 삼을 것이고, 다섯 가지 계를 받아 지녀 일찍이 그것을 범한 적이 없습니다. 존자여, 제게는 이런 법이 있습니다."

비구가 찬탄하며 말하였다.

"장자여, 만약 그런 법이 있다면 아주 기이하고 아주 빼어난 일입니다."

넷째, 집에 돌아와 따르는 집안의 붙이들을 풀어줌을 보임
"존자여, 제게는 이런 법만 있는 것이 아닙니다.

존자여, 저는 또 그때에 세존을 따라 스스로 몸과 목숨이 다할 때까지 범행을 으뜸으로 삼기로 하고 다섯 가지 계를 받아 지닌 뒤에, 붇다의 발에 머리를 대 절하고 붇다를 세 바퀴 두른 뒤 물러 나왔습니다.

저는 집으로 돌아와 여러 부인들을 모아놓고 말했습니다.

'그대들은 아오? 나는 세존을 따라 몸과 목숨이 다할 때까지 범행을 으뜸으로 삼기로 하고 다섯 가지 계를 받아 지닐 것이오.

그러니 그대들이 여기서 머물고 싶다면 여기서 머물되 보시를 행하여 복을 짓도록 하오.

만약 여기서 머물고 싶지 않거든 곧 각기 스스로 돌아가시오. 만약 그대들이 시집을 가고자 한다면 나는 그대들을 모두다 시집보내주겠소.'

이때 가장 큰 부인이 저에게 와서 말했습니다.

'만약 당신께서 붇다를 따라 몸과 목숨이 다할 때까지 범행을 으뜸으로 삼아 다섯 가지 계를 받아 지니셨다면, 저를 저 아무개에게 시집보내주십시오.'

저는 곧 그 사람을 불러놓고, 왼손으로 큰 부인의 팔을 잡고 오른손으로는 금 물거개를 들고 그 사람에게 말하였습니다.

'나는 지금 이 큰 부인을 너에게 아내로 주겠다.'

그 사람이 이 말을 듣고 크게 두려워 온몸의 털이 곤두서서 저에게 말했습니다.

'장자시여, 저를 죽이려 하십니까. 저를 죽이려 하십니까?'

저는 그에게 대답했습니다.

'너를 죽이려는 것이 아니다. 나는 붇다를 따라 몸과 목숨이 다할 때까지 범행을 으뜸으로 삼기로 하고 다섯 가지 계를 받아 지니려한다. 그래서 나는 지금 가장 큰 부인을 너의 아내로 주는 것이다.'

존자여, 저는 큰 부인을 그에게 주고 남은 부인도 다 줄 것이지만, 줄 때에는 조금도 후회하는 마음이 없었습니다.

존자여, 저에게는 이런 법이 있습니다."

비구가 찬탄하며 말하였다.

"장자여, 만약 그런 법이 있다면 아주 기이하고 아주 빼어난 일입니다."

다섯째, 비구상가를 늘 공경함을 보임

"존자여, 저에게는 이런 법만 있는 것이 아닙니다.

다시 존자여, 저는 비구대중이 사는 동산에 갈 때, 만약 처음 어떤 비구를 만나면 곧 절을 올립니다.

만약 그 비구가 거닐어 다니면 저도 따라 거닐어 다니고, 그가 앉으면 저도 따라 한쪽에 앉아 법을 듣습니다.

그 존자가 저를 위해 설법하면 저 또한 그 존자를 위해 설법하고, 그 존자가 제 일을 물으면 저도 그 존자의 일을 묻고, 그 존자가 제 일에 대답하면 저도 그 존자의 일에 대답합니다.

존자여, 저는 아직 일찍이 위와 가운데와 아래의 장로나 높은 존자 비구를 업신여긴 기억이 없습니다. 저에게는 이런 법이 있습니다."

비구가 찬탄하며 말하였다.

"장자여, 만약 그런 법이 있다면 매우 기이하고 매우 빼어난 일입니다."

여섯째, 현성께 보시할 때 분별의 뜻이 없음을 보임

"존자여, 저에게는 이런 법만 있는 것이 아닙니다.

다시 존자여, 제가 비구대중에 있으면서 보시를 행할 때 하늘신이 허공에 머물며 저에게 말했습니다.

'장자여, 이분은 아라한(arhat, 應供)이고, 이분은 '아라한에 향하는 이'오. 이분은 아나가민(anāgāmin, 不來)이고, 이분은 '아나가민에 향하는 이'오. 이분은 사크리다가민(sakṛdāgāmin, 一來)이고, 이분은 '사크리다가민에 향하는 이'오. 이분은 스로타판나(srotāpanna, 入流)이고, 이분은 '스로타판나에 향하는 이'오.

이 사람은 정진하는 사람이고, 이 사람은 정진하지 않는 사람이오.'

그러나 존자여, 저는 비구대중에게 보시할 때 일찍이 분별의 뜻을 가진 적이 없습니다. 제게는 이런 법이 있습니다."

비구가 찬탄하며 말하였다.

"장자여, 만약 그런 법이 있다면 매우 기이하고 매우 빼어난 일입니다."

일곱째, 스스로의 지혜로 여래와 상가의 공덕을 찬탄하고 따름을 보임

"존자여, 저에게는 이런 법만 있는 것이 아닙니다.

다시 존자여, 제가 비구대중에 있으면서 보시를 행할 때 하늘신이 허공에 머물며 저에게 말하였습니다.

'장자여, 여래·집착이 없으신 분·바르게 깨치신 분·세존께서는 잘 설하시고, 여래의 거룩한 상가는 잘 향해 나아가시오.'

그러나 존자여, 저는 저 하늘을 따라 믿는 것이 아니고, 저들의 즐겨 하고자 함을 따라 즐거워함이 아니며, 저들이 들은 것을 따라 들은 것이 아닙니다.

다만 저에게는 스스로 깨끗한 지혜가 있어, 여래·집착이 없으신 분·바르게 깨치신 분·세존께서는 잘 설하시고 여래의 상가는 잘 향해 나아감을 압니다.

존자여, 저에게는 이런 법이 있습니다."

비구가 찬탄하며 말하였다.

"장자여, 만약 그런 법이 있다면 매우 기이하고 매우 빼어난 일입니다."

여덟째, 다섯 낮은 곳의 묶음 다하지 않음 없음을 보임

"존자여, 제게는 이런 법만 있는 것이 아닙니다.

다시 존자여, 붇다께서 말씀하신 다섯 가지 낮은 곳의 묶음[五下分結]은 곧 탐욕(貪欲)·성냄[瞋恚]·몸의 그릇된 견해[身見]·그릇된 계의 집착[戒取]·의심[疑]입니다.

이 다섯 가지는 나를 묶어 이 세간에 돌아와 태에 들게 하는 것인데, 저는 이 다섯 가지가 하나라도 다하지 않음 없음을 다 봅니다. 존자여, 저에게는 이런 법이 있습니다."

비구가 찬탄하였다.

"장자여, 만약 그런 법이 있다면 매우 기이하고 매우 빼어난 일입니다."

비구의 말을 전해 들으신 세존께서 장자를 찬탄하심

우그라 장자가 비구에게 말하였다.

"존자여, 여기서 공양하시길 바랍니다."

비구는 우그라 장자를 위하여 잠자코 그 청을 받아들였다.

우그라 장자는 그 비구가 잠자코 청을 들어주는 것을 보고, 곧 자리에서 일어나 손수 손 씻을 물을 돌리고, 아주 깨끗하고 맛있는 갖가지 입에 녹는 먹을거리를 넉넉히 마련하여 배부르게 공양하게 하였다.

공양이 끝나자 그릇을 거두고 손 씻을 물을 내온 뒤에, 작은 평상을 가지고 와서 따로 앉아 법을 들었다.

비구는 장자를 위해 설법하여, 목마르듯 우러르는 마음을 내게 하고 기쁜 마음을 성취하게 하였다. 한량없는 방편으로 그를 위해 설법하여 목마르듯 우러르는 마음을 내게 하고 기쁜 마음을 성취하게 한 다음 자리에서 일어나 갔다.

그리고 그 비구는 붇다 계신 곳에 가서 머리를 대 붇다의 발에 절하고 물러나 한쪽에 앉아, 우그라 장자와 같이 이야기한 것들을 다 붇다께 널리 말씀드렸다.

그때 세존께서는 여러 비구들에게 말씀하셨다.

"나는 이 때문에 우그라 장자에게 여덟 가지 '일찍이 없었던 법'이 있다고 찬탄한 것이다."

붇다께서 이렇게 말씀하시자, 여러 비구들은 붇다의 말씀을 듣고 기뻐하며 받들어 행하였다.

• 중아함 38 욱가장자경(郁伽長者經)①

• 해설 •

우그라 장자는 바이살리의 큰 장자로 많이 갖고 많이 누리며 자기 붙이들을 많이 거느리던 사람으로 세간 다섯 욕망의 세계를 실컷 즐기고 살았다.

그러던 그가 큰 숲 사이 좌선하고 계시는 세존의 거룩한 모습을 보고 그 가르침을 듣고, 가졌던 것 누렸던 것을 버리고 보시와 지혜의 삶으로 삶의 방향을 돌이키니, 모든 있는 것이 실로 있는 것이 아님을 바로 보았기 때문이다.

여래의 황금산같이 우뚝하고 하늘의 달처럼 아름다운 모습을 한 번 보고, 여래의 말씀을 한 번 듣고 진리의 바다에 돌아가니, 그가 바로 소리 들어 지혜의 흐름에 들어가는 성문(聲聞)이다.

그에게 여덟 가지 일찍이 없었던 법이 있으니, 다음과 같다.

첫째, 여래를 한 번 뵙고 잔뜩 취한 술이 깨어 맑은 정신이 돌아옴이다.

둘째, 한 번 가르침 듣고 그 자리에서 연기의 진리를 깨침이다.

셋째, 가르침을 듣고 믿음 일으킨 그 자리에서 온갖 의심과 망설임 떠나 삼보에 귀의하고 계를 지니어 범행을 닦음이다.

넷째, 삼보에 귀의한 뒤에는 집안의 권속들을 풀어주어 붙잡지 않음이다.

다섯째, 비구와 선지식을 가까이하고 가까이 모셔 법을 들어서 한 생각이라도 높은 장로나 어린 비구라 해도 업신여기는 생각을 내지 않음이다.

여섯째, 보시할 때 보시 받는 이에 대해 분별하는 마음 없이 보시함이다.

일곱째, 여래와 상가를 믿고 공경하되 스스로의 자발적인 뜻을 따라 믿어 공경하고, 하늘신의 격려를 받되 하늘신을 따르지 않고 오직 붇다와 다르마와 상가를 받들어 공경하고 그 길을 따라 향함이다.

여덟째, 욕계의 다섯 가지 번뇌가 다해 다시 욕계에 돌아오지 않고 아나가민의 지위에 나아감이다.

탐욕과 미망의 꿈속에서 헤매던 우그라 장자가 여래의 모습을 한 번 보고 여래의 목소리를 한 번 듣고 곧바로 여래의 지혜의 땅에 들어섬이 이와 같았으니, 저 선가(禪家)의 돈오법(頓悟法)의 사례를 어찌 멀리 찾을 것인가.

우그라 장자가 바로 단박 깨쳐 물러섬이 없이 앞으로 나아가는 현성이다.

우그라 장자는 스스로 갖춘
미묘한 법 버리지 않았으니

나는 들었다, 이와 같이.

한때 붇다께서 온전히 니르바나에 드신 지 오래지 않아, 많은 덕 높은 장로비구들이 바이샬리를 노닐면서 원숭이 못가의 높은 누각에 있었다.

그때 우그라 장자는 다음과 같은 큰 보시를 베풀었다. 곧 멀리서 오는 손님, 길 가는 나그네, 병든 사람, 병 보살피는 이들에게 밥을 주고, 늘 죽과 밥을 내어 상가의 동산[僧園] 지키는 이들에게 대주었다.

늘 스무 명의 상가대중을 청하여 공양하게 하고, 닷새마다 여러 비구상가를 함께 청하여 공양하게 하는 등 이와 같은 큰 보시를 베풀었다.

그러나 그는 바다에서 한 배로 재물을 가득 싣고 돌아오다가, 백천금의 값이 나가는 재물을 한때에 빠뜨려 잃어버렸다.

장자가 큰 재물을 잃자, 상가대중이
상가에 그만 공양하도록 의논함

많은 높은 장로비구들은 우그라 장자가 그래도 이와 같이 큰 보시를 베풀어 다음과 같이 한다는 말을 들었다.

'멀리서 오는 손님에게 밥을 주고, 길 가는 나그네, 병든 사람, 병 보살피는 사람들에게 밥을 주고, 늘 죽과 밥을 내어 상가의 동산 지

키는 이들에게 대주며, 늘 스무 명의 상가대중을 청하여 공양하게
하고, 닷새마다 여러 비구상가를 함께 청하여 공양한다.'

그 말을 듣고서는 그들은 같이 서로 의논하였다.

"여러 어진 이들이여, 누가 저 우그라 장자에게 가서 이렇게 말해
주겠소.

'장자여, 그만두시오. 다시는 보시하지 마시오. 장자여, 뒤에 스스
로 반드시 알게 될 것이오.' "

그들은 이렇게 생각했다.

'존자 아난다는 붇다의 시자로서 세존의 가르침을 받고, 붇다와
지혜로운 모든 범행인의 칭찬을 받는 분이다. 존자 아난다만이 우그
라 장자에게 가서 이렇게 말할 수 있을 것이다.

〈장자여, 그만두시오. 다시는 보시하지 마시오. 장자여, 뒤에 스스
로 반드시 알게 될 것이오.〉'

"여러 어진 이들이여, 우리 다같이 존자 아난다가 있는 곳에 가서
이와 같은 일을 말합시다."

장자에게 더 이상 보시하지 말도록 가서 말해주길 아난다께 청함

이에 여러 덕 높은 장로비구들은 아난다가 있는 곳에 가서 서로
같이 문안한 뒤에 한쪽에 앉아 말하였다.

"어진 이 아난다께서는 아십니까? 우그라 장자는 이러한 큰 보시
를 베풀어왔습니다.

곧 멀리서 오는 손님에게 밥을 주고, 길 가는 나그네, 병든 사람,
병 보살피는 이들에게 밥을 주고, 늘 죽과 밥을 내어 상가의 동산을
지키는 이들에게 대주었습니다.

늘 스무 명의 상가대중을 청하여 공양하게 하고, 닷새마다 여러 비구상가를 함께 청하여 공양을 베푸는 등 이와 같은 큰 보시를 행해 왔습니다.

그러나 그는 다시 바다에서 한 배로 재물을 가득 싣고 돌아오다가 백천금의 값어치 있는 재물을 한때에 빠뜨려 잃었습니다.

그래서 우리들은 함께 이렇게 의논했습니다.

'여러 어진 이들이여, 누가 저 우그라 장자에게 가서 이렇게 말해 주겠소.

〈장자여, 그만두시오. 다시는 보시하지 마시오. 장자여, 뒤에 스스로 반드시 알게 될 것이오.〉'

우리는 또 이렇게 생각했습니다.

'존자 아난다는 붇다의 시자로서 붇다의 가르침을 받고, 붇다와 지혜로운 모든 범행자들의 칭찬을 받는 분이다. 존자 아난다만이 우그라 장자에게 가서 이렇게 말할 수 있을 것이다.

〈장자여, 그만두시오. 다시는 보시하지 마시오. 장자여, 뒤에 스스로 반드시 알게 될 것이오.〉'

어진 이 아난다여, 우그라 장자에게 가서 이렇게 말씀해주시오.

'장자여, 그만두시오. 다시는 보시하지 마시오. 장자여, 뒤에 스스로 반드시 알게 될 것이오.'"

존자 아난다는 여러 높은 장로비구들에게 말하였다.

"여러 존자들이여, 우그라 장자는 그 성품이 엄숙하고 반듯합니다. 만약 내가 스스로 그런 말을 한다면, 그가 곧 매우 언짢아하지 않을까 싶소. 여러 존자들이여, 내가 누구의 말이라고 해야 할까요?"

여러 덕 높은 장로비구들이 대답하였다.

"어진 이여, 비구대중의 말이라고 하시지요. 비구대중의 말이라고 하면 그는 말할 것이 없을 것이오."

존자 아난다가 우그라 장자를 찾아가 대중의 뜻을 전함

아난다는 잠자코 여러 높은 장로비구들의 청을 받아들였다. 이에 높은 장로비구들은 아난다가 잠자코 받아들인 것을 알고 곧 자리에서 일어나, 존자 아난다를 둘러 돌고서 제각기 돌아갔다.

아난다는 밤이 지나고 이른 아침에 가사를 입고 발우를 가지고 우그라 장자의 집으로 갔다.

우그라 장자는 멀리서 존자 아난다가 오는 것을 보고 곧 자리에서 일어나 어깨를 드러내고 두 손을 맞잡고 존자 아난다에게 말하였다.

"잘 오셨습니다. 존자 아난다시여, 아난다께서는 오랜만에 오셨습니다. 이 평상에 앉으십시오."

존자 아난다는 곧 그 자리에 앉았다. 우그라 장자는 아난다의 발에 절하고 물러나 한쪽에 앉았다. 아난다가 말하였다.

"장자여, 아십니까? 장자는 이와 같은 큰 보시를 베풀어오고 계십니다. 곧 멀리서 오는 손님에게 밥을 주고, 길 가는 나그네, 병든 사람, 병 보살피는 이들에게 밥을 주고, 늘 죽과 밥을 내서 상가 동산 지키는 이들에게 대주었습니다.

또 늘 스무 명의 대중을 청하여 공양하게 하고, 닷새마다 여러 비구대중을 함께 청하여 공양하게 하는 등 큰 보시를 베풀어왔습니다.

그러나 바다에서 한 배로 재물을 가득 싣고 돌아오다가 백천금의 값이 나가는 재물을 한때에 빠뜨려 잃었습니다.

그러니 장자여, 그만두십시오. 다시는 보시하지 마십시오. 장자여, 뒤에 스스로 반드시 아실 것입니다."

장자가 말하였다.

"존자 아난다시여, 이는 누구의 말입니까?"

존자 아난다가 말하였다.

"장자여, 나는 비구대중의 말을 전한 것입니다."

장자가 말하였다.

"만약 존자 아난다께서 비구대중의 말을 전하셨다면 다시 말할 것이 없겠지만, 만약 존자께서 스스로 그렇게 말씀하셨다면 저는 매우 언짢아했을 것입니다."

우그라 장자가 스스로에게 있는 다섯 가지 법을 말함

전륜왕의 바람과 같은 자신의 바람을 말함

"존자 아난다시여, 만약 제가 이와 같이 주고 이와 같이 은혜롭게 베풀어, 온갖 재물이 다 말라 다한다 하더라도 제 바람이 채워져 전륜왕의 바람과 같아졌으면 합니다."

존자 아난다가 물었다.

"장자여, 어떤 것이 전륜왕의 바람입니까?"

장자가 대답하였다.

"존자 아난다시여, 마을의 가난한 사람은 이렇게 생각합니다.

'내가 이 마을 가운데서 가장 부자가 되도록 하여지이다.'

이것이 곧 그의 바람입니다.

마을의 부자는 이렇게 생각합니다.

'내가 이 고을[邑]에서 가장 부자가 되도록 하여지이다.'

이것이 곧 그의 바람입니다.

고을의 부자는 또 이렇게 생각합니다.

'내가 이 성(城) 안에서 가장 부자가 되도록 하여지이다.'

이것이 곧 그의 바람입니다.

성안의 부자는 또 이렇게 생각합니다.

'내가 이 성의 주인이 되도록 하여지이다.'

이것이 곧 그의 바람입니다.

성의 주인은 이렇게 생각합니다.

'내가 이 나라의 정승이 되도록 하여지이다.'

이것이 곧 그의 바람입니다.

나라의 정승은 이렇게 생각합니다.

'내가 이 나라의 작은 왕이 되도록 하여지이다.'

이것이 곧 그의 바람입니다.

작은 왕은 이렇게 생각합니다.

'내가 전륜왕이 되도록 하여지이다.'

이것이 곧 그의 바람입니다.

전륜왕은 이렇게 생각합니다.

'좋은 종족의 사람이 수염과 머리를 깎고 가사를 입고, 지극한 믿음으로 집을 나와 집이 없이 도를 배우는 것처럼 내가 바로 그렇게 되어지이다.'

그것은 곧 위없는 범행을 다해 마치는 것입니다.

'그처럼 내가 현재의 법에서 스스로 알고 스스로 깨닫고 스스로 증득해 성취하여 노닐어서, 태어남은 이미 다하고 범행은 이미 서고, 지을 바를 이미 지어 다시는 뒤의 있음을 받지 않음을 진실 그대로 알아지이다.'

이것이 곧 저의 바람입니다.

존자 아난다시여, 만약 이와 같이 이렇게 주고 이렇게 은혜롭게 베풀어 온갖 재물이 다 말라 다한다 해도 제 바람이 채워져 전륜왕의 바람과 같아졌으면 합니다.

존자 아난다여, 저에게는 이런 법이 있습니다.”

존자 아난다가 찬탄하며 말하였다.

“장자여, 만약 이런 법이 있다면 매우 기이하고 매우 빼어난 일입니다.”

상가대중을 늘 공경하는 스스로의 법을 보임

“다시 존자 아난다시여, 저에게는 이런 법만 있는 것이 아닙니다.

저는 상가의 동산에 갈 때 만약 처음 어떤 비구를 뵙게 되면 곧 절을 올립니다.

만약 그 비구가 거닐어 가면 저도 따라 거닐어 가고, 그가 앉으면 저도 따라 한쪽에 앉아 법을 듣습니다.

그 존자가 저를 위하여 설법하면 저도 그 존자를 위하여 설법하고, 그 존자가 저의 일을 물으면 저도 그 존자의 일을 물으며, 그 존자가 저의 일에 대답하면 저도 그 존자의 일에 대답합니다.

존자 아난다시여, 저는 일찍이 위와 가운데와 아래의 장로나 높은 존자 비구를 업신여긴 적이 없습니다. 존자 아난다시여, 저에게는 이런 법이 있습니다.”

존자 아난다가 찬탄하며 말하였다.

“장자여, 만약 이런 법이 있다면 매우 기이하고 매우 빼어난 일입니다.”

차별 없는 보시의 법을 보임

"다시 존자 아난다시여, 저에게는 이런 법만 있는 것이 아닙니다.

제가 비구대중에 있으면서 보시를 하면 하늘신이 허공에 머물며 저에게 말합니다.

'장자여, 이분은 아라한이고, 이분은 아라한에 향하는 이오. 이분은 아나가민이고, 이분은 아나가민에 향하는 이오. 이분은 사크리다가민이고, 이분은 사크리다가민에 향하는 이오. 이분은 스로타판나이고, 이분은 스로타판나에 향하는 이오. 이 사람은 정진하는 사람이고, 이 사람은 정진하지 않는 사람이오.'

그러나 존자 아난다시여, 저는 비구대중에 보시할 때에 일찍이 분별하는 마음을 가진 적이 없습니다. 저에게는 이런 법이 있습니다."

존자 아난다가 찬탄하며 말하였다.

"장자여, 만약 이런 법이 있다면 매우 드문 일이고 매우 빼어난 일입니다."

스스로의 지혜로 여래와 상가대중 알아봄을 말함

"다시 존자 아난다시여, 저에게는 이런 법만 있는 것이 아닙니다.

제가 비구대중에 있으면서 보시를 행할 때에 하늘신이 허공에 머물면서 저에게 말하였습니다.

'여래·집착이 없으신 분·바르게 깨치신 분·세존께서는 잘 설법하시고, 여래의 거룩한 상가는 잘 향해 가시오.'

그러나 저는 저 하늘을 따라 믿는 것이 아니고, 저들이 즐겨 하고자 함을 따라 즐거워함이 아니며, 저들이 들은 것을 따라 들은 것이 아닙니다.

다만 저에게는 스스로 깨끗한 지혜가 있어, 여래·집착이 없으신 분·바르게 깨치신 분·세존께서는 잘 설법하시고, 여래의 거룩한 상가는 잘 향해 나아감을 압니다.

저에게는 이런 법이 있습니다."

존자 아난다가 찬탄하며 말하였다.

"장자여, 만약 이런 법이 있다면 매우 기이하고 매우 빼어난 일입니다."

네 가지 선정 성취함을 보임

"다시 존자 아난다시여, 저에게는 이런 법만 있는 것은 아닙니다.

저는 욕심을 여의고 악하여 착하지 않은 법을 여의어 첫째 선정을 성취하고 둘째·셋째 나아가 넷째 선정을 성취하여 노닙니다.

존자 아난다시여, 저에게는 이런 법이 있습니다."

존자 아난다가 찬탄하며 말하였다.

"장자여, 만약 이런 법이 있다면 매우 기이하고 매우 빼어난 일입니다."

존자 아난다께 공양 올리니 아난다는 설법하여 큰 기쁨을 성취케 함

그때에 우그라 장자가 말하였다.

"존자 아난다시여, 여기서 공양하시길 바랍니다."

아난다는 우그라 장자를 위하여 잠자코 그 청을 받아들였다.

우그라 장자는 아난다가 잠자코 그 청을 들어주는 것을 보고 곧 자리에서 일어나, 손수 손 씻을 물을 돌리고, 아주 깨끗하고 맛이 좋아 입에 녹는 갖가지 먹을거리를 넉넉하게 장만하여 손수 담아드려 배부르게 공양케 하였다.

공양이 끝나자, 그릇을 거두고 손 씻을 물을 내온 뒤에, 작은 평상을 가지고 와서 따로 앉아 법을 들었다. 아난다는 그를 위해 설법하여, 목마르듯 우러르는 마음을 내게 하고 기쁨을 성취케 하였다.

한량없는 방편을 그를 위해 설법하여 목마르듯 우러르는 마음을 내게 하고 기쁨을 성취케 하고서는 자리에서 일어나 떠나갔다.

존자 아난다가 말한 것이 이와 같았으니, 우그라 장자는 아난다의 말을 듣고 기뻐하며 받들어 행하였다.

• 중아함 39 욱가장자경 ②

• 해설 •

우그라 장자는 여덟 가지 일찍이 없었던 미묘한 법을 갖추어 스스로 범행 닦아 자기 가진 것을 온전히 세간을 위해 쓰고 상가에 공양함에 쓴다. 그가 장삿길에 큰 손해를 본 뒤 보시를 그만두라는 상가대중의 뜻을 전달하는 아난다에게 스스로의 원이 범행에서 물러서지 않고 보시에서 물러서지 않으며 지혜와 믿음에서 물러섬이 없는 것임을 말한다.

그는 가진 것이 실로 가진 것이 아님을 알아 가진 것을 온전히 세간과 바른 진리의 공동체를 위해 쓰니, 그의 삶은 얻음과 잃음이 없는 크나큰 풍요 속에 늘 안락하다.

본래 잃음이 없는 곳에 서 있는 그의 머묾에 큰 재물 잃음이 실로 잃음이 되지 않으니, 그는 자기 가진 것을 무너뜨리지 않고 가진 것을 모두를 위한 가짐으로 크게 돌이켜 쓰는 자이다.

가진 것에 실로 가짐이 없음을 알므로 잃음 가운데서 절망하지 않고 더 많은 얻음에 집착이 없다. 그는 크게 버림으로 크게 가진 자이고, 자신에게 있는 힘과 자리와 재물과 사람을 온전히 세간의 풍요를 위해 쓰고, 가난을 건지고 배고픔을 건져주는 데 쓰며 역사의 장엄을 위해 쓴다.

그야말로 많이 가졌으되 실로 가짐 없는 보디사트바인 장자이고, 많이 가졌으되 한 톨의 쌀 한 오라기의 실도 자신을 위해 취하지 않는 흰옷 입은 두타행자이다.

우그라 장자와 같이 가진 것 모두를 이웃과 상가공동체에 보시함으로써 니르바나의 땅에 돌아가려는 보디사트바의 삶을, 『화엄경』(「십회향품」)은 이렇게 말한다.

보디사트바에 딸린바 모든 권속들
그 모습 단정하고 지혜로우며
꽃다발과 옷가지 바르는 향
갖가지 꾸밈거리 모두 갖추었네.

菩薩所有諸眷屬　色相端嚴能辯慧
華鬘衣服及塗香　種種莊嚴皆具足

갖가지 좋은 꾸밈 갖춘 이 권속들
이 세간에 아주 드물게 있는 이들이나
보디사트바는 온갖 것 모두 베풀고
오롯이 바른 깨달음을 구하여
고통 받는 뭇 삶들 건네주어서
이와 같은 마음 잠깐도 버리지 않네.

此諸眷屬甚希有　菩薩一切皆能施
專求正覺度群生　如是之心無暫捨

3) 손의 장자[手長者]

'손의 장자'는 일곱 가지 일찍이 없었던 법과
구함 없는 여덟 번째 법이 있다

나는 들었다, 이와 같이.

한때 붇다께서 아라비가라를 노닐어 다니실 적에 어울림숲[和林]에 계셨다.

그때 '손의 장자'[手長者]는 오백의 큰 장자들과 함께 붇다 계신 곳에 가서 머리를 대 발에 절하고 물러나 한쪽에 앉았다.

오백 장자 또한 붇다의 발에 절하고 물러나 한쪽에 앉았다.

세존께서 말씀하셨다.

"손의 장자여, 그대는 지금 이처럼 많은 대중을 거느리고 있구나. 장자여, 그대는 어떤 법으로 이 많은 대중들을 거두었는가?"

그때에 손의 장자가 말씀드렸다.

"세존이시여, 세존께서는 네 가지 일로 거둠[四事攝]을 말씀하셨습니다. 세존의 말씀대로라면 네 가지 일로 거둠이란, 첫째 은혜롭게 베푸는 것[惠施]이요, 둘째 부드럽고 고운 말[愛言]이며, 셋째 이익됨[利]이요, 넷째 일을 같이함[等利, 同事]입니다.

세존이시여, 저는 이것으로 대중들을 거두어서 때로는 은혜롭게 베푸는 것으로, 때로는 부드럽고 고운 말로, 때로는 이익되게 함으로, 때로는 일 같이함으로 거두었습니다."

손의 장자의 네 가지 거두는 법을 찬탄하심

세존께서 찬탄하여 말씀하셨다.

"아주 뛰어나고 뛰어나다. 손의 장자여, 그대는 법 그대로[如法] 대중을 거두어들이고, 문 그대로[如門] 대중을 거두어들이며, 인연 그대로[如因緣] 대중을 거두어들였다.

손의 장자여, 만약 과거에 어떤 사문·브라마나가 법 그대로 대중을 거두어들였다면, 그 온갖 것은 곧 이 네 가지 일의 거둠으로써 그 가운데 남아 넉넉함[有餘]이 있을 것이다.

손의 장자여, 만약 미래의 사문·브라마나가 법 그대로 대중을 거두어들인다면, 그 온갖 것은 곧 이 네 가지 일의 거둠으로써 그 가운데 남아 넉넉함이 있을 것이다.

손의 장자여, 만약 현재의 사문·브라마나가 법 그대로 대중을 거두어들인다면, 그 온갖 것은 곧 이 네 가지 일의 거둠으로써 그 가운데 남아 넉넉함이 있을 것이다."

세존을 따라 권속들이 법의 기쁨을 성취케 함

이에 세존께서는 손의 장자를 위해 설법하시어, 목마르듯 우러르는 마음을 내게 하고는 기쁨을 성취하게 하셨다.

한량없는 방편으로 그를 위해 설법하시어, 목마르듯 우러르는 마음을 내게 하고 기쁨을 성취하게 하신 뒤에 잠자코 계셨다.

이에 손의 장자는 붇다께서 설법하여 목마르듯 우러르는 마음을 내게 하고 기쁨을 성취하게 하시므로 곧 자리에서 일어나 붇다께 절하고 세 바퀴를 두루고 나서 물러갔다.

그는 그의 집에 돌아가 바깥문에 이르렀을 적에 사람이 있으면 다 그를 위해 설법하여 목마르듯 우러르는 마음을 내게 하고 기쁨을 성취하게 하였다.

가운데 문[中門], 안 문[內門]을 지나 안에 들어가서도 만약 사람이 있으면 다 설법하여 목마르듯 우러르는 마음을 내게 하고 기쁨을 성취하게 하였다.

네 가지 한량없는 마음의 선정을 성취함

그리고 당(堂)에 올라 자리를 펴고 두 발을 맺고 앉으면, 마음은 사랑[慈]과 함께하여 일방에 두루하여 성취하여 노닐었고, 이렇게 이·삼·사방과 네 모서리와 위아래 온갖 곳에 두루하여, 마음은 사랑과 함께하므로 맺음도 없고 원한도 없으며, 성냄도 없고 다툼도 없어 지극히 넓고 매우 컸으며, 한량없이 잘 닦아 온갖 세간에 두루 가득히 성취하여 노닐었다.

이와 같이 슬피 여기는 마음[悲]과 기뻐하는 마음[喜]도 그러하고, 평정한 마음[捨]과 함께하여 맺음도 없고 원한도 없으며, 성냄도 없고 다툼도 없이, 지극히 넓고 매우 커서 한량없이 잘 닦아 온갖 세간에 가득하여 성취하여 노닐었다.

서른세하늘이 손의 장자의 한량없는 마음을 찬탄함

그때에 서른세하늘의 대중들이 법당에 모여 손의 장자를 찬탄하였다.

"여러 어진 이들이여, 손의 장자는 크고 좋은 이익이 있고 큰 공덕이 있소. 왜냐하면 다음과 같기 때문이오.

저 손의 장자는 붇다께서 그를 위해 설법하시어, 목마르듯 우러르는 마음을 내게 하고 기쁨을 성취하게 하시자, 곧 자리에서 일어나 붇다께 절하고 붇다를 세 바퀴 두루고 나서 물러갔소.

그는 그의 집에 돌아가 바깥문에 이르렀을 적에 사람이 있으면 곧 다 그를 위해 설법하여 목마르듯 우러르는 마음을 내게 하고 기쁨을 성취하게 하였소.

가운데 문, 안 문을 지나 안에 들어가서도 만약 사람이 있으면 다 설법하여 목마르듯 우러르는 마음을 내게 하고 기쁨을 성취하게 하였소.

그리고 당에 올라 자리를 펴고 두 발을 맺고 앉으면, 마음은 사랑과 함께하여 일방에 두루하여 성취하여 노닐었고, 이렇게 이·삼·사방과 네 모서리와 위아래 온갖 곳에 두루하여, 마음은 사랑과 함께하므로 맺음도 없고 원한도 없으며, 성냄도 없고 다툼도 없어 아주 넓고 매우 컸으며, 한량없이 잘 닦아 온갖 세간에 두루 가득히 성취하여 노닐었소.

이와 같이 슬피 여기는 마음과 기뻐하는 마음도 그러하고, 평정한 마음과 함께하여 맺음도 없고 원한도 없으며, 성냄도 없고 다툼도 없이, 지극히 넓고 매우 커서 한량없이 잘 닦아 온갖 세간에 가득하여 성취하여 노닐었소."

바이쓰라바나 큰 하늘왕이 서른세하늘의 찬탄을 들어 다시 손의 장자를 찬탄함

이에 '바이쓰라바나 큰 하늘왕'[毘沙門大天王]은 빛깔과 모습이 산처럼 우뚝하여 밝은 빛을 환히 내며, 이른 아침에 손의 장자의 집에 가서 말했다.

"장자여, 그대에게는 좋은 이익과 큰 공덕이 있소. 왜냐하면 지금 서른세하늘이 장자를 위하여 법당에 모여 다음과 같이 그대 손의 장자를 찬탄하였기 때문이오.

'저 손의 장자는 붇다께서 그를 위해 설법하시어, 목마르듯 우러르는 마음을 내게 하고 기쁨을 성취하게 하시자, 곧 자리에서 일어나 붇다께 절하고 붇다를 세 바퀴 두루고 나서 물러갔소.

그는 그의 집에 돌아가 바깥문에 이르렀을 적에 사람이 있으면 곧 다 그를 위해 설법하여 목마르듯 우러르는 마음을 내게 하고 기쁨을 성취하게 하였소.

가운데 문, 안 문을 지나 안에 들어가서도 만약 사람이 있으면 다 설법하여 목마르듯 우러르는 마음을 내게 하고 기쁨을 성취하게 하였소.

그리고 당에 올라 자리를 펴고 두 발을 맺고 앉으면, 마음은 사랑과 함께하여 일방에 두루하여 성취하여 노닐었고, 이렇게 이·삼·사방과 네 모서리와 위아래 온갖 곳에 두루하여, 마음은 사랑과 함께하므로 맺음도 없고 원한도 없으며, 성냄도 없고 다툼도 없어 지극히 넓고 매우 컸으며, 한량없이 잘 닦아 온갖 세간에 두루 가득히 성취하여 노닐었소.

이와 같이 슬피 여기는 마음과 기뻐하는 마음도 그러하고, 평정한 마음과 함께하여 맺음도 없고 원한도 없으며, 성냄도 없고 다툼도 없이, 지극히 넓고 매우 커서, 한량없이 잘 닦아 온갖 세간에 가득하여 성취하여 노닐었소.'"

이때 손의 장자는 잠자코 아무 말도 하지 않았고, 바이쓰라바나 큰 하늘왕을 보살피지도 않았고 돌아보지도 않았다.

왜냐하면 선정[定]을 존중하고 선정을 보살펴 지키기 때문이었다.

세존께서 손의 장자가 '일곱 가지 일찍이 없었던 법' 가짐을 찬탄해 대중에게 보이심

그때 세존께서는 한량없이 많은 백천 대중들 가운데서 손의 장자를 찬탄하셨다.

"손의 장자에게는 '일곱 가지 일찍이 없었던 법'[七未曾有法]이 있다.

저 손의 장자는 내가 그를 위해 설법하여, 목마르듯 우러르는 마음을 내게 하고 기쁨을 성취하게 하고 나니, 곧 자리에서 일어나 내게 절하고 나를 세 바퀴 두루 돌고 나서 물러갔다.

그는 그의 집에 돌아가 바깥문에 이르렀을 적에 사람이 있으면 곧 다 그를 위해 설법하여 목마르듯 우러르는 마음을 내게 하고 기쁨을 성취하게 하였다.

가운데 문, 안문을 지나 안에 들어가서도 만약 사람이 있으면 다 설법하여 목마르듯 우러르는 마음을 내게 하고 기쁨을 성취하게 하였다.

그리고 당에 올라 자리를 펴고 두 발을 맺고 앉으면, 마음은 사랑과 함께하여 일방에 두루 가득하여 성취하여 노닐었다. 이렇게 이·삼·사방과 네 모서리와 위아래 온갖 곳에 두루하여, 마음은 사랑과 함께하므로 맺음도 없고 원한도 없으며, 성냄도 없고 다툼도 없어 지극히 넓고 매우 커서 한량없이 잘 닦아 온갖 세간에 두루 가득히 성취하여 노닐었다.

이와 같이 슬피 여기는 마음과 기뻐하는 마음도 그러하고, 평정한 마음과 함께하여 맺음도 없고 원한도 없으며, 성냄도 없고 다툼도 없이, 지극히 넓고 매우 커서 한량없이 잘 닦아 온갖 세간에 두루 가득하여 성취하여 노닐었다.

지금 서른세하늘도 그를 위하여 법당에 모여, 저 손의 장자를 이렇게 찬탄하고 있다.

'손의 장자는 좋은 이익과 큰 공덕이 있소. 왜냐하면 여러 어진 이들이여, 저 손의 장자는 붇다께서 그를 위해 설법하시어, 목마르듯 우러르는 마음을 내게 하고 기쁨을 성취하게 하시자, 곧 자리에서 일어나 붇다께 절하고 붇다를 세 번 두루고 나서 물러갔소.

그는 그의 집에 돌아가 바깥문에 이르렀을 적에 사람이 있으면 곧 다 그를 위해 설법하여 목마르듯 우러르는 마음을 내게 하고 기쁨을 성취하게 하였소.

가운데 문, 안 문을 지나 안에 들어가서도 만약 사람이 있으면 다 설법하여 목마르듯 우러르는 마음을 내게 하고 기쁨을 성취하게 하였소.

그리고 당에 올라 자리를 펴고 두 발을 맺고 앉으면, 마음은 사랑과 함께하여 일방에 두루하여 성취하여 노닐었고, 이렇게 이·삼·사방과 네 모서리와 위아래 온갖 곳에 두루하여, 마음은 사랑과 함께하므로 맺음도 없고 원한도 없으며, 성냄도 없고 다툼도 없어 지극히 넓고 매우 컸으며, 한량없이 잘 닦아 온갖 세간에 두루 가득히 성취하여 노닐었소.

이와 같이 슬피 여기는 마음과 기뻐하는 마음도 그러하고, 평정한 마음과 함께하여 맺음도 없고 원한도 없으며, 성냄도 없고 다툼도

없이, 지극히 넓고 매우 커서 한량없이 잘 닦아 온갖 세간에 가득하여 성취하여 노닐었소.'

이에 '바이쓰라바나 큰 하늘왕'은 그 빛깔과 모습이 산처럼 우뚝하여 밝은 빛을 환히 내며 밤이 지나 동이 틀 무렵 손의 장자의 집에 가서 말했다.

'장자여, 그대에게는 좋은 이익과 큰 공덕이 있소. 왜냐하면 지금 서른세하늘이 장자를 위하여 법당에 모여 다음과 같이 그대 손의 장자를 찬탄하였기 때문이오.

〈저 손의 장자는 붇다께서 그를 위해 설법하시어, 목마르듯 우러르는 마음을 내게 하고 기쁨을 성취하게 하시자, 곧 자리에서 일어나 붇다께 절하고 붇다를 세 번 두루고 나서 물러갔소.

그는 그의 집에 돌아가 바깥문에 이르렀을 적에 사람이 있으면 곧 다 그를 위해 설법하여 목마르듯 우러르는 마음을 내게 하고 기쁨을 성취하게 하였소.

가운데 문, 안 문을 지나 안에 들어가서도 만약 사람이 있으면 다 설법하여 목마르듯 우러르는 마음을 내게 하고 기쁨을 성취하게 하였소.

그리고 당에 올라 자리를 펴고 두 발을 맺고 앉으면, 마음은 사랑과 함께하여 일방에 두루하여 성취하여 노닐었고, 이렇게 이·삼·사방과 네 모서리와 위아래 온갖 곳에 두루하여, 마음은 사랑과 함께하므로 맺음도 없고 원한도 없으며, 성냄도 없고 다툼도 없어 지극히 넓고 매우 컸으며, 한량없이 잘 닦아 온갖 세간에 두루 가득히 성취하여 노닐었소.

이와 같이 슬피 여기는 마음과 기뻐하는 마음도 그러하고, 평정한 마음과 함께하여 맺음도 없고 원한도 없으며, 성냄도 없고 다툼도 없이, 지극히 넓고 매우 커서 한량없이 잘 닦아 온갖 세간에 가득하여 성취하여 노닐었소.〉'"

장자의 집에 밥을 빌러온 비구가, 세존께 들은 손의 장자의 일곱 가지 일찍이 없었던 법으로 다시 찬탄해 말함

이때 어떤 비구는 밤이 지나고 아침이 되자 가사를 입고 발우를 가지고 손의 장자의 집으로 갔다. 손의 장자는 멀리서 비구가 오는 것을 보고 곧 자리에서 일어나 두 손을 맞잡고 비구에게 말하였다.

"존자여, 잘 오셨습니다. 존자는 오랜만에 여기에 오셨습니다. 자, 이 자리에 앉으십시오."

그때 그 비구는 곧 그 자리에 앉았다. 손의 장자는 비구의 발에 절하고 물러나 한쪽에 앉았다. 비구가 말하였다.

"장자여, 그대에게는 좋은 이익과 큰 공덕이 있소. 왜냐하면 지금 세존께서 그대를 위하여 한량없는 백천 대중들 가운데서 다음과 같이 그대 손의 장자를 찬탄하였기 때문이오.

'손의 장자에게는 일곱 가지 일찍이 없었던 법이 있다.

저 손의 장자는 내가 그를 위해 설법하여, 목마르듯 우러르는 마음을 내게 하고 기쁨을 성취하게 하고 나니, 곧 자리에서 일어나 내게 절하고 나를 세 바퀴 두루고 나서 물러갔다.

그는 그의 집에 돌아가 바깥문에 이르렀을 적에 사람이 있으면 곧 다 그를 위해 설법하여 목마르듯 우러르는 마음을 내게 하고 기쁨을 성취하게 하였다.

가운데 문, 안 문을 지나 안에 들어가서도 만약 사람이 있으면 다 설법하여 목마르듯 우러르는 마음을 내게 하고 기쁨을 성취하게 하였다.

그리고 당에 올라 자리를 펴고 두 발을 맺고 앉으면, 마음은 사랑과 함께하여 일방에 두루하여 성취하여 노닐었다. 이렇게 이·삼·사방과 네 모서리와 위아래 온갖 곳에 두루하여, 마음은 사랑과 함께하므로 맺음도 없고 원한도 없으며, 성냄도 없고 다툼도 없어 지극히 넓고 매우 컸으며, 한량없이 잘 닦아 온갖 세간에 두루 가득히 성취하여 노닐었다.

이와 같이 슬피 여기는 마음과 기뻐하는 마음도 그러하고, 평정한 마음과 함께하여 맺음도 없고 원한도 없으며, 성냄도 없고 다툼도 없이, 지극히 넓고 매우 커서 한량없이 잘 닦아 온갖 세간에 가득하여 성취하여 노닐었다.

지금 서른세하늘도 그를 위하여 법당에 모여, 저 손의 장자를 찬탄하고 있다.

〈손의 장자는 좋은 이익과 큰 공덕이 있소. 왜냐하면 여러 어진 이들이여, 손의 장자는 붇다께서 그를 위해 설법하시어, 목마르듯 우러르는 마음을 내게 하고 기쁨을 성취하게 하시자, 곧 자리에서 일어나 붇다께 절하고 붇다를 세 바퀴 두루고 나서 물러갔소.

그는 그의 집에 돌아가 바깥문에 이르렀을 적에 사람이 있으면 곧 다 그를 위해 설법하여 목마르듯 우러르는 마음을 내게 하고 기쁨을 성취하게 하였소.

가운데 문, 안 문을 지나 안에 들어가서도 만약 사람이 있으면 다 설법하여 목마르듯 우러르는 마음을 내게 하고 기쁨을 성취하게 하였소.

그리고 당에 올라 자리를 펴고 두 발을 맺고 앉으면, 마음은 사랑과 함께하여 일방에 두루하여 성취하여 노닐었소. 이렇게 이 · 삼 · 사방과 네 모서리와 위아래 온갖 곳에 두루하여, 마음은 사랑과 함께하므로 맺음도 없고 원한도 없으며, 성냄도 없고 다툼도 없어 지극히 넓고 매우 컸으며, 한량없이 잘 닦아 온갖 세간에 두루 가득히 성취하여 노닐었소.

이와 같이 슬피 여기는 마음과 기뻐하는 마음도 그러하고, 평정의 마음과 함께하여 맺음도 없고 원한도 없으며, 성냄도 없고 다툼도 없이, 지극히 넓고 매우 커서, 한량없이 잘 닦아 온갖 세간에 두루 가득하여 성취하여 노닐었소.〉

이에 바이쓰라바나 큰 하늘왕은 빛깔과 모습이 산처럼 우뚝하여 밝은 빛을 환히 내며 밤이 지나 동이 틀 무렵 손의 장자의 집에 가서 말하였다.

〈장자여, 그대에게는 좋은 이익과 큰 공덕이 있소. 왜냐하면 지금 서른세하늘이 장자를 위하여 법당에 모여 다음과 같이 그대 손의 장자를 찬탄하였기 때문이오.

〈저 손의 장자는 붇다께서 그를 위해 설법하시어, 목마르듯 우러르는 마음을 내게 하고 기쁨을 성취하게 하시자, 곧 자리에서 일어나 붇다께 절하고 붇다를 세 번 두루고 나서 물러갔소.

그는 그의 집에 돌아가 바깥문에 이르렀을 적에 사람이 있으면 곧 다 그를 위해 설법하여 목마르듯 우러르는 마음을 내게 하고 기쁨을 성취하게 하였소.

가운데 문, 안 문을 지나 안에 들어가서도 만약 사람이 있으면 다 설법하여 목마르듯 우러르는 마음을 내게 하고 기쁨을 성취하게 하였소.

그리고 당에 올라 자리를 펴고 두 발을 맺고 앉으면, 마음은 사랑과 함께하여 일방에 두루하여 성취하여 노닐었다. 이렇게 이·삼·사방과 네 모서리와 위아래 온갖 곳에 두루하여, 마음은 사랑과 함께하므로 맺음도 없고 원한도 없으며, 성냄도 없고 다툼도 없어 지극히 넓고 매우 컸으며, 한량없이 잘 닦아 온갖 세간에 두루 가득히 성취하여 노닐었소.

이와 같이 슬피 여기는 마음과 기뻐하는 마음도 그러하고, 평정의 마음과 함께하여 맺음도 없고 원한도 없으며, 성냄도 없고 다툼도 없이, 지극히 넓고 매우 커서 한량없이 잘 닦아 온갖 세간에 두루 가득하여 성취하여 노닐었소.)〉'

이때 손의 장자는 잠자코 아무 말이 없었고, 또한 바이쓰라바나 큰 하늘왕을 보살피지도 않았고 돌아보지도 않았다.

왜냐하면 그는 선정을 존중하고 선정을 지켜 보살피기 때문이다."

비구의 찬탄을 듣고 나서 손의 장자가 그 비구에게 공양을 올림

이때에 손의 장자가 비구에게 물었다.

"존자여, 이때 흰옷의 사람은 없었습니까?"

비구가 대답하였다.

"흰옷의 사람은 없었습니다."

비구가 물었다.

"만약 흰옷의 사람이 있었다고 무슨 허물될 것이 있었겠습니까?"

장자가 대답하였다.

"존자여, 세존의 말씀을 믿지 않는 자가 있다면, 그는 반드시 기나긴 밤에 그 마음이 옳지 못하고 참지 못하여[不義不忍] 아주 나쁜 곳에 나서 한량없는 괴로움을 받을 것이요, 만약 붇다의 말씀을 믿는 사람이 있다면, 그는 이 일로 인하여 저를 존중하고 공경하고 절하며 섬길 것입니다.

그러나 존자여, 저는 그렇게 되도록 하고 싶지는 않습니다.

존자여, 부디 여기서 공양하십시오."

그 비구는 손의 장자를 위하여 잠자코 그 청을 받아들였다.

손의 장자는 비구가 잠자코 청을 받아들인 것을 보고, 곧 자리에서 일어나 몸소 손 씻을 물을 돌리고, 아주 깨끗하고 맛 좋아 입에 녹는 갖가지 먹을거리를 넉넉하게 장만하여, 손수 담아드려 배부르게 공양케 하였다.

공양이 끝나자, 그릇을 거두고 손 씻을 물을 내온 뒤에, 작은 평상을 가지고 와서 따로 앉아 법을 들었다.

그 비구는 손의 장자를 위해 설법하여, 목마르듯 우러르는 마음을 내게 하고 기쁨을 성취케 하였다. 한량없는 방편으로 그를 위해 설법하여, 목마르듯 우러르는 마음을 내게 하고 기쁨을 성취케 한 뒤에 자리에서 일어나 떠나갔다.

붇다께서 다시 손의 장자의 여덟 번째 구함 없는 공덕을 보이심

그는 붇다 계신 곳에 나아가 붇다의 발에 머리를 대 절하고 물러나 한쪽에 앉아, 지금까지 손의 장자와 같이 논의한 것을 붇다께 다 말씀드렸다.

이에 세존께서는 여러 비구들에게 말씀하셨다.

"나는 이 때문에 손의 장자에게 '일곱 가지 일찍이 없었던 법'이 있다고 말한 것이다. 다시 너희들은 알아야 한다. 손의 장자에게는 또 여덟 번째 '일찍이 없었던 법'이 있으니, 손의 장자는 구함도 없고[求] 탐욕도 없다[無欲]."

붇다께서 이렇게 말씀하시자, 여러 비구들은 붇다의 말씀을 듣고 기뻐하며 받들어 행하였다.

• 중아함 40 수장자경(手長者經) ①

• **해설** •

바이샬리의 우그라 장자가 보시(布施)와 크게 버림[大捨]으로 여래의 법을 깨달아 다시 욕계 탐욕의 땅에 되돌아오지 않는 아나가민의 지위로 나아가는 이라면, 아라비가라의 손의 장자는 선정과 지혜로 여래의 칭찬을 받는 제자이다.

이 경은 '손의 장자'[手長者]의 '일찍이 없었던 법'을 일곱 가지로 벌여 가르치고 있는데, 모두 선정을 그 중심에 두고 있으며, 마지막 모든 법을 네 가지 한량없는 마음의 선정에 거두고 있다.

세존이 경에서 '손의 장자가 대중 거두어들이는 것이 법 그대로이고 [如法] 문 그대로이며[如門] 인연 그대로이다[如因緣]'라고 하신 뜻은 무엇일까.

법 그대로 이끎이란 연기법의 진리 그대로 대중을 이끌고 가르침이니, 연기의 진리를 실로 설함 없이 설해줌이다.

둘째, 문 그대로라 함은 집에 이르러 바깥문에 이르면 바깥문의 형편대로, 가운데 문과 안 문에 이르면 가운데 문과 안 문의 형편대로 법을 설해 가르침이니, 연기의 진리를 보이되 때[時]와 곳[處]과 사람[人] 따라 방편의 문[方便門]을 자재하게 열어 가르침을 보임이다.

셋째, 인연 그대로 이끎이란 듣는 사람의 근기와 그 사람이 갖고 있는 생활습관, 사고와 행동의 방향에 따라 법을 설해줌이니, 싣단타(siddhānta)의 인연 따라 사람을 건져줌이다.

손의 장자의 '일곱 가지 일찍이 없었던 법'은 무엇인가.

첫째, 여래의 설법 듣고 바로 믿음 내어 기쁨을 성취함이다. 둘째, 바깥문에서 문을 따라 설법함이다. 셋째, 가운데 문과 안 문에 이르러 그곳의 사람을 따라 법을 설해 기쁨을 성취케 함이다.

넷째, 당에 올라 스스로 좌선하여 네 가지 한량없는 마음의 선정을 성취함이다. 다섯째, 그의 마음이 네 가지 한량없는 마음을 성취하므로 서른세하늘이 그의 한량없는 마음을 찬탄함이다. 여섯째, 서른세하늘의 찬탄을 듣고 바이쓰라바나 큰 하늘왕이 그를 찬탄함이다.

일곱째, 하늘신이 찬탄하되 돌아보지 않음이니, 그것은 선정을 보살피므로 하늘왕의 기림과 마라의 어지럽힘을 모두 돌아보지 않음이다.

손의 장자가 성취한 한량없는 마음의 선정과 문 따라 가르치는 교화를 하늘신이 찬탄하고, 그 소식 들은 하늘신이 또 찬탄하고 있으니, 이는 장자의 사마디의 공덕이 모습 없고 닫힘 없어 하늘신이 듣고서 찬탄하고 함께함을 뜻한다.

이 일곱 가지 일찍이 없었던 법에 다시 세존께서는 손의 장자의 구함이 없고 탐욕 없는 마음을 찬탄하신다. 그것은 왜인가. 네 가지 한량없는 마음의 선정이란 안에 탐욕의 마음이 없고 밖에 구할 탐욕의 경계가 없어서 안과 밖이 통해 안이 없고 밖이 없는 마음이라, '나'의 이 한 생각 법을 기뻐하는 마음과 보시의 공덕이 온전히 법계에 회향되고 중생에 회향되기 때문이다.

'손의 장자'에게는 욕심 줄임 등
여덟 가지 일찍이 없었던 법이 있나니

나는 들었다, 이와 같이.

한때 붇다께서 아라비가라를 노닐어 다니실 적에 어울림숲에 계셨다.

그때 세존께서 여러 비구들에게 말씀하셨다.

"손의 장자에게는 여덟 가지 '일찍이 없었던 법'[adbhuta-dharma, 未曾有法]이 있다. 어떤 것이 그 여덟 가지인가?

손의 장자에게는 욕심 줄임[少欲]과 믿음[信]이 있고, 스스로 부끄러워함[慚]과 남에 대한 부끄러움[愧]이 있으며, 정진(精進)이 있고 바른 생각[念]이 있으며, 선정[定]이 있고 지혜[慧]가 있다."

욕심 줄임과 믿음, 스스로와 남에 대한 부끄러움을 가려 보이심

"손의 장자에게 욕심 줄임이 있다는 것, 이는 무엇으로 인해 말하는가? 손의 장자는 스스로 욕심을 줄이지만, 나의 욕심 줄임을 남이 알도록 하지 않는다.

믿음이 있고 스스로 부끄러워함이 있고, 남에 대한 부끄러움이 있으며, 정진이 있고 생각이 있고 선정이 있으며 지혜가 있어서, 손의 장자는 스스로 지혜가 있지만 자기에게 지혜가 있다는 것을 남이 알도록 하지 않는다.

손의 장자에게 욕심 줄임이 있다고 하는 것은 이로 인해 말하는 것이다.

손의 장자에게 믿음이 있다는 것은 무엇을 인해 말하는가? 손의 장자는 믿음이 굳세어져 깊이 여래게 의지해 믿음의 뿌리가 이미 섰다. 그래서 바깥의 사문·브라마나나 하늘이나 악한 마라나 브라흐마하늘이나 그 밖의 세간을 따르지 않는다.

손의 장자에게 믿음이 있다고 하는 것은 이로 인해 말하는 것이다.

손의 장자에게 스스로 부끄러워함이 있다고 하는 것은 무엇을 인해 말하는가? 손의 장자는 늘 스스로 부끄러워함을 행하고, 부끄러워해야 할 일에 대해서 부끄러워할 줄 안다. 그리고 악하여 착하지 않은 법과 더러운 번뇌는 온갖 나쁜 갚음을 받아 나고 죽는 뿌리 짓는다는 것을 안다.

손의 장자에게 스스로 부끄러워함이 있다고 하는 것은 이로 인해 말하는 것이다.

손의 장자에게 남에 대한 부끄러움이 있다고 하는 것은 무엇을 인해 말하는가? 손의 장자는 늘 남에 대한 부끄러움을 행해, 부끄러워해야 할 일에 대하여 부끄러워할 줄 안다. 그리고 악하여 착하지 않은 법과 더러운 번뇌는 온갖 나쁜 갚음을 받아 나고 죽는 뿌리 짓는다는 것을 안다.

손의 장자에게 남에 대한 부끄러움이 있다고 하는 것은 이로 인해 말하는 것이다."

장자의 정진과 바른 생각, 선정과 지혜를 가려 보이심

"손의 장자에게 정진이 있다고 하는 것은 무엇을 인해 말하는가? 손의 장자는 늘 정진을 행하여, 악하여 착하지 않음을 없애 온갖 착한 법을 닦으며, 언제나 스스로 뜻을 일으켜 '하나에 오롯이 함이 굳세어'[專一堅固], 모든 착함의 바탕을 위해서 방편을 버리지 않는다[不捨方便].

손의 장자에게 정진이 있다고 하는 것은 이로 인해 말하는 것이다.

손의 장자에게 바른 생각이 있다고 하는 것은 무엇을 인해 말하는가? 손의 장자는 안 몸[內身]을 몸 그대로 살피고, 안의 느낌[覺] · 마음[心] · 법(法)을 법 그대로 살핀다.

손의 장자에게 바른 생각이 있다고 하는 것은 이로 인해 말하는 것이다.

손의 장자에게 선정이 있다고 하는 것은 무엇을 인해 말하는가? 손의 장자는 욕심을 여의어, 악하여 착하지 않은 법을 여의고, 느낌과 살핌이 있는 첫째 선정을 얻고 둘째 선정 셋째 선정을 얻으며, 나아가 넷째 선정을 얻어 성취하여 노닌다.

손의 장자에게 선정이 있다고 하는 것은 이로 인해 말하는 것이다.

손의 장자에게 지혜가 있다고 하는 것은 무엇을 인해 말하는가? 손의 장자는 지혜를 닦아 행해 일어나고 시드는 법을 살펴, 이와 같은 지혜를 얻어서는 거룩한 지혜가 밝게 통달하고, 잘 가지어 환히 깨달아 이로써 바로 괴로움을 다한다.

손의 장자에게 지혜가 있다고 하는 것은 이로 인해 말하는 것이다.

손의 장자에게 여덟 가지 '일찍이 없었던 법'이 있다고 하는 것은 이 때문에 말한 것이다."

붇다께서 이렇게 말씀하시자, 여러 비구들은 붇다의 말씀을 듣고 기뻐하며 받들어 행하였다.

• 중아함 41 수장자경 ②

• 해설 •

이 경에서 '여덟 가지 일찍이 없었던 법'은 앞의 경에서 보이신 '손의 장자'의 법을 기뻐하는 마음·베푸는 마음·선정의 마음을 다시 넓혀 말씀하신 것이다.

여덟 가지 법의 첫째는 스스로 욕심 줄임이 있음이다. 둘째, 바른 믿음이 있음이다. 셋째, 스스로 부끄러워함이 있음이다. 넷째, 남에 대한 부끄러움이 있음이다.

다섯째, 바른 정진이 있음이다. 여섯째, 몸과 마음을 되살피는 바른 생각이 있음이다. 일곱째, 선정이 있음이다. 여덟째, 지혜가 있음이다.

비록 일곱 법·여덟 법으로 말씀하나 연기의 진리를 바로 살피는 '지혜의 한 법'[智慧一法]이 선정이 되고 계행이 되고 부끄러워함이 되고 욕심 줄여 탐욕의 불을 끔이 되고 다함없는 정진이 되니, 한 법·일곱 법·여덟 법의 분별을 내서는 안 될 것이다.

손의 장자가 네 곳 살핌으로 성취한 지혜의 마음 선정의 마음은 마음 아닌 마음이라, 그 마음이 경계 따라 다함없는 마음이 되고, 때로 스스로 부끄러워하는 마음이 되며, 아낌없는 마음이 되고, 계의 마음이 되며, 정진의 마음이 되는 것이다.

또 손의 장자가 행하는 법에 법의 모습이 없으므로 한 법·두 법·일고여덟의 법의 수가 세워지는 것이니, 오직 여래의 바른 법에 대한 믿음과 지혜가 그의 삶을 이끌어 온갖 공덕을 낼 따름이다.

4) 칫타 장자

━━━━

비구들의 정사를 찾아가 열두 들이는 곳의
매어 묶음을 문답했으니

이와 같이 내가 들었다.

한때 붇다께서는 암라 나무 숲에서 많은 높은 자리 비구들과 함께 계셨다. 그때 많은 높은 자리 비구들은 식당에 모여 이와 같이 이야기하였다.

"여러 어진 이들이여, 어떻게 생각하오. 곧 눈이 빛깔을 매었는가, 빛깔이 눈을 매었는가. 이와 같이 귀와 소리 · 코와 냄새 · 혀와 맛 · 몸과 닿음 · 뜻과 법에 있어서, 뜻이 법을 매었는가, 법이 뜻에 매었는가."

때에 칫타 장자는 볼일이 있어 정사를 지나다가, 여러 높은 자리 비구들이 식당에 모여 있는 것을 보고, 곧 나아가 여러 높은 자리 비구들의 발에 절한 뒤에 물었다.

"존자들께서는 식당에 모여 무슨 법을 이야기하고 계십니까."

여러 높은 자리 비구들이 대답하였다.

"장자여, 우리는 오늘 식당에 모여 이런 이야기를 하였소.

'눈이 빛깔을 매었는가, 빛깔이 눈을 매었는가. 이와 같이 귀와 소리 · 코와 냄새 · 혀와 맛 · 몸과 닿음 · 뜻과 법에 있어서, 뜻이 법을 매었는가, 법이 뜻에 매었는가.'"

장자가 물었다.

"여러 존자들께서는 이 뜻에 대해 어떻다고 말씀하십니까?"

"장자는 어떻게 생각하시오?"

탐욕이 열두 들임 묶는 것임을 답함

장자는 대답하였다.

"제 생각에는 눈이 빛깔을 맨 것도 아니요 빛깔이 눈을 맨 것도 아닙니다. 이와 같이 귀와 소리·코와 냄새·혀와 맛·몸과 닿음·뜻과 법에서, 뜻이 법을 맨 것도 아니요, 법이 뜻을 맨 것도 아닙니다.

그러나 그 가운데 탐욕이 있어서 그것을 따라 매는 것입니다.

비유하면 두 소가 있어 한 마리는 검고 한 마리는 흰데, 두 소를 한 굴레에 멍에 지워놓은 것과 같습니다.

어떤 사람이 묻기를 '검은 소가 흰 소에 매어 있는가, 흰 소가 검은 소에 매어 있는가'라고 하면, 그것을 바른 물음이라고 하겠습니까."

"장자여, 그것은 바른 물음이 아니오. 왜냐하면, 검은 소가 흰 소를 맨 것도 아니요, 흰 소가 검은 소를 맨 것도 아니고, 다만 그 굴레가 그들을 매었기 때문이오."

"그와 같이 존자들이시여, 눈이 빛깔을 매는 것도 아니요, 빛깔이 눈을 매는 것도 아닙니다. 이와 같이 귀와 소리·코와 냄새·혀와 맛·몸과 닿음·뜻과 법에서, 뜻이 법을 매는 것도 아니요, 법이 뜻을 매는 것도 아닙니다.

그러나 그 가운데 탐욕이 있어 그것을 맨 것입니다."

때에 칫타 장자는 여러 높은 자리 비구들의 말을 듣고, 기뻐하고 따라 기뻐하면서 절하고 떠나갔다.

• 잡아함 572 계경(繫經)

• 해설 •

첫타 장자는 장자로서 널리 보시행을 닦은 수행자이지만 그는 지혜가 빼어난 사람이다.

'여섯 아는 뿌리와 여섯 알려지는 경계는 어떻게 서로 묶였는가' 하고 여러 윗자리 비구들이 모여 토론하는 곳에 가서 탐욕이 서로를 묶는 것임을 말하니, 그가 여래의 말씀을 잘 받아들여 말씀대로 바르게 사유하여 깨친 사람이다.

눈 등 아는 뿌리와 빛깔 등 알려지는 경계는 있되 공하고 공하되 있으므로 서로가 서로를 얽매지 않는다. 있되 공한 것을 실로 있다고 집착하고 실로 있다는 집착으로 모습 취하는 탐욕이 일어남으로 아는 뿌리와 경계가 서로를 얽매는 것이다.

마치 검은 소와 흰 소가 서로 얽매는 것이 아니라 멍에와 굴레가 두 소를 서로 얽매는 것과 같다.

그러므로 아는 뿌리와 알려지는 경계의 '인연으로 있는 모습'[依他起相] 밖에, 걸림 없고 얽매임이 없는 '두렷이 이루어진 진실의 모습'[圓成實相]이 없는 것이다.

탐내는 경계에 탐낼 것이 없는 줄 알면 탐내는 마음 가운데서 탐욕의 마음이 사라져 인연으로 나는 모습[緣起相]이 해탈의 모습[解脫相]이 되는 것이다.

첫타 장자는 비록 흰옷 입은 거사이지만 출가상가의 높은 자리 비구들과 장로들 앞에서 안의 아는 뿌리와 바깥 경계가 본래 얽매임 없음을 잘 말할 줄 아니, 그가 바로 중생이 본래 스스로 해탈되어 있음[本自解脫]을 아는 분이고, 인연으로 있는 거짓 이름을 무너뜨리지 않고 실상을 말할 줄[不壞假名而談實相] 아는 분이다.

병상에 누워서도 모든 것의 덧없음을 살피고
보시의 공덕 찬탄하여

이와 같이 내가 들었다.

한때 붇다께서는 암라 마을 암라 나무숲에서 많은 높은 자리 비구들과 함께 계셨다. 그때 칫타 장자는 병을 앓아 여러 친척들이 둘러싸고 있었다.

많은 하늘신들이 장자가 있는 곳에 와서 칫타 장자에게 말하였다.

"장자여, 그대가 바람[顗]을 내기만 하면 전륜왕이 될 수 있을 것이오."

칫타 장자는 여러 하늘들에게 말하였다.

"만약 전륜왕이 된다 해도 덧없는 것이요, 괴로움이고 공함이며 '나'가 없는 것이오."

때에 장자의 친족들은 장자에게 말하였다.

"당신은 생각을 잘 붙잡아 매야 하오. 당신은 생각을 잘 붙잡아 매야 하오."

칫타 장자는 친족들에게 말하였다.

"왜 너희들은 나를 보고 '당신은 생각을 잘 붙잡아 매야 하오'라고 하는가."

그 친족들이 말했다.

"당신께선 방금 '덧없는 것이다'라고 말하였소. 그래서 당신을 보고 '당신은 생각을 잘 붙잡아 매야 하오'라고 말한 것이오."

하늘신의 권유 물리친 뜻을 친족들에게 보임

장자가 여러 친족들에게 말했다.

"여러 하늘사람들이 내게 와서 말했다.

'그대가 바람을 내기만 하면 전륜왕이 될 수 있을 것이며, 바람을 따라 그 과보를 얻을 것이오.'

그래서 나는 곧 '그 전륜왕 또한 덧없는 것이요, 괴로움이고 공함이며 〈나〉가 없는 것이오'라고 대답했던 것이다."

그 여러 친족들이 칫타 장자에게 물었다.

"전륜왕에게는 무엇이 있기에 그 여러 하늘들은 당신께서 바라고 구하라고 합니까?"

장자가 답했다.

"전륜왕은 바른 법으로 다스려 교화한다. 그러므로 하늘들은 이러한 복과 이익을 보았기 때문에, 나에게 와서 내가 그것을 바라고 구하라고 말한 것이다."

여러 친족들이 말했다.

"당신께선 지금 잘 생각하십시오. 어찌 하시렵니까?"

장자가 답했다.

"여러 친족들이여, 나는 지금 이렇게 마음먹었다.

'나는 다시는 태에서 태어남 받음을 보지 않을 것이고, 무덤을 늘리지 않을 것이며, 핏기운을 받지 않을 것이다. 세존께서 말씀하신 다섯 낮은 곳의 묶음에서 〈나〉가 있음을 보지 않을 것이니, 한 묶임이라도 끊지 못한 것이 없을 것이다.

만약 묶음을 끊지 못하면 이 세상에 도로 태어날 것이다.'"

해탈 얻기를 서원하고 보시의 공덕을 노래함

이에 장자는 곧 자리에서 일어나 두 발을 맺고 앉아, 생각을 바로해 앞에 두고 이 게송을 말하였다.

옷과 먹을 것 쌓인 것을 또 쌓아
뭇 어려운 이들 널리 건네주고
복밭이신 높은 이들께 베풀어서
이런 다섯 가지 힘을 심어왔네.

이런 뜻을 이루어내고자 하여
세속 사람으로 집에 살면서도
나는 이런 이익을 다 얻고서
뭇 어려움에서 이미 벗어났고
세간에서 듣고 익히는 것에
뭇 어려운 일들 멀리 떠났네.

세간 일에 즐거운 마음 내다가
차츰 세간일 어려움 깨달아 알아
바르게 깨치신 분 따라 행하여
계 지니는 이 범행 잘 닦는 이들과
번뇌의 흐름 다한 아라한들과
여러 성문 무리들께 공양해
이와 같이 온갖 견해 벗어나
높고 높아 여러 공덕 빼어난 곳에

수행자로서 행할 보시 행하여
끝내 큰 해탈의 과덕 얻었네.

여러 가지 보시를 익혀 행하고
여러 좋은 복밭에 베풀어주며
이 세상에서 목숨 마치게 되면
좋은 곳 하늘위에 변화해 나서
다섯 욕망 원만히 모두 갖추어
한량없는 그 마음이 즐거우리라.

이와 같이 묘한 복의 과보 얻음은
아낌없고 탐냄이 없기 때문이니
어느 곳이나 태어남 받은 때마다
일찍이 즐겁지 않음 없으리라.

칫타 장자는 이 게송을 말하고는 곧 목숨을 마쳐 '번뇌의 뜨거움
이 없는 하늘'[無煩熱天]에 태어났다.

**하늘에 난 칫타 장자가 다시 암라 나무숲에 와
해탈의 공덕을 알려줌**

그때에 칫타 장자는 이렇게 생각하였다.

'나는 여기 머물러 있을 것이 아니다. 저 잠부드비파로 가서 여러
높은 자리 비구들께 절해야 한다.'

마치 힘센 장사가 팔을 굽혔다 펴는 듯하는 동안에 하늘의 신통의

힘으로써, 암라 나무숲 가운데 이르러 몸에서 하늘빛을 놓아 암라 나무숲을 두루 비추었다.

때에 어떤 비구는 밤에 일어나 방을 나와 한데를 거닐어 다니다, 빼어난 밝은 빛이 나무숲을 두루 비추는 것을 보고, 곧 이 게송을 말하였다.

이 누구 묘한 하늘의 빛인가.
저 허공 가운데 머물러 있어서
비유하면 마치 순금의 산이나
잠부다나의 깨끗한 금빛과 같네.

하늘사람 칫타도 게송으로 대답하였다.

나는 하늘과 사람의 왕이신
고타마께서 아들이라 부른
예전에 이 암라 나무숲 가운데 살던
칫타 장자의 하늘의 몸이오.

깨끗한 계를 잘 닦아 갖추고
생각을 매어 스스로 고요하여서
해탈의 몸을 이미 다 갖추었고
지혜의 몸 또한 그렇게 갖추었소.

나는 법을 알아 짐짓 여기 왔으니

어진 이들은 반드시 알아야 하오.

저 니르바나의 법에 의하게 되면

이 법과 법이 모두 이와 같다오.

하늘사람 칫타는 이 게송을 마치자 이내 사라져 나타나지 않았다.

• 잡아함 575 병상경(病相經)

• 해설 •

칫타 장자는 살아서 이미 안의 아는 뿌리와 바깥 경계에 본래 얽매임이 없어 눈에 보이는 세간법이 니르바나의 해탈경계인 줄 알아 지혜의 눈을 갖춘 현성이다. 그에게 하늘신이 전륜왕의 복덕 얻게 일러주지만, 그가 어찌 여래의 함이 없는 법을 버리고 모습 있고 지위가 있고 높낮이가 있는 세간의 복덕을 구하겠는가.

복덕과 위력 있는 전륜왕의 몸도 덧없고 덧없으니, 온갖 세간법이 '나 없고'[無我] 덧없음[無常]을 참으로 본 자는 덧없되 흘러가 사라지지 않는 니르바나의 땅에서 한량없는 공덕을 받아쓰리라.

그는 지금 살아 있는 몸에서 '몸이 몸 아님'[身非身]을 이미 깨친 현성 장자이니, 그가 비록 하늘에 태어나 하늘몸이 되었지만 그는 하늘을 벗어나 법의 몸[法身, dharmakāya] 이룬 분이다.

장자처럼 몸이 몸 아니되 몸 아님도 아님을 알 때 모습 있는 이 몸이 그대로 해탈의 몸이 되는 것이다. 그러므로 그는 여래가 가르치신 보시와 계와 선정과 지혜의 법이 해탈의 몸[解脫身] 이루게 됨을 지금 닦아가는 비구에게 말해주고 여래의 법이 결코 헛되지 않음을 증명해보인다.

5) 나쿨라피타 장자

사리푸트라 존자여, 세존께서는
단이슬의 법을 제게 쏟아부으셨습니다

이와 같이 들었다.

한때 붓다께서는 브릿지 국에 있는 시목마라 산 귀신숲 사슴동산
에 계셨다.

그때 나쿨라피타(巴 Nakulapita) 장자가 세존 계신 곳에 찾아가 머
리를 대 발에 절하고 한쪽에 앉아 있었다.

조금 뒤에 물러나 앉아서 세존께 말씀드렸다.

"저는 지금 나이 늙고, 게다가 병을 앓고 있어서 여러 근심과 번민
이 많습니다. 세존께서는 때를 따라 가르치고 깨우쳐 중생들로 하여
금 기나긴 밤 동안 안온함을 얻게 해주시길 바랍니다."

그때 세존께서 장자에게 말씀하셨다.

"그대 말과 같이 몸에는 두려움과 고통이 많다. 어찌 믿을 수 있겠
는가. 다만 엷은 가죽으로 그 위를 덮었을 뿐이다.

장자여, 알아야 한다. 이 몸을 의지하는 사람들은 바로 잠깐의 즐
거움이 있을지라도 그것은 어리석은 마음으로서, 지혜로운 사람들
이 귀하게 여기는 것은 아니다.

그러므로 장자여, 비록 몸에 병이 있다 하더라도 마음은 병들지
않게 하라. 이와 같이 장자여, 반드시 이렇게 배워야 한다."

그때 장자는 이 말씀을 듣고 자리에서 일어나 세존의 발에 절하고 곧 물러갔다.

세존의 설법 듣고, 다시 사리푸트라에게 그 뜻을 자세히 물음

그때 장자는 다시 이렇게 생각하였다.

'나는 지금 존자 사리푸트라가 있는 곳에 가서 이 뜻을 물어보아 야겠다.'

그때 사리푸트라는 그곳에 가기 멀지 않은 곳 어느 나무 밑에 앉아 있었다. 나쿨라피타 장자는 사리푸트라가 있는 곳에 찾아가서 머리를 대 발에 절하고 한쪽에 앉았다.

이때 사리푸트라가 장자에게 물었다.

"얼굴 모습이 부드럽고 기쁨에 넘쳐[和悅] 모든 아는 뿌리가 고요하니, 반드시 그럴 만한 까닭이 있을 것이오. 장자여, 그대는 붇다께 법을 들었소?"

장자가 사리푸트라에게 말하였다.

"존자 사리푸트라시여, 제 얼굴 모습에 어찌 기쁨이 넘치지 않을 수 있겠습니까? 왜냐하면, 아까 세존께서 단이슬의 법을 제 가슴에 쏟아 부어주셨기 때문입니다."

사리푸트라가 말하였다.

"어떻게 장자여, 단이슬의 법을 그대 가슴에 쏟아 부어주셨소?"

장자가 대답하였다.

"사리푸트라시여, 저는 세존이 계신 곳에 찾아가 머리를 대 세존의 발에 절하고 한쪽에 앉았습니다. 그때 저는 세존께 말씀드렸습니다.

'저는 나이 늙어 오래되고, 게다가 병까지 앓고 있어서 여러 고통이 많아 헤아릴 수가 없습니다. 세존께서는 이 몸을 잘 분별해주시어 널리 중생들로 하여금 기나긴 밤 동안 안온함을 얻게 해주시길 바랍니다.'

그때 세존께서 곧 저에게 이렇게 말씀하셨습니다.

'그렇다, 장자여. 이 몸에는 여러 시듦과 괴로움이 많다. 이 몸은 다만 엷은 가죽으로 그 위를 덮은 것에 지나지 않는다.

장자여, 알아야 한다. 이 몸을 믿고 의지하는 이는 바로 잠깐의 즐거움은 있지만, 기나긴 밤 동안 괴로움을 받음이 한량없는 줄을 알지 못한다.

그러므로 장자여, 이 몸에는 비록 걱정거리가 있다 하더라도 반드시 그 마음에는 걱정이 없게 해야 한다.

이와 같이 장자여, 반드시 이렇게 배워야 한다.'

세존께서는 이와 같은 단이슬법을 제게 쏟아 부어주셨습니다."

사리푸트라가 말하였다.

"어째서 장자여, 여래께 이 뜻을 여쭙지 않았소.

'어떻게 몸에는 걱정이 있으나 마음에는 걱정이 없으며, 어떻게 몸에는 병이 있는데 마음에는 병이 없는 것입니까.'"

장자가 사리푸트라에게 대답하였다.

"사실 세존께 이 뜻에 대해서는 거듭 물어보지 않았습니다. 몸에도 걱정이 있고 마음에도 걱정이 있는 것과, 몸에는 걱정이 있는데 마음에는 걱정이 없는 뜻을 존자 사리푸트라께서는 틀림없이 아실 것이니 갖추어 분별해주시길 바랍니다."

마음에 병 없음을 몸과 마음에 취할 것 없음으로 답해줌

사리푸트라가 말하였다.

"자세히 듣고 자세히 들어 잘 사유해 생각하시오. 내가 그대를 위해 그 뜻을 널리 말해주겠소."

대답하였다.

"그렇게 하겠습니다. 사리푸트라시여, 그 가르침을 따르겠습니다."

사리푸트라가 장자에게 말하였다.

"여기에 대해서는 이렇게 말할 수 있소.

장자여, 범부의 사람은 성인을 보지도 않고 성인의 가르침을 받지도 않으며, 그 깨우침을 따르지도 않고 좋은 벗을 만나보지도 않으며, 좋은 벗과 같이 일을 하지도 않소. 그들은 이렇게 헤아리오.

'물질[色]이 곧 나[我]다. 물질은 곧 내 것[我所]이다. 나는 곧 물질의 것[色所]이다. 물질 안에 내가 있다. 내 안에 물질이 있다. 저 물질과 내 물질이 한곳에 합해져 있다. 저 물질과 내 물질이 한곳에 모여 있다.'

그러다가 그 물질이 곧 무너지고 옮기어 머물지 않으면 그 가운데서 다시 시름과 근심, 괴로움과 번민을 일으키오.

또 느낌[痛, 受] · 모습 취함[想] · 지어감[行]에 대해서도 마찬가지로 살피오.

'나에게 앎이 있다. 앎 안에 내가 있다. 나 안에 앎이 있다. 저 앎[彼識]과 내 앎[我識]이 한곳에 합해져 있다[合會一處]. 저 앎과 내 앎이 한곳에 모여 있다.'

그러다가 앎이 곧 무너지고 옮기어 머물지 않으면 그 가운데서 다시 시름과 근심, 괴로움과 번민을 일으키오.

이와 같음이 장자여, '몸에도 근심이 있고 마음에도 근심이 있다'고 하는 것이오."

장자가 사리푸트라에게 물었다.

"어떻게 몸에는 비록 걱정이 있지만 마음에는 걱정이 없습니까?"

사리푸트라가 말하였다.

"여기에 대해서는 이렇게 말할 수 있소.

장자여, 현성의 제자[賢聖弟子]는 성현을 잘 받들어 섬기고 금한 계를 닦아 행하며, 좋은 벗과 일을 같이하고 좋은 벗을 가까이하오.

그러므로 그는 '나에게 물질이 있다'고 살피지 않고 '물질은 내 것이다. 나는 물질의 것이다'라고 보지 않소.

그러므로 그 물질이 옮겨 굴러 머물지 않고, 그 물질이 옮기어 바뀌어도 그 가운데서 시름과 근심, 괴로움과 번민을 일으키지 않소.

또 느낌·모습 취함·지어감에 대해서도 그렇게 보지 않소. 그래서 '앎 안에 내가 있다. 나 안에 앎이 있다'고 보지 않고 '앎은 내 것이다. 나는 앎의 것이다'라고 보지 않소. 또 '저 앎과 내 앎이 한곳에 모여 있다'고도 보지 않소.

그러므로 앎이 곧 무너져도 그 가운데서 시름과 근심, 괴로움과 번민을 일으키지 않소. 이와 같음이 장자여, '몸에는 근심이 있어도 마음에는 근심이 없다'고 하는 것이오.

그러므로 장자여, 반드시 이렇게 익혀서 몸도 버리고[遣身] 마음도 버려[去心] 물들어 집착함이 없어야 하오.

장자여, 반드시 이와 같이 배워야 하오."

그때 나쿨라피타 장자는 사리푸트라의 말을 듣고 기뻐하며 받들어 행하였다.

- 증일아함 13 이양품(利養品)四

늙어 그 몸이 병들고 시든 나쿨라피타 장자가 세존께 가니, 세존께서 그에게 몸이 병들어도 마음에 병 없는 법을 설해주신다.

그는 가르침을 듣고서는 큰 기쁨을 얻어 얼굴에 기쁨이 넘치고 몸의 아는 뿌리가 고요해졌다.

그러나 그는 세존의 가르침과 자비하신 소리를 듣고 몸과 마음에 큰 기쁨을 성취하였지만 아직 그 뜻을 다 깨닫지 못하였다. 그 뜻을 사리푸트라 존자께 다시 물으니, 존자는 마음과 몸에 모두 얻을 것 없음으로 답해준다.

'만약 여기 병드는 몸이 있고 병들지 않는 마음이 따로 있다'면 이는 연기론의 세계관이 아니다.

연기를 보는 진실의 눈으로 다섯 쌓임을 살피면 다섯 쌓임 가운데 아는 마음인 느낌·모습 취함·지어감·앎은 알려지는 경계를 의지해 일어나므로 마음에 마음이 없고, 알려지는바 경계는 마음인 경계이므로 경계에 마음 밖의 경계가 없다.

비록 네 요소가 어울려 합한 몸이 병들고 늙어도, 몸에 몸 없음을 살피면 그 마음은 몸과 몸의 병 따라 구르지 않고 끝내 마음에도 마음 없음을 깨닫게 된다.

몸에 몸이 없고 마음에 마음 없음을 밝게 알아[了無身心], 몸과 마음을 모두 버려[遣身去心] 물들어 집착함이 없는 자[無染着], 그가 몸이 병들어도 마음에 병 없는 삶[身有患心無患]을 사는 자이다.

이와 같이 몸과 마음이 모두 공하되 몸을 떠난 마음이 없고 마음 떠난 몸이 없음을 바로 알아 몸과 마음에 모두 머묾 없는 연기론적 해탈의 길을 영육이원론과 혼동해서 가르친다면 그를 어찌 여래의 제자라 할 것인가.

그에게는 사리푸트라 존자의 호된 꾸중이 있게 될 것이다.

물질의 네 가지 요소가 쌓인 이 몸에 무너지지 않는 신령한 마음이 깃들었다고 생각해, 이것으로 해탈을 삼고 이 신령하게 아는 것을 타고 변화에 자재하게 하면, 이는 '변해 바꿈에 자재한 나고 죽음'[變易生死]에 떨어진 자이고, 물질의 끊어져 없어짐[斷見]과 신령한 마음의 항상함[常見] 이 두 가의 치우친 견해[二邊見]를 모두 짊어진 자이다.

그와 같은 자들을 천태선사는 '붇다의 법에 붙어 있는 바깥길'[附佛法外道]이라 하고, 남양혜충선사(南陽慧忠禪師)나 현사사비선사(玄沙師備禪師) 같은 이들은 '풀과 나무에 붙은 도깨비 귀신'[附草木精靈]이라 하니, 그런 무리들에게 지혜로 으뜸가는 세존의 성문제자 사리푸트라 존자의 호되고 호된 꾸중이 있게 될 것이다.

연기의 진실에서는 마음과 몸 마음과 세계에 둘과 둘 아님의 분별이 모두 헛된 꿈이 되는 것이니,『화엄경』(「보현행품」)은 이렇게 말한다.

모든 세간을 밝게 통달하면
거짓 이름이라 진실 없으니
모습 있는 중생과 세계는
꿈과 같고 빛의 그림자 같네.

了達諸世間　假名無有實
衆生及世界　如夢如光影

마음이 세간에 머물고
세간이 마음에 머물지만
여기에서 둘과 둘 아님의 분별
허망하게 일으키지 않네.

心住於世間　世間住於心
於此不妄起　二非二分別

둘이 없는 지혜에 의지하여
사람 가운데 사자가 출현하지만
둘이 없는 법에 집착하지 않아서
둘도 없고 둘 아님도 없음을 아네.

依於無二智　出現人師子
不著無二法　知無二非二

온갖 세간의 가장 빼어난 수행자
널리 붇다의 경계에 들어가
닦아 행함 물러나 구르지 않아서
위없는 보디를 얻게 되네.

一切最勝尊　普入佛境界
修行不退轉　得無上菩提

2 그 밖의 믿음과 서원 갖춘 여러 재가제자들

• 이끄는 글 •

붇다의 제자인 재가의 두 대중은 우파사카·우파시카이다.

우파사카 가운데 장자가 상업자본을 축적한 큰 상인을 뜻하면, 거사(居士)는 '집에서 청정하게 스스로 사는 자'[淸淨自居]를 뜻하니, 범어 그리하파티(grha-pati)를 옮긴 말이다.

경전에서 사부(士夫)라고 번역된 사람은 여기 말로 장부(丈夫)이니 푸르샤(puruṣa)를 옮긴 말이다.

여성을 나타내는 말로는 암바(aṁbā)가 있으니, 암바는 자식을 가진 어머니[女母]의 뜻이고, 그냥 좋은 여인[善女]이라고 할 때는 범어로 수스트리(sustri)를 말한다. 부인(婦人)을 뜻하는 범어는 바리야(bhārya)이다.

어린아이[童子]는 쿠마라(kumāra)이고, 여덟 살 이상의 어린이는 쿠마라부타(kumārabhūta)라 한다.

붇다의 제자는 비구·비구니·식차마나·사미·사미니의 출가제자뿐이 아니고, 이 여러 재가대중을 포함한다.

붇다께서 니르바나 드신 뒤 상좌부 교단의 상가는 붇다 당시 세존에게서 직접 목소리를 듣고 아라한의 도를 성취한 성문승(聲聞乘)을 이상적 인간형으로 추앙했다.

기성 성문승의 출가교단이 유아론적 선정주의 출가중심주의에 빠질 때 마하야나(mahāyāna)를 표방했던 보살승(菩薩乘)의 집단은 출가중심주의를 깨기 위해 집에 머물면서 보디사트바의 길을 간 수행자를 내세워 경을 편집한다.

그 중심인물로 표방되었던 재가 보디사트바가 바이샬리 성의 비말라키르티 거사와 프라세나짓 왕의 딸 승만(勝鬘, Śrīmālā)이다. 코살라 국의 승만공주가 아요디아(Ayodhyā) 국 우칭(友稱) 왕의 부인이 되었으므로 승만부인(勝鬘婦人)이라 한다.

바이샬리 성 비말라키르티 거사를 설법의 주역으로 내세운 경전이 한역불교에서 『유마경』(維摩經)으로 알려진 『비말라키르티수트라』이니, 아마 바이샬리 성의 우그라 장자와 같이 큰 지혜를 성취한 장자가 그 모델이 된 듯하다.

대승경전 가운데 여인이 설법의 주역으로 등장한 경이 『승만경』(勝鬘經)과 『관무량수경』(觀無量壽經)이다. 『관무량수경』은 아자타사트루 왕의 부인인 바이데히(Vaidehī)의 발원을 통해 정토에 대한 관행(觀行)을 설하게 된다.

프라세나짓 왕의 부인 말리카(Mallikā)도 세존으로부터 크게 찬탄받은 우파시카 제자로 경전에 등장한다.

바이샬리 성의 화류계 여성 암라파알리는 세존의 니르바나 직전 세존의 설법을 듣고 암라 동산을 상가에 기증하고 출가의 길을 걸었던 우파시카 제자로 유명하다.

아함경 가운데서 세존께 가장 큰 찬탄을 받은 우파시카 제자는 아나타삔디까 장자의 딸 수마가디(Sumagadhi)이다. 세존께서는 그를 '앞세상 큰 서원으로 다시 온 이'라고 높이며, 그 여인으로 인해 '부가 넘치는 성'의 육천 브라마나와 그 성의 많은 백성들을 교화하신다.

그밖에 경전에서는 우파시카 가운데 많이 들음[多聞]으로 으뜸인 쿳줏티라(Khujjutira), 자비한 마음으로 살아감에 으뜸인 사마바티(Sāmāvati), 선정에 으뜸인 웃타라난다마타(Uttaranandamata) 등 많은 여성 귀의자의 이름을 들어보이고 있다.

이처럼 여래의 가림 없고 닫힘 없는 진리의 문에서는 남자와 여자, 귀함과 천함, 나이 어림과 많음에 관계없이 가르침을 듣고 생각이 생각 아닌 진여의 문[眞如門]을 열면, 그가 해탈의 사람이니 여래는 그를 법의 자식이라 인가하는 것이다.

『화엄경』(「보현행품」)은 이렇게 말한다.

한량없는 여러 배우는 이들이
잘 배워 법계에 들어가면
신통의 힘이 자재하여서
시방에 널리 두루하리라.

無量諸佛子　善學入法界
神通力自在　普遍於十方

1) 아나타핀다다 장자의 딸 수마가디

저분들은 나의 스승의 제자이시고
나의 크신 스승이 아니십니다

이와 같이 들었다.

한때 붇다께서는 슈라바스티 국 제타 숲 '외로운 이 돕는 장자의 동산'에서 큰 비구대중 천이백오십 사람과 함께 계셨다.

그때 아나타핀다다라는 장자가 있었다. 그는 재물이 넉넉하고 보배가 많아 금·은의 진기한 보배와 자거·마노·진주·호박·수정·유리와 코끼리·말·소·염소·부리는 이·심부름꾼들이 이루 헤아릴 수 없었다.

또 그때 '부가 넘치는 성'[滿富城] 안에는 '재물 가득한 이'[滿財]라는 장자가 있었다. 그도 재물이 넉넉하고 보배가 많아 자거·마노·진주·호박·수정·유리와 코끼리·말·소·염소·부리는 이·심부름꾼들이 이루 헤아릴 수 없었다.

그는 아나타핀다다 장자와 어려서부터 친한 벗으로 같이 서로 사랑하고 공경하여 일찍이 잊어버린 일이 없었다.

그런데 이 아나타핀다다 장자는 늘 수천만의 진기한 보배와 재물을 '부가 넘치는 성'안에 두고 판매하면서 '재물 가득한 이' 장자로 하여금 경리하고 보살피게 하였다.

또 '재물 가득한 이' 장자도 수천만의 진기한 보배와 재물을 슈라바스티 성안에 두고 판매하면서 아나타핀다다 장자로 하여금 경리하고 보살피게 하였다.

때에 아나타핀다다 장자에게는 수마가디라는 딸이 있었다. 그는 얼굴 모습이 단정하여 복사꽃 같아 세상에서 보기 드물었다. 때에 '재물 가득한 이' 장자는 작은 볼일이 있어 슈라바스티 성에 이르러 아나타핀다다 장자 집에 가서 자리에 앉았다.

그때에 수마가디는 고요한 방에서 나와 먼저 그 부모에게 꿇어 절하고 다음에는 '재물 가득한 이' 장자에게 꿇어 절하고는 고요한 방으로 도로 들어갔다.

'재물 가득한 이' 장자가 수마가디를 보고
아나타핀다다 장자에게 며느리로 주도록 청혼함

'재물 가득한 이' 장자는 수마가디의 얼굴이 단정하여 복사꽃 같아 세상에서 보기 드문 것을 보고서는 아나타핀다다 장자에게 물었다.

"이 아이는 누구 집 딸입니까."

아나타핀다다 장자는 대답하였다.

"조금전 딸아이는 제 아이입니다."

"제게 아들이 있어 아직 결혼하지 않았는데 우리 집에 시집보낼 수 있겠습니까."

이때 아나타핀다다 장자가 대답했다.

"일이 그럴 수 없겠습니다."

"무슨 일로 그럴 수 없습니까. 족성을 보고 그럽니까, 재화 때문입니까."

"족성과 재화는 서로 배필이 될 만합니다. 다만 섬기는 신이 우리와 다릅니다.

이 아이는 붇다를 섬기는 사캬의 제자요, 당신들은 바깥길 배움 다른 이들을 섬깁니다. 그 때문에 뜻에 따르지 못합니다."

때에 '재물 가득한 이' 장자는 말하였다.

"우리가 섬기는 것은 스스로 따로 제사할 것이니, 이 딸아이가 섬기는 것은 따로 스스로 공양하도록 하십시오."

아나타핀다다 장자는 말하였다.

"내 딸이 만약 당신 집에 시집가면 내야 할 재보가 이루 헤아릴 수 없는데, 장자께서는 헤아릴 수 없는 재보를 내겠습니까."

'재물 가득한 이' 장자가 말하였다.

"당신은 얼마만큼 재보를 요구합니까."

"나는 육만 냥 금을 요구합니다."

이때에 '재물 가득한 이' 장자는 곧 육만 냥 금을 주었다.

아나타핀다다 장자는 다시 이렇게 생각하였다.

'나는 방편으로 미리 거절했는데 오히려 그만두게 하지 못했다.'

다시 장자에게 말하였다.

"내가 딸을 시집보내려면 붇다께 가서 여쭈어보아야 합니다. 만약 세존 계신 곳에서 무슨 분부가 계시면 받들어 행해야 합니다."

이때 아나타핀다다 장자는 짐짓 일을 만들어 작은 볼일이 있는 깃처럼 곧 성문을 나와서 세존 계신 곳에 나아갔다.

그는 머리를 대 세존의 발에 절하고 한쪽에 앉아 세존께 말씀드렸다.

"제 딸 수마가디를 '부가 넘치는 성'안의 '재물 가득한 이' 장자가 며느리로 요구합니다. 주어야 합니까, 주지 않아야 합니까.”

세존께서는 말씀하셨다.

“만약 그 딸 수마가디가 저 나라에 가면 많은 요익됨이 있어서 사람들을 건네 해탈시킴이 헤아릴 수 없을 것이다.”

아나타핀다다는 생각하였다.

‘세존께서는 방편의 지혜로써 저 나라에 가실 것이다.’

그는 머리를 대 세존의 발에 절하고 붓다를 세 바퀴 두루고 떠나왔다.

세존의 허락을 받아 혼인을 승낙하고
육천 브라마나에게 공양 올리게 됨

그는 집에 돌아와 갖가지 맛난 먹을거리를 장만하여 ‘재물 가득한 이’ 장자에게 대접했다.

‘재물 가득한 이’ 장자는 말하였다.

“저는 음식을 먹지만 딸은 저한테 못 주시겠습니까.”

“생각이 꼭 그렇다면 서로 따라야지요. 보름 뒤에 아들을 여기에 오도록 해주십시오.”

이렇게 말하고 곧 떠났다.

이때에 ‘재물 가득한 이’ 장자는 모든 필요한 것을 장만해 갖추고 보배깃털 수레를 타고 팔십 요자나까지 왔다.

아나타핀다다 장자도 다시 그 딸을 잘 꾸미고서 목욕시키고 향을 쪼인 뒤 보배깃털 수레를 타고 딸을 데리고 ‘재물 가득한 이’ 장자의 아들을 맞이해 가운데 길에서 만났다.

‘재물 가득한 이’ 장자는 그 며늘아이를 데리고 ‘부가 넘치는 성’

안으로 돌아갔다.

그때에 '부가 넘치는 성'안에 사는 사람들은 이렇게 제한하는 규칙을 만들었다.

'만약 이 성안에 살던 여인이 다른 나라로 나가면 무거운 벌을 받는다. 또 다른 나라 여자를 데리고 들어오는 사람도 무거운 벌을 받는다.'

그때에 그 나라에는 육천 명의 브라마나가 있었다. 그들은 이 나라 사람들이 받드는 규칙을 만들어 이렇게 말했다.

'만약 이 제한하는 규칙을 범하면 그는 육천 명 브라마나들을 먹여야 한다.'

그때에 '재물 가득한 이' 장자는 그 규칙을 범한 것을 스스로 알았기 때문에 곧 육천 명의 브라마나들을 먹이기로 하였다. 그렇게 브라마나들의 먹는 것은 모두 고르게 돼지고기와 돼지고기국과 맑은 술을 먹는 것이었다.

그리고 브라마나들의 입을 옷은 흰 털옷이나 솜털 옷이었다. 그런데 그 브라마나들의 법에서는 나라에 들어올 때에는 옷으로 오른쪽 어깨만 덮고 몸의 반은 드러내야 한다.

그때에 장자는 그들에게 알렸다.

"때가 되었습니다. 먹을 것은 다 갖춰졌습니다."

그 육천 브라마나들은 모두 한쪽만 옷으로 덮고 몸의 반은 드러내고 장자 집에 들어왔다. 장자는 브라마나들이 오는 것을 보고 무릎으로 걸어 나아가 맞아 공경하게 절하였다.

그 가운데서 우두머리 브라마나는 손을 들어 '잘한다'고 칭찬하고는 앞에서 장자의 목을 안고 앉는 곳으로 가서 앉았다. 다른 브라마나들도 각기 차례를 따라 앉았다.

육천 브라마나들이 자리에 앉자 장자는 며느리 수마가디에게 말하였다.

"너는 스스로 잘 꾸미고 나와 우리 스승들에게 절을 하라."

수마가디가 반쯤 옷 벗은 육천 브라마나에게 절하기를 거부함

수마가디는 대답하였다.

"그만두십시오, 그만두십시오. 아버님, 저는 그 옷 벗은 사람들에게는 인사할 수 없습니다."

장자는 말하였다.

"이분들은 옷을 벗은 사람이 아니다. 부끄러움이 없는 것도 아니다. 그 입은 옷은 법옷[法衣]일 뿐이다."

수마가디는 말했다.

"저들은 부끄러운 줄도 모르는 사람입니다. 모두 몸을 밖으로 드러내놓고 있습니다. 무슨 법옷이 쓸 데 있습니까.

장자께서는 들으시길 바랍니다. 세존께서도 세상 사람이 귀하게 여겨야 할 두 가지 일의 인연을 말씀하셨습니다.

스스로 부끄러워함[慚]과 남에 대한 부끄러움[愧]을 말합니다.

만약 이 두 가지 일이 없게 되면 부모·형제·친족과 다섯 친척의 높고 낮음을 분별할 수 없게 되어 사람도 지금쯤은 닭·개·돼지·염소·나귀·노새의 무리들과 같아서 높고 낮음이 없게 되었을 것입니다. 이 두 가지 법이 세상에 있기 때문에 곧 높고 낮음의 분별이 있는 줄을 아는 것입니다.

그런데 저 사람들은 이 두 가지 법을 떠나 닭·개·돼지·염소·나귀·노새의 무리들과 같습니다. 나는 정말 저들을 향해 절할 수 없습니다."

수마가디의 남편은 아내에게 말하였다.

"당신은 일어나 우리 스승들에게 절하도록 하시오. 이분들은 다 내가 하늘처럼 섬기는 분들이시오."

수마가디는 대답하였다.

"그만두십시오, 좋은 집안의 분이시여. 나는 부끄러움도 없이 벗은 사람들에게 절할 수 없습니다. 나는 지금 사람인데 나귀와 개에게 절하겠습니까."

남편이 다시 말했다.

"여보, 그만하시오, 그만하시오. 이런 말 마오. 입을 삼가해 죄를 짓지 마오. 이분들은 나귀가 아니오. 또 미치지도 않았소. 그 입으신 옷은 바로 법옷일 뿐이오."

그때에 수마가디는 눈물을 떨구어 슬피 울면서 얼굴빛이 변해 이렇게 말하였다.

"차라리 우리 부모와 다섯 친척들이 몸이 허물어지고 다섯 조각이 나 목숨뿌리가 끊길지언정 끝내 이 삿된 견해 가운데 떨어지지 않으리라."

육천 브라마나들은 같이 소리를 높여 이렇게 말하였다.

"그만두시오, 그만두시오. 장자여, 왜 이 천한 여자로 하여금 그처럼 욕하게 하시오. 공양에 청했으면 바로 먹을 것을 마련해 올리시오."

때에 장자와 수마가디의 남편은 곧 돼지고기와 돼지고깃국과 맑은 술을 내어 육천 브라마나들을 배불리 먹였다. 브라마나들은 그것을 먹고 얼마쯤 논의하다가 곧 일어나 떠났다.

이때 '재물 가득한 이' 장자는 높은 누각 위에 번민하고 원통해하며 시름해 슬퍼하면서 홀로 앉아 생각하였다.

'나는 지금 이 아이를 데리고 와서 우리 집을 망쳤구나. 내가 우리 법의 문중[門戶]을 욕한 거나 다름없구나.'

수마가디를 원망하는 장자에게 수발 브라마나가
세존과 상가대중의 공덕을 찬탄함

그때에 수발(修跋)이라는 브라마나가 있었다. 그는 다섯 가지 신통을 얻고 또한 여러 선정을 얻었다. 그리고 '재물 가득한 이' 장자의 존중을 받고 있었다.

때에 수발 브라마나는 이렇게 생각하였다.

'나는 장자와 헤어진 지 오래되었다. 지금 가서 서로 보아야겠다.'

이때 브라마나는 '부가 넘치는 성'에 들어가 장자 집에 가서 그 문지기에게 물었다.

"장자는 지금 계신가."

문지기는 대답하였다.

"장자는 지금 높은 누각 위에서 아주 시름하고 근심하고 계시는데, 어떻게 말로 할 수 없는 딱한 모습이십니다."

브라마나는 누각 위로 빨리 올라가 장자와 서로 보았다. 브라마나가 장자에게 물었다.

"왜 이처럼 근심하고 계시오. 관청이나 도둑의 변고, 물이나 불의 재변을 만나지 않았소. 또는 집안에 무슨 화목하지 못한 일이라도 있으시오?"

장자는 대답하였다.

"관청이나 도둑의 변고는 없습니다. 다만 집안에 조금 안 풀리는 일이 있습니다."

"그 사정을 듣고 싶소. 무슨 일이 있으시오."

장자가 대답했다.

"어제 며느리를 봄으로써 나라의 제한을 범하고 또 다섯 친척들을 욕보였습니다. 곧 여러 스승들을 집에 청하고 며느리를 데리고 가서 인사를 시키려 하였으나 말을 듣지 않았습니다."

수발 브라마나가 물었다.

"그 여인의 집은 어느 나라에 있소. 얼마나 먼 데서 데려왔습니까."

"이 아이는 슈라바스티 성안에 사는 아나타핀다다의 딸입니다."

브라마나는 그 말을 듣자 깜짝 놀라면서 두 손으로 귀를 막고 말하였다.

"아아! 장자여, 아주 기이하고 아주 빼어난 일이오. 그 여인이 지금도 그대로 살아 있다니. 자살하지 않고 다락에서 몸을 던지지 않았다는 것은 큰 다행이오.

왜냐하면 그 여인이 섬기는 스승은 다 범행을 닦는 사람이오. 그런데 아직도 그 여인이 살아 있다는 것은 아주 기이하고 아주 빼어난 일이오."

장자가 말했다.

"나는 당신 말을 들으니 도리어 비웃고 싶습니다. 왜냐하면 당신은 고타마가 보면 바깥길 배움 다른 사람인데, 왜 사문 사카족 아들의 행을 찬탄합니까. 이 여인이 섬기는 스승은 무슨 위덕이 있고 무슨 신묘한 변화가 있습니까."

브라마나는 대답하였다.

"장자여, 그대는 그 여인의 스승의 신령스런 덕을 듣고 싶으시오? 내가 이제 그 바탕을 대강 말하겠소."

"그 말씀을 듣고 싶습니다."

수발 브라마나가 쿤티 사미의 공덕을 보기로 들어 말함

브라마나는 말하였다.

"나는 옛날 설산 북쪽에 가서 사람 사이에서 밥을 빌었소. 나는 밥을 얻어가지고 아나바탑타 못으로 날아왔소. 그때에 저 하늘·용·귀신들은 멀리서 내가 오는 것을 보고 모두 칼을 지니고 와서 나를 보고 말하였소.

'수발 선인이여, 이 못가에 오지 마시오. 이 못을 더럽히지 마시오. 만약 우리 말을 듣지 않으면 바로 그대 목숨뿌리가 끊어지게 될 것이오.'

나는 이 말을 듣고 곧 그 못을 떠나 멀지 않은 데서 밥을 먹었소.

장자여, 알아야 하오. 그 여인이 섬기는 스승의 가장 어린 제자가 있는데 쿤티(Kunti) 사미라고 하오. 이 사미 또한 설산 북쪽에 가서 밥을 빌다가 아나바탑타 못으로 날아와 두 손을 맞잡고 있다가 무덤 사이에 있는 죽은 사람의 옷을 집었소. 그것은 피에 물들어 매우 더러웠소.

그때에 아나바탑타 못에 사는 큰 신과 하늘·용·귀신들은 모두 일어나 앞에서 맞이하여 공경히 문안하였소.

'잘 오셨습니다, 사람들의 스승[人師]이시여. 여기 앉으십시오.'

때에 쿤티 사미는 그 샘물 있는 곳으로 갔소. 장자여, 그 못물 가운데에는 순금의 책상이 있었소. 그때 사미는 그 죽은 사람의 옷을 물에 담가두고 물러나 앉아 밥을 먹었소. 밥을 먹고는 발우를 씻고 순금 책상 위에서 두 발을 맺고 앉아 몸과 마음을 바르게 하고 생각을 매어 앞에 두고 첫째 선정에 들었소.

그는 다시 첫째 선정에서 일어나 둘째 선정에 들고, 둘째 선정에서 일어나 셋째 선정에 들고, 셋째 선정에서 일어나 넷째 선정에 들었소.

넷째 선정에서 일어나 '허공의 곳 사마디'[虛空處定]에 들고, '허공의 곳'에서 일어나 '앎의 곳 사마디'[識處定]에 들고, '앎의 곳'에서 일어나 '있는 바 없는 곳 사마디'[無所有處定]에 들고, '있는 바 없는 곳'에서 일어나 '생각이 있기도 하고 없기도 한곳 사마디'[有想無想處定]에 들었소.

'생각이 있기도 하고 없기도 한곳'에서 일어나 '사라져 다한 사마파티'[滅盡定, Nirodhasamāpatti]에 들고, '사라져 다한 사마파티'에서 일어나 '불꽃빛 사마디'에 들고, '불꽃빛 사마디'에서 일어나 '물기운 사마디'에 들었소.

다시 '물기운 사마디'에서 일어나 '불꽃빛 사마디'에 들고, 다시 '사라져 다한 사마파티'에 들고, 다시 '생각이 있기도 하고 없기도 한 사마디'에 들고, 다시 '있는 바 없는 곳 사마디'에 들고, 다시 '앎의 곳 사마디'에 들고, 다시 '허공의 곳 사마디'에 들었소.

다시 넷째 선정에 들고, 다시 셋째 선정에 들고, 다시 둘째 선성에 들고, 다시 첫째 선정에 들고, 첫째 선정에서 일어나서는 그 죽은 사람의 옷을 빨았소. 이때에 하늘·용·귀신으로 그 옷을 밟는 이도 있고 씻는 이도 있으며 물을 떠다 마시는 이도 있었소.

그는 옷을 다 빨고는 허공 가운데 널어 말리었소. 사미는 옷을 거두어가지고 허공 속을 날아 있던 곳으로 돌아왔었소.

장자여, 알아야 하오. 나는 그때에 멀리서 바라보기만 하고 가까이 가지는 못하였소. 그 여인이 섬기는 스승의 가장 어린 제자에게도 이런 신묘한 힘이 있는데, 하물며 가장 큰 제자에게야 어떻게 미칠 수 있겠소.

그런데 어찌 하물며 그들의 스승인 여래·아라한·바르게 깨치신 분에게 미칠 수 있겠소.

나는 이런 뜻을 살피기 때문에 이렇게 말한 것이오.

'매우 기이하고 매우 빼어나오. 이 여인이 자살하여 그 목숨뿌리를 끊지 않을 수 있다니.'"

때에 장자가 브라마나에게 말하였다.

"우리들도 이 여인이 섬기는 그 스승을 뵈올 수 있겠습니까."

브라마나는 대답하였다.

"이 여인에게 물어보오."

수마가디가 세존을 찬탄하고 멀리서 간절한 뜻을 전함

때에 장자는 수마가디에게 물었다.

"나는 네가 섬기는 그 스승을 뵈옵고 싶다. 그분을 오시게 할 수 있겠는가."

여인은 이 말을 듣고 못내 기뻐 뛰면서 스스로 이기지 못했다.

그리고 말하였다.

"바로 먹을 것을 마련해 갖추어주시길 바랍니다. 내일 여래와 그 비구대중들이 여기에 오실 것입니다."

장자가 대답했다.

"네가 청하여라. 나는 그 방법을 알지 못한다."

이때 그 장자의 딸은 곧 목욕하고 손으로 향로를 들고 높은 누각 위에 올라가 손을 맞잡고 여래 계신 곳을 향해 말씀드렸다.

"여래께서는 잘 살펴주시길 바랍니다.
세존의 정수리 볼 수 있는 사람이 없으니,
세존께서는 알지 못하시는 일이 없고
살피지 못하시는 일이 없습니다.
이 여인은 지금 여기서 어려움에 빠져 있습니다.
세존께서는 잘 살펴주시길 바랍니다."

그는 다시 다음 게송으로 말하였다.

세간 살펴 두루하지 않음 없음이
붇다의 눈이 살피시는 바이니
귀신, 여러 신들의 왕들과
귀신의 자식과 어미 항복받으시네.

저 사람을 잡아먹는 앙굴리마라 귀신
사람 손을 잘라 꽃다발 만들고
다시 그 어미마저 해치려 들 때
붇다는 그를 잡아 항복받으셨네.

또 라자그리하 성에 계실 때

사나운 코끼리가 와서 해치려다
스스로 붇다께 귀명했을 때에는
하늘들도 거룩하다 찬탄했었네.

다시 마가다 국에 이르시어
또 악한 용왕 만나게 되었을 때
용은 세존 곁을 모시고 있는
자취 그윽한 힘센 신을 보고
세존에게 스스로 귀명하였네.

이와 같이 크신 스승 세존께서는
신묘한 변화 헤아릴 수 없어서
모든 이들 바른 길에 세우게 하시네.
저도 지금 어려움 겪고 있으니
세존께서 거룩한 뜻 굽혀주시사
제자 있는 이곳 오셔 살펴주소서.

향기로 수마가디의 청을 아시고 함께 공양 받을
아라한 비구들을 가리심

그때 향냄새가 구름과 같아
아득하고 그윽히 허공에 있다가
제타 숲 정사에 두루 가득했네.

여러 인드라하늘들은 허공 속에서
기뻐하며 공경히 절을 드리며
향구름이 그 앞에 있음을 보니
수마가디가 세존을 청한 것이네.

갖가지 아름다운 꽃 비처럼 내려
이루 헤아려 가늠할 길이 없어
제타 숲 동산을 가득 채우니
여래께선 웃으시며 빛을 놓도다.

그때에 아난다는 제타 숲 동산에 이 묘한 향기가 있는 것을 보고 세존 계신 곳에 나와 머리를 대 발에 절하고 한쪽에 서서 말씀드렸다.

"세존이시여, 이것은 무슨 향이기에 제타 숲 '외로운 이 돕는 장자의 동산'에 두루 찼습니까."

세존께서는 말씀하셨다.

"이 향기는 붇다의 심부름꾼인 '부가 넘치는 성'의 수마가디 여인이 청하는 것이다. 너는 지금 여러 비구들을 불러 한곳에 모으고 산가지를 돌려 이렇게 명령하라.

'여러 비구들이여, 흐름이 다한 아라한으로서 신통을 얻은 이는 이 살라카(śalaka)를 집어라. 내일은 '부가 넘치는 성'으로 가서 수마가디의 청을 받을 것이다.'"

아난다가 말씀드렸다.

"그렇게 하겠습니다, 세존이시여."

아난다는 분부를 받고 곧 비구들을 '널리 모이는 강당'[普會講堂]

에 모으고 말하였다.

"여러 도를 얻은 아라한은 이 살라카를 집으시오."

그때에 상가대중의 윗자리는 쿤다아나라 했는데, 스로타판나를 얻었으나 아직 번뇌가 다하지 못해 신통을 얻지 못했다.

그는 생각하였다.

'나는 지금 대중 가운데서 가장 윗자리이지만 아직 번뇌가 다하지 못해 신통을 얻지 못했다. 나는 내일 '부가 넘치는 성'으로 가서 공양을 받지 못하게 되었다.

그러나 여래의 대중 가운데 가장 아랫자리인 쿤티 사미는 신통과 큰 위력이 있어 저기 가서 청을 받는다. 나도 지금 저기 가서 청을 받아야 한다.'

그래서 높은 자리 비구는 마음이 깨끗하여 아직 배움의 자리에 있으면서 살라카를 받았다. 그때에 세존께서는 깨끗한 하늘눈으로 쿤다아나가 배움의 자리에 있으면서 살라카를 받고 곧 배움 없는 아라한 얻음을 보셨다.

세존께서는 여러 비구들에게 말씀하셨다.

"내 제자 가운데서 살라카 받기로 으뜸가는 이는 바로 쿤다아나 비구이다."

심부름꾼 건다와 쿤티 사미가 먼저 출발함

세존께서는 여러 신통을 얻은 비구 마하목갈라야나·마하카샤파·아니룻다·레바타·수부티·우루빌라 카샤파·마하카필나·라훌라·추다판타카·쿤티 사미들에게 말씀하셨다.

"너희들은 신통으로 먼저 저 성안으로 가라."

여러 비구들이 대답했다.

"그렇게 하겠습니다, 세존이시여."

그때에 상가대중의 심부름꾼인 건다라는 이가 있었다. 그는 이튿날 맑은 아침에 큰 가마솥을 지고 허공 가운데로 날아 그 성으로 갔다.

이때 장자와 여러 사람들은 높은 다락에 올라 세존을 뵈려 하다가 멀리서 그 심부름꾼이 큰 가마솥을 지고 날아오는 것을 보았다. 장자는 그 며느리에게 다음 게송으로 말하였다.

> 흰옷을 입고서 머리 기르고
> 드러낸 몸은 빠른 바람 같구나.
> 게다가 큰 가마솥 짊어졌으니
> 이 사람이 바로 너의 스승이신가.

수마가디 여인도 게송으로 대답하였다.

> 이 사람은 세존의 제자 아니고
> 이는 여래의 심부름꾼입니다.
> 세 길로 다섯 신통 갖추었으니
> 이 사람은 건다라 이름합니다.

그때에 심부름꾼 건다는 성을 세 번 돌고 장자의 집으로 갔다.
이때에 쿤티 사미는 오백 개 꽃나무를 변화로 만들었다. 몇 가지 빛깔로 다 우거져 피어 있었고, 그 빛깔이 매우 아름다운 우트팔라 연꽃 등 이와 같은 꽃들이 헤아릴 수 없었다.

그는 이 꽃나무를 가지고 그 성으로 갔다.

장자는 멀리서 사미가 오는 것을 보고 다시 다음 게송으로 물었다.

　저 아름다운 빛깔의 몇 가지 꽃들
　모두다 허공 가운데 피어 있네.
　또 거기 신통 갖춘 사람 있으니
　이분이 바로 너의 스승이신가.

수마가디 여인도 게송으로 대답하였다.

　수발께서 앞에서 말씀해주신
　저이는 대중 가운데 사미이시오.
　스승의 이름은 사리푸트라니
　이분은 그의 제자이십니다.

이때에 쿤티 사미는 성을 세 바퀴 두루고 장자 집으로 갔다.

추다판타카와 라훌라가 신통으로 장자의 집에 이름

이때에 존자 추다판타카는 오백 마리 소를 변화로 만들었다. 그 털은 모두 푸르렀는데, 그는 소 위에서 두 발을 맺고 앉아 그 성으로 갔다.

장자는 멀리서 그것을 보고 다음 게송으로 여자에게 물었다.

오백 마리 이토록 많은 소 떼들
그 털은 모두다 푸른빛이네.
그 위에 홀로 두 발 맺고 앉으신 이
이분이 바로 너의 스승이신가.

수마가디 여인도 다음 게송으로 대답하였다.

천 명의 비구대중 잘 교화하시며
제타 숲 동산 가운데 사시는 이
마음의 지혜 아주 환히 밝으니
이분은 추다판타카라 이름합니다.

추다판타카는 성을 세 바퀴 두루고 장자 집으로 갔다.
그때에 또 라훌라는 오백 마리 공작을 변화로 만들었다. 그 빛깔은
여러 가지였는데 그는 공작 위에 두 발을 맺고 앉아 그 성으로 갔다.
장자는 또 그것을 보고 다시 게송으로 물었다.

이 오백 마리 여러 공작새들은
그 빛깔이 아주 묘해 아름답구나.
저 군대의 대장같이 앉아 계신 분
이분이 바로 너의 스승이신가.

수마가디 여인도 다음 게송으로 대답하였다.

여래께서 금한 계 말씀하시면
그 온갖 것 범하는 일이 없어서
계율을 잘 보살펴 지키시는 이
붇다의 아들인 라훌라십니다.

라훌라는 성을 세 바퀴 두루고 장자 집으로 갔다.

카필나와 우루빌라 카샤파가 신통으로 장자의 집에 이르름

그때에 존자 카필나는 오백 마리 금시조를 변화로 만들었다. 그
새들은 아주 용맹스러웠는데 그는 그 위에서 두 발을 맺고 앉아 그
성으로 갔다.

장자는 멀리서 그것을 보고 다시 이 게송으로 물었다.

저 오백 마리 많은 금시조 떼들
저 새들은 아주 용맹이 넘치네.
그 위에 앉아 두려움 없으신 이
이분이 바로 너의 스승이신가.

수마가디 여인도 게송으로 대답하였다.

드나드는 숨을 잘 살펴 행하여
돌이켜 굴려 잘 행하시는 이
지혜의 힘이 아주 용맹하시니
이분은 카필나라 이름합니다.

존자 카필나는 성을 세 바퀴 두루고 장자 집으로 갔다.

그때에 우루빌라 카샤파는 오백 마리 용을 변화로 만들었다. 그 용들은 모두 일곱 머리를 가졌다. 그는 그 위에서 두 발을 맺고 앉아 그 성으로 갔다.

장자는 멀리서 그것을 보고 다시 이 게송으로 물었다.

지금 여기 있는 일곱 마리 용들은
위엄스런 그 얼굴 두려웁도다.
오는 것들 다 헤아릴 수 없나니
이분이 바로 너의 스승이신가.

수마가디 여인은 게송으로 대답하였다.

언제나 일천 명의 제자를 두고
신통으로 빔비사라 왕 교화하던
우루빌라 카샤파라 하는 분
이분이 바로 그이라 말하옵니다.

우루빌라 카샤파는 성을 세 바퀴 두루고 장자의 집으로 갔다.

수부티와 마하카타야나가 신통으로 장자의 집에 이르름

그때에 존자 수부티는 유리 산을 변화로 만들어, 거기 들어가 두 발을 맺고 앉아 그 성으로 갔다.

장자는 멀리서 그것을 보고 이 게송으로 물었다.

이 산은 참으로 매우 아름다워서
모두다 유리빛깔로 되어 있네.
지금 저 굴 가운데 앉아 계신 이
이분이 바로 너의 스승이신가.

수마가디 여인은 게송으로 대답하였다.

본디 지은 보시의 갚음으로써
지금에 이러한 좋은 공덕을 얻어
세간의 좋은 복밭 이루었으니
공함 잘 아시는 수부티이십니다.

수부티는 성을 세 바퀴 두루고 장자 집으로 갔다.
그때에 존자 마하카타야나는 오백 마리 따오기를 변화로 만들었
다. 빛깔은 다 새하얗으니 그는 그것을 데리고 그 성으로 갔다.
장자는 멀리서 그것을 보고 이 게송으로 물었다.

지금 이 오백 마리 따오기 새들
모든 새의 빛깔은 다 새하얗구나.
저 허공 가운데 다 가득하나니
이분이 바로 너의 스승이신가.

수마가디 여인은 대답하였다.

붇다의 경전에서 말씀하신 것
그 깊은 뜻과 구절 잘 분별하고
또 번뇌의 무더기를 연설하는 이
이분은 마하카타야나라 이름합니다.

존자 마하카타야나는 성을 세 바퀴 두루고 장자의 집으로 갔다.

레바타와 아니룻다가 신통으로 장자의 집에 이르름
때에 레바타는 오백 마리 호랑이를 변화로 만들고 그 위에 앉아
그 성으로 갔다.
장자는 그것을 보고 이 게송으로 물었다.

지금 이 오백 마리 호랑이 떼
겉의 털은 매우 밝고 윤기가 나네.
그런데도 그 위에 앉아 계신 이
이분이 바로 너의 스승이신가.

수마가디 여인도 게송으로 대답하였다.

옛날에 저 제타 숲 절에 있으며
여섯 해를 옮겨 움직이지 않으사
좌선하심에 가장 으뜸이시니
이분은 레바타라 이름합니다.

존자 레바타는 성을 세 바퀴 두루고 장자 집으로 갔다.

그때에 존자 아니룻다는 오백 마리 사자를 변화로 만들었다. 그들은 아주 용맹스러웠는데 그는 그 위에 앉아 그 성으로 갔다.

장자는 그것을 보고 이 게송으로 물었다.

　이 오백 마리 많은 사자 떼들은
　용맹스러워 참으로 두려웁네.
　그런데도 그 위에 앉아 계신 이
　이분이 바로 너의 스승이신가.

수마가디 여인도 게송으로 대답하였다.

　그이 날 때에 하늘땅이 움직이고
　진기한 보배 땅에서 솟아났으니
　깨끗한 하늘눈에 때가 없는 이
　붇다의 아우 아니룻다이십니다.

아니룻다는 성을 세 바퀴 두루고 장자 집으로 갔다.

마하카샤파와 목갈라야나가 신통으로 장자의 집에 이르름

그때에 존자 마하카샤파는 오백 마리 말을 변화로 만들었다. 그들은 다 붉은 털의 꼬리였고 금·은으로 얽어 꾸몄다. 존자는 그 위에 앉아 하늘꽃 비를 내리며 그 성으로 갔다.

장자가 멀리서 그것을 보고 이 게송으로 물었다.

황금으로 꾸민 말 꼬리털은 붉고
그 수는 무려 오백이나 되네.
이분이 바로 전륜왕이신가
이분이 바로 너의 스승이신가.

수마가디 여인도 게송으로 대답하였다.

두타의 행으로 으뜸가시사
늘 가난한 이들 가엾이 여기는 분
여래께서 반자리를 물리어주신
가장 크신 마하카샤파가 그분입니다.

마하카샤파는 성을 세 바퀴 두루고 장자의 집으로 갔다.

그때에 존자 목갈라야나는 오백 마리 흰 코끼리를 변화로 만들었다. 그들은 모두 여섯 개 어금니를 가졌고 일곱 곳이 평평하고 반듯하며 금·은으로 얽어 꾸미었다.

존자는 그 위에 앉아 오면서 큰 빛의 밝음을 놓아 세계를 가득 채웠다. 성으로 갈 때에는 허공 가운데 있으면서 음악을 연주하는 것 등이 이루 말할 수 없으며 갖가지 꽃비를 내렸다. 또 허공 가운데 비단 깃발과 일산을 걸어 아주 기이하고 아름다웠다.

장자는 멀리서 그것을 보고 이 게송으로 물었다.

흰 코끼리에 여섯 어금니 있으니
그 위에 앉으신 이 하늘왕 같네.

지금 여러 좋은 악기 소리 들나니
이분이 바로 사카무니이신가.

수마가디 여인도 게송으로 대답하였다.

이분은 저 큰 산 위에 있으면서
난다 용을 부드럽게 항복하시사
신통으로 으뜸가시는 분이니
그 이름은 목갈라야나입니다.

우리 스승 아직 오지 않으셨으니.
이분들은 모두 제자대중입니다.
거룩하신 큰 스승 이제 오시리니
그 밝은 빛 비추지 않음 없으오리.

존자 목갈라야나는 성을 세 바퀴 두루고 장자 집으로 갔다.

· 증일아함 30 수타품 三 전반부

· 해설 ·

이 수마가디에 관한 증일아함의 기록은 아함경 가운데서도 단일 경으로
그 분량이 가장 많은 편에 속한다.

이 경을 두 부분으로 나누어 엮는다.

앞부분은 아나타핀다다의 딸 수마가디가 세존의 허락으로 장자 '재물 가
득한 이'의 며느리가 되어 '부가 넘치는 성'에 가서 육천 브라마나에게 공
양할 때 곤경에 처하여 세존께 구원을 요청하자 세존께서 상가의 심부름꾼,

사미, 윗자리 비구들을 차례로 '부가 넘치는 성'에 보내는 부분이다.

다음 뒷부분은 세존께서 직접 '부가 넘치는 성'에 이르러 육천 브라마나를 항복받으시고 장자와 그 성의 백성들을 교화하신 뒤 수마가디의 과거생 본사를 말씀해주신 부분이다.

이 경은 비록 다른 대승경전에 비해 그 분량이 많지는 않지만 그 경전 구성의 스케일은 장대하다.

수마가디의 구원 요청을 들어주기 위해 붇다 상가의 뛰어난 윗자리 비구들이 신통을 나투고, 붇다 상가의 빼어난 제자들과 세존께서 직접 '부가 넘치는 성'에서 육천 브라마나와 만나, 육천 브라마나들이 다른 곳으로 떠나는 구성을 보인다.

세존이 우루빌라 카샤파의 천 명 대중을 교화하신 이래 가장 큰 규모로 브라마나의 대교단을 교화하신 기록일 것이니, 붇다의 상가가 인도사회에 주류적 교단으로 정착된 사회적 상황이 이 경의 이야기로 구성된 것이 아닌가 한다.

수마가디가 깨끗한 믿음을 이루어 비록 육천 명에 이르는 브라마나의 위세나 시댁의 권위에도 굽히지 않고, 그릇된 믿음과 계행에 빠지지 않고 물러섬이 없이 삼보를 향하는 믿음과 계행과 서원의 마음을 지키니, 그는 분명 세속에 사는 여인의 몸으로 아나가민의 과덕을 이룬 현성이리라.

사리푸트라의 제자 쿤티 사미가 또한 수마가디와 함께 이 경의 한 주역으로 등장한다. 쿤티 사미는 세존 상가의 가장 어린 제자이지만, 당대 가장 높은 브라마나의 장로가 그의 사마디와 신통을 공경하고 하늘신도 공경하는 현성으로 기술된다.

나이 어린 쿤티 존자의 깊은 사마디와 걸림 없는 신통의 힘이 곧 여래의 이 법은 지위의 높고 낮음, 출신의 귀하고 천함, 나이의 많고 적음, 성별의 같고 다름에 관계없이 믿음이 바르고 닦아 행함이 진실하면 누구나 해탈의 땅에 이르게 됨을 증험해보이고 있는 것이다.

또 여래 상가의 여러 윗자리 비구뿐 아니라 상가의 심부름꾼인 건다마저 신통과 사마디를 얻어 수마가디의 '부가 넘치는 성'으로 가니, 이는 모습의 크고 작음, 거리의 멀고 가까움에 막힘없고 걸림 없이 법계진리를 깨달은 현성들의 중생을 위한 한 판 방편의 연극과 같다 할 것이다.

옛 사람의 게송에 '온갖 성현이 번개 떨침과 같다'[一切聖賢如電拂]고 했으니, 이 경의 한 바탕 중생교화를 위한 신통의 놀이판은 번갯불 같고 허깨비 같은 현성이, 허깨비 같은 사마디[如幻三昧]로 허깨비 같은 중생[如幻衆生]을 구함 없이 구하는 소식을 보임이리라.

『화엄경』(「보현행품」)은 이렇게 그 뜻을 보인다.

잘 행하는 보디사트바는
널리 시방의 나라 가운데
한량없는 몸을 나타내 보이지만
몸이 인연 따라 일어남을 알아
마침내 집착하는 바 없도다.

普於十方刹　示現無量身
知身從緣起　究竟無所著

인연으로 나는 허깨비의 성질
헤아릴 수 있음이 아니고
또한 헤아릴 수 없음도 아니네.
보디사트바는 저 대중 가운데서
헤아리되 헤아릴 수 없음을
대중에게 나타내 보이네.

幻性非有量　亦復非無量
於彼大衆中　示現量無量

수마가디여, 그대는 옛 서원의 인연으로
지금 이곳에 와 있는 것이니

그때에 세존께서는 때가 된 줄을 아시고 상가티를 입고 땅에서 일곱 길쯤 떨어진 허공에 계셨다.

이때 존자 아즈냐타 카운디냐는 여래 오른쪽에 있고, 사리푸트라는 여래 왼쪽에 있었다. 아난다는 붇다의 위신력을 받들어 여래 뒤에서 손으로 털이를 잡고 있었다.

천이백 제자들은 앞뒤로 둘러쌌으며, 여래께서는 가장 가운데 계시고 여러 신통 얻은 제자들[諸神足弟子]이 있었다.

아즈냐타 카운디냐는 변화로 '달 하늘사람'이 되고 사리푸트라는 변화로 '해 하늘사람'이 되었다.

다른 여러 신통 비구들은 변화로 인드라하늘왕이 되기도 하고, 브라흐마하늘왕이 되기도 하며, 드리타라스트라 · 비루다카 · 비루팍샤 · 바이쓰라바나의 모습이 되어 여러 귀신들을 거느렸다.

또는 전륜왕의 모습이 되기도 하고 또는 불빛 사마디와 물빛 사마디에 드는 이도 있으며, 또는 빛을 놓거나 연기를 놓는 이도 있어 갖가지 신통을 지어 보였다.

이때에 브라흐마하늘왕은 여래 오른쪽에 있었고, 인드라하늘왕은 여래 왼쪽에서 손으로 털이를 잡고 있었으며, 그윽한 자취[密跡] 금강역사(金剛力士)는 여래 뒤에서 금강저(金剛杵)를 잡고 있고, 바이쓰라바나하늘왕은 일곱 가지 보배 일산을 들고 여래 위의 허공에 있으면서 여래 몸에 티끌이 앉을까 걱정하였다.

판차아비즈냐(Pañcābhijñā)는 유리 거문고를 들고 여래 공덕을 찬탄하고, 여러 하늘신들은 허공 가운데 있으며 수천만 가지의 악기를 울리며 하늘에서는 온갖 꽃비를 내려 여래 위에 뿌렸다.

프라세나짓 왕과 성안의 사람들이 큰 기쁨으로
세존과 대중을 마중함

이에 프라세나짓 왕과 아나타핀다다 장자와 슈라바스티 성안에 사는 사람들은 여래께서 땅에서 일곱 길쯤 떨어진 허공에 계시는 것을 보고 모두 기쁨을 품고 뛰어놀며 스스로 이기지 못했다.

때에 아나타핀다다 장자는 다음 게송으로 말하였다.

여래께선 참으로 신묘하시사
사람 사랑 친자식같이 하시네.
시원스럽구나, 내 딸 수마가디여.
반드시 여래의 법 받게 되리라.

프라세나짓 왕과 아나타핀다다 장자는 갖가지 이름난 향과 꽃을 뿌렸다.

그때에 세존께서는 여러 대중을 거느리고 오시는데, 앞뒤로 세존을 둘러싸고 있는 여러 신과 하늘들은 이루 다 헤아릴 수 없었다. 마치 허공에 있는 봉황의 왕처럼 여래는 그 성으로 나아가셨다.

이때에 판차아비즈냐는 이 게송으로 붇다를 찬탄하였다.

여러 태어남의 묶음 길이 다하고
마음의 생각 어지럽지 않으며
티끌과 때의 걸림이 없으시사
저 옛 나라의 땅에 들어가시네.

마음의 성품 아주 맑고 깨끗하여
마라의 삿되고 악한 생각 끊으신 이
이루신 공덕 저 큰 바다 같으사
지금 저 나라의 땅에 들어가시네.

얼굴 모습 아주 빼어나고 뛰어나
모든 번뇌 길이 일으키지 않지만
그 때문에 스스로 그렇다 않으시고
지금 저 나라의 땅에 들어가시네.

네 가지 흐름의 못 이미 건너고
나고 늙고 죽음을 벗어나시사
있음의 뿌리와 바탕 끊으시고서
지금 저 나라의 땅에 들어가시네.

**수마가디가 여래의 거룩한 공덕을 말하자
장자 '재물 가득한 이'가 여래를 찬탄함**

그때에 '재물 가득한 이' 장자는 세존께서 먼 곳에서 오시는 것을
멀리서 보았다. 모든 아는 뿌리는 맑고 고요하여 세상에 드물고 맑

기는 하늘의 금과 같았다.

서른두 가지 거룩한 모습과 여든 가지 좋은 모습이 있어서 그 몸을 꾸민 것은 마치 수메루 산이 뭇 산 위로 벗어난 것과 같고, 또한 금 무더기가 밝은 빛을 놓는 것 같았다.

장자는 이 게송으로 수마가디에게 물었다.

　　이것은 바로 해의 밝은 빛인가.
　　일찍이 이런 얼굴을 본 적 없도다.
　　수천만억의 밝은 빛과도 같아
　　그 얼굴 오래 가만히 볼 수가 없네.

이때에 수마가디는 길게 꿇어앉아 두 손을 맞잡고 여래를 향해 이 게송으로 장자에게 대답하였다.

　　해도 아니요 해 아님도 아닌데
　　천 가지 밝은 빛을 놓아주시네.
　　이는 바로 온갖 중생 위함이시니
　　또한 이분이 저의 스승입니다.

　　여지껏 모든 대중 함께 다같이
　　여래의 거룩한 덕 찬탄하여서
　　이제 바로 큰 과덕 얻게 되리니
　　부지런히 더욱더 공양하소서.

때에 '재물 가득한 이' 장자는 오른쪽 무릎을 땅에 대고 다시 게송
으로써 여래를 찬탄하였다.

열 가지 힘 갖춘 분께 귀의하오니
두렷한 빛 황금빛깔 거룩하신 몸
하늘과 사람 찬탄해 공경하나니
오늘 저도 스스로 귀명하옵니다.

세존께서는 오늘 곧 해와 같으며
별 가운데 달이 밝게 빛남과 같네.
건너지 못한 이를 건네주시니
오늘 저도 스스로 귀명하옵니다.

세존께선 하늘왕의 모습과 같고
저 브라흐만 자비의 마음 행함 같아
스스로 온갖 묶음 벗어나시사
온갖 중생 다시 벗어나게 하시니
오늘 저도 스스로 귀명하옵니다.

하늘과 사람 가운데 가장 높으시며
여러 귀신왕들보다 더욱 높으사
여러 바깥길의 무리 항복받으시니
오늘 저도 스스로 귀명하옵니다.

때에 수마가디 여인은 길게 꿇어앉아 두 손을 맞잡고 세존을 찬탄
하였다.

　　스스로 항복받고 남 항복받으시며
　　스스로 바르시고 남을 바르게 하고
　　스스로 건너시고 남을 건네주며
　　스스로 벗어나고 남을 벗게 하시네.

　　스스로 온갖 물든 때 건너시고
　　남이 물든 때를 건너게 하며
　　스스로 밝은 지혜로 비추시고
　　어두운 중생 무리의 비춰주시사
　　건너지 못함이 없게 해주시며
　　세간 중생 다툼을 없애주시니
　　다투어 싸움이 없어지도다.

　　스스로 아주 깨끗하게 머무시어
　　마음의 뜻 흔들려 움직임 없이
　　열 가지 힘으로 세간 슬피 여기니
　　스스로 거듭거듭 머리 숙이어
　　세존께 공경히 절하옵니다.

　"세존께서는 사랑의 마음[慈]과 가엾이 여기는 마음[悲], 기뻐하
는 마음[喜]과 보살피는 마음[護]을 가지시고, 공함[空]과 모습 없

음[無相]과 바람 없음[無願]의 사마디를 갖추시어, 욕계에서 가장 높아 으뜸이십니다.

그리고 하늘 가운데서도 높아 일곱 가지 보배[七財]를 갖추시어서 여러 하늘이나 사람으로 스스로 브라흐마하늘에 난 이도 세존과 견줄 이 없고 모습 본뜰 이 없습니다.

저는 지금 스스로 귀의합니다."

브라마나들이 먼저 떠나고, 온 백성들이 세존을 뵈오려 몰려와 찬탄함

그때에 육천 브라마나들은 세존의 이러한 신묘한 변화[神變]를 보고 서로 말하였다.

"우리는 이 나라를 떠나 다른 나라의 땅으로 가야겠다. 이 사문 고타마는 이미 이 나라 사람들을 다 항복받았다."

그 육천 브라마나들은 이내 그 나라를 떠나 다시는 돌아오지 않았다. 마치 짐승의 왕 사자가 산골에서 나와 사방을 돌아보고 다시 세 번 외치고 먹이를 찾아가면, 여러 짐승들은 제각기 내달려 어디인 줄도 모르게 날아가고 엎드려 숨는 것과 같다.

만약 다시 힘이 센 신묘한 코끼리도 사자 소리를 들으면 제각기 내달려 스스로 편안치 못하는 것과 같다.

왜냐하면 짐승의 왕 사자는 아주 큰 위신이 있기 때문이다.

이 또한 이와 같아 그 육천 브라마나들도 세존의 묘한 소리의 울림을 듣고 제각기 내달려 스스로 편안치 못했다.

왜냐하면 사문 고타마에게는 큰 위신의 힘[大威力]이 있기 때문이다.

그때에 세존께서는 신통을 거두시고 보통 때의 법과 같이 '부가 넘치는 성'안으로 들어가셨다.

세존께서 발로 성 문턱을 밟으시자 하늘땅이 크게 흔들리고 여러 높은 신과 하늘들은 꽃을 뿌려 공양하였다.

이때 사람들은 세존께서 얼굴 모습과 모든 아는 뿌리가 고요하여 서른두 가지 거룩한 모습과 여든 가지 좋은 모습으로 스스로 장엄하신 것을 보고 곧 이 게송을 말하였다.

지혜와 복 갖춘 세존 아주 묘하여
브라마나들은 감히 맞서지 못하네.
까닭없이 브라마나를 섬기어서
사람 가운데 높은 이 잃어버렸네.

이때 세존께서는 장자의 집으로 가시어 자리에 앉으셨다.

그 무렵 그 나라 사람들은 아주 번성하였다. 그때에 집에 있는 팔만 사천 사람들은 모두 몰려와 세존과 비구대중을 보려고 장자의 방을 무너뜨리려 하였다. 세존께서는 생각하셨다.

'이 사람의 무리는 반드시 다치게 할 것이다. 신묘한 힘[神力]으로써 온 나라 사람들로 하여금 모두 내 몸과 비구대중들을 보도록 해야겠다.'

그때 세존께서는 곧 장자의 집과 방을 모두 유리빛으로 변하게 하여 안팎이 서로 보기를 마치 손바닥 가운데 구슬을 보는 것같이 하셨다.

세존께서 수마가디가 옛 서원의 힘으로 여기 온 것을 말씀하심

그때에 수마가디 여인은 세존 계신 곳에 가 머리를 대 발에 절하고 슬픔과 기쁨이 한데 뒤섞여 이 게송을 말씀드렸다.

온갖 지혜를 두루 갖추시옵고
온갖 법을 모두다 건너시며
다시 애욕의 묶음을 끊었나니
나는 지금 스스로 귀의하옵네.

차라리 저의 부모 화가 나시어
저의 두 눈을 덜어버린다 해도
삿된 견해와 다섯 거스름의 죄
넘치는 이곳 오지 말아야 했네.

그 옛날 무슨 나쁜 인연 지었기에
이곳까지 제가 오게 되었나이까.
마치 새가 그물에 든 것 같으니
의심의 묶음 세존께선 끊어주소서.

때에 세존께서도 다시 이 게송으로 대답하셨다.

너는 지금 걱정 말고 시원스럽게
맑고 고요하게 스스로 마음 열어
집착하는 생각 일으키지 말라.

여래가 지금 연설하여주리라.

너는 본래 죄의 인연이 없지만
지금 여기에 오게 된 것은 바로
이 중생들을 건네주려고 하는
옛 바람과 다짐의 갚음이로다.

지금 반드시 뿌리를 뽑아버리면
세 가지 나쁜 길 떨어지지 않고
저 몇 천의 여러 중생 무리들
네 앞에서 건너감 얻게 되리라.

오늘 반드시 때를 깨끗이 없애
지혜의 밝음을 얻도록 해주어
하늘과 사람의 많은 무리들이
구슬 보듯이 너를 보도록 하라.

이때 수마가디 여인은 이 말씀을 듣고 기뻐 뛰면서 스스로 이기지
못했다.

장자의 집에 모인 대중에게 설법하여 깨끗한 법의 눈을 얻게 하심
때에 장자는 여러 일꾼과 따르는 이들을 데리고 갖가지 맛난 먹을
거리를 내어 공양하였다.
세존께서 공양을 마치신 것을 보자 그는 깨끗한 물을 돌리고 조그

만 자리를 가져다 세존 앞에 앉았다. 그 따르는 무리들과 팔만 사천 대중도 차례대로 앉는데 어떤 이는 스스로 이름을 일컫고 앉았다.

그때에 세존께서는 그 장자와 팔만 사천의 대중들을 위해 묘한 논을 말씀하셨다.

논하심이란 계율과 보시 하늘에 태어남을 논함이었고, 탐욕은 깨끗하지 않다는 생각과 번뇌는 더러움이고 집을 나옴이 해탈의 요점이 됨을 논함이었다.

세존께서는 장자와 수마가디 여인과 팔만 사천 사람들의 마음이 열리고 뜻이 풀린 것을 보시고, 모든 붇다가 늘 말씀하시는 법인 괴로움과 괴로움의 익히어 냄과 괴로움의 사라짐과 괴로움을 없애는 길을 널리 이 중생들에게 설하셨다.

그들은 각기 그 자리 위에서 모든 티끌과 때가 다하고 법의 눈이 깨끗하게 되었다. 마치 아주 깨끗하고 흰 베가 빛깔에 쉽게 물드는 것처럼 '재물 가득한 이' 장자와 수마가디와 팔만 사천 사람들도 티끌과 때가 다하고 법의 눈이 깨끗하게 되어 다시는 여우 같은 의심이 없고 두려움이 없게 되었다.

그래서 모두 거룩한 삼보에 스스로 귀의하고 다섯 가지 계율을 받아 지녔다.

그때에 수마가디는 곧 붇다 앞에서 이 게송을 말하였다.

여래의 귀는 맑게 사무쳐 트여
제가 이 괴로움 만난 것 들으시고
신묘한 뜻 내리시어 여기 오시니
많은 사람 법의 눈을 얻게 되었네.

많은 대중의 옛날 본사를 들어
네 가지 거두는 법 닦도록 당부하심

그때 세존께서는 설법을 마치시고 곧 자리에서 일어나 계시던 곳으로 돌아가셨다.

이때에 비구들은 붇다께 말씀드렸다.

"저 수마가디는 본래 무슨 인연을 지었기에 부귀한 집에 태어났으며, 또 무슨 인연을 지었기에 그런 삿된 견해를 가진 집에 떨어졌습니까.

다시 무슨 좋은 공덕을 지었기에 지금 깨끗한 법의 눈을 얻었으며, 다시 무슨 공덕을 지었기에 팔만 사천 사람으로 하여금 다 깨끗한 법의 눈을 얻게 하였습니까."

세존께서는 말씀하셨다.

"지나간 먼 옛날 이 현겁(賢劫) 가운데 카샤파 붇다·지혜와 행을 갖추신 분·잘 가신 이·세간을 잘 아시는 분·위없는 스승·잘 다루는 장부·하늘과 사람의 스승으로 붇다 세존이라 이름하는 분이 계셨다. 그분은 바라나시에서 노닐어 교화하시며 큰 비구대중 이만 사람과 함께 계셨다.

그때에 '슬피 여김'[哀愍]이라는 왕이 있었고 그에게 수마가디라는 딸이 있었다. 그 딸은 지극히 공경하는 마음으로 카샤파 여래를 대하였고 계율을 받들어 지녔으며 늘 보시하기를 좋아하고 또 네 가지 일[四事]로 공양하였다.

어떤 것이 네 가지냐 하면 곧 첫째는 보시요, 둘째는 사랑하고 공경함이며, 셋째는 남을 이롭게 하는 것이요, 넷째는 이익을 평등히 함이다.

그는 카샤파 여래 계신 곳에서 법구(法句)를 외워 높은 다락 위에서 소리 높여 외우고 익히면서 이렇게 바람[願]을 세웠다.

'언제나 이 네 가지 받아들이는 법을 가지고 여래 앞에서 법구를 외우리라.

만약 그 가운데 털끝만한 복이 있으면 나는 곳마다 세 가지 나쁜 길에 떨어지지 않고 또 가난한 집에 태어나지 말아지이다.

미래세상에도 이런 거룩한 분을 만나고 여자의 몸[女身]을 바꾸지 말게 하고 법의 눈 깨끗함 얻게 하여지이다.'

그때에 그 성 가운데 사는 사람들은 왕의 딸이 이런 바람을 세웠다는 말을 듣고 모두 모여 왕의 딸이 있는 곳에 가서 말하였다.

'공주께서는 지금 믿음이 아주 깊고 두터워 여러 공덕을 짓고 보시·사랑과 공경·남을 이롭게 함·이익을 평등히 함의 네 가지 일에 모자람이 없습니다.'

그리고 다시 이렇게 바람을 세웠다.

'미래세상에서도 이런 거룩한 이를 만나게 되어 만약 우리를 위해 설법하면 곧 법의 눈이 깨끗하게 되어지이다.

지금 공주가 이런 바람을 세웠으니 우리나라 땅에 사는 사람들도 함께 건널 수 있게 하여지이다.'

그때 공주는 대답하였다.

'나는 이 공덕을 가지고 그대들에게 같이 베풀어주겠소. 만약 여래의 설법을 만나게 되면 한때에 건너감을 얻을 것이오.'

너희 비구들이여, 어찌 의심하느냐. 그렇게 의심해 보지 마라.

그때의 '슬피 여김' 왕은 바로 지금의 저 아나타핀다 장자요, 그때의 왕의 딸은 바로 지금의 저 수마가디 여인이며, 그때 그 나라의 땅에 살던 사람들은 바로 지금의 저 팔만 사천의 무리이다.

저 수마가디는 그 서원으로 말미암아 지금 나를 만나 법을 듣고 도를 얻게 되었고, 저 사람들도 다 깨끗한 법의 눈을 얻게 되었다.

이것이 그 뜻이니 받들어 행해야 한다. 왜냐하면 이 네 가지 거두는 일[四事]은 가장 좋은 복밭이기 때문이다.

그러므로 만약 어떤 비구로서 이 네 가지 거두는 일[四攝事]을 가까이하면 곧 네 가지 진리를 얻을 것이다. 반드시 방편을 구해 네 가지 거두는 법[四攝法]을 이루어야 한다.

이와 같이 비구들이여, 반드시 이렇게 배워야 한다."

그때에 비구들은 붇다의 말씀을 듣고 기뻐하며 받들어 행하였다.

• 증일아함 30 수타품 三 후반부

• 해설 •

여인은 여인이 아니되 여인 아님도 아니다. 여인에 실로 있는 여인의 모습이 없으므로 이 뜻을 보이기 위해 경에서 저 지극한 기쁨의 땅[極樂]에는 여인의 모습이 없다고 말한 것인가.

또 여인에 실로 여인의 모습이 있고 여인은 남자보다 못하다는 생각을 깨뜨리기 위해 『법화경』(「데바닫타품」)에서는 여덟 살 용의 딸이 남자의 몸으로 바뀜을 보여주고 보디 이룸[成佛]의 모습을 나툼인가.

여인의 모습에 여인이 없지만 여인의 모습 또한 여인 아님도 아니니, '저 살핌이 자재한 보디사트바'[觀自在菩薩, Avalokiteśvara-bodhisattva]는 여인의 몸으로 구제할 이에게는 여인의 몸을 나타내 구제한다 말한다. 또 이 경 가운데 수마가디 여인도 과거생에 바람[願]을 세우되 '미래세상에도 이 여인의 몸 바꾸지 않겠다'고 하여 지금 이 세상에 다시 여인의 몸으로 온 것이리라.

경에서 수마가디의 얼굴 모습이 단정하여 그 빛깔은 복사꽃 같아 세상에서 보기 드물었다고 하니, 그 아름다움의 본바탕은 무엇인가.

그는 아름다움과 못생김이 본래 공한 줄 알되 스스로의 삶을 아름답게 가꾸어 이 세상에 아름다운 계의 향과 선정·지혜의 향을 풍기는 여인이므로, 수마가디의 아름다움은 그 누구에도 견줄 바 없고 상대할 바 없는 것이라 할 것이다.

여인으로서 복사꽃 같은 아름다운 외모를 갖추었지만 그 아름다움이 남성으로 하여금 음욕의 불에 타게 하고 그 생활의 안정을 뒤흔드는 것이 아니라, 그 아름다움으로 인해 마음의 안정을 주고 지혜를 주므로, 수마가디의 아름다움은 비할 바 없는 아름다움이 되는 것이다.

또 수마가디는 비록 여인의 몸이지만 당시 남성 중심의 가정질서 속에서 시아버지인 장자의 권위와 브라마나 사제들의 종교적 위세를 뚫고 반쯤 벌거숭이로 나타난 육천 브라마나들에게 절하기를 거절한다.

그리하여 사제계급의 형식적 율법주의와 거짓된 교리와 싸워서 끝내 여래의 상가가 세간의 복밭임을 알도록 하니, 그는 아름다울 뿐 아니라 용기 있고 지혜 있는 여인이다.

세존 계신 곳과 시댁이 멀리 떨어져 있지만 먼 곳에서 세존께 간절히 기원하여 세존 계신 슈라바스티 성에 그윽한 향 냄새가 가득케 하니, 이는 땅·물·불·바람·허공·앎의 여섯 법의 영역[六界, 六大]이 모두 공한 곳 가운데 물질과 마음이 서로 떠나지 않으므로 한 생각 마음의 향이 물질의 향을 널리 풍김이리라.

여래께서 이 수마가디를 여래의 심부름꾼[如來使]이라 부르시니, 이미 믿음의 땅에 굳건히 서서 짐짓 고난의 바닷속에 뛰어들어가 여래의 법을 미망의 중생에게 열어 보이기 때문이리라.

여래는 수마가디의 구원의 요청을 받고 저 재물 가득한 장자와 육천 브라마나를 교화하는 데 처음 우루빌라 카샤파 교단을 제도하실 때처럼, 신통(神通)의 교화를 먼저 보이시어 그들의 마음을 조복한 뒤, 갖가지 언교(言教)와 깨우침[教誡]을 보이시어 여래의 법에 이끌어들이신다.

그것은 육천 브라마나들이 브라마나의 법으로 신통을 구하고 하늘의 도움을 바라는 이들이기 때문에, 여래의 지혜와 사마디에서 일어나는 신통으로 그들의 마음을 조복하기 위함인 것이다.

맨 처음 며느리 수마가디가 자기가 섬겨 모시는 브라마나들에게 예배하지 않음으로 크게 분노한 장자를 잘 이끌어 여래를 뵙도록 한 이는 수발 브라마나이다.

그는 브라마나이되 베다 언어의 교조적 틀에 갇히지 않고 잘 지혜와 사마디를 닦아 이룬 참된 브라마나로서 이미 세존의 제자인 쿤타 사미의 위신력을 보고서, 바깥길을 따르는 브라마나이지만 세존께 귀의하는 마음을 가졌다.

쿤티는 사리푸트라 존자를 화상으로 모시는 세존의 제자로 나이 어리지만 이미 현성의 지위에 들어간 분이다.

나이 어린 쿤티로부터 교화받은 수발 브라마나의 이끎으로 '재물 가득한 이' 장자가 세존과 세존의 상가 제자들 뵙기를 원해 이 경의 법의 모임이 이루어지니, 마치 비말라키르티 거사의 병 앓음으로 '바이샬리 암라 동산'에 둘 아닌 법문[不二法門]을 논의하는 보디사트바들의 큰 법의 모임이 열린 것과 같다.

법의 모임에 함께해서 세존 제자들의 큰 사마디의 신통과 여래의 거룩한 모습과 자비의 위신력을 보고, 장자의 집에 모인 한량없는 대중이 법의 눈을 뜨고 번뇌 티끌을 다하고 삿된 견해를 지혜로 돌이키니, 대중의 번뇌의 마음바탕 여래장 법의 씨앗이 여래의 법의 빗물에 젖어 싹을 틔운 것이다.

보디행(菩提行)에도 씨앗 없는 열매가 없다. 지금 법의 모임 가운데 대중이 일으킨 해탈의 공덕 그 맨 처음 진리의 씨앗은, 보디의 마음바탕 가운데 과거생에 일으킨 한 생각 믿음과 서원이 씨앗이 되고 법공양을 위한 과거생 수마가디의 깊은 서원과 네 가지 중생 거두는 행이 그 뿌리가 된다.

과거생 수마가디의 한 생각은 생각인 생각이 아니라 법계 진리바다에서 일으킨 한 생각이고, 과거 현재 미래에 막힘없는 법계 공덕의 곳간[法界功德藏]인 한 생각이기 때문인가.

수마가디의 과거생 믿음과 서원의 한 생각이 지금 국왕 장자 끝없는 대중에게 법의 은택을 내려주고 미혹의 중생 그 법의 눈을 열어준다.

『화엄경』에 '한 작은 티끌을 깨뜨려 대천세계에 가득한 경전을 펼쳐낸다'[破一微塵出大千經卷]고 했으니, 과거생 수마가디의 한 생각 서원 속에 다함없는 대천세계 경전이 다 갖춰져 있다고 할 것이다.

경에서 수마가디 여인의 아름다운 얼굴이 세간 그 누구와도 견줄 수 없는 빼어난 미모이지만, 그 아름다움은 보는 이를 번뇌와 탐욕의 바다에서 건네주니, 이는 오랜 생 보디의 땅에 내린 깊은 서원의 힘으로 그와 같은 몸을 받은 것이리라.

아, 수마가디가 바로 화엄회상 선재 어린이가 만난 '묘한 덕 갖추어 어린이처럼 깨끗하고 아름다운 여인'[妙德童女]의 다른 얼굴인가.

묘덕 여인은 다음과 같이 노래한다.

나의 몸은 아주 곱고 올발라
이름은 시방에 두루 들리네.
지혜는 같이 짝할 이 없어
모든 교묘한 재주 잘 통달했네.

我身最端正　名聞遍十方
智慧無等倫　善達諸工巧

한량없는 백천 무리들
나의 아름다운 이 모습 보고
모두 탐착해 물들더라도
내 마음은 그들에 대해
적은 애욕도 내지 않도다.

無量百千衆　見我皆貪染
我心不於彼　而生少愛欲

2) 프라세나짓 왕의 부인 말리카

설사 프라세나짓 왕이 여래께 물었어도
나 또한 말리카처럼 답했을 것이다

이와 같이 들었다.

한때 붇다께서는 슈라바스티 국 제타 숲 '외로운 이 돕는 장자의 동산'에 계시면서 여러 비구들에게 말씀하셨다.

그때 슈라바스티 성의 어떤 장자는 아주 깊이 사랑하고 늘 생각해 잠깐도 버리지 않던 외아들을 잃었다. 그는 아들이 죽은 것을 보자 그만 미친 기운을 내 두루 돌아 가고 오면서 한곳에 가만히 있지 못하였다.

그는 사람을 보면 곧 이렇게 말하였다.

"내 아이를 보았소?"

그 사람은 차츰 제타 숲 정사로 가 세존 계신 곳에 이르러 한쪽에 서 있었다. 그 사람이 세존께 말씀드렸다.

"사문 고타마시여, 제 아이를 보았습니까?"

세존께서는 말씀하셨다.

"왜 얼굴 모습이 기쁘지 않고 모든 아는 뿌리가 뒤섞여 어지러운가."

장자가 고타마께 대답하였다.

"어찌 그렇지 않을 수 있겠습니까. 왜냐하면 제게는 외아들이 있었는데 저를 버리고 덧없이 갔습니다. 저는 아주 사랑하여 늘 생각해 눈앞에서 떠나지 않았습니다. 그 아들을 슬퍼하는 생각에 제가 미치게 되었습니다.

저는 이제 사문에게 여쭙습니다. 제 아이를 보았습니까."

세존께서는 말씀하셨다.

"그렇다, 장자여. 그대가 묻는 것과 같다. 나고 늙고 병들고 죽는 것은 세상의 늘 있는 법이다. 사랑하는 이와 떠나는 것은 괴로운 일이요, 미운 이와 만나는 것도 괴로운 일이다.

아들이 그대를 버리고 덧없이 갔으니 어찌 생각나지 않겠는가."

그때에 장자는 세존의 말씀을 들었으나 그 마음에 들어오지 않아 그만 버리고 물러갔다.

사랑하는 이와 헤어지는 괴로움을 가르쳤으나
알지 못하고 그릇 사람들에게 전함

길을 가다가 앞에 어떤 사람을 보고 이렇게 말하였다.

"사문 고타마는 사랑하는 이와 헤어지면 곧 즐거움이 있다고 말하였소. 사문이 말한 것이 옳소?"

그 사람이 대답하였다.

"사랑하는 이와 헤어지는데 무슨 즐거움이 있겠소."

그때에 슈라바스티 성에 가기 멀지 않은 곳에서 여러 사람들이 같이 노름을 하고 있었다.

그때 장자는 이렇게 생각하였다.

'저 남자들은 총명하고 지혜로워 모르는 일이 없을 것이다. 나는 이 뜻을 이제 저 사람들에게 물어보아야겠다.'

그는 곧 노름하는 곳에 가서 여러 사람들에게 물었다.

"사문 고타마는 내게 이렇게 말했소.

'사랑하는 이와 헤어지는 것은 괴로운 일이요, 미운 이와 만나는 것도 괴로운 일이라고 하지만 이것은 즐거운 것이다.'

여러분은 지금 어떻게 생각하시오."

여러 노름꾼들은 그 사람에게 대답하였다.

"사랑하는 이와 헤어지는데 무슨 즐거움이 있겠소. 즐겁다고 말하는 것은 이 뜻이 그렇지 않소."

이때 그들은 곧 생각하였다.

'참으로 여래 말씀은 끝내 헛된 거짓이 아니다. 그런데 어떻게 사랑하는 이와 헤어지는데 즐거움이 있겠는가. 이 뜻은 그렇지 않다.'

그때에 그들은 슈라바스티 성에 들어가 궁문 밖에서 외쳤다.

"사문 고타마는 이렇게 가르치오.

'사랑하는 이와 헤어지고 미운 이와 만나는 것 이것은 즐거운 것이다.'"

프라세나짓 왕과 말리카 부인이 그릇 알려진
세존의 말을 얻어 듣고 브라마나를 보내다

그때에 슈라바스티 성과 궁안에 이 말이 널리 전해졌다.

때에 프라세나짓 왕과 말리카 부인은 높은 다락 위에서 서로 즐겁게 놀고 있다가 프라세나짓 왕이 말리카 부인에게 말하였다.

"사문 고타마는 이렇게 말한다 하오.

'사랑하는 이와 헤어지고 미운 이와 만나는 것 이것은 즐거운 것이다.'"

부인은 대답하였다.

"저는 여래께 그런 말씀의 가르침을 듣지 못하였습니다. 만약 여래께 이런 가르침이 계셨다면 그 일 또한 터무니없지 않을 것입니다."

프라세나짓 왕은 말하였다.

"마치 스승이 제자에게 '이것은 하라. 이것은 버리라'고 가르치면 그 제자가 '그렇게 하겠습니다, 크신 스승이여' 하고 대답하는 것처럼, 지금 그대 말리카 또한 이와 같구려.

저 사문 고타마가 비록 이런 말을 하였더라도 그대는 반드시 '이와 같이 틀림없이 거짓이 없습니다'라고 했을 것이오.

그대는 빨리 가시오. 잠시도 내 앞에 서 있지 마오."

말리카 부인은 '마른 발'[竹膊] 브라마나에게 말하였다.

"그대는 지금 제타 숲 '외로운 이 돕는 장자의 동산' 정사에 가 여래 계신 곳에 이르러 내 이름으로 여래의 발에 무릎 꿇고, 다시 이 뜻을 분다게 갖추어 말씀드려주시오. 전해올릴 뜻은 다음과 같소.

'슈라바스티 성의 안과 궁중 사람들은 이렇게 말합니다. 사문 고타마는 사랑하는 이와 헤어지고 미운 이와 만나는 것 이것은 다 즐겁다고 말한다. 이렇게들 논의하고 있으니, 참으로 알 수 없습니다. 세존께 이런 가르침이 계셨습니까.'

만약 세존 계신 곳에서 무슨 말씀이 있거든 그대는 받들고 받아 돌아와 나에게 말해주시오."

때에 마른 발 브라마나는 부인의 분부를 받고 곧 제타 숲 정사로 가서 세존 계신 곳에 이르러 같이 서로 문안하고 한쪽에 앉았다. 그때 브라마나가 세존께 말씀드렸다.

"말리카 부인은 세존의 발에 절하고 이렇게 문안드립니다.

'여래께서는 지내시기 편안하시고 나들이하시기에 건강하시며 어리석은 이들을 교화하시기에 노고는 없으십니까.'

다시 이렇게 말하였나이다.

'이 슈라바스티 성에는 이런 말이 퍼졌습니다. 사문 고타마는 사랑하는 이와 헤어지고 미운 이와 만나는 것 이것은 다 즐겁다고 말한다. 이렇게들 논의하고 있으니, 참으로 알 수 없습니다. 세존께 이런 가르침이 계셨습니까.'"

만나고 헤어짐의 괴로움을 보이심

세존께서는 말씀하셨다.

"이 슈라바스티 성에 사는 어떤 장자가 외아들을 잃었다. 그는 그 아들을 생각하다 미쳐서 제정신을 잃고 동·서로 돌아 내달리며 사람을 보면 곧 이렇게 묻는다.

'누가 내 아들을 보았소.'

그렇듯이 브라마나여, 사랑하는 이와 헤어지는 것은 괴로운 일이요, 미운 이와 만나는 것도 괴로운 일이다. 거기는 아무 즐거움이 없다. 옛날 이 슈라바스티 성에 어떤 늙은 어머니가 덧없이 갔다. 그 아들은 미쳐 동·서를 가리지 못하였다. 또 어떤 늙은 아버지가 덧없이 가고 또 형제와 자매가 다 덧없이 갔다. 저들은 덧없는 변고를 보고 모두 미쳐 정신을 잃고 동·서를 가리지 못하였다.

브라마나여, 옛날 이 슈라바스티 성의 어떤 사람은 새로 아내를 맞았는데, 얼굴이 단정하여 짝할 이가 없었다. 그때에 그는 얼마 지나지 않아 갑자기 가난해졌다. 그러자 신부의 부모는 이 사람의 가난함을 보고 이렇게 생각하였다.

'우리는 딸을 빼앗아다 다른 이에게 시집보내야겠다'

그는 장인 장모가 제 아내를 빼앗아 다른 이에게 시집보내려 한다는 말을 가만히 들었다. 그는 옷 속에 날카로운 칼을 지니고 곧 처가로 갔다. 바로 그때 그 아내는 담 밖에서 베를 짜고 있었다.

그는 장인과 장모의 집에 가서 물었다.

'제 아내는 지금 어디 있습니까.'

장모는 대답했다.

'자네 아내는 담 밖의 그늘에서 베를 짜고 있네.'

그는 곧 그 아내에게로 가서 물었다.

'그대 부모는 그대를 빼앗아 다른 사람에게 시집보낸다고 했는가.'

아내는 대답하였다.

'그런 말이 있었습니다. 그러나 나는 그 말을 좋아하지 않았습니다.'

그때에 그는 날카로운 칼을 빼어 아내를 찔러 죽이고 다시 그 칼로 자기의 배를 찌르고는 이렇게 말하였다.

'우리 둘은 함께 죽는다.'

브라마나여, 이런 방편으로도 사랑하는 이와 헤어지고 미운 이와 만나는 것은 다 시름과 근심인 줄 알 수 있다. 그것은 참으로 다 말할 수 없다."

그때 마른 발 브라마나는 세존께 말씀드렸다.

"그렇습니다, 세존이시여. 그 여러 번민이 있으면 실로 괴롭고 즐겁지 않습니다. 왜냐하면 다음과 같습니다.

옛날 저에게도 외아들이 있었는데 저를 버리고 덧없이 갔습니다.

저는 밤낮으로 따라 생각하여 마음에서 떠나지 않았습니다. 그때에 저는 아이 생각에 마음이 미치고 어지러워 동·서로 내달리며 사람만 보면 물었습니다.

'누가 내 아이를 보았소?'

사문 고타마께서 지금 말씀하신 것은 참으로 말씀하신 대로입니다. 나랏일이 많아 이만 있는 곳으로 돌아가고자 합니다."

세존께서는 말씀하셨다.

"지금 바로 돌아가시오."

그때에 마른 발 브라마나는 곧 자리에서 일어나 붇다를 세 바퀴 두루고 떠났다.

브라마나로부터 세존의 뜻을 들은 말리카 부인이
다시 왕을 깨우침

그는 말리카 부인 있는 곳에 가서 이런 인연들을 갖추어 말했다.

그때에 말리카 부인은 다시 프라세나짓 왕에게 가서 말했다.

"지금 여쭙고 싶은 것이 있습니다. 대왕께서는 낱낱이 대답해주시길 바랍니다. 어떻습니까, 대왕은 비루다카(Virūḍaka) 왕자를 사랑합니까."

왕은 대답하였다.

"깊이 생각해 사랑스럽고 안쓰러움이 마음과 머리를 떠나지 않소."

부인이 말했다.

"만약 왕자에게 무슨 안 좋은 변화가 생기면 대왕은 근심하겠습니까."

왕이 다시 대답했다.

"그렇소. 부인이여, 그대 말과 같소."

"대왕이여, 아셔야 합니다. 사랑하는 이와 헤어지면 다 시름하는 생각을 내게 됩니다. 어떻습니까, 대왕이여. 이라 왕자를 생각합니까."

왕은 대답하였다.

"내가 아주 사랑하오."

"대왕이여, 만약 그 왕자에게 무슨 안 좋은 변화가 생기면 대왕은 시름하고 근심하겠습니까."

"아주 시름하고 근심할 것이오."

부인은 말하였다.

"이런 방편으로 사랑하는 이와 헤어지면 즐거움이 없다는 것을 알 수 있습니다. 어떻습니까. 대왕은 크샤트리아 종족의 살라타 부인을 생각하십니까."

왕은 대답하였다.

"아주 사랑하고 공경히 생각하오."

"어떻습니까. 대왕이여, 만약 살라타 부인에게 무슨 안 좋은 변고가 있게 되면 대왕은 근심하시겠습니까."

왕이 대답했다.

"나는 시름하고 근심할 것이오."

부인은 말하였다.

"그러므로 대왕은 사랑하는 이와 헤어지는 것은 괴로운 일이라는 것을 아셔야 합니다."

부인은 다시 말하였다.

"대왕께서는 저를 생각하십니까."

왕은 말하였다.

"나는 그대를 사랑해 생각하오."

"만약 제 몸에 무슨 안 좋은 변고가 있게 되면 대왕은 시름하고 근심하시겠습니까."

"만약 그대 몸에 안 좋은 변고가 있게 되면 나는 참으로 시름하고 근심할 것이오."

"대왕이여, 이런 방편으로 사랑하는 이와 헤어지고 미운 이와 만나는 데에는 즐거운 마음이 없다는 것을 아셔야 합니다."

부인은 다시 말하였다.

"어떻습니까, 대왕이여. 카시와 코살라의 백성들을 사랑하십니까."

왕은 말하였다.

"나는 카시와 코살라 백성들을 매우 사랑한다고 생각하오."

"그 나라 백성들에게 무슨 안 좋은 변고가 있게 되면 대왕은 시름하고 근심하시겠습니까."

"그 나라 백성들에게 무슨 안 좋은 변고가 있게 되면 내 목숨도 보존할 수 없는데, 하물며 시름과 걱정을 말하겠소. 왜냐하면 나는 카시와 코살라 백성들의 힘으로 스스로 살아갈 수 있기 때문이오.

그러므로 이런 방편으로 목숨도 오히려 보존할 수 없음을 아는데 어찌 하물며 시름과 근심을 내지 않겠소."

부인은 말하였다.

"이로써 사랑하는 이와 헤어지는 데는 다 이런 괴로움이 있고 즐거움이 없다는 것을 알 수 있습니다."

프라세나짓 왕이 세존을 찬탄하자 세존께서
말리카 부인의 말을 크게 인정하심

그때에 프라세나짓 왕은 오른쪽 무릎을 땅에 대고 두 손을 맞잡고 세존을 향해 말하였다.

"참으로 기이하고 참으로 기이합니다. 세존께서는 이런 법을 말씀하셨습니다. 만약 사문 고타마께서 여기 오시면 서로 같이 이야기할 수 있겠습니다."

다시 부인에게 말하였다.

"지금부터 이 뒤로는 전날보다 당신을 더 빼어나고 아름답게 볼 것이오. 입는 옷도 나와 다름이 없게 하겠소."

그때에 세존께서는 말리카 부인이 대왕에게 이런 논의의 바른 바탕 세웠음을 들으시고, 여러 비구들에게 말씀하셨다.

"말리카 부인은 아주 크게 총명하다. 설사 프라세나짓 왕이 내게 이 말을 물었더라도 나도 이 뜻으로 왕에게 말하였을 것이다. 그것은 부인이 왕에게 말한 것과 다름이 없기 때문이다."

다시 여러 비구들에게 말씀하셨다.

"내 성문 가운데서 으뜸으로 증득한 우파시카로서 믿음이 깊고 굳센 이는 바로 저 말리카 부인이다."

그때에 비구들은 붇다의 말씀을 듣고 기뻐하며 받들어 행하였다.

• 증일아함 13 이양품 三

• **해설** •

여래께서 중생의 여덟 가지 괴로움을 보이시며 '사랑하는 이와 헤어지는 괴로움, 미운 사람과 만나는 괴로움'을 말씀하셨는데, 사랑하는 이와 헤어지는 것을 어떻게 즐거움이라 하겠는가.

여래는 만나고 헤어지는 괴로움을 벗어나 만나되 만남이 없고 헤어지되 헤어짐 없는 연기의 실상을 깨달아 니르바나의 참된 즐거움에 이끄실 뿐이다.

부질없는 소문에 저 프라세나짓 왕은 마음에 의심과 망설임이 있으니, 아직 온전히 굳건한 믿음을 세워 지혜의 흐름에 들지 못했기 때문이다.

말리카 부인은 세존의 뜻 그대로 만나고 헤어짐의 괴로움과 애착의 괴로움을 왕에게 설해 세존으로부터 '나에게 물었어도 나도 같이 답했을 것이다'라는 찬탄을 듣는다. 그러므로 말리카 부인은 여래의 말씀을 깊이 믿어 흔들림 없고 다시 여우 같은 의심과 망설임이 다한 여래의 우파시카 제자이다.

말리카 부인처럼 굳건한 믿음의 땅에 서서 중생의 헛된 말에 속아 의심과 망설임 내지 않는 보디사트바의 길을 『화엄경』(「십회향품」)은 이렇게 말한다.

> 법의 진실 깨달은 보디사트바는
> 중생이 말한바 온갖 함이 있는
> 허망한 일 헛되이 취하지 않네.
> 비록 언어의 길 의지하지 않으나
> 또한 말 없음도 집착하지 않도다.
>
> 不取衆生所言說　一切有爲虛妄事
> 雖復不依言語道　亦復不著無言說

3) 나우라 아이와 그 아버지

나우라 아이여, 네 생각과 같다
나는 여래 아라한으로 너를 건져주러 왔다

이와 같이 들었다.

한때 붇다께서는 슈라바스티 국 제타 숲 '외로운 이 돕는 장자의 동산'에 계셨다.

그때에 브릿지 국 땅에는 귀신이 있었는데, 비사(毘沙)라고 하였다. 그는 그 나라에 살면서 아주 흉악하고 사나워 사람을 죽이는 것이 한량없었다. 늘 하루에 한 사람을 죽이고 때로 둘·셋·넷·다섯·열·스물·서른·마흔·쉰 사람을 죽였다.

그때 여러 귀신들과 라크샤들이 그 나라를 가득 채웠다. 이때에 브릿지 국의 백성들은 한곳에 모여 의논하였다.

'우리는 이 나라를 피해 다른 나라로 가는 것이 좋겠다. 여기 살지 않아야 한다.'

이때 그 사나운 귀신 비사는 그 사람들의 마음을 알고 그 사람들에게 말하였다.

"너희들은 이곳을 떠나 다른 나라로 가지 말라. 왜냐하면, 너희들은 끝내 내 손아귀에서 벗어나지 못하기 때문이다. 만약 너희들이 날마다 한 사람씩 잡아가지고 와서 내게 제사하면 내가 너희들을 못 견디게 굴지 않을 것이다."

이때 브릿지 국의 백성들은 날마다 한 사람씩 잡아가지고 가서 그 사나운 귀신에게 제사 지냈다. 그 귀신은 그 사람을 잡아먹고는 그 해골을 가져다 다른 곳의 산속에 던져버렸다. 그래서 그 산속에는 뼈가 개울 골짜기를 가득 채웠다.

나우라 아이 바칠 차례가 되자 그 아버지가
세존께 귀의하고 구원을 바람

그때에 장자가 있어서 '잘 깨친 이'[善覺]라 하였는데, 그곳에 살고 있었다. 그는 재물이 넉넉하고 보배가 많아 재물을 천억이나 쌓아두었고, 나귀와 노새와 낙타는 이루 다 셀 수 없었으며, 금·은 보배와 자거·마노·진주·호박도 다 말할 수 없이 많았다.

그 장자에게는 아이가 있었는데 나우라(那優羅)라는 외아들이었다. 그는 아주 사랑하고 소중히 여겨 일찍이 눈앞에서 떠나지 않았다.

그때 이런 정한 법도[制限]가 있어서 나우라 아이는 다음에 반드시 귀신에 제사해야 했다.

나우라 부모는 아이를 목욕시키고 좋은 옷을 입히고는 그 귀신이 있는 무덤 사이로 데리고 갔다. 거기 이르러서는 울부짖어 외치는 것이 이루 헤아릴 수 없었다. 아울러 이렇게 말했다.

"여러 신들과 땅의 신은 다 증명하소서. 우리에게는 오직 이 아들 하나입니다. 여러 신명들은 이것을 증명해주시길 바랍니다. 스물여덟 큰 귀신의 왕들은 이것을 보살펴 빠뜨림이 없게 해주소서.

네 하늘왕께 모두 귀의합니다. 이 아이를 보호해 이 액난을 벗어나게 해주십시오. 인드라하늘왕·브라흐마하늘왕에게 귀의합니다.

이 아이의 목숨을 건져주십시오.

여러 귀신과 세상 보살피는 이께 귀의합니다. 이 액난을 벗어나게 해주십시오.

여러 여래 제자로서 흐름 다한 아라한에게 나는 지금 귀의합니다. 이 액난을 벗어나게 해주십시오.

스승 없이 스스로 깨달은 프라테카붇다께 귀의합니다. 이 액난에서 벗어나게 해주십시오.

이제 여래께 귀의합니다. 여래께서는 항복하지 않는 이를 항복케 하시고 건너지 못한 자를 건네주시며, 얻지 못한 자를 얻게 하고 벗어나지 못한 자를 벗어나게 하십니다.

온전히 니르바나 얻지 못한 자를 온전히 니르바나 얻게 하고, 구해주는 자 없는 이를 구해 보살피시며, 장님에게는 눈이 되어주시고 병자에게 큰 의사가 되십니다.

또 하늘·용·귀신이나 온갖 사람·마라와 마라의 하늘 가운데서 가장 높아 아무도 따를 이가 없으며, 공경할 만하고 존중할 만하며, 사람을 위해 좋은 복밭이 되어 여래 위로 벗어나는 이가 없습니다.

그러므로 여래께서는 살펴보시고, 여래께서는 이 지극한 마음을 비춰주시길 바랍니다."

이때에 나우라 부모는 곧 그 아이를 귀신에게 맡기고 물러나 떠났다.

악귀가 머무는 곳에 가시어 세존이 나우라에 설법하여 법의 눈을 얻게 하심

그때에 세존께서는 하늘눈이 깨끗하고 하늘귀가 밝게 사무쳐 그 말을 환히 들으셨다. 나우라 부모가 목놓아 우는 것은 이루 헤아릴 수 없었다.

세존께서는 신통의 힘으로 그 산 가운데 악귀가 머무는 곳에 이르셨다. 때에 그 악귀들은 설산 북쪽에 있는 귀신들의 처소에 모여 있었다.

세존께서는 그 악귀가 머무는 곳에 들어가 앉아 있는데, 몸을 바로하고 마음을 바로하여 두 발을 맺고 앉으셨다.

이때에 나우라 아이는 그 악귀 머무는 곳에 차츰 이르렀다. 멀리서 악귀 머무는 곳에 계시는 여래를 보았다.

그 밝은 빛은 불꽃처럼 환하시어 몸을 바로하고 마음을 바로하여 생각을 매어 앞에 두고 얼굴은 단정하여 세상에서 기이하며, 모든 아는 뿌리는 고요하고 온갖 공덕을 얻어 여러 마라를 항복받으셨으니, 이와 같은 온갖 덕은 이루 헤아릴 수 없었다.

또 서른두 가지 거룩한 모습과 여든 가지 좋은 모습으로 그 몸을 장엄한 것은 마치 저 수메루 산이 여러 산꼭대기를 벗어난 것과 같으며, 얼굴은 해와 달과 같고 또한 환한 산과 같아서 그 밝은 빛은 멀리 비치었다.

그는 이것을 보고 곧 기쁜 마음을 일으켜 여래께로 가면서 이렇게 생각하였다.

'이것은 반드시 저 비사 악귀가 아니다. 왜냐하면 나는 이제 저를 보고 아주 기쁜 마음이 생기기 때문이다. 설사 이것이 악귀라면 마음대로 먹으라.'

그때에 세존께서는 말씀하셨다.

"나우라여, 네 속의 말과 같다. 나는 지금 여래 · 아라한 · 바르게 깨친 분으로서, 일부러 와 너를 건지고 이 악한 귀신을 항복받으려는 것이다.”

나우라는 이 말을 듣고 기뻐 뛰면서 스스로 이기지 못했다. 곧 세존 계신 곳에 이르러 머리를 대 세존 발에 절하고 한쪽에 앉았다.

때에 세존께서는 그를 위해 묘한 뜻을 말씀했으니, 곧 그 논하심은 보시를 논하고, 계를 논하며, 하늘에 남을 논함이었고, 탐욕은 더러움이고 번뇌는 깨끗하지 못한 행이며, 집을 나옴이 요점이 됨을 보여, 모든 어지러운 생각을 버리게 하심이었다.

그때에 세존께서는 나우라 아이의 마음이 기뻐지고 뜻이 부드러워진 것을 보시고 여러 붇다가 늘 말씀하시는 법인, 괴로움과 괴로움의 익히어 냄과 괴로움의 사라짐과 괴로움을 없애는 길을 그에게 갖춰 말씀하셨다.

그는 곧 그 자리 위에서 법의 눈이 청정하게 되었다. 그는 법을 보고 법을 얻어, 모든 법을 성취하여 모든 법을 받들어 받았다.

그래서 여우 같은 의심이 없이 여래의 가르침을 이해하고 붇다와 법과 거룩한 상가에 귀의하여 다섯 가지 계를 받았다.

비사 악귀를 항복받으심

그때에 비사 악귀는 본래 머물던 곳으로 돌아오다가, 세존께서 단정히 앉아 사유하며 몸이 기울어 움직이지 않음을 멀리서 보았다. 보고서는 곧 성을 내어, 여래 계신 곳을 향해 우레를 울리고 벼락을 치며 칼을 비처럼 쏟았다.

그러나 그 칼은 땅에 떨어지기도 전에 곧 우트팔라 연꽃으로 변하였다. 이때 그 귀신은 곱절이나 성을 내어 산과 강물과 석벽을 비처럼 쏟았다. 그러나 그것들은 땅에 떨어지기도 전에 갖가지 먹을거리로 변화하였다. 이때에 그 귀신은 큰 코끼리로 변화해 큰 소리로 울부짖으며 여래 계신 곳을 향했다.

그때에 세존께서는 큰 사자로 변화했다. 귀신은 갑절이나 큰 사자가 되어 여래 계신 곳을 향했다. 세존은 큰 불더미로 변화하니, 바로 귀신은 더욱 성을 내어 머리 일곱 개를 가진 큰 용으로 변화했다.

그때 세존께서는 곧 큰 금시조로 변화하셨다.

그때에 귀신은 이런 생각을 냈다.

'내가 지금 가진 신력은 다 나타내었다. 그러나 이 사문의 옷의 털도 움직이지 않는다. 나는 이제 가서 그 깊은 뜻을 물어보아야겠다.'

이때에 그 귀신은 세존께 물었다.

"나는 이제 비사로서 깊은 뜻을 묻겠다. 만약 나에게 대답하지 못하면 나는 네 두 다리를 잡아 저 바다 남쪽에 던져버리겠다."

세존께서는 말씀하셨다.

"악귀야, 알아야 한다. 내가 스스로 살펴보니 하늘이나 사람이나 사문이나 브라마나나 사람인 듯 사람 아닌 듯한 것들로서 내 두 다리를 잡아 바다 남쪽에 던질 수 있는 자는 없다. 다만 물을 뜻이 있으면 곧 물어보라."

이때 악귀가 물었다.

"사문이여, 어떤 것이 묵은 지어감[故行]이고, 어떤 것이 새 지어감[新行]이며, 어떤 것이 그 지어감의 사라짐인가."

세존께서는 말씀하셨다.

"악귀야, 알아야 한다. 눈은 묵은 지어감이다. 과거에 지은 느낌을 인연하여 그 지어감을 이룬 것이다.

귀·코·혀·몸·뜻은 묵은 지어감이다. 과거에 지은 느낌을 인연

하여 그 지어감을 이룬 것이다. 이것을 악귀야, '이것은 묵은 지어감
이다'라고 하는 것이다."

비사는 물었다.

"어떤 것이 새 지어감인가."

세존께서는 말씀하셨다.

"지금 네가 짓는 몸의 세 가지, 입의 네 가지, 뜻의 세 가지가 그것
이다. 이것을 악귀야, '이것이 새 지어감이다'라고 하는 것이다."

때에 악귀가 물었다.

"어떤 것이 지어감의 사라짐인가."

세존께서는 말씀하셨다.

"악귀야, 알라. 묵은 지어감이 사라져 다해 다시는 일어나지 않고,
다시 지어감을 짓지도 않으며, 이 지어감을 취함도 길이 나지 않고
길이 다해 남음이 없으니, 이것을 지어감의 사라짐이라 한다."

그때에 그 악귀는 세존께 말씀드렸다.

"나는 지금 아주 주렸다. 왜 내 밥을 빼앗는가. 그 아이는 내가 먹
을 것이다. 사문이여, 그 아이를 내게 돌려다오."

세존께서는 말씀하셨다.

"옛날 아직 내가 도를 이루지 못하였을 때 일찍이 보디사트바가
되었다. 어떤 비둘기 한 마리가 내게 몸을 던졌다. 나는 오히려 몸과
목숨도 아끼지 않고 그 비둘기의 액난을 구해주었는데, 하물며 내가
오늘 여래를 이루었는데 이 아이를 버려 네가 먹도록 하겠느냐.

너는 지금 악귀로서 어떤 신력을 다하더라도 나는 끝내 이 아이를
너에게 주지 않을 것이다.

어떠냐 악귀여, 너는 일찍이 카사파 붇다 때에 사문이 되어 범행

을 닦아 지니다가 뒤에 계율을 범하여 지금 이 악귀로 태어났다."

그때에 악귀는 붇다의 위신의 힘을 받들어 과거에 지은 온갖 지어 감을 기억하게 되었다. 그래서 악귀는 붇다 앞에 나아가 머리를 대 붇다의 발에 절하고 말하였다.

"저는 어둡고 어리석어 참과 거짓을 가리지 못하고, 여래를 향해 이런 마음을 내었습니다. 세존께서는 제 참회를 받아주시길 바랍니다."

이와 같이 세 번 네 번 되풀이하였다.

세존께서 말씀하셨다.

"너의 허물 뉘우침을 들어주겠다. 다시는 범하지 말라."

세존께서는 비사 악귀를 위해 미묘한 법을 설하시어 기뻐하게 하셨다.

때에 그 악귀는 수천 냥 금을 손에 받들고 세존께 받쳐 올리며 말하였다.

"저는 지금 이 산골을 사방상가(四方僧伽, 招提僧)에 보시합니다. 세존께서 이 수천 냥 금과 함께 받아주시길 바랍니다."

이와 같이 두 번 세 번 되풀이하였다.

악귀의 공양을 받으시고 귀신으로 하여금 브릿지 성에 들어가 여래의 소식을 전하게 함

그때에 세존께서는 이 산골[山谷]만 받으시고 곧 이 게송을 말씀하셨다.

　동산의 과일로 시원함 보시하고

물을 건너는 다리를 놓아주고

강이나 바다 건네줄 큰 배 만들고

여러 살림살이 도구를 베풀어서

밤이나 낮이나 게으르지 않으면

복 얻음이 이루 헤아릴 수 없으며

법의 뜻과 계율을 성취하여서

끝내 뒤에 하늘위에 태어나리라.

그 귀신은 세존께 말씀드렸다.

"세존께 다시 어떤 분부가 있으신지 모르겠습니다."

세존께서는 말씀하셨다.

"너는 지금 그 본래 귀신 형상을 버린 뒤에, 세 가지 법옷을 입고 사문이 되어, 브릿지 성에 들어가 가는 곳곳마다 이런 가르침을 지어주라.

'여러 어진 이들이여, 알아야 하오. 여래께서는 세상에 나와 항복하지 않는 이를 항복케 하고, 건너지 못한 이를 건네주며, 해탈하지 못한 이는 해탈을 알게 하고, 구해주는 자 없는 이를 구해 보살피며, 장님에게는 눈이 되어주시오.

그래서 여러 하늘과 사람, 용과 귀신, 마라와 마라의 하늘, 사람인 듯 사람 아닌 것 가운데 가장 거룩하고 가장 높아 같이할 이가 없으며, 공경하고 높일 만하여 사람들의 좋은 벗이 되고 복밭이 되시오.

그는 오늘 나우라 아이를 건네주고 아울러 악귀 비사를 항복받으셨소.

그대들은 거기 가서 그 교화를 받아야 하오.'"

대답했다.

"그렇게 하겠습니다, 세존이시여."

그때에 비사 악귀는 사문으로 변화해 세 가지 법옷을 입고 마을로 들어가 이렇게 외쳤다.

"오늘 세존께서는 나우라 아이를 건네주고 아울러 악귀 비사를 항복받으셨소. 그대들은 거기 가서 그 교화를 받아야 하오."

나우라 아버지 장자를 위해 설법하여 귀의케 하고
보시의 공덕을 짓게 하심

그때에 그 브릿지 국의 많은 사람들 가운데서, '잘 깨친 이' 장자는 이 말을 듣고 기뻐 뛰면서 스스로 이기지 못했다.

그는 팔만 사천 사람을 데리고 세존 계신 곳에 이르러 머리를 대발에 절하고 한쪽에 앉았다. 브릿지 국 사람들도 어떤 이는 세존 발에 절하고 어떤 이는 손을 들었다.

그때에 세존께서는 그들을 위해 차츰 미묘한 법을 설하셨다.

논하신 것은 보시를 논하고, 계를 논하고, 하늘에 남을 논하심이었다. 그리고 탐욕은 깨끗하지 않다는 생각과 번뇌는 큰 걱정거리가 됨을 논하셨다. 세존께서는 그 팔만 사천 대중들이 마음으로 기뻐하는 줄을 살피시고, 그들을 위하여 모든 붇다께서 늘 말씀하시는 법인, 괴로움과 괴로움의 익히어냄과 괴로움의 사라짐과 괴로움 없애는 길을 말씀하셨다.

그들은 그 자리 위에서 모든 티끌과 때가 다하고 법의 눈이 깨끗하게 되었다.

마치 희고 깨끗한 베가 쉽게 빛깔에 물들여지는 것처럼 그 팔만 사천 대중들 또한 이와 같아서 모든 티끌과 때가 다하고 법의 눈이 깨끗하게 되어, 법을 얻어 법을 얻고 모든 법에 여우 같은 의심이 없고, 두려움이 없게 되었다.

그래서 스스로 삼보이신 붇다와 법과 거룩한 상가에 귀의하여 다섯 가지 계를 받았다.

그때에 나우라의 아버지 장자는 세존께 말씀드렸다.

"세존께서는 제 청을 받아주시길 바랍니다."

세존께서는 잠자코 그 청을 받아주셨다.

그 장자는 세존께서 잠자코 청을 받으시는 것을 알고 곧 자리에서 일어나 머리를 대 발에 절하고 있던 곳으로 돌아갔다. 그는 갖가지 맛난 먹을거리를 마련하고 이른 아침에 몸소 말씀드렸다.

"때가 되었습니다."

세존께서는 가사를 입고 발우를 가지고 브릿지 성으로 들어가 장자 집에 이르러 자리에 가서 앉으셨다. 장자는 세존께서 앉으신 것을 보고 손수 담아서 갖가지 먹을 것을 돌렸다.

세존께서 공양을 미치시자, 그는 깨끗한 물을 돌리고 한 자리를 가져다 세존 앞에 앉아 말씀드렸다.

"거룩하십니다, 세존이시여. 만약 네 가지 대중이 입을 옷·먹을거리·앉을 자리·자리끼·의약품 등이 필요하면 모두 제 집에서 가져다 쓰게 하십시오."

세존께서는 말씀하셨다.

"그렇다 장자여, 그대가 말한 대로 하겠다."

세존께서는 곧 장자를 위해 미묘한 법을 말씀하시고, 설법을 마치신 뒤에는 곧 자리에서 일어나 떠나셨다. 세존께서는 팔을 굽혔다 펴는 동안에 브릿지 국에서 사라져 슈라바스티 국 제타 숲 '외로운 이 돕는 장자의 동산'으로 돌아오셨다.

세존께서는 비구들에게 말씀하셨다.

"만약 네 가지 대중으로 입을 옷·먹을거리·앉을 자리·자리끼·의약품 등이 필요하면 저 나우라 아버지 장자 집에서 가져다 쓰라."

세존께서는 이어 말씀하셨다.

"오늘 나의 우파사카 가운데서 으뜸가는 제자로 재물을 아까워하지 않는 이는 바로 나우라 아버지이다."

그때에 비구들은 붓다의 말씀을 듣고 기뻐하며 받들어 행하였다.

• 증일아함 24 고당품(高幢品) 二

• 해설 •

이 경은 여래 자비와 위신력이 참으로 위대하고 넓고 큰 것을 보여준다. 저 사람을 잡아먹는 악귀로부터 나우라 아이를 구제할 뿐만 아니라 흉악한 귀신을 제도하여 선한 신으로 만드니, 여래의 자비의 문[慈悲門] 안에서는 흉악한 가해자와 불쌍한 피해자가 함께 구제되고 선과 악이 함께 해탈하며 억압하는 자나 억압받는 자가 한때에 해탈한다.

먼저 여래는 저 악의 세력으로 으뜸가는 비사 귀신의 신통의 힘을 비할 바 없는 자비의 신통으로 제압하셔서 악의 세력에 짓눌리고 잡아먹히게 된 어리고 가엾은 중생을 구제하신다.

그런 뒤 여래는 악의 세력마저 선의 세력으로 돌려주시니, 여래의 착함은 선과 악의 대결을 넘어선 지극한 착함이시고, 여래의 사랑은 사랑과 미움이 모두 사라진 거룩한 자비이기 때문이다.

또 사람을 잡아먹고 살던 악신을 제도하여 죽은 자의 뼈가 넘치는 어두움의 산골짜기를 사방상가 나그네 승려들의 처소로 제공케 하시니, 이 한 경의 가르침 가운데 악의 세력이 판치고 폭압과 살육이 넘치는 어두움의 역사를 사랑의 공동체로 돌이키는 해탈의 진리가 밝혀져 있다.

여래와 크신 보디사트바의 자비의 빛은 성냄이 없고 온갖 욕됨 잘 참음의 공덕으로 성취된 빛이라, 저 중생의 포악함마저 건네주고 죽임의 칼을 자비의 따뜻한 바람으로 돌릴 수 있는 것이니, 『화엄경』(「현수품」)은 이렇게 말한다.

또 밝은 빛 놓으니 참음으로 꾸밈이라 해
이 빛이 모든 성내는 자들 깨우쳐 주어
저들의 성냄 없애고 아만 떠나게 해
욕됨 참아 부드러운 법 늘 즐기게 하네.

又放光明名忍嚴　此光覺悟瞋恚者
令彼除瞋離我慢　常樂忍辱柔和法

중생의 포악함은 참기가 어렵지만
보디를 위하므로 마음 움직이지 않고
참음의 공덕 드날려 말해줌을 늘 즐기니
이 때문에 이 밝은 빛 이룬 것이네.

衆生暴惡難可忍　爲菩提故心不動
常樂稱揚忍功德　是故得此光明

4) 아나타핀다다 장자의 며느리 '잘 태어난 이'

'잘 태어난 이' 우파시카가 여래의 말씀 듣고
그 자리에서 법의 눈이 깨끗해졌으니

이와 같이 들었다.

한때 붇다께서는 슈라바스티 국 제타 숲 '외로운 이 돕는 장자의 동산'에 계셨다.

그때 아나타핀다다 장자는 며느리를 보았는데 이름을 '잘 태어난 이'[善生]라 하였다. 그는 얼굴 모습이 단정하고 얼굴빛은 복사꽃빛 같았다.

프라세나짓 왕의 대신의 딸로서 그 가문에 기대고 뛰어난 종족을 믿어, 시부모와 남편을 공경하지 않고 붇다와 다르마와 비구상가를 섬기지 않으며 또 삼보를 공경히 받들지 않았다.

때에 아나타핀다다 장자는 세존 계신 곳에 가 땅에 머리를 대 발에 절하고 한쪽에 앉아 말씀드렸다.

"요즈음에 며느리를 들였는데, 그는 프라세나짓 왕의 첫째 대신의 딸로서 그 가문을 믿고, 삼보와 장로로서 높고 낮은 분들을 받들어 섬기지 않았습니다.

세존께서 그를 위해 설법하여 기쁘게 해, 그 마음이 열리고 뜻이 풀리도록 해주시길 바랍니다."

여래께서는 잠자코 장자가 말한 것을 허락하셨다.

때에 장자는 다시 말씀드렸다.

"세존께서는 비구대중과 함께 저의 청을 받아주시길 바랍니다."

장자는 세존께서 잠자코 말한 것을 받아주심을 보고 곧 자리에서 일어나 붇다께 절하고 세 바퀴 두루고 물러갔다.

그는 집에 돌아가 갖가지 먹을 것을 장만하고 좋은 자리를 편 뒤에 곧 말씀드렸다.

"때가 되었습니다. 세존께서는 저의 청을 받아주시길 바랍니다. 먹을 것은 이미 갖추어졌습니다."

세존께서는 앞뒤로 둘러싼 비구대중을 이끌고 장자 집에 이르러 자리에 나아가 앉으셨다. 장자는 따로 작은 자리를 가져다 여래 앞에 앉았다.

세존께서 네 가지 부인의 길을 설법하심

그때에 세존께서는 '잘 태어난 이'에게 말씀하셨다.

"장자의 며느리여, 알아야 한다. 대개 부인으로서 네 가지 일[四事]이 있다. 어떤 것이 네 가지인가.

첫째, 어머니와 같은 부인이 있고, 둘째, 친척과 같은 부인이 있다.

셋째, 도적과 같은 부인이 있고, 넷째, 모셔 따르는 이 같은 부인이 있다.

너는 지금 알아야 한다. 어머니와 같은 부인은 때를 따라 남편을 보살펴 모자람이 없게 하여 받들어 섬기고 공양한다. 그때에 다시 여러 하늘이 보살펴주면 사람이면서 사람이 아닌 것들은 그 틈을 타지 못하며 죽으면 곧 하늘에 난다.

이것을 장자 며느리여, 어머니와 같은 부인이라 한다.

그 어떤 부인을 친척과 같다고 하는가. 장자 며느리여, 부인이 남편을 보고는 늘어나고 줄어드는 마음이 없이 괴로움과 즐거움을 같이하는 것이니, 이것을 친척과 같은 부인이라 한다.

어떤 것을 도적과 같은 부인이라 하는가. 여기에 대해서는 이렇게 말할 수 있다.

장자 며느리여, 여인이 남편을 보면 곧 성을 내고 남편을 미워하고 싫어하며, 받들어 섬기거나 공경하거나 절하지 않고, 남편을 보면 곧 해치려 한다. 마음이 다른 곳에 있기 때문에 남편은 아내와 친하지 않고 아내는 남편과 친하지 않으며, 남의 사랑과 공경을 받지 못하고 여러 하늘이 옹호하지 않으며 나쁜 귀신이 해를 끼친다. 그리고 몸이 무너지고 목숨 마치면 지옥에 들어가니, 이것을 도적과 같은 부인이라 한다.

어떤 이를 모셔 따르는 이와 같은 부인이라 하는가. 그 어질고 착한 부인은 그 남편을 보면 때를 따라 보살피고 말을 참아 끝내 도로 갚지 않으며, 추위와 괴로움을 참고 늘 사랑하는 마음을 가지며 삼보 계신 곳에서 이런 생각을 낸다.

'이것이 있어서 내가 있고 이것이 시들면 나도 시든다.'

이런 일로써 모든 여러 하늘이 옹호하고 사람인 듯 사람 아닌 것들도 모두 사랑하여 생각하며, 몸이 무너지고 목숨 마친 뒤에는 하늘위의 좋은 곳에 난다.

이것을 장자 며느리여, 네 가지 부인[四婦]이 있다는 것인데 지금 너는 그 어느 쪽에 속하는가."

'잘 태어난 이'가 여래의 설법에 공경하는 마음 일으키고 법의 눈이 깨끗해짐

때에 그 여인은 세존의 이 말씀을 듣고, 앞으로 나아가 붇다의 발에 절하고 말씀드렸다.

"세존이시여, 저는 지금 지나감을 고치고 앞으로 옴을 닦아 다시는 그렇게 하지 않겠습니다. 지금부터 이 뒤로는 늘 예법을 행하여 '모셔 따르는 이'와 같이 되겠습니다."

이때에 잘 태어난 이 부인은 그 남편 있는 곳에 돌아가 머리를 대 발에 절하고 말하였다.

'보살펴주시길 바랍니다. 모셔 따르는 이와 같이 하겠습니다.'

잘 태어난 이 여인은 다시 세존 계신 곳에 와 머리를 대 발에 절하고 한쪽에 앉았다.

그때에 세존께서는 그를 위해 차례로 설법하셨다. 논해주심은 보시를 논하고, 계를 논하고, 하늘에 남을 논함이었고, 탐욕은 깨끗하지 않다는 생각과 음욕은 아주 더러움이라 함이었다.

이때 세존께서는 그 여인의 마음이 열리고 뜻이 풀린 줄을 이미 아시고 그를 위해 모든 붇다의 늘 말씀하시는 법인, 곧 괴로움과 그 괴로움의 익히어냄과 괴로움의 사라짐과 괴로움을 없애는 길을 모두 말씀하셨다.

그 여인은 바로 그 자리에서 법의 눈이 깨끗하게 되었다.

마치 새 옷은 쉽게 물들어 빛깔을 이루는 것처럼, 이 또한 이와 같아서 모든 법을 잘 가리고 깊고 묘한 뜻을 잘 이해하였다.

그리고 스스로 거룩한 삼보[三尊]께 귀의하고 다섯 가지 계를 받았다.

그때에 잘 태어난 이 여인은 붇다의 말씀을 듣고 기뻐하며 받들어 행하였다.

- 증일아함 51 비상품(非常品) 九

 •해설•

아나타핀다다 장자의 며느리 '잘 태어난 이'는 그 미모가 뛰어났지만 친정집의 권세와 높은 종족의 힘을 믿고 시부모와 남편을 잘 공경하지 않고 삼보를 믿지 않았다. 세간의 권세가 흘러가는 바람처럼 덧없는 줄 모르고 교만한 마음을 품었기 때문이리라.

세존께서 한 여인의 교만한 마음을 다스리기 위해 많은 대중을 이끌고 '외로운 이 돕는 장자'의 집에 가시니, 세존의 사람 가르치심의 간절하고 지극한 모습이 이와 같다.

'잘 태어난 이'에게 네 가지 부인의 길로 어질고 착한 부인의 덕을 가르치면서 또한 연기의 도를 말씀하시어 인연으로 인해 세간법이 생기고 세간법이 사라짐을 보이시니, 인연으로 나지 않고 인연으로 사라지지 않는 법은 이 세간 어디에도 없기 때문이다.

'잘 태어난 이' 여인이 여래의 가르침을 듣고 곧 뉘우쳐 '늘 모셔 따르는 이'와 같은 여인이 되길 다짐하고 삼보에 귀의하여 법의 눈이 깨끗해지니, 허깨비인 줄 아는 자리가 진실에 사는 때이고 그릇된 줄 보는 때가 바름에 나아가는 곳이기 때문이다.

지난 잘못이 공한 줄 알되 공에 머묾 없이 다시 그릇된 마음 그릇된 짓 일어나지 않도록 하는 것이 여래의 인연법의 가르침이다. 장자의 며느리는 여래의 가르침을 통해 옛을 고치고 새로움을 닦아 그 이름 그대로 여래의 법 안에서 다시 '잘 태어난 이' 우파시카가 되었다.

학담 鶴潭

1970년 도문화상(道文和尙)을 은사로 출가하여
동헌선사(東軒禪師)의 문하에서 선(禪) 수업을 거친 뒤
상원사·해인사·봉암사·백련사 등 제방선원에서 정진했다.
스님은 선이 언어적 실천, 사회적 실천으로 발현되는
창조적 선풍을 각운동(覺運動)의 이름으로 제창하며,
용성진종선사 유업 계승의 일환으로 서울 종로에
대승사 도량을 개설하고 역경불사를 진행하여
『사십이장경강의』『돈오입도요문론』『원각경관심석』
『육조법보단경』『법화삼매의 길』등 많은 불전 해석서를 발간했다.
이밖에도 한길사에서 출간한『물러섬과 나아감』을 비롯하여,
『소외와 해탈의 연기법』『선으로 본 붇다의 생애』등
많은 저서가 있다.
시대의 흐름에 맞는 새로운 선원과 수행처 개설을 위해
도량을 양평 유명산(有明山)으로 이전하고
화순 혜심원 진각선원(眞覺禪院), 오성산 낭오선원(朗晤禪院)
도량불사를 진행 중이다.

아함경 **10**

상가의 이란야와 출가수행자

지은이 · 학담
펴낸이 · 김언호
펴낸곳 · (주)도서출판 한길사

등록 · 1976년 12월 24일 제74호
주소 · 413-120 경기도 파주시 광인사길 37
　　　www.hangilsa.co.kr
　　　http://hangilsa.tistory.com
　　　E-mail: hangilsa@hangilsa.co.kr
전화 · 031-955-2000~3　　팩스 · 031-955-2005

부사장 · 박관순 | 총괄이사 · 김서영 | 관리이사 · 곽명호
영업이사 · 이경호 | 경영담당이사 · 김관영 | 기획위원 · 류재화
책임편집 · 서상미 이지은 박희진 박호진
기획편집 · 백은숙 안민재 김지희 김지연 김광연 이주영
전산 · 노승우 | 마케팅 · 윤민영
관리 · 이중환 문주상 김선희 원선아

CTP출력 및 인쇄 · 예림인쇄 | 제본 · 경일제책

제1판 제1쇄 2014년 7월 30일

값 40,000원
ISBN 978-89-356-6290-6 94220
ISBN 978-89-356-6294-4 (세트)